KB196915

여성 · 청소년범죄 수사실무총서

박 태 곤 편저

법 문 북 스

공소시효의 계산법

(형사소송법 제249조)

구 분	2007. 12. 20. 까지	2007. 12. 21. 부터
사 형	15	25
무 기	10	15
장기10년 이상의 징역금고	7	10
장기10년 미만의 징역금고	5	7
장기5년 미만의 징역금고, 장기10년 이상의 자격정지, 1만원 이상 벌금	3	
장기5년 미만의 징역금고, 장기10년 이상의 자격정지, 벌금		5
장기5년 이상의 자격정지	2	3
장기5년 미만의 자격정지, 구류, 과료, 몰수, 1만원 미만 벌금	1	
장기5년 미만의 자격정지, 구류, 과료, 몰수		1
사람을 살해한 범죄(종범 제외)로 사형 해당 범죄, 13세미만자 및 신체 또는 정신장애자 상대 강간·추행, 준강간·추행, 강간상해·치상	공소시효의 적용 배제	

◆ 개정법(2007. 12. 21.) 시행 전에 범한 죄에 대하여는 종전의 규정 적용
◆ 사건접수 일자 기준이 아니고 범죄 발생일시 기준

● 2025년 개정판을 펴내며

명심보감의 '治政(치정)' 편에

『관직에 있는 자는 반드시 심하게 성내는 것을 경계하라. 일에 옳지 않음이 있거든 마땅히 자상하게 처리하면 반드시 맞아들지 않는 것이 없으려니와 만약 성내기부터 먼저 한다면 오직 자신을 해롭게 할 뿐이니라. 어찌 남을 해롭게 할 수 있으리오.』

우리 수사경찰관이 반드시 지켜야 할 대목이라 생각하여 인용하였습니다.

『여성·청소년수사실무총서(등대지기Ⅳ)』의 개정판의 특징은 다음과 같습니다.

첫째, 2025. 1. 31. 기준으로 판례와 개정된 법을 반영하였으며, 죄명별로 여러 유형의 범죄사실을 대폭 추가하였다.

둘째, 성폭력처벌법의 '디지털 성범죄의 수사 특례' 규정 신설에 따른 내용을 모두 반영하였다.

셋째, 스토킹처벌법 제정에 따른 스토킹처벌법과 청소년성보호법에 추가된 신분비공개수사와 신분위장 수사방법 등을 추가하였다.

본 저서가 수사관들의 영원한 등대지기가 되도록 꾸준히 연구하고 새로운 정보와 지식을 반영하여 수사관들의 직무수행에 보답하도록 하겠습니다.

앞으로도 본 실무총서가 수험생은 물론 일선에서 활약하는 여청 수사관들에게 좋은 참고서가 되고 올바른 지침서가 되도록 노력하겠습니다. 많은 관심과 격려를 부탁드립니다.

2025년 3월

저자 박 태 곤

● 책을 펴내며

정약용의 『목민심서』 '형전육조(刑典六條)'에 "송사 판결의 근본은 오로지 문서에 달려 있으니 그 속에 감추어진 간사한 것을 들추고 숨겨져 있는 사특한 것을 밝혀내야 하는데 그것은 오직 현명한 사람만이 할 수 있다." 라는 내용이 있습니다.

최첨단 과학 수사기법이 발달한 현대에도, 현명한 수사경찰이 되기 위해 좌우명으로 삼아야 하지 않을까 하는 대목이라 생각하여 인용하였습니다. 또한, 우리 여청수사경찰이 수사서류를 작성하면서 항상 염두에 두어야 할 것입니다.

수사서류 작성은 그만큼 중요합니다. 수사관 개인이 작성한 서류가 검사의 공소제기 자료가 되고 나아가 공판에서의 중요한 자료로도 사용되기 때문입니다.

그동안 대부분 수사업무가 수사형사 분야에만 집중되었으나 이제는 세분되어 일선 경찰서까지 여성청소년과가 대부분 생겨 여성·청소년범죄를 전문적으로 담당하고 있습니다.

그러나 여성·청소년 분야의 전문 수사지침서가 별로 없다 보니 처음 여청 수사업무를 배우는 수사관들의 고민이 많을 것입니다. 누구나 처음 접해보는 업무는 쉽지 않을 것이며, 더욱이 위법행위에 합당한 법을 적용한다는 것은 더 어려울 것입니다.

기존에 본 저자가 수사실무총서(등대지기)『수사서류 작성요령(Ⅰ)』, 『형법(Ⅱ)』, 『형사특별법(Ⅲ)』을 집필하였으나 사실 여성·청소년 분야 내용은 부족한 점이 너무 많았습니다. 그래서 『여성·청소년수사실무총서(Ⅳ)』를 새롭게 집필하게 되었습니다.

『여성·청소년수사실무총서(등대지기Ⅳ)』의 특징은 다음과 같습니다.

첫째, 총 6편으로 제1편 수사서류 작성요령, 제2편 성폭력범죄, 제3편 가정폭력범죄, 제4편 아동학대범죄, 제5편 학교폭력범죄, 제6편 기타 여청범죄로 구성하여 본 실무총서 한 권으로 여청 수사업무를 모두 터득할 수 있도록 하였으며, 특별법의 경우 법명의 정식 약칭(예, 성폭력처벌법)도 표기하였습니다.

둘째, 제1편에서는 사건접수에서 처리하여 종결까지의 일련의 모든 절차와 서류 작성에 대한 양식을 곁들어 설명하였으며, 특히 피의자 등 각종 조사 및 범죄사실, 범죄인지 및 수사결과보고서 등 각종 수사서류 작성요령, 영장신청 시 체포(구속)를 필요로 하는 사유, 변호인 참여제도, 출입국, 통신업무 등 여청 수사경찰로서 필수적으로 알아야 하는 모든 내용을 빠짐없이 정리하였습니다.

셋째, 제2편~제6편에서는 여청 수사대상 모든 범죄에 대해 개념과 수사요령 및 수사 시 유의사항, 범죄수사와 관련 주요 상용 법 조항에 대한 범죄사실과 그에 따른 피의자 신문사항 및 해당 판례를 연속 선상에 정리하여 이해를 쉽게 하였으며, 죄명별로 관련 법조문과 공소시효도 정리하였습니다. 또 실무사례도 별도 정리하여 실무경험을 쌓게 하였습니다.

등대는 밤에 뱃길의 위험한 곳을 비추거나 목표로 삼기 위해 등불을 켜놓은 것이다. 이번에 집필한 "여성·청소년수사실무총서(등대지기Ⅳ)"는 여청 수사경찰의 업무수행과 관련하여 잘못된 법률 적용을 올바르게 비추어 바로 잡아주고 실체적 진실발견을 최종목표로 하는 우리 경찰의 지침서가 될 수 있도록 하였습니다.

앞으로도 본 실무총서가 수험생은 물론 일선에서 활약하는 여청 수사관들에게 좋은 참고서가 되고 올바른 지침서가 되도록 노력하겠습니다. 많은 관심과 격려를 부탁드립니다.

2018년 3월
저자 박 태 곤

Contents

제2편 강제수사 절차

제3편 수사의 종결 단계

제4편 특별수사 절차

제5편 성폭력 범죄 수사

제6편 가정폭력 범죄 등 수사

제7편 아동학대 등 범죄 수사

제8편 학교폭력 범죄 수사

제9편 기타 여청 범죄 수사

수사 개시와 진행

1 편

제1장 | 형사민원 사건의 처리절차

제1절 수사의 절차

 I. 수사의 기본원칙

1. 수사의 기본원칙

가. 사법경찰관은 모든 수사과정에서 헌법과 법률에 따라 보장되는 피의자와 그 밖의 피해자·참고인 등(이하 "사건관계인"이라 한다)의 권리를 보호하고, 적법한 절차에 따라야 한다.

나. 사법경찰관은 예단(豫斷)이나 편견 없이 신속하게 수사해야 하고, 주어진 권한을 자의적으로 행사하거나 남용해서는 안 된다.

다. 사법경찰관은 수사할 때 다음 각호의 사항에 유의하여 실체적 진실을 발견해야 한다.

　① 물적 증거를 기본으로 하여 객관적이고 신빙성 있는 증거를 발견하고 수집하기 위해 노력할 것

　② 과학수사 기법과 관련 지식·기술 및 자료를 충분히 활용하여 합리적으로 수사할 것

　③ 수사과정에서 선입견을 품지 말고, 근거 없는 추측을 배제하며, 사건관계인의 진술을 과신하지 않도록 주의할 것

라. 검사와 사법경찰관은 다른 사건의 수사를 통해 확보된 증거 또는 자료를 내세워 관련이 없는 사건에 대한 자백이나 진술을 강요해서는 안 된다. (검사와 사법경찰관의 상호협력과 일반적 수사준칙에 관한 규정 제3조)

2. 불이익 금지

사법경찰관은 피의자나 사건관계인이 인권침해 신고나 그 밖에 인권 구제를 위한 신고, 진정, 고소, 고발 등의 행위를 하였다는 이유로 부당한 대우를 하거나 불이익을 주어서는 안 된다.

3. 형사사건의 공개금지 등

가. 사법경찰관은 공소제기 전의 형사사건에 관한 내용을 공개해서는 안 된다.

나. 사법경찰관은 수사의 전(全) 과정에서 피의자와 사건관계인의 사생활의 비밀을 보호하고 그들의 명예나 신용이 훼손되지 않도록 노력해야 한다.

다. 경찰청장은 무죄 추정의 원칙과 국민의 알 권리 등을 종합적으로 고려하여 형사사건 공개에 관한 준칙을 정할 수 있다.

4. 인권 보호

가. 경찰관은 수사할 때는 개인의 인권을 존중하고 신속·공정·성실하게 하여야 한다.

나. 경찰관은 피의자, 피해자 등 사건 관계인(이하 "사건관계인"이라 한다)에게 반말·폭언·강압적인 말투를 사용하거나 특정 종교, 성별, 인종 등을 이유로 차별·편견·비하 또는 혐오하는 언행을 사용하여 모욕감 또는 불쾌감을 유발하여서는 아니 된다.

다. 경찰관은 수사할 때는 사건관계인의 명예를 훼손하지 않도록 주의하여야 한다.

> ※ 경찰수사규칙
> 제2조(인권 존중 및 적법절차 준수) ① 사법경찰관리는 수사를 할 때에는 합리적 이유 없이 피의자와 그 밖의 피해자·참고인 등(이하 "사건관계인"이라 한다)의 성별, 종교, 나이, 장애, 사회적 신분, 출신지역, 인종, 국적, 외모 등 신체조건, 병력(病歷), 혼인 여부, 정치적 의견 및 성적(性的) 지향 등을 이유로 차별해서는 안 된다.
> ② 사법경찰관리는 「형사소송법」(이하 "법"이라 한다) 및 「검사와 사법경찰관의 상호협력과 일반적 수사준칙에 관한 규정」(이하 "수사준칙"이라 한다) 등 관계 법령을 준수하고 적법한 절차와 방식에 따라 수사해야 한다.

5. 합리적인 수사

가. 경찰관은 수사할 때는 기초수사를 철저히 하여 모든 증거의 발견수집에 힘써야 하며 과학 수사기법과 지식·기술·자료를 충분히 활용하여 수사를 합리적으로 진행하여야 한다.

나. 경찰관은 수사할 때는 상사의 지시 명령을 성실히 수행하고 경찰관 상호 협력하여야 한다.

Ⅱ. 입건 전(前) 단계

범죄의 혐의 여부를 확인하기 위하여 입건 전의 단계에서 수행하는 수사기관의 조사 활동을 말한다. 진정, 탄원도 수사의 전 단계에 해당한다.

인지 전에 반드시 입건전조사 단계를 거쳐야 하는 것은 아니며 수사결과 범죄의 혐의가 있고 또 입건할 가치와 필요가 있을 때는 범죄인지보고서를 작성하여 입건하고 범죄의 혐의가 없거나 입건할 필요가 없을 때는 종결한다.

1. 진정서란

일반적으로 각 개인이 침해를 받은 권리를 구제받기 위하여 관계 기관에 일정한 조치를 요구하는 것을 말한다. 또한, 그러한 목적으로 작성되는 문서를 진정서라고 하는데 진정서에는 정해진 형식이 없고 어떠한 형식이든 자신의 주장 내용만 담고 있으면 된다.

2. 탄원서란

행정기관에 억울한 내용을 하소연하여 도와주기를 간절히 바라는 것으로 행정처분에 대한 구제를 목적으로 한다.

※ 경찰수사규칙

제19조(입건 전 조사) ① 사법경찰관은 수사준칙 제16조제3항에 따른 입건 전에 범죄를 의심할 만한 정황이 있어 수사 개시 여부를 결정하기 위한 사실관계의 확인 등 필요한 조사(이하 "입건전조사"라 한다)에 착수하기 위해서는 해당 사법경찰관이 소속된 경찰관서의 수사 부서의 장(이하 "소속수사부서장"이라 한다)의 지휘를 받아야 한다.

② 사법경찰관은 입건전조사한 사건을 다음 각 호의 구분에 따라 처리해야 한다.

　1. 입건: 범죄의 혐의가 있어 수사를 개시하는 경우

　2. 입건전조사 종결(혐의없음, 죄가안됨 또는 공소권없음): 제108조제1항제1호부터 제3호까지의 규정에 따른 사유가 있는 경우

　3. 입건전조사 중지: 피혐의자 또는 참고인 등의 소재불명으로 입건전조사를 계속할 수 없는 경우

　4. 이송: 관할이 없거나 범죄특성 및 병합처리 등을 고려하여 다른 경찰관서 또는 기관(해당 기관과 협의된 경우로 한정한다)에서 입건전조사할 필요가 있는 경우

　5. 공람 후 종결: 진정·탄원·투서 등 서면으로 접수된 신고가 다음 각 목의 어느 하나에 해당하는 경우

　　가. 같은 내용으로 3회 이상 반복하여 접수되고 2회 이상 그 처리 결과를 통지한 신고와 같은 내용인 경우

　　나. 무기명 또는 가명으로 접수된 경우

　　다. 단순한 풍문이나 인신공격적인 내용인 경우

　　라. 완결된 사건 또는 재판에 불복하는 내용인 경우

　　마. 민사소송 또는 행정소송에 관한 사항인 경우

　　라. 완결된 사건 또는 재판에 불복하는 내용인 경우

　　마. 민사소송 또는 행정소송에 관한 사항인 경우

　　바. 본인의 진정한 의사에 의한 것인지 여부가 확인되지 않은 경우

　　사. 내용이 불분명하거나 구체적 사실이 적시되어 있지 않은 경우

　　아. 특정사건과 관련 없는 청원 또는 정책건의를 내용으로 하는 경우

자. 동일한 사실에 관하여 고소 또는 고발이 있는 경우

차. 처벌을 희망하는 의사표시가 없거나 처벌을 희망하는 의사표시가 취소된 경우

Ⅲ. 수사의 개시(입건)

1. 개 념

수사기관이 사건을 최초로 수리하여 수사를 개시함을 입건이라 하며, 입건 이후에는 혐의자가 피의자로 된다. 실무상으로는 범죄사건부에 사건을 등재하게 되는 단계를 말한다.

2. 개시의 원인

사법경찰관이 수사를 개시하는 원인에는 입건의 사유인 범죄인지, 고소·고발의 접수, 검사의 사건 이송, 이송사건의 수리 등이 있다.

가. 범죄인지 – 범죄인지서 작성

경찰관은 범죄의 혐의가 있다고 판단될 때는 수사에 착수하여야 하고, 수사를 개시할 때는 범죄인지서를 작성하여 소속 경찰서장에게 보고하여야 한다.

> ※ 경찰수사규칙
> 제18조(수사의 개시) ① 사법경찰관은 법 제197조제1항에 따라 구체적인 사실에 근거를 둔 범죄의 혐의를 인식한 때에는 수사를 개시한다.
> ② 사법경찰관은 제1항에 따라 수사를 개시할 때에는 지체 없이 별지 제11호서식의 범죄인지서를 작성하여 사건기록에 편철해야 한다.
>
> ※ 검사와 사법경찰관의 상호협력과 일반적 수사준칙에 관한 규정
> 제16조(수사의 개시) ① 검사 또는 사법경찰관이 다음 각 호의 어느 하나에 해당하는 행위에 착수한 때에는 수사를 개시한 것으로 본다. 이 경우 검사 또는 사법경찰관은 해당 사건을 즉시 입건해야 한다.
> 1. 피혐의자의 수사기관 출석조사
> 2. 피의자신문조서의 작성
> 3. 긴급체포
> 4. 체포·구속영장의 청구 또는 신청
> 5. 사람의 신체, 주거, 관리하는 건조물, 자동차, 선박, 항공기 또는 점유하는 방실에 대한 압수·수색 또는 검증영장(부검을 위한 검증영장은 제외한다)의 청구 또는 신청

나. 검사의 사건 이송

> ※ 검사와 사법경찰관의 상호협력과 일반적 수사준칙에 관한 규정
> 제18조(검사의 사건 이송 등) ① 검사는 「검찰청법」 제4조제1항제1호 각 목에 해당되지 않는 범죄에 대한 고소·고발·진정 등이 접수된 때에는 사건을 검찰청 외의 수사기관에 이송해야 한다.
> 1. 검찰청법 제4조제1항제1호 각 목에 해당되지 않는 범죄에 대한 고소·고발·진정 등이 접수된 때

2. 「검사의 수사개시 범죄 범위에 관한 규정」 제2조 각 호의 범죄에 해당하는 사건 수사 중 범죄 혐의 사실이 「검찰청법」 제4조제1항제1호 각 목의 범죄에 해당되지 않는다고 판단되는 때. 다만 구속영장이나 사람의 신체, 주거, 관리하는 건조물, 자동차, 선박, 항공기 또는 점유하는 방실에 대하여 압수·수색 또는 검증영장이 발부된 경우는 제외한다.

② 검사는 다음 각 호의 어느 하나에 해당하는 때에는 사건을 검찰청 외의 수사기관에 이송할 수 있다.
1. 법 제197조의4제2항 단서에 따라 사법경찰관이 범죄사실을 계속 수사할 수 있게 된 때
2. 그 밖에 다른 수사기관에서 수사하는 것이 적절하다고 판단되는 때
③ 검사는 제1항 또는 제2항에 따라 사건을 이송하는 경우에는 관계 서류와 증거물을 해당 수사기관에 함께 송부해야 한다.
④ 검사는 제2항제2호에 따른 이송을 하는 경우에는 특별한 사정이 없으면 사건을 수리한 날부터 1개월 이내에 이송해야 한다.

다. 피해신고 - 범죄신고서 작성

피해자의 피해신고로 수사에 착수하여 혐의가 인정되면 인지 수사한다.

라. 검사 이송사건

사법경찰관은 수사준칙 제18조에 따라 검사로부터 사건을 이송받으면 지체 없이 접수하여 처리한다. (경찰수사규칙 제32조)

3. 용어정리

가. 사건의 수리

형사사건이 검찰청 또는 경찰서 등 특정 수사기관에 접수되어 이에 사건번호가 부여되는 절차

나. 인 지

수사기관이 각종 수사의 단서에 의하여 곧바로 또는 입건전조사의 과정을 거쳐 적극적·능동적으로 범죄혐의를 인정하고 수사에 착수하는 처분. 입건의 한 방법

다. 입 건

인지뿐만 아니라 고소, 고발, 자수 등 수사의 단서에 의하여 소극적·수동적으로 수사가 개시되는 경우까지 포함하는 수사 개시의 절차

Ⅳ. 수사의 실행

1. 수사는 형사소송법, 형사소송규칙, 검사와 사법경찰관의 상호협력과 일반적 수사준칙에 관한 규정, 경찰수사규칙 등에 규정된 권한의 범위 내에서 자율적으로 행한다.

2. 사법경찰관이 직접 수사할 수 없는 것도 있다.
   이런 경우에 해당기관의 고발해야 할 때는 고발을 하도록 협조공문을 보내거나 근로에 관한 법의 경우에는 해당 노동청으로 사건을 인계하여야 한다.

   > 例, 독점규제 및 공정거래에 관한 법률, 조세범처벌법(특가법에 해당할 경우 인지가능), 관세법, 물가안정에관한법률, 자동차손해배상보장법(제38조 제2항), 근로에 관한 법(근로기준법, 최저임금법, 노동조합및근로관계조정법, 산업안전보건법 등)

3. 고발사건에 대하여는 자기 또는 배우자의 직계존속에 대한 고발인지 여부, 관세법 · 조세범처벌법 등 고발이 소송조건인 범죄에 있어서 고발권자의 고발이 있는지 등을 조사하여야 한다.

4. 준수사항 (형사소송법 제198조)
   ① 피의자에 대한 수사는 불구속 상태에서 함을 원칙으로 한다.
   ② 사법경찰관리와 그 밖에 직무상 수사에 관계있는 자는 피의자 또는 다른 사람의 인권을 존중하고 수사과정에서 취득한 비밀을 엄수하며 수사에 방해되는 일이 없도록 하여야 한다.
   ③ 사법경찰관리와 그 밖에 직무상 수사에 관계있는 자는 수사과정에서 수사와 관련하여 작성하거나 취득한 서류 또는 물건에 대한 목록을 빠짐없이 작성하여야 한다.
   ④ 수사기관은 수사 중인 사건의 범죄혐의를 밝히기 위한 목적으로 합리적인 근거 없이 별개의 사건을 부당하게 수사하여서는 아니 되고, 다른 사건의 수사를 통하여 확보된 증거 또는 자료를 내세워 관련 없는 사건에 대한 자백이나 진술을 강요하여서도 아니 된다.

V. 수사의 종결(송치)

1. 고소·고발 사건은 수리한 때로부터 3개월 이내에 수사를 완료하여야 하며 이를 완료하지 못하였을 때는 소속수사부서장에게 보고하고 기간연장을 승인받아야 한다.

> ※ 경찰수사규칙
> 제24조(고소·고발사건의 수사기간) ① 사법경찰관리는 고소·고발을 수리한 날부터 3개월 이내에 수사를 마쳐야 한다.
> ② 사법경찰관리는 제1항의 기간 내에 수사를 완료하지 못한 경우에는 그 이유를 소속수사부서장에게 보고하고 수사기간 연장을 승인받아야 한다.

2. 수사부서장은 범죄 인지 후 1년이 지난 사건은 수사종결 지휘하여야 한다. 계속 수사가 필요한 경우에는 그 사유를 소명하여 상급 수사부서의 장의 승인을 받아 수사할 수 있다.

> ※ 경찰수사규칙
> 제95조(장기사건 수사종결) ① 사법경찰관리는 범죄 인지 후 1년이 지난 사건에 대해서는 수사준칙 제51조 제1항에 따른 결정을 해야 한다. 다만, 다수의 사건관계인 조사, 관련 자료 추가확보·분석, 외부 전문기관 감정의 장기화, 범인 미검거 등으로 계속하여 수사가 필요한 경우에는 해당 사법경찰관리가 소속된 바로 위 상급경찰관서 수사 부서의 장의 승인을 받아 연장할 수 있다.
> ② 사법경찰관리는 제1항 단서에 따른 승인을 받으려면 수사기간 연장의 필요성을 소명해야 한다.

3. 사법경찰관은 사건을 수사한 경우에는 다음 각 호의 구분에 따라 결정해야 한다.
   ① 법원송치
   ② 검찰송치
   ③ 불 송 치 : 가. 혐의없음(범죄인정안됨, 증거불충분)
   　　　　　　　나. 죄가안됨
   　　　　　　　다. 공소권없음
   　　　　　　　라. 각하
   ④ 수사중지 : 가. 피의자중지
   　　　　　　　나. 참고인중지
   ⑤ 이송

4. 사법경찰관은 하나의 사건 중 피의자가 여러 사람이거나 피의사실이 여러 개인 경우로서 분리하여 결정할 필요가 있는 경우 그중 일부에 대해 결정을 할 수 있다.

5. 사법경찰관은 검사에게 사건기록을 송부한 후 피의자 등의 소재를 발견한 경우에는 소재 발견 및 수사 재개 사실을 검사에게 통보해야 한다. 이 경우 통보를 받은 검사는 지체 없이 사법경찰관에게 사건기록을 반환해야 한다.

제2절 민원서류의 접수

1. 형사민원 사건을 제기하는 자가 있을 때는 수사관할의 여부를 불문하고 이를 수리함을 원칙으로 한다. 단, 수사관서가 당해 사건 수사관할(피 민원인 또는 민원인의 주소지가 아니고 범죄지도 아닌 경우)이 아닐 때는 민원인에 대하여 수사관할인 관서에 제출하도록 설득하여 수사관할 관서에 제기토록 하고 수리하지 않을 수 있다.

2. 제1항의 관할에 불구하고 이를 수리하였을 때는 지체 없이 수사관할 관서에 이첩하고 민원인에게 그 취지를 통보하여야 한다.

3. 익명 또는 허무인 명의의 진정·탄원 및 투서에 대하여는 그 내용을 정확히 판단하여 수사단서로서의 가치가 없다고 인정될 때는 입건전 조사하지 아니할 수 있다.

4. 실존 인물의 진정·탄원·투서라도 내용이 형벌 법규에 저촉되지 아니함이 명백하다고 인정될 때는 진정·탄원·투서인에게 그 뜻을 통지하고 제3항에 준하여 처리할 수 있다.

5. 형사민원 사건을 수리하지 않고 관계인을 소환하는 등 부당한 수사를 하여서는 아니 되며 특히 특정인을 위한 편파수사를 하여서는 아니 된다.

6. 형사민원인이 직접 휴대 제출한 민원서류는 민원실에서는 접수 대장에만 등재한 후 민원서류와 민원인을 관련 처리 주무기능에 즉시 인계하고, 처리주무 간부가 즉시 조사자를 지정하여 즉석 보충조서를 작성 후 결재토록 하여 가급적 민원인이 조서작성을 위하여 재차 출석하는 일이 없도록 하여야 한다.

7. 조사계획서 작성
조사계획서는 일정한 양식이 규정된 것은 아니지만 수사를 하기에 앞서 조사계획서를 작성하는 것이 업무처리 과정에서 유용하게 사용될 수 있을 것이다. 특히 형사소송법 개정으로 수사과정을 기록하게 되어 있어(법 제244조의4) 조사계획서를 작성한 것이 이에 일치할 수도 있다. 이 계획서를 만들어 사건 표지로 사용하면 좋다.

제3절 수사의 제척·기피·회피

Ⅰ. 수사의 제척

경찰관은 다음 경우에 수사직무(조사 등 직접적인 수사 및 수사 지휘를 포함한다)의 집행에서 제척된다.

가. 경찰관 본인이 피해자인 때

나. 경찰관 본인이 피의자나 피해자의 친족이거나 친족관계가 있었던 자인 때

다. 경찰관 본인이 피의자나 피해자의 법정대리인이나 후견감독인인 때

Ⅱ. 수사의 기피

1. 기피의 원인과 신청권자

① 피의자, 피해자와 그 변호인은 다음 각 호의 어느 하나에 해당하는 때에는 경찰관에 대해 기피를 신청할 수 있다. 다만, 변호인은 피의자, 피해자의 명시한 의사에 반하지 아니하는 때에 한하여 기피를 신청할 수 있다.

ㅇ 경찰관이 제8조 각 호의 어느 하나에 해당되는 때

> 제8조(제척) 경찰관은 다음 각 호의 어느 하나에 해당하는 경우 수사직무(조사 등 직접적인 수사 및 수사지휘를 포함한다)의 집행에서 제척된다.
> 1. 경찰관 본인이 피해자인 때
> 2. 경찰관 본인이 피의자 또는 피해자의 친족이거나 친족이었던 사람인 때
> 3. 경찰관 본인이 피의자 또는 피해자의 법정대리인이거나 후견감독인인 때

ㅇ 경찰관이 불공정한 수사를 하였거나 그러한 염려가 있다고 볼만한 객관적·구체적 사정이 있는 때

② 기피 신청은 경찰관서에 접수된 고소·고발·진정·탄원·신고 사건에 한하여 신청할 수 있다.

2. 신청방법과 대상

① 기피신청을 하려는 사람은 별지 제1호서식의 기피 신청서를 작성하여 기피신청 대상 경찰관이 소속된 경찰관서 내 감사부서의 장(이하 "감사부서의 장"이라 한다)에게 제출하여야 한다. 이 경우 해당 감사부서의 장은 즉시 수사부서장에게 기피신청 사실을 통보하여야 한다.

② 기피신청을 하려는 사람은 기피신청을 한 날부터 3일 이내에 기피 사유를 서면으로 소명하여야 한다.

3. 기피신청의 처리

① 기피 신청을 접수한 감사부서의 장은 다음 각 호의 어느 하나에 해당하는 경우 해당 신청을 수리하지 않을 수 있다.

ㅇ 대상 사건이 종결된 경우

ㅇ 동일한 사유로 이미 기피신청이 있었던 경우. 다만, 기존과 다른 사유로 기피 신청하는 것을 소명할 경우에는 추가로 한 차례만 기피 신청할 수 있다.

ㅇ 기피 사유에 대한 소명이 없는 경우

ㅇ 제9조 후단 또는 제9조제2항에 위배되어 기피 신청이 이루어진 경우

ㅇ 기피신청이 수사의 지연 또는 방해만을 목적으로 하는 것이 명백한 경우

> 제9조(기피 원인과 신청권자) ① 피의자, 피해자와 그 변호인은 다음 각 호의 어느 하나에 해당하는 때에는 경찰관에 대해 기피를 신청할 수 있다. 다만, 변호인은 피의자, 피해자의 명시한 의사에 반하지 아니하는 때에 한하여 기피를 신청할 수 있다.
> 1. 경찰관이 제8조 각 호의 어느 하나에 해당되는 때
> 2. 경찰관이 불공정한 수사를 하였거나 그러한 염려가 있다고 볼만한 객관적·구체적 사정이 있는 때
> ② 기피 신청은 경찰관서에 접수된 고소·고발·진정·탄원·신고 사건에 한하여 신청할 수 있다.

② 수사부서장은 기피신청 사실을 통보받은 후 지체 없이 제2호서식의 의견서를 작성하여 감사부서의 장에게 제출하여야 한다. 다만, 제1항에 따라 해당 기피신청을 수리하지 않는 경우에는 그러하지 아니하다.

③ 수사부서장은 기피신청이 이유 있다고 인정하는 때에는 기피신청 사실을 통보받은 날부터 3일(근무일 기준) 이내에 사건담당 경찰관을 재지정하여 감사부서의 장에게 해당 사실을 통보해야 한다.

④ 수사부서장이 기피신청을 이유 있다고 인정하지 않는 때에는 감사부서의 장은 기피

신청 접수일부터 7일(공휴일과 토요일은 산입하지 않는다) 이내에 공정수사위원회를 개최하여 기피 신청 수용 여부를 결정하여야 한다. 다만, 부득이한 경우 7일의 범위에서 한 차례만 위원회 개최를 연기할 수 있다.

⑤ 공정수사위원회는 위원장을 포함하여 5명의 위원으로 구성하되, 감사부서의 장을 위원장으로, 수사부서 소속 경찰관 2명과 수사부서 이외의 부서 소속 경찰관 2명을 위원으로 구성한다.

⑥ 공정수사위원회는 재적위원 전원의 출석으로 개의하고 출석위원 과반수의 찬성으로 의결한다.

⑦ 감사부서의 장은 제3항에 따른 재지정 사실 또는 제6항에 따른 의결 결과를 기피 신청자에게 통지하여야 한다.

⑧ 제7항의 통지는 서면, 전화, 팩스, 전자우편, 문자메시지 등 신청인이 요청한 방법으로 할 수 있으며, 별도로 요청한 방법이 없는 경우에는 서면 또는 문자메시지로 한다. 이 경우 서면으로 통지할 때에는 제3호서식의 기피신청에 대한 결과통지서에 따른다.

⑨ 기피 신청이 접수되어 수사부서에 공문으로 통보된 시점부터 수용 여부가 결정된 시점까지 해당 사건의 수사는 중지된다. 다만, 공소시효 만료, 증거인멸 방지 등 신속한 수사의 필요성이 있는 경우에는 그러하지 아니하다.

기 피 신 청

신청인	성 명		사건관련 신분	
	주민등록번호	–	전 화 번 호	– –
	주 소			

아래 사건의 대상수사관에 대하여 신청인은 다음과 같은 사유로 기피신청하니, 필요한 조치를 취하여 주시기 바랍니다.

사 건 번 호		–		
대 상 수 사 관	소 속		성 명	

기 피 신 청 이 유

◆ 아래의 사유 중 해당사항을 체크하여 주시기 바랍니다.
☐ 수사관이 다음에 해당됨
　△ 사건의 피해자임 △ 피의자·피해자와 친족이거나 친족관계에 있었음
　△ 피의자·피해자의 법정대리인 또는 후견감독인임
☐ 청탁전화 수신, 피의자·피해자와 공무 외 접촉하여 공정성을 해하였음
☐ 모욕적 언행, 욕설, 가혹행위 등 인권을 침해함
☐ 조사과정 변호인 참여 등 신청인의 방어권을 보장받지 못함
☐ 사건접수 후 30일 이상 아무런 수사 진행사항이 없음
☐ 기타 불공평한 수사를 할 염려가 있다고 볼만한 객관적·구체적 사정이 있음

◆ 위에서 체크한 해당사항에 대한 구체적인 사유를 기재하여 주시기 바랍니다.

※ 근거자료가 있는 경우에는 이 신청서와 함께 제출하여 주시기 바랍니다.

결과통지방법	☐ 서면	☐ 전화	☐ 문자메시지	☐ 기타(전자우편, 팩스 등)

20○○.○.○.

신청인　　　　　　　　(서명)

소 속 관 서 장　귀 하

기피신청에 대한 의견

담 당 수 사 관	소　　　속	계 급 성 명	사 　건 　번 　호
			－

기피신청 사　　유	

수 사 관 의 　　견	

팀　　장 검토결과	<기피 신청 수용여부> 　□ 수 용　　　　　　　　　　　　□ 불수용 　└ 재지정 수사관 ○○팀 경○ ○ ○ ○ <판단근거> 　※ 구체적으로 기재

작 성 자 확　　인	

소 속 관 서

제 0000-000000 호   0000.00.00.

수 신 :

제 목 : 기피 신청에 대한 결과 통지

귀하의 기피 신청에 대한 결과를 다음과 같이 알려드립니다.

신 청 인	성 명		주민등록번호	
	주 소			
사 건 번 호				
결 정 내 용	1. 수 용 (선택) : 교체 수사관 00팀 00 000 (☎ : 전화번호) 2. 불 수 용 (선택) :			
결 정 사 유				
참 고 사 항	수사결과에 이의가 있는 경우, 「수사이의제도」 활용 가능 – 접수방법 등은 ○○시·도경찰청 '수사심의계'로 문의 (☎ 02-000-0000)			
<div style="text-align: center">소 속 관 서 장</div>				

III. 수사의 회피

1. 경찰관은 모든 수사에 있어 기피에 해당하는 사유가 있거나 기타 공정성을 잃을 염려가 있다고 사료한 때에는 회피하여야 한다.

2. 회피하려는 경찰관은 소속 부서장에게 규정에 따른 서식을 작성하여 제출하여야 한다.

3. 사법경찰관리는 피의자나 사건관계인과 친족 관계 또는 이에 준하는 관계가 있거나 그 밖에 수사의 공정성을 의심받을 염려가 있는 사건에 대해서는 소속기관의 장의 허가를 받아 그 수사를 회피해야 한다. (검사와 사법경찰관의 상호협력과 일반적 수사준칙에 관한 규정 제11조)

4. 사법경찰관리는 수사준칙 제11조에 따라 수사를 회피하려는 때에는 별지 제8호서식의 회피신청서를 소속 경찰관서장에게 제출하여야 한다. (경찰수사규칙 제10조)

5. 소속 경찰관서장이 「검사와 사법경찰관의 상호협력과 일반적 수사준칙에 관한 규정」 제11조에 따른 회피신청을 허가한 때에는 회피신청서를 제출받은 날로부터 3일 이내에 사건담당 경찰관을 재지정하여야 한다. (범죄수사규칙 제12조)

○ ○ 경 찰 서

제 호   20○○.○.○.

수 신 :

참 조 :

제 목 : 회피신청서

다음 사건에 대해 회피를 신청합니다.

1. 신청인

 성명 :   계급 :

 소속 :   주민등록번호 :

2. 사건번호

3. 회피 사유

4. 증빙 서류

                    20○○.○.○.

                              신청인   (서명)

제4절 고소 · 고발사건 처리

I. 관련 법규

1. 형사소송법

제245조의5(사법경찰관의 사건송치 등) 사법경찰관은 고소 · 고발 사건을 포함하여 범죄를 수사한 때에는 다음 각 호의 구분에 따른다.
  1. 범죄의 혐의가 있다고 인정되는 경우에는 지체 없이 검사에게 사건을 송치하고, 관계 서류와 증거물을 검사에게 송부하여야 한다.
  2. 그 밖의 경우에는 그 이유를 명시한 서면과 함께 관계 서류와 증거물을 지체 없이 검사에게 송부하여야 한다. 이 경우 검사는 송부받은 날부터 90일 이내에 사법경찰관에게 반환하여야 한다.
제245조의6(고소인 등에 대한 송부통지) 사법경찰관은 제245조의5제2호의 경우에는 그 송부한 날부터 7일 이내에 서면으로 고소인 · 고발인 · 피해자 또는 그 법정대리인(피해자가 사망한 경우에는 그 배우자 · 직계친족 · 형제자매를 포함한다)에게 사건을 검사에게 송치하지 아니하는 취지와 그 이유를 통지하여야 한다.
제245조의7(고소인 등의 이의신청) ① 제245조의6의 통지를 받은 사람(고발인을 제외한다)은 해당 사법경찰관의 소속 관서의 장에게 이의를 신청할 수 있다.
② 사법경찰관은 제1항의 신청이 있는 때에는 지체 없이 검사에게 사건을 송치하고 관계 서류와 증거물을 송부하여야 하며, 처리결과와 그 이유를 제1항의 신청인에게 통지하여야 한다.
제245조의8(재수사요청 등) ① 검사는 제245조의5제2호의 경우에 사법경찰관이 사건을 송치하지 아니한 것이 위법 또는 부당한 때에는 그 이유를 문서로 명시하여 사법경찰관에게 재수사를 요청할 수 있다.
② 사법경찰관은 제1항의 요청이 있는 때에는 사건을 재수사하여야 한다.

2. 경찰수사규칙

제22조(고소·고발인 진술조서 등) ① 사법경찰관리는 구술로 제출된 고소 · 고발을 수리한 경우에는 진술조서를 작성해야 한다.
② 사법경찰관리는 서면으로 제출된 고소 · 고발을 수리했으나 추가 진술이 필요하다고 판단하는 경우 고소인 · 고발인으로부터 보충 서면을 제출받거나 추가로 진술을 들어야 한다.
③ 자수하는 경우 진술조서의 작성 및 추가 진술에 관하여는 제1항 및 제2항을 준용한다.

3. 검사와 사법경찰관의 상호협력과 일반적 수사준칙에 관한 규정

제16조의2(고소 · 고발 사건의 수리 등) ① 검사 또는 사법경찰관은 고소 또는 고발을 받은 경우에는 이를 수리해야 한다.
② 검사 또는 사법경찰관은 고소 또는 고발에 따라 범죄를 수사하는 경우에는 고소 또는 고발을 수리한 날부터 3개월 이내에 수사를 마쳐야 한다.

II. 고소의 개념 등

1. 고소의 의미와 그 효력

고소는 범죄의 피해자 기타 고소권자가 수사기관에 대하여 범죄사실을 신고하여 범인의 소추를 구하는 의사표시를 말하는 것으로서, 단순한 피해사실의 신고는 소추·처벌을 구하는 의사표시가 아니므로 고소가 아니다. 또한, 피해자가 고소장을 제출하여 처벌을 희망하는 의사를 분명히 표시한 후 고소를 취소한 바 없다면 비록 고소 전에 피해자가 처벌을 원치 않았다 하더라도 그 후에 한 피해자의 고소는 유효하다. (대법원 2008. 11. 27., 선고, 2007도4977, 판결)

2. 고소의 방식과 고소능력

고소할 때는 소송행위 능력, 즉 고소능력이 있어야 하나, 고소능력은 피해를 본 사실을 이해하고 고소에 따른 사회생활상의 이해관계를 알아차릴 수 있는 사실상의 의사능력으로 충분하므로, 민법상 행위능력이 없는 사람이라도 위와 같은 능력을 갖추었다면 고소능력이 인정된다. (대법원 2011. 6. 24., 선고, 2011도4451,2011전도76, 판결)

3. 고소 기간의 시기

형사소송법 제230조 제1항 본문은 "친고죄에 대하여는 범인을 알게 된 날로부터 6월을 경과하면 고소하지 못한다."고 규정하고 있는바, 여기서 <u>범인을 알게 된다</u> 함은 통상인의 입장에서 보아 고소권자가 고소할 수 있을 정도로 범죄사실과 범인을 아는 것을 의미하고, 범죄사실을 안다는 것은 고소권자가 친고죄에 해당하는 범죄의 피해가 있었다는 사실관계에 관하여 확정적인 인식이 있음을 말한다. (대법원 2001. 10. 9., 선고, 2001도3106, 판결)

4. 고소·고발 전 수사의 적법성 여부

법률에 의하여 고소나 고발이 있어야 논할 수 있는 죄에 있어서 고소 또는 고발은 이른바 소추조건에 불과하고 당해 범죄의 성립요건이나 수사의 조건은 아니므로, 위와 같은 범죄에 관하여 고소나 고발이 있기 전에 수사하였더라도, 그 수사가 장차 고소나 고발의 가능성이 없는 상태 하에서 행해졌다는 등의 특별한 사정이 없으면, 고소나 고발이 있기 전에 수사하였다는 이유만으로 그 수사가 위법하게 되는 것은 아니다. 그렇다면 일반 사법경찰관리가 출입국사범에 대한 출입국관리사무소장 등의 고발이 있기 전에 수사하였더라도, 달리 위에서 본 특별한 사정이 없으면 그 사유만으로 수사가 소급하여 위법하게 되는 것은 아니다. (대법원 2011. 3. 10., 선고, 2008도7724, 판결)

5. 법정대리인의 고소권의 성질

형사소송법 제225조 제1항이 규정한 법정대리인의 고소권은 무능력자의 보호를 위하여 법정대리인에게 주어진 고유권이므로, 법정대리인은 피해자의 고소권 소멸 여부와 관계없이 고소할 수 있고, 이러한 고소권은 피해자의 명시한 의사에 반하여도 행사할 수 있다. (대법원 1999. 12. 24. 선고, 99도3784, 판결)

6. 고소에 있어서 범죄사실 특정의 정도

고소는 고소인이 일정한 범죄사실을 수사기관에 신고하여 범인의 처벌을 구하는 의사표시이므로 그 고소한 범죄사실이 특정되어야 할 것이지만 그 특정의 정도는 고소인의 의사가 구체적으로 어떤 범죄사실을 지정하여 범인의 처벌을 구하고 있는가를 확정할 수만 있으면 되는 것이고, 고소인 자신이 직접 범행의 일시. 장소와 방법 등까지 구체적으로 상세히 지적하여 범죄사실을 특정할 필요까지는 없다.

범행 기간을 특정하고 있는 고소에서는 그 기간에의 어느 특정범죄에 대하여 범인의 처벌을 원치 않는 고소인의 의사가 있다고 볼 만한 특별한 사정이 없는 이상 그 고소는 특정한 기간에 저지른 모든 범죄에 대하여 범인의 처벌을 구하는 의사표시라고 봄이 상당하다. (대법원 1988. 10. 25., 선고, 87도1114, 판결)

7. 친고죄에 있어서 (주관적) 고소불가분의 원칙

고소불가분의 원칙상 공범 중 일부에 대하여만 처벌을 구하고 나머지에 대하여는 처벌을 원하지 않는 내용의 고소는 적법한 고소라고 할 수 없고, 공범 중 1인에 대한 고소취소는 고소인의 의사와 상관없이 다른 공범에 대하여도 효력이 있다(대법원 1994. 4. 26. 선고 93도1689 판결 참조). 한편, 구 저작권법(2006. 12. 28. 법률 제8101호로 전문 개정되기 전의 것, 이하 '구 저작권법'이라고 한다) 제97조의5 위반죄와 같은 친고죄에서 공소제기 전에 고소의 취소가 있었다면 법원은 직권으로 이를 심리하여 공소기각의 판결을 선고하여야 한다 (형사소송법 제327조 제2호). (대법원 2009. 1. 30., 선고, 2008도7462, 판결)

8. 친고죄에 있어서 고소취소의 시한과 불가분원칙

친고죄의 공범 중 그 일부에 대하여 제1심판결이 선고된 후에는 제1심판결선고전의 다른 공범자에 대하여는 그 고소를 취소할 수 없고 그 고소의 취소가 있다 하더라도 그 효력을 발생할 수 없으며, 이러한 법리는 필요적 공범이나 임의적 공범이나를 구별함이 없이 모두 적용된다. (대법원 1985. 11. 12., 선고, 85도1940, 판결)

9. 친고죄와 고소권의 포기

친고죄에서 피해자의 고소권은 공법상의 권리라고 할 것이므로 법이 특히 명문으로 인정하는 경우를 제외하고는 자유 처분을 할 수 없고 따라서 일단 한 고소는 취소할 수 있으나 고소전에 고소권을 포기할 수 없다고 함이 상당할 것이다. (대법원 1967. 5. 23., 선고, 67도471, 판결)

Ⅲ. 수 리

1. 수사 민원사건을 제기하는 자가 있을 때는 수사관할의 여부를 불문하고 이를 수리함을 원칙으로 한다.

    단, 수사관서가 당해 사건 수사관할(피 민원인 또는 민원인의 주소지가 아니고 범죄지도 아닌 경우)이 아닐 때는 민원인에 대하여 수사관할인 관서에 제출하도록 설득하여 수사관할 관서에 제기토록 하고 수리하지 않을 수 있다.

2. 제1항의 관할에 불구하고 이를 수리하였을 때는 지체없이 수사관할 관서에 이첩하고 민원인에게 그 취지를 통보하여야 한다.

3. 익명 또는 허무인 명의의 진정·탄원 및 투서에 대하여는 그 내용을 정확히 판단하여 수사단서로서의 가치가 없다고 인정될 때는 입건전 조사하지 아니할 수 있다.

4. 실존 인물의 진정·탄원·투서라도 내용이 형벌 법규에 저촉되지 아니함이 명백하다고 인정될 때는 그 뜻을 통지하고 제3항에 준하여 처리할 수 있다.

5. 수사 민원사건을 수리하지 않고 관계인을 소환하는 등 부당한 수사를 하여서는 안 되며 특히 특정인을 위한 편파수사를 하여서는 아니된다.

6. 수사민원인이 민원실에 직접 휴대 제출한 민원서류는 민원실에서는 고소·고발인계개장 (진정은 민원사무처리부)에서만 등재한 후 민원서류와 민원인을 관련 처리 주무기능에 즉시 인계하고, 처리주무 간부가 즉시 조사자를 지정하여 즉석 보충 조서작성 후 결재토록 하여 가급적 민원인이 조서작성을 위하여 재차 출석하는 일이 없도록 하여야 한다.

※ 경찰수사규칙

제23조(고소의 대리 등) ① 사법경찰관리는 법 제236조에 따라 대리인으로부터 고소를 수리하는 경우에는 고소인 본인의 위임장을 제출받아야 한다.

② 사법경찰관리는 법 제225조부터 제228조까지의 규정에 따른 고소권자로부터 고소를 수리하는 경우에는 그 자격을 증명하는 서면을 제출받아야 한다.

③ 사법경찰관리는 제2항에 따른 고소권자의 대리인으로부터 고소를 수리하는 경우에는 제1항 및 제2항에 따른 위임장 및 자격을 증명하는 서면을 함께 제출받아야 한다.

④ 고소의 취소에 관하여는 제1항부터 제3항까지의 규정을 준용한다.

Ⅳ. 처 리

1. 수리한 수사 민원사건은 피 민원인 주거지 또는 범죄발생지 중 1개의 관할이 있는 한 접수한 시도경찰청 또는 경찰서에서 처리함을 원칙으로 한다.
2. 수사민원 사건이 관할을 달리하는 다수의 피 민원인이 있을 때는 주된 피 민원인의 주거지를 관할하는 경찰관서에서 처리한다.
3. 주된 피 민원인이 불명확할 때는
   ① 피 민원인이 수가 가장 많은 관할 경찰관서에서 처리한다.
   ② 피 민원인이 동수일 때에는 수리한 경찰관서에서 처리한다.
   ③ 동일 범죄사실에 관한 수사 민원사건 등을 동시에 수개 경찰관서에서 수리하였을 때는 전 "①, ②항"과 같다.
4. 수사민원 사건 등을 수사하면서 먼저 민원인 및 참고인 보충조서를 작성한 후 피 민원인에 대한 조서를 작성하는 등 타당성 있고 합리적인 절차에 의하여 수사하여야 한다.
5. 고소사건에 대하여는 고소권의 유무, 친고죄에서는 고소 기간의 경과 여부, 피해자의 명시한 의사에 반하여 죄를 논할 수 없는 사건에서는 처벌 희망 여부를 각각 조사하여야 한다.
6. 수사민원 사건을 완결(입건전조사 종결 또는 송치)하였을 때는 그 결과를 즉시 민원인에게 통지하고, 처리 진행상 황 및 기타 피해자등의 구조에 도움이 되는 사항을 통지하여야 한다. 통지는 민원인의 비밀보호를 위해 구두, 전화, 우편, 모사전송, E-mail 등 피해접수 때 민원인이 원하는 방법으로 한다.

※ 경찰수사규칙

제24조(고소·고발사건의 수사기간) ① 사법경찰관리는 고소·고발을 수리한 날부터 3개월 이내에 수사를 마쳐야 한다.

② 사법경찰관리는 제1항의 기간 내에 수사를 완료하지 못하였을 때에는 그 이유를 소속 수사부서장에게 보고하고 수사기일 연장을 승인받아야 한다.

제53조(고소·고발 취소 등에 따른 조치) ① 사법경찰관리는 고소·고발의 취소가 있을 때에는 그 취지를 명확하게 확인해야 한다.

② 피해자의 명시한 의사에 반하여 공소를 제기할 수 없는 범죄에 대해 처벌을 희망하는 의사표시의 철회가 있을 때에도 제1항과 같다.

V. 고소·고발사건 수사 시 주의사항

1. 고소·고발사건 수사 시 주의사항

가. 경찰관은 고소·고발을 수리하였을 때에는 즉시 수사에 착수하여야 한다.

나. 경찰관은 고소사건을 수사할 때에는 고소권의 유무, 자기 또는 배우자의 직계존속에 대한 고소 여부, 친고죄에서는 「형사소송법」 제230조 소정의 고소 기간의 경과여부, 피해자의 명시한 의사에 반하여 죄를 논할 수 없는 사건에서는 처벌을 희망하는가를 각각 조사하여야 한다.

다. 경찰관은 고발사건을 수사할 때에는 자기 또는 배우자의 직계존속에 대한 고발인지 여부, 고발이 소송조건인 범죄에서는 고발권자의 고발이 있는지 등을 조사하여야 한다.

라. 경찰관은 고소·고발에 따라 범죄를 수사할 때에는 다음 각 호의 사항에 주의하여야 한다.

① 무고, 비방을 목적으로 하는 허위 또는 현저하게 과장된 사실의 유무

② 해당 사건의 범죄사실 이외의 범죄 유무

2. 친고죄의 긴급수사착수

경찰관은 친고죄에 해당하는 범죄가 있음을 인지한 경우에 즉시 수사를 하지 않으면 향후 증거수집 등이 현저히 곤란하게 될 우려가 있다고 인정될 때에는 고소권자의 고소가 제출되기 전에도 수사할 수 있다. 다만, 고소권자의 명시한 의사에 반하여 수사할 수 없다.

3. 고소취소에 따른 조치

경찰관은 친고죄에 해당하는 사건을 송치한 후 고소인으로부터 그 고소의 취소를 수리하였을 때에는 즉시 필요한 서류를 작성하여 검사에게 송부하여야 한다.

4. 고소·고발사건의 수사기간 (경찰수사규칙 제24조)

① 사법경찰관리는 고소·고발을 수리한 날부터 3개월 이내에 수사를 마쳐야 한다.

② 사법경찰관리는 제1항의 기간 내에 수사를 완료하지 못하였을 때에는 그 이유를 소속 수사부서장에게 보고하고 수사기일 연장을 승인받아야 한다.

5. 고소·고발 연장 승인 (범죄수사규칙 제227조의3)

경찰관은 「경찰수사규칙」 제24조제2항에 따라 3개월 이내 수사를 완료하지 못하여 수사기간을 연장하는 경우에는 3개월마다 별지 제157호의2서식의 수사기일 연장 건의서 (고소·고발)를 작성하여 소속 수사부서장의 승인을 받아야 한다.

○○경찰서

제　호　　　　　　　　　　　　　　　　　　　　2O○O.○.○.

수 신 : 관서의 장

참 조 : 부서의 장

제 목 : 수사기일연장건의서(고소·고발)

　피의자 에 대한　사건에 관하여 다음과 같이 수사기일 연장을 건의합니다.

Ⅰ. 피의자 인적사항

Ⅱ. 범죄경력자료 및 수사경력자료

Ⅲ. 범죄사실

Ⅳ. 적용법조

Ⅴ. 수사기일 연장건의 사유

Ⅵ. 향후수사계획

제5절 고소·고발 전환 수리 지침

Ⅰ. 관련 법령

1. 경찰수사규칙

제21조(고소·고발의 수리) ① 사법경찰관리는 진정인·탄원인 등 민원인이 제출하는 서류가 고소·고발의 요건을 갖추었다고 판단하는 경우 이를 고소·고발로 수리한다.
② 사법경찰관리는 고소장 또는 고발장의 명칭으로 제출된 서류가 다음 각 호의 어느 하나에 해당하는 경우에는 이를 진정(陳情)으로 처리할 수 있다.
  1. 고소인 또는 고발인의 진술이나 고소장 또는 고발장에 따른 내용이 불분명하거나 구체적 사실이 적시되어 있지 않은 경우
  2. 피고소인 또는 피고발인에 대한 처벌을 희망하는 의사표시가 없거나 처벌을 희망하는 의사표시가 취소된 경우

2. 범죄수사규칙

제49조(고소·고발의 수리) 경찰관은 고소·고발은 관할 여부를 불문하고 접수하여야 한다. 다만, 제7조에 규정된 관할권이 없어 계속 수사가 어려운 경우에는 「경찰수사규칙」 제96조에 따라 책임수사가 가능한 관서로 이송하여야 한다.

Ⅱ. 요 건

1. 고소·고발 사건으로 수리

  가. 범죄구성요건에 해당하는 행위가 발생했을 가능성을 민원인 진술 및 제출자료 등에서 확인
  나. 행위자에 대해 형사처벌을 희망하는 명시적인 의사표시

2. 진정사건으로 수리

  고소장 또는 고발장으로 접수되더라도 다음의 경우에는 진정으로 수리 가능
  가. 고소장 또는 고발장에 의한 내용이 불분명하거나 구체적 사실이 적시되어 있지 아니한 경우
  나. 피고소인 또는 피고발인에 대한 처벌을 희망하는 의사표시가 없거나 처벌을 희망하

는 의사표시가 취소된 경우(단, 이미 고소나 고발로 수리된 이후 처벌 불원 의사가 있어도 접수 단서 변경 불가능)

다. 고소 또는 고발이 본인의 진의에 의한 것인지 여부가 확인되지 않는 경우

라. 동일한 사실에 관하여 이중으로 고소 또는 고발이 있는 경우

Ⅲ. 절 차

1. 민원사건 접수 후 10 근무일 이내 수리 형식 결정

접수 단서 변경할 때 '민원사건 정정 수리보고서'를 작성하여 소속 수사부서장 결재 진행

2. 전환 수리 시 7일 이내에 민원인에게 해당 사실 통지

수사진행 상황 통지서에 의한 우편 또는 민원인이 희망하는 방식으로 통지

3. 민원인의 이의신청 절차

가. 민원인에게 전환 수리 시 7일 이내 이의신청해야 한다는 내용과 함께 이의신청 절차 안내

나. 이의신청 접수일로부터 5일 이내 심의위원회 개최로 수용 여부 결정

Ⅳ. 수사 진행 상황의 통지

1. 사법경찰관은 신고·고소·고발·진정·탄원에 따라 수사를 개시한 때, 수사개시 후 3개월이 경과한 때에는 그날로부터 7일 이내에 고소인·고발인·피해자 또는 그 법정대리인(피해자가 사망하면 그 배우자·직계친족·형제자매를 포함한다. 이하 "고소인 등"이라 한다)에게 수사 진행상황을 통지하여야 한다.

2. 1차 통지 후부터는 매 1개월이 지나면 통지하여야 하며, 이때 수사 진행상황 통지 후에 고소인등의 요청이 있거나 그 밖에 사법경찰관이 필요하다고 인정하는 경우에도 수사 진행상황을 통지할 수 있다.

3. 제1항의 경우 고소인등의 연락처를 모르거나 소재가 확인되지 않을 때는 연락처나 소재를 안 날로부터 7일 이내에 통지하여야 한다.

4. 제1항 및 제2항의 통지는 서면, 전화, 팩스, 전자우편, 문자메시지 등 고소인등이 요청한 방법으로 할 수 있으며, 별도로 요청한 방법이 없는 경우에는 서면 또는 문자메시지로 한다. 이 경우 서면으로 통지할 때는 별지 제9호서식의 수사 진행상황 통지서에 따른다.

5. 서면으로 통지하였을 때는 그 사본을, 그 이외의 방법으로 통지한 때에는 그 취지를 적은 서면을 사건기록에 편철하여야 한다.

6. 사법경찰관은 다음 각 호의 어느 하나에 해당하는 경우에는 수사 진행상황을 통지하지 않을 수 있다. 이 경우 그 사실을 수사보고서로 작성하여 사건기록에 편철해야 한다.
   가. 고소인등이 통지를 원하지 않는 경우
   나. 고소인등에게 통지 사유에 해당하는 사실을 이미 고지한 경우
   다. 사건관계인의 명예나 권리를 부당하게 침해하는 경우
   라. 사건관계인에 대한 보복범죄나 2차 피해의 우려되는 경우

7. 수사 진행상황을 통지할 때는 해당 사건의 피의자 또는 사건관계인의 명예나 권리 등이 부당하게 침해되지 않도록 주의해야 한다. (수사준칙 제66조)

○○경찰서

제 호   20○○.○.○.

수 신 :   귀하

제 목 : 수사보고(민원사건 전환 수리보고)

 피의자 홍길동에 대한 ○○사건에 관하여 아래와 같이 수사하였기에 보고합니다.

– 아 래 –

○ 민원인이 제출한 형식 :

○ 수리 형식 :

○ 전환 수리한 사유 :

경 로	수사지휘 및 의견	구분	결 재	일시

민원사건 수리 형식에 대한 이의신청				
신 청 인	성 명		주민등록번호	
	주 소		전 화 번 호	
담 당 수 사 관	소 속		성 명	
이 의 신 청 사 유				
통 지 방 법	☐ 전화	☐ 문자	☐ 이메일	☐ 서 신

20○○.○.○.

신청인 홍길동 (서명)

○○경찰서장 귀하

○○경찰서

제 호   20○○.○.○.

수 신 :   귀하

제 목 : 수사진행상황 통지서

귀하와 관련된 사건의 수사진행상황을 다음과 같이 알려드립니다.

접 수 일 시		사 건 번 호	
주 요 진 행 상 황			
담 당 팀 장	○○과 ○○팀 경○ ○○○	☎	02-0000-0000

※ 범죄피해자 권리 보호를 위한 각종 제도

- 범죄피해자 구조 신청제도(범죄피해자보호법)
  - 관할지방검찰청 범죄피해자지원센터에 신청
- 의사상자예우 등에 관한 제도(의사상자예우에관한법률)
  - 보건복지부 및 관할 자치단체 사회복지과에 신청
- 범죄행위의 피해에 대한 손해배상명령(소송촉진등에관한특례법)
  - 각급법원에 신청, 형사재판과정에서 민사손해배상까지 청구 가능
- 가정폭력·성폭력 피해자 보호 및 구조
  - 여성 긴급전화(국번없이 1366), 아동보호 전문기관(1577-1391) 등
- 무보험 차량 교통사고 뺑소니 피해자 구조제도(자동차손해배상보장법)
  - 동부화재, 삼성화재 등 자동차 보험회사에 청구
- 국민건강보험제도를 이용한 피해자 구조제도
  - 국민건강보험공단 급여관리실, 지역별 공단지부에 문의
- 법률구조공단의 법률구조제도(국번없이 132 또는 공단 지부·출장소)
  - 범죄피해자에 대한 무료법률구조(손해배상청구, 배상명령신청 소송대리 등)
- 국민권익위원회의 고충민원 접수제도
  - 국민신문고 www.epeople.go.kr, 정부민원안내콜센터 국번없이 110
- 국가인권위원회의 진정 접수제도
  - www.humanrights.go.kr, 국번없이 1331
- 범죄피해자지원센터(국번없이 1577-1295)
  - 피해자나 가족, 유족등에 대한 전화상담 및 면접상담 등
- 수사 심의신청 제도(경찰민원콜센터 국번없이 182)
  - 수사과정 및 결과에 이의가 있는 경우, 관할 시도경찰청 「수사심의계」에 심의신청

  ※ 고소·고발인은 형사사법포털(www.kics.go.kr)을 통해 온라인으로 사건진행상황을 조회하실
     수 있습니다.

○○경찰서장

제6절 고소 · 고발의 각하결정

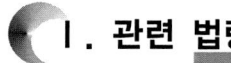 **I. 관련 법령**

1. 범죄수사규칙

제50조(고소 · 고발의 각하 대상 사건 검토) ① 고소 · 고발을 수리한 경찰관은 지체 없이 고소 · 고발 내용이 「경찰수사규칙」 제108조제1항제4호에 해당하는지 검토한다.
② 경찰관은 「경찰수사규칙」 제108조제1항제4호에 해당한다고 판단하는 경우 사건 수리일로부터 2개월 이내(필요한 경우 소속수사부서장의 결재 후 연장 가능)에 고소 · 고발인을 상대로 증거, 정황자료 등 근거자료 제출 요구 등을 통하여 계속 수사를 진행할 필요가 있는지 조사한다.

2. 경찰수사규칙

제108조(불송치 결정) ① 불송치 결정의 주문(主文)은 다음과 같이 한다.
4. 각하: 고소 · 고발로 수리한 사건에서 다음 각 목의 어느 하나에 해당하는 사유가 있는 경우
   가. 고소인 또는 고발인의 진술이나 고소장 또는 고발장에 따라 제1호부터 제3호까지의 규정에 따른 사유에 해당함이 명백하여 더 이상 수사를 진행할 필요가 없다고 판단되는 경우
   나. 동일사건에 대하여 사법경찰관의 불송치 또는 검사의 불기소가 있었던 사실을 발견한 경우에 새로운 증거 등이 없어 다시 수사해도 동일하게 결정될 것이 명백하다고 판단되는 경우
   다. 고소인 · 고발인이 출석요구에 응하지 않거나 소재불명이 되어 고소인 · 고발인에 대한 진술을 청취할 수 없고, 제출된 증거 및 관련자 등의 진술에 의해서도 수사를 진행할 필요성이 없다고 판단되는 경우
   라. 고발이 진위 여부가 불분명한 언론 보도나 인터넷 등 정보통신망의 게시물, 익명의 제보, 고발 내용과 직접적인 관련이 없는 제3자로부터의 전문(傳聞)이나 풍문 또는 고발인의 추측만을 근거로 한 경우 등으로서 수사를 개시할 만한 구체적인 사유나 정황이 충분하지 않은 경우
   마. 법 제223조, 제225조부터 제228조까지의 규정에 따른 고소권자가 아닌 자가 고소한 경우
   바. 법 제224조, 제232조제2항 또는 제235조를 위반한 고소 · 고발의 경우

II. 절 차

1. 고소 · 고발의 각하결정

경찰관은 제50조에 따라 수사 진행의 필요성을 검토하는 과정에서 고소 · 고발이 「경찰수사규칙」 제108조제1항제4호 사유에 해당하여 더 이상 수사를 진행할 필요가 없음이 명백한 경우 각하 결정하여 신속히 사건을 종결한다.

2. 각하결정 시 유의사항

경찰관은 고소·고발을 각하하는 경우 특별한 사정이 없으면 피의자등 사건관계인에게 출석 요구를 하거나 그 처리를 지연해서는 안 된다.

3. 각하결정 심의절차 등

① 경찰관은 「경찰수사규칙」 제108조제1항제4호 사유에 해당하는 사건이 사회적 분쟁, 이해관계 다툼 등으로 인하여 사건 수리일로부터 2개월이 경과하도록 처리가 지연되는 경우에는 경찰수사 심의위원회에 각하 결정의 적정성에 대한 심의를 요청할 수 있다.

② 경찰관은 제1항에 따라 심의 요청을 하는 경우의 구체적인 절차는 「경찰 수사사건 심의 등에 관한 규칙」에 따른다.

③ 경찰관은 제2항에 따른 심의 요청을 하기 전에 소속 경찰관서 수사심사관으로부터 해당 사건의 수사사건 심의 필요성에 대하여 심사받아야 한다.

④ 경찰관은 각하 결정의 적정성에 대하여 경찰수사 심의위원회의 심의가 이루어진 경우, 「경찰 수사사건 심의 등에 관한 규칙」 제18조에 따라 경찰 수사심의 위원회의 심의 의견을 최대한 존중하여 해당 사건을 처리한다.

제7절 범죄인지

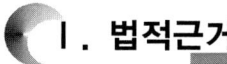

Ⅰ. 법적근거

1. 검사와 사법경찰관의 상호협력과 일반적 수사준칙에 관한 규정

> 제16조(수사의 개시) ① 검사 또는 사법경찰관이 다음 각 호의 어느 하나에 해당하는 행위에 착수한 때에는 수사를 개시한 것으로 본다. 이 경우 검사 또는 사법경찰관은 해당 사건을 즉시 입건해야 한다.
> 1. 피혐의자의 수사기관 출석조사
> 2. 피의자신문조서의 작성
> 3. 긴급체포
> 4. 체포·구속영장의 청구 또는 신청
> 5. 사람의 신체, 주거, 관리하는 건조물, 자동차, 선박, 항공기 또는 점유하는 방실에 대한 압수·수색 또는 검증영장(부검을 위한 검증영장은 제외한다)의 청구 또는 신청

2. 경찰수사규칙

> 제18조(수사의 개시) ① 사법경찰관은 법 제197조제1항에 따라 구체적인 사실에 근거를 둔 범죄의 혐의를 인식한 때에는 수사를 개시한다.
> ② 사법경찰관은 제1항에 따라 수사를 개시할 때에는 지체 없이 별지 제11호서식의 범죄인지서를 작성하여 사건기록에 편철해야 한다.

Ⅱ. 범죄인지의 의의

범죄인지란 수사기관이 고소나 고발 이외의 원인에 의하여 직접 범죄혐의를 인정하고 수사를 개시하는 것을 뜻한다.

Ⅲ. 관련 판례

1. 사법경찰관이 범죄를 인지하였다고 볼 수 있는 시기 (대법원 2010. 6. 24. 선고 2008도 12127 판결)

'피의자'라고 하기 위해서는 수사기관에 의하여 범죄의 인지 등으로 수사가 개시되어 있을 것을 필요로 하고, 그 이전의 단계에서는 장차 형사입건될 가능성이 크다고 하더라도 그러한 사정만으로 '피의자'에 해당한다고 볼 수는 없다. 한편 사법경찰관리 집무규칙 제21조에 의하면 사법경찰관이 범죄를 인지하는 경우에는 범죄인지보고서를 작성하는 절차를

거치게 되어 있으므로 특별한 사정이 없으면 수사기관이 그와 같은 절차를 거친 때에 범죄 인지가 된 것으로 볼 수 있겠으나, 사법경찰관이 그와 같은 절차를 거치기 전에 범죄의 혐의가 있다고 보아 수사에 착수하는 행위를 한때에는 이때 범죄를 인지한 것으로 보아야 하고 그 뒤 범죄인지보고서를 작성한 때에 비로소 범죄를 인지하였다고 볼 것은 아니다 (대법원 1989. 6. 20. 선고 89도648 판결, 대법원 2001. 10. 26. 선고 2000도2968 판결).

2. 인지 절차 이전에 이루어진 수사의 적법성 여부(대법원 2001. 10. 26. 선고 2000도2968 판결)

검찰사건사무규칙 제2조 내지 제4조에 의하면, 검사가 범죄를 인지하는 경우에는 범죄 인지서를 작성하여 사건을 수리하는 절차를 거치게 되어 있으므로, 특별한 사정이 없으면 수사기관이 그와 같은 절차를 거친 때에 범죄인지가 된 것으로 볼 것이나, 범죄의 인지는 실질적인 개념이고, 이 규칙의 규정은 검찰행정의 편의를 위한 사무처리절차 규정이므로, 검사가 그와 같은 절차를 거치기 전에 범죄의 혐의가 있다고 보아 수사를 개시하는 행위를 한때에는 이때 범죄를 인지한 것으로 보아야 하고, 그 뒤 범죄인지서를 작성하여 사건 수리 절차를 밟은 때에 비로소 범죄를 인지하였다고 볼 것이 아니며, 이러한 인지절차를 밟기 전에 수사하였다고 하더라도, 그 수사가 장차 인지의 가능성이 전혀 없는 상태 하에서 행해졌다는 등의 특별한 사정이 없으면, 인지 절차가 이루어지기 전에 수사하였다는 이유만으로 그 수사가 위법하다고 볼 수는 없고, 따라서 그 수사과정에서 작성된 피의자신문조서나 진술조서 등의 증거능력도 이를 부인할 수 없다.

Ⅳ. 인지 절차

1. 보고서 내용

피의자의 성명, 주민등록번호, 직업, 주거, 범죄경력, 죄명, 범죄사실의 요지, 적용법조 및 수사의 단서와 범죄 인지 경위를 적어야 한다.

2. 범죄인지서 작성 시점

수사단서를 얻어 수사를 시작할 때 상사에게 보고하는 서류로, 범죄인지서를 먼저 작성하고 그다음 피의자 등을 조사하여야 한다. 그러나 실무상 먼저 피의자 등을 조사한 후 차후에 범죄인지서를 작성하고 있는데 이는 절차상 잘못된 것이다.

따라서 관련 증거·정황 및 경찰관의 경험과 전문성에 따른 자율적 판단으로 수사를 개시하고 지체 없이 작성하여야 한다.

3. 피의자가 특정되지 않은 경우

'피의자 불상'으로 기재하여 범죄인지서를 작성하고, 피의자가 특정되면 "피의자 특정에 대한 수사보고"를 작성하여 소속 부서장(과장) 이상 결재를 받도록 한다.

4. 피해신고(발생보고)사건의 인지 여부

일단 진정사건과 유사한 형태로 보아, 접수 시 곧바로 사건번호를 부여하지 않고, '입건전조사'로 진행하다 구체적 범죄혐의 발견 시 '수사'로 전환하면서 범죄인지서를 작성하여 입건한다.

5. 범죄인지서 작성자

'검사와 사법경찰관의 상호협력과 일반적 수사준칙에 관한 규정'에 사법경찰관으로 되어 있으나 실무적으로는 사법경찰리 명의로도 작성하고 있다. 사법경찰리 명의로 작성하였다 하더라도 이는 규칙위반에 불과하므로 취소나 무효사유가 되지는 않을 것이다.

6. 입건 시기

범죄인지서가 작성되면 사건번호를 부여받아야 한다. 이때 피의자는 입건되는 것이다.

V. 추가인지

1. 인지 후 여죄수사 등으로 피의자를 추가하거나 범죄사실이 추가 확인된 경우에는 추가인지 하여야 한다.
2. 이때도 별도의 사건번호를 부여받아야 한다. 실무상 기존 사건번호에 추가로 번호를 부여받은 경우가 있는데 별도의 연번을 부여받아도 상관없다.

VI. 작성요령

1. 인적사항

일반적인 인적사항을 기재하면 된다. 특히 양벌규정이 있는 경우에는 법인도 입건하여야 한다.

2. 범죄경력 및 수사경력 자료

조회한 후 범죄경력과 수사경력을 기재해 준다. 이때 불기소처분(혐의없음, 공소권없음,

죄가안됨)내용의 자료에 대해서는 기재를 생략하여도 무방하다. 지구대나 파출소의 경우에는 범죄경력조회가 어렵기 때문에 이를 생략하고 작성하여도 상관없다.

3. 범죄사실

6하 원칙 또는 8하 원칙에 의거 작성한다.

4. 인지 경위

범죄를 인지하게 된 경위를 구체적으로 적성 하여야 한다. 실무상 인지 경위를 간략하게 작성하는 경우가 많은데 인지 경위가 재판과정에서 중요한 증거자료로도 사용될 수 있으므로 인지하게 된 경위를 상세히 작성하여야 한다.

VII. 죄명표시

1. 형법 죄명표시

가. 각칙 관련 죄명표시

형법죄명표에 의한다.

나. 총칙 관련 죄명표시

① 미수·예비·음모의 경우에는 위 형법죄명표에 의한다.
② 공동정범·간접정범의 경우에는 정범의 죄명과 동일한 형법 각칙 표시 각 본조 해당 죄명으로 한다.
③ 공범(교사 또는 방조)의 경우에는 형법 각칙 표시 각 본조 해당 죄명 다음에 교사 또는 방조를 추가하여 표시한다.

2. 특별법 위반사건 죄명표시

가. 원칙

① ○○법 위반으로 표시한다.
② 공소장 및 불기소장에 기재할 죄명에 관한 예규에서 별도 규정하고 있는 경우에는 그에 따른다.

例, 성폭력법처의 처벌 등에 관한 특례법 위반 (통신매체이용음란)

나. 공범·미수

① 공범에 관한 특별규정이 있을 때는 「○○법 위반」으로 표시하고, 특별규정이 없을 때는 「○○법 위반 교사 또는 ○○법 위반 방조」로 표시한다.
② 미수에 관하여는 「…법 위반」으로 표시한다.

Ⅷ. 적용법조 기재요령

1. 일반원칙

가. 피의자별로 해당 조문을 모두 기재한다.

나. 형법의 구성요건과 법정형에 관한 규정

① 형법 각칙 → 각 본조 → 형법총칙(교사, 방조, 미수, 경합범)

② 비신분범(제33조)→ 공동정범/간접정범(제34조)/교사범(제31조제1항), 종범(제32조)→ 중지범(제26조)→ 상상적경합(제40조)→ 누범(35조 또는 특별법상 누범→ 법률상 필요적 감면(제10조, 제11조, 제153조, 제157조, 제365조제2항)→ 경합범(제37조, 제38조, 제39조제1항) 순으로 기재

다. 특별법의 경우 벌칙조항을 먼저 기재하고 (행위)금지조항을 기재, 다른 법조를 인용하는 경우는 인용되는 법조문을 나중에 기재한다.

라. 법조문을 기재할 때는 '조', '항', '호', '목'을 구분하고 법조문 앞에는 반드시 '제'를 표기하여야 한다. '목'의 경우는 '제'를 붙이지 않는다. "호"를 "항"으로 표기하거나 개정 전의 법조항을 잘못 기재하는 사례가 없도록 한다.

　　例, 제12조 제2항 제3호 ○목

2. 다른 법조를 인용할 경우(例, 업무상횡령)

형법 제356조, 제355조 제1항

✽ 잘못된 사례 → 형법 제356조, 동법 제355조 제1항(동법, 같은 법 등의 표기는 불필요)

3. 피의자가 2명 이상으로 적용법조가 다른 경우

피의자 甲은 폭력행위 등 처벌에 관한 법률 제2조 제2항, 제1항, 형법 제257조 제1항
피의자 乙은 형법 제329조

4. 양벌규정의 경우

피의자 甲 : ○○법 <u>제98조 제1항 제2호</u>, <u>제59조 제1항</u>
                      (처벌조항)   (행위조항)

피의자 乙 : ○○법 <u>제100조 제1항</u>, <u>제98조 제1항 제2호</u>, <u>제59조 제1항</u>
                (양벌규정)   (행위자 처벌규정)

5. 법이 개정된 경우

가. 특별법의 경우에는 잦은 개정으로 구법의 조문을 잘못 기재하는 때도 있다. 법전이나 법제처 등 법률지원 인터넷사이트를 검색하는 등의 방법으로 범죄 행위시의 적용법조를 기재하도록 하여야 한다. 특히 재·개정된 법의 경우 부칙에 나와 있는 시행일자 계산을 잘해야 한다.

부칙 <제8778호, 2025.3.1>

제1조(시행일) 이 법은 공포 후 3개월이 경과한 날부터 시행한다.

⇒ 이 경우에는 해당 조문의 개정 여부를 확인하여 개정된 경우 3개월 후인 2025. 6. 30.부터 위반행위를 적용하여야 할 것이다.

나. 기재방법 (例)

① 형량이 변경된 경우

ㅇ 구 도로교통법(2020. 6. 9. 법률 제17371호로 개정되기 전의 것) 제44조 제1항, 제2항, 제148조의2 제1항, 도로교통법 제44조 제1항, 제2항, 제148조의2 제1항

② 조문이 변경된 경우

ㅇ 구 산업안전보건법(2019. 1. 15. 법률 제16272호로 전부 개정되기 전의 것) 제1조, 제5조 제1항 제1호, 제23조 제2항, 제3항(현행 제38조 제2항, 제3항 참조), 제29조 제3항(현행 제63조 참조)

ㅇ 구 성폭력범죄의 처벌 등에 관한 특례법(2020. 5. 19. 법률 제17264호로 개정되기 전의 것) 제14조 제2항, 제1항

ㅇ 구 전자금융거래법(2015. 1. 20. 법률 제13069호로 개정되기 전의 것) 제6조 제3항, 제49조 제4항, 구 전자금융거래법(2020. 5. 19. 법률 제17297호로 개정되기 전의 것) 제1조, 제6조 제2항, 제3항, 제49조 제4항

○ ○ 경 찰 서

제 호   20○○. ○. ○.
수 신 : 경 찰 서 장
참 조 : 수(형)사과장   접수번호 :
제 목 : **범죄인지서**   사건번호 :

다음 사람에 대한 범죄사실을 인지합니다.

1. 피의자 인적사항
   홍 길 동(洪 吉 童). 농 업
   주민등록번호 :
   주   거 :
   등록기준지 :

2. 범죄경력자료

3. 범죄사실의 요지
   피의자는 20○○. ○. ○. 16:00경 ○○에 있는 ○○식당옆 골목길에서 홍길녀(여, 13세) 혼
   자 걸어오는 것을 발견하고 바지 지퍼사이로 성기를 꺼내 손으로 흔들며 자위행위를 하여 공
   연히 음란한 행위를 하였다.

4. 죄명 및 적용법조
   형법 제245조

5. 수사단서 및 범죄 인지경위
   피해자의 112신고로 피의자를 검거하여 피의사실 추궁한바 범행자백하고 이를 목격한 참고인
   홍길녀 등의 진술로 보아 혐의 인정되어 인지한 것임.

경 로	수사지휘 및 의견	구분	결 재	일시

○ ○ 경 찰 서

제 호   20○○. ○. ○.
수 신 : 경찰서장
참 조 : ○○과장
제 목 : **범죄인지서(여죄)**

　　다음 사람에 대한 범죄사실(여죄)을 추가로 인지하였기에 보고합니다.

1. 피의자 인적사항

　　　홍 길 동 (洪 吉 童)

　　　주민등록번호 :

　　　주　　　거 :

　　　등록기준지 :

2. 범죄경력자료

3. 범죄사실의 요지(여죄)

　　피의자는 … 하였다.

4. 적용법조

5. 여죄 인지경위

　　피의자에 대한 ○○법위반 피의사실을 조사하는 과정에서 우리시 미제사건인 ○
○사건에 대한 범죄수법이 피의자의 범행수법과 유사하여 추궁한바 본인이 범행하
였다 자백하고 범행당시를 목격하였던 참고인 홍길동의 진술 등으로 보아 혐의 인
정되어 추가 인지한 것임.

경　로	수사지휘 및 의견	구분	결　재	일시

제2장	출석요구와 조사준비

제1절 출석요구

 I. 법적 근거

1. 형사소송법

> 제200조(피의자의 출석요구) 검사 또는 사법경찰관은 수사에 필요한 때에는 피의자의 출석을 요구하여 진술을 들을 수 있다.
>
> 제221조(제3자의 출석요구 등) ① 검사 또는 사법경찰관은 수사에 필요한 때에는 피의자가 아닌 자의 출석을 요구하여 진술을 들을 수 있다. 이 경우 그의 동의를 받아 영상녹화할 수 있다.

2. 검사와 사법경찰관의 상호협력과 일반적 수사준칙에 관한 규정

> 제19조(출석요구) ① 검사 또는 사법경찰관은 피의자에게 출석요구를 할 때에는 다음 각 호의 사항을 유의해야 한다.
>   1. 출석요구를 하기 전에 우편·전자우편·전화를 통한 진술 등 출석을 대체할 수 있는 방법의 선택 가능성을 고려할 것
>   2. 출석요구의 방법, 출석의 일시·장소 등을 정할 때에는 피의자의 명예 또는 사생활의 비밀이 침해되지 않도록 주의할 것
>   3. 출석요구를 할 때에는 피의자의 생업에 지장을 주지 않도록 충분한 시간적 여유를 두도록 하고, 피의자가 출석 일시의 연기를 요청하는 경우 특별한 사정이 없으면 출석 일시를 조정할 것
>   4. 불필요하게 여러 차례 출석요구를 하지 않을 것
> ② 검사 또는 사법경찰관은 피의자에게 출석요구를 하려는 경우 피의자와 조사의 일시·장소에 관하여 협의해야 한다. 이 경우 변호인이 있는 경우에는 변호인과도 협의해야 한다.
> ③ 검사 또는 사법경찰관은 피의자에게 출석요구를 하려는 경우 피의사실의 요지 등 출석요구의 취지를 구체적으로 적은 출석요구서를 발송해야 한다. 다만, 신속한 출석요구가 필요한 경우 등 부득이한 사정이 있는 경우에는 전화, 문자메시지, 그 밖의 상당한 방법으로 출석요구를 할 수 있다.
> ④ 검사 또는 사법경찰관은 제3항 본문에 따른 방법으로 출석요구를 했을 때에는 출석요구서의 사본을, 같은 항 단서에 따른 방법으로 출석요구를 했을 때에는 그 취지를 적은 수사보고서를 각각 사건기록에 편철한다.
> ⑤ 검사 또는 사법경찰관은 피의자가 치료 등 수사관서에 출석하여 조사를 받는 것이 현저히 곤란한 사정이 있는 경우에는 수사관서 외의 장소에서 조사할 수 있다.
> ⑥ 제1항부터 제5항까지의 규정은 피의자 외의 사람에 대한 출석요구의 경우에도 적용한다.

3. 경찰수사규칙

> **제34조(출석요구)** 수사준칙 제19조제3항 본문 또는 같은 조 제6항에 따라 피의자 또는 피의자 외의 사람에게 출석요구를 하려는 경우에는 별지 제21호서식 또는 별지 제22호서식의 출석요구서에 따른다.

Ⅱ. 일반적 요령

1. 사법경찰관이 피의자 또는 참고인에게 출석을 요구하는 때에는 출석요구서를 발부하여야 한다.

2. "1항"의 규정에 의한 출석요구서에는 출석요구의 취지를 명백하게 기재하여야 한다. 이때 출석요구서에 사건과 관련된 필요한 자료를 지참하거나 진술서를 미리 작성하여 출석 시 제출하도록 한다.

3. 출석요구서는 사법경찰관의 명의로 하여야 하며 사법경찰리가 사건을 담당할 때는 별도로 사건담당자를 표기하여야 한다.

4. 사법경찰관은 신속한 출석요구 등을 위하여 필요한 경우에는 전화 · 모사전송 기타 상당한 방법으로 출석요구를 할 수 있다.

5. 출석요구 시에는 출석요구 통지부에 필요사항을 등재하고 소속 경찰관서장(위임전결 규정에 따라 대부분 팀장 명의)의 결재를 받아 그 처리상황을 명백히 정리하여야 한다.
   ① 전화나 모사전송으로 출석을 요구하면 그 사유를 기재하고 출석 여부도 반드시 기재한다.
   ② 불응하여 체포영장을 신청하는 경우 참고자료로 삼아야 하기 때문이다.

6. 피의자의 경우 '정당한 이유없이 출석요구에 응하지 아니하면 형사소송법 제200조의2에 따라 체포될 수 있다'라는 내용을 출석요구서에 기재하여 불출석으로 인해 불이익을 받지 않도록 한다.

1. 피의자 출석요구서

출 석 요 구 서

제 호

   대상자 귀하에 대한 ○○ 사건(접수번호:20○○-○○.)에 관하여 문의할 일이 있으니 20○○. ○. ○. ○○:○○에 여성청소년과 제1팀으로 출석하여 주시기 바랍니다.

< 사건의 요지 >

< 구비서류 등 >

  1.

  2.

  3.

   출석하실 때에는 이 출석요구서와 위 구비서류, 기타 귀하가 필요하다고 생각하는 자료를 가지고 나오시기 바라며, 이 사건과 관련하여 귀하가 전에 충분히 진술하지 못하였거나 새롭게 주장하고 싶은 사항 및 조사가 필요하다고 생각하는 사항이 있으면 이를 정리한 진술서를 작성하여 제출하시기 바랍니다.

   지정된 일시에 출석할 수 없는 부득이한 사정이 있거나 이 출석요구서와 관련하여 궁금한 점이 있으면, ○○팀(☎ - -)에 연락하여 출석일시를 조정하시거나 궁금한 사항을 문의하시기 바랍니다.

   정당한 이유없이 출석요구에 응하지 아니하면 형사소송법 제200조의2에 따라 체포될 수 있습니다.

20○○. ○. ○.

○ ○ 경 찰 서

사법경찰관 경감   이 기 석 ⑪

사건담당자 경위   송 재 홍 ⑪

2. 참고인 출석요구서

출 석 요 구 서

제   호

　대상자 귀하에 대한 ○○ 피의/입건전조사사건 (접수번호 :20○○-000)의 고소인/고발인/피해자/참고인(으)로 문의할 사항이 있으니 20○○.○.○.○○:○○에 여성청소년과 제1팀으로 출석하여 주시기 바랍니다.

<사건의 요지>

<구비서류 등>

　1.
　2.
　3.

　출석할 수 없는 부득이한 사정이 있거나 사건내용에 관하여 문의할 사항이 있으면 ○○팀(☎ - -)로 연락하여 출석일시를 협의하거나 사건내용을 문의하시기 바랍니다.

※ 질병 등으로 경찰관서 직접 출석이 곤란한 경우에는 우편·FAX·E-mail 등 편리한 매체를 이용한 조사를 받을 수 있으며, 출장조사도 요청하실 수 있습니다.

20○○. ○. ○.
○ ○ 경 찰 서
사법경찰관 경감　이 기 석　㊞
사건담당자 경위　송 재 흥　㊞

제2절 조사준비

Ⅰ. 조사준비

1. 조사장소는 사무실을 이용하되 피조사자가 평온한 마음을 갖도록 쾌적한 환경을 갖춘다. 단, 사무실 이외에 장소에서 조사해야 할 필요가 있을 때는 주무과장 경유 관서장 승인하에 실시한다.
2. 조사 전 사건 내용을 충분히 검토하고 관계 법령을 연구하여 조사의 초점이 무엇인가를 명확하게 파악한 다음 질문의 순서와 방법을 메모지에 요약하여 조사한다.
3. 미리 조사자의 인물, 성격 등을 파악하여 그에 상응한 대우를 하고, 쓸데없는 겸손과 위축으로 핵심을 빠뜨리는 일이 없도록 할 것이며, 특히 상대방을 모욕하여 반감을 사는 일이 없도록 유념한다.
4. 수사관은 품위를 항상 지니고 확고한 신념을 가지며 단정한 자세로 정정당당하게 임하고, 자백을 유도하기 위한 위법한 약속을 해서는 안 된다.
5. 조사 시에는 반드시 입회인을 참여시켜 임의성과 신빙성을 확보해야 하며, 특히 야간에 조사할 때는 관서장 승인을 얻어서 실시하고 성폭행 피해자를 조사할 때는 수사에 지장이 없는 범위 내에서 가족 등 동석을 허용한다.

Ⅱ. 조사자의 태도

1. 경찰관 對 범죄혐의자라는 관계를 강조하는 인상을 주어서는 안 되며 인간 대 인간이라는 면을 강조하여 피조사자를 동정하고 이해하는 태도를 갖는다.
2. 평온하고 신중한 태도와 이에 부드러움을 가미하여 상대자가 긴장감과 경계심을 버리고 신뢰감을 갖도록 노력한다.

   例, 죽였지, 훔쳤지, 자백하라는 등의 극단적인 언행보다는 쐈지, 가져갔지, 진실을 말하라는 등의 부드러운 용어 사용
3. 피조사자가 불안하지 않도록 가급적 조사자는 금연하고 전화 받는 것을 삼가며 펜을 들었다, 놓았다 하는 등의 행동을 삼간다.
4. 냉정 침착하여 감정에 의하는 일이 없도록 하고 진술자의 이익이 될 수 있는 사정 등을 끈기 있게 들어주는 아량을 베풀 것이며 의연한 자세로 인내로써 조사에 임한다.
5. 피조사자의 눈높이가 조사자와 수평이 되도록 앉아 피조사자의 눈을 똑바로 주시한다.

6. 사소한 언동에 주의한다.

   몸 전체의 움직임과 표정만으로 마음을 엿볼 수 있는 것임으로 언어, 음성, 어조, 안색, 눈매, 동작, 감정의 표현에 주의하여 진실과 허위를 판별한다.

7. 단순한 추정과 억측으로 선입감을 가지고 조사에 임하는 것은 금물이며, 상대방의 입장에서 먼저 생각하고 종종 진술을 앞질러 진술자가 후회하여 스스로 진실을 고백하도록 한다.

Ⅲ. 진술의 임의성 확보

1. 피의자를 조사할 때는 미리 형사소송법 제244조의3에 의한 진술을 거부할 수 있음을 알린다.

2. 조사할 때에는 고문, 폭행, 협박, 신체구속의 부당한 장기화 그 밖에 진술의 임의성에 관하여 의심받을 만한 방법을 취하여서는 아니 된다.

3. 조사할 때에는 희망하는 진술을 상대자에게 시사하는 등의 방법으로 진술을 유도하거나 진술의 대가로 이익을 제공할 것을 약속하거나 그 밖에 진술의 진실성을 잃게 할 염려가 있는 방법을 취하여서는 아니 된다.

4. 조사는 대등한 위치에서 해야 하며 임의성 확보에 유념하여 조사실 내에 경찰봉·목봉 등 흉기를 두어서는 안 된다.

5. 질문은 될 수 있는 한 짧게 하고, 많은 진술을 하도록 함으로써 새로운 사실과 모순점을 발견한다.

6. 진술자가 진술을 번복할 때는 그 경위를 반드시 조서에 기록하여 그 과정을 명확히 함으로써 또다시 번복할 경우를 대비한다.

7. 자백은 단계적으로 서서히 이루어지기 때문에 즉시 모든 자백을 얻으려 해서는 안 되며 자백할 예도 범죄 동기 등 부수적인 사실을 거짓 진술할 염려가 있으므로 특히 유의한다.

8. 자백하면 즉시 조서를 작성하고 자백에 대한 보강증거도 즉시 수집한다.

9. 자백할 때는 범죄사실뿐만 아니라 범죄 동기, 사건 전후의 행적 등 전모를 진술토록 하여 조서에 기록 유지한다.

10. 조서는 조사종료 즉시 진술자에게 열람케 하거나 읽어 주어 정정 필요하면 가감하고 진술자에게 날인 등의 방법으로 이를 확인토록 한다.

IV. 공모 방지

1. 피의자는 공동모(공범 피의자 간, 피의자와 참고인 간 등)의 기회를 항상 노리고 있으므로 이를 차단하기 위해 노력한다.
2. 공범 사건은 다른 피의자가 자백했는지 궁금하여 불안감을 느끼고 있어서 이 점을 충분히 유념해야 하며 그렇다고 다른 피의자가 자백하지도 안 했는데 자백하였다고 위계를 사용하여 자백하도록 해서는 안 된다. 그러나 "당신이 부인해도 다른 공범자가 사실을 말하면 그 진술만으로도 당신의 범죄가 인정되는 것이다"라고 설득하는 것은 판례도 허용하고 있다.
3. 조사관이 가진 증거는 피조사자에게 전부 보여 주어서는 안 되나 부인하면 자백을 얻기 위해 조금씩 보여 주는 것도 조사의 한 방법이 될 수 있다.

V. 조사 후 조치

1. 조사 중 임의성과 신빙성에 문제는 없었는지 또는 피조사자가 허위로 진술한 부분은 없었는지 재검토한다.
2. 자백과 보강증거는 충분하며, 증거채택에 문제는 없겠는지 검토한다.
3. 허위사실을 자백한 것은 아닌지 또는 보다 중요한 범행을 숨기기 위해 일부분만을 자백한 것이 아닌지 검토한다.
4. 조사과정에서 사건관계인으로부터 의혹이나 불만은 없었는지를 검토하여 관계인에게 충분히 설명 이해시킨다.
5. 조사를 끝내고 난 후에는 "수고했습니다"라는 등의 인사를 아끼지 않는다.

제3장 입건 전 조사 사건처리

제1절 입건 전 조사

 Ⅰ. 근거법령

1. 검사와 사법경찰관의 상호협력과 일반적 수사준칙에 관한 규정

> 제16조(수사의 개시) ③ 검사 또는 사법경찰관은 입건 전에 범죄를 의심할 만한 정황이 있어 수사 개시 여부를 결정하기 위한 사실관계의 확인 등 필요한 조사를 할 때에는 적법절차를 준수하고 사건관계인의 인권을 존중하며, 조사가 부당하게 장기화되지 않도록 신속하게 진행해야 한다.

2. 경찰수사규칙

> 제19조(입건 전 조사) ① 사법경찰관은 수사준칙 제16조제3항에 따른 입건 전에 범죄를 의심할 만한 정황이 있어 수사 개시 여부를 결정하기 위한 사실관계의 확인 등 필요한 조사(이하 "입건전조사"라 한다)에 착수하기 위해서는 해당 사법경찰관이 소속된 경찰관서의 수사 부서의 장(이하 "소속수사부서장"이라 한다)의 지휘를 받아야 한다.
> ② 사법경찰관은 입건전조사한 사건을 다음 각 호의 구분에 따라 처리해야 한다.
>   가. 같은 내용으로 3회 이상 반복하여 접수되고 2회 이상 그 처리 결과를 통지한 신고와 같은 내용인 경우
>   나. 이름을 적지 않거나 또는 거짓 이름으로 접수된 경우
>   다. 단순한 풍문이나 인신공격적인 내용인 경우
>   라. 완결된 사건 또는 재판에 불복하는 내용인 경우
>   마. 민사소송 또는 행정소송에 관한 사항인 경우
>   라. 완결된 사건 또는 재판에 불복하는 내용인 경우
>   마. 민사소송 또는 행정소송에 관한 사항인 경우
>   바. 본인의 진정한 의사에 의한 것인지 여부가 확인되지 않은 경우
>   사. 내용이 불분명하거나 구체적 사실이 적시되어 있지 않은 경우
>   아. 특정사건과 관련 없는 청원 또는 정책건의를 내용으로 하는 경우
>   자. 동일한 사실에 관하여 고소 또는 고발이 있는 경우
>   차. 처벌을 희망하는 의사표시가 없거나 처벌을 희망하는 의사표시가 취소된 경우
> 제20조(불입건 결정 통지) ① 사법경찰관은 수사준칙 제16조제4항에 따라 피혐의자(제19조제2항제2호에 따라 입건전조사 종결한 경우만 해당한다)와 진정인·탄원인·피해자 또는 그 법정대리인(피해자가 사망한 경우에는 그 배우자·직계친족·형제자매를 포함한다. 이하 "진정인등"이라 한다)에게 입건하지 않는 결정을 통지하는 경우에는 그 결정을 한 날부터 7일 이내에 통지해야 한다. 다만, 피혐의자나 진정인등의 연락처를 모르거나 소재가 확인되지 않으면 연락처나 소재를 알게 된 날부터 7일 이내에 통지해야 한다.

② 제1항에 따른 통지는 서면, 전화, 팩스, 전자우편, 문자메시지 등 피혐의자 또는 진정인등이 요청한 방법으로 할 수 있으며, 별도로 요청한 방법이 없는 경우에는 서면 또는 문자메시지로 한다. 이 경우 서면으로 하는 통지는 별지 제12호서식 또는 별지 제13호서식의 불입건 결정 통지서에 따른다.

③ 사법경찰관은 서면으로 통지한 경우에는 그 사본을, 그 밖의 방법으로 통지한 경우에는 그 취지를 적은 서면을 사건기록에 편철해야 한다.

④ 사법경찰관은 제1항에도 불구하고 통지로 인해 보복범죄 또는 2차 피해 등이 우려되는 다음 각 호의 경우에는 불입건 결정을 통지하지 않을 수 있다. 이 경우 그 사실을 입건전조사 보고서로 작성하여 사건기록에 편철해야 한다.

　1. 혐의 내용 및 동기, 진정인 또는 피해자와의 관계 등에 비추어 통지로 인해 진정인 또는 피해자의 생명·신체·명예 등에 위해(危害) 또는 불이익이 우려되는 경우

　2. 사안의 경중 및 경위, 진정인 또는 피해자의 의사, 피진정인·피혐의자와의 관계, 분쟁의 종국적 해결에 미치는 영향 등을 고려하여 통지하지 않는 것이 타당하다고 인정되는 경우

Ⅱ. 입건 전 조사사건 처리절차

1. 입건 전 조사종결 형식

가. 입건

범죄의 혐의가 있어 수사를 개시하는 경우

나. 입건전조사 종결

혐의없음, 죄가안됨, 공소권없음 사유가 있는 경우

다. 입건전조사 중지

피혐의자 또는 참고인 등의 소재불명으로 입건전조사를 계속할 수 없는 경우

라. 이송

없거나 범죄특성 및 병합처리 등을 고려하여 다른 경찰관서 또는 기관(협의된 경우에 한한다)에서 입건전조사할 필요가 있는 경우

마. 공람 후 종결

진정·탄원·투서 등 서면으로 접수된 신고가 다음 각 목의 어느 하나에 해당하는 경우

① 3회 이상 반복 진정하여 2회 이상 그 처리결과를 통지한 것과 같은 내용인 경우

② 무기명 또는 가명으로 한 경우

③ 단순한 풍문이나 인신공격적인 내용인 경우

④ 완결된 사건 또는 재판에 불복하는 내용인 경우

⑤. 민사소송 또는 행정소송에 관한 사항인 경우

2. 불입건 결정통지

가. 통지대상

① 피혐의자, 진정인, 타원인, 피해자 또는 그 법정대리인에게 통지

② 피혐의자에게는 입건전조사종결 결정을 한 경우에만 통지

③ 피해자가 사망한 경우 그 배우자나 직계혈족, 형제자매에게 통지

나. 통지 생략 대상

① 혐의내용 및 동기, 진정인 또는 피해자와 관계 등에 비추어 통지로 인해 진정인 또는 는 피해자의 생명·신체·명예 등에 위해 또는 불이익이 우려되는 경우

② 사안의 경중 및 경위, 진정인 또는 피해자의 의사, 피진정인·피혐의자와의 관계, 분 쟁의 종국적 해결에 미치는 영향 등을 고려하여 통지하지 않는 것이 타당하다고 인 정되는 경우

3. 불입건통지 방식

가. 불입건 결정통지 서식 활용

나. 불입건 결정을 한 날로부터 7일 이내 통지

다. 통지를 생략하는 경우 입건전조사보고서를 작성하여 수사부서장의 승인을 받아야 함

4. 검찰 관계서류 제출 의무 여부

제출 의무 없음

⬤ III. 입건 전 조사 진행 상황통지

1. 통지대상

가. 진정인, 타원인, 피해자 또는 그 법정대리인에게 통지

나. 대상자가 사망 또는 의사능력이 없거나 미성년자면 법정대리인·배우자·직계친족·형제 자매 또는 가족에게 통지

다. 통지대상자가 미성년자면 본인에게도 통지(가해자 또는 피혐의자가 법정대리인이면 생략. 필요시 미성년자 동의에 따라 신뢰관계인에게 통지)

2. 통지절차

가. 입건전조사를 개시한 때, 입건전조사 개시 후 매 1개월 경과할 때에는 그 날로부터 7일 이내 통지

나. 서면, 전화, 문자메시지 등 상대방이 요청하는 방법으로 하되, 별도 요청이 없는 경우 서면 또는 문자메시지로 실시

다. 상대방의 연락처를 모르거나 소재가 확인되지 않는 경우 연락처나 소재를 안 날로부터 7일 이내 통지

3. 통지 제외 사유

가. 대상자가 통지를 원하지 않는 경우

나. 대상자에게 통지해야 하는 입건전조사 진행상황을 고지한 경우

다. 사건관계인의 명예나 권리를 부당하게 침해하는 경우

라. 사건관계인에 대한 보복범죄, 2차 피해의 우려되는 경우

4. 통지 방식

가. 정수사관이 작성, 팀장이 결재한 후 서면 통지(서면 이외 방법의 경우 서면과 동일 수준으로 작성하되, 담당 팀장도 함께 기재하고 관련 입건전조사보고서는 팀장 결재)

나. 주요 진행상황에 현재진행 사항과 공개할 수 있는 범위 내에서 향후 입건전조사내용 기재

다. 서면 통지의 경우 사본을 기록에 편철, 서면 이외 방법통지의 경우 해당 내용을 가재한 입건전조사보고서로 작성하여 편철

라. 통지 생략의 경우 생략 사유에 해당하는 사실을 입건전조사보고서로 작성하여 수사 부서장 결재 받아 사건기록에 편철

대한민국 경찰
KOREAN NATIONAL POLICE

○○경찰서

20○○.○.○.

사건번호   제○○호

제   목   **불입건 결정서**

아래와 같이 불입건 결정합니다.

Ⅰ. 입건전조사대상자

Ⅱ. 혐의 죄명

Ⅲ. 결 과

Ⅳ. 혐의내용과 불입건 이유

사법경찰관 경위 홍 길 동

○ ○ 경 찰 서

제 호   20○○.○.○.

수 신 : 귀하

제 목 : **불입건 결정 통지서(진정인등)**

귀하와 관련된 사건에 대하여 다음과 같이 결정하였음을 알려드립니다.

접 수 일 시	20○○.○.○.		접 수 번 호	0000-000000
죄 명				
결 정 종 류	1. 입건전조사 종결 ( ) 2. 입건전조사 중지 ( ) 3. 이 송 ( ) : (☎ :) 4. 공람 후 종결 ( )			
주 요 내 용				
담 당 팀 장			☎	02-0000-0000

※ 범죄피해자 권리 보호를 위한 각종 제도

- 범죄피해자 구조 신청제도(범죄피해자보호법)
  - 관할지방검찰청 범죄피해자지원센터에 신청
- 의사상자예우 등에 관한 제도(의사상자예우에관한법률)
  - 보건복지부 및 관할 자치단체 사회복지과에 신청
- 범죄행위의 피해에 대한 손해배상명령(소송촉진등에관한특례법)
  - 각급법원에 신청, 형사재판과정에서 민사손해배상까지 청구 가능
- 가정폭력·성폭력 피해자 보호 및 구조
  - 여성 긴급전화(국번없이 1366), 아동보호 전문기관(1577-1391) 등
- 무보험 차량 교통사고 뺑소니 피해자 구조제도(자동차손해배상보장법)
  - 동부화재, 삼성화재 등 자동차 보험회사에 청구
- 국민건강보험제도를 이용한 피해자 구조제도
  - 국민건강보험공단 급여관리실, 지역별 공단지부에 문의
- 법률구조공단의 법률구조제도(국번없이 132 또는 공단 지부·출장소)
  - 범죄피해자에 대한 무료법률구조(손해배상청구, 배상명령신청 소송대리 등)
- 범죄피해자지원센터(국번없이 1577-1295)
  - 피해자나 가족, 유족등에 대한 전화상담 및 면접상담 등
- 국민권익위원회의 고충민원 접수제도
  - 국민신문고 www.epeople.go.kr, 정부민원안내콜센터 국번없이 110
- 국민인권위원회의 진정 접수제도
  - www.humanrights.go.kr, 국번없이 1331
- 심의신청 제도(경찰민원콜센터 국번없이 182)
  - 수사과정 및 결과에 이의가 있는 경우, 관할 시도경찰청 「수사심의계」에 심의신청

○ ○ 경 찰 서 장

○ ○ 경 찰 서

제 호   2000.0.0.

수 신 :

참 조 :

제 목 : **불입건 편철 재기신청서**

　　　불입건 편철번호 제○○호 사건에 대하여 다음과 같은 사유로 재기하고자 합니다.

1. 대상사건

　1) 불입건 편철번호 :　　　　　　　(편철일 2000.0.0.)

　2) 대 상 자 :

　3) 혐의죄명 :

　4) 결　　　과 :

　5) 사건개요

2. 재기신청 사유

　　　　　　　　　　　사 법 경 찰 관　 경 감　 유 　아　 림

제2절 피혐의자 출석조사

Ⅰ. 관련 규정

1. 검사와 사법경찰관의 상호협력과 일반적 수사준칙에 관한 규정

> 제16조(수사의 개시) ① 검사 또는 사법경찰관이 다음 각 호의 어느 하나에 해당하는 행위에 착수한 때에는 수사를 개시한 것으로 본다. 이 경우 검사 또는 사법경찰관은 해당 사건을 즉시 입건해야 한다.
> 1. 피혐의자의 수사기관 출석조사
> 2. 피의자신문조서의 작성
> 3. 긴급체포
> 4. 체포 · 구속영장의 청구 또는 신청
> 5. 사람의 신체, 주거, 관리하는 건조물, 자동차, 선박, 항공기 또는 점유하는 방실에 대한 압수 · 수색 또는 검증영장(부검을 위한 검증영장은 제외한다)의 청구 또는 신청
> ④ 검사 또는 사법경찰관은 제3항에 따른 조사 결과 입건하지 않는 결정을 한 때에는 피해자에 대한 보복범죄나 2차 피해가 우려되는 경우 등을 제외하고는 피혐의자 및 사건관계인에게 통지해야 한다.

2. 경찰수사규칙

> 제20조(불입건 결정 통지) ① 사법경찰관은 수사준칙 제16조제4항에 따라 피혐의자(제19조제2항제2호에 따라 입건전조사 종결한 경우만 해당한다)와 진정인 · 탄원인 · 피해자 또는 그 법정대리인(피해자가 사망한 경우에는 그 배우자 · 직계친족 · 형제자매를 포함한다. 이하 "진정인등"이라 한다)에게 입건하지 않는 결정을 통지하는 경우에는 그 결정을 한 날부터 7일 이내에 통지해야 한다. 다만, 피혐의자나 진정인등의 연락처를 모르거나 소재가 확인되지 않으면 연락처나 소재를 알게 된 날부터 7일 이내에 통지해야 한다.

Ⅱ. 재정취지 및 검토

1. 수사기관이 실질상 수사에 해당함에도 형식은 입건전조사로 진행해 법령상 의무를 회피하거나 실질상 피의자인 대상자의 권리 침해를 방지하기 위해 신설

2. 본 규정은 수사부서 소속 경찰관이 사건을 입건전조사수사하는 과정에 한하여 적용
   가. 지역경찰 등 비수사부서 경찰관이 사건현장 내지 경찰관서 사무실에서 사건관계인에게 사실관계를 확인하는 경우는 적용하지 않음(진술서, 진술조서 작성도 동일)
   ※ 비수사부서에서 초동조치를 수행하며 행하는 조사는 사건의 전후 사실관계를 확인하는 과정임

나. 일부 2·3급지 관서에서 지역경찰이 피신조서까지 작성하는 경우 해당 부서 경찰관은 수사부서 경찰관으로 간주

3. 단순 사실관계 확인을 위한 조사는 입건 불필요

4. 조사과정에서 대상자 본인 혐의에 대해 추궁하는 내용이나 형식으로 진행될 경우 '검사와 사법경찰관의 상호협력과 일반적 수사준칙에 관한 규정' 제16조 제1항 취지에 따라 입건(피의자신문 간주)

가. 본 규정의 취지를 고려, 수사기관 출석조사를 피혐의자 집, 병원 등 장소와 관계없이 혐의에 대한 추궁형식의 조사 모두 적용

나. 법원 판결 등을 토대로 분석한 실질상 피의자신문으로 간주 될 수 있는 조사방식
① 대상자에게 범죄혐의가 있다고 볼 구체적인 정황근거가 있는 상황 대상자 조사
② 범죄혐의에 대해 진술의 모순이나 다른 객관적인 자료와의 불일치 등을 논박하거나 추궁하는 방식의 조사(사실관계 특정을 위한 문답, 확인질문 등은 제외)

5. 대상자 진술 및 여타 자료를 토대로 입건(수사개시) 여부 결정

가. 대상자 진술과 진정인 등의 주장, 자료 등을 토대로 대상자에게 범죄혐의에 대한 구체적인 정황이 있다고 인정될 경우 범죄인지서 작성

나. 대상자의 신분을 피의자로 전환한 이후에는 통상적인 수사절차에 따라 소환과 피의자 신문 진행

6. 여타 통지 규정에서 피혐의자 범위 관련

가. 본 지침에 따를 때 피혐의자의 수사기관 출석조사 규정에서 피혐의자는 입건 전 혐의가 있다고 의심되는 자를 지칭

나 다만, 여타 통지 규정에서 피혐의자를 이와 같이 해석할 경우 통지대상이 축소되어 방어권이 제한되는 결과 초래

다. 따라서 각종 통지에 관한 지침에서는 피혐의자를 피진정인 등 입건 전 단계에 있는 실질 입건전조사대상자 모두 포함하도록 해석

제3절 입건 전 조사 사건처리에 관한 규칙

● I. 총 칙(제1장)

1. 목적(제1조)

이 규칙은「검사와 사법경찰관의 상호협력과 일반적 수사준칙에 관한 규정」제16조제3항,「경찰수사규칙」제19조에 따른 입건 전 조사와 관련한 세부 절차를 규정함으로써 입건 전 조사 사무의 적정한 운영을 도모하는 것을 목적으로 한다.

2. 입건 전 조사의 기본(제2조)

① 경찰관은 피조사자와 그 밖의 피해자·참고인 등(이하 "관계인"이라 한다)에 대한 입건 전 조사(이하 "조사"라 한다)를 실시하는 경우 관계인의 인권보호에 유의하여야 한다.

② 경찰관은 신속·공정하게 조사를 진행하여야 하며, 관련 혐의 및 관계인의 정보가 정당한 사유 없이 외부로 유출되거나 공개되는 일이 없도록 하여야 한다.

③ 조사는 임의적인 방법으로 하는 것을 원칙으로 하고, 대물적 강제 조치를 실시하는 경우에는 법률에서 정한 바에 따라 필요 최소한의 범위에서 남용되지 않도록 유의하여야 한다.

● II. 입건 전 조사의 착수(제2장)

1. 조사의 분류 (제3조)

조사사건은 다음 각 호와 같이 분류한다.

1. 진정사건 : 범죄와 관련하여 진정·탄원 또는 투서 등 서면으로 접수된 사건
2. 신고사건 : 범죄와 관련하여 112신고·방문신고 등 서면이 아닌 방법으로 접수된 사건
3. 첩보사건
   가. 경찰관이 대상자, 범죄혐의 및 증거 자료 등 조사 단서에 관한 사항을 작성·제출한 범죄첩보 사건
   나. 범죄에 관한 정보, 풍문 등 진상을 확인할 필요가 있는 사건
4. 기타조사사건 : 제1호부터 제3호까지를 제외한 범죄를 의심할 만한 정황이 있는 사건

2. 조사사건의 착수 (제4조)

① 조사사건에 대해 수사의 단서로서 조사할 가치가 있다고 인정되는 경우에는 이를 수리하고, 소속 수사부서장에게 보고하여야 한다.

② 제1항에 따라 사건을 수리하는 경우 형사사법정보시스템에 관련 사항을 입력하여야 하며 별지 제1호서식의 입건 전 조사사건부에 기재하여 관리하여야 한다.

3. 첩보사건의 신중 (제5조)

① 경찰관은 첩보사건의 조사를 착수하고자 할 때에는 별지 제2호서식의 입건 전 조사착수보고서를 작성하고, 소속 수사부서의 장에게 보고하고 지휘를 받아야 한다.

② 수사부서의 장은 수사 단서로서 조사할 가치가 있다고 판단하는 사건·첩보 등에 대하여 소속 경찰관에게 별지 제3호서식의 입건 전 조사착수지휘서에 의하여 조사의 착수를 지휘할 수 있다.

③ 경찰관은 소속 수사부서의 장으로부터 조사착수지휘를 받은 경우 형사사법정보시스템에 피조사자, 피해자, 혐의내용 등 관련 사항을 입력하여야 한다.

4. 조사 사건의 이송통보 (제6조)

경찰관은 관할이 없거나 범죄 특성 등을 고려하여 소속 관서에서 조사하는 것이 적당하지 않은 사건을 다른 경찰관서 또는 기관에 이송 또는 통보할 수 있다.

○ ○ 경 찰 서

제　　호　　　　　　　　　　　　　　　　　　2○○○. ○. ○.

수 신 : 수사부서의 장

제 목 : 입건 전 조사 착수 보고　　　　　　　　　경위　홍 길 동　㊞

　　　다음 사람에 대하여 조사하고자 하니 지휘바랍니다.

1. 조사대상자

　　성　　　명 :

　　주민등록번호 :

　　주　　　거 :

2. 조사할 사항

　　(별지 사용 가능)

3. 조사가 필요한 이유(범죄첩보 등 관련자료 첨부)

　　　　　　　○○팀(계)　경○　○　○　○　○　㊞

지 휘 사 항

(조사착수 여부, 조사의 방식, 기타 주의사항 등 지휘사항 기재)

2○○○. ○. ○.

여성청소년과장　경정　**최 수 지**　㊞

○ ○ 경 찰 서

제   호   20○○.○.○.

수 신 :   발 신 :   ㉶

제 목 : 입건 전 조사 착수 지휘

　　다음과 같이 조사를 지휘합니다.

1. 조사대상자

　　성 명 :   주민등록번호 :

　　주 소 :

2. 조사할 사항

　　◦ 甲이 乙에게 돈을 건네주게 된 경위

　　◦ 이러한 사실을 참고인 홍길동에 알고 있다 하므로 그가 어떻게 알게 되었는지

　　　여부

　　◦ 이러한 사실을 뒷받침할 수 있도록 甲과 乙에 대한 20○○. ○. ○.부터 20○

　　　○. ○. ○.까지 은행 거래내역

3. 조사가 필요한 이유(범죄첩보 등 관련자료 첨부)

　　◦ 甲과 乙의 혐의 입증하기 위해

4. 조사방식

　　◦ 은행 거래내역에 대한 확인을 위해 압수수색영장 신청

　　◦ 참고인 병에 대해서는 은행 거래내역 확인 후 조사

5. 기타 주의사항 등

　　◦ 수사사항이 누설되지 않도록 조사자 이외의 자에게 언행 유의

　　　　　(수사부서의) 장   경   ㉶

III. 입건 전 조사의 진행(제3장)

1. 조사의 보고·지휘·방식 등 (제7조)

① 조사의 보고·지휘, 출석요구, 진정·신고사건의 진행상황의 통지, 각종 조서작성, 압수·수색·검증을 포함한 강제처분 등 구체적인 조사 방법 및 세부 절차에 대해서는 그 성질이 반하지 않는 한 「경찰수사규칙」, 「범죄수사규칙」을 준용한다. 이 경우 '수사'를 '조사'로 본다.

② 신고·진정·탄원에 대해 입건 전 조사를 개시한 경우, 경찰관은 다음 각 호의 어느 하나에 해당하는 날부터 7일 이내에 진정인·탄원인·피해자 또는 그 법정대리인(피해자가 사망한 경우에는 그 배우자·직계친족·형제자매를 포함한다. 이하 "진정인등"이라 한다)에게 조사 진행상황을 통지해야 한다. 다만, 진정인등의 연락처를 모르거나 소재가 확인되지 않으면 연락처나 소재를 알게된 날로부터 7일 이내에 조사 진행상황을 통지해야 한다.

1. 신고·진정·탄원에 따라 조사에 착수한 날

2. 제1호에 따라 조사에 착수한 날부터 매 1개월이 지난 날

③ 경찰관은 조사 기간이 3개월을 초과하는 경우 별지 제4호서식의 입건 전 조사진행상황보고서를 작성하여 소속 수사부서의 장에게 보고하여야 한다.

○ ○ 경 찰 서

제 　 호　　　　　　　　　　　　　　　　　　　　20○○.○.○.

수 신 :

참 조 :

제 목 : 입건 전 조사진행상황 보고

　　　○○○에 대한 ○○ 사건에 관하여 아래와 같이 조사진행상황을 보고합니다.

1. 조사대상자(피혐의자) 인적사항

2. 혐의내용

3. 적용법조

4. 조사진행상황

5. 향후조사계획

경　로	수사지휘 및 의견	구분	결　재	일시

Ⅳ. 입건 전 조사의 종결 등(제4장)

1. 수사절차로의 전환 (제8조)

경찰관은 조사과정에서 범죄혐의가 있다고 판단될 때에는 지체없이 범죄인지서를 작성하여 소속 수사부서장의 지휘를 받아 수사를 개시하여야 한다.

2. 불입건 결정 지휘(제9조)

수사부서의 장은 조사에 착수한 후 6개월 이내에 수사절차로 전환하지 않은 사건에 대하여 「경찰수사규칙」 제19조제2항제2호부터 제5호까지의 사유에 따라 불입건 결정 지휘를 하여야 한다. 다만, 다수의 관계인 조사, 관련자료 추가확보·분석, 외부 전문기관 감정 등 계속 조사가 필요한 사유가 소명된 경우에는 6개월의 범위내에서 조사기간을 연장 할 수 있다.

3. 기록의 관리 (제10조)

① 제8조에 따라 수사를 개시한 조사 사건의 기록은 해당 수사기록에 합쳐 편철한다. 다만, 조사 사건 중 일부에 대해서만 수사를 개시한 경우에는 그 일부 기록만을 수사기록에 합쳐 편철하고 나머지 기록은 제2항의 방법으로 조사 기록으로 분리하여 보존할 수 있으며 필요한 경우 사본으로 보존할 수 있다.

② 「경찰수사규칙」 제19조에 따른 입건 전 조사종결, 입건전 조사중지, 공람종결 결정은 별지 제5호서식의 불입건 편철서, 별지 제6호서식의 기록목록, 별지 제7호서식의 불입건 결정서의 서식에 따른다. 제6조에 따라 이송하는 경우에는 사건이송서를 작성하여야 한다.

○ ○ 경 찰 서

제 　　　호　　　　　　　　　　　　　　　　　　2○○○. ○. ○.

제 목 : 불입건 편철

조사대상자	성 명		성별	혐 의 죄 명

혐 의 죄 명	
결 　 과	

대 상 사 건	접 수 일	접수번호	단 서	피 해 자

책 임 수 사 팀 　 　 장	
정 수 사 관	
부 수 사 관	
비 　 고	

○○○경찰서

사법경찰관(리)　　　경위 홍길동

○ ○ 경 찰 서

20○○.○.○.

접수번호   호

제   목   불입건결정

아래와 같이 불입건 결정합니다.

Ⅰ. 조사대상자

Ⅱ. 혐의 죄명

Ⅲ. 결과

Ⅳ. 혐의내용과 불입건 이유

사법경찰관

<작성 명의 : 팀장>

제4절 임의동행 사건처리와 경찰훈방

 Ⅰ. 임의동행 사건처리

1. 법규연구

가. 형사소송법

> **제199조(수사와 필요한 조사)** ① 수사에 관하여는 그 목적을 달성하기 위하여 필요한 조사를 할 수 있다. 다만, 강제처분은 이 법률에 특별한 규정이 있는 경우에 한하며, 필요한 최소한도의 범위 안에서만 하여야 한다.
> **제200조(피의자의 출석요구)** 검사 또는 사법경찰관은 수사에 필요한 때에는 피의자의 출석을 요구하여 진술을 들을 수 있다.

나. 검사와 사법경찰관의 상호협력과 일반적 수사준칙에 관한 규정

> **제20조(수사상 임의동행 시의 고지)** 검사 또는 사법경찰관은 임의동행을 요구하는 경우 상대방에게 동행을 거부할 수 있다는 것과 동행하는 경우에도 언제든지 자유롭게 동행 과정에서 이탈하거나 동행 장소에서 퇴거할 수 있다는 것을 알려야 한다.

나. 경찰수사규칙

> **제35조(수사상 임의동행)** 사법경찰관리는 수사준칙 제20조에 따른 임의동행 고지를 하고 임의동행한 경우에는 별지 제23호서식의 임의동행 동의서를 작성하여 사건기록에 편철하거나 별도로 보관해야 한다.

2. 임의동행할 때 유의사항

가. 경찰관은 임의동행을 요구하는 경우에는 상대방에게 동행을 거부할 수 있는 권리가 있으며, 동행에 동의한 경우라 하더라도 원할 경우에는 언제든지 퇴거할 수 있음을 고지하여야 한다.

나. 임의동행을 한 경우에도 필요한 확인이 끝나는 즉시 귀가시켜야 한다.

다. 임의동행을 한 경우에는 '임의동행 동의서'를 수사기록에 편철 또는 보관하여야 한다.

■ 판례 ■ **임의동행의 적법요건**

형사소송법 제199조 제1항은 "수사에 관하여 그 목적을 달성하기 위하여 필요한 조사를 할 수 있다. 다만, 강제처분은 이 법률에 특별한 규정이 있는 경우에 한하며, 필요한 최소한도의 범위 안에서만 하여야 한다."고 규정하여 임의수사의 원칙을 명시하고 있는바, 수사관이 수사과정에서 당사자의 동의를 받는 형식으로 피의자를 수사관서 등에 동행하는 것은, 상대방의 신체의 자유가 현실적으로 제한되어 실질적으로 체포와 유사한 상태에 놓이게 됨에도, 영장에 의하지 아니하고 그 밖에 강제성을 띤 동행을 억제할 방법도 없어서 제도적으로는 물론 현실적으로도 임의성이 보장되지 않을 뿐만 아니라, 아직 정식의 체포·구속단계 이전이라는 이유로 상대방에게 헌법 및 형사소송법이 체포·구속된 피의자에게 부여하는 각종의 권리보장 장치가 제공되지 않는 등 형사소송법의 원리에 반하는 결과를 초래할 가능성이 크므로, 수사관이 동행에 앞서 피의자에게 동행을 거부할 수 있음을 알려 주었거나 동행한 피의자가 언제든지 자유로이 동행과정에서 이탈 또는 동행 장소로부터 퇴거할 수 있었음이 인정되는 등 오로지 피의자의 자발적인 의사에 의하여 수사관서 등에의 동행이 이루어졌음이 객관적인 사정에 의하여 명백하게 입증된 경우에 한하여, 그 적법성이 인정되는 것으로 봄이 상당하다. 형사소송법 제200조 제1항에 의하여 검사 또는 사법경찰관이 피의자에 대하여 임의적 출석을 요구할 수는 있겠으나, 그 경우에도 수사관이 단순히 출석을 요구함에 그치지 않고 일정 장소로의 동행을 요구하여 실행한다면 위에서 본 법리가 적용되어야 하고, 한편 행정경찰 목적의 경찰활동으로 행하여지는 경찰관직무집행법 제3조 제2항소정의 질문을 위한 동행요구도 형사소송법의 규율을 받는 수사로 이어지는 경우에는 역시 위에서 본 법리가 적용되어야 한다(대법원 2006.7.6. 선고 2005도6810 판결).

■ 판례 ■   필로폰 투약 혐의로 임의동행 형식

[1] 경찰관 직무집행법 제3조 제2항에 따라 행정경찰 목적의 경찰활동으로 행하여지는 임의동행 외에 형사소송법 제199조 제1항에 따라 범죄 수사를 위하여 이루어진 임의동행의 적법성이 인정되는 경우

임의동행은 경찰관 직무집행법 제3조 제2항에 따른 행정경찰 목적의 경찰활동으로 행하여지는 것 외에도 형사소송법 제199조 제1항에 따라 범죄 수사를 위하여 수사관이 동행에 앞서 피의자에게 동행을 거부할 수 있음을 알려 주었거나 동행한 피의자가 언제든지 자유로이 동행과정에서 이탈 또는 동행 장소로부터 퇴거할 수 있었음이 인정되는 등 오로지 피의자의 자발적인 의사에 의하여 이루어진 경우에도 가능하다.

[2] 피고인이 메트암페타민(일명 필로폰) 투약 혐의로 임의동행 형식으로 경찰서에 간 후 자신의 소변과 모발을 경찰관에게 제출하여 마약류 관리에 관한 법률 위반(향정)으로 기소된 사안

경찰관은 당시 피고인의 정신 상태, 신체에 있는 주사바늘 자국, 알콜솜 휴대, 전과 등을 근거로 피고인의 마약류 투약 혐의가 상당하다고 판단하여 경찰서로 임의동행을 요구하였고, 동행장소인 경찰서에서 피고인에게 마약류 투약 혐의를 밝힐 수 있는 소변과 모발의 임의제출을 요구하였으므로 피고인에 대한 임의동행은 마약류 투약 혐의에 대한 수사를 위한 것이어서 형사소송법 제199조 제1항에 따른 임의동행에 해당한다는 이유로, 피고인에 대한 임의동행은 경찰관 직무집행법 제3조 제2항에 의한 것인데 같은 조 제6항을 위반하여 불법구금 상태에서 제출된 피고인의 소변과 모발은 위법하게 수집된 증거라고 본 원심판단에 임의동행에 관한 법리를 오해한 잘못이 있다.(대법원 2020. 5. 14. 선고, 2020도398, 판결)

II. 자수사건 수사

경찰관은 자수사건을 수사할 때에는 자수인이 해당 범죄사실의 범인으로서 이미 발각되어 있었던 것인지 여부와 진범인이나 자기의 다른 범죄를 숨기기 위해서 해당 사건만을 자수하는 것인지 여부를 주의하여야 한다. (범죄수사규칙 제51조)

임의동행 동의서

동행을 요구한 일시 · 장소	일시 : 장소 :
동행할 장소	
동행의 이유 (사건 개요)	
동행대상자	성 명 :
담당경찰관	소 속: 계 급: 성 명 :

  본인은 위와 같은 내용으로 경찰관으로부터 동행을 요구받았고, 동행을 거부할 수 있는 권리와 언제든지 자유롭게 동행과정에서 이탈 또는 동행장소에서 퇴거할 수 있는 권리가 있음을 안내 받았습니다. 이에, 자발적인 의사로 동행한 것임을 확인합니다.

20○○. ○. ○.

위 본인 홍 길 동

Ⅱ. 경찰 훈방

1. 법규연구 (범죄수사규칙)

> 제45조(경찰 훈방) ① 경찰관은 죄질이 매우 경미하고, 피해 회복 및 피해자의 처벌의사 등을 종합적으로 고려하여 훈방할 수 있다.
> ② 제1항의 훈방을 위해 필요한 경우 경찰청장이 정하는 위원회의 조정·심의·의결을 거칠 수 있다.
> ③ 경찰관은 훈방할 때에는 공정하고 투명하게 하여야 하고 반드시 그 이유와 근거를 기록에 남겨야 한다.

2. 판례 연구

■ 판례 ■ 경찰관이 불법체류자의 신병을 출입국관리사무소에 인계하지 않고 훈방하면서 이들의 인적사항조차 기재해 두지 아니하였다면 직무유기죄가 성립한다고 한 사례

원심이 그 설시의 증거를 종합하여 판시와 같은 출입국관리법령의 규정, 불법체류자 단속업무에 관한 경찰 내부의 업무지시, 경찰공무원의 일반적인 직무상 의무, 위 피고인 자신이 경찰에서 진술하였던 내용 등을 인정한 다음, 수원중부경찰서 (이름 생략)파출소 부소장으로 근무하던 위 피고인이 112 순찰을 하고 있던 공소외 1 경장과 공소외 2 순경에게 "지동시장 내 동북호프에 불법체류자가 있으니 출동하라"는 무전지령을 하여 동인들로 하여금 그곳에 있던 불법체류자들인 공소외 3 등 5명을 (이름 생략)파출소로 연행해 오도록 한 다음, 위 공소외 3 등이 불법체류자임을 알면서도 이들의 신병을 출입국관리사무소에 인계하지 않고 본서인 수원중부경찰서 외사계에조차도 보고하지 않았을 뿐만 아니라 (달리 자진신고 하도록 유도한 것도 아니다), 더 나아가 근무일지에 단지 '지동 복개천 꼬치구이집 밀항한 여자 2명과 남자 2명이 있다는 신고 접한 후, 손님 3명, 여자 2명을 조사한 바 꼬치구이 종업원으로 혐의점 없어 귀가시킴'이라고 허위의 사실을 기재하고, 이들이 불법체류자라는 사실은 기재하지도 않은 채 자신이 혼자 소내 근무 중임을 이용하여 이들을 훈방하였으며, 훈방을 함에 있어서도 통상의 절차와 달리 이들의 인적사항조차 기재해 두지 아니한 행위는 직무유기죄에 해당한다고 판단한 것은 정당하다.(대법원 2008. 2. 14., 선고, 2005도4202, 판결)

■ 판례 ■ 사법경찰관리가 경미한 범죄 혐의사실을 검사에게 인지 보고하지 아니하고 훈방한 경우와 직무유기죄의 성부(소극)

공무원이 직무를 유기한 때라 함은 공무원이 법령 내규 또는 지시 통첩에 의한 추상적인 충근의무를 게을리한 일체의 경우를 지칭하는 것이 아니라 주관적으로 직무집행의사를 포기하고 객관적으로 정당한 이유없이 직무집행을 하지 아니하는 부작위상태가 있어 국가기능을 저해하는 경우를 말한다 할 것인바, 사법 경찰관리가 직무집행의사로 위법사실을 조사하여 훈방하는 등 어떤 형태로든지 그 직무집행행위를 하였다면 형사피의사건으로 입건수사하지 않았다 하여 곧 직무유기죄가 성립한다고 볼 수는 없다.(대법원 1982. 6. 8., 선고, 82도117, 판결)

제5절 발생(피해신고) 사건처리

1. 입건 여부

발생(피해신고) 사건은 진정사건과 유사한 형태로 보고 접수 시 곧바로 사건번호를 부여하지 않고 입건전조사로 진행하다가 구체적 범죄혐의 발견 시 수사로 전환하면서 범죄인지서를 작성하고 절차에 따라 처리한다.

따라서 무조건 사건번호를 부여하였던 종전의 관행은 근절되어야 할 것이다. 만약 범죄혐의점이 발견되지 않을 때는 입건전조사 종결한다.

2. 피의자가 특정되지 않는 경우

피의자가 특정되지 않았지만, 범죄혐의가 명백한 경우에는 일단 피의자 미상으로 범죄인지서를 작성한 후 수사를 진행하도록 한다.

수사 중 피의자가 특정된 경우에는 피의자 특정에 대한 수사보고서를 작성하면 된다. 물론 피의자가 특정되지 않고 범죄혐의도 없으면 수사의 실익이 없으므로 입건전조사 종결한다.

3. 송치 여부

범죄혐의가 명백하고 피의자가 특정된 경우에는 일반 처리절차에 따라 사건을 송치하면 된다.

그러나 피의자 미상으로 범죄인지까지 하였으나 수사종결 시까지 피의자를 특정하지 못한 경우에는 다음과 같이 구분하여 처리한다.

- 절도, 보이스피싱 등 일부 수법범죄
  - ☞ 신속하고 효율적인 여죄수사자료 확보의 필요성 등을 감안하여 미제편철
- 기타 사건
  - ☞ 범죄인지 후 송치

4. 입건(수사개시)한 사건에 대한 불입건 건의 가능 여부

경찰 스스로 수사개시 결정 및 수사활동을 하면 수사의 행위를 무효화 할 수 없다. 따라서 혐의점을 발견하지 못하면 불기소 의견으로 송치하여야 한다.

따라서 입건 여부에 관한 결정을 신중히 하여야 할 것이다.

제4장   일반수사서류 작성

제1절 서 론

 Ⅰ. 작성근거

1. 형사소송법

제57조, 제58조(공무원의 서류), 제59조(비공무원의 서류)

2. 경찰수사규칙

> **제84조(문서의 서식)** 이 규칙에서 정한 서식 외에 단순하고 정형적인 사건의 수사 등에 사용하는 서식은 경찰청장이 정한다.

3. 범죄수사규칙

제37조~제43조

 Ⅱ. 수사서류란

수사에 관하여 수사경찰이 작성한 서류로 사법경찰관리 이외도 피해자, 사건관계자가 작성한 고소장·피해신고서·진술서 등을 포함한다.

Ⅲ. 작성 시 일반적 유의사항

1. 소정의 서식에 따를 것

가. 경찰관이 범죄수사에 사용하는 문서와 장부는 「경찰수사규칙」 별지 제1호서식부터 제140호서식 그리고 본 규칙의 별표 3 및 별지 제1호서식부터 제174호서식에 따른다.

나. 그러나 별도의 서식이 없는 경우에는 6하원칙에 의거 간략하면서도 작성하고자 하는 내용이 충분히 반영되도록 한다.

2. 문자의 단락·용어에 주의할 것

가. 되도록 끊어서 짧게 하고 적당히 단락을 붙이는 것이 좋으며, 또한 번거로운 표현은 되도록 피하여 간결하고 논리적인 문장이 되도록 한다.

나. 용어는 일상용어에 사용하는 쉬운 문구를 사용한다. 같은 단어는 가능한 반복사용 하지 않는 것이 좋다.

3. 숫자의 기재 방법에 주의할 것

가. 아라비아숫자를 사용한다.

  例, 삼천삼백오십만 원 → 3,350만 원 또는 33,500,000원

나. 수가 3단계 이상이 될 때는 3단계마다 구두점을 넣어서 표기한다.

  例, 100,300원

다. 다만 계단 수가 많아 읽기 어려운 경우에는 만, 억, 조, 경 단위부터는 한글로 기재 한다.

  例, 2억 3,000만 원

라. 금 1,000만 원'의 '금' 표현은 생략한다.

  例, 금 1,000만 원 → 1,000만 원 또는 현금 1,000만 원

4. 혼동 우려, 사투리, 약어 등 표기 시

표기에 있어 혼동의 우려가 있는 경우는 ( )안에 한자를 기재하거나 설명을 덧붙여 적고, 사투리·약어·은어 등에 있어서도 ( )안에 간단한 설명을 기재한다.

  例, 허벌라게(많이) 때려서 나도 같이 때렸다.

5. 각종 단위부호의 표기 시

 g, kg, m, km, cc, ℓ , ㎖, ㎜, ㎝ 등 일반인들이 널리 사용하고 있는 각종 도량형 단위 등은 그대로 표기한다.

6. 기 타

가. 복잡한 사항은 항목을 나누어 기술한다.

　　例, 1. 절취 혐의에 대해서는

　　　　　… 하였으며

　　　　2. 횡령 사실에 대해서는

　　　　　… 하였다.

나. 외국어 또는 학술용어에는 그다음에 괄호를 하고 간단한 설명을 붙인다.

다. 서류마다 작성연월일을 기재하고 간인하게 한 후 서명날인하도록 한다. 다만, 진술자가 서명할 수 없을 때는 대서 기명하되 그 사유를 기재하고 진술자의 날인을 받거나 그 무인을 받는다.

라. 외국어로 기재한 서류가 있을 때는 번역문을 첨부하여야 한다.

마. 지명, 인명의 경우 읽기 어렵거나 특이한 칭호가 있을 때는 그다음에 괄호를 하고 음을 적는다.

Ⅳ. 형사사법정보시스템 이용

　경찰관은 형사사법절차 전자화 촉진법 제2조제1호에서 정한 형사사법업무와 관련된 문서를 작성할 경우 형사사법정보시스템을 이용하여야 하며, 작성한 문서는 형사사법정보시스템에 저장·보관하여야 한다. 다만, 형사사법정보시스템을 이용하는 것이 곤란한 다음 각 호의 문서의 경우에는 예외로 한다. (범죄수사규칙 제38조)

1. 피의자, 피해자, 참고인 등 사건관계인이 직접 작성하는 문서

2. 형사사법정보시스템에 작성 기능이 구현되어 있지 아니한 문서

3. 형사사법정보시스템을 이용할 수 없는 경우에 불가피하게 작성해야 하는 문서

※ 형사사법절차 전자화 촉진법

제2조(정의) 이 법에서 사용하는 용어의 뜻은 다음과 같다.

1. "형사사법업무"란 수사, 공소, 공판, 재판의 집행 등 형사사건의 처리와 관련된 업무를 말한다.

제2절 항목별 작성요령

 Ⅰ. 인적사항

1. 성 명

가. 가족관계 등록상의 성명을 기재한다.

나. 이명이나 별명이 있으면 (일명 : 김 개 동)으로 부기한다.

다. 사망한 피의자의 경우에는 "망 홍길동"으로 기재한다.

라. 피의자가 법인일 때 법인명을 기재하고, "(대표이사 : 변학도)"를 부기

❋ 주식회사와 합자회사는 대표이사, 합명회사는 대표사원

❋ 주식회사의 경우 '자본의 총액이 10억원미만인 회사는 1인 또는 2인으로 할 수 있다' 는 규정에 따라 1인인 경우에는 대표이사가 아닌 거냐 이사만 등기된 경우가 있다. 이 경우에는 법인 등기부 등재된 내용 그대로 '대표이사'가 아닌 "이사 변학도"로 기재하여야 한다.

> ## ※ 상 법
> 제383조(원수, 임기) ① 이사는 3인 이상이어야 한다. 다만, 자본의 총액이 10억원미만인 회사는 1인 또는 2인으로 할 수 있다.
> ⑥ 제1항 단서의 경우에는 각 이사(정관에 따라 대표이사를 정한 경우에는 그 대표이사를 말한다)가 회사를 대표하며 … 이사회의 기능을 담당한다.

마. 법인명은 등기부상의 명칭을 기재하여야 하며, "무궁화 주식회사"를 "무궁화(주)"로 임의로 변경 표시하여서는 안 된다.

바. 피의자가 미성년자일 경우에는 성명란 옆에 부 또는 모의 이름을 병기한다.

例, 성명 : 김갑동(부 : 김한국)

2. 직 업

가. 송치 시의 직업 또는 범행 시(前, ○○공무원)의 직업을 기재한다.

나. 공무원이면 구체적으로 기재한다.

다. 학생, 주부, 노동, 회사원, 공무원, 상업, 공업 등으로 명확히 기재하고 막연히 무직으로 기재하지 않도록 한다.

3. 연령 (생년월일)

가. 행위 시와 송치 때의 나이가 상이할 경우 송치 때의 나이를 기재한다.

나. 가족관계 등록상의 나이를 기재하며 실제의 나이와 다른 경우에는 실제의 나이를 기재한다.

4. 등록기준지, 주거

가. 주소는 통, 반까지 기재하여 형의 집행(특히 벌금형의 집행)에 실효를 거둘 수 있도록 한다.

나. 단체의 경우 그 산하 조직은 범죄 주체가 될 수 없으므로 법인만을 피의자로 하고 법인 명칭은 법인등기부상의 명칭을 그대로 표기하되 그 아래에 반드시 "대표이사 ○○○" 또는 "대표자 ○○○"로 표시한다. 주소는 법인의 소재지를 기재한다.

다. 별건으로 이미 구속 중인 피의자는 구속 전의 주거를 기재하고(○○ 교도소 수감 중)이라고 기재한다.

라. 사망한 피의자 또는 소멸한 법인의 경우는 사망 또는 소멸 직전의 주거나 소재지를 기재한다.

마. 등록기준지나 주소가 불분명한 때 일부라도 아는 경우는 아는 사항까지 표시하고 전혀 불명인 경우는 '등록기준지는 알 수 없음', '주거는 일정하지 않음'으로 기재한다.

Ⅱ. 전과 및 검찰처분 관계

KICS 자료에 따른다.

제3절 수사보고서 작성요령

 **Ⅰ. 의 의**

  수사보고서는 사법경찰관리가 수사의 단서나 그 입수상황 등 수사와 관계있는 사항을 상사에게 보고하는 서면을 말한다. 수사보고서는 수사의 흐름, 진행상황 등을 알 수 있어서 그때그때 작성하여야 한다.

Ⅱ. 작성상 유의사항

1. 직접 수사에 종사한 자가 작성한다.
   수사보고서는 수사에 직접 종사한 자가 보고하는 것이므로 반장이나 계장이 작성한 것이 아니다.
2. 수사를 한때마다 작성한다.
   수사한 사항에 대해 그때그때 작성하여야 생생하고 정확성을 기할 수 있기에 시기를 잃지 않도록 작성한다.
3. 사실을 그대로 작성한다.
   내용이 진실하여야 하며 그 내용이 사실과 일치하지 않으면 그 가치가 없다. 그러므로 추상적인 표현보다는 사실에 근거하여 정확한 사항에 대해 구체적으로 작성하여야 한다.

Ⅲ. 작성요령

규정에 따른 일정한 서식은 없다.

1. 제 목

  제목은 일견하여 보고내용의 취지를 알 수 있도록 간결하게 기재한다(무조건 "수사보고"라고 하는 경우가 많은데 잘못된 것이다).

2. 전 문

피의자 인적사항이나 수사보고서를 작성하게 된 간단한 경위를 작성한다. 생략하고 바로 본문으로 들어갈 수도 있다.

3. 본 문

수사한 내용을 구체적으로 작성하며, 내용이 복잡한 경우는 항을 구분하여 작성한다.

4. 조치 및 결과

수사하여 어떤 조처를 하였는지와 그 결과는 어떻게 하였는지를 기재한다.

5. 보고자 의견

수사와 관련 조사자의 의견이 필요한 경우 작성한다(例, 구속 및 감정 등의 필요성 유무, 관련자 진술의 진위판단 등).

■판례■ 피해자들과의 전화통화 내용을 기재한 검사 작성의 각 수사보고서는 그 증거능력 유무(소극)

이 사건 각 수사보고서는 검사가 참고인인 피해자 공소외 1, 2와의 전화통화 내용을 기재한 서류로서 형사소송법 제313조 제1항 본문에 정한 '피고인 아닌 자의 진술을 기재한 서류'인 전문증거에 해당하나, 그 진술자의 서명 또는 날인이 없을 뿐만 아니라 공판준비기일이나 공판기일에서 진술자의 진술에 의해 성립의 진정함이 증명되지도 않았으므로 증거능력이 없다.(대법원 2010. 10. 14., 선고, 2010 도5610, 2010전도31, 판결)

■판례■ 외국에 거주하는 참고인과의 전화 대화내용을 문답형식으로 기재한 검찰주사보 작성의 수사보고서의 증거능력

외국에 거주하는 참고인과의 전화 대화내용을 문답형식으로 기재한 검찰주사보 작성의 수사보고서는 전문증거로서 형사소송법 제310조의2에 의하여 제311조 내지 제316조에 규정된 것 이외에는 이를 증거로 삼을 수 없는 것인데, 위 수사보고서는 제311조, 제312조, 제315조, 제316조의 적용대상이 되지 아니함이 분명하므로, 결국 제313조의 진술을 기재한 서류에 해당하여야만 제314조의 적용 여부가 문제될 것인바, 제313조가 적용되기 위하여는 그 진술을 기재한 서류에 그 진술자의 서명 또는 날인이 있어야 한다.(대법원 1999. 2. 26., 선고, 98도2742, 판결)

제4절 증거서류 등 수리 시 처리요령

Ⅰ. 증거물의 수리 또는 제시한 경우

1. 증거물을 반드시 피의자, 참고인에게 제시하고 설명시켜서 조서상에 이것을 명확하게 기재해 두지 않으면 안 된다.
2. 일반적으로 증거물을 제시하는 시기는 피의자가 자백한 뒤에, 피의자로부터 그 모양, 특징, 수량 등을 상세히 청취하여 그 증거물과 일치하는가를 확인한 뒤에 제시하는 것이 원칙이다.

Ⅱ. 진단서를 수리 또는 제시한 경우

1. 상해 사건에서는 피해자가 제출한 진단서를 수리하여 이것을 진술조서에 나타내는 경우와 그 진단서를 피의자에게 제시하는 경우가 있다. 진단서는 주로 피해자(참고인)로부터 제출되는 것이므로 단지 조서의 끝부분에 첨부하는 것만으로써 충분하며 물론 조서나 진단서 사이에 간인을 해서는 안 된다.
2. 진단서를 첨부하는 경우, 상해의 부위, 정도 등이 진단서의 범인의 진술과 일치하지 않으면 안 된다.

Ⅲ. 도면의 첨부

도면을 작성하였으면 그 뜻을 조서에 기재하고 조서 끝에 첨부하여 조서와 간인해야 한다. 또한, 도면 자체에도 작성자가 작성연월일을 기재하고, 서명 날(무)인하게 하는 것을 잊어서는 안 된다.

Ⅳ. 기타서류를 첨부한 경우

1. 원본을 제출한 경우

가. 재발급이 가능한 서류(例, 진단서 등)는 반드시 원본을 제출하도록 하여 첨부한다. 현금보관증, 계약서 등과 같이 민사소송에 사용될 수 있는 서류는 이를 복사하여 첨부하고 원본은 반드시 제출자에게 반환하여야 한다.

나. 다만 필적감정 등 감정이 필요로 할 때는 반드시 원본이 필요하여서 이때는 원본을 일시 보관하여 감정의뢰 후 의뢰가 끝나면 반환하여야 한다. 이때도 사본은 반드시 남겨둔다.

> 例, "이때 ○○○가 ○○원본(매수기록, 00매)을 제출하여 이를 본직이 사본한 후 본 조서말미에 첨부한다."

2. 사본을 제출한 경우

가. 제출한 사본을 그대로 첨부한 경우

> 例, "이때 ○○○가 ○○○사본(매수기록, 例 18매)을 제출하여 이를 본 조서말미에 첨부한다."

나. 제출한 사본을 복사하여 첨부한 경우

사본을 제출하면서 원본이 없으므로 사본을 복사하고 반환을 요구하면 이를 복사한 후 반환한다.

> 例, "이때 ○○○가 ○○○사본(매수기록, 例 18매)을 제출하여 이를 본직이 복사하여 본 조서말미에 첨부한다."

3. 사진을 제출한 경우

설명까지 덧붙여 제출하면 문제가 없겠지만 그냥 사진만 제출하면서 첨부해 달라고 하면 가능한 제출자에게 사진에 대한 설명을 첨부하여 제출하도록 하고 이 경우 사진과 첨부된 종이와 간인도 하도록 한다.

4. 많은 양의 서류를 제출한 경우

사건과 직접 관계없는 경우는 반환하면 되는데 이를 꼭 첨부해 달라고 하는 경우가 있다. 이때는 기록목록 작성 방법을 알려 주면서 기록목록을 작성하여 제출하도록 한다. 예를 들어 300장을 제출하고 차후 500장을 제출하였으며 ○○서류도 있었는데 이 서류를 담당 수사관이 제외했다고 민원을 일으키는 경우도 더러 있어서 제출한 서류에 대해 확실히 해 둘 필요가 있다.

제5장

조서 작성요령

제1절 일반적 작성요령

 I. 일반적 요령

1. 일상생활에서 사용하는 쉬운 문구를 사용한다.

   귀가, 금품, 도품, 절취, 강취, 본인, 상기장소, 동인, 타인, 범행, 검거, 침입, 손괴, 구타, 전시(前示)와 같은 말은 피해야 한다.

2. 피의자신문 시 호칭은 "피의자"로 하고 경어체로 작성한다.

   실제 조사 때에는 상대방의 나이를 고려하여 "당신", "자네" 등의 용어로 묻더라도 조서에는 형사소송법상 용어인 "피의자"로 나타내는 것이 좋다.

3. 6하원칙 또는 8하원칙에 따라 항목을 나누어 기재하는 것이 바람직하다.

   "누구의, 어떤 물건을 훔쳤나요"하는 식으로 한꺼번에 한 항목에 기재하는 것은 좋지 않다.

4. 질문은 짧게, 대답은 길게 기재하는 것이 좋다.

   질문이 길고 대답이 극히 짧다면 유도신문을 한 것 같은 느낌을 줄 우려가 있다. "20○○. ○. ○. 11:00경 고소인 홍길동에게 ○○에서 ○○라고 하면서 3,000만 원을 빌린 것이 사실이지요." 라는 식의 질문은 잘못된 것이다. 상대방이 이러한 진술을 하도록 하여야 한다.

5. 조서는 전후 모순 없이 임의성이 있도록 자연스럽게 작성해야 한다.

   같은 조서의 전후 내용에 모순이 있거나 1회 조서와 그 이후의 조서 내용이 서로 모순되었으면 법원에서는 "진술의 일관성이 없어서 진술 전체를 믿기 어렵다"라고 판시하는 예가 많다. 따라서 진술한 내용에 변화가 있을 때는 왜 그와 같이 변화가 있게 되었는가를 묻고 그에 대한 납득할 수 있는 대답이 조서에 기재되어야 한다.

6. 피조사자가 사용하는 특이한 말은 그대로 조서에 기재하는 것이 좋다.

7. 임상의 조사

치료 중인 피의자나 참고인이 현재하는 곳에서 임상신문을 할 때는 상대방의 건강 상태를 충분히 고려하여야 하며, 수사에 중대한 지장이 없는 한 가족, 의사 기타 적당한 사람을 입회시켜야 한다.

Ⅱ. 진술조서 작성 시 일반적 유의사항

1. 진술을 임의로 행하여졌다는 것을 명백히 밝혀 둘 것

가. 형식적 요건을 갖출 것

진술거부권의 고지, 조서의 열람, 읽어 줌을 확실히 행하여야 하며 문자의 가제, 간인 등에서도 임의성을 의심받을 만한 일이 없도록 하여야 한다.

나. 자백하기에 이른 경과를 명백히 밝힐 것

다. 진술한 내용이 합리성을 잃지 않도록 문장의 표현에 주의할 것

2. 진술의 모순점을 명확히 규명할 것

자기 자신의 범행을 은폐하기 위하여 자신이 타인의 참고인으로 등장할 수도 있고 주요 참고인의 진술에 모순이 있어 다른 합리적 증거까지도 배척되는 때도 있으므로 진술의 모순점이 발견되면 반드시 명확히 규명하여야 한다.

3. 진술의 진실성을 잃지 않도록 기록내용에 주의할 것

조서의 내용은 진술한 그대로를 자연스럽게 기재하여야 한다. 피의자에게 유리하고 불리한 것을 가리지 않고, 진술한 그대로를 기재한 조서는 자연스럽고 진실성의 판단에 한 기준이 된다.

4. 조서를 작성하는 목적과 초점을 확실하게 해 둘 것

범죄의 구성요건이 되는 사항이 구체적으로는 피의자의 행위에 어떻게 나타났는가를 생각하며 그 사실을 빠짐없이 조서에 기재하여야 한다.

5. 내용을 잘 정리하여 이해한 후 기재할 것

진술한 내용을 잘 정리하려면 조사할 때 상세히 비망록에 기재하여, 그것을 항목마다 정리해서 기재하는 것이 필요하다. 또한, 진술한 내용은 다른 진술이나 수사 자료와도 잘 대조해서 그사이에 잘못이나 틀린 것이나 모순이 없는가를 잘 조사해서 기재하도록 하여야 한다.

6. 조서는 순서 있게 문맥이 통하도록 기재할 것

기재하여야 할 중심항목과 관계가 있는 여러 가지 제목에 대하여 검토해서 순서를 정하여 번호를 붙여서 그 서열을 알기 쉽게 하는 것이 필요하다.

7. 조서에는 조사관이 진술자의 진술에 동감한 사실을 상세히 기재할 것

진술한 가운데서 조사관 스스로 감명을 받은 것, 혹은 감명을 받을 것으로 생각되는 것을 상세히 기재하여야 한다.

8. 진술자가 아니면 말할 수 없는 사실을 특히 상세히 기재할 것

피의자만이 말할 수 있는 마음속의 비밀사항은 그 사실을 있는 그대로 나타내는 것이 필요하다. 특히 범행의 원인이나 동기, 범행 때의 현장의 모습이나 범행 후의 기분 등은 특히 긴요한 것이다.

9. 피의자가 변명하는 것, 피의자에게 이익이 되는 것은 반드시 조서에 기재하여 둘 것

10. 진술을 정확하게 조서에 표현하여 둘 것

주어를 명확하게 하여 조서를 작성하여야 한다. 조사하면서 실제로 진술자가 본 것인지, 다른 사람한테서 들은 것인지, 의견으로써 진술하는 것인지 등을 명확히 하여야 한다.

11. 녹음에 대비할 것

피조사자는 조사관의 약점 등을 잡기 위해 조사내용을 몰래 녹음하는 때도 있다. 이를 대비하여 피의자의 경우 진술거부권 고지 등 항상 적법절차를 준수하여야 한다. 또 조사 중 합의를 종용하는 등 불필요한 언행으로 오해를 사는 일이 없도록 하여야 한다.

◗ III. 기타 표현상 주의사항

1. 진술조서 등은 남이 읽을 것을 명심하여 작성할 것
2. 사투리, 약어, 은어, 부호 등을 사용할 때는 진술한 대로 기재한 다음 그 뜻을 설명시켜서 그를 부기하는 것이 좋다. 이때 일반적으로 피의자에게 설명시킬 것이 요망된다.
3. 범행 당시는 몰랐던 것으로써 진술 당시에 안 것에 대해서는 그것을 알게 된 경우를 진술시켜 둘 것

Ⅳ. 문자의 가제(加除)

1. 수사서류를 작성할 때는 임의로 문자를 고쳐서는 아니 되며, 고치면 고친 내용을 알 수 있도록 하여야 한다.
2. 문자를 삭제할 때
   삭제할 문자에 두 줄의 선을 긋고 날인하며 그 왼쪽 여백에 "몇자 삭제"라고 기재하되 삭제한 부분을 해독할 수 있도록 자체를 존치하여야 한다.
3. 문자를 삽입할 때
   그 개소를 명시하여 행의 상부에 삽입할 문자를 기입하고 그 부분에 날인하여야 하며 그 왼쪽 여백에 "몇자 추가"라고 기재한다.
4. 1행 중에 2개소 이상 문자를 삭제 또는 삽입하였을 때
   각 자수를 합하여 "몇자 삭제" 또는 "몇자 추가"라고 기재한다.
5. 여백에 기재할 때
   기재한 곳에 날인하고 그 난외에 "몇자 추가"라고 기재한다.
6. 피의자신문조서와 진술조서의 경우 문자를 삽입 또는 삭제하였을 때
   "몇자 추가" 또는 "몇자 삭제"라고 기재하고 그곳에 진술자에게 날인 또는 무인하게 하여야 한다.
7. 전항의 경우에 진술자가 외국인일 때에는 그 날인을 생략할 수 있다.

✓ 주의
   ○ 피의자신문조서 작성 후 피의자에게 열람시키고 피의자가 이의를 제기하거나 추가 기재를 원하는 경우 컴퓨터상에서 수정하여 재출력하지 말 것
      ☞ 진술 자체의 변경을 내용으로 하는 이의제기면 조서 말미에 피의자 의견 개진 사항을 추가 기재
   ○ 피의자가 별다른 이의를 제기하지 않은 경우
      ☞ 피의자 자필로 이의 없음을 기재

※ 경찰수사규칙
제39조(조서와 진술서) ① 사법경찰관리가 법 제244조제1항에 따라 피의자의 진술을 조서에 적는 경우에는 별지 제27호서식 또는 별지 제28호서식의 피의자신문조서에 따른다.
② 사법경찰관리가 피의자가 아닌 사람의 진술을 조서에 적는 경우에는 별지 제29호서식 또는 별지 제30호서식의 진술조서에 따른다.
③ 사법경찰관리는 피의자 또는 피의자가 아닌 사람의 진술을 듣는 경우 진술 사항이 복잡하거나 진술인이 서면진술을 원하면 진술서를 작성하여 제출하게 할 수 있다.
④ 피의자신문조서와 진술조서에는 진술자로 하여금 간인(間印)한 후 기명날인 또는 서명하게 한다.

제2절 민원인 조사(고소·고발·진정·탄원인 등)

1. 고소사건의 경우

출석요구서를 받은 고소인이 출석하면 그 고소인에 대하여 고소 내용에 대한 고소 보충 진술조서를 작성한다.

2. 고발사건의 경우

대부분 고발장에 첨부된 고발 공무원의 진술서로 대체하고 보충조서를 작성하지 않으나 내용이 부족하거나 사건의 내용이 잘 파악되지 않으면 고발한 공무원에게 출석을 요구하여 고발 보충 진술조서를 작성한다.

3. 진술조서 작성요령(고소 보충)

진 술 조 서
성 명 :
주민등록번호 :
직 업 : (전화 :)
주 거 : (전화 :)
등록기준지 :
직 장 주 소 :
연 락 처 : (자택전화) (휴대전화)
(직장전화) (전자우편)
위의 사람은 피의자 에 대한 피의사건에 관하여 20○○. ○. ○. ○○경찰서 여성청소년과 수사1팀에 임의 출석하여 다음과 같이 진술하다.
1. 피의자와의 관계 저는 피의자 과(와) 인 관계에 있습니다. 저는 피의자 과(와) 아무런 관계가 없습니다.
1. 피의사실과의 관계 저는 피의사실과 관련하여 (피해자, 목격자, 참고인)의 자격으로서 출석하였습니다. 이때 사법경찰관은 진술인 를(을) 상대로 다음과 같이 문답을 하다.
문	담당조사관으로부터 형사절차상 범죄피해자의 권리 및 지원 정보에 대한 안내서를 교부받았나요
답	

문	고소인이 제출한 고소장이 이것인가요.
이때 우리 서에 접수된 제○○○호의 고소장을 보여 주다.	
답	제가 제출하였던 고소장이 틀림없으며 내용 또한 사실입니다.
문	같은 내용으로 우리서 이외 다른 수사기관에 또 진정이나 고소한 일이 있나요.
답	없습니다.
문	누구를 상대로 고소한 것인가요.
답	고소장에 기재된 홍길동을 상대로 고소한 것입니다.
문	피고소인과는 어떠한 관계인가요.
답	약 3년 전 제가 카페를 운영하고 있을 때 피고소인에게 돈을 빌려 사용한 일이 있어 알게 되었을 뿐 저와 친척 관계는 되지 않습니다. ※ 피고소인과 관계는 사기죄에 있어서 기망을 당할 수 있는 관계인지 여부와 친족상도례, 재판과정에서 양형사유 판단자료 등 중요하므로 반드시 구체적으로 조사하여 설시할 것
문	피해 내용이 무엇인가요.
답	피고소인에게 6,000만원을 빌려주고 이를 받지 못한 피해를 보았습니다.
문	구체적으로 언제 어떠한 피해를 보았나요.
답	
문	피해를 본 것에 대한 증거가 있나요.
답	제가 돈을 빌려줄 때 한마을에 살고 있는 최서방(남. 30세, 전화 010 123-4567)이 보았기 때문에 잘 알고 있고 또 그 당시 현금보관증을 받아 두었는데 복사하여 고소장에 첨부하였으니 참고하십시오.
	※ 중요참고인이 나오면 전화번호(☎)를 기록해 두면 출석요구 시 활용할 수 있음 (중 략)
문	피고소인의 처벌을 원하나요.
답	
문	사건을 송치하기 전 추가로 서면 의견이나 자료를 제출할 것인가요
답	

4. 조서 작성 시 유의사항

가. 고소인의 수준에 맞는 용어를 사용하여야 한다.

　○ **금원**을 차용해 주었는데 이를 갚지 않고 **편취**하였습니다.

　⇒ 돈을 빌려주었는데 이를 갚지 않고 사기를 쳤습니다.

　○ **행사할 목적**으로 …문서를 **위조**하였습니다.

　⇒ ○○계약서를 ○○방법으로 고쳐서 거짓으로 만들었습니다.

　○ 저를 **구타**하였습니다.

　⇒ 저를 때렸습니다.

　○ 홍길동이 저를 때리는 것을 **목격**하였습니다.

　⇒ 홍길동이 저를 때리는 것을 보았습니다.

나. 조서 내용에 범죄사실을 미리 적시하지 말 것

　수사결과보고서 작성을 미리 염두에 두고 피해 내용을 적시하면서 "피의자는 20○○. 3. 22. ○○에서 *행사할 목적으로 ○○방법으로 문서를 위조하고*…"라고 하는 등으로 작성하는 경우가 많은데 이는 조서의 임의성이 결여되었다고 볼 수 있다.

5. 고소취소 보충 조서작성 시 유의사항

가. 고소취소장의 적법 접수 여부

나. 고소 취소권자인가 여부

다. 고소취소 사유 및 합의 조건

라. 사기와 강박에 의한 고소취소는 아닌지

마. 친고죄 및 반의사불벌죄의 경우에는 한 번 취소하면 같은 사건에 대하여 다시 고소할 수 없음을 알고 있다는 요지의 진술(일반 죄의 경우는 고소를 취소한 후에도 새로운 증거 발견 등 때에 따라 다시 고소할 수 있음)

바. 처벌을 원하는지 여부

사. 본인이 아닌 피의자나 제3자가 고소취소장을 제출하면 본인의 의사를 확인하여 그 사실을 수사보고 등으로 기록할 것(피해자의 인감증명서를 제출받아 첨부하고 있는데 반드시 인감증명서를 첨부해야 하는 것은 아님).

제3절 참고인 진술조서

1. 관련 근거

가. 경찰수사규칙

제39조(조서와 진술서) ① 사법경찰관리가 법 제244조 제1항에 따라 피의자의 진술을 조서에 적는 경우에는 별지 제27호서식 또는 별지 제28호서식의 피의자신문조서에 따른다.
② 사법경찰관리가 피의자가 아닌 사람의 진술을 조서에 적는 경우에는 별지 제29호서식 또는 별지 제30호서식의 진술조서에 따른다.
③ 사법경찰관리는 피의자 또는 피의자가 아닌 사람의 진술을 듣는 경우 진술 사항이 복잡하거나 진술인이 서면 진술을 원하면 진술서를 작성하여 제출하게 할 수 있다.
④ 피의자신문조서와 진술조서에는 진술자로 하여금 간인(間印)한 후 기명날인 또는 서명하게 한다.

나. 범죄수사규칙

제72조(피의자 아닌 사람에 대한 조사사항) 경찰관은 피의자 아닌 사람을 조사하는 경우에는 특별한 사정이 없는 한 다음 각 호의 사항에 유의하여 「경찰수사규칙」 제39조제2항의 진술조서를 작성하여야 한다.
1. 피해자의 피해상황
2. 범죄로 인하여 피해자 및 사회에 미치는 영향
3. 피해회복의 여부
4. 처벌희망의 여부
5. 피의자와의 관계
6. 그 밖의 수사상 필요한 사항
제62조(수사관서 이외의 장소에서의 조사) ③ 경찰관은 피의자신문 이외의 경우 피조사자가 경찰관서로부터 멀리 떨어져 거주하거나 그 밖의 사유로 출석조사가 곤란한 경우에는 별지 제18호서식의 우편조서를 작성하여 우편, 팩스, 전자우편 등의 방법으로 조사할 수 있다.

진 술 조 서

성 명				
주민등록번호				
직 업				
주 거				
등 록 기 준 지				
직 장 주 소				
연 락 처	(자택 전화)		(휴대 전화)	
	(직장 전화)		(전자 우편)	

위의 사람은 피의자   에 대한   피의사건에 관하여
20○○. ○. ○. ○○경찰서 여성청소년과 수사1팀에 임의 출석하여 다음과
같이 진술하다.

1. 피의자와의 관계
　　저는 피의자　　과(와)　　　　　　　　인 관계에 있습니다.

　　저는 피의자　　과(와) 아무런 관계가 없습니다.

1. 피의사실과의 관계

　　저는 피의사실과 관련하여 (피해자, 목격자, 참고인)의 자격으로서 출석하였습니다.

이 때 진술의 취지를 더욱 명백히 하기 위하여 다음과 같이 임의로 문답하다.

문 : (피해자인 경우) 담당조사관으로부터 형사절차상 범죄피해자의 권리 및 지원 정보에 대한 안내서를 교부

　　받았나요

답 :

문 :

답 :

문 : 사건을 송치하기 전 추가로 서면 의견이나 자료를 제출할 것인가요

답 :

진 술 조 서 (제○회)	
성 명	
주민등록번호	

위의 사람은 ○○에 대한 ○○피의사건에 관하여 ○○에 임의 출석하였는바, 사법

경찰관은 진술인 ○○을 상대로 다음과 같이 전회에 이어 계속 문답을 하다.

문

답

문   사건을 송치하기 전 추가로 서면 의견이나 자료를 제출할 것인가요

답

2. E-mail, FAX, 우편 진술제도의 활용

가. 사 유

다음 각호의 1에 해당되는 경우에는 참고인을 직접 소환하지 아니하고 E-mail, FAX, 우편을 이용하여 그 진실을 확보토록 한다.

① 출석조사 시 생업에 차질을 빚는 직장인, 자영업자, 근로자, 영세상인, 해외거주자 등 원격지 거주자에 해당한다고 판단되는 경우

② 참고인 조사가 없더라도 이미 확보된 수사서류만으로도 명백하게 불기소처분 사유에 해당한다고 판단되는 경우

③ 양벌규정에 의하여 처벌되는 법인의 대표자 등과 같이 대표자 조서가 없더라도 직접 행위자나 관련자의 소환조사로 사건처리가 가능한 경우

④ 동일사건에 대한 다수피해자 등과 같이 다수인을 소환 조사하더라도 동일한 진술밖에 확 보될 수 없다고 판단되는 때 그중 1인을 제외한 나머지 피해자를 조사하는 경우

⑤ 범죄의 정황 등 사건처리에 있어서 비교적 경미한 사실을 알고 있다고 인정되는 참 고인을 조사하는 경우

나. 우편조사 요령

① 우편조사에 앞서 참고인과 전화통화를 하여 충분히 취지를 알린다.

② 별지로 우편 조서의 필요성, 연락처, 주소 등 간단한 내용의 편지까지 동봉하면 작성 자에게 도움이 된다.

③ 참고인이 교도소에 있는 경우도 이 우편 조서를 이용하는 것이 좋다. 이 경우 교도 소장을 수신인으로 하여 간단한 협조 공문서를 만들어 동봉하는 것이 협조에 도움이 된다.

3. 출석 일자 선택제도의 활성화

① 참고인에게 출석 일자 및 사건을 통지할 때는 그 일시를 변경할 수 있음도 같이 알려 주어야 한다.

② 참고인으로부터 출석 일자 변경 요구가 있는 때에는 사건처리 기간의 제약 등으로 사건 처리에 지장을 주지 아니하는 범위내에서 참고인의 요구에 응하여야 한다.

4. 사건피해자 소환의 최소화

사건현장 조사 때 피해자에 대한 조사를 철저히 하여 조서작성을 위한 피해자 소환은 가급적 1회로 한정되도록 하여야 한다.

5. 1회 출석 진술제도의 활용

참고인을 소환 조사하기 전에 사건 내용을 정확히 파악하고 소환조사 항목을 미리 준비 하여 참고인을 가능한 한 재차 소환조사하는 사례가 없도록 하여야 한다.

6. 진술자의 사망 등에 대비하는 조치

경찰관은 피의자 아닌 사람을 조사하는 때도 있어서 그 사람이 사망, 정신 또는 신체상 장애 등의 사유로 인하여 공판준비 또는 공판기일에 진술하지 못하게 될 염려가 있고, 그 진술이 범죄의 증명에 없어서는 안 될 것으로 인정할 때는 수사에 지장이 없는 한 피의자, 변호인 그 밖의 적당한 사람을 참여하게 하거나 검사에게 증인신문 청구를 신청하는 등 필요한 조치를 취하여야 한다. (범죄수사규칙 제70조)

우 편 조 서	

성　　명 :　○○○ (　　　　) 　주민등록번호 :	
직　　업 :　　　　　　　　　전　화 (☎) :	
주　　소 :　　　　　　　　　　　　　(　　통　　　반)	
등록기준지 :	

피의자 ○○○에 대한　　○○○　　피의사건에 관하여 귀하의 편의를 위하여 우편으로 조사
코자 하오니 아래 "문" 란의 내용을 잘 읽으시고 "답" 란에 진실하게 사실대로 기입 답하여
주시고 우측 상단에 일련번호를 기입하시고 매장 사이에 간인 후 끝장에 서명 날인(또는 무
인)하신 다음 송부하여 주시기 바랍니다.

문	20○○. 00. 1. 14:00경 ○○경찰서 여성청소년과 수사1팀 김○○ 수사관과 ○○○ 고소 사건과 관련 전화 통화한 일이 있는가요.
답	
문	진술인은 언제부터 ○○○ 사무실에 근무하고 있나요. ※ 진술인의 신분을 명백히 하기 위함
답	
문	고소인 甲, 피고소인 乙과 각각 어떠한 관계인가요.
답	
	(중 략)
문	기타 본건과 관련 수사에 도움이 되는 내용이나 자료가 있으면 진술(첨부) 부탁합니다.
답	

※ 진술코자 하는 내용을 기재하기에 용지가 부족하면 A4용지(본조서 용지규격)에 추가로 기재
　한 후 간인하고 동봉하여 송부하시기 바랍니다.

20○○. ○. ○.

진 술 자　　　　㊞

○○○님   귀하

저는 ○○경찰서 여성청소년과 수사팀에 근무하고 있는 ○○○ 수사관입니다.

○○○에 대한 사문서위조사건을 현재 제가 조사 중입니다.

본건의 고소인 ○○○는 "소급 제4호증의 2인증서"을 위조하였다고 하여 사실 여부를 밝

히기 위해서는 ○○○님의 진술이 필요하여 우편 조서를 송부하니 사실대로 작성하여 주었

으면 합니다.

우편 조서의 여백이 부족할 경우 다른 종이에 추가로 더 작성하여도 됩니다.

작성하신 후 우편으로 다음 주소지로 보내주시기를 바랍니다.

끝으로 귀사의 무궁한 발전을 기원합니다.

20○○. ○. ○.

○   ○   ○

※ 사건담당자

　　○○경찰서 수사팀 홍길동 (전화　　　　　)

※ 보내실 주소

　　받을 주소와 연락처 기록

참고인 권리 안내서

☐ 귀하의 담당수사관은 (소속1) (소속2) (계급) (성명) 수사관입니다.
(전화 : (전화번호), 팩스 : (팩스 번호))

☐ 권리보호를 위한 각종 제도

· 참고인진술 시 변호인을 참여하게 할 수 있습니다.
※ 변호인 조력을 위한 기관 및 제도
 − 대한법률구조공단 : 국번없이 132, www.klac.or.kr

<메모장 제공>
수사관이 제공하는 메모장에 자신의 진술과 조사 주요내용 등을 메모할 수 있습니다.

<신변보호요청 등> 지구대(파출소), 수사부서로 신청
특정범죄의 신고, 증언 등과 관련하여 보복을 당할 우려가 있다면 특정 범죄신고자 등 보호법에 따라 수사기관에 신변안전조치를 요청하거나 진술조서 등 서류에 인적사항을 기재하지 않도록 요청할 수 있습니다. 또한 보좌인을 지정받거나 구조금 등 보호를 요청할 수 있습니다.

<참고인여비 지급> 담당수사관에게 요청
수사기관으로부터 출석을 요구받고 출석한 참고인에게는 소정의 참고인여비를 지급 하고 있습니다.

<수사심의신청제도> 국번없이 182
수사에 이의 및 불만이 있는 경우, 시·도경찰청 민원실 방문·우편접수, 사이버경찰청 '수사심의신청' 코너를 이용하여 신청이 가능합니다.

<국가인권위원회> 국번없이 1331, www.humanrights.go.kr

<국민권익위원회> 국번없이 110, www.epeople.go.kr

제4절 진술서 또는 확인서의 작성

1. 관련 근거

※ 범죄수사규칙
제74조(진술서 등 접수) ① 경찰관은 피의자와 그 밖의 관계자로부터 수기, 자술서, 경위서 등의 서류를 제출받는 경우에도 필요한 때에는 피의자신문조서 또는 진술조서를 작성하여야 한다.
② 경찰관은 「경찰수사규칙」 제39조제3항에 따라 진술인이 진술서로 작성하여 제출하게 하는 경우에는 되도록 진술인이 자필로 작성하도록 하고 경찰관이 대신 쓰지 않도록 하여야 한다.

2. 진술 주체

진술 주체는 수사관 이외의 사람이다. 그러나 수사관 자신도 그가 체험한 사실을 진술할 때는 진술 주체가 된다.

진 술 서				
성 명	홍 ○ ○ (洪 ○ ○) 이명	성 별		(남), 여
직 업		주민등록번호		○○○○○○-○○○○○○○
등록기준지				
주 거	자택전화		직장전화	

위의 사람은 피의자 ○○○의 ○○사건의(피의자, 피해자, 목격자, 참고인) (으)로서 다음과 같이 임의로 자필 진술서를 작성 제출함.

1. 저는 ○○에서 ○○일을 하고 있습니다.
1. 저는 20○○. ○. ○. ○○경찰서에 ○○건으로 고소한 일이 있습니다. 이와 관련하여 추가로 다음과 같이 진술하고자 합니다.

－중 략－

20○○년 ○월 ○일

작성자 홍 ○ ○ ㉑

3. 작성 시 유의사항

가. 작성자 본인이 작성함을 원칙으로 하고 본인의 무학 또는 자필로 작성할 수 없는 사유가 있으면 그런 내용을 말미에 기록한 후 대리 작성할 수 있다.

나. 고소인이나 피의자 또는 참고인이 진술조서 또는 신문조서를 내용 중 미비점이 있다면서 보충을 요구하면 간단한 것은 바로 삽입하면 되지만 그 요구사항이 많으면 진술서를 작성 제출하도록 하여 이를 서류에 첨부하는 것도 민원인을 위해 바람직한 방법이 될 수 있다.

제5절 피의자 조사

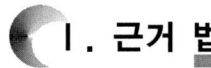 **Ⅰ. 근거 법령**

1. 형사소송법

제241조(피의자신문) 검사 또는 사법경찰관이 피의자를 신문함에는 먼저 그 성명, 연령, 등록기준지, 주거와 직업을 물어 피의자임에 틀림없음을 확인하여야 한다.

제242조(피의자신문사항) 검사 또는 사법경찰관은 피의자에 대하여 범죄사실과 정상에 관한 필요사항을 신문하여야 하며 그 이익되는 사실을 진술할 기회를 주어야 한다.

제243조(피의자신문과 참여자) 검사가 피의자를 신문함에는 검찰청수사관 또는 서기관이나 서기를 참여하게 하여야 하고 사법경찰관이 피의자를 신문함에는 사법경찰관리를 참여하게 하여야 한다.

제244조(피의자신문조서의 작성) ① 피의자의 진술은 조서에 기재하여야 한다.

② 제1항의 조서는 피의자에게 열람하게 하거나 읽어 들려주어야 하며, 진술한 대로 기재되지 아니하였거나 사실과 다른 부분의 유무를 물어 피의자가 증감 또는 변경의 청구 등 이의를 제기하거나 의견을 진술한 때에는 이를 조서에 추가로 기재하여야 한다. 이 경우 피의자가 이의를 제기하였던 부분은 읽을 수 있도록 남겨 두어야 한다.

③ 피의자가 조서에 대하여 이의나 의견이 없음을 진술한 때에는 피의자로 하여금 그 취지를 자필로 기재하게 하고 조서에 간인한 후 기명날인 또는 서명하게 한다.

제244조의3(진술거부권 등의 고지) ① 검사 또는 사법경찰관은 피의자를 신문하기 전에 다음 각 호의 사항을 알려주어야 한다.

1. 일체의 진술을 하지 아니하거나 개개의 질문에 대하여 진술을 하지 아니할 수 있다는 것
2. 진술을 하지 아니하더라도 불이익을 받지 아니한다는 것
3. 진술을 거부할 권리를 포기하고 행한 진술은 법정에서 유죄의 증거로 사용될 수 있다는 것
4. 신문을 받을 때에는 변호인을 참여하게 하는 등 변호인의 조력을 받을 수 있다는 것

② 검사 또는 사법경찰관은 제1항에 따라 알려 준 때에는 피의자가 진술을 거부할 권리와 변호인의 조력을 받을 권리를 행사할 것인지의 여부를 질문하고, 이에 대한 피의자의 답변을 조서에 기재하여야 한다. 이 경우 피의자의 답변은 피의자로 하여금 자필로 기재하게 하거나 검사 또는 사법경찰관이 피의자의 답변을 기재한 부분에 기명날인 또는 서명하게 하여야 한다.

2. 범죄수사규칙

제71조(피의자에 대한 조사사항) 경찰관은 피의자를 신문하는 경우에는 다음 각 호의 사항에 유의하여 「경찰수사규칙」 제39조제1항의 피의자신문조서를 작성하여야 한다. 이 경우, 사건의 성격과 유형을 고려하였을 때, 범죄 사실 및 정상과 관련이 없는 불필요한 질문은 지양하여야 한다.

1. 성명, 연령, 생년월일, 주민등록번호, 등록기준지, 주거, 직업, 출생지, 피의자가 법인 또는 단체인 경우에는 명칭, 상호, 소재지, 대표자의 성명 및 주거, 설립목적, 기구
2. 구(舊)성명, 개명, 이명, 위명, 통칭 또는 별명
3. 전과의 유무(만약 있다면 그 죄명, 형명, 형기, 벌금 또는 과료의 금액, 형의 집행유예 선고의 유무, 범죄사실의 개요, 재판한 법원의 명칭과 연월일, 출소한 연월일 및 교도소명)
4. 형의 집행정지, 가석방, 사면에 의한 형의 감면이나 형의 소멸의 유무

5. 기소유예 또는 선고유예 등 처분을 받은 사실의 유무(만약 있다면 범죄사실의 개요, 처분한 검찰청 또는 법원의 명칭과 처분연월일)
6. 소년보호 처분을 받은 사실의 유무(만약 있다면 그 처분의 내용, 처분을 한 법원명과 처분연월일)
7. 현재 다른 경찰관서 그 밖의 수사기관에서 수사 중인 사건의 유무(만약 있다면 그 죄명, 범죄사실의 개요와 해당 수사기관의 명칭)
8. 현재 재판 진행 중인 사건의 유무(만약 있다면 그 죄명, 범죄사실의 개요, 기소 연월일과 해당 법원의 명칭)
9. 병역관계
10. 훈장, 기장, 포장, 연금의 유무
11. 자수 또는 자복하였을 때에는 그 동기와 경위
12. 피의자의 환경, 교육, 경력, 가족상황, 재산과 생활정도, 종교관계
13. 범죄의 동기와 원인, 목적, 성질, 일시장소, 방법, 범인의 상황, 결과, 범행 후의 행동
14. 피해자를 범죄대상으로 선정하게 된 동기
15. 피의자와 피해자의 친족관계 등으로 인한 죄의 성부, 형의 경중이 있는 사건에 대하여는 그 사항
16. 범인은닉죄, 증거인멸죄와 장물에 관한 죄의 피의자에 대하여는 본범과 친족 또는 동거 가족관계의 유무
17. 미성년자나 피성년후견인 또는 피한정후견인인 때에는 그 친권자 또는 후견인의 유무(만약 있다면 그 성명과 주거)
18. 피의자의 처벌로 인하여 그 가정에 미치는 영향
19. 피의자의 이익이 될 만한 사항
20. 제1호부터 제19호까지의 각 사항을 증명할 만한 자료
21. 피의자가 외국인인 경우에는 제216조 각 호의 사항

제73조(피의자신문조서 등 작성 시 주의사항) ① 경찰관은 피의자신문조서와 진술조서를 작성할 때에는 다음 각 호의 사항에 주의하여야 한다.
1. 형식에 흐르지 말고 추측이나 과장을 배제하며 범의 착수의 방법, 실행행위의 태양, 미수ㆍ기수의 구별, 공모사실 등 범죄 구성요건에 관한 사항에 대하여는 특히 명확히 기재할 것
2. 필요할 때에는 진술자의 진술 태도 등을 기입하여 진술의 내용뿐 아니라 진술 당시의 상황을 명백히 알 수 있도록 할 것
② 경찰관은 조사가 진행 중인 동안에는 수갑ㆍ포승 등을 해제하여야 한다. 다만, 자살, 자해, 도주, 폭행의 우려가 현저한 사람으로서 담당경찰관 및 유치인 보호주무자가 수갑ㆍ포승 등 사용이 반드시 필요하다고 인정한 사람에 대하여는 예외로 한다.

피의자신문조서

피의자

위의 사람에 대한   피의사건에 관하여   20○○. ○. ○.
○○경찰서 여성청소년과 ○○팀에서 사법경찰관   는(은) 사법경찰리
를(을) 참여하게 하고, 아래와 같이 피의자임이 틀림없음을 확인한다.

문 답	피의자의 성명, 주민등록번호, 직업, 주거, 등록기준지 등을 말씀하십시오.
	성명은 ( )
	주민등록번호는 직업은
	주거는
	등록기준지는
	직장 주소는
	연락처는 자택 전화 휴대전화
	직장 전화 전자우편
	(e-mail)
	입니다.

사법경찰관은 피의사건의 요지를 설명하고 사법경찰관의 신문에 대하여 형사소송법 제 244조의3의 규정에 의하여 진술을 거부할 수 있는 권리 및 변호인의 참여 등 조력을 받을 권리가 있음을 피의자에게 알려주고 이를 행사할 것인지 그 의사를 확인한다.

진술거부권 및 변호인 조력권 고지 등 확인

1. 귀하는 일체의 진술을 하지 아니하거나 개개의 질문에 대하여 진술을 하지 아니할 수 있습니다.

1. 귀하가 진술을 하지 아니하더라도 불이익을 받지 아니합니다.

1. 귀하가 진술을 거부할 권리를 포기하고 행한 진술은 법정에서 유죄의 증거로 사용될 수 있습니다.

1. 귀하가 신문을 받을 때에는 변호인을 참여하게 하는 등 변호인의 조력을 받을 수 있습니다.

문   피의자는 위와 같은 권리들이 있음을 고지받았는가요

답

문   피의자는 진술거부권을 행사할 것인가요

답

문   피의자는 변호인의 조력을 받을 권리를 행사할 것인가요

답

이에 사법경찰관은 피의사실에 관하여 다음과 같이 피의자를 신문하다.

문

답

문   피의자는 영상녹화를 희망하는가요

답

문   사건을 송치하기 전 추가적으로 서면 의견이나 자료를 제출할 것인가요

답

1. 인정신문(피의자를 특정할 수 있는 사항)

이 부분에 대하여는 피의자의 진술거부권도 없는 것이므로 진술을 요구할 수 있다는 학설이 있다. 그러나 끝내 침묵하여 이를 알 수 없을 때는 성별, 추정연령, 인상착의, 체격, 특징, 기타 그 피의자를 특정할 수 있는 사항을 기재한다.

가. 성 명

피의자의 성명을 기재한다. 옆의 괄호에는 한자명을 기재하며 구명, 이명, 별명 등은 성명 옆에 괄호하고 기입한다.

나. 연 령

생년월일과 함께 연령은 만으로 기재한다.

다. 주민등록번호

① 주민등록증을 제시받아 확인한다.
② 피의자 본인 여부를 확인하기 위하여 신분증을 제출받아 사본하여 첨부한다. 신분증이 없다면, 십지지문을 채취하여 본인 여부에 대한 문제가 발생할 때를 대비한다.

라. 등록기준지

등록기준지를 변경하였으면 괄호하고 전 등록기준지도 기재하는 것이 좋다(특히 여자의 경우).

마. 주 소

① 현재의 주소, 거주지를 기재한다(주민등록상의 주소가 아닌 현재 숙식 장소, 15일 이상 숙식하며 지내는 장소).
② 주거와 직장란은 상세히 기재하고, 휴대전화 번호를 기재하면 좋다. 피의자가 외국인인 경우는 국적, 주거지, 출생지, 입국 또는 출국 예정 연월일, 입국목적을 기재한다.

바. 직 업

① 조사 당시의 직업을 구체적으로 기재할 것(자영업, 상업 등으로 기재하지 말고 구체적으로 기록할 것)
② 범행 시 직업이 범죄와 관련 있는 경우 범행 시의 직업도 구체적으로 기재한다.
③ 법인인 경우
 – 법인의 명칭, 주사무소 소재지 및 대표자의 직위, 성명, 연락처
④ 법인이 아닌 단체의 경우

- 명칭, 주된 사무소의 소재지 및 대표자, 관리자, 주관자의 성명과 주거
⑤ 외국인의 경우
- 국적, 주거, 출생지, 입국연월일, 입국목적, 적법한 입국자인지 여부, 체류지, 외교특권이 있는 자인가 여부, 주한미군지위협정 대상자인지 여부

2. 전과 관계

가. 전과 및 검찰처분 관계는 피의자가 이야기하는 대로 적는다. 전과를 확인한 결과 전과가 많은 피의자가 전과가 없다고 거짓말하여도 피의자가 진술한 그대로 적는다.

※ 범죄경력조회 내용을 그대로 기록하거나, "조회 중" 등으로 기록하지 말 것 → 임의성 결여

나. 전과란 과거의 범죄행위에 의하여 징역, 금고, 자격상실, 자격정지, 벌금 등의 형벌을 받은 것을 말한다. 기타의 범행경력이란 이 전과 이외의 범죄경력을 총칭하는 것이다.

다. 전과의 여부는 본인의 범정을 아는 데 참고가 되고 정상참작 자료가 되는 동시에 누범 가중 여하를 결정하는데 기준이 되는 것이므로 전과 기타 범죄경력을 물어 기재한다.

3. 상훈 연금 관계

가. 훈장, 기장, 포상 등을 받은 자인 때에는 그 종류 및 등급 등을 기재하고 연금을 받을 때는 이를 받게 된 경위와 종류, 금액 등을 기재한다.

나. 상훈과 연금 관계는 대통령이나 장관 훈격 이상을 기재한다.

4. 기타 조사사항

가. 영상녹화 희망 여부

나. 사건을 송치하기 전 추가로 서면 의견이나 자료를 제출 여부

Ⅲ. 일반적인 신문 사항

1. 범죄사실이 여러 개인 경우(부정수표 단속법 등)

고소인 등이 범죄목록을 작성하도록 한 후 범죄목록을 보여 주면서 일괄적으로 신문한다.

例, 이때 고소장에 첨부된 범죄목록을 보여주며(수배자 검거 시 → 이때 송치서 사본에 첨부된 범죄목록을 보여 주며)

문   이러한 사실이 맞나요.

이때 피의자가 범죄사실의 내용을 처음부터 끝까지 살펴본 후

답1   1항부터 8항까지는 제가 사용하였던 것이 사실이며, 제9항에 대해서는 ○○○○○○하였습니다.

답2   모두 우리 사무실에서 발행하였는데 (부수법의 경우)

          1) 사가○○○1번 수표는 20○○. 3. 8. 거래처인 ○○○에게 물품대금으로 결재하기 위하여 발행하였고

          2) 사가○○○2번은 ……

2. 여권 소지 및 해외여행 관계 조사

특히 구속을 필요로 하는 피의자의 경우 여권 소지 여부와 해외여행 관계는 구속 사유로 활용할 수 있으므로 반드시 조사한다.

例, 피의자는 여권을 소지하고 20○○. 3.경부터 20○○. 12.경까지 총 ○회에 걸쳐 미국 등지를 ○○목적으로 출입국한자로 해외로의 출국하여 도망의 염려가 있다.

3. 대질조사 병행

가. 사안이 복잡한 사건 등 관련자와 대질이 필요한 경우 피의자 조사 시 고소인등 관련 참고인을 출석시켜 대질조사를 시행하면 피의자를 다시 출석요구 하는 번거로움을 피할 수 있고 또한 신속한 사건처리에 도움이 될 수 있다.

나. 경찰관은 대질신문하는 경우에는 사건의 특성 및 그 시기와 방법에 주의하여 한쪽이 다른 한쪽으로부터 위압을 받는 등 다른 피해가 발생하지 않도록 하여야 한다.

Ⅳ. 작성상 유의사항

1. 한글을 사용하되 성명이나 외국어 등 특수한 경우에는 ( )에 한자나 외국어를 병기한다. 평이한 문구사용, 자연스럽고 간명하게 작성한다.

2. 글씨는 또박또박 알기 쉽게 쓰고 오탈자가 없도록 함은 물론 조서의 난밖에 글씨를 쓰는 일이 없도록 유의한다.

3. 호칭은 피의자로 하고 존칭은 사용하지 아니하며 조서상에는 형사소송법상 신분인 피의자로 기재한다. 다만 미성년자의 경우 지나친 경어는 오히려 부자연스러우므로 조정하여 사용한다.

4. 6하원칙 또는 8하원칙에 따라 항목을 나누어 기재하는 것이 좋다. 언제 어디에서 누구의 어떤 물건을 훔쳤느냐는 식으로 한꺼번에 한 항목에 기재하는 것은 좋지 않다. 또한 복잡한 사항은 항목을 나누어 정리해두는 것이 좋다.

   例, 문   물건을 훔친 일이 있는가?
   　　 문   언제 어디에서 훔쳤는가?
   　　 문   어떤 물건을 훔쳤는가?
   　　 문   어떤 방법으로 훔쳤는가?

5. 조서는 전후 모순 없이 임의성이 있도록 자연스럽게 작성해야 한다. 진술한 내용에 변화가 있을 때는 왜 그와 같은 변화가 있게 되었는가를 묻고 그에 대한 납득할 수 있는 대답이 조서에 기재되어야 한다.

6. 피조사자가 사용하는 특이한 말은 그대로 조서에 기재하는 것이 좋으며 다시 그 뜻을 물어 그 대답을 조서에 기재한다.

7. 불분명한 대답을 하였을 때는 다시 물어 재차 정확한 답변을 받아야 범죄사실을 확정할 수 있다.

8. 고소나 피해신고로 수사관이 알고 있는 사실 의외의 사실이 답변으로 진술되어야 임의성과 진실성이 인정된다.

9. 피의자신문 결과의 증거에 관하여 묻고 그에 따라 증거를 수집한다거나 진술 도중 증거에 대한 처분 부분을 진술하지 않더라도 증거물을 탐색하고 기타 과학적인 방법을 동원하여 증거물을 감별 감식하고 사건과의 관계를 규명한다.

V. 특수한 경우의 조사요령

1. 조사받은 과정에서 증거자료를 제출한 경우

문   그 밖에 피의자에게 유리한 증거나 참고로 더 할 말이 있나요.

답   할 말은 없습니다. 그 대신 본 사건과 관련된 자료를 제가 정리해 왔습니다. 이 자료를 꼭
      첨부해 주십시오.
      이때 피의자가 '공사계약서 사본' 20매를 제출하여 이를 본 조서 말미에 첨부하다.

※ 제출한 자료에 대해서는 그 자료가 원본 또는 사본인지 여부를 명확히 하고 또 제출한 매수
   를 정확히 하여 기록할 것

2. 조서작성 완료 후 조서 내용의 수정을 요구한 경우

문   더 할 말이 있나요.

답   여기 조서 내용 중 3페이지 중간쯤 '그 내용을 갑이 잘 알고 있으며 그 돈을 갑에게 주
      었기 때문에'라고 되어 있는데 갑을 을로 고쳐 주십시오. 그리고 조서 끝부분 '제가 잘
      못하였습니다'라고 되어 있는데 저는 잘못이 없습니다. 고소인이 잘못하였다는 것입니다.
      그러기 때문에 그 부분도 저는 잘못이 없고 고소인이 잘못하였다고 고쳐 주십시오.

※ 수정을 요구한다고 하여 수정한 다음 다시 인쇄하여서는 안 된다.
   형사소송법의 개정으로 '이의를 제기하거나 의견을 진술한 때에는 이를 조서에 추가로 기재
   하여야 한다. 이 경우 피의자가 이의를 제기하였던 부분은 읽을 수 있도록 남겨두어야 한
   다'(형사소송법 제244조 제2항)라고 규정하고 있다. 따라서 수정된 내용을 다시 출력하여서
   는 안 된다.

사법경찰관이 사실을 발견함에 필요한 때에는 피의자와 다른 피의자 또는 피의자 아닌 자와 대질하게 할 수 있다(형사소송법 제245조).

피의자신문조서(제 회)

　피의자　홍 길 동 (洪吉童)　　　　　　　　대질자 : 김고소 (고소인)

　위의 사람에 대한　○○　피의사건에 관하여　20○○. ○. ○. ○○경찰서 수사1팀에서 사법경찰관　　　는(은) 사법경찰관/리　　　　를(을) 참여하게 한 후, 피의자에 대하여 다시 아래의 권리들이 있음을 알려주고 이를 행사할 것인지 그 의사를 확인하다.

---

1. 귀하는 일체의 진술을 하지 아니하거나 개개의 질문에 대하여 진술을 하지 아니할 수 있습니다.
1. 귀하가 진술을 하지 아니하더라도 불이익을 받지 아니합니다.
1. 귀하가 진술을 거부할 권리를 포기하고 행한 진술은 법정에서 유죄의 증거로 사용될 수 있습니다.
1. 귀하가 신문을 받을 때에는 변호인을 참여하게 하는 등 변호인의 조력을 받을 수 있습니다.

문　　피의자는 위와 같은 권리들이 있음을 고지받았는가요

답

문　　피의자는 진술거부권을 행사할 것인가요

답

문　　피의자는 변호인의 조력을 받을 권리를 행사할 것인가요

답

이에 사법경찰관은 피의사실에 관하여 다음과 같이 피의자를 신문하다.

문

✤ 고소인 또는 참고인 진술조서를 작성하다 피의자를 입실시켜 대질한 경우
　"이때 피의자 ○○○를 입실시켜 피의자에 대하여 다시 진술거부권이 있음을 알린 즉 신문에 따라 진술하겠다고 대답하다."라고 진술거부권을 반드시 고지하고 그 내용을 조서상에 기재한 후 신문할 것

피 의 자 주 거 조 사 서

성 명	(한글) 홍 길 동		주민등록번호		600101-1234567	
	(한자) 洪 吉 童		이명, 별명		번 개	
전 화	자택 (02) 1234 - 5678		휴 대 폰		010-123-4567	
			E-mail 주소		tg1268@hanmail.net	
주 거	주민등록지		○○시 ○○동 234번지			■ 자가
	현 거주지		위와 같은 곳			□ 전세
	송달장소 (우편물수령지)		위와 같은 곳			□ 월세
직 장	직장명	○○주식회사		보직		업무과장
	소재지	○○시 ○○동 4번지		전화		(02) 000 - 0000
재 산	건 물					
	토 지					
	차 량	차종		차량번호		
	기 타					
가 족 연락처	관 계	성 명		자택, 직장전화		휴 대 폰
	처	성 춘 향				
	자	홍 만 동				

신원 보증 가능한 친구 또는 지인

관 계	성 명	연 령	직업, 직장	자택, 직장전화	휴 대 폰

참고사항	(주거부정인 경우 현숙소, 생활보호대상자 등 특이사항)

작성일   20○○. ○. ○.

작성자   ○○시   직급 :   성 명 :   (인)

제6절 진술거부권

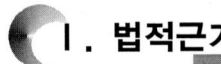

I. 법적근거

1. 형사소송법

제244조의3(진술거부권 등의 고지) ①검사 또는 사법경찰관은 피의자를 신문하기 전에 다음 각 호의 사항을 알려주어야 한다.
1. 일체의 진술을 하지 아니하거나 개개의 질문에 대하여 진술을 하지 아니할 수 있다는 것
2. 진술을 하지 아니하더라도 불이익을 받지 아니한다는 것
3. 진술을 거부할 권리를 포기하고 행한 진술은 법정에서 유죄의 증거로 사용될 수 있다는 것
4. 신문을 받을 때에는 변호인을 참여하게 하는 등 변호인의 조력을 받을 수 있다는 것
② 검사 또는 사법경찰관은 제1항에 따라 알려 준 때에는 피의자가 진술을 거부할 권리와 변호인의 조력을 받을 권리를 행사할 것인지의 여부를 질문하고, 이에 대한 피의자의 답변을 조서에 기재하여야 한다. 이 경우 피의자의 답변은 피의자로 하여금 자필로 기재하게 하거나 검사 또는 사법경찰관이 피의자의 답변을 기재한 부분에 기명날인 또는 서명하게 하여야 한다.

2. 검사와 사법경찰관의 상호협력과 일반적 수사준칙에 관한 규정

제32조(체포·구속영장 집행 시의 권리 고지) ① 검사 또는 사법경찰관은 피의자를 체포하거나 구속할 때에는 법 제200조의5(법 제209조에서 준용하는 경우를 포함한다)에 따라 피의자에게 피의사실의 요지, 체포·구속의 이유와 변호인을 선임할 수 있음을 말하고, 변명할 기회를 주어야 하며, 진술거부권을 알려주어야 한다.
② 제1항에 따라 피의자에게 알려주어야 하는 진술거부권의 내용은 법 제244조의3 제1항 제1호부터 제3호까지의 사항으로 한다.
③ 검사와 사법경찰관이 제1항에 따라 피의자에게 그 권리를 알려준 경우에는 피의자로부터 권리 고지 확인서를 받아 사건기록에 편철한다.

3. 경찰수사규칙

제43조(영상녹화) ④ 사법경찰관리는 피의자에 대한 조사 과정을 영상녹화하는 경우 다음 각 호의 사항을 고지해야 한다.
3. 법 제244조의3에 따른 진술거부권 등

4. 범죄수사규칙

제64조(조사 시 진술거부 권 등의 고지) 「형사소송법」 제244조의3에 따른 진술거부권의 고지는 조사를 상당 시간 중단하거나 회차를 달리하거나 담당 경찰관이 교체된 경우에도 다시 하여야 한다.
제77조(실황조사 기재) ① 경찰관은 피의자, 피해자, 참고인 등의 진술을 실황조사서에 작성할 필요가 있는 경우에는 「형사소송법」 제199조 및 제244조에 따라야 한다.
② 경찰관은 제1항의 경우에 피의자의 진술에 관하여는 미리 피의자에게 제64조에 따른 진술거부권 등을 고지하고 이를 조서에 명백히 작성하여야 한다.

Ⅱ. 진술거부권과 진술의 임의성

1. 진술거부권이란

가. 수사경찰이 피의자를 조사할 때는 미리 진술을 거부할 수 있음을 알려야 한다는 형사소송법의 권리를 말한다.

나. 이른바 진술거부권의 고지는 헌법 제12조 제2항에 "형사상 자기에게 불리한 진술을 강요당하지 아니한다"고 규정되어 있어 이에 근거하여 형사소송법상(제200조 제2항) 이 절차가 요구된 것이다.

다. 진술거부권은 근대 형사소송법의 기본원칙인 자기부죄강요금지의 원칙에 따라 진술거부권을 보장하고 있는데 이는 과거 규문주의하에서 선행된 자백 강요로 인한 고문 등의 폐단을 방지하기 위한 것이다.

2. 진술거부권의 고지와 진술의 임의성

가. 진술거부권의 고지는 진술의 임의성에 대하여 논쟁이 생겼을 경우 그 진술의 임의성을 증명하는 의미에서 매우 중요하다.

나. 진술의 임의성은 진술의 생명인데 그 진술의 임의성 존재를 증명하는 하나의 방법으로서 미리 피의자에게 "진술을 거부할 수 있음"을 정확하게 알렸다는 것을 명백히 밝히는 것이다.

다. 이러한 취지에서 조서에 기재하여 장래 진술의 임의성에 대하여 다툼이 생겼을 때를 대비해서 이 절차는 정확하게 고지의 절차를 밟아 두어야 한다.

3. 고지 사항

검사 또는 사법경찰관은 피의자를 신문하기 전에 다음 각 호의 사항을 알려주어야 한다.

가. 일체의 진술을 하지 아니하거나 개개의 질문에 대하여 진술을 하지 아니할 수 있다는 것

나. 진술하지 아니하더라도 불이익을 받지 아니한다는 것

다. 진술을 거부할 권리를 포기하고 한 진술은 법정에서 유죄의 증거로 사용될 수 있다는 것

라. 신문을 받을 때는 변호인을 참여하게 하는 등 변호인의 조력을 받을 수 있다는 것

■ 판례 ■ 　피의자에게 진술거부권을 고지하지 아니하고 작성한 피의자신문조서의 증거능력 유무
형사소송법 제200조 제2항은 검사 또는 사법경찰관이 출석한 피의자의 진술을 들을 때에는 미리 피의자에 대하여 진술을 거부할 수 있음을 알려야 한다고 규정하고 있는바, 이러한 피의자의 진술거부권은 헌법이 보장하는 형사상 자기에 불리한 진술을 강요당하지 않는 자기부죄거부의 권리에 터잡은 것이므

로 수사기관이 피의자를 신문함에 있어서 피의자에게 미리 진술거부권을 고지하지 않은 때에는 그 피의자의 진술은 위법하게 수집된 증거로서 진술의 임의성이 인정되는 경우라도 증거능력이 부인되어야 한다.(대법원 1992. 6. 23., 선고, 92도682, 판결)

■ 판례 ■   진술거부권 행사 여부에 대한 피의자의 답변이 형사소송법 제244조의3 제2항에 규정한 방식에 위배된 경우, 사법경찰관 작성 피의자신문조서의 증거능력 유무(원칙적 소극)

헌법 제12조 제2항, 형사소송법 제244조의3 제1항, 제2항, 제312조 제3항에 비추어 보면, 비록 사법경찰관이 피의자에게 진술거부권을 행사할 수 있음을 알려 주고 그 행사 여부를 질문하였다 하더라도, 형사소송법 제244조의3 제2항에 규정한 방식에 위반하여 진술거부권 행사 여부에 대한 피의자의 답변이 자필로 기재되어 있지 아니하거나 그 답변 부분에 피의자의 기명날인 또는 서명이 되어 있지 아니한 사법경찰관 작성의 피의자신문조서는 특별한 사정이 없는 한 형사소송법 제312조 제3항에서 정한 '적법한 절차와 방식'에 따라 작성된 조서라 할 수 없으므로 그 증거능력을 인정할 수 없다. (대법원 2013. 3. 28., 선고, 2010도3359, 판결)

■ 판례 ■   진술거부권 고지 대상이 되는 피의자 지위가 인정되는 시기 및 피의자 지위에 있지 아니한 자에게 진술거부권이 고지되지 아니한 경우, 진술의 증거능력 유무(적극)

피의자에 대한 진술거부권 고지는 피의자의 진술거부권을 실효적으로 보장하여 진술이 강요되는 것을 막기 위해 인정되는 것인데, 이러한 진술거부권 고지에 관한 형사소송법 규정내용 및 진술거부권 고지가 갖는 실질적인 의미를 고려하면 수사기관에 의한 진술거부권 고지 대상이 되는 피의자 지위는 수사기관이 조사대상자에 대한 범죄혐의를 인정하여 수사를 개시하는 행위를 한 때 인정되는 것으로 보아야 한다. 따라서 이러한 피의자 지위에 있지 아니한 자에 대하여는 진술거부권이 고지되지 아니하였더라도 진술의 증거능력을 부정할 것은 아니다. (대법원 2011. 11. 10., 선고, 2011도8125, 판결)

권리 고지 확인서

성   명 :

주민등록번호 :   (세)

주   거 :

본인은 20○○.○.○. 00:00경 ○○에서 (체포/긴급체포/현행범인체포/구속)되면서 피의사실의 요지, 체포·구속의 이유와 함께 변호인을 선임할 수 있고, 진술을 거부하거나, 변명을 할 수 있으며, 체포·구속적부심을 청구할 수 있음을 고지받았음을 확인합니다.

20○○.○.○.

위 확인인

위 피의자를 (체포/긴급체포/현행범인체포/구속)하면서 위와 같이 고지하고 변명의 기회를 주었음(변명의 기회를 주었으나 정당한 이유없이 기명날인 또는 서명을 거부함).

※ 기명날인 또는 서명 거부 사유 :

20○○.○.○.

○○경찰서

사법경찰관 경감 정 상 수

제7절 수사과정 기록

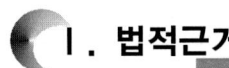 I. 법적근거

1. 형사소송법

제244조의4(수사과정의 기록) ① 검사 또는 사법경찰관은 피의자가 조사장소에 도착한 시각, 조사를 시작하고 마친 시각, 그 밖에 조사과정의 진행경과를 확인하기 위하여 필요한 사항을 피의자신문조서에 기록하거나 별도의 서면에 기록한 후 수사기록에 편철하여야 한다.
② 제244조제2항 및 제3항은 제1항의 조서 또는 서면에 관하여 준용한다.
③ 제1항 및 제2항은 피의자가 아닌 자를 조사하는 경우에 준용한다.

2. 검사와 사법경찰관의 상호협력과 일반적 수사준칙에 관한 규정

제26조(수사과정의 기록) ① 검사 또는 사법경찰관은 법 제244조의4에 따라 조사(신문, 면담 등 명칭을 불문한다. 이하 이 조에서 같다) 과정의 진행경과를 다음 각 호의 구분에 따른 방법으로 기록해야 한다.
 1. 조서를 작성하는 경우: 조서에 기록(별도의 서면에 기록한 후 조서의 끝부분에 편철하는 것을 포함한다)
 2. 조서를 작성하지 않는 경우: 별도의 서면에 기록한 후 수사기록에 편철
② 제1항에 따라 조사과정의 진행경과를 기록할 때에는 다음 각 호의 구분에 따른 사항을 구체적으로 적어야 한다.
 1. 조서를 작성하는 경우에는 다음 각 목의 사항
  가. 조사 대상자가 조사장소에 도착한 시각
  나. 조사의 시작 및 종료 시각
  다. 조사 대상자가 조사장소에 도착한 시각과 조사를 시작한 시각에 상당한 시간적 차이가 있는 경우에는 그 이유
  라. 조사가 중단되었다가 재개된 경우에는 그 이유와 중단 시각 및 재개 시각
 2. 조서를 작성하지 않는 경우에는 다음 각 목의 사항
  가. 조사 대상자가 조사장소에 도착한 시각
  나. 조사 대상자가 조사장소를 떠난 시각
  다. 조서를 작성하지 않는 이유
  라. 조사 외에 실시한 활동
  마. 변호인 참여 여부

3. 경찰수사규칙

제40조(수사과정의 기록) 사법경찰관리는 수사준칙 제26조제1항에 따라 조사 과정의 진행경과를 별도의 서면에 기록하는 경우에는 별지 제31호서식 또는 별지 제32호서식의 수사 과정 확인서에 따른다.

II. 실무상 유의사항

1. 수사과정 확인서를 신설, 피의자 또는 피의자 아닌 자에 대하여 조사장소 도착 시각, 조사 시작시각 및 종료 시각, 도착 시각과 조사 시작시각이 차이가 있는 경우 구체적 이유, 조사가 중단되었다 재개된 경우 그 이유와 중단·재개 시각 등을 구체적으로 기재한다.

2. 수사과정 확인서를 열람하게 하거나 읽어 준 후 피조사자가 증감·변경 등 이의제기를 하거나 의견을 진술할 때 추가 기재하여야 하며, 수사과정 확인서의 기재사항에 대한 이의나 의견이 없는 경우에는 그 취지를 확인자 자필로 기재하게 하고 기명날인 또는 서명토록 한다.

   ※ 수사과정 확인서가 2페이지 이상이면 확인자·작성자 간인 필요

3. 수사과정 확인서는 조서의 말미에 편철하여 함께 간인함으로써 조서의 일부로 하거나, 별도의 서면으로 기록에 편철

4. 대질신문 등에 있어 진술자마다 작성해야 하는지에 대해 논란이 있으나 수사과정 투명화를 위해 제도를 도입한 입법 취지에 근거하여 조서에 진술자로서 서명 또는 기명날인하는 모든 진술자에 대해 작성

   ☞ 대질신문자 등 조사대상이 된 모든 진술자에 대해 작성

5. 여러 명의 진술자에 대해서는 절차 및 확인 편의를 위해 진술자별로 작성

   ☞ 1회 조사에 수명이 진술하였으면 진술자별로 작성

6. 구속된 상태에서 수회의 조사가 이루어지는 경우 1회만 포괄적으로 작성할지 수회 마다 별도 작성할지 논란이 있으나 시간적·장소적 연속성이 인정되는 개별 조사 시마다 별도 작성하여 조서말미에 첨부함으로써 조서 일부로 함이 타당

   ☞ 시간적·장소적 연속성이 인정되는 개별 조사 때마다 작성

7. 유치장에 유치된 피의자를 조사하는 경우 조사장소 도착시간을 수사관서 도착시간으로 할지, 유치장에서 나와 수사사무실 입실 시간으로 할지 논란이 있으나 개별 조사 시마다 작성하는 취지에 입각 수사사무실 입실 시간으로 기재. 다만, 입법 취지를 고려 수사사무실이나 유치장 등 조사대가 정황을 알 수 없는 제3의 장소에 체류하는 경우 해당사항을 확인서에 기재해야 함

   ☞ 구속·유치 수사 시 도착시간을 조사를 위한 입실 시간으로 기재

수사 과정 확인서

구 분	내 용
1. 조사 장소 도착 시각	
2. 조사 시작 시각 　및 종료 시각	☐ 시작시각 : ☐ 종료시각 :
3. 조서 열람 시작 시각 　및 종료 시각	☐ 시작시각 : ☐ 종료시각 :
4. 기타 조사과정 진행경과 확 　인에 필요한 사항	
5. 조사과정 기재사항에 　대한 이의제기나 의견 　진술 여부 및 그 내용	

2 0 ○ ○ . ○ . ○ .

사법경찰관 경감 정 삼 수 는(은) 홍 길 동 를(을) 조사한 후, 위와 같은 사항에
대해 홍길동 로(으로)부터 확인받음

확 인 자 : 홍 길 동 　(인)

사법경찰관 : 정 삼 수 　(인)

수사 과정 확인서(조서미작성)

대상자	성 명		사건관련 신분	
	주민등록번호		전 화 번 호	
	주 소			

구 분	내 용
1. 조사 장소 도착시각	
2. 조사 장소를 떠난 시각	
3. 조서 미작성 이유	
4. 조사 외 실시한 활동	
5. 참여 변호인	
6. 조사과정 기재사항에 대한 이의제기나 의견진술 여부 및 그 내용	

20○○.○.○.

사법경찰관 경감 정 삽 수 는(은) 총 길 동 를(을) 조사한 후, 위와 같은 사항에 대해

총길동 로(으로)부터 확인받음

확 인 자 : 총 길 동 (인)

사법경찰관 : 정 삽 수 (인)

제8절 말미조서

Ⅰ. 일반적인 경우

진술조서 등의 기재를 마쳤을 때는 이 건을 진술자에게 열람 또는 읽어 주어서 오기나 증감, 변경할 것이 없는가를 확인한 뒤에 진술자의 서명(기명날인)을 받은 다음 작성연월일, 작성자의 소속 관서와 계급을 기재하고 서명, 날인, 간인해서 완성하는 것이 원칙이다.

例, 위의 조서를 진술자에게 열람하게 하였던바(읽어 준바) 진술한 대로 오기나 증감, 변경할 것이 전혀 없다고 말하므로 간인한 후 서명(기명날인)하게 하다.

진술자   홍길동 ㉑

위의 조서를 진술인에게   열람하게 하였던 바 / 읽 어 준 바   진술한 대로 오기나 증감·변경

할 것이 전혀 없다고 말하므로 간인한 후 서명 (기명날인)하게 한다.

진 술 자   홍 길 동 ㉑

년   월   일

○ ○ 경찰서
사법경찰관 김 형 근
사법경찰관 안 병 순

Ⅱ. 진술자가 서명 불능한 경우

경찰관은 진술자의 문맹 등 부득이한 이유로 서류를 대신 작성하였을 때는 대신 작성한 내용이 본인의 의사와 다름이 없는가를 확인한 후 그 확인한 사실과 대신 작성한 이유를 적고 본인과 함께 기명날인 또는 서명하여야 한다. (범죄수사규칙 제41조)

1. 진술자가 무식자인 경우

例, 위의 조서를 진술자에게 읽어 준바, 진술한 대로 오기나 증감 변경할 것이 전혀 없다고 말하였으나 무학 하여 서명 불능하므로 본직이 대리 서명하고 간인한 후 서명(기명날인)하게 하다. ·

진술자 홍길동 ㉑

2. 진술자가 질병, 중상 등의 경우

例, 위의 조서를 진술자에게 읽어 준바, 진술한 대로 오기나 증감, 변경할 것이 전혀 없다고 말하였으나, 중상(질병)으로 서명 불능하므로 본인의 의뢰에 따라 본직이 대서 기명하고 간인한 후 서명(기명날인)하게 하다.

진술자 홍길동 ㉑

3. 진술자가 서명날인을 거절한 경우

작성한 조서에 진술자가 서명날인을 거절할 때도 조서말미에 그 사유를 기재하여 그 조서를 종결하여야 한다. 이것이 공판에서 증거로서 가치가 없더라도, 조사한 사실과 그 결과를 명확하게 해둘 필요가 있으며 때로는 공판 과정에서 조사관이 증인으로서 조사 상황을 설명할 때, 이 조서가 필요한 예도 있다.

例, 위의 조서를 진술자에게 열람하게 하였으나 묵비하면서 서명날인을 거부한다.

진술자　　　 서명 및 날인거부

4. 대질한 경우

例, 위의 조서를 각 진술자에게 열람하게 하였딘바 (읽어준바) 진술한 대로 오기나 증감, 변경할 것이 전혀 없다고 말하므로 간인한 후 서명(기명날인)하게 하다.

진술자 홍길동㉑
진술자 정직해㉑

✽ 이때 대질자가 상대방의 진술한 내용이 잘못되었기 때문에 이름을 쓰고 도장을 찍지 못하겠다 할 경우
→ 본인 서명날인 옆에 '본인 것만 읽음' 또는 '본인 것만 맞음'으로 표기하도록 하면 될 것임

Ⅲ. 참여자 입회의 경우

1. 통역인의 경우

경찰관은 수사상 필요 때문에 통역인을 위촉하여 그 협조를 얻어서 조사하였을 때에는 피의자신문조서나 진술조서에 그 사실과 통역을 통하여 열람하게 하거나 읽어 주었다는 사실을 적고 통역인의 기명날인 또는 서명을 받아야 한다.(범죄수사규칙 제40조 제1항)

가. 모두 조서

○ 피의자의 경우

위의 사람에 대한 ○○ 피의사건에 관하여 20○○. ○. ○. ○○에서 사법경찰관 경사 甲은 사법경찰리 경사 乙과 피의자가 재일 한국인으로 한국말을 하지 못하여 통역인 ○○○을 참여하게 하고, 아래와 같이 피의자임이 틀림없음을 확인하다.

○ 피해자, 참고인인 경우

위의 사람은 피의자 홍길동에 대한 ○○법 위반 피의사건에 관하여 20○○. ○. ○. ○○에 임의 출석하여 다음과 같이 진술하다.
이때 피해자(참고인)가 재일 한국인으로 한국말을 하지 못하여 통역인 ○○○을 참여하게 하다.

나. 말미 조서

"위의 조서를 통역인 ○○○으로 하여금 피의자(진술인)에게 읽어 주게 하였던바 피의자(진술인)가 진술한 대로 ······ "

2. 번역의 경우

경찰관은 수사상 필요 때문에 번역인에게 피의자 그 밖의 관계자가 제출한 서면 그 밖의 수사 자료인 서면을 번역하게 하였을 때는 그 번역문을 기재한 서면에 번역한 사실을 적고 번역인의 기명날인을 받아야 한다. (범죄수사규칙 제40조 제2항)

3. 농아자의 경우(수화)

가. 모두 조서

○ 피의자의 경우

위의 사람에 대한 ○○ 피의사건에 관하여 20○○. ○. ○. ○○에서 사법경찰관 경위 甲은 사법경찰리 경사 乙과 피의자가 농아자이므로 수화자 ○○○을 참여하게 하고, 아래와 같이 피의자임이 틀림없음을 확인하다.

ㅇ 피해자, 참고인인 경우

　　위의 사람은 피의자 홍길동에 대한 ○○ 피의사건에 관하여 20○○. ○. ○. ○○에 임의 출석하여 다음과 같이 진술하다.

　　이때 피해자(참고인)가 재일 한국인으로 한국말을 하지 못하여 수화자 ○○○를 참여하게 한 후 진술하다.

피의사건의 신문에 들어가기 전에 참여인이 수화자로 나오게 된 경우(통역인의 경우도 같으나 통역인은 경력을 물어 두는 것이 옳음)를 간단하게 신문한 다음 일반 신문 형식으로 신문한다. (말미조서에 필요자격증의 사본을 첨부한다)

나. 말미조서

ㅇ 피의자(진술자)가 농아자이지만 글을 읽을 줄 아는 경우는 일반인의 경우와 같이 처리

例, 위의 조서를 진술자에게 <u>열람하게 하였던바</u> 진술한 대로 오기나 증감, 변경할 것이 전혀 없다고 통역인에게 <u>수화로 말하므로</u> 간인한 후 서명(기명날인)하게 하다.

　　　　　　　　　　　　　　　　　　　　　　　　　　　진술자 홍길동 ㉑

ㅇ 그러나 한글을 읽지 못한 경우에는 다음과 같이 기록한다.

"위의 조서를 참여인 또는 수화자로 하여금 수화로 읽어 주게 하였던바"

제9절 변호인 참여 및 관계자 동석

제1관 변호인 참여

※ 경찰수사규칙

제12조(변호인의 피의자신문 참여) ① 사법경찰관리는 법 제243조의2제1항에 따라 피의자 또는 그 변호인·법정대리인·배우자·직계친족·형제자매의 신청이 있는 경우 변호인의 참여로 인하여 신문이 방해되거나, 수사기밀이 누설되는 등 정당한 사유가 있는 경우를 제외하고는 피의자에 대한 신문에 변호인을 참여하게 해야 한다.

② 제1항의 변호인의 피의자신문 참여 신청을 받은 사법경찰관리는 신청인으로부터 변호인의 피의자신문 참여 전에 다음 각 호의 서면을 제출받아야 한다.

  1. 변호인 선임서

  2. 별지 제10호서식의 변호인 참여 신청서

제13조(신문 중 변호인 참여 제한) ① 사법경찰관리는 변호인의 참여로 증거를 인멸·은닉·조작할 위험이 구체적으로 드러나거나, 신문 방해, 수사기밀 누설 등 수사에 현저한 지장을 초래하는 경우에는 피의자신문 중이라도 변호인의 참여를 제한할 수 있다. 이 경우 피의자와 변호인에게 변호인의 참여를 제한하는 처분에 대해 법 제417조에 따른 준항고를 제기할 수 있다는 사실을 고지해야 한다.

② 제1항에 따라 변호인 참여를 제한하는 경우 사법경찰관리는 피의자 또는 변호인에게 그 사유를 설명하고 의견을 진술할 기회와 다른 변호인을 참여시킬 기회를 주어야 한다.

③ 제1항에 따라 변호인의 참여를 제한한 후 그 사유가 해소된 때에는 변호인을 신문에 참여하게 해야 한다.

Ⅰ. 변호인 참여 (형사소송법 제243조의2)

1. 사법경찰관은 피의자 또는 그 변호인·법정대리인·배우자·직계친족·형제자매의 신청에 따라 변호인을 피의자와 접견하게 하거나 정당한 사유가 없는 한 피의자에 대한 신문에 참여하게 하여야 한다.

   여기서 정당한 사유란 변호인의 참여로 인하여 신문방해, 수사 기밀누설 등 수사에 현저한 지장을 초래할 우려가 있다고 인정되는 때를 말한다.

2. 신문에 참여하고자 하는 변호인이 2인 이상인 때에는 피의자가 신문에 참여할 변호인 1인을 지정한다. 지장이 없는 경우에는 검사 또는 사법경찰관이 이를 지정할 수 있다.

3. 신문에 참여한 변호인은 신문 후 의견을 진술할 수 있다. 다만, 신문 중이라도 부당한 신문 방법에 대하여 이의를 제기할 수 있고, 사법경찰관의 승인을 받아 의견을 진술할 수 있다.

4. 제3항에 따른 변호인의 의견이 기재된 피의자신문조서는 변호인에게 열람하게 한 후 변호인이 그 조서에 기명날인 또는 서명하게 하여야 한다.

5. 사법경찰관은 변호인의 신문참여 및 그 제한에 관한 사항을 피의자신문조서에 기재하여야 한다.

6. 사법경찰관은 피의자신문 중이라도 변호인의 참여로 인하여 다음 각호의 사유가 발생하여 신문방해, 수사 기밀누설 등 수사에 현저한 지장을 초래할 때는 변호인의 참여를 제한할 수 있다.
   ① 사법경찰관의 승인 없이 부당하게 신문에 개입하거나 모욕적인 언동 등을 행하는 경우
   ② 피의자를 대신하여 답변하거나 특정한 답변 또는 진술 번복을 유도하는 경우
   ③ 형사소송법 제243조의2 제3항 취지에 반하여 부당하게 이의를 제기하는 경우
   ④ 피의자 신문내용을 촬영, 녹음, 기록하는 경우. 다만, 기록의 경우 피의자에 대한 법적 조언을 위해 변호인이 기억 환기용으로 간략히 메모하는 것은 제외한다.

7. 변호인이 상당한 시간 내에 출석하지 아니하거나 출석할 수 없는 경우에도 변호인의 참여 없이 피의자를 신문할 수 있다.

8. 사법경찰관은 제1항의 신청이 있는 경우 신청인이 변호인 참여 전에 변호인선임신고서를 제출하도록 하여야 한다.

Ⅱ. 변호인 접견 (범죄수사규칙)

1. 변호인 등의 접견신청 절차

가. 유치장 입감 피의자(조사 등의 이유로 일시 출감 중인 경우를 포함한다. 이하 같다.)
에 대한 변호인 등의 접견신청은 유치장관리부서에서 처리한다.

나. 신청을 받은 유치장관리부서의 경찰관은 다음 각 호의 사항을 확인하고, 즉시 유치인
보호주무자에게 보고하여야 한다.

① 변호사 신분증

② 접견신청서

다. 경찰관은 변호인 등이 변호사 신분증을 소지하지 아니한 경우 지방변호사협회 회원명부
와 주민등록증을 대조하는 등 그 밖의 방법으로 변호사 신분을 확인할 수 있고, 신분을
확인할 수 없는 경우에는 일반 접견절차에 따라 접견하도록 안내하여야 한다.

라. 유치인보호주무자는 변호인 접견신청 보고를 받으면 즉시 접견 장소와 담당 경찰관
을 지정하는 등 필요한 조치를 하여야 한다.

2. 접견 장소 및 관찰

가. 변호인 등의 접견은 경찰관서 내 지정된 장소에서 이루어져야 한다.

나. 별도의 지정된 접견실이 설치되어 있지 않으면 경찰관서 내 조사실 등 적정한 공간을
이용할 수 있다.

다. 체포·구속된 피의자와 변호인 등과의 접견에는 경찰관이 참여하지 못하며 그 내용을
청취 또는 녹취하지 못한다. 다만 보이는 거리에서 체포·구속된 피의자를 관찰할 수
있다.

라. 경찰관은 「형의 집행 및 수용자의 처우에 관한 법률」 제92조의 금지 물품이 수수되
지 않도록 관찰하며 이러한 물품의 수수행위를 발견한 때에는 이를 제지하고 유치인
보호주무자에게 보고하여야 한다.

3. 피의자 신병이 경찰관서 내에 있는 경우의 접견

체포·구속된 피의자 중 유치장에 입감되지 않은 상태로 신병이 경찰관서에 있는 피의
자에 대한 변호인 등의 접견신청은 피의자 수사를 담당하는 수사팀에서 접수하여 조치
하여야 한다.

4. 피의자 신병이 경찰관서 내에 있지 않은 경우의 접견

가. 현행범인 체포 등 체포·구속된 피의자의 신병이 경찰관서 내에 있지 않으면 변호인 등의 접견신청에 대하여는 신청 당시 현장에서 피의자 신병을 관리하는 부서(이하 " 현장담당 부서"라고 한다)에서 담당하여 안내하여야 한다.

나. 접견신청을 받은 현장담당 부서 경찰관은 피의자와 변호인 등의 접견이 이루어질 경 찰관서와 예상 접견시각을 고지하고 접견이 이루어질 경찰관서의 담당수사팀 또는 유치장관리부서에 통보하여야 한다. 이 경우 접견은 신속하게 이루어져야 하며, 접견 신청을 받은 때로부터 6시간을 초과해서는 아니 된다.

다. 현장담당 부서의 경찰관으로부터 피의자 신병 인수와 함께 변호인 등의 접견신청사실 을 통보받은 유치장관리부서 또는 담당수사팀의 경찰관은 제80조부터 제82조까지에 따라 접수하여 조치하여야 한다.

5. 접견 시간 및 횟수

가. 유치장 입감 피의자와 변호인 등 간의 접견 시간 및 횟수에 관하여는 「피의자 유치 및 호송규칙」 에 따른다.

나. 유치장에 입감되지 않은 체포·구속 피의자에 대해서는 제1항의 시간 외에도 접견을 할 수 있다.

접 견 신 청 서

일시	20 년 월 일 :			
피의자(유치인)	성명		생년월일	

신청인	변호인 이외의 자	성명		주민번호	
		유치인과의 관계		직업	
		연령		전화번호	
		주소			
	변호인	성명		전화번호	
		변호사 등록번호		선임여부	☐ 선 임 ☐ 비선임
		소속 법률사무소			

※ 1. 변호인은 접견신청서와 함께 변호사 신분증을 제시해 주시기 바랍니다.
 2. 비선임 변호사인 경우에는 선임여부 항목에 비선임 체크 (☑)를 하시기 바랍니다.

[접견(면회) 시 유의사항]

☐ 피의자를 접견(면회)할 때에는 다음과 같은 물품의 휴대 및 제공이 금지됩니다.
 ① 마약·총기·도검·폭발물·흉기·독극물, 그 밖에 범죄의 도구로 이용될 우려가 있는 물품
 ② 무인비행장치, 전자·통신기기, 그 밖에 도주나 다른 사람과의 연락에 이용될 우려가 있는 물품
 ③ 주류·담배·화기·현금·수표, 그 밖에 시설의 안전 또는 질서를 해칠 우려가 있는 물품
 ④ 음란물, 사행행위에 사용되는 물품, 그 밖에 유치인의 교화 또는 건전한 사회복귀를 해칠 우려가 있는 물품
☐ 유치인에게 전달할 목적으로 주류·담배·현금·수표를 허가 없이 유치장에 반입하거나 유치인과 수수 또는 교환하는 행위는 「형의 집행 및 수용자의 처우에 관한 법률」에 따라 처벌받을 수 있습니다.
☐ 휴대폰, 사진기 등을 몰래 반입하여 유치인 또는 유치장 시설을 촬영하거나 접견(면회) 내용을 녹음할 수 없습니다.
☐ 접견(면회) 중 질서유지 및 안전확보에 적극 협조해 주시기 바랍니다.
☐ 위 사항을 준수하지 않거나 유치장의 안전 또는 질서를 위태롭게 하는 때에는 접견(면회)이 중지될 수 있습니다.
☐ 접견(면회)인의 개인정보는 「형의 집행 및 수용자의 처우에 관한 법률 시행령」에 근거하여 유치행정 업무를 위해 수집·활용됩니다.

본인은 접견 시 유의사항 열람하였고 이를 위반할 경우 접견(면회)가 중지될 수 있음을 근무 경찰관에게 고지받았음을 확인합니다.

 20 . . . 위 확인자 (인)

이때 사법경찰관리 ○○○는 참여 변호사에게

문 　당해 사건의 신문 참여를 통해 알게 된 피해자의 인적사항 등 수사 비밀이
　　　누설하여서는 안 되는 사실을 알고 있는가요?

답

문 　참고로 하고 싶은 말이 있는가요?

답

열람하게 하였던바

위의 조서를 진술자에게　　　　　　　　　　　　진술한 대로 오기나 증감 · 변경할
읽어준 바

것이 전혀 없다고 말하므로 간인 후 서명(기명날인)하게 하다.

진술자　홍　길　동　(인)

년　월　일
○　○　경　찰　서

사법경찰관
사법경찰리
참여 변호사　김길동　(인)

∗ 피혐의자 · 중요참고인 진술조서 갑지 작성 예

진 술 조 서

　위의 사람은 홍길동 에 대한 ○○○ 피의사건에 관하여 ○○○ 변호사 참여하에 20
○○ 년　월　일　○○ 경찰서에서 다음과 같이 임의로 진술하다.

○ ○ 경 찰 서

수신(신청인) :   귀하

제목 : 변호인 참여 제한 통지서

    귀하가 신청한 아래 피해자에 대한 조사과정에 변호인의 참여는 제한됨을 통지합니다.

피해자	성 명	
	주민등록번호	
	주 거	
	죄 명	
담당 경찰관	○○경찰서 ○○과 ○○○	
제한사유		

2O○○.   .   .

○○경찰서장

✳ 피해자 진술조서 갑지 작성 예

진 술 조 서

위의 사람은 홍길동 에 대한 ○○ 피의사건에 관하여 ○○○변호사 참여하에

20○○ 년 월 일 ○○ 경찰서에서 다음과 같이 임의로 진술하다.

✳ 말미조서 작성 예

이때 사법경찰관 경위 양동교는 참여 변호사에게

문   이 사건의 신문 참여를 통해 알게 된 피의자의 인적사항 등 수사비밀을 누설하
      여서는 안되는 사실을 알고 있는가요?

답

위의 조서를 진술자에게 열람하게 하였던 바 / 읽어준 바   진술한대로 오기나 증감 · 변경할

것이 전혀 없다고 말하므로 간인 후 서명(기명날인)하게 하다.

진술자 김 새 동 (인)

년 월 일

○ ○ 경 찰 서

사법경찰관 경감 양 동 교 (인)

참여 변호사   홍 길 동 (인)

제2관 신뢰관계자 동석

 I . 관련 법규

1. 형사소송법

> **제244조의5(장애인 등 특별히 보호를 요하는 자에 대한 특칙)** 검사 또는 사법경찰관은 피의자를 신문하는 경우 다음 각 호의 어느 하나에 해당하는 때에는 직권 또는 피의자·법정대리인의 신청에 따라 피의자와 신뢰관계에 있는 자를 동석하게 할 수 있다.
> 1. 피의자가 신체적 또는 정신적 장애로 사물을 변별하거나 의사를 결정·전달할 능력이 미약한 때
> 2. 피의자의 연령·성별·국적 등의 사정을 고려하여 그 심리적 안정의 도모와 원활한 의사소통을 위하여 필요한 경우

2. 검사와 사법경찰관의 상호협력과 일반적 수사준칙에 관한 규정

> **제24조(신뢰관계인의 동석)** ① 법 제244조의5에 따라 피의자와 동석할 수 있는 신뢰관계에 있는 사람과 법 제221조제3항에서 준용하는 법 제163조의2에 따라 피해자와 동석할 수 있는 신뢰관계에 있는 사람은 피의자 또는 피해자의 직계친족, 형제자매, 배우자, 가족, 동거인, 보호·교육시설의 보호·교육담당자 등 피의자 또는 피해자의 심리적 안정과 원활한 의사소통에 도움을 줄 수 있는 사람으로 한다.
> ② 피의자, 피해자 또는 그 법정대리인이 제1항에 따른 신뢰관계에 있는 사람의 동석을 신청한 경우 검사 또는 사법경찰관은 그 관계를 적은 동석신청서를 제출받거나 조서 또는 수사보고서에 그 관계를 적어야 한다.

3. 경찰수사규칙

> **제38조(신뢰관계인 동석)** ① 수사준칙 제24조제2항에 따른 동석신청서는 별지 제25호서식 또는 별지 제26호서식에 따른다.
> ② 사법경찰관은 피의자, 피해자 또는 그 법정대리인이 제1항의 동석신청서를 작성할 시간적 여유가 없는 경우 등에는 이를 제출받지 않고 조서 또는 수사보고서에 그 취지를 기재하는 것으로 동석신청서 작성을 갈음할 수 있으며, 조사의 긴급성 또는 동석의 필요성 등이 현저한 경우에는 예외적으로 동석 조사 이후에 신뢰관계인과 피의자와의 관계를 소명할 자료를 제출받아 기록에 편철할 수 있다.
> ③ 사법경찰관은 동석 신청이 없더라도 동석이 필요하다고 인정되면 피의자 또는 피해자와의 신뢰관계 유무를 확인한 후 직권으로 신뢰관계에 있는 사람을 동석하게 할 수 있다. 이 경우 그 관계 및 취지를 조서나 수사보고서에 적어야 한다.
> ④ 사법경찰관은 신뢰관계인의 동석으로 인하여 신문이 방해되거나, 수사기밀이 누설되는 등 정당한 사유가 있는 경우에는 동석을 거부할 수 있으며, 신뢰관계인이 피의자신문 또는 피해자 조사를 방해하거나 그 진술의 내용에 부당한 영향을 미칠 수 있는 행위를 하는 등 수사에 현저한 지장을 초래하는 경우에는 피의자신문 또는 피해자 조사 중에도 동석을 제한할 수 있다.
> ⑤ 피해자 이외의 사건관계인 조사에 관하여는 제1항부터 제4항까지의 규정을 준용한다.

II. 피의자의 신뢰관계자 동석

1. 사법경찰관은 피의자를 신문하는 경우 다음 각 호의 어느 하나에 해당하는 때에는 직권 또는 피의자·법정대리인의 신청에 따라 피의자와 신뢰관계에 있는 자를 동석하게 할 수 있다(형사소송법 제244조의5).
   ① 피의자가 신체적 또는 정신적 장애로 사물을 변별하거나 의사를 결정·전달할 능력이 미약한 때
   ② 피의자의 연령·성별·국적 등의 사정을 고려하여 그 심리적 안정의 도모와 원활한 의사소통을 위하여 필요한 경우

2. 피의자와 동석할 수 있는 신뢰관계에 있는 자는 피의자의 직계친족, 형제자매, 배우자, 가족, 동거인, 보호시설 또는 교육시설의 보호 또는 교육담당자 등 피의자의 심리적 안정과 원활한 의사소통에 도움을 줄 수 있는 자를 말한다.

3. 피의자 또는 법정대리인이 제2항에 기재된 자에 대한 동석신청을 한 때에는 사법경찰관은 신청인으로부터 동석 신청서 및 피의자와의 관계를 소명할 수 있는 자료를 제출받아 기록에 편철하여야 한다. 다만, 신청서 작성에 시간적 여유가 없는 경우 등에 있어서는 신청서를 작성하게 하지 아니하고, 수사보고서나 조서에 그 취지를 기재하는 것으로 갈음할 수 있으며, 대상자와 피의자와의 관계를 소명할 서류를 동석신청시에 제출받지 못하는 경우에는 조사의 긴급성, 동석의 필요성 등이 현저히 존재하는 때에 한하여 예외적으로 동석 조사 이후에 자료를 제출받아 기록에 편철할 수 있다.

4. 사법경찰관은 제3항에 의한 신청이 없더라도 동석의 필요성이 있다고 인정되는 때에 있어서는 피의자와의 신뢰관계 유무를 확인한 후 직권으로 신뢰관계자를 동석하게 할 수 있다. 다만, 이러한 취지를 수사보고서나 조서에 기재하여야 한다.

5. 사법경찰관은 수사기밀 누설이나 신문방해 등을 통해 수사에 부당한 지장을 초래할 우려가 있다고 인정할 만한 상당한 이유가 존재하는 때에는 동석을 거부할 수 있다.

6. 피의자의 신문에 동석하는 자는 피의자의 심리적 안정과 원활한 의사소통에 도움을 주는 행위 이외의 불필요한 행위를 하여서는 아니되고, 동석자가 신문방해 등을 통해 부

당하게 수사의 진행을 방해하는 경우나 제5항의 제한 사유가 인정되는 때에는 사법경찰관은 신문 도중에 동석을 중지시킬 수 있다.

■ 판례 ■   형사소송법 제244조의5에서 정한 '피의자 신문시 동석제도'의 취지 및 동석자가 한 진술의 성격과 그 진술의 증거능력을 인정하기 위한 요건

형사소송법 제244조의5는, 검사 또는 사법경찰관은 피의자를 신문하는 경우 피의자가 신체적 또는 정신적 장애로 사물을 변별하거나 의사를 결정·전달할 능력이 미약한 때나 피의자의 연령·성별·국적 등의 사정을 고려하여 그 심리적 안정의 도모와 원활한 의사소통을 위하여 필요한 경우에는, 직권 또는 피의자·법정대리인의 신청에 따라 피의자와 신뢰관계에 있는 자를 동석하게 할 수 있도록 규정하고 있다. 구체적인 사안에서 위와 같은 동석을 허락할 것인지는 원칙적으로 검사 또는 사법경찰관이 피의자의 건강 상태 등 여러 사정을 고려하여 재량에 따라 판단하여야 할 것이나, 이를 허락하는 경우에도 동석한 사람으로 하여금 피의자를 대신하여 진술하도록 하여서는 안 된다. 만약 동석한 사람이 피의자를 대신하여 진술한 부분이 조서에 기재되어 있다면 그 부분은 피의자의 진술을 기재한 것이 아니라 동석한 사람의 진술을 기재한 조서에 해당하므로, 그 사람에 대한 진술조서로서의 증거능력을 취득하기 위한 요건을 충족하지 못하는 한 이를 유죄 인정의 증거로 사용할 수 없다.(대법원 2009. 6. 23., 선고, 2009도1322, 판결)

동 석 신 청 서
(피 (혐) 의 자)

수 신 : ○○○경찰서 사법경찰관 ○○○

　　귀서 20○○-○○호 피의자 홍길동 외 ○명에 대한 ○○피의사건에 관하여 피의자 김갑돌을 조사함에 있어 아래와 같이 피의자와 신뢰관계에 있는 자의 동석을 신청합니다.

신뢰 관계자	성　　　명	
	주민등록번호	
	직　　　업	
	주거(사무소)	
	전 화 번 호	
	피(혐)의자와의 관계	
동석 필요 사유		

※　소명자료 별첨

　　　　　　　　　　　　20○○. ○. ○.

　　　　　　　　　　　　　　　　신청인　　　　　　㉛

III. 피해자 등 사건관계인의 동석

1. 피해자와 동석할 수 있는 신뢰관계에 있는 자는 피해자의 직계친족, 형제자매, 배우자, 가족, 동거인, 보호시설 또는 교육시설의 보호 또는 교육담당자 등 피해자의 심리적 안정과 원활한 의사소통에 도움을 줄 수 있는 자를 말한다.

2. 피해자 또는 법정대리인이 제1항에 기재된 자에 대한 동석신청을 한때에는 사법경찰관은 신청인으로부터 동석 신청서 및 피해자와의 관계를 소명할 수 있는 자료를 제출받아 기록에 편철하여야 한다. 다만, 신청서 작성에 시간적 여유가 없는 경우 등에 있어서는 신청서를 작성하게 하지 아니하고, 수사보고서나 조서에 그 취지를 기재하는 것으로 갈음할 수 있으며, 대상자와 피해자와의 관계를 소명할 서류를 동석신청 시에 제출받지 못할 때는 조사의 긴급성, 동석의 필요성 등이 현저히 존재하는 때에 한하여 예외적으로 동석 조사 이후에 자료를 제출받아 기록에 편철할 수 있다.

3. 사법경찰관은 제2항에 의한 신청이 없더라도 동석의 필요성이 있다고 인정되는 때에 있어서는 피해자와의 신뢰관계 유무를 확인한 후 직권으로 신뢰관계자를 동석하게 할 수 있다. 다만, 이러한 취지를 수사보고서나 조서에 기재하여야 한다.

4. 사법경찰관은 수사기밀 누설이나 진술방해 등을 통해 수사에 부당한 지장을 초래할 우려가 있다고 인정할 만한 상당한 이유가 존재하는 때에는 동석을 거부할 수 있다.

5. 피해자의 조사에 동석하는 자는 피해자의 심리적 안정과 원활한 의사소통에 도움을 주는 행위 이외의 불필요한 행위를 하여서는 아니 되고, 동석자가 진술방해 등을 통해 부당하게 수사의 진행을 방해하는 경우나 제4항의 제한 사유가 인정되는 때에는 사법경찰관은 조사 도중에 동석을 중지시킬 수 있다.

동 석 신 청 서
(사 건 관 계 인)

수 신 : ○○○경찰서 사법경찰관 ○○○

     귀서 20○○-○○호 피의자 홍길동 외○명 에 대한 ○○피의사건에 관하여 사건관계인(고소인/고발인/피해자/참고인) 김갑돌을 조사함에 있어 아래와 같이 피해자와 신뢰관계에 있는 자의 동석을 신청합니다.

사건관계인	성 명	
	주민등록번호	
	직 업	
	주 거	
	전 화 번 호	
신뢰관계자	성 명	
	주민등록번호	
	직 업	
	주 거 (사 무 소)	
	전 화 번 호	
	피해자와의 관계	
동석 필요 사유		

※ 소명자료 별첨

20○○. ○. ○.

신청인   ⑩

제10절 심야조사와 장시간 조사 제한

Ⅰ. 심야조사 제한

1. 법적 근거

가. 검사와 사법경찰관의 상호협력과 일반적 수사준칙에 관한 규정

> **제21조(심야조사 제한)** ① 검사 또는 사법경찰관은 조사, 신문, 면담 등 그 명칭을 불문하고 피의자나 사건 관계인에 대해 오후 9시부터 오전 6시까지 사이에 조사(이하 "심야조사"라 한다)를 해서는 안 된다. 다만, 이미 작성된 조서의 열람을 위한 절차는 자정 이전까지 진행할 수 있다.
> ② 제1항에도 불구하고 다음 각 호의 어느 하나에 해당하는 경우에는 심야조사를 할 수 있다. 이 경우 심야조사의 사유를 조서에 명확하게 적어야 한다.
> 1. 피의자를 체포한 후 48시간 이내에 구속영장의 청구 또는 신청 여부를 판단하기 위해 불가피한 경우
> 2. 공소시효가 임박한 경우
> 3. 피의자나 사건관계인이 출국, 입원, 원거리 거주, 직업상 사유 등 재출석이 곤란한 구체적인 사유를 들어 심야조사를 요청한 경우(변호인이 심야조사에 동의하지 않는다는 의사를 명시한 경우는 제외한다)로서 해당 요청에 상당한 이유가 있다고 인정되는 경우
> 4. 그 밖에 사건의 성질 등을 고려할 때 심야조사가 불가피하다고 판단되는 경우 등 법무부장관, 경찰청장 또는 해양경찰청장이 정하는 경우로서 검사 또는 사법경찰관의 소속 기관의 장이 지정하는 인권보호 책임자의 허가 등을 받은 경우

나. 경찰수사규칙

> **제36조(심야조사의 제한)** ① 사법경찰관은 수사준칙 제21조제2항제4호에 따라 심야조사를 하려는 경우에는 심야조사의 내용 및 심야조사가 필요한 사유를 소속 경찰관서에서 인권보호 업무를 담당하는 부서의 장에게 보고하고 허가를 받아야 한다.
> ② 사법경찰관은 제1항에 따라 허가를 받은 경우 수사보고서를 작성하여 사건기록에 편철해야 한다.

2. 심야조사 제한시간

가. 오후 9시부터 오전 6시까지 사이 조사

나. 다만, 이미 작성된 조서의 열람을 위한 절차는 자정 이전까지 진행 가능

3. 심야조사 제한 대상

가. 피의자

나. 사건관계인(피해자, 참고인, 피혐의자)

4. 예외적 심야조사 가능 대상

제1호. 피의자를 체포한 후 48시간 이내에 구속영장의 청구 또는 신청 여부를 판단하기 위해 불가피한 경우

제2호. 공소시효가 임박한 경우

제3호. 피의자나 사건관계인이 출국, 입원, 원거리 거주, 직업상 사유 등 재출석이 곤란한 구체적인 사유를 들어 심야조사를 요청한 경우(변호인이 심야조사에 동의하지 않는다는 의사를 명시한 경우는 제외한다)로서 해당 요청에 상당한 이유가 있다고 인정되는 경우

제4호. 그 밖에 사건의 성질 등을 고려할 때 심야조사가 불가피하다고 판단되는 경우 등 경찰청장이 정하는 경우로서 사법경찰관의 소속기관의 장이 지정하는 인권 보호 책임자의 허가 등을 받은 경우

5. 심야조사 제한 관련 지침

가. 위 사유 중 하나에 해당하여 심야조사를 하는 경우 조서에 예외사유 등을 기재한다.

예, 조서작성 개시시간은 20○○.○.○. ○○:○○으로서 심야조사 제한시간이나, 공소시효 만료시일이 20○○.○.○.로서 심야조사가 불가피하여 수사준칙 제21조 제2항 제2호(공소시효 임박)에 의거하여 조사를 시행함.

나. 제3호의 사우에 해당하여 심야조사를 하는 경우 조사대상자 자필로 작성한 "심야조사 요청서"를 제출받아 사건기록에 편철한다.

다. 제4호의 경우에는 인권보호 책임자의 허가를 받아야 한다.

　① 사건에 킥스를 통한 허가가 원칙이나, 긴급한 경우에는 先 구두보고 後 서류 작성이 가능하다.

　② 수사보고서에는 예외사유 등 사항을 구체적으로 기재하고 수사기록에 편철하며, 허가권자는 수사보고서의 의견란 기능을 사용하여 검토사유를 적시하고 결재한다.

　③ 예외적으로 킥스사용이 불가능한 경우 오프라인으로 작성하고 서류는 허가받은 후 수사기록에 편철하여 보관한다.

심야조사 요청서

요 청 인	성 명	
	주민등록번호	
	주 거	
요청일시	20○○.○.○. ○○:○○	
요청이유		

요청인은 위와 같은 이유로 요청인 본인이 자유로운 의사에 의하여 심야조사를 실시
할 것을 요청합니다.

20○○.○.○.

요청인   홍 길 동   (서명)

II. 장시간 조사 제한

1. 법적 근거

가. 검사와 사법경찰관의 상호협력과 일반적 수사준칙에 관한 규정

> 제22조(장시간 조사 제한) ① 검사 또는 사법경찰관은 조사, 신문, 면담 등 그 명칭을 불문하고 피의자나 사건관계인을 조사하는 경우에는 대기시간, 휴식시간, 식사시간 등 모든 시간을 합산한 조사시간(이하 "총조사시간"이라 한다)이 12시간을 초과하지 않도록 해야 한다. 다만, 다음 각 호의 어느 하나에 해당하는 경우에는 예외로 한다.
> 1. 피의자나 사건관계인의 서면 요청에 따라 조서를 열람하는 경우
> 2. 제21조제2항 각 호의 어느 하나에 해당하는 경우
> ② 검사 또는 사법경찰관은 특별한 사정이 없으면 총조사시간 중 식사시간, 휴식시간 및 조서의 열람시간 등을 제외한 실제 조사시간이 8시간을 초과하지 않도록 해야 한다.
> ③ 검사 또는 사법경찰관은 피의자나 사건관계인에 대한 조사를 마친 때부터 8시간이 지나기 전에는 다시 조사할 수 없다. 다만, 제1항제2호에 해당하는 경우에는 예외로 한다.

나. 경찰수사규칙

> 제37조(장시간 조사 제한) 사법경찰관리는 피의자나 사건관계인으로부터 수사준칙 제22조제1항제1호에 따라 조서 열람을 위한 조사 연장을 요청받은 경우에는 별지 제24호서식의 조사연장 요청서를 제출받아야 한다.

2. 총 조사시간 12시간, 실제 조사시간 8시간 초과금지

가. 총 조사시간
① 조사대상자가 수사관을 대면한 후의 대기, 휴식, 식사 시간 등을 모두 포함하여 수사관과의 대면이 종료될 때까지의 시간 의미(일시중지는 종료로 불인정)
② 총 조사시간의 조사는 면담·진술서·진술조서·피의자신문조서 작성 등 일체의 면담 문답 행위를 의미
나. 실제 조사시간
범죄혐의 관련 문답이 이루어지는 시간을 말하며, 이 경우 식사, 휴식, 대기, 조서 열람 등은 제외

3. 총 조사시간 초과 제한 예외

제1호. 피의자나 사건관계인의 서면 요청에 따라 조서를 열람하는 경우

제2호. 체포 후 48시간 이내에 구속영장의 신청, 공소시효가 임박한 경우, 피의자나 사건관계인의 심야조사 요청(변호인 부동의 시 제외), 인권 보호 책임자의 허가 등을 받은 경우

4. 장시간 조사 제한 관련 지침

가. 제1호 사유

조사대상자의 자필로 작성한 서류를 제출받아 수사기록에 편철한다

나. 제2호 사유

12시간 초과사유를 조서에 관련 사실을 기재하거나 조서에 기재할 수 없는 때에는 수사보고서에 사유를 구체적으로 기재한다.

예, 조서작성 개시시간은 20○○. ○. ○. ○○:○○으로서 현재 총 조사시간이 12시간을 경과하여 장시간 조사 제한에 해당하나, 공소시효 만료시일이 20○○. ○. ○. 로서 심야조사가 불가피하여 수사준칙 제21조 제2항 제2호(공소시효 임박)에 의거하여 조사를 계속 진행함.

다. 재조사

조사종료 후 최소 8시간 경과 전에는 그 조사대상자를 다시 조사할 수 없으나 제2호 사유에 해당하면 재조사 가능

조 사 연 장 요 청 서

요청인	성 명	
	주민등록번호	
	주 거	
비 고		※ 요청에 참고할 사항이 있으면 기재

요청인은 「검사와 사법경찰관의 상호협력과 일반적 수사준칙에 관한 규정」 제22조에 따라 조서의 열람을 위해 요청인 본인의 자유로운 의사에 의하여 조사시간 연장을 요청합니다.

20○○.○.○.

요청인   홍 길 동   (서명)

Ⅲ. 휴식시간 부여

1. 법적 근거

가. 검사와 사법경찰관의 상호협력과 일반적 수사준칙에 관한 규정

> 제23조(휴식 시간 부여) ① 검사 또는 사법경찰관은 조사에 상당한 시간이 소요되는 경우에는 특별한 사정
> 이 없으면 피의자 또는 사건관계인에게 조사 도중에 최소한 2시간마다 10분 이상의 휴식시간을 주어야 한다.
> ② 검사 또는 사법경찰관은 조사 도중 피의자, 사건관계인 또는 그 변호인으로부터 휴식시간의 부여를 요청받았
> 을 때에는 그때까지 조사에 소요된 시간, 피의자 또는 사건관계인의 건강상태 등을 고려해 적정하다고 판단
> 될 경우 휴식시간을 주어야 한다.
> ③ 검사 또는 사법경찰관은 조사 중인 피의자 또는 사건관계인의 건강상태에 이상 징후가 발견되면 의사의 진
> 료를 받게 하거나 휴식하게 하는 등 필요한 조치를 해야 한다.

2. 관련 지침

가. 조사 시 최소 2시간마다 10분 이상 휴식시간 부여

① 조사는 면담, 진술서, 진술조서, 피의자신문조서 작성 등의 일체의 대면 문답 행위를
의미

② 휴식시간 부여 사실을 조서에 기재하고 조서를 작성하지 않은 면담의 경우는 입건전
조사수사보고서에 관련 사실 기재

③ 휴식시간을 부여함에도 대상자가 이를 거절하고 조사를 계속 요구할 경우 조서(또는
수사보고서)에 해당 사실을 기재한 후 조사

나. 조사대상자 또는 그 변호인의 요청 시 휴식시간 부여 판단

대상자의 요청이 있는 경우, 그때까지의 조사에 든 시간, 대상자의 건강 상태 등을 고
려하여 의도적인 조사방해 목적이 아니라고 판단 되면 휴식시간 부여

다. 조사 도중 대상자의 건강에 이상 징후 발견 시 조치

① 조자 중인 피의자나 사건관계인의 건강 상태에 이상 징후가 발견되면 병원 진료 또
는 휴식시간 제공 등 적정한 조치

② 특이사항은 조서작성 시에는 조서에, 면담 등의 경우네는 수사보고서에 관련 사실
기재

제11절 진술 영상녹화

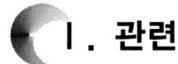 I. 관련 법규

1. 형사소송법

제244조의2(피의자진술의 영상녹화) ① 피의자의 진술은 영상녹화할 수 있다. 이 경우 미리 영상녹화사실을 알려주어야 하며, 조사의 개시부터 종료까지의 전 과정 및 객관적 정황을 영상녹화하여야 한다.
② 제1항에 따른 영상녹화가 완료된 때에는 피의자 또는 변호인 앞에서 지체 없이 그 원본을 봉인하고 피의자로 하여금 기명날인 또는 서명하게 하여야 한다.
③ 제2항의 경우에 피의자 또는 변호인의 요구가 있는 때에는 영상녹화물을 재생하여 시청하게 하여야 한다. 이 경우 그 내용에 대하여 이의를 진술하는 때에는 그 취지를 기재한 서면을 첨부하여야 한다.
제221조(제3자의 출석요구 등) ① 검사 또는 사법경찰관은 수사에 필요한 때에는 피의자가 아닌 자의 출석을 요구하여 진술을 들을 수 있다. 이 경우 그의 동의를 받아 영상녹화할 수 있다.
제318조의2(증명력을 다투기 위한 증거) ② 제1항에도 불구하고 피고인 또는 피고인이 아닌 자의 진술을 내용으로 하는 영상녹화물은 공판준비 또는 공판기일에 피고인 또는 피고인이 아닌 자가 진술함에 있어서 기억이 명백하지 아니한 사항에 관하여 기억을 환기시켜야 할 필요가 있다고 인정되는 때에 한하여 피고인 또는 피고인이 아닌 자에게 재생하여 시청하게 할 수 있다.

2. 형사소송규칙

제134조의2(영상녹화물의 조사 신청) ① 검사는 피고인이 된 피의자의 진술을 영상녹화한 사건에서 피고인이 그 조서에 기재된 내용이 피고인이 진술한 내용과 동일하게 기재되어 있음을 인정하지 아니하는 경우 그 부분의 성립의 진정을 증명하기 위하여 영상녹화물의 조사를 신청할 수 있다.
② 검사는 제1항에 따른 신청을 함에 있어 다음 각 호의 사항을 기재한 서면을 제출하여야 한다.
　　1. 영상녹화를 시작하고 마친 시각과 조사 장소
　　2. 피고인 또는 변호인이 진술과 조서 기재내용의 동일성을 다투는 부분의 영상을 구체적으로 특정할 수 있는 시각
③ 제1항의 영상녹화물은 조사가 개시된 시점부터 조사가 종료되어 피의자가 조서에 기명날인 또는 서명을 마치는 시점까지 전과정이 영상녹화된 것으로, 다음 각 호의 내용을 포함하는 것이어야 한다.
　　1. 피의자의 신문이 영상녹화되고 있다는 취지의 고지
　　2. 영상녹화를 시작하고 마친 시각 및 장소의 고지
　　3. 신문하는 검사와 참여한 자의 성명과 직급의 고지
　　4. 진술거부권·변호인의 참여를 요청할 수 있다는 점 등의 고지
　　5. 조사를 중단·재개하는 경우 중단 이유와 중단 시각, 중단 후 재개하는 시각
　　6. 조사를 종료하는 시각
④ 제1항의 영상녹화물은 조사가 행해지는 동안 조사실 전체를 확인할 수 있도록 녹화된 것으로 진술자의 얼굴을 식별할 수 있는 것이어야 한다.
⑤ 제1항의 영상녹화물의 재생 화면에는 녹화 당시의 날짜와 시간이 실시간으로 표시되어야 한다.
⑥ 제1항, 제3항부터 제5항은 검사가 피고인이 아닌 피의자 진술에 대한 영상녹화물의 조사를 신청하는 경우에 준용한다.
제134조의3(제3자의 진술과 영상녹화물) ① 검사는 피의자가 아닌 자가 공판준비 또는 공판기일에서 조서가 자신이 검사 또는 사법경찰관 앞에서 진술한 내용과 동일하게 기재되어 있음을 인정하지 아니하는 경우

그 부분의 성립의 진정을 증명하기 위하여 영상녹화물의 조사를 신청할 수 있다.

② 검사는 제1항에 따라 영상녹화물의 조사를 신청하는 때에는 피의자가 아닌 자가 영상녹화에 동의하였다는 취지로 기재하고 기명날인 또는 서명한 서면을 첨부하여야 한다.

③ 제134조의2 제3항 제1호부터 제3호, 제5호, 제6호, 제4항, 제5항은 검사가 피의자가 아닌 자에 대한 영상녹화물의 조사를 신청하는 경우에 준용한다.

제134조의5(기억 환기를 위한 영상녹화물의 조사) ① 법 제318조의2 제2항에 따른 영상녹화물의 재생은 검사의 신청이 있는 경우에 한하고, 기억의 환기가 필요한 피고인 또는 피고인 아닌 자에게만 이를 재생하여 시청하게 하여야 한다.

② 제134조의2 제3항부터 제5항까지와 제134조의4는 검사가 법 제318조의2 제2항에 의하여 영상녹화물의 재생을 신청하는 경우에 준용한다.

3. 경찰수사규칙

제43조(영상녹화) ① 사법경찰관리는 법 제221조제1항 또는 제244조의2제1항에 따라 피의자 또는 피의자가 아닌 사람을 영상녹화하는 경우 그 조사의 시작부터 조서에 기명날인 또는 서명을 마치는 시점까지의 모든 과정을 영상녹화해야 한다. 다만, 조사 도중 영상녹화의 필요성이 발생한 때에는 그 시점에서 진행 중인 조사를 중단하고, 중단한 조사를 다시 시작하는 때부터 조서에 기명날인 또는 서명을 마치는 시점까지의 모든 과정을 영상녹화해야 한다.

② 사법경찰관리는 제1항에도 불구하고 조사를 마친 후 조서 정리에 오랜 시간이 필요한 경우에는 조서 정리과정을 영상녹화하지 않고, 조서 열람 시부터 영상녹화를 다시 시작할 수 있다.

③ 제1항 및 제2항에 따른 영상녹화는 조사실 전체를 확인할 수 있고 조사받는 사람의 얼굴과 음성을 식별할 수 있도록 해야 한다.

④ 사법경찰관리는 피의자에 대한 조사 과정을 영상녹화하는 경우 다음 각 호의 사항을 고지해야 한다.

  1. 조사자 및 법 제243조에 따른 참여자의 성명과 직책

  2. 영상녹화 사실 및 장소, 시작 및 종료 시각

  3. 법 제244조의3에 따른 진술거부권 등

  4. 조사를 중단·재개하는 경우 중단 이유와 중단 시각, 중단 후 재개하는 시각

⑤ 사법경찰관리는 피의자가 아닌 사람의 조사 과정을 영상녹화하는 경우에는 별지 제35호서식의 영상녹화 동의서로 영상녹화 동의 여부를 확인하고, 제4항제1호, 제2호 및 제4호의 사항을 고지해야 한다. 다만, 피혐의자에 대해서는 제4항제1호부터 제4호까지의 규정에 따른 사항을 고지해야 한다.

제44조(영상녹화물의 제작 및 보관) ① 사법경찰관리는 조사 시 영상녹화를 한 경우에는 영상녹화용 컴퓨터에 저장된 영상녹화 파일을 이용하여 영상녹화물(CD, DVD 등을 말한다. 이하 같다) 2개를 제작한 후, 피조사자 또는 변호인 앞에서 지체 없이 제작된 영상녹화물을 봉인하고 피조사자로 하여금 기명날인 또는 서명하게 해야 한다.

② 사법경찰관리는 제1항에 따라 영상녹화물을 제작한 후 영상녹화용 컴퓨터에 저장되어 있는 영상녹화 파일을 데이터베이스 서버에 전송하여 보관할 수 있다.

③ 사법경찰관리는 손상 또는 분실 등으로 제1항의 영상녹화물을 사용할 수 없는 경우에는 데이터베이스 서버에 보관되어 있는 영상녹화 파일을 이용하여 다시 영상녹화물을 제작할 수 있다.

Ⅱ. 피의자 진술의 영상녹화

1. 피의자의 진술은 영상녹화 할 수 있다. 이 경우 미리 영상녹화 사실을 알려 주어야 하며, 조사의 개시부터 종료까지의 전 과정 및 객관적 정황을 영상녹화 하여야 한다.

2. 제1항에 따른 영상녹화가 완료된 때에는 피의자 또는 변호인 앞에서 지체 없이 그 원본을 봉인하고 피의자가 기명날인 또는 서명하게 하여야 한다.

3. 제2항의 경우에 피의자 또는 변호인의 요구가 있는 때에는 영상녹화물을 재생하여 시청하게 하여야 한다. 이 경우 그 내용에 대하여 이의를 진술하는 때에는 그 취지를 기재한 서면을 첨부하여야 한다(법 제244조의2).

4. 영상녹화물은 조사가 개시된 시점부터 조사가 종료되어 피의자가 조서에 기명날인 또는 서명을 마치는 시점까지 전 과정이 영상녹화 된 것으로, 다음 각 호의 내용을 포함하는 것이어야 한다(형사소송규칙 제134조의2).
   ① 피의자의 신문이 영상녹화 되고 있다는 취지의 고지
   ② 영상녹화를 시작하고 마친 시각 및 장소의 고지
   ③ 신문하는 검사와 참여한 자의 성명과 직급의 고지
   ④ 진술거부권·변호인의 참여를 요청할 수 있다는 점 등의 고지
   ⑤ 조사를 중단·재개하는 경우 중단 이유와 중단 시각, 중단 후 재개하는 시각
   ⑥ 조사를 종료하는 시각

5. 제4항의 영상녹화물은 조사가 행해지는 동안 조사실 전체를 확인할 수 있도록 녹화된 것으로 진술자의 얼굴을 식별할 수 있어야 한다.

6. 사법경찰관은 사건송치 시 봉인된 영상녹화물을 기록과 함께 송치하여야 한다.

7. 영상녹화물 송치 시 사법경찰관은 송치서 표지 비고란에 영상녹화물의 종류 및 개수를 표시하여야 한다.

Ⅲ. 참고인 등 진술의 영상녹화

1. 사법경찰관은 수사에 필요한 때에는 피의자가 아닌 자의 출석을 요구하여 진술을 들을 수 있다. 이 경우 그의 동의를 받아 영상녹화 할 수 있다. (법 제221조)

2. 피의자가 아닌 자가 공판준비 또는 공판기일에서 조서가 자신이 검사 또는 사법경찰관 앞에서 진술한 내용과 동일하게 기재되어 있음을 인정하지 아니하는 경우 그 부분 성립의 진정을 증명하기 위하여 영상녹화물의 조사를 신청할 수 있다(이하 형사소송규칙 제134조의3).

3. 검사는 제2항에 따라 영상녹화물의 조사를 신청하는 때에는 피의자가 아닌 자가 영상녹화에 동의하였다는 취지로 기재하고 기명날인 또는 서명한 서면을 첨부하여야 한다.

4. 위 '피의자 진술의 영상녹화 제4항'의 사항은 참고인 등의 녹화에도 준용한다.

■ 판례 ■　　수사기관이 참고인을 조사하는 과정에서 형사소송법 제221조 제1항에 따라 작성한 영상녹화물이 공소사실을 직접 증명할 수 있는 독립적인 증거로 사용될 수 있는지 여부(원칙적 소극) 2007. 6. 1. 법률 제8496호로 개정되기 전의 형사소송법에는 없던 수사기관에 의한 피의자 아닌 자(이하 '참고인' 이라 한다) 진술의 영상녹화를 새로 정하면서 그 용도를 참고인에 대한 진술조서의 실질적 진정성립을 증명하거나 참고인의 기억을 환기시키기 위한 것으로 한정하고 있는 현행 형사소송법의 규정 내용을 영상물에 수록된 성범죄 피해자의 진술에 대하여 독립적인 증거능력을 인정하고 있는 성폭력범죄의 처벌 등에 관한 특례법 제30조 제6항 또는 아동·청소년의 성보호에 관한 법률 제26조 제6항의 규정과 대비하여 보면, 수사기관이 참고인을 조사하는 과정에서 형사소송법 제221조 제1항에 따라 작성한 영상녹화물은, 다른 법률에서 달리 규정하고 있는 등의 특별한 사정이 없는 한, 공소사실을 직접 증명할 수 있는 독립적인 증거로 사용될 수는 없다고 해석함이 타당하다.(대법원 2014. 7. 10., 선고, 2012도5041, 판결).

영상녹화 동의서

진술자	성 명	홍 길 동	주민등록번호	770101-1234567
	주 거	○○시 ○○동 123번지		

　상기인은　○○ 피의사건에 관하여 피의자·참고인·피해자로서 진술함에 있어 진술내용이 영상녹화됨을 고지받고 강제적인 압력이나 권유를 받음이 없이 영상녹화 하는 것에 동의합니다.

20○○. ○. ○.

성 명　홍 길 동 (인)

○○경찰서장 귀하

※ 진술 영상녹화 수사보고 (피의자 경우)

○ ○ 경 찰 서

20○○. ○. ○.

수신 : 경찰서장

참조 : 여성청소년과장

제목 : 피의자 홍길동에 대한 영상녹화 수사보고

　　○○피의사건에 관하여 사법경찰관(리) ○○ 오정철은 사법경찰관(리) 경위 김길동을 참여하게 하고 피의자 홍길동을 대상으로 다음과 같이 영상녹화를 실시하였기 보고합니다.

- 다 음 -

1. 피의자 인적사항

　성　　　　명 : 홍 길 동

　주민등록번호 : 770101-1234567

　주　　　　거 : ○○시 ○○동 123번지

2. 신문 일시 : 20○○. ○. ○. 14:00경부터 15:00까지 (총 60분)

3. 신문 장소 : ○○경찰서 수사1팀 사무실

4. 영상녹화를 하게 된 경위

　　범죄사실 일부를 부인하고 차후 번복 진술할 우려가 있으므로

5. 재생·시청 후 진술자 또는 변호인의 이의제기 사항

　없 음

경 로	수사지휘 및 의견	구분	결 재	일시

○ ○ 경 찰 서

20○○. ○. ○.

수신 : 경찰서장

참조 : 여성청소년과장

제목 : 참고인(피해자) 홍길동에 대한 영상녹화 수사보고

　○○피의사건에 관하여 사법경찰관(리) ○○ 김석민은 참고인(피해자) 홍길동을 대상으로 다음과 같이 영상녹화를 실시하였기 보고합니다.

– 다 음 –

1. 진술자

　성　　　　명 : 홍 길 동

　주민등록번호 : 770101-1234567

　주　　　　거 : ○○시 ○○동 123번지

2. 조사 일시 : 20○○. ○. ○. 14:00경부터 15:00까지 (총 60분)

3. 조사 장소 : ○○경찰서 수사1팀 사무실

4. 영상녹화를 하게 된 경위

　　범죄사실 일부를 부인하고 차후 번복 진술할 우려가 있으므로

5. 재생·시청 후 진술자 이의제기 사항

　없 음

경 로	수사지휘 및 의견	구분	결 재	일시

제6장

범죄사실 작성요령

제1절 일반사항

1. 문장의 체제

범죄사실을 한 개의 문장으로 작성하는 것 보다 여러 개의 짧고 간결한 문장으로 작성한다.

문장을 나눌 때는 필요한 경우 '그리고, 그러나, 그리하여, 따라서' 등의 접속사를 적절하게 사용하면 된다.

쉽게 읽을 수 있는 최적의 문장길이는 50자 정도가 적당하다. 따라서 2~3행 이내로 하면 될 것이다.

2. 종결 문구

종전 범죄사실은 첫머리에 '피의자는 ~자인바'라는 문구로 시작하고, '~한 것이다'라는 문구로 끝난다. 그러나 '피의자는 ~하였다'의 형식으로 바꾸는 것이 옳은 표현이다.

또한, 범죄사실을 작성하면서 구성요건 요소도 아닌 직업을 다시 중복하여 모두(冒頭) 사실로 기재하는 때도 많았다. 그러나 이는 불필요하므로 범죄사실에 다시 직업을 기재하지 않는다.

例, 피의자는 20○○. ○. ○. ○○지방법원에서 사기죄로 징역 6개월을 선고받아 20○○. ○. ○. ○○교도소에서 그 형의 집행을 종료하였다.

피의자는 20○○. ○. ○.경 …… 하였다.

3. 어법에 맞는 문장 작성

가. 들여쓰기 및 행과 문단의 구분

종전에는 범죄사실을 작성할 때 모두사실을 쓰고 난 다음 또는 모두사실이 없는 경우 '피의자는'이라 기재한 다음에 본문을 들여쓰기 하여 작성했다. 그러나 이러한 문서의 형태는 국어 문장의 작성 방식에 맞지 않는다.

따라서 들여쓰기는 일반 문장 작성에서와 마찬가지로 새로 시작되는 문단의 첫 단어에서만 하면 된다.

또한, 모두사실을 적시하고 문장이 끝나지 않았을 때는 행을 바꾸지 말고, 문장을 완결한 다음 새로운 문단으로 구분하면서 행을 바꾸어 쓴다.

범죄사실 첫머리가 문단의 첫 줄이 되므로 들여쓰기를 하여 첫머리를 작성하고, 전체 사실로 보아 행위 상황이나 생각의 단위가 바뀌면 문단도 바꾸어 새로운 문단으로 문장을 작성하며, 새로이 바뀌는 문단의 첫 줄은 들여쓰기 한다.

例, 피의자는 20○○. ○. ○.경부터 ○○○에 있는 우리은행 ○○지점 대리로 근무하면서 대출 담당 업무에 종사하였다.

피의자는 20○○. ○. ○.경 위 은행지점에서 위 은행 내규상 ○○만원 이상은 무담보대출이 금지되어 있으므로 ○○만원 이상의 대출을 함에 있어서는 채무자로부터 담보를 제공받아야 할 업무상 임무가 있었다.

그럼에도 불구하고 피의자는 그 임무에 위배하여 홍길동의 이익을 도모할 의도로 그에게 무담보로 ○○만원을 대출하고 그 회수를 불능하게 하여 그에게 ○○만원 상당의 재산상 이익을 취득하게 하고 위 은행에 같은 금액 상당의 손해를 가하였다.

나. 문장의 주어 등 구성요소 명시

각 항을 별개의 문장으로 작성하고 각 문장마다 주어를 명기한다. 문맥의 흐름에 따라 피의자 이외의 주어를 사용하는 것도 가능하다. 다만 같은 항을 여러 개의 문장으로 작성할 경우 각 문장마다 주어인 피의자가 바뀌지 않고 주어를 생략하여도 전체 문맥을 명확히 이해할 수 있으면 피의자를 중복하여 기재할 필요가 없다.

例, 피의자는 20○○. ○. ○. …이유로 단속되었다.

피의자는 …위 경찰관의 교통단속에 관한 정당한 직무집행을 방해하였다.

제2절 범죄의 주체

1. 범죄사실의 대개는 "피의자는, …하였다."라는 형식을 취한다. 피의자는, 라고 쓰기 시작하면 끝까지 이 주어를 하나로써 끝나도록 하고, 동사의 활용에도 주의하여 구두점을 찍어서 문장의 혼란을 피해야 할 것이다.

2. 특히 행위자의 신분이 직접 범죄의 구성요건이 되었을 경우(도주죄, 공무원범죄, 업무상횡령, 상습도박죄 등)에는 그 신분을 가지고 있는 것이 명확히 기재되도록 하여야 한다.
   "피의자는 20○○. 2. 20. 부터 20○○. 9. 30. 경까지 ○○은행 완도지점에서 ○○○직에 근무한 사람이다."

3. 피의자가 1인인 경우

가. 일반적인 경우
   "피의자는"…하였다

나. 죄명이 여러 개인 경우

   1. 상습사기
      가. 피의자는 20○○. ○. ○.… 술과 안주 시가 ○○만원 상당을 제공받았다.
      나. 피의자는 20○○. ○. ○.… 시가 ○○만원 상당을 제공받았다.
      이로써 피의자는 2회에 걸쳐 상습으로 피해자 甲을 기망하여 술과 안주를 제공받았다.

   2. 상해
      피의자는 20○○. ○. ○. … ○○상 등을 가하였다.

4. 피의자가 다수인 경우(공동정범)

가. 공범에 대한 표기방법
   ① 공모하여
      – 일반적으로 공동정범의 행위를 표현할 때 사용
   ② 합동하여
      – 특수절도, 특수강도, 특수도주, 성폭력법 제4조(특수강간등) 등 합동범의 행위를 표현할 때 사용

③ 공동하여
- 「폭력행위등 처벌에 관한 법률」 제2조에서 2인 이상이 공동하여 폭행 등을 한 경우에 처벌하는 특별구성요건을 표현하는 것
- 「폭력행위등 처벌에 관한 법률」 제2조 제2항의 2인 이상이 공동하여 폭행 등의 죄를 범한 때라고 함은 그 수인 간에 소위 공범 관계가 존재하는 것을 요건으로 하고, 수인 이 동일 장소에서 동일 기회에 상호 다른 자의 범행을 인식하고 이를 이용하여 범행을 한 경우임을 요한다.

나. 피의자들이 공동정범이나 1인만이 상습범인 경우

"피의자들은 공모하여 乙은 상습으로."

다. 공동정범 중 1인만을 체포한 경우

"피의자는 미체포인 홍길동 외 2명과 공모하여" 또는

"피의자는 성명을 알 수 없는 3명과 ……공모하여"

라. 공동정범 중 1인만을 송치(기소)할 경우

"피의자 甲은 乙과 공모하여 …를 하였다."

마. 공범 중 1인만 기소할 경우

"피의자는 甲과 공모하여"

바. 공범 모두를 기소할 경우

"피의자 甲, 피의자 乙은 공모하여"

사. 기소하지 않는 공범이 수인인 경우

"피의자 甲은 乙 등 3인과 공모하여"

5. 교사와 방조의 기재 방법

가. 정범과 교사범을 동시에 기소하는 경우

"1. 피의자 甲(교사범)은, ……乙(정범)에게 ……등을 말하며 그에게 ……(범처)할 것을 마음먹게 하고, 그로 하여금 ……(범처내용을 구체적으로 적시)……하게 하여서 (절도, 강도 등)을 교사하였다

2. 피의자 乙(정범)은, 위 甲의 교사에 의하여……(범행)……을 하였다."

나. 정범과 방조범을 동시에 기소하는 경우

"1. 피의자 甲(정범)은 ……(범처내용) ……을 하였다

2. 피의자 乙은, ……(일시 및 장소) ……에서 위 丁이 ……하는 그 정을 알면서도 …… (방조행위)을 함으로써 위 丁의 위(범행)을 도와주어 ……이를 방조하였다."

다. 교사범만을 기소하는 경우

  "피의자 甲은, ……乙(피교사자)에게 ……하고 말하여 그로 하여금 ……(범죄) ……의 뜻을 일으키게 하여 ……(범행)을 하게 했으로써 ……의 교사를 하였다."

라. 방조범만을 기소하는 경우

  "피의자 甲은, 乙(정범)이 ……(범행)함에 있어서 이를 도울 목적으로 ……을 함으로써 위 乙의 위 범행을 쉽도록 하여 이를 방조하였다."

6. 간접정범의 기재 방법

  "……그 정을 모르는 甲을 시켜 (범행)……을 하게 하여 이를 절취하였다." 또는 "형사미성 년자인 乙(10세)을 시켜 …… (범행)을 하게 하여 이를 절취하였다."

7. 필요적 공범의 기재 방법

가. 대향범

  2인 이상의 대향적 협력에 의하여 성립하는 범죄 (인신매매, 아동혹사죄 등)

나. 집합범 : 도박, 집시법 위반 등

  공동정범과 같이 하나의 문장으로 종합하여 기재하되 "공모하여"라는 표현을 쓰지 않는다.

  "피의자들은 ……하여서 (피의자들의 범행을 구체적으로 기재) 각각 도박하였다."

8. 합동범인 경우

  "피의자들은 20○○. ○. ○. 03:00경 ○○에 있는 피해자 A가 경영하는 삼성전자 ○○대 리점에서, 피의자 甲은 위 대리점 앞길에서 망을 보고, 피의자 乙은 절단기로 위 대리점 철 문 자물쇠를 절단하고 들어갔다.

  피의자 乙은 그곳에 있는 위 피해자 소유인 시가 합계 ○○만원 상당의 삼성 텔레비전 ○○대, 냉 장고 ○○대 등을 미리 대기시켜 놓은 피의자 甲 소유인 ○○사1234호 타이탄 트럭에 싣고 갔다. 그리하여 피의자들은 합동하여 위 물품을 절취하였다."

9. 두 사람이 공범자가 아닌 경우

  "1. 피의자 甲은 ……을 절취하였다.

  2. 피의자 乙은 甲이 훔친 물건이라는 전을 알면서도 이를 ○○ 만원에 사들여 장물을 취 득하였다."

제3절 범죄일시 및 장소

1. 범죄일시

가. 일시는 가급적 확정적으로 쓰되 상세한 일시를 모르면 특정될 정도의 표시를 하여
도 좋다.

나. 년, 월, 일, 시 등의 기재는 전체 문장과의 체제를 고려하여 한 문장 안에서는 통일
된 방법으로 표현하여야 한다.
- "20○○. 5월경" 또는 "20○○. 5월 상순경", "20○○. 5. 10. 11:00경", "20○○. 4
월 하순 17:30경"

다. '같은 해' 또는 '동년', '같은 달' 등의 표현은 그 해당 연월일을 확인하기 위하여 범
죄사실을 다시 거슬러 올라가 찾아야 하는 불편이 있을 수 있어 해당 연월일을 모
두 숫자로 표기한다. 다만 '같은 날'과 '다음 날'은 사용한다.

라. 일시·장소는 상세히 기재하여야 하며, 범죄에 따라서 명령서·통지서 등을 전달받아야
하는 경우가 있는바, 이럴 때는 그 통지서 등을 전달받은 일시·장소도 표시하여야
하며, 포괄일죄가 아니어도 "언제부터 언제까지 총 얼마 상당을 절취하였다."라고
포괄하여 적시하는 경우가 있으나 이는 부당하고, 행위마다 일시·장소를 특정하여
기재하여야 한다.

마. 문서위조나 횡령 등과 같이 범행시간이 범정에 영향이 없는 범죄에서는 시간까지
꼭 기재할 필요는 없으나, 그 외 절도, 강도, 주거침입, 살인, 강간, 공갈 등 대부분
은 있어서는 시간까지를 기재하여 주어야 한다.

2. 범죄의 장소

가. 범죄의 장소도 일시와 마찬가지로 가급적 특정될 정도로 기재하여야 한다. 그리고
번지, 호 등의 문자를 덧붙일 때는 통일된 방법으로 표현하여야 한다.

나. 범행 장소는 행정구역에 의거 특정하는 것이 바람직하다.

다. 주거침입과 같이 장소가 법익침해 그 자체로서 중요한 의미를 가진 경우에는 "그 집
현관에서 안방까지" 또는 "2호실 앞에서"와 같이 구체적으로 표시한다.

라. 불특정장소에서 유흥비로 공금 등을 횡령한 경우와 같이 장소를 하나하나 특정키
어려운 경우에는 "○○시내 등지에서"와 같이 표시해도 무방하다.

마. 도로에는 지번이 없기 때문에 부득이 "……앞 노상 또는 ○○동 305호 앞길에서"라고
기재한다.

제4절 피해자와 피해품

1. 피해자

가. 피해자가 폭행, 상해, 살인, 강간, 유기 등 범죄에 있어서와 같이 자신이 범죄의 실체인 경우와 강도 등에서와 같이 범죄의 실체인 물건의 소유자, 관리자의 경우 어느 경우에나 피해자는 성명으로 표시한다.

나. 성명이 불상이면 피해자 미상으로 기재하지 말고 그 사람의 인상, 추정연령 등의 특징으로써 특정하여 표시하면 된다.

다. 음행, 유기, 아동학대, 미성년자의 약취, 유인, 미성년자에 대한 간음, 추행, 준사기에 대해서는 피해자의 연령기재를 필히 하여야 한다.

라. 폭행, 살인, 공갈 등과 같이 직접 사람 몸에 대하여 공격을 가하는 범죄 또는 인신을 공격하는 것에 의하여 물건을 취득하는 범죄에도 피해자의 연령을 기재하고 절도, 횡령, 문서위조 등 범죄의 객체는 물건 자체이고 피해자인 사람은 물건의 소유자, 관리자에 지나지 않는 경우에는 연령을 기재할 필요가 없다.

마. 재산범죄, 폭력사건 등에 있어서는 피해자를 특정해야 한다.

2. 피해품

가. 피해품의 소유자, 점유자를 표시한다.

나. 피해품이 다수인 경우에는 일괄적으로 기재한다.

다. 방화, 실화의 경우에는 "시가 약 ○○만원 상당의 목조기와집 1층 주택 1채 연면적 110㎡", "시가 약 ○○만원 상당의 목조 슬레이트 지붕 창고 건물 1동, 면적 약 230㎡ 외 1동"

라. 피해품은 합해서 기재하여도 좋으나 기록상으로는 피해신고서, 그 이외의 것은 반드시 개개의 가격 등을 기타 특정되도록 기재하지 않으면 안 된다.

마. 피해품은 가능한 한 구체적으로 기재하여야 한다.
"카메라 1개"라고 표시하기보다는 "삼성 중고 ○○○카메라 1개"라고 표시하여야 한다.

바. 시가는 원칙적으로 정당한 소매가격에 따라 표시한다.
"시가 200,000원 상당의 중고품 긴치냉장고 1대,"
- 소매가격을 알 수 없는 경우 일반적으로 피해자가 신고한 가격을 표시하면 좋으나 피해자 신고가격이 현저하게 높은 경우 "피해자 신고가격 300,000원 상당"으로 표기
- 가격산정이 어렵고 피해자와 피의자의 주장이 상이한 경우 "피해자 주장 ○○○원"으로 표기

제5절 수단과 동기

1. 범죄수단

범죄의 수단, 방법은 구성요건의 핵심을 이루는 것이므로 특히 유의하여 구체적이면서도 간결하게 기재하여야 하며 그 표현방법은 각 범죄에 따라 상용의 표기방법이 있으니 이를 활용하는 것이 좋다.

2. 범죄의 동기 및 원인

가. 범죄의 동기, 원인은 구성요건이 아니므로 범죄사실 중에는 이를 기재하지 않는 것이 보통이다. 그러나 "동기범죄"라고 불리는 폭행, 상해, 살인, 방화, 강도살인 등은 동기와 원인을 써서 범의를 명확히 하는 것이 좋다.

나. 동기는 사건의 내용을 알 수 있을 정도로 적시하고, 특히 범죄 구성요건이 어떤 목적을 필요로 할 때는 그 목적을 필히 기재하여야 하며 또한 쌍방 폭행 사건에서는 누가 먼저 범행을 유발케 했는지 알 수 있도록 하여야 한다.

※ 부적절한 용어 개선

소재	→ ~에 있는	1매	→ 1장
성명 불상	→ 성명을 알 수 없는(모르는)	박명불상	→ 박 아무개
초순 일자불상경	→ 초순경	그 시경	→ 그 무렵, 그 때쯤
상호불상 커피숍	→ 상호를 알 수 없는 커피숍	금원	→ 돈
동인, 동녀	→ 피해자 또는 그, 그녀	각 위조하고	→ 각각 위조하고
반항을 억압한 후	→ 반항하지 못하게 한 후	불응하면	→ 응하지 않으면
동인을 외포케 한 후	→ 피해자에게 겁을 준 후	도금을 걸고	→ 돈을 걸고

시계 1개 시가 ○○만 원 상당을 절취하고(품명, 수량, 시가의 순)	→ 시가 ○○만 원 상당의 시계 1개를 절취하고(시가, 품명, 수량의 순)
등 수리비 ○○만 원 상당을 부수어	→ 등 수리비가 ○○만 원이 들 정도로(들도록) 부수어
주먹과 발로 마구 때려	→ 주먹으로 때리고, 발로 차서
~인 바, 한 바, 하였던 바	→ 인데, 하니, 하였더니
편취한 것이다	→ 사람을 기망하여 재물의 교부를 받았다. 또는 재산상 이익을 취득하였다.
갈취한 것이다	→ 사람을 공갈하여 재물의 교부를 받았다. 또는 재산상 이익을 취득하였다.

제6절 범죄행위와 결과

1. "피의자는 ~하였다" 형식으로 끝을 맺는다.

2. 범죄행위를 표시하는 데는 보통 범행의 상황을 구체적으로 기재한 다음 맨 끝에 가서 이를 법률용어로써 마무리하는 것이 보통이다.

   가. 공무집행방해의 경우

   ……등의 폭행을 가하여 그 경찰관의 정당한 직무집행을 방해하였다.

   나. 공문서위조의 경우

   ……을 만든 다음 ……도장을 찍어 순천시장 조○○ 작성의 ○○에 대한 인감증명서 1통을 위조하였다.

   다. 절도의 경우

   ……침입하여 그곳 방바닥에 놓여있던 피해자 소유 시가 ○○만원 상당의 노트북(○○사 제품 중고) 1개를 가져가 이를 절취하였다.

3. 구성요건으로써 결과의 발생해야 하는 것은 발생한 결과를 기재하여야 하며, 살인이라든가 상해치사와 같이 중대한 결과의 발생이면 그 사망일시 및 장소도 구체적으로 기재한다.

   가. 상해의 경우

   "……주먹으로 그의 얼굴을 두 차례 때려서 약 1주일간의 치료를 요하는 안면 타박상을 가하였다."

   나. 살인의 경우

   "……식칼(크기)로 그의 배를 찔러 그로 하여금 같은 날 21:00 경 ○○에 있는 성가롤로병원에서 그 상처로 인하여 간장동맥절단에 의한 출혈로 사망에 이르게 하여 그를 살해하였다."

   다. 상해치사의 경우

   "……등의 이유로 시비 되어 언쟁 중 그의 두부를 수회 구타하고, 주위에 있던 3홉 크기의 깨진 맥주병으로 왼쪽 가슴을 찔러 약 3주간의 치료를 요하는 ○○○상해를 가하고 그다음 날 ○○○병원에서 위 상해로 인하여 ○○출혈로써 그를 사망에 이르게 하였다."

제7절 공 범

1. 교 사

본범과 교사범을 동시에 기소하는 경우

가. 피의자 甲(교사범)

피의자는 피의자 乙(본범)에게 ……라고 말을 하여" 그에게……할 것을 마음먹게 하고 그로 하여금 ……(범행내용을 구체적으로 적시)하게 하여서 절도(범죄명)를 교사하였다.

나. 피의자 乙(본범)

피의자는 피의자 甲의 교사에 따라 ……(범행내용)을 하였다.

2. 상호 폭행한 경우

피의자별로 나누어 범죄사실을 적시한다.

3. 상상적 경합범의 기재 방법

가. 同種의 상상적 경합범

"피의자는 ……자기 소유의 승용차로 홍길동 운전의 (차량번호, 차종) 뒷범퍼를 충돌케 하여 그 충격으로 인하여 그 차에 타고 있던 홍길동에 대하여 약 2주일간의 치료를 요하는 ○○상, 피해자 홍길녀에 대해 약 3주일간의 치료를 요하는 ○○상해를 각각 입게 하였다."

나. 異種의 상상적 경합범

"피의자는 ……갑자기 주먹으로 피해자의 얼굴을 1회 때리고, 발로 옆구리를 1회 걷어차서 피해자에게 약 2주간의 입원치료를 요하는 좌측늑골골절 등 상해를 가함과 동시에, 그의 불심검문에 관한 정당한 직무집행을 방해하였다."

4. 범죄사실이 수 개인 경우의 기재요령

가. 일람표를 써서 기재하는 경우

"피의자는 (일시, 장소)에서 시가 750,000원 상당의 29인치 컬러텔레비전 1대를 들고나와 이를 절취한 것을 비롯하여 그 무렵부터 20○○. ○. ○. 12:00까지 사이에 별지 '범죄일람표' 기재와 같이 모두 10회에 걸쳐 시가 합계 4,500,000원 상당의 재물을 절취하였다."

나. 일람표를 사용하지 않는 경우

① 단독범인 경우

　가. 피의자는 ······························하였다.

　나. 피의자는 ······························하였다.

② 공범자가 있는 경우

　가. 폭력행위등처벌에관한법률 위반(공동주거침입)

　　피의자들은 20○○. ○. ○. 15:30경 ······ 피해자 丙의 집에 이르러 잠겨 있지 않은 대문을 열고 그 집 마당까지 함께 들어갔다.

　　이로써 피의자들은 피해자의 주거에 공동하여 침입하였다.

　나. 강도상해

　　피의자들은 20○○. ○. ○. 15:30경 위와 같은 장소에서 ······ 절취하였다. 계속하여 다른 물건을 물색하던 중 ······ 붙잡히게 되었다. 그러자 체포를 면탈할 목적으로 ······ 하였다.

　　이로써 피의자들은 공모하여 피해자 장근혁에게 약 3주간의 치료를 요하는 비골골절 등의 상해를 가하였다.

5. 양벌규정

법인이나 개인에 대한 범죄사실은 대표자, 대리인, 종업원에 대한 범죄사실과는 별도로 독립시켜 기재하여야 한다.

　피의자 ○○○은 (주) 유정상운 소속 ○○87사 9999호 화물차량 운전자, 피의자 (주) 유정상운은 화물자동차 운송사업 등을 목적으로 하는 법인이다.

　가. 피의자 ○○○

　　피의자는 20○○. 2. 5. 00:00 경 ○○○앞에서 위 화물자동차에 제한 축 중 10톤을 초과하여 제3축 중 11.3톤, 제4축 중 11.5톤의 철근을 적재한 상태로 위 차량을 운행했으로써 도로관리청의 차량운행 제한에 위반하였다.

　나. 피의자 (주) 유정상운

　　피의자는 위 일시장소에서 피의자의 사용인인 위 ○○○의 업무에 관하여 위와 같이 위반행위를 하였다.

제8절 기 타

1. 미수범

가. 중지미수의 경우

"……할 목적으로 ……하였으나 양심의 가책으로(뉘우치고) 범행을 스스로 중지하여 그 목적을 이루지 못하고 미수에 그쳤다."

"피의자는 ……(일시, 장소)……에서 ……을 ……할 목적으로 ……하였으나 생각을 바꾸어 범행을 중지함으로써 그 목적을 이루지 못하고 미수에 그쳤다."

나. 장애미수의 경우

"……할 목적으로 ……하였으나 불응하여 그 목적을 이루지 못하고 미수에 그쳤다."

"……할 목적으로 ……하였으나 고함을 치며 주위의 도움을 구하자 통행인들이 달려오는 바람에 그 목적을 이루지 못하여 미수에 그쳤다."

"……할 목적으로 ……하였으나 그가 그 경찰관에게 그 사실을 신고하여 그곳에서 체포되어 그 뜻을 이루지 못하고 미수에 그쳤다."

2. 상습범

"피의자는 20○○. ○. ○. ○○지방법원에서 특수절도죄로 징역 1년에 집행유예 2년을 선고받고 같은 날 그 판결이 확정되어 현재 그 유예기간에 있다. 그 외에도 20○○. ○. ○. ○○지방검찰청에서 특수절도죄로 소년보호처분을, 20○○. ○. ○. ○○지방검찰청에서 특정범죄가중처벌등에관한법률위반(절도) 죄로 소년보호처분을 각각 받았다.

피의자는 20○○. ○. ○. 15:00경 ○○에 있는 ○○앞길에서 그곳을 지나가던 피해자 甲에게 오토바이를 타고 접근하였다.

피의자는 피해자의 어깨에 걸치고 있던 피해자 소유인 현금 10만 원이 들어있는 시가 ○○만 원 상당의 핸드백 1개를 낚아채어 가 상습으로 절취하였다."

3. 목적범

"피의자는 20○○. ○. ○. 12:00경 ○○에 있는 피의자의 집에서, 그 무렵 길에서 주운 홍길동의 주민등록증에 붙어 있는 그의 사진을 면도칼로 떼어내고 그 자리에 피의자의 사진을 붙였다.

이로써 피의자는 행사할 목적으로 공문서인 ○○구청장 명의의 홍길동에 대한 주민등록증 1장을 위조하였다."

4. 예비

"홍길동의 집을 불태워 버리기 위하여 ……을 준비하고 ……을 하여 방화의 예비를 하였다."

"홍길동을 살해할 목적으로 그 범행에 사용하기 위하여 엽총(총번, 총종) 1정과 실탄 10발을 구하여 휴대하면서 살인예비를 하였다."

5. 행정법규위반 범죄행위

가. 금지규정을 위반한 경우

"피의자는 ……하여서는 아니 됨에도 불구하고, 20○○……(일시) ……(장소)에서 ……을 하였다.'(행위)."

나. 의무규정을 위반한 경우

"피의자는 ……한 자로서(의무가 주어진 주체), 20○○……(일시) ……(장소)에서 ……하여야 함에도 불구하고 ……을 하지 아니하였다'(부작위)."

다. 의무규정을 위반하고 새로운 별도의 행위를 함으로써 의무규정을 적극적으로 위반한 경우

"피의자는 ……한 자로서(의무가 주어진 주체) ……을 하여야 함에도 불구하고, 200 ……(일시) 서울……(장소)에서 ……을 하지 아니하고(소극적 행위)……을 하였다(적극적 행위)."

6. 구체적 작성요령

가. 행위 상황이 바뀌는 경우

피의자는 20○○. ○. ○.경 ○○앞길을 운행 중인 (차량번호) 시내버스 안에서 피해자 甲이 혼잡한 승객들로 인해 잠시 주의를 소홀히 하는 틈을 타 그에게 접근하였다.

피의자는 피해자의 양복 상의 속으로 오른손을 집어넣어 가지고 있던 면도칼로 그 안주머니를 찢은 후 피해자 소유인 ○○원 상당의 지갑 1개를 꺼내어 가 절취하였다.

나. 주어, 동사와 행위 상황이 바뀌는 경우

피의자는 냉장고 1대 외 20점 시가 500만 원 상당 물건의 소유자이다.

○○지방법원 소속 집행관 甲은 채권자 乙의 집행위임을 받아 위 법원 20○○카○○호 유체동산압류결정 정본에 의하여 20○○. ○. ○. ○○에 있는 피의자의 집에서 위 물건들에 압류표시를 부착하였다.

피의자는 20○○. ○. ○. 14:00경 피의자의 집에서 위 물건들에 부착된 압류표시를 함부로 제거함으로써 그 효용을 해하였다.

다. 주어, 일시 및 장소가 바뀌는 경우

피의자는 (차량번호) 승용차의 운전자이다.

위 승용차의 소유자인 甲은 20○○. ○. ○. 23:00경 ○○앞길에서 위 승용차를 운전하다가 교통사고를 일으키고 피해자에 대한 구호 조치를 취하지 않은 채 도주하였다.

피의자는 甲이 위와 같이 벌금 이상의 형에 해당하는 죄를 범한 사실을 알고 있으면서도, 20○○. ○. ○. 14:00경 같은 동에 있는 ○○경찰서 여성청소년과 사무실에서, 위 사건을 수사 중인 위 경찰서 여성청소년과 경위 배면희에게 피의자가 교통사고를 일으킨 것처럼 허위 신고하여 범인을 도피하게 하였다.

라. 주어, 일시 및 장소가 바뀌고 긴 수식어구가 포함된 경우

피의자는 20○○. ○. ○. 11:00경 ○○ 피의자의 집에서, 홍길동으로 하여금 형사처분을 받게 할 목적으로, 컴퓨터를 이용하여 홍길동에 대한 허위 내용의 고소장을 작성하였다.

그 고소장은 "피고소인 홍길동은 20○○. ○. ○.경 ○○에 있는 벽장여관에서 고소인의 처 乙과 1회 간통하였으니 처벌하여 달라."는 내용이었다. 그러나 사실은 홍길동은 피의자의 처 乙과 간통한 사실이 없었다.

그럼에도 불구하고, 피의자는 20○○. ○. ○. 15:00경 ○○에 있는 ○○경찰서 민원실에서 성명을 알 수 없는 경찰관에게 위 고소장을 제출하여 홍길동을 무고하였다.

마. 일시, 장소가 바뀌는 경우

피의자는 20○○. ○. ○.경 ○○앞길에서 피의자가 소유하는 (차량번호) 승용차를 운전하고 가다가 마침 그곳에서 택시를 기다리던 피해자 홍길녀(여, 21세)에게 행선지를 물어 피해자가 ○○동까지 간다고 하자 그곳까지 태워다 주겠다고 유인하여 피해자를 그 차에 태워 주행하였다.

피의자는 같은 날 23:20경 ○○에 있는 ○○대학교 앞길에 이르러 피해자로부터 내려달라는 요구를 받았음에도 목적을 일으켜 이를 묵살한 채 같은 날 23:40경 ○○ 앞길까지 약 10 km를 그대로 질주하여 피해자로 하여금 차에서 내리지 못하도록 함으로써 약 20분간 피해자를 감금하였다.

제9절 기재 시 유의사항

1. 증거에 의해서 기재한다.

   증거에 의해서 뒷받침되는 사실만 기재하고 추측으로 일시, 장소, 수단, 방법, 시간 등을 함부로 기재하는 것은 금물이다.

2. 범죄사실은 피의자별로 그리고 범행일시 순으로 기재한다.

3. 고소, 고발사건에서는 피고소인, 피고발인이 성명불상자라도 모두 나타내어야 하며, 고소 · 고발에 포함된 내용 일부 범죄사실의 혐의가 없거나 기타 소추 대상이 되지 않는 경우라도 의견서에 범죄사실로 모두 적시한 후 혐의없음 기타 불기소에 해당하는 이유를 적시하여야 한다.

4. 문자는 일반적으로 한글전용을 원칙으로 하나 한글만으로 이해하기 곤란한 것이나 어휘의 발음이 같아 뜻을 해득하기 곤란한 경우에는 묶음표 안에 한자를 사용한다.

5. 외래어는 외래어 한글 표기법에 따라 쓰고 가능하면 묶음표를 하여 그 안에 원어를 기재한다.

6. 의견 작성에 있어서 '변소하고', '부합하고' 등과 같은 용어는 '주장하고', '일치하고', '들어맞고' 등으로 사용한다. 또한 '상피의자', '사건외', '인지 외' 등의 표현도 사용하지 아니하고, 단순히 성명만으로 특정하거나, '목격자 홍길동', '피의자의 처인 김춘자' 등의 형태로 기재한다.

7. 도표의 본문 삽입 허용

   동종, 유사한 항목이 반복되는 경우에는 도표를 활용하여 별지로 작성한다. 그러나 항목이 작아 본문에 삽입하는 것이 읽기에 더 쉽고 편리한 경우에는 별지가 아닌 범죄사실 본문의 해당 부분에 표를 삽입한다.

   "피의자는 이를 포함하여, 그 무렵부터 20○○. ○. ○.까지 사이에 다음 범죄일람표에 기재된 것과 같이 ○○시내 등지에서 3회에 걸쳐 같은 방법으로 합계 ○○만 원을 임의로 소비하여 이를 횡령하였다."

제7장 사건의 관할과 이송

제1절 사건의 관할

 Ⅰ. 법적 근거

1. 형사소송법

> **제4조(토지관할)** ① 토지관할은 범죄지, 피고인의 주소, 거소 또는 현재지로 한다.
> ② 국외에 있는 대한민국 선박 내에서 범한 죄에 관하여는 전항에 규정한 곳 외에 선적지 또는 범죄 후의 선착지로 한다.
> ③ 전항의 규정은 국외에 있는 대한민국 항공기 내에서 범한 죄에 관하여 준용한다.

2. 경찰수사규칙

> **제15조(직무 관할)** 사법경찰관리는 소속된 경찰관서의 관할구역에서 직무를 수행한다. 다만, 다음 각 호의 어느 하나에 해당하는 경우에는 관할구역이 아닌 곳에서도 그 직무를 수행할 수 있다.
> 1. 관할구역의 사건과 관련성이 있는 사실을 발견하기 위한 경우
> 2. 관할구역이 불분명한 경우
> 3. 긴급을 요하는 등 수사에 필요한 경우

3. 범죄수사규칙

> **제7조(사건의 관할)** ① 사건의 수사는 범죄지, 피의자의 주소ㆍ거소 또는 현재지를 관할하는 경찰관서가 담당한다.
> ② 사건관할을 달리하는 수개의 사건이 관련된 때에는 1개의 사건에 관하여 관할이 있는 경찰관서는 다른 사건까지 병합하여 수사를 할 수 있다.
> ③ 그밖에 관할에 대한 세부 사항은 「사건의 관할 및 관할사건수사에 관한 규칙」에 따른다.

4. 사건의 관할 및 관할사건수사에 관한 규칙

> **제1조(목적)** 이 규칙은 경찰관이 범죄수사를 함에 있어서 사건의 관할 및 관할사건수사에 관한 기준 및 절차를 규정함으로써 신속하고 공정한 사건처리를 목적으로 한다.
> **제2조(적용범위)** 이 규칙은 경찰에 접수된 모든 사건에 적용된다.

II. 절 차

1. 사건의 관할

① 사건의 관할은 범죄지, 피의자의 주소 · 거소 또는 현재지를 관할하는 경찰서를 기준으로 한다.

② 사건관할을 달리하는 수개의 사건이 관련된 때에는 1개의 사건에 관하여 관할이 있는 경찰관서는 다른 사건까지 병합하여 수사할 수 있다.

2. 사건관할이 불분명한 경우의 관할지정

① 다음 각 호의 사건 중 범죄지와 피의자가 모두 불명확한 경우에는 특별한 사정이 없는 한 사건을 최초로 접수한 관서를 사건의 관할관서로 한다.

 1. 전화, 인터넷 등 정보통신매체를 이용한 범죄

 2. 지하철, 버스 등 대중교통수단 이동 중에 발생한 범죄

 3. 그 밖에 경찰청장이 정하는 범죄

② 외국에서 발생한 범죄도 사건을 최초로 접수한 관서를 사건의 관할관서로 한다. 다만, 사건접수 단계부터 피의자가 내국인으로 특정된 경우에는 피의자의 주소 · 거소 또는 현재지를 관할하는 경찰서를 관할관서로 한다.

③ 국내 또는 국외에 있는 대한민국 및 외국 국적 항공기 내에서 발생한 범죄에 관하여는 출발지 또는 범죄 후의 도착지를 관할하는 경찰서를 관할관서로 한다.

④ 제1항부터 제3항까지의 규정에도 불구하고 해양경찰청, 군수사기관, 철도특별사법경찰대 등 다른 국가기관과 협의하여 정한 협정 등이 있으면 이를 이 규칙보다 우선하여 적용한다.

3. 경찰관서 소속 공무원 관련 사건의 관할 지정

① 경찰관 등 경찰관서에서 근무하는 공무원이 피의자, 피혐의자, 피고소인, 피진정인 또는 피해자, 고소인, 고발인, 진정인, 탄원인인 모든 사건은 해당 공무원의 소속 경찰관서가 아닌 동일 법원 관할 내 인접 경찰관서 중 상급 경찰관서장의 지휘를 받아 지정된 관서를 사건의 관할관서로 한다.

② 긴급 · 현행범체포 등 즉시 현장조치가 필요한 경우, 제5조에 따른 관할관서 또는 최초 신고접수서에서 우선 피의자 검거 및 초동조치를 취한 후 즉시 상급관서의 지휘를 받아 동일 법원 관할 내 인접 경찰관서 중 지정된 경찰관서로 이송하여야 한다.

③ 제1항과 제2항에도 불구하고 인접 경찰관서에서 수사하는 것이 수사의 신속성·효율성을 현저히 저해하거나, 해당 공무원의 소속 경찰관서에서 수사하더라도 수사 공정성에 지장이 없음이 명백한 경우에는 상급 경찰관서장의 승인을 받아 계속 수사할 수 있다.

④ 제1항부터 제3항까지의 수사지휘와 수사지휘건의는 범죄수사규칙 제25조 및 제26조를 따른다.

4. 사건관할의 여부에 따른 조치

① 경찰관은 사건의 관할 여부를 불문하고 이를 접수하여야 한다.

② 경찰관은 사건의 관할이 인정되면 다른 경찰관서에 이송하지 않고 수사하여야 한다.

③ 사건을 접수한 관서는 일체의 관할이 없다고 판단되는 경우에는 사건의 관할이 있는 관서에 이송하여야 한다.

④ 제3항에 따른 사건의 이송은 원칙적으로 범죄지를 관할하는 관서에 우선적으로 하여야 한다. 다만, 범죄지가 분명하지 않거나 사건의 특성상 범죄지에 대한 수사가 실익이 없어 범죄지를 관할하는 관서에 이송하는 것이 불합리한 경우에는 피의자의 주소·거소 또는 현재지를 관할하는 관서로 이송할 수 있다.

⑤ 제2항부터 제4항까지의 규정에도 불구하고 경찰청장은 개별사건의 특수성을 고려하여 사건관할 및 그에 따른 조치에 대해 별도 지침을 마련하여 따로 정할 수 있다.

5. 사건의 관할에 대한 지휘건의

① 시·도경찰청장 및 경찰서장은 사건의 관할이 분명하지 아니하여 관할에 의문이 있는 경우에는 각각 바로 위 상급 경찰관서의 장에게 서면으로 별지 제1호서식의 수사지휘건의서를 작성하여 사건의 관할에 관한 지휘건의를 할 수 있다.

② 제1항의 지휘건의를 받은 상급 경찰관서의 장은 신속하게 사건의 관할에 대하여 별지 제2호서식의 수사 지휘서를 작성하여 지휘하여야 한다. 이 지휘에 관한 업무는 해당 사건의 수사지휘를 담당하는 상급부서에서 수행한다.

③ 지휘건의를 받은 사건이 상급 경찰관서 내 다수 부서와 관련되어 있고 각 부서 간 의견이 다른 경우에는 해당 상급 경찰관서의 장이 이를 조정한다.

6. 병합수사 지휘건의

① 두 개 이상의 경찰관서에 접수된 사건에 대하여 병합수사의 필요성이 있는 경우에는 사건의 중요도, 수사의 효율성 등을 고려하여 해당 경찰관서장 상호 간에 협의하여 관할관서를 정할 수 있다.

② 제1항에 의한 협의가 이루어지지 아니한 경우에는 경찰관서장은 바로 위 상급경찰관서장에게 별지 제1호서식의 수사지휘건의를 작성하여 병합수사를 지휘 건의할 수 있다.

③ 제2항에 의한 병합수사 지휘건의를 받은 상급경찰관서장은 수사의 효율성 등을 고려하여 별지 제2호서식의 수사지휘서를 작성하여 지휘한다. 이 지휘에 관한 업무는 해당 사건의 수사지휘를 담당하는 상급부서에서 수행한다.

④ 경찰청장 및 시·도경찰청장은 병합수사가 필요한 사건에 대하여는 제2항에 의한 지휘건의가 없는 경우에도 직권으로 병합수사를 지휘할 수 있다.

7. 수사촉탁

① 수사 중 다른 경찰관서에 소재하는 수사대상에 대하여 수사를 촉탁할 수 있다. 다만, 피의자 조사는 현장진출이 곤란한 경우에 한한다.

② 동일 시·도경찰청 내 또는 별표 제1호에 규정된 경찰관서에서는 구치소, 교도소, 에 수용된 자에 대한 조사를 위하여 수사촉탁 할 수 없다. 다만 울릉경찰서는 예외로 한다.

8. 수사촉탁 절차

① 수사촉탁은 촉탁 사항을 구체적으로 기재한 별지 제3호서식의 촉탁서에 의해야 하고 수사진행사항을 알 수 있는 수사기록 원본 또는 사본의 전부 또는 일부를 첨부하여 발송하여야 한다. 다만, 사건처리가 용이한 단순고발사건 등의 경우에는 경찰 형사사법정보시스템을 열람하는 방법으로 갈음할 수 있다.

② 수사촉탁 사건은 수사지원팀에서 접수하여 촉탁관서 수사팀에 대응하는 수사팀에 배당하여야 한다.

③ 수사를 촉탁한 수사관은 수사촉탁을 이유로 사건을 방치하여서는 아니 되며 수사진행사항을 파악하여 수사보고하여야 한다.

④ 수사를 촉탁한 수사관은 촉탁을 받은 수사관에게 전화 등을 이용해 촉탁내용을 설명하여야 한다.

⑤ 수탁관서는 촉탁사항에 대한 수사를 완료한 후 별지 제4호서식의 회답서 및 관련서류 일체를 신속히 등기송달, 직접전달 등의 방법으로 촉탁관서에 송부하여야 한다.

9. 수사촉탁 처리기한 등

① 수사촉탁의 처리기한은 다음 각 호와 같다.

 1. 피의자 조사 20일

 2. 고소인, 고발인, 참고인 등 조사 15일

 3. 소재수사, 사건기록 사본 송부 10일

② 제1항의 처리기한 내에 촉탁사항에 대한 수사를 완료하지 못할 때는 촉탁한 수사관과 협의하여 처리기한을 연장하고 수사보고하여야 한다.

③ 경찰관서 수사부서의 장은 매월 1회 촉탁받은 사건의 성실한 처리여부를 점검하여야 한다.

10. 경찰청의 수사대상

다음 각 호에 해당하는 사건은 경찰청에서 직접 수사할 수 있다.

1. 수사관할이 수개의 시·도경찰청에 속하는 사건
2. 고위공직자 또는 경찰관이 연루된 비위 사건으로 해당관서에서 수사하게 되면 수사의 공정성이 의심받을 우려가 있는 경우
3. 경찰청장이 수사본부 또는 특별수사본부를 설치하여 지정하는 사건
4. 그 밖에 사회적 이목이 집중되거나 파장이 큰 사건으로 경찰청장이 특별히 지정하는 사건

11. 시·도경찰청의 수사대상

시·도경찰청장은 소속경찰서 관할사건 중 다음 각 호의 범죄는 시·도경찰청 수사부서에서 수사하게 할 수 있다.

1. 사이버사건
2. 대출사기, 보이스 피싱 등 관할이 불명확하거나, 다수의 경찰서 관할지역에서 발생한 사건
3. 해당 경찰서에서 수사하기가 부적합한 경찰관 비위 사건
4. 그 밖에 시·도경찰청장이 지정하는 사건

12. 경찰청 또는 시·도경찰청의 수사상 관할

경찰청 또는 시·도경찰청의 수사부서에서 수사하는 사건의 영장을 신청하거나 기록을 송치 또는 송부하는 경우에는 당해사건에 대한 관할이 있는 법원 및 검찰청에 하여야 한다.

13. 경찰청 또는 시·도경찰청의 수사방식

경찰청 또는 시·도경찰청의 수사부서에서 수사하는 경우에는 당해 사건에 대한 법원 및 검찰청의 관할 내에 있는 경찰관서의 인적·물적 자원을 이용할 수 있다. 이 경우에 해당 경찰관서의 장은 수사에 적극적으로 협조 및 지원을 하여야 한다.

○ ○ 경 찰 서

제 0000-00000 호   20○○.○.○.

수 신 :

제 목 : 수사지휘건의

      사건의 관할 및 관할사건수사에 관한 규칙 제00조제00항에 따라 다음과 같이 수사지휘를 건의합니다.

접 수 일 자		사 건 번 호	
죄 명			
피 의 자	성 명	주 민 등 록 번 호	
	주 거		

건 의 내 용

○○경찰서

사법경찰관   ○○   (인)

	수 사 지 휘 서	
제 호		20○○.○.○.

접수번호		사건번호	
피 의 자			
담당경찰관서			

< 지 휘 내 용 >

상급경찰관서장(직인)

(전결시 : 전결자)   직위   계급   ○ ○ ○

○○경찰서

제 호   2○○○.○.○.

수 신 :

제 목 : 촉탁

　　　다음 사항을 촉탁하오니 조속히 조사하여 주시기 바랍니다.

사 건 번 호		접수번호	
대 상 자			
죄 　 명			
촉 탁 사 항			
촉 탁 내 용			
비 　 고			

○○경찰서

　　　　사법경찰관 　 ○○ 　　　　　　　 (인)

○○경찰서

제 호   20○○.○.○.

수 신 :

제 목 : 회답

　　　　○○경찰서 제○○호(20○○.○.○.)에 의한 촉탁에 대하여 다음과
같이 회답합니다.

회 　 답 　 내 　 용

○○경찰서

사법경찰관　○○　　　　　　　　(인)

제2절 수사 및 재판관할 관련 지침

Ⅰ. 사건 송치와 이송원칙

1. 관할 준수

가. 수사개시 및 진행단계(입건전조사포함)에서 수사관할 준수

나. 수사종결단계에서는 재판관할 검찰청에 사건송치

다. 다수 피의자 사건에서 관할 있는 피의자 부분 불송치 결정하고 타관할 피의자는 송치 결정을 한 경우에도 수사한 경찰관서에서 대응하는 검찰에 송치(송부)

2. 관할 예외 송치

가. 사이버범죄 등 악의적 이송이라고 판단되는 경우 재판관할이 없어도 수사 경찰관서에 대응하는 검찰청에 송치 가능

나. 관할 예외 송치하는 경우 형사소송법 제11조에 해당하는 관련 사건은 1개 관할이 인정되므로 1건으로 송치하되 그렇지 않은 사건은 별건으로 분리송치

※ 범죄유형별 예외 인정 여부

구 분	예외 인정 여부 (범죄유형)
사이버범죄	▷수사착수 당시 범죄자·피의자 모두 불명, 관할을 알 수 없음 －사이버사기, 몸캠피싱, 메신저피싱 －정보통신망 침해성 범죄(해킹, 디도스, 악성 프로그램) －저작권위반 사이트, 사이버도박, 사이버 성폭력(음란사이트)
온라인 성매매	▷성매매 피해아동 신고 등은 1건이라도 수사 과정에서 다수 피해아동 또는 다수 매수남이 확인되는 경우가 많아 효율성·중복수사방지 차원 책임수사관서 지정 －온라인 아동·청소년 성매매 －온라인성매매 알선(광고) 사이트 수사
마약범죄	▷대표적인 국제적·전국적 범죄이고 최근 인터넷 거래도 폭증하여 범죄지 관할을 정하기 곤란 －상하선 수사, 인터넷 마약
보이스피싱	▷한 개의 조직이 해외에서 전화 등 통신을 이용 전국의 피해자 상대로 하는 범죄로 관할 의미 없음
안보범죄	▷은밀하게 이루어지는 안보수사 특성상 내부자 제보와 협조 중요, 다른 수사대 이첩송치 시 제보자 정보 유출 가능 －국가보안법 위반
폭파 등 협박	▷온라인상에 게시물 작성 등의 방법으로 정보통신망을 이용하여 폭파 등 해악을 고지하는 경우 신고자 소재 관서에서 접수하게 되는데 신고 접수당시 에는 관할을 할 수 없음 －전화·인터넷 등 정보통신망을 이용한 폭파 등 협박

다수 피의자	=범죄유형이 아닌 수사단서 특성 ▷ 피의자가 3명으로 ① 피의자만 관할이 있고 ②, ③은 각각 다른 경찰서 관할인 경우에 ① 불송치 결정 시 ②, ③도 ①피의자 관할검찰청에 송치 가능
이송제한	▷ 피의자의 이송요청이 수사회피, 지연 등 악의적 목적이면 이송하지 않고 수사 경찰관서에 대응하는 검찰청에 송치 가능 ○ 이송제한 사유 −피의자가 이송 요청한 주소지나 현재지에 실제 거주하지 않는 사실이 확인 되는 경우 −그 밖에 피의자 주소 변경에도 불구하고 수사회피나 지연 목적이 명백하다 고 판단되는 경우로서 담당 검사와 관할 예외 송치에 대해 협의한 경우

3. 사건 분리 (관할 예외 송치 예외)

가. 대상

대포통장·대포폰 단순제공자, 사이버도박 단순 참가자, 마약류 단순매수 및 투약자, 저작권 침해 개별 업로더

나. 방법

원 사건에서 분리하여 관할 경찰서(피의자 주소지 등)로 이송하여 처리

4. 타서 송치사건 보완 수사

가. 원칙적으로 보완 수사요구는 송치 관서에서 처리

나. 송치 후 검찰청 간 이송이 있고 이송받는 검찰청으로부터 보완 수사요구를 받은 경찰관서는 보완 수사요구의 처리 주체로서 직접 보완 수사하거나 수사촉탁 하여 처리

◗ II. 이송취지로 보완수사요구된 사건의 처리

1. 검찰청에 관할이 있거나 예외 송치사건의 경우

관할검찰청에 보완수사결과 통보 및 기록반환

2. A 경찰서에 관할이 없어 검사의 보완수사요구에 따라 관할 있는 B 경찰서로 사건 이송하는 경우

가. B 경찰서는 새롭게 송치·불송치 결정

나. 검사 요구로 경찰관서 간 사건 이송 시, 새로 사건을 송치받은 검찰청은 특별한 사정 없이 재이송 요구하지 않기로 협의함

제3절 사건이송 기본원칙

Ⅰ. 법적 근거

1. 경찰수사규칙

> 제96조(사건 이송) ① 사법경찰관은 사건이 다음 각 호의 어느 하나에 해당하는 경우에는 해당 사건을 다른 경찰관서 또는 기관에 이송해야 한다.
> 1. 사건의 관할이 없거나 다른 기관의 소관 사항에 관한 것인 경우
> 2. 법령에서 다른 기관으로 사건을 이송하도록 의무를 부여한 경우
> ② 사법경찰관은 사건이 다음 각 호의 어느 하나에 해당하는 경우에는 해당 사건을 다른 경찰관서 또는 기관(해당 기관과 협의된 경우로 한정한다)에 이송할 수 있다.
> 1. 다른 사건과 병합하여 처리할 필요가 있는 등 다른 경찰관서 또는 기관에서 수사하는 것이 적절하다고 판단하는 경우
> 2. 해당 경찰관서에서 수사하는 것이 부적당한 경우
> ③ 사법경찰관은 제1항 또는 제2항에 따라 사건을 이송하는 경우에는 별지 제99호서식의 사건이송서를 사건기록에 편철하고 관계 서류와 증거물을 다른 경찰관서 또는 기관에 송부해야 한다.

2. 사건의 관할 및 관할사건수사에 관한 규칙

> 제8조(동일 법원관할 내의 사건관할) 이송대상 경찰관서가 동일한 법원의 관할에 속하는 경우에는 사건을 이송하지 아니하고 수사할 수 있다.
> 제18조(사건이송의 절차) 경찰관은 사건을 이송하는 경우 경찰수사규칙 제96조에 따라 이송한다.
> 제19조(자의적인 사건이송 금지) 경찰관은 제6조에 의하여 관할이 지정되는 사건을 수사함에 있어서 명확하지 아니한 사실에 근거하여 자의적으로 관할을 지정해 해당사건을 다른 경찰관서로 이송하여서는 아니 된다.
> 제20조(부당한 사건이송 등에 대한 조치) 상급경찰관서의 장은 산하 경찰관서 소속 경찰관이 제5조부터 제13조까지의 규정을 위반하여 부당하게 사건을 이송하거나 수사촉탁 업무를 처리한 사례를 발견한 경우에는 해당경찰관과 그 지휘를 한 수사간부에 대하여 그 책임을 묻고 관할관서로의 재이송, 적정한 수사촉탁 업무처리 등 필요한 조치를 명할 수 있다.

Ⅱ. 절차

1. 이송유형

가. 필요적 이송

① 사건의 관할이 없거나 다른 기관의 소관사항에 관한 것인 경우
② 법령에서 다른 기관으로 사건이송 의무를 부여한 경우

나. 임의적 이송

① 다른 사건과 병합하여 처리할 필요가 있는 등 다른 경찰관서나 기관에서 수사하는 것이 적절하다고 판단하는 경우

② 해당 경찰관서에서 수사하는 것이 부적당한 경우

2. 이송 절차

가. 사건이송서 작성

나. 경찰관서 간

KICS에서 이송 후 관련서류와 증거물은 등기 우편 발송

다. 기타 수사기관

온나라에서 공문 작성 발송 후 관련서류와 증거물은 등기 우편 발송

3. 동일법원 관할 내의 사건관할

이송대상 경찰관서가 동일한 법원의 관할에 속할 때는 사건을 이송하지 아니하고 수사할 수 있다.

4. 자의적인 사건이송 금지

경찰관은 관할이 지정되는 사건을 수사하면서 명확하지 아니한 사실에 근거하여 자의적으로 관할을 지정해 해당사건을 다른 경찰관서로 이송하여서는 아니 된다.

5. 부당한 사건이송 등에 대한 조치

상급 경찰관서의 장은 산하 경찰관서 소속 경찰관이 제5조부터 제13조까지의 규정을 위반하여 부당하게 사건을 이송하거나 수사촉탁 업무를 처리한 사례를 발견한 경우에는 해당 경찰관과 그 지휘를 한 수사간부에 대하여 그 책임을 묻고 관할관서로의 재이송, 적정한 수사촉탁 업무처리 등 필요한 조치를 명할 수 있다.

○ ○ 경 찰 서

제 호   20○○.○.○.

수 신 : ○○경찰서장

제 목 : 사건이송서

다음 사건을 이송합니다.

접 수 번 호		사 건 번 호	
죄 명			
피(혐)의 자			
사 건 개 요			

송부내역	서 류			
	증 거 품	품 명		수 량

이 송 사 유	○검사와 사법경찰관의 상호협력과 일반적 수사준칙에 관한 규정 제51조제3항제1호에 따른 이송 ○경찰수사규칙 제96조제2항에 따른 이송 -본 건은 ○○기관에서 수사 중인사건으로 병합처리 필요성 인정(협의완료) -본 건은 ○○사유로 해당 경찰관서에서 수사하는 것이 부적당하므로 이송
기 타 참 고 사 항	

범 죄 통 계 원 표	발 생	검 거	피 의 자

○○경찰서

사법경찰관 경감 유 아 림

제8장

수사서류 열람과 복사

제1절 근거법령

1. 검사와 사법경찰관의 상호협력과 일반적 수사준칙에 관한 규정

> 제69조(수사서류 등의 열람·복사) ① 피의자, 사건관계인 또는 그 변호인은 검사 또는 사법경찰관이 수사 중인 사건에 관한 본인의 진술이 기재된 부분 및 본인이 제출한 서류의 전부 또는 일부에 대해 열람·복사를 신청할 수 있다.
> ② 피의자, 사건관계인 또는 그 변호인은 검사가 불기소 결정을 하거나 사법경찰관이 불송치 결정을 한 사건에 관한 기록의 전부 또는 일부에 대해 열람·복사를 신청할 수 있다.
> ③ 피의자 또는 그 변호인은 필요한 사유를 소명하고 고소장, 고발장, 이의신청서, 항고장, 재항고장(이하 "고소장등"이라 한다)의 열람·복사를 신청할 수 있다. 이 경우 열람·복사의 범위는 피의자에 대한 혐의사실 부분으로 한정하고, 그 밖에 사건관계인에 관한 사실이나 개인정보, 증거방법 또는 고소장등에 첨부된 서류 등은 제외한다.
> ④ 체포·구속된 피의자 또는 그 변호인은 현행범인체포서, 긴급체포서, 체포영장, 구속영장의 열람·복사를 신청할 수 있다.
> ⑤ 피의자 또는 사건관계인의 법정대리인, 배우자, 직계친족, 형제자매로서 피의자 또는 사건관계인의 위임장 및 신분관계를 증명하는 문서를 제출한 사람도 제1항부터 제4항까지의 규정에 따라 열람·복사를 신청할 수 있다.
> ⑥ 검사 또는 사법경찰관은 제1항부터 제5항까지의 규정에 따른 신청을 받은 경우에는 해당 서류의 공개로 사건관계인의 개인정보나 영업비밀이 침해될 우려가 있거나 범인의 증거인멸·도주를 용이하게 할 우려가 있는 경우 등 정당한 사유가 있는 경우를 제외하고는 열람·복사를 허용해야 한다.

2. 경찰수사규칙

> 제87조(수사서류 열람·복사) ① 수사준칙 제69조(같은 영 제16조 제6항에서 준용하는 경우를 포함한다)에 따른 수사서류 열람·복사 신청은 해당 수사서류를 보유·관리하는 경찰관서의 장에게 해야 한다.
> ② 제1항의 신청을 받은 경찰관서의 장은 신청을 받은 날부터 10일 이내에 다음 각 호의 어느 하나에 해당하는 결정을 해야 한다.
> 　1. 공개 결정: 신청한 서류 내용 전부의 열람·복사를 허용
> 　2. 부분공개 결정: 신청한 서류 내용 중 일부의 열람·복사를 허용
> 　3. 비공개 결정: 신청한 서류 내용의 열람·복사를 불허용
> ③ 경찰관서의 장은 제2항에도 불구하고 피의자 및 사건관계인, 그 변호인이 조사 당일 본인의 진술이 기재된

조서에 대해 열람·복사를 신청하는 경우에는 공개 여부에 대해 지체 없이 검토한 후 제공 여부를 결정해야 한다.

④ 경찰관서의 장은 해당 관서에서 보유·관리하지 않는 수사서류에 대해 열람·복사 신청을 접수한 경우에는 그 신청을 해당 수사서류를 보유·관리하는 기관으로 이송하거나 신청인에게 부존재 통지를 해야 한다.

⑤ 경찰관서의 장은 제2항제1호 또는 제2호에 따라 수사서류를 제공하는 경우에는 사건관계인의 개인정보가 공개되지 않도록 비실명처리 등 보호조치를 해야 한다.

⑥ 제1항부터 제5항까지에서 규정한 사항 외에 수사서류 열람·복사에 필요한 세부 사항은 경찰청장이 따로 정한다.

3. 경찰 수사서류 열람·복사에 관한 규칙

제4조(열람·복사의 제한) ① 수사부서의 장은 다음 각 호의 어느 하나에 해당하는 경우에는 수사서류의 열람·복사를 제한할 수 있다.

1. 다른 법률 또는 법률의 위임에 따른 명령에서 비밀이나 비공개 사항으로 규정하고 있는 경우
2. 국가의 안전보장이나 국방·통일·외교관계 등에 관한 사항으로 수사서류의 공개로 인하여 국가의 중대한 이익을 현저히 해칠 우려가 있는 경우
3. 수사서류의 공개로 인하여 사건관계인의 명예나 사생활의 비밀 또는 자유를 침해할 우려가 있거나 생명·신체 및 재산의 보호에 현저한 지장을 초래할 우려가 있는 경우
4. 수사서류의 공개로 인하여 공범관계에 있는 자 등의 증거인멸 또는 도주를 용이하게 하거나 관련 사건의 입건 전 조사·수사에 관한 직무수행을 현저히 곤란하게 할 우려가 있는 경우
5. 수사서류의 공개로 인하여 비밀로 유지할 필요가 있는 수사방법상의 기밀이 누설되는 등 범죄의 예방·진압 및 입건 전 조사·수사에 관한 직무수행을 현저히 곤란하게 할 우려가 있거나 불필요한 새로운 분쟁이 야기될 우려가 있는 경우
6. 수사서류의 공개로 인하여 사건관계인의 영업비밀이 침해될 우려가 있거나 사건관계인의 정당한 이익을 현저히 해칠 우려가 있는 경우
7. 의사결정 또는 내부검토 과정에 있는 사항으로서 공개될 경우 업무의 공정한 수행에 현저한 지장을 초래할 우려가 있는 경우
8. 수사서류의 공개로 인하여 사건관계인에게 부당한 경제적 이익 또는 불이익을 줄 우려가 있거나 공정한 경제질서를 해칠 우려가 있는 경우
9. 그 밖에 기록을 공개하는 것이 선량한 풍속 기타 공공의 질서나 공공복리를 현저히 해칠 우려가 있는 경우

② 진술녹음물, 영상녹화물 등 특수매체기록에 대한 복사는 제1항 각 호의 사유에 해당하지 아니하고, 조사자 또는 타인의 명예나 사생활의 비밀 또는 생명·신체의 안전이나 생활의 평온을 해할 우려가 없는 경우에 한하여 할 수 있다.

제2절 수사 중인 사건과 불송치 결정사건 열람·복사

◖ Ⅰ. 수사 중인 사건

1. 신청권자

가. 피의자, 사건관계인 또는 그 변호인

나. 법정대리인, 배우자 등이 위임장 및 신분 관계를 증명하는 문서를 제출한 경우 신청 가능

2. 신청 가능서류

가. 본인의 진술이 기재된 부분 및 본인이 제출한 서류의 전부 또는 일부

나. 대질신문 조서의 경우 본인 진술 부분에 한하여 신청 가능

3. 열람/복사 기준

가. 해당 서류로 인해 사건관계인의 개인정보나 영업 비밀이 침해될 우려가 있거나 범인의 증거인멸 및 도주를 용이하게 할 우려가 있는 경우 등 정당한 사유가 없는 한 열람/복사 허용

> ※ 경찰 수사서류 열람.복사에 관한 규칙
> 제7조(신청의 각하) 다음 각 호에 해당하는 경우에는 열람 · 복사의 신청을 각하할 수 있다.
> 1. 신청인 적격이 없는 사람이 신청한 경우
> 2. 사건을 검찰에 송치하는 등 서류를 보관하고 있지 아니하거나, 신청가능서류에 해당하지 아니하는 경우
> 3. 신청의 취지 및 범위가 불명확하여 상당한 기간을 정하여 소명을 요구하였음에도 신청인이 이에 응하지 아니한 경우
> 4. 단순 반복적 신청에 불과한 경우

나. 영상녹화물이나 진술녹음 파일에 대한 복사는 위 요건을 충족하고 조사자의 명예나 사생활의 비밀 또는 생명/신체의 안전이나 생활의 평온을 해할 우려가 없는 경우에 한하여 허용

> ※ 성폭력범죄의 처벌 등에 관한 특례법
> 제30조(19세미만피해자등 진술 내용 등의 영상녹화 및 보존 등) ⑦ 검사 또는 사법경찰관은 19세미만피해자등이나 그 법정대리인이 신청하는 경우에는 영상녹화 과정에서 작성한 조서의 사본 또는 영상녹화물에 녹음된 내용을 옮겨 적은 녹취서의 사본을 신청인에게 발급하거나 영상녹화물을 재생하여 시청하게 하여야 한다.

II. 불송치 결정사건

1. 신청권자

가. 피의자, 사건관계인 또는 그 변호인

나. 법정대리인, 배우자 등이 위임장 및 신분 관계를 증명하는 문서를 제출한 경우 신청 가능

2. 신청 가능서류

기록의 전부 또는 일부

3. 열람/복사 기준

가. 수사 중인 사건과 동일하게 정당한 사유 유무를 기준으로 하여 수사기록 열람/복사 허용 여부 판단

나. 피의자, 사건관계인 등이 불송치 결정기록 전부에 대해 신청한 경우, 기록에 편철된 서류별로 열람/복사가 가능한지 검토하여 가능한 서류만 허용

제3절 고소장, 체포서 등 열람·복사

I. 고소장 등

1. 신청권자

가. 피의자 또는 변호인

나. 법정대리인, 배우자 등이 위임장 및 신분 관계를 증명하는 문서를 제출한 경우 신청 가능

2. 신청 가능서류

가. 고소장, 고발장, 이의신청서, 항고장, 재항고장

나. 고소장 등에 대한 열람/복사 범위는 피의자에 대한 혐의사실 부분으로 한정

다. 그 밖에 사건관계인에 관한 사항이나 개인정보, 증거방법 또는 고소장 등에 첨부된 서류 등은 제외

3. 열람/복사 기준

피의자 또는 변호인이 고소장 등이 필요한 사유를 소명한 경우 수사 중인 사건과 동일하게 정당한 사유 유무를 기준으로 하여 허용 여부 판단

II. 체포서 등

1. 신청권자

가. 체포/구속된 피의자 또는 그 변호인

나. 법정대리인, 배우자 등이 위임장 및 신분 관계를 증명하는 문서를 제출한 경우 신청 가능

2. 신청 가능서류

현행범인체포서, 긴급체포서, 체포영장, 구속영장

3. 열람/복사 기준

수사 중인 사건과 동일하게 정당한 사유 유무를 기준으로 하여 허용 여부 판단

● Ⅲ. 체포통지서 등

1. 신청권자

가. 긴급체포 후 석방된 자 또는 그 변호인, 법정대리인, 배우자, 직계친족, 형제자매
나. 긴급체포 후 석방된 사람 외 변호인, 법정대리인, 배우자, 직계친족, 형제자매도 관련
    서류를 신청할 수 있으며 별도 위임장 불요

> ※ 형사소송법
> **제200조의4(긴급체포와 영장청구기간)** ⑤ 긴급체포 후 석방된 자 또는 그 변호인·법정대리인·배우자·
>   직계친족·형제자매는 통지서 및 관련 서류를 열람하거나 등사할 수 있다.

2. 신청 가능서류

체포통지서, 긴급체포승인건의서

3. 열람/복사 기준

수사 중인 사건과 동일하게 정당한 사유 유무를 기준으로 하여 허용 여부 판단

제4절 열람·복사 신청의 처리

1. 신청방법

가. 인터넷, 우편을 이용하거나 기타 당해 사건의 관할 경찰청 및 소속기관에 방문하여 정보공개청구의 방법으로 신청

나. 신청 각하 (경찰 수사서류 열람 · 복사에 관한 규칙 제11조)

① 신청인이 아닌 사람이 신청한 경우

② 사건을 검찰에 송치하는 등 서류를 보관하고 있지 아니하거나, 신청서류가 신청 가능서류에 해당하지 아니하는 경우

③ 신청의 취지 및 범위가 불명확하여 상당한 기간을 정하여 소명을 요구하였음에도 신청인이 이에 응하지 아니한 경우

④. 단순 반복적 신청에 불과한 경우

2. 접 수

여성청소년과(정보공개 담당) 접수 → 처리자에게 전달

3. 처 리

가. 신청접수 날짜 기준으로 서류를 보관하는 부서에서 절차에 따라 기한 내에 공개/부분공개/비공개 등을 결정

나. 사건기록을 처리과에서 보관 중일 때는 처리부서에서, 사건기록보관실에 보관한 시점부터 수사과에서 처리

4. 제 공 (신청서류에 대해 공개 및 부분공개 결정을 할 경우)

가. 수사서류 원본을 열람/복사하여 제공하고, KICS상 전산화된 문서를 출력하여 제공하는 것은 불가

나. 신청서류 제공 시 사건관계인 또는 참고인의 개인정보가 공개되지 않도록 비실명처리 등 보호조치 병행

5. 부존재

검찰에 사건을 송치하는 등 서류를 보관하고 있지 않으면 해당 기관 안내 후 부존재 처리

6. 다른 기관의 요청

검찰, 법원 등에서 열람/복사요청이 있는 경우 다음에 해당하는 사유가 있는 때 제한 또는 거부 가능 (경찰 수사서류 열람·복사에 관한 규칙 제10조)

① 현재진행 중인 입건전조사 또는 수사에 장애가 되거나 될 우려가 있는 경우

② 사건관계인 또는 참고인의 권익을 침해할 우려가 있는 경우

③ 요청사유가 분명하지 아니한 경우

④ 기타 수사서류를 공개함이 적절하지 않다고 인정할 상당한 이유가 있는 경우

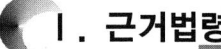

제9장 신분 비공개와 위장수사

제1절 신분 비공개 수사

Ⅰ. 근거법령

1. 아동 · 청소년의 성보호에 관한 법률

제25조의2(아동 · 청소년대상 디지털 성범죄의 수사 특례) ① 사법경찰관리는 다음 각 호의 어느 하나에 해당하는 범죄(이하 "디지털 성범죄"라 한다)에 대하여 신분을 비공개하고 범죄현장(정보통신망을 포함한다) 또는 범인으로 추정되는 자들에게 접근하여 범죄행위의 증거 및 자료 등을 수집(이하 "신분비공개수사"라 한다)할 수 있다.
1. 제11조(아동 · 청소년성착취물의 제작 · 배포 등) 및 제15조의2(아동 · 청소년에 대한 성착취 목적 대화 등)의 죄
2. 아동 · 청소년에 대한 「성폭력범죄의 처벌 등에 관한 특례법」 제14조제2항 및 제3항의 죄(카메라 등을 이용한 촬영)

2. 범죄수사규칙

제185조의2(신분비공개수사) ① 경찰관은 「청소년성보호법」 제25조의3제1항에 따라 바로 위 상급경찰관서 수사부서의 장(위 경찰관이 경찰청 내 수사부서의 소속인 경우 당해 수사부서의 장을 말한다)에게 신분비공개수사 승인을 신청하는 경우에는 별지 제201호서식의 신분비공개수사 승인신청서에 따른다.
② 제1항의 신청을 받은 상급경찰관서 수사부서의 장은 승인시 별지 제202호서식의 신분비공개수사 승인서, 불승인시 별지 제4호서식의 수사지휘서 또는 별지 제5호서식의 수사지휘서(관서간)에 따라 지휘한다.
③ 사법경찰관리는 신분비공개수사를 종료하려는 경우 별지 제203호서식의 신분비공개수사 결과보고서를 작성한다.

II. 대상범죄와 절차

1. 대상범죄
  가. 아동·청소년의 성보호에 관한 법률
    – 제11조(아동·청소년성착취물의 제작·배포 등)
    – 제15조의2(아동·청소년에 대한 성착취 목적 대화 등)의 죄
  나. 성폭력범죄의 처벌 등에 관한 특례법
    – 제14조제2항 및 제3항의 죄(카메라 등을 이용한 촬영)

2. 아동·청소년대상 디지털 성범죄 수사 특례의 절차
 ① 사법경찰관리가 신분비공개수사를 진행하고자 할 때에는 사전에 상급 경찰관서 수사부서의 장의 승인을 받아야 한다. 이 경우 그 수사기간은 3개월을 초과할 수 없다.
 ② 제1항에 따른 승인의 절차 및 방법 등에 필요한 사항은 대통령령으로 정한다.

III. 증거 및 자료 등의 사용제한

  사법경찰관리가 아동·청소년의 성보호에 관한 법률 제25조의2부터 제25조의4까지에 따라 수집한 증거 및 자료 등은 다음 각 호의 어느 하나에 해당하는 경우 외에는 사용할 수 없다.
 1. 신분비공개수사 또는 신분위장수사의 목적이 된 디지털 성범죄나 이와 관련되는 범죄를 수사·소추하거나 그 범죄를 예방하기 위하여 사용하는 경우
 2. 신분비공개수사 또는 신분위장수사의 목적이 된 디지털 성범죄나 이와 관련되는 범죄로 인한 징계절차에 사용하는 경우
 3. 증거 및 자료 수집의 대상자가 제기하는 손해배상청구소송에서 사용하는 경우
 4. 그 밖에 다른 법률의 규정에 의하여 사용하는 경우

IV. 국가경찰위원회와 국회의 통제

1. 국가경찰위원회에 보고

국가수사본부장은 신분비공개수사가 종료된 즉시 신분비공개수사의 승인요청 경찰관서, 승인기간, 종료일시, 종료사유, 수사대상, 수사방법, 사건요지 및 필요성을 국가경찰위원회에 수사 관련 자료를 보고하여야 한다.

2. 국회에 보고

국가수사본부장은 신분비공개수사의 승인요청 경찰관서, 승인기간, 종료일시, 종료사유 및 승인건수를 국회 소관 상임위원회에 신분비공개수사 관련 자료를 반기별로 보고하여야 한다.

V. 비밀준수의 의무 및 면책

1. 비밀준수의무

신분비공개수사 또는 신분위장수사에 대한 승인·집행·보고 및 각종 서류작성 등에 관여한 공무원 또는 그 직에 있었던 자는 직무상 알게 된 신분비공개수사 또는 신분위장수사에 관한 사항을 외부에 공개하거나 누설하여서는 아니 된다.

2. 면 책

① 사법경찰관리가 신분비공개수사 또는 신분위장수사 중 부득이한 사유로 위법행위를 한 경우 그 행위에 고의나 중대한 과실이 없는 경우에는 벌하지 아니한다.

② 제1항에 따른 위법행위가 「국가공무원법」 제78조제1항에 따른 징계 사유에 해당하더라도 그 행위에 고의나 중대한 과실이 없는 경우에는 징계 요구 또는 문책 요구 등 책임을 묻지 아니한다.

③ 신분비공개수사 또는 신분위장수사 행위로 타인에게 손해가 발생한 경우라도 사법경찰관리는 그 행위에 고의나 중대한 과실이 없는 경우에는 그 손해에 대한 책임을 지지 아니한다.

○○경찰서

제 호   20○○.○.○.

수 신 : 상급경찰관서 수사부서장

참 조 :

제 목 : 신분비공개수사 승인신청

      다음 사람에 대한   피(혐)의사건에 관하여 「아동·청소년의 성보호에 관한 법률」 제25조의3제1항에 따라 아래와 같이 신분비공개수사 승인을 신청합니다.

접수일자		접수번호		사건번호	
피(혐)의자			주민등록번호		
신분비공개수사의 필 요 성	[ ] 혐의사실의 확인 [ ] 범인의 검거			[ ] 증거의 수집 [ ] 기타 (　　　)	
신분비공개수사의 방 법					
신분비공개수사의 대 상 과 범 위					
신분비공개수사의 기 간 및 장 소	1. 기간 : 2. 장소 :				
혐의사실의 요지 및 신 청 이 유					
비 고					

소속관서

사법경찰관리 *계급*   *성명*

신 분 비 공 개 수 사 승 인 서

승인번호		신청일자	
접수일자		접수번호		사건번호	
피(혐)의자		주민등록번호	

신분비공개수사의 필 요 성	[ ] 혐의사실의 확인 [ ] 증거의 수집 [ ] 범인의 검거 [ ] 기타 ( )
신분비공개수사의 방 법	
신분비공개수사의 대 상 과 범 위	
신분비공개수사의 기 간 및 장 소	1. 기간 : 2. 장소 :
혐의사실의 요지 및 신 청 이 유	
비 고	

    위   피(혐)의사건에 관하여 「아동·청소년의 성보호에 관한 법률」제25조의2
제1항의 신분비공개수사를 개시할 필요성이 있으므로 신분비공개수사를 승인합니다.

상급경찰관서 수사부서 계급 성명

처리자의 소속 관 서, 관 직		처 리 자 서 명 날 인	

○○경 찰 서

제 0000-000000 호   20○○.○.○.

수 신 : 소속부서장

제 목 : 신분비공개수사 결과보고

다음 사람에 대한   피(혐)의사건에 관하여 신분비공개수사의 결과를 보고
합니다.

피(혐)의자		주민등록번호	
죄 명			
신분비공개수사의 필 요 성 과 방 법			
신분비공개수사의 대 상 과 범 위			
신분비공개수사의 기 간 및 장 소			
집 행 수 사 관 및 집 행 경 위			

< 신분비공개수사로 확인한 결과의 요지 >

소 속 관 서

사법경찰관리   *계급*   *성명*

제2절 신분위장 수사

I. 근거법령

1. 근거법령

가. 아동·청소년의 성보호에 관한 법률

> 제25조의2(아동·청소년대상 디지털 성범죄의 수사 특례) ② 사법경찰관리는 디지털 성범죄를 계획
> 또는 실행하고 있거나 실행하였다고 의심할 만한 충분한 이유가 있고, 다른 방법으로는 그 범죄의 실행을 저
> 지하거나 범인의 체포 또는 증거의 수집이 어려운 경우에 한정하여 수사 목적을 달성하기 위하여 부득이한
> 때에는 다음 각 호의 행위(이하 "신분위장수사"라 한다)를 할 수 있다.
> 1. 신분을 위장하기 위한 문서, 도화 및 전자기록 등의 작성, 변경 또는 행사
> 2. 위장 신분을 사용한 계약·거래
> 3. 아동·청소년성착취물 또는 「성폭력범죄의 처벌 등에 관한 특례법」 제14조제2항의 촬영물 또는 복제물(복
>   제물의 복제물을 포함한다)의 소지, 판매 또는 광고

나. 범죄수사규칙

> 제185조의3(신분위장수사) ① 경찰관은 「청소년성보호법」 제25조의3제3항 및 제4항에 따라 신분위장수사
> 허가를 신청하는 경우에는 별지 제204호서식의 신분위장수사 허가신청서에 따른다.
> ② 경찰관은 「청소년성보호법」 제25조의4제2항에 따라 긴급신분위장수사 허가를 신청하는 경우에는 별지 제205
> 호서식의 긴급신분위장수사 허가신청서에 따른다.
> ③ 경찰관은 「청소년성보호법」 제25조의3제8항에 따라 신분위장수사 기간연장을 신청하는 경우에는 별지 제206
> 호서식의 기간연장신청서에 따른다.
> ④ 경찰관은 신분위장수사를 종료하는 경우에는 별지 제207호서식의 신분위장수사 집행보고서를 작성한다.

II. 신분위장의 목적과 긴급신분위장

1. 신분위장 목적

사법경찰관리는 디지털 성범죄를 계획 또는 실행하고 있거나 실행하였다고 의심할 만한
충분한 이유가 있고, 다른 방법으로는 그 범죄의 실행을 저지하거나 범인의 체포 또는 증
거의 수집이 어려운 경우에 한정하여 수사 목적을 달성하기 위하여 부득이한 때에는 다음
각 호의 신분위장수사를 할 수 있다.

   1. 신분을 위장하기 위한 문서, 도화 및 전자기록 등의 작성, 변경 또는 행사
   2. 위장 신분을 사용한 계약·거래

3. 아동·청소년성착취물 또는 「성폭력범죄의 처벌 등에 관한 특례법」 제14조제2항의 촬영물 또는 복제물(복제물의 복제물을 포함한다)의 소지, 판매 또는 광고

2. 긴급 신분위장수사(제25조의4)

① 사법경찰관리는 제25조의2제2항의 요건을 구비하고, 제25조의3제3항부터 제8항까지에 따른 절차를 거칠 수 없는 긴급을 요하는 때에는 법원의 허가 없이 신분위장수사를 할 수 있다.

② 사법경찰관리는 제1항에 따른 신분위장수사 개시 후 지체 없이 검사에게 허가를 신청하여야 하고, 사법경찰관리는 48시간 이내에 법원의 허가를 받지 못한 때에는 즉시 신분위장수사를 중지하여야 한다.

3. 아동·청소년대상 디지털 성범죄 수사 특례의 절차(제25조의3)

③ 사법경찰관리는 신분위장수사를 하려는 경우에는 검사에게 신분위장수사에 대한 허가를 신청하고, 검사는 법원에 그 허가를 청구한다.

④ 제3항의 신청은 필요한 신분위장수사의 종류·목적·대상·범위·기간·장소·방법 및 해당 신분위장수사가 제25조의2제2항의 요건을 충족하는 사유 등의 신청사유를 기재한 서면으로 하여야 하며, 신청사유에 대한 소명자료를 첨부하여야 한다.

⑤ 법원은 제3항의 신청이 이유 있다고 인정하는 경우에는 신분위장수사를 허가하고, 이를 증명하는 서류(이하 "허가서"라 한다)를 신청인에게 발부한다.

⑥ 허가서에는 신분위장수사의 종류·목적·대상·범위·기간·장소·방법 등을 특정하여 기재하여야 한다.

⑦ 신분위장수사의 기간은 3개월을 초과할 수 없으며, 그 수사기간 중 수사의 목적이 달성되었을 경우에는 즉시 종료하여야 한다.

⑧ 제7항에도 불구하고 제25조의2제2항의 요건이 존속하여 그 수사기간을 연장할 필요가 있는 경우에는 사법경찰관리는 소명자료를 첨부하여 3개월의 범위에서 수사기간의 연장을 검사에게 신청하고, 검사는 법원에 그 연장을 청구한다. 이 경우 신분위장수사의 총 기간은 1년을 초과할 수 없다.

○ ○ 경 찰 서

제 호   20○○.○.○.

수 신 : 관할검찰청 검사장

제 목 : 신분위장수사 허가신청(사전)

   다음 사람에 대한   피(혐)의사건에 관하여 「아동·청소년의 성보호에 관한 법률」 제25조의3제3항 및 제4항에 따라 아래와 같이 신분위장수사 허가를 신청합니다.

피(혐)의자	성 명		주민등록번호	
	직 업			
	주 거			
신분위장수사를 할 사람의 직급·성명	성 명		소속관서·직급	
신 분 위 장 수 사 의 종 류 · 목 적 · 방 법				
신 분 위 장 수 사 의 대 상 과 범 위				
신 분 위 장 수 사 의 기 간 및 장 소				
혐 의 사 실 의 요 지 및 신 청 이 유				
비 고				

소 속 관 서

사법경찰관리   *계급*   *성명*

○○경찰서

제 0000-00000 호   2000.○.○.

수 신 : 관할검찰청 검사장

제 목 : 신분위장수사 허가신청(사후)

　　다음 사람에 대한　　　　피(혐)의사건에 관하여 긴급신분위장수사를 실시하였으므로 「아동·청소년의 성보호에 관한 법률」제25조의4제2항 및 제25조의3제3항에 따라 아래와 같이 신분위장수사 허가를 신청합니다.

피 (혐) 의 자	성 　 명		주 민 등 록 번 호	
	직 　 업			
	주 　 거			

긴급신분위장수사의 사유와 내용		신분위장수사의 사유와 내용	
혐의사실의 요지 및 신분위장수사를 필요로 하는 사유와 허가를 받을수 없었던 긴급한 사유		혐의사실의 요지 및 신분위장수사를 계속 필요로 하는 사유	
긴급신분위장수사의 종류·목적·방법		신분위장수사의 종류·목적·방법	
긴급신분위장수사의 대상과 범위		신분위장수사의 대상과 범위	
긴급신분위장수사의 일시와 장소		신분위장수사의 기간 및 장소	
긴급신분위장수사를 한 사람의 직급·성명		신분위장수사를 할 사람의 직급·성명	
비　　　고			

소 속 관 서

사법경찰관리　　*계급*　　*성명*

○○경찰서

제 0000-000000 호   20○○.○.○.
수 신 : 관할검찰청 검사장
제 목 : 신분위장수사 기간연장신청

　다음 사람에 대한　　　피(혐)의사건에 관하여「아동·청소년의 성보호에 관한 법률」제25조의3제8항에 따라 아래와 같이 기간연장을 신청합니다.

성　　　　　명				
주 민 등 록 번 호				
직　　　　　업				
주　　　　　거				
사　건　번　호				
허　가　서　번　호				
신분위장수사를 할 사람의 직급·성명	성　　　명		소속관서·직급	
신 분 위 장 수 사 허　가　기　간				
연　장　할　기　간				
기간연장이 필요한 이유 및 소명자료				
비　　　　　고				

소 속 관 서

사법경찰관리　　*계급*　　*성명*

○○경 찰 서

제 0000-000000 호   20○○.○.○.

수 신 : 소속부서장

제 목 : 신분위장수사 집행보고

다음 사람에 대한 　　　피(혐)의사건에 관하여 신분위장수사의 결과를 보고합니다.

피 (혐) 의 자	성　　　명		주민등록번호	
	직　　　업			
	주　　　거			
신 분 위 장 수 사 의 목 적 과 　 종 류				
신 분 위 장 수 사 의 대 상 과 　 범 위				
신 분 위 장 수 사 의 기 간 및 　 장 소				
집 행 수 사 관 　 및 집 행 　 경 위				

< 신분위장수사로 확인한 결과의 요지 >

소 속 관 서

사법경찰관리　　*계급*　　*성명*

강제수사

2편

강제수사 절차

제1장	대인적 강제처분

대인적 강제처분

제1절 체포영장에 의한 체포

 I. 법규연구

1. 형사소송법

제200조의2(체포) ① 피의자가 죄를 범하였다고 의심할 만한 상당한 이유가 있고, 정당한 이유없이 제200조의 규정에 의한 출석요구에 응하지 아니하거나 응하지 아니할 우려가 있는 때에는 검사는 관할 지방법원판사에게 청구하여 체포영장을 발부 받아 피의자를 체포할 수 있고, 사법경찰관은 검사에게 신청하여 검사의 청구로 관할지방법원판사의 체포영장을 발부받아 피의자를 체포할 수 있다. 다만, 다액 50만원이하의 벌금, 구류 또는 과료에 해당하는 사건에 관하여는 피의자가 일정한 주거가 없는 경우 또는 정당한 이유없이 제200조의 규정에 의한 출석요구에 응하지 아니한 경우에 한한다.
② 제항의 청구를 받은 지방법원판사는 상당하다고 인정할 때에는 체포영장을 발부한다. 다만, 명백히 체포의 필요가 인정되지 아니하는 경우에는 그러하지 아니하다.
③ 제항의 청구를 받은 지방법원판사가 체포영장을 발부하지 아니할 때에는 청구서에 그 취지 및 이유를 기재하고 서명날인하여 청구한 검사에게 교부한다.
④ 검사가 제항의 청구를 함에 있어서 동일한 범죄사실에 관하여 그 피의자에 대하여 전에 체포영장을 청구하였거나 발부받은 사실이 있는 때에는 다시 체포영장을 청구하는 취지 및 이유를 기재하여야 한다.
⑤ 체포한 피의자를 구속하고자 할 때에는 체포한 때부터 48시간이내에 제201조의 규정에 의하여 구속영장을 청구하여야 하고, 그 기간내에 구속영장을 청구하지 아니하는 때에는 피의자를 즉시 석방하여야 한다.

2. 형사소송규칙

제95조(체포영장청구서의 기재사항) 체포영장의 청구서에는 다음 각 호의 사항을 기재하여야 한다.
1. 피의자의 성명(분명하지 아니한 때에는 인상, 체격, 그 밖에 피의자를 특정할 수 있는 사항), 주민등록번호 등, 직업, 주거
2. 피의자에게 변호인이 있는 때에는 그 성명
3. 죄명 및 범죄사실의 요지
4. 7일을 넘는 유효기간을 필요로 하는 때에는 그 취지 및 사유
5. 여러 통의 영장을 청구하는 때에는 그 취지 및 사유
6. 인치구금할 장소

7. 법 제200조의2제1항에 규정한 체포의 사유
8. 동일한 범죄사실에 관하여 그 피의자에 대하여 전에 체포영장을 청구하였거나 발부받은 사실이 있는 때에는 다시 체포영장을 청구하는 취지 및 이유
9. 현재 수사 중인 다른 범죄사실에 관하여 그 피의자에 대하여 발부된 유효한 체포영장이 있는 경우에는 그 취지 및 그 범죄사실

3. 경찰수사규칙

제50조(체포영장의 신청) 사법경찰관은 법 제200조의2제1항에 따라 체포영장을 신청하는 경우에는 별지 제 37호서식의 체포영장 신청서에 따른다. 이 경우 현재 수사 중인 다른 범죄사실에 관하여 그 피의자에 대해 발부된 유효한 체포영장이 있는지를 확인해야 하며 해당사항이 있는 경우에는 그 사실을 체포영장 신청서에 적어야 한다.

■ 판례 ■　　이른바 '검거'의 의미

'검거'라 함은, 수사기관이 범죄의 예방·공안의 유지 또는 범죄수사상 혐의자로 지목된 자를 사실상 일시 억류하는 것으로서, 반드시 형사소송법상의 현행범인의 체포·긴급체포·구속 등의 강제처분만을 의미하지는 아니하고 그보다는 넓은 개념이라고 보아야 한다(대법원 2000.8.22. 선고 2000다 3675 판결).

■ 판례 ■　　경찰관이 피의자 검거를 위하여 체포영장을 소지하고 제3자의 주거를 수색하는 과정에서 그 제3자가 경찰관을 강도로 오인하여 도망하다가 추락하여 상해를 입은 사안

위 수색행위가 형사소송법 제216조 제1항 제1호에 따라 영장주의의 예외에 해당하더라도 수사기관이 타인의 주거 내에서 피의자 수사를 하는 경우에는 주거 및 사무실의 평온을 유지하고 온건한 방법으로 필요 최소한도로 압수·수색을 하여야 하며 그 대상자에게 압수·수색의 사유를 알려주어야 하는 직무상 의무가 있음을 이유로, 자신의 신분과 수색의 취지 내지 사유를 위 제3자에게 알리지 않은 경찰관의 직무상 고지의무 위반을 인정하여 국가배상책임을 인정한 사례(단, 과실상계 60% 함) (서울고법 2007.6.7. 선고 2006나68348 선고).

II. 체포영장 신청서 기재사항

1. 피의자의 특정
  가. 피의자의 성명, 주민등록번호, 직업, 주거 기재
  나. 성명이 명백하지 않으면 : 인상, 체격 등 피의자를 특정할 수 있는 사항 기재

2. 변호인의 성명
  변호인선임계를 제출한 변호인의 성명을 기재하고 변호인이 없는 경우 공란으로 둔다.

3. 범죄사실 및 체포를 필요로 하는 사유
  가. 피의자는 출석에 응하지 아니하는 자로서 도망 또는 증거인멸의 우려가 있으므로
  나. 피의자는 그 연령, 전과, 가정상황 등에 비추어 출석에 응하지 아니할 우려가 있는
      자로서 도망 또는 증거인멸의 우려가 있으므로
  다. 피의자에게 정해진 주거가 없고 도망의 염려가 있으므로
  라. 사건의 중대성에 비추어 체포할 필요성이 있으므로
  마. 도망 중에 있어 체포할 필요가 있으므로

4. 체포영장의 유효기간(형사소송 규칙 제178조)
  영장의 유효기간은 7일로 한다. 다만, 법원 또는 법관이 상당하다고 인정하는 때에는 7일을 넘는 기간을 정할 수 있다.

5. 둘 이상의 체포영장 청구 시 그 취지 및 사유 기재
  중요검거 피의자로 그 소재가 불명확하여 여러 명의 경찰관이 이를 검거하기 위해 둘 이상의 체포영장이 필요한 경우 그 사유를 기재 한다.

6. 인치 · 구금할 장소
  가. 인치할 장소는 인치할 경찰서 등 수사관서를, 구금할 장소는 일시적으로 유치 또는
      구금할 구치소나 유치장 등을 각 기재한다.
  나. 인치할 장소를 신청 당시 특정할 수 없는 경우에는 택일적으로 정하여 기재(例, ○○
      경찰서 또는 체포지에 가까운 경찰서)

7. 재신청의 취지 및 이유

체포영장 또는 구속영장의 유효기간이 경과된 경우, 영장을 신청하였으나 그 발부를 받지 못한 경우 또는 체포 구속되었다가 석방된 경우에 동일한 범죄사실로 다시 체포영장 또는 구속영장의 발부를 신청할 때에는 그 취지 및 이유를 기재하여야 한다.

(例, 유효기간이 만료된 경우 → 피의자의 소재불명으로 검거치 못하고 유효기간이 만료되었으므로)

① 절차상 잘못 때문에 기각되었으나 이것이 시정된 경우

② 유효기간 내에 집행하지 못한 경우

③ 구속영장이 기각되어 석방하였으나 다른 중요한 증거를 발견한 경우

④ 출석요구에 불응하거나 불응할 우려가 소명되지 아니하였다는 이유로 구속영장이 기각되어 석방하였으나 그 후 사정이 바뀌어 소명된 경우

⑤ 도망 또는 증거인멸의 염려가 소명된 경우

⑥ 혐의 불충분을 이유로 석방하였으나 다른 중요한 증거를 발견한 경우

⑦ 체포적부심으로 석방된 피의자가 도망하거나 증거를 인멸한 경우(형사소송법 제214조의3 제1항)

8. 현재 수사 중인 다른 범죄사실에 관하여 발부된 유효한 체포영장 존재 시 그 취지 및 범죄사실

가. 경찰 지명수배 전산조회 결과 현재 수사 중인 다른 범죄사실에 관하여 그 피의자에 대하여 발부된 유효한 체포영장이 있는 경우에는 체포영장 신청서에 이를 기재하여야 한다.

나. 다른 사건으로 지명수배 중이면 범죄일시, 장소, 피해자 및 피해금액, 수배관서, 영장 유효기간 등이 기재되어 있으므로 그 전산상의 자료를 근거로 영장발부 현황을 기록하면 된다.

例, 피의자는 20○○. ○. ○. ○○에서 발생한 강도사건 용의자로 ○○경찰서에서 20○○. ○. ○.까지 유효한 체포영장 발부

9. 비고

가. 경찰수사규칙의 규정에 따라 신속한 수사를 위하여 검사와 적정한 기한을 지정협력 요청이 가능하다.

나. 특히, 각종 영장신청 시 비고란에 청구 여부에 대한 검토 기한을 기재하여 활용할 수 있다.

> 例. 피의자의 재범과 피해자들의 추가 피해가능성이 농후하여 신속한 체포와 수사가 필요하므로 20○○. ○. ○.까지 영장청구 여부 결정을 요청합니다.

※ 경찰수사규칙
제3조(협력의 방식 등) ④ 사법경찰관리는 신속한 수사가 필요한 경우에는 적정한 기간을 정하여 검사에게 협력요청등을 할 수 있다.

※ 검사와 사법경찰관의 상호협력과 일반적 수사준칙에 관한 규정
제6조(상호협력의 원칙) ① 검사와 사법경찰관은 상호 존중해야 하며, 수사, 공소제기 및 공소유지와 관련하여 협력해야 한다.
② 검사와 사법경찰관은 수사와 공소제기 및 공소유지를 위해 필요한 경우 수사 · 기소 · 재판 관련 자료를 서로 요청할 수 있다.
③ 검사와 사법경찰관의 협의는 신속히 이루어져야 하며, 협의의 지연 등으로 수사 또는 관련 절차가 지연되어서는 안 된다.

---

10. 기재사항 변경

체포영장 또는 구속영장의 발부를 받은 후 그 체포영장 또는 구속영장을 집행하기 전에 인치구금할 장소 기타 기재사항의 변경해야 하는 이유가 생겼을 때는 검사를 거쳐 당해 체포영장 또는 구속영장을 발부한 판사 또는 그 소속법원의 다른 판사에게 서면으로 체포 영장 또는 구속영장의 기재사항 변경을 신청하여야 한다.

○ ○ 경 찰 서

제 0000-00000 호   20○○. ○. ○.

수 신 : ○○지방검찰청장

제 목 : 체포영장 신청서

다음 사람에 대한 ○○○ 피의사건에 관하여 동인을 ○○에 인치하고 ○○에 구금하려 하니 20○○. ○. ○.까지 유효한 체포영장의 청구를 신청합니다.

피 의 자	성 명	
	주 민 등 록 번 호	－ (세)
	직 업	
	주 거	
변 호 인		
범 죄 사 실 및 체 포 를 필 요 로 하 는 이 유		
7 일 을 넘 는 유 효 기 간 을 필 요 로 하 는 취 지 와 사 유	지명수배 (기소중지 경우)	
둘 이상의 영장을 신청하는 취 지 와 사 유		
재 신 청 의 취 지 및 이 유	유효기간 만료의 경우는 "유효기간만료"라고 표기	
현 재 수 사 중 인 다 른 범 죄 사 실 에 관 하 여 발 부 된 유 효 한 체 포 영 장 존 재 시 그 취 지 및 범 죄 사 실	피의자는 20○○. ○. ○. ○○에서 발생한 강도사건 용의자로 ○○경찰서에서 20○○. ○. ○.까지 유효한 체포영장 발부	
비 고	피의자의 재범과 피해자등의 추가 피해가능성이 농후하여 신속한 체포와 수사가 필요하므로 20○○.○.○.까지 영장청구 여부 결정을 요청합니다.	

○ ○ 경 찰 서

사법경찰관 경위 홍 길 동 (인)

Ⅲ. 영장의 집행

1. 영장의 제시

가. 일반적인 경우

① 체포영장의 유효기간 내에 체포영장을 제시한다.

② 피의자가 체포영장을 파기한 경우나 피의자를 체포한 후 멸실한 경우에는 체포는 유효하므로 체포영장을 멸실하게 된 경위를 기재한 수사보고서를 작성하여 기록에 편철한다.

나. 급속을 요하는 경우

① 발부된 체포영장을 소지하고 있지 아니하나 즉시 집행하지 않으면 피의자가 소재가 불명하게 되어 영장집행이 현저히 곤란하게 될 우려가 있는 경우에 급속을 요하는 때에는 범죄사실의 요지와 영장이 발부되었음을 고하고 집행할 수 있다(형소법 제200조의6, 제85조 제3항).

② 위 집행을 완료한 후에는 신속히 체포영장을 제시하고 수사보고서를 작성하여 수사기록에 편철한다.

■ 판례 ■ 사법경찰관 등이 체포영장을 소지하고 피의자를 체포하는 경우, 체포영장의 제시나 고지 등을 하여야 하는 시기

사법경찰관 등이 체포영장을 소지하고 피의자를 체포하기 위해서는 체포영장을 피의자에게 제시하고(형사소송법 제200조의6, 제85조 제1항), 피의사실의 요지, 체포의 이유와 변호인을 선임할 수 있음을 말하고 변명할 기회를 주어야 한다(형사소송법 제200조의5). 이와 같은 체포영장의 제시나 고지 등은 체포를 위한 실력행사에 들어가기 이전에 미리 하여야 하는 것이 원칙이다. 그러나 달아나는 피의자를 쫓아가 붙들거나 폭력으로 대항하는 피의자를 실력으로 제압하는 경우에는 붙들거나 제압하는 과정에서 하거나, 그것이 여의치 않은 경우에는 일단 붙들거나 제압한 후에 지체 없이 하여야 한다.(대법원 2017. 9. 21. 선고, 2017도10866, 판결)

2. 체포이유와 범죄사실 등의 告知

가. 피의자를 체포한 때에는 피의자에게 범죄사실의 요지, 체포 구속의 이유와 변호인을 선임할 수 있음을 고지하고 체포·구속적부심을 청구할 수 있으며 변명의 기회를 준 후 피의자로부터 확인서를 받아 그 사건기록에 편철하여야 한다.

나. 다만, 피의자가 확인서에 서명날인을 거부하는 경우에는 피의자를 체포 구속하는 사법경찰관리는 확인서 말미에 그 사유를 기재하고 서명날인하여야 한다.

■ 판례 ■　　사법경찰관 등이 체포영장을 소지하고 피의자를 체포하는 경우, 체포영장의 제시나 고지 등을 하여야 하는 시기

사법경찰관 등이 체포영장을 소지하고 피의자를 체포하기 위해서는 체포영장을 피의자에게 제시하고(형사소송법 제200조의6, 제85조 제1항), 피의사실의 요지, 체포의 이유와 변호인을 선임할 수 있음을 말하고 변명할 기회를 주어야 한다(형사소송법 제200조의5). 이와 같은 체포영장의 제시나 고지 등은 체포를 위한 실력행사에 들어가기 이전에 미리 하여야 하는 것이 원칙이다. 그러나 달아나는 피의자를 쫓아가 붙들거나 폭력으로 대항하는 피의자를 실력으로 제압하는 경우에는 붙들거나 제압하는 과정에서 하거나, 그것이 여의치 않은 경우에는 일단 붙들거나 제압한 후에 지체 없이 하여야 한다.(대법원 2017. 9. 21., 선고, 2017도10866, 판결)

3. 체포의 통지

가. 사법경찰관이 피의자를 체포 구속한 때에는 변호인이 있는 경우에는 변호인에게, 변호인이 없는 경우에는 형사소송법 제30조 제2항에 규정된 자 중 피의자가 지정한 자에게 체포 구속한 때로부터 24시간 이내에 서면으로 체포 구속의 통지를 하여야 한다. 다만, 위에 규정한 자가 없어 체포 구속의 통지를 하지 못할 때는 그 취지를 기재한 서면을 그 사건기록에 편철하여야 한다.

나. 사법경찰관은 긴급을 요하는 경우에는 전화, 모사전송, 전자우편, 휴대전화 문자전송, 그 밖에 상당한 방법으로 체포·구속의 통지를 할 수 있다. 이 경우 다시 서면으로 체포·구속의 통지를 하여야 한다.

다. 체포 구속의 통지서 사본은 그 사건기록에 편철하여야 한다.

라. 통지서에 세부적인 전과를 기재한 행위는 헌법에서 보장하고 있는 사생활의 자유를 침해한 것으로 판단(국가인권위). 따라서 전과 내용이 '재범의 위험성'을 판단하면서 필요한 자료인 경우에만 구속(체포)의 이유란에 전과 내용을 기재할 것

마. 사법경찰관이 긴급체포하거나 현행범인을 체포 또는 인수한 때에는 '가 내지 다'의 규정을 준용한다.

Ⅳ. 체포 후 조치

1. 구속할 경우

가. 구속사유가 있는 경우 체포한 때로부터 48시간 이내에 검사를 통하여 구속영장(체
포영장에 의해 체포된 피의자용) 청구(36시간 이내에 검사에게 영장신청)

나. '체포영장에 의한 구속영장'의 양식을 이용하여 신청한다.

2. 석방할 경우

가. 피의자를 체포, 긴급체포, 구속한 경우에 있어서 계속 구금할 필요가 없게 되었다고
인정될 때에는 사법경찰관은 소속 경찰관서장의 지휘를 받아야 한다.

나. 체포한 피의자를 석방하고자 할 때는 미리 검사의 지휘를 받을 필요가 없다.

다. 사법경찰관은 피의자를 석방한 때에는 지체없이 그 사실을 검사에게 통보하여야 하
고, 석방일시와 석방사유를 기재한 서면을 작성하여 그 사건기록에 편철하여야 한다.

권리 고지 확인서

성   명 :

주민등록번호 :   (세)

주   거 :

본인은 20○○.○.○. 00:00경 ○○에서 (체포/긴급체포/현행범인체포/구속)되면서 피의사실의 요지, 체포·구속의 이유와 함께 변호인을 선임할 수 있고, 진술을 거부하거나, 변명을 할 수 있으며, 체포·구속적부심을 청구할 수 있음을 고지받았음을 확인합니다.

20○○.○.○.

위 확인인

위 피의자를 (체포/긴급체포/현행범인체포/구속)하면서 위와 같이 고지하고 변명의 기회를 주었음(변명의 기회를 주었으나 정당한 이유없이 기명날인 또는 서명을 거부함).

※ 기명날인 또는 서명 거부 사유 :

20○○.○.○.

○○경찰서

사법경찰관 경감 정 상 수

○ ○ 경 찰 서

제 호		20○○.○.○.

수 신 : 귀하

제 목 : 체포·긴급체포·현행범인체포·구속 통지서

1. 피의자

  성   명 :

  주민등록번호 :

  주   거 :

2. 위 사람을 20○○. ○. ○. ○○:○○ 경 ○○ 피의사건으로 체포 · 긴급체포 · 현행범인체포 · 구속하여 ○○경찰서 유치장에 인치구금하였으므로 통지합니다.

3. 체포 · 긴급체포 · 현행범인체포 · 구속된 피의자의 법정대리인 · 배우자 · 직계친족 · 형제자매는 각각 변호인을 선임할 수 있습니다.

4. 체포 · 구속된 위 피의자 본인 또는 그 변호인, 법정대리인, 배우자, 직계친족, 형제자매, 동거인, 가족 또는 고용주는 ○○지방법원(○○지원)에 체포·구속의 적부심사를 청구할 수 있습니다.

  첨 부 : 범죄사실 및 체포 · 긴급체포 · 현행범인체포 · 구속의 이유 1부

담당자		소 속 및 연락처	

○ ○ 경 찰 서

사법경찰관   ㊞

○ ○ 경 찰 서

제 0000-00000 호   20○○. ○. ○.

수 신 : ○○지방검찰청장

제 목 : 구속영장 신청서(체포영장)

다음 사람에 대한 ○○ 피의사건에 관하여 동인을 아래와 같이 체포영장에 의하여 체포하여 ○○에 구속하려 하니 20○○. ○. ○.까지 유효한 구속영장의 청구를 신청합니다.

피의자	성 명	
	주민등록번호	- (세)
	직 업	
	주 거	
변 호 인		
체포한 일시·장소		20○○ 년 10 월 20 일 20 : 45 ○○시 ○○경찰초소
인치한 일시·장소		20○○ 년 10 월 20 일 22 : 00 ○○과 ○○팀 사무실
구금한 일시·장소		20○○ 년 10 월 21 일 10 : 00 ○○경찰서 유치장
범죄사실 및 구속을 필요로 하는 이유		별지 내용과 같음
필요적 고려사항		□ 범죄의 중대성 □ 재범의 위험성 □ 피해자·중요참고인 등에 대한 위해 우려 □ 기타 사유 ※ 구체적 내용은 별지와 같음
피의자의 지정에 따라 체포이유등이 통지된 자의 성명 및 연락처		체포통지된 자 홍길녀(피의자의 처) 서울 ○○동 1번지 거주(010-123-4567)
재신청의 취지 및 이유		
비 고		

○○경찰서

사법경찰관   경위 홍 길 동 (인)

범죄사실 및 구속을 필요로 하는 사유

□ **범죄사실**

　피의자는 …중략 … 교부받았다.

□ **구속을 필요로 하는 사유**

○ 주거부정

　피의자는 주소지를 ○○로 되어 있으나 실질적으로 그곳은 주소만 두고 있을 뿐 거주하지 않고 채권자들을 피해 여관등지를 옮겨 다니면서 살고 있는 등 그 주거가 일정하지 않다.

○ 도망염려

　범죄사실의 대부분을 부인하고 사업의 부도로 현재 일정한 직업이 없으며 사안의 중대성으로 높은 형이 예상되어 도망할 염려가 있다.

○ 증거인멸염려

　피의자는 ○○핵심인사로서 그 동안 수차례 형사입건 된 전력이 있을 뿐만 아니라 그 지위를 이용하여 허위 진술 등을 통해 자신의 죄증을 인멸할 가능성이 매우 높다.

※ 구체적인 사례는 제7절 체포·구속을 필요로 하는 사유 기재요령 참고

필요적 고려 사항

□ **재범의 위험성**

　※ 구체적인 사례는 제2편(제11절) 구속영장의 "필요적 고려사항" 기재요령 참고

피 의 자 석 방 서 (체 포 영 장)

제 호   20○○.○.○.

다음 피체포자(체포영장)를 아래와 같이 석방합니다.

피 체 포 자	성 명	
	주민등록번호	
	직 업	
	주 거	
죄 명		
체 포 한 일 시		
체 포 한 장 소		
체 포 의 사 유		
석 방 일 시		
석 방 장 소		
석 방 사 유		
석방자의 관직 및 성명		
체 포 영 장 번 호		–

○○경찰서

사법경찰관 경감   **홍 설 희**

소 속 관 서

제 호   20○○.○.○.

수신 : ○○검찰청의 장(검사 : 홍길동)

제목 : **석방 통보서(체포영장)**

다음 피의자(체포영장)를 아래와 같이 석방하였기에 「검사와 사법경찰관의 상호협력과 일반적 수사준칙에 관한 규정」 제36조제2항제1호에 따라 통보합니다.

피 체 포 자	성 명	
	주민등록번호	
	직 업	
	주 거	
죄 명		
체 포 한 일 시		
체 포 한 장 소		
체 포 의 사 유		
석 방 일 시		
석 방 장 소		
석 방 사 유		
석방자의 관직 및 성명		
체 포 영 장 번 호		－

○○경찰서

사법경찰관 경감 **홍 설 희**

V. 종합정리

요 건	① 범죄혐의의 상당성 　－죄를 범하였다고 의심할 만한 상당한 이유 → 형소법 제200조의2 제1항 ② 체포사유 　－정당한 이유없는 출석요구에 대한 불응 또는 그 우려 ※ 경미한 사건 : 주거부정, 출석불응의 경우에 한함
절 차	① 검사에게 체포영장 신청 　※ 피의자 특정, 변호인 성명, 범죄사실, 체포필요사유(구체적으로 기재), 　　둘 이상의 체포영장, 인치구금장소 ② 발부된 체포영장에 의한 집행(구속영장집행 규정 준용)
체포후 조치	① 구속사유 있는 경우 48시간이내 검사를 통하여 구속영장 청구(36시간이내 검사 　에게 영장 신청) ② 계속 구금할 필요 없으면 즉시 석방
체포후 석방시	석방하였을 경우 즉시 피의자석방통보서 작성 통보
적용사례	① 수사기관의 출석요구에 정당한 사유없이 불응하는 경우 ② 출석요구에 불응할 우려가 있는 때(다른 범죄로 수배중이거나 범죄의 중대성으로 　보아 출석요구하면 불응할 가능성이 있는 경우)
주의사항	① 출석요구한 소명자료 첨부(출석요구서, 출석요구통지부 사본, 전화통지 사항) ② 체포의 필요성 소명자료 ③ 불구속 수사대상이더라도 피의자 조사만을 위한 체포영장 신청도 가능 ④ 체포영장집행시 미란다원칙 고지 ⑤ 체포영장 집행불능시 반환 　※ 영장 유효기간 7일 원칙, 초과시 사유 명시(소재불명등의 이유로 장기간의 유효가 　　필요) ⑥ 체포통지는 집행 즉시(24시간 이내) 실시
잘못된 사례	① 출석요구 불응 또는 그 우려에 대한 소명자료 부족 　－출석요구발부 상황, 전화통지내용에 대한 수사보고서 작성 미흡 ② 체포영장 미제시(수사보고로 사유기재, 사후 즉시 제시) ③ 체포영장 집행 절차상 하자(범죄사실 요지, 체포의 이유, 변호인선임권의 고지, 　변명할 기회 부여 미실시)

제2절 긴급체포

Ⅰ. 법규연구

1. 형사소송법

제200조의3(긴급체포) ① 검사 또는 사법경찰관은 피의자가 사형·무기 또는 장기 3년이상의 징역이나 금고에 해당하는 죄를 범하였다고 의심할 만한 상당한 이유가 있고, 다음 각 호의 어느 하나에 해당하는 사유가 있는 경우에 긴급을 요하여 지방법원판사의 체포영장을 받을 수 없는 때에는 그 사유를 알리고 영장없이 피의자를 체포할 수 있다. 이 경우 긴급을 요한다 함은 피의자를 우연히 발견한 경우등과 같이 체포영장을 받을 시간적 여유가 없는 때를 말한다.
  1. 피의자가 증거를 인멸할 염려가 있는 때
  2. 피의자가 도망하거나 도망할 우려가 있는 때
② 사법경찰관이 제1항의 규정에 의하여 피의자를 체포한 경우에는 즉시 검사의 승인을 얻어야 한다.
③ 검사 또는 사법경찰관은 제1항의 규정에 의하여 피의자를 체포한 경우에는 즉시 긴급체포서를 작성하여야 한다.
④ 제3항의 규정에 의한 긴급체포서에는 범죄사실의 요지, 긴급체포의 사유등을 기재하여야 한다.

제200조의4(긴급체포와 영장청구기간) ① 검사 또는 사법경찰관이 제200조의3의 규정에 의하여 피의자를 체포한 경우 피의자를 구속하고자 할 때에는 지체 없이 검사는 관할지방법원판사에게 구속영장을 청구하여야 하고, 사법경찰관은 검사에게 신청하여 검사의 청구로 관할지방법원판사에게 구속영장을 청구하여야 한다. 이 경우 구속영장은 피의자를 체포한 때부터 48시간 이내에 청구하여야 하며, 제200조의3제3항에 따른 긴급체포서를 첨부하여야 한다.
② 제1항의 규정에 의하여 구속영장을 청구하지 아니하거나 발부받지 못한 때에는 피의자를 즉시 석방하여야 한다.
③ 제2항의 규정에 의하여 석방된 자는 영장없이는 동일한 범죄사실에 관하여 체포하지 못한다.
④ 검사는 제1항에 따른 구속영장을 청구하지 아니하고 피의자를 석방한 경우에는 석방한 날부터 30일 이내에 서면으로 다음 각 호의 사항을 법원에 통지하여야 한다. 이 경우 긴급체포서의 사본을 첨부하여야 한다.
  1. 긴급체포 후 석방된 자의 인적사항
  2. 긴급체포의 일시·장소와 긴급체포하게 된 구체적 이유
  3. 석방의 일시·장소 및 사유
  4. 긴급체포 및 석방한 검사 또는 사법경찰관의 성명
⑤ 긴급체포 후 석방된 자 또는 그 변호인·법정대리인·배우자·직계친족·형제자매는 통지서 및 관련 서류를 열람하거나 등사할 수 있다.

2. 검사와 사법경찰관의 상호협력과 일반적 수사준칙에 관한 규정

제27조(긴급체포) ① 사법경찰관은 법 제200조의3제2항에 따라 긴급체포 후 12시간 내에 검사에게 긴급체포의 승인을 요청해야 한다. 다만, 다음 각 호의 어느 하나에 해당하는 경우에는 긴급체포 후 24시간 이내에 긴급체포의 승인을 요청해야 한다.
  1. 제51조제1항제4호가목에 따른 피의자중지 또는 제52조제1항제3호에 따른 기소중지 결정이 된 피의자를 소속 경찰관서가 위치하는 특별시·광역시·특별자치시·도 또는 특별자치도 외의 지역에서 긴급체포한 경우

2. 「해양경비법」 제2조제2호에 따른 경비수역에서 긴급체포한 경우

② 제1항에 따라 긴급체포의 승인을 요청할 때에는 범죄사실의 요지, 긴급체포의 일시·장소, 긴급체포의 사유, 체포를 계속해야 하는 사유 등을 적은 긴급체포 승인요청서로 요청해야 한다. 다만, 긴급한 경우에는 「형사사법절차 전자화 촉진법」 제2조제4호에 따른 형사사법정보시스템(이하 "형사사법정보시스템"이라 한다) 또는 팩스를 이용하여 긴급체포의 승인을 요청할 수 있다.

③ 검사는 사법경찰관의 긴급체포 승인 요청이 이유 있다고 인정하는 경우에는 지체 없이 긴급체포 승인서를 사법경찰관에게 송부해야 한다.

④ 검사는 사법경찰관의 긴급체포 승인 요청이 이유 없다고 인정하는 경우에는 지체 없이 사법경찰관에게 불승인 통보를 해야 한다. 이 경우 사법경찰관은 긴급체포된 피의자를 즉시 석방하고 그 석방 일시와 사유 등을 검사에게 통보해야 한다.

3. 경찰수사규칙

제51조(긴급체포) ① 법 제200조의3제3항에 따른 긴급체포서는 별지 제38호서식에 따른다.
② 수사준칙 제27조제2항 본문에 따른 긴급체포 승인요청서는 별지 제39호서식에 따른다.
③ 사법경찰관은 수사준칙 제27조제4항 후단에 따라 긴급체포된 피의자의 석방 일시와 사유 등을 검사에게 통보하는 경우에는 별지 제40호서식의 석방 통보서에 따른다.

■ 판례 ■ 긴급체포가 요건을 갖추지 못하여 위법한 체포에 해당하는 경우 및 위법한 긴급체포에 의한 유치 중에 작성된 진술조서의 증거능력 유무(소극)

긴급체포는 영장주의원칙에 대한 예외인 만큼 형사소송법 제200조의3 제1항의 요건을 모두 갖춘 경우에 한하여 예외적으로 허용되어야 하므로 긴급체포 당시의 상황으로 보아서도 그 요건의 충족 여부에 관한 검사나 사법경찰관의 판단이 경험칙에 비추어 현저히 합리성을 잃은 경우에는 그 체포는 위법한 체포라 할 것이고, 이러한 위법은 영장주의에 위배되는 중대한 것이니 그 체포에 의한 유치 중에 작성된 진술조서는 위법하게 수집된 증거로서 특별한 사정이 없는 한 이를 유죄의 증거로 할 수 없다(대법원 2007.1.12. 선고 2004도8071 판결).

■ 판례 ■ 형사소송법 제200조의3 제1항소정의 긴급체포의 요건인 긴급성의 판단 기준시 및 긴급체포의 위법성 판단 기준

형사소송법 제200조의3 제1항에 정하여진 긴급체포의 요건인 긴급성은 피의자를 긴급체포할 당시에 그 때까지 수집된 자료 등을 종합하여 객관적으로 판단하여야 하고, 그 결과 사회통념에 비추어 체포영장을 청구할 시간적 여유가 있었으므로 긴급체포할 합리적 근거를 갖추지 못한 것이 밝혀졌음에도 불구하고 체포영장에 의한 체포절차를 밟지 아니하고 굳이 긴급체포를 하였다고 인정할 수 있는 사정이 있어야 그와 같은 긴급체포가 위법하게 된다(대법원 2003.4.8. 선고 2003다6668 판결).

■ 판례 ■ 피고인이 필로폰을 투약한다는 제보를 받은 경찰관이 제보의 정확성을 사전에 확인한 후에 제보자를 불러 조사하기 위하여 피고인의 주거지를 방문하였다가, 그곳에서 피고인을 발견하고 피고인의 전화번호로 전화를 하여 나오라고 하였으나 응하지 않자 피고인의 집 문을 강제로 열고 들어가 피고인을 긴급체포한 사안

피고인이 필로폰을 투약한다는 제보를 받은 경찰관이 제보된 주거지에 피고인이 살고 있는지 등 제보의 정확성을 사전에 확인한 후에 제보자를 불러 조사하기 위하여 피고인의 주거지를 방문하였다가, 현관에서 담배를 피우고 있는 피고인을 발견하고 사진을 찍어 제보자에게 전송하여 사진에 있는 사람이

제보한 대상자가 맞다는 확인을 한 후, 가지고 있던 피고인의 전화번호로 전화를 하여 차량 접촉사고가 났으니 나오라고 하였으나 나오지 않고, 또한 경찰관임을 밝히고 만나자고 하는데도 현재 집에 있지 않다는 취지로 거짓말을 하자 피고인의 집 문을 강제로 열고 들어가 피고인을 긴급체포한 사안에서, 피고인이 마약에 관한 죄를 범하였다고 의심할 만한 상당한 이유가 있었더라도, 경찰관이 이미 피고인의 신원과 주거지 및 전화번호 등을 모두 파악하고 있었고, 당시 마약 투약의 범죄 증거가 급속하게 소멸될 상황도 아니었던 점 등의 사정을 감안하면, 긴급체포가 미리 체포영장을 받을 시간적 여유가 없었던 경우에 해당하지 않아 위법하다고 본 원심판단이 정당하다고 한 사례.(대법원 2016. 10. 13., 선고, 2016도5814 판결)

■ 판례 ■   수사기관에 자진출석한 자에 대한 긴급체포의 적법성 판단기준

[1] 긴급체포가 요건을 갖추지 못하여 위법한 체포에 해당하는 경우

긴급체포는 영장주의원칙에 대한 예외인 만큼 형사소송법 제200조의3 제1항의 요건을 모두 갖춘 경우에 한하여 예외적으로 허용되어야 하고, 요건을 갖추지 못한 긴급체포는 법적 근거에 의하지 아니한 영장 없는 체포로서 위법한 체포에 해당하는 것이고, 여기서 긴급체포의 요건을 갖추었는지 여부는 사후에 밝혀진 사정을 기초로 판단하는 것이 아니라 체포 당시의 상황을 기초로 판단하여야 하고, 이에 관한 검사나 사법경찰관 등 수사주체의 판단에는 상당한 재량의 여지가 있다고 할 것이나, 긴급체포 당시의 상황으로 보아서도 그 요건의 충족 여부에 관한 검사나 사법경찰관의 판단이 경험칙에 비추어 현저히 합리성을 잃은 경우에는 그 체포는 위법한 체포라 할 것이다.

[2] 수사기관에 자진출석한 사람이 긴급체포의 요건을 갖추지 못하였음에도 실력으로 자신을 체포하려고 한 검사나 사법경찰관에게 폭행을 가한 경우 공무집행방해죄의 성립 여부(소극)

형법 제136조가 규정하는 공무집행방해죄는 공무원의 직무집행이 적법한 경우에 한하여 성립하고, 여기서 적법한 공무집행은 그 행위가 공무원의 추상적 권한에 속할 뿐 아니라 구체적 직무집행에 관한 법률상 요건과 방식을 갖춘 경우를 가리키므로, 검사나 사법경찰관이 수사기관에 자진출석한 사람을 긴급체포의 요건을 갖추지 못하였음에도 실력으로 체포하려고 하였다면 적법한 공무집행이라고 할 수 없고, 자진출석한 사람이 검사나 사법경찰관에 대하여 이를 거부하는 방법으로써 폭행을 하였다고 하여 공무집행방해죄가 성립하는 것은 아니다.

[3] 검사가 참고인 조사를 받는 줄 알고 검찰청에 자진출석한 변호사사무실 사무장을 합리적 근거 없이 긴급체포하자 그 변호사가 이를 제지하는 과정에서 위 검사에게 상해를 가한 것이 정당방위에 해당한다.

II. 긴급체포 절차

1. 긴급체포서 작성

가. 검사 또는 사법경찰관이 긴급체포한 때에는 긴급체포서를 작성하고, 긴급체포원부에 그 내용을 기재하여야 한다.

나. 지명수배된 피의자를 긴급체포한 경우에는 긴급체포서를 작성하여 수배관서에 인계하여야 한다.

다. 구속영장 신청에 대비하여 체포의 과정과 상황 등을 자세히 기재한 체포보고서를 작성한다.

2. 긴급체포 승인요청

가. 사법경찰관이 긴급체포를 하였을 때는 12시간 내(특별시, 광역시, 도 이외의 지역의 경우에는 24시간)에 검사에게 긴급 체포승인요청서를 작성하여 긴급체포 승인요청을 하여야 한다.

나. 급속을 요하는 경우에는 모사전송으로 긴급체포승인요청을 할 수 있다.

3. 체포통지

① 피의자를 체포한 때에는 변호인이 있는 경우에는 변호인에게, 변호인이 없는 경우에는 피의자의 법정대리인, 배우자, 직계친족과 형제자매 중 피의자가 지정한 자에게 피의사건 명, 구속일시·장소, 범죄사실의 요지, 구속의 이유와 변호인을 선임할 수 있는 취지를 알려야 한다(형사소송법 제87조, 제200조의6).

② 구속의 통지는 구속을 한때로부터 늦어도 24시간 이내에 서면으로 하여야 한다. 통지받을 자가 없어 통지하지 못한 경우에는 그 취지를 기재한 서면을 기록에 철하여야 한다(형사소송규칙 제51조).

③ 긴급을 요하는 경우에는 전화, 모사전송, 전자우편, 휴대전화 문자전송, 그 밖에 상당한 방법으로 체포·구속의 통지를 할 수 있다. 이 경우 다시 서면으로 체포·구속의 통지를 하여야 한다.

긴 급 체 포 서

피의자	성 명	홍 길 동 (洪 吉 童)
	주민등록번호	
	직 업	
	주 거	
변 호 인		

「형사소송법」 제200조의3 제1항에 따라, ○○○○ 피의사건과 관련된 위 피체포자를 아래와 같이 긴급체포함

20○○. ○. ○.

○ ○ 경 찰 서

사법경찰관 경위 ○ ○ ○ ㉑

체 포 한 일 시	20○○ 년 3 월 4 일 15:00 경
체 포 한 장 소	
범 죄 사 실 및 체 포 의 사 유	별지와 같음
체포자의 관직및성명	
인 치 한 일 시	
인 치 한 장 소	
구 금 한 일 시	
구 금 한 장 소	
구금을 집행한 자의관 직 및 성 명	

권리 고지 확인서

성   명 :

주민등록번호 :   (세)

주   거 :

본인은 20○○.○.○. 00:00경 ○○에서 (체포/긴급체포/현행범인체포/구속)되면서 피의사실의 요지, 체포·구속의 이유와 함께 변호인을 선임할 수 있고, 진술을 거부하거나, 변명을 할 수 있으며, 체포·구속적부심을 청구할 수 있음을 고지받았음을 확인합니다.

20○○.○.○.

위 확인인

위 피의자를 (체포/긴급체포/현행범인체포/구속)하면서 위와 같이 고지하고 변명의 기회를 주었음(변명의 기회를 주었으나 정당한 이유없이 기명날인 또는 서명을 거부함).

※ 기명날인 또는 서명 거부 사유 :

20○○.○.○.

○○경찰서

사법경찰관 경감 정 상 수

○ ○ 경 찰 서

제 호   20○○.○.○.

수 신 : 귀하

제 목 : 체포·긴급체포·현행범인체포·구속 통지서

---

1. 피의자

　성　　　명 :

　주민등록번호 :

　주　　　거 :

2. 위 사람을 20○○. ○. ○. ○○:○○ 경 ○○ 피의사건으로 체포 · 긴급체포 · 현
　행범인체포 · 구속하여 ○○경찰서 유치장에 인치구금하였으므로 통지합니다.

3. 체포 · 긴급체포 · 현행범인체포 · 구속된 피의자의 법정대리인 · 배우자 · 직계친족 ·
　형제자매는 각각 변호인을 선임할 수 있습니다.

4. 체포 · 구속된 위 피의자 본인 또는 그 변호인, 법정대리인, 배우자, 직계친족, 형제
　자매, 동거인, 가족 또는 고용주는 ○○지방법원(○○지원)에 체포·구속의 적부심
　사를 청구할 수 있습니다.

　첨 부 : 범죄사실 및 체포 · 긴급체포 · 현행범인체포 · 구속의 이유 1부

담당자		소 속 및 연 락 처	

○ ○ 경 찰 서

사법경찰관   ⑰

Ⅲ. 체포 후 조치

1. 구속할 경우

가. 사법경찰관이 피의자를 긴급체포한 경우 피의자를 구속하고자 할 때는 지체없이 사법경찰관은 구속영장을 검사에게 신청하여 검사의 청구로 관할지방법원판사에게 구속영장을 청구하여야 한다. 이 경우 구속영장은 피의자를 체포한 때부터 48시간 이내에 청구(사법경찰관은 검사에게 36시간 이내)하여야 하며, 긴급체포서를 첨부하여야 한다.

나. 구속영장을 청구하지 아니하거나 발부받지 못할 때는 피의자를 즉시 석방하여야 한다.

다. 석방된 자는 영장 없이는 동일한 범죄사실에 관하여 체포하지 못한다.

■ 판례 ■　긴급체포되었다가 수사기관의 조치로 석방된 후 법원이 발부한 구속영장에 의하여 구속이 이루어진 경우, 형사소송법 제200조의4 제3항, 제208조에 위배되는 위법한 구속인지 여부(소극)

형사소송법 제200조의4 제3항은 영장 없이는 긴급체포 후 석방된 피의자를 동일한 범죄사실에 관하여 체포하지 못한다는 규정으로, 위와 같이 석방된 피의자라도 법원으로부터 구속영장을 발부받아 구속할 수 있음은 물론이고, 같은 법 제208조 소정의 '구속되었다가 석방된 자' 라 함은 구속영장에 의하여 구속되었다가 석방된 경우를 말하는 것이지, 긴급체포나 현행범으로 체포되었다가 사후영장발부 전에 석방된 경우는 포함되지 않는다 할 것이므로, 피고인이 수사 당시 긴급체포되었다가 수사기관의 조치로 석방된 후 법원이 발부한 구속영장에 의하여 구속이 이루어진 경우 앞서 본 법조에 위배되는 위법한 구속이라고 볼 수 없다(대법원 2001.9.28. 선고 2001도4291 판결).

■ 판례 ■　혐의를 의심할 만한 합리적인 이유가 있어 긴급체포된 피의자가 나중에 그 혐의가 없음이 인정되어 석방되었다고 하더라도 제반 사정에 비추어 수사기관의 불법행위로 인한 손해배상책임을 물 수 없다.

범죄현장에서 채취한 지문이 피의자의 것과 일치하고 피의자가 추정하여 진술한 절도범의 침입방법이나 경로가 피해자들의 진술내용과 부합한 점 등에 비추어 보면 긴급체포 및 구속 당시 피의자의 혐의를 의심할 만한 합리적인 이유가 있었다고 볼 것이고, 그 후 구속된 피의자가 수사과정에서 범죄사실의 존재를 증명함에 족한 증거가 없다는 이유로 혐의 없음이 인정되어 석방되었다고 하더라도 위와 같은 사정만으로 이를 수사한 공무원에게 고의나 과실이 있었다고 단정할 수 없으며, 또 그러한 긴급체포나 구속영장의 집행이 법령에 위반된 행위라고 할 수도 없다고 한 사례(인천지법 2004. 1.16. 선고 2002가단68347 판결)

○ ○ 경 찰 서

제 0000-00000 호   20○○. ○. ○.

수 신 : ○○지방검찰청장

제 목 : 구속영장 신청서(긴급체포)

 다음 사람에 대한 ○○ 피의사건에 관하여 동인을 아래와 같이 긴급체포하여 ○○ 에 구속하려 하니 20○○. ○. ○.까지 유효한 구속영장의 청구를 신청합니다.

피 의 자	성 명	
	주 민 등 록 번 호	－ (세)
	직 업	
	주 거	
변 호 인		
체 포 한 일 시 · 장 소		
인 치 한 일 시 · 장 소		
구 금 한 일 시 · 장 소		
범 죄 사 실 및 구 속 을 필 요 로 하 는 이 유		
필 요 적 고 려 사 항	☐ 범죄의 중대성 ☐ 재범의 위험성 ☐ 피해자 · 중요참고인 등에 대한 위해 우려 ☐ 기타 사유 ※ 구체적 내용은 별지와 같음	
피의자의 지정에 따라 체포이유등 이 통지된 자의 성명 및 연 락 처	체포통지된 자 홍길녀(피의자의 처) 서울 ○○동1번지 거주(010-123-4567)	
재신청의 취지 및 이유		
비 고		

○○경찰서

사법경찰관 경위 홍길동 (인)

```
┌─────────────────────────────────────────────────────────────────┐
│                                                                   │
│         범죄사실 및 구속을 필요로 하는  사유                        │
│                                                                   │
│  □ 범죄사실                                                       │
│    피의자는                      … 하였다.                        │
│                                                                   │
│                                                                   │
│  □ 구속을 필요로 하는  사유                                       │
│    ※ 구체적인 사례는 체포·구속을 필요로 하는 사유 기재요령 참고     │
│                                                                   │
│                                                                   │
│                                                                   │
│              필요적 고려사항                                      │
│                                                                   │
│  □ 재범의 위험성                                                  │
│    ※ 구체적인 사례는 구속영장의 "필요적 고려사항" 기재요령 참고     │
│                                                                   │
└─────────────────────────────────────────────────────────────────┘
```

2. 석방할 경우

가. 검사로부터 긴급체포 승인을 받지 못하여 불승인 통보를 받은 경우 사법경찰관은 즉시 석방하고 검사에게 '석방 통보(긴급체포불승인)"를 하여야 한다.

나. 사법경찰관이 긴급체포한 피의자를 석방한 경우에는 지체없이 피의자 석방보고서를 작성하여 검사에게 보고하여야 한다. 석방을 위한 사전 건의는 받을 필요 없다.

※ 검사에 대한 지휘관계를 전제한 보고 용어는 모두 통보로 정리되었으나 긴급체포 피의자 석방은 법에 보고로 되어 있어 보고 용어 유지

다. 검사는 구속영장을 청구하지 아니하고 피의자를 석방한 경우에는 석방한 날부터 30일 이내에 서면으로 다음 각호의 사항을 법원에 통지하여야 한다. 이 경우 긴급체포서의 사본을 첨부하여야 한다.
   ① 긴급체포 후 석방된 자의 인적사항
   ② 긴급체포의 일시 · 장소와 긴급체포하게 된 구체적 이유
   ③ 석방의 일시 · 장소 및 사유
   ④ 긴급체포 및 석방한 검사 또는 사법경찰관의 성명

라. 긴급체포 후 석방된 자 또는 그 변호인 · 법정대리인 · 배우자 · 직계친족 · 형제자매는 통지서 및 관련 서류를 열람하거나 등사할 수 있다.

○○경찰서

제　호   20○○.○.○.

수　신 : 검찰청의 장 (검사 : 홍길동)

제　목 : 석방 통보서(긴급체포불승인)

다음 피체포자를 긴급체포 불승인을 이유로 아래와 같이 석방하였기에 「검사와 사법경찰관의 상호협력과 일반적 수사준칙에 관한 규정」 제27조제4항에 따라 통보합니다.

피 체 포 자	성　　　명	
	주민등록번호	
	직　　　업	
	주　　　거	
죄　　　　　명		
긴급체포한 일시		
긴급체포한 장소		
긴급체포한 사유		
석　방　한　일시		
석　방　한　장소		
불　승　인　사유		
석방한 자의 관직 및 성명		

○○경찰서

사법경찰관 경위 홍길동 (인)

피의자 석방서(긴급체포)

제 호   2000.0.0.

다음 피체포자(긴급체포)를 아래와 같이 석방합니다.

피체포자	성 명	
	주 민 등 록 번 호	
	직 업	
	주 거	
죄 명		
긴 급 체 포 한 일 시		
긴 급 체 포 한 장 소		
긴 급 체 포 의 사 유		
석 방 일 시		
석 방 장 소		
석 방 사 유		
석방자의 관직 및 성명		
비 고		

○○경찰서

사법경찰관 경위 홍길동 (인)

소 속 관 서

제 호   20○○.○.○.

수신 : 검찰청의 장 (검사: 검사명)

제목 : 석방 보고서(긴급체포)

다음 피체포자를 아래와 같이 석방하였기에 「검사와 사법경찰관의 상호협력과 일반적 수사준칙에 관한 규정」 제36조제2항제2호에 따라 보고합니다.

피체포자	성 명	
	주 민 등 록 번 호	
	직 업	
	주 거	
죄 명		
긴 급 체 포 한 일 시		
긴 급 체 포 한 장 소		
긴 급 체 포 의 사 유		
석 방 일 시		
석 방 장 소		
석 방 사 유		
석방자의 관직 및 성명		

○○경찰서

사법경찰관 경위 홍길동 (인)

Ⅳ. 긴급체포와 압수, 수색, 검증

1. 사법경찰관은 형사소송법 제200조의3(긴급체포)의 규정에 따라 피의자를 체포 또는 구속하는 경우에 필요한 때에는 영장없이 다음 처분을 할 수 있다.
   ① 타인의 주거나 타인이 지키는 가옥, 건조물, 항공기, 선박 내에서의 피의자 수사
   ② 체포현장에서의 압수, 수색, 검증

2. 사법경찰관은 긴급체포된 자가 소유·소지 또는 보관하는 물건에 대하여 긴급히 압수할 필요가 있는 경우에는 체포한 때부터 24시간 이내에 한하여 영장 없이 압수·수색 또는 검증을 할 수 있다.

3. 사법경찰관은 압수한 물건을 계속 압수할 필요가 있는 경우에는 바로 압수수색영장을 청구하여야 한다. 이 경우 압수수색영장의 청구는 체포한 때부터 48시간 이내에 하여야 한다.

4. 사법경찰관은 압수수색영장을 발부받지 못할 때는 압수한 물건을 즉시 반환하여야 한다.

5. 형사소송법의 개정(2008. 1.시행) 전에는 구속영장이 발부되면 별도의 압수수색영장을 발부받을 필요가 없었으나 개정 이후에는 압수수색영장을 반드시 받게 되어 있다. 특히 이점에 유의하여야 한다.

V. 종합정리

요 건	① 범죄의 중대성(사형, 무기 또는 3년 이상의 징역이나 금고)
	② 범죄혐의의 상당성
	③ 체포의 긴급성(법관의 체포영장을 받을 시간적 여유 없을 때)
	④ 체포의 필요성(구속의 사유 중 주거부정은 제외)
절 차	① 긴급체포 후 즉시(12시간 이내) 검사 사후 승인 (타시도 24시간 이내)
	－급속을 요하는 경우 팩스 이용 가능
	② 체포 즉시 긴급체포서 작성(긴급체포 사유 명시)
	－사전 검사지휘 불필요
체포 후 조치	① 구속사유 있는 경우 48시간 이내에 검사를 통하여 구속영장 청구(36시간 이내 검사에게 영장신청)
	② 계속 구금할 필요 없으면 즉시 석방
적용 사례	① 검거된 기소중지자를 구속수사하고자 할 때(검거 관서에서 긴급체포)
	② 대질신문 등 조사과정에서 범죄혐의 밝혀져 귀가 조치하면 도망, 증거인멸할 염려가 있는 때
	③ 강력 사건의 용의자를 추적하여 검거하는 경우
주의 사항	① 검사와 사법경찰관만 긴급체포 가능
	② 긴급성 인정되는 경우만 긴급체포
	③ 긴급체포 시 미란다원칙 고지
	④ 긴급체포서 작성(미리 작성, 제시 필요 없고 체포 후 즉시 작성으로 족함)
	※ 특히 3년 미만의 범죄의 경우 현행범 요건이 없으면 동의없는 연행은 불법체포
잘못된 사례	① 긴급체포의 긴급성을 결여한 경우
	－출석요구에 순순히 응하여 오던 자를 범죄가 인정된다고 갑자기 긴급체포한 경우
	② 긴급체포 전의 임의동행이 실질적으로 체포와 동일하다고 판단되는 경우
	③ 범죄의 중대성을 결여한 경우
	－3년 미만 징역형 범죄에 대한 체포
	④ 긴급체포시 절차상 하자(범죄사실 요지, 체포의 이유, 변호인선임권의 고지, 변명할 기회 부여)
	⑤ 긴급체포 후 영장기각 되거나 석방 후 재차 긴급체포한 경우(체포영장 또는 사전영장으로 체포 가능)

제3절 현행범인 체포

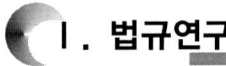 **Ⅰ. 법규연구**

1. 형사소송법

제211조(현행범인과 준현행범인) ① 범죄를 실행하고 있거나 실행하고 난 직후의 사람을 현행범인이라 한다.
② 다음 각 호의 어느 하나에 해당하는 사람은 현행범인으로 본다.
  1. 범인으로 불리며 추적되고 있을 때
  2. 장물이나 범죄에 사용되었다고 인정하기에 충분한 흉기나 그 밖의 물건을 소지하고 있을 때
  3. 신체나 의복류에 증거가 될 만한 뚜렷한 흔적이 있을 때
  4. 누구냐고 묻자 도망하려고 할 때
제212조(현행범인의 체포) 현행범인은 누구든지 영장없이 체포할 수 있다.
제213조(체포된 현행범인의 인도) ① 검사 또는 사법경찰관리 아닌 자가 현행범인을 체포한 때에는 즉시 검사 또는 사법경찰관리에게 인도하여야 한다.
② 사법경찰관리가 현행범인의 인도를 받은 때에는 체포자의 성명, 주거, 체포의 사유를 물어야 하고 필요한 때에는 체포자에 대하여 경찰관서에 동행함을 요구할 수 있다.
제214조(경미사건과 현행범인의 체포) 다액 50만원 이하의 벌금, 구류 또는 과료에 해당하는 죄의 현행범인에 대하여는 범인의 주거가 분명하지 아니한 때에 한하여 제212조 내지 제213조의 규정을 적용한다.

2. 검사와 사법경찰관의 상호협력과 일반적 수사준칙에 관한 규정

제28조(현행범인 조사 및 석방) ① 검사 또는 사법경찰관은 법 제212조 또는 제213조에 따라 현행범인을 체포하거나 체포된 현행범인을 인수했을 때에는 조사가 현저히 곤란하다고 인정되는 경우가 아니면 지체 없이 조사해야 하며, 조사 결과 계속 구금할 필요가 없다고 인정할 때에는 현행범인을 즉시 석방해야 한다.
② 검사 또는 사법경찰관은 제1항에 따라 현행범인을 석방했을 때에는 석방 일시와 사유 등을 적은 피의자 석방서를 작성해 사건기록에 편철한다. 이 경우 사법경찰관은 석방 후 지체 없이 검사에게 석방 사실을 통보해야 한다.

3. 경찰수사규칙

제52조(현행범인 체포 및 인수) ① 사법경찰관리는 법 제212조에 따라 현행범인을 체포할 때에는 현행범인에게 도망 또는 증거인멸의 우려가 있는 등 당장에 체포하지 않으면 안 될 정도의 급박한 사정이 있는지 또는 체포 외에는 현행범인의 위법행위를 제지할 다른 방법이 없는지 등을 고려해야 한다.
② 사법경찰관리는 법 제212조에 따라 현행범인을 체포한 때에는 별지 제41호서식의 현행범인체포서를 작성하고, 법 제213조에 따라 현행범인을 인도받은 때에는 별지 제42호서식의 현행범인인수서를 작성해야 한다.
③ 사법경찰관리는 제2항의 현행범인체포서 또는 현행범인인수서를 작성하는 경우 현행범인에 대해서는 범죄와의 시간적 접착성과 범죄의 명백성이 인정되는 상황을, 준현행범인에 대해서는 범죄와의 관련성이 인정되는 상황을 구체적으로 적어야 한다.
제53조(현행범인 석방) ① 수사준칙 제28조제2항 전단에 따른 피의자 석방서는 별지 제43호서식에 따른다.
② 사법경찰관은 수사준칙 제28조제2항 후단에 따라 검사에게 현행범인의 석방사실을 통보하는 경우에는 별지 제44호서식의 석방 통보서에 따른다.

II. 현행범인의 개념과 적법성 요건

1. 현행범인의 개념

■ 판례 ■   현행범인 체포에 있어서 '범죄 실행의 즉후인 자'의 의미

[1] 현행범인을 규정한 형사소송법 제211조 제1항 소정의 "범죄의 실행의 즉후인 자"의 의미

형사소송법 제211조가 현행범인으로 규정한 "범죄의 실행의 즉후인 자"라고 함은, 범죄의 실행행위를 종료한 직후의 범인이라는 것이 체포하는 자의 입장에서 볼 때 명백한 경우를 일컫는 것으로서, "범죄의 실행행위를 종료한 직후"라고 함은, 범죄행위를 실행하여 끝마친 순간 또는 이에 아주 접착된 시간적 단계를 의미하는 것으로 해석되므로, 시간적으로나 장소적으로 보아 체포를 당하는 자가 방금 범죄를 실행한 범인이라는 점에 관한 죄증이 명백히 존재하는 것으로 인정되는 경우에만 현행범인으로 볼 수 있는 것이다.

[2] 교사가 교장실에서 교장을 협박한 뒤 40여분 후 출동한 경찰관들이 서무실에서 동행을 거부하는 그를 체포한 경우에 현행범인의 체포라고 단정한 원심판결에는 심리미진 또는 법리오해의 위법이 있다고 하여 이를 파기한 사례

교사가 교장실에 들어가 불과 약 5분 동안 식칼을 휘두르며 교장을 협박하는 등의 소란을 피운 후 40여분 정도가 지나 경찰관들이 출동하여 교장실이 아닌 서무실에서 그를 연행하려 하자 그가 구속영장의 제시를 요구하면서 동행을 거부하였다면, 체포 당시 서무실에 앉아 있던 위 교사가 방금 범죄를 실행한 범인이라는 죄증이 경찰관들에게 명백히 인식될 만한 상황이었다고 단정할 수 없는데도 이와 달리 그를 "범죄의 실행의 즉후인 자"로서 현행범인이라고 단정한 원심판결에는 현행범인에 관한 법리오해의 위법이 있다고 하여 이를 파기한 사례.(대법원 1991. 9. 24., 선고, 91도1314, 판결)

■ 판례 ■   음주운전을 종료한 후 40분 이상이 경과한 시점에서 길가에 앉아 있던 운전자를 술냄새가 난다는 점만을 근거로 음주운전의 현행범으로 체포한 경우

[1] 현행범인을 규정한 형사소송법 제211조의 '범죄의 실행의 즉후인 자'의 의미

현행범인으로 규정한 "범죄의 실행(實行)의 즉후(即後)인 자"라고 함은, 범죄의 실행행위를 종료한 직후의 범인이라는 것이 체포하는 자의 입장에서 볼 때 명백한 경우를 일컫는 것으로서, 위 법조가 제1항에서 본래의 의미의 현행범인에 관하여 규정하면서 "범죄의 실행의 즉후인 자"를 "범죄의 실행 중인 자"와 마찬가지로 현행범인으로 보고 있고, 제2항에서는 현행범인으로 간주되는 준현행범인에 관하여 별도로 규정하고 있는 점 등으로 미루어 볼 때, "범죄의 실행행위를 종료한 직후"라고 함은, 범죄행위를 실행하여 끝마친 순간 또는 이에 아주 접착된 시간적 단계를 의미하는 것으로 해석되므로, 시간적으로나 장소적으로 보아 체포를 당하는 자가 방금 범죄를 실행한 범인이라는 점에 관한 죄증이 명백히 존재하는 것으로 인정되는 경우에만 현행범인으로 볼 수 있는 것이다.

[2] 음주운전을 종료한 후 40분 이상이 경과한 시점에서 길가에 앉아 있던 운전자를 술냄새가 난다는 점만을 근거로 음주운전의 현행범으로 체포한 것은 적법한 공무집행으로 볼 수 없다고 한 사례(대법원 2007.4.13. 선고 2007도1249 판결)

2. 현행범인 적법성 요건

■ 판례 ■   현행범인 체포의 적법성 요건

[1] 현행범인을 체포하기 위하여 '체포의 필요성'이 있어야 하는지 여부(적극) 및 현행범인 체포요건을 갖추지 못하여 위법한 체포에 해당하는지의 판단 기준

현행범인은 누구든지 영장 없이 체포할 수 있는데(형사소송법 제212조), 현행범인으로 체포하기 위하여는 행위의 가벌성, 범죄의 현행성·시간적 접착성, 범인·범죄의 명백성 이외에 체포의 필요성 즉, 도망 또는 증거인멸의 염려가 있어야 하고, 이러한 요건을 갖추지 못한 현행범 체포는 법적 근거에 의하지 아니한 영장 없는 체포로서 위법한 체포에 해당한다. 여기서 현행범인 체포의 요건을 갖추었는지는 체포 당시 상황을 기초로 판단하여야 하고, 이에 관한 검사나 사법경찰관 등 수사주체의 판단에는 상당한 재량 여지가 있으나, 체포 당시 상황으로 보아도 요건 충족 여부에 관한 검사나 사법경찰관 등의 판단이 경험칙에 비추어 현저히 합리성을 잃은 경우에는 그 체포는 위법하다고 보아야 한다.

[2] 공무집행방해죄에서 '적법한 공무집행'의 의미 및 현행범인이 경찰관의 불법한 체포를 면하려고 반항하는 과정에서 경찰관에게 상해를 가한 경우 '정당방위'의 성립 여부(적극)

형법 제136조가 규정하는 공무집행방해죄는 공무원의 직무집행이 적법한 경우에 한하여 성립하고, 여기서 적법한 공무집행은 그 행위가 공무원의 추상적 권한에 속할 뿐 아니라 구체적 직무집행에 관한 법률상 요건과 방식을 갖춘 경우를 가리킨다. 경찰관이 현행범인 체포 요건을 갖추지 못하였는데도 실력으로 현행범인을 체포하려고 하였다면 적법한 공무집행이라고 할 수 없고, 현행범인 체포행위가 적법한 공무집행을 벗어나 불법인 것으로 볼 수밖에 없다면, 현행범이 체포를 면하려고 반항하는 과정에서 경찰관에게 상해를 가한 것은 불법체포로 인한 신체에 대한 현재의 부당한 침해에서 벗어나기 위한 행위로서 정당방위에 해당하여 위법성이 조각된다.

[3] 피고인이 경찰관의 불심검문을 받아 운전면허증을 교부한 후 경찰관에게 큰 소리로 욕설을 하였는데, 경찰관이 피고인을 모욕죄의 현행범으로 체포하려고 하자 피고인이 반항하면서 경찰관에게 상해를 가한 사안

피고인은 경찰관의 불심검문에 응하여 이미 운전면허증을 교부한 상태이고, 경찰관뿐 아니라 인근 주민도 욕설을 직접 들었으므로, 피고인이 도망하거나 증거를 인멸할 염려가 있다고 보기는 어렵고, 피고인의 모욕 범행은 불심검문에 항의하는 과정에서 저지른 일시적, 우발적인 행위로서 사안 자체가 경미할 뿐 아니라, 피해자인 경찰관이 범행현장에서 즉시 범인을 체포할 급박한 사정이 있다고 보기도 어려우므로, 경찰관이 피고인을 체포한 행위는 적법한 공무집행이라고 볼 수 없고, 피고인이 체포를 면하려고 반항하는 과정에서 상해를 가한 것은 불법체포로 인한 신체에 대한 현재의 부당한 침해에서 벗어나기 위한 행위로서 정당방위에 해당한다는 이유로, 피고인에 대한 상해 및 공무집행방해의 공소사실을 무죄로 인정한 원심판단을 수긍한 사례.(대법원 2011. 5. 26., 선고, 2011도3682, 판결)

II. 현행범인 체포절차

1. 체포서 작성

가. 현행범인을 체포하였을 때에는 현행범인체포서를 작성하고 현행범인 체포원부에 그 내용을 기재하여야 한다.

나. 사유란에 체포하지 않으면 범인의 신병을 특정할 수 없어 도망 또는 증거인멸의 염려가 있다는 점을 설득력 있게 기재하여야 한다.

2. 사인에 의해 체포된 현행범인의 인수

현행범인 체포의 주체는 누구라도 될 수 있는바, 사인이 체포한 현행범인을 인도받은 때에는 현행범인인수서를 작성하고 체포자에 대한 진술조서 또는 진술서를 받은 뒤 현행범인체포원부에 그 내용을 기재하여야 한다.

3. 확인서 작성 및 체포통지

체포영장에 의한 체포 및 긴급체포시 절차 참조

4. 경미사범과 현행범인체포

다액 50만원 이하의 벌금, 구류 또는 과료에 해당하는 죄의 현행범인에 대하여는 범인의 주거가 분명하지 아니할 때 한하여 현행범인으로 체포할 수 있다

■ 판례 ■ 임의동행요구를 거절하는 경범죄처벌법위반죄의 현행범에 대한 체포행위에 있어 요구되는 직무집행의 적법성의 의미

[1] 사실관계

> 피고인은 1992.11.2. 20:10경 서울 중구 신당1동 292의 84 앞 횡단보도에서 길가에 설치되어 있는 쓰레기통을 발로 차 뒤집어 길을 건너려는 행인들에게 그 쓰레기 가루를 날리게 하는 등 불안감을 조성하는 것을 순찰중에 목격한 성동경찰서 무학파출소 소속 경장 피해자 (34세), 순경 김○○이 피고인을 경범죄처벌법위반으로 연행하려고 하자, 욕설을 하면서 주먹으로 위 피해자의 얼굴을 때리려 하고, 길가에 있던 위험한 물건인 관광소주병으로 위 피해자의 머리를 힘껏 내리쳐 위 피해자에게 약 21일간의 치료를 요하는 우측 두정부 좌상 및 골막파열상 등을 가한 것이다.

[2] 판결요지

경범죄처벌법위반죄를 저지른 현행범에 대하여는 경찰관직무집행법 제3조 제2항 및 제4항의 규정에 의한 임의동행과 형사소송법 제214조의 규정에 의한 경미사건의 현행범인 체포만 가능한데, 그 현행범이

임의동행요구를 거절하거나 경미사건 현행범인 체포의 요건인 주거불명이 확인되지 아니한 상태에서 현행범인이라는 이유로만 체포하려는 경찰관의 행위는 공무집행의 적법성이 결여된 것으로서 이에 항의하였다고 하여 공무집행방해죄가 성립하는 것은 아니다. 이 사건 공소사실 중 특수공무집행방해치상의 점의 요지는, 피고인이 동인을 경범죄처벌법위반 혐의로 연행하려고 하는 경장 피해자에게 범죄사실 기재와 같은 위험한 물건으로 폭행을 가하여 그의 정당한 공무집행을 방해하고 이로 인하여 동인에게 위 범죄사실 기재와 같은 상해를 입게 하였다고 함에 있다. 살피건데, 형법 제114조 제2항의 특수공무집행방해치상죄가 그 전제로서 인용하고 있는 같은 법 제136조의 공무집행방해죄는 공무원의 직무집행이 적법한 경우에 한하여 성립하는 것이고, 적법한 공무집행이라고 함은 그 행위가 공무원의 추상적 권한에 속할 뿐 아니라 구체적 직무집행에 관한 법률상 요건과 방식을 갖춘 것을 말하는 것이므로, 이러한 적법성이 결여된 직무행위를 하는 공무원에게 항거하였다고 하여도 그 항거행위가 폭력을 수반한 경우에 폭행죄 등의 죄책을 묻는 것은 별론으로 하고 공무집행방해죄로 다스릴 수 는 없는 것이다. 이 사건에서 경장 피해자가 피고인을 경범죄처벌법위반 혐의로 연행하려고 하는 행위가 과연 적법한 공무집행인지의 점에 관하여 살피건대, 피고인은 경찰 이래 이 법정에 이르기까지 당시 기분 나쁜 일이 있어 도로상에 설치되어 있는 쓰레기통을 발로 차 넘어뜨리자 위 피해자 등이 피고인을 무조건 경찰차로 연행해 가려고 하기에 반항하는 과정에서 위 범죄사실 기재와 같은 범행을 저질렀다고 진술하고 있고, 위 경장 피해자 및 동행이던 순경 김○○도 피고인이 위와 같이 쓰레기통을 발로 차 넘어뜨리고 행인들에게 불안감을 느끼게 하는 것을 목격하고 경범죄처벌법위반 혐의로 순찰차에 태워 파출소로 동행하려고 하였으나 피고인이 반항하여 몸싸움을 하는 과정에서 피고인으로부터 그와 같은 상해를 당하였다고 진술하고 있으며, 피고인의 일행이던 이○○, 정○○의 진술도 위 피고인의 진술과 부합한다. 그런데, 경찰관직무집행법 제3조 제2항 및 제4항의 규정에 의하면 경찰관의 동행요구에 대하여 당해인은 거절할 수 있고 또 경찰관은 동행요구시에는 동행거부의 자유가 있음을 고지하도록 되어 있는바, 위와 같은 사실관계 아래에서는 경장 피해자가 피고인을 순찰차에 태워 파출소로 데리고 가려는 행위는, 이를 위 법조 소정의 임의동행으로 볼 때, 피고인이 이를 거부함으로 인하여 더 이상 유지될 수 없는 것이고 이에 반하여 피고인을 억지로 동행하려고 함은 적법한 공무집행이라고 할 수 없을 것이며, 가사 경장 피해자의 위 행위를 현행범인 체포로 본다고 하더라도 형사소송법 제214조에 의하면 50만 원 이하의 벌금, 구류 또는 과료에 해당하는 죄의 현행범인에 대하여는 범인의 주거가 분명하지 아니한 때에 한하여 영장 없이 체포할 수 있다고 규정하고 있는데, 위 경장 피해자의 진술에 의하더라도 피고인을 그 법정형이 구류 또는 과료에 불과한 경범죄처벌법위반 혐의로 동행하려고 하였다는 것이므로 경장 피해자가 피고인에게 신분증의 제시를 요구하는 등의 방법으로 그 주거를 확인하려고 하였으나 이를 확인하지 못하여 피고인을 주거불명인자로 취급할 수밖에 없었다는 점에 관한 증거가 전혀 없는 이 사건에 있어서는 현행범인 체포로서의 적법성이 있다고도 볼 수 없다.(서울형사지법 1992.12.23. 선고 92고합1834).

현 행 범 인 체 포 서

피 체 포 자	성 명	
	주 민 등 록 번 호	
	직 업	
	주 거	
변 호 인		

　

　　형사소송법 제212조에 따라, ○○피의사건과 관련된 위 피체포자를 아래와 같이 현행범인으로 체포함.

20○○. ○. ○.

○ ○ 경 찰 서

사법경찰관 경감 이 호 기 ㉘

체 포 한 일 시	20○○ 년 3 월 15 일 18:00경
체 포 한 장 소	
범 죄 사 실 및 체 포 의 사 유	피의자는 …중 략… 사람이다. (범죄사실) 112신고를 받고 현장에 출동한바 피의자는 각목을 들고 피해자의 머리를 내려치고 피를 흘리며 쓰러져 피해자를 다시 폭행하려는 순간 팔목을 잡아 제지하였던 바 폭력행위등처벌에관한법률위반의 현행범으로 인정하여 체포함.
체포자의 관직 및 성명	○○경찰서 형사과 강력1팀 경위 이 호 기
인 치 한 일 시	20○○ 년 3 월 15 일 19:00경
인 치 한 장 소	○○경찰서 형사과 강력1팀 사무실
구 금 한 일 시	20○○ 년 3 월 15 일 20:00경
구 금 한 장 소	○○경찰서 유치장

현 행 범 인 인 수 서

피 체 포 자	성 명	
	주 민 등 록 번 호	
	직 업	
	주 거	
변 호 인		

형사소송법 제213조 제1항에 따라, ○○피의사건과 관련된 위 피체포자를 아래와 같이 현행범인으로 인수함

20○○. ○. ○.

○ ○ 경 찰 서

사법경찰관 경감 이 호 기 ⑩

체 포 한 일 시	20○○ 년 3 월 15 일 18:00경
체 포 한 장 소	○○시 ○○동 ○○앞 노상
체 포 자	성 명	정직인
	주 민 등 록 번 호	
	주 거	
범죄사실 및 체포의 사유	별지 기재와 같음
인 수 한 일 시	20○○ 년 3 월 15 일 18:30경
인 수 한 장 소	○○시 ○○동 ○○앞 노상
인 치 한 일 시	20○○ 년 3 월 15 일 18:50경
인 치 한 장 소	○○경찰서 ○○지구대
구 금 한 일 시	20○○ 년 3 월 15 일 22:00경
구 금 한 장 소	○○경찰서 유치장

권리 고지 확인서

성   명 :

주민등록번호 :   (세)

주   거 :

본인은 20○○.○.○. 00:00경 ○○에서 (체포/긴급체포/현행범인체포/구속)되면서 피의사실의 요지, 체포·구속의 이유와 함께 변호인을 선임할 수 있고, 진술을 거부하거나, 변명을 할 수 있으며, 체포·구속적부심을 청구할 수 있음을 고지받았음을 확인합니다.

20○○.○.○.

위 확인인

    위 피의자를 (체포/긴급체포/현행범인체포/구속)하면서 위와 같이 고지하고 변명의 기회를 주었음(변명의 기회를 주었으나 정당한 이유없이 기명날인 또는 서명을 거부함).

※ 기명날인 또는 서명 거부 사유 :

20○○.○.○.

○○경찰서

사법경찰관 경감 정 상 수

피의자 석방서(현행범인)

제 호   20○○.○.○.

다음 피체포자(현행범인)를 아래와 같이 석방합니다.

피체포자	성 명	
	주민등록번호	
	직 업	
	주 거	
죄 명		
체 포 한 일 시		
체 포 한 장 소		
체 포 의 사 유		
석 방 일 시		
석 방 장 소		
석 방 사 유		
석방자의 관직 및 성명		
비 고		

○ ○ 경 찰 서

사법경찰관 경위 홍 길 동 (인)

○○경찰서

제 호   20○○.○.○.

수 신 : 검찰청의 장 (검사 : 홍길동)

제 목 : **석방 통보서(현행범인)**

다음 피체포자(현행범인)를 아래와 같이 석방하였기에 「검사와 사법경찰관의 상호협력과 일반적 수사준칙에 관한 규정」 제28조제2항에 따라 통보합니다.

피 체 포 자	성 명	
	주민등록번호	
	직 업	
	주 거	
죄 명		
체 포 한 일 시		
체 포 한 장 소		
체 포 의 사 유		
석 방 일 시		
석 방 장 소		
석 방 사 유		
석방자의 관직 및 성명		
체 포 영 장 번 호		

○ ○ 경 찰 서

사법경찰관 경위 홍 길 동 (인)

III. 체포 후 조치

1. 구속할 경우

일반적인 구속영장 신청절차와 동일하게 처리한다.

2. 석방 후 조치

가. 구속영장을 청구하지 아니하거나, 구속영장을 발부 받지 못한 때에는 피의자를 즉시
석방하여야 한다.

나. 석방한 때에는 지체없이 피의자 석방보고서를 현행범인체포서 또는 현행범인인수서
사본을 첨부하여 검사에게 통보하여야 한다.

IV. 관련 판례

■ 판례 ■ 경찰관이 피고인을 현행범인으로 체포한 시기와 장소, 체포 전후의 상황 등에 비추어, 체포 당시 피고인이 방금 범죄를 실행한 범인이라고 인정할 죄증이 명백히 존재한다고 보아, 피고인을 현행범인이라고 볼 수 없다고 판단한 원심판결을 파기한 사례

[1] 사실관계

> 甲은 2005. 4. 12. 09:35경 청주시 흥덕구 (상세 주소 생략) 소재 (상호 생략)(목욕탕) 앞 노상에서, 범죄신고를 받고 출동한 청주서부경찰서 가경지구대 소속 경사 乙에 의해 같은 날 09:10경에 丙에게 상해를 가하였다는 혐의사실로 현행범인으로 체포되어 연행되어 가던 중 112 순찰차량에 태우려 하는 乙의 안면부를 양 주먹으로 수회 때려 동인의 현행범인 체포에 관한 정당한 직무집행을 방해하였다.

[2] 판결요지

현행범인으로 규정한 '범죄의 실행의 즉후인 자' 라고 함은 범죄의 실행행위를 종료한 직후의 범인이라는 것이 체포하는 자의 입장에서 볼 때 명백한 경우를 일컫는 것이고, '범죄의 실행행위를 종료한 직후' 라고 함은 범죄행위를 실행하여 끝마친 순간 또는 이에 아주 접착된 시간적 단계를 의미하는 것으로 해석되므로, 시간적으로나 장소적으로 보아 체포를 당하는 자가 방금 범죄를 실행한 범인이라는 점에 관한 죄증이 명백히 존재하는 것으로 인정된다면 현행범인으로 볼 수 있다. 기록에 의하면, 술에 취한 피고인이 이 사건 당일 09:10경 위 목욕탕 탈의실에서 공소외 2를 구타하고 약 1분여 동안 피해자의 목을 잡고 있다가 그 곳에 있던 다른 사람들이 말리자 잡고 있던 공소외 2의 목을 놓은 후 위 목욕탕 탈의실 의자에 앉아 있었는데, 공소외 2가 와서 탈의실 내 평상을 뒤집었고 이에 다른 사람들이 그 평상을 원위치시켜 놓았으며, 그 무렵 위 목욕탕에서 이발소를 운영하고 있는 공소외 3이 피고인에게 옷을 입고 가라고 하여 피고인이 옷을 입고 있었던 사실, 한편 다른 사람들이 피고인이 공소외 2를 구타하는 것을 말린 후 위 목욕탕 주인이 경찰에 112 신고를 하여 경찰관 공소외 1, 공소외 4가 바로

출동하였는데, 경찰관들이 현장에 출동하였을 때 피고인은 위와 같이 탈의실에서 옷을 입고 있었던 사실, 위 공소외 1이 피해자, 피고인, 신고자 등을 상대로 신고내용을 들은 후 탈의실에 있는 피고인을 상해죄의 현행범인으로 체포한다고 하면서 미란다 원칙을 고지하고 피고인을 강제로 연행하려고 하자, 피고인이 잘못한 일이 없다고 하면서 탈의실 바닥에 누워 한동안 체포에 불응한 사실, 이에 위 공소외 1이 피고인에게 목욕탕 영업에 지장이 있으니 누워있지 말고 나오라고 하였음에도 피고인이 계속 누워서 저항하자 같은 날 09:35 내지 09:40경 위 공소외 1은 위 공소외 4, 공소외 3 등과 힘을 합하여 피고인을 들고 위 목욕탕 밖으로 나와 112 순찰차량의 뒷좌석에 태운 사실, 그런데 피고인이 갑자기 차 밖으로 뛰쳐나와 양손으로 경찰관 공소외 1의 멱살을 붙잡은 후 양 주먹으로 얼굴 부위를 수회 때려 공소외 1에게 2주간의 치료를 요하는 안면부 좌상을 가한 사실 등이 인정된다. 이러한 사실관계와 체포 전후의 정황에 비추어 본다면, 위 공소외 1이 피고인을 현행범인으로 체포한 시기는 피고인이 공소외 2에 대한 상해행위를 종료한 순간과 아주 접착된 시간적 단계에 있다고 볼 수 있을 뿐만 아니라 피고인을 체포한 장소도 피고인이 위 상해범행을 저지른 바로 위 목욕탕 탈의실이어서, 위 공소외 1이 피고인을 체포할 당시는 피고인이 방금 범죄를 실행한 범인이라고 볼 죄증이 명백히 존재하는 것으로 인정할 수 있는 상황이었다고 할 것이므로, 피고인을 현행범인으로 볼 수 있다고 할 것이다(대법원 2006.2.10. 선고 2005도7158 판결).

■ 판례 ■ 현행범인으로서의 요건을 갖추지 못한 자에 대한 경찰관의 체포를 면하려고 반항하는 과정에서 경찰관에게 상해를 가한 경우, 정당방위가 성립되는지 여부(적극)

현행범인으로서의 요건을 갖추고 있었다고 인정되지 않는 상황에서 경찰관들이 동행을 거부하는 자를 체포하거나 강제로 연행하려고 하였다면, 이는 적법한 공무집행이라고 볼 수 없고, 그 체포를 면하려고 반항하는 과정에서 경찰관에게 상해를 가한 것은 불법 체포로 인한 신체에 대한 현재의 부당한 침해에서 벗어나기 위한 행위로서 정당방위에 해당하여 위법성이 조각된다(대법원 2002.5.10. 선고 2001도300 판결).

■ 판례 ■ 경찰관이 교통법규 등을 위반하고 도주하는 차량을 순찰차로 추적하는 직무를 집행하는 중에 그 도주 차량의 주행에 의하여 제3자가 손해를 입은 경우, 경찰관의 추적행위가 위법한 것인지 여부(한정 소극)

경찰관은 수상한 거동 기타 주위의 사정을 합리적으로 판단하여 어떠한 죄를 범하였거나 범하려 하고 있다고 의심할 만한 상당한 이유가 있는 자 또는 이미 행하여진 범죄나 행하여지려고 하는 범죄행위에 관하여 그 사실을 안다고 인정되는 자를 정지시켜 질문할 수 있고, 또 범죄를 실행중이거나 실행 직후인 자는 현행범인으로, 누구임을 물음에 대하여 도망하려 하는 자는 준현행범인으로 각 체포할 수 있으며, 이와 같은 정지 조치나 질문 또는 체포 직무의 수행을 위하여 필요한 경우에는 대상자를 추적할 수도 있으므로, 경찰관이 교통법규 등을 위반하고 도주하는 차량을 순찰차로 추적하는 직무를 집행하는 중에 그 도주차량의 주행에 의하여 제3자가 손해를 입었다고 하더라도 그 추적이 당해 직무 목적을 수행하는 데에 불필요하다거나 또는 도주차량의 도주의 태양 및 도로교통상황 등으로부터 예측되는 피해 발생의 구체적 위험성의 유무 및 내용에 비추어 추적의 개시·계속 혹은 추적의 방법이 상당하지 않다는 등의 특별한 사정이 없는 한 그 추적행위를 위법하다고 할 수는 없다(대법원 2000.11.10. 선고 2000다26807, 26814 판결).

■판례■　　순찰 중이던 경찰관이 교통사고를 낸 차량이 도주하였다는 무전연락을 받고 주변을 수색하다가 범퍼 등의 파손상태로 보아 사고차량으로 인정되는 차량에서 내리는 사람을 발견한 경우

[1] 준현행범으로 체포할 수 있는지 여부(= 적극)

순찰 중이던 경찰관이 교통사고를 낸 차량이 도주하였다는 무전연락을 받고 주변을 수색하다가 범퍼 등의 파손상태로 보아 사고차량으로 인정되는 차량에서 내리는 사람을 발견한 경우, 형사소송법 제211조 제2항 제2호 소정의 '장물이나 범죄에 사용되었다고 인정함에 충분한 흉기 기타의 물건을 소지하고 있는 때'에 해당하므로 준현행범으로서 영장 없이 체포할 수 있다고 한 사례.

[2] 사법경찰리가 현행범인의 체포 또는 긴급체포를 하기 위하여는 반드시 범죄사실의 요지, 구속의 이유와 변호인을 선임할 수 있음을 말하고 변명할 기회를 주어야 하는지 여부(적극) 및 그 시기

헌법 제12조 제5항 전문은 '누구든지 체포 또는 구속의 이유와 변호인의 조력을 받을 권리가 있음을 고지받지 아니하고는 체포 또는 구속을 당하지 아니한다.'는 원칙을 천명하고 있고, 형사소송법 제72조는 '피고인에 대하여 범죄사실의 요지, 구속의 이유와 변호인을 선임할 수 있음을 말하고 변명할 기회를 준 후가 아니면 구속할 수 없다.'고 규정하는 한편, 이 규정은 같은 법 제213조의2에 의하여 검사 또는 사법경찰관리가 현행범인을 체포하거나 일반인이 체포한 현행범인을 인도받는 경우에 준용되므로, 사법경찰리가 현행범인으로 체포하는 경우에는 반드시 범죄사실의 요지, 구속의 이유와 변호인을 선임할 수 있음을 말하고 변명할 기회를 주어야 할 것임은 명백하며, 이러한 법리는 비단 현행범인을 체포하는 경우뿐만 아니라 긴급체포의 경우에도 마찬가지로 적용되는 것이고, 이와 같은 고지는 체포를 위한 실력행사에 들어가기 이전에 미리 하여야 하는 것이 원칙이나, 달아나는 피의자를 쫓아가 붙들거나 폭력으로 대항하는 피의자를 실력으로 제압하는 경우에는 붙들거나 제압하는 과정에서 하거나, 그것이 여의치 않은 경우에라도 일단 붙들거나 제압한 후에는 지체 없이 행하여야 한다(대법원 2000. 7. 4. 선고 99도4341 판결).

■판례■　　피고인이 甲과 주차문제로 언쟁을 벌이던 중, 112 신고를 받고 출동한 경찰관 乙이 甲을 때리려는 피고인을 제지하자 자신만 제지를 당한 데 화가 나서 손으로 乙의 가슴을 밀치고, 피고인을 현행범으로 체포하며 순찰차 뒷좌석에 태우려고 하는 乙의 정강이 부분을 양발로 걷어차는 등 폭행함으로써 경찰관의 112 신고처리에 관한 직무집행을 방해하였다는 내용으로 기소된 사안

제반 사정을 종합하면 피고인이 손으로 乙의 가슴을 밀칠 당시 乙은 112 신고처리에 관한 직무 내지 순찰근무를 수행하고 있었고, 이와 같이 공무를 집행하고 있는 乙의 가슴을 밀치는 행위는 공무원에 대한 유형력의 행사로서 공무집행방해죄에서 정한 폭행에 해당하며, 피고인이 체포될 당시 도망 또는 증거인멸의 염려가 없었다고 할 수 없어 체포의 필요성이 인정되고, 공소사실에 관한 증인들의 법정진술의 신빙성을 인정한 제1심의 판단을 뒤집을 만한 특별한 사정이 없다는 등의 이유로, 이와 달리 보아 공소사실을 무죄라고 판단한 원심판결에 공무집행방해죄의 폭행이나 직무집행, 현행범 체포의 요건 등에 관한 법리오해 또는 제1심 증인이 한 진술의 신빙성을 판단할 때 공판중심주의와 직접심리주의의 원칙을 위반한 잘못이 있다.(대법원 2018. 3. 29. 선고, 2017도21537, 판결).

○ ○ 경 찰 서

제 0000-00000 호   20○○. ○. ○.

수 신 : ○○지방검찰청장

제 목 : 구속영장 신청서(현행범인)

다음 사람에 대한 ○○ 피의사건에 관하여 동인을 아래와 같이 현행범인으로 체포하여 ○○에 구속하려 하니 20○○. ○. ○.까지 유효한 구속영장의 청구를 신청합니다.

피 의 자	성 명	
	주 민 등 록 번 호	– (세)
	직 업	
	주 거	
변 호 인		
체포한 일시·장소		
인치한 일시·장소		
구금한 일시·장소		
범죄사실 및 구속을 필 요 로 하 는 이 유		
필 요 적 고 려 사 항	□ 범죄의 중대성 □ 재범의 위험성 □ 피해자·중요참고인 등에 대한 위해 우려 □ 기타 사유 ※ 구체적 내용은 별지와 같음	
피의자의 지정에 따라 체포이유등 이 통지된 자의 성명 및 연 락 처		
재신청의 취지 및 이유		
비 고		

○ ○ 경 찰 서

사법경찰관 경위 홍 길 동 (인)

요 건	① 현행범 : 범죄의 실행중이거나 실행직후인 자(제211조 제1항) ② 준현행범 : • 범인으로 호칭되어 추적 　　　　　　• 장물, 흉기 등 소지 　　　　　　• 현저한 증적 　　　　　　• 불심검문에 도주(제211조 제2항) ③ 범인의 명백성
절 차	① 사인에 의한 체포 : 현행범인수보고서 작성(체포사유 등 기재) ② 전·의경에 의한 체포 : 사인이 체포한 경우와 같이 인수보고서 작성 ③ 경찰관에 의한 체포 : 현행범체포보고서 작성(체포사유란에 체포의 필요성 구체적으로 기재)
체포후 조 치	① 계속 구금할 경우 체포영장에 의한 체포의 경우와 동일 　－제213조의2, 제200조의2 제5항 ② 계속 구금할 필요 없으면 관서장승인후 즉시석방 　－검사사전지휘 불필요, 사후 통보
적 용 사 례	① 112신고에 의한 폭력현장 등 범죄장소에서의 현행범 검거시 ② 검문검색에 의한 흉기, 장물 등 소지한 용의자 등 준현행범 검거시
주의사항	① 체포시 미란다원칙 고지 ② 현행범 요건 엄격히 적용 ③ 체포즉시 현행범체포보고서 작성(현행범으로 인정한 이유 및 요지, 체포시의 상황, 증거자료 유무에 대해 상세히 기재) ④ 사인(전의경포함)으로부터 인수받았을 경우 현행범인수보고서 작성(체포자의 진술서 첨부, 체포의 이유 상세히 기재) ※ 친고죄 현행범의 경우 명백한 고소의사 있을 때 요건미비해도 체포가능
잘못된 사 례	① 현행범인에 해당하지 않음에도 현행범으로 체포한 경우 　－범행일시와 체포일시 사이에 상당한 시차가 있고 범행장소와 체포장소가 다른 때 　－피의자가 도주하여 범행현장을 완전히 이탈하였다가 다시 자수한 경우 ② 현행범 체포후 현행범의 범죄사실은 구증되지 않으나 과거 범죄사실이 인정된다고 사후영장을 신청하는 경우(즉시 석방후 사전영장을 신청하여야 함)

제4절 구속(사전영장)

Ⅰ. 개 념

1. 구속의 사유(형사소송법 제70조)

가. 죄를 범하였다고 의심할 만한 상당한 이유가 있고 다음 각호의 1에 해당하는 사유가 있는 경우

① 일정한 주거가 없는 때

② 증거를 인멸할 염려가 있는 때

③ 도망하거나 도망할 염려가 있는 때

나. 법원은 구속사유를 심사함에 있어서 범죄의 중대성, 재범의 위험성, 피해자 및 중요 참고인 등에 대한 위해우려 등을 고려하여야 한다.

다. 다액 50만원이하의 벌금, 구류 또는 과료에 해당하는 사건에 관하여는 일정한 주거가 없는 때의 경우를 제한 외에는 구속할 수 없다.

■ 판례 ■   **구속영장의 효력이 미치는 공소사실의 범위 및 그 판단 기준**

구속영장의 효력은 구속영장에 기재된 범죄사실 및 그 사실의 기초가 되는 사회적 사실관계가 기본적인 점에서 동일한 공소사실에 미친다고 할 것이고, 이러한 기본적 사실관계의 동일성을 판단함에 있어서는 그 사실의 동일성이 갖는 기능을 염두에 두고 피고인의 행위와 그 사회적인 사실관계를 기본으로 하되 규범적 요소도 아울러 고려하여야 한다(대법원 2001.5.25. 자 2001모85 결정).

■ 판례 ■   **구금장소의 임의적 변경이 청구인의 방어권이나 접견교통권의 행사에 중대한 장애를 초래하는지 여부(적극)**

구속영장에는 청구인을 구금할 수 있는 장소로 특정 경찰서 유치장으로 기재되어 있었는데, 청구인에 대하여 위 구속영장에 의하여 1995. 11. 30. 07 : 50경 위 경찰서 유치장에 구속이 집행되었다가 같은 날 08 : 00에 그 신병이 조사차 국가안전기획부 직원에게 인도된 후 위 경찰서 유치장에 인도된 바 없이 계속하여 국가안전기획부 청사에 사실상 구금되어 있다면, 청구인에 대한 이러한 사실상의 구금장소의 임의적 변경은 청구인의 방어권이나 접견교통권의 행사에 중대한 장애를 초래하는 것이므로 위법하다(대법원 1996.5.15. 자 95모94 결정).

2. 구속영장 신청절차

가. 구속영장의 신청은 사법경찰관이 하여야 한다.

나. 피의자의 구속 여부를 판단함에는 그 사안의 경중과 태양 및 도망 죄증인멸 통보 등 수사상 지장의 유무와 피의자의 연령 건강 기타 제반 사항을 고려하여야 한다.

다. 체포, 긴급체포 또는 현행범인으로 체포한 피의자에 대하여는 체포한 때로부터 36시간 이내에 구속영장을 신청(지명수배자 등을 원거리에서 신병인수하여 조사하다 보면 36시간을 넘겨 신청한 때도 있으나 검사가 48시간 이내에 영장을 청구하여야 하기 때문에 검사가 영장을 청구할 수 있는 시간을 감안하여야 한다)하여야 하며 구속영장 신청서에 체포영장, 긴급체포서, 현행범인체포서 또는 현행범인인수서를 첨부하여야 한다.

라. 사법경찰관이 구속영장을 신청할 때에는 소속 경찰관서장에게 보고하여 그 지휘를 받아야 한다.

마. 구속영장을 신청하였을 때에는 구속영장신청부에 신청의 절차, 발부 후의 처리절차 등을 명백히 기재하여야 한다.

바. 구속영장의 발부를 받지 못하였을 때는 즉시 피의자를 석방하는 동시에 소속 경찰관서장에게 보고하여야 한다.

사. 구속영장을 신청함에는 피의자가 죄를 범하였다고 의심할만한 상당한 이유를 기재한 서면과 구속의 필요가 있다는 것을 소명하는 피해신고서, 피의자신문조서, 진술조서, 수사보고서 등의 자료를 첨부하여 신청하여야 한다. 다만, 50만원 이하의 벌금, 구류 또는 과료에 해당하는 범죄에 관하여는 다시 피의자가 일정한 주거가 없다는 것을 명확히 하는 소명자료를 첨부하여야 한다.

II. 구속영장 신청서의 기재사항

1. 기재사항

가. 구속영장에는 형사소송법 제75조에 규정한 사항 외에 피의자의 주민등록번호, 직업 및 제70조 제1항 각호에 규정한 구속의 사유와 제2항에서 규정하고 있는 필요적 고려사항을 기재하여야 한다.

나. 외국인이면 외국인등록번호, 위 번호들이 없거나 이를 알 수 없는 경우에는 생년월일 및 성별(형사소송규칙 제46조)

2. 구속 사유 기재(例, 사기 사건의 경우)

가. 변제의사와 능력

피의자는 범행 당시 일정한 수입이 없는 상태에서 ○○은행에 대출금 4,000만 원, 사채 2,500만 원 등 약 6,500만 원의 채무가 있어(기록 제00쪽 피의자 진술 등) 돈을 빌릴 경우 사실상 변제의사와 능력이 있었다고 볼 수 없다.

나. 증거인멸 염려

공범인 홍길동과 주요 참고인인 홍기자 등으로 하여금 번복 진술하게 할 우려가 있어 증거인멸의 염려가 있다.

다. 도주염려

·········사람으로 흉기사용 등 범죄수법이 잔인하고(지능적이고) 피해규모 결과로 보아 중벌을 면하기 어려워 도망할 염려가 있으므로 사유로 도주염려가 있다.

III. 석방 시 조치 (구속전피의자심문 후 판사 영장기각)

미체포 피의자(사전영장)에 대한 영장을 신청하여 구속전피의자심문을 진행하였으나 판사가 영장을 기각하여 석방할 경우 석방서를 작성하여야 한다.

○ ○ 경 찰 서

제 0000-00000 호   20○○. ○. ○.

수 신 : ○○지방검찰청장

제 목 : 구속영장 신청서(미체포)

다음 사람에 대한 ○○ 피의사건에 관하여 동인을 ○○에 구속하려 하니 20○○. ○. ○.까지 유효한 구속영장의 청구를 신청합니다.

피 의 자	성　　　명	
	주민등록번호	－　　　　(　세)
	직　　　업	
	주　　　거	
변　　호　　인		
범죄사실 및 구속을 필요로 하는 이유		
필 요 적 　고 려 사 항		□ 범죄의 중대성　　　□ 재범의 위험성 □ 피해자·중요참고인 등에 대한 위해 우려 □ 기타 사유 　　※ 구체적 내용은 별지와 같음
7일을 넘는 유효기간을 필요로 하는 취지와 사　　　　　　유		피의자는 사업관계로 주거지에 잘 있지 않고 출타가 잦은 자이므로 (7일을 넘지 않을 경우에는 작성 생략)
둘 이상의 영장을 신청 하 는 취 지 와 사 유		
재신청의 취지 및 이유		
비　　　　　　고		

○○경찰서

사법경찰관 경위 홍길동 (인)

피의자 석방서[구속영장신청(미체포)]

제 호   20○○.○.○.

다음 피의자[구속영장신청(미체포)]를 아래와 같이 석방합니다.

피의자	성 명	
	주 민 등 록 번 호	
	직 업	
	주 거	
죄 명		
유 치 한 일 시		
유 치 한 장 소	**○○경찰서 유치장**	
석 방 일 시		
석 방 장 소	**○○경찰서 유치장**	
석 방 사 유		
석방자의 관직 및 성명		
구 속 영 장 번 호 (피의자심문구인용)		

○○경찰서

사법경찰관 경위 홍길동 (인)

Ⅳ. 구속영장 집행

1. 영장의 집행 (형사소송법 제85조)

가. 구속영장을 집행함에는 피의자에게 반드시 이를 제시하고 그 사본을 교부하여야 하며 신속히 지정된 법원 기타 장소에 인치하여야 한다.

나. 구속영장을 소지하지 아니한 경우에 급속을 요하는 때에는 피의자에 대하여 공소사실의 요지와 영장이 발부되었음을 고하고 집행할 수 있다.

다. 집행을 완료한 후에는 신속히 구속영장을 제시하고 그 사본을 교부하여야 한다.

라. 영장을 집행할 때에는 친절히 하여야 하고 피의자 또는 관계인의 신체 및 명예를 보전하는 데 유의하여야 한다.

마. 영장은 검사의 서명·날인 또는 집행 지휘서에 의하여 이를 집행한다.

■ 판례 ■ 사법경찰관리집무규칙 제23조 제3항소정의 검사의 날인 또는 집무집행서가 없는 구속영장에 의한 집행의 효력

사법경찰관리 집무규칙은 법무부령으로서 사법경찰관리에게 범죄수사에 관한 집무상의 준칙을 명시한 것 뿐이므로 합법적으로 발부된 구속영장이 사법경찰관리에 의하여 집행된 경우, 위 집무규칙 제23조 제3항소정의 검사의 날인 또는 집행지휘서가 없다하여 곧 불법집행이 되는 것은 아니다(대법원 1985.7.15. 자 84모22 결정).

바. 사법경찰관리가 「형사소송법」 제81조 제1항 단서에 의하여 재판장 수명법관 또는 수탁판사로부터 구속영장의 집행지휘를 받았을 때는 즉시 이를 집행하여야 한다.

사. 사법경찰관리는 피의자를 체포·구속하는 때에는 형사소송법 제200조의5 또는 제209조의 규정에 의하여 준용되는 제72조 또는 제88조의 규정에 의하여 피의자에게 범죄사실의 요지, 체포·구속의 이유와 변호인을 선임할 수 있음을 고지하고 변명의 기회를 준 후 피의자로부터 확인서를 받아 사건기록에 편철하여야 한다. 다만, 피의자가 확인서에 서명·날인을 거부하는 경우에는 피의자를 체포·구속하는 사법경찰관리는 확인서 말미에 사유를 기재하고 서명·날인하여야 한다.

2. 영장사본의 제시 (수사준칙 제32조의2)

① 검사 또는 사법경찰관은 영장에 따라 피의자를 체포하거나 구속하는 경우에는 법 제200조의6 또는 제209조에서 준용하는 법 제85조제1항 또는 제4항에 따라 피의자에게 반드시 영장을 제시하고 그 사본을 교부해야 한다.

② 검사 또는 사법경찰관은 제1항에 따라 피의자에게 영장을 제시하거나 영장의 사본을 교부할 때에는 사건관계인의 개인정보가 피의자의 방어권 보장을 위해 필요한 정도를 넘어 불필요하게 노출되지 않도록 유의해야 한다.

③ 검사 또는 사법경찰관은 제1항에 따라 피의자에게 영장의 사본을 교부한 경우에는 피

의자로부터 영장 사본 교부 확인서를 받아 사건기록에 편철한다.

④ 피의자가 영장의 사본을 수령하기를 거부하거나 영장 사본 교부 확인서에 기명날인 또는 서명하는 것을 거부하는 경우에는 검사 또는 사법경찰관이 영장 사본 교부 확인서 끝 부분에 그 사유를 적고 기명날인 또는 서명해야 한다.

3. 구속할 때 주의사항

가. 피의자를 체포 구속할 때에는 감정에 치우치지 말고 침착 냉정한 태도를 유지하는 동시에 필요한 한도를 넘어서 실력을 행사하는 일이 없도록 하고 그 시간방법을 고려하여야 한다.

나. 다수의 피의자를 동시에 체포 구속할 때에는 개개의 피의자에 관하여 인상, 체격, 기타의 특징 그의 범죄사실과 체포 시의 상황, 당해 피의자와 증거와의 관련을 명백히 밝혀 체포 압수 수색검증 기타 처분에 관한 서류의 작성 조사 입증에 지장이 생기지 아니하도록 하여야 한다.

다. 피의자를 체포 구속할 때에는 피의자의 건강 상태를 조사하고 체포구속으로 인하여 현저하게 건강을 해할 염려가 있다고 인정할 때에는 그 사유를 검사에게 통보하여야 한다.

라. 피의자가 도주 자살 또는 폭행 등을 할 염려가 있을 때는 수갑이나 포승을 사용하여야 한다.

4. 법관의 날인이 누락된 영장의 효력

압수 · 수색영장에는 피의자의 성명, 죄명, 압수할 물건, 수색할 장소, 신체, 물건, 발부 연월일, 유효기간과 그 기간을 경과하면 집행에 착수하지 못하며 영장을 반환하여야 한다는 취지, 그 밖에 대법원규칙으로 정한 사항을 기재하고 영장을 발부하는 법관이 서명날인하여야 한다(형사소송법 제219조, 제114조 제1항 본문). 이 사건 영장은 법관의 서명 날인란에 서명만 있고 날인이 없으므로, 형사소송법이 정한 요건을 갖추지 못하여 적법하게 발부되었다고 볼 수 없다.(대법원 2019. 7. 11., 선고, 2018도20504, 판결)

⬤ V. 구속의 통지

1. 사법경찰관이 피의자를 체포 · 구속한 때에는 「형사소송법」 제200조의5 또는 제209조의 규정에 의하여 준용되는 동법 제87조의 규정에 따라 변호인이 있는 경우에는 변호인에게, 변호인이 없는 경우에는 동법 제30조제2항에 규정된 자 중 피의자가 지정한 자에게 체포 · 구속한 때부터 늦어도 24시간 이내에 서면으로 체포 · 구속의 통지를 하여야 한다. 이 경우 「형사소송법」 제30조제2항에 규정된 자가 없어 체포 · 구속의 통지를 하지 못할 때는 그 취지를 기재한 서면을 기록에 편철하여야 한다.

2. 사법경찰관은 긴급을 요하는 경우에는 전화, 모사전송, 전자우편, 휴대전화 문자전송, 그 밖에 상당한 방법으로 체포 · 구속의 통지를 할 수 있다. 이 경우 다시 서면으로 체포 · 구속의 통지를 하여야 한다.

3. 체포 · 구속의 통지서사본은 그 사건기록에 편철하여야 한다.

제5절 영장의 재신청과 영장의 반환

 ## Ⅰ. 영장의 재신청

1. 근거법령

가. 검사와 사법경찰관의 상호협력과 일반적 수사준칙에 관한 규정

> 제31조(체포·구속영장의 재청구·재신청) 검사 또는 사법경찰관은 동일한 범죄사실로 다시 체포·구속영장을 청구하거나 신청하는 경우(체포·구속영장의 청구 또는 신청이 기각된 후 다시 체포·구속영장을 청구하거나 신청하는 경우와 이미 발부받은 체포·구속영장과 동일한 범죄사실로 다시 체포·구속영장을 청구하거나 신청하는 경우를 말한다)에는 그 취지를 체포·구속영장 청구서 또는 신청서에 적어야 한다.
> 제39조(압수·수색 또는 검증영장의 재청구·재신청 등) 압수·수색 또는 검증영장의 재청구·재신청(압수·수색 또는 검증영장의 청구 또는 신청이 기각된 후 다시 압수·수색 또는 검증영장을 청구하거나 신청하는 경우와 이미 발부받은 압수·수색 또는 검증영장과 동일한 범죄사실로 다시 압수·수색 또는 검증영장을 청구하거나 신청하는 경우를 말한다)과 반환에 관해서는 제31조 및 제35조를 준용한다.

나. 범죄수사규칙

> 제122조(체포·구속영장의 재신청) 경찰관은 「형사소송법」 제200조의2제4항 및 「수사준칙」 제31조에 따라 동일한 범죄사실로 다시 체포·구속영장을 신청할 때에는 다음 각 호의 사유에 해당하는 경우 그 취지를 체포·구속영장 신청서에 적어야 한다.
> 1. 체포·구속영장의 유효기간이 경과된 경우
> 2. 체포·구속영장을 신청하였으나 그 발부를 받지 못한 경우
> 3. 체포·구속되었다가 석방된 경우

2. 재신청 사유

　가. 체포·구속영장의 유효기간이 경과된 경우

　나. 체포·구속영장을 신청하였으나 그 발부를 받지 못한 경우

　다. 체포·구속되었다가 석방된 경우

3. 유효기간 경과 시

가. 유효기간이 경과하면 영장을 반환하여야 한다. 이때 공소시효가 남아 있을 때는 공소시효 기간까지 유효한 영장을 재신청하여야 한다. 재신청 시 재신청 사유는 "유효기간 만료"라고만 기재하면 된다.

나. 공소시효가 완료되어 수배를 해제하고 영장을 반환하면서 주의할 점

수배자가 도피할 목적으로 해외로 출국한 경우에는 그 기간은 형사소송법 규정에 따라 공소시효가 정지되기 때문에 반드시 출입국 조회한 후 출국 사실이 있으면 수배를 해제하여서는 안 된다.

> ※ 형사소송법
> 제253조(시효의 정지와 효력) ③ 범인이 형사처분을 면할 목적으로 국외에 있는 경우 그 기간동안 공소시효는 정지된다.

다. 영장을 재신청할 때는 반드시 유효기간이 만료되기 전에 영장을 발부받아야 영장집행에 공백이 없을 것이다.

라. 압수·수색 또는 검증영장의 재청구·재신청(압수·수색 또는 검증영장의 청구 또는 신청이 기각된 후 다시 압수·수색 또는 검증영장을 청구하거나 신청하는 경우와 이미 발부받은 압수·수색 또는 검증영장과 동일한 범죄사실로 다시 압수·수색 또는 검증영장을 청구하거나 신청하는 경우를 말한다)과 반환에 관해서는 수사준칙 제31조 및 제35조를 준용한다.

재신청의 취지 및 이유	"유효기간만료"

○○**경찰서**

사법경찰관   경위 홍 길 동 (인)

4. 판례 연구

■ 판례 ■   구속영장 기각결정에 대한 불복방법

[1] 형사사법절차에서 검사에게 허용되는 재판에 대한 불복의 절차와 범위 및 방법 등의 문제가 입법정
    책에 속하는 사항인지 여부(적극)

헌법과 법률이 정한 법관에 의하여 법률에 의한 신속한 재판을 받을 권리를 국민의 기본권의 하나로
보장하고 있는 헌법 제27조의 규정과 대법원을 최고법원으로 규정한 헌법 제101조 제2항, 명령ㆍ규칙
또는 처분에 대한 대법원의 최종심사권을 규정한 헌법 제107조 제2항의 규정 등에 비추어, 대법원 이
외의 각급법원에서 잘못된 재판을 하였을 경우에는 상급심으로 하여금 이를 바로 잡게 하는 것이 국민
의 재판청구권을 실질적으로 보장하는 방법이 된다는 의미에서 심급제도는 재판청구권을 보장하기 위
한 하나의 수단이 되는 것이지만, 심급제도는 사법에 의한 권리보호에 관하여 한정된 법 발견자원의
합리적인 분배의 문제인 동시에 재판의 적정과 신속이라는 서로 상반되는 두 가지 요청을 어떻게 조화
시키느냐의 문제에 귀착되므로 어느 재판에 대하여 심급제도를 통한 불복을 허용할 것인지의 여부 또
는 어떤 불복방법을 허용할 것인지 등은 원칙적으로 입법자의 형성의 자유에 속하는 사항이고, 특히
형사사법절차에서 수사 또는 공소제기 및 유지를 담당하는 주체로서 피의자 또는 피고인과 대립적 지
위에 있는 검사에게 어떤 재판에 대하여 어떤 절차를 통하여 어느 범위 내에서 불복방법을 허용할 것
인가 하는 점은 더욱 더 입법정책에 달린 문제이다.

[2] 검사의 체포영장 또는 구속영장 청구에 대한 지방법원판사의 재판이 항고나 준항고의 대상이 되는지
    여부(소극)

검사의 체포영장 또는 구속영장 청구에 대한 지방법원판사의 재판은 형사소송법 제402조의 규정에 의
하여 항고의 대상이 되는 '법원의 결정'에 해당하지 아니하고, 제416조 제1항의 규정에 의하여 준항
고의 대상이 되는 '재판장 또는 수명법관의 구금 등에 관한 재판'에도 해당하지 아니한다.

[3] 체포영장 또는 구속영장의 청구에 관한 재판 자체에 대하여 직접 항고나 준항고를 통한 불복을 허용
    하지 아니한 것이 헌법에 위반되는지 여부(소극)

헌법 제12조 제1항, 제3항, 제6항 및 형사소송법 제37조, 제200조의2, 제201조, 제214조의2, 제402
조, 제416조 제1항 등의 규정들은, 신체의 자유와 관련한 기본권의 침해는 부당한 구속 등에 의하여
비로소 생길 수 있고 검사의 영장청구가 기각된 경우에는 그로 인한 직접적인 기본권침해가 발생할 여
지가 없다는 점 및 피의자에 대한 체포영장 또는 구속영장의 청구에 관한 재판 자체에 대하여 항고 또
는 준항고를 통한 불복을 허용하게 되면 그 재판의 효력이 장기간 유동적인 상태에 놓여 피의자의 지
위가 불안하게 될 우려가 있으므로 그와 관련된 법률관계를 가급적 조속히 확정시키는 것이 바람직하
다는 점 등을 고려하여, 체포영장 또는 구속영장에 관한 재판 그 자체에 대하여 직접 항고 또는 준항
고를 하는 방법으로 불복하는 것은 이를 허용하지 아니하는 대신에, 체포영장 또는 구속영장이 발부된
경우에는 피의자에게 체포 또는 구속의 적부심사를 청구할 수 있도록 하고 그 영장청구가 기각된 경우
에는 검사로 하여금 그 영장의 발부를 재청구할 수 있도록 허용함으로써, 간접적인 방법으로 불복할
수 있는 길을 열어 놓고 있는 데 그 취지가 있고, 이는 헌법이 법률에 유보한 바에 따라 입법자의 형
성의 자유의 범위 내에서 이루어진 합리적인 정책적 선택의 결과일 뿐 헌법에 위반되는 것이라고는 할
수 없다.(대법원 2006. 12. 18., 자, 2006모646, 결정).

1. 근거법령

가. 검사와 사법경찰관의 상호협력과 일반적 수사준칙에 관한 규정

제35조(체포·구속영장의 반환) ① 검사 또는 사법경찰관은 체포·구속영장의 유효기간 내에 영장의 집행에 착수하지 못했거나, 그 밖의 사유로 영장의 집행이 불가능하거나 불필요하게 되었을 때에는 즉시 해당 영장을 법원에 반환해야 한다. 이 경우 체포·구속영장이 여러 통 발부된 경우에는 모두 반환해야 한다.
② 검사 또는 사법경찰관은 제1항에 따라 체포·구속영장을 반환하는 경우에는 반환사유 등을 적은 영장반환서에 해당 영장을 첨부하여 반환하고, 그 사본을 사건기록에 편철한다.
③ 제1항에 따라 사법경찰관이 체포·구속영장을 반환하는 경우에는 그 영장을 청구한 검사에게 반환하고, 검사는 사법경찰관이 반환한 영장을 법원에 반환한다.
제39조(압수·수색 또는 검증영장의 재청구·재신청 등) 압수·수색 또는 검증영장의 재청구·재신청(압수·수색 또는 검증영장의 청구 또는 신청이 기각된 후 다시 압수·수색 또는 검증영장을 청구하거나 신청하는 경우와 이미 발부받은 압수·수색 또는 검증영장과 동일한 범죄사실로 다시 압수·수색 또는 검증영장을 청구하거나 신청하는 경우를 말한다)과 반환에 관해서는 제31조 및 제35조를 준용한다.

나. 경찰수사규칙

제58조(체포·구속영장의 반환) 수사준칙 제35조제2항에 따른 영장반환서는 별지 제50호서식에 따른다.

2. 절 차

가. 영장 집행에 착수하지 못하거나 영장집행이 불가능 또는 불필요하게 된 경우 반환 사유를 기재한 영장반환서를 작성한다.

나. 영장반환은 영장을 청구한 검사에게 반환한다. 압수수색영장 또는 검증영장을 반환하는 때도 같다.

○ ○ 경 찰 서

제 0000-00000 호   20○○. ○. ○.

수 신 : ○○지방검찰청장 (검사 : ○○○)

제 목 : 영장반환서

「검사와 사법경찰관의 상호협력과 일반적 수사준칙에 관한 규정」 제35조에 따라 별지 영장을 다음과 같은 이유로 반환합니다.

영 장 종 별		
영 장 발 부 일		
영 장 번 호		
대 상 자	성 명	
	주 민 등 록 번 호	
	주 거	
죄 명		
영 장 반 환 사 유		1. 영장 집행 불가능 또는 불필요 1. 영장 유효기간 내 집행 미착수
첨 부 : 영장		

○○경찰서

사법경찰관 경위 홍 길 동 (인)

제6절 영장심의위원회

Ⅰ. 법규연구

1. 형사소송법

제221조의5(사법경찰관이 신청한 영장의 청구 여부에 대한 심의) ① 검사가 사법경찰관이 신청한 영장을 정당한 이유 없이 판사에게 청구하지 아니한 경우 사법경찰관은 그 검사 소속의 지방검찰청 소재지를 관할하는 고등검찰청에 영장 청구 여부에 대한 심의를 신청할 수 있다.
② 제1항에 관한 사항을 심의하기 위하여 각 고등검찰청에 영장심의위원회(이하 이 조에서 "심의위원회"라 한다)를 둔다.
③ 심의위원회는 위원장 1명을 포함한 10명 이내의 외부 위원으로 구성하고, 위원은 각 고등검찰청 검사장이 위촉한다.
④ 사법경찰관은 심의위원회에 출석하여 의견을 개진할 수 있다.
⑤ 심의위원회의 구성 및 운영 등 그 밖에 필요한 사항은 법무부령으로 정한다.

2. 검사와 사법경찰관의 상호협력과 일반적 수사준칙에 관한 규정

제44조(영장심의위원회) 법 제221조의5에 따른 영장심의위원회의 위원은 해당 업무에 전문성을 가진 중립적 외부 인사 중에서 위촉해야 하며, 영장심의위원회의 운영은 독립성·객관성·공정성이 보장되어야 한다.

3. 경찰수사규칙

제74조(영장심의위원회) 사법경찰관은 법 제221조의5제1항에 따라 영장 청구 여부에 대한 심의를 신청하는 경우에는 「영장심의위원회 규칙」 제13조에 따라 관할 고등검찰청에 심의신청을 해야 한다.

4. 영장심의위원회 규칙(법무부령)

제2조(영장심의위원회의 심의대상) 「형사소송법」 (이하 "법"이라 한다) 제221조의5제2항에 따른 영장심의위원회(이하 "심의위원회"라 한다)는 법 제221조의5제1항에 따른 신청(이하 "심의신청"이라 한다)에 따라 다음 각 호의 영장 청구 여부에 관한 사항을 심의한다.
1. 체포·구속영장
2. 압수·수색·검증영장
3. 「통신비밀보호법」 제6조·제8조에 따른 통신제한조치허가서 및 같은 법 제13조에 따른 통신사실 확인자료 제공 요청허가서
4. 그 밖에 사법경찰관이 관련 법률에 따라 신청하고 검사가 법원에 청구하는 강제처분
제13조(심의신청 절차) ① 사법경찰관은 다음 각 호의 구분에 따른 날부터 7일(토요일과 공휴일은 제외한다)

이내에 심의신청을 해야 한다.

1. 담당검사가 법 제197조의2제1항제2호에 따른 보완수사요구(이하 "보완수사요구" 라 한다) 없이 영장을 청구하지 않기로 한 결정서를 송부한 경우: 해당 결정서가 영장을 신청한 사법경찰관 소속 경찰관서에 접수된 날

2. 담당검사가 사법경찰관이 영장을 신청한 날(담당검사가 관계 서류와 증거물을 사법경찰관에게 반환하지 않은 상태로 보완수사요구를 한 경우에는 사법경찰관이 보완수사요구 이행 결과 서면을 검찰청에 접수한 날을 말한다. 이하 이 호에서 같다)부터 5일(토요일과 공휴일은 제외한다)이 지나도록 영장의 청구 여부를 결정하지 않은 경우: 영장신청일부터 5일(토요일과 공휴일은 제외한다)이 지난 날. 다만, 담당검사와 영장을 신청한 사법경찰관이 협의하여 영장신청일부터 10일(토요일과 공휴일은 제외한다) 이내의 범위에서 영장 청구 여부의 결정기한을 연기했을 때에는 그 기한이 지난 날로 한다.

3. 사법경찰관이 죄명과 기본적 사실관계가 동일한 내용의 영장에 대하여 두 차례에 걸쳐 보완수사요구를 받아 이를 이행한 경우: 담당검사로부터 세 번째 보완수사요구를 받은 날

② 사법경찰관은 심의신청을 할 때 별지 제4호서식의 심의신청서 원본 및 부본 각 1부와 사건기록 등본 2부를 담당검사가 소속된 지방검찰청 소재지를 관할하는 고등검찰청(이하 "관할 고등검찰청" 이라 한다)에 제출해야 한다. 다만, 담당검사와 합의한 경우 사건기록 등본은 그 일부만을 제출할 수 있다.

③ 사법경찰관이 심의신청을 하려고 할 때 담당검사가 사건기록을 보관하고 있는 경우에는 그 담당검사는 사법경찰관에게 사건기록을 신속히 반환해야 한다.

◖ II. 영장심의 신청

1. 관련 절차

① 영장심의 신청	② 사법경찰관의 의견 개진	③ 위원회 심의와 결과통보
▷검사의 부당한 영장불청구 ▷관할 고등검찰청에 신청	▷사법경찰관 의견서 제출 ▷위원회 출석 및 의견개진	▷경·검에 각 심의결과 통보 ▷심의결과 수사기록 편철

2. 신청 주체와 방법

가. 신청 주체 : 사법경찰관(담당 팀장 명의로 신청)

나. 신청방법 : 불청구 검사 소속 소재지 관할 고등검찰청에 서면으로 신청

3. 신청요건

사법경찰관이 신청한 영장을 검사가 정당한 이유없이 판사에게 청구하지 아니한 경우

① 검사가 영장청구와 무관한 통신·금융영장 등을 반복하여 요구한 경우

② 기존 기록에 포함되어 있는데도 불필요한 보완을 요구한 경우

③ 이유없이 5일(협의 시 10일) 이상 영장을 청구하지 않는 것이 영장청구권의 남용으로 평가되는 경우

4. 신청기한과 사유

다음 사유 발생일로부터 근무일 기준 7일 이내에 심의신청

가. 영장 불청구

검사가 보완 수사요구 없이 영장을 청구하지 않기로 한 결정서가 경찰관서에 접수된 날

나. 3회 이상 보완 수사요구

사법경찰관이 동일한 영장에 대하여 2회 이상 보완 수사요구를 받아 이를 이행하였음에도 추가로 보완 수사요구를 받은 때

다. 영장청구 여부에 관한 결정 지연

① 영장을 신청한 날로부터 근무일 기준 5일이 경과하도록 영장청구 여부를 결정하지 아니한 경우에는 영장 신청일로부터 근무일 기준 5일(토, 공휴일 제외)이 지난날

② 다만, 검사가 관계서류와 증거물을 반환하지 아니한 채 보완 수사요구를 한 경우에는 경찰이 보완 수사요구 이행결과 서면을 검찰청에 접수한 날로부터 5일이 지난날

5. 신청절차

가. 심의신청서 작성

사법경찰관은 신청 사유 항목에 해당 사유 선택, 신청이유 란에는 구체적인 애용(신청요건) 기재

예. (신청이유)

20○○.○.○.경 ○○검찰청에 ○○영장을 신청하였으나 ○○검찰청 소속 검사 홍길동은 정당한 이유 없이 20○○.○.○.로부터 5일이 경과하도록 영장청구 여부를 결정하지 아니하였다.

나. 서류 제출

① '영장심의위원회 심의신청서' 2부와 사건기록 등본 2부 함께 제출

② 담당 검사와 합의한 경우 사건기록 일부만을 등본으로 제출 가능(수사기밀 우려 등)

③ 사건기록 일부만을 제출한 경우 "붙임자료" 란에 다음과 같이 기록한다.

-20○○.○.○. 00:00경 ○○지방검찰청 검사 홍길동과 전화하여 제출범위 합의 후 사건기록 일부를 제출함

④ 심의신청 시 사건기록 원본이 검찰에 있을 때는 검사에게 반환의무가 있으므로 기록을 반환받아 등본 후 제출

6. 심의 신청철회

가. 위원회 개최 전날까지 관할 고등검찰청에서 심의신청철회서를 제출하여 철회 가능

나. 심의신청 후 위원회 개최 전 동일한 내용의 영장을 재신청한 경우 심의신청 철회로 간주

> ※ 영장심의위원회 규칙
> **제14조(심의신청의 철회)** ① 사법경찰관은 심의위원회의 회의 개최일 전날(그날이 토요일 또는 공휴일인 경우에는 그 전날을 말한다)까지 관할 고등검찰청에 별지 제5호서식의 심의신청 철회서를 제출하여 심의신청을 철회할 수 있다.
> ② 사법경찰관이 심의신청 후 심의위원회의 회의가 개최되기 전에 심의대상 영장과 동일한 내용의 영장(범죄사실 또는 영장에 의한 강제처분의 범위가 추가된 경우를 포함한다)을 담당검사에게 다시 신청한 경우에는 심의신청을 철회한 것으로 본다. 이 경우 사법경찰관은 영장을 다시 신청할 때 그 신청사실을 관할 고등검찰청에 통보해야 한다.
> ③ 제14조제1항 또는 제2항에 따라 심의신청이 철회된 경우에는 위원회의 회의를 개최하지 않는다.

7. 심의 재신청 제한

가. 이미 위원회의 심의를 거쳤거나, 심의신청 철회 또는 철회 간주되는 경우

나. 다만, 심의신청 이후 중요한 증거가 새로 발견되면 재신청 가능

> ※ 영장심의위원회 규칙
> **제26조(재신청의 제한)** 사법경찰관은 심의위원회의 심의가 있었거나 제14조제1항 또는 제2항에 따라 심의신청이 철회된 경우에는 심의대상이었던 영장과 동일한 내용의 영장 청구 여부에 대하여 다시 심의신청을 할 수 없다. 다만, 심의신청을 한 이후 영장 청구 여부에 직접적인 영향을 미치는 중요한 증거가 새로 발견된 경우에는 그렇지 않다.

III. 사법경찰관의 의견개진 (서면 또는 출석)

1. 의견개진 주체

가. 의견 개진할 수 있는 범위는 영장신청과 관련 있는 사법경찰관으로 한정하는 것으로 본다.

나. 따라서 위원회에 출석하는 사법경찰관은 영장신청의 검토와 결재에 관여했음이 수사기록에 표기되어 있어야 한다.

> ※ 영장심의위원회 규칙
>
> 제17조(사법경찰관의 의견서 제출 등) ① 심의신청을 한 사법경찰관은 심의위원회에 의견서를 제출할 수 있다. 이 경우 심의신청을 할 때 의견서 원본 및 부본 각 1부를 심의위원회에 제출해야 한다.
>
> ② 심의신청을 한 사법경찰관은 법 제221조의5제4항에 따라 심의위원회에 출석하여 의견을 개진하려는 경우 심의위원회의 회의가 개최되기 2일(토요일과 공휴일은 제외한다) 전까지 그 출석의사를 심의위원회에 서면으로 통지해야 한다.
>
> ③ 심의신청을 한 사법경찰관 외에 영장신청의 검토 또는 결재에 관여한 사실이 수사기록에 명백히 드러나는 사법경찰관은 심의위원회에 출석하여 의견을 개진할 수 있다. 이 경우 그 출석의사는 심의신청을 한 사법경찰관이 심의위원회의 회의가 개최되기 2일(토요일과 공휴일은 제외한다) 전까지 심의위원회에 서면으로 통지해야 한다.

2. 방 식

가. 위장심의원회에 의견서를 서면으로 제출할 수 있다.

나. 위원회 출석신청서를 제출하여 직접 출석 의견 개진할 수 있다.

3. 의견서 작성

가. 용지 A4, 글자 크기 12포인트 이상, 줄 간격 200, 첨부서류 포함하여 30쪽을 넘지 않도록 작성한다.

나. 사건관계인 개인정보 유출 등 유의하여 작성한다.

4. 출석·의견 개진

가. 위원회 출석 시 의견 개진 시간은 30분이며, 질의시간은 제한 없음

나. 위원회에서 의견서 내용에 관해 석명을 요구한 경우 추가로 의견서를 제출하거나 출석하여 석명할 수 있다.

Ⅳ. 위원회 심의 및 결과 통보

1. 위원회 심의

가. 심의신청 접수일로부터 10일 이내 위원회 소집

나. 과반수 출석 개의, 과반수 찬성으로 검사의 영장청구 적정 의결

다. 심의결과를 통보받으면 수사기록에 편철

> ※ 영장심의위원회 규칙
> 제20조(심의위원회의 회의) ① 위원장은 심의신청이 접수된 날부터 10일(토요일과 공휴일은 제외한다) 이내에 심의위원회의 회의를 소집해야 한다.
> ② 간사는 심의위원회의 회의 개최일이 정해지면 지체 없이 담당검사와 심의신청을 한 사법경찰관에게 통보해야 한다.
> ③ 심의위원회의 회의는 심의위원 과반수의 출석으로 개의(開議)한다.
> ④ 심의위원회의 회의는 비공개로 진행한다.
> 제22조(심의위원회의 심의) ① 심의위원회가 영장 청구 여부에 대하여 심의하는 기준시점은 다음 각 호의 구분에 따른다.
> 　1. 제13조제1항제1호의 경우: 담당검사가 사법경찰관의 영장 신청을 기각한 때
> 　2. 제13조제1항제2호의 경우: 영장신청일부터 5일(토요일과 공휴일은 제외한다) 또는 별도로 협의한 영장 청구 여부의 결정기한이 지난 때
> 　3. 제13조제1항제3호의 경우: 사법경찰관이 담당검사로부터 세 번째 보완수사요구를 받은 때
> ② 위원장은 심의위원회의 심의가 신속하고 공정하게 이루어질 수 있도록 최대한 노력해야 한다.
> ③ 영장 청구 여부에 대한 심의위원회의 의결은 무기명 비밀투표로 하며, 영장 청구가 적정하다는 의견을 출석 심의위원 과반수의 찬성으로 의결한다.

2. 결과에 대한 조치

가. 영장청구 적정

　위원회의 심의를 거친 영장을 관할 지방검찰청에 재신청

나. 영장청구 부적정

　임의수사 등 수사방법 검토. 다만, 심의된 영장과 명백히 다른 영장은 신청 가능

> ※ 영장심의위원회 규칙
> 제25조(심의 결과 통보 등) ① 각 고등검찰청 검사장은 담당검사가 소속된 검찰청의 장과 심의신청을 한 사법경찰관 소속 경찰관서의 장에게 별지 제9호서식에 따라 심의위원회의 심의 결과 및 심의의견별 심의위원 수를 통보해야 한다.
> ② 담당검사와 사법경찰관은 심의위원회의 심의 결과를 존중해야 한다.
> ③ 사법경찰관은 제1항에 따라 심의 결과를 통보받은 경우 이를 수사기록에 편철해야 한다.

영장심의위원회 심의신청서

수신: ○○고등검찰청

○○경찰서 제 0000-000000 호 피의자 ○○○ 외 ○명에 대한 ○○○○○○○○ 피의사건에 관하여 아래와 같이 사법경찰관이 신청한 영장을 검사가 판사에게 청구하지 않았으므로, 위 영장의 청구 여부에 대한 심의를 신청합니다.

사건 및 영장	피 의 자	성명:　　　　　　생년월일:	
	경찰 사건번호	○○경찰서 제 0000-000000 호	
	죄　　　명		
	영장의 종류		
영장신청일			
신청근거		[ ] 「영장심의위원회 규칙」 제13조제1항제1호 　　(영장 불청구 결정서 접수일 0000. 00. 00.) [ ] 「영장심의위원회 규칙」 제13조제1항제2호 본문 　　(영장신청일부터 5근무일 경과일 0000. 00. 00.) [ ] 「영장심의위원회 규칙」 제13조제1항제2호 본문 　　(보완수사요구 이행) 　　(이행 결과 서면 접수일부터 5근무일 경과일 0000. 00. 00.) [ ] 「영장심의위원회 규칙」 제13조제1항제2호 단서 　　(영장 청구 여부 결정기한 연기일 0000. 00. 00.) [ ] 「영장심의위원회 규칙」 제13조제1항제3호 　　(세 번째 보완수사요구 접수일 0000. 00. 00.)	
신청이유			

※ 붙임자료: 심의신청서 부본 1부 및 사건기록 등본 2부

　　　　　　　　　　　　　　　　　　　　　　　．　　　．　　　．

　　　　　　신청인　　○○경찰서 사법경찰관　　　　　　(서명 또는 인)

영장심의위원회 심의신청철회서

수신 : ○○고등검찰청

 ○○경찰서 제○○호 피의자 ○○에 대한 ○○피의사건에 관하여 다음과 같이 영장의 청구여부에 대한 심의 신청을 철회합니다.

- 다　음 -

사　　건 및 영　　장	피　의　자	성명 :　　　　　　　　생년월일 :
	경찰 사건번호	○○경찰서 제○○호
	죄　　　명	
	영　장　의　종류	
심　의　신　청　인		
심　의　신　청　일　시		
심　의　신　청　철　회　일　시		

신청 철회인　　○○경찰서 사법경찰관 경감 홍길동　(인)

○○경찰서

수 신 : ○○고등검찰청 영장심의위원회   발 신 : ○○경찰서

제 목 : 의견서   사법경찰관 경감 홍길동

사 건 및 영 장	피　의　자	성명 :　　　　　　　　　생년월일 :
	경 찰 사 건 번 호	○○경찰서 제○○호
	죄　　　　　명	
	영 장 의 종 류	
영 장 신 청 일		
의　　　　　견		

○○경찰서

2○○○.○.○.

수 신 : ○○고등검찰청 영장심의위원회   발 신 : ○○경찰서

제 목 : 영장심의위원회 출석신청서   사법경찰관 경감 홍길동

사 건 및 영 장	피 의 자	성명 : 생년월일 :
	경 찰 사 건 번 호	○○경찰서 제○○호
	죄 명	
	영 장 의 종 류	
영 장 신 청 일		
출 석 신 청 인	성 명	
	소 속 관 서	
	계 급 및 보 직	
	영장신청과의관 련 성	
출 석 사 유		
출 석 의 견 요 지		

영장심의위원회 심의결과 통보

수신 : ○○지방검찰청 검사장, ○○경찰서장

 ○○경찰서 제○○호 피의자 ○○에 대한 ○○(영장, 허가서, 강제처분)에 관하여 신

청한 영장심의위원회 심의결과를 다음과 같이 통보합니다.

- 다　음 -

사　건 및 영　장	피　의　자	성명 :　　　　　　　　　생년월일 :
	사　건　번　호	○○경찰서 제○○호 ○○지방검찰청 제○○호(영장 접수 번호)
	죄　　　명	
	영　장　의　종　류	
심　의　결　과 (심 의 의 견 별 　위 원 　수)		영장청구 적정 / 영장 청구 부적정 (적정 : ○○명, 부적정 : ○○명)

20○○.○.○.

○○고등검찰청 검사장　(인)

제7절 구속 전 피의자 심문

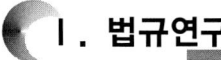 ## I. 법규연구

1. 형사소송법

제201조의2(구속영장 청구와 피의자심문) ① 제200조의2·제200조의3 또는 제212조에 따라 체포된 피의자에 대하여 구속영장을 청구받은 판사는 지체 없이 피의자를 심문하여야 한다. 이 경우 특별한 사정이 없는 한 구속영장이 청구된 날의 다음 날까지 심문하여야 한다.
② 제1항 외의 피의자에 대하여 구속영장을 청구받은 판사는 피의자가 죄를 범하였다고 의심할 만한 이유가 있는 경우에 구인을 위한 구속영장을 발부하여 피의자를 구인한 후 심문하여야 한다. 다만, 피의자가 도망하는 등의 사유로 심문할 수 없는 경우에는 그러하지 아니하다.
③ 판사는 제1항의 경우에는 즉시, 제2항의 경우에는 피의자를 인치한 후 즉시 검사, 피의자 및 변호인에게 심문기일과 장소를 통지하여야 한다. 이 경우 검사는 피의자가 체포되어 있는 때에는 심문기일에 피의자를 출석시켜야 한다.
④ 검사와 변호인은 제3항에 따른 심문기일에 출석하여 의견을 진술할 수 있다.
⑤ 판사는 제1항 또는 제2항에 따라 심문하는 때에는 공범의 분리심문이나 그 밖에 수사상의 비밀보호를 위하여 필요한 조치를 하여야 한다.
⑥ 제1항 또는 제2항에 따라 피의자를 심문하는 경우 법원사무관등은 심문의 요지 등을 조서로 작성하여야 한다.
⑦ 피의자심문을 하는 경우 법원이 구속영장청구서·수사 관계 서류 및 증거물을 접수한 날부터 구속영장을 발부하여 검찰청에 반환한 날까지의 기간은 제202조 및 제203조의 적용에 있어서 그 구속기간에 산입하지 아니한다.
⑧ 심문할 피의자에게 변호인이 없는 때에는 지방법원판사는 직권으로 변호인을 선정하여야 한다. 이 경우 변호인의 선정은 피의자에 대한 구속영장 청구가 기각되어 효력이 소멸한 경우를 제외하고는 제1심까지 효력이 있다.
⑨ 법원은 변호인의 사정이나 그 밖의 사유로 변호인 선정결정이 취소되어 변호인이 없게 된 때에는 직권으로 변호인을 다시 선정할 수 있다
⑩ 제71조, 제71조의2, 제75조, 제81조부터 제83조까지, 제85조제1항·제3항·제4항, 제86조, 제87조제1항, 제89조부터 제91조까지 및 제200조의5는 제2항에 따라 구인을 하는 경우에 준용하고, 제48조, 제51조, 제53조, 제56조의2 및 제276조의2는 피의자에 대한 심문의 경우에 준용한다.

2. 형사소송규칙

제96조의12(심문기일의 지정, 통지) ① 삭제〈2007.10.29〉
② 체포된 피의자 외의 피의자에 대한 심문기일은 관계인에 대한 심문기일의 통지 및 그 출석에 소요되는 시간 등을 고려하여 피의자가 법원에 인치된 때로부터 가능한 한 빠른 일시로 지정하여야 한다.
③ 심문기일의 통지는 서면 이외에 구술·전화·모사전송·전자우편·휴대전화 문자전송 그 밖에 적당한 방법으로 신속하게 하여야 한다. 이 경우 통지의 증명은 그 취지를 심문조서에 기재함으로써 할 수 있다.
제96조의13(피의자의 심문절차) ① 판사는 피의자가 심문기일에의 출석을 거부하거나 질병 그 밖의 사유로 출석이 현저하게 곤란하고, 피의자를 심문 법정에 인치할 수 없다고 인정되는 때에는 피의자의 출석 없이 심문절차를 진행할 수 있다.

② 검사는 피의자가 심문기일에의 출석을 거부하는 때에는 판사에게 그 취지 및 사유를 기재한 서면을 작성 제출하여야 한다.
③ 제1항의 규정에 의하여 심문절차를 진행할 경우에는 출석한 검사 및 변호인의 의견을 듣고, 수사기록 그 밖에 적당하다고 인정하는 방법으로 구속사유의 유무를 조사할 수 있다.
제96조의14(심문의 비공개) 피의자에 대한 심문절차는 공개하지 아니한다. 다만, 판사는 상당하다고 인정하는 경우에는 피의자의 친족, 피해자등 이해관계인의 방청을 허가할 수 있다.
제96조의15(심문장소) 피의자의 심문은 법원청사내에서 하여야 한다. 다만, 피의자가 출석을 거부하거나 질병 기타 부득이한 사유로 법원에 출석할 수 없는 때에는 경찰서, 구치소 기타 적당한 장소에서 심문할 수 있다.
제96조의20(변호인의 접견 등) ① 변호인은 구속영장이 청구된 피의자에 대한 심문 시작 전에 피의자와 접견할 수 있다.
② 지방법원 판사는 심문할 피의자의 수, 사건의 성격 등을 고려하여 변호인과 피의자의 접견 시간을 정할 수 있다.
③ 지방법원 판사는 검사 또는 사법경찰관에게 제1항의 접견에 필요한 조치를 요구할 수 있다.

Ⅱ. 심문절차

1. 심문신청여부 확인

가. 체포영장에 의한 체포, 긴급체포, 현행범인의 체포된 피의자에 대하여 구속영장을 청구한 경우 형사소송법의 개정 전에는 피의자 등의 신청이 있을 때 피의자를 심문할 수 있다고 규정하였으나, 개정 이후(08. 01. 01.부터) '구속영장을 청구받은 판사는 지체 없이 피의자를 심문하여야 한다'고 규정하고 있다.

나. 따라서 피의자조사시 구속 전 피의자심문 신청 여부를 확인할 필요도 없으며 신청서를 작성하여 수사서류에 첨부할 필요도 없다.
　⇒ 체포 후 구속영장 신청 시 피의자에게 실질심사청구 여부를 확인하는 절차 및 실질심사 청구권 통지제도 폐지

다. 신청을 받은 판사는 특별한 사정이 없으면 구속영장이 청구된 날의 다음 날까지 심문하여야 한다.

2. 피의자 심문에 소요된 기간의 구속기간 불산입

가. 체포된 피의자

영장청구서등이 법원에 접수된 날부터 기록반환 시까지의 기간(형소법 제201조의 제7항)

나. 미체포 피의자

구인한 경우에는 구인영장이 집행된 날부터 관계서류가 검찰청에 반환된 날까지의 기간

3. 구속된 피의자의 유치

인치된 피의자를 법원 외 장소에 유치하는 경우에 구인을 위한 구속영장에 유치장소를 특정 서명날인하여 교부되면 경찰서 유치장(교도소, 구치소)에 유치한다.

4. 피의자의 출석거부통지

사법경찰관은 체포된 피의자가 심문기일에 출석을 거부하는 때에는 지체없이 피의자 출석거부보고서를 검사에게 통보하여야 한다.

제8절 체포 · 구속적부심사제도

Ⅰ. 법규연구

1. 형사소송법

제214조의2(체포와 구속의 적부심사) ① 체포되거나 구속된 피의자 또는 그 변호인, 법정대리인, 배우자, 직계친족, 형제자매나 가족, 동거인 또는 고용주는 관할법원에 체포 또는 구속의 적부심사(適否審査)를 청구할 수 있다.

② 피의자를 체포하거나 구속한 검사 또는 사법경찰관은 체포되거나 구속된 피의자와 제1항에 규정된 사람 중에서 피의자가 지정하는 사람에게 제1항에 따른 적부심사를 청구할 수 있음을 알려야 한다.

③ 법원은 제1항에 따른 청구가 다음 각 호의 어느 하나에 해당하는 때에는 제4항에 따른 심문 없이 결정으로 청구를 기각할 수 있다.

 1. 청구권자 아닌 사람이 청구하거나 동일한 체포영장 또는 구속영장의 발부에 대하여 재청구한 때
 2. 공범이나 공동피의자의 순차청구(順次請求)가 수사 방해를 목적으로 하고 있음이 명백한 때

④ 제1항의 청구를 받은 법원은 청구서가 접수된 때부터 48시간 이내에 체포되거나 구속된 피의자를 심문하고 수사 관계 서류와 증거물을 조사하여 그 청구가 이유 없다고 인정한 경우에는 결정으로 기각하고, 이유 있다고 인정한 경우에는 결정으로 체포되거나 구속된 피의자의 석방을 명하여야 한다. 심사 청구 후 피의자에 대하여 공소제기가 있는 경우에도 또한 같다.

⑤ 법원은 구속된 피의자(심사청구 후 공소제기된 사람을 포함한다)에 대하여 피의자의 출석을 보증할 만한 보증금의 납입을 조건으로 하여 결정으로 제4항의 석방을 명할 수 있다. 다만, 다음 각 호에 해당하는 경우에는 그러하지 아니하다.

 1. 범죄의 증거를 인멸할 염려가 있다고 믿을 만한 충분한 이유가 있는 때
 2. 피해자, 당해 사건의 재판에 필요한 사실을 알고 있다고 인정되는 사람 또는 그 친족의 생명 · 신체나 재산에 해를 가하거나 가할 염려가 있다고 믿을 만한 충분한 이유가 있는 때

⑥ 제5항의 석방 결정을 하는 경우에는 주거의 제한, 법원 또는 검사가 지정하는 일시 · 장소에 출석할 의무, 그 밖의 적당한 조건을 부가할 수 있다.

⑦ 제5항에 따라 보증금 납입을 조건으로 석방을 하는 경우에는 제99조와 제100조를 준용한다.

⑧ 제3항과 제4항의 결정에 대해서는 항고할 수 없다.

⑨ 검사 · 변호인 · 청구인은 제4항의 심문기일에 출석하여 의견을 진술할 수 있다.

⑩ 체포되거나 구속된 피의자에게 변호인이 없는 때에는 제33조를 준용한다.

⑪ 법원은 제4항의 심문을 하는 경우 공범의 분리심문이나 그 밖에 수사상의 비밀보호를 위한 적절한 조치를 하여야 한다.

⑫ 체포영장이나 구속영장을 발부한 법관은 제4항부터 제6항까지의 심문 · 조사 · 결정에 관여할 수 없다. 다만, 체포영장이나 구속영장을 발부한 법관 외에는 심문 · 조사 · 결정을 할 판사가 없는 경우에는 그러하지 아니하다.

⑬ 법원이 수사 관계 서류와 증거물을 접수한 때부터 결정 후 검찰청에 반환된 때까지의 기간은 제200조의2제5항(제213조의2에 따라 준용되는 경우를 포함한다) 및 제200조의4제1항을 적용할 때에는 그 제한기간에 산입하지 아니하고, 제202조 · 제203조 및 제205조를 적용할 때에는 그 구속기간에 산입하지 아니한다.

⑭ 제4항에 따라 피의자를 심문하는 경우에는 제201조의2제6항을 준용한다.

2. 형사소송규칙

> 제101조(체포·구속적부심사청구권자의 체포·구속영장등본 교부청구 등) 구속영장이 청구되거나 체포
> 또는 구속된 피의자, 그 변호인, 법정대리인, 배우자, 직계친족, 형제자매나 동거인 또는 고용주는 긴급체포서,
> 현행범인체포서, 체포영장, 구속영장 또는 그 청구서를 보관하고 있는 검사, 사법경찰관 또는 법원사무관등에
> 게 그 등본의 교부를 청구할 수 있다.
>
> 제102조(체포·구속적부심사청구서의 기재사항) 체포 또는 구속의 적부심사청구서에는 다음 사항을 기재하
> 여야 한다.
> 1. 체포 또는 구속된 피의자의 성명, 주민등록번호 등, 주거
> 2. 체포 또는 구속된 일자
> 3. 청구의 취지 및 청구의 이유
> 4. 청구인의 성명 및 체포 또는 구속된 피의자와의 관계

II. 청구절차 및 유의사항

1. 청구권자

체포 또는 구속된 피의자, 그 변호인, 법정대리인, 배우자, 직계친족, 형제자매나 동거
인 또는 고용주

2. 절 차

피의자를 체포 또는 구속한 사법경찰관은 체포 또는 구속된 피의자와 청구권자 중 피의
자가 지정하는 자에게 적부심사를 청구할 수 있음을 알려야 한다.

⇒ 체포의 경우 체포한 경찰관, 구속의 경우에는 영장을 집행하는 경찰관이 반드시 고지.
이때 피의자가 지정한 자에게도 통지하여야 하므로 "체포·구속통지"를 활용하여 통지

3. 관련서류 등본 청구권 인정

청구권자는 긴급체포서, 현행범인체포서, 체포영장, 구속영장 또는 그 청구서를 보관하
고 있는 검사, 사법경찰관 또는 법원사무관 등에게 그 등본의 교부를 청구할 수 있다.
이때 요구가 있을 때는 현행범인체포서, 체포영장, 구속영장 또는 그 청구서 등본 교부
가 가능하다.

4. 체포·구속적부심사청구서의 기재사항

체포 또는 구속의 적부심사청구서에는 다음 사항을 기재하여야 한다.
① 체포 또는 구속된 피의자의 성명, 주민등록번호 등, 주거
② 체포 또는 구속된 일자
③ 청구의 취지 및 청구의 이유
④ 청구인의 성명 및 체포 또는 구속된 피의자와의 관계

구속적부심 청구서

피 의 자	성　　　　명 : 주민등록번호 : 주　　　거 :
청 구 인	성　　　　명 :　　　　　　　피의자와의 관계 : 주　　　소 : 전 화 번 호 :　　　　　　　휴대전화 :
청구이유 (간략하게 기재하고, 필요하면 별지사용)	
보증서 제출허가 요망	위 구속(체포)적부심 청수에 있어서 보증금을 현금으로 납부하는 것에 갈음하여 아래 사람이 보증보험증권을 첨부한 보증서를 제출하고자 하오니 이를 허가하여 주시기 바랍니다. 성　　　명 :　　　　　　　주민등록번호 : 주　　소: 전화번호:　　　　　　　　휴대번호: 피의자와의 관계 : 피의자의 (　　　　　　　　) 　　　　　　　　요망인　　　　　㊞ (또는 서명)
첨 부 서 류	□ 있음 (　　　　　　　　　　　　) □ 없음
	20○○. ○. ○. 　　청구인　　　　　㊞ (또는 서명) 　　　　　　　　　　　　　　　　○○지방법원　귀중

<table>
<tr><td colspan="2">

○ ○ 경 찰 서

제   호　　　　　　　　　　　　　　　년　월　일

수 신 : ○○ 지방검찰청

제 목 : 수사관계서류등 제출서

　지방법원으로부터 다음 사람에 대한 동원　　호 구속적부심사청구 사건의 심문기일 지정통지가 있으므로 동사건 심리에 필요한 수사관계 서류와 증거물을 제출합니다.

</td><td>

검사장

부장검사

</td></tr>
</table>

피 구 속 자	(　세)
구 속 일 자	200 ．　　．　　．
지정된 심문 기　　　일	200 ．　　．　　．　　：

첨부　1. 사건기록 1권
　　　2. 증거물(있음, 없음)

○ ○ 경 찰 서 장

사법경찰관　　　　　　　㊞

○ ○ 지 방 검 찰 청

제   호　　　　　　　　　　　　　　　　　년　월
일

수 신 :　　　지방법원

제 목 : 수사관계서류등 송치

　　　　위 사람에 대한 귀원　　호 구속적부심사청구 사건에 관련된 수사관계 서류를 송치하니 조사후 즉시 반송 바랍니다.

의　　　견	

첨부　1. 사건기록 1권
　　　2. 증거물(있음,없음)

○○지방검찰청

검 사　　　　　　　　㊞

법원접수

제9절 구속취소와 구속 집행정지

Ⅰ. 구속취소

1. 관련 법령

가. 형사소송법

> **제93조(구속의 취소)** 구속의 사유가 없거나 소멸된 때에는 법원은 직권 또는 검사, 피고인, 변호인과 제30조 제2항에 규정한 자의 청구에 의하여 결정으로 구속을 취소하여야 한다.
>
> **제209조(준용규정)** 제70조제2항, 제71조, 제75조, 제81조제1항 본문·제3항, 제82조, 제83조, 제85조부터 제87조까지, 제89조부터 제91조까지, 제93조, 제101조제1항, 제102조제2항 본문(보석의 취소에 관한 부분은 제외한다) 및 제200조의5는 검사 또는 사법경찰관의 피의자 구속에 관하여 준용한다.

나. 경찰수사규칙

> **제61조(구속의 취소)** ① 사법경찰관은 법 제209조에서 준용하는 법 제93조에 따라 구속을 취소하여 피의자를 석방하는 경우에는 별지 제57호서식의 구속취소 결정서에 따른다. 다만, 법 제245조의5제1호에 따라 검사에게 송치해야 하는 사건인 경우에는 사전에 별지 제58호서식의 구속취소 동의 요청서에 따라 검사의 동의를 받아야 한다.
>
> ② 제1항에 따라 구속을 취소한 사법경찰관은 지체 없이 별지 제59호서식의 석방 통보서를 작성하여 검사에게 석방사실을 통보하고, 그 통보서 사본을 사건기록에 편철해야 한다.

2. 사 유

가. 구속사유가 처음부터 존재하지 않는 것이 판명되거나 사후적으로 소멸된 경우

나. 피의자로 오인하여 구속한 경우

다. 구속 후 실질적인 피해 복구 등 사정변경으로 피의자에게 증거인멸이나 도망염려 등 구속사유가 없어졌다고 판단되는 경우

3. 절 차

가. 검사동의 (혐의가 인정되어 송치할 사건)

① 피의자에 대한 구속을 취소하려면 석방 전 구속취소 동의 요청서를 보내 검사의견 (동의) 필요

② 불송치 결정할 사건의 피의자에 대한 구속취소는 검사동의 불요

나. 보고/승인

① 불송치 결정할 사건 피의자의 경우 석방 전 수사부서장에게 사전 보고하여 승인 얻은 후 절차 진행

② 송치할 사건 피의자의 경우 이미 검사 동의요청을 보낼 때 사전 승인을 받은 것이므로 동의 회신 받으면 바로 석방하고 구속취소 결정서 결재 진행

③ 야간이나 휴일로 승인권자 부재중일 때는 석방 필요성이 중대/명백/긴급한 경우가 아니한 석방 지양

다. 피의자 석방

승인을 받으면 피의자 석방

라. 구속취소결정서 결재

① 수사부서장 결재 받아 진행

② 영장심사관 심사는 이미 거쳤으므로 별도 결재 불필요

마. 검사 통보

석방통보서 작성하여 검사에게 통보하고 사본은 기록에 편철

○ ○ 경 찰 서

제 호   20○○.○.○.

수 신 : 검찰청의 장(검사 : 홍길동)

제 목 : **구속취소 동의 요청서**

다음 피의자에 대한 구속을 아래와 같이 취소하려 하니 구속취소 동의를 요청합니다.

사 건 번 호			영 장 번 호	–
피의자	성　　　명		주 민 등 록 번 호	
	직　　　업			
	주　　　거			
죄　　　　　명				
구 속 일 시				
구 속 장 소				
구 속 의 사 유				
구 속 취 소 사 유				
비　　　　　고				

○○경찰서

사법경찰관 경위 홍길동 (인)

구 속 취 소 결 정 서

제　호　　　　　　　　　　　　　　　　　　　　　　　　　　　20○○.○.○.

다음 피의자에 대한 구속을 아래와 같이 취소합니다.

사 　 건 　 번 　 호		
피의자	성　　　　　명	
	주 민 등 록 번 호	(만　　　세)
	직　　　　　업	
	주　　　　　거	
죄　　　　　　　명		
구 　 속 　 일 　 시		구속영장에 기재된 일시
구 　 속 　 장 　 소		구속영장에 기재된 장소
구 　 속 　 의 　 사 　 유		구속영장에 기재된 사유
구 속 취 소 사 유		예, 실질적잉 피해회복 조치로 인하여 피의자에게 도망염려 등 구속사유가 사후적으로 소멸함
석 　 방 　 일 　 시		
석 　 방 　 장 　 소		
석방자의관직및성명		결정서를 작성한 자와 실제 석방자가 다른 경우 실제 석방자 기재
영 　 장 　 번 　 호		－

○○경찰서

사법경찰관 경위 홍길동 (인)

○○경 찰 서

제 호   20○○.○.○.

수 신 : 검찰청의 장(검사 : 홍길동)

제 목 : 석방 통보서(구속취소)

다음 피의자를 아래와 같이 석방하였기에 통보합니다.

사 건 번 호	
피의자	성 명	
	주 민 등 록 번 호	
	직 업	
	주 거	
죄 명	
구 속 일 시	
구 속 장 소	
구 속 의 사 유	
석 방 일 시	
석 방 장 소	
구 속 취 소 사 유	
석방자의 관직 및 성명	
영 장 번 호	

○○경찰서

사법경찰관 경위 홍길동 (인)

II. 구속집행정지

1. 관련 법령

가. 형사소송법

> **제101조(구속의 집행정지)** ① 법원은 상당한 이유가 있는 때에는 결정으로 구속된 피고인을 친족·보호단체 기타 적당한 자에게 부탁하거나 피고인의 주거를 제한하여 구속의 집행을 정지할 수 있다.
>
> **제102조(보석조건의 변경과 취소 등)** ② 법원은 피고인이 다음 각 호의 어느 하나에 해당하는 경우에는 직권 또는 검사의 청구에 따라 결정으로 보석 또는 구속의 집행정지를 취소할 수 있다. 다만, 제101조제4항에 따른 구속영장의 집행정지는 그 회기 중 취소하지 못한다.
> 1. 도망한 때
> 2. 도망하거나 죄증을 인멸할 염려가 있다고 믿을 만한 충분한 이유가 있는 때
> 3. 소환을 받고 정당한 사유 없이 출석하지 아니한 때
> 4. 피해자, 당해 사건의 재판에 필요한 사실을 알고 있다고 인정되는 자 또는 그 친족의 생명·신체·재산에 해를 가하거나 가할 염려가 있다고 믿을 만한 충분한 이유가 있는 때
> 5. 법원이 정한 조건을 위반한 때
>
> **제209조(준용규정)** 제70조제2항, 제71조, 제75조, 제81조제1항 본문·제3항, 제82조, 제83조, 제85조부터 제87조까지, 제89조부터 제91조까지, 제93조, 제101조제1항, 제102조제2항 본문(보석의 취소에 관한 부분은 제외한다) 및 제200조의5는 검사 또는 사법경찰관의 피의자 구속에 관하여 준용한다.

나. 경찰수사규칙

> **제62조(구속 집행정지)** ① 사법경찰관은 법 제209조에서 준용하는 법 제101조제1항에 따라 구속의 집행을 정지하는 경우에는 별지 제60호서식의 구속집행정지 결정서에 따른다.
> ② 제1항에 따라 구속의 집행을 정지한 사법경찰관은 지체 없이 별지 제61호서식의 구속집행정지 통보서를 작성하여 검사에게 그 사실을 통보하고, 그 통보서 사본을 사건기록에 편철해야 한다.
> ③ 사법경찰관은 법 제209조에서 준용하는 법 제102조제2항에 따라 구속집행정지 결정을 취소하는 경우에는 별지 제62호서식의 구속집행정지 취소 결정서에 따른다.

2. 개 요

가. 정의

① 경찰의 구속(10일) 기간에 피의자에게 중병, 출산 등의 사유 발생했을 때 경찰이 직권으로 피의자의 구속집행을 정지할 수 있는 제도(검사의 승인/동의 불요)

② 구속 집행정지하더라도 구속영장의 효력은 유지, 구속 집행정지 기간은 피의자 구속 기간 불산입

나. 사유

중병, 출산, 가족의 장례 참석 등 상당한 이유가 있을 때

3. 절 차

가. 필요성 검토

① 중병, 출산, 가족의 장례 참석 등 긴급하게 피의자를 석방할 필요가 있는지

② 신원보증 또는 주거 제한 등의 조치 가능한지

③ 도망할 염려가 있는지

나. 친족, 보호단체에 부탁 또는 주거 제한

① 신원보증서 확보

② 중병인 경우 종합병원 등 적당한 병원으로 주거 제한 가능

다. 집행정지 기간 설정

① 정지의 기간을 정할 수도 정하지 않을 수도 있으나, 재구금절차 고려하여 기간을 정하는 것이 바람직(종기에는 시각까지 특정)

② 중병인 경우에도 가급적 1개월을 넘지 않도록 한다.

라. 보고/승인

① 구속집행정지를 사전 보고하여 승인 얻은 후 진행(수사보고서 작성)

② 사건기록과 함께 임시 작성한 구속집행정지 결정서를 제출하여 심사

③ 야간이나 휴일로 승인권자 부재중일 때는 중병 등 석방 필요성이 중대/명백/긴급한 경우가 아닌 한 석방 지양

마. 집행정지 취소 사유 등 고지

※ 구속집행정지 취소 사유
1. 도망한 때
2. 도망하거나 죄증을 인멸할 염려가 있다고 믿을 만한 충분한 이유가 있는 때
3. 소환을 받고 정당한 사유 없이 출석하지 아니한 때
4. 피해자, 당해 사건의 재판에 필요한 사실을 알고 있다고 인정되는 자 또는 그 친족의 생명·신체·재산에 해를 가하거나 가할 염려가 있다고 믿을 만한 충분한 이유가 있는 때
5. 법원이 정한 조건을 위반한 때

바. 피의자 석방 및 결정서 결재

① 집행정지 취소 사유 등 고지 후 피의자 석방

② 구속 집행결정서 수사부서장까지 결재(영장심사관 심사 불필요)

사. 검사 통보

사전 동의는 불필요하나 석방 후 석방통보서 작성 통보

4. 시찰 조회

가. 피의자의 주거 변경 여부, 기타 필요한 사항을 조회하여 구속집행정지조건의 이행 여부 또는 구속집행정지취소 사유의 유무에 관하여 사실을 조회·확인할 수 있음

나. 기간

구속집행정지 기간이며, 회수는 구속집행정지 사유에 따라 적절히 설정

다. 보고

① 매회 시찰조회 결과를 수사보고로 작성하여 기록에 편철

② 피의자의 제한 주거지 준수 여부 확인

③ 중병으로 인한 입원의 경우 피의자 현재 상태(의사 진단서 등 첨부)

5. 구속집행정지의 실효

가. 구속집행정지 취소

① 형소법 제102조 제1항 사유가 있을 때

② 구속집행정지 취소결정서 작성

③ 취소 결정이 있으면 그 결정등본에 의하여 피의자 재구금

나. 집행정지 기간의 만료

① 별도의 결정 없이 구속의 집행력 발생

② 정지 기간이 만료되면 기존 구속집행정지 결정의 등본(원 구속영장의 효력)에 의하여 피의자 재구금

③ 석방과 달리 집행정지취소 결정 및 정지 기간만료로 재구속은 결정등본을 제시하고 재구속하는 절차 필요하므로 반드시 서류결재 완료 후 결정서 등본 제시하여 재구속

6. 피의자가 도망한 경우

가. 집행정지 취소 결정

구속집행정지 취소 사유에 해당하므로 집행정지 취소 결정

나. 피의자 검거

① 기존의 구속집행정지 결정서 등본 또는 구속집행정지 취소결정서 등본으로 피의자 재구금

② 피의자를 재구속한 전날까지 정지 기간으로 계산하여 원 구속기간 만료일로부터 정지된 시간을 합산하여 계산

다. 피의자 미검

① 도주 혐의 추가 입건하여 체포영장 신청

② 원 구속영장 및 구속집행정지 관련서류는 사건기록에 편철

③ 원 구속영장의 효력이 살아 있어 구속집행정지취소결정서 또는 구속집행정지취소 결정으로 피의자를 수배할 수 있다.

④ 피의자 발견 시 구속집행정지결정서 등본 또는 구속집행정지취소결정서 등본을 소지하고 있지 않을 가능성과 피의자의 도주 혐의가 추가되었으며 도주죄는 긴급체포할 수 없는 점 고려하여 체포영장을 신청하는 것이 타당

구 속 집 행 정 지 결 정 서

제 호   20○○.○.○.

다음 피의자에 대한 구속집행을 아래와 같이 정지합니다.

사 건 번 호		
피의자	성 명	
	주 민 등 록 번 호	
	직 업	
	주 거	
죄 명		
구 속 일 시		
구 속 장 소		
구 속 사 유		
집 행 정 지 사 유	20○○.○.○. 피의자 모친이 사망하여 피의자 장례 참석 등 구속의 집행을 정지할 상당한 이유가 있다고 판단됨	
석 방 일 시		
석 방 장 소		
제 한 주 거 등	주거제한 : 서울시 ○○ 동 ○○ 호 장례참석 후 20○○.○.○. ○○:○○까지 ○○경찰서 강력1팀 재출석	
석방자의 관직 및 성명		
영 장 번 호		

○○경찰서

사법경찰관 경위 홍길동 (인)

○○경찰서

제 호   20○○.○.○.

수 신 : 검찰청의 장(검사 : 홍길동)

제 목 : **구속집행정지 통보서**

아래와 같이 다음 피의자에 대한 구속의 집행을 정지하였기에 통보합니다.

사 건 번 호		
피의자	성 명	
	주 민 등 록 번 호	
	직 업	
	주 거	
죄 명		
구 속 일 시		
구 속 장 소		
구 속 사 유		
집 행 정 지 사 유		
석 방 일 시		
석 방 장 소		
석 방 자 의 관 직 및 성 명		
영 장 번 호		

○○경찰서

사법경찰관 경위 홍길동 (인)

구 속 집 행 정 지 취 소 결 정 서

제 호

다음 피의자에 대한 구속집행정지를 아래와 같이 취소합니다.

사 건 번 호		
피의자	성 명	
	주 민 등 록 번 호	
	직 업	
	주 거	
죄 명		
구 속 일 시		
구 속 장 소		
집 행 정 지 결 정 일		
취 소 사 유		
영 장 번 호		

○○경찰서

사법경찰관 경위 홍길동 (인)

제10절 체포·구속을 필요로 하는 사유 기재요령

Ⅰ. 체포를 필요로 하는 사유(체포영장 신청시)

1. 범죄혐의가 있는 사람으로서 3회의 출석요구서를 받고도 정당한 이유 없이 출석을 거부하고 직접 전화를 통하여 출석요구를 하게 된 이유를 설명 고지받고도 마음대로 하라며 계속하여 출석요구를 거부하여 체포의 필요성이 있다.

2. 범죄혐의가 있는 사람으로서 3회의 출석요구를 하였으나 불응하여 추적 수사한바 주거지에 거주하고 있어 이유를 설명하였으나 경찰서에 나갈 필요 없다며 계속 불응하여 체포의 필요성이 있다.

3. 범죄혐의가 있는 사람으로서 사기죄 등으로 2건의 지명수배 사실이 있어 출석에 응하지 아니하고 도망할 염려가 있다.

4. 범죄혐의가 있는 사람으로서 실형을 선고받은 범죄경력이 많고 가정환경으로 보아 출석하지 않고 도망할 우려가 있다.

5. 범죄혐의가 있는 사람으로서 공범과 통모하여 증거를 인멸할 염려가 있다.

6. 범죄혐의가 있는 사람으로서 정해진 주거가 없이 일시 거주하고 있고 전과 사실로 보아 출석요구를 받으면 출석치 아니하고 도망할 우려가 있다.

7. 범죄혐의가 있는 사람으로서 피해의 정도가 크고 사건의 중대성으로 보아 체포할 필요성이 있다.

8. 범죄혐의가 있어 추적을 받는 사람으로서 연고지에 나타날 가능성이 있으나 임의동행을 거부하고 도망할 염려가 있다.

Ⅱ. 긴급체포의 사유(긴급체포 시)

1. …죄의 범인으로 추적되고 있던 사람으로서 우연히 발견되어 판사로부터 체포영장을 발부받을 시간적 여유가 없어 긴급하다.

2. 사건의 중대성에 비추어 법정형이 중하고 범행이 명백하여 처벌이 두려운 나머지 도망할 염려가 있어 판사의 체포영장을 발부받을 시간적 여유가 없다.

3. 피의자는 조사 시 범행을 부인하다가 참고인 갑, 을 등과 대질하는 과정에서 마지못해 범행 일부를 시인하면서 참고인들에게 악담하는 등 개전의 정이 전혀 없다. 또한 조사 후 즉시 귀가를 요청하고 있다. 이런 점 등에 비추어 피의자를 귀가시키고 체포하지 아

니하면 도망 및 증거인멸의 염려가 현저하여 체포영장을 받을 시간적 여유가 없다.

4. … 사람으로 수사기관에서 자신의 범행을 인정할 결정적인 증거수집 활동 중임을 알게 되어 귀가 조처 시 증거를 인멸할 염려가 있어 판사의 체포영장을 발부받을 시간적 여유가 없어 긴급하다.

5. … 사람으로 범죄성향, 성장 과정 등으로 보아 피해자에게 보복할 위험이 농후하고 증인 (참고인)을 협박할 염려가 있어 판사의 체포영장을 발부받을 시간적 여유가 없다.

6. … 사람으로 아직 조사받지 않은 공범 2명이 있어 통모하여 증거를 인멸할 염려가 현저 하나 판사의 체포영장을 발부받을 시간적 여유가 없어 긴급하다.

Ⅲ. 구속을 필요로 하는 사유(구속영장 신청 시)

영장신청 시에 막연히 범죄사실 끝부분에 "도주 및 증거인멸의 염려가 있다."라고 기재하는데 이는 잘못된 기재로 왜 도주 및 증거인멸의 염려가 있다는 사유를 기재하여야 한다.

1. 일정한 주거가 없는 때

가. … 사람으로 신문 시 성명 주거 등에 대하여 일체 묵비함으로써 일정한 주거가 있다고 할 수 없다.

나. … 사람으로 주민등록상 주소지에는 주민등록만 등재되어 있을 뿐 실제 거주하지 않고 실제 주거지의 번지를 모른다고 함으로써 일정한 주거가 있다고 할 수 없다.

다. … 사람으로 친구 집 주소로 주민등록만 등재하여 두고 여러 곳을 전전하며 행상(노동, 유흥업소 마담 등)에 종사하여 주거가 일정치 않다.

라. … 사람으로 가족의 말(진술)에 의하면 무단히 집을 나가 소식이 없다.(거처를 알려 주지 않고 가끔 전화만 하여 연락처를 알 수 없다. 그런 놈은 자식이 아니다)라고 말한 사실로 보아 주거가 일정치 않은 자이다.

마. … 사람으로 주민등록이 직권말소되고 가족이나 동거인이 없이 혼자서 보증금 없이 월세방을 얻어 살고 있어 주거가 일정치 않은 자이다.

2. 증거를 인멸할 염려

가. … 사람으로 범행 시 사용한 ○○은 피의자만이 발견할 수 있는 장소에 은닉하여서 아직 압수하지 못하여 증거를 인멸할 염려가 있는 자이다.

나. … 사람으로 아직 발견하지 못한 ○○은 범죄사실 입증에 결정적인 영향을 주는 것으로 피의자가 먼저 발견 은닉할 우려가 있어 증거인멸의 염려가 있다.

다. … 사람으로 현장 목격자인 ○○○와 거래 관계에 있어 증인에 대하여 매수 또는 압력을 행사하여 증거를 인멸할 염려가 있다.

라. … 사람으로 공범인 피의자 ○○○가 검거되지 않아 서로 입을 맞추어 범죄사실 구증을 곤란하게 할 우려가 있어 증거인멸의 염려가 있다.

마. … 사람으로 범죄사실 일부를 부인하고 있어 미검이며 공범인 홍길동과 공모하여 홍길동의 단독범행으로 유도할 위험성이 있어 증거인멸의 염려가 있다.

3. 도망할 염려

가. … 사람으로 이미 증거와 증인이 확보되고 범죄의 법정형으로 보아 중한 처벌이 예상되어 도망할 염려가 있다.

나. … 사람으로 범행에 대한 동기가 불분명하고 범행횟수가 많아 처벌될 것이 분명하여 도망할 염려가 있다.

다. … 사람으로 흉기사용 등 범죄수법이 잔인하고(지능적이고) 피해규모 결과로 보아 중벌을 면하기 어려워 도망할 염려가 있다.

라. … 사람으로 지금까지 특별한 직업 없이 무위도식하고 동일 범죄로 ○○회의 범죄경력이 있는 사정 등으로 보아 도망할 염려가 있다.

마. … 사람으로 여권을 소지하고 있고 연간 ○○회의 해외출입국 사실이 있고 출국금지 조치가 되어 있지 않아 도망할 염려가 있다.

바. … 사람으로 피의자의 잦은 불법행위로 인하여 재산은 모두 탕진되고 가족이 오히려 피의자의 귀가를 원치 않고 있어 가정환경으로 보아 도망할 염려가 있다.

사. … 사람으로 피의자를 선도하여 줄 가족이 전혀 없고 친척 중에도 신원보증마저 꺼리는 등 사유로 자포자기성 방탕 및 방랑으로 도망할 염려가 있다.

아. … 사람으로 주소에 최근 전입하여 이웃들과 교분이 전혀 없고 주벽이 심하여 시비가 잦은 등 사유로 귀가치 않고 도망할 염려가 있다.

자. … 사람으로 그동안 수사 중 수회의 출석요구에도 불응한 바 있고 년 ○○회의 잦은 이사 등 일정한 거소가 없이 전전하여 소환에 의한 출석요구가 곤란한 점 등 도망할 염려가 있다.

차. … 사람으로 아직 검거되지 않은 공범(아직 조사되지 않은 참고인)에게 범행을 미루고 있으나 동인이 곧 소환될 수 있게 되어 자신의 범행이 탄로 나게 됨을 사유로 도망할 염려가 있다.

카. … 사람으로 이건 범죄에 대한 공소시효가 얼마 남지 않아 이 기간을 피하여 처벌을 면할 목적으로 도망할 염려가 있다.

타. … 사람으로 부인과 이혼 후 현재 혼자 거주하고 일정한 직업 없이 노동일에 종사하고 있어 신병을 보증할 가족이나 친지가 전혀 없어 도주할 염려가 있다.

파. … 사람으로 사안이 비록 경미하다고 하나 강도죄로 현재 집행유예 기간에 있어 중한 형이 예상되므로 도망할 염려가 있다.

하. … 사람으로 그동안 경찰의 출석요구에 정당한 이유 없이 3회에 걸쳐 불응한 바 있고 피해자와 대질조사에 있어 범죄사실을 강력히 부인하고 피해자 또한 처벌을 강하게 요구하고 있어 앞으로 소환에 다시 불응하고 도망할 염려가 있다.

갸. 자수한 경우

  … 사람으로 비록 자수하였다고 하나 주민등록이 20○○. 3. 6. 직권말소되어 일정한 주거가 없고, 범죄사실 일부를 부인하고 있어 참고인 ○○○등으로 하여금 번복 진술을 하게 할 우려가 있는 등 증거인멸의 염려와 그 동안 소재불명으로 지명수배된 점으로 보아 다시 도망할 염려가 있다.

냐. … 사람으로 그동안 경찰의 출석요구에 정당한 이유 없이 3회에 걸쳐 출석 불응한 일이 있고 피해회복이 되지 아니하였으며, 피의사실의 중요성에 비추어 중형이 가하여질 가능성이 있어 도망할 염려가 있다.

Ⅳ. 현행범체포 사유

1. 112신고를 받고 현장에 출동한바 피의자는 각목을 들고 피해자의 머리를 내려치고 피를 흘리며 쓰러져 피해자를 다시 폭행하려는 순간 팔목을 잡아 제지하였던바 폭력행위 등 처벌에 관한 법률 위반의 현행범으로 인정하여 체포함.

2. 주민의 신고로 현장에 임하여 피해자의 집 대문을 열고 들어서려는 순간 뒤 담을 넘어 오는 것을 현장에서 붙잡아 들고 있던 ○○(장물)을 발견하고 피해자에게 확인한바 안방에 두었던 것이라고 말하여 주거침입절도죄의 현행범인으로 인정 체포함.

3. ○○에서 발생한 강도사건의 용의자를 추적 중 관내 ○○에서 경찰관을 보자 고개를 숙이고 다른 길로 빠져 가려는 것을 수상히 여기고 불심검문하여 소지품을 조사하는 과정에서 피해물품이 발견되어 범인으로 단정하고 강도죄의 현행범으로 인정 체포함.

4. 관내 순찰 중 ○○○에 이르러 지나가는 피의자의 뒷모습을 보는 순간 상의 좌측 어깨쯤에 붉은 혈흔 자국이 있어 검문하고자 "잠깐 실례합니다" 하자 도망하여 약 1㎞를

뒤쫓아 가 붙들고 소지품을 검사하자 혈흔 자국에 대하여 명확한 대답을 하지 못하고 어울리지 않게 현금 500만원을 소지하고 있어 준현행범인으로 체포함.

5. 교통사고 직후 현장에서 사고를 조사한바 ○○위반으로 인한 피의자의 일방적인 사고로 교통사고 10개 항목에 해당하여 기소될 것이 명백한 교특법 제○○조에 해당하여 현행범으로 인정하여 체포함.

6. 직후 음주 측정한 바 알코올농도 ○○%로 입건대상자 기준에 해당하여 기소될 것이 명백한 도로교통법 제○○조에 해당하여 현행범인으로 체포함.

7. 그 외 이미 범인으로 호칭되어 수배 및 추적되고 있는 자, 도검류, 총기류, 화약류 등 흉기나 장물이라고 인정되는 물건을 소지하고 있는 자를 발견하였을 때는 준현행범인으로 체포할 수 있다.

◗ V. 구속영장 재신청의 취지 및 사유

✳ 예시1 [영장기간 만료로 재신청]

20○○. ○. ○. 발부된 체포영장을 피의자의 소재불명으로 유효기간 내 집행하지 못하였고 체포의 요건이 해소되지 않았다.

✳ 예시2 [영장이 기각된 경우]

출석요구에 불응할 우려가(도망 또는 증거인멸의 염려가) 없다는 이유로 구속영장이 기각되었으나 (출석 불응이나 도망증거인멸의 우려가 그 후 사정 때문에 바뀐 내용을 기재) ……사람이다.

✳ 예시3 [체포와 구속적부심으로 석방된 경우]

○○○에서 ○○○로 도망하였다가 추적수사 끝에 발견된 자임 또는 중요 증거물인 ○○○을 불태워 죄증을 인멸하였다.

✳ 예시4

피의자는 계속 본건 범행을 부인하고 있으나 새로운 현장 목격자 홍길동 등의 진술 및 국립과학수사연구원의 감정 결과 피의자가 운전하던 차량에 부착된 모발과 피해자의 모발이 일치되어 범죄사실의 입증이 충분하며 ----증거인멸의 염려가 있다.

❋ 예시5(병역법 위반의 경우)

◦ 병역법 위반과 같이 국민의 기본적인 의무와 관련된 사안에 대해서는 전국적으로 통일성 있는 기준에 의해 구속 여부가 결정되어야 할 것인바, 현재 대법원 유죄판결(2004도2965호) 이후 전국 대부분 법원에서 동일 사안에 대해 구속 상태에서 재판을 진행하고 있을 뿐 아니라 피의자의 주관적인 의사인 불구속 재판을 희망하는지 여부가 구속 여부를 결정하는 요인이 된다면 법적 안정성이 침해될 우려가 크다고 할 것이다.

◦ 종교적인 이유로 병역법을 위반하여 구속된 경우 피의자의 명예 침해 가능성은 적었지만 불구속될 경우 국방의 의무 이행을 포함하는 국가운영의 전반적 시스템에 대한 국민의 인식에 부정적인 영향을 끼칠 우려는 크다고 할 것이다.

◦ 형사사법 절차에서 구속제도는 확정된 형벌의 집행을 담보하는 기능이 있고 또한 선고될 것으로 예상하는 형량은 도망할 염려를 판단하는 중요한 자료가 되므로 본 건과 같이 비교적 중형이 선고될 것이 예상되는 경우에는 일반적으로 도망할 염려가 있다 할 것이며 구체적으로 본 건 피의자는 일정한 직업이 없어 그 경제적 지위가 불안정하고 가족 중 미필자들도 병역법 위반으로 처벌될 가능성이 있다는 점에서도 도망할 염려를 단정적으로 부정할 수 없다 할 것이다.

VI. 압수 · 수색 · 검증을 필요로 하는 사유

❋ 예시1 [인터넷 게임 관련 계좌추적]

피해자가 피의자의 ○○은행 계좌 021-121-089347번으로 송금해 주었다고 하여 위 계좌의 개설자와 개설시부터 현재까지의 입출금 내역을 확인하여 추가 피해여부를 확인하기 위해

❋ 반드시 입출금 내역은 계좌의 개설시부터 현재까지로 하여 모든 입출금 내역을 근거로 추가 피해사항을 추궁할 것

❋ 예시2 [수표배서(×이서)인 확인]

1) 피의자가 피해자로부터 수표를 교부받은 사실이 없다고 부인하고 있어 피의자에게 교부한 ○○은행 발행의 자기앞수표 입출금 상황을 확인하기 위해
2) 피의자는 위 약속어음을 ○○상호신용금고에서 할인하여 할인금을 ○○은행 ○○지점 발행 자기앞수표로 수령 위 수표를 병원에 입금하였을 뿐 횡령한 사실이 없다고 범죄사실을 부인하고 있어 수표 출처를 확인 수표배서인 추적으로 최종 소지인을 확인하여 범죄 구증하기 위함

❋ 예시3

피의자가 착용한 의류의 모양, 혈흔의 부착 여부를 확인하기 위함

VII. 석방 사유

＊ 예시1

피의자가 범죄사실을 자백하고 사안 경미 (피해액 300만원)함으로

＊ 예시2

피해금액 중하나 피의자가 범죄사실을 자백하고 고소인이 고소 취소하며 처벌을 원하지 않으므로

＊ 예시3

피의자는 현재 임신 9개월로 산부인과 전문의 홍길자의 진단결과 의료시설이 있는 장소에서 안정을 취하며 분만하여야 하고 산 후 상당 기간의 요양이 필요하기 때문

제11절 구속영장의 "필요적 고려사항" 기재요령

I. 범죄의 중대성

1. 피의자는
   - 범죄를 은폐하기 위해 기존에 사용하고 있던 "○○청소"라는 간판을 지우지 않고 마치 그곳이 불법 사행성 게임장이 아니라 지금도 청소용역 업무를 보는 양 위장하였다.
   - 또한, 경찰의 단속을 피하고자 출입문은 물론 건물 입구 출입자 감시를 위해 전봇대에 감시카메라를 설치하여 영업장 안에서 감시할 수 있도록 하였다.
   - 피의자의 이러한 행위는 법을 위반하여 어떻게 해서라도 돈만 벌면 된다는 생각하고 있어 그 범죄가 중대하다고 보지 않을 수 없다.
2. 피의자는 자신의 어머니와 동거 관계에 있는 피해자의 카드를 절취한 후 통장의 예금된 전액을 절취하여 그 돈으로 다른 지역에서 생활하던 중, 현금이 떨어지자 다시 지리감이 있는 ○○로 내려와 심야시각 영업이 마감된 주류상사에서 맥주 등의 물품을 절취하는 등 범죄의 중대성이 있다.
3. 피의자는 위험한 물건인 ○○를 소지하고 더욱이 전기차단기를 내린 다음 주거침입하는 등 사전에 치밀하게 준비하였을 뿐 아니라 범행대상자가 ○○세 청소년들로 죄질 극히 불량하므로 그의 일련의 행위는 도덕적으로 비난받아 마땅하여 범죄가 중대하다.
4. 피의자는 평소 친하게 지내오던 초등학교 동창인 피해자를 강간하였을 뿐 아니라 피해자가 술에 취한 점을 악용하여 자신의 강간한 점을 모르게 하고자 강간 직전 그녀의 핸드폰 통화내용 중 자신과의 내역을 미리 삭제시키는 등 범죄 중대하다.

II. 재범의 위험성

1. 피의자는
   - 불법 사행성 게임장은 국민의 근로의욕을 저하시키는 등 미풍양속을 해하는 행위로써 이제는 뿌리 뽑아야 한다.
   - 그럼에도 불구하고 피의자는 불법 영업을 하였던 장소가 전 업주 甲이 적발되어 형사처벌을 받았다는 것을 알면서도 이를 인수하여 영업하였다.
   - 피의자 또한 그 장소를 또 다른 사람에게 양도하여 불법 영업을 하도록 할 것이 농후하다. 따라서 피의자에게는 재범의 위험성이 있다고 판단된다.

2. 피의자는 20○○. ○. ○.경부터 현재까지 짧은 기간에 동종전과 등으로 4회의 전력이 있는 상태에서 또다시 범행하는 등 재범의 우려가 크다.

3. 피의자는 동종 전력 7회 더 있는 전과 11범이며 수사기관 절도 우범자로 책정되어 있으며 누범 기간 중 습관적으로 범행하고, 다른 사람의 인적사항을 행사하는 것으로 보아 재범의 위험성이 농후하다.

4. 피의자는 최근 1달 남짓에 걸쳐 9차례, 같은 피해자 상대로 4차례 범죄를 저지르고, 기이 피해자가 신고하였다는 이유로 주먹과 발로 수회 폭행하고 휴대폰까지 훔쳤음에도 다시 합의서를 받아내려고 위협하는 등 보복행위를 한 점으로 보아 죄질 극히 불량하므로 그의 일련의 행위는 도덕적으로 비난받아 마땅하여 범죄 중대하고 재범의 위험성이 크다.

Ⅲ. 피해자·중요참고인 등에 대한 위해 우려

1. 피의자는 절도 사건을 신고하였다는 이유로 피해자를 불러내 공범들과 같이 피해자를 폭행하는 등 또 다른 피해자 및 참고인에 대한 위해를 가할 우려가 크다.

2. 피의자는 피해자가 신고하였다는 이유로 폭행하고 합의서를 받아내려고 방실침입 하여 위협하는 등의 행위를 한 점으로 보아 석방되면 피해자에게 위해 우려가 있다.

3. 피의자는 피해자들과 같은 집에 거주하고 있어 이들 피해자에 대하여 위해 우려가 있다.

4. 피의자는 피해자와 합의하고자 피해자나 다른 초등학교 동창 등을 상대로 압력을 행사할 가능성이 농후하여 그들에 대한 위해 우려가 있다.

Ⅳ. 기타 사유

1. 약 4년 전부터 피의자와 함께 거주하고 있는 고모 甲은 피의자가 학교도 다니지 않으며 밖에서 다른 학생들에게 피해를 줄까 봐 걱정이라며 구속이 되더라도 선도할 수 있는 교육을 받을 수 있도록 하고 있다.

2. 이러한 사유로 볼 때 피의자의 일련의 행위는 도덕적으로 비난받아 마땅하여 구속수사치 않을 시 법을 업신여김으로써 더 나아가 상습적인 범죄행각을 할 우려가 있으므로 이를 근절시키기 위하여 본건에 대하여 구속수사 함이 타당하다고 본다.

제12절 구속수사 기준

제1관 일반적 기준

 Ⅰ. 주거 부정

1. 의 의

피의자가 일정한 주거가 없는 때라고 함은 당해 피의자에게 일정한 주소나 거소가 없는 때를 말한다.

2. 주거부정 판단 시 유의사항

피의자에게 일정한 주거가 없는지 여부를 판단할 때에는 다음의 요소를 고려하여야 한다.

① 주거의 종류(집, 여관, 여인숙, 고시원, 기숙사, 직장 임시숙소 등)
② 거주 기간
③ 주민등록과 주거의 일치 여부 및 주민등록 말소 여부
④ 거주 형태(임차 계약의 형태·기간, 임료의 지급 방법·상황 등)
⑤ 가족의 유무
⑥ 가재도구의 현황
⑦ 피의자의 성행, 조직·지역 사회 정착성

3. 참작사항

가족, 변호인 등 신원보증인에 의하여 피의자의 출석을 담보할 수 있는 경우에는 이를 참작하여야 한다.

II. 증거인멸의 염려

1. 증거인멸의 염려판단 시 유의사항

피의자가 증거를 인멸할 염려가 있는지 여부를 판단할 때에는 다음의 요소를 고려하여야 한다.

① 범죄의 성격에 따른 증거인멸·왜곡의 용이성
② 사안의 경중
③ 증거의 수집 정도
④ 피의자의 성행, 지능과 환경
⑤ 물적 증거의 존재 여부와 현재 상태
⑥ 공범의 존재 여부와 현재 상태
⑦ 피해자, 참고인 등 사건관계인과 피의자와의 관계
⑧ 수사 협조 등 범행 후의 정황
⑨ 범죄 전력

2. 유의사항

다음에 해당하는 경우에는 증거인멸의 염려에 유의하여야 한다.

① 증거서류와 증거물을 파기, 변경, 은닉, 위조 또는 변조한 때
② 대향적, 조직적, 집단적 범행 등 공범이 있는 경우 공범에 대해 통모·회유·협박하거나 그와 같은 우려가 있는 때
③ 사건관계인의 진술이 범죄사실의 입증을 위한 중요한 증거면 그 진술을 조작·번복시키거나 그와 같은 우려가 있는 때
④ 피해자, 당해 사건의 수사와 관련된 사실을 알고 있다고 인정되는 자, 감정인 등에게 부정한 방법으로 영향을 미치거나 미칠 우려가 있는 때
⑤ 피해자, 당해 사건의 수사와 관련된 사실을 알고 있다고 인정되는 자 또는 그 친족의 생명·신체나 재산에 해를 가하거나 가할 우려가 있는 때
⑥ 제3자에게 ①항 내지 ⑤항에 해당하는 행위를 사주·권유한 때
⑦ 그 밖의 ①항 내지 ⑥항에 준하는 사정으로 피의자가 증거를 인멸할 우려가 있다고 판단될 때

　＊ 피의자가 범행을 부인하거나 진술거부권을 행사한다는 이유만으로 증거인멸의 염려가 있다고 보아서는 아니된다.

III. 도망 또는 도망할 염려

1. 피의자가 도망한 것으로 볼 수 있는 경우

피의자가 도망한 때라고 함은 피의자가 수사를 피할 의사로 주거를 이탈한 때를 말한다. 다음에 해당하는 경우에는 피의자가 도망한 것으로 본다.

① 피의자가 정당한 사유 없이 주거를 이탈하여 일정한 주거로 연락이 어려운 때

② 피의자가 형사처분을 면할 목적으로 국외에 있는 때

③ 피의자가 정당한 사유 없이 소재불명되어 이미 체포영장이 발부되어 있는 때

2. 도망할 염려가 있는지 여부판단 시 고려사항

피의자가 도망할 염려가 있는지 여부를 판단할 때에는 다음의 요소를 고려하여야 한다.

① 사안의 경중

② 범행의 동기, 수단과 결과

③ 전문적·영업적 범죄 여부

④ 피의자의 성행, 연령, 건강 및 가족관계

⑤ 피의자의 직업, 재산, 교우, 조직·지역 사회 정착성, 사회적 환경

⑥ 주거의 형태 및 안정성

⑦ 국외 근거지의 존재 여부, 출국 행태 및 가능성

⑧ 수사 협조 등 범행 후의 정황

⑨ 범죄 전력

⑩ 자수 여부

⑪ 피해자와의 관계, 피해 회복 및 합의 여부

3. 유의사항

다음에 해당하는 경우에는 도망할 염려에 유의하여야 한다.

① 사형·무기 또는 장기 10년이 넘는 징역이나 금고에 해당하는 죄를 범한 때

② 누범에 해당하거나 상습범인 죄를 범한 때

③ 범죄를 계속하거나 다시 동종의 죄를 범할 우려가 있는 때

④ 집행유예 기간 중이거나 집행유예 결격인 때

⑤ 피의자가 인적사항을 허위로 진술하거나 인적사항이 판명되지 아니한 때

⑥ 피의자가 도망한 전력이 있거나 도망을 준비한 때

⑦ 사안의 경중, 범죄 전력, 범행의 습성, 피해 회복 여부 등 여러 사정에 비추어 중형의 선고 가능성이 높은 때

⑧ 그 밖의 제1호 내지 제7호에 준하는 사정으로 피의자가 도망할 염려가 있다고 판단될 때

　　✱ 피의자가 범행을 부인하거나 진술거부권을 행사한다는 이유만으로 도망할 염려가 있다고 보아서는 아니된다.

ⅣＶ. 그 밖의 고려 사항

구속 여부를 판단할 때에는 그 밖에 범죄에 대한 적극 대처를 통한 피해자의 권리 보호, 사회 전반의 질서 유지와 공공의 이익 확보 및 피의자의 건강, 가족 부양의 필요성 등 특별한 사정도 고려할 수 있다. 다만, 이 경우에도 형사소송법과 이 지침에서 정하는 사유와 기준에 따라야 한다.

제2관 범죄유형별 기준

 Ⅰ. 교통 사범

1. 교통사고 피의자 구속여부 판단 시 고려사항

① 교통사고 피의자에 대한 구속 여부를 판단할 때에는 과실과 피해 정도, 피의자의 보험 가입 여부, 범죄 전력, 피해 회복 여부 등을 고려하여야 한다.

② 음주운전 피의자에 대한 구속 여부를 판단할 때에는 주취 정도, 운전 거리와 시간, 운전 종료의 자발성 여부, 동종 범죄 전력, 재범의 위험성 등을 고려하여야 한다.

2. 원칙적 구속 대상 피의자

다음의 피의자는 원칙적으로 구속 대상으로 본다.

> ① 교통사고로 사망의 결과 발생
> ② 중상자 또는 다수의 부상자 발생 등 큰 피해를 야기하고 과실이 중한 피의자
> ③ 주취 정도가 중한 음주운전으로 교통사고를 일으키거나 일으킬 위험성이 높은 피의자
> ④ 동종 범죄 전력이 있고 단기간 내 다시 음주운전을 하여 동종의 죄를 범할 우려가 현저한 피의자

 Ⅱ. 폭력 사범

1. 폭력 피의자 구속여부 판단 시 고려사항

가. 폭력 피의자

폭력 피의자에 대한 구속 여부를 판단할 때에는 폭력의 동기와 수단, 상해의 부위와 정도, 피의자의 폭력 성행, 피해자와의 관계, 범죄 전력, 피해 회복 여부 등을 고려하여야 한다.

나. 공무집행방해 피의자

공무집행방해 피의자에 대한 구속 여부를 판단할 때에는 공무집행의 내용, 범행 동기와 수단, 태양, 피해 정도, 피의자의 폭력 성행, 범죄 전력 등을 고려하여야 한다.

2. 원칙적 구속 대상 피의자

다음의 피의자는 원칙적으로 구속 대상으로 본다.

> ① 중한피해를 야기하거나 상습적으로 폭력을 행사한 피의자
> ② 노약자·부녀자·장애인을 상대로 정당한 사유 없이 폭력을 행사한 피의자
> ③ 흉기·위험한 물건을 휴대하거나 집단적으로 폭력을 행사하여 위험성이 큰 피의자
> ④ 흉기·위험한 물건을 휴대하거나 집단적으로 폭력을 행사하여 위험성이 큰 피의자
> ⑤ 공무집행방해의 정도가 중하거나 추가의 중한 공용물손괴·상해 등 피해를 야기한 피의자

Ⅲ. 가정폭력 사범

1. 가정폭력 피의자 구속여부 판단 시 고려사항

가정폭력 피의자에 대한 구속 여부를 판단할 때에는 폭력의 동기와 수단, 습벽, 접근금지 등의 임시조치 위반 여부, 범죄 전력, 재범의 위험성, 피해자와 가정구성원의 상황 및 피해자에 대한 위해 가능성 등을 고려하여야 한다.

2. 원칙적으로 구속 대상 피의자

> 상습적으로 가정폭력을 행사하여 다시 동종의 죄를 범할 우려가 현저한 피의자는 원칙적으로 구속 대상으로 본다.

Ⅳ. 절도 사범

1. 절도 피의자 구속여부 판단 시 고려사항

절도 피의자에 대한 구속 여부를 판단할 때에는 범행의 동기와 수단, 태양, 위험성, 피해 정도, 피의자의 성행·환경, 범죄 전력, 습벽 및 피해 회복 여부 등을 고려하여야 한다.

2. 원칙적 구속 대상 피의자

> ① 소매치기 등 전문적·영업적이거나 상습적인 절도 피의자
> ② 절도행위에 주거침입·흉기 휴대 등을 수반하여 위험성이 큰 피의자

V. 성폭력 사범

1. 성폭력 피의자에 대한 구속 여부를 판단 시 고려사항

성폭력 피의자에 대한 구속 여부를 판단할 때에는 다음의 요소를 고려하여야 한다.

① 성폭력의 정도, 정신적·육체적 피해 결과 등 사안의 중대성

② 범행의 동기, 수단 및 경위

③ 범행의 태양(주거침입, 납치, 강·절도 수반 여부 등)

④ 피의자의 성행

⑤ 피해자와의 관계(친족, 업무·고용 관계 등)

⑥ 피해자의 상황 및 피해자에 대한 위해 가능성

⑦ 피해자나 사건관계인에 대한 부정한 영향력 행사 가능성

⑧ 범죄 전력 및 범행 후의 정황

2. 원칙적으로 구속 대상범죄

다음에 해당하는 성폭력범죄의 처벌 등에 관한 특례법 위반 피의자는 원칙적으로 구속 대상으로 본다.

> 제3조 특수강도강간 등
> 제4조 특수강간 등
> 제5조 친족 관계에 의한 강간 등
> 제6조 장애인에 대한 강간·강제추행 등
> 제7조 13세 미만의 미성년자에 대한 강간, 강제추행 등
> 제8조 강간 등 상해·치상
> 제9조 강간 등 살인·치사

3. 기타 성폭력처벌법 위반 피의자 구속여부 판단 시 고려사항

그 밖의 공중밀집장소에서의추행, 성적 목적을 위한 다중이용장소 침입행위, 통신매체이용음란, 카메라등이용촬영 및 청소년 성매수 피의자의 경우 '1'의 각 요소를 고려하여 구속 여부를 판단한다.

4. 구속여부 판단 시 유의사항

성폭력 피의자의 구속 여부를 판단할 때에는 특히 피해자의 상황 및 피의자가 피해자에

대해 위해나 부정한 영향력을 행사할 가능성이 있는 점에 유의하고, 범죄에 대한 적극 대처를 통한 피해자의 권리 보호, 사회 전반의 질서 유지와 공공의 이익 확보 등의 목적을 충분히 고려하여야 한다.

Ⅵ. 성매매 사범

1. 성매매 피의자 구속여부 판단 시 고려사항

성매매 피의자에 대한 구속 여부를 판단할 때에는 다음의 요소를 고려하여야 한다.

① 인신매매, 청소년 고용, 감금·갈취 등 가혹 행위 여부, 범행의 규모·기간 등 사안의 중대성
② 범행의 수단 및 영업성
③ 범행의 태양 및 범행 가담 정도
④ 성매매 피해자와의 관계
⑤ 범죄 전력 및 범행 후의 정황

2. 원칙적 구속 대상 피의자

다음에 해당하는 피의자는 원칙적으로 구속 대상으로 본다.

① 사람을 감금하거나 단체 또는 다중의 위력으로 성매매를 강요한 자
② 범죄단체나 그 구성원으로서 성매매를 강요·알선한 자
③ 마약 등을 사용하거나 폭행·협박 또는 위계로 사람을 곤경에 빠트러 성을 파는 행위를 하게 한 자
④ 성매매 목적의 인신매매를 한 자
⑤ 청소년이나 장애인으로 하여금 성을 파는 행위를 하게 한 자
⑥ 그 밖의 제1호 내지 제5호에 준하는 행위로 신체의 자유를 침해하여 성매매를 강요·알선한 자

제13절 강제수사 관련 고려사항

 I. 구속영장 신청 지침

1. 증거인멸 염려

내 용	① 인멸(물증의 은닉, 증인에 대한 위증이나 침묵의 강제)의 대상이 되는 증거가 존재하는지 여부 ② 그 증거가 범죄사실의 입증에 결정적으로 영향을 주는지 여부 ③ 피의자측에 의하여 그 증거를 인멸하는 것이 물리적·사회적으로 가능한 것인지 여부 ④ 피의자측이 피해자 등 증인에 대하여 어느 정도의 압력이나 영향력을 행사할 수 있는지 여부 등
기재사례	① 조사받지 아니한 도주한 공범이 있음 ② …등으로 보아 증거인멸의 우려가 있음 ③ 확인중인 추가범죄에 대한 증거인멸의 우려가 있음 ④ 제3자의 생명(신체, 재산)에 위해를 가할 염려가 있음

2. 도망하거나 도망할 염려

범죄사실에 관한 사정	① 범죄의 경중, 태양, 동기, 횟수, 수법, 규모, 결과 등 ② 자수 여부
개인적 사정	① 직업이 쉽게 포기할 수 있는 것인지 여부 ② 경력, 범죄경력, 그동안의 생계 수단의 변천 ③ 약물복용이나 음주의 경력, 질병 치료, 출산을 앞두고 있는지 여부 ④ 외국과의 연결점이 있는지, 여권의 소지 여부 및 해외여행의 빈도
가족관계	① 가족 간의 결속력(가족들이 피의자를 선행으로 이끌만한 능력과 의사가 있는지 여부) ② 가족 중에 보호자가 있는지 ③ 배우자 또는 나이가 어리거나 학생인 자녀가 있는지 ④ 연로한 부모와 함께 거주하거나 부모를 부양하고 있는지 ⑤ 피의자에 대한 가족들의 의존 정도
사회적 환경	① 피의자 및 가족의 지역 사회와의 유대의 정도(거주 기간·정착성 등) ② 교우 등 지원자가 있는지 등
기 타	정당한 이유없이 수사기관의 출석요구에 불응하였는지 여부 또는 주거는 일정하나 거소를 전전 이전하여 소환에 의한 출석요구가 곤란한지 여부

3. 주거부정

내 용	① 주거의 종류(주택, 여관, 기숙사 등), 거주기간, 주민등록 여부 등 주거 자체의 안정성
	   – 도망하여 일시적으로 여관, 고시원 등에 거주한 주민등록말소자라도 현재는 복귀하여
	     가족들과 함께 생활할 주거가 있는 경우는 주거부정으로 판단키 어려움
	     ※ '주거 미상' 또는 '주거 묵비'의 경우도 주거부정에 포함되는 것으로 해석
	② 피의자의 지위, 연령, 직업, 가족관계, 재산상태 등 생활의 안정성 등 종합 판단
	③ 부랑자, 노숙자(노숙자쉼터 거주자 포함), 숙박료를 일주일씩 혹은 하루하루 지급하는
	   쪽방 등 간이숙박시설이나 공사장, 주유소 등에서 단기간 거주하는 자, 목욕탕이나 피
	   시방 등을 전전하는 자, 가출한 자, 상점 등에서 점원 등으로 숙식하면서 일을 하다가
	   주인의 금품을 훔쳐 달아난 자 등
	   – 여관 또는 고시원에 거주하더라도 일정한 직업이 있고 장기간 주거로서 체류하는 경
	     우와 같이 주거 및 생활의 안정성이 있는 경우 주거부정으로 판단키 어려움

4. 구속의 제한

내 용	① 쟁의기간 중의 근로자(현행범 외에 노동조합및노동관계조정법 위반을 이유로 구속되지
	   않음 – 노동조합및노동관계조정법 제39조)
	② 선거관리위원회 위원(선거관리위원회법 제13조)
	③ 회기 중의 국회의원(현행범인 경우를 제외하고는 국회의 동의없이 체포 또는 구금되지
	   아니함 – 헌법 제44조 제1항, 국회법 제26조)
	④ 다액 50만원 이하의 벌금, 구류 또는 과료에 해당하는 사건에 관하여는 주거부정인 경
	   우에만 구속 가능

Ⅱ. 압수수색 검증영장 신청 지침(형사소송법 제215조)

1. 판단기준

소명정도	① 범죄사실을 특정하기 위한 근거자료 존재 여부
	   – 익명의 제보자가 범죄 제보하였다는 첩보가 있다는 내용 등으로 구체적 범죄내
	     용 특정되지 않은 경우, 범죄사실의 소명이 있는가에 대해 신중히 판단. 범죄
	     단서를 찾기 위한 탐색적 압수·수색은 안됨
	② 압수·수색·검증의 필요성에 대한 근거자료 존재 여부
	③ 압수·수색·검증 대상 특정 여부
	※ 수색의 대상이 피의자 이외의 자의 신체·물건·주거 기타의 장소인 경우 "압수하
	   여야 할 물건이 있다고 인정되는 경우"에 한함(형사소송규칙 제108조 제2항)

범 위	① 신청 범위가 목적을 달성할 수 있는 상당한 범위 정도로 제한되었는지
	   例 CCTV에 대한 압수수색 신청시 범행시간 특정되는 경우 범행 전후 1–2시간
	     정도로 제한 신청이 바람직

대 상 (물건·장소)	① 대상 장소와 물건은 반드시 특정 ② 피의자 이외의 자가 거주하고 있는 장소에 대해선 더 신중한 판단 필요

2. 계좌추적

특정되어 야할 대상	① 예금주 ② 개설은행 ③ 계좌번호 ④ 추적이 필요하다고 여겨지는 금융거래기간 등이 특정되어야 하는 것이 원칙
금융거래 내역	범위를 반드시 한정 –판단기준 : 압수수색의 필요성, 소명의 정도, 범죄사실의 내용, 압수수색을 통하여 취 득하려는 자료 등 종합적 검토
포괄계좌	① 압수·수색 대상자만 특정된 포괄계좌 영장은 필요성이 인정되는 한 허용됨. 그러나 신청 여부는 혐의사실과 관련 없는 예금거래의 비밀이 침해될 소지가 크다는 점에서 신중한 판단요 ② 피의자 이외의 제3자에 대한 포괄적 압수수색영장은 당해 범죄와 제3자의 관련성이 명백한지 여부 우선 판단하고 기본권 문제 등을 충분히 고려하여 신청 ③ 대상 장소는 '모든 금융기관'이라고 기재치 말고 금융기관의 명칭을 개별적 특정 하여 신청하여야 함
연결계좌	① 연결계좌와 당해 범죄사실과의 관련성에 대한 충분한 소명 필요, 이때에도 기본계좌 의 직전·직후로 연결된 계좌에 한하여 신청(뇌물죄의 경우에 수뢰자는 기본계좌와 직전계좌, 증뢰자는 기본계좌와 직후계좌만 신청 원칙) ② 범행일시가 특정되는 경우 범행일시 전후 1~2개월 정도로 거래기간 특정

3. 기 타

변사체 부검	① '검증영장' 신청 ② 피의자는 불상의 상태임에도 사망자를 피의자로 잘못 기재하는 경우 많음 –피의자(불상)와 검증할 물건이 제대로 기재되어있는지 확인 필요
야간집행 영장	야간에 집행하고자 하는 취지를 기재(풍속업장 등에 대한 압수·수색 영장은 야간 기재 불필요)
기타유의 사항	사전영장, 사후영장, 금융계좌추적용 등 3가지 영장 종류가 있으므로 올바른 방식(양식) 에 의한 것인지 확인

〈범죄수사를 위한 통신제한조치 허가기준〉

대상범죄	통신비밀보호법 제5조 제1항 1호 내지 11호 해당 범죄로 제한
허가요건	① 대상범죄를 계획 또는 실행하고 있거나 범행하였다고 의심할 만한 충분한 이유가 있고, 다른 방법으로는 그 범죄의 실행을 저지하거나 범인의 체포 또는 증거의 수집이 어려운 경우 ② 여기서 '충분한 이유'는 구속의 요건인 '상당한 이유'보다 엄격하게 해석됨
대상자	원칙적으로 피의자 또는 피혐의자에 한정됨(다만 그 이외의 자에 대한 통신제한조치도 가능하나 혐의자와의 관련성이 혐의자 본인이나 다름없는 인적관계에 있거나 범죄의 공범자에 가까울 정도의 지위에 있어야 함)
범위	① 우편물의 검열 ② 전기통신의 감청 ③ 공개되지 아니한 타인 간 대화의 녹음 또는 청취 ※ 당사자의 동의 없이 E-mail 등 컴퓨터를 이용한 통신내용을 취득하거나 통신의 송·수신을 방해하는 것은 통신비밀보호법상 전기통신의 감청에 해당하므로, 통신제한조치허가 사건으로 처리됨(대법원 재판예규 제796조)
기타 유의사항	① 관할 유무 확인 -통신당사자의 쌍방 또는 일방의 주소지 또는 소재지 관할 지방법원 또는 지원 -범죄지 또는 통신당사자와 공범관계에 있는 자의 주소지·소재지를 관할하는 지방법원 또는 지원 -관할에 포함되지 않는 전화번호(지역번호로 판별)에 대해서는 관할권 없음을 이유로 기각됨 ② 허가기간 : 2개월 ③ 연장신청 : 허가요건이 존속하는 한 계속적으로 기간 연장 신청 가능 ④ 청구의 양식(방식) 확인 -사전허가서, 사후허가서, 사전 및 사후 동시허가서 등 3가지 양식이 있으므로 올바른 양식에 의한 것인지 확인해야 ⑤ 보완 : 허가서는 보안이 유지되어야 하고, 이를 누설할 경우 형사처벌의 대상임

제14절 임시조치신청

1. 사법경찰관은 가정폭력범죄에 관한 응급조치의 규정에 의한 응급조치에 불구하고 가정폭력범죄가 재발될 우려가 있다고 인정하는 때에는 임시조치를 법원에 청구할 것을 신청할 수 있다.

※ 가정폭력범죄의 처벌 등에 관한 특례법

제8조(임시조치의 청구 등) ① 검사는 가정폭력범죄가 재발될 우려가 있다고 인정하는 경우에는 직권으로 또는 사법경찰관의 신청에 의하여 법원에 제29조제1항제1호·제2호 또는 제3호의 임시조치를 청구할 수 있다.

제8조의2(긴급임시조치) ① 사법경찰관은 제5조에 따른 응급조치에도 불구하고 가정폭력범죄가 재발될 우려가 있고, 긴급을 요하여 법원의 임시조치 결정을 받을 수 없을 때에는 직권 또는 피해자나 그 법정대리인의 신청에 의하여 제29조제1항제1호부터 제3호까지의 어느 하나에 해당하는 조치(이하 "긴급임시조치"라 한다)를 할 수 있다.

② 사법경찰관은 제1항에 따라 긴급임시조치를 한 경우에는 즉시 긴급임시조치결정서를 작성하여야 한다.

③ 제2항에 따른 긴급임시조치결정서에는 범죄사실의 요지, 긴급임시조치가 필요한 사유 등을 기재하여야 한다.

제8조의3(긴급임시조치와 임시조치의 청구) ① 사법경찰관이 제8조의2제1항에 따라 긴급임시조치를 한 때에는 지체 없이 검사에게 제8조에 따른 임시조치를 신청하고, 신청받은 검사는 법원에 임시조치를 청구하여야 한다. 이 경우 임시조치의 청구는 긴급임시조치를 한 때부터 48시간 이내에 청구하여야 하며, 제8조의2 제2항에 따른 긴급임시조치결정서를 첨부하여야 한다.[본조신설 2011.7.25]

제29조(임시조치) ① 판사는 가정보호사건의 원활한 조사·심리 또는 피해자의 보호를 위하여 필요하다고 인정한 때에는 결정으로 행위자에게 다음 각호의 1에 해당하는 임시조치를 할 수 있다.

1. 피해자 또는 가정구성원의 주거 또는 점유하는 방실로부터의 퇴거등 격리
2. 피해자 또는 가정구성원이나 그 주거·직장 등에서 100미터 이내의 접근 금지
3. 피해자 또는 가정구성원에 대한 「전기통신기본법」 제2조 제1호의 전기통신을 이용한 접근금지
4. 의료기관 기타 요양소에의 위탁
5. 국가경찰관서의 유치장 또는 구치소에의 유치
6. 상담소등에의 상담위탁

---

2. 사법경찰관은 가정폭력 행위자가 제1항의 규정에 의한 임시조치를 위반하여 가정폭력범죄가 재발될 우려가 있다고 인정하는 때에는 검사에게 임시조치를 법원에 청구할 것을 신청할 수 있다.

3. 사법경찰관리는 제1항 및 제2항의 신청이 있는 때에는 임시조치 신청부에 소정의 사항을 기재하여야 한다.

4. 사법경찰관리가 임시조치의 결정을 집행한 때에는 집행일시 및 집행방법을 기재한 서면을 사건기록에 편철하여야 한다.

○○경찰서

제 0000-00000 호   20○○. ○. ○.

수 신 : ○○지방검찰청장

제 목 : 임시조치 신청서

다음 사람에 대한 ○○ 피의사건에 관하여 다음과 같은 임시조치의 청구를 신청합
니다.

☐ 1. 피해자 또는 가정구성원의 주거 또는 점유하는 방실로부터 퇴거 등 격리

☐ 2. 피해자 또는 가정구성원의 주거, 직장 등에서 100미터 이내의 접근금지

☐ 3. 피해자 또는 가정구성원에 대한 「전기통신기본법」 제2조 제1호의 전기통신을
      이용한 접근금지

☐ 4. 경찰관서 유치장 또는 구치소에의 유치

행위자	성 명	( )
	주 민 등 록 번 호	－ (세)
	직 업	
	주 거	
변 호 인		
피해자	성 명	
	주 거	
	직 장	
범죄사실 및 임시 조 치 를 필요로 하는 사유		

○○경찰서

사법경찰관 경위 홍길동 (인)

제15절 피의자 접견 금지

 **I. 근거법령**

1. 형사소송법

> **제91조(변호인 아닌 자와의 접견·교통)** 법원은 도망하거나 범죄의 증거를 인멸할 염려가 있다고 인정할 만한 상당한 이유가 있는 때에는 직권 또는 검사의 청구에 의하여 결정으로 구속된 피고인과 제34조에 규정한 외의 타인과의 접견을 금지할 수 있고, 서류나 그 밖의 물건을 수수하지 못하게 하거나 검열 또는 압수할 수 있다. 다만, 의류·양식·의료품은 수수를 금지하거나 압수할 수 없다.

2. 경찰수사규칙

> **제59조(피의자 접견 등 금지)** ① 사법경찰관은 법 제200조의6 및 제209조에서 준용하는 법 제91조 또는 「형의 집행 및 수용자의 처우에 관한 법률」 제87조에서 준용하는 같은 법 제41조에 따라 체포 또는 구속된 피의자와 법 제34조에서 규정한 사람이 아닌 사람과의 접견 등을 금지하려는 경우에는 별지 제51호서식의 피의자 접견 등 금지 결정서에 따른다.
> ② 사법경찰관은 제1항의 결정을 취소하는 것이 타당하다고 인정되어 피의자 접견 등의 금지를 취소하는 경우에는 별지 제52호서식의 피의자 접견 등 금지 취소 결정서에 따른다.
> ③ 제1항의 피의자 접견 등 금지 결정은 사법경찰관의 사건 송치와 동시에 그 효력을 상실한다.

II. 절 차

1. 접견 금지 사유

도망하거나 범죄의 증거를 인멸할 염려가 있다고 인정할 만한 상당한 이유가 있는 때

2. 금지 내용

가. 타인과의 접견을 금지

나. 서류나 그 밖의 물건을 수수하지 못하게 하거나 검열 또는 압수(다만, 의류·양식·의료품은 수수를 금지하거나 압수할 수 없음)

3. 취소

가. 결정을 취소함이 상당하다고 인정되어 피의자 접견 등의 금지를 취소할 때에는 피의자 접견 등 금지 취소결정서에 따른다.

나. 피의자 접견 등 금지 결정은 사법경찰관의 송치와 동시에 그 효력을 상실한다.

○○경 찰 서

제　호　　　　　　　　　　　　　　　　　　　　　　　　　20○○.○.○.

제 목 : 피의자 접견 등 금지 결정서

「형사소송법」 제209조에서 준용하는 제91조 또는 형의 집행 및 수용자의 처우에 관한 법률 제87조에서 준용하는 제41조에 따라 다음 사건의 피의자에 대하여 아래와 같이 접견 등 금지를 결정합니다.

[대상사건]

사건번호 :

죄　　　명 :

[피의자 인적사항]

성　　　　　명　　　　　　　　　　　　주민등록번호

주　　　　　거

직　　　　　업

체포· 구속 일자

접견 등 금지기간　　0000. 00. 00. ~ 0000. 00. 00. (　　일)

[접견 등 금지 결정 내용]

[결 정 사 유]

○ ○ 경 찰 서

제 호   20○○.○.○.

제 목 : 피의자 접견 등 금지 취소 결정서

「형사소송법」 제209조에서 준용하는 제91조 또는 형의 집행 및 수용자의 처우에 관한 법률 제87조에서 준용하는 제41조에 따라 결정한 다음 사건의 피의자에 대한 접견 등 금지 조치를 취소합니다.

[대상사건]

사건번호 :

죄   명 :

[피의자 인적사항]

성   명   주민등록번호

주   거

직   업

체포·구속 일자

접견등금지기간   0000. 00. 00. ~ 0000. 00. 00. (일)

[취소 대상 '접견 등 금지 조치' 내용]

[취 소 사 유]

제2장 대물적 강제처분

제1절 압수 · 수색영장 신청

 Ⅰ. 법적근거

1. 형사소송법

> **제113조(압수 · 수색영장)** 공판정 외에서 압수 또는 수색을 함에는 영장을 발부하여 시행하여야 한다.
> **제114조(영장의 방식)** ① 압수 · 수색영장에는 다음 각 호의 사항을 기재하고 재판장이나 수명법관이 서명날인 하여야 한다. 다만, 압수 · 수색할 물건이 전기통신에 관한 것인 경우에는 작성기간을 기재하여야 한다.
>   1. 피고인의 성명
>   2. 죄명
>   3. 압수할 물건
>   4. 수색할 장소 · 신체 · 물건
>   5. 영장 발부 연월일
>   6. 영장의 유효기간과 그 기간이 지나면 집행에 착수할 수 없으며 영장을 반환하여야 한다는 취지
>   7. 그 밖에 대법원규칙으로 정하는 사항

2. 형사소송규칙

> **제58조(압수수색영장의 기재사항)** 압수수색영장에는 압수수색의 사유를 기재하여야 한다.
> **제59조(준용규정)** 제48조의 규정은 압수수색영장에 이를 준용한다.

3. 검사와 사법경찰관의 상호협력과 일반적 수사준칙에 관한 규정

> **제37조(압수·수색 또는 검증영장의 청구·신청)** 검사 또는 사법경찰관은 압수 · 수색 또는 검증영장을 청구 하거나 신청할 때에는 압수 · 수색 또는 검증의 범위를 범죄 혐의의 소명에 필요한 최소한으로 정해야 하고, 수색 또는 검증할 장소 · 신체 · 물건 및 압수할 물건 등을 구체적으로 특정해야 한다.
> **제39조(압수·수색 또는 검증영장의 재청구·재신청 등)** 압수 · 수색 또는 검증영장의 재청구 · 재신청(압수 · 수색 또는 검증영장의 청구 또는 신청이 기각된 후 다시 압수 · 수색 또는 검증영장을 청구하거나 신청하는 경우와 이미 발부받은 압수 · 수색 또는 검증영장과 동일한 범죄사실로 다시 압수 · 수색 또는 검증영장을 청 구하거나 신청하는 경우를 말한다)과 반환에 관해서는 제31조 및 제35조를 준용한다.

4. 경찰수사규칙

> 제63조(압수·수색·검증영장의 신청 등) ① 사법경찰관은 수사준칙 제37조에 따라 압수·수색 또는 검증 영장을 신청하는 경우에는 별지 제63호서식부터 별지 제65호서식까지의 압수·수색·검증영장 신청서에 따른다. 이 경우 압수·수색 또는 검증의 필요성 및 해당 사건과의 관련성을 인정할 수 있는 자료를 신청서에 첨부해야 한다.
> ② 압수·수색 또는 검증영장의 집행 및 반환에 관하여는 제55조제1항·제2항 및 제58조를 준용한다.

II. 압수영장 신청서 작성시 유의사항

1. 소명의 정도

가. 압수·수색·검증영장을 청구할 때에는,

① 범죄사실에 대한 자료와

② 압수·수색·검증의 필요성에 대한 자료가 제출되어야 하고,

③ 압수·수색·검증의 대상이 특정되어야 함.

※ 특히 수색의 대상이 피의자 이외의 자의 신체, 물건, 주거 기타 장소면 압수하여야 할 물건이 있다고 인정될 때 한함(형사소송규칙 제108조 제2항)

나. '범죄사실'에 대한 소명의 정도

구속영장을 발부하는 경우에 요구되는 정도로 범죄의 상당한 혐의가 있어야 한다고 볼 필요는 없으나, 구체성이 결여된 수사보고서(예컨대, 익명의 제보자가 범죄를 제보하였다는 첩보가 있다는 취지의 수사보고서로서 구체적인 내용은 기재되어 있지 않은 경우) 이외에 범죄사실에 관한 별다른 소명자료가 첨부되지 않은 상태로 압수·수색영장이 청구된 경우에는 소명이 있는지에 대한 신중한 판단 요함.

다. 범죄의 단서를 찾기 위한 탐색적 압수·수색은 불허

■ 판례 ■ 현행범체포 현장이나 범죄 장소에서 소지자 등이 임의로 제출하는 물건을 형사소송법 제218조에 따라 영장 없이 압수할 수 있는지 여부(적극) 및 이 경우 검사나 사법경찰관이 사후에 영장을 받아야 하는지 여부(소극)

검사 또는 사법경찰관은 형사소송법 제212조의 규정에 의하여 피의자를 현행범 체포하는 경우에 필요한 때에는 체포 현장에서 영장 없이 압수·수색·검증을 할 수 있으나, 이와 같이 압수한 물건을 계속 압수할 필요가 있는 경우에는 체포한 때부터 48시간 이내에 지체 없이 압수영장을 청구하여야 한다(제216조 제1항 제2호, 제217조 제2항). 그리고 검사 또는 사법경찰관이 범행 중 또는 범행 직후의 범죄 장소에서 긴급을 요하여 판사의 영장을 받을 수 없는 때에는 영장 없이 압수·수색 또는 검증을 할 수 있으나, 이 경우에는 사후에 지체 없이 영장을 받아야 한다(제216조 제3항). 다만 형사소송법 제218조에 의하면 검사 또는 사법경찰관은 피의자 등이 유류한 물건이나 소유자·소지자 또는 보관자가 임의

로 제출한 물건은 영장 없이 압수할 수 있으므로, 현행범 체포 현장이나 범죄 장소에서도 소지자 등이 임의로 제출하는 물건은 위 조항에 의하여 영장 없이 압수할 수 있고, 이 경우에는 검사나 사법경찰관이 사후에 영장을 받을 필요가 없다.(대법원 2016. 2. 18., 선고, 2015도13726, 판결).

2. 압수의 범위

가. 강제처분은 임의수사에 의해서는 형사소송의 목적을 달성할 수 없는 경우에 최후의 수단으로 인정되어야 한다는 제한을 받게 되고, 필요한 최소한도의 범위 안에서만 시행되어야 함(형소법 제199조)

나. '압수·수색·검증의 필요성'에 대한 소명이 있는 경우에도, 압수·수색·검증 영장의 집행으로 인하여 얻을 수 있는 공익과 그로 인하여 침해되는 개인의 이익을 비교하여 압수·수색·검증의 범위를 필요한 최소한의 범위로 제한할 필요 있음.

다. 일부의 물건이나 장소만을 압수·수색·검증하여도 그 목적을 충분히 달성할 수 있다고 판단되는 경우에는 압수·수색·검증의 범위를 상당한 정도로 제한하는 것이 필요함(여신전문금융업법 위반사건에 관하여 CCTV에 대하여 압수수색을 청구하는 경우에 범행시간이 특정되는 경우에는 가급적 범행시간을 전후하여 1~2시간 정도로 제한하여 신청함이 바람직함)

■ 판례 ■ 　압수물에 대한 몰수의 선고가 없어 압수가 해제된 것으로 간주된 상태에서 공범자에 대한 범죄수사를 위하여 그 압수해제된 물품을 재압수할 수 있는지 여부(적극)

형사소송법 제215조, 제219조, 제106조 제1항의 규정을 종합하여 보면, 검사는 범죄수사에 필요한 때에는 증거물 또는 몰수할 것으로 사료하는 물건을 법원으로부터 영장을 발부받아서 압수할 수 있는 것이고, 합리적인 의심의 여지가 없을 정도로 범죄사실이 인정되는 경우에만 압수할 수 있는 것은 아니라 할 것이며, 한편 범인으로부터 압수한 물품에 대하여 몰수의 선고가 없어 그 압수가 해제된 것으로 간주된다고 하더라도 공범자에 대한 범죄수사를 위하여 여전히 그 물품의 압수가 필요하다거나 공범자에 대한 재판에서 그 물품이 몰수될 가능성이 있다면 검사는 그 압수해제된 물품을 다시 압수할 수도 있다(대법원 1997.1.9. 자 96모34 결정).

■ 판례 ■ 　공범이 유죄 및 압수물 몰수의 확정판결을 받고 자신도 기소중지처분되어 피의사건이 완결되지 않은 경우, 그 압수물에 대하여 소유권에 의한 인도를 구할 수 있는지 여부

원고의 직원이 원고의 소유인 일화를 원고의 지시에 따라 일본국으로 반출하려다가 이를 압수당하고 원고와의 공범으로 재판을 받아 특정경제범죄가중처벌등에관한법률위반죄(재산국외도피)로 징역형의 선고유예 및 위 일화에 대한 몰수의 확정판결을 받았고, 원고는 위 직원과 공동피의자로 입건되고서도 조사에 응하지 아니하여 기소중지처분이 되어 지금까지 그 피의사건이 완결되지 아니하고 있다면, 그 일화에 대한 압수의 효력은 원고에 대한 관계에 있어서는 여전히 남아 있으므로, 원고가 그 압수물에 대한 소유권에 의하여 인도를 구하는 몰수금반환청구는 배척될 수밖에 없다(대법원 1995. 3.3. 선고 94다37097 판결).

3. 압수 · 수색의 물건, 장소

가. 압수 · 수색할 장소, 물건의 특정

압수 · 수색할 장소가 특정되지 않은 경우(예컨대, 대학의 대운동장과 부속건물 전부에 대해 청구하는 경우, 압수 · 수색의 과정에서 파악되는 피의자의 실제 주거지를 장소로 하는 경우 등)와 압수 · 수색할 물건이 특정되지 않은 경우(예컨대, 압수 · 수색의 과정에서 확인되는 차명계좌에 대한 거래내역, 피의사실과 관련된 일체의 물건, 피의자가 사용하는 차량을 그 대상으로 하는 경우)에는, 보정을 요구하여 보완 후에 처리하되 보완이 이루어지지 않으면 그 부분에 대한 신청은 기각 우려 ("압수할 물건이 다른 장소에 보관된 것이 확인되면 그 장소를 수색할 수 있다"라는 단서는 가능)

나. 피의자 이외의 자가 거주하고 있는 장소에 대한 압수 · 수색의 경우는 좀 더 신중한 판단이 필요함.

다. 압수 · 수색 · 검증영장의 경우 수사기관의 강제권한의 범위와 압수 · 수색을 받는 자의 수인의무의 범위를 명확히 하고, 피의자의 성명, 죄명, 압수할 물건, 수색 또는 검증할 장소, 신체, 물건, 유효기간 등을 특정하여 기재(형사소송법 제219조, 제113조, 114조, 형사소송규칙 제107조 제1항)

－ 압수 · 수색의 장소, 물건 등의 특정에서는 압수 · 수색을 집행하는 수사기관의 자의적인 판단 때문에 수색 장소나 압수할 물건이 결정되는 사례가 발생하지 않도록 하여야 함.

※ 수색 장소가 사무실이면 가능한 혐의내용과 관련된 장소로 제한하여 수색 장소를 특정하여 집행

라. 압수할 물건과 수색할 물건의 구분

수색의 대상에 물건이 포함되는 경우에는 수색할 물건과 압수할 물건을 구체적으로 특정하여 기재

例. 컨테이너에 들어있는 수입물품 중 일부가 압수의 대상에 해당하면, 압수 물품이 들어있다는 컨테이너 자체가 압수할 물건이 아니고 수색의 대상이 되는 물건에 해당함

마. 압수 · 수색영장에 압수대상물을 압수장소에 '보관 중인 물건'으로 기재한 경우, 이를 '현존하는 물건'으로 해석 가능한지 여부(소극)

헌법과 형사소송법이 구현하고자 하는 적법절차와 영장주의의 정신에 비추어 볼 때, 법관이 압수 · 수색영장을 발부하면서 '압수할 물건'을 특정하기 위하여 기재한 문언은 엄격하게 해석하여야 하고, 함부로 피압수자 등에게 불리한 내용으로 확장 또는 유추 해석하여서는 안 된다. 따라서 압수 · 수색영장에서 압수할 물건을 '압수장소에 보관 중인 물건'이라고 기재하고 있는 것을 '압수장소에 현존하는 물건'으로 해석할 수는 없다. (대법원 2009. 3. 12., 선고, 2008도763, 판결)

■ 판례 ■

[1] 압수수색 대상물의 기재가 누락된 압수수색영장에 기하여 물건을 압수하고, 일부 압수물에 대하여는 압수조서 · 압수목록을 작성하지 아니하고 보관한 일련의 조치가 불법행위를 구성한다고 본 사례

[2] 법관이 압수수색할 물건의 기재가 누락된 압수수색영장을 발부한 행위가 불법행위를 구성하지 않는다고 본 사례

법관의 재판에 법령의 규정을 따르지 아니한 잘못이 있다 하더라도 이로써 바로 그 재판상 직무행위가 국가배상법 제2조 제1항에서 말하는 위법한 행위로 되어 국가의 손해배상책임이 발생하는 것은 아니고, 당해 법관이 위법 또는 부당한 목적을 가지고 재판을 하는 등 법관이 그에게 부여된 권한의 취지에 명백히 어긋나게 이를 행사하였다고 인정할 만한 특별한 사정이 있어야 위법한 행위가 되어 국가배상책임이 인정된다고 할 것인바, 압수수색할 물건의 기재가 누락된 압수수색영장을 발부한 법관이 위법 · 부당한 목적을 가지고 있었다거나 법이 직무수행상 준수할 것을 요구하고 있는 기준을 현저히 위반하였다는 등의 자료를 찾아볼 수 없다면 그와 같은 압수수색영장의 발부행위는 불법행위를 구성하지 않는다고 본 사례(대법원 2001. 10. 12. 선고 2001다47290 판결).

■ 판례 ■　긴급체포된 자가 소유 · 소지 또는 보관하는 물건에 대한 긴급 압수 · 수색 또는 검증을 규정한 형사소송법 제217조 제1항의 취지 / 위 규정에 따른 압수 · 수색 또는 검증은 체포현장이 아닌 장소에서도 긴급체포된 자가 소유 · 소지 또는 보관하는 물건을 대상으로 할 수 있는지 여부(적극)

사법경찰관이 범죄수사에 필요한 때에는 피의자가 죄를 범하였다고 의심할 만한 정황이 있고 해당 사건과 관계가 있다고 인정할 수 있는 것에 한정하여 검사에게 신청하여 검사의 청구로 지방법원판사가 발부한 영장에 의하여 압수, 수색 또는 검증을 할 수 있다(형사소송법 제215조 제2항). 이처럼 범죄수사를 위하여 압수, 수색 또는 검증을 하려면 미리 영장을 발부받아야 한다는 이른바 사전영장주의가 원칙이지만, 형사소송법 제217조는 그 예외를 인정한다. 즉, 검사 또는 사법경찰관은 긴급체포된 자가 소유 · 소지 또는 보관하는 물건에 대하여는 긴급히 압수할 필요가 있는 경우에는 체포한 때부터 24시간 이내에 한하여 영장 없이 압수 · 수색 또는 검증을 할 수 있고(형사소송법 제217조 제1항), 압수한 물건을 계속 압수할 필요가 있는 경우에는 지체 없이 압수수색영장을 청구하여야 한다. 이 경우 압수수색영장의 청구는 체포한 때부터 48시간 이내에 하여야 한다(같은 조 제2항). 형사소송법 제217조 제1항은 수사기관이 피의자를 긴급체포한 상황에서 피의자가 체포되었다는 사실이 공범이나 관련자들에게 알려짐으로써 관련자들이 증거를 파괴하거나 은닉하는 것을 방지하고, 범죄사실과 관련된 증거물을 신속히 확보할 수 있도록 하기 위한 것이다. 이 규정에 따른 압수 · 수색 또는 검증은 체포현장에서의 압수 · 수색 또는 검증을 규정하고 있는 형사소송법 제216조 제1항 제2호와 달리, 체포현장이 아닌 장소에서도 긴급체포된 자가 소유 · 소지 또는 보관하는 물건을 대상으로 할 수 있다.(대법원 2017. 9. 12., 선고, 2017도10309, 판결).

4. 압수수색영장의 범죄 혐의사실과 관계있는 범죄의 의미 및 범위

■ 판례 ■   영장 발부의 사유로 된 범죄 혐의사실과 무관한 별개의 증거를 압수하였을 경우, 이를 유죄 인정의 증거로 사용할 수 있는지 여부(원칙적 소극) / '압수·수색영장의 범죄 혐의사실과 관계있는 범죄'의 의미 및 범위

형사소송법 제215조 제1항은 "검사는 범죄수사에 필요한 때에는 피의자가 죄를 범하였다고 의심할 만한 정황이 있고 해당 사건과 관계가 있다고 인정할 수 있는 것에 한정하여 지방법원판사에게 청구하여 발부받은 영장에 의하여 압수, 수색 또는 검증을 할 수 있다."라고 정하고 있다. 따라서 영장 발부의 사유로 된 범죄 혐의사실과 무관한 별개의 증거를 압수하였을 경우 이는 원칙적으로 유죄 인정의 증거로 사용할 수 없다. 그러나 압수·수색의 목적이 된 범죄나 이와 관련된 범죄의 경우에는 그 압수·수색의 결과를 유죄의 증거로 사용할 수 있다.

압수·수색영장의 범죄 혐의사실과 관계있는 범죄라는 것은 압수·수색영장에 기재한 혐의사실과 객관적 관련성이 있고 압수·수색영장 대상자와 피의자 사이에 인적 관련성이 있는 범죄를 의미한다. 그중 혐의사실과의 객관적 관련성은 압수·수색영장에 기재된 혐의사실 자체 또는 그와 기본적 사실관계가 동일한 범행과 직접 관련되어 있는 경우는 물론 범행 동기와 경위, 범행 수단과 방법, 범행 시간과 장소 등을 증명하기 위한 간접증거나 정황증거 등으로 사용될 수 있는 경우에도 인정될 수 있다. 그 관련성은 압수·수색영장에 기재된 혐의사실의 내용과 수사의 대상, 수사 경위 등을 종합하여 구체적·개별적 연관관계가 있는 경우에만 인정되고, 혐의사실과 단순히 동종 또는 유사 범행이라는 사유만으로 관련성이 있다고 할 것은 아니다. 그리고 피의자와 사이의 인적 관련성은 압수·수색영장에 기재된 대상자의 공동정범이나 교사범 등 공범이나 간접정범은 물론 필요적 공범 등에 대한 피고사건에 대해서도 인정될 수 있다. (대법원 2017. 12. 5., 선고, 2017도13458, 판결)

○ ○ 경 찰 서

제 0000-00000 호   20○○. ○. ○.

수 신 : ○○지방검찰청장

제 목 : 압수・수색・검증 영장신청서(사전)

다음 사람에 대한 ○○ 피(혐)의사건에 관하여 아래와 같이 압수・수색・검증하려 하니 20○○. ○. ○.까지 유효한 압수・수색・검증영장의 청구를 신청합니다.

피(혐)의자	성 명	
	주 민 등 록 번 호	―　　　　（　　세）
	직 업	
	주 거	
변 호 인		
압 수 할 물 건		
수색・검증할 장소, 신 체 또 는 물 건		○----- ○압수할 물건이 다른 장소에 보관되어 있는 것이 확인되면 그 장소
범죄사실 및 압수・수색・ 검증을 필요로 하는 사유		
7일을 넘는 유효기간을 필요로 하는 취지와 사유		
둘 이상의 영장을 신청하는 취 지 와 사 유		
일출 전 또는 일몰 후 집행을 필요로 하는 취지와 사유		
신체검사를 받을 자의 성 별 ・ 건 강 상 태		
비 고		

○○경찰서

사법경찰관 경위 홍 길 동 (인)

○ ○ 경 찰 서

제 0000-00000 호   20○○. ○. ○.

수 신 : ○○지방검찰청장

제 목 : 압수・수색・검증 영장신청서(사후)

다음 사람에 대한 ○○ 피(혐)의사건에 관하여 아래와 같이 긴급압수・수색・검증하였으니 압수・수색・검증영장의 청구를 신청합니다.

피 (혐) 의 자	성 명	
	주 민 등 록 번 호	－ (세)
	직 업	
	주 거	
변 호 인		
긴급압수・수색・검증한 자의 관 직 ・ 성 명		
긴급압수・수색・검증한 일 시		
긴 급 수 색 ・ 검 증 한 장소・신체 또는 물건		
긴 급 압 수 한 물 건		
범죄사실 및 긴급압수・ 수 색 ・ 검 증 한 사 유		
체 포 한 일 시 및 장 소 (형사소송법」 제217조 제2항에 따른 경위)		
일 출 전 또 는 일 몰 후 집 행 을 한 사 유		
신 체 검 사 를 한 자 의 성 별 ・ 건 강 상 태		
비 고		

○○**경찰서**

사법경찰관 경위   홍길동(인)

제2절 압수 · 수색영장 집행

Ⅰ. 법적근거

1. 형사소송법

제115조(영장의 집행) ① 압수 · 수색영장은 검사의 지휘에 의하여 사법경찰관리가 집행한다. 단, 필요한 경우에는 재판장은 법원사무관등에게 그 집행을 명할 수 있다.

② 제83조의 규정은 압수 · 수색영장의 집행에 준용한다.

제116조(주의사항) 압수 · 수색영장을 집행할 때에는 타인의 비밀을 보호하여야 하며 처분받은 자의 명예를 해하지 아니하도록 주의하여야 한다.

제117조(집행의 보조) 법원사무관등은 압수 · 수색영장의 집행에 관하여 필요한 때에는 사법경찰관리에게 보조를 구할 수 있다.

제118조(영장의 제시) 압수 · 수색영장은 처분을 받는 자에게 반드시 제시하여야 하고, 처분을 받는 자가 피고인인 경우에는 그 사본을 교부하여야 한다. 다만, 처분을 받는 자가 현장에 없는 등 영장의 제시나 그 사본의 교부가 현실적으로 불가능한 경우 또는 처분을 받는 자가 영장의 제시나 사본의 교부를 거부한 때에는 예외로 한다.

제119조(집행 중의 출입금지) ① 압수 · 수색영장의 집행 중에는 타인의 출입을 금지할 수 있다.

② 전항의 규정에 위배한 자에게는 퇴거하게 하거나 집행종료시까지 간수자를 붙일 수 있다.

제120조(집행과 필요한 처분) ① 압수 · 수색영장의 집행에 있어서는 건정을 열거나 개봉 기타 필요한 처분을 할 수 있다.

② 전항의 처분은 압수물에 대하여도 할 수 있다.

제121조(영장집행과 당사자의 참여) 검사, 피고인 또는 변호인은 압수 · 수색영장의 집행에 참여할 수 있다.

제122조(영장집행과 참여권자에의 통지) 압수 · 수색영장을 집행함에는 미리 집행의 일시와 장소를 전조에 규정한 자에게 통지하여야 한다. 단, 전조에 규정한 자가 참여하지 아니한다는 의사를 명시한 때 또는 급속을 요하는 때에는 예외로 한다.

제123조(영장의 집행과 책임자의 참여) ① 공무소, 군사용 항공기 또는 선박 · 차량 안에서 압수 · 수색영장을 집행하려면 그 책임자에게 참여할 것을 통지하여야 한다.

② 제1항에 규정한 장소 외에 타인의 주거, 간수자 있는 가옥, 건조물(建造物), 항공기 또는 선박 · 차량 안에서 압수 · 수색영장을 집행할 때에는 주거주(住居主), 간수자 또는 이에 준하는 사람을 참여하게 하여야 한다.

③ 제2항의 사람을 참여하게 하지 못할 때에는 이웃 사람 또는 지방공공단체의 직원을 참여하게 하여야 한다.

제124조(여자의 수색과 참여) 여자의 신체에 대하여 수색할 때에는 성년의 여자를 참여하게 하여야 한다.

제125조(야간집행의 제한) 일출 전, 일몰 후에는 압수 · 수색영장에 야간집행을 할 수 있는 기재가 없으면 그 영장을 집행하기 위하여 타인의 주거, 간수자 있는 가옥, 건조물, 항공기 또는 선차 내에 들어가지 못한다.

제126조(야간집행제한의 예외) 다음 장소에서 압수 · 수색영장을 집행함에는 전조의 제한을 받지 아니한다.

1. 도박 기타 풍속을 해하는 행위에 상용된다고 인정하는 장소
2. 여관, 음식점 기타 야간에 공중이 출입할 수 있는 장소. 단, 공개한 시간 내에 한한다.

제127조(집행중지와 필요한 처분) 압수 · 수색영장의 집행을 중지한 경우에 필요한 때에는 집행이 종료될 때까지 그 장소를 폐쇄하거나 간수자를 둘 수 있다.

제128조(증명서의 교부) 수색한 경우에 증거물 또는 몰취할 물건이 없는 때에는 그 취지의 증명서를 교부하여야 한다.

제129조(압수목록의 교부) 압수한 경우에는 목록을 작성하여 소유자, 소지자, 보관자 기타 이에 준할 자에게 교부하여야 한다.

2. 형사소송규칙

제60조(압수와 수색의 참여) ① 법원이 압수수색을 할 때에는 법원사무관등을 참여하게 하여야 한다.

② 법원사무관등 또는 사법경찰관리가 압수수색영장에 의하여 압수수색을 할 때에는 다른 법원사무관등 또는 사법경찰관리를 참여하게 하여야 한다.

제61조(수색증명서, 압수품목록의 작성등) 법 제128조에 규정된 증명서 또는 법 제129조에 규정된 목록은 제60조제1항의 규정에 의한 압수수색을 한 때에는 참여한 법원사무관등이 제60조제2항의 규정에 의한 압수수색을 한 때에는 그 집행을 한 자가 각 작성 교부한다.

제62조(압수수색조서의 기재) 압수수색에 있어서 제61조의 규정에 의한 증명서 또는 목록을 교부하거나 법 제130조의 규정에 의한 처분을 한 경우에는 압수수색의 조서에 그 취지를 기재하여야 한다.

제63조(압수수색영장 집행후의 조치) 압수수색영장의 집행에 관한 서류와 압수한 물건은 압수수색영장을 발부한 법원에 이를 제출하여야 한다. 다만, 검사의 지휘에 의하여 집행된 경우에는 검사를 경유하여야 한다.

3. 검사와 사법경찰관의 상호협력과 일반적 수사준칙에 관한 규정

제38조(압수·수색 또는 검증영장의 제시) ① 검사 또는 사법경찰관은 법 제219조에서 준용하는 법 제118조에 따라 영장을 제시할 때에는 피압수자에게 법관이 발부한 영장에 따른 압수·수색 또는 검증이라는 사실과 영장에 기재된 범죄사실 및 수색 또는 검증할 장소·신체·물건, 압수할 물건 등을 명확히 알리고, 피압수자가 해당 영장을 열람할 수 있도록 해야 한다.

② 압수·수색 또는 검증의 처분을 받는 자가 여럿인 경우에는 모두에게 개별적으로 영장을 제시해야 한다.

제40조(압수조서와 압수목록) 검사 또는 사법경찰관은 증거물 또는 몰수할 물건을 압수했을 때에는 압수의 일시·장소, 압수 경위 등을 적은 압수조서와 압수물건의 품종·수량 등을 적은 압수목록을 작성해야 한다. 다만, 피의자신문조서, 진술조서, 검증조서에 압수의 취지를 적은 경우에는 그렇지 않다.

4. 경찰수사규칙

제64조(압수조서 등) ① 수사준칙 제40조 본문에 따른 압수조서는 별지 제66호서식에 따르고, 압수목록은 별지 제67호서식에 따른다.

② 법 제219조에서 준용하는 법 제129조에 따라 압수목록을 교부하는 경우에는 별지 제68호서식의 압수목록 교부서에 따른다. 이 경우 수사준칙 제41조제1항에 따른 전자정보에 대한 압수목록 교부서는 전자파일의 형태로 복사해 주거나 전자우편으로 전송하는 등의 방식으로 교부할 수 있다.

③ 수사준칙 제42조제2항 후단에 따른 삭제·폐기·반환 확인서는 별지 제69호서식에 따른다. 다만, 제2항에 따른 압수목록 교부서에 삭제·폐기 또는 반환했다는 내용을 포함시켜 교부하는 경우에는 삭제·폐기·반환 확인서를 교부하지 않을 수 있다.

제65조(수색조서와 수색증명서) ① 사법경찰관은 법 제215조에 따라 수색을 한 경우에는 수색의 상황과 결과를 명백히 한 별지 제70호서식의 수색조서를 작성해야 한다.

② 법 제219조에서 준용하는 법 제128조에 따라 증거물 또는 몰수할 물건이 없다는 취지의 증명서를 교부하는 경우에는 별지 제71호서식의 수색증명서에 따른다.

II. 압수수색영장 집행 시 유의사항

1. 영장의 제시

가. 압수·수색영장 제시 여부

처분을 받는 자에게 반드시 제시하여야 한다. 일반 영장의 경우 긴급한 경우 영장이 발부되어 있음을 고지한 후 사후 지체없이 제시할 수 있으나 압수수색영장은 그러하지 아니한다.

나. 압수·수색영장의 제시방법(=개별적 제시)

압수·수색영장은 처분을 받는 자에게 반드시 제시하여야 하는바, 현장에서 압수·수색을 당하는 사람이 여러 명일 경우에는 그 사람들 모두에게 개별적으로 영장을 제시해야 하는 것이 원칙이다. 수사기관이 압수·수색에 착수하면서 그 장소의 관리책임자에게 영장을 제시하였다고 하더라도, 물건을 소지하고 있는 다른 사람으로부터 이를 압수하고자 하는 때에는 그 사람에게 따로 영장을 제시하여야 한다. (대법원 2009. 3. 12., 선고, 2008도763, 판결)

다. 압수수색영장의 제시 예외

형사소송법 제219조가 준용하는 제118조는 "압수·수색영장은 처분을 받는 자에게 반드시 제시하여야 한다."고 규정하고 있으나, 이는 영장제시가 현실적으로 가능한 상황을 전제로 한 규정으로 보아야 하고, 피처분자가 현장에 없거나 현장에서 그를 발견할 수 없는 경우 등 영장제시가 현실적으로 불가능한 경우에는 영장을 제시하지 아니한 채 압수·수색을 하더라도 위법하다고 볼 수 없다. (대법원 2015. 1. 22. 선고, 2014도10978, 전원합의체 판결)

2. 필요한 처분

가. 압수·수색영장의 집행 중에는 타인의 출입을 금지할 수 있다.

나. 위 규정을 위배한 자에게는 퇴거하게 하거나 집행종료 시까지 간수자를 붙일 수 있다.

다. 압수·수색영장의 집행에서는 자물쇠를 열거나 개봉 기타 필요한 처분을 할 수 있다.

라. 검사, 피고인 또는 변호인은 압수·수색영장의 집행에 참여할 수 있다

3. 야간집행의 제한

가. 일출 전, 일몰 후에는 압수·수색영장에 야간집행을 할 수 있는 기재가 없으면 그 영장을 집행하기 위하여 타인의 주거, 간수자 있는 가옥, 건조물, 항공기 또는 선박 내에 들어가지 못한다.

나. 다음 장소에서 압수·수색영장을 집행함에는 제한을 받지 아니한다.

① 도박 기타 풍속을 해하는 행위에 상용된다고 인정하는 장소

② 여관, 음식점 기타 야간에 공중이 출입할 수 있는 장소. 단, 공개한 시간 내에 한한다.

4. 당사자의 참여

가. 피의자 또는 변호인은 압수·수색영장의 집행에 참여할 수 있다.

나. 참여권자에의 통지

압수·수색영장을 집행함에는 미리 집행의 일시와 장소를 전조에 규정한 자에게 통지하여야 한다. 단, 피의자 또는 변호인이 참여하지 아니한다는 의사를 명시한 때 또는 급속을 요하는 때에는 예외로 한다.

■ 판례 ■   피고인에 대한 통지없이 한 가환부결정은 위법

피고인에게 의견을 진술할 기회를 주지 아니한 채 한 가환부결정은 형사소송법 제135조에 위배하여 위법하고 이 위법은 재판의 결과에 영향을 미쳤다 할 것이다(대법원 1980.2.5. 자 80모3 결정).

다. 영장의 집행과 책임자의 참여

① 공무소, 군사용의 항공기 또는 선박 내에서 압수·수색영장을 집행함에는 그 책임자에게 참여할 것을 통지하여야 한다.

② 전항에 규정한 이외의 타인 주거, 간수자 있는 가옥, 건조물, 항공기 또는 선박 내에서 압수·수색영장을 집행함에는 주 거주, 간수자 또는 이에 준하는 자를 참여하게 하여야 한다.

③ 전항의 자를 참여하게 하지 못할 때는 이웃 또는 지방공공단체의 직원을 참여하게 하여야 한다.

라. 여자의 수색과 참여

여자의 신체에 대하여 수색할 때에는 성년의 여자를 참여하게 하여야 한다.

마. 압수수색영장 집행 시 사전통지의 예외

■ 판례 ■   압수·수색영장을 집행할 때 피의자 등에 대한 사전통지를 생략할 수 있는 예외를

규정한 형사소송법 제122조 단서에서 '급속을 요하는 때'의 의미 및 위 규정이 명확성 원칙 등에 반하여 위헌인지 여부(소극)

피의자 또는 변호인은 압수·수색영장의 집행에 참여할 수 있고(형사소송법 제219조, 제121조), 압수·수색영장을 집행함에는 원칙적으로 미리 집행의 일시와 장소를 피의자 등에게 통지하여야 하나(형사소송법 제122조 본문), '급속을 요하는 때'에는 위와 같은 통지를 생략할 수 있다(형사소송법 제122조 단서). 여기서 '급속을 요하는 때'라고 함은 압수·수색영장 집행 사실을 미리 알려주면 증거물을 은닉할 염려 등이 있어 압수·수색의 실효를 거두기 어려울 경우라고 해석함이 옳고, 그와 같이 합리적인 해석이 가능하므로 형사소송법 제122조 단서가 명확성의 원칙 등에 반하여 위헌이라고 볼 수 없다. (대법원 2012. 10. 11., 선고, 2012도7455, 판결)

5. 유효기간 내 재압수수색 허용 여부

형사소송법 제215조에 의한 압수·수색영장은 수사기관의 압수·수색에 대한 허가장으로서 거기에 기재되는 유효기간은 집행에 착수할 수 있는 종기(終期)를 의미하는 것일 뿐이므로, 수사기관이 압수·수색영장을 제시하고 집행에 착수하여 압수·수색하고 그 집행을 종료하였다면 이미 그 영장은 목적을 달성하여 효력이 상실되는 것이고, 동일한 장소 또는 목적물에 대하여 다시 압수·수색할 필요가 있는 경우라면 그 필요성을 소명하여 법원으로부터 새로운 압수·수색영장을 발부받아야 하지, 앞서 발부받은 압수·수색영장의 유효기간이 남아 있다고 하여 이를 제시하고 다시 압수·수색을 할 수는 없다. (대법원 1999. 12. 1., 자, 99모161, 결정)

6. 압수해제물에 대한 재압수 허용 여부

■ 판례 ■ 압수물에 대한 몰수의 선고가 없어 압수가 해제된 것으로 간주된 상태에서 공범자에 대한 범죄수사를 위하여 그 압수해제된 물품을 재압수할 수 있는지 여부(적극)

형사소송법 제215조, 제219조, 제106조 제1항의 규정을 종합하여 보면, 검사는 범죄수사에 필요한 때에는 증거물 또는 몰수할 것으로 사료하는 물건을 법원으로부터 영장을 발부받아서 압수할 수 있는 것이고, 합리적인 의심의 여지가 없을 정도로 범죄사실이 인정되는 경우에만 압수할 수 있는 것은 아니라 할 것이며, 한편 범인으로부터 압수한 물품에 대하여 몰수의 선고가 없어 그 압수가 해제된 것으로 간주된다고 하더라도 공범자에 대한 범죄수사를 위하여 여전히 그 물품의 압수가 필요하다거나 공범자에 대한 재판에서 그 물품이 몰수될 가능성이 있다면 검사는 그 압수해제된 물품을 다시 압수할 수도 있다. (대법원 1997. 1. 9. 96모34, 결정)

Ⅲ. 압수조서와 압수목록 작성

1. 압수조서 작성

가. 임의처분인 압수의 경우에는 임의로 제출한 물건을 압수한 경위를 구체적으로 기재한다.

…(개소)에서 … (피의자 기타인)이 유류한 물건(것)으로 인정되는 (품종, 수량)을 발견하여 이를 압수하였음.

나. 강제처분인 압수의 경우에는, "압수 경위" 난에 "참여인의 참여 여부와 영장의 제시 여부 또는 영장없이 행한 사유" 등 합법적 사유를 먼저 기재한 다음에 압수의 경위(경과) 및 결과를 구체적으로 기재한다.

이 압수처분은 20○○. 1. 13자 ○○지방법원 판사 이○○ 발부의 압수수색영장에 의하여 주거주(주거주의 처, 참여한 이웃, ○○동서기) 홍길동을 참여하게 하고, 동인에게 동 영장을 제시한 후 시행하다(형소법 215조, 219조, 118조).

다. 증거물 또는 몰수할 물건을 압수할 때는 피의자신문조서, 진술조서, 검증조서 또는 실황조사서에 압수의 취지를 기재하여 압수조서에 갈음할 수 있다.

2. 압수목록 작성

압수목록에는 압수한 물건의 외형상의 특징을 구체적으로 기재하여야 한다.

가. "번호"는 압수물 총수의 일련번호임.

나. "품종"은 구체적으로 기재할 것.

다. "피압수자 주거 성명"은 "1유류자, 2보관자, 3소지자, 4소유자" 중에서 피압수자의 해당자의 주거 성명을 기재할 것.

※ 해당 번호란에 ○표시

라. "비고"란에는 물건의 외형상의 특징, 처분요지(가환부, 환부, 대가, 보관, 폐기 등)를 기입.

3. 압수물 사진 첨부

압수물에 대해서는 사진을 반드시 촬영하여 압수목록 뒤에 그 사진을 첨부하면 좋다. 만약의 경우 압수물이 손괴, 분실, 멸실, 교환 등의 경우에 이를 확인할 수 있는 자료가 되기 때문이다.

4. 압수목록 교부

가. 압수한 경우에는 목록을 작성하여 소유자, 소지자, 보관자 기타 이에 준할 자에게 교부하여야 한다.

나. 형사소송법상 압수목록의 작성·교부 시기(=압수 직후)

　공무원인 수사기관이 작성하여 피압수자 등에게 교부해야 하는 압수물 목록에는 작성 연월일을 기재하고, 그 내용은 사실에 부합하여야 한다. 압수물 목록은 피압수자 등이 압수물에 대한 환부·가환부신청을 하거나 압수처분에 대한 준항고를 하는 등 권리행사절차를 밟는 가장 기초적인 자료가 되므로, 이러한 권리행사에 지장이 없도록 압수 직후 현장에서 바로 작성하여 교부해야 하는 것이 원칙이다. (대법원 2009. 3. 12., 선고, 2008도763, 판결)

> ※ 형사소송법
> 제129조(압수목록의 교부) 압수한 경우에는 목록을 작성하여 소유자, 소지자, 보관자 기타 이에 준할 자에게 교부하여야 한다.

> ※ 경찰수사규칙
> 제64조(압수조서 등) ② 법 제219조에서 준용하는 법 제129조에 따라 압수목록을 교부하는 경우에는 별지 제68호서식의 압수목록 교부서에 따른다. 이 경우 수사준칙 제41조제1항에 따른 전자정보에 대한 압수목록 교부서는 전자파일의 형태로 복사해 주거나 전자우편으로 전송하는 등의 방식으로 교부할 수 있다.

■판례■　　창고업자에게 보관시켰던 물건을 수사기관이 영장에 의하여 압수하는 동시에 계속하여 동 창고업자의 승낙을 얻어 보관시킨 경우 수사기관의 임치료 지급 의무

원고가 창고업자에게 보관시킨 물건을 조사기관이 압수하여 창고업자의 승낙을 받아 그대로 보관시킨 때에는 조사기관이나 창고업자가 임치료의 수수에 관하여 전혀 고려한 바 없어 특별한 약정이 없는 경우에 해당하여 피고(국가)에게는 임치료지급의무가 없으므로 피고로서는 아무 이득이 없다 할 것이고 원고와 창고업자간의 보관계약상의 원고의 지위를 피고가 승계한 것이라고 볼 수 없다(대법원 1968.4.16. 선고 68다285 판결).

압수조서

홍길동에 대한 특수절도 피(혐)의사건에 관하여 20○○. ○. ○. 10 : 00경 ○○에서, 사법경찰관 경감 김현정은 사법경찰리 경사 정포졸을 참여하게 하고, 별지목록의 물건을 다음과 같이 압수하다.

압 수 경 위

특수절도 현행범인 홍길동을 추격할 때 피의자가 도주 하면서 하천에 던져 버린 ○○을 발견하여 이를 임의압수하다.

	성 명	주민등록번호	주 소	서명 또는 날인
참여인	김 일 수	660101-1234567	○○시 ○○동 12번지	

20○○. ○. ○.

○ ○ 경 찰 서

사 법 경 찰 관 경 감 김 현 정 ⑰

사 법 경 찰 리 경 사 정 포 졸 ⑰

압수목록

번호	품 종	수량	소지자 또는 제출자		소 유 자		경찰의견	비고
			성 명		성 명			
			주 소		주 소			
			주민등록 번 호		주민등록 번 호			
			전화번호		전화번호			
			성 명		성 명			
			주 소		주 소			
			주민등록 번 호		주민등록 번 호			
			전화번호		전화번호			
			성 명		성 명			
			주 소		주 소			
			주민등록 번 호		주민등록 번 호			
			전화번호		전화번호			
			성 명		성 명			
			주 소		주 소			
			주민등록 번 호		주민등록 번 호			
			전화번호		전화번호			
			성 명		성 명			
			주 소		주 소			
			주민등록 번 호		주민등록 번 호			
			전화번호		전화번호			

○○경 찰 서

제 호   20○○.○.○.

수 신 :

제 목 : **압수목록 교부서**

○○○에 대한 ○○○○ 피(혐)의사건에 관하여 ○○○로부터 다음 물건을 압수하였
으므로 이에 압수목록을 교부합니다.

연번	품 종	수 량	비 고

○ ○ 경 찰 서

사법경찰관 경감 김 덕 수 ㉑

수 색 조 서

○○○외 ○명에 대한 ○○ 피(혐)의사건에 관하여 20○○. ○. ○. 00:00 사법경찰관 ○○ ○○○는(은) 사법경찰리 ○○ ○○○를(을) 참여하게 하고 다음과 같이 수색하다.

수색장소	○○군 ○○면 ○○리 11번지 피의자 홍길동의 집
참 여 인	김 말자 (홍길동의 처)
수색한 신체 개소·물건	피의자가 불법어로 작업에 시용한 ○○그물 1척
수색 결과	수색장소에서 발견하여 압수함
수색 시간	착수 20○○ 년 ○○ 월 ○○ 일 ○○:○○
	종료 20○○ 년 ○○ 월 ○○ 일 ○○:○○

20○○ 년 월 일

○ ○ 경 찰 서

사법경찰관 경감 박 희 주 인

사법경찰관 경감 유 아 녕 인

수 색 증 명 서

제 호   20○○.○.○.

수 신 :

○○에 대한 ○○ 피의사건에 관하여 0000. 00. 00. ○○○○○에서 ○○○○○을 수색한

결과, 증거물 등이 없었음을 증명합니다.

○ ○ 경 찰 서

사법경찰관 경감 유 경 일 ⑪

Ⅳ. 압수 · 수색영장 집행시 참여권자에 대한 통지의무 관련

1. 관련근거

> ※ 형사소송법
> 제122조(영장집행과 참여자에의 통지) 압수 · 수색영장을 집행함에는 미리 집행의 일시와 장소를 전조에 규정한 자에게 통지하여야 한다. 단, 전조에 규정한 자가 참여하지 아니한다는 의사를 명시한 때 또는 급속을 요하는 때에는 예외로 한다.
> ※ 참여권자(검사, 피고인, 피의자, 변호인)에게는 '미리' 통지하여야 하나, 압수 · 수색할 장소 등의 책임자 (거주주, 간수자 등)에게는 집행에 참여하게 하는 것으로 족함 (동법 제123조 제2항, 219조)

2. 논 점

가. '참여권 보장'과 '증거인멸 우려'의 충돌

　- 참여권 보장, 압수 · 수색의 공정성을 담보하기 위하여 미리 통지한 경우, 증거인멸 · 조작의 시간적 여유를 주어 영장집행의 실효성을 훼손할 수 있음

나. 증거능력 부정 가능성

　- 사전통지 불이행으로 인하여 피고인 등의 참여권이 침해된 경우 적정절차의 위반으로 공판 과정에서 증거의 증거능력과 증명력이 다투어질 수 있음

다. '사전통지' 해석 필요성

　- 영장집행의 실효성을 확보하면서 피고인 등의 참여권을 보장함으로써 증거능력을 유지할 수 있는 합목적적 해석이 필요

3. '미리' 통지할 의무에 대한 해석론

가. 보호법익 및 통지의 대상

　○ 피의자 등의 참여권, 압수 · 수색 절차의 공정성을 보호법익으로 하고, 미리 통지할 대상은 검사, 피고인, 피의자, 변호인에 국한

나. '미리'의 개념

　○ 본문상 '미리'의 의미는 '상대방이 참여에 필요한 시간적 여유를 두어야 한다'는 의미

다. 관련 법령 및 판례

　○ 증거인멸의 위험이 있는 경우에도 사전통지하여야 하는지에 대하여

　　- 검찰사건사무규칙(법무부령), 경찰관직무집행법 등에 관련 규정이 없으며, 대법원 판례는 물론 하급심 판례도 없음

라. 기존 학설 및 관련 기관의 견해
  ○ 기존 학설은 피의자 등이 증거물을 은닉할 염려가 있는 경우는 단서상의 '급속을
    요하는 경우'로 해석, 사전통지 예외 인정
  ○ 「법무부」는 증거물을 은닉할 염려가 있는 경우도 '급속을 요하는 경우'로 판단하
    나, 남용하는 경우 참여권이 유명무실해지므로 개별적·구체적으로 판단하여야 한
    다는 견해
  ○ 「국가인권위원회」는 참여권의 실질적 보장 측면에서 '급속을 요하는 경우'를 제
    한적으로 해석,
    – 다만, 수사 현실을 고려, 현장차단 후 압수·수색착수 전에 통지하는 것도 '미
      리' 통지하는 것으로 볼 수 있을 것이라는 견해

4. 실무상 단계별·상황별 집행방안

가. 증거인멸의 위험이 없는 경우
  ○ 관공서, 금융기관과 같은 피의자에 의한 증거인멸의 위험이 없는 경우에는 충분
    한 시간적 여유를 두고 사전 통보 가능
나. 증거인멸의 위험 등 '급속을 요하는 경우'
  ※ 급속을 필요로 하느냐 여부의 판단권자는 '영장을 집행할 자', 판단에 재량권이
    부여되어 있으나 재량의 일탈·남용의 경우 영장집행은 위법
  ① 객관적인 피의자 등의 증거인멸 정황이 있는 경우, 또는 증거물이 즉시 집행하
    지 않으면 자연 없어질 위험이 있는 경우
    – 단서상의 '급속을 요하는 경우'로 판단, 사전통지 없이 집행 가능
    ※ 단, 향후 영장집행의 적법성 논란에 대비, 이에 대한 소명자료 확보 필요
  ② 그 외의 경우
    – 동법 제119조의 '현장차단'을 사전조치로 활용, 참여권자에게 '압수·수색영장
      의 집행을 위하여 현장차단 중이며, 참여를 원하는 경우 현장 도착 시까지 집
      행착수를 연기할 수 있음'을 통지
    ※ 형소법 제119조 압수·수색영장의 집행 중에는 타인의 출입을 금지할 수 있
      고, 이를 위배한 자에게는 퇴거하게 하거나 집행종료 시까지 간수자를 붙일
      수 있다.

※ '피의자 등이 현장에 있는 경우'에는 참여권이 이미 담보되어 있으므로 사전통지 불요

다. 영장 집행방해가 예상되는 경우

○ 사전통지 가능하나, 사전통지 시 집행을 방해할 객관적 정황이 있는 경우에는 단서상의 '급속을 요하는 경우'로 판단, 통지 없이 집행 가능

○ 단, 참여권 침해 주장이 예상되는 경우

– 사전조치로서 현장차단(형소법 제119조)을 적극 활용, 신속하게 현장 차단하여 방해 의도자가 집행현장에 접근하는 것을 원천 차단한 후 피의자에게 통지, 참여권 보장하에 영장 집행하는 것이 바람직

라. 기타 참고사항

○ 피의자 등에의 통지가 불가능한 경우

– 피의자 등의 주소지, 전화번호 등을 알 수 없어 통지가 불가능한 경우에는 통지 없이 집행 가능

※ 단, 통지방법을 찾는데 통상적인 노력을 하여야 하며, 그 소명 자료 확보 필요

○ 통지하였으나 피의자 등의 참여가 불가능하거나, 적절한 시간 내에 현장 도착이 불가능한 경우

– 피의자가 해외 거주 등으로 참여할 수 없는 경우, 일몰 시각 또는 수사 인력 운용 등을 고려할 때 적절한 시간 내에 현장 도착이 불가능한 경우에는 피의자의 동의 또는 직권으로 피의자의 친인척, 이웃 등을 참여하게 할 수 있음

※ 영장의 야간집행은 제한되어 있고(동법 제125조), 동일한 영장으로 수회 같은 장소에서 압수·수색할 수 없음(대판 99모161)

○ 집행 장소에 입회할 자(책임자)가 없는 경우

– 집행 장소가 타인의 주거, 간수자 있는 가옥 등인 경우, 동 장소의 책임자(거주주, 간수자 등)를 참여하게 하여야 하며, 참여하게 하지 못하면 이웃 또는 지방공공단체의 직원을 참여하게 하여야 함 (동법 제123조)

○ 압수·수색영장 집행 시 잠금장치 등을 파괴하여 개봉할 수 있는지

– 영장의 집행에서는 자물쇠를 열거나 개봉 기타 필요한 처분을 할 수 있음 (동법 제120조)

제3절 압수물 처리

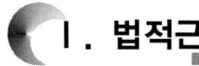 **Ⅰ. 법적근거**

1. 형사소송법

제130조(압수물의 보관과 폐기) ① 운반 또는 보관에 불편한 압수물에 관하여는 간수자를 두거나 소유자 또는 적당한 자의 승낙을 얻어 보관하게 할 수 있다.

② 위험발생의 염려가 있는 압수물은 폐기할 수 있다.

③ 법령상 생산·제조·소지·소유 또는 유통이 금지된 압수물로서 부패의 염려가 있거나 보관하기 어려운 압수물은 소유자 등 권한 있는 자의 동의를 받아 폐기할 수 있다.

제131조(주의사항) 압수물에 대하여는 그 상실 또는 파손등의 방지를 위하여 상당한 조치를 하여야 한다.

제132조(압수물의 대가보관) ① 몰수하여야 할 압수물로서 멸실·파손·부패 또는 현저한 가치 감소의 염려가 있거나 보관하기 어려운 압수물은 매각하여 대가를 보관할 수 있다.

② 환부하여야 할 압수물 중 환부를 받을 자가 누구인지 알 수 없거나 그 소재가 불명한 경우로서 그 압수물의 멸실·파손·부패 또는 현저한 가치 감소의 염려가 있거나 보관하기 어려운 압수물은 매각하여 대가를 보관할 수 있다.

제133조(압수물의 환부, 가환부) ① 압수를 계속할 필요가 없다고 인정되는 압수물은 피고사건 종결 전이라도 결정으로 환부하여야 하고 증거에 공할 압수물은 소유자, 소지자, 보관자 또는 제출인의 청구에 의하여 가환부할 수 있다.

② 증거에만 공할 목적으로 압수한 물건으로서 그 소유자 또는 소지자가 계속 사용하여야 할 물건은 사진촬영 기타 원형보존의 조치를 취하고 신속히 가환부하여야 한다.

제134조(압수장물의 피해자환부) 압수한 장물은 피해자에게 환부할 이유가 명백한 때에는 피고사건의 종결 전이라도 결정으로 피해자에게 환부할 수 있다.

제135조(압수물처분과 당사자에의 통지) 전3조의 결정을 함에는 검사, 피해자, 피고인 또는 변호인에게 미리 통지하여야 한다.

2. 경찰수사규칙

제66조(압수물의 환부 및 가환부) ① 사법경찰관은 법 제218조의2제1항 및 제4항에 따라 압수물에 대해 그 소유자, 소지자, 보관자 또는 제출인(이하 이 조에서 "소유자등"이라 한다)으로부터 환부 또는 가환부의 청구를 받거나 법 제219조에서 준용하는 법 제134조에 따라 압수장물을 피해자에게 환부하려는 경우에는 별지 제72호서식의 압수물 처분 지휘요청서를 작성하여 검사에게 제출해야 한다.

② 사법경찰관은 제1항에 따른 압수물의 환부 또는 가환부의 청구를 받은 경우 소유자등으로부터 별지 제73호서식의 압수물 환부·가환부 청구서를 제출받아 별지 제72호서식의 압수물 처분 지휘요청서에 첨부한다.

③ 사법경찰관은 압수물을 환부 또는 가환부한 경우에는 피해자 및 소유자등으로부터 별지 제74호서식의 압수물 환부·가환부 영수증을 받아야 한다.

제67조(압수물 보관) ① 사법경찰관은 압수물에 사건명, 피의자의 성명, 제64조제1항의 압수목록에 적힌 순위·번호를 기입한 표찰을 붙여야 한다.

② 사법경찰관은 법 제219조에서 준용하는 법 제130조제1항에 따라 압수물을 다른 사람에게 보관하게 하려는 경우에는 별지 제75호서식의 압수물 처분 지휘요청서를 작성하여 검사에게 제출해야 한다.

③ 사법경찰관은 제2항에 따라 압수물을 다른 사람에게 보관하게 하는 경우 적절한 보관인을 선정하여 성실하

게 보관하게 하고 보관인으로부터 별지 제76호서식의 압수물 보관 서약서를 받아야 한다.

제68조(압수물 폐기) ① 사법경찰관은 법 제219조에서 준용하는 법 제130조제2항 및 제3항에 따라 압수물을 폐기하려는 경우에는 별지 제77호서식의 압수물 처분 지휘요청서를 작성하여 검사에게 제출해야 한다.

② 사법경찰관은 제1항에 따라 압수물을 폐기하는 경우에는 별지 제78호서식의 압수물 폐기 조서를 작성하고 사진을 촬영하여 사건기록에 편철해야 한다.

③ 사법경찰관은 법 제219조에서 준용하는 법 제130조제3항에 따라 압수물을 폐기하는 경우에는 소유자 등 권한 있는 사람으로부터 별지 제79호서식의 압수물 폐기 동의서를 제출받거나 진술조서 등에 그 취지를 적어야 한다.

제69조(압수물 대가보관) ① 사법경찰관은 법 제219조에서 준용하는 법 제132조에 따라 압수물을 매각하여 대가를 보관하려는 경우에는 별지 제80호서식의 압수물 처분 지휘요청서를 작성하여 검사에게 제출해야 한다.

② 사법경찰관은 제1항에 따라 대가보관의 처분을 했을 때에는 별지 제81호서식의 압수물 대가보관 조서를 작성한다.

II. 압수물 처분과 검사의 지휘 관계

1. 검사지휘 여부

개정 형사소송법에서도 압수물을 처분 시 검사지휘조항은 유지되었기 때문에 경찰이 압수물처분 시 검사지휘 필요

2. 검사지휘를 받아야 하는 압수물처분

가. 압수물의 환부 및 가환부

나. 압수물의 보관과 폐기

다. 압수물의 대가보관

라. 압수물의 피해자 환부

※ 압수물의 환부와 가환부를 동시 지휘를 요청한 경우 환부와 가환부를 별도로 분리 작성하여 요청 필요

3. 압수물 처분 요청 시점

가. 압수물처분은 압수계속의 필요성이 없을 때 등의 경우에 이루어지는 것이고, 송치/불송치 결정은 범죄혐의가 인정되는 경우 또는 인정되지 않느 겨우에 이루어지는 것이므로 양자가 반드시 연계되어야 하는 것이 아님

나. 따라서 송치/불송치 결정전에 압수물을 처분하는 것이 바람직 하다.

다. 예외적으로 불송치기록송부와 압수물 처분 지휘요청을 동시에 하더라도 피압수자의 재산권 침해상태가 부당하게 장기화되지 않도록 검사에게 서면 또는 구두로 신속하게 압수물처분지휘 요청한다.

> ※ 경찰수사규칙
> 제108조(불송치 결정) ② 사법경찰관은 압수물의 환부 또는 가환부를 받을 사람이 없는 등 특별한 사유가 있는 경우를 제외하고는 제1항에 따른 결정을 하기 전에 압수물 처분을 완료하도록 노력해야 한다. 수사준칙 제64조제1항제2호에 따라 재수사 결과를 처리하는 경우에도 또한 같다.

Ⅲ. 현금 압수물 검찰 송부 관련

1. 전용계좌 개설

관서별 압수물 관리 전용 법인 계좌 개설

2. 입출금 및 계좌관리

가. 송부 및 보완수사결과통보시 입출금 조치 후 SACS 압수물입출금처리 등 계좌내역 관리

나. 전용계좌 통장은 수사지원팀에서 집중 관리

3. 검찰 송부 현금 압수물의 보관/송치 절차

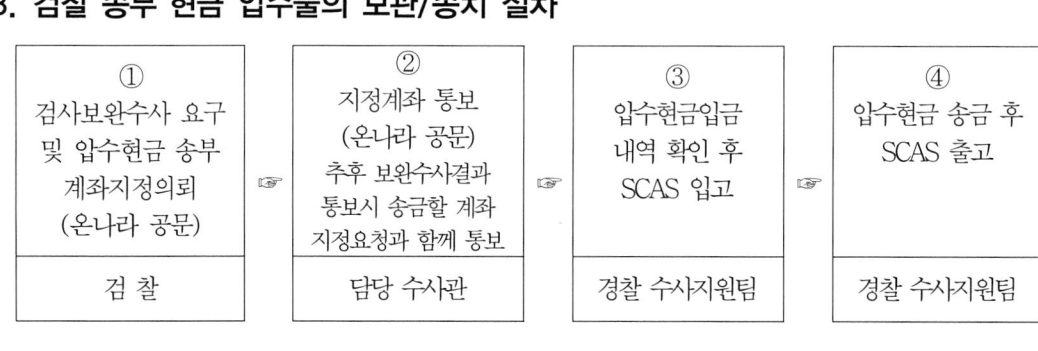

Ⅳ. 압수물의 보관 · 환부(가환부) · 폐기

1. 일반적인 조치

가. 압수물에 대하여는 사건명, 피의자의 성명, 압수목록에 기재한 순위 · 번호를 기입한 견고한 표찰을 붙여야 한다.

나. 압수물이 유가증권이면 지체없이 원형보존 여부에 관하여 검사의 지휘를 받아야 하며, 원형을 보존할 필요가 없다는 검사의 지휘가 있는 때에는 지체없이 이를 환금하여 보관하여야 한다.

다. 「통신비밀보호법」에 의한 통신 제한조치집행으로 취득한 물건은 통신제한조치허가서 및 집행조서와 함께 봉인한 후 허가번호 및 보존기간을 표기하여 별도로 보관하고, 수사담당자 외의 자가 열람할 수 없도록 하여야 한다.

라. 통신제한조치를 집행하여 입건전조사한 사건을 종결할 경우 그 집행으로 취득한 물건 등은 보존기간이 경과한 후 검사의 지휘를 받아 즉시 폐기하여야 한다.

2. 압수물의 보관

가. 압수물을 다른 사람에게 보관시킬 때에는 미리 검사의 지휘를 받아야 한다.

나. 전항의 경우에는 보관자의 선정에 주의하여 성실하게 보관하도록 하고 압수물건 보관증을 받아야 한다.

다. 압수물에는 사건명, 피의자 성명 및 압수목록의 순위번호를 기재한 견고한 표찰을 붙여야 한다.

■판례■　검사는 증거에 사용할 압수물에 대하여 가환부의 청구가 있는 경우 가환부에 응하여야 하는지 여부(원칙적 적극) 및 가환부를 거부할 수 있는 특별한 사정이 있는지 판단하는 기준 형사소송법 제218조의2 제1항은 '검사는 사본을 확보한 경우 등 압수를 계속할 필요가 없다고 인정되는 압수물 및 증거에 사용할 압수물에 대하여 공소제기 전이라도 소유자, 소지자, 보관자 또는 제출인의 청구가 있는 때에는 환부 또는 가환부하여야 한다' 고 규정하고 있다. 따라서 검사는 증거에 사용할 압수물에 대하여 가환부의 청구가 있는 경우 가환부를 거부할 수 있는 특별한 사정이 없는 한 가환부에 응하여야 한다. 그리고 그러한 특별한 사정이 있는지는 범죄의 태양, 경중, 몰수 대상인지 여부, 압수물의 증거로서의 가치, 압수물의 은닉 · 인멸 · 훼손될 위험, 수사나 공판수행상의 지장 유무, 압수에 의하여 받는 피압수자 등의 불이익의 정도 등 여러 사정을 검토하여 종합적으로 판단하여야 한다. (대법원 2017. 9. 29. 자, 2017모236, 결정)

○○경 찰 서

제 호   20○○.○.○.

수 신 : 검찰청의 장(검사: 홍길동)

제 목 : 압수물 처분 지휘요청서(위탁보관)

○○ 에 대한 ○○ 피의사건의 압수물인 다음 물건의 운반 또는 보관이 불편하여 위탁
보관 지휘를 요청합니다.

연번	품 종	수 량	비 고

○○경찰서

사법경찰관 경위 홍 길 동 (인)

압수물 보관 서약서

□ 서 약 인

성 명		주민등록번호	
직 업		연락처	
주 거			

다음 압수물건에 대한 보관명령을 받았으므로 선량한 관리자로서의 주의를 다하여 보관할 것은 물론 언제든지 지시가 있으면 제출하겠습니다.

20○○. ○. ○.

서 약 인 :   (인)

피 의 자	
죄 명	

압수번호	0000-00000	접수번호	0000-0000	사건번호	00-00000

연번	품 종	수 량	보 관 장 소	비 고

○ ○ 경 찰 서 장 귀 하

3. 압수물의 환부와 가환부

가. 압수물에 관하여 그 소유자, 소지자, 보관자 또는 제출인으로부터 환부 또는 가환부의 청구가 있을 때는 압수장물에 관하여 피해자로부터 환부의 청구가 있을 때는 지체없이 압수물 환부(가환부) 지휘요청서를 제출하여 검사의 지휘를 받아야 한다.

나. 위 항의 압수물 환부(가환부) 지휘요청서에는 소유자, 소지자, 보관자, 제출인 또는 피해자의 압수물 환부(가환부) 청구서를 첨부하여야 한다.

다. 압수물의 환부, 가환부 또는 압수장물의 피해자 환부에 관하여 검사의 지휘가 있을 때는 지체없이 피해자, 피의자 또는 변호인에게 그 취지를 통지한 후 신속히 청구자에게 환부하되 청구자가 정당한 권한을 가진 자인가를 조사하여 뒤에 분쟁이 생기는 일이 없도록 하여야 한다.

라. 압수물의 환부 또는 가환부의 처분을 할 때는 상대자로부터 압수물 환부(가환부) 영수증을 받아야 하며 먼저 가환부한 물건에 대하여 다시 환부의 처분을 할 필요가 있을 때는 환부 통지서를 교부하여야 한다.

■ 판례 ■　　압수물에 대한 몰수의 선고가 포함되지 않은 형사판결이 선고되어 확정된 경우

[1] 형사사건에서 압수한 주식에 대한 몰수판결이 선고되지 않고 그대로 확정되어 압수물에 대한 환부의 무가 발생하였음에도 압수물을 환부하지 않아 환부 받을 자에게 손해가 발생한 경우, 손해액의 산정 기준에 관하여 환부의무 발생 당시의 주가와 원심 변론종결일 현재의 주가 사이의 시가차액이라는 주장을 배척하고 환부의무 발생시점의 주식의 주가총액에 대한 민사법정이자 상당액이라고 판단한 원심을 수긍한 사례

[2] 압수물을 환부 받을 자가 압수 후 소유권을 포기한 경우 수사기관의 압수물 환부의무가 면제되는지 여부(소극)

피압수자 등 환부를 받을 자가 압수 후 그 소유권을 포기하는 등에 의하여 실체법상의 권리를 상실하 더라도 그 때문에 압수물을 환부하여야 할 수사기관의 의무에 어떠한 영향을 미칠 수 없고, 또한 수사 기관에 대하여 형사소송법상의 환부청구권을 포기한다는 의사표시를 하더라도 그 효력이 없어 그에 의 하여 수사기관의 필요적 환부의무가 면제된다고 볼 수는 없다.

[3] 압수물에 대한 몰수의 선고가 포함되지 않은 형사판결이 선고되어 확정된 경우 검사에게 압수물을 환부하여야 할 의무가 당연히 발생하는지 여부(적극)

형사소송법 제332조에 의하면 압수한 서류 또는 물품에 대하여 몰수의 선고가 없는 때에는 압수를 해 제한 것으로 간주한다고 규정되어 있으므로 어떠한 압수물에 대한 몰수의 선고가 포함되지 않은 판결 이 선고되어 확정되었다면 검사에게 그 압수물을 제출자나 소유자 기타 권리자에게 환부하여야 할 의 무가 당연히 발생하는 것이고, 권리자의 환부신청에 의한 검사의 환부결정 등 어떤 처분에 의하여 비 로소 환부의무가 발생하는 것은 아니다(대법원 2001.4.10. 선고 2000다49343 판결).

■ 판례 ■　　압수물을 환부받을 자가 압수 후 소유권을 포기한 경우

[1] 형사소송법 제133조 제1항 소정의 '증거에 공할 압수물'의 의미

형사소송법 제133조 제1항 후단이, 제2항의 '증거에만 공할' 목적으로 압수할 물건과는 따로이, '증거에 공할' 압수물에 대하여 법원의 재량에 의하여 가환부할 수 있도록 규정한 것을 보면, '증거에 공할 압수물'에는 증거물로서의 성격과 몰수할 것으로 사료되는 물건으로서의 성격을 가진 압수물이 포함되어 있다고 해석함이 상당하다.

[2] 형법 제48조에 해당하는 물건을 피고본안사건에 관한 종국판결 전에 가환부할 수 있는지 여부(적극)

몰수할 것이라고 사료되어 압수한 물건 중 법률의 특별한 규정에 의하여 필요적으로 몰수할 것에 해당하거나 누구의 소유도 허용되지 아니하여 몰수할 것에 해당하는 물건에 대한 압수는 몰수재판의 집행을 보전하기 위하여 한 것이라는 의미도 포함된 것이므로 그와 같은 압수 물건은 가환부의 대상이 되지 않지만, 그 밖의 형법 제48조에 해당하는 물건에 대하여는 이를 몰수할 것인지는 법원의 재량에 맡겨진 것이므로 특별한 사정이 없다면 수소법원이 피고본안사건에 관한 종국판결에 앞서 이를 가환부함에 법률상의 지장이 없는 것으로 보아야 한다.

[3] 압수물을 환부받을 자가 압수 후 소유권을 포기한 경우 수사기관의 압수물 환부의무의 소멸 여부(소극) 및 수사기관에 대한 환부청구권 포기의 효력(무효)

피압수자 등 환부를 받을 자가 압수 후 그 소유권을 포기하더라도 그 때문에 압수물을 환부하여야 하는 수사기관의 의무에 어떠한 영향을 미칠 수 없고, 또 수사기관에 대하여 형사소송법상의 환부청구권을 포기한다는 의사표시를 하더라도 그 효력이 없다(대법원 1998.4.16. 자 97모25 결정).

■ 판례 ■　　피해자를 기망하여 물건을 취득한 자가 이를 제3자에게 임치한 경우

[1] 형사소송법 제134조소정의 "환부 할 이유가 명백한 때"의 의미

"환부할 이유가 명백한 때"라 함은 사법상 피해자가 그 압수된 물건의 인도를 청구할 수 있는 권리가 있음이 명백한 경우를 의미하고 위 인도청구권에 관하여 사실상, 법률상 다소라도 의문이 있는 경우에는 환부할 명백한 이유가 있는 경우라고는 할 수 없다.

[2] 피해자를 기망하여 물건을 취득한 자가 이를 제3자에게 임치한 경우 동 물건의 피해자환부의 당부

매수인이 피해자로 부터 물건을 매수함에 있어 사기행위로써 취득하였다 하더라도 피해자가 매수인에게 사기로 인한 매매의 의사표시를 취소한 여부가 분명하지 않고, 위 매수인으로 부터 위탁을 받은 (갑)이 위 물건을 인도받아 재항고인의 창고에 임치하여 재항고인이 보관하게 되었고 달리 재항고인이 위 물건이 장물이라는 정을 알았다고 확단할 자료가 없다면, 재항고인은 정당한 점유자라 할 것이고 이를 보관시킨 매수인에 대해서는 임치료 청구권이 있고 그 채권에 의하여 위 물건에 대한 유치권이 있다고 보여지므로 피해자는 재항고인에 대하여 위 물건의 반환 청구권이 있음이 명백하다고 보기는 어렵다 할 것이므로 이를 피해자에게 환부할 것이 아니라 민사소송에 의하여 해결함이 마땅하다(대법원 1984.7.16. 자 84모38 결정)

압수물 환부(가환부) 청구서

[청 구 인]

성 명		주민등록번호	
직 업		연 락 처	
주 거			

귀 관서에서 증거품으로 압수 중인 다음 압수물건을 청구인에게 환부(가환부)하여 주시기 바랍니다.

20○○.○.○.

청 구 인 :   ㉑

피 의 자	
죄 명	

압수번호		접수번호		사건번호	

연번	품 종	수 량	비 고

○○경찰서장 귀하

○○경 찰 서

제 0000-00000 호   20○○.○.○.

수 신 : ○○지방검찰청장 (검사 : ○○○)

제 목 : 압수물 처분 지휘요청서 (환부·가환부)

　○○○에 대한 ○○ 피의사건의 압수물인 다음 물건에 대하여 환부·가환부 지휘를 요청
합니다.

연번	품　　　종	수량	피압수자	환부·가환부 받을 사람	비 고

○○경찰서

사법경찰관　경위　홍 길 동 (인)

압수물 환부(가환부) 영수

[영 수 인]

성 명		주민등록번호	
직 업		연 락 처	
주 거			

귀 관서에서 증거품으로 압수 중인 다음 압수물건을 환부(가환부) 받았습니다.

20○○.○.○.

영 수 인 :　　　　　　　　㊞

피 의 자					
죄 명					
압수번호		접수번호		사건번호	

기록면수	연번	품 종	수 량	비 고

○○경찰서장 귀하

4. 폐기, 대가보관과 증거와의 관계

가. 압수물에 관하여 폐기 또는 대가보관의 처분을 할 때는 다음 사항에 주의하여야 한다.

　① 폐기처분에서는 사전에 반드시 사진을 촬영해 둘 것

　② 그 물건의 상황을 사진, 도면, 모사도 또는 기록 등의 방법에 따라 명백히 밝힐 것

　③ 특히 필요가 있다고 인정될 때에는 당해 압수물의 성상, 가격 등을 감정해 두어야 한다. 이 경우에는 재감정할 경우를 고려하여 그 물건의 일부를 보존해두도록 배려할 것

　④ 위험 발생, 멸실, 파손 또는 부패의 염려가 있거나 보관하기 어려운 물건이라는 등 폐기 또는 대가보관의 처분을 하여야 할 상당한 이유를 명백히 할 것

나. 폐기 또는 대가보관의 처분을 하였을 때는 각각 폐기조서 또는 대가보관 조서를 작성하여야 한다.

다. 압수물의 폐기 또는 대가보관의 처분을 하고자 할 때는 압수물 폐기처분 지휘요청서 또는 압수물 대가보관 지휘요청서를 관할 지방검찰청 검사장 또는 지청장에게 제출하여 검사의 지휘를 받아야 한다.

라. 전항의 경우에 있어서 검사의 지휘가 있을 때는 미리 피해자, 피의자 또는 변호인에게 그 취지를 통지하여야 한다.

마. 법령상 생산·제조·소지·소유 또는 유통이 금지된 압수물로서 부패의 염려가 있거나 보관하기 어려운 압수물을 폐기할 때에는 소유자 등 권한 있는 자의 동의를 받아야 한다.

○○경 찰 서

제 0000-00000 호   20○○.○.○.

수 신 : ○○지방검찰청장 (검사 : ○○○)

제 목 : 압수물 처분 지휘요청서(폐기)

○○에 대한 ○○ 피의사건의 압수물에 위험발생의 염려가 있어 폐기 지휘를 요청합니다.

연번	품 종	수 량	비 고

○○경찰서

사법경찰관 경위 홍 길 동 (인)

압수물폐기조서

  ○○○외 ○명에 대한 ○○ 피의사건에 관하여 20○○. ○. ○. 00:00 사법경찰관 경위 ○○○는(은) 사법경찰리 경사 ○○○를(을) 참여하게 하고 압수물을 다음과 같이 폐기한다.

연 번	품 종	수량	이 유	비고
1	배 추	60포기	○○지검 검사 홍길동의 지휘에 따라 부패의 우려가 있으므로	

년   월   일

○ ○ 경 찰 서

사법경찰관   ㊞

사법경찰리   ㊞

압수물 폐기 동의서

[동 의 인]

성 명		주민등록번호	
직 업		연 락 처	
주 거			

다음 압수물건을 폐기함에 동의합니다.

20○○.○.○.

동 의 인 :   ㊞

피 의 자	
죄 명	

압수번호		접수번호		사건번호	

연번	품 종	수 량	비 고

○○경 찰 서 장 귀 하

○○경찰서

제 0000-00000 호   20○○. ○. ○.

수 신 : ○○지방검찰청장 (검사 : ○○○)

제 목 : 압수물 처분 지휘요청서(대가보관)

○○○에 대한 ○○ 피의사건의 압수물에 부패(멸실 등)의 우려가 있어 대가보관 지휘
를 요청합니다.

연번	품 종	수 량	비 고

○○경찰서

사법경찰관 경위 홍 길 동 (인)

압 수 물 대 가 보 관 조 서

        에 대한   피의사건에 관하여 20 . . . 사법경찰관 경   은 사법

경찰리 경   을 참여하게 하고 다음과 같이 대가보관하다.

대가보관금액		보 관 자			
번호	품 종	수 량	매각대금	이 유	매수자

20○○.○.○.

○ ○ 경 찰 서

사법경찰관   인

사법경찰리   인

■ 판례 ■   압수물에 대한 환가처분 후 형사 본안사건에서 무죄 판결이 확정된 경우

[1] 압수물에 대한 환가처분 후 형사 본안사건에서 무죄 판결이 확정된 경우, 국가는 압수물 소유자 등
    에게 환가처분에 의한 매각대금 전액을 반환하여야 하는지 여부(적극)

형사 본안사건에서 무죄가 선고되어 확정되었다면 형사소송법 제332조에 의하여 검사가 압수물을 제출
자나 소유자 기타 권리자에게 환부하여야 할 의무는 당연히 발생하는 것이고, 검사가 몰수할 수 있는
물건으로 보고 압수한 물건이 멸실, 손괴 또는 부패의 염려가 있거나 보관하기 불편하여 이를 매각하
는 환가처분을 한 경우 그 매각대금은 압수물과 동일시 할 수 있는 것이므로, 국가는 압수물의 환가처
분에 의한 매각대금 전액을 압수물의 소유자 등에게 반환할 의무가 있다.

[2] 압수물에 대한 환가처분 후 해당 압수물이 그 후의 형사절차에 의하여 몰수되지 아니한 경우, 그 환
    가처분의 법적 성질(=사무관리에 준하는 행위) 및 국가가 압수물 소유자에게 상환을 구할 수 있는
    압수물에 대한 환가처분 비용의 범위(=압수물의 매각비용의 한도 내)

몰수할 수 있는 압수물에 대한 수사기관의 환가처분은 그 경제적 가치를 보존하기 위한 형사소송법상
의 처분이라고 할지라도 해당 압수물이 그 후의 형사절차에 의하여 몰수되지 아니하는 경우 그 환가처
분은 그 물건 소유자를 위한 사무관리에 준하는 행위라 할 것이므로, 검사가 압수물에 대한 환가처분
을 하며 소요된 비용은 물건의 소유자에게 상환을 구할 수 있다 할 것이지만, 압수는 물건의 소유자
등의 점유를 배제하고 수사기관 등이 그 점유를 취득하는 강제처분이고, 환가처분 또한 수사기관 등이
그 권한과 책임하에 본인의 의사 여하를 불문하고 행하는 것이므로, 사무관리자가 본인의 의사에 반하
여 관리한 때의 관리비용 상환 범위에 준하여 수사기관 등이 환가처분을 함으로써 압수물 소유자가 지
출하지 않아도 되게 된 그 물건의 매각비용의 한도, 즉 현존이익의 한도 내에서 환가처분 비용의 상환
을 구할 수 있다.

[3] 압수된 수입 농산물의 환가처분비용으로 국가가 지급한 위탁판매수수료 중에는 매각에 필요한 보관
    료, 운반비 등이 포함되어 있음에도 위 제반 비용이 포함되지 않은 농수산물유통및가격안정에관한법
    률시행규칙 제25조 제2항 소정의 위탁상장수수료의 최고한도액으로 압수물 소유자의 상환 범위를
    제한한 원심판결을 파기한 사례(대법원 2000.1.21. 선고 97다58507 판결)

■ 판례 ■   형사소송법 제132조에 의하여 압수물을 매각한 경우, 그 대가보관금에 대한 몰수의
가부(적극)

관세법 제198조 제2항에 따라 몰수하여야 할 압수물이 멸실, 파손 또는 부패의 염려가 있거나 보관하
기에 불편하여 이를 형사소송법 제132조의 규정에 따라 매각하여 그 대가를 보관하는 경우에는, 몰수
와의 관계에서는 그 대가보관금을 몰수 대상인 압수물과 동일시할 수 있다(대법원 1996.11.12. 선고
96도2477 판결).

■ 판례 ■   검사가 피의사실에 대하여 기소유예처분을 하면서 피의자가 소유권포기를 거부한
압수물에 대하여 한 국고귀속처분의 효력

인삼사업법위반혐의로 수사를 받던 피의자가 수사기관으로부터 여러차례 압수된 인삼에 대한 소유권포
기를 종용받고도 이를 명백히 거절하였음에도 검사가 위 피의사실에 대하여 기소유예처분을 하면서 위
압수물을 국고귀속처분하였다면 위 국고귀속처분은 법령상 아무런 근거도 없는 위법한 처분으로서 그
하자가 중대하고 명백하여 당연무효이다(대법원 1986.10.28. 선고 86다카220 판결).

V. 유형별 압수물 처리요령

압수물 종류	보 관 유 형 및 유 의 사 항
귀중품 및 현금	○ 현금의 경우 경리계에 보관, 압수해제 시 신속하게 피압수자에게 교부 ○ 귀중품의 경우 감정서 제출받아 첨부하고, 압수표 압수물 봉투에 특정될 수 있도록 압수물 주서 표시
유가증권	○ 지체없이 원형보존 여부에 관하여 검사의 지휘 ○ 원형을 보존할 필요가 없다는 검사의 지휘가 있는 때에는 지체없이 이 를 환금하여 보관 ※ 참고 : 검사와 사법경찰관의 상호협력과 일반적 수사준칙에 관한 규정
위조 · 변조물	○ 위(변)조 부분에 명백히 주서로서 위(변)조 표시
외국환	○ 대외지급수단 보관의뢰서 작성, 검찰과 협의, 검사의 서명날인받아 압수 된 외국환과 함께 외국환 취급은행에 보관의뢰하고 보관증 교부받아 보관

마약류	○ 압수시 마약류 확인감정서 첨부
	○ 금고 또는 견고한 이중장치의 용기에 보관하되, 습기를 차단하고 변질
	  또는 감량 방지 위해 매일 이상유무 확인
	※ 앵속, 대마 압수 후 감량이 예상되므로 압수 당시 무게 표시 및 그 단
	  위를 주(株)로 표시 (10주는 1束임)

폭발물 등 위험물 및 오염 어폐류, 부패 육류	○ 검찰과 협의, 폐기 처분하되 폐기조서 작성 및 사진 촬영 첨부 ○ 사전 피해자, 피의자(또는 변호인)에게 통지

카세트 테입,
CD, 비디오물 등
불법 복제물
	○ 압수물이 수량이 많아 경찰서 내 압수물 보관창고의 수용능력 초과시
	  외부 전문창고 위탁보관 실시
	※ 원상표권자의 동의받아 상표권자 회사의 창고에 보관하거나 한국영상
	  음반협회 전문창고 보관의뢰

위조상표 부착
의류, 신발 등
	○ 검찰과 협의, 상표권자 회사의 창고 위탁보관 추진
	※ 사전에 상표권자의 양해를 구한 후, 상표를 완전히 제거하여 무효화시
	  켜 사회복지단체 등 상품구매력이 없는 단체에 유통금지 각서를 징수
	  받아 기증(검찰과 협의)

불법 복제
프로그램 내장
컴퓨터,
하드디스크
	○ 형법 제48조 제1항 제1호 소정의 범행에 제공된 물건으로 컴퓨터 하드
	  디스크 전체를 압수할 수 있음
	※ 피압수자의 재산권 보호상 무단 불법복제 부분만 폐기 후 하드디스크
	  는 피압수자에게 반환
	○ 압수시 범인들이 중요 파일을 삭제하거나, 하드디스크 포맷 등 증거인멸
	  대비, 컴퓨터 전문가 대동

불법복제 이용 VCR, CD 복제기, 불법 오락기 기판	○ 반드시 복제물과 함께 압수

제4절 영장주의의 예외

 I. 관련 법령 (형사소송법)

제216조(영장에 의하지 아니한 강제처분) ① 검사 또는 사법경찰관은 제200조의2·제200조의3·제201조 또는 제212조의 규정에 의하여 피의자를 체포 또는 구속하는 경우에 필요한 때에는 영장없이 다음 처분을 할 수 있다.
  1. 타인의 주거나 타인이 간수하는 가옥, 건조물, 항공기, 선차 내에서의 피의자 수색. 다만, 제200조의2 또는 제201조에 따라 피의자를 체포 또는 구속하는 경우의 피의자 수색은 미리 수색영장을 발부받기 어려운 긴급한 사정이 있는 때에 한정한다.
  2. 체포현장에서의 압수, 수색, 검증
② 전항 제2호의 규정은 검사 또는 사법경찰관이 피고인에 대한 구속영장의 집행의 경우에 준용한다.
③ 범행 중 또는 범행직후의 범죄 장소에서 긴급을 요하여 법원판사의 영장을 받을 수 없는 때에는 영장없이 압수, 수색 또는 검증을 할 수 있다. 이 경우에는 사후에 지체없이 영장을 받아야 한다.
제217조(영장에 의하지 아니하는 강제처분) ① 검사 또는 사법경찰관은 제200조의3에 따라 체포된 자가 소유·소지 또는 보관하는 물건에 대하여 긴급히 압수할 필요가 있는 경우에는 체포한 때부터 24시간 이내에 한하여 영장 없이 압수·수색 또는 검증을 할 수 있다.
② 검사 또는 사법경찰관은 제1항 또는 제216조제1항제2호에 따라 압수한 물건을 계속 압수할 필요가 있는 경우에는 지체 없이 압수수색영장을 청구하여야 한다. 이 경우 압수수색영장의 청구는 체포한 때부터 48시간 이내에 하여야 한다.
③검사 또는 사법경찰관은 제2항에 따라 청구한 압수수색영장을 발부받지 못한 때에는 압수한 물건을 즉시 반환하여야 한다.
제218조(영장에 의하지 아니한 압수) 검사, 사법경찰관은 피의자 기타인의 유류한 물건이나 소유자, 소지자 또는 보관자가 임의로 제출한 물건을 영장없이 압수할 수 있다.

 II. 영장주의 예외 요건

1. 영장주의 예외 요건 불충족과 사후영장에 의한 위법성 치유 여부

■ 판례 ■ 범행 중 또는 범행 직후의 범죄 장소에서 영장 없이 압수·수색 또는 검증을 할 수 있도록 규정한 형사소송법 제216조 제3항의 요건 중 어느 하나라도 갖추지 못한 경우, 압수·수색 또는 검증이 위법한지 여부(적극) 및 이에 대하여 사후에 법원으로부터 영장을 발부받음으로써 위법성이 치유되는지 여부(소극)

범행 중 또는 범행 직후의 범죄 장소에서 긴급을 요하여 법원 판사의 영장을 받을 수 없는 때에는 영장 없이 압수·수색 또는 검증을 할 수 있으나, 사후에 지체없이 영장을 받아야 한다(형사소송법 제216조 제3항). 형사소송법 제216조 제3항의 요건 중 어느 하나라도 갖추지 못한 경우에 그러한 압수·수색 또는 검증은 위법하며, 이에 대하여 사후에 법원으로부터 영장을 발부받았다고 하여 그 위법성이 치유되지 아니한다(대법원 2017. 11. 29., 선고, 2014도16080, 판결).

2. 영장주의의 예외로서 형사소송법 제217조 제1항 의미

■ 판례 ■　　　긴급체포된 자가 소유·소지 또는 보관하는 물건에 대한 긴급 압수·수색 또는 검증을 규정한 형사소송법 제217조 제1항의 취지 / 위 규정에 따른 압수·수색 또는 검증은 체포현장이 아닌 장소에서도 긴급체포된 자가 소유·소지 또는 보관하는 물건을 대상으로 할 수 있는지 여부(적극)

사법경찰관이 범죄수사에 필요한 때에는 피의자가 죄를 범하였다고 의심할 만한 정황이 있고 해당 사건과 관계가 있다고 인정할 수 있는 것에 한정하여 검사에게 신청하여 검사의 청구로 지방법원판사가 발부한 영장에 의하여 압수, 수색 또는 검증을 할 수 있다(형사소송법 제215조 제2항). 이처럼 범죄수사를 위하여 압수, 수색 또는 검증을 하려면 미리 영장을 발부받아야 한다는 이른바 사전영장주의가 원칙이지만, 형사소송법 제217조는 그 예외를 인정한다. 즉, 검사 또는 사법경찰관은 긴급체포된 자가 소유·소지 또는 보관하는 물건에 대하여는 긴급히 압수할 필요가 있는 경우에는 체포한 때부터 24시간 이내에 한하여 영장 없이 압수·수색 또는 검증을 할 수 있고(형사소송법 제217조 제1항), 압수한 물건을 계속 압수할 필요가 있는 경우에는 지체 없이 압수수색영장을 청구하여야 한다. 이 경우 압수수색영장의 청구는 체포한 때부터 48시간 이내에 하여야 한다(같은 조 제2항).

형사소송법 제217조 제1항은 수사기관이 피의자를 긴급체포한 상황에서 피의자가 체포되었다는 사실이 공범이나 관련자들에게 알려짐으로써 관련자들이 증거를 파괴하거나 은닉하는 것을 방지하고, 범죄사실과 관련된 증거물을 신속히 확보할 수 있도록 하기 위한 것이다. 이 규정에 따른 압수·수색 또는 검증은 체포현장에서의 압수·수색 또는 검증을 규정하고 있는 형사소송법 제216조 제1항 제2호와 달리, 체포현장이 아닌 장소에서도 긴급체포된 자가 소유·소지 또는 보관하는 물건을 대상으로 할 수 있다. (대법원 2017. 9. 12., 선고, 2017도10309, 판결)

III. 예외 유형

1. 현행범인체포현장에서의 압수

■판례■　　음란물 유포의 혐의로 압수수색영장을 발부받아 수색 중 대마를 발견한 후, 마약류 관리에 관한 법률 위반죄의 현행범으로 체포하면서 대마를 압수하고 사후영장을 발부 받지 않은 경우, 압수물과 압수조서의 증거능력

구 정보통신망 이용촉진 및 정보보호 등에 관한 법률상 음란물 유포의 범죄혐의를 이유로 압수·수색 영장을 발부받은 사법경찰리가 피고인의 주거지를 수색하는 과정에서 대마를 발견하자, 피고인을 마약 류관리에 관한 법률 위반죄의 현행범으로 체포하면서 대마를 압수하였으나, 그 다음날 피고인을 석방하 였음에도 사후 압수·수색영장을 발부받지 않은 사안에서, 위 압수물과 압수조서는 형사소송법상 영장 주의를 위반하여 수집한 증거로서 증거능력이 부정된다.

2. 범죄장소에서의 압수수색

■판례■　　주취운전을 적발한 경찰관이 주취운전의 계속을 막기 위하여 취할 수 있는 조치 내용

주취 상태에서의 운전은 도로교통법 제41조의 규정에 의하여 금지되어 있는 범죄행위임이 명백하고 그 로 인하여 자기 또는 타인의 생명이나 신체에 위해를 미칠 위험이 큰 점을 감안하면, 주취운전을 적발 한 경찰관이 주취운전의 계속을 막기 위하여 취할 수 있는 조치로는, 단순히 주취운전의 계속을 금지 하는 명령 이외에 다른 사람으로 하여금 대신하여 운전하게 하거나 당해 주취운전자가 임의로 제출한 차량열쇠를 일시 보관하면서 가족에게 연락하여 주취운전자와 자동차를 인수하게 하거나 또는 주취 상 태에서 벗어난 후 다시 운전하게 하며 그 주취 정도가 심한 경우에 경찰관서에 일시 보호하는 것 등을 들 수 있고, 한편 주취운전이라는 범죄행위로 당해 음주운전자를 구속·체포하지 아니한 경우에도 필 요하다면 그 차량열쇠는 범행 중 또는 범행 직후의 범죄장소에서의 압수로서 형사소송법 제216조 제3 항에 의하여 영장 없이 이를 압수할 수 있다. (대법원 1998. 5. 8., 선고, 97다54482, 판결)

3. 긴급체포시 압수의 대상 범위

■판례■　　형사소송법 제217조 제1항에 따른 긴급체포시 적법하게 압수할 수 있는 대상물인지 여부의 판단 기준

[1] 구 형사소송법 제217조 제1항에 따른 긴급체포시 적법하게 압수할 수 있는 대상물인지 여부의 판단 기준

구 형사소송법(2007. 6. 1. 법률 제8496호로 개정되기 전의 것) 제217조 제1항 등에 의하면 검사 또 는 사법경찰관은 피의자를 긴급체포한 경우 체포한 때부터 48시간 이내에 한하여 영장 없이, 긴급체포 의 사유가 된 범죄사실 수사에 필요한 최소한의 범위 내에서 당해 범죄사실과 관련된 증거물 또는 몰 수할 것으로 판단되는 피의자의 소유, 소지 또는 보관하는 물건을 압수할 수 있다. 이때, 어떤 물건이 긴급체포의 사유가 된 범죄사실 수사에 필요한 최소한의 범위 내의 것으로서 압수의 대상이 되는 것인 지는 당해 범죄사실의 구체적인 내용과 성질, 압수하고자 하는 물건의 형상·성질, 당해 범죄사실과의 관련 정도와 증거가치, 인멸의 우려는 물론 압수로 인하여 발생하는 불이익의 정도 등 압수 당시의 여 러 사정을 종합적으로 고려하여 객관적으로 판단하여야 한다.

[2] 경찰관이 이른바 전화사기죄 범행의 혐의자를 긴급체포하면서 그가 보관하고 있던 다른 사람의 주민등록증, 운전면허증 등을 압수한 사안에서, 이는 구 형사소송법(2007. 6. 1. 법률 제8496호로 개정되기 전의 것) 제217조 제1항에서 규정한 해당 범죄사실의 수사에 필요한 범위 내의 압수로서 적법하므로, 이를 위 혐의자의 점유이탈물횡령죄 범행에 대한 증거로 인정한 사례.(대법원 2008. 7. 10., 선고, 2008도2245, 판결)

4. 체포현장과 범죄장소에서의 임의제출과 영장주의의 예외

■판례■　현행범 체포현장이나 범죄현장에서 소지자 등이 임의로 제출하는 물건을 형사소송법 제218조에 의하여 영장 없이 압수할 수 있는지 여부(적극) 및 이때 검사나 사법경찰관은 별도로 사후에 영장을 받아야 하는지 여부(소극)

범죄를 실행 중이거나 실행 직후의 현행범인은 누구든지 영장 없이 체포할 수 있고(형사소송법 제212조), 검사 또는 사법경찰관은 피의자 등이 유류한 물건이나 소유자·소지자 또는 보관자가 임의로 제출한 물건을 영장 없이 압수할 수 있으므로(제218조), 현행범 체포현장이나 범죄 현장에서도 소지자 등이 임의로 제출하는 물건을 형사소송법 제218조에 의하여 영장 없이 압수하는 것이 허용되고, 이 경우 검사나 사법경찰관은 별도로 사후에 영장을 받을 필요가 없다(대법원 2019. 11. 14. 선고 2019도13290 판결, 대법원 2016. 2. 18. 선고 2015도13726 판결 참조). 위와 같은 법리에 따르면 현행범 체포현장에서는 임의로 제출하는 물건이라도 형사소송법 제218조에 따라 압수할 수 없고, 형사소송법 제217조 제2항이 정한 사후영장을 받아야 한다는 취지의 원심 판단은 잘못되었다. (대법원 2020. 4. 9. 선고 2019도17142 판결)

5. 강제체혈과 영장주의 예외

■판례■　강제채혈의 법적 성질(=감정에 필요한 처분 또는 압수영장의 집행에 필요한 처분)

[1] 영장이나 감정처분허가장 없이 채취한 혈액을 이용한 혈중알코올농도 감정 결과의 증거능력 유무(원칙적 소극) 및 피고인 등의 동의가 있더라도 마찬가지인지 여부(적극)

수사기관이 법원으로부터 영장 또는 감정처분허가장을 발부받지 아니한 채 피의자의 동의 없이 피의자의 신체로부터 혈액을 채취하고 사후에도 지체 없이 영장을 발부받지 아니한 채 혈액 중 알코올농도에 관한 감정을 의뢰하였다면, 이러한 과정을 거쳐 얻은 감정의뢰회보 등은 형사소송법상 영장주의 원칙을 위반하여 수집하거나 그에 기초하여 획득한 증거로서, 원칙적으로 절차위반행위가 적법절차의 실질적인 내용을 침해하여 피고인이나 변호인의 동의가 있더라도 유죄의 증거로 사용할 수 없다.

[2] 강제채혈의 법적 성질(=감정에 필요한 처분 또는 압수영장의 집행에 필요한 처분)

수사기관이 범죄 증거를 수집할 목적으로 피의자의 동의 없이 피의자의 혈액을 취득·보관하는 행위는 법원으로부터 감정처분허가장을 받아 형사소송법 제221조의4 제1항, 제173조 제1항에 의한 '감정에 필요한 처분'으로도 할 수 있지만, 형사소송법 제219조, 제106조 제1항에 정한 압수의 방법으로도 할 수 있고, 압수의 방법에 의하는 경우 혈액의 취득을 위하여 피의자의 신체로부터 혈액을 채취하는 행위는 혈액의 압수를 위한 것으로서 형사소송법 제219조, 제120조 제1항에 정한 '압수영장의 집행에 있어 필요한 처분'에 해당한다.

[3] 음주운전 중 교통사고를 내고 의식불명 상태에 빠져 병원으로 후송된 운전자에 대하여 수사기관이 영장 없이 강제채혈을 할 수 있는지 여부(한정 적극) 및 이 경우 사후 압수영장을 받아야 하는지 여부(적극)

음주운전 중 교통사고를 야기한 후 피의자가 의식불명 상태에 빠져 있는 등으로 도로교통법이 음주운전의 제1차적 수사방법으로 규정한 호흡조사에 의한 음주측정이 불가능하고 혈액 채취에 대한 동의를 받을 수도 없을 뿐만 아니라 법원으로부터 혈액 채취에 대한 감정처분허가장이나 사전 압수영장을 발부받을 시간적 여유도 없는 긴급한 상황이 생길 수 있다. 이러한 경우 피의자의 신체 내지 의복류에 주취로 인한 냄새가 강하게 나는 등 형사소송법 제211조 제2항 제3호가 정하는 범죄의 증적이 현저한 준현행범인의 요건이 갖추어져 있고 교통사고 발생 시각으로부터 사회통념상 범행 직후라고 볼 수 있는 시간 내라면, 피의자의 생명·신체를 구조하기 위하여 사고현장으로부터 곧바로 후송된 병원 응급실 등의 장소는 형사소송법 제216조 제3항의 범죄 장소에 준한다 할 것이므로, 검사 또는 사법경찰관은 피의자의 혈중알코올농도 등 증거의 수집을 위하여 의료법상 의료인의 자격이 있는 자로 하여금 의료용 기구로 의학적인 방법에 따라 필요최소한의 한도 내에서 피의자의 혈액을 채취하게 한 후 그 혈액을 영장 없이 압수할 수 있다. 다만 이 경우에도 형사소송법 제216조 제3항 단서, 형사소송규칙 제58조, 제107조 제1항 제3호에 따라 사후에 지체 없이 강제채혈에 의한 압수의 사유 등을 기재한 영장청구서에 의하여 법원으로부터 압수영장을 받아야 한다. (대법원 2012. 11. 15., 선고, 2011도15258, 판결)

■ 판례 ■ 피의자의 동의 또는 영장 없이 채취한 혈액을 이용한 감정결과보고서 등의 증거능력 유무

형사소송법 제215조 제2항은 "사법경찰관이 범죄수사에 필요한 때에는 검사에게 신청하여 검사의 청구로 지방법원판사가 발부한 영장에 의하여 압수, 수색 또는 검증을 할 수 있다."고 규정하고, 형사소송법 제216조 제3항은 범행 중 또는 범행 직후의 범죄장소에서 긴급을 요하여 법원판사의 영장을 받을 수 없는 때에는 압수·수색·검증을 할 수 있으나 이 경우에는 사후에 지체없이 영장을 받아야 한다고 규정하고 있으며, 한편 검사 또는 사법경찰관으로부터 감정을 위촉받은 감정인은 감정에 관하여 필요한 때에는 검사의 청구에 의해 판사로부터 감정처분허가장을 발부받아 신체의 검사 등 형사소송법 제173조 제1항에 규정된 처분을 할 수 있도록 규정되어 있는바(형사소송법 제221조, 제221조의4, 제173조 제1항), 위와 같은 형사소송법 규정에 위반하여 수사기관이 법원으로부터 영장 또는 감정처분허가장을 발부받지 아니한 채 피의자의 동의 없이 피의자의 신체로부터 혈액을 채취하고 더구나 사후적으로도 지체없이 이에 대한 영장을 발부받지 아니하고서 위와 같이 강제 채혈한 피의자의 혈액 중 알코올농도에 관한 감정이 이루어졌다면, 이러한 감정결과보고서 등은 형사소송법상 영장주의 원칙을 위반하여 수집하거나 그에 기초한 증거로서 그 절차 위반행위가 적법절차의 실질적인 내용을 침해하는 정도에 해당한다고 할 것이므로, 피고인이나 변호인의 증거동의 여부를 불문하고 이 사건 범죄사실을 유죄로 인정하는 증거로 사용할 수 없다고 보아야 한다. (대법원 2011. 5. 13., 선고, 2009도10871, 판결)

Ⅳ. 임의제출물 등의 압수

1. 소지자 및 보관자에 의한 임의제출

■ 판례 ■ 경찰관이 간호사로부터 진료 목적으로 채혈된 피고인의 혈액 중 일부를 주취운전 여부에 대한 감정을 목적으로 제출받아 압수한 경우, 적법절차의 위반 여부(소극)

형사소송법 제218조는 "검사 또는 사법경찰관은 피의자, 기타인의 유류한 물건이나 소유자, 소지자 또는 보관자가 임의로 제출한 물건을 영장 없이 압수할 수 있다."라고 규정하고 있고, 같은 법 제219조에 의하여 준용되는 제112조 본문은 "변호사, 변리사, 공증인, 공인회계사, 세무사, 대서업자, 의사, 한의사, 치과의사, 약사, 약종상, 조산사, 간호사, 종교의 직에 있는 자 또는 이러한 직에 있던 자가 그 업무상 위탁을 받아 소지 또는 보관하는 물건으로 타인의 비밀에 관한 것은 압수를 거부할 수 있다."라고 규정하고 있을 뿐이고, 달리 형사소송법 및 기타 법령상 의료인이 진료 목적으로 채혈한 혈액을 수사기관이 수사 목적으로 압수하는 절차에 관하여 특별한 절차적 제한을 두고 있지 않으므로, 의료인이 진료 목적으로 채혈한 환자의 혈액을 수사기관에 임의로 제출하였다면 그 혈액의 증거사용에 대하여도 환자의 사생활의 비밀 기타 인격적 법익이 침해되는 등의 특별한 사정이 없는 한 반드시 그 환자의 동의를 받아야 하는 것이 아니고, 따라서 경찰관이 간호사로부터 진료 목적으로 이미 채혈되어 있던 피고인의 혈액 중 일부를 주취운전 여부에 대한 감정을 목적으로 임의로 제출 받아 이를 압수한 경우, 당시 간호사가 위 혈액의 소지자 겸 보관자인 병원 또는 담당의사를 대리하여 혈액을 경찰관에게 임의로 제출할 수 있는 권한이 없었다고 볼 특별한 사정이 없는 이상, 그 압수절차가 피고인 또는 피고인의 가족의 동의 및 영장 없이 행하여졌다고 하더라도 이에 적법절차를 위반한 위법이 있다고 할 수 없다. (대법원 1999. 9. 3., 선고, 98도968, 판결)

2. 영장주의에 위반한 압수 직후 작성된 임의제출동의서의 증거능력

■ 판례 ■ 사법경찰관이 형사소송법 제215조 제2항을 위반하여 영장없이 물건을 압수한 직후 피고인으로부터 작성받은 그 압수물에 대한 '임의제출동의서'의 증거능력 유무(원칙적 소극)

형사소송법 제215조 제2항은 "사법경찰관이 범죄수사에 필요한 때에는 검사에게 신청하여 검사의 청구로 지방법원 판사가 발부한 영장에 의하여 압수, 수색 또는 검증을 할 수 있다."고 규정하고 있는 바, 사법경찰관이 위 규정을 위반하여 영장없이 물건을 압수한 경우 그 압수물은 물론 이를 기초로 하여 획득한 2차적 증거 역시 유죄 인정의 증거로 사용할 수 없는 것이고, 이와 같은 법리는 헌법과 형사소송법이 선언한 영장주의의 중요성에 비추어 볼 때 위법한 압수가 있은 직후에 피고인으로부터 작성받은 그 압수물에 대한 임의제출동의서도 특별한 사정이 없는 한 마찬가지라고 할 것이다. (대법원 2010. 7. 22. 선고 2009도14376 판결)

3. 수사기관이 별개의 증거를 환부하고 후에 임의제출받아 다시 압수한 경우

■ 판례 ■ 검사 또는 사법경찰관이 영장 발부 사유로 된 범죄 혐의사실과 무관한 별개의 증거를 압수한 경우, 유죄 인정의 증거로 사용할 수 있는지 여부(원칙적 소극) / 수사기관이 별개의 증거를 환부하고 후에 임의제출받아 다시 압수한 경우, 제출에 임의성이 있다는 점에 관한 증명책임 소재(=검사)와 증명 정도 및 임의로 제출된 것이라고 볼 수 없는 경우 증거능력을 인정할 수 있는지 여부(소극)

검사 또는 사법경찰관은 범죄수사에 필요한 때에는 피의자가 죄를 범하였다고 의심할 만한 정황이 있는 경우에 판사로부터 발부받은 영장에 의하여 압수·수색을 할 수 있으나, 압수·수색은 영장 발부의 사유로 된 범죄 혐의사실과 관련된 증거에 한하여 할 수 있으므로, 영장 발부의 사유로 된 범죄 혐의사실과 무관한 별개의 증거를 압수하였을 경우 이는 원칙적으로 유죄 인정의 증거로 사용할 수 없다. 다만 수사기관이 별개의 증거를 피압수자 등에게 환부하고 후에 임의제출받아 다시 압수하였다면 증거를 압수한 최초의 절차 위반행위와 최종적인 증거수집 사이의 인과관계가 단절되었다고 평가할 수 있으나, 환부 후 다시 제출하는 과정에서 수사기관의 우월적 지위에 의하여 임의제출 명목으로 실질적으로 강제적인 압수가 행하여질 수 있으므로, 제출에 임의성이 있다는 점에 관하여는 검사가 합리적 의심을 배제할 수 있을 정도로 증명하여야 하고, 임의로 제출된 것이라고 볼 수 없는 경우에는 증거능력을 인정할 수 없다. (대법원 2016. 3. 10., 선고, 2013도11233, 판결)

4. 임의제출물 압수

가. 소유자, 소지자 또는 보관자가 임의로 제출한 물건 또는 유류한 물건은 영장없이 압수할 수 있다.

나. 소유자, 소지자 또는 보관자가 임의 제출한 물건을 압수할 때에는 되도록 제출자가 임의제출서를 제출하게 하고 압수조서와 압수목록을 작성하여야 한다. 이 경우에는 형사소송법 제129조의 규정에 따라 압수 증명서를 교부하여야 한다.

다. 임의 제출한 물건을 압수한 경우에 그 소유자가 그 물건의 소유권을 포기한다는 의사표시를 하였을 때는 제1항의 임의제출서에 그 취지를 기재하거나 소유권 포기서를 제출하게 하여야 한다.

라. 소유자, 소지자 또는 보관자에게 임의 제출을 요구할 필요가 있을 때는 사법경찰관 명의로 물건 제출 요청서를 발부할 수 있다.

■ 판례 ■　수사단계에서 소유권을 포기한 압수물에 대하여 형사재판에서 몰수형이 선고되지 않은 경우, 피압수자는 국가에 대하여 민사소송으로 그 반환을 청구할 수 있다고 본 원심의 판단을 수긍한 사례(대법원 2000.12.22. 선고 2000다27725 선고 판결)

5. 압수 경위(임의제출 시)

가. 범죄현장에 남은 물건으로서 참고인 홍길동이 범죄행위에 제공된 것이라고 진술하고 소유자 甲이 임의 제출함으로 압수하다

나. 피의자가 도주하면서 현장에서 약 100m 떨어진 ○○소재 홍길동 집 마당에 버린 것으로서 범죄행위로 인하여 취득한 물건일 뿐만 아니라 소유자 甲이 임의 제출함으로 압수하다

다. 피의자가 범행현장에서 범행에 사용하려고 준비하여 두었다가 도주하면서 버린 물

건으로서 이를 취득한 甲이 임의 제출하므로 압수하다

라. 피의자가 본건 범죄행위로 인하여 취득한 후 오른쪽 안 호주머니에 넣어 소지하고 있던 물건으로 甲이 도주하는 피의자를 체포할 때 빼앗아 가지고 있던 것을 임의 제출하므로 압수하다

6. 유류물의 압수

가. 피의자 등의 유류한 물건을 압수할 때에는 거주자, 관리자 기타 관계자의 참여를 얻어서 행하여야 한다.

나. 이때 압수에 관하여는 실황조사서 등에 그 물건의 발견된 상황 등을 명확히 기록하고 압수조서와 압수목록을 작성하여야 한다.

다. 압수금품 중 현금, 귀금속 등 중요금품은 임치금품과 같이 물품출납 공무원에게 보관하여야 하며, 기타 물품은 견고한 캐비닛 또는 보관에 적합한 창고 등에 보관할 수 있다.

8. 물건제출 요청

<table>
<tr><td colspan="4" style="text-align:center">○ ○ 경 찰 서</td></tr>
</table>

제　　호　　　　　　　　　　　　　　　　　　　　20○○. ○. ○.
수　　신
제　　목　　　물건제출 요청서

　　아래 물건은 홍길동 외 ○명에 대한 횡령 피의사건에 관하여 압수할 필요가
있으니　20○○. ○. ○. 안으로 제출하여 주시기 바랍니다.

연 번	품 종	수 량	비 고
1	20○○년도 마을 정기총회 회의록	12권	확인 후 반환예정임
2	20○○년도 청년회 명단	1부	

○○ 경찰서

사법경찰관　　　　　　　　　　　　㊞

제5절 전자정보의 압수 · 수색

 Ⅰ. 압수 · 수색 사전 준비사항

1. 관련 법령

가. 검사와 사법경찰관의 상호협력과 일반적 수사준칙에 관한 규정

제41조(전자정보의 압수수색 또는 검증 방법) ① 검사 또는 사법경찰관은 법 제219조에서 준용하는 법 제106조제3항에 따라 컴퓨터용디스크 및 그 밖에 이와 비슷한 정보저장매체(이하 이 항에서 "정보저장매체등" 이라 한다)에 기억된 정보(이하 "전자정보"라 한다)를 압수하는 경우에는 해당 정보저장매체등의 소재지에서 수색 또는 검증한 후 범죄사실과 관련된 전자정보의 범위를 정하여 출력하거나 복제하는 방법으로 한다.
② 제1항에도 불구하고 제1항에 따른 압수 방법의 실행이 불가능하거나 그 방법으로는 압수의 목적을 달성하는 것이 현저히 곤란한 경우에는 압수 · 수색 또는 검증 현장에서 정보저장매체등에 들어 있는 전자정보 전부를 복제하여 그 복제본을 정보저장매체등의 소재지 외의 장소로 반출할 수 있다.
③ 제1항 및 제2항에도 불구하고 제1항 및 제2항에 따른 압수 방법의 실행이 불가능하거나 그 방법으로는 압수의 목적을 달성하는 것이 현저히 곤란한 경우에는 피압수자 또는 법 제123조에 따라 압수 · 수색영장을 집행할 때 참여하게 해야 하는 사람(이하 "피압수자등"이라 한다)이 참여한 상태에서 정보저장매체등의 원본을 봉인(封印)하여 정보저장매체등의 소재지 외의 장소로 반출할 수 있다.
제42조(전자정보의 압수수색 또는 검증 시 유의사항) ① 검사 또는 사법경찰관은 전자정보의 탐색 · 복제 · 출력을 완료한 경우에는 지체 없이 피압수자등에게 압수한 전자정보의 목록을 교부해야 한다.
② 검사 또는 사법경찰관은 제1항의 목록에 포함되지 않은 전자정보가 있는 경우에는 해당 전자정보를 지체 없이 삭제 또는 폐기하거나 반환해야 한다. 이 경우 삭제 · 폐기 또는 반환확인서를 작성하여 피압수자등에게 교부해야 한다.
③ 검사 또는 사법경찰관은 전자정보의 복제본을 취득하거나 전자정보를 복제할 때에는 해시값(파일의 고유값 으로서 일종의 전자지문을 말한다)을 확인하거나 압수 · 수색 또는 검증의 과정을 촬영하는 등 전자적 증거 의 동일성과 무결성(無缺性)을 보장할 수 있는 적절한 방법과 조치를 취해야 한다.
④ 검사 또는 사법경찰관은 압수 · 수색 또는 검증의 전 과정에 걸쳐 피압수자등이나 변호인의 참여권을 보장해 야 하며, 피압수자등과 변호인이 참여를 거부하는 경우에는 신뢰성과 전문성을 담보할 수 있는 상당한 방법 으로 압수 · 수색 또는 검증을 해야 한다.
⑤ 검사 또는 사법경찰관은 제4항에 따라 참여한 피압수자등이나 변호인이 압수 대상 전자정보와 사건의 관련 성에 관하여 의견을 제시한 때에는 이를 조서에 적어야 한다.

나. 경찰수사규칙

제64조(압수조서 등) ② 법 제219조에서 준용하는 법 제129조에 따라 압수목록을 교부하는 경우에는 별지 제68 호서식의 압수목록 교부서에 따른다. 이 경우 수사준칙 제41조제1항에 따른 전자정보에 대한 압수목록 교부서는 전자파일의 형태로 복사해 주거나 전자우편으로 전송하는 등의 방식으로 교부할 수 있다.
③ 수사준칙 제42조제2항 후단에 따른 삭제 · 폐기 · 반환 확인서는 별지 제69호서식에 따른다. 다만, 제2항에 따른 압수목록 교부서에 삭제 · 폐기 또는 반환했다는 내용을 포함시켜 교부하는 경우에는 삭제 · 폐기 · 반환 확인서를 교부하지 않을 수 있다.

다. 디지털 증거의 처리 등에 관한 규칙

> 제35조(전자정보의 삭제·폐기) ① 증거분석관은 분석을 의뢰한 경찰관에게 분석결과물을 회신한 때에는 해당 분석과정에서 생성된 전자정보를 지체 없이 삭제·폐기하여야 한다.
> ② 경찰관은 제1항의 분석결과물을 회신받아 디지털 증거를 압수한 경우 압수하지 아니한 전자정보를 지체 없이 삭제·폐기하고 피압수자에게 그 취지를 통지하여야 한다. 다만, 압수 상세목록에 삭제·폐기하였다는 취지를 명시하여 교부함으로써 통지에 갈음할 수 있다.
> ③ 경찰관은 사건을 이송 또는 송치한 경우 수사과정에서 생성한 디지털 증거의 복사본을 지체 없이 삭제·폐기하여야 한다.
> ④ 제1항부터 제3항까지에 따른 전자정보의 삭제·폐기는 복구 또는 재생이 불가능한 방식으로 하여야 한다.

2. 압수·수색팀 구성

가. 압수·수색 대상 컴퓨터 및 저장장치 내 자료의 규모에 따라 컴퓨터범죄전담수사반을 중심으로 적절한 인원을 배정하여 압수·수색팀을 구성

나. 현장에서 적정하게 증거를 확보, 보존하는 방법 등에 관한 기술적인 조언을 해줄 수 있는 컴퓨터 전문가 또는 전문적인 교육을 이수한 직원(이하 '전문가'라고 함)을 참여시켜 압수·수색팀을 구성

다. 컴퓨터 관련 압수·수색의 기술적인 문제에 관하여 시도경찰청 사이버수사대와 협의

2. 압수·수색 계획 작성

가. 압수·수색할 대상 컴퓨터의 종류, 시스템 구성형태, 운영체제 등을 사전에 조사

나. 압수할 대상 선정, 증거 수집방법 및 수집한 증거의 취급 방법(저장, 보관)에 대한 계획 수립

다. 압수·수색할 컴퓨터 자료를 현장에서 수색할 것인지, 연구실 등 다른 장소로 옮겨 수색할 것인지 아닌지를 결정하여 계획 수립

3. 압수·수색 장비

가. 재래 압수·수색을 위한 일반적인 장비

나. 컴퓨터 압수·수색을 위한 장비

　　① 압수·수색 전용 노트북 컴퓨터

　　② 외장형 저장장치(USB 하드디스크, zip 드라이브, 플로피디스크 등)

　　③ 컴퓨터 해체용 도구(+/−드라이버 등), 각종 압수·수색용 케이블

　　④ Forensics 프로그램(데이터 복구, 암호해독 프로그램 등)

　　⑤ 하드디스크 복제장치, 시디 복제기, 시디

4. 압수 · 수색 · 검증의 준비

경찰관은 전자정보를 압수 · 수색 · 검증하고자 할 때는 사전에 다음 각 호의 사항을 고려하여야 한다.

① 사건의 개요, 압수 · 수색 · 검증 장소 및 대상

② 압수 · 수색 · 검증할 컴퓨터 시스템의 네트워크 구성형태, 시스템 운영체제, 서버 및 대용량 저장장치, 전용 소프트웨어

③ 압수대상자가 사용 중인 정보저장매체등

④ 압수 · 수색 · 검증에 소요되는 인원 및 시간

⑤ 디지털 증거분석 전용 노트북, 쓰기방지 장치 및 하드디스크 복제장치, 복제용 하드디스크, 하드디스크 운반용 박스, 정전기 방지장치 등 압수 · 수색 · 검증에 필요한 장비

II. 압수 · 수색 절차

1. 영장을 요하지 아니하는 압수 · 수색

가. 다음과 같은 경우 영장 없이 압수 · 수색 가능

① 소유자 또는 보관자(이하 '피압수 · 수색자'라고 함)가 컴퓨터 등 정보처리장치나 저장장치 등을 임의 제출하는 경우

② 수인이 공동으로 사용하는 컴퓨터 등을 사용자 중 1인이 임의 제출하는 경우

③ 배우자나 부모가 보관자로서 컴퓨터 등을 임의 제출하는 경우

나. 피의자를 체포, 긴급체포, 현행범인 체포 또는 구속할 경우, 압수 · 수색 영장 없이 체포 현장에서 컴퓨터 등 정보처리장치나 저장장치 등에 대한 압수 · 수색 가능

피의자를 체포한 이후 48시간 이내에 피의자에 대한 구속영장을 발부받지 못하면 즉시 압수한 물건을 반환 조치하거나, 48시간 이내에 사후 압수 · 수색 영장을 발부받아 집행

2. 압수 · 수색 · 검증영장의 신청

① 경찰관은 압수 · 수색 · 검증영장을 신청하는 때에는 전자정보와 정보저장매체등을 구분하여 판단하여야 한다.

② 경찰관은 전자정보에 대한 압수 · 수색 · 검증영장을 신청하는 경우에는 혐의사실과의 관련성을 고려하여 압수 · 수색 · 검증할 전자정보의 범위 등을 명확히 하여야 한다. 이 경우 영장 집행의 실효성 확보를 위하여 다음 각 호의 사항을 고려하여야 한다.

1. 압수·수색·검증 대상 전자정보가 원격지의 정보저장매체등에 저장되어 있는 경우 등 특수한 압수·수색·검증방식의 필요성

2. 압수·수색·검증영장에 반영되어야 할 압수·수색·검증 장소 및 대상의 특수성

③ 경찰관은 다음 각 호의 어느 하나에 해당하여 필요하다고 판단하는 경우 전자정보와 별도로 정보저장매체등의 압수·수색·검증영장을 신청할 수 있다.

1. 정보저장매체등이 그 안에 저장된 전자정보로 인하여 형법 제48조제1항의 몰수사유에 해당하는 경우

2. 정보저장매체등이 범죄의 증명에 필요한 경우

3. 영장에 의한 압수·수색

가. 영장에는 「압수할 물건, 압수·수색할 장소, 압수·수색사유」 등을 수사에 필요한 최소 범위에서 구체적으로 특정하여 기재

  (가) 압수할 대상의 특정이 어려운 경우에는 저장장치 내 자료의 내용을 특정하고 "그 자료의 저장장치 또는 그 출력물"이라고 기재

압수할 물건 기재 례

○ 피의자의 범죄행위에 제공되었거나 피의자의 범죄행위와 관련된 컴퓨터, 주변기기 등 정보처리장치와 특수매체 기록 등이 저장된 외장 하드디스크 및 복사본, 플로피디스크, 시디

○ 피의자의 범죄행위에 제공되었거나 피의자의 범죄행위와 관련된 클라이언트 컴퓨터 및 주변기기, 서버 및 라우터 등 전산망 장비와 특수매체 기록 등이 저장된 외장 하드디스크 및 그 복사본, 시디(CD)

○ 피의자가 사용한 하드웨어, 소프트웨어와 관련된 컴퓨터책자, 사용자 설명서, 프로그램 지침서

○ 피의자의 범죄행위와 관련된 컴퓨터 서적, 컴퓨터 및 주변기기에 관한 사용자 설명서, 프로그램 지침서

○ 피의자의 범죄행위와 관련된 컴퓨터 출력물, 메모, 수첩, 장부

○ 피의자의 범죄행위에 제공되었거나 피의자의 범죄행위와 관련된 전산망 서버에 보관된 자료파일, 전자메일

○ 피의자가 사용자로 등록된 전산망의 서버에 보관된 피의자의 범죄행위와 관련된 자료파일, 전자메일

  (나) 서버(server)에 연결된 클라이언트(client) 컴퓨터도 압수·수색의 대상일 경우에는, "피압수·수색자의 서버(server)와 연결 접속된 클라이언트(client) 컴퓨터"라고 기재

나. 「압수·수색할 장소」는 압수할 물건의 소재지를 기재

  피압수·수색자의 컴퓨터 시스템이 전산망 등 통신장치에 의하여 다른 컴퓨터 시스템

에 저장되어 있을 것으로 판단되나 피압수·수색자의 컴퓨터 시스템을 수색하기 전에는 그것과 연결된 다른 컴퓨터 시스템의 소재지를 파악할 수 없는 경우 "피압수·수색자의 컴퓨터와 연결 접속된 컴퓨터 시스템의 소재지"라고 기재

압수 · 수색할 장소 기재 례

- 피의자의 주거지
- 피의자의 사무실 소재지
- 피의자가 범죄행위와 관련하여 접속한 컴퓨터 시스템이나 전산망 서버의 소재지
- 피의자가 사용자로 등록된 전산망의 서버 소재지
- 피의자가 사용자로 등록된 전산망에서 범죄행위와 관련하여 접속한 전산망의 서버 소재지

다. 「압수·수색을 필요로 하는 사유」는 컴퓨터 등 정보처리장치나 저장장치 등이 범행과정에서 어떤 임무를 수행하였는지를 구체적으로 기재

컴퓨터해킹의 경우 압수·수색 사유 기재 례

피의자는, 20○○. 12. 20. 18:00경 ○○ 소재 자신의 집에서 자신이 사용하는 컴퓨터 시스템의 통신장치를 이용하여 인터넷 호스트인 http://www.comupterhacking.co.kr/에 접속한 후 그곳으로부터 ○○소재 ○○대학교 공과대학 컴퓨터공학과 전산실에 설치된 주소 http://www.bumindae.ac.kr인 전산망에 "abc1234"라는 아이디(ID)로 접속하여 수법 미상으로 정보통신망에 침입한 자로서 피의자의 범행을 입증하기 위한 증거물을 확보하기 위하여 압수·수색하고자 함

라. 전자우편을 압수·수색할 때도 압수·수색 영장으로 집행

전자우편의 경우 압수·수색 기재 례

1. 압수·수색할 장소
   - 서울 강남구 역삼동 ○○번지 (주)커뮤니케이션 사무실
   - 서울 중구 충무로 ○○번지 (주)통신 사무실
   - 서울 강남구 도곡동 ○○번지 벤처타운 13층 (주)인터넷 사무실
2. 압수·수색할 물건
   - 커뮤니케이션에 홍길동 명의로 개설된 honggd@hanmail.net 및 kildong @hanmail. net의 송·수신 전자우편(이하 이메일로 표시함) 내용(송·수신이 완료된 이메일)
   - (주)통신에 홍길동 명의로 개설된 hong123@hanmir.com의 송·수신 이메일 내용(송·수신이 완료된 이메일)
   - (주)인터넷에 홍길동 명의로 개설된 hongabc@freechal.com의 송·수신 이메일(송·수신이 완료된 이메일)

✱ 이메일이 수신자에게 도달하기 전 또는 도달되는 메일을 장시간 계속하여 확인하고자 할 경우(Intercept)에는 감청영장으로 집행해야 한다는 이론이 있으나, 이메일이 mail-server에 도착하여야 수사기관에서 그 내용을 확인할 수 있으므로 압수·수색영장에 의하는 것이 수사상 적절한 절차로 판단됨

Ⅲ. 압수 · 수색방법 및 주의사항

1. 압수 · 수색 · 검증 시 참여 보장 (디지털 증거의 처리 등에 관한 규칙 제13조)

① 전자정보를 압수 · 수색 · 검증할 때는 피의자 또는 변호인, 소유자, 소지자, 보관자의 참여를 보장하여야 한다. 이 경우, 압수 · 수색 · 검증 장소가 「형사소송법」 제123조제1항, 제2항에 정한 장소에 해당하는 경우에는 「형사소송법」 제123조에 정한 참여인의 참여를 함께 보장하여야 한다.

② 경찰관은 제1항에 따른 피의자 또는 변호인의 참여를 압수 · 수색 · 검증의 전 과정에서 보장하고, 미리 집행의 일시와 장소를 통지하여야 한다. 다만, 위 통지는 참여하지 아니한다는 의사를 명시한 때 또는 참여할 수 없거나 급속을 요하는 때에는 예외로 한다.

③ 제1항에 따른 참여의 경우 경찰관은 참여인과 압수정보와의 관련성, 전자정보의 내용, 개인정보보호 필요성의 정도에 따라 압수 · 수색 · 검증 시 참여인 및 참여 범위를 고려하여야 한다.

④ 피의자 또는 변호인, 소유자, 소지자, 보관자, 「형사소송법」 제123조에 정한 참여인(이하 "피압수자 등"이라 한다)이 참여를 거부하는 경우 전자정보의 고유 식별 값(이하 "해시값"이라 한다)의 동일성을 확인하거나 압수 · 수색 · 검증과정에 대한 사진 또는 동영상 촬영 등 신뢰성과 전문성을 담보할 수 있는 상당한 방법으로 압수하여야 한다.

⑤ 경찰관은 피압수자 등이 전자정보의 압수 · 수색 · 검증절차 참여과정에서 알게 된 사건 관계인의 개인정보와 수사비밀 등을 누설하지 않도록 피압수자 등에게 협조를 요청할 수 있다.

2. 현장 외 압수 시 참여 보장절차 (규칙 제17조)

① 경찰관은 복제본 또는 정보저장매체등 원본을 반출하여 현장 이외의 장소에서 전자정보의 압수 · 수색 · 검증을 계속하는 경우(이하 "현장 외 압수"라고 한다) 피압수자 등에게 현장 외 압수 일시와 장소를 통지하여야 한다. 단, 참여할 수 있음을 고지받은 자가 참여하지 아니한다는 의사를 명시한 때 또는 참여할 수 없거나 급속을 요하는 때에는 예외로 한다.

② 피압수자 등의 참여 없이 현장 외 압수를 할 때는 해시값의 동일성을 확인하거나 압수 · 수색 · 검증과정에 대한 사진 또는 동영상 촬영 등 신뢰성과 전문성을 담보할 수 있는 상당한 방법으로 압수하여야 한다.

③ 제1항 전단에 따른 통지를 받은 피압수자 등은 현장 외 압수 일시의 변경을 요청할 수 있다.

④ 제3항의 변경 요청을 받은 경찰관은 범죄수사 및 디지털 증거분석에 지장이 없는 범위 내에서 현장 외 압수 일시를 변경할 수 있다. 이 경우 경찰관은 피압수자 등에게 변경된 일시를 통지하여야 하고, 변경하지 않으면 변경하지 않은 이유를 통지하여야 한다.

⑤ 제1항, 제4항에 따라 통지한 현장 외 압수 일시에 피압수자 등이 출석하지 않으면 경찰관은 일시를 다시 정한 후 이를 피압수자 등에게 통지하여야 한다. 다만, 피압수자 등이 다음 각호의 사유로 불출석하는 경우에는 제2항의 절차를 거쳐 현장 외 압수를 진행할 수 있다.

1. 피압수자 등의 소재를 확인할 수 없거나 불명인 경우
2. 피압수자 등이 도망하였거나 도망한 것으로 볼 수 있는 경우
3. 피압수자 등이 증거인멸 또는 수사지연, 수사 방해 등을 목적으로 출석하지 않은 경우
4. 그 밖에 위의 사유에 준하는 경우

⑥ 경찰관 또는 증거분석관은 현장 외 압수를 진행함에 있어 다음 각 호의 어느 하나에 해당하는 경우 별지 제6호서식의 참여 (철회) 확인서를 작성하고 피압수자 등의 확인 ·서명을 받아야 한다. 피압수자 등의 확인·서명을 받기 곤란한 경우에는 그 사유를 해당 확인서에 기재하고 기록에 편철한다.

1. 현장 외 압수에 참여 의사를 명시한 피압수자 등이 참여를 철회하는 때. 이 경우 제2항의 절차를 거쳐야 한다.
2. 현장 외 압수에 불참 의사를 명시한 피압수자등이 다시 참여 의사를 명시하는 때

3. 현장 외 압수절차의 설명 (규칙 제18조)

① 경찰관은 현장 외 압수에 참여하여 동석한 피압수자 등에게 현장 외 압수절차를 설명하고 그 사실을 기록에 편철한다. 이 경우 증거분석관이 현장 외 압수를 지원하는 경우에는 전단의 설명을 보조할 수 있다.

② 경찰관 및 증거분석관은 별지 제7호서식의 현장 외 압수절차 참여인을 위한 안내서를 피압수자 등에게 교부하여 전항의 설명을 갈음할 수 있다.

참여 (철회) 확인서

사건번호		참여장소	
참여시간	20 . . . : 부터 20 . . . : 까지		
참여자	구 분 : [ ] 피압수자(제출인), [ ] 변호인, [ ] 기타( ) 성 명 : 생년월일 : 연락처 :		
참여과정	[ ] 봉인해제 [ ] 복제본 획득 [ ] 전자정보 탐색 [ ] 전자정보 출력·복제 [ ] 기타:		

정보저장매체 정보				
연번	품 명	모델명	일련번호 또는 해시값(해시종류)	피압수자(제출자)
1				
2				
3				
4				
5				

참여 (철회) 사유	
1	참여확인서 작성 시점에서의 특이사항 기술
2	참여철회의 경우, 참여포기 사유 등 특이사항 기술
3	일부과정 철회 시 철회하는 과정과 참여예정인 과정 기재
4	사유를 자세하게 기재할 필요가 있는 경우에는 별지 활용
5	

[ ] 본인은 위 기재된 과정에 참여하겠습니다.

[ ] 본인은 _____ 과정에 대한 참여를 철회하겠습니다.

[ ] 기 타 : _____

20 . . .

확인자(참여자) : (인)

4. 공통적인 방법 및 주의사항

가. 피압수 · 수색자의 협조 등

(가) 피압수 · 수색자로부터 컴퓨터 등 주변기기 및 저장장치의 사용방법, 접근암호, 백업장치의 보관장소, 컴퓨터 시스템의 구성 등에 대한 협조를 받아 집행

(나) 전산망관리자 또는 전산 실무자(이하 '전산관리자' 라고 함)가 있는 경우 전산관리자의 인적사항을 파악하고 전산관리자의 조력을 받아 집행

(다) 피압수 · 수색자나 전산관리자가 없으면 또는 압수 · 수색 대상 컴퓨터 시스템이나 저장장치에 대하여 알 수 없어 압수 · 수색이 용이하지 아니한 경우에는 전문가의 조력을 받아 집행

나. 컴퓨터 자료의 무결성 확보

(가) 임시 저장장치(Ram, Cache memory) 등에 저장된 자료 손상을 방지하기 위하여 컴퓨터, 프린터 등 주변기기 및 네트워크 시스템 구조를 피압수 · 수색자, 전산관리자, 전문가를 통하여 파악하기 전에 전원 차단 금지

① 전원을 차단할 경우 작업 중인 파일 이름과 작동 중인 프로그램을 기록

② 전원이 차단된 컴퓨터 등의 임의 작동(booting) 금지

(나) 컴퓨터 등 정보처리장치 및 저장장치 등을 임의 조작하여 자료 값(data value)을 함부로 변경하지 않도록 동일한 저장장치 등으로 압수대상 저장장치의 복사본(backup file) 제작

✽ 복사본이란, 저장장치 내 자료, 디스크 내 파일 구성(FAT) 등을 동일하게 복사한 것을 말하고, 이는 전산실 등에서 별도 보관하는 복사본(backup copy)과는 구별

✽ 압수물의 복사본을 만들 때는, 전문가의 도움을 받아 구체적인 「자료의 고정값(hash value)」을 생성 · 기록

(다) 압수 · 수색 중 외부로부터 시스템에 침입하여 압수 · 수색 대상 컴퓨터 등에 저장된 정보를 삭제 · 변경하지 못하도록 컴퓨터, 전산망 시스템 등을 파악한 후, 모뎀에 연결된 전화선을 차단하거나, 전산망에 연결된 컴퓨터 시스템의 경우에는 서버와 연결된 케이블을 차단

– 전산망 차단이 적절하지 않은 공공기관 등의 전산망은 전원을 유지하고 전산관리자나 전문가의 도움을 받아 필요한 조처한 후 압수 · 수색

다. 재래식 증거물의 확보

(가) 컴퓨터 출력물, 컴퓨터 관리대장, 프로그램 설명서, 컴퓨터 관련 서적 및 일반 메모, 수첩, 장부 등 재래식 증거물 수집

(나) 수집된 재래식 증거물의 처리는 일반 압수·수색지침과 동일하게 처리

라. 필요 최소한의 압수

(가) 컴퓨터 등 정보처리장치나 기타 저장장치를 압수하는 것보다는 운반 및 보관이 용이한 출력물, 플로피디스크, 이동식 디스크 등을 우선적으로 압수대상으로 선정

(나) 저장장치를 컴퓨터 등 정보처리장치와 분리할 경우 본체에 중대한 장애가 발생할 우려가 있거나, 저장장치 내 자료 등의 변환이 발생할 우려가 있거나, 기술적으로 어려우면, 기타 운반 및 보관이 용이한 저장장치를 압수할 수 없으면은 저장장치를 포함한 본체를 압수

(다) 압수대상 물품 중 어느 부분이 범죄혐의와 관련성이 있는지를 현장에서 즉시 확인하기 어려운 경우에는 압수대상 전부를 압수하되 증거가치 여부를 신속히 확인하여 환부 또는 압수물 특정

5. 압수 시 유의사항

가. 현장 외 압수절차 (규칙 제19조)

① 경찰관은 제16조제1항에 따라 정보저장매체등 원본을 반출한 경우 위 원본으로부터 범죄혐의와 관련된 부분만을 선별하여 전자정보를 탐색·출력·복제하거나, 위 원본의 복제본을 획득한 후 그 복제본에 대하여 범죄혐의와 관련된 부분만을 선별하여 전자정보를 탐색·출력·복제하는 방법으로 압수한다. 이 경우 작성 서류 및 절차는 제14제2항부터 제5항, 제15조제2항을 준용한다.

② 경찰관은 제15조제1항에 따라 복제본을 반출한 경우 범죄혐의와 관련된 부분만을 선별하여 탐색·출력·복제하여야 한다. 이 경우 작성 서류 및 절차는 제14조제2항부터 제5항을 준용한다.

③ 경찰관은 제1항의 절차를 완료한 후 정보저장매체등 원본을 피압수자 등에게 반환하는 경우에는 별지 제8호서식의 정보저장매체 인수증을 작성·교부하여야 한다.

④ 특별한 사정이 없는 한 정보저장매체등 원본은 그 반출일로부터 10일 이내에 반환하여야 한다.

정보저장매체 인수증

사건번호		
인수	일시	
	장소	
인계 경찰관	소 속 : 계 급 : , 성 명 : (인)	
인수자	구 분 : [ ] 피압수자(제출인), [ ] 변호인, [ ] 기타( ) 성 명 : 생년월일 : 연락처 :	

정보저장매체				
연번	품명	모델명	일련번호	피압수자(제출자)
1				
2				
3				
4				
5				
6				
7				
8				
9				
10				

위 정보저장매체를 반환받았음을 확인합니다.

20 . . .

인수자 :   (인)

나. 별건 혐의와 관련된 전자정보의 압수(규칙 제20조)

경찰관은 제14조부터 제17조, 제19조까지의 규정에 따라 혐의사실과 관련된 전자정보를 탐색하는 과정에서 별도의 범죄 혐의(이하 "별건 혐의"라 한다)를 발견한 경우 별건 혐의와 관련된 추가 탐색을 중단하여야 한다. 다만, 별건 혐의에 대해 별도 수사가 필요한 경우에는 압수·수색·검증영장을 별도로 신청·집행하여야 한다.

다. 정보저장 매체 자체의 압수·수색·검증 종료 후 전자정보 압수 (규칙 제21조)

경찰관은 저장된 전자정보와의 관련성 없이 범행의 도구로 사용 또는 제공된 정보저장 매체 자체를 압수한 이후에 전자정보에 대한 압수·수색·검증이 필요한 경우 해당 전자정보에 대해 압수·수색·검증영장을 별도로 신청·집행하여야 한다.

6. 임의제출 (규칙 제22조)

① 전자정보의 소유자, 소지자 또는 보관자가 임의로 제출한 전자정보의 압수에 관하여는 제13조부터 제20조까지의 규정을 준용한다. 다만, 별지 제1호서식의 전자정보확인서는 별지 제2호서식의 전자정보확인서(간이)로 대체할 수 있다.

② 제1항의 경우 경찰관은 제15조제1항 또는 제16조제1항의 사유가 없더라도 전자정보를 임의로 제출한 자의 동의가 있으면 위 해당규정에서 정하는 방법으로 압수할 수 있다.

③ 경찰관은 정보저장매체등을 임의로 제출 받아 압수하는 경우에는 피압수자의 자필서명으로 그 임의제출 의사를 확인하고, 제출된 전자정보가 증거로 사용될 수 있음을 설명하고 제출받아야 한다.

④ 저장된 전자정보와 관련성 없이 범행의 도구로 사용 또는 제공된 정보저장매체 자체를 임의제출 받은 이후 전자정보에 대한 압수·수색·검증이 필요한 경우 해당 전자정보에 대해 피압수자로부터 임의제출을 받거나 압수·수색·검증영장을 신청하여야 한다.

7. 수색 시 유의사항

가. 일반적 유의사항

(가) 원칙적으로 압수·수색물의 복사본(backup file)으로 수색

- 복사본을 만들 수 없으면 피압수·수색자 또는 전산관리자를 입회시키고 수색한 결과물에 대하여 수색한 저장장치 내의 자료로부터 검색한 것임을 확인시키고, 이때에도 압수대상물의 자료를 함부로 삭제·복제·이동하는 등 자료 내용이

변경되지 않도록 주의

(나) 피압수·수색자의 컴퓨터나 전산망 서버와 동일한 하드웨어로 동일한 시스템 환경을 설정한 후 복사본의 자료를 검색

– 동일한 하드웨어와 시스템 환경설정이 어려우면 검색결과물이 압수물 원본에 대한 검색결과에서도 동일한 결과물을 얻을 수 있다는 사실이 일반적으로 인정되는 조건으로 검색작업 시행

나. 응용 소프트웨어 및 자료 파일 검색

(가) 수색 시 압수·수색 대상 컴퓨터 내의 시스템 소프트웨어의 종류, 저장장치의 구성, 저장장치 내 디렉토리 구조, 응용 소프트웨어의 종류 등을 확인한 후 이를 기초로 범죄의 증거가 될 만한 자료를 검색

(나) 적절한 도구(tool) 및 전문가의 조력을 받아 검색하여 압수하려는 자료와 관련된 파일이 있는지를 확인

(다) 검색에 사용된 도구로 출력한 자료를 수사기록에 편철하거나 별도로 압수하고자 하면 그 도구의 명칭, 판(version), 제작사 등을 수사보고서나 압수조서에 구체적으로 기재

다. 구체적인 작업 요령

(가) 원칙적으로 대검찰청에서 제공한 도구(tool)를 이용하여 수색

– 대검에서 제공한 도구가 수색작업에 적절하지 않거나 필요로 하는 도구가 없으면은 다른 도구를 사용할 수 있고, 이 경우에도 위 내용에 따라 처리

(나) 컴퓨터에 수록된 디렉토리 구조 목록을 만들고, 하드디스크 등 저장장치 내의 파티션(partition) 정보를 확인한 후 수색 및 검색작업 실시

(다) 숨겨진 파일, 확장자의 명칭이 변경된 파일, 삭제된 파일·디렉토리 및 기타 숨겨진 자료들을 조사하고, 복구된 파일은 별도로 출력하여 보관

– 복구절차는 그 과정을 화면인쇄(screen capture)하거나, 압수물 원본에서 동일한 방법으로 재생할 수 있는 구체적인 절차를 수사보고서 또는 압수조서 등에 기재

(라) 수색한 결과 범죄 증거로 사용되었거나 범죄 증거로 발생한 자료, 범죄 증거로 사용할 자료는 원칙적으로 출력하여 보관

– 출력하기에 적절치 않으면 해당 자료의 저장장치를 압수하여 그 자료를 특정할 수 있는 내용 및 자료의 취지를 압수조서 등에 기재

■ 판례 ■　　정보저장 매체에 대한 압수·수색영장의 집행 절차

[1] 압수의 목적물이 정보저장매체인 경우, 압수·수색영장을 집행할 때 취하여야 할 조치 내용 / 수사기 관이 정보저장매체에 기억된 정보 중에서 범죄 혐의사실과 관련 있는 정보를 선별한 다음 이미지 파 일을 제출받아 압수한 경우, 수사기관 사무실에서 위와 같이 압수된 이미지 파일을 탐색·복제·출 력하는 과정에서도 피의자 등에게 참여의 기회를 보장하여야 하는지 여부(소극)

형사소송법 제219조, 제121조에 의하면, 수사기관이 압수·수색영장을 집행할 때 피의자 또는 변호인 은 그 집행에 참여할 수 있다. 압수의 목적물이 컴퓨터용디스크 그 밖에 이와 비슷한 정보저장매체인 경우에는 영장 발부의 사유로 된 범죄 혐의사실과 관련 있는 정보의 범위를 정하여 출력하거나 복제하 여 이를 제출받아야 하고, 피의자나 변호인에게 참여의 기회를 보장하여야 한다. 만약 그러한 조치를 취하지 않았다면 이는 형사소송법에 정한 영장주의 원칙과 적법절차를 준수하지 않은 것이다. 수사기관 이 정보저장매체에 기억된 정보 중에서 키워드 또는 확장자 검색 등을 통해 범죄 혐의사실과 관련 있 는 정보를 선별한 다음 정보저장매체와 동일하게 비트열 방식으로 복제하여 생성한 파일(이하 '이미 지 파일'이라 한다)을 제출받아 압수하였다면 이로써 압수의 목적물에 대한 압수·수색 절차는 종료 된 것이므로, 수사기관이 수사기관 사무실에서 위와 같이 압수된 이미지 파일을 탐색·복제·출력하는 과정에서도 피의자 등에게 참여의 기회를 보장하여야 하는 것은 아니다.

[2] 압수물 목록의 교부 취지 / 압수된 정보의 상세목록에 정보의 파일 명세가 특정되어 있어야 하는지 여부(적극) 및 압수된 정보 상세목록의 교부 방식

형사소송법 제219조, 제129조에 의하면, 압수한 경우에는 목록을 작성하여 소유자, 소지자, 보관자 기 타 이에 준할 자에게 교부하여야 한다. 그리고 법원은 압수·수색영장의 집행에 관하여 범죄 혐의사실 과 관련 있는 정보의 탐색·복제·출력이 완료된 때에는 지체 없이 압수된 정보의 상세목록을 피의자 등에게 교부할 것을 정할 수 있다. 압수물 목록은 피압수자 등이 압수처분에 대한 준항고를 하는 등 권리행사절차를 밟는 가장 기초적인 자료가 되므로, 수사기관은 이러한 권리행사에 지장이 없도록 압수 직후 현장에서 압수물 목록을 바로 작성하여 교부해야 하는 것이 원칙이다. 이러한 압수물 목록 교부 취지에 비추어 볼 때, 압수된 정보의 상세목록에는 정보의 파일 명세가 특정되어 있어야 하고, 수사기 관은 이를 출력한 서면을 교부하거나 전자파일 형태로 복사해 주거나 이메일을 전송하는 등의 방식으 로도 할 수 있다.

[3] 전자문서를 수록한 파일 등의 증거능력을 인정하기 위한 요건 / 증거로 제출된 전자문서 파일의 사 본이나 출력물이 복사·출력 과정에서 편집되는 등 인위적 개작 없이 원본 내용을 그대로 복사·출 력한 것이라는 사실을 증명하는 방법 및 증명책임 소재(=검사)

전자문서를 수록한 파일 등의 경우에는, 성질상 작성자의 서명 혹은 날인이 없을 뿐만 아니라 작성 자·관리자의 의도나 특정한 기술에 의하여 내용이 편집·조작될 위험성이 있음을 고려하여, 원본임이 증명되거나 혹은 원본으로부터 복사한 사본일 경우에는 복사 과정에서 편집되는 등 인위적 개작 없이 원본의 내용 그대로 복사된 사본임이 증명되어야만 하고, 그러한 증명이 없는 경우에는 쉽게 증거능력 을 인정할 수 없다. 그리고 증거로 제출된 전자문서 파일의 사본이나 출력물이 복사·출력 과정에서 편집되는 등 인위적 개작 없이 원본 내용을 그대로 복사·출력한 것이라는 사실은 전자문서 파일의 사 본이나 출력물의 생성과 전달 및 보관 등의 절차에 관여한 사람의 증언이나 진술, 원본이나 사본 파일 생성 직후의 해시(Hash)값 비교, 전자문서 파일에 대한 검증·감정 결과 등 제반 사정을 종합하여 판 단할 수 있다. 이러한 원본 동일성은 증거능력의 요건에 해당하므로 검사가 그 존재에 대하여 구체적 으로 주장·증명해야 한다. (대법원 2018. 2. 8., 선고, 2017도13263, 판결)

Ⅳ. 압수 · 수색 후 절차

1. 압수조서, 압수목록 작성

가. 압수일시 · 장소, 피압수 · 수색자 및 압수경위 등을 압수조서에 구체적으로 기재하고 압수물건의 품목별 번호와 대상물 내용을 정확히 기재

　(가) 압수된 저장장치 내의 일부 자료만이 압수대상일 경우 압수목록 및 압수조서상에 해당 "자료 명칭(확장자를 포함), 자료의 디렉토리 내 위치, 자료생성 일자, 자료 크기"를 기재

　(나) 압수된 저장장치 내의 일부 자료만을 출력하거나 별도 저장장치에 보관하는 것이 용이하고, 저장장치 등을 계속하여 압수할 필요가 없으면 피압수 · 수색자 또는 전산관리자로부터 해당 저장장치 내의 자료로부터 출력한 출력물 또는 별도 저장장치에 보관되었음을 확인받아 압수

나. 압수조서는, 피의자신문조서, 진술조서, 검증조서에 압수의 취지를 기재함으로써 압수조서에 갈음할 수 있으며, 컴퓨터 등 압수물에 대한 기술적인 설명이 필요한 경우 피압수 · 수색자, 전산관리자, 전문가 등에 대한 조서에 그 기술적인 내용을 진술하도록 하여 증명력 제고에 활용

다. 압수목록을 작성할 때에는 컴퓨터 본체, 각 주변기기, 전산망 장비 등 하드웨어와 플로피디스크, 시디(CD) 기타 저장장치 등에 대하여 품목별 압수번호 부여

　(가) 본체와 분리된 저장장치는 품목별 번호와 대상물 내용을 기재하고, 본체와 분리되지 아니한 저장장치를 압수할 때는 그 본체 중 저장장치가 압수대상임을 압수조서상에 명기

　(나) 품목별 압수번호를 부여할 때 동일한 품목일 경우 압수물의 종류, 제작회사, 저장장치 등 압수물 상호 간에 구분할 수 있는 내용을 구체적으로 기재

라. 복사본에는 복사본임을 표시하고 압수물과 동일한 번호를 기재하여 보관

마. 압수 · 수색 시 현장에 입회하였던 전산관리자, 전문가 등의 인적사항을 압수조서에 기재

바. 압수물 목록의 교부 취지 / 압수된 정보의 상세목록에 정보의 파일 명세가 특정되어 있어야 하는지 여부(적극) 및 압수된 정보 상세목록의 교부 방식

　－ 형사소송법 제219조, 제129조에 의하면, 압수한 경우에는 목록을 작성하여 소유자, 소지자, 보관자 기타 이에 준할 자에게 교부하여야 한다. 그리고 법원은 압수 · 수색영장의 집행에 관하여 범죄 혐의사실과 관련 있는 정보의 탐색 · 복제 ·

출력이 완료된 때에는 지체 없이 압수된 정보의 상세목록을 피의자 등에게 교부할 것을 정할 수 있다. 압수물 목록은 피압수자 등이 압수처분에 대한 준항고를 하는 등 권리행사절차를 밟는 가장 기초적인 자료가 되므로, 수사기관은 이러한 권리행사에 지장이 없도록 압수 직후 현장에서 압수물 목록을 바로 작성하여 교부해야 하는 것이 원칙이다. 이러한 압수물 목록 교부 취지에 비추어 볼 때, 압수된 정보의 상세목록에는 정보의 파일 명세가 특정되어 있어야 하고, 수사기관은 이를 출력한 서면을 교부하거나 전자파일 형태로 복사해 주거나 이메일을 전송하는 등의 방식으로도 할 수 있다. (대법원 2018. 2. 8., 선고, 2017도13263, 판결)

2. 디지털 증거의 관리

가. 디지털 증거 등의 보관 (규칙 제34조)

분석의뢰물, 복제자료, 증거분석을 통해 획득한 전자정보(디지털 증거를 포함한다)는 항온·항습·무정전·정전기차단시스템이 설치된 장소에 보관함을 원칙으로 한다. 이 경우 열람제한설정, 보관장소 출입제한 등 보안유지에 필요한 조치를 병행하여야 한다.

나. 전자정보의 삭제·폐기 (규칙 제35조)

① 증거분석관은 분석을 의뢰한 경찰관에게 분석결과물을 회신한 때에는 해당 분석과정에서 생성된 전자정보를 지체 없이 삭제·폐기하여야 한다.

② 경찰관은 제1항의 분석결과물을 회신받아 디지털 증거를 압수한 경우 압수하지 아니한 전자정보를 지체 없이 삭제·폐기하고 피압수자에게 그 취지를 통지하여야 한다. 다만, 압수 상세목록에 삭제·폐기하였다는 취지를 명시하여 교부함으로써 통지에 갈음할 수 있다.

③ 경찰관은 사건을 이송 또는 송치한 경우 수사과정에서 생성한 디지털 증거의 복사본을 지체 없이 삭제·폐기하여야 한다.

④ 제1항부터 제3항까지에 따른 전자정보의 삭제·폐기는 복구 또는 재생이 불가능한 방식으로 하여야 한다.

다. 입건전조사편철·미제편철 사건의 압수한 전자정보 보관 등 (규칙 제36조)

경찰관은 입건전조사편철·미제편철한 사건의 압수한 전자정보는 다음 각호와 같이 처리하여야 한다.

① 압수를 계속할 필요가 있는 경우 해당 사건의 공소시효 만료일까지 보관 후 삭제·폐기한다.

② 압수를 계속할 필요가 없다고 인정되는 경우 삭제·폐기한다.

③ 압수한 전자정보의 삭제·폐기는 관서별 통합 증거물 처분심의위원회의 심의를 거쳐 관련 법령 및 절차에 따라 삭제·폐기한다.

④ 압수한 전자정보 보관 시 충격, 자기장, 습기 및 먼지 등에 의해 손상되지 않고 안전하게 보관될 수 있도록 별도의 정보저장매체등에 담아 봉인봉투 등으로 봉인한 후 소속부서에서 운영 또는 이용하는 증거물 보관시설에 보관하는 등 압수한 전자정보의 무결성과 보안유지에 필요한 조치를 병행하여야 한다.

3. 압수물 환부

가. 압수물 등을 조사한 결과 증거로서의 가치가 없다고 판단되거나 계속하여 압수할 필요가 없는 압수물은 피압수·수색대상자에게 즉시 환부

   ✲ 압수물 환부 시, 피압수자로부터 압수물을 반환받았다는 확인증을 받아 사후 발생할 수 있는 분쟁을 사전에 방지(대검 압수수색 기본지침)

나. 압수물 중 범죄혐의와 관련이 있더라도 원본이 필요 없는 경우에는 이를 사진 촬영하거나 그 사본 또는 출력물 등으로 대체한 후 환부하고, 압수물 중 필요로 하는 증거가치가 있는 자료일지라도 계속하여 원본을 보관할 필요가 없는 경우에는 이를 출력하여 동일성 여부를 피압수·수색대상자로부터 확인한 후 원본을 환부

다. 피압수·수색자 등의 반환요청이 있으면 다음의 경우 압수물 원본 또는 그 복사본 (backup file)을 환부

   ① 해당 압수물에 대한 검색 등이 종료되어 증거로서의 가치가 없거나 계속하여 압수할 필요가 없는 물건

   ② 해당 압수물이 피압수·수색자의 전산 업무처리에 필수적인 자료이고 해당 압수물이 없으면 피압수·수색자의 전산 업무에 지장을 초래할 경우

라. 피압수·수색자 등의 반환요청이 있어도 계속하여 압수할 필요가 있는 경우에는 그 필요성에 대한 이유를 피압수·수색자 또는 변호인에게 설명(형사소송법 제125조 관련)

전자정보 확인서

※ 정보저장매체별 작성

수집종류	[ ] 임의제출 [ ] 압수·수색·검증영장 [ ] 기타			
일시·장소	정보저장매체 원본·복제본 반출 후, 경찰관서에서 복제한 경우 경찰관서 복제			
정보저장 매체	품 명		모 델 명	
	일련번호		비 고	시간오차 등
전자정보 (압수물)	파 일 명	피의자 명, 품명, Zip	해시종류	SHA_1
	해 시 값	상시목록에 기재된 전자정보를 하나의 파일로 압축한 파일		
	※ 전자정보 상세목록에서 제외된 전자정보는 삭제·폐기함			
상세목록	교부방법	[ ] 출력 [ ] 복사 [ ] 전송(e-mail :)		
	파 일 명	상세목록 파일 정보	해시종류	SHA_1
	해 시 값	풀해시 등으로 생성된 상세목록 파일의 해시값		
피압수자 (제출자)	구 분 : [ ] 소지자, [ ] 소유자, [ ] 기타( ) 성 명 : 생년월일 : 연락처 :			
참여자	피압수자와의 관계 : 피압수자(제출자)와 참여자가 같은 경우 기재 생략 성 명 : (인) 생년월일 : 연락처 :			

가. 본인은 위 정보저장매체에서 압수한 전자정보와 관련된 다음의 사항이 이상없음을 확
   인하였고, 전자정보 상세목록을 교부받았습니다.
   1. 압수한 전자정보의 상세목록 확인
   1. 정보저장매체에 저장된 전자정보의 내용이 수정·변경되지 않았음을 확인
   1. (전자정보 복제시) 압수한 전자정보의 파일명, 해시값, 해시종류 확인
   1. (정보저장매체 원본 또는 복제본을 반출 후, 탐색·복제·출력과정에 참여한 경우)
      봉인 이상여부, 원본의 해시값과 복제본의 해시값 동일 여부
나. [현장 외 압수시] 본인은 현장 외 압수절차에 대해 설명을 들었습니다.

20○○.○.○.

피압수자(제출자) :   (날인 또는 서명)

[ ] 위 피압수자에게 압수한 전자정보와 관련된 위 사항을 확인하게 하고, 상세목록을
교부하였음(교부하였으나   의 이유로 기명날인 또는
서명을 거부함).

[ ] 정보저장매체 원본 또는 복제본을 반출 후, 탐색·복제·출력과정에 참여인의 참여가 없어
《[ ] 사진 촬영 [ ] 동영상 촬영 [ ] 기타(   )》조치와 함께 전자정보를 압수하
였음

20○○.○.○.

○○ 경찰서   ○○   홍 길 동   (인)

전자정보 상세목록

총   개 파일

1	파 일 명	
	해시값(해시종류)	
2	파 일 명	
	해시값(해시종류)	
3	파 일 명	
	해시값(해시종류)	
4	파 일 명	
	해시값(해시종류)	
5	파 일 명	
	해시값(해시종류)	
6	파 일 명	
	해시값(해시종류)	
7	파 일 명	
	해시값(해시종류)	
8	파 일 명	
	해시값(해시종류)	
9	파 일 명	
	해시값(해시종류)	
10	파 일 명	
	해시값(해시종류)	
11	파 일 명	
	해시값(해시종류)	
12	파 일 명	
	해시값(해시종류)	

전자정보 확인서(간이)

※ 정보저장매체별 작성

일시·장소					
임의 제출인	구 분 : [　] 소지자,　[　] 소유자,　　[　] 기타(　　　　　　　)				
	성 명 :　　　　　　생년월일 :　　　　　연락처 :				
정보저장 매체	품　　명			모델명	
	일련번호			비　　고	
1	파　　일　　명				
	해시값(해시종류)				
2	파　　일　　명				
	해시값(해시종류)				
3	파　　일　　명				
	해시값(해시종류)				
4	파　　일　　명				
	해시값(해시종류)				
5	파　　일　　명				
	해시값(해시종류)				

가. 본인은 위 정보저장매체의 탐색·복제·출력과정에 참여하여, 제출받은 전자정보의 내용이 정보저장매체 내의 내용에서 수정·변경되지 않았음을 확인하였고, 상세목록을 교부받았습니다.

나. [현장 외 압수시] 본인은 현장 외 압수절차에 대해 설명을 들었습니다.

20○○.○.○.

임의제출인 :　　　　　　　　　　　(날인 또는 서명)

[　] 위 제출인을 위 정보저장매체의 탐색·복제·출력과정에 참여시키고 상세목록을 교부하였음(교부하였으나　　　　　　의 이유로 기명날인 또는 서명을 거부함).

[　] 정보저장매체 원본 또는 복제본을 반출 후, 탐색·복제·출력과정에 참여인의 참여가 없어 《[ ] 사진 촬영 [ ] 동영상 촬영 [ ] 기타(　　　　　　　　)》조치와 함께 전자정보를 압수하였음

20○○.○.○.

○○ 경찰서　○○　홍 길 동　(인)

복제본 반출(획득) 확인서

※ 제출인(피압수자)별 작성

수집종류	[　] 임의제출　　　[　] 압수·수색·검증영장　　[　] 기타
일시·장소	**정보저장매체 원본, 복제본 반출 후 경찰관서에서 복제한 경우 경찰관서 기재**
피압수자 (제출자)	구　분 : [　] 소지자, [　] 소유자, [　] 기타(　　　　　　　) 성　명 :　　　　　　생년월일 :　　　　　연락처 :
참여자	[　] 피압수자와의 관계 : **제출인(피압수자)와 추가참여인이 없는 경우 기재 불요** 성　명 :　　　　　(인) 생년월일 :　　　　　연락처 :

본인은 별지 목록에 대한 (봉인이 이상이 없음을 확인한 후 봉인해제) 복제본 획득 및 해시값 생성과정에 참여하여 정보저장매체 내의 어떠한 내용도 수정·변경되지 않았음을 확인하였고, 복제본의 탐색·복제·출력과정에 참여할 수 있음을 고지 받았습니다.

본인은 복제본의 탐색·출력·복제과정에

[　] 참여하겠습니다. (세부과정 : [　] 탐색, [　] 출력·복제)

　※ 참여예정자-성명 :　　　　　, 생년월일 :　　　　　, 연락처 :

[　] 참여하지 않겠습니다.

20○○.○.○.

　　　　　피압수자(제출자) :　　　　　　　　(날인 또는 서명)

[　] 위 피압수자를 복제본의 획득과정에 참여시키고 참여권을 고지하였음
　　(참여권을 고지하였으나　　　　　　　　　　　　　의 이유로
　　기명날인 또는 서명을 거부함)

[　] 복제본 획득과정에 참여인의 참여가 없어 《[　] 사진 촬영 [　] 동영상 촬영 [　] 기타
　　(　　　　　　　　　)》조치와 함께 전자정보를 압수하였음

20○○.○.○.

　　　　　　　　　　　○○ 경찰서　○○　홍 길 동　(인)

※ 복제본 반출(획득) 과정에 제출인(피압수자)의 참여가 없는 경우 기타 참여인이 확인·서명

○○경찰서

제 호   20○○.○.○.

수 신 :   귀하

제 목 : 전자정보 삭제·폐기·반환 확인서

피압수자 ○○○에 대한 ○○○○ 피(혐)의사건에 관하여 압수하지 아니한 전자정보를
삭제. 폐기. 반환 하였으므로 확인서를 교부합니다.

○○경찰서

사법경찰관 경위 홍 길 동 (인)

V. 출력과정의 적법절차와 증거능력

1. 영장 집행시 외부반출의 예외와 적법절차

■ 판례 ■ 전자정보에 대한 압수·수색 영장 집행시 외부반출의 예외와 적법절차

[1] 전자정보에 대한 압수·수색영장을 집행할 때 저장매체 자체를 수사기관 사무실 등 외부로 반출할 수 있는 예외적인 경우 및 위 영장 집행이 적법성을 갖추기 위한 요건

전자정보에 대한 압수·수색영장을 집행할 때에는 원칙적으로 영장 발부의 사유인 혐의사실과 관련된 부분만을 문서 출력물로 수집하거나 수사기관이 휴대한 저장매체에 해당 파일을 복사하는 방식으로 이루어져야 하고, 집행현장 사정상 위와 같은 방식에 의한 집행이 불가능하거나 현저히 곤란한 부득이한 사정이 존재하더라도 저장매체 자체를 직접 혹은 하드카피나 이미징 등 형태로 수사기관 사무실 등 외부로 반출하여 해당 파일을 압수·수색할 수 있도록 영장에 기재되어 있고 실제 그와 같은 사정이 발생한 때에 한하여 위 방법이 예외적으로 허용될 수 있을 뿐이다. 나아가 이처럼 저장매체 자체를 수사기관 사무실 등으로 옮긴 후 영장에 기재된 범죄 혐의 관련 전자정보를 탐색하여 해당 전자정보를 문서로 출력하거나 파일을 복사하는 과정 역시 전체적으로 압수·수색영장 집행의 일환에 포함된다고 보아야 한다. 따라서 그러한 경우 문서출력 또는 파일복사 대상 역시 혐의사실과 관련된 부분으로 한정되어야 하는 것은 헌법 제12조 제1항, 제3항, 형사소송법 제114조, 제215조의 적법절차 및 영장주의 원칙상 당연하다. 그러므로 수사기관 사무실 등으로 옮긴 저장매체에서 범죄 혐의 관련성에 대한 구분 없이 저장된 전자정보 중 임의로 문서출력 혹은 파일복사를 하는 행위는 특별한 사정이 없는 한 영장주의 등 원칙에 반하는 위법한 집행이다. 한편 검사나 사법경찰관이 압수·수색영장을 집행할 때에는 자물쇠를 열거나 개봉 기타 필요한 처분을 할 수 있지만 그와 아울러 압수물의 상실 또는 파손 등의 방지를 위하여 상당한 조치를 하여야 하므로(형사소송법 제219조, 제120조, 제131조 등), 혐의사실과 관련된 정보는 물론 그와 무관한 다양하고 방대한 내용의 사생활 정보가 들어 있는 저장매체에 대한 압수·수색영장을 집행할 때 영장이 명시적으로 규정한 위 예외적인 사정이 인정되어 전자정보가 담긴 저장매체 자체를 수사기관 사무실 등으로 옮겨 이를 열람 혹은 복사하게 되는 경우에도, 전체 과정을 통하여 피압수·수색 당사자나 변호인의 계속적인 참여권 보장, 피압수·수색 당사자가 배제된 상태의 저장매체에 대한 열람·복사 금지, 복사대상 전자정보 목록의 작성·교부 등 압수·수색 대상인 저장매체 내 전자정보의 왜곡이나 훼손과 오·남용 및 임의적인 복제나 복사 등을 막기 위한 적절한 조치가 이루어져야만 집행절차가 적법하게 된다.

[2] 수사기관이 전국교직원노동조합 본부 사무실에 대한 압수·수색영장을 집행하면서 방대한 전자정보가 담긴 저장매체 자체를 수사기관 사무실로 가져가 그곳에서 저장매체 내 전자정보파일을 다른 저장매체로 복사하였는데, 이에 대하여 위 조합 등이 준항고를 제기한 사안에서, 위 영장 집행이 위법하다고 볼 수 없다는 이유로 준항고를 기각한 원심의 조치를 수긍한 사례

수사기관이 전국교직원노동조합 본부 사무실에 대한 압수·수색영장을 집행하면서 방대한 전자정보가 담긴 저장매체 자체를 영장 기재 집행장소에서 수사기관 사무실로 가져가 그곳에서 저장매체 내 전자정보파일을 다른 저장매체로 복사하자, 이에 대하여 위 조합 등이 준항고를 제기한 사안에서, 수사기관이 저장매체 자체를 수사기관 사무실로 옮긴 것은 영장이 예외적으로 허용한 부득이한 사유의 발생에 따른 것으로 볼 수 있고, 나아가 당사자 측의 참여권 보장 등 압수·수색 대상 물건의 훼손이나 임의적 열람 등을 막기 위해 법령상 요구되는 상당한 조치가 이루어진 것으로 볼 수 있으므로 이 점에서 절차상 위법이 있다고는 할 수 없으나, 다만 영장의 명시적 근거 없이 수사기관이 임의로 정한 시점 이후의 접근 파일 일체를 복사하는 방식으로 8,000여 개나 되는 파일을 복사한 영장집행은 원칙적으로

압수·수색영장이 허용한 범위를 벗어난 것으로서 위법하다고 볼 여지가 있는데, 위 압수·수색 전 과정에 비추어 볼 때, 수사기관이 영장에 기재된 혐의사실 일시로부터 소급하여 일정 시점 이후의 파일들만 복사한 것은 나름대로 대상을 제한하려고 노력한 것으로 보이고, 당사자 측도 그 적합성에 대하여 묵시적으로 동의한 것으로 보는 것이 타당하므로, 위 영장 집행이 위법하다고 볼 수는 없다는 이유로, 같은 취지에서 준항고를 기각한 원심의 조치를 수긍한 사례.(대법원 2011. 5. 26., 자, 2009모1190, 결정)

■ 판례 ■   정보저장매체의 반출 후, 복제·탐색·출력과정의 적법절차

[1] 전자정보에 대한 압수·수색이 저장매체 또는 복제본을 수사기관 사무실 등 외부로 반출하는 방식으로 허용되는 예외적인 경우 및 수사기관 사무실 등으로 반출된 저장매체 또는 복제본에서 혐의사실 관련성에 대한 구분 없이 임의로 저장된 전자정보를 문서로 출력하거나 파일로 복제하는 행위가 영장주의 원칙에 반하는 위법한 압수인지 여부(원칙적 적극)

수사기관의 전자정보에 대한 압수·수색은 원칙적으로 영장 발부의 사유로 된 범죄 혐의사실과 관련된 부분만을 문서 출력물로 수집하거나 수사기관이 휴대한 저장매체에 해당 파일을 복제하는 방식으로 이루어져야 하고, 저장매체 자체를 직접 반출하거나 저장매체에 들어 있는 전자파일 전부를 하드카피나 이미징 등 형태(이하 '복제본'이라 한다)로 수사기관 사무실 등 외부로 반출하는 방식으로 압수·수색하는 것은 현장의 사정이나 전자정보의 대량성으로 관련 정보 획득에 긴 시간이 소요되거나 전문 인력에 의한 기술적 조치가 필요한 경우 등 범위를 정하여 출력 또는 복제하는 방법이 불가능하거나 압수의 목적을 달성하기에 현저히 곤란하다고 인정되는 때에 한하여 예외적으로 허용될 수 있을 뿐이다.
이처럼 저장매체 자체 또는 적법하게 획득한 복제본을 탐색하여 혐의사실과 관련된 전자정보를 문서로 출력하거나 파일로 복제하는 일련의 과정 역시 전체적으로 하나의 영장에 기한 압수·수색의 일환에 해당하므로, 그러한 경우의 문서출력 또는 파일복제의 대상 역시 저장매체 소재지에서의 압수·수색과 마찬가지로 혐의사실과 관련된 부분으로 한정되어야 함은 헌법 제12조 제1항, 제3항과 형사소송법 제114조, 제215조의 적법절차 및 영장주의 원칙이나 비례의 원칙에 비추어 당연하다. 따라서 수사기관 사무실 등으로 반출된 저장매체 또는 복제본에서 혐의사실 관련성에 대한 구분 없이 임의로 저장된 전자정보를 문서로 출력하거나 파일로 복제하는 행위는 원칙적으로 영장주의 원칙에 반하는 위법한 압수가 된다.

[2] 전자정보가 담긴 저장매체 또는 복제본을 수사기관 사무실 등으로 옮겨 복제·탐색·출력하는 일련의 과정에서, 피압수·수색 당사자나 변호인에게 참여의 기회를 보장하고 혐의사실과 무관한 전자정보의 임의적인 복제 등을 막기 위한 적절한 조치가 취해지지 않은 경우, 압수·수색의 적법 여부(원칙적 소극) 및 수사기관이 저장매체 또는 복제본에서 혐의사실과 관련된 전자정보만을 복제·출력하였더라도 마찬가지인지 여부(적극)

저장매체에 대한 압수·수색 과정에서 범위를 정하여 출력 또는 복제하는 방법이 불가능하거나 압수의 목적을 달성하기에 현저히 곤란한 예외적인 사정이 인정되어 전자정보가 담긴 저장매체 또는 하드카피나 이미징 등 형태(이하 '복제본'이라 한다)를 수사기관 사무실 등으로 옮겨 복제·탐색·출력하는 경우에도, 그와 같은 일련의 과정에서 형사소송법 제219조, 제121조에서 규정하는 피압수·수색 당사자(이하 '피압수자'라 한다)나 변호인에게 참여의 기회를 보장하고 혐의사실과 무관한 전자정보의 임의적인 복제 등을 막기 위한 적절한 조치를 취하는 등 영장주의 원칙과 적법절차를 준수하여야 한다. 만약 그러한 조치가 취해지지 않았다면 피압수자 측이 참여하지 아니한다는 의사를 명시적으로 표시하였거나 절차 위반행위가 이루어진 과정의 성질과 내용 등에 비추어 피압수자 측에 절차 참여를 보장한 취지가 실질적으로 침해되었다고 볼 수 없을 정도에 해당한다는 등의 특별한 사정이 없는 이상 압수·수색이 적법하다고 평가할 수 없고, 비록 수사기관이 저장매체 또는 복제본에서 혐의사실과 관련된 전

자정보만을 복제·출력하였다 하더라도 달리 볼 것은 아니다.

[3] 전자정보에 대한 압수·수색 과정에서 이루어진 현장에서의 저장매체 압수·이미징·탐색·복제 및 출력행위 등 일련의 행위가 모두 진행되어 압수·수색이 종료된 후 전체 압수·수색 과정을 단계적·개별적으로 구분하여 각 단계의 개별 처분의 취소를 구하는 준항고가 있는 경우, 당해 압수·수색 과정 전체를 하나의 절차로 파악하여 그 과정에서 나타난 위법이 압수·수색 절차 전체를 위법하게 할 정도로 중대한지 여부에 따라 전체적으로 압수·수색 처분을 취소할 것인지를 가려야 하는지 여부(원칙적 적극) 및 이때 위법의 중대성을 판단하는 기준

[다수의견] 전자정보에 대한 압수·수색 과정에서 이루어진 현장에서의 저장매체 압수·이미징·탐색·복제 및 출력행위 등 수사기관의 처분은 하나의 영장에 의한 압수·수색 과정에서 이루어진다. 그러한 일련의 행위가 모두 진행되어 압수·수색이 종료된 이후에는 특정단계의 처분만을 취소하더라도 그 이후의 압수·수색을 저지한다는 것을 상정할 수 없고 수사기관에게 압수·수색의 결과물을 보유하도록 할 것인지가 문제 될 뿐이다. 그러므로 이 경우에는 준항고인이 전체 압수·수색 과정을 단계적·개별적으로 구분하여 각 개별 처분의 취소를 구하더라도 준항고법원은 특별한 사정이 없는 한 구분된 개별 처분의 위법이나 취소 여부를 판단할 것이 아니라 당해 압수·수색 과정 전체를 하나의 절차로 파악하여 그 과정에서 나타난 위법이 압수·수색 절차 전체를 위법하게 할 정도로 중대한지 여부에 따라 전체적으로 압수·수색 처분을 취소할 것인지를 가려야 한다. 여기서 위법의 중대성은 위반한 절차조항의 취지, 전체과정 중에서 위반행위가 발생한 과정의 중요도, 위반사항에 의한 법익침해 가능성의 경중 등을 종합하여 판단하여야 한다.

[4] 검사가 압수·수색영장을 발부받아 甲 주식회사 빌딩 내 乙의 사무실을 압수·수색하였는데, 저장매체에 범죄혐의와 관련된 정보(유관정보)와 범죄혐의와 무관한 정보(무관정보)가 혼재된 것으로 판단하여 甲 회사의 동의를 받아 저장매체를 수사기관 사무실로 반출한 다음 乙 측의 참여하에 저장매체에 저장된 전자정보파일 전부를 '이미징'의 방법으로 다른 저장매체로 복제(제1 처분)하고, 乙 측의 참여 없이 이미징한 복제본을 외장 하드디스크에 재복제(제2 처분)하였으며, 乙 측의 참여 없이 하드디스크에서 유관정보를 탐색하는 과정에서 甲 회사의 별건 범죄혐의와 관련된 전자정보 등 무관정보도 함께 출력(제3 처분)한 사안에서, 제1 처분은 위법하다고 볼 수 없으나, 제2·3 처분의 위법의 중대성에 비추어 위 영장에 기한 압수·수색이 전체적으로 취소되어야 한다.

[다수의견] 검사가 압수·수색영장을 발부받아 甲 주식회사 빌딩 내 乙의 사무실을 압수·수색하였는데, 저장매체에 범죄혐의와 관련된 정보(이하 '유관정보'라 한다)와 범죄혐의와 무관한 정보(이하 '무관정보'라 한다)가 혼재된 것으로 판단하여 甲 회사의 동의를 받아 저장매체를 수사기관 사무실로 반출한 다음 乙 측의 참여하에 저장매체에 저장된 전자정보파일 전부를 '이미징'의 방법으로 다른 저장매체로 복제(이하 '제1 처분'이라 한다)하고, 乙 측의 참여 없이 이미징한 복제본을 외장 하드디스크에 재복제(이하 '제2 처분'이라 한다)하였으며, 乙 측의 참여 없이 하드디스크에서 유관정보를 탐색하는 과정에서 甲 회사의 별건 범죄혐의와 관련된 전자정보 등 무관정보도 함께 출력(이하 '제3 처분'이라 한다)한 사안에서, 제1 처분은 위법하다고 볼 수 없으나, 제2·3 처분은 제1 처분 후 피압수·수색 당사자에게 계속적인 참여권을 보장하는 등의 조치가 이루어지지 아니한 채 유관정보는 물론 무관정보까지 재복제·출력한 것으로서 영장이 허용한 범위를 벗어나고 적법절차를 위반한 위법한 처분이며, 제2·3 처분에 해당하는 전자정보의 복제·출력 과정은 증거물을 획득하는 행위로서 압수·수색의 목적에 해당하는 중요한 과정인 점 등 위법의 중대성에 비추어 위 영장에 기한 압수·수색이 전체적으로 취소되어야 한다고 한 사례.

[5] 전자정보에 대한 압수·수색이 종료되기 전에 혐의사실과 관련된 전자정보를 적법하게 탐색하는 과정에서 별도의 범죄혐의와 관련된 전자정보를 우연히 발견한 경우, 수사기관이 적법하게 압수·수색하기 위한 요건 / 이 경우 피압수·수색 당사자에게 참여권을 보장하고 압수한 전자정보 목록을 교

부하는 등 피압수자의 이익을 보호하기 위한 적절한 조치가 이루어져야 하는지 여부(원칙적 적극)

전자정보에 대한 압수·수색에 있어 저장매체 자체를 외부로 반출하거나 하드카피·이미징 등의 형태로 복제본을 만들어 외부에서 저장매체나 복제본에 대하여 압수·수색이 허용되는 예외적인 경우에도 혐의사실과 관련된 전자정보 이외에 이와 무관한 전자정보를 탐색·복제·출력하는 것은 원칙적으로 위법한 압수·수색에 해당하므로 허용될 수 없다. 그러나 전자정보에 대한 압수·수색이 종료되기 전에 혐의사실과 관련된 전자정보를 적법하게 탐색하는 과정에서 별도의 범죄혐의와 관련된 전자정보를 우연히 발견한 경우라면, 수사기관은 더 이상의 추가 탐색을 중단하고 법원에서 별도의 범죄혐의에 대한 압수·수색영장을 발부받은 경우에 한하여 그러한 정보에 대하여도 적법하게 압수·수색을 할 수 있다. 나아가 이러한 경우에도 별도의 압수·수색 절차는 최초의 압수·수색 절차와 구별되는 별개의 절차이고, 별도 범죄혐의와 관련된 전자정보는 최초의 압수·수색영장에 의한 압수·수색의 대상이 아니어서 저장매체의 원래 소재지에서 별도의 압수·수색영장에 기해 압수·수색을 진행하는 경우와 마찬가지로 피압수·수색 당사자(이하 '피압수자'라 한다)는 최초의 압수·수색 이전부터 해당 전자정보를 관리하고 있던 자라 할 것이므로, 특별한 사정이 없는 한 피압수자에게 형사소송법 제219조, 제121조, 제129조에 따라 참여권을 보장하고 압수한 전자정보 목록을 교부하는 등 피압수자의 이익을 보호하기 위한 적절한 조치가 이루어져야 한다.

2. 전자문서를 수록한 파일 등의 증거능력을 인정하기 위한 요건

[1] 전자문서를 수록한 파일 등의 증거능력을 인정하기 위한 요건 / 증거로 제출된 전자문서 파일의 사본이나 출력물이 복사·출력 과정에서 편집되는 등 인위적 개작 없이 원본 내용을 그대로 복사·출력한 것이라는 사실을 증명하는 방법 및 증명책임 소재(=검사)

전자문서를 수록한 파일 등의 경우에는, 성질상 작성자의 서명 혹은 날인이 없을 뿐만 아니라 작성자·관리자의 의도나 특정한 기술에 의하여 내용이 편집·조작될 위험성이 있음을 고려하여, 원본임이 증명되거나 혹은 원본으로부터 복사한 사본일 경우에는 복사 과정에서 편집되는 등 인위적 개작 없이 원본의 내용 그대로 복사된 사본임이 증명되어야만 하고, 그러한 증명이 없는 경우에는 쉽게 증거능력을 인정할 수 없다. 그리고 증거로 제출된 전자문서 파일의 사본이나 출력물이 복사·출력 과정에서 편집되는 등 인위적 개작 없이 원본 내용을 그대로 복사·출력한 것이라는 사실은 전자문서 파일의 사본이나 출력물의 생성과 전달 및 보관 등의 절차에 관여한 사람의 증언이나 진술, 원본이나 사본 파일 생성 직후의 해시(Hash)값 비교, 전자문서 파일에 대한 검증·감정 결과 등 제반 사정을 종합하여 판단할 수 있다. 이러한 원본 동일성은 증거능력의 요건에 해당하므로 검사가 그 존재에 대하여 구체적으로 주장·증명해야 한다. (대법원 2018. 2. 8., 선고, 2017도13263, 판결)

[2] 정보저장매체에 기억된 문자정보 또는 그 출력물을 증거로 사용하기 위한 요건
   정보저장매체에 기억된 문자정보 또는 그 출력물을 증거로 사용하기 위한 요건 및 정보저장매체 원본을 대신하여 저장매체에 저장된 자료를 '하드카피' 또는 '이미징'한 매체로부터 출력한 문건의 경우, 그 출력 문건과 정보저장매체에 저장된 자료가 동일하고 정보저장매체 원본이 문건 출력 시까지 변경되지 않았다는 점에 대한 증명 방법

압수물인 컴퓨터용 디스크 그 밖에 이와 비슷한 정보저장매체(이하 '정보저장매체'라고만 한다)에 입력하여 기억된 문자정보 또는 그 출력물(이하 '출력 문건'이라 한다)을 증거로 사용하기 위해서는 정보저장매체 원본에 저장된 내용과 출력 문건의 동일성이 인정되어야 하고, 이를 위해서는 정보저장매체 원본이 압수 시부터 문건 출력 시까지 변경되지 않았다는 사정, 즉 무결성이 담보되어야 한다. 특히 정보저장매체 원본을 대신하여 저장매체에 저장된 자료를 '하드카피' 또는 '이미징'한 매체로부터 출

력한 문건의 경우에는 정보저장매체 원본과 '하드카피' 또는 '이미징'한 매체 사이에 자료의 동일성도 인정되어야 할 뿐만 아니라, 이를 확인하는 과정에서 이용한 컴퓨터의 기계적 정확성, 프로그램의 신뢰성, 입력·처리·출력의 각 단계에서 조작자의 전문적인 기술능력과 정확성이 담보되어야 한다. 이 경우 출력 문건과 정보저장매체에 저장된 자료가 동일하고 정보저장매체 원본이 문건 출력 시까지 변경되지 않았다는 점은, 피압수·수색 당사자가 정보저장매체 원본과 하드카피' 또는 '이미징'한 매체의 해쉬(Hash) 값이 동일하다는 취지로 서명한 확인서면을 교부받아 법원에 제출하는 방법에 의하여 증명하는 것이 원칙이나, 그와 같은 방법에 의한 증명이 불가능하거나 현저히 곤란한 경우에는, 정보저장매체 원본에 대한 압수, 봉인, 봉인해제, '하드카피' 또는 '이미징' 등 일련의 절차에 참여한 수사관이나 전문가 등의 증언에 의해 정보저장매체 원본과 '하드카피' 또는 '이미징'한 매체 사이의 해쉬 값이 동일하다거나 정보저장매체 원본이 최초 압수 시부터 밀봉되어 증거 제출 시까지 전혀 변경되지 않았다는 등의 사정을 증명하는 방법 또는 법원이 그 원본에 저장된 자료와 증거로 제출된 출력 문건을 대조하는 방법 등으로도 그와 같은 무결성·동일성을 인정할 수 있으며, 반드시 압수·수색 과정을 촬영한 영상녹화물 재생 등의 방법으로만 증명하여야 한다고 볼 것은 아니다. (대법원 2013. 7. 26., 선고, 2013도2511, 판결)

[3] 디지털 저장매체로부터 출력한 문건의 증거능력

압수물인 디지털 저장매체로부터 출력한 문건을 증거로 사용하기 위해서는 디지털 저장매체 원본에 저장된 내용과 출력한 문건의 동일성이 인정되어야 하고, 이를 위해서는 디지털 저장매체 원본이 압수시부터 문건 출력시까지 변경되지 않았음이 담보되어야 한다. 특히 디지털 저장매체 원본을 대신하여 저장매체에 저장된 자료를 '하드카피' 또는 '이미징'한 매체로부터 출력한 문건의 경우에는 디지털 저장매체 원본과 '하드카피' 또는 '이미징'한 매체 사이에 자료의 동일성도 인정되어야 할 뿐만 아니라, 이를 확인하는 과정에서 이용한 컴퓨터의 기계적 정확성, 프로그램의 신뢰성, 입력·처리·출력의 각 단계에서 조작자의 전문적인 기술능력과 정확성이 담보되어야 한다. 그리고 압수된 디지털 저장매체로부터 출력한 문건을 진술증거로 사용하는 경우, 그 기재 내용의 진실성에 관하여는 전문법칙이 적용되므로 형사소송법 제313조 제1항에 따라 그 작성자 또는 진술자의 진술에 의하여 그 성립의 진정함이 증명된 때에 한하여 이를 증거로 사용할 수 있다. (대법원 2007. 12. 13., 선고, 2007도7257, 판결)

VI. 녹음테이프 및 녹음파일의 증거능력

■판례■   대화 내용을 녹음한 녹음테이프 및 파일 등 전자매체의 증거능력

[1] 대화 내용을 녹음한 녹음테이프 및 파일 등 전자매체의 증거능력

피고인과 상대방 사이의 대화 내용에 관한 녹취서가 공소사실의 증거로 제출되어 녹취서의 기재 내용과 녹음테이프의 녹음 내용이 동일한지에 대하여 법원이 검증을 실시한 경우에, 증거자료가 되는 것은 녹음테이프에 녹음된 대화 내용 자체이고, 그 중 피고인의 진술 내용은 실질적으로 형사소송법 제311조, 제312조의 규정 이외에 피고인의 진술을 기재한 서류와 다름없어, 피고인이 녹음테이프를 증거로 할 수 있음에 동의하지 않은 이상 녹음테이프에 녹음된 피고인의 진술 내용을 증거로 사용하기 위해서는 형사소송법 제313조 제1항 단서에 따라 공판준비 또는 공판기일에서 작성자인 상대방의 진술에 의하여 녹음테이프에 녹음된 피고인의 진술 내용이 피고인이 진술한 대로 녹음된 것임이 증명되고 나아가 그 진술이 특히 신빙할 수 있는 상태하에서 행하여진 것임이 인정되어야 한다. 또한 대화 내용을 녹음한 파일 등 전자매체는 성질상 작성자나 진술자의 서명 또는 날인이 없을 뿐만 아니라, 녹음자의 의도나 특정한 기술에 의하여 내용이 편집·조작될 위험성이 있음을 고려하여, 대화 내용을 녹음한 원본이거나 원본으로부터 복사한 사본일 경우에는 복사과정에서 편집되는 등의 인위적 개작 없이 원본의 내용 그대로 복사된 사본임이 증명되어야 한다.

[2] 구 특정경제범죄 가중처벌 등에 관한 법률 위반(공갈) 피고사건에서, 피해자 토지구획정리사업조합의 대표자 甲이 디지털 녹음기로 피고인과의 대화를 녹음한 후 저장된 녹음파일 원본을 컴퓨터에 복사하고 디지털 녹음기의 파일 원본을 삭제한 뒤 다음 대화를 다시 녹음하는 과정을 반복하여 작성한 녹음파일 사본과 해당 녹취록의 증거능력이 문제된 사안

구 특정경제범죄 가중처벌 등에 관한 법률(2012. 2. 10. 법률 제11304호로 개정되기 전의 것) 위반(공갈) 피고사건에서, 피해자 토지구획정리사업조합의 대표자 甲이 디지털 녹음기로 피고인과의 대화를 녹음한 후 저장된 녹음파일 원본을 컴퓨터에 복사하고 디지털 녹음기의 파일 원본을 삭제한 뒤 다음 대화를 다시 녹음하는 과정을 반복하여 작성한 녹음파일 사본과 해당 녹취록의 증거능력이 문제된 사안에서, 제반 사정에 비추어 녹음파일 사본은 타인 간의 대화를 녹음한 것이 아니므로 타인의 대화비밀 침해금지를 규정한 통신비밀보호법 제14조의 적용 대상이 아니고, 복사 과정에서 편집되는 등의 인위적 개작 없이 원본 내용 그대로 복사된 것으로 대화자들이 진술한 대로 녹음된 것이 인정되며, 녹음 경위, 대화 장소, 내용 및 대화자 사이의 관계 등에 비추어 그 진술이 특히 신빙할 수 있는 상태하에서 행하여진 것으로 인정된다는 이유로, 녹음파일 사본과 녹취록의 증거능력을 인정한 사례. (대법원 2012. 9. 13., 선고, 2012도7461, 판결)

제3장　기타 강제처분

제1절 검　증

 Ⅰ. 법적근거

가. 형사소송법

제49조(검증등의 조서) ① 검증, 압수 또는 수색에 관하여는 조서를 작성하여야 한다.
② 검증조서에는 검증목적물의 현상을 명확하게 하기 위하여 도화나 사진을 첨부할 수 있다.

나. 형사소송규칙

제64조(피고인의 신체검사 소환장의 기재사항) 피고인에 대한 신체검사를 하기 위한 소환장에는 신체검사를 하기 위하여 소환한다는 취지를 기재하여야 한다.
제65조(피고인 아닌 자의 신체검사의 소환장의 기재사항) 피고인이 아닌 자에 대한 신체검사를 하기 위한 소환장에는 그 성명 및 주거, 피고인의 성명, 죄명, 출석일시 및 장소와 신체검사를 하기 위하여 소환한다는 취지를 기재하고 재판장 또는 수명법관이 기명날인하여야 한다.

다. 경찰수사규칙

제70조(검증조서) 수사준칙 제43조에 따른 검증조서는 별지 제17호서식에 따른다.

■ 판례 ■　위급처분으로서 압수수색영장 없이 검증을 하고 사후영장을 발부받지 아니한 경우의 사법경찰관 작성의 검증조서의 증거능력 유무(소극)
사법경찰관 작성의 검증조서의 작성이 범죄현장에서 급속을 요한다는 이유로 압수수색 영장없이 행하여졌는데 그 후 법원의 사후영장을 받은 흔적이 없다면 유죄의 증거로 쓸 수 없다(대법원 1990. 9.14. 선고 90도1263 판결).

■ 판례 ■　피고인이 검증조서를 증거로 함에 부동의하는 경우 검증이나 압수의 경위에 관한 담당경찰관의 진술의 증거능력 유무(적극)
피고인이 경찰에서 한 진술의 임의성을 부인하고 경찰의 검증조서를 증거로 함에 동의하지 않고 있다 하여도 검증이나 압수를 한 경위에 관한 담당경찰관의 진술을 증거로 할 수 없는 것은 아니다.(대법원 1990.2.13. 선고 89도2567 판결)

1. 검증의 의의

검증이란 물적증거에 대한 수사방법으로서 검증 주체가 오관의 작용 때문에 사물의 성상, 현장을 직접 실험 인식하는 증거조사를 말하며, 검증조서란 위의 검증내용을 기재한 조서를 말한다.

2. 검증을 필요로 하는 범죄

검증을 필요로 하는 범죄에는 제한이 없다.

3. 검증조서의 증거능력

가. 형사소송법

> 제312조(검사 또는 사법경찰관의 조서 등) ⑥ 검사 또는 사법경찰관이 검증의 결과를 기재한 조서는 적법한 절차와 방식에 따라 작성된 것으로서 공판준비 또는 공판기일에서의 작성자의 진술에 따라 그 성립의 진정함이 증명된 때에는 증거로 할 수 있다.

나. 참고판례

■판례■　사법경찰관 작성의 검증조서 중 피고인의 범행재연 사진영상에 대하여 피고인이 증거로 함에 부동의하는 경우의 증거능력 유무(소극)

사법경찰관이 작성한 검증조서 중 피고인의 진술 부분을 제외한 기재 및 사진의 각 영상'에는 이 사건 범행에 부합되는 피의자이었던 피고인이 범행을 재연하는 사진이 첨부되어 있으나, 기록에 의하면 행위자인 피고인이 위 검증조서에 대하여 증거로 함에 부동의하였고 공판정에서 검증조서 중 범행을 재연한 부분에 대하여 그 성립의 진정 및 내용을 인정한 흔적을 찾아 볼 수 없고 오히려 이를 부인하고 있으므로 그 증거능력을 인정할 수 없는바, 원심으로서는 위 검증조서 중 피고인의 진술 부분뿐만 아니라 범행을 재연한 부분까지도 제외한 나머지 부분만을 증거로 채용하여야 함에도 이를 구분하지 아니한 채 피고인의 진술 부분을 제외한 나머지를 유죄의 증거로 인용한 조치는 위법하다(대법원 2007.4.26. 선고 2007도1794 판결).

■판례■　피고인의 자백진술과 이를 기초로 한 범행재연상황을 기재한 사법경찰관 작성의 검증조서의 증거능력

사법경찰관이 작성한 검증조서에 피의자이던 피고인이 검사 이외의 수사기관 앞에서 자백한 범행내용을 현장에 따라 진술·재연한 내용이 기재되고 그 재연 과정을 촬영한 사진이 첨부되어 있다면, 그러한 기재나 사진은 피고인이 공판정에서 그 진술내용 및 범행재연의 상황을 모두 부인하는 이상 증거능력이 없다(대법원 2006.1.13. 선고 2003도6548 판결).

■ 판례 ■　　수사기관이 아닌 사인이 비밀녹음한 녹음테이프에 대한 검증조서의 증거능력

통신비밀보호법은 누구든지 이 법과 형사소송법 또는 군사법원법의 규정에 의하지 아니하고는 우편물의 검열 또는 전기통신의 감청을 하거나 공개되지 아니한 타인간의 대화를 녹음 또는 청취하지 못하고(제3조 본문), 이에 위반하여 불법검열에 의하여 취득한 우편물이나 그 내용 및 불법감청에 의하여 지득 또는 채록된 전기통신의 내용은 재판 또는 징계절차에서 증거로 사용할 수 없고(제4조), 누구든지 공개되지 아니한 타인간의 대화를 녹음하거나 전자장치 또는 기계적 수단을 이용하여 청취할 수 없고(제14조 제1항), 이에 의한 녹음 또는 청취에 관하여 위 제4조의 규정을 적용한다(제14조 제2항)고 각 규정하고 있는바, 녹음테이프 검증조서의 기재 중 피고인과 공소외인 간의 대화를 녹음한 부분은 공개되지 아니한 타인간의 대화를 녹음한 것이므로 위 법 제14조 제2항 및 제4조의 규정에 의하여 그 증거능력이 없고, 피고인들 간의 전화통화를 녹음한 부분은 피고인의 동의없이 불법감청한 것이므로 위법 제4조에 의하여 그 증거능력이 없다. 또한, 녹음테이프 검증조서의 기재 중 고소인이 피고인과의 대화를 녹음한 부분은 타인간의 대화를 녹음한 것이 아니므로 위 법 제14조의 적용을 받지는 않지만, 그 녹음테이프에 대하여 실시한 검증의 내용은 녹음테이프에 녹음된 대화의 내용이 검증조서에 첨부된 녹취서에 기재된 내용과 같다는 것에 불과하여 증거자료가 되는 것은 여전히 녹음테이프에 녹음된 대화의 내용이라 할 것인바, 그 중 피고인의 진술내용은 실질적으로 형사소송법 제311조, 제312조 규정 이외에 피고인의 진술을 기재한 서류와 다를 바 없으므로, 피고인이 그 녹음테이프를 증거로 할 수 있음에 동의하지 않은 이상 그 녹음테이프 검증조서의 기재 중 피고인의 진술내용을 증거로 사용하기 위해서는 형사소송법 제313조 제1항 단서에 따라 공판준비 또는 공판기일에서 그 작성자인 고소인의 진술에 의하여 녹음테이프에 녹음된 피고인의 진술내용이 피고인이 진술한 대로 녹음된 것이라는 점이 증명되고 그 진술이 특히 신빙할 수 있는 상태하에서 행하여진 것으로 인정되어야 한다(대법원 2001.10.9. 선고 2001도3106 판결).

■ 판례 ■　　사후영장을 발부받지 아니한, 긴급처분으로서 한 검증조서의 증거능력

사법경찰관 사무취급이 행한 검증이 사건발생 후 범행장소에서 긴급을 요하여 판사의 영장없이 시행된 것이라면 이는 형사소송법 제216조 제3항에 의한 검증이라 할 것임에도 불구하고 기록상 사후영장을 받은 흔적이 없다면 이러한 검증조서는 유죄의 증거로 할 수 없다(대법원 1984.3.13. 선고 83도3006 판결).

Ⅲ. 검증조서의 작성요령

1. 실질적 사항의 작성요령

가. 절차의 기재

압수수색검증영장에 의하여 검증하는 경우에는 반드시 영장을 제시하여야 하는데 검증의 경위 및 결과 모두(冒頭)에 그 뜻을 먼저 기재한다. 만약 영장 없이 검증하는 경우에는 모두에 그 절차가 적법함을 기재한다.

나. 검증의 조건

검증 시 일기, 기온, 습도, 풍력, 풍향 등 기상과(해상 관련의 경우 파고, 조류 등 해상일기) 명암, 시계(視界), 지형, 대상의 장소, 신체, 물건 등의 조건을 기재한다.

다. 현장 부근의 상황

일반적으로 현장 상황의 지리적, 장소적 조건을 명백히 밝히는 것이므로, 현장을 중심으로 주변의 도로, 하천, 야산, 논과 밭, 가옥의 밀집, 기타 지형지물과 지세에 대하여 기재한다. 이는 현장을 확정하기 위한 표시로서 물건에 따라서는 동시에 검증의 실질적 내용을 이루는 예도 있다.

라. 현장의 위치

대형건물, 학교 등 주변에서 바로 찾을 수 있는 고정된 물건이나 장소를 선정하여 방향과 거리를 기재한다. 거리는 실측하는 것이 원칙이나 곤란한 경우에는 목측(目測) 약 ○○m라고 기재한다. 방위는 동, 서, 남, 북, 남동, 남서 등으로 기재한다.

마. 현장의 모양

① 기록순서

검증순서에 따라 전체로부터 부분으로, 외부에서 내부로, 동종에서 이종으로, 상태(常態)로부터 변태(變態), 장소먼저 다음 물건의 순으로 기재한다. 옥내현장은 일정 기점을 정하여 그곳에서부터 순서로 회전하면서 검증한 상황을 기재하며, 위에서 아래로 이동해가며 기록한다.

② 참여인의 지시설명

참여인이 피의자일 경우 반드시 진술거부권을 고지하여야 한다. 참여인별로 각각 하게 하고 진술조서형식으로 한 후 진술 끝에 진술자가 서명날인하게 한다.

바. 피해상황

피해자의 모양과 착의, 피해 금품의 상황 등을 자세히 기재한다.

사. 증거물건

검증결과의 발견, 채취한 증거자료는 그때마다 그 상태와 조치 등을 기재하거나 마지막에 일괄하여 정리 기재하기도 한다.

아. 도면과 사진

현장 모양을 이해할 수 있도록 작성한다. 내용에 도면의 번호를 기재해가면서 작성한 후 그 번호에 따라 도면을 작성하여 첨부한다. 이는 본문 기재를 보충하여 검증결과를 표시하는 조서로써 중요하다.

자. 참여인의 지시설명

상황을 잘 아는 피의자나 피해자, 목격자 등을 참여시키고 그들의 지시설명을 들어가면서 검증한다. 전문적인 지식이 필요한 경우 관련 전문가나 학자, 의사 등을 참여시킬 수 있다.

2. 형식적 사항의 작성요령

가. 피의자명과 피의사건명

피의자 성명은 검증 시를 기준으로 작성하며 피의사건명은 검증 시에 추측되는 죄명을 기재한다. 송치 시 죄명이 바뀌었다 하여 이미 작성된 검증 조서상의 죄명을 수정할 필요는 없다.

나. 검증의 일시

실지로 검증을 시작한 일시와 끝난 일시를 정확하게 기재한다. 만약 검증을 중단한 경우 그 사유와 경과를 기재한다.

다. 검증의 장소(대상)

실제 검증한 장소나 물건 또는 신체를 그 대상이 특정되도록 구체적으로 기재한다.

라. 검증의 목적

검증대상 또는 검증해야 하는 이유에 따라 목적은 다르나, 어떤 목적으로 하더라도 간단하면서도 명료하게, 특정적이면서도 구체적이고 사실적으로 기재한다.

마. 검증의 참여인

각 참여인의 성명, 주민등록번호, 주소 또는 거소, 참여인이 어떤 자격으로 참여하였는지(例, 피해자, 피의자, 목격자 등)를 명확히 기재한다.

바. 작성연월일

조서말미에 조서작성 연월일을 기재한다. 검증 일자와 실지 조서작성일자가 다를 경우 실제 검증 일자를 기재하여야 한다.

사. 조서 작성자의 서명날인

검증한 담당 경찰관이 직접조서를 작성하여 서명·날인한다. 도면작성 등에 참여한 보조자는 참여인으로 서명·날인한다.

검 증 조 서

사법경찰관 경감 양동교는, 사법경찰리 경사 서영수를 참여하게 하고 ○○○에 대한 ○○ 피의사건에 관하여 다음과 같이 검증하다.

1. 검증의 장소(대상)

    ○○ 거주 홍길동의 집 부근 일대와 정길동의 사체현장에 유류된 물건.

2. 검증의 목적

    범행상태를 재현 세밀히 살피고 유류 물건의 수집 및 수집한 물건 감정·범인이 틀림없는가의 확인·증거자료 보전하는 데 있다.

3. 검증의 참여인

4. 검증의 경위 및 결과

    이 검증은 범죄현장에서 영장 없이 실시하다.

 가. 검증의 조건

      검증 당시 날씨가 맑고 사방이 잘 보이고, 범죄현장은 논둑 밑이므로, 멀리 약간에 농가가 있으나 검증하는 데 큰 지장은 없다.

 나. 현장의 위치

 다. 현장 및 그 부근상황

 라. 현장의 모양

 마. 피해상황

    (1) 피해자의 모양

    (2) 피해자의 착의

 바. 증거물건

 사. 참여인 지시설명

    위의 진술을 진술인에게 읽어 드린바, 진술한 대로 잘못 쓴 것이나 더 쓸 것 빼낼 것이 전혀 없다고 하므로, 서명 무인케 하다.　　　　　진 술 인 ○ ○ ○ ㊞

 아. 현장 교통상황

 자. 피의자의 주택 위치

 차. 현장도면 및 사진

    이 검증은 당일 15시 00분에 시작하여 16시 30분에 끝마치다.

20○○.○.○.

○ ○ 경 찰 서

사법경찰관 경감 홍길동 (인)

사법경찰관 경위 김감사 (인)

제2절 실황조사

Ⅰ. 관련 법령

> ※ 경찰수사규칙
> **제41조(실황조사)** ① 사법경찰관리는 범죄의 현장 또는 그 밖의 장소에서 피의사실을 확인하거나 증거물의 증명력을 확보하기 위해 필요한 경우 실황조사를 할 수 있다.
> ② 사법경찰관리는 실황조사를 하는 경우에는 거주자, 관리자 그 밖의 관계자 등을 참여하게 할 수 있다.
> ③ 사법경찰관리는 실황조사를 한 경우에는 별지 제33호서식의 실황조사서에 조사 내용을 상세하게 적고, 현장 도면이나 사진이 있으면 이를 실황조사서에 첨부해야 한다.

Ⅱ. 기재상의 주의

1. 실황조사는 거주자 관리자 기타 관계자 등의 참여를 얻어서 행하고 그 결과를 실황조사서에 정확하게 기재해 두어야 한다.

2. 실황조사서에는 되도록 도면과 사진을 첨부하여야 한다.

3. 실황조사서에는 객관적으로 기재하도록 힘쓰고 피의자 피해자 기타 관계자에 대하여 설명을 요구하였을 때도 그 지시설명의 범위를 넘어서 기재하는 일이 없도록 주의하여야 한다.

4. 피의자 피해자 기타 관계자의 지시설명 범위를 넘어서 특히 그 진술을 실황조사서에 기재할 필요가 있는 경우에는 「형사소송법」 제199조와 동법 제244조의 규정에 따라야 한다. 이 경우에서는 피의자의 진술에 관하여는 미리 피의자에 대하여 진술을 거부할 수 있음을 알리고 또한 그 점을 조서에 명백히 밝혀 두어야 한다.

5. 피의자의 진술 때문에 흉기, 장물 기타의 증거자료를 발견하였을 때 증명력 확보를 위하여 필요할 때에는 실황조사를 하여 그 발견의 상황을 실황조사서에 정확히 해 두어야 한다.

■ 판례 ■　　수사보고서에 검증의 결과에 해당하는 기재가 있는 경우, 그 기재 부분의 증거능력 유무(소극)

수사보고서에 검증의 결과에 해당하는 기재가 있는 경우, 그 기재 부분은 검찰사건사무규칙 제17조에 의하여 검사가 범죄의 현장 기타 장소에서 실황조사를 한 후 작성하는 실황조서 또는 사법경찰관리집무규칙 제49조 제1항, 제2항에 의하여 사법경찰관이 수사상 필요하다고 인정하여 범죄현장 또는 기타 장소에 임하여 실황을 조사할 때 작성하는 실황조사서에 해당하지 아니하며, 단지 수사의 경위 및 결과를 내부적으로 보고하기 위하여 작성된 서류에 불과하므로 그 안에 검증의 결과에 해당하는 기재가 있다고 하여 이를 형사소송법 제312조 제1항의 '검사 또는 사법경찰관이 검증의 결과를 기재한 조서'라고 할 수 없을 뿐만 아니라 이를 같은 법 제313조 제1항의 '피고인 또는 피고인이 아닌 자가 작성한 진술서나 그 진술을 기재한 서류'라고 할 수도 없고, 같은 법 제311조, 제315조, 제316조의 적용대상이 되지 아니함이 분명하므로 그 기재 부분은 증거로 할 수 없다(대법원 2001.5.29. 선고 2000도2933 판결).

■ 판례 ■　　수사기관이 긴급처분으로서 시행하고 사후 영장을 발부받지 아니한 채 작성한 실황조서의 증거능력

사법경찰관 사무취급이 작성한 실황조서가 사고발생 직후 사고장소에서 긴급을 요하여 판사의 영장없이 시행된 것으로서 형사소송법 제216조 제3항에 의한 검증에 따라 작성된 것이라면 사후영장을 받지 않는 한 유죄의 증거로 삼을 수 없다(대법원 1989.3.14. 선고 88도1399 판결).

■ 판례 ■　　경찰 및 검사의 의견을 기재한 실황조서의 증명력

경찰 및 검사가 작성한 실황조서의 기재는 사고현장을 설명하면서 경찰이나 검사의 의견을 기재한 것에 불과하여 이것만으로는 피고인이 이 건 사고를 일으켰다고 인정할 자료가 될 수 없다(대법원 1983.6.28. 선고 83도948 판결).

제3절 증거보전과 증인신문, 감정유치장 신청

Ⅰ. 증거보전신청

1. 법적근거

가. 형사소송법

> 제184조(증거보전의 청구와 그 절차) ① 검사, 피고인, 피의자 또는 변호인은 미리 증거를 보전하지 아니하면 그 증거를 사용하기 곤란한 사정이 있는 때에는 제1회 공판기일전이라도 판사에게 압수, 수색, 검증, 증인신문 또는 감정을 청구할 수 있다.
> ② 전항의 청구를 받은 판사는 그 처분에 관하여 법원 또는 재판장과 동일한 권한이 있다.
> ③ 제1항의 청구를 함에는 서면으로 그 사유를 소명하여야 한다.
> ④ 제1항의 청구를 기각하는 결정에 대하여는 3일 이내에 항고할 수 있다.〈신설 2007.6.1〉
> 제185조(서류의 열람등) 검사, 피고인, 피의자 또는 변호인은 판사의 허가를 얻어 전조의 처분에 관한 서류와 증거물을 열람 또는 등사할 수 있다.

나. 경찰수사규칙

> 제71조(증거보전 신청) 사법경찰관은 미리 증거를 보전하지 않으면 그 증거를 사용하기 곤란한 경우에는 별지 제82호서식의 증거보전 신청서를 작성하여 검사에게 법 제184조제1항에 따른 증거보전의 청구를 신청할 수 있다.

2. 증거보전의 의미와 시한

가. 재심청구사건에서 증거보전절차의 허부(소극)

증거보전이란 장차 공판에 있어서 사용하여야 할 증거가 멸실되거나 또는 그 사용하기 곤란한 사정이 있으면 당사자의 청구에 의하여 공판 전에 미리 그 증거를 수집 보전하여 두는 제도로서 제1심 제1회 공판기일 전에 한하여 허용되는 것이므로 재심청구사건에서는 증거보전절차는 허용되지 아니한다.

나. 증거보전청구 기각결정에 대한 즉시항고의 가부(소극)

증거보전청구를 기각하는 결정에 대하여는 즉시항고로써 불복할 수 없다.(대법원 1984. 3. 29., 자, 84모15, 결정)

3. 증거보전청구 가는 시기

■판례■   형사 증거보전청구를 할 수 있는 시기 및 피의자신문에 해당하는 사항에 대한 증거
보전청구의 가부

형사소송법 제184조에 의한 증거보전은 피고인 또는 피의자가 형사입건도 되기 전에는 청구할 수 없
고, 또 피의자신문에 해당하는 사항을 증거보전의 방법으로 청구할 수 없다. (대법원 1979. 6. 12.,
선고, 79도792, 판결)

4. 청구절차

가. 사법경찰관은 미리 증거를 보전하지 아니하면 그 증거를 사용하기 곤란한 사정이 있
　는 때에는 그 사유를 소명하여 검사에게 증거보전의 청구를 신청하여야 한다.

나. 검사, 피고인, 피의자 또는 변호인은 미리 증거를 보전하지 아니하면 그 증거를 사
　용하기 곤란한 사정이 있는 때에는 제1회 공판기일 전이라도 판사에게 증인신문을
　청구(검사에게 신청)할 수 있다.

다. 전항의 청구를 받은 판사는 그 처분에 관하여 법원 또는 재판장과 동일한 권한이
　있다.

라. 청구함에는 서면으로 그 사유를 소명하여야 한다.

마. 청구를 기각하는 결정에 대하여는 3일 이내에 항고할 수 있다.

■판례■   증거보전절차로서 증인신문을 하면서 그 일시와 장소를 피의자 및 변호인에게 미리
통지하지 아니하였고 변호인이 후에 이에 대하여 이의신청한 경우 위 증인신문조서의 증거능력
유무(소극)

제1회 공판기일 전에 형사소송법 제184조에 의한 증거보전절차에서 증인신문을 하면서, 위 증인신문의
일시와 장소를 피의자 및 변호인에게 미리 통지하지 아니하여 증인신문에 참여할 기회를 주지 아니하
였고, 또 변호인이 제1심 공판기일에 위 증인신문조서의 증거조사에 관하여 이의신청을 하였다면, 위
증인신문조서는 증거능력이 없다 할 것이고, 그 증인이 후에 법정에서 그 조서의 진정성립을 인정한다
하여 다시 그 증거능력을 취득한다고볼 수도 없다.(대법원 1992.2.28. 선고 91도2337 판결)

■판례■   검사가 공범관계에 있는 공동피고인에 대한 증거보존신청의 가능여부

[1] 수사단계에서 검사가 증거보전을 위하여 필요적 공범관계에 있는 공동피고인을 증인으로 신문할 수
　　있는지 여부(적극)

공동피고인과 피고인이 뇌물을 주고 받은 사이로 필요적 공범관계에 있다고 하더라도 검사는 수사단계
에서 피고인에 대한 증거를 미리 보전하기 위하여 필요한 경우에는 판사에게 공동피고인을 증인으로
신문할 것을 청구할 수 있다.

[2] 증거보전절차로 증인신문을 하는 경우에 당사자의 참여권

판사가 형사소송법 제184조에 의한 증거보전절차로 증인신문을 하는 경우에는 동법 제221조의2에 의한 증인신문의 경우와는 달라 동법 제163조에 따라 검사, 피의자 또는 변호인에게 증인신문의 시일과 장소를 미리 통지하여 증인신문에 참여할 수 있는 기회를 주어야 하나 참여의 기회를 주지 아니한 경우라도 피고인과 변호인이 증인신문조서를 증거로 할 수 있음에 동의하여 별다른 이의없이 적법하게 증거조사를 거친 경우에는 위 증인신문조서는 증인신문절차가 위법하였는지의 여부에 관계없이 증거능력이 부여된다(대법원 1988.11.8. 선고 86도1646 판결).

■ 판례 ■   증거보전청구기각 결정에 대한 불복가부

법원의 결정에 대하여 불복이 있으면 항고할 수 있다고 규정한 형사소송법 제402조가 말하는 법원은 형사소송법상의 수소법원만을 가리키는 것이어서 증거보전청구를 기각한 판사의 결정에 대하여는 위 제402조가 정하는 항고의 방법으로는 불복할 수 없고 나아가 그 판사는 수소법원으로서의 재판장 또는 수명법관도 아니므로 그가 한 재판은 동법 제416조정하는 준항고의 대상이 되지도 않으며 또 동법 제403조에 관한 재판에는 그 적용이 없다 할 것이어서 결국 증거보전청구의 기각결정에 대하여는 형사소송법상 어떠한 방법으로도 불복을 할 수가 없다(대법원 1986.7.12.자 86모25 결정).

○ ○ 경 찰 서

제 호   년 월 일

수 신   ○○지방검찰청

제 목   증거보전 신청서

　다음 사건에 관하여 아래와 같이 증거보전의 청구를 신청합니다.

사 건 번 호		
죄　　　　명		
피의자	성　　　명		주 민 등 록 번 호
	직　　　업		
	주　　　거		
범 죄 사 실		
증 명 할 사 실		
증 거 및 보 전 의 방　　　　법		
증거보전을필요로 하　는　사　유		

○ ○ 경찰서

사법경찰관 경위 홍 길 동 ㊞

II. 증인신문신청

1. 법적근거

가. 형사소송법

> **제221조의2(증인신문의 청구)** ① 범죄의 수사에 없어서는 아니될 사실을 안다고 명백히 인정되는 자가 전조의 규정에 의한 출석 또는 진술을 거부한 경우에는 검사는 제1회 공판기일전에 한하여 판사에게 그에 대한 증인신문을 청구할 수 있다.
> ② 삭제〈2007.6.1〉
> ③ 제1항의 청구를 함에는 서면으로 그 사유를 소명하여야 한다.
> ④ 제1항의 청구를 받은 판사는 증인신문에 관하여 법원 또는 재판장과 동일한 권한이 있다.
> ⑤ 판사는 제1항의 청구에 따라 증인신문기일을 정한 때에는 피고인·피의자 또는 변호인에게 이를 통지하여 증인신문에 참여할 수 있도록 하여야 한다.
> ⑥ 판사는 제1항의 청구에 의한 증인신문을 한 때에는 지체없이 이에 관한 서류를 검사에게 송부하여야 한다.

나. 형사소송규칙

> **제66조(신문사항 등)** 재판장은 피해자·증인의 인적사항의 공개 또는 누설을 방지하거나 그 밖에 피해자·증인의 안전을 위하여 필요하다고 인정할 때에는 증인의 신문을 청구한 자에 대하여 사전에 신문사항을 기재한 서면의 제출을 명할 수 있다.[전문개정 2007.10.29]
> **제67조(결정의 취소)** 법원은 제66조의 명을 받은 자가 신속히 그 서면을 제출하지 아니한 경우에는 증거결정을 취소할 수 있다.
> **제67조의2(증인의 소환방법)** ① 법 제150조의2 제1항에 따른 증인의 소환은 소환장의 송달, 전화, 전자우편, 모사전송, 휴대전화 문자전송 그 밖에 적당한 방법으로 할 수 있다.
> ② 증인을 신청하는 자는 증인의 소재, 연락처와 출석 가능성 및 출석 가능 일시 그 밖에 증인의 소환에 필요한 사항을 미리 확인하는 등 증인 출석을 위한 합리적인 노력을 다하여야 한다.
> **제68조(소환장, 구속영장의 기재사항)** ① 증인에 대한 소환장에는 그 성명, 피고인의 성명, 죄명, 출석일시 및 장소, 정당한 이유없이 출석하지 아니할 경우에는 과태료에 처하거나 출석하지 아니함으로써 생긴 비용의 배상을 명할 수 있고 또 구인할 수 있음을 기재하고 재판장이 기명날인하여야 한다.
> ② 증인에 대한 구속영장에는 그 성명, 주민등록번호(주민등록번호가 없거나 이를 알 수 없는 경우에는 생년월일), 직업 및 주거, 피고인의 성명, 죄명, 인치할 일시 및 장소, 발부 연월일 및 유효기간과 그 기간이 경과한 후에는 집행에 착수하지 못하고 구속영장을 반환하여야 한다는 취지를 기재하고 재판장이 서명날인하여야 한다.

다. 경찰수사규칙

> **제72조(증인신문 신청)** 사법경찰관은 범죄의 수사에 없어서는 안 되는 사실을 안다고 명백히 인정되는 사람이 출석 또는 진술을 거부하는 경우에는 별지 제83호서식의 증인신문 신청서를 작성하여 검사에게 법 제221조의2제1항에 따른 증인신문의 청구를 신청할 수 있다.

2. 증인신문의 청구(신청)

가. 증인신문청구의 의의

참고인이 출석 또는 진술을 거부한 경우에 제1회 공판기일 전까지 검사의 청구(경찰은 검사에 신청) 때문에 판사가 그를 증인으로 신문하는 진술증거의 수집과 보전을 위한 대인적 강제처분을 말한다.

나. 청구(신청)의 요건

○ 출석 또는 진술의 거부
 - 범죄의 수사에 없어서는 아니 될 사실을 안다고 명백히 인정되는 자가 수사기관의 출석요구에 대하여 출석 또는 진술을 거부한 경우이다.
 - '범죄수사에 없어서는 아니 될 사실'이란 범죄의 증명에 없어서는 아니 될 개념보다는 넓은 개념으로 정상에 관한 사실을 포함한다. 따라서 피의자의 소재를 알고 있는 자나 범죄의 증명에 없어서는 아니 될 참고인의 소재를 알고 있는 자도 해당한다.
○ '출석거부와 진술거부'
 정당한 이유가 있는 경우, 진술 일부의 거부, 진술조서의 서명날인을 거부하는 때도 진술거부에 해당할 수 있다.

■ 판례 ■   수사기관에서 진술한 피해자인 유아가 공판정에서 진술을 하였으나 증인신문 당시 일정한 사항에 관하여 기억이 나지 않는다는 취지로 진술하여 그 진술의 일부가 재현 불가능하게 된 경우

수사기관에서 진술한 피해자인 유아가 공판정에서 진술을 하였더라도 증인신문 당시 일정한 사항에 관하여 기억이 나지 않는다는 취지로 진술하여 그 진술의 일부가 재현 불가능하게 된 경우, 형사소송법 제314조, 제316조 제2항에서 말하는 '원진술자가 진술을 할 수 없는 때'에 해당한다 (대법원 2006.4.14. 선고 2005도9561 판결)

○ ○ 경 찰 서

제 0000-00000 호   20○○. ○. ○.

수 신 : ○○지방검찰청장

제 목 : 증인신문 신청서

다음 사건에 관하여 아래와 같이 증인신문의 청구를 신청합니다.

사 건 번 호				
죄 명				
피의자	성 명		주민등록번호	
	직 업			
	주 거			
증인	성 명		주민등록번호	
	직 업			
	주 거			
범 죄 사 실				
증 명 할 사 실				
신 문 사 항				
증 인 신 문 청 구 의 요 건 이 되 는 사 실				
변 호 인				

○○경찰서

사법경찰관 경위 홍 길 동 (인)

III. 감정유치장 신청

1. 법적근거

가. 형사소송법

제221조(제3자의 출석요구 등) ② 검사 또는 사법경찰관은 수사에 필요한 때에는 감정·통역 또는 번역을 위촉할 수 있다.

제221조의3(감정의 위촉과 감정유치의 청구) ① 검사는 제221조의 규정에 의하여 감정을 위촉하는 경우에 제172조제3항의 유치처분이 필요할 때에는 판사에게 이를 청구하여야 한다.

② 판사는 제1항의 청구가 상당하다고 인정할 때에는 유치처분을 하여야 한다. 제172조 및 제172조의2의 규정은 이 경우에 준용한다.

제221조의4(감정에 필요한 처분, 허가장) ① 제221조의 규정에 의하여 감정의 위촉을 받은 자는 판사의 허가를 얻어 제173조제1항에 규정된 처분을 할 수 있다.

② 제1항의 허가의 청구는 검사가 하여야 한다.

③ 판사는 제2항의 청구가 상당하다고 인정할 때에는 허가장을 발부하여야 한다.

④ 제173조제2항, 제3항 및 제5항의 규정은 제3항의 허가장에 준용한다.

나. 경찰수사규칙

제73조(감정유치 및 감정처분허가 신청) ① 사법경찰관은 법 제221조제2항의 감정을 위하여 법 제172조제3항에 따른 유치가 필요한 경우에는 별지 제84호서식의 감정유치장 신청서를 작성하여 검사에게 제출해야 한다.

② 사법경찰관은 법 제221조의4제1항에 따라 법 제173조제1항에 따른 처분을 위한 허가가 필요한 경우에는 별지 제85호서식의 감정처분허가장 신청서를 작성하여 검사에게 제출해야 한다.

2. 절차

가. 피의자의 정신 또는 신체에 관한 감정에 필요한 때

나. 기간을 정하여 병원 기타 적당한 장소에 유치하게 할 수 있고 감정이 완료되면 즉시 유치를 해제한다.

○○경찰서

제 호   20○○.○.○.

수 신 : 검찰청의 장

제 목 : **감정유치장 신청서**

　다음 사건에 관하여 아래와 같이 감정유치하려 하니 20○○.○.○.까지 유효한 감정유치장의 청구를 신청합니다.

피의자	성 명	
	주민등록번호	
	직 업	
	주 거	
변 호 인		
범 죄 사 실		
7일을 넘는 유효기간을 필요로하는 취지와 사유		
둘 이상의 유치장을 신청하는 취지와 사유		
유 치 할 장 소		
유 치 기 간		
감정의 목적 및 이유		
감 정 인	성 명	
	직 업	
비 고		

○○경찰서

사법경찰관 경위 홍 길 동 (인)

○○경찰서

제 호   20○○.○.○.

수 신 : 검찰청의 장

제 목 : 감정처분허가장 신청서

    다음 사건에 관하여 아래와 같이 감정에 필요한 처분을 할 수 있도록 20○○.○.○. 까지 유효한 감정처분허가장의 청구를 신청합니다.

피의자	성 명		주민등록번호	
	직 업			
	주 거			
감정인	성 명		주민등록번호	
	직 업			
감정위촉연월일				
감 정 위 촉 사 항				
감 정 장 소				
범 죄 사 실				
7일을 넘는 유효기간을 필요로 하는 취지와사유				
둘 이상의 허가장을 신청하는취지와사유				
감 정 에 필 요 한 처 분 의 이 유				
변 호 인				
비 고				

○○경찰서

사법경찰관 경위 홍 길 동 (인)

제4절 금융정보제공요청

I. 근거

> ※ 금융실명거래 및 비밀보장에 관한 법률
> **제4조(금융거래의 비밀보장)** ② 제1항제1호부터 제4호까지 또는 제6호부터 제8호까지의 규정에 따라 거래정보등의 제공을 요구하는 자는 다음 각 호의 사항이 포함된 금융위원회가 정하는 표준양식에 의하여 금융회사 등의 특정 점포에 이를 요구하여야 한다. 다만, 제1항제1호에 따라 거래정보등의 제공을 요구하거나 같은 항 제2호에 따라 거래정보등의 제공을 요구하는 경우로서 부동산(부동산에 관한 권리를 포함한다. 이하 이 항에서 같다)의 보유기간, 보유 수, 거래 규모 및 거래 방법 등 명백한 자료에 의하여 대통령령으로 정하는 부동산거래와 관련한 소득세 또는 법인세의 탈루혐의가 인정되어 그 탈루사실의 확인이 필요한 자(해당 부동산 거래를 알선·중개한 자를 포함한다)에 대한 거래정보등의 제공을 요구하는 경우 또는 체납액 1천만원 이상 인 체납자의 재산조회를 위하여 필요한 거래정보등의 제공을 대통령령으로 정하는 바에 따라 요구하는 경우 에는 거래정보등을 보관 또는 관리하는 부서에 이를 요구할 수 있다.
> ⑥ 다음 각 호의 법률의 규정에 따라 거래정보등의 제공을 요구하는 경우에는 해당 법률의 규정에도 불구하고 제2항에 따른 금융위원회가 정한 표준양식으로 하여야 한다.

II. 금융기관의 계좌추적을 위한 영장의 경우

1. 원 칙

가. 금융기관 등의 계좌추적을 위한 압수·수색영장을 청구함에서는 예금주(피의자 또는 피의자 이외의 제3자), 개설은행, 계좌번호, 추적이 필요하다고 여겨지는 금융거래 기간 등이 특정되어야 하는 것이 원칙임.

나. 금융거래내역의 조회에서도 압수수색의 필요성과 소명의 정도, 범죄사실의 내용, 압수수 색을 통하여 취득하려는 자료 등을 종합적으로 검토하여 그 범위를 한정하여야 할 것.

2. 포괄계좌의 경우

가. 압수·수색의 대상자만 특정한 채 그 대상자가 모든 금융기관에 개설한 예금계좌 일 체에 대한 영장, 즉 포괄계좌에 대한 영장은, 추적의 범위가 대상자에 한정되어 그 남용의 우려가 비교적 적으므로 그 필요성이 인정되는 한 허용됨. 그러나 이 경우에 도 범죄 혐의사실과 관련이 없는 예금거래의 비밀이 침해될 소지가 크므로 그 발부 여부에 관한 판단은 신중해야 함.

나. 피의자 이외의 제3자에 대한 포괄적인 압수수색영장은, 제3자가 당해 범죄와의 관련성이 명백한지 아닌지를 우선 판단하고, 기본권 침해 문제 등을 충분히 고려해야 함.

다. 압수·수색할 장소를 기재함에서도, '모든 금융기관'이라고 기재하는 것은 비례성의 원칙 및 장소의 특정이라는 측면에서 허용하기 곤란하므로 금융기관의 명칭을 특정하여 청구하도록 하는 것이 타당함.

3. 연결계좌의 경우

가. 특정인 명의의 특정계좌와 연결된 연결계좌에 대한 압수·수색영장이 청구된 경우에는, 그 연결계좌와 당해 범죄사실과의 관련성 등에 대한 소명이 충분한지 보다 신중하게 판단하여야 하며, 그 필요성이 인정되어 이를 허용한다 하더라도, 비례성의 원칙상 기본계좌와 직전, 직후로 연결된 계좌에 한하여 압수·수색을 허용해야 함.

나. 뇌물죄의 경우, 수뢰자의 계좌를 기본계좌로 하는 압수수색의 경우에는 기본계좌와 그 직전계좌에 대한 자료만이, 증뢰자의 계좌를 기본계좌로 할 때는 기본계좌와 그 직후계좌에 대한 자료만이 대상이 될 것.

4. 거래 기간의 특정

가. 예금계좌의 추적을 위한 압수·수색을 허용한다고 하더라도 비례성의 원칙상 혐의사실의 내용이 되는 범죄행위와 밀접한 관련이 있는 기간으로 거래 기간을 제한하여야 함.

나. 따라서 범행일시가 특정되는 경우에는 그거래 기간을 범행일시를 전후하여 1~2개월 정도로 제한하는 것이 바람직함.

○ ○ 경 찰 서

제 0000-00000 호
　　　　　　　　　　　　　　　　　　　　　　　　　　2000. ○. ○.

수 신 : ○○지방검찰청장

제 목 : 압수·수색·검증영장 신청서(금융계좌추적용)

다음 사람에 대한 ○○ 피(혐)의사건에 관하여 아래와 같이 압수·수색·검증하려 하니 2000. ○. ○.까지 유효한 압수·수색·검증영장의 청구를 신청합니다.

피 (혐) 의 자	성　　　　　명	
	주 민 등 록 번 호	－　　　　　(세)
	직　　　　　업	
	주　　　　　거	
변　　호　　인		
대 상 계 좌	계 좌 명 의 인	□ 피(혐)의자 본인　　□ 제3자(인적사항은 별지와 같음)
	개설은행·계좌번호	
	거 래 기 간	
	거래정보 등의 내용	**명의인의 인적사항 및 거래내역**
압 수 할 물 건		
수 색 · 검 증 할 장 소 또 는 물 건		
범죄사실 및 압수·수색· 검증을 필요로 하는 사유		
7 일을 넘는 유효기간을 필요로 하는 취지와 사유		
둘 이상의 영장을 신청하는 취 지 와 사 유		
일출 전 또는 일몰 후 집행을 필요로 하는 취지와 사유		
비　　　　　고		

○○경찰서

사법경찰관　경위　홍길동(인)

금융거래정보의 제공 요구서

(법 제4조제2항·제6항 및 제4조의2)

수신처 :

문서번호[*]		요구일자	
요구기관명			
요 구 자	근무부서	직책	성명
담 당 자			
책 임 자			

요 구 내 용	명의인의 인적사항[1]	
	요구대상 거래기간	계좌개설자의 인적사항 및 200○. 10. 1.~ 200○. 10. 30. 까지 거래내역서
	요구의 법적근거	금융실명거래및비밀보장에관한법률 제4조 제1항 제1호
	사 용 목 적	수사상
	요구하는 거래 정보등의 내용	명의인의 인적사항 확인 및 금융거래사항

통보 유예[*]	유 예 기 간	
	유 예 사 유	

특이 사항[*]	

요구기관 기관장 인

주1) 명의인의 인적사항은 금융실명거래및비밀보장에관한법률시행령 제10조각호의1을 의미

※ 문서번호, 통보유예 및 특이사항은 필요한 경우에만 기재(통보대상이 아닌 경우 그 법적 근거 등의 사유는 특이사항에 기재)

○ ○ 경 찰 서

문서번호 여성청소년과-   20○○. ○. ○.

수   신 ○○은행 ○○지점

제   목 **범죄관련 계좌(등록·해제)협조의뢰**

        아래와 같이 범죄관련 수사에 필요한 예금에 대하여 (등록·해제) 의뢰하오
니 협조하여 주시기 바랍니다.

1. 사 고 계 좌 번 호	0000-00-000000
2. 예 금 주 :	3.주민등록번호:
4. 예 금 의 종 류 (현금인출카드포함)	
5. 의 뢰 관 서	○ ○ 경 찰 서
6. 입 력 의 뢰 일 시	20○ ○.○.○. ( ). 00:00
7. 의 뢰 은 행	○ ○ 은 행 ○ ○ 지 점
8. 기 타	(예시)서울롯데 비자카드로 266만원이 부정사용(연체)되었으니 조치를 취해야 한다며 기망하고 피해자가 현금인출기 번호를 누르게 하는 방법으로 이체된 피해금을 교부받았다.

○ ○ 경 찰 서

금융망 부정계좌 사용범 전산처리 입력(해제) 요구서

담 당	팀 장	과 장

20○○년   월   일

계 좌 번 호	
예 금 주	성명: | 주민등록번호:
예 금 종 류	
의 뢰 관 서	
의 뢰 은 행	
사 건 명	
사 건 개 요	
담 당 자	소속: ○○경찰서 여성청소년과 팀 계급: 성명:
	핸드폰번호 :

입력자

○○경찰서   과   경○   성명: (인)

수사종결단계

3 편

제1장

수사결과보고

제1절 수사결과보고서 작성

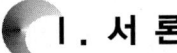 **I. 서 론**

1. 일반적인 사항

가. 수사가 종결되면 그때까지 수사한 것을 기초로 판단하여 수사결과보고를 작성하여야 한다.

나. 수사결과보고는 수사관의 작문 실력이 발휘되는 순간인데, 특히 불기소 의견으로 송치하려고 할 때 타당한 논리적 과정을 적어주어야 한다.

2. 범죄사실

가. 6하원칙 또는 8하원칙에 따라 작성하면 된다.

나. 공안사범 등 사안이 중한 경우에는 현장 사진(가능한 컬러사진) 등을 범죄사실에 삽입하는 것이 현장감이 있어 좋다.

　例, 피의자는 … 별지 사진1의 내용과 같이 제4류(인화성액체) 제1석유류 비수용액체인 유사석유 ○○리터를 …하였다.

3. 적용법조

피의자가 1명이고 범죄사실이 1개일 경우에는 상관없지만, 피의자가 여러 명이거나 죄명이 다는 범죄사실이 여러 개일 때는 피의자 및 항별로 적용 법조문을 기재하여 준다.

例1, 피의자 甲

　　'가항' 형법 제347조 제1항

　　'나항' 성폭력범죄의 처벌 및 피해자보호 등에 관한 법률 제11조 제1항

例2,

　　'가항' 게임산업진흥에 관한 법률 제45조 제4호, 제32조 제1항 제2호(등급분류위반)

　　'나항' 게임산업진흥에 관한 법률 제44조 제1항 제1의2호, 제28조 제3호(경품제공위반)

　　'다항' 게임산업진흥에 관한 법률 제46조 제2호, 제28조 제7호(청소년출입시간위반)

4. 증거관계

　가. 피의자가 범행을 자백한 때도 그 자백을 뒷받침할 수 있는 보강증거가 있어야 하므로 물적증거나 인적증거(참고인 진술)를 반드시 확보하여야 한다.

　나. 범행을 부인해도 그 부인한 사실을 뒤집을 수 있는 증거를 확보하여야 하며, 신병을 처리해야 할 필요가 있을 때 구속 사유로 사용할 수 있다.

　　例, "피의자는 …라고 부인하는 점으로 보아 증거를 인멸할 염려가 있으며"

　다. 사안이 복잡하거나 수사서류의 분량이 많을 때는 증거관계에 해당하는 물적증거나 관계인 진술의 해당 페이지를 기록하여 주는 것이 좋다

　　例, "참고인 홍길동의 …라는 진술 (기록 제123쪽), 피의자가 ○○크기의 각목을 피해자의 머리를 향하여 때릴 때 사용한 흉기(기록 제150쪽의 사진)"

5. 수사결과 및 의견

기소의견으로 송치한 때도 신병처리와 관련해서는 형사소송법 제70조에서 규정하고 있는 구속사유와 필요적 고려사항을 충실히 기재하여야 한다.

제70조(구속의 사유) ① 법원은 피고인이 죄를 범하였다고 의심할 만한 상당한 이유가 있고 다음 각호의 1에 해당하는 사유가 있는 경우에는 피고인을 구속할 수 있다.
　1. 피고인이 일정한 주거가 없는 때
　2. 피고인이 증거를 인멸할 염려가 있는 때
　3. 피고인이 도망하거나 도망할 염려가 있는 때
② 법원은 제1항의 구속사유를 심사함에 있어서 범죄의 중대성, 재범의 위험성, 피해자 및 중요 참고인 등에 대한 위해우려 등을 고려하여야 한다.

가. 구속영장 신청할 경우

ㅇ 도망할 염려 등 일반적인 구속사유를 정리한다.

ㅇ 범죄의 중대성, 재범의 위험성, 피해자와 중요참고인 등에 대한 유해 우려 의견 정리한다.

ㅇ 의견

위와 같은 사유로 구속수사

나. 사안은 중하나 불구속할 경우

ㅇ 범죄혐의 상당성

피의자는 ㅇㅇ 등으로 보아 죄를 범하였다고 의심할 만한 상당한 이유가 있다.

ㅇ 불구속사유

- 주거 관계

피의자의 현 주거지는 피의자 소유로 20ㅇㅇ. ㅇ. ㅇ.부터 현재까지 처와 중고등학교에 재학 중인 자녀 2명과 같이 거주하고 있어 주거가 일정하다고 판단된다.

- 도망하거나 도망할 염려 여부

피의자는 경찰의 출석요구에 불응하지 않아 그때마다 응하여 조사를 받았다. 또 피의자가 가족들의 모든 생활비를 부담하고 있어 피의자가 아니면 가족을 부양할 사람이 없다. 따라서 가족을 두고 도망할 염려가 없다고 볼 수 있다.

- 증거인멸 염려 여부

피의자는 모든 범죄사실을 자백하였으며, 혐의와 관련된 증거도 압수수색과정에서 모두 확보되어 인멸할 증거가 없다.

- 기타

피의자는 범행을 뉘우치고 피해자와 합의를 위해 ㅇㅇ방법으로 노력하고 있다.

ㅇ 종합의견

피의자에 대한 범죄혐의는 상당하다고 볼 수 있으나 구속할 만한 사유가 없어 불구속 상태로 수사하고자 합니다.

제2절 수사결과 통지

I. 관련 근거

1. 형사소송법

제245조의5(사법경찰관의 사건송치 등) 사법경찰관은 고소·고발 사건을 포함하여 범죄를 수사한 때에는 다음 각 호의 구분에 따른다.
  1. 범죄의 혐의가 있다고 인정되는 경우에는 지체 없이 검사에게 사건을 송치하고, 관계 서류와 증거물을 검사에게 송부하여야 한다.
  2. 그 밖의 경우에는 그 이유를 명시한 서면과 함께 관계 서류와 증거물을 지체 없이 검사에게 송부하여야 한다. 이 경우 검사는 송부받은 날부터 90일 이내에 사법경찰관에게 반환하여야 한다.

제245조의6(고소인 등에 대한 송부통지) 사법경찰관은 제245조의5제2호의 경우에는 그 송부한 날부터 7일 이내에 서면으로 고소인·고발인·피해자 또는 그 법정대리인(피해자가 사망한 경우에는 그 배우자·직계친족·형제자매를 포함한다)에게 사건을 검사에게 송치하지 아니하는 취지와 그 이유를 통지하여야 한다.

제245조의7(고소인 등의 이의신청) ① 제제245조의6의 통지를 받은 사람(고발인을 제외한다)은 해당 사법경찰관의 소속 관서의 장에게 이의를 신청할 수 있다.
② 사법경찰관은 제1항의 신청이 있는 때에는 지체 없이 검사에게 사건을 송치하고 관계 서류와 증거물을 송부하여야 하며, 처리결과와 그 이유를 제1항의 신청인에게 통지하여야 한다.

제245조의8(재수사요청 등) ① 검사는 제245조의5제2호의 경우에 사법경찰관이 사건을 송치하지 아니한 것이 위법 또는 부당한 때에는 그 이유를 문서로 명시하여 사법경찰관에게 재수사를 요청할 수 있다.
② 사법경찰관은 제1항의 요청이 있는 때에는 사건을 재수사하여야 한다.

2. 검사와 사법경찰관의 상호협력과 일반적 수사준칙에 관한 규정

제53조(수사 결과의 통지) ① 검사 또는 사법경찰관은 제51조 또는 제52조에 따른 결정을 한 경우에는 그 내용을 고소인·고발인·피해자 또는 그 법정대리인(피해자가 사망한 경우에는 그 배우자·직계친족·형제자매를 포함한다. 이하 "고소인등"이라 한다)과 피의자에게 통지해야 한다. 다만, 다음 각 호의 어느 하나에 해당하는 경우에는 고소인등에게만 통지한다.
  1. 제51조제1항제4호가목에 따른 피의자중지 결정 또는 제52조제1항제3호에 따른 기소중지 결정을 한 경우
  2. 제51조제1항제5호 또는 제52조제1항제7호에 따른 이송(법 제256조에 따른 송치는 제외한다) 결정을 한 경우로서 검사 또는 사법경찰관이 해당 피의자에 대해 출석요구 또는 제16조제1항 각 호의 어느 하나에 해당하는 행위를 하지 않은 경우
② 고소인등은 법 제245조의6에 따른 통지를 받지 못한 경우 사법경찰관에게 불송치 통지서로 통지해 줄 것을 요구할 수 있다.
③ 제1항에 따른 통지의 구체적인 방법·절차 등은 법무부장관, 경찰청장 또는 해양경찰청장이 정한다.

제54조(수사중지 결정에 대한 이의제기 등) ① 제53조에 따라 사법경찰관으로부터 제51조제1항제4호에 따른 수사중지 결정의 통지를 받은 사람은 해당 사법경찰관이 소속된 바로 위 상급경찰관서의 장에게 이의를 제기할 수 있다.
② 제1항에 따른 이의제기의 절차·방법 및 처리 등에 관하여 필요한 사항은 경찰청장 또는 해양경찰청장이 정한다.

③ 제1항에 따른 통지를 받은 사람은 해당 수사중지 결정이 법령위반, 인권침해 또는 현저한 수사권 남용이라고 의심되는 경우 검사에게 법 제197조의3제1항에 따른 신고를 할 수 있다.

④ 사법경찰관은 제53조에 따라 고소인등에게 제51조제1항제4호에 따른 수사중지 결정의 통지를 할 때에는 제3항에 따라 신고할 수 있다는 사실을 함께 고지해야 한다.

3. 경찰수사규칙

제97조(수사 결과의 통지) ① 사법경찰관은 수사준칙 제53조에 따라 피의자와 고소인등에게 수사 결과를 통지하는 경우에는 사건을 송치하거나 사건기록을 송부한 날부터 7일 이내에 해야 한다. 다만, 피의자나 고소인등의 연락처를 모르거나 소재가 확인되지 않는 경우에는 연락처나 소재를 안 날부터 7일 이내에 통지를 해야 한다.

② 제1항의 통지(법 제245조의6에 따른 고소인등에 대한 불송치 통지는 제외한다)는 서면, 전화, 팩스, 전자우편, 문자메시지 등 피의자나 고소인등이 요청한 방법으로 할 수 있으며, 별도로 요청한 방법이 없는 경우에는 서면으로 한다. 이 경우 서면으로 하는 통지는 별지 제100호서식부터 별지 제102호서식까지의 수사결과 통지서에 따른다.

③ 법 제245조의6에 따른 고소인등에 대한 불송치 통지는 별지 제103호서식의 수사결과 통지서에 따른다.

④ 사법경찰관은 서면으로 통지한 경우에는 그 사본을, 그 외의 방법으로 통지한 경우에는 그 취지를 적은 서면을 사건기록에 편철해야 한다.

⑤ 수사준칙 제53조제2항에 따른 고소인등의 통지 요구는 별지 제104호서식의 불송치 통지요구서에 따른다.

⑥ 사법경찰관은 고소인, 고발인 또는 피의자가 불송치 결정에 관한 사실증명을 청구한 경우에는 지체 없이 별지 제105호서식 또는 별지 제106호서식의 불송치 결정 증명서를 발급해야 한다.

⑦ 사법경찰관은 고소인등에게 수사중지 결정의 통지를 하는 경우에는 수사준칙 제54조제3항에 따라 검사에게 신고할 수 있다는 내용을 통지서에 기재해야 한다.

II. 통지대상

고소인·고발인·피해자 또는 그 법정대리인(피해자가 사망하였을 때 그 배우자·직계친족·형제자매)과 피의자

III. 통지 시기 및 내용

1. 사건 초기

가. 형사 절차 개요 설명, 담당수사관 성명 및 연락처

담당수사관 성명, 연락처 등이 기재된 명함 제작 활용

나. 피해자구조금 지급 절차, 법률구조공단 및 인근 피해자지원 단체 이용 안내 등 피해보상에 도움이 되는 사항

관서별 주요 죄종 형사 절차 및 피해자 보호 안내문(판) 비치 활용

2. 진행단계

피해자 등이 사건 진행단계에서도 통지를 요청하거나 요청이 없더라도 피해회복에 필요하다고 인정되는 사항(피의자 구속·석방, 중요증거 발견)

3. 종결단계

가. 사건을 송치하거나 사건기록을 송부한 날로부터 7일 이내

나. 피의자나 고소인등의 연락처를 모르거나 소재가 확인되지 않을 때는 연락처나 소재를 안 날로부터 7일 이내

Ⅳ. 통지 방법 및 기록유지

1. 통지 방법

가. 피해 신고로 접수한 경우

피해신고서에 작성 기재한 방법

나. 고소·고발장을 접수 수사하는 경우

접수 또는 보충 조서작성 시 원하는 통지 방법

다. 피해신고서 등이 작성 안 된 경우(인지 사건 등)

① 사건 초기 담당수사관 성명 및 연락처 전화 등을 알려 주면서 통지 방법을 확인하여 통지

② 다만, 피해자 등과 연락 또는 의사 확인이 안 되는 경우는 피해자 등의 비밀보호 및 배려 차원에서 사건 유형에 따라 적절한 방법을 선택하되, 불가피한 때에는 통지 생략

2. 기록유지

가. 피해자등 통지관리표를 사건기록에 편철 작성 관리

피해자 인적사항 등 기본사항 외 통지 일시, 방법, 주요 내용, 대상자 등을 기재

나. 구두 통지를 했을 때는 비고란에 동석자 성명 및 특이정황 등을 기재하고

등기우편, 전화, 문자메시지, 모사전송, 이메일로 통지한 때에는 등기수령증 번호 또는 통신매체별 송부일시 및 해당 번호 등을 비고란에 기재

3. 명예훼손 등 주의

수사결과를 통지할 때는 해당 사건의 피의자 또는 사건관계인의 명예나 권리 등이 부당하게 침해되지 않도록 주의해야 한다.

○○경찰서

20○○.○.○.

제　호
수　신 : 　귀하
제　목 : 수사결과 통지서(고소인등·송치 등)

귀하와 관련된 사건에 대하여 다음과 같이 결정하였음을 알려드립니다.

접 수 일 시	.　.　.	사 건 번 호	0000-000000
죄　　　명			
결　정　일			
결 정 종 류	1. 송　　치 (　) : (☎ :　)　 2. 이　　송 (　) : (☎ :　)　 3. 수사중지 (　)		
주 요 내 용			
담 당 팀 장	○○과 ○○팀　경○　○○○		☎　02-0000-0000

※ 범죄피해자 권리 보호를 위한 각종 제도

- 범죄피해자 구조 신청제도(범죄피해자보호법)
  - 관할지방검찰청 범죄피해자지원센터에 신청
- 의사상자예우 등에 관한 제도(의사상자예우에관한법률)
  - 보건복지부 및 관할 자치단체 사회복지과에 신청
- 범죄행위의 피해에 대한 손해배상명령(소송촉진등에관한특례법)
  - 각급법원에 신청, 형사재판과정에서 민사손해배상까지 청구 가능
- 가정폭력·성폭력 피해자 보호 및 구조
  - 여성 긴급전화(국번없이 1366), 아동보호 전문기관(1577-1391) 등
- 무보험 차량 교통사고 뺑소니 피해자 구조제도(자동차손해배상보장법)
  - 동부화재, 삼성화재 등 자동차 보험회사에 청구
- 국민건강보험제도를 이용한 피해자 구조제도
  - 국민건강보험공단 급여관리실, 지역별 공단지부에 문의
- 법률구조공단의 법률구조제도(국번없이 132 또는 공단 지부·출장소)
  - 범죄피해자에 대한 무료법률구조(손해배상청구, 배상명령신청 소송대리 등)
- 범죄피해자지원센터(국번없이 1577-1295)
  - 피해자나 가족, 유족등에 대한 전화상담 및 면접상담 등
- 국민권익위원회의 고충민원 접수제도
  - 국민신문고 www.epeople.go.kr, 정부민원안내콜센터 국번없이 110
- 국민인권위원회의 진정 접수제도
  - www.humanrights.go.kr, 국번없이 1331
- 수사 심의신청 제도(경찰민원콜센터 국번없이 182)
  - 수사과정 및 결과에 이의가 있는 경우, 관할 시도경찰청 「수사심의계」에 심의신청
- 수사중지 결정 이의제기 제도
  - 수사중지 결정에 이의가 있는 경우, 해당 사법경찰관의 소속 상급 경찰관서의 장에게 이의제기
  - 법령위반, 인권침해 또는 현저한 수사권 남용이라고 의심되는 경우, 관할 지방검찰청 검사에게 신고 가능

○○경찰서장

○○경찰서

제 호   20○○.○.○.

수 신 : 귀하

제 목 : 수사결과 통지서(피의자·송치 등)

귀하와 관련된 사건에 대하여 다음과 같이 결정하였음을 알려드립니다.

접 수 일 시	. . .	사 건 번 호	0000-000000
죄 명			
결 정 일			
결 정 종 류	1. 송 치 ( ) : (☎:) 2. 이 송 ( ) : (☎:) 3. 수사중지 ( )		
주 요 내 용			
담 당 팀 장	○○과 ○○팀 경○ ○○○		☎ 02-0000-0000

※ 권리 보호를 위한 각종 제도

- ○국민권익위원회의 고충민원 접수제도
  - 국민신문고 www.epeople.go.kr, 정부민원안내콜센터 국번없이 110
- ○국민인권위원회의 진정 접수제도
  - www.humanrights.go.kr, 국번없이 1331
- ○수사 심의신청 제도(경찰민원콜센터 국번없이 182)
  - 수사과정 및 결과에 이의가 있는 경우, 관할 시도경찰청「수사심의계」에 심의신청
- ○수사중지 결정 이의제기 제도
  - 수사중지 결정에 이의가 있는 경우, 해당 사법경찰관의 소속 상급 경찰관서의 장에게 이의제기
  - 법령위반, 인권침해 또는 현저한 수사권 남용이라고 의심되는 경우, 관할 지방검찰청 검사에게 신고 가능

○○경찰서장

제2장

송치결정서 작성

제1절 송치절차

Ⅰ. 법적근거

1. 형사소송법

> **제245조의5(사법경찰관의 사건송치 등)** 사법경찰관은 고소·고발 사건을 포함하여 범죄를 수사한 때에는 다음 각 호의 구분에 따른다.
> 1. 범죄의 혐의가 있다고 인정되는 경우에는 지체 없이 검사에게 사건을 송치하고, 관계 서류와 증거물을 검사에게 송부하여야 한다.
> 2. 그 밖의 경우에는 그 이유를 명시한 서면과 함께 관계 서류와 증거물을 지체 없이 검사에게 송부하여야 한다. 이 경우 검사는 송부받은 날부터 90일 이내에 사법경찰관에게 반환하여야 한다.
>
> **제245조의6(고소인 등에 대한 송부통지)** 사법경찰관은 제245조의5제2호의 경우에는 그 송부한 날부터 7일 이내에 서면으로 고소인·고발인·피해자 또는 그 법정대리인(피해자가 사망한 경우에는 그 배우자·직계친족·형제자매를 포함한다)에게 사건을 검사에게 송치하지 아니하는 취지와 그 이유를 통지하여야 한다.
>
> **제245조의7(고소인 등의 이의신청)** ① 제245조의6의 통지를 받은 사람(고발인을 제외한다)은 해당 사법경찰관의 소속 관서의 장에게 이의를 신청할 수 있다.
> ② 사법경찰관은 제1항의 신청이 있는 때에는 지체 없이 검사에게 사건을 송치하고 관계 서류와 증거물을 송부하여야 하며, 처리결과와 그 이유를 제1항의 신청인에게 통지하여야 한다.
>
> **제245조의8(재수사요청 등)** ① 검사는 제245조의5제2호의 경우에 사법경찰관이 사건을 송치하지 아니한 것이 위법 또는 부당한 때에는 그 이유를 문서로 명시하여 사법경찰관에게 재수사를 요청할 수 있다.
> ② 사법경찰관은 제1항의 요청이 있는 때에는 사건을 재수사하여야 한다.

2. 검사와 사법경찰관의 상호협력과 일반적 수사준칙에 관한 규정

> **제58조(사법경찰관의 사건송치)** ① 사법경찰관은 관계 법령에 따라 검사에게 사건을 송치할 때에는 송치의 이유와 범위를 적은 송치 결정서와 압수물 총목록, 기록목록, 범죄경력 조회 회보서, 수사경력 조회 회보서 등 관계 서류와 증거물을 함께 송부해야 한다.
> ② 사법경찰관은 피의자 또는 참고인에 대한 조사과정을 영상녹화한 경우에는 해당 영상녹화물을 봉인한 후 검사에게 사건을 송치할 때 봉인된 영상녹화물의 종류와 개수를 표시하여 사건기록과 함께 송부해야 한다.
> ③ 사법경찰관은 사건을 송치한 후에 새로운 증거물, 서류 및 그 밖의 자료를 추가로 송부할 때에는 이전에 송치한 사건명, 송치 연월일, 피의자의 성명과 추가로 송부하는 서류 및 증거물 등을 적은 추가송부서를 첨부해야 한다.

3. 경찰수사규칙

제103조(송치 서류) ① 수사준칙 제58조제1항에 따른 송치 결정서는 별지 제114호서식에 따르고, 압수물 총목록은 별지 제115호서식에 따르며, 기록목록은 별지 제116호서식에 따른다.
② 송치 서류는 다음 순서에 따라 편철한다.
  1. 별지 제117호서식의 사건송치서
  2. 압수물 총목록
  3. 법 제198조제3항에 따라 작성된 서류 또는 물건 전부를 적은 기록목록
  4. 송치 결정서
  5. 그 밖의 서류
③ 수사준칙 제58조에 따라 사건을 송치하는 경우에는 소속경찰관서장 또는 소속수사부서장의 명의로 한다.
④ 제1항의 송치 결정서는 사법경찰관이 작성해야 한다.

Ⅱ. 내 용

1. 사법경찰관이 수사를 종결하였을 때에는 범죄혐의가 인정된 경우에만 관할 지방검찰청 검사장 또는 지청장에게 송치하고, 그 밖의 경우에는 그 이유를 명시한 서면과 함께 관계 서류와 증거물을 검사에게 송부하여야 한다.

2. 사건을 송치할 때에는 수사서류에 사건송치서 · 압수물총목록 · 기록목록 · 의견서 · 범죄 경력조회회보서 및 수사경력조회회보서 등 필요한 서류를 첨부하여야 한다.

3. 송치서류는 다음 순서에 따라 편철하여야 한다.
  ① 사건송치서
  ② 압수물 총목록(있을 경우)
  ③ 기록목록
  ④ 송치결정서
  ⑤ 그 밖의 서류

4. 압수물총목록, 기록목록, 송치결정서의 서류에는 송치인(사법경찰관) 이 직접 간인을 하여야 한다.

5. 송치결정서에는 장마다 면수를 기입하돼, 1장으로 이루어진 때에는 1로 표시하고, 2장 이상으로 이루어진 때에는 1-1, 1-2, 1-3 등으로 표시하여야 한다.

6. 기타의 서류는 접수 또는 작성한 순서에 따라 편철하고, 장마다 면수를 표시하되, 2부터 시작하여 순서대로 부여하여야 한다.

7. 사법경찰관이 귀중품(통화 및 유가증권을 제외한다)을 송치하는 경우에는 감정서 3부를 첨부하여야 한다.

8. 통신제한조치를 집행한 사건의 송치 시에는 수사기록표지 증거품 란에 "통신제한조치"라고 표기하고 통신 제한조치집행으로 취득한 물건은 수사담당 경찰관이 직접 압수물 송치에 준하여 송치하여야 한다.

제2절 사건송치서 작성

○ ○ 경 찰 서

제   호   20○○. ○. ○.

수 신 : ○○지방검찰청장

제 목 : 사 건 송 치 서

다음 사건을 송치합니다.

피 의 자	지문원지 작성번호	구속영장 청구번호	피 의 자 원표번호	통신사실 청구번호
불구속 홍 길 동 (洪 吉 童)				

죄 명	가. 강간 나. 아동복지법
수사단서	고소(취소), 인지
사건번호	
체포구속	20○○ 년 ○ 월 ○ 일
석 방	20○○ 년 ○ 월 ○ 일
결 정 일	20○○ 년 ○ 월 ○ 일
결정근거	
증 거 품	없 음
비 고	

○ ○ 경 찰 서 장

1. 피의자 표시

가. 피의자 표시는 1, 2, 3, 의 숫자로, 죄명 표시는 가, 나, 다 순으로 기재한다. 죄명이 수 개인 경우는 형의 중한 순서에 따라 성명 앞에 가, 나, 다로 표시한다.

피 의 자		지문원지 작성번호	구속영장 청구번호	피 의 자 원표번호	통신사실 청구번호
구 속	1. 가. 홍 길 동 (洪 吉 童)	234			
불구속	2. 나. 김 길 동 (金 吉 童)	235			
불구속	3. 가, 나 장 길 동 (張 吉 童)	236			

나. 한글로 피의자의 성명을 기재한 후 (　)안에 한자를 함께 적어 별명, 이명, 가명이 있을 때는 함께 기재한다. 법인을 양벌규정으로 입건 시에는 등기부상의 법인명칭을 정확히 기재한 후 (　)안에 대표이사의 성명을 함께 적는다.

✱ 등기부상에 "한국물산주식회사"로 되어 있는 것을 "한국물산(주), (주)한국물산, 주식회사한국물산"으로 표기하여서는 안 된다.

　☞ 양벌규정의 기재 例
　1. 홍 길 동 (洪 佶 東)
　2. 한국물산주식회사 (대표이사 홍길동)

다. 외국인의 성명은 영어 발음의 가장 가까운 발음의 한글로 기재한 뒤 (　)안에 원어를 함께 적는다.
　☞ 태 곤(Tae Gon)

2. 지문원지작성번호

가. 범죄혐의가 인정되어 기소의견으로 송치한 경우에만 작성한다. 다만 인지 사건의 경우에는 불기소 의견으로 송치하더라도 반드시 지문원지작성번호를 기재하여야 한다.

나. 특히 진정·탄원 사건을 인지하였다고 불기소 의견으로 송치한 경우 지문원지작성번호를 빠뜨리는 경우가 있는데 주의하여야 한다.

3. 구속영장 청구번호

구속영장을 신청하여 영장이 발부된 경우 검찰청의 청구번호를 기록한다.

4. 죄 명

가. 일반적 기재요령

① '가, 나, 다'로 표기한다.

② 형법과 특별법 구분 없이 형량이 무거운 순으로 기재한다.

❋ 특별법이라고 먼저 기재하여야 하는 것이 절대 아님

例. 사기죄와 폭력행위 등 처벌에 관한 법률 위반(공동폭행)의 경우

죄 명	가. 강간 나. 폭력행위 등 처벌에 관한 법률 위반(공동폭행)

나. 형법범의 경우

① 대검찰청에서 작성한 형법죄명표에 따라 기재한다.

② 예비(음모), 미수, 교사 방조의 경우 죄명 다음에 해당내용을 붙여 기재한다.

☞ 강도예비, 절도미수, 절도교사, 절도방조

다. 특별법의 경우

① 정확한 법의 명칭을 기재하고 "…법(법률) 위반"으로 표시한다.

☞ 폭력행위 등 처벌에 관한 법률 위반

② 예비(음모), 미수의 경우는 기재하지 아니한다.

③ 교사, 방조의 경우는 "…법(법률) 위반 교사(방조)"라고 기재한다. 단, 교사(방조)가 특별 구성요건으로 되어 있는 경우는 교사(방조)를 기재하지 아니한다.

☞ 식품위생법 위반 방조, 식품위생법 위반교사

④ 특정범죄가중처벌 등에 관한 법률 등 일부 특별법의 경우 "공소장 및 불기소장에 기재할 죄명에 관한 예규"(부록 참조)에서 정하고 있는 죄명을 기재하여야 한다.

☞ 특정범죄가중처벌 등에 관한 법률 위반(뇌물)

5. 수사단서

가. 인지, 고소, 고발, 자수를 정확하게 기재하고 인지인 동시에 고소인 경우는 "인지, 고소"로 표시하여야 한다.

나. 취소 및 합의된 것은 "취소" 또는 "합의"라고 표시하여야 한다.

6. 사건번호

범죄접수번호를 기재한다.

7. 체포구속

현행범체포, 긴급체포, 체포영장, 구속영장 등 체포 · 구속한 경우 작성한다.

8. 석 방

가. 현행범체포, 긴급체포, 체포영장, 구속영장 등 체포 · 구속하였다가 석방한 경우에만 작성한다.

나. 구속하여 검찰에 구속 송치한 경우에는 기재하지 않는다.

9. 결정일

송치결정서를 작성한 뒤 KICS에서 결정완료 버튼을 누른 날짜가 자동 현출된다.

10. 결정근거

KICS상 결정근거에서 송치서류 선택하면 자동 현출된다.

11. 증거품

증 거 품	있 음 (가환부)

가. 증거가 있는 경우

"있음"이라고 기재하고 (   )안에 "첨부, 환부, 가환부, 보관, 폐기, 인계, 환가" 등 해당한 사항을 기록한다.

나. 증거가 없는 경우

"없음"이라고 적어준다.

12. 비 고

비 고	○○교도소 수감 중

가. 중요한 것만 기재한다.

☞ 기소중지재기사건, 수배입력필, 인 · 허가관련통보필, ○○교도소 수감 중 등

나. 비고란에 기재사항이 많은 경우에는 별지를 사용하여도 무방하다

제3절 기록목록(압수물총목록)

 Ⅰ. 압수물총목록

1. 압수품이 있으면 반드시 압수물총목록을 작성하여야 한다. 압수물이 없으면 압수물총목록을 작성할 필요가 없다.
2. 기록 면수에는 압수목록이 있는 기록 면수를 기재한다.
3. 비고란에는 압수물의 처리사항 즉, 가환부, 환부, 폐기, 보관, 첨부 등의 내용을 기재한다.

압 수 물 총 목 록				
연번	품 종	수 량	기록정수	비 고
1	일만원권지폐	3매	○○	가환부
2	○○○○ 5만원권 할부구매전표	1매	〃	〃
3	○○호텔 일만원권상품권	5매	〃	〃
4	○○은행 비자카드	1매	〃	첨부

II. 기록목록

1. 수사가 종결되면 사건을 송치하면서 기록목록을 작성하여야 한다.
2. 수사기관(경찰)에는 수사서류를 송치하면 송치서 사본만 남기 때문에 기록목록을 상세히 작성해 두지 않으면 필요시 참고자료로 사용하는 데 어려움이 있다. 특히 지명수배 사건의 경우에는 더욱 그러한가.
3. '진술자'란의 경우에는 조서의 경우 피조사자, 수사보고서 등의 경우는 작성경찰관, 기타서류의 경우에는 그 서류 작성자의 이름을 기재한다.
4. '작성연월일'은 그 조서나 문서가 작성된 실질적인 일자(제출일자가 아님)를 기재한다.
5. '면수'는 처음 시작한 쪽의 면수만 기재한다. 예를 들어 甲에 대한 진술조서가 7쪽에서부터 13쪽까지 있으면 처음 시작인 7쪽의 면수를 기재한다.
6. 의견서에는 장마다 면수를 기입하되, 1장으로 이루어진 때에는 1로 표시하고, 2장 이상으로 이루어진 때에는 1-1, 1-2, 1-3 등으로 표시한다. 그러기 때문에 기록목록에는 '1-3' 등 전체 면수를 기재한다.

기 록 목 록			
서 류 명	작성자(진술자)	작성연월일	면 수
송치 결정서			1-3
기소중지자검거보고	○○경찰서	20○○. 1. 4	5
확인서	〃	〃	6
체포영장	○ ○ ○	20○○. 1. 7	7
사건송치사본	〃	20○○. 3. 3	8
피의자신문조서	〃	〃	11
수사결과보고	경감 김희곤	20○○. 4. 3	22

제4절 송치결정서 작성

대한민국경찰
KOREAN NATIONAL POLICE

○○경찰서

20○○.○.○.

사건번호　　　호

제　목　　송치 결정서

아래와 같이 송치 결정합니다.

Ⅰ. 피의자 인적사항
　　홍 길 동 (洪 吉 童). 농업
　　주민등록번호 :
　　주　　　거 :
　　등록기준지 :

Ⅱ. 범죄경력자료 및 수사경력자료

Ⅲ. 범죄사실

Ⅳ. 적용법조

Ⅴ. 증거관계

Ⅵ. 송치 결정 이유

　　　　　　　　　○ ○ 경 찰 서

　　　　　　　　　사법경찰관 경감 유 아 림

Ⅰ. 송치 결정 이유

1. 일반적인 적성 요령

○ 다툼이 없이 인정되는 사실

○ 고소인 주장 + 부합 증거

○ 피의자 주장

○ 증거판단(피의자 주장 배척 이유)

○ 결 론

피의자의 범죄혐의가 인정되어 송치(불구속)한다.

2. 특수한 경우

가. 형사소송법 제197조의3(시정조치요구 등)에 따라 송치한다.

나. 형사소송법 제197조의4(수사의 경합에 따라 송치한다.

다. 형사소송법 제198조의2(검사의 체포·구속장소감찰)에 따라 송치한다.

라. 형사소송법 제245조의7(고소인 등의 이의신청)에 따라 송치한다.

마. 검사와 사법경찰관의 상호협력과 일반적 수사준칙에 관한 규정 제66조(재정신청 접수에 따른 절차)에 따라 송치한다.

바. 검사와 사법경찰관의 상호협력과 일반적 수사준칙에 관한 규정 제64조(재수사결과의 처리)에 따라 송치한다.

3. 필수적 송치 사유

범죄혐의 유무와 상관없이 의무적으로 송치하여야 한다.

가. 가정폭력범죄의 처벌 등에 관한 특례법 제7조에 따라 송치한다.

나. 아동학대범죄의 처벌 등에 관한 특례법 제24조에 따라 송치한다.

제5절 추가 송부

Ⅰ. 근거법령

1. 검사와 사법경찰관의 상호협력과 일반적 수사준칙에 관한 규정

> 제58조(사법경찰관의 사건송치) ③ 사법경찰관은 사건을 송치한 후에 새로운 증거물, 서류 및 그 밖의 자료를 추가로 송부할 때에는 이전에 송치한 사건명, 송치 연월일, 피의자의 성명과 추가로 송부하는 서류 및 증거물 등을 적은 추가송부서를 첨부해야 한다.

2. 경찰수사규칙

> 제104조(추가송부) 수사준칙 제58조제3항에 따른 추가송부서는 별지 제118호서식에 따른다.

Ⅱ. 송치 결정 이유

1. 사건송치 후에 감정 결과회보서를 접수하였거나 조회 회답 또는 통보를 받았을 때, 고소취소장을 접수하였을 때 등 송치 후 검찰청으로 추가로 서류를 보낼 필요가 있을 때는 추가송부서를 작성하여 즉시 이를 관할검찰청에 보낸다.

2. 추가송부서는 2부를 작성하여 1부는 검찰청으로 송치하고 나머지 1부는 결재를 득한 후 이미 송치한 송치서 부본에 편철하도록 한다. 이때 부본에 편철한 추송서 사본에도 검찰에 송치한 모든 내용의 사본을 같이 편철하여야 한다.

○ ○ 경 찰 서

제   호   20○○. ○. ○.

수 신 : ○○지방검찰청장(검사 : 홍길동)

제 목 : 추가송부서

　　　다음과 같이 추송합니다.

피 의 자	불구속 홍 길 동 (洪吉童)
죄 명	아동복지법 위반
송 치 (송 부) 일	20○○. ○. ○.
사 건 번 호	제○○○호
결 정 일	
추 가 송 부 서 류 및 증 거 품	감정결과회보서 (국립과학수사연구원) 1매
비 고	

○ ○ 경 찰 서 장

제6절 법정송치

Ⅰ. 개 념

책임송치는 경찰이 책임 수사 후 범죄혐의가 있다고 판단 결정하여 사건을 검사에게 송치하는 것을 의미하고, 법정송치란 형사소송법, 대통령령 등에서 정한 일정 요건을 충족할 경우 경찰에게 사건송치 의무가 부여되는 것을 의미함

Ⅱ. 시정조치요구, 수사경합 등

1. 대 상

가. 시정조치 요구(형소법 제197조의3 제6항)

나. 수사의 경합(형소법 제197조의4 제2항)

다. 체포·구속장소감찰(형소법 제198조의2 제2항)

라. 재정신청(대통령령 제66조 제2항)

2. 절 차

사건접수 → 입건 → 수사 중 검사의 송치요구 → 송치 결정 → 검찰송치

3. 수사서류 편철

사건송치서 → 기록목록(압수물총목록) → 송치결정서 → 그 밖의 서류

4. 통 지

송치한 날로부터 7일 이내 피의자, 고소인 등에게 통지

5. 송치 결정 이유(例)

가. 형사소송법 제197조의3(시정조치요구 등)에 따라 송치한다.

나. 형사소송법 제197조의4(수사의 경합)에 따라 송치한다.

다. 형사소송법 제198조의2(체포·구속장소감찰)에 따라 송치한다.

라. 검사와 사법경찰관의 상호협력과 일반적 수사준칙에 관한 규정 제66조(재정신청 접수에 따른 절차)에 따라 송치한다.

Ⅲ. 이의신청

1. 절 차

이의신청 접수 → 기존 불송치 결정 변경 → 송치 결정 → 검찰송치

2. 수사서류 편철

가. 기록이 검찰에 있을 때

사건송치서 → 기록목록(압수물총목록) → 송치결정서 → 이의신청서 → 통지서

나. 기록이 경찰에 있을 때

사건송치서 → 기록목록(압수물총목록) → 송치결정서 → 이의신청서 → 통지서 → 사건기록 원본

3. 통 지

별도 규정된 기한은 없으나 사건송치서 작성 전 신청이 요청한 방법으로 통지

4. 송치 결정 이유(例)

형사소송법 제245조의7(고소인 등의 이의신청)에 따라 송치한다.

Ⅳ. 재수사 후 송치요구

1. 절 차

검사의 송치요구 → 기존 불송치 결정 변경 → 송치 결정 → 검찰송치

2. 수사서류 편철

사건송치서 → 기록목록(압수물총목록) → 송치결정서 → 재수사요청서 → 그 밖의 서류

3. 통 지

송치한 날로부터 7일 이내 피의자, 고소인 등에게 통지

4. 송치 결정 이유(例)

검사와 사법경찰관의 상호협력과 일반적 수사준칙에 관한 규정 제64조(재수사 결과의 처리) 제2항에 따라 송치한다.

Ⅴ. 가정폭력, 아동보호 사건송치

1. 법적근거

가. 가정폭력범죄의 처벌 등에 관한 특례법

> 제7조(사법경찰관의 사건송치) 사법경찰관은 가정폭력범죄를 신속히 수사하여 사건을 검사에게 송치하여야 한다. 이 경우 사법경찰관은 해당 사건을 가정보호사건으로 처리하는 것이 적절한지에 관한 의견을 제시할 수 있다.

나. 아동학대범죄의 처벌 등에 관한 특례법

> 제24조(사법경찰관의 사건송치) 사법경찰관은 아동학대범죄를 신속히 수사하여 사건을 검사에게 송치하여야 한다. 이 경우 사법경찰관은 해당 사건을 아동보호사건으로 처리하는 것이 적절한 지에 관한 의견을 제시할 수 있다.

2. 절 차

가. 사건접수 → 입건 → 송치 결정 → 검찰송치

나. 범죄혐의 여부와 상관없이 모두 송치결정서에 결정내용 기재 후 송치

- 가정폭력범죄의 처벌 등에 관한 특례법 제7조에 따라 송치한다.

- 아동학대범죄의 처벌 등에 관한 특례법 제24조에 따라 송치한다.

3. 수사서류 편철

사건송치서 → 기록목록(압수물총목록) → 송치결정서 → 그 밖의 서류

4. 통 지

송치한 날로부터 7일 이내 피의자, 고소인 등에게 통지

5. 송치 결정 이유(例)

가. 가정폭력범죄의 처벌 등에 관한 특례법 제7조에 따라 송치한다.

나. 아동학대범죄의 처벌 등에 관한 특례법 제24조에 따라 송치한다.

VI. 즉결심판 청구 후 판사기각

1. 법적근거

※ 즉결심판에 관한 절차법
제5조(청구의 기각등) ① 판사는 사건이 즉결심판을 할 수 없거나 즉결심판절차에 의하여 심판함이 적당하지 아니하다고 인정할 때에는 결정으로 즉결심판의 청구를 기각하여야 한다.
② 제1항의 결정이 있는 때에는 경찰서장은 지체없이 사건을 관할지방검찰청 또는 지청의 장에게 송치하여야 한다.

2. 절 차

사건접수 → 즉결심판 청구 → 판사기각 → 검찰송치

3. 수사서류 편철

사건송치서 → 기록목록(압수물총목록) → 송치결정서 → 청구기각 판결문 → 그 밖의 서류

4. 통 지

송치한 날로부터 7일 이내 피의자, 고소인 등에게 통지

5. 송치 결정 이유(例)

가. 범죄혐의 인정 시
  ○ 피의자의 범죄혐의 인정된다.
  ○ 즉결심판에 관한 절차법 제5조 제2항에 따라 송치한다.

나. 불송치 결정 사유에 해당한 경우
  ○ 증거 불충분하여 혐의없다.
  ○ 즉결심판에 관한 절차법 제5조 제2항에 따라 송치한다.

Ⅶ. 소년보호사건

1. 법적근거

가. 소년법

제4조(보호의 대상과 송치 및 통고) ① 다음 각 호의 어느 하나에 해당하는 소년은 소년부의 보호사
건으로 심리한다.
  1. 죄를 범한 소년
  2. 형벌 법령에 저촉되는 행위를 한 10세 이상 14세 미만인 소년
  3. 다음 각 목에 해당하는 사유가 있고 그의 성격이나 환경에 비추어 앞으로 형벌 법령에 저촉되는 행
     위를 할 우려가 있는 10세 이상인 소년
    가. 집단적으로 몰려다니며 주위 사람들에게 불안감을 조성하는 성벽(性癖)이 있는 것
    나. 정당한 이유 없이 가출하는 것
    다. 술을 마시고 소란을 피우거나 유해환경에 접하는 성벽이 있는 것
② 제1항제2호 및 제3호에 해당하는 소년이 있을 때에는 경찰서장은 직접 관할 소년부에 송치(送致)하여야
한다.

나. 경찰수사규칙

제107조(법원송치) ① 경찰서장은 「소년법」 제4조제2항에 따라 소년 보호사건을 법원에 송치하는 경우에
는 별지 제121호서식의 소년 보호사건 송치서를 작성하여 사건기록에 편철하고 관계 서류와 증거물을 관
할 가정법원 소년부 또는 지방법원 소년부에 송부해야 한다.
② 제1항의 송치 서류에 관하여는 제103조를 준용한다.

2. 절 차

사건접수 → 입건 → 송치 결정 → 검찰송치

3. 통 지

송치한 날로부터 7일 이내 피의자, 고소인 등에게 통지

4. 송치 결정 이유(例)

소년법 제4조 제2항에 따라 송치한다.

○○경찰서

제 호   20○○.○.○.

수 신 : ○○법원 소년부

제 목 : **소년 보호사건 송치서**

다음과 같이 송치합니다.

비행소년	성 명		이명(별명)	
	생 년 월 일		직 업	
	등 록 기 준 지			
	주 거			
	학 교		담임	
	보호자 · 성 명		관계	
	보호자 · 주민등록번호		연령	
	보호자 · 주 거			
	보호자 · 전 화		핸드폰	
비 행 사 건 명				
발 각 원 인				
동 행 여 부				
증 거 품				
비 고				

○○경찰서

사법경찰관 경감 유 아 림

비 행 사 실 (일시· 장소· 동가· 방법· 피해액)	
결 정 일	
결 정 주 문	
	직위(계·팀장)

제7절 병존사건의 분리송치

Ⅰ. 근거법령

1. 검사와 사법경찰관의 상호협력과 일반적 수사준칙에 관한 규정

> **제51조(사법경찰관의 결정)** ② 사법경찰관은 하나의 사건 중 피의자가 여러 사람이거나 피의사실이 여러 개인 경우로서 분리하여 결정할 필요가 있는 경우 그중 일부에 대해 제1항 각 호의 결정을 할 수 있다.
>
> **제56조(사건기록의 등본)** ① 검사 또는 사법경찰관은 사건 관계 서류와 증거물을 분리하여 송부하거나 반환할 필요가 있으나 해당 서류와 증거물의 분리가 불가능하거나 현저히 곤란한 경우에는 그 서류와 증거물을 등사하여 송부하거나 반환할 수 있다.
>
> ② 검사 또는 사법경찰관은 제45조제1항, 이 조 제1항 등에 따라 사건기록 등본을 송부받은 경우 이를 다른 목적으로 사용할 수 없으며, 다른 법령에 특별한 규정이 있는 경우를 제외하고는 그 사용 목적을 위한 기간이 경과한 때에 즉시 이를 반환하거나 폐기해야 한다.

2. 경찰수사규칙

> **제110조(일부 결정 시 조치 등)** ① 하나의 사건에 수사준칙 제51조제1항제2호부터 제4호까지의 규정에 따른 검찰송치, 불송치 및 수사중지 결정이 병존하는 병존사건의 경우 사법경찰관은 기록을 분리하여 송치 및 송부하도록 노력해야 한다.
>
> ② 제1항에도 불구하고 기록을 분리할 수 없는 경우에 사법경찰관은 관계 서류와 증거물을 원본과 다름이 없음을 인증하여 등사 보관하고 송치 결정서, 불송치 결정서 및 수사중지 결정서를 작성하여 그 결정서 별로 압수물 총목록과 기록목록 등을 첨부한 후 각 별책으로 편철하여 관계 서류와 증거물 원본과 함께 검사에게 송치 및 송부한다.
>
> ③ 검사가 제2항에 따라 송치 및 송부된 사건을 공소제기(수사준칙 제52조제1항제7호에 따른 이송 중 타 기관 이송 및 같은 항 제8호부터 제11호까지의 규정에 따른 사건송치 결정을 포함한다)한 이후, 사법경찰관이 고소인등의 이의신청에 따라 사건을 송치하거나 수사중지 사건을 재개수사하여 송치 또는 송부할 때에는 추가된 새로운 증거물, 관계 서류와 함께 제2항의 관계 서류와 증거물 등본 중 관련 부분을 검사에게 송부해야 한다. 다만, 고소인등의 이의신청이나 수사중지 사건의 재개에 따라 불송치하거나 수사중지 결정한 부분을 모두 송치 또는 송부하는 경우에는 등본 전체를 검사에게 송부해야 한다.

II. 절 차

1. 기록 분리

가. 가급적 기록을 분리하여 결정별로 사건접수가 바람직

나. 유사사건을 생성하여 결정별로 기록 생성 후 송치/송부하는 것도 가능

2. 병존사건 통지

송치/수사중지 결정통지와 불송치 결정통지 모두 이행

3. 기록(사건) 분리 가능여부의 판단

가. 가능 여부 판단기준

사건의 죄명, 피의자 수, 다수의 범죄사실 간 직접 관련성, 혐의인정 유무 및 수배 여부, 공범 관계, 기소권과 재판관할권 등을 고려하여 사건별로 개별/구체적으로 판단

나. 기록 분리 가능한 사건

① 각기 다른 행위로 다수의 피해자가 있는 경우

② 구속 사건으로 기록 분리가 필요한 경우(기록 분리 필요)

③ 동일한 피의자 다수의 범죄사실에 관한 결정이 서로 다른 경우

다. 기록 분리 불가능한 사건

① 유사한 수법으로 행한 범죄행위로 다수의 피해자가 있는 경우

② 동일한 피해자에 대하여 유사한 수법으로 행한 다수의 범죄행위(포괄일죄) 중 혐의 유무에 관한 결정이 혼재된 경우

III. 기록 분리 가능한 병존사건

1. 처리절차

가. 결정별로 분리할 수 있는 기록은 분리하고, 분리할 수 없는 일부 기록은 등사하여 결정별 기록에 편철

나. KICS상 유사사건을 생성하여 결정별로 사건번호 생성하고 이후 처리는 결정(사건)별로 일반적인 사건 처리절차에 따름

2. 일부 등사의 범위와 방식

가. 범 위

① 기록(사건)을 분리하였을 때 원 사건기록과 분리한 사건기록 모두에 포함되어야 하는 기록들을 선별하여 일부 등사

② 원본이 하나만 존재하는 관계 서류 및 증거물(고소장, 사건관계인 등이 제출한 서증, 조서 원본, 영장 원본 등)만 일부 등사

③ 수사보고서 등 KICS에 등재된 서류는 등사하지 않고, 전부 또는 일부를 출력하여 기록에 편철

④ 통신 및 계좌 등 자료가 방대한 수사자료는 필요시 이를 정리한 자료와 수사보고서로 첨부하되, 원 데이터는 출력 또는 등사하지 않고 전자자료로 첨부

나. 방 식

① 해당 기록을 등사한 후 원본이 있는 기록과 원본이 없는 기록 양쪽 모두에 사건기록 일부를 등사하였다는 내용 수사보고 작성 편철

② 기록을 분리하는 병존사건 처리절차는 사실상 결정별로 사건을 분리하는 것이므로 원 기록의 수사사항이 분리된 기록에 모두 등사되어야 하는 것은 아님

③ 기록 일부만 등사/편철되어도 결정(사건)별 혐의 유무를 뒷받침할 근거기록만 누락하지 않는 정도면 충분함

예, (수사보고서 작성)

1. 원본이 있는 기록에 편철할 수사기록

   피의자 홍길동 외 0명에 대한 ○○사건의 기록 일부를 등사하여 유사사건 (번호 ○○)의 기록에 편철하였기 보고합니다.

   -피해자 갑이 제출한 ○○ 원본

   -피의자 을이 제출한 ○○ 원본

2. 원본이 없는 기록에 편철할 수사기록

피의자 홍길동 외 0명에 대한 ○○사건(원 사건번호 : ○○)의 기록 일부를 등사하여 본 사건기록에 편철하였기 보고합니다.

다. 기록 편철

① 원본은 송치 결정을 한 사건기록에, 부본은 불송치결정을 한 사건기록에 편철
② 등사 대상의 기록이 송치 결정과 무관하게 불송치 결정의 근거에만 해당하는 경우에는 해당 결정사건의 수사기록에 원본 편철하고, 송치사건에 부본 편철

3. 사건 분리

가. 유사사건 생성

① 분리송치 사유로 유사사건을 생성하여 결정별로 기록 분리
② 불송치 사건기록 송부서의 참고사항에 원 사건의 유사사건임을 가재하고, 원 사건의 사건송치서에도 이를 기재

예.

1. 유사사건에서 불송치 사건기록 송부서 작성

이 사건은 피의자 홍길동 외 0명에 대한 ○○사건(사건번호 : ○○)에서 불송치 결정을 위해 기록을 분리한 유사사건임

2. 원 사건에서 사건송치서 작성

가. 피의자 1명의 일부 범처 분리

이 사건 피의자의 범처사실 중 일부에 대한 불송치 결정을 하기 위해 기록을 분리한 다음 유사사건(사건번호 : ○○)을 생성하여 처리함

나. 다수 피의자 중 일부 분리

이 사건 피의자 중 일부에 대한 불송치 결정을 하기 위해 기록을 분리한 다음 유사사건(사건번호 : ○○)을 생성하여 처리함

나. 이후 처리절차

일반적인 결정이 1개만 있는 사건(송치사건/불송치사건/수사중지사건)의 처리절차와 동일하게 진행

Ⅳ. 기록 분리 불가능한 병존사건

1. 처리절차

가. 경 찰

사건기록 등본(인증 등사)을 제작하여 경찰 보관, 원본은 검사에게 송치/송부

나. 검 찰

① 불송치는 90일, 수사중지는 30일간 기록검토 후 결정서 등만 일부 반환 가능
② 불송치/수사중지만 혼재된 병존사건의 경우 검사는 사건기록 원본을 반드시 반환

2. 송치/송부

가. 방 식

결정별로 송치(송부)서, 압수물총목록, 기록목록, 결정서를 별책으로 편철, 사건기록과 함께 송치/송부

나. 원본 기록의 작성과 편철

원본 기록은 송치 결정 사건기록에 불송치 결정 관련 서류와 수사중지 결정 관련 서류를 별책으로 편철하여 검사에게 송치/송부(송치기록에 철끈 연결)

① 압수물 총목록 작성
　송치/불송치/기소중지 결정에 편철되는 압수물총목록은 모두 동일하게 작성하여 편철
② 기록목록 작성
　기존과 같이 작성/편철
③ 등사/보관
　결정별 송치(송부)서, 압수물총목록, 기록목록, 송치결정서와 사건기록을 모두 등사하여 보관
④ 등 사
　－일반사건기록 및 서증은 복사기를 사용하여 등사하여 편철
　－유체물 증거 : 등사 불가능함으로 수사기록 원본에 포함된 유체물 증거의 사진 및 관련 내용 등을 기재한 수사보고 등을 등사하여 편철
　－디지털 증거 : 혐의 사실 관련된 부분에 한해 복제하여 별도의 정보저장 매체에 보관

⑤ 인 증

사건기록 담당자는 등사 후 등본 첫 장에 원본과 다름이 없음을 인증하는 인증등본
증명표지(인증등본증명서)를 편철

⑥ 수사관의 보관

수사관은 검사의 기록검토 기간 인증등본을 보관하고 검사가 결정서 등 일부 반환
하는 경우 인증등본 제일 앞에 편철

⑦ 등본기록 편철

검사가 일부 반환한 결정서 등 → 보관 중이던 등본 순으로 편철

3. 공소제기 후 이의신청과 수사중지 사건 재개에 따른 송치

가. 원 칙

전체 기록을 재등본(인증등사)하여 송부/송치

나. 예 외

기록이 방대하고 송치대상 피의자에 대한 일부 기록만 발췌 가능한 경우에는 관련 부
분만 재등본하여 송부/송치

다. 다만,

불송치/수사중지 결정된 부분이 고소인 등의 이의신청, 수사중지 사건의 수사 재개에
따라 모두 송치/송부되는 경우에는 등본 전체를 검사에게 송부

4. 병존사건의 보완 수사요구/재수사요청 결과에 따른 후속 조치

가. 원 칙

병존사건 보완 수사, 재수사 시행 후 결과 통보

나. 결정 변경이 없는 경우

병존사건 보완 수사, 재수사 시행 후 결과 통보

다. 결정 변경이 있는 경우

KICS상 유사사건 생성하여 변경한 절차에 따라 송치/송부

① 송치 → 불송치

보완 수사결과 통보서에 기존 송치 결정을 취소한다는 내용기재 → 유사사건 생성(수
사결과보고, 불송치/수사중지 관련서류 작성) → 불송치 결정 절차 진행

② 불송치 → 송치

유사사건 생성(수사결과보고, 송치 관련서류 작성) → 송치 결정 절차 진행

5. 기록 송치/송부의 방식

가. 결정 변경이 없는 경우 : 보완 수사/재수사 시행 후 결과 통보

① 보완 수사요구(결정) 이후 송치 결정을 유지하는 경우 원 병존 사건기록 중 송치기록 + 보완 수사기록을 편철하여 송부

② 재수사요청만을 받아 재수사 후 불송치 결정을 유지하는 경우 재수사기록 및 재수사결과서 작성하여 송부

나. 결정 변경이 있는 경우 : 변경한 결정의 절차에 따라 송치/송부

① 보완 수사요구 이후 송치 결정을 불송치 결정으로 변경하는 경우 불송치 관련 기록+ 보완 수사기록 + 원 병존사건 기록 중 송치기록 편철하여 첨부

② 재수사요청만을 받아 재수사 후 송치 결정으로 변경하는 경우 유지하는 경우 새로운 송치 결정기록을 작성하여 송부

인증등본 증명서

등사일시						
사건번호						

피 의 자	성 명		성별	연령	지문원지 작성번호	피 의 자 원표번호

죄 명	
결정주문	
결정일시	

편철내역	서 류	
	증거품	

이 기록이 제○○사건의 등본기록임을 증명함

사법경찰관(리)　○○　홍 길 동

불송치 사건기록 작성

제3장

제1절 법적근거

1. 형사소송법

> **제245조의5(사법경찰관의 사건송치 등)** 사법경찰관은 고소·고발 사건을 포함하여 범죄를 수사한 때에는 다음 각 호의 구분에 따른다.
> 1. 범죄의 혐의가 있다고 인정되는 경우에는 지체 없이 검사에게 사건을 송치하고, 관계 서류와 증거물을 검사에게 송부하여야 한다.
> 2. 그 밖의 경우에는 그 이유를 명시한 서면과 함께 관계 서류와 증거물을 지체 없이 검사에게 송부하여야 한다. 이 경우 검사는 송부받은 날부터 90일 이내에 사법경찰관에게 반환하여야 한다.

2. 검사와 사법경찰관의 상호협력과 일반적 수사준칙에 관한 규정

> **제51조(사법경찰관의 결정)** ① 사법경찰관은 사건을 수사한 경우에는 다음 각 호의 구분에 따라 결정해야 한다.
> 　3. 불송치
> 　　가. 혐의없음
> 　　　1) 범죄인정안됨
> 　　　2) 증거불충분
> 　　나. 죄가안됨
> 　　다. 공소권없음
> 　　라. 각하

3. 경찰수사규칙

> **제108조(불송치 결정)** ① 불송치 결정의 주문(主文)은 다음과 같이 한다.
> 　1. 혐의없음
> 　2. 죄가안됨
> 　3. 공소권없음
> 　4. 각하

제2절 불송치 유형

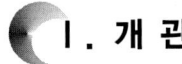

Ⅰ. 개 관

1. 관련근거 (검찰사건사무규칙)

제115조(불기소결정) ① 검사가 사건을 불기소결정하는 경우에는 불기소 사건기록 및 불기소 결정서에 부수처분과 압수물처분을 기재하고, 불기소 결정서에 피의사실의 요지와 수사의 결과 및 공소를 제기하지 않는 이유를 적어야 한다. 다만, 간단하거나 정형적인 사건의 경우에는 불기소 사건기록 및 불기소 결정서(간이) 양식을 사용할 수 있다.

② 제1항의 불기소 사건기록 및 불기소 결정서를 작성하는 경우에는 다음 각 호의 방법으로 표시하되, 법정형이 중한 순으로 표시한다.

1. 피의자: 1, 2, 3의 순
2. 죄명: 가, 나, 다의 순

③ 불기소결정의 주문은 다음과 같이 한다. 〈개정 2022. 2. 7.〉

1. 기소유예: 피의사실이 인정되나 「형법」 제51조 각 호의 사항을 참작하여 소추할 필요가 없는 경우
2. 혐의없음
  가. 혐의없음(범죄인정안됨): 피의사실이 범죄를 구성하지 않거나 피의사실이 인정되지 않는 경우
  나. 혐의없음(증거불충분) : 피의사실을 인정할 만한 충분한 증거가 없는 경우
3. 죄가안됨: 피의사실이 범죄구성요건에는 해당하지만 법률상 범죄의 성립을 조각하는 사유가 있어 범죄를 구성하지 않는 경우
4. 공소권없음: 다음 각 목의 어느 해당에 해당하는 경우
  가. 확정판결이 있는 경우
  나. 통고처분이 이행된 경우
  다. 「소년법」·가정폭력처벌법·성매매처벌법 또는 아동학대처벌법에 따른 보호처분이 확정된 경우(보호처분이 취소되어 검찰에 송치된 경우는 제외한다)
  라. 사면이 있는 경우
  마. 공소의 시효가 완성된 경우
  바. 범죄 후 법령의 개정이나 폐지로 형이 폐지된 경우
  사. 법률에 따라 형이 면제된 경우
  아. 피의자에 관하여 재판권이 없는 경우
  자. 같은 사건에 관하여 이미 공소가 제기된 경우(공소를 취소한 경우를 포함한다. 다만, 공소를 취소한 후에 다른 중요한 증거를 발견한 경우는 포함되지 않는다)
  차. 친고죄 및 공무원의 고발이 있어야 논할 수 있는 죄의 경우에 고소 또는 고발이 없거나 그 고소 또는 고발이 무효 또는 취소된 경우
  카. 반의사불벌죄의 경우 처벌을 희망하지 않는 의사표시가 있거나 처벌을 희망하는 의사표시가 철회된 경우
  타. 피의자가 사망하거나 피의자인 법인이 존속하지 않게 된 경우
5. 각하
  가. 고소 또는 고발이 있는 사건에 관하여 고소인 또는 고발인의 진술이나 고소장 또는 고발장에 의하여 제2호부터 제4호까지의 규정에 따른 사유에 해당함이 명백한 경우
  나. 법 제224조, 제232조제2항 또는 제235조에 위반한 고소·고발의 경우

다. 같은 사건에 관하여 검사의 불기소결정이 있는 경우(새로이 중요한 증거가 발견되어 고소인, 고발인 또는 피해자가 그 사유를 소명한 경우는 제외한다)

라. 법 제223조, 제225조부터 제228조까지의 규정에 따른 고소권자가 아닌 자가 고소한 경우

마. 고소인 또는 고발인이 고소·고발장을 제출한 후 출석요구나 자료제출 등 혐의 확인을 위한 수사기관의 요청에 불응하거나 소재불명이 되는 등 고소·고발사실에 대한 수사를 개시·진행할 자료가 없는 경우

바. 고발이 진위 여부가 불분명한 언론 보도나 인터넷 등 정보통신망의 게시물, 익명의 제보, 고발 내용과 직접적인 관련이 없는 제3자로부터의 전문(傳聞)이나 풍문 또는 고발인의 추측만을 근거로 한 경우 등으로서 수사를 개시할만한 구체적인 사유나 정황이 충분하지 않은 경우

사. 고소·고발 사건(진정 또는 신고를 단서로 수사개시된 사건을 포함한다)의 사안의 경중 및 경위, 피해 회복 및 처벌의사 여부, 고소인·고발인·피해자와 피고소인·피고발인·피의자와의 관계, 분쟁의 종국적 해결 여부 등을 고려할 때 수사 또는 소추에 관한 공공의 이익이 없거나 극히 적은 경우로서 수사를 개시·진행할 필요성이 인정되지 않는 경우

2. 일반사항

가. 불기소처분은 기판력이 발생하지 않으며 공소권이 소멸하는 것도 아니다.

나. 불기소 이유를 기재하면서 특히 주의하여야 할 점은 통상의 법률가라면 알고 있는 법률상 또는 법리상의 설명 문구는 필요하지 않는다는 것이다.

例, "사문서위조에서 문서란 실재인 명의의 문서임을 요한다할 것인바,"라든가, "친고죄에서는 범인을 알게 된 날로부터 6개월 이내에 고소하였을 때만 유효한 고소라고 할 것인바" 등 설명적인 문구는 쓸 필요가 없고, 바로 본건 문서가 허무인 명의로 작성되었다든지, 고소할 수 없는 불가항력의 사유없이 6개월이 경과된 뒤에 고소 제기되었다는 사실만을 적시함으로써 족한 것이다.

다. 형식적인 이유로 불기소하면서 서두에 "피의사실은 인정되나"와 같은 실체적인 판단을 기재한다거나, 기소중지와 같이 중간처분을 하면서 "피의사실은 인정되나"와 같은 종국적 판단을 기재하는 것은 그러한 처분의 성질에 어긋난다.

라. '혐의없음'이나 '기소유예'에 비하면 '죄가 안됨'이나 '공소권없음' 또는 '기소중지'의 이유는 간단한 것이 상례이며 각 이유의 요지만을 적시함으로써 충분하다.

II. 혐의없음

※ 경찰수사규칙
제108조(불송치 결정) ① 불송치 결정의 주문(主文)은 다음과 같이 한다.
  1. 혐의없음
    가. 혐의없음(범죄인정안됨): 피의사실이 범죄를 구성하지 않거나 범죄가 인정되지 않는 경우
    나. 혐의없음(증거불충분): 피의사실을 인정할 만한 충분한 증거가 없는 경우
제111조(혐의없음 결정 시의 유의사항) 사법경찰관은 고소 또는 고발 사건에 관하여 제108조제1항제1호의 혐의없음 결정을 하는 경우에는 고소인 또는 고발인의 무고혐의의 유무를 판단해야 한다.

1. 사 유

가. 피의사실이 인정되지 아니하는 경우

① 피의사실이 피의자의 행위가 아닌 것이 명백한 경우

② 피의사실이 피의자의 행위인지 아닌지 명확하지 아니한 경우

③ 충분한 의심은 가나 피의자의 행위임을 인정할 증거가 없거나 그 증거가 불충분한 경우

나. 피의사실이 범죄의 구성요건에 해당하지 아니한 경우

① 어떤 사실 자체가 존재하는 것은 인정되나 그 사실이 법률상 범죄의 구성요건을 충족하지 못하는 경우

② 고의가 없는 행위

③ 과실범에 있어서 과실이 인정되지 아니한 경우

④ 행위와 결과 간에 인과관계가 없는 경우

⑤ 불가벌적 사후행위

⑥ 과태료처분사항

⑦ 지급제시기간 도과후의 수표 지급제시

⑧ 횡령죄 보관자의 지위

⑨ 배임죄에 있어서 타인의 사무를 처리하는 자

⑩ 사용절도 (형법 제331조의2 "자동차등불법사용죄"는 제외)

⑪ 임의동행 거부 폭행

⑫ 자백 외에 보강증거 없는 경우

2. 유의사항

가. 혐의없음 결정을 하기에 앞서 기록을 철저히 검토하고 수사에 미진한 점이 없는지 한 번 더 생각해 보아야 한다.

나. 혐의없음 처분하면서 송치 죄명에 한정하여 사건을 판단하여서는 아니 되며 송치 죄명 외 다른 범죄의 성립여부도 검토하여야 한다.

Ⅲ. 죄가안됨

> ※ 경찰수사규칙
> 제108조(불송치 결정) ① 불송치 결정의 주문(主文)은 다음과 같이 한다.
> 　2. 죄가안됨: 피의사실이 범죄구성요건에 해당하나 법률상 범죄의 성립을 조각하는 사유가 있어 범죄를 구성하지 않는 경우(수사준칙 제51조제3항제1호는 제외한다)

1. 의 의

피의사실이 범죄구성요건에 해당되나 위법성과 책임 조각사유등 범죄성립 조각사유가 있어 법률상 범죄를 구성하지 않는 것을 이유로 하는 불기소처분

가. 위법성조각사유가 있는 경우

① 정당행위(형법 제20조) ② 정당방위(제21조 제1항) ③ 긴급피난(제22조 제2항)
④ 자구행위(제23조 제1항) ⑤ 피해자의 승낙에 의한 행위(제25조)

나. 책임조각사유가 있는 경우

① 형사미성년자의 행위(형법 제9조)
② 심신상실자의 행위(형법 제10조 제1항)

　　　－ 이 경우 정신과 의사 등 전문가의 의견을 들은 후에 신중히 판단하여야 하며 전문의사의 감정서를 받아 기록에 첨부하는 것이 타당하다. 다만 이 경우에 보다 정확한 감정을 위하여 감정유치청구를 하여 유치처분을 받아 집행하는 것도 바람직하다.

　　　－ 심신미약자의 행위나 과잉방위행위·과잉피난 행위 등은 모두 죄가 안 되는 사유가 되지 아니하고, 다만 기소유예 사안이 될 수 있을 뿐이다.

다. 형법 각 본조에 "처벌하지 아니한다."라고 규정된 경우

① 친족, 호주 또는 동거가족의 범인은닉(형법 제151조 제2항)
② 친족, 호주 또는 가족의 증거인멸행위(형법 제155조 제4항)

2. 수사사항 및 의견 기재요령

가. 형사미성년자

○○동장 발행의 피의자에 대한 주민등록등본의 기재 내용에 의하면 피의자는 범행 당시 13세의 형사미성년자임이 인정되므로 죄가 되지 아니하므로 불기소

나. 책임능력 결여

■ 피의자가 위와 같이 피해자를 식칼로 찔러 사망하게 한 사실은 인정된다.

■ 피의자는 그때 자신이 무슨 짓을 했는지 전혀 기억할 수 없다고 변명하고 있다.

■ 5년간 피의자의 정신적 질환을 치료한 의사 홍길동 작성의 진단서 내용과 그의 진술 및 같은 마을에 사는 참고인 김이장, 이건 범행을 본 참고인 정다혜의 진술 등을 종합하면

■ 피의자는 당시 범행 당시 심한 정신착란증에 빠져 있어 사물을 변별할 만한 의사능력이 전혀 없는 상태였음을 충분히 인정할 수 있어 죄가 되지 아니하여 불기소

다. 정당방위

■ 피의자가 위와 같이 몽둥이로 피해자의 허리를 1회 때려 요부타박상을 가한 사실은 인정된다.

■ 피의자와 목격자 홍길동의 진술을 종합하면 피의자가 위 일시 장소에서 피해자에게 조용히 하라고 주의를 주자 술에 취한 피해자가 갑자기 칼을 들고 피의자를 찌르려고 덤벼들므로 이를 피하여 뒷문 쪽으로 도망하려 하였지만 뒷문이 막혀 다시 앞문으로 빠져나가려 하다가 피해자가 막아서면서 죽인다고 소리치며 식칼로 찌르려고 하기에 이를 피하기 위하여 부득이 그곳에 있던 몽둥이로 피해자의 허리를 한 번 때린 사실을 인정할 수 있다.

■ 이와 같은 피의자의 행위는 형법 제21조에 규정된 정당방위에 해당하는 것으로 인정할 수 있다.

■ 죄가 되지 아니하므로 불기소

Ⅳ. 공소권없음

1. 사 유

  가. 확정판결이 있을 때

    실체적 확정력이 있는 유죄, 무죄, 면소의 판결이 있는 경우를 말하며 관할위반, 공소기각의 판결(결정) 등은 이에 해당하지 아니한다.

  나. 약식명령의 확정

  다. 사면이 있을 때

  라. 공소시효가 완성되었을 때

  마. 범죄 후 법령 개폐로 형이 폐지되었을 때

  바. 외교관과 같이 피의자에 대한 재판권이 없는 때(치외법권)

    피의자가 군인 또는 군무원일 경우에는 군사법원에 이송의견으로 송치

  사. 동일사실에 대하여 이미 공소제기가 있을 때(이중기소)

    귀히 송치한 사건과 동일한 사람을 수사할 때에는 이미 송치한 사건의 처분결과

를 반드시 확인하여 동 사건이 검찰에서 수사 후 기소되었거나 판결이 확정된 경우가 아니면 수사결과에 따라 의견을 달아야 한다. 공소를 취소한 경우를 포함한다. 다만, 다른 중요한 증거를 발견한 경우에는 그러하지 아니하다.

아. 소추조건을 결한 때

　① 친고죄에 있어서 고소가 없거나 고소가 취소되었거나 고소인의 고소권이 소멸하였을 때

　② 반의사불벌죄에서 피해자가 처벌을 원치 않거나, 처벌의사를 철회하였을 때

　③ 고발을 요하는 사건에 있어서 고발이 없거나 고발이 취소되었을 때

　④ 피의자에 관하여 재판권이 없을 때

자. 피의자가 사망하거나 피의자인 법인이 존속하지 아니하게 되었을 때

차. 법률에 의하여 형을 면제한 때

　■ "그 형을 면제한다"라고 규정되어 있는 필요적 면제인 경우만 공소권이 없다.

　■ "형을 감경 또는 면제한다", "형을 감경 또는 면제할 수 있다"라고 규정된 임의적 면제의 경우는 공소권이 없는 경우가 아니며 기소유예처분의 사유가 될 뿐이다.

카. 국회의원이 국회에서 직무상의 발언에 관하여 책임을 지지 아니하는 것과 같은 인적처벌조각사유에 해당하는 때

타. 친족상도례(친고죄)

파. 통고처분이 이행된 경우,

하. 「소년법」, 「가정폭력범죄의 처벌 등에 관한 특례법」 또는 「성매매알선 등 행위의 처벌에 관한 법률」에 의한 보호처분이 확정된 경우(보호처분이 취소되어 검찰에 송치된 경우를 제외한다)

2. 수사사항 및 의견 기재요령

가. 공소시효의 완성

본건의 공소시효는 3년인 바, 20○○. 5. 29. 공소시효가 완성되었으므로 공소권없음.

나. 피의자의 사망

○○구청장 발행의 피의자에 대한 가족관계등록부의 기재에 의하면 피의자는 20○○. 1. 2. 사망한 사실을 인정할 수 있으므로 공소권없음.

다. 공소 제기된 사건과 동일사건

본건은 20○○. 3. 2. ○○지방검찰청 20○○형 제245호로 공소 제기된 사건과 동일함으로 공소권없음.

라. 판결이 확정된 사건과 동일사건

본건은 피의자가 20○○. 1. 15. ○○지방법원에서 사기죄로 징역 6년을 선고받아 같은 달 21. 확정된 사건과 동일한 사건으로서 위 판결의 기판력이 본건에도 미치므로 공소권없음.

마. 친족상도례

■피의자에 대한 가족관계등록부의 기재 내용에 의하면 피해자 홍길동은 피의자의 부로서 직계혈족의 친족 관계에 있으므로 공소권없음.

■피의자 및 피해자 홍길동의 각 가족관계등록부의 기재 내용에 의하면 피의자는 피해자와 외사촌지간의 친족 관계에 있으므로 본건은 피해자의 고소가 있어야 논할 수 있는바, 피해자가 20○○. 1. 20. 고소를 취소하였으므로 공소권없음.

바. 친고죄

■본건은 친고죄인바, 고소인이 20○○. 1. 4. 고소를 취소하였으므로 공소권없음.

■본건은 고소가 있어야 논할 수 있는 사안 바, 본건 고소는 고소기간이 지나서 제기된 고소로서 부적법하므로 공소권없음.

■고소인이 피의자 홍길동을 상대로 제기한 이혼심판청구가 심리기일에 쌍방 불출석으로 인하여 취하된 것으로 간주하여 본건 간통고소는 부적법하므로 공소권없음.

■불가항력의 사유없이 범인을 알게 된 날로부터 6월이 경과한 후인 20○○. ○. ○. 고소가 제기되었으므로 공소권없음

사. 반의사불벌죄

본건은 피해자의 명시한 의사에 반하여 논할 수 없는 죄인바, 피해자로부터 피의자의 처벌을 원하지 아니하는 의사표시가 있으므로 공소권없음.

아. 법인의 해산

○○지방법원 등기관 발행의 등기부등본 기재 내용에 의하면 피의자인 법인이 20○○. 2. 20. 해산되었으므로 공소권없음.

자. 처벌규정의 폐지

본건 ○○은 "(일자)" ○○법에서 ○○법으로 개정이 되면서 그 처벌규정이 폐지되었으므로 공소권없음.

차. 사 면

본건은 20○○. ○. ○. 시행된 대통령령 제○○호(일반)사면령에 의하여 사면되었으므로 공소권없음

Ⅴ. 각 하

> ※ 경찰수사규칙
> 제108조(불송치 결정) ① 불송치 결정의 주문(主文)은 다음과 같이 한다.
> 　4. 각하 : 고소·고발로 수리한 사건에서 다음 각 목의 어느 하나에 해당하는 사유가 있는 경우
> 　　가. 고소인 또는 고발인의 진술이나 고소장 또는 고발장에 따라 제1호부터 제3호까지의 규정에 따른 사유에 해당함이 명백하여 더 이상 수사를 진행할 필요가 없다고 판단되는 경우
> 　　나. 동일사건에 대하여 사법경찰관의 불송치 또는 검사의 불기소가 있었던 사실을 발견한 경우에 새로운 증거 등이 없어 다시 수사해도 동일하게 결정될 것이 명백하다고 판단되는 경우
> 　　다. 고소인·고발인이 출석요구에 응하지 않거나 소재불명이 되어 고소인·고발인에 대한 진술을 청취할 수 없고, 제출된 증거 및 관련자 등의 진술에 의해서도 수사를 진행할 필요성이 없다고 판단되는 경우
> 　　라. 고발이 진위 여부가 불분명한 언론 보도나 인터넷 등 정보통신망의 게시물, 익명의 제보, 고발 내용과 직접적인 관련이 없는 제3자로부터의 전문(傳聞)이나 풍문 또는 고발인의 추측만을 근거로 한 경우 등으로서 수사를 개시할 만한 구체적인 사유나 정황이 충분하지 않은 경우

1. 적용 범위

가. 각하처분은 고소·고발사건에 한하여 행하여지는 불기소처분의 일종으로 고소·고발장의 기재 및 고소·고발인의 진술에 의하더라도 기소를 위한 수사의 필요성이 없다고 명백하게 인정되는 경우 피의자 또는 참고인을 조사하지 않고 간략하게 행하는 종국처분임

나. 고소·고발사건이 각하사유에 해당하더라도 고소·고발인이 고의로 출석을 기피하거나 소재불명된 경우를 제외하고는 다른 고소·고발사건 처리와 동일하게 고소·고발인의 진술을 청취한 후 각하결정을 하여야 함

다. 고소·고발장과 고소·고발인의 진술만으로는 기소를 위한 수사의 필요성을 판단하

기에 불충분한 때에는 원칙적으로 종전의 불기소처분 절차에 따라 처리하여야 함

라. 피의자 또는 참고인을 조사하는 등 사건의 실체에 관하여 실질적인 수사를 진행하였을 때에는 법률에 위반한 고소·고발, 고소권한이 없는 자에 의한 고소 등을 제외하고는 원칙적으로 종전의 불기소처분절차에 따라 처리

2. 각하 사유

가. 수리된 고소·고발장의 기재 및 고소·고발인의 진술에 위하더라도 고소·고발된 사건에 대하여 처벌할 수 없음에 명백하여 더 이상 수사를 진행할 필요가 없다고 인정되는 고소·고발사건

① 고소·고발사실이 특정되지 아니하거나 범죄를 구성하지 아니할 경우
- 정신질환자 등에 의한 고소·고발로써 고소·고발사건을 특정할 수 없는 사건
- 과실재물손괴, 단순채무불이행 등 고소·고발사실 자체로 범죄를 구성하지 아니하는 사건

② 죄가 안됨이 명백한 사건
- 형사미성년자에 대한 고소·고발 등

③ 공소시효가 완성된 사건
- 고소인 또는 고발인의 진술에 의하더라도 이미 공소시효가 완성되었고 더 이상 조사하더라도 공소시효의 변경 가능성이 전혀 없어 실체수사의 필요가 없는 경우

④ 동일한 사건에 관하여 확정판결이 있거나 공소가 제기되었음에도 고소·고발된 사건

⑤ 반의사불벌죄의 경우 처벌을 희망하지 아니하는 의사표시가 있거나 처벌을 희망하는 의사표시가 철회되었음에도 고소·고발된 사건

⑥ 피의자가 사망하였거나 피의자인 법인이 존속하지 아니하게 되었음에도 고소·고발된 사건

나. 동일한 사안에 대하여 이미 검사의 불기소처분이 존재하여 다시 수사할 가치가 없다고 인정되는 경우
다만, 고소인 또는 고발인이 새로운 증거가 발견된 사실을 소명한 때에는 예외

다. 고소 또는 고발이 법률에 위반되어 이를 단서로 수사를 개시함이 법률에 위반되는 결과를 초래하는 경우
자기 또는 배우자의 직계존속에 대한 고소·고발(형소법 제224조, 235조), 다만 고소·고발된 범죄사실의 사안이 중하거나 죄질이 불량하여 수사를 개시함이 상당하다고 판단되는 때에는 별도의 인지절차를 밟아 수사개시

라. 고소권한이 없는 자에 의한 고소

친고죄에 대하여 범죄 피해자가 아니거나 법정대리인 등 형소법 제225조 내지 228조의 규정에 따른 고소권자가 아닌 자에 의하여 제기된 고소사건

마. 고소장 또는 고발장만으로는 수사를 진행할 가치가 없다고 인정되는 경우

　○ 고소·고발인의 진술이나 조력 없이는 실체적 진실을 규명할 수 없는 사건에 관하여 고소·고발장 제출 후 고소인 또는 고발인이 출석을 회피하거나 소재불명되어 진술을 청취할 수 없는 경우

　　－ 고소·고발인이 자신의 법적 책임을 회피할 목적이나 제3자에게 법적 책임을 전가할 목적으로 고소·고발장을 제출한 후 출석요구에 불응하거나 소재불명되어 피고소·고발인이나 참고인등을 조사하여도 실체적 진실을 규명할 수 없음이 명백한 사건

바. 고소·고발 사건에 대하여 사안의 경중 및 경위, 고소·고발인과 피고소·피고발인의 관계 등에 비추어 피고소·피고발인의 책임이 경미하고 수사와 소추할 공공의 이익이 없거나 극히 적어 수사의 필요성이 인정되지 아니하는 경우

3. 처리절차

가. 접수된 고소·고발사건이 각하사유에 해당함이 명백한 경우 즉시 수사종료 후 고소·고발장, 고소·고발인 진술(조)서 등 그때까지 수사된 자료에 의하여 의견서를 작성하고 각하의견으로 송치

나. 의견서의 피의자 인적사항, 범죄사실, 죄명 등은 고소·고발장의 기재 및 고소·고발인의 진술을 토대로 최대한 특정하여 작성

다. 범죄경력조회(지문조회)통보서 첨부 불요

라. 범죄통계원표 작성 불요

제3절 불송치 결정서 작성

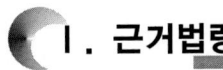 **I . 근거법령**

1. 형사소송법

> **제245조의5(사법경찰관의 사건송치 등)** 사법경찰관은 고소·고발 사건을 포함하여 범죄를 수사한 때에는 다음 각 호의 구분에 따른다.
> 1. 범죄의 혐의가 있다고 인정되는 경우에는 지체 없이 검사에게 사건을 송치하고, 관계 서류와 증거물을 검사에게 송부하여야 한다.
> 2. 그 밖의 경우에는 그 이유를 명시한 서면과 함께 관계 서류와 증거물을 지체 없이 검사에게 송부하여야 한다. 이 경우 검사는 송부받은 날부터 90일 이내에 사법경찰관에게 반환하여야 한다.

2. 검사와 사법경찰관의 상호협력과 일반적 수사준칙에 관한 규정

> **제62조(사법경찰관의 사건불송치)** ① 사법경찰관은 법 제245조의5제2호 및 이 영 제51조제1항제3호에 따라 불송치 결정을 하는 경우 불송치의 이유를 적은 불송치 결정서와 함께 압수물 총목록, 기록목록 등 관계 서류와 증거물을 검사에게 송부해야 한다.
> ② 제1항의 경우 영상녹화물의 송부 및 새로운 증거물 등의 추가 송부에 관하여는 제58조제2항 및 제3항을 준용한다.

3. 경찰수사규칙

> **제109조(불송치 서류)** ① 수사준칙 제62조제1항에 따른 불송치 결정서는 별지 제122호서식에 따르고, 압수물 총목록은 별지 제115호서식에 따르며, 기록목록은 별지 제116호서식에 따른다.
> ② 불송치 서류는 다음 순서에 따라 편철한다.
> 1. 별지 제123호서식의 불송치 사건기록 송부서
> 2. 압수물 총목록
> 3. 법 제198조제3항에 따라 작성된 서류 또는 물건 전부를 적은 기록목록
> 4. 불송치 결정서
> 5. 그 밖의 서류
> ③ 불송치 사건기록 송부서 명의인 및 불송치 결정서 작성인에 관하여는 제103조제3항 및 제4항을 준용한다.

대한민국 경찰
KOREAN NATIONAL POLICE

○ ○ 경 찰 서

20○○.○.○.

사건번호   호

제 목 **불송치 결정서**

아래와 같이 불송치 결정합니다.

Ⅰ. 피의자
홍길동

Ⅱ. 죄명
사기

Ⅲ. 주문
피의자는 증거 불충분하여 혐의 없다.

Ⅳ. 피의사실과 불송치 이유

20○○.○.○. 고소인으로부터 ○○만원을 교부받아 사기

○ 고소인은 피의자가 처음부터 ○○만원을 갚지 않기로 마음먹고 고소인을 속이기 위하여 20○○.○.○. 까지 이자만 지급하였다고 주장한다.

○ 피의자는 ○○조건으로 돈을 빌린 후 20○○.○.○.까지 이자를 갚아 오던 중 하고 있던 ○○ 사업의 오래된 거래처가 부도로 20○○.○.○.까지 받기로 한 물건 대금을 받지 못하여 고소인의 돈을 갚지 못하고 있는 것이지 고소인의 돈을 갚을 의사와 능력이 없어 돈을 빌린 것이 아니라고 주장하고, 피의 자 거래업체 홍길동의 진술도 피의자 주장과 일치한다.

○ 피의자가 원금과 이자를 지급하지 않았다는 사실만으로는 피의자에게 사기의 범의가 있었다고 인정하기 에 부족하고 달리 이를 인정할 증거가 없다.

○ 증거 불충분하여 혐의 없다.

○ ○ 경 찰 서

사법경찰관 경감 유 아 림

III. 작성방법

1. 사건번호

가. 사건번호를 기재하면 된다. (예, 사건번호 20○○-○○○○)

나. 수 개의 범죄사실 중 일부만 불송치할 때는 해당 사건의 일부만 불송치하는 것을 표시해 준다. (예, 사건번호 20○○-○○○○의 일부)

2. 피의자 및 죄명

송치사건의 피의자 및 죄명 작성방법과 동일

3. 결정주문

가. 불송치 유형

수사준칙 제1항 제3호에 규정한 혐의없음, 죄가안됨, 공소권없음, 각하 등 4가지

나. 사건 종결에 있어 실체판단보다 형식판단을 우선해야 하므로 다음의 순서에 따라야 한다.

┌───┐
│ ① 혐의없음 ☞ ② 죄가안됨 ☞ ③ 공소권없음 ☞ ④ 각하 │
└───┘

4. 피의사실

가. 사실관계의 요점만 간략하게 요약하고 종결 어구에 죄명을 기재한다.

예, 피의자 홍길동은 20○○. ○ ○. 고소인 甲에게 ○○내용으로 말하여 명예훼손

나. 다수의 피의자 및 죄명이 있는 경우

송치사건의 작성방법 참고

5. 불송치 이유

가. 불송치 이유는 간결하게 기재하여야 한다.

나. 불송치 결정서를 작성할 때

일반적으로 ① 다툼이 없이 인정되는 사실 → ② 증거(또는 법률)판단 → ③ 결론 순으로 작성한다.

다. '혐의없음' 의 경우

고소인(피해자)의 주장요지 → 피의자의 주장요지를 ① 다툼이 없이 인정되는 사실

다음에 추가한다.

라. 사건 내용이 복잡하거나 당사자 간 다툼이 있는 경우에는 일렬번호나 소제목으로 구분하여 작성한다,

마. 증거 또는 법률 판단 작성방법

–증거가 다수일 때는 그 중 판단에 영향을 미치는 중요한 증거나 증명력이 높은 증거만 기재한다.

–서증(書證)의 경우 서류명이 복잡한 경우 요약하여 기재한다.

–인정 사실마다 근거가 되는 핵심증거를 (   )안에 기재하여 인정 사실과 증거와의 관계를 명확히 설명한다.

제4절 불송치 사건기록 송부서

○ ○ 경 찰 서

2000.○.○.

수 신 : 검찰청의장

제 목 : **불송치 사건기록 송부서**

다음 불송치 사건기록을 송부합니다.

사 건 번 호			결 정 일	
피 의 자		죄 명	주 문	

송 부 내 역	서 류	
	증 거 품	
공 소 시 효	장 기	
	단 기	
반 환 기 한		

참 고 사 항

○○경찰서장

1. 편철 순서

불송치 사건기록 송부서 → 압수물총목록(있는 경우) → 기록목록 → 불송치 결정서 → 그 밖의 서류(작성일자순)

2. 기본정보

사건번호, 피의자, 죄명, 결정주문, 반환기한 등 기본정보는 KICS에서 자동 현출

3. 공소시효

가. 기산점

① 범죄행위 종료 시

② 공범은 최종행위 종료 시

③ 포괄일죄는 최종 범죄행위 종료 시

④ 계속범은 법익침해 종료 시

나. 공소시효 적용

① 공범 1인에 대한 시효 정지는 다른 공범자에게도 효력이 미치고 재판확정 시 진행

② 형사처벌을 면할 목적으로 출국 시 공소시효 정지

다. 공소시효 기재 방법

① 범죄사실이 1개인 경우 장기만 기재하고 단기 기재 불필요

② 일자가 적확하지 않은 경우(20○○. ○. 초순/ 중순/ 하순의 경우)

-초순은 10.을 범죄 일자로 간주하여 20○○. ○. 9.

-중순은 20.을 범죄 일자로 간주하여 20○○. ○. 19.

-하순은 30(31).을 범죄 일자로 간주하여 20○○. ○. 29(30)

③ 죄명 또는 피의사실이 여러 개거나 피의자가 수명으로 만료일이 다른 경우

-최초 도래하는 공소시효는 단기, 최후로 도래한 경우 장기를 각각 기재

④ 고소시효 중단, 정지, 폐지 등 특례적용 사건

'공소시효 정지', '과학적 증거. 공소시효 10년 연장', '공소시효 배제사건' 등으로 표시한다.

4. 참고사항

가. 고소, 고발 사건의 혐의없음 결정을 할 때는 고소인, 고발인의 무고혐의 유무 판단

나. 고소, 고발, 진정, 탄원의 전부 또는 일부 취소된 경우 그 취지(일부 취소의 경우 취소의 주체, 범위, 대상 명확하게 기재)

5. 발송자와 작성 명의

가. 소속 경찰관서장 명의로 송부한다.

나. 작성 명의는 사법경찰관인 팀장을 기재하는 것이 원칙이다.

제5절 불송치 결정통지

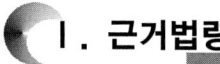 **I. 근거법령**

1. 형사소송법

> **제245조의6(고소인 등에 대한 송부통지)** 사법경찰관은 제245조의5제2호의 경우에는 그 송부한 날부터 7일 이내에 서면으로 고소인·고발인·피해자 또는 그 법정대리인(피해자가 사망한 경우에는 그 배우자·직계친족·형제자매를 포함한다)에게 사건을 검사에게 송치하지 아니하는 취지와 그 이유를 통지하여야 한다.
>
> **제245조의7(고소인 등의 이의신청)** ① 제245조의6의 통지를 받은 사람(고발인을 제외한다)은 해당 사법경찰관의 소속 관서의 장에게 이의를 신청할 수 있다.
> ② 사법경찰관은 제1항의 신청이 있는 때에는 지체 없이 검사에게 사건을 송치하고 관계 서류와 증거물을 송부하여야 하며, 처리결과와 그 이유를 제1항의 신청인에게 통지하여야 한다.

2. 검사와 사법경찰관의 상호협력과 일반적 수사준칙에 관한 규정

> **제53조(수사 결과의 통지)** ① 검사 또는 사법경찰관은 제51조 또는 제52조에 따른 결정을 한 경우에는 그 내용을 고소인·고발인·피해자 또는 그 법정대리인(피해자가 사망한 경우에는 그 배우자·직계친족·형제자매를 포함한다. 이하 "고소인등"이라 한다)과 피의자에게 통지해야 한다. 다만, 다음 각 호의 어느 하나에 해당하는 경우에는 고소인등에게만 통지한다.
> 1. 제51조제1항제4호가목에 따른 피의자중지 결정 또는 제52조제1항제3호에 따른 기소중지 결정을 한 경우
> 2. 제51조제1항제5호 또는 제52조제1항제7호에 따른 이송(법 제256조에 따른 송치는 제외한다) 결정을 한 경우로서 검사 또는 사법경찰관이 해당 피의자에 대해 출석요구 또는 제16조제1항 각 호의 어느 하나에 해당하는 행위를 하지 않은 경우
> ② 고소인등은 법 제245조의6에 따른 통지를 받지 못한 경우 사법경찰관에게 불송치 통지서로 통지해 줄 것을 요구할 수 있다.

3. 경찰수사규칙

> **제97조(수사 결과의 통지)** ③ 법 제245조의6에 따른 고소인등에 대한 불송치 통지는 별지 제103호서식의 수사결과 통지서에 따른다.
> ④ 사법경찰관은 서면으로 통지한 경우에는 그 사본을, 그 외의 방법으로 통지한 경우에는 그 취지를 적은 서면을 사건기록에 편철해야 한다.
> ⑤ 수사준칙 제53조제2항에 따른 고소인등의 통지 요구는 별지 제104호서식의 불송치 통지요구서에 따른다.
> ⑥ 사법경찰관은 고소인, 고발인 또는 피의자가 불송치 결정에 관한 사실증명을 청구한 경우에는 지체 없이 별지 제105호서식 또는 별지 제106호서식의 불송치 결정 증명서를 발급해야 한다.
> ⑦ 사법경찰관은 고소인등에게 수사중지 결정의 통지를 하는 경우에는 수사준칙 제54조제3항에 따라 검사에게 신고할 수 있다는 내용을 통지서에 기재해야 한다.

II. 고소인등 통지

1. 피의사실 및 불송치 이유 작성이 중요하다.

2. 관련자 개인정보와 다른 정보와 쉽게 결합하여 알아볼 수 있는 정보는 비공개처리로 개인정보가 유출되지 않도록 한다.

3. 범죄구성요건과 관계없는 개인의 민감정보는 기재하지 않도록 한다.

4. 피의자 직업은 신분범 등 직업이 구성요소이거나 피의사실과 밀접한 관련이 있는 경우만 작성한다.

5. 결정종류
   피의자가 다수이면서 결정종류가 피의자별로 다른 경우만 별지로 작성한다.

6. 이유
   불송치 결정하게 된 논리적 흐름만 나타나면 된다. 참고인이 노출되지 않도록 한다.

7. 담당 팀장
   고소인별 통지가 원칙이며 담당 팀장 명의(계급, 성명)로 한다.

○ ○ 경 찰 서

제 호   20○○.○.○.

수 신 : 홍길동 귀하

제 목 : 수사결과 통지서(고소인등·불송치)

귀하와 관련된 사건에 대하여 다음과 같이 결정하였음을 알려드립니다.

접 수 일 시	. . .	사 건 번 호	0000-000000
죄 명			
결 정 일			
결 정 종 류	불송치 ( )		
이 유	별지와 같음		
담 당 팀 장	○○과 ○○팀 경○ ○○○	☎ 02-0000-0000	

※ 범죄피해자 권리 보호를 위한 각종 제도

- 범죄피해자 구조 신청제도(범죄피해자보호법)
  - 관할지방검찰청 범죄피해자지원센터에 신청
- 의사상자예우 등에 관한 제도(의사상자예우에관한법률)
  - 보건복지부 및 관할 자치단체 사회복지과에 신청
- 범죄행위의 피해에 대한 손해배상명령(소송촉진등에관한특례법)
  - 각급법원에 신청, 형사재판과정에서 민사손해배상까지 청구 가능
- 가정폭력·성폭력 피해자 보호 및 구조
  - 여성 긴급전화(국번없이 1366), 아동보호 전문기관(1577-1391) 등
- 무보험 차량 교통사고 뺑소니 피해자 구조제도(자동차손해배상보장법)
  - 동부화재, 삼성화재 등 자동차 보험회사에 청구
- 국민건강보험제도를 이용한 피해자 구조제도
  - 국민건강보험공단 급여관리실, 지역별 공단지부에 문의
- 법률구조공단의 법률구조제도(국번없이 132 또는 공단 지부·출장소)
  - 범죄피해자에 대한 무료법률구조(손해배상청구, 배상명령신청 소송대리 등)
- 범죄피해자지원센터(국번없이 1577-1295)
  - 피해자나 가족, 유족등에 대한 전화상담 및 면접상담 등
- 국민권익위원회의 고충민원 접수제도
  - 국민신문고 www.epeople.go.kr, 정부민원안내콜센터 국번없이 110
- 국민인권위원회의 진정 접수제도
  - www.humanrights.go.kr, 국번없이 1331

○ ○ 경 찰 서 장

[별지]
[결정종류]

피의자 모두 증거 불충분하여 혐의 없다.

[피의사실의 요지와 불송치 이유]

　피의자들은 부부로서 공모하여 20○○.○.○.경부터 20○○.○.○.까지 고소인에게 임대료 ○○만원을 지급하지 않아 사기

○ 피의자들이 위 기간 고소인에게 임대료를 지급하지 않은 사실은 인정된다.

○ 고소인은 피의자들이 짜고 처음부터 임대료를 지급할 의사나 능력없이 점포를 임차하였다고 주장한다.

○ 피의자들은 임차 후 ○개월 간은 꼬박꼬박 임대료를 지급하였으나 오래된 거래처가 부도로 20○○.○.○.까지 받기로 한 물건 대금을 받지 못하여 고소인의 임대료를 지급하지 못한 것이지 고소인의 임대료를 낼 의사와 능력이 없어 임차한 것이 아니라고 주장한다.

○ 피의자들의 주장을 배척하고 사기범의를 인정하기에 부족하고, 달리 피의사실을 인정할 증거가 없다.

○ 증거 불충분하여 혐의 없다.

※ 결정 종류 안내 및 이의·심의신청 방법

<결정 종류 안내>

○ 혐의없음 결정은 증거 부족 또는 법률상 범죄가 성립되지 않아 처벌할 수 없다는 결정입니다.

○ 죄가안됨 결정은 피의자가 14세 미만이거나 심신상실자의 범행 또는 정당방위 등에 해당되어 처벌할 수 없는 경우에 하는 결정입니다.

○ 공소권없음 결정은 처벌할 수 있는 시효가 경과되었거나 친고죄에 있어서 고소를 취소한 경우 등 법률에 정한 처벌요건을 갖추지 못하여 처벌할 수 없다는 결정입니다.

○ 각하 결정은 위 세 결정의 사유에 해당함이 명백하거나, 고소인 또는 고발인으로부터 고소·고발 사실에 대한 진술을 청취할 수 없는 경우 등에 하는 결정입니다.

<이의·심의신청 방법>

○ 위 결정에 대하여 통지를 받은 자는 형사소송법 제245조의7 제1항에 의해 해당 사법경찰관의 소속 관서의 장에게 이의를 신청할 수 있습니다. 신청이 있는 때 해당 사법경찰관은 형사소송법 제245조의7 제2항에 따라 사건을 검사에게 송치하게 됩니다.

○ 수사 심의신청 제도(경찰민원콜센터 국번없이 182)
　－ 수사과정 및 결과에 이의가 있는 경우, 관할 시도경찰청 「수사심의계」에 이의신청

Ⅲ. 피의자 통지

1. 피의자에 대한 통지서에는 불송치 결정 내용(죄명과 결정종류)만 기재하고 불송치 이유는 기재하지 않는다.
2. 피의자별 통지가 원칙이며 담당팀장 명의(계급, 성명)로 한다.

○ ○ 경 찰 서

제 호   20○○.○.○.

수 신 : 홍길동 귀하

제 목 : 수사결과 통지서(피의자·불송치)

귀하와 관련된 사건에 대하여 다음과 같이 결정하였음을 알려드립니다.

접수일시	20○○.○.○.	사 건 번 호	0000-000000
죄 명			
결 정 일			
결정종류	불송치 (혐의없음)		
주요내용			
담당팀장	○○과 ○○팀 경○ ○○○		☏ 02-0000-0000

※ 결정 종류 안내 및 권리 보호를 위한 각종 제도

<결정 종류 안내>
- 혐의없음 결정은 증거 부족 또는 법률상 범죄가 성립되지 않아 처벌할 수 없다는 결정입니다.
- 죄가안됨 결정은 피의자가 14세 미만이거나 심신상실자의 범행 또는 정당방위 등에 해당되어 처벌할 수 없는 경우에 하는 결정입니다.
- 공소권없음 결정은 처벌할 수 있는 시효가 경과되었거나 친고죄에 있어서 고소를 취소한 경우 등 법률에 정한 처벌요건을 갖추지 못하여 처벌할 수 없다는 결정입니다.
- 각하 결정은 위 세 결정의 사유에 해당함이 명백하거나, 고소인 또는 고발인으로부터 고소·고발 사실에 대한 진술을 청취할 수 없는 경우 등에 하는 결정입니다.

<권리 보호를 위한 제도>
- 국민권익위원회의 고충민원 접수제도
  - 국민신문고 www.epeople.go.kr, 정부민원안내콜센터 국번없이 110
- 국민인권위원회의 진정 접수제도
  - www.humanrights.go.kr, 국번없이 1331
- 수사 심의신청 제도(경찰민원콜센터 국번없이 182)
  - 수사과정 및 결과에 이의가 있는 경우, 관할 시도경찰청 「수사심의계」에 심의신청

○ ○ 경 찰 서 장

　고소인등은 법 제245조의6에 따른 통지를 받지 못한 경우 사법경찰관에게 불송치 통지서로 통지해 줄 것을 요구할 수 있다.

불송치 통지요구서		
신청인	성명	사건관련 신분
	주민등록번호	전화번호
	주소	
요구 사유		
비고		
「검사와 사법경찰관의 상호협력과 일반적 수사준칙에 관한 규정」 제53조제2항에 따라 위와 같이 불송치 통지하여 줄 것을 요구합니다.		
20○○.○.○.		
신청인　　　　　　　　　　　　　　　　　(서명 또는 인)		
○ ○ 경 찰 서 장　귀하		

제6절 불송치 후 조치

Ⅰ. 불송치 편철

불송치 편철서는 검사에게 불송치 사건기록 등 송부 이후 반환된 기록을 경찰이 종국적으로 불송치 결정임을 표시하고 자체적으로 보관하는 서류이다.

기록보존기한을 기재한 후 기록물 담당 직원의 확인을 거쳐 편철한다.

○ ○ 경 찰 서

제   호   20○○. ○. ○.
제 목 : 불송치 편철서

사 건 번 호						
피 의 자	성 명			성별	연령	지문원지 작성번호	피 의 자 원표번호
죄 명						
결 정 주 문						
결 정 일 시						
결 정 자						
팀 장						
정 수 사 관						
공 소 시 효	장 기	20○○.○.○.	기록보존기한	20○○.○.○.		
	단 기	20○○.○.○.				
비 고						

Ⅱ. 불송치 기록 보존

1. 보존기간

> ※ 공공기록물 관리에 관한 법률 시행령
>
> **제26조(보존기간)** ① 기록물의 보존기간은 영구, 준영구, 30년, 10년, 5년, 3년, 1년으로 구분하며, 보존기간별 책정기준은 별표 1과 같다. 다만, 「대통령기록물 관리에 관한 법률」 제2조제1호에 따른 대통령기록물, 수사·재판·정보·보안 관련 기록물은 소관 중앙행정기관의 장이 중앙기록물관리기관의 장과 협의하여 보존기간의 구분 및 그 책정기준을 달리 정할 수 있다.
> ② 기록물의 보존기간은 단위과제별로 책정한다. 다만, 영구기록물관리기관의 장은 특별히 보존기간을 달리 정할 필요가 있다고 인정되는 단위과제에 대하여는 보존기간을 직접 정할 수 있다.
> ③ 보존기간의 기산일은 단위과제별로 기록물의 처리가 완결된 날이 속하는 다음 연도의 1월 1일로 한다. 다만, 여러 해에 걸쳐서 진행되는 단위과제의 경우에는 해당 과제가 종결된 날이 속하는 다음 연도의 1월 1일부터 보존기간을 기산한다.

기록물의 보존 기간별 책정 기준(제26조 제1항 관련)

보존기간	대상기록물
준영구	4. 관계 법령에 따라 30년 이상의 기간 민·형사상 책임 또는 시효가 지속하거나, 증명자료로서의 가치가 지속하는 사항에 관한 기록물
30년	3. 관계 법령에 따라 10년 이상 30년 미만의 기간 민·형사상 또는 행정상의 책임 또는 시효가 지속하거나, 증명자료로서의 가치가 지속하는 사항에 관한 기록물
10년	3. 관계 법령에 따라 5년 이상 10년 미만의 기간동안 민·형사상 책임 또는 시효가 지속되거나, 증명자료로서의 가치가 지속되는 사항에 관한 기록물
5년	3. 관계 법령에 따라 3년 이상 5년 미만의 기간동안 민사상·형사상 책임 또는 시효가 지속되거나, 증명자료로서의 가치가 지속되는 사항에 관한 기록물
3년	3. 관계 법령에 따라 1년 이상 3년 미만의 기간동안 민·형사상의 책임 또는 시효가 지속되거나, 증명자료로서의 가치가 지속되는 사항에 관한 기록물

2. 보존절차 (공공기록물 관리에 관한 법률 시행령)

가. 기록물의 이관

법 제19조 제2항에 따라 공공기관은 공공기관의 기록물을 처리과에서 보존기간의 기산일부터 2년의 범위에서 보관한 후 기록물철 단위로 관할 기록관 또는 특수기록관으로 이관하여야 한다. 다만, 업무관리시스템으로 생산된 기록물은 매 1년 단위로 전년도 생산기록물을 기록관 또는 특수기록관으로 이관한다.(제32조)

나. 기록관 및 특수기록관의 소관 기록물 이관

법 제19조에 따라 기록관 또는 특수기록관의 장은 보존기간 30년 이상의 기록물을 보존기간의 기산일부터 10년이 경과한 다음 연도 중에 관할 영구기록물관리기관이 제시한 일정에 따라 영구기록물관리기관으로 이관하여야 한다. 다만, 부득이한 사유로 일정 기간 이관을 연기하고자 할 때는 이관예정일 1개월 전까지 관할 영구기록물관리기관의 장의 승인을 받아야 한다. (제40조)

다. 기록관 및 특수기록관의 소관 기록물 평가 및 폐

기록관 또는 특수기록관의 장은 보존 중인 기록물 중 보존기간이 경과한 기록물에 대하여는 법 제27조제1항에 따라 생산부서 의견조회, 법 제41조제1항에 따른 기록물관리 전문요원(해당 기록관 또는 특수기록관 소속 기록물관리 전문요원을 말한다)의 심사 및 제5항에 따른 기록물평가심의회의 심의를 거쳐 보존기간 재책정, 폐기 또는 보류로 구분하여 처리하여야 한다.(제43조)

III. 불송치 기록 점검과 조치

1. 사건기록담당직원은 법 및 관련 법령에 따라 검사로부터 요구·요청 등을 받거나 사건기록과 증거물을 반환받은 때에는 관계 서류 등이 법령에 따라 작성·편철됐는지 및 검사가 법령에 따라 필요한 행위를 했는지를 점검해야 한다.

2. 사건기록담당직원은 제1항에 따른 점검 결과 관계 서류 등이 법 및 관련 법령에 따라 작성·편철되지 않거나, 검사가 법 및 관련 법령에 따라 필요한 행위를 하지 않으면 검사에게 그 보완을 요구하는 등 필요한 조치를 할 수 있다.

3. 사건기록담당직원은 제1항에 따라 요구·요청 등을 받거나 사건기록과 증거물을 반환받아 이를 접수한 경우에는 접수 대장에 접수일시, 검사 또는 검찰청 직원의 성명 등을 기재하고, 검사 또는 검찰청 직원이 제시하는 접수기록부 등에 접수일시와 접수자의 직급 및 서명을 기재한다.(경찰수사규칙 제9조)

IV. 불송치 결정 증명

1. 불송치 결정증명서(고소인, 고발인)

발행번호 제 호

불 송 치 결 정 증 명 서 (고 소 인 · 고 발 인)

사 건 번 호	
신 청 인	
피 의 자	
죄 명	
결정 / 년 월 일	
결정 / 내 용	
수 사 관 서	
용 도	

위와 같이 결정되었음을 증명합니다.

20○○.○.○.

○ ○ 경 찰 서 장

2. 불송치 결정증명서(피의자)

발행번호 제 호		
불 송 치 결 정 증 명 서 (피 의 자)		
사 건 번 호		
피의자	성 명	
	주민등록번호	
	주 소	
죄 명		
결정	년 월 일	
	내 용	
수 사 관 서		
용 도		

위와 같이 결정되었음을 증명합니다.

20○○.○.○.

○ ○ 경 찰 서 장

제4장   보완수사요구와 재수사요청

제1절 보완수사요구 유형

Ⅰ. 근거법령

1. 형사소송법

> **제197조의2(보완수사요구)** ① 검사는 다음 각 호의 어느 하나에 해당하는 경우에 사법경찰관에게 보완수사를 요구할 수 있다.
> 　1. 송치사건의 공소제기 여부 결정 또는 공소의 유지에 관하여 필요한 경우
> 　2. 사법경찰관이 신청한 영장의 청구 여부 결정에 관하여 필요한 경우
> ② 사법경찰관은 제1항의 요구가 있는 때에는 정당한 이유가 없는 한 지체 없이 이를 이행하고, 그 결과를 검사에게 통보하여야 한다.
> ③ 검찰총장 또는 각급 검찰청 검사장은 사법경찰관이 정당한 이유 없이 제1항의 요구에 따르지 아니하는 때에는 권한 있는 사람에게 해당 사법경찰관의 직무배제 또는 징계를 요구할 수 있고, 그 징계 절차는 「공무원 징계령」 또는 「경찰공무원 징계령」에 따른다.

2. 검사와 사법경찰관의 상호협력과 일반적 수사준칙에 관한 규정

> **제52조(검사의 결정)** ① 검사는 사법경찰관으로부터 사건을 송치받거나 직접 수사한 경우에는 다음 각 호의 구분에 따라 결정해야 한다.
> 　5. 보완수사요구
> **제59조(보완수사요구의 대상과 범위)** ① 검사는 법 제245조의5제1호에 따라 사법경찰관으로부터 송치받은 사건에 대해 보완수사가 필요하다고 인정하는 경우에는 특별히 직접 보완수사를 할 필요가 있다고 인정되는 경우를 제외하고는 사법경찰관에게 보완수사를 요구하는 것을 원칙으로 한다.
> ② 검사는 법 제197조의2제1항제1호에 따라 사법경찰관에게 송치사건 및 관련사건(법 제11조에 따른 관련사건 및 법 제208조제2항에 따라 간주되는 동일한 범죄사실에 관한 사건을 말한다. 다만, 법 제11조제1호의 경우에는 수사기록에 명백히 현출(現出)되어 있는 사건으로 한정한다)에 대해 다음 각 호의 사항에 관한 보완수사를 요구할 수 있다.
> 　1. 범인에 관한 사항
> 　2. 증거 또는 범죄사실 증명에 관한 사항
> 　3. 소송조건 또는 처벌조건에 관한 사항
> 　4. 양형 자료에 관한 사항
> 　5. 죄명 및 범죄사실의 구성에 관한 사항
> 　6. 그 밖에 송치받은 사건의 공소제기 여부를 결정하는 데 필요하거나 공소유지와 관련해 필요한 사항
> ③ 검사는 사법경찰관이 신청한 영장(「통신비밀보호법」 제6조 및 제8조에 따른 통신제한조치허가서 및 같은

법 제13조에 따른 통신사실 확인자료 제공 요청 허가서를 포함한다. 이하 이 항에서 같다)의 청구 여부를 결정하기 위해 필요한 경우 법 제197조의2제1항제2호에 따라 사법경찰관에게 보완수사를 요구할 수 있다. 이 경우 보완수사를 요구할 수 있는 범위는 다음 각 호와 같다.

1. 범인에 관한 사항
2. 증거 또는 범죄사실 소명에 관한 사항
3. 소송조건 또는 처벌조건에 관한 사항
4. 해당 영장이 필요한 사유에 관한 사항
5. 죄명 및 범죄사실의 구성에 관한 사항
6. 법 제1조(법 제1조제1호의 경우는 수사기록에 명백히 현출되어 있는 사건으로 한정한다)와 관련된 사항
7. 그 밖에 사법경찰관이 신청한 영장의 청구 여부를 결정하기 위해 필요한 사항

제60조(보완수사요구의 방법과 절차) ① 검사는 법 제197조의2제1항에 따라 보완수사를 요구할 때에는 그 이유와 내용 등을 구체적으로 적은 서면과 관계 서류 및 증거물을 사법경찰관에게 함께 송부해야 한다. 다만, 보완수사 대상의 성질, 사안의 긴급성 등을 고려하여 관계 서류와 증거물을 송부할 필요가 없거나 송부하는 것이 적절하지 않다고 판단하는 경우에는 해당 관계 서류와 증거물을 송부하지 않을 수 있다.

② 보완수사를 요구받은 사법경찰관은 제1항 단서에 따라 송부받지 못한 관계 서류와 증거물이 보완수사를 위해 필요하다고 판단하면 해당 서류와 증거물을 대출하거나 그 전부 또는 일부를 등사할 수 있다.

③ 사법경찰관은 법 제197조의2제2항에 따라 보완수사를 이행한 경우에는 그 이행 결과를 검사에게 서면으로 통보해야 하며, 제1항 본문에 따라 관계 서류와 증거물을 송부받은 경우에는 그 서류와 증거물을 함께 반환해야 한다. 다만, 관계 서류와 증거물을 반환할 필요가 없는 경우에는 보완수사의 이행 결과만을 검사에게 통보할 수 있다.

④ 사법경찰관은 법 제197조의2제1항제1호에 따라 보완수사를 이행한 결과 법 제245조의5제1호에 해당하지 않는다고 판단한 경우에는 제51조제1항제3호에 따라 사건을 불송치하거나 같은 항 제4호에 따라 수사중지할 수 있다.

3. 경찰수사규칙

제105조(보완수사요구의 결과통보 등) ① 사법경찰관은 법 제197조의2제2항에 따라 보완수사 이행 결과를 통보하는 경우에는 별지 제119호서식의 보완수사 결과 통보서에 따른다. 다만, 수사준칙 제59조에 따른 보완수사요구의 대상이 아니거나 그 범위를 벗어난 경우 등 정당한 이유가 있어 보완수사를 이행하지 않은 경우에는 그 내용과 사유를 보완수사 결과 통보서에 적어 검사에게 통보해야 한다.

② 사법경찰관은 법 제197조의2제1항제1호에 따른 보완수사요구 결과를 통보하면서 새로운 증거물, 서류 및 그 밖의 자료를 검사에게 송부하는 경우에는 수사준칙 제58조제3항에 따른다.

③ 사법경찰관은 법 제197조의2제1항제2호에 따른 보완수사요구를 이행한 경우에는 다음 각 호의 구분에 따라 처리한다.

1. 기존의 영장 신청을 유지하는 경우: 제1항의 보완수사 결과 통보서를 작성하여 관계 서류와 증거물과 함께 검사에게 송부
2. 기존의 영장 신청을 철회하는 경우: 제1항의 보완수사 결과 통보서에 그 내용과 이유를 적어 검사에게 통보

④ 사법경찰관은 수사준칙 제60조제4항에 따라 사건을 불송치하거나 수사중지하는 경우에는 기존 송치 결정을 취소해야 한다.

II. 유형 구분

1. 법령 개정

기존 검사의 수사지휘를 폐지하고 송치사건의 공소제기/유지, 경찰 신청 영장의 청구 여부 결정을 위해 보완수사요구 가능토록 규정

2. 송치사건

가. 결정

공소제기 여부 결정을 위해 필요한 경우(기록/증거물 경찰에게 송부 가능)

나. 추완

공소제기 여부 결정을 위해 필요한 경우(기록/증거물 경찰에게 송부 불가능)

다. 공판

공소제기 후 공소유지를 필요한 경우(명시적 규정은 없으나 필요하다고 판단 되면 기록/증거물 대출/등사 가능)

3. 영장신청

경찰이 신청한 영장의 청구 여부 결정을 위해 필요한 경우(명시적 규정은 없으나 필요하다고 판단 되면 기록/증거물 대출/등사 가능)

※ 검찰사건사무규칙

제29조(보완수사요구의 대상과 절차) ① 검사는 법 제197조의2제1항에 따른 사법경찰관에 대한 보완수사요구는 다음 각 호의 구분에 따른다.

1. 보완수사요구(결정): 송치사건의 공소제기 여부를 결정하는 데 필요한 사항에 관하여 법 제197조의2제1항제1호에 따라 수사준칙 제52조제1항제5호 및 제60조제1항 본문에 따른 방법으로 보완수사요구를 하는 경우

2. 보완수사요구(추완): 송치사건의 공소제기 여부를 결정하는 데 필요한 사항에 관하여 법 제197조의2제1항제1호에 따라 수사준칙 제60조제1항 단서에 따른 방법으로 보완수사요구를 하는 경우

3. 보완수사요구(공판): 공소제기 후 송치사건의 공소유지에 필요한 사항에 관하여 법 제197조의2제1항제1호 및 수사준칙 제59조제2항에 따라 보완수사요구를 하는 경우

4. 보완수사요구(영장): 사법경찰관이 신청한 영장의 청구 여부를 결정하는 데 필요한 사항에 관하여 법 제197조의2제1항제2호 및 수사준칙 제59조제3항에 따라 보완수사요구를 하는 경우

② 검사는 사법경찰관이 사건을 송치한 경우 또는 사법경찰관의 영장신청서를 접수한 경우에는 신속하게 보완수사요구 여부를 검토해야 한다. 다만, 사안이 복잡하거나 장기간 검토하여야 할 특별한 사정이 있을 때에는 그러하지 않다.

③ 검사는 법 제197조의2제1항에 따라 사법경찰관에게 보완수사요구를 하는 경우에는 보완수사요구서에 보완수사요구가 필요한 이유, 보완수사가 필요한 사항 등을 구체적으로 적는다. 이 경우 검사는 제1항제2호·제3호 및 제4호의 보완수사요구를 하면서 필요한 경우에는 법 제197조의2제2항에 따라 사법경찰관이 지체 없이 보완수사요구를 이행하도록 이행기한을 정할 수 있다.

제2절 송치사건 보완수사요구

Ⅰ. 이행절차

1. 개 관

검사 보완수사요구 → 경찰 보완수사 이행 → 경찰 보완수사 결과통보

2. 보완수사요구 범위

가. 범인에 관한 사항

나. 증거 또는 범죄사실 증명에 관한 사항

다. 소송조건 또는 처벌조건에 관한 사항

라. 양형 자료에 관한 사항

마. 죄명 및 범죄사실의 구성에 관한 사항

바. 그 밖에 송치받은 사건의 공소제기 여부를 결정하는 데 필요하거나 공소유지와 관련해 필요한 사항

3. 보완수사요구 이행절차

가. 등 록

수사지원 담당 부서검사는 보완수사요구서를 KICS상 등록

나. 이 행

① 새로운 사건번호가 생성되는 기존 송치 후 재지휘와 달리 보완수사요구는 기존 KICS 송치사건에서 보완수사를 계속 이행

② KICS 송치사건에서 추가수사기록 → 보완수사결과통보서 → 추가송부서 순으로 작성

다. 송 부

① KICS상 서류 작성이 완료되면 전산상 별도 조치 없이 수사기록을 편철하여 검찰에 오프라인으로 통보

② 추가기록을 처음부터 별권으로 분권하여 편철하되 필요시 1권으로 송부 가능

③ 쪽수는 추가송부서(1-1쪽), 보완수사요구통보서(2쪽부터 시작) 기재

④ 압수물총목록은 기존송치사건에 압수물총목록이 없었으나 보완수사 과정에서 압수물
이 생긴 경우 작성

라. 각종 원표

지문원지작성번호, 구속영장 청구번호, 피의자원표번호, 통신사실청구번호는 추가송부서
비고란에 수기로 추가 기재

마. 통 지

이행결과만 통보하는 경우 수사진행상황통지서로 피의자와 고소인등에게 통지

Ⅱ. KICS상 유사사건을 생성하는 경우

결정을 변경(송치→불송치/수사중지)하거나 사건 정보 변경(피의자/범죄추가인지, 죄
명변경 등) 시 유사사건 생성 필요

1. 결정 변경

가. 의 의

① 보완수사요구는 송치/불송치 여부를 재차 판단하는 송치 후 재지휘가 아니므로 원칙
적으로 이행결과만 통보
② 중대하고 명백한 하자 또는 사정변경이 이T는 경우에만 예외적으로 기존 송치 결정
을 취소하고 불송치/수사중지 결정

나. 이 행

① 일반 보안수사요구와 마찬가지로 기존 송치사건에서 수사
② 보완수사 결과 결정 변경으로 판단된 경우 보완수사결과통보서에 기존 송치 결정을
취소한다는 내용기재
③ 유사사건 생성하여 수사결과보고, 불송치/수사중지 관련서류 작성

다. 통 지

피의자 및 고소인등에게 기존 송치결정 취소 및 불송치/수사중지 결정 사실 통지
예, 검사의 보완수사요구를 이행한 결과 별지와 같이 공소권 없다고 판단되어, 기존

송치결정을 취소하고 불송치 결정합니다.

라. 편 철

기본 송치결정 사건기록 → 보완수사결과 통보 기록 → 불송치/수사중지 기록을 각각
분리하여 편철

마. 추가송부서

① 피의자/죄명

상단 피의자/죄명 란에 새롭게 불송치/수사중지 결정한 피의자와 죄명을 삭제하고 나
머지 피의자와 죄명만 기재

② 비고란에 불송치/수사중지 결정내용 기재

**예, 본 건에 대해 보완수사한 결과 피의자 갑의 횡령 혐의에 대해 별도 수사중지 결정
함(사건번호 20○○-○○호)**

2. 사건정보 변경

가. 의 의

보완수사 진행 중 피의자/범죄를 추가로 인지하거나 죄명을 변경하는 등 사건정보가 변
경되는 경우 유사사건 생성

나. 이 행

① 일반보완수사요구와 마찬가지로 기존 송치사건에서 이행
② 보완수사 진행 중 사건정보 변경이 필요하다고 판단된 경우 유사사건 생성하여 관련
서류 작성
③ 피의자/범죄 등에 대해 추가로 인지하여 새롭게 생성된 사건에 대해 통상적인 결정
(송치/불송치/수사중지) 절차 이행

다. 통 지

결정 변경과 같이 추가로 인지한 피의자/죄명에 대한 수사결과를 결정 유형별 절차에
따라 피의자/고소인등에게 통지

라. 송 부

기존 송치사건기록 → 보완수사결과 통보 기록 → 사건정보 변경 기록을 각각 분리하여
편철 송부

마. 추가송부서

① 보완수사결과 피의자 또는 죄명을 추가로 인지한 경우에는 추가송부서 비고란에 추
가인지 내용기재
② 추가 인지한 피의자/죄명은 유사사건 생성하여 별건으로 진행하므로 추가송부서의
피의자/죄명 란에는 기재하지 않음

예,

ⓐ 새로운 피의자의 새로운 범죄혐의 → 본 건에 대한 보완수사 결과 새로운 피의자
갑을 횡령 혐의로 추가 인지하여 별건으로 송치 결정함(사건번호 20○○-○○호)
ⓑ 기존 피의자의 새로운 범죄혐의 → 본 건에 대한 보완수사 결과 새로운 피의자 갑
의 횡령을 추가 인지하여 별건으로 송치 결정함(사건번호 20○○-○○호)

제3절 영장신청 보완수사요구

1. 등록/접수

보완수사요구서를 KICS상 등록하고 담당 팀장은 KICS에 보완수사요구서(영장) 접수

2. 이 행

가. KICS상 진행 중인 사건에서 새로운 수사기록 추가

나. 영장심의위원회 심의요청 요건과 맞추어서 검사로부터 관계 서류와 증거물을 반환 받은 경우와 반환받지 않은 경우로 구분

3. 검사의 관계 서류 등 반환받은 경우

가. 재신청

① 보완수사결과통보서 + 새로운 영장신청서 + 관계 서류 및 증거물을 검사에게 송부

② 영장 재신청 시 심사관 심사 필요

나. 재신청하지 않는 경우

① 보완수사결과통보서만 검사에게 송부

② 기존에 신청한 영정 철회한다는 것이므로 보완수사결과통보서에 철회한다는 내용기재

　예, 보완수사요구를 이행한 결과 영장을 신청할 필요성이 없다고 판단되어 경찰수사규칙 제105조 제3항 제2호에 따라 기본 영장신청을 철회함

4. 검사의 관계 서류 등 반환받지 못한 경우

가. 기본에 신청한 영장이 유지되는 경우이므로 별도의 영장 재신청 절차는 불필요

나. 보완수사결과통보서만 검사에게 송부

다. 기본 신청 영장을 철회하는 경우 보완수사결과통보서에 철회한다는 내용기재

○○경찰서

제 0000-000000 호   20○○.○.○.

수 신 : ○○검찰청의 장 (검사 : 홍길동)

제 목 : **보완수사 결과 통보서**

「형사소송법」 제197조의2제2항에 따라 아래와 같이 보완수사결과를 통보합니다.

사 건 번 호		
피 의 자	성 명	
	주민등록번호	
죄 명		
보완수사요구 내용		
이행 결과 (불이행시 사유 기재)		

○○경찰서

사법경찰관 경감 유 아 림

제4절 보완수사요구 불이행

1. 사전 협의

정당한 이유가 있다고 판단한 경우 검사에게 불이행 통보하기에 앞서 검사와 협의

2. 불이행 통보

보완수사요구의 대상이 아니거나 그 범위를 벗어나면 등 정당한 이유가 있어 보완수사를 이행하지 않으면 그 내용과 사유를 보완수사결과통보서에 적어 검사에게 통보하여야 한다.

3. 정당한 이유 없이 불이행

가. 검찰총장 또는 검사장은 징계, 직무배제 요구 가능

나. 경찰관서장은 20일 이내 직무배제 의무

※ 형사소송법

제197조의2(보완수사요구) ③ 검찰총장 또는 각급 검찰청 검사장은 사법경찰관이 정당한 이유 없이 제 1항의 요구에 따르지 아니하는 때에는 권한 있는 사람에게 해당 사법경찰관의 직무배제 또는 징계를 요구할 수 있고, 그 징계 절차는 「공무원 징계령」 또는 「경찰공무원 징계령」에 따른다.

※ 검사와 사법경찰관의 상호협력과 일반적 수사준칙에 관한 규정

제61조(직무배제 또는 징계 요구의 방법과 절차) ① 검찰총장 또는 각급 검찰청 검사장은 법 제197조의2 제3항에 따라 사법경찰관의 직무배제 또는 징계를 요구할 때에는 그 이유를 구체적으로 적은 서면에 이를 증명할 수 있는 관계 자료를 첨부하여 해당 사법경찰관이 소속된 경찰관서장에게 통보해야 한다.

② 제1항의 직무배제 요구를 통보받은 경찰관서장은 정당한 이유가 있는 경우를 제외하고는 그 요구를 받은 날부터 20일 이내에 해당 사법경찰관을 직무에서 배제해야 한다.

③ 경찰관서장은 제1항에 따른 요구의 처리 결과와 그 이유를 직무배제 또는 징계를 요구한 검찰총장 또는 각급 검찰청 검사장에게 통보해야 한다.

※ 경찰수사규칙

제106조(직무배제 또는 징계 요구의 처리 등) ① 소속경찰관서장은 수사준칙 제61조 제2항에 따라 직무배제를 하는 경우 지체 없이 사건 담당 사법경찰관리를 교체해야 한다.

---

4. 결과 통보

징계, 직무배제 요구 처리결과 통보

소 속 관 서

제 0000-00000 호   20○○.○.○.

수 신 : 검찰총장 또는 검찰청의 장

제 목 : **직무배제요구 처리결과 통보서**

「검사와 사법경찰관의 상호협력과 일반적 수사준칙에 관한 규정」 제61조제3
항에 따라 아래와 같이 직무배제요구 처리결과와 그 이유를 통보합니다.

사 건 번 호			
대상자	소 속	직위(직급)	성 명
직무배제 요구 요지			
처 리 결 과			
이 유			

소 속 관 서 장

제5절 구법 검사지휘 사건 및 송치사건 처리

I . 개 관

1. 검사직수 사건

가. 2021. 1. 1.이후 검사→ 경찰로 사건이송서 송부

나. 신법체계의 이송 절차에 따라 처리

2. 송치 후 재지휘

가. 2021. 1. 1.이후 검사→ 경찰로 보완수사요구서(결정) 송부

나. 기존 송치 후 재지휘 사건에서 계속 수사 진행(새로운 사건번호 생성 불필요)

3. 구법 송치사건 보완수사요구

가. 2021. 1. 1.이후 보완수사요구(구법상 별도의 검사지휘 불필요)

나. 기존 송치사건에서 계속 수사 진행(새로운 사건번호 생성 불필요)

II . 검사직수 사건

1. 개 요

경찰과 검찰 간 이송 절차로 진행하고 이후에는 신법체계의 이송 절차에 따라 경찰이 주체적으로 수사

2. 이송서 송부

가. 2021. 1. 1.이후 검사→ 경찰로 사건이송서 송부

나. 사건이송서를 KICS상 별도로 등록하지 않고 기존 직수사건에서 계속 수사 진행 (2021. 1. 1.이후 검사→ 경찰로 사건이송서 송부

Ⅲ. 송치 후 재지휘 사건

1. 개 요

2020.12.31. 이전에 송치 후 재지휘받아 진행 중인 사건은 신법체계의 보완수사요구 절차에 따라 처리

2. 보완수사요구서 송부

가. 2021. 1. 1.이후 검사→ 경찰로 보완수사요구서(결정) 송부

나. 보완수사요구서를 KICS상 별도로 등록하지 않고 기존 송치 후 재지휘 사건에서 계속 수사 진행(새로운 사건번호 생성 불필요)

① 보완수사결과 혐의가 인정되지 않는다고 판단된 경우 새롭게 불송치 결정하거나 보완수사결과통보서에 혐의사실이 인정되지 않는다는 취지를 기재하여 반환

② 새롭게 불송치 결정을 하는 방안은 이의신청/기록 편철/기관 간 기록 반환 방식 등이 복잡하여 혼선을 줄 수 있으므로 피의자의 혐의사실이 인정되지 않는 것이 관련 증거와 진술로 명백하거나 고소취소나 합의서가 제출되는 등 제반 사정을 고려하여 명백한 경우에만 불송치 결정

③ 보완수사요구 사항이 특정되어 개별사항을 이행하면 족하거나 다수의 결정이 혼재되어 불송치 결정이 부적당하거나 곤란한 경우 등에는 원칙적으로 이행결과만 통보

3. 보완수사결과만 통보

검사에게 보완수사결과를 통보한 후 KICS상 송치 후 재지휘 사건은 전산 종결

4. 불송치/수사중지

가. 통상적인 불송치/수사중지 관련서류를 작성하되 보완수사결과통보서에 다음과 같이 기재하여 송부

① 불송치 기재례
검사와 사법경찰관의 상호협력과 일반적 수사준칙에 관한 규정 제51조 제1항 제3호에 따라 불송치 결정함

② 수사중지 기재례
검사와 사법경찰관의 상호협력과 일반적 수사준칙에 관한 규정 제51조 제1항 제4호에 따라 수사중지 결정함

나. 불송치 결정은 객관적인 증거에 의해 공소권없음/각하 등 사유가 명백한 경우에만 예

외적으로 하고 수배가 동반된 경우에는 원칙적으로 새롭게 수사중지 결정을 하여야 함(불송치/수사중지 결정으로 종결하였으므로 별도의 전산 종결은 불필요)
다. 사건 전체 또는 일부에 대해 불송치/수사중지하는 경우에는 기록 반환절차 등에서 각각 차이가 있으므로 관련 절차를 구분
  ① 사건 전체에 대해 불송치/수사중지
    전체 기록을 철끈으로 묶어서 함께 기록 송부하고 전체 기록 함께 반환
  ② 사건 일부에 대해 불송치/수사중지
    전체 기록을 철끈으로 묶어서 함께 기록 송부하고 일부(불송치/수사중지기록)만 반환

Ⅳ. 구법 송치사건 보완수사요구

1. 개 요

2020.12.31. 이전 송치사건을 신법에서 보완수사요구 받으면 신법체계의 보완수사요구 절차에 따라 처리

2. 이행결과 통보 원칙

가. 결정 변경은 수사 준칙상 임의규정(제60조 제4항)이며 형사소송법에도 결과 통보만 규정되어 있으므로 원칙적으로 보완수사결과만 통보
나. 구법 송치종결 사건의 의견에 기속될 필요가 없음
  객관적 증거로 공소권없음이나 각하 등이 명백한 경우 예외적으로 불송치 결정

3. 기록 분리

가. 불송치 결정 사유가 명백한 경우나 수사중지가 필요한 경우 등에는 결정별로 기록 분리 처리 가능
나. 개정법 이행 전 전건송치에 따라 기록 분리를 가급적 하지 않던 관행에서 탈피하여 분리 가능 여부 사건은 적극적으로 분리

제6절 재수사요청

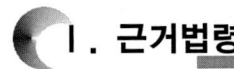

Ⅰ. 근거법령

1. 형사소송법

> **제245조의8(재수사요청 등)** ① 검사는 제245조의5제2호의 경우에 사법경찰관이 사건을 송치하지 아니한 것이 위법 또는 부당한 때에는 그 이유를 문서로 명시하여 사법경찰관에게 재수사를 요청할 수 있다.
> ② 사법경찰관은 제1항의 요청이 있는 때에는 사건을 재수사하여야 한다.

2. 검사와 사법경찰관의 상호협력과 일반적 수사준칙에 관한 규정

> **제63조(재수사요청의 절차 등)** ① 검사는 법 제245조의8에 따라 사법경찰관에게 재수사를 요청하려는 경우에는 법 제245조의5제2호에 따라 관계 서류와 증거물을 송부받은 날부터 90일 이내에 해야 한다. 다만, 다음 각 호의 어느 하나에 해당하는 경우에는 관계 서류와 증거물을 송부받은 날부터 90일이 지난 후에도 재수사를 요청할 수 있다.
> 1. 불송치 결정에 영향을 줄 수 있는 명백히 새로운 증거 또는 사실이 발견된 경우
> 2. 증거 등의 허위, 위조 또는 변조를 인정할 만한 상당한 정황이 있는 경우
> ② 검사는 제1항에 따라 재수사를 요청할 때에는 그 내용과 이유를 구체적으로 적은 서면으로 해야 한다. 이 경우 법 제245조의5제2호에 따라 송부받은 관계 서류와 증거물을 사법경찰관에게 반환해야 한다.
> ③ 검사는 법 제245조의8에 따라 재수사를 요청한 경우 그 사실을 고소인등에게 통지해야 한다.
> ④ 사법경찰관은 법 제245조의8제1항에 따른 재수사의 요청이 접수된 날부터 3개월 이내에 재수사를 마쳐야 한다.
> **제64조(재수사 결과의 처리)** ① 사법경찰관은 법 제245조의8제2항에 따라 재수사를 한 경우 다음 각 호의 구분에 따라 처리한다.
> 1. 범죄의 혐의가 있다고 인정되는 경우: 법 제245조의5제1호에 따라 검사에게 사건을 송치하고 관계 서류와 증거물을 송부
> 2. 기존의 불송치 결정을 유지하는 경우: 재수사 결과서에 그 내용과 이유를 구체적으로 적어 검사에게 통보
> ② 검사는 사법경찰관이 제1항제2호에 따라 재수사 결과를 통보한 사건에 대해서 다시 재수사를 요청을 하거나 송치 요구를 할 수 없다. 다만, 사법경찰관의 재수사에도 불구하고 관련 법리에 위반되거나 송부받은 관계 서류 및 증거물과 재수사결과만으로도 공소제기를 할 수 있을 정도로 명백히 채증법칙에 위반되거나 공소시효 또는 형사소추의 요건을 판단하는 데 오류가 있어 사건을 송치하지 않은 위법 또는 부당이 시정되지 않은 경우에는 재수사 결과를 통보받은 날부터 30일 이내에 법 제197조의3에 따라 사건송치를 요구할 수 있다.
> **제65조(재수사 중의 이의신청)** 사법경찰관은 법 제245조의8제2항에 따라 재수사 중인 사건에 대해 법 제245조의7제1항에 따른 이의신청이 있는 경우에는 재수사를 중단해야 하며, 같은 조 제2항에 따라 해당 사건을 지체 없이 검사에게 송치하고 관계 서류와 증거물을 송부해야 한다.

3. 경찰수사규칙

제112조(재수사 결과의 처리) ① 사법경찰관은 수사준칙 제64조제1항제1호에 따라 사건을 송치하는 경우에는 기존 불송치 결정을 취소해야 한다.
② 사법경찰관은 수사준칙 제64조제2항 단서에 따라 사건을 송치하는 경우에는 기존 불송치 결정을 변경해야 한다.
③ 수사준칙 제64조제1항제2호에 따른 재수사 결과서는 별지 제124호서식에 따른다.

● Ⅱ. 재수사 일반적 절차

1. 개 념

경찰이 불송치 결정한 사건이 위법 또는 부당한 때 90일 이내 검사가 그 이유를 문서에 명시하여 경찰에게 재수사를 요청하는 제도

2. 재수사의 일반적인 절차

가. 등 록

① 검사의 재수사요청을 받으면 KICS에 등록
② 재수사요청이 법에 부합하지 않는 요구를 하는 경우 접수 전에 전화나 서면 등의 방법으로 검사와 협의(수사준칙 제8조)

나. 처 리

범죄혐의가 인정되어 기존 불송치 결정을 취소/변경하는 경우와 기존의 불송치 결정을 유지하는 경우로 구분하여 처리

Ⅲ. 기존의 불송치 결정을 유지하는 경우

1. 재수사결과서 작성

불송치 결정을 그대로 유지하므로 KICS상 기존 불송치 사건에서 재수사결과서 작성(유사사건 생성하지 않음)

예,

- ㅇ 검사 홍길동의 재수사요청에 따라 참고인 갑 등 추가로 조사한바, 피의자 혐의를 인정할 만한 진술 확보하지 못했다.
- ㅇ 이와 같이 재수사를 하였으나 기존의 불송치 결정과 같이 범죄혐의 인정이 어려워 불송치 결정을 유지합니다.

2. 결과서 송부

가. 재수사결과서만 검사에게 오프라인 송부

나. 원 기록/재수사기록 모두 검사에게 송부하지 않음에 유의

3. 통 지

결정 변경 없이 검사에게 이행결과만 통보하는 경우, 권익보장 차원에서 고소인등에게 수사진행상황통지서로 통지

예,

ㅇㅇ검찰청(검사 홍길동)에서 재수사를 요청하여 재수사한 결과 검사와 사법경찰관의 상호협력과 일반적 수사준칙에 관한 규정 제64조 제1항제2호에 따라 기존의 불송치 결정을 그대로 유지하는 것이 타당하다고 판단하여 ㅇㅇ검찰청에 재수사 결과를 통보합니다.

4. 편 철

기존 불송치 기록에 재수사결과서, 재수사요청서, 추가된 수사기록 등을 함께 편철하여 보관

Ⅳ. 범죄혐의가 있다고 인정되는 경우

1. 결정취소/변경

가. 재수사 결과 범죄혐의가 있다고 인정되는 경우 기존 불송치 결정을 취소/변경

나. 유사사건을 생성하여 송치

2. 송치결정서 등 작성

가. 송치결정서의 송치 결정 이유, 사건송치서의 결정근거에 재수사요청에 따른 송치임을 기재

나. KICS상 사건송치서 결정근거로 검사와 사법경찰관의 상호협력과 일반적 수사준칙에 관한 규정에 따른 사건송치 선택

예, 재수사한 결과 범죄혐의가 있다고 인정되어 검사와 사법경찰관의 상호협력과 일반적 수사준칙에 관한 규정 제64조(재수사 결과의 처리) 제1항에 따라 송치한다.

3. 통 지

피의자 및 고소인 등에게 불송치 결정취소 및 송치결정 사실 통지

예, 검사의 재수사요청을 이행한 결과 피의자 범죄혐의가 있다고 판단되어 기존 불송치 결정을 취소하고 송치 결정하였습니다.

4. 편 철

가. KICS상 원 사건에서 재수사 진행하되 재수사결과 범죄혐의가 인정되는 경우 실물기록은 유사사건 기록에 편철

나. 검사의 재수사요청 접수 시 반환받은 원 불송치사건 기록과 새롭게 편철된 재수사기록(유사사건)을 끈으로 묶어서 함께 송부

V. 재수사 후 송치요구

1. 송치요구

가. 원칙적으로 경찰의 재수사 결과 및 불송치 결정 유지에 검사는 다시 재수사요청을 하거나 송치요구 불가

나. 불송치 결정 유지에 대해 예외적 사유가 있다고 판단되는 경우 30일 이내 경찰에 사건 송치요구 가능

① 법리 위반

② 송부받은 관계 서류 및 증거물과 재수사결과만으로도 공소제기를 할 수 있을 정도로 명백한 채증법칙 위반

③ 공소시효 또는 형사소추 요건 판단오류가 있어 위법 또는 부당이 시정되지 않은 경우

2. 협 의

가. 재수사 결과에 대해 이견이 있는 경우 필수적 협의 대상이므로 상대방의 협의요청에 응해야 함

나. 검사가 경찰의 재수사결과에 이의가 있거나 경찰이 검사의 송치요구에 이의가 있는 경우 상호 협의할 수 있음

> ※ 검사와 사법경찰관의 상호협력과 일반적 수사준칙에 관한 규정
> 제8조(검사와 사법경찰관의 협의) ① 검사와 사법경찰관은 수사와 사건의 송치, 송부 등에 관한 이견의 조정이나 협력 등이 필요한 경우 서로 협의를 요청할 수 있다. 이 경우 특별한 사정이 없으면 상대방의 협의 요청에 응해야 한다.
> 6. 법 제245조의8 제2항에 따른 재수사의 결과에 대해 이견이 있는 경우

3. 결정 변경

가. 검사의 송치요구에 대해 이견이 해소되지 않는 경우 기존 불송치 결정을 변경하여 송치(법정송치)

나. 유사사건을 생성 후 처리

4. 송치결정서 등 작성

송치결정 이유란에 검사와 사법경찰관의 상호협력과 일반적 수사준칙에 관한 규정에 따른 사건송치임을 기재

예, 검사와 사법경찰관의 상호협력과 일반적 수사준칙에 관한 규정 제64조(재수사 결과의 처리) 제2항에 따른 사건송치

5. 통 지

피의자 및 고소인 등에게 불송치 결정취소 및 송치결정 사실 통지

예, 건사의 송치요구로 인해 기존 불송치 결정을 변경하고 송치 결정함

6. 기록 송부

원 불송치사건 기록과 새롭게 편철한 기록을 함께 검사에게 송부

◖ VI. 기타 절차

1. 재수사 중 이의신청이 있는 경우

가. 개 요

경찰의 불송치 종결 및 송부 후 검사의 재수사요청에 따라 재수사 중인 사건에 대해 이의신청이 있는 경우

나. 절 차

① 검사의 재수사요청 → 경찰의 재수사 → 고소인등 이의신청 → 재수사를 중단하고 검찰송치
② 고소인등의 이의신청서가 접수되면 당시까지 작성한 수사기록에 사건송치서/송치결정서 작성하여 검사에게 송치

2. 재수사 중 대상자 추가가 필요한 경우

가. 참고인 추가

① 재수사 중 참고인 추가가 필요한 경우 결정 변경할 때와 같이 KICS상 유사사건 생성하여 재수사 진행
② 최종 불송치 하여야 할 경우 재수사결과를 통보한 후 사건은 전산종결
③ 송치할 경우 결정취소/변경과 동일하게 송치

나. 피의자인지

일반적인 사건 인지 절차에 따라 새로운 사건을 생성하여 통상적인 수사절차 진행

○○경찰서

제　호　　　　　　　　　　　　　　　　　　20○○.○.○.

수　신 : ○○검찰청의 장 (검사 : 홍길동)

제　목 : 재수사 결과서

「검사와 사법경찰관의 상호협력과 일반적 수사준칙에 관한 규정」 제64조제1항
제2호에 따라 재수사결과를 아래와 같이 통보합니다.

사　건　번　호			
피의자	성　　　명		주민등록번호
	직　　　업		
	주　　　거		
죄　　　　　명			
재수사 요청 내용			
재수사 결과			

○○경찰서

사법경찰관 경감 유 아 윤

제5장 시정조치요구

제5장

개정법에서 피의자신문 전 경찰 수사과정에서 법령위반 등이 있는 경우 검사에게 구제를 신청할 수 있음을 고지하도록 경찰에 의무를 부여하고 있으며, 이에 따라 신고가 있거나 이런 사실을 인식한 경우 검사는 다음의 요구를 단계적으로 할 수 있다.

① 사건기록 등본송부 요구
② 시정조치요구
③ 송치요구
④ 징계요구(경찰관의 수사과정에서 법령위반 등 행위)

등본송부	검찰	등본송부 요구	
	경찰	등본 송부(7일 이내)	
시정조치	검찰	시정조치 요구(등본송부 받은 날로부터 30일 이내)	
	경찰	정당한 이유 없으면 지체없이 이행 정당한 이유가 있을 경우 불이행	결과통보
사건송치	검찰	정당한 이유없이 불이행했다고 판단 시 송치요구	
	경찰	송치(7일 이내)	

제1절 구제신청 고지

Ⅰ. 법적근거

1. 형사소송법

> 제197조의3(시정조치요구 등) ⑧ 사법경찰관은 피의자를 신문하기 전에 수사과정에서 법령위반, 인권침해 또는 현저한 수사권 남용이 있는 경우 검사에게 구제를 신청할 수 있음을 피의자에게 알려주어야 한다.

2. 검사와 사법경찰관의 상호협력과 일반적 수사준칙에 관한 규정

> 제47조(구제신청 고지의 확인) 사법경찰관은 법 제197조의3제8항에 따라 검사에게 구제를 신청할 수 있음을 피의자에게 알려준 경우에는 피의자로부터 고지 확인서를 받아 사건기록에 편철한다. 다만, 피의자가 고지 확인서에 기명날인 또는 서명하는 것을 거부하는 경우에는 사법경찰관이 고지 확인서 끝부분에 그 사유를 적고 기명날인 또는 서명해야 한다.

3. 경찰수사규칙

> 제77조(구제신청 고지의 확인) 수사준칙 제47조에 따른 고지 확인서는 별지 제89호서식에 따른다.

Ⅱ. 절 차

1. 개 요

가. 피의자신문 전 경찰 수사과정에서 법령위반, 인권침해 또는 현저한 수사권 남용이 있는 경우 검사에게 구제를 시청할 수 있음을 피의자에게 고지하는 경찰 의무

나. 피의자 조사하기 전에 고지 확인서를 받아 기록에 편철

다. 고지하였으나 정당한 이유 없이 기명날인 또는 서명을 거부한 경우 그 사유를 고지 확인서 하단에 기재하고 기명날인 또는 서명

2. 대상과 시기

가. 피의자를 신문하는 경우에만 고지

나. 피해자나 참고인 등을 조사하거나 체포 및 압수수색영장 집행, 임의동행 등의 경우에는 고지하지 않음

고 지 확 인 서

성   명 :

주민등록번호 : (세)

주   거 :

본인은 20○○.○.○.경 ○○에서 신문을 받기 전에 수사과정에서 법령위반, 인권침
해 또는 현저한 수사권 남용이 있는 경우 검사에게 구제를 신청할 수 있음을 고지
받았음을 확인합니다.

20○○.○.○.

위 확인인

위 피의자를 신문하면서 위와 같이 고지하였음(위 피의자를 신문하면서 위와 같
이 고지하였으나 정당한 이유 없이 기명날인 또는 서명을 거부함).
※ 기명날인 또는 서명 거부 사유:

20○○.○.○.

○○경찰서

사법경찰관 경감 유 경 일

제2절 등본송부요구

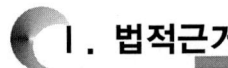 **I. 법적근거**

1. 형사소송법

> **제197조의3(시정조치요구 등)** ① 검사는 사법경찰관리의 수사과정에서 법령위반, 인권침해 또는 현저한 수사권 남용이 의심되는 사실의 신고가 있거나 그러한 사실을 인식하게 된 경우에는 사법경찰관에게 사건기록 등본의 송부를 요구할 수 있다.
> ② 제1항의 송부 요구를 받은 사법경찰관은 지체 없이 검사에게 사건기록 등본을 송부하여야 한다.

2. 검사와 사법경찰관의 상호협력과 일반적 수사준칙에 관한 규정

> **제45조(시정조치 요구의 방법 및 절차 등)** ① 검사는 법 제197조의3 제1항에 따라 사법경찰관에게 사건기록 등본의 송부를 요구할 때에는 그 내용과 이유를 구체적으로 적은 서면으로 해야 한다.
> ② 사법경찰관은 제1항에 따른 요구를 받은 날부터 7일 이내에 사건기록 등본을 검사에게 송부해야 한다.

3. 경찰수사규칙

> **제75조(시정조치요구의 이행)** ① 사법경찰관은 수사준칙 제45조 제2항에 따라 사건기록 등본을 검사에게 송부하는 경우에는 별지 제86호서식의 사건기록 등본 송부서를 작성하여 사건기록 등본에 편철해야 한다.
> ② 사법경찰관은 제1항에 따라 사건기록 등본을 송부하는 경우에는 해당 사건기록 전체의 등본을 송부한다. 다만, 등본송부 요구의 사유가 사건기록의 일부와 관련된 경우에는 사전에 검사와 합의하고 해당 부분에 대해서만 등본을 송부할 수 있다.
> ③ 사법경찰관은 필요하다고 인정하는 경우 제1항에 따라 사건기록 등본을 송부하면서 의견을 함께 제출할 수 있다.

II. 절차

1. 등록 및 접수

등본송부요구서를 KICS상 등록하고 심사관의 분석과 검토를 거쳐 해당 사건담당 팀장에게 인계하면 담당 팀장은 등본송부요구서를 KICS상 접수

2. 등 본

가. 원칙적으로 사건기록 전체를 등본으로 제작

나. 전체 사건기록 복사 불필요 시 검사와 협의(전화 등)를 통해 필요부분만 제작한 후 그 취지를 등본송부서의 의견란에 기록하고 송부

다. 다만, 협의에도 불구하고 검사가 전체등본 송부를 요구한 경우 전체를 송부

3. 기록 편철

KICS로 사건기록등본송부서를 작성한 후 사건기록등본송부서 → 사건기록등본 순으로 편철

4. 의견제출

가. 검사의 등본송부 요구에 대한 의견이 있는 경우 사건기록등본송부서의 의견란이나 별도 의견서 작성 가능

나. 사건기록등본송부서 → 의견서 → 사건기록 등본 순으로 편철

5. 처리기한

등본송부요구서 도달일로부터 7일 이내 송부

○○경찰서

제 0000-00000 호   20○○.○.○.

수 신 : 검찰청의 장 (검사: 검사명)

제 목 : **사건기록 등본 송부서**

「검사와 사법경찰관의 상호협력과 일반적 수사준칙에 관한 규정」 제45조제2항에 따라 아래와 같이 사건기록의 등본을 송부합니다.

사 건 번 호	**경찰 사건번호**
요 구 일 자	**등본요구서가 도달한 일자 기재**
요 구 번 호	**검찰의 시정사건 번호 기재**
사 건 기 록 등 본 송 부 관 련 의 견	
붙 임	사건기록등본 1부.

○○경찰서

사 법 경 찰 관 경 감 유 아 윤

제3절 시정조치요구

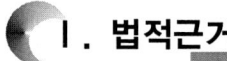 **Ⅰ. 법적근거**

1. 형사소송법

제197조의3(시정조치요구 등) ③ 제2항의 송부를 받은 검사는 필요하다고 인정되는 경우에는 사법경찰관에게 시정조치를 요구할 수 있다.
④ 사법경찰관은 제3항의 시정조치 요구가 있는 때에는 정당한 이유가 없으면 지체 없이 이를 이행하고, 그 결과를 검사에게 통보하여야 한다.

2. 검사와 사법경찰관의 상호협력과 일반적 수사준칙에 관한 규정

제45조(시정조치 요구의 방법 및 절차 등) ③ 검사는 제2항에 따라 사건기록 등본을 송부받은 날부터 30일(사안의 경중 등을 고려하여 10일의 범위에서 한 차례 연장할 수 있다) 이내에 법 제197조의3 제3항에 따른 시정조치 요구 여부를 결정하여 사법경찰관에게 통보해야 한다. 이 경우 시정조치 요구의 통보는 그 내용과 이유를 구체적으로 적은 서면으로 해야 한다.
④ 사법경찰관은 제3항에 따라 시정조치 요구를 통보받은 경우 정당한 이유가 있는 경우를 제외하고는 지체 없이 시정조치를 이행하고, 그 이행 결과를 서면에 구체적으로 적어 검사에게 통보해야 한다.

3. 경찰수사규칙

제75조(시정조치요구의 이행) ④ 사법경찰관은 수사준칙 제45조 제4항에 따라 검사에게 시정조치 이행 결과를 통보하는 경우 별지 제87호서식의 시정조치 결과 통보서에 따른다. 다만, 법률상·사실상 시정이 불가능한 경우 등 정당한 이유가 있어 시정조치요구를 이행하지 않은 경우에는 그 내용과 사유를 시정조치 결과 통보서에 구체적으로 적어 통보해야 한다.

II. 절 차

1. 개 요

가. 시정조치요구는 주로 사건관계인이 당해 수사절차에 이의를 제기하기 시작되는 절차로 수사중지사건 이의제기 또는 수사심의신청 제도와 유사

나. 시정조치가 요구된 사안은 이의제기 처리절차와 같이 시도경찰청(수사심의계)에서 정당한 이유 유무를 검토/판단하도록 하여 공정성과 객관성 담보 도모

2. 등록과 접수

시정조치요구서를 KICS상 등록하고 심사관의 분석과 검토를 거쳐 해당 사건담당 팀장에게 인계하면 담당 팀장은 시정조치요구서를 KICS상 접수

3. 보 고

팀장은 검사 요구 내용, 사건기록, 심사관 의견 등을 종합적으로 검토 후 시도경찰청(수사심의계)에 사건보고

4. 검 토

시도경찰청(수사심의계)은 검사의 시정조치요구 내용과 담당 팀장의 의견을 토대로 수용 여부를 신속히 검토/판단하여 지휘

5. 처리절차

가. 이행한 경우 이행한 내용을, 불이행하는 경우 그 내용과 사유를 시정조치결과보고서에 기재하여 검사에게 통보

나. 시정조치요구를 이행하지 않을 정당한 이유가 있다고 판단되는 경우 검사에게 불이행 통보하기에 앞서 검사와 협의 가능

○○경찰서

제 0000-00000 호   20○○.○.○.

수 신 : 검찰청의 장 (검사: 검사명)

제 목 : **시정조치 결과 통보서**

「검사와 사법경찰관의 상호협력과 일반적 수사준칙에 관한 규정」 제45조제4항에 따라 아래와 같이 시정조치 이행 결과를 통보합니다.

사 건 번 호	**경찰 사건번호**	요 구 일 자	**요구서 도달일자**
대 상 자	소 속	직급(직위)	성 명
시정조치요구 내용	**검사의 시정조치요구 내용 기재**		
이 행 결 과	**검사가 시정조치 요구한 사안별로 구분하여 작성**		

○○경찰서

사법경찰관 경감 유 아 윤

제4절 송치요구 및 징계요구

Ⅰ. 법적근거

1. 형사소송법

제197조의3(시정조치요구 등) ⑤ 제4항의 통보를 받은 검사는 제3항에 따른 시정조치 요구가 정당한 이유 없이 이행되지 않았다고 인정되는 경우에는 사법경찰관에게 사건을 송치할 것을 요구할 수 있다.
⑥ 제5항의 송치 요구를 받은 사법경찰관은 검사에게 사건을 송치하여야 한다.
⑦ 검찰총장 또는 각급 검찰청 검사장은 사법경찰관리의 수사과정에서 법령위반, 인권침해 또는 현저한 수사권 남용이 있었던 때에는 권한 있는 사람에게 해당 사법경찰관리의 징계를 요구할 수 있고, 그 징계 절차는 「공무원 징계령」 또는 「경찰공무원 징계령」에 따른다.

2. 검사와 사법경찰관의 상호협력과 일반적 수사준칙에 관한 규정

제45조(시정조치 요구의 방법 및 절차 등) ⑤ 검사는 법 제197조의3 제5항에 따라 사법경찰관에게 사건송치를 요구하는 경우에는 그 내용과 이유를 구체적으로 적은 서면으로 해야 한다.
⑥ 사법경찰관은 제5항에 따라 서면으로 사건송치를 요구받은 날부터 7일 이내에 사건을 검사에게 송치해야 한다. 이 경우 관계 서류와 증거물을 함께 송부해야 한다.
⑦ 제5항 및 제6항에도 불구하고 검사는 공소시효 만료일의 임박 등 특별한 사유가 있을 때에는 제5항에 따른 서면에 그 사유를 명시하고 별도의 송치기한을 정하여 사법경찰관에게 통지할 수 있다. 이 경우 사법경찰관은 정당한 이유가 있는 경우를 제외하고는 통지받은 송치기한까지 사건을 검사에게 송치해야 한다.
제46조(징계요구의 방법 등) ① 검찰총장 또는 각급 검찰청 검사장은 법 제197조의3 제7항에 따라 사법 경찰관리의 징계를 요구할 때에는 서면에 그 사유를 구체적으로 적고 이를 증명할 수 있는 관계 자료를 첨부하여 해당 사법경찰관리가 소속된 경찰관서의 장(이하 "경찰관서장"이라 한다)에게 통보해야 한다.
② 경찰관서장은 제1항에 따른 징계요구에 대한 처리 결과와 그 이유를 징계를 요구한 검찰총장 또는 각급 검찰청 검사장에게 통보해야 한다.

3. 경찰수사규칙

제76조(징계요구 처리 결과 등 통보) 소속경찰관서장은 수사준칙 제46조 제2항에 따라 징계요구의 처리 결과와 그 이유를 통보하는 경우에는 별지 제88호서식의 징계요구 처리결과 통보서에 따른다.

Ⅱ. 절 차

1. 등록 및 접수

송치요구서를 KICS상 등록하고 심사관의 분석과 검토를 거쳐 해당 사건담당 팀장에게 인계하면 담당 팀장은 송치요구서를 KICS상 접수

2. 기록 편철

송치요구서를 받은 시점까지 작성된 사건기록을 정리하여 사건송치서 및 관계서류를 작성/편철

3. 처리절차

가. 송치결정서

법정송치이므로 송치결정 이유를 자세히 기재할 필요 없이 간단히 기재

예, 형사소송법 제197조의3(시정조치요구 등)에 따라 송치한다.

나. 사건송치서

결정근거에 형사소송법 제197조의3(시정조치요구 등)에 따라 사건송치라고 입력

4. 기 간

가. 송치요구를 받은 날로부터 7일 이내 사건을 검사에게 송치해야 하며, 관계서류와 증거물을 함께 송부

나. 다만, 공소시효 만료 임박 등 특별한 사유가 있는 경우 검사는 7일보다 짧은 기간을 정해 통지 가능하며, 경찰은 정당한 이유가 없으면 해당 기한을 준수하여 송치

III. 징계요구

1. 개 요

가. 징계요구는 시정조치요구 불이행에 대한 것이 아니라 경찰관이 수사과정에서 법령위반 등의 행위를 한 것에 대한 제재

나. 법령위반, 인권침해, 현저한 수사권 남용 사실이 있는 경우 시정조치요구절차(등본송부요구→시정조치요구→송치요구)와 별도로 징계요구 가능

다. 징계 요구자

검찰총장 또는 각급 검찰청 검사장만이 요구할 수 있고 반드시 서면으로 요구

라. 징계요구 대상자

수사과정에서 법령위반, 인권침해, 현저한 수사권 남용을 한 해당 사법경찰관리

2. 접수절차

가. 징계요구서를 접수한 담당 부서는 해당사건 담당 부서장에게 징계요구 사실 통보

나. 해당 관서 청문감사관실에 징계요구서 원본을 인계하고 징계요구 사실 통보

다. 수사감찰 설치 시 시도경찰청의 경우 수사심의계로 인계 및 통보

3. 징계절차

검사의 징계요구의 기속력은 없으며, 징계령의 규정에 따라 처리

4. 처리절차

해당 관서장은 징계요구에 대한 처리결과와 이유를 징계요구 처리 결과서에 기재하여 징계 요구한 검찰총장 등에게 통보

○ ○ 경 찰 서

제 0000-00000 호   20○○.○.○.

수 신 : 검찰총장 또는 검찰청의 장

제 목 : **징계요구 처리결과 통보서**

「검사와 사법경찰관의 상호협력과 일반적 수사준칙에 관한 규정」 제
46조제2항·제61조제3항에 따라 아래와 같이 징계요구 처리결과와 그 이
유를 통보합니다.

사 건 번 호			
대 상 자	소 속	직위(직급)	성 명
징 계 요 구 요 지			
처 리 결 과			
이 유			

소 속 관 서 장

제6장

수사 이의제도

개정 형사소송법에 따라 <u>의의신청</u> 개념이 신설되고, 검사와 사법경찰관의 상호협력과 일반적 수사준칙에 관한 규정의 제정으로 <u>이의제기</u> 개념 신청, <u>심의신청</u>은 경찰수사사건 심의 등에 관한 규칙(2021.4.4.시행) 제정으로 시행

이의신청 (불송치)	▷불송치결정 통지를 받은 사람 ▷형사소송법 제245조의7, 경찰수사규칙 제113조
이의제기 (수사중지)	▷수사중지 결정통지를 받은 사람 ▷수사준칙 제54조, 경찰수사규칙 제101조
심의신청	▷前 수사이의신청 ▷경찰수사사건 심의 등에 관한 규칙

제1절 이의신청(불송치)

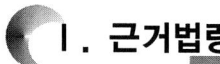 **Ⅰ. 근거법령**

1. 형사소송법

> **제245조의7(고소인 등의 이의신청)** ① 제245조의6의 통지를 받은 사람(고발인을 제외한다)은 해당 사법경찰관의 소속 관서의 장에게 이의를 신청할 수 있다.
> ② 사법경찰관은 제1항의 신청이 있는 때에는 지체 없이 검사에게 사건을 송치하고 관계 서류와 증거물을 송부하여야 하며, 처리결과와 그 이유를 제1항의 신청인에게 통지하여야 한다.

2. 검사와 사법경찰관의 상호협력과 일반적 수사준칙에 관한 규정

> **제65조(재수사 중의 이의신청)** 사법경찰관은 법 제245조의8제2항에 따라 재수사 중인 사건에 대해 법 제245조의7제1항에 따른 이의신청이 있는 경우에는 재수사를 중단해야 하며, 같은 조 제2항에 따라 해당 사건을 지체 없이 검사에게 송치하고 관계 서류와 증거물을 송부해야 한다.

3. 경찰수사규칙

> **제113조(고소인등의 이의신청)** ① 법 제245조의7제1항에 따른 이의신청은 별지 제125호서식의 불송치 결정 이의신청서에 따른다.
> ② 사법경찰관은 제1항의 이의신청이 있는 경우 지체 없이 수사준칙 제58조제1항에 따라 사건을 송치한다. 이 경우 관계 서류와 증거물을 검사가 보관하는 경우(제110조제3항을 적용받는 경우는 제외한다)에는 관계 서류 및 증거물을 송부하지 않고 사건송치서 및 송치 결정서만으로 사건을 송치한다.
> ③ 사법경찰관은 법 제245조의7제2항에 따라 신청인에게 통지하는 경우에는 서면, 전화, 팩스, 전자우편, 문자메시지 등 신청인이 요청한 방법으로 통지할 수 있으며, 별도로 요청한 방법이 없는 경우에는 서면 또는 문자메시지로 한다. 이 경우 서면으로 하는 통지는 별지 제126호서식의 이의신청에 따른 사건 송치 통지서에 따른다.
> ④ 사법경찰관은 법 제245조의7제2항에 따라 사건을 송치하는 경우에는 기존 불송치 결정을 변경해야 한다.

II. 절 차

1. 신청자

가. 불송치 결정통지를 받은 사람

나. 통지받은 사람으로부터 위임받은 배우자, 직계존속, 형제자매, 변호사도 가능

2. 신청대상

해당 사법경찰관의 소속관서장

3. 기 한

별도 규정이 없으므로 언제든지 신청 가능

4. 절 차

가. 접수 및 처리

① 수사지원 담당 부서에서 접수 후 KICS에 접수하여 수사관에게 이의신청서 교부

② 담당 수사관은 사건목록에서 이의신청 대상 사건의 유사사건 생성(이유: 이의신청)

나. 기록 작성

① 신규 생성된 사건에서 송치결정서와 사건송치서, 통지서 작성

② 사법경찰관이 이의신청을 받아 사건을 송치한 경우 기존 불송치 결정을 변경

③ 송치결정서 송치결정 이유란은 형사소송법 제245조의7 제2항에 따라 송치한다'로 기재

④ 신규작성 서류는 송치결정서, 사건송치서, 통지서뿐이며 타 수사서류는 작성하지 않음

다. 통 지

① 신청인에게 지체 없이 통지

② 서면, 전화, 팩스, 전자우편, 문자메시지 등 신청인이 요청한 방법, 별도로 요청한 방법이 없는 경우에는 서면 또는 문자메시지

라. 기록 편철

① 사건기록 원본이 검찰에 있을 때

사건송치서 → 송치결정서 → 이의신청서 → 통지서

② 사건기록 원본이 경찰에 있을 때

사건송치서 → 송치결정서 → 이의신청서 → 통지서 → 불송치 사건기록 원본

③ 편철 1 원본과 함께 편철하며 기록목록은 필요시 작성

④ 송치서류에 통지서를 포함시켜 불필요하게 통지가 지연되는 사례 없도록 할 것

Ⅲ. 재수사 중의 이의신청

1. 사유

경찰의 불송치 종결 및 송부 후 검사의 재수사요청에 따라 재수사 중인 사건에 대해 이의신청이 있는 경우

2. 절차

가. 검사의 재수사요청 → 경찰의 재수사 → 고소인들 이의신청 → 검찰로 송치

나. 검사의 재수사요청서가 접수되면 수사관은 당시까지 작성한 서류와 사건송치서 작성 후 검사에게 송치

Ⅳ. 다수의 불송치 결정에 대한 일부 이의신청

1. 개 요

다수의 불송치 결정 송부 이후 사건기록이 반환되지 않는 시간 동안(90일 내) 일부에 대해 이의신청이 접수된 경우 이의 신청된 불송치 결정만 송치결정으로 변경하여 송치

2. 나머지 불송치 결정사건 조치

가. 검사가 사법경찰관이 송부한 불송치 결정서만 반환하는 것으로 사건서류 반환을 갈음

예, 피의자 갑, 을, 병 모두 불송치 결정하여 검사에게 송부한 후 피의자 갑에 대한 이의신청이 접수되었을 때 갑의 불송치 결정은 송치결정으로 변경하여 송치

나. 검사는 경찰에게 을, 병에 대한 불송치 결정서만 반환

불송치 결정 이의신청서

□ 신청인

성 명		사건관련 신분	
주민등록번호		전 화 번 호	
주 소		전자우편	

□ 경찰 결정 내용

사 건 번 호	
죄 명	
결 정 내 용	수사중지 ( )

□ 이의신청 이유

□ 이의신청 결과통지서 수령방법

종 류	서 면 / 전 화 / 팩 스 / 전자우편 / 문자메시지

20○○.○.○.

신청인   (서명)

○○경찰서장 귀하

○○경 찰 서

제 호   20○○.○.○.

수 신 : 귀하

제 목 : 이의신청에 따른 사건송치 통지서

　귀하의 이의신청과 관련하여 형사소송법 제245조의7 제2항에 따라 다음과 같이 사건을 송치하였음을 알려드립니다.

송치일시	20○○.○.○.	송치번호		사건번호	
조치사항					
담당팀장	전화				

○○경 찰 서 장

제2절 이의제기(수사중지)

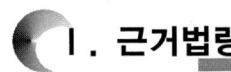 **Ⅰ. 근거법령**

1. 검사와 사법경찰관의 상호협력과 일반적 수사준칙에 관한 규정

> **제54조(수사중지 결정에 대한 이의제기 등)** ① 제53조에 따라 사법경찰관으로부터 제51조제1항제4호에 따른 수사중지 결정의 통지를 받은 사람은 해당 사법경찰관이 소속된 바로 위 상급경찰관서의 장에게 이의를 제기할 수 있다.
> ② 제1항에 따른 이의제기의 절차·방법 및 처리 등에 관하여 필요한 사항은 경찰청장 또는 해양경찰청장이 정한다.

2. 경찰수사규칙

> **제101조(수사중지 결정에 대한 이의제기 처리 절차)** ① 수사준칙 제54조제1항에 따라 이의제기를 하려는 사람은 수사중지 결정을 통지받은 날부터 30일 이내에 해당 사법경찰관이 소속된 바로 위 상급경찰관서의 장(이하 "소속상급경찰관서장"이라 한다)에게 별지 제110호서식의 수사중지 결정 이의제기서를 제출해야 한다.
> ② 제1항에 따른 이의제기서는 해당 사법경찰관이 소속된 경찰관서에 제출할 수 있다. 이 경우 이의제기서를 제출받은 경찰관서의 장은 이를 지체 없이 소속상급경찰관서장에게 송부해야 한다.
> ③ 소속상급경찰관서장은 제1항 또는 제2항에 따라 이의제기서를 제출받거나 송부받은 날부터 30일 이내에 다음 각 호의 구분에 따른 결정을 하고 해당 사법경찰관의 소속수사부서장에게 이를 통보해야 한다.
>   1. 이의제기가 이유 있는 경우 : 수용
>   가. 사건 재개 지시. 이 경우 담당 사법경찰관리의 교체를 함께 지시할 수 있다.
>   나. 상급경찰관서 이송 지시
>   2. 이의제기가 이유 없는 경우 : 불수용
> ④ 제3항제1호에 따른 결정을 통보받은 소속수사부서장은 지체 없이 이를 이행하고 소속상급경찰관서장에게 이행 결과를 보고해야 한다.
> ⑤ 소속상급경찰관서장은 제3항의 결정을 한 날부터 7일 이내에 별지 제111호서식의 수사중지사건 이의처리결과 통지서에 처리 결과와 그 이유를 적어 이의를 제기한 사람에게 통지해야 한다.
> ⑥ 사법경찰관은 제1항부터 제4항까지의 규정에 따른 절차의 진행 중에 수사준칙 제51조제4항 후단에 따라 검사의 시정조치요구를 받은 경우에는 지체 없이 소속상급경찰관서장에게 보고해야 한다.

II. 절 차

1. 신청인 및 신청대상

가. 수사중지 결정통지를 받은 사람(통지받은 사람으로부터 위임받은 배우자, 직계존속, 형제자매, 변호사도 가능)

나. 해당 사법경찰관의 소속 상급경찰관서장

2. 기 한

수사중지 결정을 통지받은 날로부터 30일 이내

3. 절 차

가. 접 수

① 원칙적으로 시도경찰청 수사심의계로 접수하나 경찰서 제출도 가능

② 경찰서 제출 시 시도경찰청(수사심의계)으로 즉시 송부

나. 처 리

① 접수 후 수사심의계는 해당 수사관에게 이의제기 접수 및 사실에 관한 내용 구두, 전화, 서면 등 방식으로 통보

② 통보받은 수사관은 KICS상 입건/조사의 사건보고/지휘를 통해 이의제기 수용 여부를 결정해 줄 것은 수사심의계로 지휘 건의

예, 수사중지 결정(결정일 20○○.○.○.)한 ○○사건 관련 고소인 홍길동의 이의제기 (신청일 : 20○○.○.○.)에 대한 수용 여부를 결정해 줄 것을 건의합니다.

다. 수용 여부 판단

① 수사심의계는 이의제기서 제출받거나 송부받은 날로부터 30일 이내 수용 여부 결정

② 결정 후 담당 수사관에서 수사지휘를 통해 통보

※ 수사심의계는 필요시 수사관에게 사건기록 원본 제출요구 지휘 가능, 사건기록 원본 이 검사에게 있는 경우 KICS상 작성된 서식만으로 수용 여부 판단 가능)

③ 수용결과를 통보받은 수사관은 이를 지체없이 이행하고 그 결과를 사건보고로 수

사심의계에 보고

라. 통 지

① 수사심의계는 결정을 한 날로부터 7일 이내 이의제기한 사람에게 이의제기 처리결
과와 그 이유 통지

② 반드시 서면으로 통지

Ⅲ. 이의제기절차 진행 중 시정조치 요구

1. 시정조치 요구를 받은 때

이의제기서를 제출받은 때로부터 수사관이 이행결과를 보고하기 전까지의 과정에서 검
사의 시정조치 요구가 있는 때에는 지체없이 수사심의계로 사건보고

2 수사심의계 조치

검사의 시정조치 요구사항을 검토하여 이의제기 수용 여부와 시정조치 요구 이행 여부
를 지휘

수사중지 결정 이의제기서

□ 신청인

성 명		사건관련 신분	
주민등록번호		전 화 번 호	
주 소			

□ 경찰 결정 내용

사 건 번 호	
죄 명	
결 정 내 용	수사중지 ( )

□ 이의제기 이유

20○○.○.○.

신청인   (서명)

○○경찰청장 귀하

○○경 찰 청

제 호   20○○.○.○.

수 신 : 귀하

제 목 : 수사중지사건 이의처리결과 통지서

───────────────────────────────

　귀하의 이의제기와 관련하여 「경찰수사규칙」 제101조 제5항에 따라 아래와 같이 처리결과를 통지합니다.

사건번호	
처리결과	
이　유	

○○경 찰 청 장

제3절 심의신청

 I. 근거법령 (경찰 수사사건 심의 등에 관한 규칙)

제2조(신청) ① 사건관계인(고소인, 고발인, 피해자, 피의자, 피조사자, 피진정인 및 그들의 대리인을 말한다)은 경찰 입건 전 조사·수사 절차 또는 결과의 적정성·적법성이 현저히 침해되었다고 판단하는 경우 경찰관서(담당 수사관이 소속된 경찰서 또는 시·도경찰청을 말한다)에 심의를 신청(이하 "수사심의신청"이라 한다)할 수 있다.
② 제1항의 수사심의신청은 입건 전 조사, 수사가 개시된 날부터 할 수 있다. 다만, 입건 전 조사, 수사가 종결된 경우에는 「경찰수사규칙」 제20조 또는 제97조에 따른 결과 통지를 받은 날부터 90일 이내에 하여야 한다.
③ 제2항 단서에도 불구하고 다음 각 호의 어느 하나에 해당하는 경우에는 결과 통지를 받은 날부터 90일이 지난 후에도 수사심의신청을 할 수 있다.
1. 입건 전 조사, 수사 결과에 영향을 줄 수 있는 새로운 증거 또는 사실이 발견된 경우
2. 증거 등의 허위·위조 또는 변조를 인정할 만한 상당한 정황이 있는 경우
④ 사건관계인은 수사심의신청을 할 때 별지 제1호서식의 수사심의 신청서를 작성하여 경찰관서에 이를 제출한다.
⑤ 경찰관서는 제4항에 따른 수사심의신청을 접수해야 하며, 신청자와 충분한 상담을 하여야 한다.
제3조(수사심의신청에 따른 조사) ① 시·도경찰청 소속의 수사심의계(이하 "수사심의계"라 한다)는 수사심의신청사건의 조사에 관한 주관부서로서 별표 1의 기준에 따라 객관적이고 공정하게 조사·처리하여야 한다.
② 제1항에도 불구하고 당해사건을 수사한 경찰관서(시·도경찰청 수사부서가 수사한 경우에는 그 수사부서)(이하 "당해 경찰관서등"이라 한다)에서 조사함이 타당하다고 판단되는 경우에는 별지 제2호 서식의 수사심의신청사건 처리지시서를 통하여 당해 경찰관서등에서 수사심의신청사건을 직접 조사하고 그 결과를 통보하도록 조치할 수 있다.
③ 수사심의계는 관련 사건의 특수성 등을 고려하여 시·도경찰청 소관부서에서 수사심의신청사건을 직접 조사하도록 배당할 수 있으며, 당해 소관부서는 그 조사결과를 수사심의계로 통보한다.
④ 수사심의계에 소속된 조사담당자는 당해사건의 수사관 또는 수사책임자에 대하여 다음 각 호의 요구를 할 수 있다. 이때 수사관 및 수사책임자는 정당한 사유가 없는 한 조사담당자의 요구에 따라야 한다.
1. 출석 또는 서면을 통한 진술
2. 관계서류나 증거물 등의 제출
3. 당해사건의 개요를 확인하기 위한 KICS 등 전산정보시스템에 입력된 자료의 제출
4. 그 밖에 원활한 조사를 위해 필요한 조치
⑤ 수사심의계장은 제1항에 따라 직접 조사하거나 제2항 또는 제3항에 따라 조사 결과를 통보받은 사건에 대하여 별지 제3호 서식의 수사심의신청사건 조사결과서를 작성하여 제20조의 경찰수사 심의위원회에 안건으로 상정하여야 한다.
⑦ 수사심의계는 수사심의신청 사건 내용이 수사 절차에서의 청렴의무위반·인권침해·부정청탁 등 「경찰 감찰 규칙」 제2조 제1호의 의무위반행위와 관련된 사항인 경우 경찰관서 감찰부서에 이송할 수 있다.

Ⅱ. 절 차

1. 정 의

수사심의 신청 사건의 처리, 수사 사건의 점검 및 경찰수사 심의위원회의 설치 · 운영
에 관한 사항을 정함으로써 수사의 공정을 확보함을 목적

2. 신청인 및 신청대상

가. 신청인(사건관계인)

고소인, 고발인, 피해자, 피의자, 피조사자, 피진정인 및 그들의 대리인

나. 신청

① 수사심의신청은 입건 전 조사, 수사가 개시된 날부터 할 수 있다. 다만, 입건 전 조
사, 수사가 종결된 경우에는 「경찰수사규칙」 제20조 또는 제97조에 따른 결과 통
지를 받은 날부터 90일 이내에 하여야 한다.
② 다음 각 호의 어느 하나에 해당하는 경우에는 결과 통지를 받은 날부터 90일이 지난
후에도 수사심의신청을 할 수 있다.
   - 입건 전 조사, 수사 결과에 영향을 줄 수 있는 새로운 증거 또는 사실이 발견된 경우
   - 증거 등의 허위 · 위조 또는 변조를 인정할 만한 상당한 정황이 있는 경우

3. 절 차

가. 신청사건 각하

수사심의계는 수사심의신청 사건이 다음 각 호의 어느 하나에 해당한다고 인정되는 경
우에는 해당 수사심의신청 사건을 각하할 수 있다.
① 「형사소송법」에 따라 검사 또는 법원에 송치된 경우(수사 절차 위반이나 지침 미
   준수 등의 사유로 접수된 사건 중 송치된 기록이 없어도 확인이 가능한 경우는 제
   외한다)
② 동일한 수사심의신청이 이미 접수되어 진행 중이거나 종료된 경우(수사심의신청 조
   사결과에 영향을 줄 수 있는 새로운 증거 또는 사실이 발견된 경우, 증거 등의 허위
   ·위조 또는 변조를 인정할 만한 상당한 정황이 있는 경우는 제외한다)
③ 사건관계인의 진술이나 수사심의 신청서에 따라 「경찰수사규칙」 제108조제1항제1

호부터 제3호까지의 규정에 따른 사유에 해당함이 명백하여 더이상 조사를 진행할 필요가 없다고 판단되는 경우

④ 사건관계인이 수사기관의 출석요구, 자료제출 요청 등에 불응하거나 사건관계인의 소재가 확인되지 않는 등 수사심의신청에 대한 조사를 개시·진행할 구체적인 근거가 없는 경우

⑤ 진위 여부가 불분명한 언론 보도나 인터넷 등 정보통신망의 게시물, 익명의 제보, 수사심의신청 내용과 직접적인 관련 없는 제3자로부터의 전문이나 풍문 또는 사건관계인의 추측만을 근거로 수사심의신청한 경우 등으로서 조사를 개시할 만한 구체적인 사유나 정황이 충분하지 않은 경우

나. 수사심의신청 사건의 조사기간

① 수사심의계는 수사심의신청 사건을 접수한 날부터 3개월 이내에 조사를 마쳐야 한다.

② 수사심의계는 제1항의 기간 내에 조사를 완료하지 못하여 조사기간을 연장하는 경우에는 3개월마다 조사기일 연장 건의서를 작성하여 소속 부서장의 승인을 받아야 한다.

다. 조사 진행상황의 통지

① 수사심의계는 다음 각 호의 어느 하나에 해당하는 날부터 7일 이내에 수사심의신청을 한 사건관계인에게 조사 진행상황을 통지해야 한다.
  1. 수사심의신청을 접수한 날부터 3개월이 지난 날
  2. 제1호에 따른 통지를 한 날부터 매 1개월이 지난 날

② 제1항에 따른 통지는 서면, 전화, 팩스, 전자우편, 문자메시지 등 신청인이 요청한 방법으로 할 수 있으며, 별도로 요청한 방법이 없는 경우에는 서면 또는 문자메시지로 한다. 이 경우 서면으로 하는 통지는 조사 진행상황 통지서에 따른다.

수사심의신청사건 처리기준

당해사건 처리상황	구 분	처 리 기 준
당해 사건에 대한 경찰 입건전조사 · 수사가 진행 중인 경우	심의신청 내용이 편파 수사 등 수사 공정성에 대한 견인 경우	수사심의계는 당해 사건을 인계받아 병합수사 하거나, 수사관 교체 등을 지시할 수 있음
	심의신청 내용이 수사관 등에 대한 기피신청이거나, 수사절차에 대한 이견인 경우	수사심의계는 직접 보완수사 하거나 수사관 교체, 보완수사 등을 지시할 수 있음
	심의신청 내용이 수사지연과 관련된 경우	수사심의계는 심의신청사건을 직접 조사하거나, 기일을 정하여 신속히 입건전조사 · 수사 후 결과 보고하도록 지시할 수 있음
당해 사건에 대한 경찰의 결정이 있는 경우	결정이 변경될 수 있는 새로운 증거 또는 사실관계의 변경이 있는 경우	수사심의계는 직접 재수사 후처리하거나, 당해 사건 수사관서에 재수사를 지시할 수 있음
	새로운 증거 또는 사실관계의 변경이 없는 경우	경찰 단계의 이의신청, 이의제기 등 불복절차 혹은 검찰 단계의 항고 · 재항고, 재정신청 등 다른 불복절차를 안내하고 조사는 지양함

수사심의 신청서

□ 신청인

성 명		사건관련 신분	
주민등록번호		전 화 번 호	
주 소		전 자 우 편	

□ 당해 사건 내용

사 건 번 호	–
죄 명	
결 정 내 용	

□ 수사심의신청 이유

신청인   (서명)

소 속 관 서 장   귀 하

수사심의신청사건 처리지시서

수사심의신청사건	사건번호		처리지시연번	
대상사건	사건번호		피의자	
	팀 장	•소속 :	•계급 :	•성명 :
	담당자	•소속 :	•계급 :	•성명 :

지시사항	

지시일시	년 월 일	보고기한	년 월 일

지 시 자	•소속 : •계급 :	•성명 : ㉘

수사심의신청사건 조사결과서

심의신청 사건번호		대상자		팀 장 : 담당자 :
수 사 심 의 신 청 내 용		민원인		
조 사 결 과		심의신청 사건담당		
심의일시		심의장소		
심의위원				
심 의 결 과				

제7장

수 사 중 지

제1절 수사중지 전 소재수사

 I. 근거법령

1. 경찰수사규칙

제99조(소재수사 등) ① 사법경찰관은 소재불명의 사유로 수사중지를 하려는 경우에는 별지 제109호서식의 소재수사 보고서를 작성하여 사건기록에 편철해야 한다.
② 사법경찰관리는 소재불명의 사유로 수사중지된 사건의 경우 매 분기 1회 이상 소재수사를 하는 등 수사중지 사유 해소를 위해 노력해야 한다.

2. 범죄수사규칙

제92조(사건담당자의 지명수배·지명통보 의뢰) ① 사건담당자는 「경찰수사규칙」 제45조에 따른 지명수배 또는 같은 규칙 제47조에 따른 지명통보를 할 때에는 별지 제32호서식의 지명수배·지명통보자 전산입력 요구서를 작성 또는 전산입력 하여 수배관리자에게 지명수배 또는 지명통보를 의뢰하여야 한다.
② 지명수배·지명통보를 의뢰할 때에는 다음 각 호의 사항을 정확히 파악하여야 한다.
 1. 성명, 주민등록번호(생년월일), 성별과 주소
 2. 인상, 신체특징 및 피의자의 사진, 방언, 공범
 3. 범죄일자, 죄명, 죄명코드, 공소시효 만료일
 4. 수배관서, 수배번호, 사건번호, 수배일자, 수배종별 구분
 5. 수배종별이 지명수배인 경우 영장명칭, 영장발부일자, 영장유효기간, 영장번호 또는 긴급체포 대상 유무
 6. 범행 장소, 피해자, 피해정도, 범죄사실 개요
 7. 주민조회, 전과조회, 수배조회 결과
 8. 작성자(사건담당자) 계급, 성명, 작성일시
③ 외국인을 지명수배 또는 지명통보 의뢰할 때에는 영문 성명, 여권번호, 외국인등록번호, 연령, 피부색, 머리카락, 신장, 체격, 활동지, 언어, 국적 등을 추가로 파악하여야 한다.
④ 사건담당자는 지명수배·지명통보의 사유를 명확히 하기 위해 지명수배·지명통보 의뢰 전 다음 각 호의 사항을 수사한 후, 수사보고서로 작성하여 수사기록에 편철하여야 한다.
 1. 연고지 거주 여부   2. 가족, 형제자매, 동거인과의 연락 여부   3. 국외 출국 여부
 4. 교도소 등 교정기관 수감 여부   5. 경찰관서 유치장 수감 여부
⑤ 제4항 제1호의 "연고지"란 다음 각 호와 같다.
 1. 최종 거주지   2. 주소지   3. 등록기준지   4. 사건 관계자 진술 등 수사 과정에서 파악된 배회처

II. 절 차

1. 지명수배·지명통보 시 파악할 사항

가. 성명, 주민등록번호(생년월일), 성별과 주소

나. 인상, 신체특징 및 피의자의 사진, 방언, 공범

다. 범죄일자, 죄명, 죄명코드, 공소시효 만료일

라. 수배관서, 수배번호, 사건번호, 수배일자, 수배종별 구분

마. 수배종별이 지명수배자면 영장명칭, 영장발부일자, 영장유효기간, 영장번호 또는 긴급체포 대상 유무

바. 범행 장소, 피해자, 피해정도, 범죄사실 개요

사. 주민조회, 전과조회, 수배조회 결과

아. 작성자(사건담당자) 계급, 성명, 작성일시

2. 외국인을 지명수배 또는 지명통보 시 추가확인 사항

가. 성명 및 여권번호, 외국인등록번호, 연령

나. 피부색, 머리카락, 신장, 체격

다. 활동지, 언어, 국적 등

3. 지명수배·지명통보 전 수사보고서 작성

가. 연고지 거주 여부

최종 거주지, 주거지, 등록기준지, 사건 관계자 진술 등 수사과정에서 파악된 배회처

나. 가족, 형제자매, 동거인과의 연락 여부

다. 국외 출국 여부

라. 교도소 등 교정기관 수감 여부

마. 경찰서 유치장 수감 여부

○○경찰서

20○○.○.○.
수 신 :
참 조 :
제 목 : 소재수사 보고서(소재확인종합)

_____

피의자 홍길동에 대한 ○○피의 사건에 관하여 아래와 같이 소재수사를 실시하였기에 보고합니다.

< 소재 확인 대상자 >
성 명 :   주민등록번호 :
최종주거지 :
주 소 :
등록기준지 :
배회처 : 1.
배회처 : 2.

1. 연고지 거주 여부(소재수사결과)

 1) 최종주거지 :

 2) 주 소 :

 3) 등록기준지 :

 4) 배회처 :

2. 가족, 형제자매, 동거인과의 연락 여부

3. 국외 출국 여부

4. 교도소 등 교정기관 수감 여부

5. 경찰관서 유치장 수감 여부

6. 기타 참고사항(고의적인 출석불응 여부 등)

제2절 수사중지 결정 및 수배입력

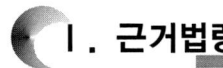 **Ⅰ. 근거법령**

1. 검사와 사법경찰관의 상호협력과 일반적 수사준칙에 관한 규정

> **제51조(사법경찰관의 결정)** ① 사법경찰관은 사건을 수사한 경우에는 다음 각 호의 구분에 따라 결정해야 한다.
>   4. 수사중지
>   가. 피의자중지
>   나. 참고인중지

2. 경찰수사규칙

> **제98조(수사중지 결정)** ① 사법경찰관은 다음 각 호의 구분에 해당하는 경우에는 그 사유가 해소될 때까지 수사준칙 제51조제1항제4호에 따른 수사중지 결정을 할 수 있다.
>   1. 피의자중지: 다음 각 목의 어느 하나에 해당하는 경우
>   가. 피의자가 소재불명인 경우
>   나. 2개월 이상 해외체류, 중병 등의 사유로 상당한 기간 동안 피의자나 참고인에 대한 조사가 불가능하여 수사를 종결할 수 없는 경우
>   다. 의료사고ㆍ교통사고ㆍ특허침해 등 사건의 수사 종결을 위해 전문가의 감정이 필요하나 그 감정에 상당한 시일이 소요되는 경우
>   라. 다른 기관의 결정이나 법원의 재판 결과가 수사의 종결을 위해 필요하나 그 결정이나 재판에 상당한 시일이 소요되는 경우
>   마. 수사의 종결을 위해 필요한 중요 증거자료가 외국에 소재하고 있어 이를 확보하는 데 상당한 시일이 소요되는 경우
>   2. 참고인중지: 참고인ㆍ고소인ㆍ고발인ㆍ피해자 또는 같은 사건 피의자의 소재불명으로 수사를 종결할 수 없는 경우
> ② 사법경찰관은 제1항에 따라 수사중지의 결정을 하는 경우에는 별지 제107호서식의 수사중지 결정서를 작성하여 사건기록에 편철해야 한다.
> ③ 사법경찰관은 수사준칙 제51조제4항에 따라 검사에게 사건기록을 송부하는 경우에는 별지 제108호서식의 수사중지 사건기록 송부서를 사건기록에 편철해야 한다.
> ④ 사법경찰관리는 제1항제1호나목 또는 다목의 사유로 수사중지 결정을 한 경우에는 매월 1회 이상 해당 수사중지 사유가 해소되었는지를 확인해야 한다.

3. 범죄수사규칙

> 제91조(지명수배) 경찰관은 경찰수사규칙 제45조에 따라 지명수배를 한 경우에는 체포영장 또는 구속영
> 장의 유효기간에 유의하여야 하며, 유효기간 경과 후에도 계속 수배할 필요가 있는 때에는 유효기간 만
> 료 전에 체포영장 또는 구속영장을 발부 받아야 한다.
> 제92조(사건담당자의 지명수배·지명통보 의뢰) ① 사건담당자는 「경찰수사규칙」 제45조에 따른 지
> 명수배 또는 같은 규칙 제47조에 따른 지명통보를 할 때에는 별지 제32호서식의 지명수배·지명통보자 전
> 산입력 요구서를 작성 또는 전산입력 하여 수배관리자에게 지명수배 또는 지명통보를 의뢰하여야 한다.
> 제93조(지명수배.지명통보 실시) ① 수배관리자는 제92조에 따라 의뢰받은 지명수배.지명통보를 별지
> 제33호서식의 지명수배 및 통보대장에 등재하고, 전산 입력하여 전국 수배를 해야 한다.
> ② 별지 재32호서식의 지명수배.지명통보자 전산입력요구서 작성관서에서 작성 내용과 입력사항 및 관련
> 영장 확인 검토한 후 연도별, 번호순으로 보관하여야 한다.
> 제94조(지명수배.지명통보의 책임) 지명수배와 지명통보를 신속하고 정확하게 하여 인권침해 등을 방
> 지하고, 수사의 적정성을 기하기 위하여 다음 각 호와 같이 한다.
> 1. 지명수배.지명통보 전산입력 요구서 작성, 지명수배.지명통보의 실시 및 해제서 작성과 의뢰에 대한
>   책임은 담당 수사팀장으로 한다.
> 2. 지명수배.지명통보의 실시 및 해제사항 또는 수배사건 담당자 변경, 전산입력 등 관리책임은 수배관리
>   자로 한다.
> 3. 제1호 및 제2호의 최종승인은 수배관리자가 처리한다.

Ⅱ. 수배 종별

> ※ 경찰수사규칙
> 제100조(수사중지 시 지명수배·지명통보) 사법경찰관은 피의자의 소재불명을 이유로 수사중지 결
> 정을 하려는 경우에는 지명수배 또는 지명통보를 해야 한다.

1. 수사중지 결정

기존의 기소중지, 시한부기소중지, 사안 송치, 참고인중지의 사유를 모두 포괄하는 경
찰의 결정이다.

2. 지명수배

가. 법정형이 사형 무기 또는 장기 3년 이상의 징역이나 금고에 해당하는 죄를 범하였다
    고 의심할 만한 상당한 이유가 있어 체포영장 또는 구속영장이 발부된 사람

나. 지명통보의 대상인 사람 중 지명수배를 할 필요가 있어 체포영장 또는 구속영장이
    발부된 사람

다. 긴급체포 대상에 해당하는 긴박한 사유가 있는 때에는 영장을 발부받지 아니하고 지명수배 가능

(이 경우 지명수배를 한 후 신속히 체포영장을 발부받아야 하며, 발부받지 못한 경우에는 즉시 지명수배를 해제하여야 한다.)

3. 지명통보

가. 법정형이 장기 3년 미만의 징역 또는 금고, 벌금에 해당하는 죄를 범하였다고 의심할 만한 상당한 이유가 있고, 출석요구에 응하지 않은 사람

나. 법정형이 장기 3년 이상의 징역이나 금고에 해당하는 죄를 범하였다고 의심되더라도 사안이 경미하고, 출석요구에 응하지 않은 사람

ⅠⅠⅠ. 절 차

1. 수배입력

가. 수사중지된 피의자는 기존과 동일하게 지명수배 또는 지명통보해야 하며, 요건과 절차도 기존과 동일

나. 수사중지 결정 시 수사보고(소재확인종합), 해당 사건번호로 수배입력이 되어야 하고 KICS상 사건 진행 가능

다. 수배종별 변경 등의 사유로 신규사건에서 종결 시 기존 지명통보 건에서 사건번호 항목에 신규 사건번호가 입력되도록 변경

라. 피의자 불특정 시 '수사중지(피의자중지)' 결정하고 수배입력은 생략

마. 법 제200조의3 제1항에 해당하는 긴박한 사유가 있는 때에는 영장을 발부받지 아니하고 지명수배 가능(이경우 지명수배를 한 후 신속히 체포영장을 발부받아야 하며, 발부받지 못한 경우에는 즉시 지명수배를 해제하여야 한다.)

2. 검사 송부

수사중지 결정 후 7일 이내 검찰 송부 → 30일 이내 기록 반환편철

3. 대상자 통지

가. 검사에게 사건을 송부한 날로부터 7일 이내

나. 피의자 소재불명일 때는 고소인등에게만 통지

4. 기록 반환

검찰이 경찰에 서류를 반환해야 하는 기한(30일)은 경찰과 검찰이 상호 확인하여 수사
중지 사건기록 송부서에 수기로 기재

5. 이의제기

가. 수사중지 결정통지를 받은 사람은 통지받은 날로부터 30일 이내 이의제기 가능

나. 이의제기 수용 여부 판단의 주체는 시도경찰청 수사심의계이므로 수사심의계의 지
휘에 따름

6. 시정조치

가. 수사과정상 법령위반, 인권침해 또는 현저한 수사권 남용이 의심되어 검사로부터
등본송부, 시정조치요구를 받은 경우

나. 수사심의계로 즉시 보고한 후 수사심의계의 지휘에 따름

7. 기록보관

반환받은 사건에 수사중지 편철서를 작성하여 수사서류 맨 앞에 편철·보관

○○경찰서

제 0000-000000 호   20○○.○.○.

제 목 : 수사중지 편철

사건번호						
피 의 자		성　　명	성별	연령	지문원지 작성번호	피의자 원표번호
죄　　명						
결정주문						
결정일시	0000. 00. 00.					
결 정 자						
팀　　장						
정수사관						

공소시효	장기	0000. 00. 00.	기록보존기한	20○○.○.○.
	단기	0000. 00. 00.		

비　　고	

○○경찰서

20○○.○.○.

수 신 : ○○검찰청의 장

제 목 : **수사중지 사건기록 송부서**

다음 수사중지 사건기록을 송부합니다.

사 건 번 호			결정일	
피 의 자		죄 명	주 문	

송 부 내 역	서 류	
	증 거 품	
공 소 시 효	장 기	
	단 기	
반 환 기 한		

참 고 사 항

○○경찰서

사법경찰관 경감 유 아 림

대한민국 경찰
KOREAN NATIONAL POLICE

○ ○ 경 찰 서

20○○.○.○.

사건번호   제○○호

제   목   **수사중지 결정서**

아래와 같이 수사중지 결정합니다.

Ⅰ. 피의자

Ⅱ. 죄명

Ⅲ. 주문

Ⅳ. 피의사실과 수사중지 이유

 ○ 참고인 중지 → 김길동의 소재가 발견될 때까지 수사중지(참고인중지)한다,

 ○ 수사중지 → 피의자의 소재가 발견될 때까지 수사중지(피의자중지/지명수배 또는 지명통

　 보)한다.

사 법 경 찰 관 경 위 홍 길 동

Ⅳ. 수사중지에 대한 이의제기

1. 이의제기

가. 수사중지 결정을 통지받은 날로부터 30일 이내에 해당 사법경찰관이 소속된 소속 상급경찰관서장에게 수사중지 결정 이의제기서 제출

나. 해당 사법경찰관이 소속된 경찰관서에 제출도 가능(이때 이의제기서를 제출받은 경찰관서는 이를 지체없이 소속 상급경찰관서장에게 송부)

2. 절 차

가. 이의제기가 이유 있는 경우 : 수용

① 사건 재개 지시. 이 경우 담당 사법경찰관리의 교체를 함께 지시 가능

② 상급경찰관서 이송 지시

나. 이의제기가 이유 없는 경우 : 불수용

3. 조 치

가. 결정을 통보받은 소속 수사부서장은 지체 없이 이를 이행하고 소속 상급경찰관서장에게 이행 결과보고

나. 소속 상급경찰관서장은 결정을 한 날부터 7일 이내에 수사중지사건 이의처리결과통지서에 처리결과와 그 이유를 적어 이의를 제기한 사람에게 통지

수사중지 결정 이의제기서

□ 신청인

성　　　명		사 건 관 련 신　　　분	
주민등록 번　　　호		전화번호	
주　　　소			

□ 경찰 결정 내용

사건번호	
죄　　　명	
결정내용	수사중지 (　　　　　　　　　　)

□ 이의제기 이유

20○○.○.○.

신청인　　　　　　　　　(서명)

○ ○ 경 찰 청 장 귀 하

제3절 수사중지 결정 후 소재수사

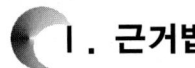 **I . 근거법령**

※ 경찰수사규칙

제98조(수사중지 결정) ① 사법경찰관은 다음 각 호의 구분에 해당하는 경우에는 그 사유가 해소될 때까지 수사준칙 제51조제1항제4호에 따른 수사중지 결정을 할 수 있다.

1. 피의자중지: 다음 각 목의 어느 하나에 해당하는 경우

　가. 피의자가 소재불명인 경우

　나. 2개월 이상 해외체류, 중병 등의 사유로 상당한 기간 동안 피의자나 참고인에 대한 조사가 불가능하여 수사를 종결할 수 없는 경우

　다. 의료사고·교통사고·특허침해 등 사건의 수사 종결을 위해 전문가의 감정이 필요하나 그 감정에 상당한 시일이 소요되는 경우

　라. 다른 기관의 결정이나 법원의 재판 결과가 수사의 종결을 위해 필요하나 그 결정이나 재판에 상당한 시일이 소요되는 경우

　마. 수사의 종결을 위해 필요한 중요 증거자료가 외국에 소재하고 있어 이를 확보하는 데 상당한 시일이 소요되는 경우

2. 참고인중지: 참고인·고소인·고발인·피해자 또는 같은 사건 피의자의 소재불명으로 수사를 종결할 수 없는 경우

④ 사법경찰관리는 제1항제1호나목 또는 다목의 사유로 수사중지 결정을 한 경우에는 매월 1회 이상 해당 수사중지 사유가 해소되었는지를 확인해야 한다.

제99조(소재수사 등) ② 사법경찰관리는 소재불명의 사유로 수사중지된 사건의 경우 매 분기 1회 이상 소재수사를 하는 등 수사중지 사유 해소를 위해 노력해야 한다.

II . 절 차

1. 피의자중지 소재수사

가. 대 상

① 2월 이상 해외체류, 중병 등의 사유로 상당한 기간동안 피의자나 참고인에 대한 조사가 불가능하여 수사를 종결할 수 없는 경우

② 의료사고·교통사고·특허침해 등 사건에 있어서 수사의 종결을 위해서는 전문가의 감정이 필요하나 그 감정에 상당한 시일이 소요되는 경우

나. 기 간

① 매월 1회 이상 수사중지 사유 해소여부 확인, 매 분기 1회 이상 소재수사

2. 참고인중지 소재수사 : 매 분기1회 이상

제4절 수배자 등 발견 시 조치

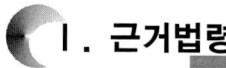 **Ⅰ. 근거법령**

1. 검사와 사법경찰관의 상호협력과 일반적 수사준칙에 관한 규정

> **제55조(소재수사에 관한 협력 등)** ② 검사는 법 제245조의5제1호 또는 법 제245조의7제2항에 따라 송치된 사건의 피의자나 참고인의 소재 확인이 필요하다고 판단하는 경우 피의자나 참고인의 주소지 또는 거소지 등을 관할하는 경찰관서의 사법경찰관에게 소재수사를 요청할 수 있다. 이 경우 요청을 받은 사법경찰관은 이에 협력해야 한다.

2. 경찰수사규칙

> **제46조(지명수배자 발견 시 조치)** ① 사법경찰관리는 제45조제1항에 따라 지명수배된 사람(이하 "지명수배자"라 한다)을 발견한 때에는 체포영장 또는 구속영장을 제시하고, 수사준칙 제32조제1항에 따라 권리 등을 고지한 후 체포 또는 구속하며 별지 제36호서식의 권리 고지 확인서를 받아야 한다. 다만, 체포영장 또는 구속영장을 소지하지 않은 경우 긴급하게 필요하면 지명수배자에게 영장이 발부되었음을 고지한 후 체포 또는 구속할 수 있으며 사후에 지체 없이 그 영장을 제시해야 한다.
> ② 사법경찰관은 제45조제2항에 따라 영장을 발부받지 않고 지명수배한 경우에는 지명수배자에게 긴급체포한다는 사실과 수사준칙 ` 제32조제1항에 따른 권리 등을 고지한 후 긴급체포해야 한다. 이 경우 지명수배자로부터 별지 제36호서식의 권리 고지 확인서를 받고 제51조제1항에 따른 긴급체포서를 작성해야 한다.
> **제48조(지명통보자 발견 시 조치)** 사법경찰관리는 제47조에 따라 지명통보된 사람(이하 "지명통보자"라 한다)을 발견한 때에는 지명통보자에게 지명통보된 사실, 범죄사실의 요지 및 지명통보한 경찰관서(이하 이 조 및 제49조에서 "통보관서"라 한다)를 고지하고, 발견된 날부터 1개월 이내에 통보관서에 출석해야 한다는 내용과 정당한 사유 없이 출석하지 않을 경우 지명수배되어 체포될 수 있다는 내용을 통지해야 한다.
> **제49조(지명수배·지명통보 해제)** 사법경찰관리는 다음 각 호의 어느 하나에 해당하는 경우에는 즉시 지명수배 또는 지명통보를 해제해야 한다.
> 1. 지명수배자를 검거한 경우
> 2. 지명통보자가 통보관서에 출석하여 조사에 응한 경우
> 3. 공소시효의 완성, 친고죄에서 고소의 취소, 피의자의 사망 등 공소권이 소멸된 경우
> 4. 지명수배됐으나 체포영장 또는 구속영장의 유효기간이 지난 후 체포영장 또는 구속영장이 재발부되지 않은 경우
> 5. 그 밖에 지명수배 또는 지명통보의 필요성이 없어진 경우
> **제102조(수사중지사건 수사재개)** ① 사법경찰관은 수사중지된 사건의 피의자를 발견하는 등 수사중지 사유가 해소된 때에는 별지 제112호서식의 수사중지사건 수사재개서를 작성하여 사건기록에 편철하고 즉시 수사를 진행해야 한다.
> ② 사법경찰관은 수사준칙 제51조제5항 전단에 따라 피의자 등의 소재 발견 및 수사 재개 사실을 검사에게 통보하는 경우에는 별지 제113호서식의 피의자 등 소재발견 통보서에 따른다.

3. 범죄수사규칙

제98조(지명수배된 사람 발견 시 조치) ① 경찰관은 경찰수사규칙 제46조제1항에 따라 지명수배자를 체포 또는 구속하고, 지명수배한 경찰관서(이하 "수배관서"라 한다)에 인계하여야 한다.

② 도서지역에서 지명수배자가 발견된 경우에는 지명수배자 등이 발견한 경찰관서(이하 "발견관서"라 한다)의 경찰관은 지명수배자의 소재를 계속 확인하고, 수배관서와 협조하여 검거시기를 정함으로써 검거 후 구속영장청구시한(체포한 때부터 48시간)이 경과되지 않도록 하여야 한다.

③ 지명수배자를 검거한 경찰관은 구속영장 청구에 대비하여 피의자가 도망 또는 증거를 인멸할 염려에 대한 소명자료 확보를 위하여 필요하다고 판단되는 경우에는 체포의 과정과 상황 등을 별지 제35호서식의 지명수배자 검거보고서에 작성하고 이를 수배관서에 인계하여 수사기록에 편철하도록 하여야 한다.

④ 검거된 지명수배자를 인수한 수배관서의 경찰관은 24시간 내에 형사소송법 제200조의6 또는 제209조에서 준용하는 법 제87조 및 수사준칙 제33조제1항에 따라 체포 또는 구속의 통지를 하여야 한다. 다만, 지명수배자를 수배관서가 위치하는 특별시, 광역시, 도 이외의 지역에서 지명수배자를 검거한 경우에는 지명수배자를 검거한 경찰관서(이하 "검거관서"라 한다)의 사법경찰관이 통지를 하여야 한다.

제100조(재지명수배의 제한) 긴급체포한 지명수배자를 석방한 경우에는 영장을 발부받지 않고 동일한 범죄사실에 관하여 다시 지명수배하지 못한다.

제106조(지명통보된 사람 발견 시 조치) ① 경찰관은 지명통보된 사람(이하 "지명통보자"라 한다)을 발견한 때에는 경찰수사규칙 제48조에 따라 지명통보자에게 지명통보된 사실 등을 고지한 뒤 별지 제38호서식의 지명통보사실 통지서를 교부하고, 별지 제39호서식의 지명통보자 소재발견 보고서를 작성한 후 경찰수사규칙 제96조에 따라 사건이송서와 함께 통보관서에 인계하여야 한다. 다만, 지명통보된 사실 등을 고지 받은 지명통보자가 지명통보사실통지서를 교부받기 거부하는 경우에는 그 취지를 지명통보서 소재발견보고서에 기재하여야 한다.

② 제1항의 경우 여러 건의 지명통보가 된 사람을 발견하였을 때는 각 건마다 별지 제38호서식의 지명통보사실 통지서를 작성하여 교부하고 별지 제39호서식의 지명통보자 소재발견보고서를 작성하여야 한다.

③ 별지 제39호서식의 지명통보자 소재발견보고서를 송부받은 통보관서의 사건담당 경찰관은 즉시 지명통보된 피의자에게 피의자가 출석하기로 확인한 일자에 출석하거나 사건이송신청서를 제출하라는 취지의 출석요구서를 발송하여야 한다.

④ 경찰관은 지명통보된 피의자가 정당한 이유없이 약속한 일자에 출석하지 않거나 출석요구에 응하지 아니하는 때에는 지명수배 절차를 진행할 수 있다. 이 경우 체포영장청구기록에 지명통보자 소재발견보고서, 지명통보사실 통지서, 출석요구서 사본 등 지명통보된 피의자가 본인이 약속한 일자에 정당한 이유없이 출석하지 않았다는 취지의 증명자료를 첨부하여야 한다.

II. 절 차

1. 검거자의 조치

가. 수배종별에 따라 지명수배자 검거보고서, 지명통보 사실 통지서 및 지명통보자 소재발견 보고서 작성 후 사건담당자에게 통보

① 지명통보자가 통지서 받기를 거부한 경우 소재불명자 발견 통보서 등에 그 취지 기재

② 참고인중지 대상자면 소재발견 경위 등을 기재한 일반 수사보고서를 작성하고 사건 담당자에게 송부

나. 검찰/군사경찰/특사경 등 타 수사기관 지명수배 및 통보자 발견 시 소재불명자 발견 통보서 등을 활용하여 통보

2. 사건담당자

가. 경찰이 수사중지 결정하여 검찰이 30일간 기록을 보관 중인 경우

① 수사중지사건 수사재개서를 작성하여 사건을 우선 재개하고 피의자등 소재발견 통보 서를 작성하여 검찰에 통보

  -검거자로부터 KICS 이송받은 사건 또는 기소중지 접수에서 KICS 생성한 사건에서 서류 작성

② 검찰로부터 기록을 반환받은 후 수사중지사건 수사재개서 등을 작성하여 KICS 사건 (기존 송치결정 사건이 아님)에서 수사 진행

  -기본 사건의 수사중지 피의자가 다수면 공범관계에 있거나 소재발견 피의자 진술 등으로 증거관계 변동되는 등 기존 결정이 변경될 수 있는 피의자 모두 수사 재개

  -소재 발견된 피의자와 전혀 별개의 범죄사실로 수사중지되거나 공범관계에 있더라도 소재 발견된 피의자의 기존 결정이 변경되지 않으리라고 판단되는 경우 수사 재개 불요

③ 수사중지사건 수사재개서 작성 시점부터 이후 작성한 기록은 기존 사건기록과 별권 편 철하고 이후 결정에 따라 병존사건 분리송치 등을 검토하고 사건관계인 통지

나. 경찰이 수사중지 결정하여 기록을 보관하고 있는 경우

① KICS에서 신규 생성된 사건에서 수사 진행하고 기록은 별권 편철

② 수사중지사건 수사재개서 작성하여 사건재개하고 기록은 해당경찰관서 문서고에서 출고

③ 수사중지사건 수사재개서 작성 시점부터 이후 작성한 기록은 기존 사건기록과 별권 편 철하고 이후 결정에 따라 병존사건 분리송치 등을 검토하고 사건관계인 통지

다. 경찰이 2021년 이전 기소중지 의견으로 검찰에 송치한 사건

① 기소중지사건 소재발견 통보서 작성하여 검찰에 통보

  -통보받은 검찰은 보완수사요구서와 기록 일체를 송부

  -이송받은 사건 또는 기소중지 사건접수에서 생성한 사건에서 서류 작성

- 보완수사요구서는 신규 생성한 사건에서 등록 및 첨부하여 수사 진행
② 기존 사건의 기소중지 피의자가 다수면 기소/불기소 등 종결된 피의자를 제외한 기소중지 피의자 전부 재개
- 다수 기소중지 사건에서 일부 소재발견 되더라도 이후 전체 사건기록을 경찰 보관하기 위함
③ KICS절차 및 기록 편철은 송치 후 재지휘와 유사하게 검찰송치 사안이면 송치결정이 아니라 보완수사결과만 통보 및 사건기록 송부
- 불송치/수사중지할 경우 불송치 또는 수사중지 결정한 후 검찰에 사건기록 송부
- 기소중지되었던 다른 피의자도 소재확인 등 수사진행 후 수사중지 등 사안에 따라 결정

3. 처리결과 조치 및 통보

가. 검찰송치 사안

① 수사결과보고서
   통상의 보완수사요구에 대해 별도의 수사결과보고서를 작성하지 않으나, 기소중지 재기사건에 대한 보완수사 결과 통보 t에는 수사결과보고서 작성 필요
② 기록 편철
   기소중지 생성사건기록과 보완수사결과 통보기록을 함께 편철
③ 통 지
   보안수사결과 통보 시 법령상 통지의무는 없으나, 기소중지 재기사건에 대한 보완수사결과 통보 시에는 수사진행상황통지서를 활용하여 고소인등에게 통지

나. 사건 전체에 대해 불송치/수사중지 사안

① 체포한 피의자에 대해 혐의가 인정되지 않는 경우 경찰이 새롭게 불송치 결정을 할 필요성이 다른 보완수사 절차보다 크다고 할 수 있음
② 전체 기록을 철끈으로 묶어서 함께 송부(불송치 90일 이내. 수사중지 30일 이내)
③ 참고사항 기재 례
   본 기록은 사건 전체가 불송치/수사중지에 해당하므로 전체 기록을 반환해야 함

다. 사건 일부에 대해 불송치/수사중지 사안

① 전체 기록을 철끈으로 묶어서 함께 송부하고, 사건 일부가 불송치/수사중지이므로 불송치/수사중지 기록만을 반환받아야 함

② 참고사항 기재 례

본 기록은 사건 일부가 불송치/수사중지에 해당하므로 기록검토 후 철끈 해제 후 불송치/수사중지 기록을 반환해야 함

③ 다수 피의자에 관한 결정이 혼재되어 불송치 결정이 불필요/부적당하거나 분리가 필요한 경우 별개의 불송치 결정 없이 보완수사결과만 통보하거나 병존사건 분리송치 방법에 따라 분리 가능

Ⅲ. 수사중지자 발견 상황별 조치

1. 경찰수배자를 수배경찰관서에서 검거

가. 지명수배자

① 수사중지 대상자

지명수배자 검거보고서, 영장집행 관련서류 작성, 수사중지사건 수사재개서 작성

② 기소중지/참고인중지 (2021년 이전)

지명수배자 검거보고서, 영장집행 관련서류 작성, 기소중지사건 소재발견통보서 작성, 수사중지사건 수사재개서 작성

나. 지명통보자

① 수사중지 대상자

지명통보 사실 통지서, 지명통보자 소재발견 보고 작성

② 기소중지/참고인중지 (2021년 이전)

－지명통보 사실 통지서

－지명통보자 소재발견 보고 작성, 기소중지사건 소재발견통보서 작성, 검찰에 요청서 송부, 기록반환, 수사중지사건 수사재개서 작성

다. 참고인중지

① 수사중지 대상자

소재발견 관련 수사보고 작성, 수사중지사건 수사재개서 작성

② 기소중지/참고인중지 (2021년 이전)

수사보고서 작성, 지명통보자 소재발견 보고 작성, 참고인중지사건 소재발견통보서 작성, 검찰에 요청서 송부, 기록반환, 수사중지사건 수사재개서 작성

2. 경찰수배자를 타 경찰관서에서 검거

가. 지명수배자

지명수배자 검거보고서, 영장집행 관련서류 작성, 사건 담당경찰관서에 송부

나. 지명통보자

지명통보 사실 통지서, 지명통보자 소재발견 보고 작성, 사건 담당경찰관서에 송부

다. 참고인중지

소재발견 관련 수사보고 작성, 사건 담당경찰관서에 송부

3. 검찰 등 타 수사기관 수배자를 경찰이 검거

가. 지명수배자

영장 집행 관련서류 작성, 유선 통보 또는 소재불명자 발견 통보서 작성 공문발송

나. 지명통보자

지명통보 사실 통지서, 지명통보자 소재발견 보고 작성, 유선 통보 또는 소재불명자 발견 통보서 작성 공문발송

다. 참고인중지

유선 통보 또는 소재불명자 발견 통보서 작성 공문발송

Ⅳ. 공소시효 임박 기소중지차 처리

1. 대 상

2021년 이전 경찰에서 기소중지 의견으로 송치하여 현재까지 기소중지된 사건

2. 처리방법

가. 별도 사건 재개 없이 공소시효 정지사유 확인통보서 작성하여 통보(지명수배인 경우 영장반환)

나. 출입국기록 외에도 공범에 대한 재판 등 사유로 시효가 정지될 수 있으므로 관련 사항 확인 필요

※ 형사소송법

제253조(시효의 정지와 효력) ① 시효는 공소의 제기로 진행이 정지되고 공소기각 또는 관할위반의 재판이 확정된 때로부터 진행한다.

② 공범의 1인에 대한 전항의 시효정지는 다른 공범자에게 대하여 효력이 미치고 당해 사건의 재판이 확정된 때로부터 진행한다.

③ 범인이 형사처분을 면할 목적으로 국외에 있는 경우 그 기간 동안 공소시효는 정지된다.

다. 통보서 등 관련서류는 수배종별에 따라 편철하여 모두 추송 처리하고 수배는 자체적으로 종결하거나 연장 조치

① 지명수배

  ㉠ 통보서 + ㉡ 출입국현황조회서 + ㉢ 범죄경력조회회보서

    －출입국기록이 없는 경우 + ㉣ 영장반환서

    －출입국기록이 있는 경우 + ㉣ 영장신청서 + ㉤ 영장반환서

② 지명통보

  ㉠ 통보서 + ㉡ 출입국현황조회서 + ㉢ 범죄경력조회회보서

○ ○ 경 찰 서

제 호   20○○.○.○.

수 신 :

참 조 :

제 목 : 수사중지사건 수사재개서

「검사와 사법경찰관의 상호협력과 일반적 수사준칙에 관한 규정」 제55조 제3항에 따라 다음 사건의 수사를 재개합니다.

1. 사건번호

2. 피의자 인적사항

3. 죄명

4. 수사중지 유형

5. 수사중지 해소의 구체적 사유

사법경찰관 경감 유 아 림

○○경 찰 서

제 호   2000.0.0.

수 신 : ○○검찰청의 장

제 목 : 피의자 등 소재발견 통보서(수사중지 사건기록 반환 전)

「검사와 사법경찰관의 상호협력과 일반적 수사준칙에 관한 규정」 제51조제5항에
따라 피의자 등의 소재발견 및 수사재개 사실을 통보합니다.

소재발견 대상자	성 명	
	사건관련신분	
	주민등록번호	
	주 거	
	전 화	
대상사건	사 건 번 호	
	송 부 일 자	
발 견 경 위		
비 고		

○○경찰서

사법경찰관 경감 유 아 림

○○경찰서

제 호   20○○.○.○.

수 신 : ○○검찰청의 장(검사: 홍길동)

제 목 : 소재불명자 발견 통보서(피의자)

「검사와 사법경찰관의 상호협력과 일반적 수사준칙에 관한 규정」 제55조 제1항에 따라 귀청에서 기소중지한 아래 사람을 다음과 같이 발견하였으므로 통보합니다.

피의자	성 명	
	주민등록번호	
	직 업	
	주 거	
죄 명		
송 치 일 자		
송 치 번 호		
사 건 번 호		
발 견 경 위		
비 고		
첨 부		

○○경찰서

사법경찰관 경감 유 아 림

○○경찰서

제 호   20○○.○.○.

수 신 : ○○검찰청의 장(검사: 홍길동)

제 목 : 소재불명자 발견 통보자(참고인등)

「검사와 사법경찰관의 상호협력과 일반적 수사준칙에 관한 규정」제55조 제1항에 따라 귀청에서 참고인중지한 사건의 참고인등을 다음과 같이 발견하였으므로 통보합니다.

참고인등	성 명				
	주민등록번호				
	직 업				
	주 거				
	전 화	(자택)		(직장)	
대상사건	피 의 자				
	죄 명				
	송 치 일 자				
	송 치 번 호				
	사 건 번 호				
발 견 경 위					
비 고					
첨 부					

○○경찰서

사법경찰관 경감 유 아 림

○○경찰서

제 0000-00000 호   20○○. ○. ○.

수 신 : ○○지방검찰청장 (검사 : ○○○)

제 목 : 참고인중지 사건 소재발견 통보서

「검사와 사법경찰관의 상호협력과 일반적 수사준칙에 관한 규정」 제55조 제3항에 따라 본 관서에서 기 송치하여 귀청에서 참고인중지한 사건 참고인등의 소재를 발견하여 통보합니다.

참고인 (피해자 피의자)	성 명	
	주민등록번호	– (세)
	직 업	
	주 거	
	전 화	(자택) (직장)
대 상 사 건	피 의 자	
	죄 명	
	송치연월일	
	송치번호	
	사건번호	
발 견 경 위	※ 2021년 이전 송치사건 기록 반환용	
비 고		
첨 부		

○○경찰서

사법경찰관 경감 탁 희 경   (인)

○○경찰서

제 호   20○○.○.○.

수 신 : ○○검찰청의 장(검사: 홍길동)

제 목 : 기소중지 사건 소재발견 통보서

「검사와 사법경찰관의 상호협력과 일반적 수사준칙에 관한 규정」 제55조 제3항에 따라 본 관서에서 기 송치하여 귀청에서 기소중지한 사건 피의자의 소재를 발견하여 통보합니다.

피의자	성 명	
	주 민 등 록 번 호	
	직 업	
	주 거	
대상사건	죄 명	
	송 치 일 자	
	송 치 번 호	
	사 건 번 호	
발 견 경 위	※ 2021년 이전 송치사건 기록 반환용	
비 고		

○○경찰서

사법경찰관 경감 유 아 림

○ ○ 경 찰 서

제 호   20○○.○.○.

수 신 : ○○검찰청의 장(검사: 홍길동)

제 목 : 공소시효 정지 사유(국외체류 여부) 확인 통보서

　「형사소송법」 제253조 제3항에 따른 공소시효 정지 사유를 확인하였기에 아래와 같이 통보합니다.

사 건 번 호			
송 치 번 호			
피 의 자		주민등록번호	
죄 　 명			
국 외 체 류 기 간	※ 국외 체류기간 없는 경우 "해당없음"으로 표기		
비 　 고	국외 출국에 따른 공소시효 기간 : ~ 20○○.○.○.까지 ※ 국외체류 기간이 없는 경우 "국외체류 기간이 확인되지 않아 　 공소시효 만료 예정임" 등 표기		

○○경찰서

사법경찰관 경감 유 아 림

제8장 관리미제와 장기사건 수사종결

제1절 관리미제사건

Ⅰ. 관련 법령 (범죄수사규칙)

제227조의2(관리미제사건) ① 수사를 진행하였으나 피의자를 특정할 수 없어 종결할 수 없는 사건은 추가 단서 확보 시까지 "관리미제사건"으로 별도 등록하여 관리할 수 있다. 이 경우 경찰관은 관리미제사건으로 등록한 후에도 피의자 특정이 가능한 추가 단서 확보를 위해 노력하여야 한다.

② 경찰관은 관리미제사건을 등록하고자 하는 경우에는 별지 제188호서식의 관리미제사건 등록 보고서에 따라 소속 수사부서의 장에게 보고하여 승인을 받아야 하며, 별지 제189호서식의 관리미제사건 등록서에 따라 관리하여야 한다.

③ 시·도 경찰청장은 소속 경찰관서를 대상으로 연 1회 이상 관리미제사건 등록 및 관리의 적정성을 점검하여야 한다.

④ 경찰관은 관리미제사건으로 등록한 날로부터 7일 이내에 피해자 또는 그 법정대리인(피해자가 사망한 경우에는 그 배우자·직계친족·형제자매를 포함한다. 이하 본조에서 "피해자등"이라 한다)에게 수사 진행 상황을 통지한다. 다만, 피해자등의 연락처를 모르거나 소재가 확인되지 않으면 연락처나 소재를 알게 된 날부터 7일 이내에 수사진행상황을 통지한다.

⑤ 제4항에 따른 통지는 서면, 전화, 팩스, 전자우편, 문자메시지 등 피해자등이 요청한 방법으로 할 수 있으며, 피해자등이 별도로 요청한 방법이 없는 경우에는 서면 또는 문자메시지로 통지한다. 이 경우 서면으로 하는 통지는 별지 제190호서식의 관리미제사건 등록 통지서에 따른다.

⑥ 경찰관은 수사 진행상황을 서면으로 통지한 경우에는 그 사본을, 그 밖의 방법으로 통지한 경우에는 그 취지를 적은 서면을 사건기록에 편철하여야 한다.

⑦ 제4항과 제5항의 통지의 경우에 「범죄피해자 보호법 시행령」을 준수하여야 한다.

Ⅱ. 절 차

1. 관리 미제사건의 의의

수사를 진행하였으나 피의자를 특정할 수 없어 종결할 수 없는 사건은 추가 단서 확보 시까지 여죄수사, 수사자료 등으로 활용하기 위해 별도로 관리하는 사건

2. 대 상

죄명 구분없이 상당 기간 수사하였으나 피의자를 특정하지 못한 사건 (단, 고소, 고발사건은 제외)

3. 절 차

가. 사건접수 후 1개월

발생보고, 피해자 조사, 감식, 탐문, CCTV 확인, 장물수사 등 수사진행 관련 수사보고 면밀히 작성

나. 사건접수 후 3개월

피의자 특정되지 않는 경우 관리 미제사건 등록 검토(발생원표, 피해통보표 등 작성)

4. 수사 진행 상황 통지

가. 사건접수 후 1개월경과 시 7일 이내 수사사항에 대해 피해자에게 통지

나. 관리 미제사건 등록 시점에도 등록한 날로부터 7일 이내 해당 사실 통지(피해자가 통지를 명시적으로 거부한 경우 생략 가능)

4. 검찰 송부 여부

관리 미제사건은 수사중지에 해당되지 않으므로 송부 불필요

Ⅲ. 사후관리

1. 사건기록 관리

관리 미제사건은 사건목록과 함께 경찰서 사건기록 보관실에 보관(보존기한 25년)

2. 일몰제 적용 배제

관리 미제사건은 수사대상자에 대한 인권침해, 불필요한 장기수사 등 권한 남용의 가능성이 낮고 계속 수사가 필요한 때에 해당하지 않아 일몰제 적용 배제

3. 사건 재기

여죄수사, 증거물 재감정 등으로 피의자가 특정된 경우 수사진행 후 수사결과에 따라 사건 종결

소 속 관 서

제 0000-00000 호   20○○.○.○.

수 신 :

참 조 :

제 목 : 관리미제사건 등록 보고

　　○○ 사건에 관하여 다음과 같이 관리미제사건으로 등록하고자 합니다.

1. 피의자 인적사항

　　불상　(특이사항 :)

2. 범죄사실

3. 적용법조

4. 증거관계

5. 수사사항 및 관리미제사건 등록 사유

6. 수사참여경찰관

소 속 관 서

제 0000 -   호   0000. 00. 00.

제 목 : 관리미제사건 등록 | 공소시효 : 20〇〇.〇.〇. |

대 상 자	성 명	성별	특 이 사 항		
	불상	불상			
죄 명					

대 상 사 건	접 수 일	접수번호	사건번호	발생원표	수사단서	피 해 자

책임수사팀장	부서 계급 성명 전화번호
정 수 사 관	부서 계급 성명 전화번호
부 수 사 관	부서 계급 성명 전화번호
비 고	영장종류 및 번호

소속관서

사법경찰관 경감

소 속 관 서

제 0000-00000 호   0000.00.00.

수 신 :   귀하

제 목 : 관리미제사건 등록 통지서
_____

귀하와 관련된 사건의 관리미제사건 등록을 다음과 같이 알려드립니다.

접 수 일 시		사 건 번 호	
관리미제사건 등록이유			
담 당 팀 장	○○과 ○○팀 경○ ○○○	☎	02-0000-0000

※ **범죄피해자 권리 보호를 위한 각종 제도**

○ 범죄피해자 구조 신청제도(범죄피해자 보호법)
 - 관할지방검찰청 범죄피해자지원센터에 신청
○ 의사상자예우 등에 관한 제도(의사상자 등 예우 및 지원에 관한 법률)
 - 보건복지부 및 관할 지방자치단체 사회복지과에 신청
○ 범죄행위의 피해에 대한 손해배상명령(소송촉진 등에 관한 특례법)
 - 각급법원에 신청, 형사재판과정에서 민사손해배상까지 청구 가능
○ 가정폭력·성폭력 피해자 보호 및 구조
 - 여성 긴급전화(국번없이 1366), 아동보호 전문기관(1577-1391) 등
○ 무보험 차량 교통사고 뺑소니 피해자 구조제도(자동차손해배상 보장법)
 - 동부화재, 삼성화재 등 자동차 보험회사에 청구
○ 국민건강보험제도를 이용한 피해자 구조제도
 - 국민건강보험공단 급여관리실, 지역별 공단지부에 문의
○ 법률구조공단의 법률구조제도(국번없이 132 또는 공단 지부·출장소)
 - 범죄피해자에 대한 무료법률구조(손해배상청구, 배상명령신청 소송대리 등)
○ 국민권익위원회의 고충민원 접수제도
 - 국민신문고 www.epeople.go.kr, 정부민원안내콜센터 국번없이 110
○ 국가인권위원회의 진정 접수제도
 - www.humanrights.go.kr, 국번없이 1331
○ 범죄피해자지원센터(국번없이 1577-1295)
 - 피해자나 가족, 유족등에 대한 전화상담 및 면접상담 등
○ 수사 심의신청 제도(경찰민원콜센터 국번없이 182)
 - 수사과정 및 결과에 이의가 있는 경우, 관할 시도경찰청 「수사심의계」에 심의신청

 * 고소인·고발인은 형사사법포털(www.kics.go.kr)을 통해 온라인으로 사건진행상황을 조회하실 수 있습니다.

※ **관리미제사건**

○ 수사를 진행하였으나 피의자를 특정할 단서를 확보하지 못해 추가 단서 등 확보 시
  까지 수사자료로 활용하기 위해 관리하는 사건을 말합니다.

소 속 관 서 장

제2절 장기사건 수사종결

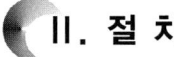 **Ⅰ. 관련 법령**

1. 경찰수사규칙

> **제95조(장기사건 수사종결)** ① 사법경찰관리는 범죄 인지 후 1년이 지난 사건에 대해서는 수사준칙 제51조제1항에 따른 결정을 해야 한다. 다만, 다수의 사건관계인 조사, 관련 자료 추가확보·분석, 외부 전문기관 감정의 장기화, 범인 미검거 등으로 계속하여 수사가 필요한 경우에는 해당 사법경찰관리가 소속된 바로 위 상급경찰관서 수사 부서의 장의 승인을 받아 연장할 수 있다.
> ② 사법경찰관리는 제1항 단서에 따른 승인을 받으려면 수사기간 연장의 필요성을 소명해야 한다.

2. 범죄수사규칙

> **제227조(장기사건 수사종결)** 경찰관은 경찰수사규칙 제95조에 따라 장기사건을 연장하려는 때에는 별지 제157조서식의 수사기일 연장 건의서를 작성하여 상급 수사부서장에게 제출하여야 한다.

3. 입건 전 조사 사건 처리에 관한 규칙

> **제9조(불입건 결정 지휘)** 수사부서의 장은 조사에 착수한 후 6개월 이내에 수사절차로 전환하지 않은 사건에 대하여 「경찰수사규칙」 제19조제2항제2호부터 제5호까지의 사유에 따라 불입건 결정 지휘를 하여야 한다. 다만, 다수의 관계인 조사, 관련자료 추가확보·분석, 외부 전문기관 감정 등 계속 조사가 필요한 사유가 소명된 경우에는 6개월의 범위내에서 조사기간을 연장 할 수 있다.

Ⅱ. 절 차

1. 적용 범위

　가. 고소, 고발을 제외한 수사 사건

　나. 모든 입건전 조사사건

2. 기산시점

　가. 수사 사건은 범죄인지서 결재 완료일

　나. 입건전조사사건은 KICS 접수번호 부여 시점

3. 수사단계 경과별 조치

가. 3개월경과 시

수사부서장에게 수사 진행상황보고

나. 6개월경과 시

수사부서장에게 수사 진행상황보고 + 분석 회의

다. 1년경과 시(이후 6개월마다)

① 원칙 : 수사부서장이 수사종결 지휘

② 예외 : 관서장에게 수사 진행상황보고 + 분석 회의

4. 입건전조사 단계 경과별 조치

가. 3개월경과 시

수사부서장에게 입건전조사 진행상황보고

나. 6개월경과 시

수사부서장에게 입건전조사 진행상황보고 + 분석 회의

다. 1년경과 시(이후 6개월마다)

① 원칙 : 수사부서장이 불입건 결정 지휘

② 예외 : 관서장에게 입건전조사 진행상황보고 + 분석 회의

○○경 찰 서

제 호   20○○.○.○.

수 신 : ○○경찰서장

참 조 : 여성청소년과장(형사과장)

제 목 : 수사기일 연장건의서

―――――――――――――――――――――――――――――――――――――――

　피의자 홍길동에 대한 ○○피의 사건에 관하여 다음과 같이 수사기일 연장을 건의합니다.

Ⅰ. 피의자 인적사항

Ⅱ. 범죄경력자료 및 수사경력자료

Ⅲ. 범죄사실

Ⅳ. 적용법조

Ⅴ. 수사기일 연장건의 사유

Ⅵ. 향후 수사계획

　　　　　　　　　　　사 법 경 찰 관　경 감　유 아 윤

특별수사

4편

제1장 소년사건 처리

제1절 개념 정리

 Ⅰ. 용어정의

1. 소 년

19세 미만인 자를 말한다.

2. 범죄소년

14세 이상 19세 미만의 자로서, 죄를 범한 자를 말한다.

3. 촉법소년

10세 이상 14세 미만의 자로서, 형벌법령에 저촉되는 행위를 한 자를 말한다.

4. 우범소년

보호자의 정당한 감독에 복종하지 않는 성벽이 있거나, 정당한 이유 없이 가정에서 이탈하거나, 범죄성이 있는 자, 또는 부도덕한 자와 교제하거나 기타의 사유로 그의 성격 또는 환경에 비추어 장래 형벌법령에 저촉되는 행위를 할 우려가 있는 10세 이상 19세 미만인 자를 말한다.

5. 비행소년

범죄소년, 촉법소년, 우범소년을 총칭한다.

6. 불량행위소년

비행소년은 아니나, 음주·흡연·싸움 기타 자기 또는 타인의 덕성을 해하는 행위를 하는 소년을 말한다.

7. 요보호소년

비행소년은 아니나 학대·혹사·방임된 소년 또는 보호자로부터 유기 또는 이탈되었거나, 그 보호자가 양육할 수 없는 경우, 기타 경찰관직무집행법 제4조 또는 아동복지법에 의하여 보호를 요하는 자를 말한다.

8. 보호자

친권자, 후견인, 법정대리인, 재학하는 학교의 장, 담임교사, 기숙사의 사감, 아동복리시설의 장, 고용주 또는 대리인 등 소년을 직접 보호 감독하는 자를 말한다.

9. 관계자

보호자 및 피해자, 고소인 또는 고발인, 증인 기타 소년의 선도 또는 소년사건 처리에 직접 간접으로 관계있는 자를 말한다.

II. 기본원칙

1. 소년경찰의 기본정신

가. 건전육성의 정신

소년경찰활동은 소년을 건전하게 지도·육성·보호함을 근본으로 한다.

나. 소년의 특성 이해

소년의 심리·생리, 기타의 특성을 깊이 이해하고 선도를 행한다.

다. 처우의 개별화

소년범죄 등 비행은 구성요건을 규명하기보다도 소년의 성행 및 환경, 기타 비행의 원인을 정확히 파악하여 개별적으로 타당한 선도 및 처우를 행한다.

라. 처우의 과학화

소년의 선도와 처우는 과학적 지식과 방법으로 조사·분석, 검토하여 결정한다.

마. 비밀의 보장

소년의 선도와 처우는 소년의 인격과 자주성을 존중하고, 비밀을 보장하여 소년 및 관계자가 불안을 갖지 않도록 한다.

바. 관계자의 존경과 신뢰의 획득

　　인격의 향상과 식견의 함양에 힘써 소년 및 관계자로부터 존경과 신뢰를 얻는다.

2. 소환 시 유의사항

가. 소년 또는 보호자가 요청할 때에는 경찰관서에 소환하지 않고 경찰관이 직접 가정, 학교 또는 직장을 방문하여야 한다.

나. 소년의 학교 또는 직장에서 공공연하게 소환하는 일은 가급적 피하여야 한다.

다. 소년 또는 보호자를 소환할 때에는 보호자의 이해와 협조를 구하여야 한다.

라. 필요에 따라 현장조사를 할 경우에도 될 수 있는 한 사복을 착용하여 관계자로 하여금 불안감을 갖지 않도록 하여야 한다.

3. 면접 시 유의사항

가. 면접시간은 최소한도로 하고, 소년의 수업중 또는 취업중의 시간 및 야간을 피하여야 한다.

나. 면접장소는 타인의 이목을 피하여 소년 또는 그 보호자가 긴장하지 않고 면접할 수 있도록 적당한 장소를 선택하여야 한다.

다. 면접은 부득이한 경우를 제외하고는 그 소년의 보호자 또는 적당하다고 인정되는 자의 입회하에 실시하여야 한다.

라. 면접 중에 행하는 대화의 기록은 신문 또는 진술조서를 작성하는 경우를 제외하고는 간단한 요지만을 기입할 것이며, 소년이나 그 보호자로 하여금 불안과 공포심을 갖지 않도록 하여야 한다.

마. 면접 중에는 소년 또는 그 보호자가 허위진술 또는 반항을 한다고 하여 흥분하거나 멸시하여서는 아니 되며, 부드럽고 조용한 분위기를 유지하여 스스로 자제와 반성을 하도록 하여야 한다.

바. 면접이 끝났을 때는 소년 또는 그 보호자가 불안감을 갖지 않고 경찰의 선도 및 처우에 신뢰를 갖도록 사후조치를 하여야 한다.

4. 상담선도 시의 유의사항

가. 경찰서 또는 지서·파출소에서 행하는 이외에 필요에 따라 소년 및 보호자 또는 관계자가 안심하고 상담에 응할 수 있는 청소년회관, 아동상담소, 복지시설, 기타 적당한 장소를 택하여 행하는 방법도 고려해야 한다.

나. 진솔하고 우호적인 태도와 안정된 분위기를 유지하여 상담선도의 성과를 얻도록 하여야 한다.

다. 상담내용이 소년경찰직무에 해당되는 사항이 아니라고 인정될 때에도 이를 수리하여 소관기관 또는 단체에 연결, 또는 주선하여 줌으로써 국민으로부터 신뢰감을 얻도록 하여야 한다.

5. 공표 시의 유의사항

소년문제 또는 소년사건에 관한 사항을 신문, 기타 보도기관에 공표할 때에는 당해 소년 또는 보호자에 미치는 영향을 충분히 고려하여야 하며, 특히 주소, 성명, 직장, 학교, 기타 특정인으로 유지될만한 사항을 공표하여서는 안 된다.

제2절 소년경찰의 업무범위

 ## I. 소년범죄 수사전담반

1. 청소년의 지도 및 보호
2. 청소년 선도대책 업무
3. 청소년 유해환경의 단속
4. 소년상담카드 작성
5. 소년범죄자료 수집, 분석
6. 소년범죄 수사
7. 소년이 피의자인 고소·고발사건

II. 관련사건

다음 사건은 소년(19세미만)이라 하더라도 수사기능에서 처리한다.
1. 살인·강도·강간·방화 등 강력사건
2. 마약·밀수 관련사건
3. 특수폭행사건
4. 절도·폭력범은 전과 3범이상 사건
5. 성인과 소년(공범)이 관련된 동일사건
6. 집회및시위에관한법률위반 사건
7. 도로교통법위반 사건
8. 보안 및 정보(선거법위반 포함)관련 사건
9. 소재수사 및 기소중지사범의 수배, 검거 동행
10. 수사본부 설치·운영을 요하는 중요사건
11. 소년범죄 발생 및 신고(112) 사건의 초동수사

제3절 비행소년의 처리

Ⅰ. 비행소년 분류

구 분	연 령	처리 방법
범죄소년	만 14세 이상 19세 미만	검찰 송치
촉법소년	만 10세 이상 14세 미만	소년부 송치
우범소년	만 10세 이상 19세 미만	소년부 송치

Ⅱ. 범죄소년

1. 강제조치 등의 제한

가. 경찰관은 범죄소년일지라도 부득이한 경우를 제외하고는 체포, 구금, 기타 강제조치를 하여서는 아니 된다.

나. 부득이한 체포, 구금, 기타 강제조치를 결정하려고 할 때 또는 강제조치를 집행하려고 할 때는 다음의 사항에 유의하여야 한다.

① 범죄소년의 연령, 성격, 비행경력, 범죄의 내용, 구금 장소의 상황, 구금시간, 기타 강제조치로부터 당해 소년에게 미치는 정신적 영향 등을 신중히 고려하여야 한다.

② 구금할 때에는 원칙적으로 성인과 분리하여 수용하여야 한다.

③ 강제조치를 하였을 때는 지체 없이 그 보호자 또는 대리자에게 연락하여야 한다.

2. 친고죄 등에 관한 조치

가. 경찰관은 소년의 범죄가 친고죄로서, 피해자 기타 고소권자가 고소하지 않을 것이 명백히 되었을 경우에도 장래 비행방지상 필요하다고 인정될 때에는 우범소년으로서 필요한 조치를 강구하여야 한다.

나. 다만, 필요이상으로 피해자를 소환하거나 피해자의 진술조서를 작성하는 등 피해자의 심정에 반하는 조사를 피하여야 한다.

3. 여죄의 수사

범죄소년에 대한 여죄의 수사는 당해 소년의 비행경력을 명확히 파악함으로써 장래에 대한 재비행 위험성의 판단 및 비행방지에 목적을 두어야 한다.

4. 범죄소년에 대한 서류의 작성

경찰관은 수사한 결과 범죄소년으로 판명되었을 때에는 당해 범죄소년의 범행의 동기 및 원인, 범행전후의 상황, 기타 범죄사실 및 범죄의 정황을 입증하는 제반조서를 작성하여야 하며 선도의 적정을 기하기 위하여 필요하다고 인정되는 경우에는 전기 서류 이외의 사항에 대하여도 이를 작성하여야 한다.

5. 범죄소년이 소지한 물건의 조치

경찰관은 범죄소년의 수사에 있어서 소년의 비행방지상 소지하는 것이 부적당하다고 인정되는 물건을 발견하였을 때에는 법에 의하여 이를 압수하는 경우를 제외하고는 이를 소유권자, 기타 권리인에게 반환하거나 또는 그 보호자에게 예치시키거나 본인 또는 그 보호자의 동의를 얻어 폐기시키는 등 당해 범죄소년이 물건을 소지하지 않도록 조치하여야 한다.

Ⅲ. 촉법소년

1. 촉법소년에 대한 서류의 작성

경찰관은 체포된 소년의 행위가 10세 이상 14세 미만일 때에 행하여진 것이 명백하여 당해 촉법소년을 송치하는 경우에는 「요보호대상(부랑아, 우범소년)소년」에 준하는 관계서류를 작성, 비치하고 송치서류는 소년보호사건 송치서 및 진술조서로 한다.

2. 촉법소년의 일시보호

가. 경찰관은 촉법소년에 대하여 보호할 필요가 있다고 인정되는 경우에는 경찰관직

무집행법 제4조 및 아동복지법 제10조에 의하여 일시 보호할 수 있다.

나. 촉법소년을 일시 보호할 경우에는 다음의 사항에 유의하여야 한다.

① 일시보호를 할 때에는 보호실을 사용하고, 부득이한 경우에도 경찰서내의 숙직실, 휴게실 등 당해 소년을 수용하는데 적당하다고 인정되는 시설을 이용하여야 한다.

② 일시보호 중 자기 또는 타인의 생명, 신체 또는 재산에 위해를 주는 사고가 발생하지 않도록 하여야 한다.

③ 일시보호를 결정하였을 때에는 지체없이 보호자에게 그 사유를 통지하여야 한다.

3. 촉법소년에 대한 조치

촉법소년을 조사한 결과 송치할 필요가 있다고 인정되는 자는 신속히 관할 가정법원 또는 지방법원 소년부에 송치하여야 한다.

4. 소지한 물건의 조치

범죄소년의 경우와 같이 처리한다.

Ⅳ. 우범소년

1. 우범소년에 대한 긴급조치

경찰관은 긴급한 보호조치를 하지 않으면 형벌법령에 저촉되는 행위를 할 염려가 있는 소년을 발견하거나 또는 보호자, 기타 관계자로부터 연락을 받았을 때에는 지체없이 일시보호 조치를 강구하여야 한다.

2. 소지한 물건의 조치

범죄소년의 경우와 같이 처리한다.

3. 우범소년에 대한 조치

우범소년을 조사한 결과 송치할 필요가 있다고 인정되는 자는 신속히 관할 가정법원 또는 지방법원 소년부에 송치하여야 한다.

Ⅴ. 경미 소년범의 선도심사

1. 선도심사위원회 운영의 목적

경미 소년범 대상으로 지역사회 청소년 전문가가 참여하는 심의기구를 구성하여 실질적 계도와 체계적인 선도·지원을 통한 재범의 감소 및 전과자 양산을 방지하는 데 있다.

2. 대상자와 대상사건

가. 대상자

만 14세 이상 19세 미만의 죄를 범한 소년

나. 대상사건

소년범의 죄질이 경미하여 훈방이나 즉결심판이 필요하고, 처벌조항에 벌금형이 명시되어 있는 죄를 범한 사건

3. 처분사항 결정

가. 훈 방

초범에 한해 선도조건부 훈방 형태로 운영하며, 훈방 이후 선도프로그램을 반드시 연계하여야 하며, 미이수 시 입건하여 송치한다.

나. 즉결심판 청구

청구 결정 후 선도 효과를 고려하여 법원에 출석하여 심판받도록 조치하고 선도프로그램을 적극적으로 연계한다.
※ 훈방과 즉심청구는 경찰서장 권한이므로 의견수렴 후 경찰서장이 최종결정한다.

다. 입건송치

사건이 경미하지 않으면 입건하여 검찰에 송치한다.

[훈방 / 즉결심판 대상 구분]

구 분	훈 방	즉결심판
죄 수	초 범	죄수 관계 없음(재범도 가능)
처벌의사	피해자 처벌불원(합의 등)	피해자 처벌의사 관계없음
공통사항	경미 사안 (선고형 20만원 이하 벌금 사안에 해당), 개전의 정(반성, 사과 등)	

4. 처분결정 시 고려사항

가. 비행내용, 동기, 원인, 방법 및 비행 후 정황, 상습성과 재비행 위험성, 소년의 인성, 보호자, 평상시 생활 태도 및 주거환경 등 향후 선도 가능성 유무를 충분히 판단한다.

나. 피해자에 대한 피해회복 노력, 피해자의 처벌의사 등을 확인한다.

5. 청소년 불법 사이버도박 처벌기준 (사이버범죄수사과)

가. 사법 제재를 통해 청소년도 온라인 도박 시 처벌받을 수 있다는 경각심을 부여한다.

나. 청소년 도박행위자는 초범, 도박금액, 도박사이트 운영 여부 등 고려하여 선도심사위원회에 회부하여 즉결심판을 청구한다.

단, 도금액(입금액) 50만원 미만의 경미한 경우는 불입건(진술조서 작성) 조치 후 훈방하고 50만원을 초과해도 비행 동기, 상습성, 생활 태도 등 고려하여 훈방할 수 있다.

〈도금액/전과에 따른 즉결심판 및 형사입건 기준〉

처 분	즉결심판	형사입건
도금액, 전과	50만원 이상 500만원 미만이며, 전과 없음	500만 원 이상 또는 재범이상

다. 청소년이라도 도박사이트 운영에 가담하거나 도박행위자 모집 등 도박사이트 운영을 방조하는 경우, 도박액 500만원 이상인 도박행위자는 형사입건하여 송치한다. (재범 또는 상습범일 때 형사입건)

제4절 소년선도보호
(소년선도보호지침)

1. 용어의 정의 (제3조)

① 이 지침에서 선도유예란 범죄예방위원의 선도를 조건으로 하는 기소유예처분을 말한다.

② 접촉선도란 귀주처가 있는 유예소년과 접촉을 갖고 상담, 지도 등을 통해 소년의 반사회성을 교정하고 지식과 기술을 습득시키며 정서를 순화하여, 건전한 사회인으로 복귀시키는 선도방법을 말한다. 다만, 선도의 목적을 달하기 위한 학비보조, 취학알선, 취업알선, 기타 경제적인 지원은 접촉선도의 일부로 본다.

③ 원호선도란 귀주처가 없거나 있더라도 귀주시키는 것이 부적당한 유예소년에 대하여 범죄예방위원의 주거나 복지시설에서 기거하게 하고 의, 식, 주를 제공하면서 접촉선도하는 것을 말한다.

④ 선도보호란 제② ③항을 포함한 선도를 말한다.

⑤ 범죄예방위원이란 보호관찰 등에 관한 법률 시행규칙(법무부훈령 제753호) 제8조 제1항의 규정에 의해 위촉된 자를 말한다. 다만, 범죄예방위원으로 위촉되지는 아니하였으나 제6조 제2항 또는 제8조 제1항의 각 단서규정에 의하여 소년의 선도보호 책임을 인수한 자는 당해사건에 한하여 범죄예방위원으로 본다.

⑥ 비행성예측자료표란 일정사항을 점검하여 소년범의 재범가능성의 높고 낮음을 예측하는 표로서 경찰청 작성의 사회항목조사표를 원용한다.

⑦ 소년선도보호위탁이란 검사가 범죄예방위원에게 문서로써 대상소년의 선도보호를 의뢰하는 절차로서 권고인수의 경우는 물론 자진인수의 경우에도 작성되어야 한다.

⑧ 소년선도보호 책임인수란 범죄예방위원이 검사에 대하여 문서로써 대상소년의 선도보호 및 경과통보 책임을 인수하는 절차를 말한다.

2. 선도유예 범위 (제4조)

① 선도유예는 범죄내용의 경중에 관계없이 재범가능성이 희박한 18세미만의 범죄소년을 주된 대상으로 한다. 다만, 공안사범, 마약사범, 흉악범, 조직적 또는 상습적 폭력배, 치기배, 현저한 파렴치범은 선도유예대상에서 원칙적으로 제외한다.

② 선도유예의 실시는 종래의 통상의 기소유예처분의 활용에 영향을 주지 아니한다.

3. 유예소년선정 (제5조)

① 주임검사는 소년사건의 죄질과 범정을 살펴 선도 유예 적격소년을 선별한다.

② 주임검사는 전항의 소년을 선별함에 있어 다음 자료를 참작하여야 한다.

1. 필수적 참작자료

가. 비행성 예측자료표

나. 소년범 환경조사서

2. 임의적 참작자료

가. 유예소년의 보호자, 교사, 직장상사의 의견

나. 피해보상여부와 피해자감정

다. 유치장 행장기록

③ 필수적 참작자료는 소정의 양식에 의하여 작성되어야 하며 송치사건은 송치부서에서, 검사인지사건은 검사가 작성하여 기록에 편철 한다.

④ 주임검사는 비행성 예측자료표상의 예측점수를 기초로 하되, 사건기록일체, 신문중에 감지한 범죄소년의 태도 등을 종합하여 재범가능성 정도를 결정한다.

제5절 소년보호사건의 송치 등

Ⅰ. 일반적 처리사항

1. 수사 또는 조사 시의 확인사항

가. 사실의 존부 및 내용

나. 비행동기 및 원인

다. 소년의 성격, 행동 및 경력

라. 소년의 가정, 학교, 직장 및 교우관계

마. 소년의 주거지의 환경

바. 소년의 비행방지에 협력할 수 있다고 인정되는 관계자의 유무

2. 수사 또는 조사시의 유의사항

가. 관계기관에 송치 또는 통고여부 및 송치 또는 통고할 기관을 신중히 결정하여야 한다.

나. 소년의 보호자, 기타 소년에 대하여 사정을 잘 알고 있는 자의 협력을 얻어야 한다.

다. 선입감과 속단을 피하고 정확한 자료를 수집하여야 한다.

라. 조사를 함에 있어서는 고문·폭행·협박·기망 기타 조사의 임의성에 관하여 의심받을 만한 방법을 취해서는 아니된다.

마. 진술의 대가로 이익을 제공할 것을 약속하는 등 진술의 진실성을 잃게 할 염려 있는 방법을 취해서는 아니된다.

바. 조사는 단시간에 끝내도록 유의하고, 부득이한 사유가 있는 경우를 제외하고는 심야에 하는 것을 피하여야 한다.

사. 조사에 지장이 없는 한 보호자나 변호인의 입회를 허용하여야 한다.

아. 소년의 심신에 이상이 있다고 인정할 때에는 지체없이 의사로 하여금 진단하게 하여야 한다.

3. 구속에 관한 주의

소년 피의자에 대하여는 되도록 구속을 피하고 부득이 구속, 체포 또는 동행하는

경우에는 그 시기와 방법에 관하여 특히 주의하여야 한다.

4. 진술거부권의 고지

가. 범죄혐의가 있는 소년을 조사함에 있어서는 미리 진술을 거부할 수 있음을 알려야 한다.

나. 전항의 고지는 조사가 상당기간 중단하였거나 다시 이를 개시할 경우 또는 담당 경찰관이 교체된 경우에는 다시 고지하여야 한다.

● Ⅱ. 피해학생 조사방법

1. 사전조치

① 초기조사 단계부터 추가 피해 사례 여부를 확인하고 보호자 등에게 사건처리 절차 및 피해지원 내용을 설명한다.

② 피해사실을 경청, 일기나 메모 등 피해자의 심정을 기록한 자료를 면밀히 확인하여 죄질의 경중을 판단한다.

③ 보호자 등 신뢰관계자의 동석 가능을 설명하고 조사기 가급적 동석토록 한다.

④ 가해학생 조사 전 신고 및 피해학생 조사사실이 누설되어 추가피해를 당하는 사례가 없도록 학교(학부모)에게 관심을 당부한다.

2. 조사 시 유의사항

① 심리적 안정을 주고 신분노출이 되지 않는 장소에서 조사(면담)한다.

② 피해학생에게 사건발생의 책임을 전가하는 듯한 언행은 자제하고 부모 등 주위 의견보다 피해학생의견을 최우선 고려한다.

③ 가해학생과 분리하여 조사하되 대질조사는 불가피한 경우에만 실시한다.

④ 사안에 따라 담당경찰관은해당학교에 진출, 추가 피해사례를 접수하여 학교폭력 사건이 은폐(축소)되지 않도록 유의한다.

⑤ 반의사불벌죄의 경우 가해학생에 대한 처벌의사를 확인한다.

⑥ 피해학생이 미성년자인 경우, 보호자에게 사건처리 진행상황을 통지한다.

⑦ 피해학생 신원, 피해사실이 언론 등에 노출되지 않도록 비밀을 유지한다.

III. 가해학생 조사방법

1. 사전조치

① 피해조사 이후 신속하게 가해학생을 조사한다.

② 피해학생이 가해학생으로부터 경찰개입 전 2차 피해를 당하는 사례가 없도록 유의한다.

③ 출석요구나 조사시 지체없이 보호자 등에게 연락한다.

④ 가해학생 보호자에게 학교폭력 사건처리 절차를 반드시 설명한다.

2. 조사 시 유의사항

① 인권보호 관련 규정을 준수한다.

② 가해학생이 과도한 심리적 부담으로 인한 자해 등 돌발행동이 발생하지 않도록 유의한다.

③ 공정성과 투명성 확보에 유의하고 가해자에게 친밀한 언어로 부드럽고 조용한 분위기에서 조한다.

④ 가해학생 조사시 신고학생(신고자)이 특정되지 않도록 주의한다.

⑤ 심야조사는 원칙적으로 금지하고 부득이한 경우에만 필요 최소한 범위에서 실시한다.

⑥ 기해학생, 학부모에게 보복 폭행시 가중 처벌됨을 엄중히 경고한다.

IV. 사건 송치

1. 소년사건을 수사한 결과 피의자가 형벌법령에 저촉되는 행위를 한 12세 이상 14세 미만의 소년(촉법소년)으로 판명되었을 때에는 당해 소년에 대하여 적당한 선도 보호의 조치가 취하여지도록 하여야 한다. 이 경우 그 자에게 보호자가 없거나 보호자에게 감호하는 것이 부적당하다고 인정될 때에는 아동복지법에 의한 조치를 강구하거나 이를 소년 보호사건(촉법)으로 하여 경찰서장이 직접 가정법원 소년부 또는 지방법원 소년부에 송치하여야 한다.

2. 제1항의 경우에 있어서 촉법소년의 행위가 형법상의 금고 이상의 형에 해당하는 것 인 때에는 이를 소년보호사건으로 하여 소년부에 직접 송치하여야 한다.

3. 피의자가 형벌법령에 저촉되는 행위를 한 사실이 없는 것이 판명되었으나 다음에 열거하는 사유가 있고 그의 성격 또는 환경에 비추어 장래 형벌법령에 저촉되는 행위를 할 우려가 있는 10세 이상의 소년(우범소년)인 때에는 그 소년에 대하여 적절한 선도보호 조치가 취하여지도록 하여야 한다. 이 경우 그 자에게 보호자가 없거나 보호자에게 감호하게 하는 것이 부적당하다고 인정될 때에는 아동복지법에 의한 조치를 강구하거나 이를 소년보호 사건(우범)으로 하여 경찰서장이 직접 소년부에 송치하여야 한다.
   가. 보호자의 정당한 감독에 복종하지 않는 성벽이 있는 것
   나. 정당한 이유없이 가정에서 이탈하는 것
   다. 범죄성이 있는 자 또는 부도덕한 자와 교체하거나 자기 또는 타인의 덕성을 해롭게 하는 성벽이 있는 것
   라. 위 항의 경우에 있어서 처리당시의 우범소년의 연령이 18세 미만일 때에는 이를 소년보호 사건으로 하여 소년부에 직접 송치하여야 한다.

4. 보호사건 송치서
   촉법소년 또는 우범소년을 가정법원 소년부에 송치할 경우에는 보호사건 송치서에 소년범 환경조사서, 기타 참고자료를 첨부하여야 한다. 다만, 우범소년인 경우에는 보호사건 송치서만으로 송치할 수도 있다.

V. 소년카드

1. 비행소년으로서 송치 또는 통고된 소년, 기타 필요하다고 인정되는 소년에 대하여는 소년카드(소년 신상조사표)를 작성 비치하여야 한다.
2. 여성청소년과에서 범죄소년을 조사 처리시는 신상조사표를 작성, 소년계(반)에 제출하여야 한다.
3. 전항의 소년의 주거지가 타 경찰서의 관할구역인 경우에는 소년 카드의 원본을 당해 경찰서장에게 송부하고, 필요하다고 인정되는 경우에 한하여 그 사본을 보관한다.

색인				소년환경 조사서 (소년카드)		결재	팀장	과장	서장

번호	○○○○경찰서 ○○년도 제 0000-000000 호		구 분	

소년	성명		이명		국적	내국인(주민등록번호 : -)
	생년 월일	. . .생 (만 세,)				외국인(국적: , 신분: , 체류목 적: , 등록번호:)
	직업		연락처		등록기 준지	
	학력	학교 학년 ■ (퇴학사유:)				
	주소				생활 정도	
	혼인 관계				종교	

	가족 관계	관계	성 명	연령	직업(경제상태)	연락처	소년에 대한 감호태도, 전과유무 등

본건비행	구분		죄명		비행 내용	
	공범 관계	공범 유 (공범과 관계:) 무	여죄		비행 내용	
	범행 동기					
	피해자 와의 관계					
	범행후 은신처					
	마약 상용 여부					
	정신 상태					
	조치	법원 보호사건 송치□ 검찰 구속 송치□ 검찰 불구속 송치□ 선도조건부 불입건□ 기타□( ) - 구속별(긴급체포□ 사전영장□ 체포□ 현행범체포□) - 불구속별(검사구속취소□ 검사기각□ 불구속입건□ 적부심석방□ 판사기각□) - 선도조건부 불입건 조치별(상담기관인계□ 사랑의 교실□ 교육기관통보□ 전문가결연□ 기타□)				

비행경력	전과				
	전회처분	가석방□ 기소유예□ 보석·형집행정지□ 보호처분□ 선고유예□ 선도유예□ 수배중□ 즉결심판□ 집행유예□ 형집행종료□ 감호소출소□ 선도조건부 불입건□ 기타□ 없음□			
	보호처분			재범종류	
	재범기간				
	경찰선도경력	선도조건부 불입건□ 송치 후 선도□ 기타□( ) 없음□			
		– 선도조건부 불입건 조치별 (청소년상담기관 인계□ 사랑의 교실 이수□ 교육기관 통보□ 전문가 결연선도□ 기타□) – 송치 후 선도 조치별 (청소년상담기관 인계□ 사랑의 교실 이수□ 교육기관 통보□ 전문가 결연선도□ 기타□)			

재비행위험성 평가	비행환경평가	1. 생계 담당자 ( )점 　1) 가정의 생계담당자는 소년의 　　　　　 부 또는 모　(0) 　　　　　 기　 타　(6) 2. 결손가정 ( )점 　1) 가정 내 결손이 없다　(0) 　　　　 있다　(6) 　2) 있다면 부 사망 이혼 별거 장기부재 　　　　 모 사망 이혼 별거 장기부재 3. 교육수준 ( )점 　1) 중학교 혹은 고교 재학중　(0) 　　 중학교 이하/중퇴, 고교 중퇴　(7) 4. 무단결석 ( )점 　1) 학교 재학 중 무단결석 없다.　(0) 　2) 일주일 이상 무단 결석 있다.　(9) 　＊ 최초 무단 결석시:　　 학교　 학년 　　 최초무단 결석시 결석 일 수:　　 일간	5. 교우관계 ( )점 ＊ 친한 친구 중, 1) 학업 중단 후 무직인 친구가 있다 없다 2) 경찰에 단속되었던 친구가 있다 없다 　"있다"가　 0개　(0) 　　　　 1개　(5) 　　　　 2개　(8) 6. 가출 경험 ( )점 　1) 가출경험 없다　(0) 　　　　 있다 1～2회 이상　(3) 　　　　 3회 이상　(8) 　＊ 최초 가출시 연령 : 만 세 　＊ 최초 가출시 가출 기간: 일간 7. 조발 비행 ( )점 　＊ 14세 미만에 　1) 조발비행이 없다　(0) 　　　　 있다 우범행위　(13) 　　　　 촉법행위　(16) 　＊ 최초 조발 비행시 연령 : 만 세 　＊ 최초 조발 비행시 죄명 :	

계 : ( )점	비행위험성 낮다(0~11점)	비행위험성 높다(21~29점)
	비행위험성 약간 높다(12~20점)	비행위험성 아주 높다(30점 이상)

전문가 참여 결과	검사결과	
	종합의견	

처우의견	

작성자	．　．　．작성	○○○○경찰서　 ○○과 ○○팀 계 급 : ○○　 성 명 : ○○○ (인)

구분	항목별 기재 방법

소년 (기본정보)

성명	이명	국적	내국인□(주민번호 -)
생년월일	년 월 일생(만 세, 남, 여)		외국인□(국적 : ,신분 : 체류목적 : , 등록번호)
직업		연락처	본적 0000-000
학력	학교 학년 재학□, 졸업□, 중퇴□(퇴학사유 :)		
주소	0000-000	생활정도	극부□상류□중류□하류□극빈□
혼인관계	동거□미혼□사별□유배우자□이혼□	종교	기독교□천주교□불교□원불교□천도교□ 기타( ) 무교□
	실부모□실부모무□우부실모□실부계모□계부실모□계부모□무부계모□계부무모□무부모□		
가족관계	관계 / 성명 / 연령 / 직업(경제상태) / 연락처 / 소년에 대한 감호태도, 전과유무 등		

○ 소년에 대한 기본정보 기재 항목
· 성명, 주민등록번호, 주소 등 소년의 신상에 관련한 내용 기재
· 가족관계에 부모 등 보호자 기재(부모가 없는 소년은 보호자의 지위에 있는 자 기재)
※ 보호자 동의시 보호자의 주민등록번호 기재
→ 법원의 보호자 교육명령 등 소년 보호시 필요

본건비행

구분	마약사건□ 가정폭력□ 학교폭력□	죄명	비행내용
공범관계	공범 유□ (공범과 관계 :)	여죄	비행내용
범행동기	가정불화□ 기타□ 보복□ 부주의□ 사행심□ 우발적□ 유혹□ 현실불만□ 호기심□ 경제적 이유□
피해자관계	국가□ 애인□ 거래대방□ 이웃□ 고용자□ 지인□ 공무원□ 직장동료□ 기타□ 친구□ 기타친족□ 타인□ 동거친족□ 피고용자□
범행후 은신처	공범집□ 외숙□ 기타□ 자기집□ 숙박업소□ 지인집□ 애인집□ 친적집□ 야외□ 현장검거□
마약상용	마약류 (마약□ / 대마□ / 향정신성의약품□) 본드, 신나 등□ 알코올□ 해당 무□
정신상태	정상□ 정신이상□ 정신박약□ 기타정신장애□ 주취□ 월경시이상□
조치	법원 보호사건 송치□ 검찰 구속 송치□ 검찰 불구속 송치□ 선도조건부 불입건□ 기타□ ( ) - 구속별 (긴급체포□ 사전영장□ 체포□ 현행범체포□) - 불구속별(검사구속취소□ 검사기각□ 불구속입건□ 적부심석방□ 판사기각□) - 선도조건부불입건 조치별(상담기관안내□ 서랑의 교실□ 교육기관통보□ 전문가연계□ 기타□)

○ 소년의 비행사실 기재 항목
· 범행동기, 피해자관계, 정신상태(주취) 등 확인 후 해당항목 기재
· 조치 항목에서 '선도조건부 불입건' 조치시 연계한 선도교육기관 기재

비행경력

전과	없음□ 1범□ 2범□ 3범□ 4범□ 5범□ 6범□ 7범□ 8범□ 9범이상□
전회처분	기소유예□ 보석, 형집행정지□ 보호처분□ 선고유예□ 선도유예□ 수배중□ 즉결심판□ 집행유예□ 형집행종료□ 감호소출소□ 선도조건부 불입건□ 기타□ 없음□
보호처분	1회□ 2회□ 3회이상□	재범종류	동종□ 이종□
재범기간	1월 이내□ 3월 이내□ 6월 이내□ 1년 이내□ 2년 이내□ 3년 이내□ 3년 초과□
경찰선도경력	선도조건부 불입건□ 송치 후 선도□ 기타□ ( ) 없음□ - 선도조건부 불입건 조치별 (청소년상담기관 연계□ 사랑의 교실 이수□ 교육기관 통보□ 전문가 결연선도□ 기타□) - 송치 후 선도 조치별 (청소년상담기관 연계□ 사랑의 교실 이수□ 교육기관 통보□ 전문가 결연선도□ 기타□)

○ 소년의 비행경력 기재 항목
· 범죄·수사경력 및 PIIS 수사대상자 검색으로 선도조건부 불입건 등 입건전 조사종결 사건도 기재
※ '경찰선도경력' 항목은 과거 선도 조치 내역 기재

재비행위험성 평가 / 비행환경평가 / 처우의견

1. 생계 담당자 ( )점
1) 가정의 생계담당자는 소년의 부 또는 모 (5)
기 타 (6)

2. 결손가정 ( )점
1) 가정 내 결손이 없다 (0)
2) 있다면 부 사망□ 이혼□ 별거□ 장기부재□
모 사망□ 이혼□ 별거□ 장기부재□

3. 교육수준 ( )점
가. 학교 재학 중 고교 재학평 (0)
중학교 이하□/중퇴, 고교 중퇴 (7)

4. 무단결석 ( )점
1) 학교 재학 중 무단결석 없다. (0)
2) 일주일 이상 무단 결석 있다. (9)
* 최초 무단 결석시 : 학교 학년
최종무단 결석시 결석 일 수 : 일간

5. 교우관계 ( )점
* 친한 친구 중,
1) 학업 중단 후 무직인 친구가 있다□ 없다□
2) 경찰에 단속되었던 친구가 있다□ 없다□
'있다'가 0개 □ (0)
1개 □ (5)
2개 □ (8)

6. 가출 경험 ( )점
1) 가출경험-없다 □ (0)
있다 1~2회 이상 □ (3)
3회 이상 □ (8)
* 최초 가출시 연령 : 만 세
* 최초 가출시 가출 기간 : 일간

7. 조발 비행 ( )점
1) 14세 미만에서
1) 조발비행이 없다 □ (0)
있다 우범범위 □ (13)
촉법범위 □ (15)
* 최초 조발 비행시 연령 : 만 세
* 최초 조발 비행시 죄명 :

점수 계 : ( )점	비행위험성 낮다(0~11점) □	비행위험성 높다(21~29점) □
	비행위험성 약간 높다(12~20점) □	비행위험성 아주 높다(30점 이상) □
전문가 참여 결과	검사결과	
	종합의견	

○ 재비행위험성 평가 기재 항목
· '처우의견' 항목은 담당 경찰관 의견 기재
예) 기소유예 또는 불개시결정 필요, 사회봉사명령 필요 등
· 비행환경평가 7가지 항목 평가 후 합산, 비행 위험성 '낮다(11점이하)', '약간 높다(12-20점)', '높다(21-29점)', '아주 높다(30점이상)' 중 선택
※ 전문가가 참여 조사한 경우 작성 불요
· 전문가 참여시 '전문가참여 결과' 항목에 검사결과 및 종합의견 기재

비 행 성 예 측 자 료 표

이름			성별		비행명 :			
			연령					

비행촉발요인	조사항목	점수	조사항목	점수	비행촉발요인 점수	비행촉발 정도	체크란
	1. 가족구조		4. 가출경험		0-10	낮다	
	2. 가족기능		5. 비행전력		11-20	약간 높다	
	3. 학교생활		6. 개인적요인		21 이상	높다	
	총 점						

인성검사	척도	ICN (비일관성)	INF (저빈도)	NIM (부정적인상)	PIM (긍정적인상)	SOM (신체적호소)	ANX (불안)	ARD (불안장애)	DEP (우울)	MAN (조증)	PAR (망상)	SCZ (조현병)
	점수											
	척도	BOR (경계선특징)	ANT (반사회적 특징)	ALC (음주문제)	DRG (약물사용)	AGG (공격성)	SUI (자살관념)	STR (스트레스)	NON (비지지)	RXR (치료거부)	DOM (지배성)	WRM (온정성)
	점수											

인성검사소견	
면담태도	
종합소견	재비행 위험성 : _____ ① 낮다 _____ ② 약간 높다 _____ ③ 높다

작성 일자	년 월 일	범죄심리사 (인) 범죄심리전문가 (인)

○ ○ 경 찰 서

제 호   20 . . .

수 신 : ○○○○법원 소년부

제 목 : 소년보호사건 송치

　　　　다음과 같이 송치합니다.

<table>
<tr><td rowspan="9">비
행
소
년</td><td colspan="2">성　　　　명</td><td>(한자)</td><td colspan="2">이명(별명)</td><td></td></tr>
<tr><td colspan="2">생 년 월 일</td><td>(만○○세)</td><td>성별</td><td>직 업</td><td></td></tr>
<tr><td colspan="2">등 록 기 준 지</td><td colspan="4"></td></tr>
<tr><td colspan="2">주　　　　거</td><td colspan="4"></td></tr>
<tr><td colspan="2">학　　　　교</td><td colspan="2"></td><td>담 임</td><td></td></tr>
<tr><td rowspan="4">보
호
자</td><td>성　　명</td><td colspan="2"></td><td>관 계</td><td></td></tr>
<tr><td>주민등록번호</td><td colspan="2"></td><td>연 령</td><td></td></tr>
<tr><td>주　　거</td><td colspan="4"></td></tr>
<tr><td>전　　화</td><td colspan="2"></td><td>핸드폰</td><td></td></tr>
<tr><td colspan="3">비 행 사 건 명</td><td colspan="4"></td></tr>
<tr><td colspan="3">발 각 원 인</td><td colspan="4"></td></tr>
<tr><td colspan="3">동 행 여 부</td><td colspan="4"></td></tr>
<tr><td colspan="3">증 거 품</td><td colspan="4"></td></tr>
<tr><td colspan="3">비　　　　고</td><td colspan="4"></td></tr>
</table>

○○경찰서

　　　　　　　　　　　　　사법경찰관　총경　　**황 경 정**

비 행 사 실 (일시· 장소· 동기· 방법· 피해액)	
	직위(담당자/팀원) 계급
의 견	
	직위(감독자/팀장이상) 계급

※ 주 의 : 비행사실에는 사건담당자, 의견란에는 감독자가 서명날인할 것

제2장 │ 출입국규제 절차

제1절 출·입국 금지대상과 기간

Ⅰ. 출국금지 및 출국정지

1. 출국금지 대상

가. 일반 출국금지 대상

> ※ 출입국관리법
>
> 제4조(출국의 금지) ① 법무부장관은 다음 각 호의 어느 하나에 해당하는 국민에 대하여는 6개월 이내의 기간을 정하여 출국을 금지할 수 있다.
>
> 1. 형사재판에 계속(係屬) 중인 사람
> 2. 징역형이나 금고형의 집행이 끝나지 아니한 사람
> 3. 대통령령으로 정하는 금액 이상의 벌금이나 추징금을 내지 아니한 사람
> 4. 대통령령으로 정하는 금액 이상의 국세·관세 또는 지방세를 정당한 사유 없이 그 납부기한까지 내지 아니한 사람
> 5. 「양육비 이행확보 및 지원에 관한 법률」 제21조의4제1항에 따른 양육비 채무자 중 양육비이행심의위원회의 심의·의결을 거친 사람
> 6. 그 밖에 제1호부터 제5호까지의 규정에 준하는 사람으로서 대한민국의 이익이나 공공의 안전 또는 경제질서를 해칠 우려가 있어 그 출국이 적당하지 아니하다고 법무부령으로 정하는 사람
>
> ② 법무부장관은 범죄 수사를 위하여 출국이 적당하지 아니하다고 인정되는 사람에 대하여는 1개월 이내의 기간을 정하여 출국을 금지할 수 있다. 다만, 다음 각 호에 해당하는 사람은 그 호에서 정한 기간으로 한다.
>
> 1. 소재를 알 수 없어 기소중지 또는 수사중지(피의자중지로 한정한다)된 사람 또는 도주 등 특별한 사유가 있어 수사진행이 어려운 사람: 3개월 이내
> 2. 기소중지 또는 수사중지(피의자중지로 한정한다)된 경우로서 체포영장 또는 구속영장이 발부된 사람: 영장 유효기간 이내
>
> ③ 중앙행정기관의 장 및 법무부장관이 정하는 관계 기관의 장은 소관 업무와 관련하여 제1항 또는 제2항 각 호의 어느 하나에 해당하는 사람이 있다고 인정할 때에는 법무부장관에게 출국금지를 요청할 수 있다.
>
> ④ 출입국관리공무원은 출국심사를 할 때에 제1항 또는 제2항에 따라 출국이 금지된 사람을 출국시켜서는 아니 된다.

제6조의2(출국금지 대상자) ① 법 제4조제1항제5호에서 "법무부령으로 정하는 사람"이란 다음 각 호의 어느 하나에 해당하는 사람을 말한다.
1. 「병역법」 제65조제5항에 따라 보충역 편입처분이나 공익근무요원소집의 해제처분이 취소된 사람
2. 거짓이나 그 밖의 부정한 방법으로 병역면제·제2국민역·보충역의 처분을 받고 그 처분이 취소된 사람
3. 「병역법 시행령」 제128조제4항에 따라 징병검사·입영 등의 연기처분이 취소된 사람
4. 종전 「병역법」 (2004. 12. 31. 법률 제7272호로 개정되기 전의 것을 말한다) 제65조제4항에 따라 병역면제 처분이 취소된 사람. 다만, 영주귀국의 신고를 한 사람은 제외한다.
5. 「병역법」 제76조제1항 각 호 또는 제3항에 해당하는 병역의무불이행자
6. 「병역법」 제86조를 위반하여 병역의무 기피·감면 목적으로 도망가거나 행방을 감춘 사람
7. 2억원 이상의 국세를 포탈한 혐의로 세무조사를 받고 있는 사람
8. 20억원 이상의 허위 세금계산서 또는 계산서를 발행한 혐의로 세무조사를 받고 있는 사람
9. 영 제98조에 따른 출입국항에서 타인 명의의 여권 또는 위조·변조여권 등으로 출입국하려고 한 사람
10. 3천만원 이상의 공금횡령(橫領) 또는 금품수수(收受) 등의 혐의로 감사원의 감사를 받고 있는 사람
11. 「전자장치 부착 등에 관한 법률」 제13조에 따라 위치추적 전자장치가 부착된 사람
12. 출국 시 공중보건에 현저한 위해를 끼칠 염려가 있다고 법무부장관이 인정하는 사람
13. 그 밖에 출국 시 국가안보 또는 외교관계를 현저하게 해칠 염려가 있다고 법무부장관이 인정하는 사람
② 법 제4조제2항제1호에서 도주 등 특별한 사유가 있어 수사 진행이 어려운 사람은 도주 등으로 체포영장 또는 구속영장이 발부되거나 지명수배된 사람으로 한다.

나. 긴급 출국금지

제4조의6(긴급출국금지) ① 수사기관은 범죄 피의자로서 사형·무기 또는 장기 3년 이상의 징역이나 금고에 해당하는 죄를 범하였다고 의심할 만한 상당한 이유가 있고, 다음 각 호의 어느 하나에 해당하는 사유가 있으며, 긴급한 필요가 있는 때에는 제4조제3항에도 불구하고 출국심사를 하는 출입국관리공무원에게 출국금지를 요청할 수 있다.
1. 피의자가 증거를 인멸할 염려가 있는 때
2. 피의자가 도망하거나 도망할 우려가 있는 때
② 제1항에 따른 요청을 받은 출입국관리공무원은 출국심사를 할 때에 출국금지가 요청된 사람을 출국시켜서는 아니 된다.
③ 수사기관은 제1항에 따라 긴급출국금지를 요청한 때로부터 6시간 이내에 법무부장관에게 긴급출국금지 승인을 요청하여야 한다. 이 경우 <u>검사의 검토의견서 및 범죄사실의 요지, 긴급출국금지의 사유 등을 기재한 긴급출국금지보고서를 첨부하여야 한다.</u>
④ 법무부장관은 수사기관이 제3항에 따른 긴급출국금지 승인 요청을 하지 아니한 때에는 제1항의 수사기관 요청에 따른 출국금지를 해제하여야 한다. 수사기관이 긴급출국금지 승인을 요청한 때로부터 12시간 이내에 법무부장관으로부터 긴급출국금지 승인을 받지 못한 경우에도 또한 같다.
⑤ 제4항에 따라 출국금지가 해제된 경우에 수사기관은 동일한 범죄사실에 관하여 다시 긴급출국금지 요청을 할 수 없다.
⑥ 그 밖에 긴급출국금지의 절차 및 긴급출국금지보고서 작성 등에 필요한 사항은 대통령령으로 정한다.

다. 출국금지기준

> ※ 출입국관리법 시행령
> 제1조의3(벌금 등 미납에 따른 출국금지 기준) ① 법 제4조제1항제3호에서 "대통령령으로 정하는 금액"이란 다음 각 호의 구분에 따른 금액을 말한다.
> 1. 벌금 : 1천만원
> 2. 추징금 : 2천만원
> ② 법 제4조제1항제4호에서 "대통령령으로 정하는 금액"이란 다음 각 호의 구분에 따른 금액을 말한다.
> 1. 국세: 5천만원
> 2. 관세: 5천만원
> 3. 지방세: 3천만원

2. 출국정지 대상자

> ※ 출입국관리법
> 제29조(외국인 출국의 정지) ① 법무부장관은 제4조제1항 또는 제2항 각 호의 어느 하나에 해당하는 외국인에 대하여는 출국을 정지할 수 있다.
> ② 제1항의 경우에 제4조제3항부터 제5항까지와 제4조의2부터 제4조의5까지의 규정을 준용한다. 이 경우 "출국금지"는 "출국정지"로 본다.
> 제29조의2(외국인 긴급출국정지) ① 수사기관은 범죄 피의자인 외국인이 제4조의6제1항에 해당하는 경우에는 제29조제2항에도 불구하고 출국심사를 하는 출입국관리공무원에게 출국정지를 요청할 수 있다.
> ② 제1항에 따른 외국인의 출국정지에 관하여는 제4조의6제2항부터 제6항까지의 규정을 준용한다. 이 경우 "출국금지"는 "출국정지"로, "긴급출국금지"는 "긴급출국정지"로 본다.
>
> ※ 출입국관리법 시행규칙
> 제39조의3(출국정지 대상자) ① 법 제4조제1항제5호 및 제29조제1항에 따라 출국을 정지할 수 있는 대상자는 다음 각 호의 어느 하나에 해당하는 외국인으로 한다.
> 1. 2억원 이상의 국세를 포탈한 혐의로 세무조사를 받고 있는 사람
> 2. 20억원 이상의 허위 세금계산서 또는 계산서를 발행한 혐의로 세무조사를 받고 있는 사람
> 3. 공중보건에 현저한 위해를 끼칠 염려가 있다고 법무부장관이 인정하는 사람
> 4. 「전자장치 부착 등에 관한 법률」 제13조에 따라 위치추적 전자장치가 부착된 사람
> 5. 그 밖에 출국 시 국가안보 또는 외교관계를 현저하게 해칠 우려가 있다고 법무부장관이 인정하는 사람
> ② 법 제4조제2항 및 제29조제1항에 따라 출국을 정지할 수 있는 대상자는 사형, 무기, 장기 3년 이상의 징역 또는 금고에 해당하는 범죄 혐의로 수사를 받고 있거나 그 소재를 알 수 없어서 기소중지 또는 수사중지(피의자중지로 한정한다)가 된 외국인으로 한다.

II. 입국금지

※ 출입국관리법

제11조(입국의 금지 등) ① 법무부장관은 다음 각 호의 어느 하나에 해당하는 외국인에 대하여는 입국을 금지할 수 있다.

1. 감염병환자, 마약류중독자, 그 밖에 공중위생상 위해를 끼칠 염려가 있다고 인정되는 사람
2. 「총포·도검·화약류 등의 안전관리에 관한 법률」에서 정하는 총포·도검·화약류 등을 위법하게 가지고 입국하려는 사람
3. 대한민국의 이익이나 공공의 안전을 해치는 행동을 할 염려가 있다고 인정할 만한 상당한 이유가 있는 사람
4. 경제질서 또는 사회질서를 해치거나 선량한 풍속을 해치는 행동을 할 염려가 있다고 인정할 만한 상당한 이유가 있는 사람
5. 사리 분별력이 없고 국내에서 체류활동을 보조할 사람이 없는 정신장애인, 국내체류비용을 부담할 능력이 없는 사람, 그 밖에 구호(救護)가 필요한 사람
6. 강제퇴거명령을 받고 출국한 후 5년이 지나지 아니한 사람
7. 1910년 8월 29일부터 1945년 8월 15일까지 사이에 다음 각 목의 어느 하나에 해당하는 정부의 지시를 받거나 그 정부와 연계하여 인종, 민족, 종교, 국적, 정치적 견해 등을 이유로 사람을 학살·학대하는 일에 관여한 사람
   가. 일본 정부
   나. 일본 정부와 동맹 관계에 있던 정부
   다. 일본 정부의 우월한 힘이 미치던 정부
8. 제1호부터 제7호까지의 규정에 준하는 사람으로서 법무부장관이 그 입국이 적당하지 아니하다고 인정하는 사람

② 법무부장관은 입국하려는 외국인의 본국(本國)이 제1항 각 호 외의 사유로 국민의 입국을 거부할 때에는 그와 동일한 사유로 그 외국인의 입국을 거부할 수 있다.

III. 출국금지 및 출국정지 기간

1. 출국금지 기간 및 연장

※ 출입국관리법 시행령

제1조의4(출국금지기간) 법 제4조제1항 또는 제2항에 따른 출국금지기간을 계산할 때에는 그 기간이 일(日) 단위이면 첫날은 시간을 계산하지 않고 1일로 산정하고, 월(月) 단위이면 달력에 따라 계산한다. 이 경우 기간의 마지막 날이 공휴일 또는 토요일이더라도 그 기간에 산입(算入)한다.

제2조의2(출국금지기간의 연장 절차) ① 법무부장관은 법 제4조의2제1항에 따라 출국금지기간을 연장하려면 법 제4조제1항 또는 제2항에 따른 출국금지기간 내에서 그 기간을 정하여 연장하여야 한다. 이 경우 법무부장관은 관계 기관의 장에게 의견을 묻거나 관련 자료를 제출하도록 요청할 수 있다.

② 제2조제2항에 따라 출국금지를 요청한 중앙행정기관의 장 및 법무부장관이 정하는 관계 기관의 장(이하 "출국금지 요청기관의 장"이라 한다)은 법 제4조의2제2항에 따라 출국금지기간 연장을 요청하는 경우에는 출국금지기간 연장요청 사유와 출국금지기간 연장예정기간 등을 적은 출국금지기간 연장요청서에 법무부령으로 정하는 서류를 첨부하여 법무부장관에게 보내야 한다.

③ 제2항에 따른 출국금지기간 연장예정기간은 법 제4조제1항 또는 제2항에 따른 출국금지기간을 초과할 수 없다.

2. 출국정지 기간

※ 출입국관리법 시행령

제36조(외국인의 출국정지기간) ① 법 제29조에 따른 출국정지기간은 다음 각 호와 같다.

1. 법 제4조제1항 각 호의 어느 하나에 해당하는 외국인: 3개월 이내
2. 법 제4조제2항에 해당하는 외국인: 1개월 이내. 다만, 다음 각 목에 해당하는 외국인은 그 목에서 정한 기간으로 한다.
 가. 도주 등 특별한 사유가 있어 수사진행이 어려운 외국인: 3개월 이내
 나. 소재를 알 수 없어 기소중지 또는 수사중지(피의자중지로 한정한다)가 된 외국인: 3개월 이내
 다. 기소중지 또는 수사중지(피의자중지로 한정한다)가 된 경우로서 체포영장 또는 구속영장이 발부된 외국인: 영장 유효기간 이내

② 제1항제2호에 해당하는 사람 중 기소중지 또는 수사중지(피의자중지로 한정한다)된 사람의 소재가 발견된 경우에는 출국정지 예정기간을 발견된 날부터 10일 이내로 한다.

③ 제1항에 따른 외국인의 출국정지기간의 계산에 관하여는 제1조의4를 준용한다. 이 경우 "출국금지기간"은 "출국정지기간"으로 본다.

3. 통지유예

가. 법적근거 (출입국관리법)

제4조의4(출국금지결정 등의 통지) ① 법무부장관은 제4조제1항 또는 제2항에 따라 출국을 금지하거나 제4조의2제1항에 따라 출국금지기간을 연장하였을 때에는 즉시 당사자에게 그 사유와 기간 등을 밝혀 서면으로 통지하여야 한다.

② 법무부장관은 제4조의3제1항에 따라 출국금지를 해제하였을 때에는 이를 즉시 당사자에게 통지하여야 한다.

③ 법무부장관은 제1항에도 불구하고 다음 각 호의 어느 하나에 해당하는 경우에는 제1항의 통지를 하지 아니할 수 있다.

1. 대한민국의 안전 또는 공공의 이익에 중대하고 명백한 위해(危害)를 끼칠 우려가 있다고 인정되는 경우

2. 범죄수사에 중대하고 명백한 장애가 생길 우려가 있다고 인정되는 경우. 다만, 연장기간을 포함한 총 출국금지기간이 3개월을 넘는 때에는 당사자에게 통지하여야 한다.

3. 출국이 금지된 사람이 있는 곳을 알 수 없는 경우

나. 통지유예 사유 예시

① 수사 진행 중인 사실을 알게 되면 관련자들과 공모하여 핵심 증거자료를 파기, 은닉하여 수사에 막대한 지장이 초래될 가능성이 크다.

② 유효한 여권을 소지하고 있고 다수의 해외 출입국기록이 확인되는 자로 출국금지 통지로 인한 수사개시 사실이 알려지면 잠적, 수사회피 등으로 추가 증거 확보 등 수사에 중대하고 명백한 장애를 초래할 우려가 있다.

③ 사안이 중대성 및 사회적 파급효과 등을 고려할 때 수사개시 사실이 알려지면 증거인멸, 도주 등 수사 장애 발생이 명백하다.

제2절 출입국규제 관련 지침

Ⅰ. 주요 내용

1. 출국금지·정지요청 시 소명자료로 '검사의 수사지휘서'가 '검사의 검토의견서'로 변경
2. 기소중지 또는 수사중지된 사람도 3개월 또는 영장 유효기간까지 출국금지/정지 가능
3. 입국시통보 요청 시 원칙적으로 검사 검토의견서 첨부해야 하나, 일부 유형에 한해서는 첨부 불필요
   - 영장발부, 수사중지 처분한 사안은 검사의 검토의견서 없이 영장사본, 수사중지결정서 첨부하고 이외 사안은 검사의 검토의견서 반드시 첨부

Ⅱ. 출입국 규제(일반)

1. 기 간

가. 범죄 수사를 위하여 출국이 적당하지 아니하다고 인정되는 사람 : 1개월 이내
나. 소재를 알 수 없어 기소중지 또는 수사중지(피의자중지로 한정)된 사람 또는 도주 등 특별한 사유가 있어 수사진행이 어려운 사람 : 3개월 이내
다. 기소중지 또는 수사중지(피의자중지로 한정)된 경우로서 체포영장 또는 구속영장이 발부된 사람 : 영장 유효기간 이내

2. 절 차

출입국 조회로 입국 여부 확인 ⇒ 검찰에 검토의견서 요청 ⇒ 출국금지/정지 요청서 및 소명자료 등을 시도경찰청에 공문발송 ⇒ 시도경찰청에서 경찰청에 공문발송 ⇒ 법무부로 공문발송

Ⅲ. 긴급출입국 규제

1. 대 상

가. 범죄 피의자로서 사형·무기 또는 장기 3년 이상의 징역이나 금고에 해당하는 죄를 범하였다고 의심할 만한 상당한 이유가 있고, 다음 각호의 어느 하나에 해당하는 사유

① 피의자가 증거를 인멸할 염려가 있는 때

② 피의자가 도망하거나 도망할 우려가 있는 때

나. 요청을 받은 출입국관리공무원은 출국심사를 할 때 출국금지가 요청된 사람을 출국시켜서는 아니 된다.

다. 수사기관은 긴급출국금지를 요청한 때로부터 6시간 이내에 법무부장관에게 긴급출국금지 승인을 요청하여야 한다. 이 경우 검사의 검토의견서 및 범죄사실의 요지, 긴급출국금지의 사유 등을 기재한 긴급출국금지보고서를 첨부하여야 한다.

2. 절 차

긴급 출국금지/정지 사유발생 ⇒ 인천공항출입국외국인청에 긴급 출국금지/정지요청 ⇒ 검찰에 검토의견서 요청 ⇒ 긴급 출국금지/정지 요청서 및 소명자료 등을 경찰청과 법무부로 공문발송

Ⅳ. 입국 시 통보

1. 필요 서류

가. 영장발부 : 영장사본, 출입국현황

나. 수사중지 처분 : 수사중지결정서, 출입국현황

다. 이외 : 검토의견서, 출입국현황

2. 절 차

출입국 조회로 출국여부 확인 ⇒ 검찰에 검토의견서 요청 ⇒ 입국시 통보요청 및 소명자료 등을 시도경찰청에 공문발송 ⇒ 시도경찰청에서 경찰청에 공문발송 ⇒ 법무부로 공문발송

제3절 처리요령

1. 업무의 기본

가. 출국금지

(가) 대한민국 국민에 대한 출국의 금지

(나) 외국에 이민한 자라도 국적이 대한민국인 자

나. 출국정지

외국인에 대한 출국의 정지

다. 입국 시 통보

내·외국인에 대한 입국 시 그 사실의 통보

2. 사 례

가. 입국 시 통보

(가) 수사 대상자(내·외국인)가 해외로 출국한 후 입국 시 요청기관에 입국 사실을 통보할 경우

(나) 범죄의 수사상 필요하다고 인정되는 특별한 사유가 있는 때에만 요청

나. 규제 사유

규제(해제) 사유는 6하원칙에 의거 간단명료하게 기재한다.

다. 규제기간

(가) 규제기간은 반드시 다음 기준에 의하여 설정 명시하고, 기간을 연장할 사유가 있을 때는 그 기간만료 3일 전까지 문서로 기간 연장을 요청토록 하여야 한다.

(나) 규제 요청 전 대상자에 대하여 출입국사실 여부를 반드시 확인한다.

(다) 출입국 규제기간 설정기준

(라) 해제
규제 만료 시 자동해제됨(규제사유 소멸 시 지체없이 해제요청)

라. 규제번호

규제번호는 당해 각과 및 시도 자체 연도별 일련번호를 부여 명기한다.

마. 취급부서 및 취급자

취급부서(과·계) 및 연락 전화번호(경비·일반), 취급자 계급·성명을 기재

✳ 본 요청절차는 해제의 경우도 같음.

바. 업무처리 시 주의사항

출국정지 시 원칙적으로 대상자 및 가족에게 통보하게 되어 있으므로 "통지유예"가 필요한 경우, 규제사유란 하단에 "수사 목적상 본인과 가족에게 통지유예 요망" 기재

○ ○ 경 찰 서

제 0000-00000 호   20○○. ○. ○.

수 신 : ○○지방검찰청장 (검사 : ○○○)

제 목 : 범법자 출입국 규제 검토의견 회신 요청

       다음 사람에 대하여 출국금지 · 출국정지 · 입국시통보에 필요한 검토의견 회신을 요청합니다.

사 건 번 호		20○○. ○. ○. 제 호		
인 적 사 항	성 명			
	주 거			
	등록기준지			
	직 업		성 별	
	여 권 번 호		주민등록번호	
죄 명				
범 죄 사 실				
사 유		○○사유로 출국하였으나 사안이 중하므로		
기 간		금지 1~3개월, 정지 10일, 통보 6개월		
비 고				

○ ○ 경 찰 서

                  사법경찰관 경위   홍 길 동

○○○ 검찰청

제 0000-0000 호   20○○.○.○.

수 신 : ○○경찰서장

제 목 : 범법자 출입국 규제요청에 대한 검토의견

　　　다음 사람에 대한 출국금지·출국정지에 대하여 아래와 같이 검토
의견을 제시합니다.

가	부	비 고

사 건 번 호		
인 적 사 항	성명	
	주거	
	등록기준지	
	직업	성 별
	여권번호	주민등록번호(외국인등록번호)
죄　　　　명		
요 청 항 목	[　] 출국금지　　　　[　] 긴급출국금지　　　　[　] 출국금지기간 연장 [　] 출국정지　　　　[　] 긴급출국정지　　　　[　] 출국정지기간 연장	
기　　　　간		

검　사　의　견

　　　　　　　　　　　　　　○○○ 검찰청

　　　　　　　　　　　　　　　검 사　　　　　　　　　㊞

○ ○ 경 찰 서

수　　신 : ○○경찰청(수사1계장)　　　　　　　　　20○○. ○. ○

(경　유)

제 목 입국시 통보 요청

　아래 사람에 대하여 다음과 같이 입국시 통보요청하오니 조치하여 주시기 바랍니다.

　1. 인적사항

번 호	성　　명	성별	주민번호	직 업	주　　　거	여권번호
1	홍길동	남	560101-1234567	소개업	○○시 ○○동 11번지	

　2. 요청사유 :

　　　　위 사람은 현재 ○○　○○시 ○○과 ○○계에서 ○○○으로 수사 중인 자인 바, 입국시 피의자 신병 통보받아 수사하기 위함.

　3. 규제기간 :

　　　　20○○. ○. ○.부터 20○○. ○. ○. 까지

　4. 요청기관 : ○○경찰서 ○○과 ○○팀　사법경찰관 경위 홍길동

　　　　　　　　　전 화

붙임 : 범법자 출입국 규제요청에 대한 검토의견서 1부. 끝.

○　○　경 찰 서 장

○ ○ 경 찰 서

수 신 ○○출입국·외국인관리사무소장   20○○. ○. ○

(경유)

제 목 피의자 출국사실증명원 발급의뢰

    우리 경찰서 제○○호로 수사 중인 사건의 피의자가 해외로 도피 중이므로 동인에 대하여 국제형사기구를 통하여 신병 인도를 요청하고자 피의자에 대한 출국사실증명원을 발급 의뢰합니다.

1. 피의자 인적사항

    주   소 : ○○시 ○○동 ○○번지

    성   명 : 홍 길 동

    주민등록번호 : 700101-1234567

    여 권 번 호 : 12345

2. 사건개요

    피의자는……. 사람으로……. ○○하고 20○○. ○. ○.자 ○○으로 출국한 자임

3. 수사담당자

    ○○경찰서 ○○과 ○○팀 사법경찰관 경위 홍길동

      전 화

○ ○ 경 찰 서 장

출국금지 등 요청서

접수번호	접수일	처리기간

문서번호 :   수　신 :

요청일 :   요청기관 :

직인

「출입국관리법」 제4조제3항, 제4조의2제2항, 제4조의3제2항 및 같은 법 시행령 제2조제2항, 제2조의2제2항, 제3조제3항에 따라 다음과 같이 요청합니다.

요청항목	☐ 출국금지　　☐ 출국금지기간 연장　　☐ 출국금지 해제		
사건번호		최초요청 공문번호	담당부서 (연락처)

대상자 인적사항	성　　명	(한 자)		성별	
	주민등록번호		국 적		
	주　　소		직 업		
	여권번호		여권 유효기간 만료일		

요청기간	※ 출국금지 예정기간 또는 출국금지기간 연장 예정기간을 기재
요청사유 (구체적으로 기재)	합계액 2억원을 체납한 사람으로서 압류·공매 등으로 채권을 확보할 수 없고 재산의 해외 도피 목적으로 국외 도주할 우려가 있다고 인정되므로
소명자료	

긴급출국금지 요청서

문 서 번 호 :

피의자 인적사항	성 명	(한 자)		성별	
	주민등록번호		국 적		
	주 소		직 업		
	여권번호		여권 유효기간 만료일		

위 피의자에 대해「출입국관리법」제4조의6제1항에 따라 긴급출국금지를 요청합니다.

0000. 00. 00.

○○○의 장

○ ○ ○   관인

사 건 번 호	
요 청 일	
출 국 금 지 예 정 기 간	
요 청 사 유	
소 명 자 료	

긴급출국금지 요청신청자	관 직		성 명	

긴급출국금지 승인 요청서

문 서 번 호 :

피의자 인적사항	성 명		(한 자)		성별	
	주민등록번호			국 적		
	주 소			직 업		
	여권번호			여권 유효기간 만료일		

위 피의자에 대해 「출입국관리법」 제4조의6제3항에 따라 긴급출국금지 승인을 요청합니다.

20○○. ○. ○.

○○○의 장

○ ○ ○   관인

사 건 번 호		
긴 급 출 국 금 지 요 청 문 서 번 호		
요 청 일		
출 국 금 지 예 정 기 간		
요 청 사 유		
소 명 자 료		
긴 급 출 국 금 지 승 인 요 청 신 청 자	관 직	성 명

○ ○ 경 찰 서

수 신 외교통상부장관(여권과장)

(경 유)

제 목 : 여권 행정제재 조치 의뢰

　우리 경찰서 제○○ 호로 수사 중인 사건의 피의자가 해외로 도피 중이므로 동인에 대하여 국제형사기구를 통하여 신병 인도를 요청하고자 하오니 피의자가 제3국으로 도피를 할 수 없도록 여권에 대하여 행정제재 조치를 의뢰합니다.

　1. 피의자 인적사항

　　　주　　　　　소 : ○○시 ○○동 ○○번지

　　　성　　　　　명 : 홍 길 동

　　　주민등록번호 : 700101-1234567

　　　여 권 번 호 : 12345

　2. 사건개요

　　　피의자는……. 사람으로……. 하고 20○○. ○. ○.자 ○○으로 출국한 자임

　3. 수사담당자

　　　○○경찰서 ○○과 ○○팀　사법경찰관 경위 홍길동

　　　　전 화

○ ○ 경 찰 서 장

출국정지 등 요청서

접수번호	접수일	처리기간

문서번호 :   수　신 :

요청일 :   요청기관 :   직인

「출입국관리법」 제29조에 따라 다음과 같이 요청합니다.

요청항목	☐ 출국정지　　　☐ 출국정지기간 연장　　　☐ 출국정지 해제				
사건번호		최초요청 공문번호		담당부서 (연락처)	
대상자 인적사항	성　명		(한 자)	성별	
	생년월일 (외국인등록번호)		국 적		
	주　소		직 업		
	여권번호		여권 유효기간 만료일		
요청기간	20○○. ○. ○.부터 20○○. ○. ○. 까지				
요청사유 (구체적으로 기재)	○○법원받으로 (장기 3년 이상의 징역 또는 금고에 해당하는 범처혐의)로 입건되었으나 현재 그 소재를 알 수 없어서 기소중지 결정이 된 자이므로				
소명자료					

제3장

국제범죄 수사

제1절 국제범죄 수사 일반원칙
(범죄수사규칙)

1. 국제범죄의 의의

국제범죄란 외국인 관련 범죄 또는 우리나라 국민의 국외범, 대·공사관에 관한 범죄 그 외 외국에 관한 범죄를 말한다.

2. 국제법의 준수

경찰관은 외국인 등 관련 범죄의 수사를 함에서는 국제법과 국제조약에 위배되는 일이 없도록 유의하여야 한다.

3. 국제범죄의 수사 착수

경찰관은 외국인 등 관련 범죄 중 중요한 범죄에 관하여는 미리 국가수사본부장에게 보고하여 그 지시를 받아 수사에 착수하여야 한다. 다만, 급속을 요하는 경우에는 필요한 처분을 한 후 신속히 국가수사본부장의 지시를 받아야 한다.

4. 대·공사 등에 관한 특칙

가. 경찰관은 외국인 등 관련 범죄를 수사함에서는 다음 각 호의 어느 하나에 해당하는 사람의 외교 특권을 침해하는 일이 없도록 주의하여야 한다.

① 외교관 또는 외교관의 가족

② 그 밖의 외교의 특권을 가진 자

나. 위 항에 규정된 사람의 사용인을 체포하거나 조사할 필요가 있다고 인정될 때에

는 현행범인의 체포 그 밖의 긴급 부득이한 경우를 제외하고는 미리 국가수사본부장에게 보고하여 그 지시를 받아야 한다.

다. 경찰관은 피의자가 외교 특권을 가진 사람인지 여부가 의심스러운 경우에는 신속히 국가수사본부장에게 보고하여 그 지시를 받아야 한다.

5. 대 공사관 등에의 출입

가. 경찰관은 대·공사관과 대·공사나 대·공사관원의 사택 별장 혹은 그 숙박하는 장소에 관하여는 해당 대·공사나 대·공사관원의 청구가 있을 경우 이외에는 출입해서는 아니 된다. 다만, 중대한 범죄를 범한 자를 추적 중 그 사람이 위 장소에 들어가면 지체할 수 없을 때에는 대·공사, 대·공사관원 또는 이를 대리할 권한을 가진 사람의 사전 동의를 얻어 수색하여야 한다.

나. 경찰관이 위 항에 따라 수색할 때에는 지체 없이 국가수사본부장에게 보고하여 그 지시를 받아야 한다.

6. 외국 군함에의 출입

가. 경찰관은 외국 군함에 관하여는 해당 군함 함장의 청구가 있는 때 외에는 이에 출입해서는 아니 된다.

나. 경찰관은 중대한 범죄를 범한 사람이 도주하여 대한민국의 영해에 있는 외국군함으로 들어갔을 때는 신속히 국가수사본부장에게 보고하여 그 지시를 받아야 한다. 다만, 급속을 요할 때는 해당 군함의 함장에게 범죄자의 임의의 인도를 요구할 수 있다.

다. 경찰관은 외국군함에 속하는 군인이나 군속이 그 군함을 떠나 대한민국의 영해 또는 영토 내에서 죄를 범하면 신속히 국가수사본부장에게 보고하여 그 지시를 받아야 한다. 다만, 현행범 그 밖의 급속을 요하는 때에는 체포 그 밖의 수사상 필요한 조치를 한 후 신속히 국가수사본부장에게 보고하여 그 지시를 받아야 한다.

7. 영사 등에 관한 특칙

가. 경찰관은 임명국의 국적을 가진 대한민국 주재의 총영사, 영사 또는 부영사에 대한 사건에 관하여 구속 또는 조사할 필요가 있다고 인정될 때에는 미리 국가

수사본부장에게 보고하여 그 지시를 받아야 한다.

나. 경찰관은 총영사, 영사 또는 부영사의 사무소는 해당 영사의 청구나 동의가 있는 때 외에는 이에 출입해서는 아니 된다.

다. 경찰관은 총영사, 영사 또는 부영사의 사택이나 명예영사의 사무소 혹은 사택에서 수사할 필요가 있다고 인정될 때에는 미리 국가수사본부장에게 보고하여 그 지시를 받아야 한다.

라. 경찰관은 총영사, 영사 또는 부영사나 명예영사의 사무소 안에 있는 기록문서에 관하여는 이를 열람하거나 압수하여서는 아니 된다.

8. 외국 선박 내의 범죄

경찰관은 대한민국의 영해에 있는 외국 선박 내에서 발생한 범죄로서 다음 각호의 어느 하나에 해당하는 경우에는 수사하여야 한다.

① 대한민국 육상이나 항 내의 안전을 해할 때

② 승무원 이외의 사람이나 대한민국의 국민에게 관계가 있을 때

③ 중대한 범죄가 행하여졌을 때

9. 외국인에 대한 조사

가. 경찰관은 외국인의 조사와 체포·구속에서는 언어, 풍속과 습관의 특성을 고려하여야 한다.

나. 경찰관은 「경찰수사규칙」 제91조제2항에 따라 고지한 경우 피의자로부터 별지 제118호서식의 영사기관통보요청확인서를 작성하여야 한다.

다. 경찰관은 「경찰수사규칙」 제91조제3항에도 불구하고, 별도 외국과의 조약에 따라 피의자 의사와 관계없이 해당 영사기관에 통보하게 되어 있는 경우에는 반드시 이를 통보하여야 한다.

라. 「경찰수사규칙」 제91조제3항부터 제4항까지 및 이 조 제2항부터 제3항까지의 서류는 수사기록에 편철하여야 한다.

10. 피의자에 대한 조사사항

경찰관은 피의자가 외국인이면 내국인에 대한 조사사항 외에 다음 각 호의 사항에 유의하여 피의자신문조서를 작성하여야 한다.

① 국적 출생지와 본국에서 주거

② 여권 또는 외국인등록 증명서 그 밖의 신분증을 증명할 수 있는 증서의 유무

③ 외국에 있어서의 전과의 유무

④ 대한민국에 입국한 시기 체류기간 체류자격과 목적

⑤ 국내 입·출국 경력

⑥ 가족의 유무와 그 주거

11. 통역인의 참여

가. 경찰관은 외국인인 피의자 및 그 밖의 관계자가 한국어에 능통하지 않는 경우에는 통역인으로 하여금 통역하게 하여 한국어로 피의자신문조서나 진술조서를 작성하여야 하며 특히 필요한 때에는 외국어의 진술서를 작성하게 하거나 외국어의 진술서를 제출하게 하여야 한다.

나. 경찰관은 외국인이 구술로써 고소·고발이나 자수를 하려 하는 경우에 한국어에 능통하지 않을 때의 고소·고발 또는 자수인 진술조서는 제1항의 규정에 준하여 작성하여야 한다.

12. 번역문의 첨부

경찰관은 다음 각 호의 경우 번역문을 첨부하여야 한다.

가. 외국인에 대하여 구속영장 그 밖의 영장을 집행하는 경우

나. 외국인으로부터 압수한 물건에 관하여 압수목록교부서를 교부하는 경우

제2절 영사관 등에 통지

 Ⅰ. 근거법령(경찰수사규칙)

> 제91조(외국인에 대한 조사) ① 사법경찰관리는 외국인을 조사하는 경우에는 조사를 받는 외국인이 이
> 해할 수 있는 언어로 통역해 주어야 한다.
> ② 사법경찰관리는 외국인을 체포·구속하는 경우 국내 법령을 위반하지 않는 범위에서 영사관원과 자유
> 롭게 접견·교통할 수 있고, 체포·구속된 사실을 영사기관에 통보해 줄 것을 요청할 수 있다는 사실을
> 알려야 한다.
> ③ 사법경찰관리는 체포·구속된 외국인이 제2항에 따른 통보를 요청하는 경우에는 별지 제93호서식의 영
> 사기관 체포·구속 통보서를 작성하여 지체 없이 해당 영사기관에 체포·구속 사실을 통보해야 한다.
> ④ 사법경찰관리는 외국인 변사사건이 발생한 경우에는 제94호서식의 영사기관 사망 통보서를 작성하여
> 지체 없이 해당 영사기관에 통보해야 한다.

Ⅱ. 영사관 통보 방법과 절차

1. 일반 국가(영사 관계에 관한 비엔나 협약)

가. 외국인 피의자 체포·구속 시

① 해당 영사기관에 체포·구속사실의 통보와 국내 법령에 위반되지 않는 한도 내에
서 해당 영사기관원과 접견·교통을 요청할 수 있음을 고지하여야 한다.

② 사법경찰관은 전항의 내용을 고지하고 피의자로부터 '영사기관통보요청확인서'를
작성하여야 한다.

③ 피의자가 영사기관 통보 및 접견을 요청한 경우에는 '영사기관 체포·구속통보서'
를 작성하여 해당 영사기관에 지체없이 통보하여야 한다.

※ 피의자가 통보를 원치 않더라도 반드시 영사기관통보요청확인서에 통보요청을
원치 않는다는 표시 및 서명날인을 하고 사건기록에 편철한다.

④ 전항에도 불구하고, 별도 외국과의 조약에 따라 피의자 의사와 관계없이 해당 영
사기관에 통보하게 되어 있는 경우에는 반드시 이를 통보하여야 한다.

⑤ 위 영사기관통보요청확인서 등의 서류는 수사기록에 편철하여야 한다.

나. 외국인 사망자 통보

① 원칙적으로 내국인과 동일한 절차로 진행한다.

② 사법경찰관은 '영사기관사망통보서'를 작성하여 해당 영사기관에 그 사실을 지체 없이 통보하고 이를 사건 관련 기록에 편철하여야 한다.

다. 영사관원 접견 요청 시

피의자가 명시적으로 반대하지 않는 한 접견권 행사에 적극적으로 협조한다.

2. 러시아(대한민국과 러시아 연방 간의 영사협약)

가. 피의자 체포·구속 시

① 체포·구속사실의 통보와 국내 법령에 위반되지 않는 한도 내에서 영사기관원과 접견·교통을 요청할 수 있음을 고지하여야 한다.

② 사법경찰관은 전항의 내용을 고지하고 피의자로부터 '영사기관통보요청확인서'를 작성하여야 한다.

③ 피의자가 영사기관 통보희망 여부를 불문하고 영사기관 통보요청 확인서에 통보 요청 여부를 표시하고 피의자 서명날인하게 한다.

④ 영사기관에 지체없이 통보(팩스)하여야 한다.

⑤ 관련 서류원본은 수사기록에 편철하고 복사본은 따로 보관하지 않아도 된다.

나. 사망 시

① 원칙적으로 내국인과 동일한 절차로 진행한다.

② '영사기관 사망통보서'를 작성하여 해당 영사기관에 그 사실을 지체없이 통보 하고 이를 사건 관련 기록에 편철하여야 한다.

다. 영사관원 접견 요청 시

피의자가 명시적으로 반대하지 않는 한 접견권 행사에 적극적으로 협조한다.

3. 중국(대한민국과 중화인민공화국 간의 영사협약)

가. 피의자 체포 · 구속 시

① '한중 영사협정에 따른 권리통지서'를 피의자에게 열람시키고 체포 · 구속사실 영사기관 통보권과 영사관원과의 통신·접촉권이 있음을 통지한다.

② 피의자가 영사기관 통보희망 여부를 불문하고 '한중 영사협정에 따른 권리통지서'의 확인서 란에 피의자 서명날인하게 한다. (단, 출입구관리법 위반으로 구속된 피의자가 통보를 서면으로 명시적 반대한 경우 통보하지 않음)

③ '중국 국적인 체포·구속 동보서'를 중국영사기관에 지체없이(4일 이내) 팩스로 통보한다.

④ 관련 서류원본은 수사기록에 편철하고 복사본은 따로 보관하지 않아도 된다.

나. 사망 시

① 원칙적으로 내국인과 동일한 절차로 진행한다.

② '영사기관 사망통보서'를 작성하여 해당 영사기관에 그 사실을 지체없이 통보하고 이를 사건 관련 기록에 편철하여야 한다.

다. 영사관원 접견 요청 시

피의자가 서면으로 반대하지 않는 한 접견권 행사에 적극적으로 협조한다.

領事機關 通報要請確認書

Date/ Month/ Year

Confirmation of Request for Notification to the Consulate

被逮捕者 姓名	擔當警察官 所屬, 階級, 姓名
	印

당신은 귀국에서 파견된 영사관원에게 체포된 사실을 통보·요구할 권리 및 대한민국의 법령 내에서 위 영사관원에 편지를 보낼 권리를 가지고 있습니다.
You have the rights to demand us to notify an official in the consulate dispatched by your government that you are arrested and to send a letter to the official pursuant to relevant laws of Republic of Korea.

당신이 원하는 항목의 ( )에 ∨표를 한 후, 끝으로 공란에 국명을 기입하고 서명해 주십시오.
Choose one between the following alternatives and mark it with ∨ in the parenthesis.
Finally write your nationality(country of origin) and sign underneath.

나는 자국 영사관원에 대한 통보를 요청합니다.
I request you to notify an official in the consulate of my country that I am arrested. (   )

나는 통보를 요청하지 않습니다.
I do not request you to notify. (   )

(   )   (   )
      국   명   피체포자 서명
Nationality(Country of Origin)   Signature

注意 : 1. 국명확인은 여권 또는 외국인 등록 증명서에 의할 것

通 報 書

    년 월 일
본직은 다음과 같이 상기의 외국인을 체포한 것을 영사관에 통보하였음
(1) 통보일시
(2) 통보대상 영사기관

_____ ⑭
담당경찰관 소속, 계급, 성명, 인

※ 송치서류에 복사본을 편철할 것

(○ ○ Police station)

전화(Telephone) :

팩스(Fax) :

수 신(To) : 담당 영사(The consul it may concern)

제 목(Subject) : 영사기관 체포(구속) 통보 (Arrest (Detention) Notification)

1. 피의자(Personal details of the arrested)

   성　명(Name) :

   생년월일(Date of Birth) :

   여권번호(Passport No.) :

   국적(Nationality) :

2. 체포일시 및 장소 (Date & Place of arrest)

3. 사건 개요(Details of the case)

4. 경찰 조치(Actions taken by the police)

사법경찰관(Officer in charge)　　　인

(○ ○ Police station)

전화(Telephone) :

팩스(Fax) :

수 신(To) : 담당 영사(The consul it may concern)

제 목(Subject) : 영사기관 사망 통보(Death Notification)

1. 변사자(Personal Details of the deceased)

　　성　　명(Name) :

　　생년월일(Date of Birth) :

　　여권번호(Passport No.) :

　　국적(Nationality) :

2. 발생 일시 및 장소(Date & Place of occurrence)

3. 발생 개요(Details of the incident)

4. 경찰 조치(Actions taken by the police)

　　　　　　사법경찰관(Officer in charge)　　　　　인

제3절 외국인 사건 관련 수사 시 유의사항

Ⅰ. 근거법령(경찰수사규칙)

> 제91조(외국인에 대한 조사) ① 사법경찰관리는 외국인을 조사하는 경우에는 조사를 받는 외국인이 이
> 해할 수 있는 언어로 통역해 주어야 한다.
> ② 사법경찰관리는 외국인을 체포·구속하는 경우 국내 법령을 위반하지 않는 범위에서 영사관원과 자유
> 롭게 접견·교통할 수 있고, 체포·구속된 사실을 영사기관에 통보해 줄 것을 요청할 수 있다는 사실을
> 알려야 한다.
> ③ 사법경찰관리는 체포·구속된 외국인이 제2항에 따른 통보를 요청하는 경우에는 별지 제93호서식의 영
> 사기관 체포·구속 통보서를 작성하여 지체 없이 해당 영사기관에 체포·구속 사실을 통보해야 한다.
> ④ 사법경찰관리는 외국인 변사사건이 발생한 경우에는 제94호서식의 영사기관 사망 통보서를 작성하여
> 지체 없이 해당 영사기관에 통보해야 한다.

Ⅱ. 일반적 유의사항

1. 검거 시 '미란다원칙' 고지, 인권침해에 유의

가. 진술거부권 등 고지, 확인서 작성·편철하여 인권침해 시비 소지 차단

나. 도주 및 피습 대비를 위해 2인 이상 동행, 공범 간 분리하여 사전 통모 차단

다. 심리적인 불안감 등으로 발생할 우려 있는 자해행위 사전 대비 및 가혹행위 등
　　인권침해행위 없도록 유의

2. 본인 여부·체류자격 등 기초사실 조사 후 영사기관 통보

가. 본인 여부 및 체류자격, 외교특권자 또는 SOFA 사건대상 여부 등 기초사실 조사
　　※ 외교관 신분증 확인 외에도, 반드시 외교통상부에 조회하거나 외교통상부에서
　　　　정기적으로 발행하는 외교관 명단 확인 필요

나. 체류 기간이 넘기거나 체류자격 외 활동한 불법체류자는 지체없이 관할 출입국
　　사무소에 통보, 인계

다. 외국인 체포·구속 시 자국 영사기관원과 접견·교통을 요청할 수 있음을 고지

라. 성명·생년·월일·국적, 체포일시, 유치 및 구금장소, 죄명 및 피의사실 요지, 수사
　　관서·담당자 직책과 성명 등 영사기관 통보요청확인서 작성·통보

① 통보 및 접견을 희망하지 않는 경우 서명날인 받아 사본 편철 후 외사 기능에 통보

② 러시아인은 본인 의사 관계없이 체포·구속 사실을 러시아 영사기관에 반드시 통보, (대한민국과 러시아 연방 간의 영사협약)

3. 통역인 선정, 사전 협의하여 수사준비 철저, 공정성 시비 차단

가. 외사 기능 관리 중인 통역요원 D/B 활용, 그 외 언어소통 필요한 경우 BBB 통역서비스(1588-5644), 한국 외국인 근로자 지원센터(1644-0644) 활용

나. 통역인에게 심문사항·준수사항 숙지시키는 등 사전 협의하고, 수사기밀 사항이나 개인적 의견을 표시해서는 안 되며, 통역의 공정성 확보를 위해 수사기관의 편에 있다는 인상을 줄 수 있는 사담이나 친밀감 표시도 금지

다. 통역인의 기명날인은 강제사항 아니나, 진술의 정확성 담보를 위해 기재

4. 피의자신문조서 작성 시 여권 관련 사항 등 추가 기재사항 조사

가. 국적·출생지, 본국에서의 주거, 신분증 서류 여부, 외국에서의 전과 여부, 대한민국 입국 시기·체류 기간·체류 기간과 목적, 본국 퇴거 시기, 가족의 유무와 주거 등 조사 시 추가사항 기재

나. 외국인은 조서에 무인 없이 서명만으로 족하나(외국인의 서명날인에 관한 법률), 기명날인 받는 것이 바람직하며, 거부하는 경우 사유를 조서에 기재(강요 금지)

5. 외국인 변사사건 발생 시, 「영사기관 사망통보서」 작성·통보

Ⅲ. 외국인 용의자 출입국규제 시 유의사항

1. 출입국규제 절차 정확히 이해, 국제조약 의무 준수 및 적절한 조치로 수사업무 효율성 도모

가. 출국금(정)지 : 국익을 현저히 해할 염려가 있고 범죄수사를 위하여 그 출국이 부적당하다고 인정되는 자

- 대한민국으로부터 '거주목적 여권'을 발급받은 외국 이민자는 출국금지
- 여타 외국인은 위 요건 충족 시 출국정지

나. 입국 시 통보 : 범죄의 수사상 필요하다고 인정되는 특별한 사유가 있는 내·외국인

2. 중요·긴급사건의 경우, 적극능동적인 조치로 도주 차단

가. 외국인 개인별 출입국현황은 입국 3~4일 경과 후 전산조회 가능하므로, 법무부 서울출입국외국인청 전산실(☎02-2650-6214), 인천 출입국외국인청 전산실(☎032-740-7391) 통해, 전화로 대상자 입국심사 사실 우선 확인

나. 법무부 인천공항출입국외국인청 감식과(☎032-740-7391) 여권 위·변조여부 확인

다. 수사과정 중 외국인 피의자 성명이 추가 파악될 수 있으므로, 긴급사건의 경우 상시 연락체계 유지하여 즉시 보정

라. 출입국관리사무소와 공조 강화

3. 긴급 조치 시, 규제에 필요한 필수사항을 기재한 서면 양식으로 상부관청에 보고

서면 양식에 의한 보고 없이 先 조치 요구하는 사례 없도록 하고, 절차상 하자 등 부당한 출입국규제로 인한 행정·손해배상 소송이 증가추세임을 유의

제4절 한미행정 협정사건

Ⅰ. 근거법령

1. 경찰수사규칙

제92조(한미행정협정사건의 통보) ① 사법경찰관은 주한 미합중국 군대의 구성원·외국인군무원 및 그 가족이나 초청계약자의 범죄 관련 사건을 인지하거나 고소·고발 등을 수리한 때에는 7일 이내에 별지 제95호서식의 한미행정협정사건 통보서를 검사에게 통보해야 한다.
② 사법경찰관은 주한 미합중국 군당국으로부터 공무증명서를 제출받은 경우 지체 없이 공무증명서의 사본을 검사에게 송부해야 한다.
③ 사법경찰관은 검사로부터 주한 미합중국 군당국의 재판권포기 요청 사실을 통보받은 날부터 14일 이내에 검사에게 사건을 송치 또는 송부해야 한다. 다만, 검사의 동의를 받아 그 기간을 연장할 수 있다.

2. 한·미행정협정에 의한 사건처리 요령 (대검찰청예규)

Ⅱ. 절 차

1. 적용대상

미군, 군무원, 가족(미군, 군무원), 초청계약자에 의한 범죄
※ 휴가 중 방한한 미군, 카투사, 이중국적 가족 등은 적용대상 아님

2. 처리절차

가. 발생보고
① 시도경찰청 경유하여 본청까지 상황보고
② 7일 이내 검찰청에 한미행정협정사건 통보

나. 예비조사
① 대상자 여부 재확인
③ 소속과 인적사항, 범죄사실 등 범죄기초 조사서 작성
④ 현행범체포 등의 경우 피의자신분증 등을 통해 확인
⑤ 고소/고발의 경우 피의자 인적사항을 토대로 출입국관리사무소와 인접 소속부대 헌병대에 주한미군 여부 확인

다. 미군 통보

미군 당국에 체포 또는 피고소·고발 사실 즉시 통보하고 미정부대표 출석요구

※ 현행범의 경우 미 정부대표는 출석요구 받은 때로부터 1시간 내로 출석, 미정부 대표가 출석할 때까지 유치장 입감 가능(48시간 이내)

라. 피의자신문

① 반드시 미 정부대표의 임명장 접수와 입회하에 조서작성

② 조사 후 미 정부대표 서명 또는 기명날인

※ 피의자가 서명날인을 거부할 경우 그 사유 조서에 기재하고 수사관과 미 정부대 표 서명이 있으면 일반적 효력은 유효

마. 통역인 등

신문 시 통역인을 참여토록 하고 변호인 선임 등 의사여부를 확인

바. 구속여부

① 살인, 죄질이 나쁜 강간

피의자 체포 시 증거인멸, 도주 또는 피의자나 증인에 대한 가해 가능성 존재할 경우 구속영장을 신청하여 계속 구금

② 중요 12개 범죄

미군 당국에 신병인도요청 자제를 요청으로 인도요청 자제 결정 시 구속영장 신청

---

① 살인, ② 강간(준강간 및 13세 미만의 미성년자에 대한 간음 포함) ③ 석방대가금 취득목 적의 약취유인, ④ 불법마약거래, ⑤ 유통목적의 불법마약제조, ⑥ 방화, ⑦ 흉기강도, ⑧ 상기범죄의 미수, ⑨ 폭행치사상해치사, ⑩ 음주운전 교통사망사고, ⑪ 교통사망사고 야기 후 도주, ⑫ 상기범죄의 하나 이상을 포함하는 보다 중한 범죄

---

③ 기타 범죄

미군 당국과 협의 후 구속영장 신청

사. 신병인계

미군 당국(헌병대)이 피의자 신병인계를 요청하는 경우 '구금인도요청서/ 및 ' 신병 인수증 '을 수령 후 신병인계

아. 공무증명서 송부

　미군 당국으로부터 공무증명서를 제출받으면 지체없이 검찰청에 사본 송부

자. 재판권 포기 요청

　미군 당국으로부터 재판권 포기 요청을 받으면 통보받은 날로부터 14일 이내 검찰청(담당 검사)에 사건을 송치 또는 송부해야 한다. 단, 검사동의 받아 기간 연장 가능

3. 한 · 미행정협정에 의한 사건처리 요령

가. 각 지방검찰청, 지청 및 사법경찰관서에서 미합중국 군대의 구성원, 군속 및 그들의 가족이나 초청계약자에 대한 범죄(이하 '본 사범'이라 함)를 인지하였거나 고소, 고발 등을 접수하였을 때는 인지 또는 고소, 고발접수의 관서 및 그 일시를 그리고 미군당국으로부터 본 사범에 대한 발생통고를 받았을 때에는 즉시 입건하고, 발생, 통고, 접수일시를 명시하되 미군당국의 사건발생통고서 사본을 첨부하여 24시간 이내에 법무부장관 및 검찰총장에게 정보보고 예에 의하여 무전 또는 전화로써 보고한다(단, 피의자인 미군인 등의 성명과 소속은 반드시 영문으로 병기할 것)

나. 미군인 등의 범죄사건은 일반사건에 우선하여 신속히 수사처리토록 한다.

다. 미군당국으로부터 본 사범에 대한 판결상 필요에 의하여 기록이나 증거물의 대여요청이 있을 때는 사본작성 또는 사진촬영 등 적절한 증거보존 조치를 취한 후 반드시 관계책임자(지휘관 또는 법무참모)의 수령증을 받는다.

라. 미군당국으로부터 본 사범에 대한 미군당국의 사건처리결과통지서가 송부되어 왔을 때에는 그 통지서를 당해 기록에 편철한다.

마. 우리나라의 안전에 관한 범죄 및 중요사건 현행범을 체포하였을 때에는 즉시 검찰총장에게 보고하고 구속여부에 대한 지시를 받아야 한다.

바. 본 사범으로 미군인 등을 체포하였을 때에는 우리나라의 안전에 관한 죄를 제외하고는 그 신병은 미군당국의 구금인도요청에 의하여 허다히 인도될 것이 예상됨에 비추어 체포한 우리나라 수사기관책임자는 즉시 최근 거리의 미합중국군대의 헌병

대장(또는 헌병사령관)에게 체포하였다는 사실을 통고하고 미측에서 인도요청이 있을 때에는 검사지휘로써 신병을 인도하되 피체포자의 인적사항, 인수일시, 신병을 인수한 미군대의 기관명, 신병 인수한 자(가급적 장교)의 계급, 군번, 성명, 범죄사실의 요지 등을 기재한 신병인수서에 인수자의 서명을 받아 이를 보관하여야 한다.

사. 한국법관이 발생한 압수수색영장으로서 미군시설구역내 및 미군인 등의 가택을 수색하거나 증거물을 압수할 때에는 그 지역관할 미군헌병대장(또는 헌병사령관)에게 그 사실을 통지하고 협조를 얻도록 하여야 한다.

아. 현행범이 아닌 우리나라 안전에 관한 범죄 또는 중요범죄로서 미군인 등을 체포 또는 구속하고자 할 때는 검찰총장의 승인을 받아야 한다.

4. 유의사항

가. 주한미대사관의 무관 및 주한미군사고문단원은 미군의 신분을 가지더라도 본 협정의 적용을 받지 않으니 착오없도록 유의한다.

나. 미군인, 군속 및 그 가족 등을 피의자 또는 증인으로 신문할 때에는 반드시 아래 사람을 참여시킴으로써 조서의 증거력을 확보한다.
① 피의자신문 때 미국정부대표자(변호인이 선임되었을 때는 변호인도 참여시킬 것)
② 증인신문 때
  1) 피 의 자
  2) 미국정부대표자(변호인이 선임되었을 때에는 변호인도 참가시킬 것)
  3. 압수수색에 있어서는 반드시 법관이 발부한 압수수색영장에 의하여 집행한다.
  [주] 피의자 또는 증인신문을 할 때 참여시킬 미국정부 대표자에 대하여는 별도 지시할 것이나 우선 필요할 때는 소속 부대의 위관급 이상자를 참여케 할 것.

○ ○ 경 찰 서

제 0000-00000 호   20○○. ○. ○.

수 신 : ○○지방검찰청장 (행정협정 담당검사)

제 목 : 한미행정협정사건 통보서

아래와 같이 미군인/미군속/미군가족 등의 범죄가 발생하였기에 통보합니다.

1. 피의자 인적사항

   성   명 :
   소   속 :
   군   번 :
   주민등록번호 :
   사회보장번호 :
   주   거 :
   국   적 :

2. 신고자 인적사항

   성   명 :
   주민등록번호 :
   주   거 :

 3. 범죄사실

○ ○ 경찰서

사법경찰관 경위 홍 길 동 (인)

제4장 감정의뢰 및 처리

제1절 거짓말탐지기 의뢰

 I. 개 념

1. 정 의

"거짓말탐지기"라 함은, 정신적인 동요로 생리적 변화를 일으키는 과정에서 심장의 움직임과 혈압, 맥박의 변화 및 전류에 대한 피부 저항도의 변화와 호흡운동의 변화상 태 등을 기록하여 진술의 진위발견에 응용하는 장치를 말한다.

2. 기본원칙

거짓말탐지기 검사는 진술의 진실 여부를 확인하기 위한 수사의 지원, 보조로써 하며 다음 각호의 사항을 준수하여야 한다.

가. 검사는 특정 사건의 수사 또는 입건전조사와 관련된 사항에 한하여 행할 수 있고, 특정인의 사상·신념의 탐지 목적이나 수사와 직접 관련 없는 사항에 관하여는 검사를 하지 못한다.

나. 검사는 검사받을 자가 사전에 임의 동의한 경우에만 행할 수 있다.

다. 검사를 거부하는 경우 이를 이유로 불이익한 추정을 하거나 불이익한 결과를 초래할 조치를 할 수 없다.

II. 검 사

1. 대 상

검사는 다음 각 항의 1에 해당하는 자로서 검사를 승낙한 자에 한한다.

가. 피의자 중 범행의 전부 또는 일부를 부인하였을 경우

나. 사건의 증인, 목격자, 참고인 등의 진술이 수사상 필요하다고 인정되는 경우

다. 기타 검사의 필요성이 있다고 인정되는 경우

2. 검사의뢰

가. 특정사건의 수사담당 경찰관은 검사의 필요성이 있다고 판단될 때에는 소속관, 서장에게 보고하여 사건관계자에 대한 거짓말 탐지검사를 의뢰할 수 있다.

나. 피검사자는 자기 진술의 진실을 입증하기 위하여 담당 수사관에게 거짓말 탐지검사를 하여 달라고 요청할 수 있다.

다. 요청이 있는 경우 수사관은 그 요청이 타당한 이유가 있을 때는 과·서장에게 보고, 검사를 의뢰하여야 한다.

라. 검사를 의뢰할 때에는 거짓말 탐지 검사실시 의뢰서에 별지 제1호 서식에 의한 거짓말탐지기 검사 동의서를 첨부하여 주관부서에 의뢰하여야 한다.

마. 긴급을 요하는 검사의뢰는 전화 또는 FAX로 할 수 있다.

3. 검사의 실시

검사는 다음 각호의 1에 해당하는 경우에만 행할 수 있다.

가. 진술의 진위판단

나. 사건의 단서 및 증거 수집

다. 상반되는 진술의 비교 확인

라. 진술의 입증

4. 검사의 금지

검사관은 검사 전 면담을 통해 피검사자가 다음 각호의 1에 해당하는 사유로 검사에 부적격자로 판단되는 경우에는 검사하여서는 아니 된다.

가. 정신병자 또는 정신박약자

나. 정신신경증으로 정동이 불안전한 자

다. 약물복용 등에 의해 진정 또는 흥분상태에 있는 자

라. 정상적 반응을 가져올 수 없을 정도의 최근 심각한 심장·호흡기 질환 등의 신체적 장애가 있는 자

마. 임신부 및 생리 중인 자

바. 주기 또는 주취 된 자

사. 기타 검사에 부적당하다고 인정되는 자

5. 피검사자의 동의

검사관은 검사를 시작하기 전에 피검사자가 임의로 동의하였는가를 확인한 다음 피검사자로부터 거짓말탐지기 검사 동의서를 받아야 한다.

폴리그래프 검사 동의서

피검사자 인적사항	성 명		생년월일		성별	남 여
	연락처					

☐ 검사에 대한 동의

    본인은 _____ 사건에 관하여 어떠한 불법적, 강제적 압력이나 권유를 받음이 없이 자발적으로 폴리그래프 검사를 받겠으며, 추후 본 검사결과가 법정 증거로 사용되는 것에 동의하고, 검사 동의를 거부할 수 있다는 권리와 동의 거부에 따른 불이익이 없다는 내용을 고지받았으며 이를 충분히 이해하고 동의합니다.

☐ 검사과정 녹음·녹화 (영상정보처리)에 대한 동의

  ▸ 개인정보 수집·이용 목적 : 공정한 검사 및 인권 보호를 위해 수집·이용한다.

  ▸ 수집하는 개인정보의 항목 : 피검사자가 검사실 입실부터 퇴실할 때까지의 전 과정을 녹음·녹화한다.

  ▸ 보유 및 이용 기간 : 검사종료 당해 연도 12월 31일을 기준으로 하여 3년간 보존한다.

  ▸ 동의 거부권리 안내 : 피검사자는 본 개인정보 수집에 대한 동의를 거부하실 수 있으며, 이 경우 폴리그래프 검사를 받을 수 없게 됩니다.

본인은 상기 동의 사항을 고지받았으며 이를 충분히 이해하고 동의합니다.

20 . . . 동의인 : (서명)

○ ○ 경 찰 서

수사   –   (전화번호   –   )   20○○. ○. ○

수신   ○○경찰청장   발신   경위   고 계 영 ㉠

참조   여성청소년과장

제목   거짓말탐지기 검사실시 의뢰

     아래 사람에 대한 거짓말탐지기 검사를 실시코자 하오니 검사하여 주시기 바랍니다.

피검사자	성 명	홍 길 동	주민등록번호	600101-1234567
	주 거	○○시 ○○동 123번지		
	등록기준지	위와 같은 곳		
범죄(입건전 조사) 요 지	별지와 같음			
검사의뢰사항	별지와 같음			

   첨 부 : 거짓말탐지기 검사동의서 1부.

III. 검사 시의 준수사항

1. 검사관은 검사에 필요한 질문서를 작성하기 위하여 사건의 경위를 설명받거나 조사 내용을 파악하여야 한다.
2. 검사의뢰기관은 피검사자에 대하여 검사 전에는 장시간 조사를 하여서는 안 된다.
3. 피검사자가 정신적, 육체적 피로나 고통이 현저할 때 또는 정신장애 상태에 있는 동안은 검사하여서는 안 된다.
4. 검사의뢰 시는 최소 24시간 전에 검사의뢰기관과 검사일시의 결정을 하여야 한다.
5. 피검사자가 자의로 검사에 동의하지 않는 한 검사하여서는 안 된다.
6. 검사의뢰기관은 48시간 전에 검사 가능 여부를 확인하고 검사 24시간 전에 주관부서에 의뢰하여야 하며 피검사자에게 충분한 휴식을 취하도록 하여야 한다.
7. 검사실시는 주관부서의장이 필요하다고 인정하는 때에만 실시한다.
8. 검사의뢰기관은 사건의 초동수사 단계에서 검사의 필요성을 판단하고 검사에 필요한 자료나 사건 내용 등을 정확히 파악하여 수사에 앞서 검사의뢰하는 것을 원칙으로 한다.
9. 검사의뢰기관은 사건 내용을 충분히 설명하고 자료를 제출하여야 한다.
10. 검사 요원은 검사종료 시 그 결과를 분석 판독하여 5일 이내에 의뢰기관에 알려주어야 한다.

IV. 기 타

1. 구속피의자 등에 대한 조치

가. 피검사자가 구속 중인 피의자이거나 여자면 수사관이 관찰실에서 입회한다.
나. 관찰실이 없는 장소에서 검사하는 경우 제1호의 입회할 자가 검사에 방해된다고 인정될 때에는 입회 없이 행할 수 있다.

2. 검사결과 보고서의 작성

검사관은 검사실시 후 5일 이내에 그 결과를 주관부서의 장에게 보고하여야 한다.

제2절 감정의뢰

Ⅰ. 법규연구 (형사소송법)

제173조(감정에 필요한 처분) ① 감정인은 감정에 관하여 필요한 때에는 법원의 허가를 얻어 타인의 주거, 간수자 있는 가옥, 건조물, 항공기, 선차내에 들어 갈 수 있고 신체의 검사, 사체의 해부, 분묘의 발굴, 물건의 파괴를 할 수 있다.
② 전항의 허가에는 피고인의 성명, 죄명, 들어갈 장소, 검사할 신체, 해부할 사체, 발굴할 분묘, 파괴할 물건, 감정인의 성명과 유효기간을 기재한 허가장을 발부하여야 한다.
③ 감정인은 제1항의 처분을 받는 자에게 허가장을 제시하여야 한다.
제179조의2(감정의 촉탁) ① 법원은 필요하다고 인정하는 때에는 공무소·학교·병원 기타 상당한 설비가 있는 단체 또는 기관에 대하여 감정을 촉탁할 수 있다. 이 경우 선서에 관한 규정은 이를 적용하지 아니한다.
② 제1항의 경우 법원은 당해 공무소·학교·병원·단체 또는 기관이 지정한 자로 하여금 감정서의 설명을 하게 할 수 있다.

Ⅱ. 마약류 범죄 수사 시 소변, 모발채취 절차

1. 소변 채취 및 간이시약 검사

가. 채취량 : 소변 채취는 최소 20mL 이상 채취
 ※ 약물 한 가지 성분 검사에 최소 10mL 필요

나. 피의자가 1명인 경우
 - 포장 상태의 소변 채취 용기를 대상자 앞에서 개봉
 - 채취 용기에 대상자 이름을 기재하고, 경찰관이 입회한 상태에서 피의자가 직접 소변 채취
 - 소변 채취 후 소변을 피의자 앞에 놓고, 간이시약 검사실시

다. 피의자가 2인 이상인 경우
 - 포장 상태의 소변 채취 용기를 대상자들 앞에서 개봉
 - 용기를 피의자들 앞에 각각 놓고 대상자 이름을 기재 후, 경찰관이 입회한 상태에서 소변 채취
 - 소변을 채취한 후 피의자들이 직접 들고 자신의 앞에 놓게 하고, 간이시약 검사실시

【소변 채취 시 주의사항】

- 메트암페타민 등 대부분의 마약류는 투약 후 체내에서 배출되는 기간은 최대 7일 이내로 통상 4일이 지나면 간이시약으로 검사가 양성반응이 나오지 않을 수도 있다
- 피의자들은 소변 채취 시 소변 통에 물을 섞거나, 평소 마약 성분이 없는 소변을 낭심 주위에 은닉하다 소변 통에 넣는 경우가 있으므로 채취된 소변채취용기를 손으로 만져 사람의 체온 정도의 온기가 있는지 확인
- 다수의 피의자를 상대로 소변채취 및 간이시약검사 할 때는 한 명씩 경찰관 입회하에 소변채취 및 간이시약검사를 하여 추후 재판과정에서 피의자가 소변이 바뀌었다고 주장할 것에 대비
- 피의자가 여성인 경우는 여자경찰관을 필히 입회시켜 소변채취

라. 간이시약검사 및 판독 요령(사용방법)

- 간이 시약기를 검사 前 대상자에게 시약기 포장지에 기재된 유효기간과 밀봉 상태를 확인시켜 준 후 개봉
- 간이 시약기로 검사 중 비교 띠인 "C"창에 줄이 생기지 않으면 간이 시약기가 불량이므로 다른 시약기로 검사
- 간이시약 검사는 채취된 소변을 샘플창에 2방울 정도 넣고 약 5분 경과 후 양ㆍ음성 여부 판독
- 간이시약 검사는 피의자가 마약류 투약 여부를 판단하기 위한 예비실험으로 증거능력이 없음에 유의

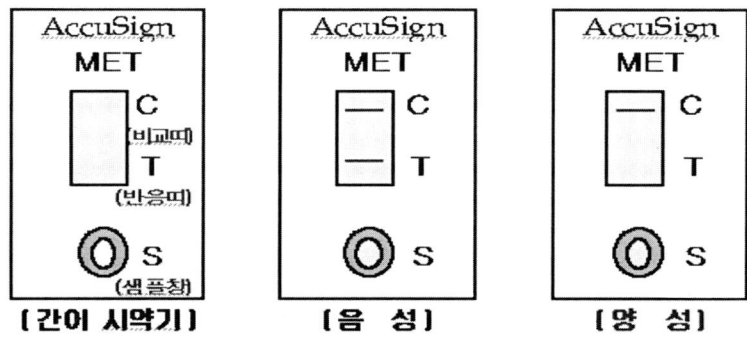

※ 판독방법 : C와 T에 두 줄 음성, C 한 줄 양성
※ 샘플창(S)에 소변 2방울을 넣고 5분경과 후 양성ㆍ음성 판독
※ 간이시약(아큐테스트) 종류

MET	THC	OPI	COC	MDMA	KET
메트암페타민	대마	몰핀(아편류)	코카인	엑스터시	케타민

【간이 시약기 사용시 주의사항】

- 다수의 대상자를 상대로 검사 진행할 때는 사전에 시약기에 대상자의 이름을 네임펜으로 기재하고 대상자 앞에 놓음으로써 섞이거나, 뒤바뀌었다는 논란 여지 사전 차단
- 간이 시약기의 반응 띠(T)에서 아주 희미하게라도 선이 보이면 음성으로 판정
- 시약기에 소변을 넣고 5분 이상이 경과하면 결과가 달라질 수 있음

마. 소변 채취불응자 대응방법

○ 압수수색영장이 없는 경우

- 대상자가 소변채취를 불응한다고 바로 철수하지 말고 끈질기게 설득하여 소변 채취
- 메트암페타민 등 주사기 이용 투약자는 팔과 발 등을 확인하여 주사 자국이 있는지 확인으로 설득
- 대상자가 소변채취를 계속 거부하면, 대상자를 설득하면서 다른 경찰관이 압수수색영장 신청

○ 압수수색영장이 있는 경우

- 대상자가 소변채취를 불응할 시 인근 병원에서 강제로 소변채취가 가능하다는 사실을 강력히 고지하여 스스로 소변 채취토록 유도
- 그래도 완강히 거부하는 경우 병원에서 영장으로 강제 소변채취

○ 주의사항

- 압수수색영장 작성 시 영장집행 장소를 "인근병원" 으로 기재하여 검거지 부근 병원에 집행 가능토록 작성

2. 모발채취

가. 채취 방법

- 모발은 모근이 포함되게 뽑거나 모근으로부터 최대한 가까이 가위로 절단하는 방법으로 채취하며 50수가량 채취
  ※ 대상자가 아픔을 호소할 수 있으므로, 최대한 가위로 절단하여 채취
- 채취한 모발은 압수물 봉투에 모근 방향으로 가지런히 놓고 밀봉 후, 피의자와 경찰관이 지문날인 등으로 봉인

– 모발은 정수리 부위 위주로 한곳에서만 전부 채취하지 말고, 조금씩 나누어 채
취하여 대상자의 불만 억제

– 모발을 채취할 수 없는 경우 몸의 체모를 채취

※ 체모는 마약류 감정 시 시기 추정 불가

【모발채취 시 주의사항】

– 피의자가 모발이 조금밖에 없는 경우 정수리 주변에서 소량씩 여러 곳에서 채취하여 모발
채취 흔적이 남지 않도록 노력

– 감정의뢰 시 시기 추정을 요구하는 경우, 모발을 모근 또는 모근 방향으로 가지런히 정렬
하여 감정의뢰

※ 모발은 1개월에 1cm씩 자라는 것으로 알려져 있으며, 시기 추정이 가장 정확한 곳은 정
수리 부위 모발임

---

3. 소변 · 모발 채취 동의서 작성

가. 소변 · 모발채취 동의서는 소변 등을 채취 前 작성하는 것이 원칙

나. 피채취자가 마약류 투약 등 관련성이 적더라도 소변 · 모발을 채취한 경우는 꼭
동의서를 받아 향후 인권침해 등 진정에 대비

다. 감정 결과 음성으로 확인되어도 소변 · 모발채취동의서는 1년 이상 보관하는 것이
바람직

라. 소변 검사한 간이 시약기는 확인서 검사항목란에 붙여 기록에 첨부

마. 동의서를 작성할 때 피채취자에게 "소변과 모발채취를 피채취자가 승낙한 그것에
관한 확인"이라는 등으로 설명하여, 동의서 작성에 대한 부담감을 주지 않도록
노력하여야 한다.

※ 피채취자는 경찰관이 동의서를 요구하면 형사처벌되는 것으로 오인하고, 소변과
모발채취는 해주나 동의서 작성을 거부하는 때도 있으므로 언행에 유의

■ 판례 ■   범죄증거 수집을 위한 사전 강제 채뇨의 허용 요건 및 방법

[1] '강제 채뇨'의 의미 / 수사기관이 범죄증거를 수집할 목적으로 하는 강제 채뇨가 허용되기 위
한 요건 및 채뇨의 방법

강제 채뇨는 피의자가 임의로 소변을 제출하지 않는 경우 피의자에 대하여 강제력을 사용해서 도뇨
관(catheter)을 요도를 통하여 방광에 삽입한 뒤 체내에 있는 소변을 배출시켜 소변을 취득 · 보관
하는 행위이다. 수사기관이 범죄증거를 수집할 목적으로 하는 강제 채뇨는 피의자의 신체에 직접적
인 작용을 수반할 뿐만 아니라 피의자에게 신체적 고통이나 장애를 초래하거나 수치심이나 굴욕감
을 줄 수 있다. 따라서 피의자에게 범죄혐의가 있고 그 범죄가 중대한지, 소변성분 분석을 통해서
범죄혐의를 밝힐 수 있는지, 범죄증거를 수집하기 위하여 피의자의 신체에서 소변을 확보하는 것이
필요한 것인지, 채뇨가 아닌 다른 수단으로는 증명이 곤란한지 등을 고려하여 범죄 수사를 위해서

강제 채뇨가 부득이하다고 인정되는 경우에 최후의 수단으로 적법한 절차에 따라 허용된다고 보아야 한다. 이때 의사, 간호사, 그 밖의 숙련된 의료인 등으로 하여금 소변 채취에 적합한 의료장비와 시설을 갖춘 곳에서 피의자의 신체와 건강을 해칠 위험이 적고 피의자의 굴욕감 등을 최소화하는 방법으로 소변을 채취하여야 한다.

[2] 수사기관이 범죄증거를 수집할 목적으로 피의자의 동의 없이 피의자의 소변을 채취하는 것을 '감정에 필요한 처분'으로 할 수 있는지 여부(적극) 및 이를 압수·수색의 방법으로도 할 수 있는지 여부(적극) / 압수·수색의 방법으로 소변을 채취하는 경우, 압수대상물인 피의자의 소변을 확보하기 위한 수사기관의 노력에도 불구하고 피의자가 소변 채취에 적합한 장소로 이동하는 것에 동의하지 않거나 저항하는 등 임의동행을 기대할 수 없는 사정이 있는 때에는 수사기관이 소변 채취에 적합한 장소로 피의자를 데려가기 위해서 필요 최소한의 유형력을 행사하는 것이 허용되는지 여부(적극) 및 이는 '압수·수색영장의 집행에 필요한 처분'에 해당하는지 여부(적극)

수사기관이 범죄 증거를 수집할 목적으로 피의자의 동의 없이 피의자의 소변을 채취하는 것은 법원으로부터 감정허가장을 받아 형사소송법 제221조의4 제1항, 제173조 제1항에서 정한 '감정에 필요한 처분'으로 할 수 있지만(피의자를 병원 등에 유치할 필요가 있는 경우에는 형사소송법 제221조의3에 따라 법원으로부터 감정유치장을 받아야 한다), 형사소송법 제219조, 제106조 제1항, 제109조에 따른 압수·수색의 방법으로도 할 수 있다. 이러한 압수·수색의 경우에도 수사기관은 원칙적으로 형사소송법 제215조에 따라 판사로부터 압수·수색영장을 적법하게 발부받아 집행해야 한다. 압수·수색의 방법으로 소변을 채취하는 경우 압수대상물인 피의자의 소변을 확보하기 위한 수사기관의 노력에도 불구하고, 피의자가 인근 병원 응급실 등 소변 채취에 적합한 장소로 이동하는 것에 동의하지 않거나 저항하는 등 임의동행을 기대할 수 없는 사정이 있는 때에는 수사기관으로서는 소변 채취에 적합한 장소로 피의자를 데려가기 위해서 필요 최소한의 유형력을 행사하는 것이 허용된다. 이는 형사소송법 제219조, 제120조 제1항에서 정한 '압수·수색영장의 집행에 필요한 처분'에 해당한다고 보아야 한다. 그렇지 않으면 피의자의 신체와 건강을 해칠 위험이 적고 피의자의 굴욕감을 최소화하기 위하여 마련된 절차에 따른 강제 채뇨가 불가능하여 압수영장의 목적을 달성할 방법이 없기 때문이다.

[3] 피고인이 메트암페타민(일명 '필로폰')을 투약하였다는 마약류 관리에 관한 법률 위반(향정) 혐의에 관하여, 피고인의 소변(30cc), 모발(약 80수), 마약류 불법사용 도구 등에 대한 압수·수색·검증영장을 발부받은 다음 경찰관이 피고인의 주거지를 수색하여 사용 흔적이 있는 주사기 4개를 압수하고, 위 영장에 따라 3시간가량 소변과 모발을 제출하도록 설득하였음에도 피고인이 계속 거부하면서 자해를 하자 이를 제압하고 수갑과 포승을 채운 뒤 강제로 병원 응급실로 데리고 가 응급구조사로 하여금 피고인의 신체에서 소변(30cc)을 채취하도록 하여 이를 압수한 사안

피고인에 대한 피의사실이 중대하고 객관적 사실에 근거한 명백한 범죄 혐의가 있었다고 보이고, 경찰관의 장시간에 걸친 설득에도 피고인이 소변의 임의 제출을 거부하면서 판사가 적법하게 발부한 압수영장의 집행에 저항하자 경찰관이 다른 방법으로 수사 목적을 달성하기 곤란하다고 판단하여 강제로 피고인을 소변 채취에 적합한 장소인 인근 병원 응급실로 데리고 가 의사의 지시를 받은 응급구조사로 하여금 피고인의 신체에서 소변을 채취하도록 하였으며, 그 과정에서 피고인에 대한 강제력의 행사가 필요 최소한도를 벗어나지 않았으므로, 경찰관의 조치는 형사소송법 제219조, 제120조 제1항에서 정한 '압수영장의 집행에 필요한 처분'으로서 허용되고, 한편 경찰관이 압수영장을 집행하기 위하여 피고인을 병원 응급실로 데리고 가는 과정에서 공무집행에 항거하는 피고인을 제지하고 자해 위험을 방지하기 위해 수갑과 포승을 사용한 것은 경찰관 직무집행법에 따라 허용되는 경찰장구의 사용으로서 적법하다는 이유로, 같은 취지에서 피고인의 소변에 대한 압수영장

집행이 적법하다고 본 원심판단을 수긍한 사례.(대법원 2018. 7. 12., 선고, 2018도6219, 판결)

■ **판례** ■   과학적 증거방법이 사실인정에서 상당한 정도의 구속력을 갖기 위한 요건

[1] 과학적 증거방법이 사실인정에서 상당한 정도의 구속력을 갖기 위한 요건

과학적 증거방법이 사실인정에 있어서 상당한 정도로 구속력을 갖기 위해서는 감정인이 전문적인 지식·기술·경험을 가지고 공인된 표준 검사기법으로 분석한 후 법원에 제출하였다는 것만으로는 부족하고, 시료의 채취·보관·분석 등 모든 과정에서 시료의 동일성이 인정되고 인위적인 조작·훼손·첨가가 없었음이 담보되어야 하며 각 단계에서 시료에 대한 정확한 인수·인계 절차를 확인할 수 있는 기록이 유지되어야 한다.

[2] 피고인이 메트암페타민을 투약하였다고 하여 마약류 관리에 관한 법률 위반(향정)으로 기소되었는데, 공소사실을 부인하고 있고, 투약의 일시, 장소, 방법 등이 명확하지 못하며, 투약 사실에 대한 직접적인 증거로는 피고인의 소변과 머리카락에서 메트암페타민 성분이 검출되었다는 국립과학수사연구원의 감정 결과만 있는 사안

피고인은 경찰서에 출석하여 조사받으면서 투약혐의를 부인하고 소변과 머리카락을 임의로 제출하였는데, 경찰관이 조사실에서 아큐사인(AccuSign) 시약으로 피고인의 소변에 메트암페타민 성분이 있는지를 검사하였으나 결과가 음성이었던 점, 경찰관은 그 직후 피고인의 소변을 증거물 병에 담고 머리카락도 뽑은 후 별다른 봉인 조처 없이 조사실 밖으로 가지고 나간 점, 피고인의 눈앞에서 소변과 머리카락이 봉인되지 않은 채 반출되었음에도 그 후 조작·훼손·첨가를 막기 위하여 어떠한 조처가 행해졌고 누구의 손을 거쳐 국립과학수사연구원에 전달되었는지 확인할 수 없는 점, 감정물인 머리카락과 소변에 포함된 세포의 디엔에이(DNA) 분석 등 피고인의 것임을 과학적 검사로 확인한 자료가 없는 점 등 피고인으로부터 소변과 머리카락을 채취해 감정하기까지의 여러 사정을 종합하면, 국립과학수사연구원의 감정물이 피고인으로부터 채취한 것과 동일하다고 단정하기 어려워 그 감정 결과의 증명력은 피고인의 투약 사실을 인정하기에 충분하지 않은데도, 이와 달리 보아 공소사실을 유죄로 판단한 원심판결에 객관적·과학적인 분석을 필요로 하는 증거의 증명력에 관한 법리오해 등의 잘못이 있다.(대법원 2018. 2. 8., 선고, 2017도14222, 판결)

Ⅲ. 유해 화학물질(본드, 부탄가스) 감정의뢰

1. 감정대상물

본드, 부탄가스 흡입용의자의 혈액(가급적) 또는 소변

※ 모발은 감정 불가

2. 감정의뢰기관

국립과학수사연구원

※ 국과수에서는 '톨루엔' 검출감정에는 가급적 혈액이 용이하다고 함

3. 감정의뢰 요령

가. 소변은 마약류 검사 소변채취 컵에 20㎖ 이상, 혈액은 병원에서 채취한 혈액 용기

나. 감정물이 훼손되지 않도록 밀봉

다. 압수한 본드가 있으면 감정물과 분리 포장하여 동봉

라. 채취일시, 흡입일시(확인 가능한 경우) 반드시 기재

※ 기타 일반요령은 여타 감정의뢰 사항과 동일

4. 감정의뢰 시 주의사항

가. 감정을 위한 혈액 또는 소변 채취 시 법적 절차 준수

　- 본인 채취 동의서 징구 또는 거부 시 압수영장 발부

나. 국과수 분소 감정의뢰 시 반드시 사전 전화문의 후 감정의뢰

　- 내부사정으로 감정 곤란할 경우 대비

다. 감정소요 시간이 하루정도 소요되므로 감안하여 방문 또는 등기의뢰

Ⅳ. 양귀비 감정의뢰

1. 일반사항
가. 단속경찰서 관할 보건소에 보관 인계
나. 위탁보관 지휘받아 보관 의뢰 후 송치서에 위탁보관으로 기재, 검찰에서 보건소로 폐기명령 하게 되고 보건소에서 폐기하여 사진촬영 후 검찰 또는 경찰에 통보
다. 50주 미만 (불입건)의 경우
 - 현장 사진촬영 → 수거(압수조서 작성 안함) → 보건소 인계 → 보건서 인수증, 폐기사진 받아 입건전조사종결

2. 감정의뢰
열매 부위 3점을 국과수에 감정의뢰

Ⅴ. 의료사안 감정의뢰

1. 감정 범위
의학적 감정심의 의뢰 및 의견조회(단순한 의학적 사실조회건도 감정범위에 해당)

2. 감정의뢰 방법
가. 해당기관의 공문으로 요청(반드시 등기우편)
나. 감정자료는 반드시 사본으로 제출하고 복합사안인 경우 2개 이상의 다수학회로 의뢰될 경우 동일 감정자료가 2부 이상 필요

3. 감정자료 종류
가. 문서자료
진단서, 소견서, 환자진료기록부, 간호기록부, 부검서, 진술조서, 기타 기록지(수술동의서, 검사기록지 등)

나. 영상 (가급적 CD 형태로 제출)
MRI, CT, X-ray, 기타 사진(칼라 또는 흑백)

다. 기타 감정의뢰에 필요한 자료

4. 감정 공문(예)

○ ○ 경 찰 서

20○○.○.○.

수신 : 대한의사협회장 또는 대한의사협회

참조 : 학술국 또는 의료감정팀

제목 : **의료사안 감정의뢰(단, 추가 및 보완 질의 시 명기)**

[본 문]

감정의뢰 건에 대한 명확한 설명(육하원칙에 의거)

① 누가, 언제, 어디서, 어떻게 또는 무엇 때문에, 구체적 사건 발생개요 및 경위 설명

② 사건(사고, 사유)에 대한 피해자, 피의자, 원고, 피고 등 양 당사자 간 쟁점이 되는 사항에 대해 구체적 질의

VI. 법 최면수사 의뢰

1. 대상

가. 범죄 혐의점이 없는 피해자와 목격자, 참고인 등으로써 사건을 목격한 후 시간 경과 또는 심리적 외상 등으로 인해 목격한 내용을 기억하지 못하는 경우

나. 사건에 관해 주의를 기울여 보고 외우려는 인지적 노력을 한 피해자, 목격자, 참고인 등

※ 범죄의 피의자나 용의자는 대상이 될 수 없음

2. 의뢰공문(예)

○○경찰서

20○○.○.○.

수신자 : ○○경찰청장(수사과장)

(경유)

제 목 : 법 최면수사 의뢰

　　　우리서에서 수사 중인 ○○피의사건과 관련 아래 대상자(피해자, 목격자, 참고인)에 대하여 법 최면수사를 의뢰하오니 조치 바랍니다.

1. 죄명(사건명), 사건번호, 접수일

　　죄명(사건명) :

　　사건번호(접수일) :

2. 법 최면 대상자 인적사항

　① 성　　　명 : 홍 길 동 (직 업)

　　생년월일 :

　　주　　　거 :

3. 범죄사실(사건 개요)

　　(육하원칙에 의거 범죄사실 및 법최면 대상자의 진술내용 간략히 기재)

4. 법최면 의뢰 내용

　　의뢰한 사건의 가장 핵심내용(법최면에서 회상할 부분) 1~2개를 기재

　　예) 형사사건의 경우 : 인상착의, 수사단서 등 용의자 특정사항

　　　　교통사건의 경우 : 차량번호 등 기타 목격 상황

　　　　실종사건의 경우 : 실종 당시 주변 상황, 어린 시절 기억 등

　※ 사건담당자 및 연락처

　　○○과 ○○팀 계급 :　　　성명 :

　　연락처(사무실 직통전화 및 휴대전화번호 반드시 기재)

첨부 : 사건서류 사본 1부. 끝.

　　　(최면 대상자, 목격자 등 진술조서 및 내용파악에 필수적인 수사보고서 등 첨부)

소변 모발채취동의서

저는 마약(or 메트암페타민) 투약혐의로 조사를 받는 홍길동입니다. 저는 마약(or 메트암페타민) 성분이 소변과 모발에 함유되어 있는지를 감정하기 위하여 직접 저의 소변(OOcc)과 모발(OO수)을 채취하여 봉합지에 넣어 날인하였습니다.

만약 저의 소변 및 모발에서 마약(or 메트암페타민) 성분이 검출되었을 시에는 그 감정결과에 승복하겠습니다.

- 아   래 -

소변 모발 채취일시 : 20OO. OO. OO. OO:OO
채취장소 : OO경찰서 마약수사팀 사무실 내

※ 입 회 인 : O O O
　Tel:
　주민등록번호:
　주 거 :

20OO. OO. OO.

위 확인인 O O O

소 변 검 사 시 인 서

본인은 메트암페타민 투약여부를 확인하기 위하여 소변에 대한 ACCUTEST MET
간이시약검사에서 그 반응을 확인한 결과 다음과 같은 반응이 있었기에
시인합니다.

-    다 음   -

검 사 일 시	20○○. ○○. ○○. ○○:○○경
검 사 장 소	
반 응	양성 · 음성

20○○. ○○. ○○.

위 확인인 ○ ○ ○

○ ○ 경 찰 서

검 사 자 : 마약수사대 ○○ ○ ○ ○

입 회 자 : ○○ ○ ○ ○

디지털 증거분석 의뢰서

1. 사건담당자

관할서	부 서	계급	성 명	연 락 처
○○경찰서	여성청소년과 사이버수사팀	경사	홍길동	경비) 일반)

2. 사건개요

3. 증거 수집 일시 및 장소

사건번호	
일 시	
장 소	

4. 분석의뢰 대상물 정보

압수증거물번호	품 명	제조사	모델명	일련번호	비 고
	컴퓨터				
	CPU				
	RAM				

5. 분석의뢰 내용 (대상물 別 작성)

압수증거물 번호	
항 목	분 석 의 뢰 내 용
키 워 드	
파 일	
인 터 넷	
전자우편	
메 신 저	
인쇄내역	
프로그램	
기 타	

○ ○ 경 찰 서

제 0000-00000 호   20○○. ○. ○.

수 신 : ○○지방검찰청장

제 목 : 감정유치장 신청

피의자 ○○○외 ○명에 대한 ○○ 피의사건에 관하여 다음 피의자를 아래와 같이 감정유치하려 하니 20○○. ○. ○.까지 유효한 감정유치장의 청구를 신청합니다.

피의자	성 명	( )
	주 민 등 록 번 호	– (세)
	직 업	
	주 거	
변 호 인		
범 죄 사 실		
7일을 넘는 유효기간을 필요로하는 취지와 사유		
둘 이상의 유치장을 신청 하 는 취 지 와 사 유		
유 치 할 장 소		
유 치 기 간		. . .부터 . . .까지 (일간)
감 정 의 목 적 및 이 유		
감정인	성 명	
	직 업	

○○경찰서

사법경찰관 ○○ 홍 길 동 (인)

○ ○ 경 찰 서

제 0000-00000 호   20○○. ○. ○.

수 신 : ○○지방검찰청장

제 목 : 감정처분허가장 신청

　　　　피의자 ○○○외 ○명에 대한 ○○ 피의사건에 관하여 다음 감정인이 아래와 같이 감정에 필요한 처분을 할 수 있도록 20○○. ○. ○.까지 유효한 감정처분허가장의 청구를 신청합니다.

피의자	성　　　명		주민등록번호	
	직　　　업			
	주　　　거			
감정인	성　　　명		주민등록번호	
	직　　　업			
감 정 위 촉 연 월 일				
감 정 위 촉 사 항				
감 정 장 소				
범 죄 사 실				
7일을 넘는 유효기간을 필요로 하는 취지와사유				
둘이상의 허가장을 신청하는 취 지 와 사 유				
감정에 필요한 처분의 이 유				
변 호 인				
비 고				

○○경찰서

사 법 경 찰 관 　○○　 홍 길 동 (인)

○ ○ 경 찰 서

수 신 자
(경유)
제 목   유전자감정 의뢰

※ 제목은 상세하게 구체적으로 기재(예: 유전자감정의뢰, 부검의뢰, 현장지문감정의뢰, 족적감정의뢰 등)할 것.

다음 사항을 감정의뢰 하오니 조속히 감정하여 주시기 바랍니다.

1. 사 건 명 :
2. 사건번호 :
3. 발생일시 :
4. 발생장소 :

| Bar - Code |
| (국과수에서 부착) |

5. 사건관련자 인적사항

구 분	성 명	주민등록번호	주 소	특이사항
변사자	홍길동			

※ 구분난은 피해자, 용의자, 관계자 등을 기재

6. 감정물 내역

종 류	채취일시	채취장소	채취방법	채취자	보존여부
증제1. 혈액5CC		○○병원	채 혈		폐기

7. 감정의뢰 사항 :
   ※ 감정의뢰 통해 알고자 하는 사항을 구체적으로 기재
   例, 사인규명, 동일성여부, 유독물질 검출여부, 독극물 함유여부, 향정신성 의약
      품 투약여부, 속도측정 등 각 분야별 사항

8. 사건개요 :
   관련사건·사고의 사실 또는 개요를 기재하되 기술내용이 많을 시는 '별지'를
   이용하여 첨부할 수 있다

9. 참고사항 :
   ※ 기타 감정에 참고가 될 사항을 기재

10. 담당자

소속			성명		계급	
전화	사무실		휴대폰	※ 반드시 기재 할 것		

11. 첨부파일 :
   ※ 현장사진 등 파일 첨부시 기재하고 전자결재 파일첨부 기능 이용하여 덧붙임

○ ○ 경 찰 서 장

○ ○ 경 찰 서

수 신 자

(경유)

제   목 족적감정의뢰

아래와 같이 절도 현장에서 채취한 족적을 감정의뢰 합니다.

* 사건번호		제20○○ - ○○호	종 류	신발 ■ 타이어 □
의뢰관서		○○경찰서	범 죄 명	절도
범행일시		20○○. 06. 15. 11:00~16:10경 까지 사이		
범행장소		○○시 매곡동 ○○대학교 공업대학3호관 107호 강의실		
피 해 자 인적사항	성 명	홍 길 동	주민번호	37세
	직 업	강 사	주 소	
용 의 자 인상착의	성 명	일체불상		
	직 업			
채취일시		20○○. 06. 17. 10:00 경		
채취장소		○○시 매곡동 ○○대학교 공업대학3호관 107호 강의실 내 의자		
채 취 자		경사 서영수	입 회 자	홍길동
감정물 종류		족적전사판 1	채취방법	전사판
범 행 개 요 (수법·피해액)		107호 강의실에 천장에 설치해 둔 빔프로젝트(시가200만원상당)를 떼어간 것임		
비 고				

○ ○ 경 찰 서

수 신 자 경 찰 청 장(과학수사센터장)

(경유)

제 목 현장지문 감정의뢰

   다음 사항을 감정의뢰 하오니 조속히 감정하여 주시기 바랍니다.

1. 사 건 명 :   강도상해

2. 사건번호 :   제○○호

3. 발생일시 :   20○○. 7.15.17:20

4. 발생장소 :   ○○시 풍덕동 청운장 여관

Bar－Code (국과수에서 부착)	

5. 사건관련자 인적사항

구 분	성 명	주민등록번호	주 소	특이사항
여관종업원	김○○			
피해자	지○○			

6. 감정물 내역

종 류	채취일시	채취장소	채취방법	채취자	보존 여부
지문	20○○. 7.18.18:30	○○시 풍덕동 청운장 306호	전사판	경위 서영수	보존

7. 감정의뢰 사항 :

   지문 소유자를 알고자 함(용의자 특정)

8. 사건개요 :

   용의자가 차 배달을 시켜 배달 나온 다방종업원을 그곳 탁자 위에 있던 플라스틱
   재떨이로 머리를 때려 치료일수 미상의 상해를 가하고 현금 15만원과 핸드폰 1개
   를 강취 한 것임

9. 참고사항 :

   감정의뢰 중인 지문은 여관 탁자 위에 있었던 생수병 뚜껑 부위에서 채취한 것으로
   지문 소유자는 용의자 또는 여관종업원 김○○으로 추정됨.

   ※ 용의자는 27－28세가량의 남자라고 함

10. 담당자

소속	형사과 과학수사팀		성명	서 영 수	계급	경사
전화	사무실		휴대폰			

 11. 첨부파일 :

제3절 DNA 감식

Ⅰ. 법규연구

1. 디엔에이 신원확인정보의 이용 및 보호에 관한 법률
2. 디엔에이 신원확인정보의 이용 및 보호에 관한 법률 시행령

Ⅱ. 용어의 뜻

1. "디엔에이"

생물의 생명현상에 대한 정보가 포함된 화학물질인 데옥시리보 핵산(Deoxyribonu cleic acid, DNA)을 말한다.

2. "디엔에이감식시료"

사람의 혈액, 타액, 모발, 구강점막 등 디엔에이감식의 대상이 되는 것을 말한다.

3. "디엔에이 감식"

개인 식별을 목적으로 디엔에이 중 유전정보가 포함되어 있지 아니한 특정 염기서열 부분을 검사·분석하여 디엔에이 신원확인정보를 취득하는 것을 말한다.

4. "디엔에이 신원확인정보"

개인 식별을 목적으로 디엔에이 감식을 통하여 취득한 정보로서 일련의 숫자 또는 부호의 조합으로 표기된 것을 말한다.

5. "디엔에이 신원확인정보데이터베이스"

법에 따라 취득한 디엔에이 신원확인정보를 컴퓨터 등 저장매체에 체계적으로 수록한 집합체로서 개별적으로 그 정보에 접근하거나 검색할 수 있도록 한 것을 말한다.

III. 디엔에이감식시료 채취

1. 수형인 등으로부터의 디엔에이감식시료 채취(법 제5조)

검사는 다음 각호의 어느 하나에 해당하는 죄 또는 이와 경합된 죄에 대하여 형의 선고, 「형법」 제59조의2에 따른 보호관찰명령, 「치료감호법」에 따른 치료감호선고, 「소년법」 제32조제1항제9호 또는 제10호에 해당하는 보호처분결정을 받아 확정된 사람(이하 "수형인등"이라 한다)으로부터 디엔에이감식시료를 채취할 수 있다.

※ 디엔에이 채취대상 범죄

죄 명	조 항	비 고
형법 제13장 방화와 실화의 죄	제164조(현주건조물등에의 방화) 제165조(공용건조물등에의 방화) 제166조제1항(일반건조물등에의 방화) 제167조제1항(일반물건에의 방화)	○미수범 해당
형법 제24장 살인의 죄	제250조(살인, 존속살해) 제253조(위계등에 의한 촉탁살인등)	○미수범 해당
형법 제25장 상해와 폭행의 죄	제258조의2(특수상해) 제261조(특수폭행)	○상습범 해당
형법 제29장 체포와 감금의 죄	제278조(특수체포·감금)	○미수, 상습범 해당
형법 제30장 협박의 죄	제284조(특수협박)	○미수범 해당
형법 제31장 약취와 유인의 죄	제287조 (미성년자의 약취, 유인) 제288조 (영리등을 위한 약취, 유인, 매매등) 제289조 (국외이송을 위한 약취, 유인, 매매) 제292조 (약취, 유인, 매매된 자의 수수 또는 은닉) 제293조 (상습범) 제294조 (미수범)	○제292조-(제291조의 약취 또는 유인된 자를 수수 또는 은닉한 경우는 제외) ○상습, 미수범 해당 (단,제291조, 제292조(제291조의 약취 또는 유인된 자를 수수 또는 은닉한 경우만 해당한다)는 제외))
형법 제32장 강간과 추행의 죄	제297조 (강간)　제297조의2(유사강간) 제298조 (강제추행)　제299조(준강간, 준강제추행) 제301조 (강간등 상해·치상) 제301조의2 (강간등 살인·치사) 제302조 (미성년자등에 대한 간음) 제303조 (업무상위력등에 의한 간음) 제305조 (미성년자에 대한 간음, 추행)	○미수범 해당
형법 제36장 주거침입의 죄	제320조(특수주거침입)	○미수범 해당
형법 제37장 권리행사를 방해하는 죄	제324조제2항(특수강요)	○미수범 해당

형법 제38장 절도와 강도의 죄	제330조(야간주거침입절도) 제331조 (특수절도) 제332조(상습범)　　　　　제333조 (강도) 제334조(특수강도)　　　　제335조 (준강도) 제336조(인질강도)　　　　제337조(강도상해, 치상) 제338조(강도살인·치사)　제339조 (강도강간) 제340조(해상강도)　　　　제341조 (상습범)	○상습, 미수범 해당 　(단,제331조의2　상습 범 및 제329조,　제331 조의2 미수범은 제외)
형법 제39장 사기와 공갈	제350조의2(특수공갈)	○미수, 상습범 해당
형법 제42장 손괴의 죄	제369조제1항(특수손괴)	○미수범 해당
폭력행위 등 처벌에 관한 법률	제2조 (폭행등)　　　　　　제3조 (집단적 폭행등) 제4조 (단체등의 구성·활동) 제5조 (단체등의 이용·지원	○제2조 제2항 제외 ○미수범 해당 　(단,제2조 제2항 제외)
특정범죄가중처벌 등에 관한 법률	제5조의2 (약취·유인죄의 가중처벌) 제1항~제6항 제5조의4 (상습 강도·절도죄 등의 가중처벌) 제1 항~제3항, 제5항 제5조의5 (강도상해 등 재범자의 가중처벌) 제5조의8 (단체 등의 조직) 제5조의9 (보복범죄의 가중처벌 등) 제11조 (마약사범 등의 가중처벌)	
성폭력범죄의 처벌 등에 관한 특례법	제3조부터 제11조까지 및 제15조(제13조의 미 수범은 제외)의 죄	
마약류관리에 관한 법률	제58조(벌칙)~제61조(벌칙)	
아동·청소년의 성보호에 관한 법률	제7조 (아동·청소년에 대한 강간·강제추행 등) 제9조 (아동·청소년 매매행위) 제10조 (아동·청소년의 성을 사는 행위 등) 제11조 (아동·청소년에 대한 강요행위 등)	○제11조 제3항 제외
군형법	제53조제1항(상관 살해와 예비, 음모) 제59조제1항(초병살해와 예비, 음모) 제66조(군용시설 등에 대한 방화) 제67조(노적 군용물에 대한 방화) 제82조(약탈) 제83조(약탈로 인한 치사상) 제84조(전지 강간)	○미수범 해당

2. 구속피의자 등으로부터의 디엔에이감식시료 채취 (법 제6조)

검사 또는 사법경찰관은 제5조제1항 각 호의 어느 하나에 해당하는 죄 또는 이와 경합된 죄를 범하여 구속된 피의자 또는 「치료감호법」에 따라 보호구속된 치료감호 대상자(이하 "구속피의자등"이라 한다)로부터 디엔에이감식시료를 채취할 수 있다.

　가. 사건담당자

　(1) KICS에서 제공하는 프로그램 및 서식을 활용하여 업무처리

　　⇒ 서식 : 동의서, DNA감식시료채취영장 신청, DNA감식시료 채취보고서 등

(2) 구속피의자 감식시료 채취대상 요건

DNA 법률 제5조 제1항에 해당하는 범죄로

① 동의에 의한 경우 : '채취 거부할 수 있음'을 대상자에게 사전 고지하고 동의서 징수 후 채취

② 동의하지 않는 경우 : 대상자에 대한 'DNA감식시료채취영장'신청, 발부받아 채취

⇒ 영장신청 첨부서류 : 구속영장 사본, 대상자 부동의 수사보고 등

③ 시료채취를 필요로 하는 사유

- 피의자는 ○○피의사건으로 20○○. ○. ○. 구속영장이 발부되어 20○○. ○. ○. ○○경찰서 유치장에 구속 수감되었다.

- 피의자는 디엔에이 감식시료 채취 대상범죄에 해당하는 피의사건으로 구속되어 '디엔에이신원확인정보의 이용 및 보호에 관한 법률' 제6조의 디엔에이 감식시료 채취대상자에 해당한다.

- 피의자는 시료채취에 동의하지 않아 디엔에이신원확인정보의 이용 및 보호에 관한 법률' 제8조의 디엔에이 감식시료 채취영장을 발부받아 디엔에이 감식시료를 채취하고자 함.

(3) 배부된 '노란색' 감식시료 채취키트를 활용하여 피의자 DNA 감식시료 채취

① '구강 상피세포 면봉 채취' 방법 활용을 기본으로 함

② DNA 감식시료 채취키트에 피의자 성명 등 각 기재사항 기재 후 구속피의자 DNA 감식시료 채취

(4) KICS 프로그램에서 DNA 감식시료 채취에 관한 각 사항을 입력하고 '식별코드'생성 요청

(5) 채취과정에서 생성된 동의서 또는 DNA감식시료채취영장, DNA감식시료 채취보고서 등 서류는 수사서류에 편철

(6) 동의서 사본 또는 DNA감식시료채취영장 사본, DNA감식시료 채취보고서 사본을 DNA 감식시료 채취키트와 함께 과학수사요원에게 제출

나. 과학수사요원

① 동의서 사본 또는 DNA감식시료채취영장 사본, DNA감식시료 채취보고서 사본 등을 확인하여 별도 파일 폴더에 편철

② 사건담당자가 KICS 프로그램에서 식별코드 생성을 요청했는지 확인

③ DIMS에 접속, 해당 구속피의자의 식별코드를 생성·출력하고 해당 구속피의자의 DNA감식시료 채취키트에 식별코드 스티커를 부착

⇒ DIMS : DNA Identification Management System

다. 감정의뢰

① 구속피의자 DNA감식시료 채취키트 송부

국립과학수사연구원 본원(양천구 신월동)로 구속피의자 DNA감식시료 채취키트를 '구속피의자 DNA감식시료 감정의뢰' 공문과 함께 송부

※ 의뢰공문에 피의자 성명, 주민등록번호는 기재하지 않고, 식별코드, 감식시료 종류, 채취일시 및 장소, 채취 방법, 채취자 등 기재

② 송부방법

등기, 택배, 인편 등을 활용하고, 인편 송부시에는 각 시도경찰청·경찰서 상황에 맞게 사건담당자 또는 과학수사요원이 송부

3. 범죄현장 등으로부터의 디엔에이감식시료 채취 (법 제7조)

가. 검사 또는 사법경찰관은 다음 각 호의 어느 하나에 해당하는 것(이하 "범죄현장 등"이라 한다)에서 디엔에이감식시료를 채취할 수 있다.

① 범죄현장에서 발견된 것

② 범죄의 피해자 신체의 내·외부에서 발견된 것

③ 범죄의 피해자가 피해 당시 착용하거나 소지하고 있던 물건에서 발견된 것

④ 범죄의 실행과 관련된 사람의 신체나 물건의 내·외부 또는 범죄의 실행과 관련한 장소에서 발견된 것

나. 위와 같이 채취한 디엔에이감식시료에서 얻은 디엔에이 신원확인정보는 그 신원이 밝혀지지 아니한 것에 한정하여 데이터베이스에 수록할 수 있다.

① 범죄현장 등에서 채취한 신원불상 DNA 감식시료는 일반 범죄현장 증거물과 마찬가지로 SCAS내 증거물 관리시스템에서 범죄현장 증거물로 등록하고, 일련번호를 생성·출력하여 범죄현장 신원불상 DNA 감식시료 채취키트 등에 부착

⇒ 범죄현장 등 감식시료 채취는 종전 '하얀색' DNA 감식시료 채취키트 사용

② 국립과학수사연구원 본원 또는 분원으로 범죄현장 신원불상 DNA 감식시료 채취키트 등을 일반 감정의뢰공문('범죄현장 DNA 감식시료 감정의뢰' 등)에 의해 감정의뢰

Ⅳ. 디엔에이 감식시료 채취 영장

① 검사는 관할 지방법원 판사에게 청구하여 발부받은 영장에 의하여 제5조 또는 제6조에 따른 디엔에이감식시료의 채취대상자로부터 디엔에이감식시료를 채취할 수 있다.

② 사법경찰관은 검사에게 신청하여 검사의 청구로 관할 지방법원 판사가 발부한 영장에 의하여 제6조에 따른 디엔에이감식시료의 채취대상자로부터 디엔에이감식시료를 채취할 수 있다.

③ 제1항과 제2항의 채취대상자가 동의하는 경우에는 영장 없이 디엔에이감식시료를 채취할 수 있다. 이 경우 미리 채취대상자에게 채취를 거부할 수 있음을 고지하고 서면으로 동의를 받아야 한다.

④ 제1항 및 제2항에 따라 디엔에이감식시료를 채취하기 위한 영장(이하 "디엔에이감식시료채취영장")을 청구할 때에는 채취대상자의 성명, 주소, 청구이유, 채취할 시료의 종류 및 방법, 채취할 장소 등을 기재한 청구서를 제출하여야 하며, 청구이유에 대한 소명자료를 첨부하여야 한다.

⑤ 디엔에이감식시료채취영장에는 대상자의 성명, 주소, 채취할 시료의 종류 및 방법, 채취할 장소, 유효기간과 그 기간을 경과하면 집행에 착수하지 못하며 영장을 반환하여야 한다는 취지를 적고 지방법원 판사가 서명날인하여야 한다.

⑥ 디엔에이감식시료채취영장은 검사의 지휘 때문에 사법경찰관리가 집행한다. 다만, 수용기관에 수용된 사람에 대한 디엔에이감식시료채취영장은 검사의 지휘 때문에 수용기관 소속 공무원이 행할 수 있다.

⑦ 검사는 필요에 따라 관할구역 밖에서 디엔에이감식시료채취영장의 집행을 직접 지휘하거나 해당 관할구역의 검사에게 집행 지휘를 촉탁할 수 있다.

⑧ 디엔에이감식시료를 채취할 때에는 채취대상자에게 미리 디엔에이감식시료의 채취이유, 채취할 시료의 종류 및 방법을 고지하여야 한다.

⑨ 디엔에이감식시료채취영장에 의한 디엔에이감식시료의 채취에 관하여는 「형사소송법」 제116조, 제118조, 제124조부터 제126조까지 및 제131조를 준용한다.

Ⅴ. 디엔에이감식시료 채취 방법

디엔에이감식시료를 채취할 때에는 구강점막에서의 채취 등 채취대상자의 신체나 명예에 대한 침해를 최소화하는 방법을 사용하여야 한다.

1. 구강점막에서의 채취

2. 모근을 포함한 모발의 채취

3. 그 밖에 디엔에이를 채취할 수 있는 신체부분, 분비물, 체액의 채취(제1호 또는 제2호에 따른 디엔에이감식시료의 채취가 불가능하거나 현저히 곤란한 경우에 한정한다)

Ⅵ. DNA DB 활용

1. 구속피의자 DNA DB 입력 시

범죄현장 신원불상 DNA 감식시료 DB를 검색하여 일치하는 결과 산출 시 국과원에서 일선 통보

2. 범죄현장 신원불상 DNA 감식시료 DB 입력 시

범죄현장 신원불상 DNA 감식시료 DB, 구속피의자 DB, 형 확정자 DB 등을 검색하여 일치하는 결과 산출 시 경찰청(국과원)에서 일선 통보

3. 수사 중인 사건 용의자 DNA 감식시료의 감식

사건 수사관서에서 국립과학수사연구원 유전자분석과에 해당사건 범죄현장에서 채취한 신원불상 DNA 감식시료와 일치하는지 일반 감정의뢰공문에 의해 감정의뢰

⇒ 일치 여부 결과 산출 시 국과원에서 일선 통보

※ 용의자 DNA 감식시료 채취는 종전 하얀색 DNA 감식시료 채취키트 사용

※ 감정의뢰 시 DNA 감식시료 식별코드, 일련번호 등은 생성하지 않음

※ 감정이 끝난 용의자 DNA 감식시료의 신원확인정보는 DNA 법률에 따른 신원확인정보 DB에 입력할 수 없음

※ 신원확인정보 DB에 입력하기 위해서는 별도의 DNA 법률에 따른 채취요건과 절차를 따라야 함

4. 수사 중인 사건 용의자 DNA 감식시료의 여죄 검색

사건 수사관서에서 국립과학수사연구원 유전자분석과에 여죄가 있는지를 알기 위해 일반 감정의뢰공문에 의해 범죄현장 신원불상 DNA DB 검색 요청

⇒ 여죄 여부 결과 산출 시 국과원에서 일선 통보

※ 용의자 DNA 감식시료 채취 하얀색 감식시료 채취키트를 사용

※ 감정의뢰 시 DNA 감식시료 식별코드 생성하지 않음

※ 감정이 끝난 용의자 DNA 감식시료의 신원확인정보는 DNA 법률에 따른 신원확인정보 DB에 입력할 수 없음

※ 신원확인정보 DB에 입력하기 위해서는 별도의 DNA 법률에 따른 채취요건과 절차를 따라야 함

디 엔 에 이 감 식 시 료   채 취 보 고 서

대상자	성 명	( )
	주민등록번호	(세)
	주 소	
	연 락 처	
사건번호 및 죄명		
구속영장 집행일시		
체취한 일시·장소		
채 취 방 법		□ 구강상피 □ 모발(모근 포함) □ 기타( )

위와 같이 디엔에이감식시료를 채취하였습니다.

2000. ○. ○.

채 취 자 :   ㉑

첨 부 : 디엔에이감식시료채취동의서   1통
          디엔에이감식시료채취영장 사본   1통
          디엔에시감식시료   1점

디 엔 에 이 감 식 시 료 채 취 동 의 서

대상자	성 명	( )
	주민등록번호	(세)
	주 소	
	연 락 처	
사건번호 및 죄명		
체취한 일시·장소		
채 취 사 유		
채 취 방 법		□ 구강상피 □ 모발 (모근 포함) □ 기타 ( )

1. 저는 시료를 채취하는 이유, 채취할 시료의 종류, 시료를 채취하는 방법에 관하여 고지를 받았습니다.

1. 저는 시료채취에 응하지 않을 수 있음을 고지 받았습니다.

1. 저는 시료채취를 함에

   □ 동의합니다.

   □ 동의하지 않습니다. (부동의 사유 :   )

20○○. ○. ○.

채취대상자 :   ㊞

위 각 사항을 고지하였음

20○○. ○. ○.

채 취 자 :   ㊞

○○경찰서

제   호   20○○. ○. ○.

수 신 : ○○지방검찰청

제 목 : 디엔에이감식시료채취영장 신청

다음 대상자에 대하여 디엔에이감식시료를 채취하려 하니 20○○. ○. ○.까지 유효한 디엔에이감식시료영장의 청구를 신청합니다.

채취대상자	성 명	( )
	주민등록번호	(세)
	직 업	
	주 거	
변 호 인		
채 취 할 시 료 의 종 류		
시 료 의 채 취 방 법		☐ 구강상피 ☐ 모발(모근 포함) ☐ 기타( )

시   료   채   취 를
필 요 로 하 는 사 유
		피의자는 ○○피의사건으로 20○○. ○. ○. 구속영장이 발부되어 20○○. ○. ○. ○○경찰서 유치장에 구속 수감되었다.
		  피의자는 디엔에이 감식시료 채취 대상범죄에 해당하는 피의사건으로 구속되어 '디엔에이신원확인정보의 이용 및 보호에 관한 법률' 제6조의 디엔에이 감식시료 채취대상자에 해당한다.
		  피의자는 시료채취에 동의하지 않아 같은법 '제8조의 디엔에이 감식시료 채취영장을 발부받아 디엔에이 감식시료를 채취하고자 함.

7일을 넘는 유효기간을 필요로 하는 취지와 사유		
둘 이 상 의 영 장 을 신청하는 취지와 사유		
일출전 또는 일몰후 집행을 필요로 하는 사유		

○○경찰서

사법경찰관 경위 홍 길 동 (인)

○ ○ 경 찰 서

수 신 자
(경유)
제 목   유전자감정 의뢰
　　　　다음 사항을 감정의뢰 하오니 조속히 감정하여 주시기 바랍니다.

1. 사 건 명 :　　살인, 절도, 강도, 강간 등

2. 사건번호 :　　제○○호

3. 발생일시 :　　20○○. 7.15.17:20

4. 발생장소 :　　○○시 풍덕동 청운장 여관

5. 사건관련자 인적사항

┌─────────────────┐
│   Bar－Code   │
│ (국과수에서 부착) │
└─────────────────┘

※ 수신자는
　　국과수 발송 시 국립과학수사연구원장, 경찰청 발송 시 경찰청 과학수사센터장으로 지정
※ 문서 제목은
　　상세하게 구체적으로 기재(예:유전자분석의뢰, 부검의뢰, 현장지문감정의뢰, 족적감정의
　　뢰 등) 하고, 공문 기안 시 빨간색 및 예시사항은 반드시 삭제 후 작성할 것.

　　다음 사항을 감정의뢰 하오니 조속히 감정하여 주시기 바랍니다.

구 분	성 명	주민등록번호	주　　소	특이사항
피해자	피해자		000시 000구 000동	
피의자	피의자			
예) 용의자	홍두깨	611111-1234567	000시 000구 000동	

※ 1. 구분 항목은 피해자, 용의자, 관계자 등을 기재하고 사건관련자 인적사항도
　　　반드시 기록
　　2. 사건관련자와 관련된 감정물에 표시된 이름이 차이가 없도록 주의
　　3. 구분란은 피해자, 용의자, 관계자 등을 기재

6. 감정물 내역

종류	채취일시	채취장소	채취방법	채취자 (소속)	보존 여부
예1) 성폭력응급 키트	20○○-○-○	00병원	성폭력응급 키트를 사용	홍길동	반환
예2) 구강채취면봉 3 점		00경찰서 사무실	구강채취면봉사용	홍길동	폐기
예3) 의류		사건 현장	사건현장에서 수거	홍길동	반환

※ 1. 감정물의 종류와 수량을 정확하게 기록
　 2. 채취자의 성명을 반드시 기록

7. 감정의뢰 사항 :

예) • 위 감정물에 대한 피해자 또는 피의자의 유전자형 검출여부
　 • 위 감정물에서 정액 검출 유·무 또는 남성 유전자형 검출 여부
　 • 위의 검색 대상자에서 검출된 유전자형과 20○○년도 00서 수/형사과 20○○
　　 -1234(관서번호), (20○○. ○. ○.)(접수일자), 20○○-M-12345(국과원 접수번
　　 호)에 대한 유전자형 대조분석.
　 • 검색 대상자에서 검출된 유전자형과 국과원에서 구축 관리 중인 미해결 사건 유전자형과
　　 비교·검색.

8. 사건개요 :

　 사건에 대한 구체적이고 자세한 기록이 더욱 신속하고 정확한 감정 업무를 수행할
수 있도록 도움을 줄 수 있음

　 예) • 살인, 폭력, 절도 등과 같은 경우: 피해자의 자세한 피해상황과 가해자의 상처유무
　　　 를 포함한 상세한 기록(관련자의 수, 장소, 사용된 도구 등)
　　 • 성폭력, 강간 등과 같은 경우 : 피해자의 자세한 피해상황과 가해자의 상처유무를
　　　 포함한 상세한 기록(예를 들어 관련된 사람의 수 또는 강간과 강간미수에 대한 정
　　　 보, 강간직전 관계한 남성 등에 대한 정보는 감정처리에 중요한 정보가 됨.)
　　 • 용의자, 피의자 등의 검색 : 특정사건과 비교·검색의 경우는 7번 사항에 있는 관서
　　　 번호, 접수일자, 국과원 접수번호 기록 및 기존 국과원 감정서 사본을 반드시 첨부

9. 참고사항 :

　※ 기타 감정에 참고가 될 사항을 기재
　　단, 경찰청에 변사자 신원확인 의뢰 시는(추정: 변사자 인적사항), 신체특징 및 착의상
　　　태 등 감정 업무에 참고할 사항을 기재 할 것

10. 담당자

소속	○○경찰서 형사과		성명	홍길동	계급	경위
전화	사무실	031-1234-4567	휴대폰	※반드시 기재할 것		

　※ 전자문서 발송의 혼란을 초래하지 않도록 성명, 휴대폰 번호를 반드시 정확하
　　게 기록

11. 첨부파일 :

　※ 특정 사건과 관련된 검색의뢰 시에는 기 회보된 국과원 감정서 사본을 반드시 첨부해
　　야 함.
　※ 현장사진 등 파일 첨부 시 기재하고 전자결재 파일첨부 기능 이용하여 덧붙임

제5장

통 신 수 사

제1절 통신수사 일반

1. 허가 및 자료요청의 주체

가. 통신비밀보호법 제6조제2항, 제13조 제1항에 따른 통신제한조치 및 통신사실확인자료제공 요청의 허가신청은 사법경찰관이 하여야 한다.

나. 전기통신사업법 제54조 제3항에 따른 통신자료의 요청은 경찰서장 및 시도경찰청·경찰청 과장 이상 결재권자의 직책, 직급, 성명을 명기하여 사법경찰관리가 요청할 수 있다.

2. 남용방지

가. 사법경찰관은 통신제한조치 허가신청 시 통신비밀보호법 제5조, 제6조에서 규정한 대상범죄, 신청방법, 관할법원, 허가요건 등을 충분히 검토하여 남용 및 기각되지 않도록 하여야 한다.

나. 통신사실확인자료제공요청 허가신청 시 요청사유, 해당 가입자와의 연관성, 필요한 자료의 범위 등을 명확히 하여 남용 및 기각되지 않도록 하여야 한다.

3. 관 할

가. 통신제한조치의 관할은 그 통신제한조치를 받을 통신당사자의 쌍방 또는 일방의 주소지·소재지, 범죄지, 통신당사자와 공범관계에 있는 자의 주소지·소재지를 관할하는 지방법원 또는 지원을 말한다.

나. 통신사실확인자료의 관할은 피의자, 피혐의자의 주소지·소재지, 범죄지 또는 해당 가입자의 주소지·소재지를 관할하는 지방법원 또는 지원을 말한다.

4. 허가신청방법

가. 사법경찰관은 통신제한조치신청 및 통신사실확인자료제공요청의 허가신청은 원칙적으로 피의자별 또는 피혐의자별로 하여야 한다.

나. 통신사실확인자료의 경우 동일한 범죄의 수사 또는 동일인에 대한 형의 집행을 위하여 피의자 또는 피혐의자가 아닌 다수의 가입자에 대하여 1건의 허가신청서에 요청할 수 있다.

5. 자료제공요청 방법

가. 통신제한조치 허가신청은 반드시 서면으로 하여야 한다.

나. 통신사실확인자료 및 통신자료제공요청은 모사전송에 의하여 할 수 있다. 이 경우 신분을 표시하는 증표를 함께 제시하여야 한다.

6. 허가서의 반납

통신제한조치의 집행 또는 통신사실확인자료 제공요청이 불가능하거나 필요없게 된 경우에는 허가서번호, 허가서발부일자 및 수령일자, 수령자 성명, 집행 불능의 사유를 기재하여 통신제한조치허가서 또는 통신사실확인자료 제공요청 허가서를 법원에 반환하여야 한다.

7. 집행결과보고

가. 통신제한조치 및 통신사실확인자료를 제공받아 집행한 후 수사 또는 입건전조사한 사건을 종결할 경우 그 결과를 검사에게 통보하여야 한다.

나. 타 관서에서 통신수사를 집행한 사건을 이송받아 입건전조사한 후 입건전조사종결한 경우는 입건전조사종결한 관서에서 허가서를 청구한 검찰청에 집행결과를 보고한 후 허가서를 신청한 관서로 사건처리결과를 통보하여야 한다.

8. 통신제한조치 취득자료 보관

통신제한조치 집행으로 취득한 물건은 허가서 및 집행조서와 함께 봉인한 후 허가번호 및 보존기간을 표기하여 별도로 보관하고 수사담당자 외의 자가 열람할 수 없도록 하여야 한다.

※ 통신수사의 종류 및 절차 요약

구 분	통신제한조치	통신사실 확인자료	통신자료
근 거	통신비밀보호법 　제5조~제9조의2	통신비밀보호법 　제2조 제11호, 제13조	전기통신사업법 　제54조 제3항
개 념	우편물의 검열, 전기통신 감청으로 그 내용 지득 또는 채록, 송수신 방해	• 가입자 전기통신일시, 전기통신 개시·종료시각, 착발신 통신번호 내역, 위차기지국 추적자료 • 컴퓨터통신 및 인터넷 로그기록 자료, 위치 및 접속시 추적자료	• 전화가입자 인적사항 및 가입, 해지일자 • 인터넷 가입자 인적사항, 아이디 등
대상범죄	통신비밀보호법 제5조의 범죄	제한 없음	제한 없음
요 건	• 범죄를 계획 또는 실행하고 있거나 실행하였다고 의심할만한 충분한 이유가 있고 • 다른 방법으로는 그 범죄의 실행을 저지하거나 범인의 체포 또는 증거의 수집이 어려운 경우	수사 또는 형의 집행을 위하여 필요한 경우	재판, 수사, 형의 집행 또는 국가안전보장에 대한 위해를 방지하기 위한 정보수집
허가(승인) 절 차	• 범죄수사 : 법원의 허가 • 국가안보 :대통령 승인, 고등법원 수석판사허가	경찰 신청 → 검사 청구 　→법원 허가	수사관서의 장 명의로 요청
긴급한 경 우	국가안보 위협하는 음모행위, 직접적인 사망이나 심각한 상해의 위험을 야기할 수 있는 범죄 또는 조직범죄 등 중대한 범죄의 계획이나 실행 등 긴박한 상황	• 법원의 허가를 받을 수 없는 긴급한 사유가 있는 때에는 통신사실 확인자료제공을 요청한 후 바로 그 허가를 받아 전기통신사업자에게 송부 • 법원의 허가를 받지 못한 경우지체 없이 제공받은 통신사실확인자료를 폐기	
서류작성	KICS에서 작성	KICS에서 작성	KICS에서 작성

제2절 통신제한조치

Ⅰ. 통신제한조치의 개념

통신비밀보호법상 통신제한조치 ┬ 우편물의 검열
                            └ 전기통신의 감청

1. 우편물의 검열(통신비밀보호법 제2조 제6호)

우편물에 대하여 당사자의 동의 없이 이를 개봉하거나 기타의 방법으로 그 내용을 지득 또는 채록하거나 유치하는 것을 말한다.

2. 전기통신의 감청(법 제2조 제7호)

감청은 전기통신에 대하여 당사자 동의 없이 전자장치·기계장치 등을 사용하여 통신의 음향, 문언, 부호·영상을 청취·공독하여 그 내용을 지득 또는 채록하거나 전기통신의 송·수신을 방해하는 것을 말한다.

✳ 통신사실확인자료(법 제2조 제11호)

① 가입자의 전기통신일시
② 전기통신개시·종료시간
③ 발·착신 통신번호 등 상대방의 가입자번호
④ 사용도수
⑤ 컴퓨터통신 또는 인터넷의 사용자가 전기통신역무를 이용한 사실에 관한 컴퓨터통신 또는 인터넷의 로그기록자료
⑥ 정보통신망에 접속된 정보통신기기의 위치를 확인할 수 있는 발신기지국의 위치추적자료
⑦ 컴퓨터통신 또는 인터넷의 사용자가 정보통신망에 접속하기 위하여 사용하는 정보통신기기의 위치를 확인할 수 있는 접속지의 추적자료
※ 따라서 인터넷상의 비공개 게시내용, 음성사서함 등의 내용을 지득·채록하는 것은 감청의 유형에 해당, 실시간 착발신 추적자료의 경우는 그 내용의 지득이 아니므로 통신사실확인자료에 해당된다.

II. 통신제한조치 대상범죄(법 제5조)

1. 형법 제2편 중 제1장 내란의 죄, 제2장 외환의 죄중 제92조 내지 제101조의 죄, 제4장 국교에 관한 죄중 제107조, 제108조, 제111조 내지 제113조의 죄, 제5장 공안을 해하는 죄중 제114조, 제115조의 죄, 제6장 폭발물에 관한 죄, 제7장 공무원의 직무에 관한 죄중 제127조, 제129조 내지 제133조의 죄, 제9장 도주와 범인은닉의 죄, 제13장 방화와 실화의 죄중 제164조 내지 제167조·제172조 내지 제173조·제174조 및 제175조의 죄, 제17장 아편에 관한 죄, 제18장 통화에 관한 죄, 제19장 유가증권, 우표와 인지에 관한 죄중 제214조 내지 제217조, 제223조(제214조 내지 제217조의 미수범에 한한다) 및 제224조(제214조 및 제215조의 예비·음모에 한한다), 제24장 살인의 죄, 제29장 체포와 감금의 죄, 제30장 협박의 죄중 제283조제1항, 제284조, 제285조(제283조제1항, 제284조의 상습범에 한한다), 제286조[제283조제1항, 제284조, 제285조(제283조제1항, 제284조의 상습범에 한한다)의 미수범에 한한다]의 죄, 제31장 약취와 유인의 죄, 제32장 강간과 추행의 죄중 제297조 내지 제301조의2, 제305조의 죄, 제34장 신용, 업무와 경매에 관한 죄중 제315조의 죄, 제37장 권리행사를 방해하는 죄중 제324조의2 내지 제324조의4·제324조의5(제324조의2 내지 제324조의4의 미수범에 한한다)의 죄, 제38장 절도와 강도의 죄중 제329조 내지 제331조, 제332조(제329조 내지 제331조의 상습범에 한한다), 제333조 내지 제341조, 제342조[제329조 내지 제331조, 제332조(제329조 내지 제331조의 상습범에 한한다), 제333조 내지 제341조의 미수범에 한한다]의 죄, 제39장 사기와 공갈의 죄중 제350조의 죄
2. 군형법 제2편중 제1장 반란의 죄, 제2장 이적의 죄, 제3장 지휘권 남용의 죄, 제4장 지휘관의 강복과 도피의 죄, 제5장 수소이탈의 죄, 제7장 군무태만의 죄중 제42조의 죄, 제8장 항명의 죄, 제9장 폭행·협박·상해와 살인의 죄, 제11장 군용물에 관한 죄, 제12장 위령의 죄중 제78조·제80조·제81조의 죄
3. 국가보안법에 규정된 범죄
4. 군사기밀보호법에 규정된 범죄
5. 군사기지및군사시설보호법에 규정된 범죄
6. 마약류관리에관한법률에 규정된 범죄중 제58조 내지 제62조의 죄
7. 폭력행위등처벌에관한법률에 규정된 범죄중 제4조 및 제5조의 죄

8. 총포 · 도검 · 화약류등단속법에 규정된 범죄중 제70조 및 제71조제1호 내지 제3호의 죄

9. 특정범죄가중처벌등에관한법률에 규정된 범죄중 제2조 내지 제8조, 제10조 내지 제12조의 죄

10. 특정경제범죄가중처벌등에관한법률에 규정된 범죄중 제3조 내지 제9조의 죄

11. 제1호와 제2호의 죄에 대한 가중처벌을 규정하는 법률에 위반하는 범죄

12. 「국제상거래에 있어서 외국공무원에 대한 뇌물방지법」에 규정된 범죄 중 제3조 및 제4조의 죄

Ⅲ. 통신제한조치 허가절차(범죄수사를 위한 통신제한조치)

1. 요 건

가. 통신제한조치 대상범죄를 계획 또는 실행하고 있거나 실행하였다고 의심할만한 충분한 이유〈범죄에 대한 소명〉

나. 다른 방법으로는 그 범죄의 실행을 저지하거나 범인의 체포 또는 증거의 수집이 어려운 경우〈보충적 수단〉

　❋ 2중의 소명이 필요(가 + 나)

2. 허가기간 : 3월(개정 전) ⇒ 2월(개정 후)로 단축, 필요시 연장 가능

　❋ 허가기간 중이라도 통신제한조치 목적 달성 시 즉시 종료하여야 함

3. 관할법원

통신제한조치를 받을 통신당사자의 쌍방 또는 일방의 주소지 · 소재지, 범죄지 또는 통신당사자와 공범관계에 있는 자의 주소지 · 소재지를 관할하는 지방법원 또는 지원

4. 청구방법

피의자별 또는 피혐의자별로 허가청구

　❋ 종전에는 사건 단위로 1건의 청구로 여러명에 대해 동시에 청구 가능

Ⅳ. 통신제한조치의 집행(법 제9조)

1. 집행절차

가. 통신제한조치의 집행을 위탁하거나 집행에 관한 협조를 요청하는 자는

    ○ 통신제한조치허가서(대통령 승인을 받아서 하는 경우, 대통령 승인서) 표지의 사본 및 위탁의뢰서 교부

    ○ 집행자의 신분을 표시할 수 있는 증표 제시

나. 통신제한조치의 집행을 위탁받거나 이에 관한 협조요청을 받은 자는 통신제한조치허가서의 표지사본을 보존

    ✱ 표지의 사본에는 통신제한조치의 종류·대상·범위·기간 및 집행장소와 방법 등이 표시되어야 하며, 특히 수사기밀이 포함될 수 있는 범죄사실 등은 허가서 표지에 포함되지 않도록 주의

2. 집행의 협조 및 위탁

가. 집행의 협조(시행령 제13조)

> 제13조(통신제한조치 집행의 협조) 검사·사법경찰관 또는 정보수사기관의 장(그 위임을 받은 소속 공무원을 포함한다)이 체신관서 그 밖의 관련기관 등에 통신제한조치의 집행에 관한 협조를 요청하는 때에는 법 제9조제2항의 규정에 의한 통신제한 조치허가서(법 제7조제1항제2호의 경우에는 대통령의 승인서를 말한다. 이하 제14조제2항, 제15조제1항·제2항 및 제15조의2제1항 내지 제3항에서 같다) 또는 긴급감청서등의 표지의 사본을 교부하고 자신의 신분을 표시할 수 있는 증표를 체신관서 그 밖의 관련기관의 장에게 제시하여야 한다.

나. 집행의 위탁(시행령 제14조)

> 제14조(통신제한조치의 집행위탁) ① 검사·사법경찰관 또는 정보수사기관의 장은 법 제9조제1항의 규정에 의하여 통신제한조치를 받을 당사자의 쌍방 또는 일방의 주소지·소재지, 범죄지 또는 통신당사자와 공범관계에 있는 자의 주소지·소재지를 관할하는 다음 각호의 기관에 대하여 통신제한조치의 집행을 위탁할 수 있다.
> 1. 5급이상의 공무원을 장으로 하는 우체국
> 2. 「전기통신사업법」의 규정에 의한 전기통신사업자
> ② 검사·사법경찰관 또는 정보수사기관의 장(그 위임을 받은 공무원을 포함한다)이 제1항 각호에 규정된 기관(이하 "체신관서등"이라 한다)에 통신제한조치의 집행을 위탁하고자 하는 때에는 체신관서등에 대하여 소속기관의 장이 발행한 위탁의뢰서와 함께 통신제한조치허가서 또는 긴급감청서등의 표지의 사본을 교부하고 자신의 신분을 표시할 수 있는 증표를 제시하여야 한다.
> ③ 제1항 및 제2항에 규정된 사항외에 수탁업무의 범위등 위탁에 필요한 사항에 대하여는 지식경제부장관 또는 전기통신사업자의 장과 집행을 위탁한 기관의 장이 협의하여 정한다.

※ 〈 주의사항 〉 벌칙조항 신설

① ┌ 표지사본 교부없이 위탁·협조요청한 자(수사기관 등)
   └ 표지사본 교부없이 집행·집행에 협조한 자(통신업체 등)

   ⇒ 10년이하의 징역
② 표지사본을 보존하지 아니한 자 ⇒ 5년이하의 징역 또는 3천만원이하의 벌금

3. 대장비치 의무

– 비치 의무자 : 집행자, 위탁받은자, 협조요청을 받은자
  ❋ 대장 기재사항
    1) 통신제한조치를 청구한 목적
    2) 집행 또는 협조일시 및 대상 등 기재
– 비치의무 위반 시 5년이하의 징역, 또는 3천만원이하의 벌금

◖ V. 통신제한조치 집행사실 통지제도(법 제9조의2)

1. 통신제한조치 집행사실 통지

가. 통지 기간

사법경찰관은 제6조제1항 및 제8조제1항의 규정에 따른 통신제한조치를 집행한 사건에 관하여 검사로부터 공소를 제기하거나 제기하지 아니하는 처분(기소중지 결정을 제외한다)의 통보를 받거나 입건전조사사건에 관하여 입건하지 아니하는 처분을 한때에는 그 날부터 30일 이내에 우편물 검열의 경우에는 그 대상자에게, 감청의 경우에는 그 대상이 된 전기통신의 가입자에게 통신제한조치를 집행한 사실과 집행기관 및 그 기간 등을 서면으로 통지하여야 한다.

❋ 기소중지의 경우 기소중지 시에는 통지대상이 아니나, 이를 재기하여 종국 처분하면 통지대상이 됨(참고인 중지도 동일)

나. 통지대상

(가) 통신제한조치(사전허가)와 긴급통신제한조치 모두 해당함
(나) 통지 대상자
  ① 우편물 : 대상자(발송인·수취인 관계없이 허가서에 기재된 사람)
  ② 감청 : 대상이 된 전기통신의 가입자(가입 명의자)

❋ 통지대상을 누구로 할 것인가에 대한 신중한 검토 필요

다. 내 용

(가) 통신제한조치를 집행한 사실

(나) 집행기관 및 그 기간 등

라. 방 법 : 서면 통지(구두 · 전화통지는 불가)

❋ 반드시 특별송달 또는 이에 준하는 방법(예를 들면, 대상자에게 직접 교부 후 수령증 징구 등)에 의하도록 하여야 함

마. 송달불능된 통지의 처리

(가) 보정이 가능한 사안은 보정 후 재통지

(나) 보정이 불가능한 사안은 송달불능 보고서를 기록에 편철하고, 사본 1부를 전담직원에게 인계하여 통신제한조치 집행사실 통지부에 송달 불능사실을 기재하게 하고, 편철 · 보고토록 함

바. 벌칙조항

통지를 아니 한 경우 3년이하의 징역 또는 1천만원이하의 벌금

2. 통신제한조치 집행사실 통지유예

제9조의2(통신제한조치의 집행에 관한 통지) ③ 정보수사기관의 장은 제7조제1항제1호 본문 및 제8조제1항의 규정에 의한 통신제한조치를 종료한 날부터 30일 이내에 우편물 검열의 경우에는 그 대상자에게, 감청의 경우에는 그 대상이 된 전기통신의 가입자에게 통신제한조치를 집행한 사실과 집행기관 및 그 기간 등을 서면으로 통지하여야 한다.

④ 제1항 내지 제3항의 규정에 불구하고 다음 각호의 1에 해당하는 사유가 있는 때에는 그 사유가 해소될 때까지 통지를 유예할 수 있다.

1. 통신제한조치를 통지할 경우 국가의 안전보장 · 공공의 안녕질서를 위태롭게 할 현저한 우려가 있는 때

2. 통신제한조치를 통지할 경우 사람의 생명 · 신체에 중대한 위험을 초래할 염려가 현저한 때

⑤ 제4항에 따라 통지를 유예하려는 경우에는 소명자료를 첨부하여 다음 각호에 따른 승인을 얻어야 한다.

1. 검찰청 검사 또는 사법경찰관: 관할 지방검찰청검사장의 승인

2. 고위공직자범죄수사처 소속 검사: 고위공직자범죄수사처장의 승인

3. 군 검사 및 군사법경찰관: 관할 보통검찰부장의 승인

⑥ 검사, 사법경찰관 또는 정보수사기관의 장은 제4항 각호의 사유가 해소된 때에는 그 사유가 해소된 날부터 30일 이내에 제1항 내지 제3항의 규정에 의한 통지를 하여야 한다.

가. 요 건

(가) 국가의 인권보장, 공공의 안녕질서를 위태롭게 할 현저한 우려가 있는 때

(나) 사람의 생명 · 신체에 중대한 위험을 초래할 염려가 현저한 때

나. 기 한 : 사유 해소 시까지

다. 방 법

(가) 소명자료를 첨부하여 관할지검 검사장에 서면으로 승인 신청

❀ 정보수사기관의 장의 경우 : 독자적인 판단에 따라 유예 가능

(나) 서면기재사항 : 집행한 통신제한조치의 종류 · 대상 · 범위 · 기간 · 처리일자 · 처리결과 유예사유 등

❀ 검찰지청관할 경찰서의 경우 관할지청에 승인서를 제출하면 됨

라. 유예사유가 해소된 경우

그 사유가 해소된 날로부터 30일 이내 통지

3. 범죄수사를 위하여 인터넷 회선에 대한 통신제한조치로 취득한 자료의 관리 (제12조의2) ☞ 신설 2020. 3. 24

가. 사법경찰관은 인터넷 회선을 통하여 송신 · 수신하는 전기통신을 대상으로 제6조 또는 제8조(제5조제1항의 요건에 해당하는 사람에 대한 긴급통신제한조치에 한정한다)에 따른 통신제한조치를 집행한 경우 그 전기통신의 보관 등을 하고자 하는 때에는 집행종료일부터 14일 이내에 보관 등이 필요한 전기통신을 선별하여 검사에게 보관 등의 승인을 신청하고, 검사는 신청일부터 7일 이내에 통신제한조치를 허가한 법원에 그 승인을 청구할 수 있다.

나. 승인청구는 통신제한조치의 집행 경위, 취득한 결과의 요지, 보관 등이 필요한 이유를 기재한 서면으로 하여야 하며, 다음 각 호의 서류를 첨부하여야 한다.

① 청구이유에 대한 소명자료

② 보관 등이 필요한 전기통신의 목록

③ 보관 등이 필요한 전기통신. 다만, 일정 용량의 파일 단위로 분할하는 등 적절한 방법으로 정보저장매체에 저장 · 봉인하여 제출하여야 한다.

다. 법원은 청구가 이유 있다고 인정하는 경우에는 보관 등을 승인하고 이를 증명하는 서류(이하 이 조에서 "승인서"라 한다)를 발부하며, 청구가 이유 없다고 인정하는 경우에는 청구를 기각하고 이를 청구인에게 통지한다.

라. 사법경찰관은 신청하지 아니하는 경우에는 집행종료일부터 14일(검사가 사법경찰관의 신청을 기각한 경우에는 그 날부터 7일) 이내에 통신제한조치로 취득한 전기통신을 폐기하여야 하고, 법원에 승인청구를 한 경우(취득한 전기통신의 일부에 대해서만 청구한 경우를 포함한다)에는 법원으로부터 승인서를 발부받거나 청구기각의 통지를 받은 날부터 7일 이내에 승인을 받지 못한 전기통신을 폐기하여야 한다.

마. 사법경찰관은 통신제한조치로 취득한 전기통신을 폐기한 때에는 폐기의 이유와 범위 및 일시 등을 기재한 폐기결과보고서를 작성하여 피의자의 수사기록 또는 피혐의자의 입건전조사사건기록에 첨부하고, 폐기일부터 7일 이내에 통신제한조치를 허가한 법원에 송부하여야 한다.

Ⅵ. 긴급통신제한조치(법 제8조)

1. 긴급통신제한조치의 요건

가. 성립요건

(가) 국가안보를 위협하는 음모행위, 직접적인 사망이나 심각한 상해의 위협을 야기할 수 있는 범죄 또는 조직범죄 등 중대한 범죄의 계획이나 실행 등 긴박한 상황이고

(나) 범죄수사와 국가안보를 위한 통신제한조치의 요건을 구비한 자에 대하여 보통 통신제한조치 절차를 거칠 수 없는 긴급한 사유가 있는 때에는

(다) 법원의 허가없이 통신제한조치를 실시 후 법원의 허가 받음

나. 절 차

(가) 사법경찰관이 긴급통신제한조치를 하면 미리 검사의 지휘를 받아야 한다. 다만, 특히 급속을 요하여 미리 지휘를 받을 수 없는 사유가 있는 경우에는 긴급통신제한조치의 집행착수 후 지체없이 검사의 승인을 얻어야 한다.

(나) 긴급통신제한조치 후 지체없이 법원에 허가청구를 하여야 한다.

(다) 긴급 통신제한조치 후 36시간 내 허가를 받지 못한 경우 즉시 집행을 중지하여야 하며 체신관서로부터 인계받은 우편물이 있는 경우 즉시 반환하여야 한다.

(라) 긴급으로 통신사실확인자료를 받았으나 36시간 내 허가를 받지 못한 경우에

는 제공받은 자료는 분쇄하고 파일은 삭제하는 방법으로 폐기하여야 하고 허가신청서 등 관련서류 및 폐기에 대한 수사보고서를 기록에 첨부하여야 한다.

(마) 긴급한 사건으로 발신기지국의 위치추적자료(실시간 위치추적)를 받았으나 허가를 받기 전 조기에 검거된 경우에는 그 즉시 자료제공의 중단을 전기통신사업자에게 전화 등으로 요청하고 반드시 36시간 이내에 법원의 허가를 받은 후 허가서 사본을 전기통신사업자에게 송부하여야 한다.

2. 긴급통신제한조치의 집행

가. 반드시 긴급감청서(또는 긴급검열서)에 의하여 함

나. 소속기관에 긴급통신제한조치대장을 비치하여야 함

다. ┌ 표지사본 교부
   └ 표지사본 보존의무 집행사실 통지의무 위반 시 벌칙규정

3. 긴급통신제한조치 통보서 송부

가. 요 건

긴급통신제한조치가 단시간 내에 종료되어 법원의 허가를 받을 필요가 없는 경우

나. 대상과 방법

(가) 긴급통신제한조치가 단시간 내에 종료되어 법원의 허가를 받을 필요가 없는 경우에는 지체없이 긴급통신제한조치통보서를 작성하여 관할 지방검찰청검사장 또는 지청장에게 송부하여야 한다

　✽ 긴급통신제한조치통보서에는 긴급통신제한조치의 목적·대상·범위·집행장소·방법·기간·통신제한조치허가청구를 하지 못한 사유 등 기재

(나) 관할 지방검찰청검사장은 법원장에게 통보서를 송부

○ ○ 경 찰 서

제 0000-00000 호   20○○. ○. ○.

수 신 : ○○지방검찰청장 (검사 : ○○○)

제 목 : 긴급통신제한조치 승인 요청

다음 사람에 대한 ○○ 피의사건에 관하여 아래와 같은 긴급통신제한조치를 하였으니 승인 요청합니다.

인적사항	성 명		주민등록번호	
	직 업			
	주 거			
긴급통신제한조치의 종 류 및 방 법		**전기통신감청** **대상전화를 ○○통신 ○○지사에서 연결하여 자동녹음**		
긴급통신제한조치의 대 상 과 범 위		**통신제한조치 대상자 甲의 집에 설치된 전화번호 ○○의 유선전화**		
긴급통신제한조치의 기 간 및 집 행 장 소		1. 기 간 : . . . ~ . . . 2. 집행장소 : **○○경찰서 형사과 사무실**		
긴급통신제한조치한 사 유		1. 혐의사실의 요지 : 2. 소명자료 :		
사전지휘를 받지 못한 사 유		**피의자 특정 및 체포하기 위해 긴급히 통신제한조치를 할 필요가 있어 사전지휘를 받지 못함**		

○ ○ **경찰서**

사법경찰관   경위   홍 길 동 (인)

○○경찰서

제 0000-00000 호   20○○. ○. ○.

수 신 : ○○지방검찰청장 (검사 : ○○○)

제 목 : 긴급통신제한조치 요청

다음 사람에 대한 ○○○ 피의사건에 관하여 아래와 같이 긴급통신제한조치를
실시를 요청합니다.

인 적 사 항	성 명		주민등록번호	
	직 업			
	주 거			

긴급통신제한조치의 종 류 및 방 법	전기통신감청 대상전화를 ○○통신 ○○지사에서 연결하여 자동녹음
긴급통신제한조치의 대 상 과 범 위	통신제한조치 대상자 甲의 집에 설치된 전화번호 ○○의 유선전화
긴급통신제한조치의 기 간 및 집 행 장 소	1. 기 간 : . . . ~ . . . 2. 집행장소 :
혐의사실의 요지 및 신 청 이 유	1. 혐의사실의 요지 : 2. 소명자료 :
긴급통신제한조치를 필요로 하는 사유	○○피의 사건의 피의자 甲을 체포하기 위함

○ ○ 경찰서

사법경찰관 경위 홍 길 동 (인)

○○경찰서

제 0000-00000 호   20○○. ○. ○.

수 신 : ○○지방검찰청장

제 목 : 통신제한조치 허가 신청(사전)

다음 피의자에 대한 ○○○ 피의사건에 관하여 아래와 같은 내용의 통신제한조치를 할 수 있는 허가의 청구를 신청합니다.

피의자	성 명		주민등록번호	
	직 업			
	주 거			

통 신 제 한 조 치 의 종 류 및 방 법	**전기통신감청 대상 전화를 ○○통신 ○○지사에서 연결하여 자동녹음**
통 신 제 한 조 치 의 대 상 과 범 위	**통신제한조치 대상자 甲의 집에 설치된 전화번호 ○○의 유선전화**
통 신 제 한 조 치 의 기 간 및 집 행 장 소	1. 기 간 : . . . ~ . . . 2. 집행장소 :
혐 의 사 실 의 요 지 및 신 청 이 유	
둘이상을신청하는경우 신 청 취 지 및 이 유	
재신청의취지및이유	

○ ○ **경찰서**

사법경찰관 경위 홍 길 동 (인)

○ ○ 경 찰 서

제 0000-00000 호   20○○. ○. ○.

수 신 : ○○지방검찰청장

제 목 : 통신제한조치 허가 신청(사후)

다음 피의자에 대한 ○○ 피의사건에 관하여 아래와 같이 긴급통신제한조치를 실시
하였으므로 통신제한조치를 계속할 수 있는 허가의 청구를 신청합니다.

피의자	성 명		주민등록번호	
	직 업			
	주 거			

긴급통신제한조치의 사유와 내용		통신제한조치의 사유와 내용	
통신제한조치를 필요로 하는 사유와 허가를 받을 수 없었던 긴급한 사유	별지와 같은	통신제한조치를 계속 필요로하는 사유	
긴급통신제한조치의 종 류 및 방 법	전기통신감청 대상 전화를 ○○통신 ○○지사에서 연결하여 자동녹음	통신제한조치의 종 류 및 방 법	전기통신감청 대상 전화를 ○○통신 ○○지사에서 연결하여 자동 녹음
긴급통신제한조치의 대 상 과 범 위	통신제한조치 대상자 甲의 집에 설치된 전화번호 ○○의 유선전화	통신제한조치의 대 상 과 범 위	통신제한조치 대상자 甲의 집에 설치된 전화번호 ○○의 유선전화
긴급통신제한조치의 일 시 와 집 행 장 소	20○○. ○. ○.11:00부터 20○○. ○. ○. 13:00까지 ○○경찰서 형사과 강력2팀	통신제한조치의 기 간	20○○. ○. ○.부터 20○○. ○. ○. 까지
긴급통신제한조치 집행자의관직·성명		통신제한조치의 집 행 장 소	○○경찰서 형사과 강력2팀
둘이상을신청하는경우 신 청 취 지 및 이 유			
재신청의취지및이유			

○ ○ 경찰서

사법경찰관 경위 홍 길 동 (인)

○ ○ 경 찰 서

제 0000-00000 호   20○○. ○. ○.

수 신 :

제 목 : 통신제한조치 집행위탁 의뢰

　　　아래와 같이 통신제한조치의 집행을 위탁합니다.

인적사항	성　　　명	
	주민등록번호	－　　　（　세 ）
	주　　　거	
	직　　　업	
통신제한조치의 종　　　류		
통신제한조치의 대 상 과 범 위		
통신제한조치의 기　　　간		
비　　　고		

　　붙　임 : 통신제한조치허가(승인)서 사본 1통

○ ○ 경찰서

사법경찰관　경위　홍 길 동 (인)

○ ○ 경 찰 서

제 0000-00000 호   20○○. ○. ○.

수 신 : ○○지방검찰청장

제 목 : 통신제한조치 기간연장 신청

　　　아래와 같이 통신제한조치 기간연장 청구를 신청합니다.

성 명	
주 민 등 록 번 호	
주 거	
직 업	
사 건 번 호	
허 가 서 번 호	
통신제한허가기간	．　．　．부터　　．　．　．까지　　일
연 장 할 기 간	．　．　．부터　　．　．　．까지　　일
기간연장이 필요한 이유 및 소명자료	

○ ○ **경찰서**

사법경찰관　경위　홍 길 동 (인)

통신제한조치 집행조서

　피의자 ○○○에 대한　○○○ 피의사건에 관하여 통신제한조치를 집행하고 이 조서를 작성함.

1. 통신제한조치의 종류

2. 통신제한조치의 대상과 범위

3. 통신제한조치의 기간

4. 집행위탁 여부

5. 집행경위

6. 통신제한조치로 취득한 결과의 요지

20○○. ○. ○.

○○경찰서

사법경찰관　○○　○○○　(인)

사법경찰리　○○　○○○　(인)

○ ○ 경 찰 서

제 0000-00000 호   20○○. ○. ○.

수 신 : ○○지방검찰청장 (검사 : ○○○)

제 목 : 통신제한조치 집행결과 통보

아래 사람에 대한 ○○○ 피의사건에 관하여 아래와 같이 통신제한조치를 집행하고 그 수사/입건전조사한 결과를 다음과 같이 통보합니다.

인적사항	성 명		주민등록번호	
	직 업			
	주 거			
통신제한조치의 종류				
통 신 제 한 조 치 의 대 상 과 범 위				
통신제한조치의 기간				
피의/입건전조사 사 실				

< 처 리 내 용 >

○ ○ 경 찰 서

사법경찰관 경위 홍 길 동 (인)

○○경찰서

제 0000-00000 호   20○○. ○. ○.

수 신 :

제 목 : 통신제한조치 집행중지 통지

아래 사람에 대한 통신제한조치의 집행이 필요없게 되어 통지하니 집행을 중지하여 주시기 바랍니다.

인적사항	성　　　명	
	주 민 등 록 번 호	
통신제한조치허가법원		
통신제한조치의 종류		
통신제한조치허가년월일		
통신제한조치허가서 번호		
비　　　고		

○ ○ **경찰서**

사법경찰관 경위 홍 길 동 (인)

○ ○ 경 찰 서

제 0000-00000 호   20○○. ○. ○.

수 신 : ○○○ 귀하

제 목 : 통신제한조치 집행사실 통지

당서 사건번호 제 0000-000000 호 사건과 관련하여 아래와 같은 내용의 통신제
한조치를 집행하였으므로 「통신비밀보호법」 제9조의2제2항의 규정에 따라 이를
통지합니다.

허 가 서 번 호	
통신제한조치 집행기관	○○경찰서
전기통신의가입자 (우편물검열의 대상자)	김길동
통 신 제 한 조 치 의 대 상 과 범 위	
통 신 제 한 조 치 의 종 류 와 기 간	

○ ○ 경찰서

사법경찰관 경위 홍 길 동 (인)

○ ○ 경 찰 서

제 0000-00000 호   20○○. ○. ○.

수 신 : ○○지방검찰청장 (검사 : ○○○)

제 목 : 통신제한조치 집행사실 통지 통보

피의자 ○○○외 ○명에 대한 ○○ 사건에 관하여 통신제한조치 집행사실의 통지를 유예하였으나 그 사유가 해소되어 통신제한조치 집행사실을 통지하였기에 통보합니다.

인 적 사 항	성 명		주민등록번호	
	직 업			
	주 거			
사 건 번 호				
통지유예 승인일자				
통 지 일 자				

붙임 : 통신제한조치 집행사실 통지서 사본 1부.

○ ○ **경찰서**

사법경찰관 경위 홍 길 동 (인)

○ ○ 경 찰 서

제 0000-00000 호   20○○. ○. ○.

수 신 :

제 목 : 통신제한조치 기간연장 통지

아래와 같이 통신제한조치 기간을 연장하였음을 통지합니다.

인적사항	성 명	
	주민등록번호	
통신제한조치의 기간	. . .부터 . . .까지 일	
연 장 한 기 간	. . .부터 . . .까지 일	

붙 임 : 통신제한조치 연장 결정문 사본 1통

○ ○ 경찰서

사법경찰관 경위 홍 길 동 (인)

제3절 통신사실 확인자료

 Ⅰ. 통신사실 확인자료의 개념

1. 근 거
통신비밀보호법(제2조 제11항)

2. 내 용
가. 가입자의 전기통신일시

나. 전기통신개시 · 종료시각

다. 발 · 착신 통신번호 등 상대방의 가입자번호

라. 사용도수

마. 컴퓨터통신 또는 인터넷의 사용자가 전기통신 역무를 이용한 사실에 관한 컴퓨터통신 또는 인터넷의 로그기록자료

바. 정보통신망에 접속된 정보통신기기의 위치를 확인할 수 있는 발신기지국의 위치추적자료

사. 컴퓨터통신 또는 인터넷의 사용자가 정보통신망에 접속하기 위하여 사용하는 정보통신기기의 위치를 확인할 수 있는 접속지의 추적자료

Ⅱ. 통신사실확인자료 제공절차

1. 검사장 승인에서 법원 허가로 변경

> 제13조(범죄수사를 위한 통신사실 확인자료제공의 절차) ① 검사 또는 사법경찰관은 수사 또는 형의 집행을 위하여 필요한 경우 전기통신사업법에 의한 전기통신사업자(이하 "전기통신사업자"라 한다)에게 통신사실 확인자료의 열람이나 제출(이하 "통신사실 확인자료제공"이라 한다)을 요청할 수 있다.
> ② 검사 또는 사법경찰관은 제1항에도 불구하고 수사를 위하여 통신사실확인자료 중 다음 각 호의 어느 하나에 해당하는 자료가 필요한 경우에는 다른 방법으로는 범죄의 실행을 저지하기 어렵거나 범인의 발견 · 확보 또는 증거의 수집 · 보전이 어려운 경우에만 전기통신사업자에게 해당 자료의 열람이나 제출을 요청할 수 있다. 다만, 제5조제1항 각 호의 어느 하나에 해당하는 범죄 또는 전기통신을 수단으로 하는 범죄에 대한 통신사실확인자료가 필요한 경우에는 제1항에 따라 열람이나 제출을 요청할 수 있다.
> 1. 제2조제11호바목 · 사목 중 실시간 추적자료
> 2. 특정한 기지국에 대한 통신사실확인자료

2. 관할법원에 관한 규정

가. 피의자 또는 피혐의자의 주소지·소재지, 범죄지 또는 해당 가입자의 주소지·소재지를 관할하는 지방법원 또는 지원.

나. 사건 단위 신청에서 피의자 또는 피혐의자별 허가 청구로 변경 단, 피의자 또는 피혐의자가 아닌 경우 1건의 허가서로 가능

3. 자료폐기 의무

긴급한 사유로 통신사실확인자료를 받았으나 지방법원 또는 지원의 허가를 받지 못한 경우에는 지체 없이 제공받은 통신사실확인자료를 폐기하여야 한다.

4. 통신자료확인자료 제공받은 후 통지

통신사실 확인자료제공을 받은 사건에 관하여 공소를 제기하거나, 공소의 제기 또는 입건을 하지 아니하는 처분(기소중지 결정을 제외한다)을 한때에는 그 처분을 한 날부터 30일 이내에 통신사실 확인자료제공을 받은 사실과 제공요청기관 및 그 기간 등을 서면으로 통지하여야 한다.

5. 통신사의 협조 의무(시행령 제421조)

가. 전기통신사업자는 살인·인질강도 등 개인의 생명·신체에 급박한 위험이 현존하는 경우에는 통신제한조치 또는 통신사실 확인자료제공 요청이 지체없이 이루어질 수 있도록 협조하여야 한다.

나. 통신사실확인자료 보관기간
- 휴대전화, 국제전화 12개월
- 시외전화, 시내전화 6개월
- 인터넷 로그기록, 인터넷 접속지 추적자료 3개월

○○경 찰 서

제 0000-00000 호   2000. ○. ○.

수 신 : ○○지방검찰청장

제 목 : 통신사실확인자료 제공요청 허가 신청(사후)

○○ 피의사건 관련, 다음 사람에 대하여 아래와 같은 내용의 긴급통신사실확인자료 제공을 요청하였으므로 이에 대한 허가서의 청구를 신청합니다.

인적 사항	성 명		주민등록번호	
	직 업			
	주 거			
전 기 통 신 사 업 자				
요 청 사 유	긴급하여 법원의 허가 없이 통신사실확인을 제출받았으므로			
해 당 가 입 자 와 의 연 관 성	피의자가 ○○번을 사용하여 범행을 하였으므로			
필요한 자료의 범위	20○○. ○. ○.부터 20○○. ○. ○.까지 통화내역서			
미 리 허 가 를 받 지 못 한 사 유	상대방의 전화번호을 확인하여 공범을 검거하기 위해			
집 행 일 시 · 장 소 집행자의관직 · 성명	20○○. ○. ○. 11:00경 ○○전화국 ○○경찰서 ○○과 사법경찰관 경위 홍길동			
재청구의 취지 및 이유				

○ ○ 경 찰 서

사법경찰관 경위 홍 길 동 (인)

○○경 찰 서

제 0000-00000 호   20○○. ○. ○.

수 신 : ○○지방검찰청장

제 목 : 통신사실확인자료 제공요청 허가 신청(사전)

○○ 피의사건 관련, 다음 사람에 대하여 아래와 같은 내용의 통신사실확인자료제공을 요청할 수 있는 허가서의 청구를 신청합니다.

인적사항	성 명		주민등록번호	
	직 업			
	주 거			
전 기 통 신 사 업 자				
요 청 사 유	피의자는 일정한 주거 없이 떠돌아다닌 자로 20○○. ○. ○.경 부터 20○○. ○. ○.경까지 ○○일대에서 주차된 차량을 대상으로 차량내 물건을 절취하였다. 피의자의 주거가 일정하지 않고 소재불명으로 피의자를 검거하기 위함.			
해 당 가 입 자 와 의 연 관 성				
필요한 자료의 범위	인터넷 또는 PC통신(피의자 명의 가입 및 사중인 아이디) 20○○. ○. ○. 00:00 ~ 20○○. ○. ○. 00:00 로그기록 및 IP 피의자 명의가입 사용 중인 아이디			
재 청 구 의 취 지 및 이 유				

○ ○ **경 찰 서**

사법경찰관 경위 홍 길 동 (인)

○ ○ 경 찰 서

제 0000-00000 호   2O○○. ○. ○.

수 신 :

제 목 : 긴급통신사실확인자료 제공요청

다음 사람에 대하여 「통신비밀보호법」 제13조 제2항 단서의 규정에 따라 아래와
같이 긴급으로 통신사실확인자료제공을 요청하니 협조하여 주시기 바랍니다.

성 명	
주 민 등 록 번 호	
주 거	
직 업	
요 청 사 유	긴길동과의 통화내역을 확인하여 공모여부를 밝히기 위해
해당가입자와의 연 관 성	○○번을 이용하여 공번인 긴길동과 통화하여 ○○범위받을 하였으므로
필요한 자료의 범위	20○○. ○. ○.부터 20○○. ○. ○.까지 통화내역
미리 허가를 받지 못한 사 유	공번인 홍길동을 수사하는 과정에서 확인턴 사항으로 긴길동에 대한 범허사실을 구증하여 구속영장을 신청하는데 시한이 촉박하여

○ ○ 경찰서

사법경찰관 경위 홍 길 동 (인)

○○경찰서

제 0000-00000 호   20○○. ○. ○.

수 신 : ○○○ 귀하

제 목 : 통신사실확인자료 제공요청

다음 사람에 대하여 아래와 같이 통신사실확인자료제공을 요청하니 협조하여 주시기 바랍니다.

성 명	
주 민 등 록 번 호	
주 거	
직 업	
요 청 사 유	
해당 가입자와의 연 관 성	
필 요 한 자 료 의 범 위	
붙임 : 허가서 1부	

○ ○ 경찰서

사법경찰관 경위 홍 길 동 (인)

통신사실확인자료 제공요청 집행조서

　피의자 ○○○에 대한 ○○○ 피의사건에 관하여 통신사실확인자료제공요청의 집행을 하고 이 조서를 작성함.

1. 허가서 번호

2. 집행기관
　　　○○경찰서

3. 전기통신가입자

　　홍 길 동 (590101-1234567)

4. 통신사실확인자료제공요청 대상과 종류

　　인터넷 또는 PC통신(피의자 명의 가입 및 사중중인 아이디)

　　20○○. ○. ○. 00:00 ~ 20○○. ○. ○. 00:00
　　로그기록 및 IP 피의자 명의가입 사용 중인 아이디

5. 통신사실확인자료제공요청으로 취득한 결과의 요지

　　자료 회신 받아 20○○. ○. ○. 12:00경 ○○에서 피의자 검거

　　　　　　　20○○. ○. ○.
　　　　　　　○○경찰서

　　　　　　　　　　사법경찰관　○○　○○○　(인)
　　　　　　　　　　사법경찰리　○○　○○○　(인)

○○ 경 찰 서

제 0000-00000 호　　　　　　　　　　　　　　　　20○○. ○. ○.

수 신 : ○○지방검찰청장 (검사 : ○○○)

제 목 : 통신사실확인자료 제공요청 집행결과 통보

○○ 피의사건 관련, 다음 사람에 대하여 아래와 같이 통신사실 확인자료제공 요청을 집행하고 그 수사/입건전조사한 결과를 다음과 같이 통보합니다.

인적사항	성　　명		주민등록번호	
	직　　업			
	주　　거			
통신사실확인자료 제공요청의 종류				
통신사실확인자료 제 공 요 청 의 대 상 과 범 위				
피의/입건전조사 사 실　　요 지				
< 처 리 내 용 >				

○ ○ **경찰서**

사법경찰관　경위　홍 길 동 (인)

○○경찰서

제 0000-00000 호   20○○. ○. ○.

수 신 : ○○○ 귀하

제 목 : 통신사실 확인자료 제공요청 집행사실 통지

당서 제 0000-000000 호 사건과 관련하여 아래와 같이 통신사실확인자료제공요
청을 집행하였으므로 「통신비밀보호법」 제13조의3제1항에 따라 이를 통지합
니다.

허 가 서 번 호	
통신사실확인자료 제공요청집행기관	
전 기 통 신 가 입 자	
통신사실확인자료 제 공 요 청 의 대 상 과 종 류	
통신사실확인자료 제공요청의 범위	

○ ○ 경찰서

사법경찰관 경위 홍 길 동 (인)

○○경 찰 서

제 0000-00000 호   20○○. ○. ○.

수 신 : ○○지방검찰청장 (검사 : ○○○)

제 목 : 통신사실 확인자료 제공요청 집행사실 통지 통보

피의자 ○○○외 ○명에 대한 ○○ 피의사건과 관련하여 다음 사람에 대하여 통신사실 확인자료제공 요청을 집행한 사실에 관한 통지를 유예하였으나 그 사유가 해소되어 통신사실 확인자료제공 요청 집행사실을 통지하였기에 통보합니다.

인적 사항	성 명		주민등록번호	
	직 업			
	주 거			
사 건 번 호				
통지유예 승인일자				
통 지 일 자				

붙임 : 통신사실 확인자료 제공요청 집행사실 통지서 사본 1부

○ ○ 경 찰 서

사법경찰관 경위 홍 길 동 (인)

제4절 통신자료

Ⅰ. 통신자료의 범위

1. 전기통신사업법 제83조 제3항

가. 이용자의 성명

나. 이용자의 주민등록번호

다. 이용자의 주소

라. 이용자의 전화번호

마. 이용자의 아이디(컴퓨터시스템이나 통신망의 정당한 이용자임을 알아보기 위한 이용자 식별부호를 말한다)

바. 이용자의 가입 또는 해지일

2. 지식경제부 통신자료제공업무 처리지침

이용자의 성명, 주민등록번호, 주소, 가입 및 해지 일자(변경 일자, 일시중지 일자 포함), 전화번호, ID

✽ 전화번호 또는 ID란 해당 통신사업자에게 가입한 전화번호 또는 ID

✽ 특정 시간, 특정유동IP를 통신사업자에게 제시하고 가입자 정보만을 요구하는 경우는 통신 자료에 해당

Ⅱ. 제공절차

1. 신분의 확인 - 신분을 표시할 수 있는 증표 제시

※ 모사전송으로 통신자료제공요청서를 접수한 경우에는 해당 수사기관에 조회하여 사 실여부를 확인 후 통신자료제공

2. 관서장 명의의 통신자료제공요청서를 통신사업자에게 제출

〈 통신사실확인자료와 통신자료의 구별 〉

구 분	통 신 자 료	통 신 사 실 확 인 자 료
관계법령	전기통신사업법 제84조 제3항	◦ 통신비밀보호법 제2조 제11호, 제13조 ◦ 동법 시행령 제3조의2
내 용	이용자의 성명, 주민등록번호, 주소, 가입 또는 해지일자에 관한 자료, 전화번호, ID	◦ 가입자의 전기통신일시, 전기통신개시·종료시간, 발·착신 통신번호 등 상대방의 가입자번호, 사용도수 ◦ 컴퓨터통신 또는 인터넷의 사용자가 전기통신역무를 이용한 사실에 관한 컴퓨터통신 또는 인터넷의 로그기록자료 ◦ 정보통신망에 접속된 정보통신기기의 위치를 확인할 수 있는 발신기지국의 위치추적자료 ◦ 컴퓨터통신 또는 인터넷의 사용자가 정보통신망에 접속하기 위하여 사용하는 정보통신기기의 위치를 확인할 수 있는 접속지의 추적자료
절 차	관서장 명의로 요청	법원의 허가

✽ 인터넷 분야는 구별이 분명치 않는 경우가 있음에 유의할 것

○ ○ 경 찰 서

제 호
수 신 :
제 목 : 통신자료제공요청

2000.○.○.

　　　다음과 같이 통신자료 제공을 요청하니 협조하여 주시기 바랍니다.

접 수 번 호	
대 　 상 　 자	
요 청 사 유 및 가 입 자 와 의 연 　 관 　 성	
의 　 뢰 사 항 (필요한 자료의범위)	
의 　 뢰 　 자	
회 신 정 보	전 　 화:　　　　　　　　FAX: 기타 (e-mail):

○ ○ 경 찰 서 장

우
전화　　　　　　전송　　　　　　／ email :

제6장 기타 수사절차

제1절 강력범죄 출소자 정보수집
(주요 강력범죄 출소자등에 대한 정보수집에 관한 규칙)

I. 정 의 (제2조)

1. "주요 강력범죄"는 다음 각 호의 범죄를 말한다.

   가. 살인, 방화, 약취·유인

   나. 강도, 절도, 마약류 범죄

   다. 범죄단체의 조직원 또는 불시에 조직화가 우려되는 조직성 폭력배가 범한 범죄

2. "출소자등"은 「형의 집행 및 수용자의 처우에 관한 법률」 제126조의2에 따라 통보받은 출소자 또는 「보호관찰 등에 관한 법률」 제55조의3에 따라 통보받은 보호관찰이 종료된 가석방자 중 다음 각 호의 어느 하나에 해당하는 사람을 말한다.

   가. 제2조제1호가목에 해당하는 범죄로 금고 이상의 실형을 받은 사람

   나. 제2조제1호나목에 해당하는 범죄로 3회 이상 금고형 이상의 실형을 받은 사람

   다. 제2조제1호다목에 해당하는 범죄로 벌금형 이상의 형을 선고받은 사람

※ 형의 집행 및 수용자의 처우에 관한 법률

제126조의2(석방예정자의 수용이력 등 통보) ① 소장은 석방될 수형자의 재범방지, 자립지원 및 피해자 보호를 위하여 필요하다고 인정하면 해당 수형자의 수용이력 또는 사회복귀에 관한 의견을 그의 거주지를 관할하는 경찰관서나 자립을 지원할 법인 또는 개인에게 통보할 수 있다. 다만, 법인 또는 개인에게 통보하는 경우에는 해당 수형자의 동의를 받아야 한다.

② 제1항에 따라 통보하는 수용이력 또는 사회복귀에 관한 의견의 구체적인 사항은 대통령령으로 정한다.

※ 보호관찰 등에 관한 법률

제55조의3(보호관찰 종료사실 등의 통보) ① 보호관찰소의 장은 다음 각 호의 어느 하나에 해당하는 범죄를 저지른 가석방자의 보호관찰이 종료된 때에 재범 방지 등을 위하여 필요하다고 인정하면 가석방자의 보호관찰 종료사실 등을 그의 주거지를 관할하는 경찰관서의 장에게 통보할 수 있다.

1. 「전자장치 부착 등에 관한 법률」 제2조제2호에 따른 성폭력범죄, 같은 조 제3호의2에 따른 살인범죄, 같은 조 제3호의3에 따른 강도범죄

2. 다음 각 목의 어느 하나에 해당하는 범죄

가. 「형법」 제2편제31장 약취(略取), 유인(誘引) 및 인신매매의 죄 중 제287조(미성년자의 약취, 유인) · 제288조(추행 등 목적 약취, 유인 등) · 제289조(인신매매) · 제290조(약취, 유인, 매매, 이송 등 상해 · 치상) · 제291조(약취, 유인, 매매, 이송 등 살인 · 치사) · 제292조(약취, 유인, 매매, 이송된 사람의 수수 · 은닉 등) · 제294조(미수범)의 죄, 같은 법 제2편제37장 권리행사를 방해하는 죄 중 제324조의2(인질강요) · 제324조의3(인질상해 · 치상)의 죄 및 같은 법 제2편제38장 절도와 강도의 죄 중 제336조(인질강도)의 죄

나. 「특정범죄 가중처벌 등에 관한 법률」 제5조의2(약취 · 유인죄의 가중처벌)의 죄

다. 가목과 나목의 죄로서 다른 법률에 따라 가중처벌되는 죄

3. 「폭력행위 등 처벌에 관한 법률」 제4조(단체 등의 구성 · 활동), 제5조(단체 등의 이용 · 지원)의 죄 및 「형법」 제2편제5장 공안(公安)을 해하는 죄 중 제114조(범죄단체 등의 조직)의 죄

4. 다음 각 목의 어느 하나에 해당하는 범죄

가. 「형법」 제2편제13장 방화와 실화의 죄 중 제164조(현주건조물 등에의 방화) · 제165조(공용건조물 등에의 방화) · 제166조(일반건조물 등에의 방화) · 제167조(일반물건에의 방화) · 제168조(연소) · 제172조(폭발성물건파열) · 제172조의2(가스 · 전기 등 방류) · 제173조(가스 · 전기 등 공급방해) 및 제174조(미수범)의 죄

나. 「산림자원의 조성 및 관리에 관한 법률」 제71조(벌칙)의 죄

다. 「산림보호법」 제53조(벌칙)의 죄(같은 조 제5항의 죄는 제외한다)

라. 가목부터 다목까지의 죄로서 다른 법률에 따라 가중처벌되는 죄

5. 「마약류 관리에 관한 법률」 제58조(벌칙) · 제59조(벌칙) · 제60조(벌칙)의 죄(제59조제1항제3호 · 제5호 · 제9호 · 제12호의 죄 및 제60조제1항제2호 중 향정신성의약품 등을 수수, 소지, 소유, 사용, 관리, 조제, 투약, 제공한 죄 또는 향정신성의약품을 기재한 처방전을 발급한 죄는 제외한다), 「마약류 불법거래 방지에 관한 특례법」 제6조(업으로서 한 불법수입 등) · 제7조(불법수익등의 은닉 및 가장) · 제8조(불법수익등의 수수) · 제9조(마약류 물품의 수입 등)의 죄 및 「특정범죄 가중처벌 등에 관한 법률」 제11조(마약사범 등의 가중처벌)의 죄

② 제1항에 따라 보호관찰소의 장이 통보할 사항은 다음 각 호와 같다.

1. 성명 2. 주민등록번호 3. 주소 4. 죄명 5. 판결내용 6. 보호관찰 종료일

③ 제1항에 따른 통보의 절차 등에 관하여 필요한 사항은 대통령령으로 정한다.

3. "거주 예정지"라 함은 출소자등의 실제 거주 예상지를 말한다.

II. 정보수집

1. 정보수집 대상자 (제3조)

정보수집의 대상자(이하 "대상자"라 한다)는 주요 강력범죄 출소자등으로 한다.

2. 정보수집 기간 (제4조)

① 경찰공무원은 대상자에 대하여 출소하거나 보호관찰이 종료한 때부터 다음 각 호의 기간(이하 "정보수집 기간"이라 한다) 동안 재범방지 및 피해자 보호(이하 "재범방지등"이라 한다)를 위해 필요한 정보를 수집한다.

1. 마약류 범죄 출소자등 : 3년

2. 그 밖의 주요 강력범죄 출소자등 : 2년

② 대상자가 사망하였거나 정보수집 기간이 경과한 경우에는 지체없이 정보수집을 종료하여야 한다.

③ 정보수집 기간 중이라도 주요 강력범죄 출소자등의 나이·피해자의 피해 정도 등에 비추어 정보수집의 필요성이 없다고 인정되는 경우 제6조의 심사위원회의 의결을 거쳐 대상자에 대한 정보수집을 종료할 수 있다.

3. 정보수집 (제5조)

① 모든 경찰관은 정보를 수집하는 과정에서 대상자의 인권을 보장하여 적절한 방법을 사용하고 대상자의 명예, 신용, 사생활의 비밀을 부당하게 훼손하는 일이 없도록 하여야 한다.

② 거주 예정지의 관할 경찰서장은 대상자의 재범방지등을 위해 필요한 정보를 수집한다.

③ 경찰서장은 형사(수사)과 직원 중 총괄 업무 담당자와 대상자별 담당자를 지정하고, 지구대장(파출소장)은 대상자별 담당자를 지정하여야 한다.

④ 대상자가 다른 경찰서의 관할에 거주하는 것으로 확인되는 경우, 경찰서 총괄 업무 담당자는 주거지 관할 경찰서로 통보하고, 통보를 받은 경찰서장은 대상자의 주거지를 확인하여 정보를 수집한다.

⑤ 주거지가 불확실한 대상자에 대하여는 주민등록 주소지 관할 경찰서장이 정보수집 등 필요한 조치를 하여야 한다.

⑥ 형사(수사)과 담당자는 대상자에 대해서 정보수집 기간의 개시 후 1년 동안 매 분기별 1회 이상 재범방지등을 위한 정보를 수집하여야 한다.

⑦ 지구대(파출소) 담당자는 정보수집 기간 동안 대상자에 대해서 매 분기별 1회 이상 재범방지등을 위한 정보를 수집하여야 한다.

III. 심사위원

1. 심사위원회 (제6조)

① 대상자에 대한 정보수집 종료 여부를 심사하기 위해 각 경찰서에 심사위원회(이하 "위원회"라 한다)를 둔다.

② 위원회는 3명 이상 5명 이내로 성별을 고려하여 구성하고, 경찰서 형사(수사)과 장을 위원장으로 하며, 간사 1명을 둔다.

③ 위원회는 반기별로 개최하되, 위원장이 필요하다고 인정하는 경우 임시회의를 개최할 수 있다.

④ 위원회는 수집된 정보 등을 기초로 대상자에 대한 정보수집 종료 여부를 결정할 수 있다.

⑤ 위원회는 재적위원 과반수의 출석과 출석위원 과반수의 찬성으로 의결한다.

2. 외부 심사위원 (제6조의2)

① 위원회에 경찰서장이 위촉하는 2명 이내의 외부위원을 둘 수 있다. 외부위원은 다음 각 호에 해당하는 사람으로 한다.

  1. 법학 교수, 변호사

  2. 범죄학·범죄심리학 교수, 정신과 전문의

  3. 교정기관·보호관찰소 공무원

② 「공직선거법」에 따라 실시하는 선거에 후보자(예비후보자 포함)로 등록한 사람 「공직선거법」에 따른 선거사무관계자 및 선거에 의하여 취임한 공무원, 「정당법」에 따른 정당의 당원은 위원이 될 수 없다.

③ 위원이 제2항에 해당하게 된 때에는 당연 해촉된다.

● IV. 전산입력 및 전출 (제7조)

1. 대상자의 주거지를 관할하는 경찰서의 총괄 업무 담당자는 대상자의 이름·주소지 등 기본자료를 전산시스템에 입력하고, 대상자별 담당자는 수집한 정보를 전산시스템에 입력한다.

2. 대상자의 주거지를 관할하는 경찰서장은 대상자가 다른 경찰서 관할에 거주하는 것을 확인하였을 때 시스템상 전출로 처리하고, 해당 경찰서로 전출 사실을 통보해야 한다.

제2절 피의자의 얼굴 등 공개제도

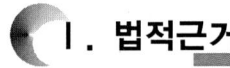

I. 법적근거

1. 경찰수사사건등의 공보에 관한 규칙

> 제17조(피의자의 얼굴 등 공개) ① 「특정강력범죄의 처벌에 관한 특례법」 제8조의2제1항 또는 「성폭력범죄의 처벌 등에 관한 특례법」 제25조제1항의 요건을 충족하는 피의자에 대해서는 얼굴, 성명 및 나이 등 신상에 관한 정보를 공개할 수 있다.
> ② 제1항에 따라 직접 얼굴을 공개하는 때에는 얼굴을 가리는 조치를 취하지 않는 방식으로 하고, 필요한 경우 수사과정에서 취득하거나 피의자의 동의를 얻어 촬영한 사진·영상물 등을 공개할 수 있다.
> 제4조(수사사건등의 공개금지 원칙) 사건관계인의 명예, 신용, 사생활의 비밀 등 인권을 보호하고 수사내용의 보안을 유지하기 위하여, 수사사건등에 관하여 관련 법령과 규칙에 따라 공개가 허용되는 경우를 제외하고는 피의사실, 수사사항 등(이하 "피의사실등"이라고 한다)을 공개하여서는 안 된다.
> 제5조(예외적인 공개) ① 제4조에도 불구하고, 다음 각 호의 어느 하나에 해당하는 경우에는 수사사건등의 피의사실등을 공개할 수 있다.
> 1. 범죄유형과 수법을 국민들에게 알려 유사한 범죄의 재발을 방지할 필요가 있는 경우
> 2. 신속한 범인의 검거 등 인적·물적 증거의 확보를 위하여 국민들에게 정보를 제공받는 등 범죄수사규칙 제101조부터 제103조에 따라 협조를 구할 필요가 있는 경우 (이하 "공개수배"라고 한다)
> 3. 공공의 안전에 대한 급박한 위험이나 범죄로 인한 피해의 급속한 확산을 방지하기 위하여 대응조치 등을 국민들에게 즉시 알려야 할 필요가 있는 경우
> 4. 오보 또는 추측성 보도로 인하여 사건관계인의 인권이 침해되거나 수사에 관한 사무에 종사하는 경찰공무원(이하 "수사업무 종사자"라고 한다)의 업무에 지장을 초래할 것이 명백하여 신속·정확하게 사실관계를 바로 잡을 필요가 있는 경우
> ② 제1항 각 호의 사유로 수사사건등의 내용을 공개하는 경우에도 피해자와 그 가족의 명예가 손상되거나, 사생활의 비밀 또는 심리적 안정 등이 침해되지 않도록 배려해야 한다.
> 제8조(예외적인 공개의 범위) 제5조제1항 각 호에 해당하는 경우 제6조 및 제7조의 규정에도 불구하고 다음 각 호의 범위 내에서 객관적이고 정확한 자료를 바탕으로 수사사건등의 피의사실등을 공개할 수 있다.
> 1. 제5조제1항제1호, 제3호에 해당하는 경우
>   가. 이미 발생하였거나 발생이 예상되는 범죄의 유형과 수법, 사건내용이나 혐의사실 또는 위험이나 범죄피해의 내용
>   나. 공공의 안전에 대한 급박한 위험이나 범죄피해의 급속한 확산을 방지하기 위한 대응조치의 내용(압수·수색, 체포·구속, 위험물의 폐기 등을 포함한다)
> 2. 제5조제1항제2호의 공개수배에 해당하는 경우
>   가. 피의자의 실명, 얼굴, 나이, 직업, 신체의 특징 등 신상에 관한 정보
>   나. 신속한 범인의 검거 또는 중요한 증거 발견을 위하여 공개가 필요한 범위 내의 혐의사실, 범행수단, 증거물
> 3. 제5조제1항제4호에 해당하는 경우 오보 또는 추측성 보도의 내용에 대응하여 그 진위 여부를 밝히는 데 필요한 범위 내의 혐의사실, 수사경위·상황 등 사실관계

2. 특정중대범죄 피의자 등 신상정보 공개에 관한 법률

> **제1조(목적)** 이 법은 국가, 사회, 개인에게 중대한 해악을 끼치는 특정중대범죄 사건에 대하여 수사 및 재판 단계에서 피의자 또는 피고인의 신상정보 공개에 대한 대상과 절차 등을 규정함으로써 국민의 알 권리를 보장하고 범죄를 예방하여 안전한 사회를 구현하는 것을 목적으로 한다.

II. 특정중대범죄 피의자 등 신상정보 공개에 관한 법률

1. 정의 (제2조)

이 법에서 "특정중대범죄"란 다음 각 호의 어느 하나에 해당하는 죄를 말한다.

1. 「형법」 제2편제1장 내란의 죄 및 같은 편 제2장 외환의 죄

2. 「형법」 제114조(범죄단체 등의 조직)의 죄

3. 「형법」 제119조(폭발물 사용)의 죄

4. 「형법」 제164조(현주건조물 등 방화)제2항의 죄

5. 「형법」 제2편제25장 상해와 폭행의 죄 중 제258조(중상해, 존속중상해), 제258조의2(특수상해), 제259조(상해치사) 및 제262조(폭행치사상)의 죄. 다만, 제262조(폭행치사상)의 죄의 경우 중상해 또는 사망에 이른 경우에 한정한다.

6. 「특정강력범죄의 처벌에 관한 특례법」 제2조의 특정강력범죄

7. 「성폭력범죄의 처벌 등에 관한 특례법」 제2조의 성폭력범죄

8. 「아동·청소년의 성보호에 관한 법률」 제2조제2호의 아동·청소년대상 성범죄. 다만, 같은 법 제13조, 제14조제3항, 제15조제2항·제3항 및 제15조의2의 죄는 제외한다.

9. 「마약류 관리에 관한 법률」 제58조의 죄. 다만, 같은 조 제4항의 죄는 제외한다.

10. 「마약류 불법거래 방지에 관한 특례법」 제6조 및 제9조제1항의 죄

11. 제1호부터 제10호까지의 죄로서 다른 법률에 따라 가중처벌되는 죄

2. 다른 법률과의 관계 (제3조)

수사 및 재판 단계에서 신상정보의 공개에 대하여는 다른 법률의 규정에도 불구하고
이 법을 우선 적용한다.

3. 피의자의 신상정보 공개 (제4조)

① 검사와 사법경찰관은 다음 각 호의 요건을 모두 갖춘 특정중대범죄사건의 피의자
   의 얼굴, 성명 및 나이(이하 "신상정보"라 한다)를 공개할 수 있다. 다만, 피의
   자가 미성년자인 경우에는 공개하지 아니한다.
   1. 범행수단이 잔인하고 중대한 피해가 발생하였을 것(제2조제3호부터 제6호까지
      의 죄에 한정한다)
   2. 피의자가 그 죄를 범하였다고 믿을 만한 충분한 증거가 있을 것
   3. 국민의 알권리 보장, 피의자의 재범 방지 및 범죄예방 등 오로지 공공의 이익
      을 위하여 필요할 것
② 검사와 사법경찰관은 제1항에 따라 신상정보 공개를 결정할 때에는 범죄의 중대
   성, 범행 후 정황, 피해자 보호 필요성, 피해자(피해자가 사망한 경우 피해자의
   유족을 포함한다)의 의사 등을 종합적으로 고려하여야 한다.
③ 검사와 사법경찰관은 제1항에 따라 신상정보를 공개할 때에는 피의자의 인권을 고
   려하여 신중하게 결정하고 이를 남용하여서는 아니 된다.
④ 제1항에 따라 공개하는 피의자의 얼굴은 특별한 사정이 없으면 공개 결정일 전후
   30일 이내의 모습으로 한다. 이 경우 검사와 사법경찰관은 다른 법령에 따라 적
   법하게 수집·보관하고 있는 사진, 영상물 등이 있는 때에는 이를 활용하여 공개
   할 수 있다.
⑤ 검사와 사법경찰관은 제1항에 따라 피의자의 얼굴을 공개하기 위하여 필요한 경우
   피의자를 식별할 수 있도록 피의자의 얼굴을 촬영할 수 있다. 이 경우 피의자는
   이에 따라야 한다.
⑥ 검사와 사법경찰관은 제1항에 따라 피의자의 신상정보 공개를 결정하기 전에 피의
   자에게 의견을 진술할 기회를 주어야 한다. 다만, 신상정보공개심의위원회에서

피의자의 의견을 청취한 경우에는 이를 생략할 수 있다.

⑦ 검사와 사법경찰관은 피의자에게 신상정보 공개를 통지한 날부터 5일 이상의 유예기간을 두고 신상정보를 공개하여야 한다. 다만, 피의자가 신상정보 공개 결정에 대하여 서면으로 이의 없음을 표시한 때에는 유예기간을 두지 아니할 수 있다.

⑧ 검사와 사법경찰관은 정보통신망을 이용하여 그 신상정보를 30일간 공개한다.

⑨ 신상정보의 공개 등에 관한 절차와 방법 등 그 밖에 필요한 사항은 대통령령으로 정한다.

4. 피고인의 신상정보 공개 (제5조)

① 검사는 공소제기 시까지 특정중대범죄사건이 아니었으나 재판 과정에서 특정중대범죄사건으로 공소사실이 변경된 사건의 피고인으로서 제4조제1항 각 호의 요건을 모두 갖춘 피고인에 대하여 피고인의 현재지 또는 최후 거주지를 관할하는 법원에 신상정보의 공개를 청구할 수 있다. 다만, 피고인이 미성년자인 경우는 제외한다.

② 제1항에 따른 청구는 해당 특정중대범죄 피고사건의 항소심 변론종결 시까지 하여야 한다.

③ 제1항에 따른 청구에 관하여는 해당 특정중대범죄 피고사건을 심리하는 재판부가 아닌 별도의 재판부에서 결정한다.

④ 법원은 피고인의 신상정보 공개 여부를 결정하기 위하여 필요하다고 인정하는 때에는 검사, 피고인, 그 밖의 참고인으로부터 의견을 들을 수 있다.

⑤ 제1항에 따른 청구를 받은 법원은 청구의 허부에 관한 결정을 하여야 한다.

⑥ 제5항의 결정에 대하여는 즉시항고를 할 수 있다.

⑦ 법원의 신상정보 공개 결정은 검사가 집행하고, 이에 대하여는 제4조제4항·제5항·제8항·제9항을 준용한다.

5. 피의자에 대한 보상 (제6조)

① 피의자로서 이 법에 따라 신상정보가 공개된 자 중 검사로부터 불기소처분을 받거나 사법경찰관으로부터 불송치결정을 받은 자는 「형사보상 및 명예회복에 관한 법률」에 따른 형사보상과 별도로 국가에 대하여 신상정보의 공개에 따른 보상을 청구할 수 있다. 다만, 신상정보가 공개된 이후 불기소처분 또는 불송치결정의 사유가 있는 경우와 해당 불기소처분 또는 불송치결정이 종국적인 것이 아니거나 「형사소송법」 제247조에 따른 것일 경우에는 그러하지 아니하다.

② 다음 각 호의 어느 하나에 해당하는 경우에는 제1항에 따른 보상의 전부 또는 일부를 지급하지 아니할 수 있다.

1. 본인이 수사 또는 재판을 그르칠 목적으로 거짓 자백을 하거나 다른 유죄의 증거를 만듦으로써 신상정보가 공개된 것으로 인정되는 경우
2. 보상을 하는 것이 선량한 풍속이나 그 밖에 사회질서에 위배된다고 인정할 특별한 사정이 있는 경우

③ 제1항에 따른 보상을 할 때에는 1천만원 이내에서 모든 사정을 고려하여 타당하다고 인정하는 금액을 보상한다. 이 경우 신상공개로 인하여 발생한 재산상의 손실액이 증명되었을 때에는 그 손실액도 보상한다.

④ 제1항에 따른 보상에 관하여는 이 법에 특별한 규정이 있는 경우를 제외하고는 그 성질에 반하지 아니하는 범위에서 「형사보상 및 명예회복에 관한 법률」을 준용한다.

6. 피고인에 대한 보상 (제7조)

① 이 법에 따라 신상정보가 공개된 피고인이 해당 특정중대범죄에 대하여 무죄재판을 받아 확정되었을 때에는 「형사보상 및 명예회복에 관한 법률」에 따른 형사보상과 별도로 국가에 대하여 신상정보의 공개에 따른 보상을 청구할 수 있다.

② 다음 각 호의 어느 하나에 해당하는 경우에는 법원은 재량으로 보상청구의 전부 또는 일부를 기각할 수 있다.

1. 「형법」 제9조 및 제10조제1항의 사유로 무죄재판을 받은 경우

2. 본인이 수사 또는 심판을 그르칠 목적으로 거짓 자백을 하거나 다른 유죄의 증거를 만듦으로써 기소, 신상정보 공개, 또는 유죄재판을 받게 된 것으로 인정된 경우

3. 수개의 특정중대범죄로 인하여 신상정보가 공개된 피고인이 1개의 재판으로 경합범의 일부인 특정중대범죄에 대하여 무죄재판을 받고 다른 특정중대범죄에 대하여 유죄재판을 받은 경우

③ 제1항에 따른 보상을 할 때에는 1천만원 이내에서 모든 사정을 고려하여 법원이 타당하다고 인정하는 금액을 보상한다. 이 경우 신상공개로 인하여 발생한 재산상의 손실액이 증명되었을 때에는 그 손실액도 보상한다.

④ 제1항에 따른 보상에 관하여는 특별한 규정이 있는 경우를 제외하고는 그 성질에 반하지 아니하는 범위에서 「형사보상 및 명예회복에 관한 법률」을 준용한다.

7. 신상정보공개심의위원회 (제8조)

① 검찰총장 및 경찰청장은 제4조에 따른 신상정보 공개 여부에 관한 사항을 심의하기 위하여 신상정보공개심의위원회를 둘 수 있다.

② 신상정보공개심의위원회는 위원장을 포함하여 10인 이내의 위원으로 구성한다.

③ 신상정보공개심의위원회는 신상정보 공개 여부에 관한 사항을 심의할 때 피의자에게 의견을 진술할 기회를 주어야 한다.

④ 신상정보공개심의위원회 위원 또는 위원이었던 사람은 심의 과정에서 알게 된 비밀을 외부에 공개하거나 누설하여서는 아니 된다.

⑤ 신상정보공개심의위원회의 구성 및 운영 등에 관한 구체적인 사항은 검찰총장 및 경찰청장이 정한다.

제3절 공소시효 계산법

제1관 일반범죄

※ 형사소송법

제249조(공소시효의 기간) ① 공소시효는 다음 기간의 경과로 완성한다.

1. 사형에 해당하는 범죄에는 25년
2. 무기징역 또는 무기금고에 해당하는 범죄에는 15년
3. 장기 10년 이상의 징역 또는 금고에 해당하는 범죄에는 10년
4. 장기 10년 미만의 징역 또는 금고에 해당하는 범죄에는 7년
5. 장기 5년 미만의 징역 또는 금고, 장기10년 이상의 자격정지 또는 벌금에 해당하는 범죄에는 5년
6. 장기 5년 이상의 자격정지에 해당하는 범죄에는 3년
7. 장기 5년 미만의 자격정지, 구류, 과료 또는 몰수에 해당하는 범죄에는 1년

② 공소가 제기된 범죄는 판결의 확정이 없이 공소를 제기한 때로부터 25년을 경과하면 공소시효가 완성한 것으로 간주한다.

■ 판례 ■   2007. 12. 21. 개정된 형사소송법 부칙 제3조의 취지 / 위 부칙조항에서 말하는 '종전의 규정'에 구 형사소송법 제249조 제1항뿐만 아니라 같은 조 제2항도 포함되는지 여부(적극) / 개정 형사소송법 시행 전에 범한 죄에 대해서는 위 부칙조항에 따라 구 형사소송법 제249조 제2항이 적용되어 판결의 확정 없이 공소를 제기한 때로부터 15년이 경과하면 공소시효가 완성한 것으로 간주되는지 여부(적극)

구 형사소송법(2007. 12. 21. 법률 제8730호로 개정되기 전의 것, 이하 같다) 제249조는 '공소시효의 기간' 이라는 표제 아래 제1항 본문 및 각호에서 공소시효는 법정형에 따라 정해진 일정 기간의 경과로 완성한다고 규정하고, 제2항에서 "공소가 제기된 범죄는 판결의 확정이 없이 공소를 제기한 때로부터 15년을 경과하면 공소시효가 완성한 것으로 간주한다." 라고 규정하였다. 2007. 12. 21. 법률 제8730호로 형사소송법이 개정되면서 제249조 제1항 각호에서 정한 시효의 기간이 연장되고, 제249조 제2항에서 정한 시효의 기간도 '15년' 에서 '25년' 으로 연장되었는데, 위와 같이 개정된 형사소송법(이하 '개정 형사소송법' 이라 한다) 부칙 제3조(이하 '부칙조항' 이라 한다)는 '공소시효에 관한 경과조치' 라는 표제 아래 "이 법 시행 전에 범한 죄에 대하여는 종전의 규정을 적용한다." 라고 규정하고 있다. 부칙조항은, 시효의 기간을 연장하는 형사소송법 개정이 피의자 또는 피고인에게 불리한 조치인 점 등을 고려하여 개정 형사소송법 시행 전에 이미 저지른 범죄에 대하여는 개정 전 규정을 그대로 적용하고자 함에 그 취지가 있다. 위와 같은 법 문언과 취지 등을 종합하면, 부칙조항에서 말하는 '종전의 규정'에는 '구 형사소송법 제249조 제1항' 뿐만 아니라 '같은 조 제2항' 도 포함된다고 봄이 타당하다. 따라서 개정 형사소송법 시행 전에 범한 죄에 대해서는 부칙조항에 따라 구 형사소송법 제249조 제2항이 적용되어 판결의 확정 없이 공소를 제기한 때로부터 15년이 경과하면 공소시효가 완성한 것으로 간주된다. (대법원 2022. 8. 19., 선고, 2020도1153, 판결)

1. 두 개 이상의 형과 시효기간 (제250조)

두 개 이상의 형을 병과(倂科)하거나 두 개 이상의 형에서 한 개를 과(科)할 범죄에 대해서는 무거운 형에 의하여 제249조를 적용한다.

■판례■   상상적 경합의 관계에 있는 사기죄와 변호사법 위반죄 중 변호사법 위반죄의 공소시효가 완성된 경우 사기죄의 공소시효까지 완성된 것으로 볼 수 있는지 여부(소극)

1개의 행위가 여러 개의 죄에 해당하는 경우 형법 제40조는 이를 과형상 일죄로 처벌한다는 것에 지나지 아니하고, 공소시효를 적용함에 있어서는 각 죄마다 따로 따져야 할 것인바, 공무원이 취급하는 사건에 관하여 청탁 또는 알선을 할 의사와 능력이 없음에도 청탁 또는 알선을 한다고 기망하여 금품을 교부받은 경우에 성립하는 사기죄와 변호사법 위반죄는 상상적 경합의 관계에 있으므로(대법원 2006.1.27. 선고 2005도8704 판결), 변호사법 위반죄의 공소시효가 완성되었다고 하여 그 죄와 상상적 경합관계에 있는 사기죄의 공소시효까지 완성되는 것은 아니다(대법원 2006.12.8. 선고 2006도6356 판결).

■판례■   범죄의 '일시'가 공소시효 완성의 기준 시점을 전후로 하여 개괄적으로 기재된 경우 공소사실이 특정되었다고 볼 것인지(소극)

공소사실의 기재는 범죄의 일시, 장소와 방법을 명시하여 사실을 특정할 수 있도록 하여야 하고(형사소송법 제254조 제4항), 이와 같이 공소사실의 특정을 요구하는 법의 취지는 법원에 대하여 심판의 대상을 한정하고 피고인에게 방어의 범위를 특정하여 그 방어권 행사를 쉽게 해 주기 위한 데에 있는 것이므로(대법원 2012. 9. 13. 선고 2010도17418 판결 등 참조), 범죄의 '일시'는 이중기소나 시효에 저촉되는지 식별할 수 있을 정도로 기재하여야 한다(대법원 1997. 8. 22. 선고 97도1211 판결, 대법원 2002. 10. 11. 선고 2002도2939 판결 등 참조). 따라서 범죄의 '일시'가 공소시효 완성 여부를 판별할 수 없을 정도로 개괄적으로 기재되었다면 공소사실이 특정되었다고 볼 수 없다. 공소사실이 특정되지 아니한 부분이 있다면, 법원은 검사에게 석명을 구하여 특정을 요구하여야 하고, 그럼에도 검사가 이를 특정하지 않는다면 그 부분에 대해서는 공소를 기각할 수밖에 없다(대법원 2016. 12. 15. 선고 2015도3682 판결, 대법원 2019. 12. 24. 선고 2019도10086 판결 참조).
⇒ 피고인에 대하여 2013. 12.경부터 2014. 1.경 사이 약 10분간 소란을 피워 주점영업 업무방해 범행을 저질렀다는 혐의로 2020. 12. 30. 기소된 사안임[위 공소사실은 반복적 행위, 수일에 걸쳐 발생한 행위가 아니라 특정일에 발생한 행위이므로, 범행일이 2013. 12. 31. 이후인지 여부에 따라 공소시효(업무방해죄의 경우 7년)의 완성 여부가 달라짐]

대법원은, 위와 같은 법리에 따라 위 공소사실의 일시는 공소시효 완성 여부를 판별할 수 없어 불특정이라는 이유로, 위 공소사실을 유죄로 판단한 원심을 파기·환송하였음(대법원 2022. 11. 17. 선고 2022도8257 판결)

2. 형의 가중, 감경과 시효기간 (제251조)

「형법」에 의하여 형을 가중 또는 감경한 경우에는 가중 또는 감경하지 아니한 형에 의하여 제249조의 규정을 적용한다.

3. 시효의 기산점 (제252조)

① 시효는 범죄행위의 종료한 때로부터 진행한다.

② 공범에는 최종행위의 종료한 때로부터 전 공범에 대한 시효기간을 기산한다.

■ 판례 ■ **공익근무요원의 복무이탈죄의 성립과 공소시효의 기산점**

구 병역법(2005. 5. 31. 법률 제7541호로 개정되기 전의 것) 제89조의2 제1호에 정한 공익근무요원의 복무이탈죄는 정당한 사유 없이 계속적 혹은 간헐적으로 행해진 통산 8일 이상의 복무이탈행위 전체가 하나의 범죄를 구성하는 것이고, 그 공소시효는 위 전체의 복무이탈행위 중 최종의 복무이탈행위가 마쳐진 때부터 진행한다(대법원 2007.3.29. 선고 2005도7032 판결).

■ 판례 ■ **포괄일죄의 공소시효 기산점**

포괄일죄의 공소시효는 최종의 범죄행위가 종료한 때로부터 진행한다(대법원 2002.10.11. 선고 2002도2939 판결).

■ 판례 ■ **공소사실이 변경됨에 따라 법정형에 차이가 있는 경우, 공소시효기간의 기준이 되는 법정형(= 변경된 공소사실에 대한 법정형)**

공소장변경절차에 의하여 공소사실이 변경됨에 따라 그 법정형에 차이가 있는 경우에는 변경된 공소사실에 대한 법정형이 공소시효기간의 기준이 된다(대법원 2001.8.24. 선고 2001도2902 판결).

4. 시효의 정지와 효력 (제253조)

① 시효는 공소의 제기로 진행이 정지되고 공소기각 또는 관할위반의 재판이 확정된 때로부터 진행한다.

② 공범의 1인에 대한 전항의 시효정지는 다른 공범자에 대하여 효력이 미치고 당해 사건의 재판이 확정된 때로부터 진행한다.

③ 범인이 형사처분을 면할 목적으로 국외에 있는 경우 그 기간 동안 공소시효는 정지된다.

■ 판례 ■ **건축법상 처벌의 대상이 되는 건축물의 용도변경행위의 범위 및 무단으로 건축물을 다른 용도로 계속 사용하는 경우, 그 용도변경의 건축법위반죄의 공소시효 진행 여부 (소극)**

건축법상 허가를 받지 아니하거나 또는 신고를 하지 아니한 경우 처벌의 대상이 되는 건축물의 용도변경행위(1999. 2. 8. 법률 제5895호로 건축법이 개정되면서 건축물의 용도변경에 관하여 허가제에서 신고제로 전환되었다)는 유형적으로 용도를 변경하는 행위뿐만 아니라 다른 용도로 사용하는 것까지를 포함하며, 이와 같이 허가를 받지 아니하거나 신고를 하지 아니한 채 건축물을 다른 용도로 사용하는 행위는 계속범의 성질을 가지는 것이어서 허가 또는 신고 없이 다른 용도로 계속 사용하는 한 가벌적 위법상태는 계속 존재하고 있다고 할 것이므로, 그러한 용도변경행위에 대하여는 공소시효가 진행하지 아니하는 것으로 보아야 한다(대법원 2001.9.25. 선고 2001도3990 판결).

■ 판례 ■   국외 도피로 인한 공소시효 정지를 규정한 형사소송법 제253조 제3항이 공소시효 완성 간주를 규정한 구 형사소송법 제249조 제2항에도 적용되는지(소극)

구 형사소송법(2007. 12. 21. 법률 제8730호로 개정되기 전의 것, 이하 '구 형사소송법' 이라고 한다) 규정에 따르면, 공소시효는 범죄행위가 종료한 때로부터 진행하여 법정형에 따라 정해진 일정 기간의 경과로 완성한다(제252조 제1항, 제249조 제1항). 공소시효는 공소의 제기로 진행이 정지되지만(제253조 제1항 전단), 판결의 확정이 없이 공소를 제기한 때로부터 15년(2022. 10. 31. 기준 현행 형소법 상으로는 25년)이 경과되면 공소시효가 완성한 것으로 간주된다(제249조 제2항) 형사소송법 제253조 제3항은 "범인이 형사처분을 면할 목적으로 국외에 있는 경우 그 기간 공소시효는 정지된다." 라고 규정하고 있다. 위 조항의 입법취지는 범인이 우리나라의 사법권이 실질적으로 미치지 못하는 국외에 체류한 것이 도피의 수단으로 이용된 경우에 그 체류 기간은 공소시효가 진행되는 것을 저지하여 범인을 처벌할 수 있도록 하여 형벌권을 적정하게 실현하고자 하는 데 있다(대법원 2008. 12. 11. 선고 2008도 4101 판결 참조). 위와 같은 법 문언과 취지 등을 종합하면, 형사소송법 제253조 제3항에서 정지의 대상으로 규정한 '공소시효' 는 범죄행위가 종료한 때로부터 진행하고 공소의 제기로 정지되는 구 형사소송법 제249조 제1항의 시효를 뜻하고, 그 시효와 별개로 공소를 제기한 때로부터 일정 기간이 경과하면 공소시효가 완성된 것으로 간주된다고 규정한 구 형사소송법 제249조 제2항에서 말하는 '공소시효' 는 여기에 포함되지 않는다고 봄이 타당하다. 따라서 공소제기 후 피고인이 처벌을 면할 목적으로 국외에 있는 경우에도, 그 기간 동안 구 형사소송법 제249조 제2항에서 정한 기간의 진행이 정지되지는 않는다.
⇒ 사안의 경우, 피고인은 1997. 8. 21. 특정경제범죄가중처벌등에관한법률위반(사기)죄로 기소된 후 1심 재판이 계속 중이던 1998. 4. 28.경 미국으로 출국하여 원심에 이르기까지 입국하지 않았음. 대법원은 위 법리를 토대로, 원심이 이 사건 공소사실 범죄에 대하여 판결의 확정 없이 공소가 제기된 때로부터 15년이 경과하여 구 형사소송법 제249조 제2항에서 정한 공소시효 완성 간주 요건이 충족되었다는 이유로 피고인에 대하여 면소를 선고한 제1심판결을 그대로 유지한 것은 정당하다고 판단하였음 (대법원 2022. 9. 29. 선고 2020도13547 판결)

5. 공소시효의 적용 배제 (제253조의2)

사람을 살해한 범죄(종범은 제외한다)로 사형에 해당하는 범죄에 대하여는 제249조부터 제253조까지에 규정된 공소시효를 적용하지 아니한다.

제2관 성폭력범죄

Ⅰ. 성폭력범죄 특별법 변천 과정

※ 변천사

법 명	성폭력범죄의처벌 및피해자보호등에 관한법률 (제정)	성폭력범죄의 처벌 등에 관한 특례법 (제정)	성폭력범죄의 처벌 등에 관한 특례법 (일부개정)	성폭력범죄의 처벌 등에 관한 특례법 (전부개정)
시 행	1994. 4. 1.	2010.4.15	2011.11.17.	2013. 6. 19.
주 요 내 용	• 친족간 성폭행 비 친고죄	• 미성년자 성년시까 지 연장 • DNA 시효10년연장 • 친고죄 조항 삭제	• 13세 미만자 및 신 채정신적인 장애 자 시효적용 배제	• 동거친족 포함 • 성적 목적을 위한 공공장소 침입죄 신설
비 고		미완성 시효 경우 시효연장	미완성 시효 경우 시효연장	미완성 시효 경우 시효연장

1. 성폭력범죄의처벌및피해자보호등에관한법률

[시행 1994. 4. 1.] [법률 제4702호, 1994. 1. 5, 제정] ⇒ 2010.4.14. 폐지

> 최근 각종 성폭력범죄가 점차 흉폭화·집단화·지능화·저연령화되고 있을 뿐만 아니라 전화·컴퓨터를 이용
> 한 음란행위등 새로운 유형의 성폭력범죄가 빈발하여 기존의 법체계로는 적절히 대처하기 어려우므로 성폭력
> 범죄에 대한 처벌규정을 신설 또는 강화
> ① 존속등 연장의 친족에 의해 강간·추행과 신체장애자에 대한 추행을 처벌하도록 하고 이를 모두 비친고죄로 함.
> ② 전화·우편·컴퓨터등 통신매체를 이용한 음란행위와 버스·지하철·극장등 공중밀집장소에서의 추행을 처벌
> 하도록 하고 이를 친고죄로 함.
> ③ 성폭력범죄를 범한 자에 대하여 선고유예 또는 집행유예를 할 때에는 일정기간 보호관찰을 명할 수 있도록
> ④ 성폭력범죄의 수사 또는 재판에 관여하는 자는 피해자의 신원과 사생활비밀을 누설하지 못하도록 하고, 피해
> 자의 신청이 있으면 성폭력범죄에 대한 심리를 비공개
> ⑤ 성폭력범죄를 예방하고 성폭력피해자를 보호하기 위하여 성폭력상담소 및 성폭력피해자보호시설을 설치·운
> 영할 수 있도록 함.

2. 성폭력범죄의 처벌 등에 관한 특례법 (제정)

[시행2010.4.15] [법률 제10258호, 2010.4.15. 제정]

> 현행 「성폭력범죄의 처벌 및 피해자보호 등에 관한 법률」은 성폭력범죄의 처벌 등에 관한 특례와 성폭력범죄의 피해자 보호 등에 관한 사항을 함께 규정하고 있어 각 사항에 대한 효율적 대처에 한계가 있으므로 성폭력범죄의 처벌에 관한 사항을 분리
> ① 친족관계에 의한 강간, 강제추행 등 범죄에 관하여 처벌을 강화하고 처벌대상이 되는 친족의 범위를 4촌 이내의 인척까지 확대
> ② 13세 미만의 미성년자에 대한 성폭력범죄의 처벌을 강화
> ③ 음주 또는 약물로 인한 심신장애 상태에서 강간, 강제추행 등 성폭력범죄를 범한 자에 대해서는 형을 감경하는 형법 규정을 적용하지 아니할 수 있도록 함
> ④ 미성년자에 대한 성폭력범죄의 공소시효는 해당 성폭력범죄로 피해를 당한 미성년자가 성년에 달한 날부터 진행하도록 함
> ⑤ 디엔에이(DNA)증거 등 입증 증거가 확실한 성폭력범죄의 경우 공소시효를 10년 연장
> ⑥ 얼굴 등 피의자의 신상정보를 공개할 수 있도록 함
>
> > 제20조(공소시효 기산에 관한 특례) ① 미성년자에 대한 성폭력범죄의 공소시효는 「형사소송법」 제252조제1항에도 불구하고 해당 성폭력범죄로 피해를 당한 미성년자가 성년에 달한 날부터 진행한다.
> > ② 제2조제3호 및 제4호의 죄와 제3조부터 제9조까지의 죄는 디엔에이(DNA)증거 등 그 죄를 증명할 수 있는 과학적인 증거가 있는 때에는 공소시효가 10년 연장된다.
>
> ※ 부칙
> 제3조(공소시효 진행에 관한 적용례) 이 법 시행 전 행하여진 성폭력범죄로 아직 공소시효가 완성되지 아니한 것에 대하여도 제20조를 적용한다.

3. 성폭력범죄의 처벌 등에 관한 특례법 (일부개정)

[시행 2011. 11. 17.] [법률 제11088호, 2011. 11. 17. 일부개정]

> 제20조(공소시효 기산에 관한 특례) ③ 13세 미만의 여자 및 신체적인 또는 정신적인 장애가 있는 여자에 대하여 「형법」 제297조(강간) 또는 제299조(준강간, 준강제추행)(준강간에 한정한다)의 죄를 범한 경우에는 제1항과 제2항에도 불구하고 「형사소송법」 제249조부터 제253조까지 및 「군사법원법」 제291조부터 제295조까지에 규정된 공소시효를 적용하지 아니한다. 〈신설 2011. 11. 17.〉
> ※ 부칙
> 제3조(공소시효 진행에 관한 적용례) 이 법 시행 전 행하여진 성폭력범죄로 아직 공소시효가 완성되지 아니한 것에 대하여도 제20조를 적용한다.

4. 성폭력범죄의 처벌 등에 관한 특례법 (전부개정)

[시행 2013. 6. 19.] [법률 제11556호, 2012. 12. 18. 전부개정]

> 친고죄로 인하여 성범죄에 대한 처벌이 합당하게 이루어지지 못하고 피해자에 대한 합의 종용으로 2차 피해가 야기되는 문제가 있으므로 친고죄 조항을 삭제하고, 공소시효의 적용 배제 대상 범죄를 확대하며, 성적 목적을 위한 공공장소 침입죄를 신설
> ① '친족'의 범위에 '동거하는 친족'을 포함함
> ② 장애인과 13세 미만인 자에 대한 강간죄의 객체를 '여자'에서 '사람'으로 변경함
> ③ '성적 목적을 위한 공공장소 침입죄'를 신설함
> ④ 친고죄 조항을 삭제함(현행 제15조 삭제).
> ⑤ 강제추행, 준강제추행의 죄 등을 공소시효의 적용 배제 대상으로 추가함(안 제21조).
> ※ 부칙
> 제3조(공소시효 진행에 관한 적용례) 이 법 시행 전 행하여진 성폭력범죄로 아직 공소시효가 완성되지 아니한 것에 대하여도 제21조의 개정규정을 적용한다.

● II. 현행 성폭력범죄 공소시효 (시행 2013. 6. 19.)

1. 성폭력범죄의 처벌 등에 관한 특례법 부칙〈2013.6.19.시행〉

제3조(공소시효 진행에 관한 적용례) 이 법 시행 전 행하여진 성폭력범죄로 아직 공소시효가 완성되지 아니한 것에 대하여도 제21조의 개정규정을 적용한다.

2. 아동·청소년의 성보호에 관한 법률 부칙〈2013.6.19.시행〉

제3조(공소시효 진행에 관한 적용례) 제20조((공소시효에 관한 특례)의 개정규정은 이 법 시행 전에 행하여진 아동·청소년대상 성범죄로 아직 공소시효가 완성되지 아니한 것에 대하여도 적용한다.

> ※ 성폭력범죄의 처벌 등에 관한 특례법 (현행)
> 제21조(공소시효에 관한 특례) ① 미성년자에 대한 성폭력범죄의 공소시효는 형사소송법 제252조제1항 및 군사법원법 제294조제1항에도 불구하고 해당 성폭력범죄로 피해를 당한 미성년자가 성년에 달한 날부터 진행한다.
> ② 제2조제3호 및 제4호의 죄와 제3조부터 제9조까지의 죄는 디엔에이(DNA)증거 등 그 죄를 증명할 수 있는 과학적인 증거가 있는 때에는 공소시효가 10년 연장된다..
> ③ 13세 미만의 사람 및 신체적인 또는 정신적인 장애가 있는 사람에 대하여 다음 각 호의 죄를 범한 경우에는 제1항과 제2항에도 불구하고 형사소송법 제249조부터 제253조까지 및 군사법원법 제291조부터 제295조까지에 규정된 공소시효를 적용하지 아니한다.
> 1. 「형법」 제297조(강간), 제298조(강제추행), 제299조(준강간, 준강제추행), 제301조(강간등 상해·치상), 제301조의2(강간등 살인·치사) 또는 제305조(미성년자에 대한 간음, 추행)의 죄
> 2. 제6조제2항, 제7조제2항, 제8조, 제9조의 죄

3. 「아동·청소년의 성보호에 관한 법률」 제9조 또는 제10조의 죄
④ 다음 각 호의 죄를 범한 경우에는 제1항과 제2항에도 불구하고 「형사소송법」 제249조부터 제253조까지 및 「군사법원법」 제291조부터 제295조까지에 규정된 공소시효를 적용하지 아니한다. 〈시행 2013.6.19.〉
  1. 「형법」 제301조의2(강간등 살인·치사)의 죄(강간등 살인에 한정한다)
  2. 제9조제1항의 죄
  3. 「아동·청소년의 성보호에 관한 법률」 제10조제1항의 죄
  4. 「군형법」 제92조의8의 죄(강간 등 살인에 한정한다)

※ 아동·청소년의 성보호에 관한 법률 (현행)
제20조(공소시효에 관한 특례)
－ 성폭력법과 동일

III. 사 례 (시효 계산법)

범행일	피해자 연령	죄명 / 시효	시효완성일	비고
2000. 4.16.	1987. 4.15.생 (13세미만) **이전까지 적용**	강간, 추행, 친족 /7년(10.4.14.까지), 이후 10년	• 1차 2010.4.15.시효완성 • 법 개정(2010.4.15.시행)으로 성년에 달한 날부터 시효 진행. 따라서 2007.4.15.(성년)부터 시효 진행 (2017.4.14.완료) • 2차 2011.11.17.법 개정으로 13세 미만의 경우 시효 적용없음. • 따라서 처벌가능	※ 민법 제4조(성년) －2011.3.7. 까지 20세 －2011.3.8. 부터 19세
		특수, 치상, 상해 / 15년	• 1차 2015.4.15.시효완성 • 2차 2011.11.17.법 개정으로 13세 미만의 경우 시효 적용없음. • 따라서 처벌가능	
	1987. 4.16.생 (13세이상) **이후부터 적용**	강간, 추행, 친족 /7년(10.4.14.까지), 이후 10년	• 1차 2010.4.15.시효완성 • 법 개정(2010.4.15.시행)으로 성년에 달한 날부터 시효진행. 따라서 2007.4.15.(성년)부터 시효 진행 • 2차 2017.4.15. 시효완성(처벌불가)	
		특수, 치상, 상해 / 15년	• 1차 2015.4.15.시효완성 • 법 개정(2010.4.15.시행)으로 성년에 달한 날부터 시효진행. 따라서 2007.4.15.(성년)부터 시효 진행 • 2022.4.15.시효완성(처벌가능)	

1. 계산방법

① 성폭력처벌법 시행일인 <u>2010.4.15.까지 공소시효가 남아 있는 경우</u> 처벌 여부 검토

② 미성년자면 미성년자가 성년에 달한 날부터 공소시효 진행

③ <u>2011.11.17.까지 공소시효가 종료되지 않으면</u> (피해 당시)

  −13세 미만 또는 장애인의 경우 : 공소시효 적용 배제(처벌 가능)

  −13세 이상 19세 미만 : 성년에 달한 날부터 공소시효 다시 진행

2. 사례연구

가. 사례1 범행일이 2005. 4. 16. 경우

① 범행일 기준 13세가 되는 일을 먼저 계산(1992.4.15.년생까지가 만 13세 미만)
② 13세 미만일 경우
−1992.4.16.년생 이후 : 공소시효 적용 배제로 처벌 가능
③ 13세 이상일 경우
−1992.4.15.년생 이전 : 성년이 되는 2011.4.15.부터 공소시효 진행(2021.4.14. 이후 종료)

나. 사례2 1986. 4. 16. 생이 성폭행을 당한 경우

1. 강간의 경우 (기본 공소시효 10년) : 피해자 기준
① 2000.4.15. 이전 범행의 경우
 −범행 당시 13세 미만 : ⇒ 2010.4.14. 공소시효 완성
 −범행 당시 13세 이상 19세 미만 : 2000.4·15· 이전 범행의 경우 ⇒ 2010.4.14. 공소시효 완성
 ※ 2010.4.15. 이전에 공소시효가 완성된 경우 13세 미만 여부와 상관없이 기존 공소시효 적용(처벌 불가)
② 2000.4.16. 이후 범행의 경우 ⇒ 2010.4.15. 이후 공소시효 완성 예정으로 처벌 여부 검토 필요
 −범행 당시 13세 미만 ⇒ 성년에 달한 날(2006.4.16.)부터 다시 공소시효 진행 ⇒ <u>2016</u>.4.15. 공소시효 완성 예정 ⇒ <u>2011.11.17.</u> 법 개정으로 공소시효 적용 배제(계속 처벌 가능)
 −범행 당시 13세 이상 19세 미만 ⇒ 성년에 달한 날(2006.4.16.)부터 다시 공소시효 진행(2016.4.15. 완성) ⇒ 처벌 불가
 −범행 당시 19세 이상 ⇒ 2010.4.15. 공소시효 완성(처벌 불가)
2. 특수강간/강간치상의 경우 (기본 공소시효 15년)
① 1995.4.15. 이전 범행의 경우 ⇒ 2010.4.14. 공소시효 완성으로 처벌 불가
② 1995.4.16. 이후 범행의 경우 ⇒ 공소시효 완료 전인 2010.4.15.부터 공소시효 연장
 −범행 당시 13세 미만 ⇒ 성년에 달한 날(2006.4.16.)부터 다시 공소시효 진행 ⇒ 2011.11.17. 법 개정으로 공소시효 적용 배제(계속 처벌 가능)
 −범행 당시 13세 이상 19세 미만 ⇒ 성년에 달한 날(2006.4.16.)부터 다시 공소시효 진행(2021.4.15. 이후 종료)

Ⅳ. 친고죄 관련 수사상 유의사항

1. 친고죄 폐지 규정은 법률 시행 시점인 '13. 6. 19. 00:00 이후 발생한 성폭력범죄에만 적용되며, 그 이전 발생 친고죄 규정 범죄는 고소장을 접수하여야 함

> 제10조 (업무상 위력 등에 의한 추행)
> 제11조 (공중 밀집 장소에서의 추행)
> 제12조 (통신매체를 이용한 음란행위)
> 제15조(고소) 제10조 제1항, 제11조 및 제12조의 죄는 고소가 있어야 공소를 제기할 수 있다.

2. 단, 개정 법률 시행 일자를 전후하여 발생일을 특정하기 어려우면, 향후 형사 절차 진행과정 중 발생 일자가 '13. 6. 19. 이전으로 특정될 경우를 감안, 고소장을 접수

3. 법률 시행 시점인 '13. 6. 19. 00:00 이후 발생한 성폭력 사건 수사 중 합의서가 접수되더라도 계속 수사를 진행, 범죄 구증

4. 아동·청소년을 대상으로 한 성폭력범죄는 친고죄 배제 규정이 고소 기간 확장(2년) → 반의사불벌죄 → 친고죄 배제(일부 제외) 등의 변천이 있는 관계로, 발생일로부터 장기 경과 사건접수 시, 아청법상 친고죄와 반의사불벌죄의 변천을 참고하여 발생 일자 별 친고죄 적용 여부 확인 필요

5. 성폭력범죄 중 친고죄의 고소 기간 도과 여부에 관한 사건

■ 관례 ■ 2013. 4. 5. 법률 제11729호로 개정된 '성폭력범죄의 처벌 등에 관한 특례법' 시행일 이전에 저지른 친고죄인 성폭력범죄의 고소기간이 2012. 12. 18. 법률 제11556호로 전부 개정되기 전의 같은 법 제18조 제1항 본문(또는 2013. 4. 5. 법률 제11729호로 개정되기 전의 같은 법 제19조 제1항 본문)에 따라서 '범인을 알게 된 날부터 1년' 인지 여부(적극) 형사소송법 제230조 제1항 본문은 친고죄의 고소기간을 범인을 알게 된 날로부터 6월로 정하고 있다. 구 형법(2012. 12. 18. 법률 제11574호로 개정되어 2013. 6. 19. 시행되기 전의 것, 이하 '구 형법' 이라 한다) 제306조는 형법 제298조에서 정한 강제추행죄를 친고죄로 규정하고 있었다. 그런데 위와 같은 개정으로 구 형법 제306조는 삭제되었고, 개정 형법 부칙 제2조는 '제306조의 개정 규정은 위 개정 법 시행 후 최초로 저지른 범죄부터 적용한다' 고 규정하였다. 구 성폭력범죄의 처벌 등에 관한 특례법(2012. 12. 18. 법률 제11556호로 전부 개정되기 전의 것) 제2조 제1항 제3호는 형법 제298조(강제추행) 등을 성폭력범죄로 규정하고, 제18조 제1항 본문에서 성폭력범죄 중 친고죄의 고소기간을 '형사소송법 제230조 제1항의 규정에 불구하고 범인을 알게 된 날부터 1년' 으로 규정하였다(이하 '특례조항' 이라 한다). 특례조항은 위 전부 개정 법률에서 제19조 제1항 본

문으로 위치가 변경되었다가 2013. 4. 5. 법률 제11729호 개정으로 삭제되었다(2013. 6. 19. 시행, 이하 '개정 성폭력처벌법'이라 한다). 그런데 개정 성폭력처벌법은 부칙에서 특례조항 삭제에 관련된 경과규정을 두고 있지 않아 그 시행일 이전에 저지른 친고죄인 성폭력범죄의 고소기간에 특례조항이 적용되는지 여부가 문제 된다.

구 형법 제306조를 삭제한 것은 친고죄로 인하여 성범죄에 대한 처벌이 합당하게 이루어지지 못하고 피해자에 대한 합의 종용으로 인한 2차 피해가 야기되는 문제를 해결하기 위한 것이었고, 구 형법 제306조가 삭제됨에 따라 특례조항을 유지할 실익이 없게 되자 개정 성폭력처벌법에서 특례조항을 삭제한 것이다. 위와 같은 개정 경위와 취지를 고려하면, 개정 성폭력처벌법 시행일 이전에 저지른 친고죄인 성폭력범죄의 고소기간은 특례조항에 따라서 '범인을 알게 된 날부터 1년'이라고 보는 것이 타당하다.(대법원 2018. 6. 28., 선고, 2014도13504, 판결)

제4절 피해자 보호 및 지원

(피해자 보호 및 지원에 관한 규칙)

 **I. 총 칙**

1. 목적 (제1조)

이 규칙은 피해자 보호 및 지원을 위한 경찰의 기본정책 등을 명확히 하고, 피해자의 권익보호와 신속한 피해회복을 도모하기 위하여 경찰활동에 필요한 사항을 규정함을 목적으로 한다.

2. 정의 (제2조)

이 규칙에서 사용하는 용어의 정의는 다음과 같다.

1. "피해자"란 「범죄피해자 보호법」 제3조 제1항 제1호의 범죄피해자를 말한다.

> 제3조(정의) ① 이 법에서 사용하는 용어의 뜻은 다음과 같다.
> 1. "범죄피해자"란 타인의 범죄행위로 피해를 당한 사람과 그 배우자(사실상의 혼인관계를 포함한다), 직계친족 및 형제자매를 말한다.

2. "피해자 보호 및 지원"이란 피해자의 형사 절차의 참여 및 안전보장, 2차 피해방지 및 피해회복을 지원하기 위한 종합적 활동을 말한다.
3. "경찰관서"라 함은 경찰청, 시도경찰청 및 경찰서를 말한다.

3. 기본원칙 (제3조)

① 경찰관은 직무수행 시 모든 피해자의 존엄과 인격을 존중하고 권리를 보호하여야 한다.

② 경찰관은 범죄 발생 시 신속하게 피해자 보호 및 지원활동을 실시하고, 피해자가 다시 평온한 생활을 영위할 때까지 지속적으로 지원할 수 있도록 노력한다.

③ 경찰관은 피해자와 조사·면담을 통해 알게 된 피해자의 사생활에 관한 비밀을 누설하거나 피해자 보호 및 지원 외의 목적에 사용하지 아니한다.

II. 피해자 보호 추진위원회

1. 설치 (제4조)

피해자 보호 및 지원정책을 체계적으로 추진하기 위하여 경찰청에 피해자 보호 추진위원회(이하 "위원회")를 둔다.

2. 구성 및 운영 (제5조)

① 위원회는 위원장 1명을 포함하여 15명 이내의 위원으로 성별을 고려하여 구성한다.

② 위원회의 위원장은 경찰청 차장으로 하며, 위원장은 위원회 소집과 회의주재 등 위원회 총괄 및 위원회 결정사항의 시행 여부를 확인한다.

③ 위원회의 위원은 기획조정관, 생활안전국장, 수사국장, 외사국장, 감사관, 사이버안전국장, 교통국장 및 그 밖에 위원장이 필요하다고 인정하는 자로 하고, 위원회 소집 건의 및 소관 업무의 피해자 보호 및 지원사항에 대해 제안하고 결정사항을 시행한다.

④ 위원회에 위원회와 관련된 사무를 처리하기 위해 피해자 보호 담당관을 간사로 둔다.

⑤ 위원장은 제1항의 위원회를 구성할 때 관련 분야의 전문성 있는 민간위원을 위촉할 수 있다.

⑥ 위원장이 부득이한 사유로 직무를 수행할 수 없는 때에는 위원장이 미리 지명한 위원이 그 직무를 대행한다.

⑦ 위원회의 회의는 재적 위원 과반수의 출석으로 개의하고, 출석위원 과반수의 찬성으로 의결한다.

3. 임무 (제6조)

위원회의 임무는 다음 각호와 같다.

① 피해자 보호 및 지원 관련 중요정책의 심의

② 피해자 보호 및 지원업무에 관한 관련 기능 및 시도경찰청 간 조정

③ 피해자 보호 및 지원업무의 분석·평가 및 발전 방향 협의

④ 그 밖에 피해자 보호 및 지원을 위하여 필요한 사항의 처리

4. 실무위원회 (제7조)

① 위원회에 상정할 사안을 논의하거나 위원회의 심의사항을 실행하고, 위원회로부터 위임받은 사항을 처리하기 위하여 피해자 보호 실무위원회(실무위원회)를 둔다.

② 실무위원회 위원장은 경찰청 감사관으로 하고, 위원은 기획조정담당관, 생활안전과장, 여성청소년과장, 성폭력대책과장, 수사연구관실장, 형사과장, 외사수사과장, 피해자보호담당관, 사이버범죄대응과장, 교통안전과장, 그 밖에 실무위원회 위원장이 필요하다고 인정하는 자로 한다.

5. 시도경찰청 피해자 보호 추진위원회 (제8조)

시도경찰청장은 지역의 여건과 실정에 맞는 피해자 보호 및 지원정책을 추진하기 위하여 경찰청 피해자 보호 추진위원회에 따라 시도경찰청에 피해자 보호 추진위원회를 둘 수 있다.

◗ III. 피해자보호 전담체계

1. 피해자보호 전담부서의 운영 (제9조)

피해자 보호 및 지원정책을 통일적, 체계적으로 추진하기 위해 경찰청 감사관 소속으로 피해자보호담당관을, 시도경찰청 청문감사담당관 소속으로 피해자보호계(팀)를 운영한다.

2. 피해자대책관 (제10조)

각 시도경찰청 및 경찰서에 피해자 보호 및 지원업무를 총괄하기 위해 청문감사담당관 또는 청문감사관을 피해자대책관으로 둔다.

3. 피해자대책관의 임무 (제11조)

피해자대책관은 해당 경찰관서의 피해자 보호·지원시책 총괄과 그 활동에 대한 모니터링, 유관기관·단체 등과의 협조체계 구축, 대내 교육과 대국민 홍보 계획수립, 시행 등을 임무로 한다.

4. 피해자전담경찰관 (제12조)

① 각 경찰서장은 범죄 등으로 인해 피해가 심각한 피해자를 전담하여 보호 및 지원

할 수 있는 피해자전담경찰관을 청문감사인권관 소속으로 배치한다.

② 경찰청장은 범죄피해 직후 충격 상태의 피해자에 대한 심리적 응급처치 등 피해자 보호 및 지원업무 수행의 전문성을 확보하기 위해 다음 각 호의 어느 하나에 해당하는 요건을 갖춘 자를 피해자전담경찰관으로 채용할 수 있다.

1. 심리학 전공 석사 학위 이상 소지자
2. 심리학 학사 학위 소지자로서 '심리ㆍ상담' 분야에서 근무 또는 연구 경력이 2년 이상인 사람

5. 피해자전담경찰관의 임무 (제13조)

① 피해 직후 피해자의 심리적 안정 유도
② 피해 정도와 영향에 대한 초기 상담 및 지원방향 설계
③ 피해자 형사절차 참여 시 지원과 조력활동
④ 피해자 신변보호를 위한 기능 간 협의 등 관련활동
⑤ 피해자지원 전문기관ㆍ단체 및 지역사회 지원체계로의 연계
⑥ 지역 내 유관기관ㆍ단체와의 연락 및 협조체계 구축
⑦ 피해자 보호ㆍ지원 관련 직원 교육 및 외부 홍보
⑧ 피해자 보호ㆍ지원 관련 통계의 작성 및 관리
⑨ 그 밖에 피해자의 피해회복 및 일상생활 복귀를 도모하기 위한 업무

6. 피해자보호관 (제14조)

시ㆍ도경찰청장 및 경찰서장은 해당 경찰관서 소속 수사부서 및 지구대ㆍ파출소에 계(팀)장급 이상 경찰관을 피해자보호관으로 지정하여 피해유형별 특성에 맞는 상담 및 보호업무를 수행하게 할 수 있다.

Ⅳ. 형사절차 참여 보장

1. 피해자에 대한 정보제공 (제15조)

경찰관은 「경찰수사규칙」 제81조에 따라 다음 각호의 정보를 가능한 한 빠른 시일 내에 피해자에게 제공하여야 하며, 불가피한 사정이 있는 경우에는 늦어도 「검사

와 사법경찰관의 상호협력과 일반적 수사준칙에 관한 규정」제51조 제1항에 따른 결정(이송 결정은 제외한다)을 하기 전까지 제공하여야 한다.

① 신변보호 신청권, 신뢰관계자 동석권 등 형사절차상 피해자의 권리
② 범죄피해자구조금, 심리상담·치료 지원 등 피해자 지원제도 및 단체에 관한 정보
③ 배상명령제도, 긴급복지지원 등 그 밖에 피해자의 권리보호 및 복지증진을 위하여 필요하다고 인정되는 정보

2. 정보제공절차 (제16조)

① 제15조의 정보제공은 별지 제1호 서식의 안내서를 출력하여 피해자에게 교부하는 것을 원칙으로 한다.
② 경찰관은 성폭력, 아동학대, 가정폭력 피해자에게 제1항의 방법으로 정보제공 시 각 유형에 해당하는 안내서를 추가로 교부한다.
③ 경찰관은 피해자가 출석요구에 불응하는 등 서면을 교부하는 것이 곤란한 사유가 있는 경우에는 구두, 전화, 모사전송, 우편, 전자우편, 휴대전화 문자전송, 그 밖에 이에 준하는 방법으로 피해자에게 정보를 제공할 수 있다.

3. 정보제공 시 유의사항 (제17조)

① 경찰관은 피해자 보호 및 지원을 위한 제도 등 관련 정보를 숙지하여 피해자와의 상담에 성실하게 응해야 한다.
② 경찰관은 외국인 피해자가 언어적 어려움을 호소하는 경우 관할지역 내 통역요원 등을 활용하여 외국인 피해자에게 충실하게 정보를 제공할 수 있도록 노력해야 한다.

4. 사건처리 진행상황에 대한 통지 (제18조)

① 피해자보호관 또는 사건담당자는 피해자가 수사 진행상황에 대해 문의하는 경우 수사에 차질을 주지 않는 범위 내에서 피해자가 이해하기 쉽도록 설명하여야 한다.
② 그 밖에 피해자에 대한 수사 진행상황의 통지와 관련된 사항은 「경찰수사규칙」 제11조 및 「범죄수사규칙」 제13조를 준용한다.

범죄피해자 지원제도 안내

❶ 경찰청에서는 범죄피해가 심각한 사람을 지원하기 위해 경찰서 청문감사인권관실에 피해자전담경찰관을 배치·운영하고 있습니다. **아래 지원제도와 관련하여 이해가 잘 안 되시거나 궁금하신 점이 있으면 피해자보호팀에 문의하시기 바랍니다.**

❷ 경찰에서는 범죄피해자 지원정보 제공과 심리적 안정 지원을 위해 모바일앱 **'폴케어'**를 무료 배포하고 있습니다.

※ 이용방법 : 앱스토어·플레이스토어에서 다운로드

❸ 형사사법포털(**www.kics.go.kr**)에서 사건조회서비스(서면 동의 필요) 및 각종 지원정보를 제공하며, 우측 QR코드를 통해 범죄피해자 안내서로 접속할 수 있습니다.

경 제 적 지 원	❶ **살인·강도 등으로 주거지가 심하게 훼손·오염되었나요?** 경찰이 특수 청소업체를 통해 청소 및 현장정리를 도와드립니다. ❷ **야간(18시~익일6시)에 경찰관서에 출석하여 조사를 받으셨나요?** 강력범죄, 성·가정폭력 등 피해자의 경우 소정의 여비를 받을 수 있습니다. ❸ **범죄로 인해 상해 피해를 입고도 배상을 제대로 받지 못했나요?** 소정의 심사를 통해 치료비를 지원받을 수 있습니다. 피해자전담경찰관 또는 검찰(☎1577-2584)에 문의하시면 신청절차를 안내받을 수 있습니다. ※ 사망·장애 등 중한 피해를 입었다면 치료비와 별개로 구조금 지원 가능 ※ 강력범죄로 신체·정신적 피해를 입고 생계가 곤란해진 경우 생계비·학자금·장례비 지원 가능
심 리 적 지 원	❶ **가해자로부터 보복을 당할 우려가 있으신가요?** 경찰 또는 검찰에 신변보호를 요청할 수 있습니다. ※ 주민번호 유출로 범죄피해를 입거나 입을 우려가 있는 경우 주민등록번호 변경을 신청할 수 있습니다. (주민등록번호변경위원회 ☎02-2100-4061~4065) ❷ **사건에 대한 충격으로 불면증·불안 등 증상이 있으신가요?** 피해자전담경찰관 또는 전문기관의 심리상담 지원을 받을 수 있습니다. ❸ **불법촬영물 유출이 두려우신가요?** 방송통신심의위원회(1377) 또는 디지털성범죄피해자지원센터(1366, 02-735-8994), 한국사이버성폭력대응센터(02-817-7959)에 삭제·차단 도움을 받을 수 있습니다.
법 률 적 지 원	❶ **소송 관련 서류작성을 어떻게 해야 할지 난감하신가요?** 법률구조공단에서 무료상담·변호 및 소송서류 작성 서비스를 지원합니다. 가까운 지부 방문, 전화(132), 홈페이지(www.klac.or.kr)로 문의하세요. ❷ **범죄피해로 인한 금전적 손해를 배상받지 못했나요?** 다음과 같은 제도를 통해 손해배상을 받을 수 있습니다. ・배상명령 : 법원이 유죄판결을 선고하면서 배상을 명할 수 있는 제도(형사) ・지급명령 : 법원에서 실제 공판을 열지 않고 가해자에게 배상을 명하는 제도(민사) ・소액심판 : 3천만원을 초과하지 않는 배상의 경우 신속하게 심판하는 제도(민사)

형사절차상 범죄피해자 권리 안내

귀하의 담당수사관은 소속관서 부서 계급 성명 수사관입니다. (전화: 사무실전화, 팩스: 사무실FAX)

범죄 피해자에게는 아래와 같은 권리가 있음을 알려드립니다.

경 찰 단 계 송 치	❶ **조사를 받을 때 두렵거나 불안하신가요?** 가족 등 신뢰하는 사람이 함께 있도록 담당수사관에게 요청할 수 있습니다. 수사관이 제공하는 메모장에 자신의 진술과 조사 주요내용 등을 메모할 수 있습니다. ❷ **가해자의 보복이 우려되시나요?** 살인·강도·강간 등 특정범죄 피해자는 조서를 포함한 수사 서류들을 가명으로 작성하도록 담당수사관에게 요청할 수 있습니다. ❸ **경찰수사 결과가 궁금하신가요?** 사건 담당수사관으로부터 통지를 받을 수 있으며, 전화·문자·우편 등 원하시는 통지수단을 선택하실 수 있습니다. ❹ **경찰의 처분결과는 다음과 같습니다.** •**법원송치** : 소년보호사건에 대한 수사 후 범죄의 혐의가 있다고 인정될 때 사건을 관할 가정법원 소년부 또는 지방법원 소년부에 송치하는 것 •**검찰송치** : 경찰이 책임수사 후 범죄의 혐의가 있다고 인정될 때 검사에게 사건을 송치하는 것 •**불송치** : 경찰이 수사한 결과 범죄혐의가 인정되지 않아 검찰에 송치하지 않는 것 •**수사중지** : 가해자 소재불명 등 사유로 수사를 진행할 수 없는 경우 그 사유 해소 시 까지 수사를 중지하는 것 ❺ **경찰의 불송치 결정이 납득하기 어려운가요?** 사건 담당수사관의 소속 관서장에게 이의신청할 수 있습니다. ※ 이의신청 시 경찰은 검사에게 사건을 송치하고 처리결과와 이유를 대상자에게 통지해드립니다. ❻ **경찰의 수사중지 결정이 납득하기 어려운가요?** 통지받은 후 30일 이내에 사건 담당수사관 소속 관서의 상급관서장에게 이의제기할 수 있습니다. ※ 상급관서장은 이의제기 접수 후 30일 이내에 수용·불수용 결정을 하고, 7일 이내에 처리결과와 그 이유를 통지해드립니다.
검 찰 단 계 기 소	❶ **사건진행 관련 정보가 궁금하신가요?** 검찰청 민원실이나 피해자지원실에 신청서를 제출하시면 검찰 처분결과, 재판 진행상황 결과, 구속석방 여부에 대한 정보를 제공받을 수 있습니다. ❷ **검찰의 처분결과는 다음과 같습니다.** •**기소** : 검사가 사건에 대한 법원의 심판을 구하는 것 •**불기소** : 검사가 가해자에 대한 재판을 청구하지 않기로 결정하는 것 •**기소중지** : 소재불명 등 사유로 수사를 종결할 수 없는 경우 그 사유 해소 시까지 기소중지하는 것 •**기소유예** : 혐의는 인정하지만 죄의 경중 등 고려, 검사가 재판 청구를 않기로 결정하는 것 ❸ **검찰의 불기소 처분이 납득하기 어려운가요? 다음과 같이 불복할 수 있습니다.** •**항고** : 관할 고등검찰청에 재수사해줄 것을 요구(통지받은 날부터 30일 내) •**재정신청** : 관할 고등법원에 검찰이 기소해줄 것을 요구(통지받은 날부터 10일 내)
재 판 단 계	❶ **재판절차에 참여하고 싶으신가요?** -관할 법원 또는 검찰청에 신청하시면 법원에 증인으로 출석하여 피해 정도 및 가해자 처벌에 관한 의견을 진술할 수 있습니다. ❷ **법원에 출석할 때 불안하신가요?** -법원에 신청하여 피고인과 접촉 차단, 법정 사전 답사, 비공개 재판, 증인신문 전후 동행 및 보호 등 제도를 이용할 수 있습니다. ❸ **소송기록 내용이 궁금하신가요?** -재판장에게 신청하여 기록을 열람하거나 복사하실 수 있습니다.

V. 형사절차에서의 2차 피해 방지

1. 피해의 접수 등 (제20조)

① 경찰관은 고소·고발, 피해신고 등을 접수할 때 피해자의 이야기를 청취하면서 필요한 조치가 있는지를 파악한다.

② 성폭력, 아동학대, 가정폭력 피해자 등 피해자에 대한 특별한 배려가 필요한 사건을 접수한 경찰관은 담당 부서의 피해자보호관 등에 인계하여 상담을 받을 수 있도록 조치한다.

③ 경찰관은 피해사실의 접수 여부와 관계없이, 피해자가 원하는 경우 피해자 지원제도 및 유관기관·단체에 대한 정보를 제공하고 인계하도록 노력한다.

2. 피해자 동행 시 유의사항 (제21조)

① 경찰관은 피해자를 경찰관서나 성폭력피해자통합지원센터 등으로 동행할 때 피해자의 의사를 확인하여야 한다.

② 경찰관은 피해자를 경찰관서로 동행하는 경우 피의자와 분리하여 피해자에 대한 위해나 보복을 방지한다. 다만, 위해나 보복의 우려가 없을 것으로 판단되는 등 정당한 사정이 있는 경우 그러하지 아니하다.

③ 경찰관은 피해자에게 치료가 필요하다고 판단되면 즉시 피해자를 가까운 병원으로 후송하고, 「국민건강보험 요양급여의 기준에 관한 규칙」 제4조에 의해 우선 보험급여를 받을 수 있음을 안내한다.

3. 피해자조사 시 유의사항 (제22조)

① 경찰관은 조사 시작 전 피해자에게 가족 등 피해자와 신뢰관계에 있는 자를 참여시킬 수 있음을 고지하여야 한다.

② 그 밖에 신뢰관계에 있는 자의 동석에 관하여는 「경찰수사규칙」 제38조(신뢰관계자 동석)의 규정을 준용한다.

③ 경찰관은 사건을 처리하는 과정에서 권위적 태도, 불필요한 질문 등으로 피해자에게 2차 피해를 주지 않도록 하여야 한다.

④ 경찰관은 피해자가 심리적으로 심각한 불안감을 느끼는 등 피의자와의 대질조사

를 하기 어렵다고 인정되는 경우에는 피해자를 피의자와 분리하여 조사하는 등 2차 피해방지를 위한 조치를 취하여야 한다.

⑤ 경찰관은 피해자가 불필요하게 수회 출석하여 조사를 받거나 장시간 대기하는 일이 없도록 유의하고 살인·강도·성폭력 등 강력범죄 피해자와 같이 신원 비노출을 요하는 피해자에 대해서는 신변안전과 심리적 안정감을 느낄 수 있는 장소에서 조사할 수 있도록 노력한다.

⑥ 경찰관은 피해자의 심리적 충격 등이 심각하여 조사과정에서 2차 피해의 우려가 큰 경우 피해자심리전문요원과 협의하여 피해자와의 접촉을 자제하고 피해자심리전문요원이 피해자에 대한 심리평가 및 상담을 실시하도록 노력한다.

4. 인적사항 기재 생략 (제23조)

① 경찰관은 범죄피해와 관련하여 조서나 그 밖의 서류(이하 "조서등"이라 한다)를 작성할 때 다음 각호에 해당하는 경우 그 취지를 조서등에 기재하고 진술자의 성명, 연령, 주소, 직업 등 신원을 알 수 있는 인적사항을 기재하지 않을 수 있다.

 1. 법령에 명시적인 규정이 있는 경우
 2. 진술자의 의사, 진술자와 피의자와의 관계, 범죄의 종류, 진술자 보호의 필요성에 비추어 인적사항을 기재하지 않아야 할 상당한 이유가 있는 경우

② 전항의 조치와 관련된 사항은 「범죄수사규칙」 제176조를 준용한다

> ※ 범죄수사규칙
> 제176조(피해자 인적사항의 기재 생략) ① 경찰관은 조서나 그 밖의 서류(이하 "조서등"이라 한다)를 작성할 때 「경찰수사규칙」 제79조제1항의 피해자가 보복을 당할 우려가 있는 경우에는 별지 제22호서식의 진술조서(가명)에 그 취지를 조서등에 기재하고 피해자의 성명·연령·주소·직업 등 신원을 알 수 있는 사항(이하 "인적사항"이라 한다)을 기재하지 않을 수 있다. 이때 피해자로 하여금 조서등에 서명은 가명으로, 간인 및 날인은 무인으로 하게 하여야 한다.
> ② 제1항의 경우 경찰관은 별지 제111호서식의 범죄신고자등 인적사항 미기재사유 보고서를 작성하여 검사에게 통보하고, 조서등에 기재하지 아니한 인적 사항을 별지 제109호서식의 신원관리카드에 등재하여야 한다.
> ③ 피해자는 진술서 등을 작성할 때 경찰관의 승인을 받아 인적사항의 전부 또는 일부를 기재하지 아니할 수 있다. 이 경우 제1항 및 제2항을 준용한다.
> ④ 「특정범죄신고자 등 보호법」 등 법률에서 인적사항을 기재하지 아니할 수 있도록 규정한 경우에는 피해자나 그 법정대리인은 경찰관에게 제1항에 따른 조치를 하도록 신청할 수 있다. 이 경우 경찰관은 특별한 사유가 없으면 그 조치를 하여야 한다.
> ⑤ 경찰관은 제4항에 따른 피해자 등의 신청에도 불구하고 이를 불허한 경우에는 별지 제112호서식의 가명조서등 불작성사유 확인서를 작성하여 기록에 편철하여야 한다.

5. 피해자 출석지원 (제24조)

조사를 위해 경찰관서에 방문하는 피해자에 대하여 출석 및 귀가 시 이용되는 교통비 등 실제 소요경비를 지원할 수 있다.

6. 시설 개선 (제25조)

경찰관서의 장은 피해자의 프라이버시를 존중하여 피해자가 공개된 장소에서 조사를 받지 않도록 해당 경찰관서 내 피해자의 대기나 조사에 적합한 공간을 마련하는 등 시설개선을 위해 노력해야 한다.

7. 피해자 사생활의 보호 (제26조)

① 경찰관은 언론기관에 의한 취재 및 보도 등으로 인해 피해자의 명예 또는 사생활의 평온을 해치지 않도록 노력하여야 한다.

② 피해자전담경찰관은 피해자의 정신적 · 심리적 상태 등을 고려하여 언론기관과의 접촉에 대해 피해자에게 조언할 수 있고, 이 경우 피해자의 의사를 존중하여야 한다.

8. 사회적 약자에 대한 배려 (제27조)

경찰관은 장애인, 19세 미만의 자, 여성, 노약자, 외국인, 기타 신체적 · 경제적 · 정신적 · 문화적인 차별 등으로 어려움을 겪고 있어 사회적 보호가 필요한 피해자에 대해 이들이 수사과정에서 겪는 특별한 상황과 사정을 이해하고 이들을 배려할 수 있도록 노력한다.

◖ VI. 피해자의 안전보장

1. 신변보호의 대상 (제28조)

경찰관서의 장은 피해자가 피의자 또는 그 밖의 사람으로부터 생명 또는 신체에 대한 해를 당하거나 당할 우려가 있다고 인정되는 때에는 직권 또는 피해자의 신청에 따라 신변보호에 필요한 조처하여야 한다.

2. 조치유형 (제29조)

신변보호에 필요한 조치의 유형은 다음 각 호와 같다.
① 피해자 보호시설 등 특정시설에서의 보호
② 외출·귀가 시 동행, 수사기관 출석 시 동행 및 신변경호
③ 임시숙소 제공
④ 주거지 순찰강화, 폐쇄회로 텔레비전의 설치 등 주거에 대한 보호
⑤ 비상연락망 구축
⑥ 그 밖에 신변보호에 필요하다고 인정되는 조치

3. 신변보호심사위원회 구성 (제30조)

① 신변보호 결정 등에 대한 심의를 위하여 각 시·도경찰청과 경찰서에 신변보호심사위원회(이하 "심사위원회"라 한다)를 둔다.
② 심사위원회는 위원장 1명을 포함하여 8명 내외의 위원으로 양성평등기본법에 따라 성별을 고려하여 구성한다.
③ 심사위원회의 위원장은 시·도경찰청의 경우 차장 또는 소관 부장(세종특별자치시경찰청은 소관 과장으로 한다), 경찰서의 경우 경찰서장으로 하며, 위원장은 심사위원회 소집 등 심사위원회의 업무를 총괄한다.
④ 심사위원회의 위원은 생활안전과장, 여성청소년과장, 수사과장, 형사과장, 청문감사인권관, 그 밖에 위원장이 필요하다고 인정하는 해당 경찰관서 소속 과장으로 한다.
⑤ 심사위원회의 사무를 처리하기 위해 심사위원회에 간사를 두며, 간사는 시·도경찰청의 경우 피해자보호계장(세종특별자치시경찰청은 청문감사인권계장으로 한다), 경찰서의 경우 부청문감사관이 된다.
⑥ 심사위원회는 안건을 효율적으로 처리하기 위하여 신변보호의 원인이 된 관련 사건을 담당하는 부서의 과장을 위원장으로 하는 기능별 소위원회를 둘 수 있다.

4. 심사위원회 심사대상 (제31조)

① 신변보호 소관 기능 판단에 다툼이 있는 경우
② 담당 기능의 신변보호 이행에 타 기능 협조가 이루어지지 않는 경우
③ 담당 기능의 신변보호 결정에 보완이 필요한 경우

5. 심사위원회 운영 (제32조)

① 심사위원회 회의는 제31조에 해당하는 경우로서 신변보호 신청을 접수한 기능의 과장이 심사를 요청하고 그 요청이 이유 있는 때 또는 위원장이 필요하다고 인정하는 때에 개최한다.

② 심사위원회는 재적 위원 과반수의 출석으로 개의하고 출석위원 과반수의 찬성으로 다음 각 호의 사항을 의결한다.

  1. 신청자에 대한 신변보호 결정 및 보호조치의 종류, 이행방법, 기간
  2. 신변 보호조치 이행에 관련된 기능 간 업무의 조정

③ 위원장은 필요한 경우 제1항의 회의에 관련 분야 전문가를 참여시킬 수 있다.

6. 임시숙소 지원 (제33조)

① 경찰관은 범죄 발생 후 주거지 노출로 추가 피해가 우려되거나 야간에 범죄 등 피해를 입고 조사 후 의탁장소가 없는 경우 등 임시숙소가 긴급히 필요하다고 판단되는 피해자에 대해 긴급보호센터 등 일정 장소를 제공하거나 단기간 숙박 비용을 지원할 수 있다.

② 경찰서장은 안전성, 건전성 등 주변 환경을 고려하여 관할지역 내 임시숙소를 선정하고, 가해자에게 숙소가 노출되지 않도록 보안에 유의한다.

Ⅶ. 피해회복의 지원

1. 피해자전담경찰관 등 인계 (제34조)

① 사건담당자는 강력범죄, 교통사망사고 등 중한 범죄 등으로 인해 정신적·신체적·재산적 피해가 심각한 피해자에 대하여는 피해자 전담경찰관에게 인계하여 연속성 있는 지원이 이루어지도록 해야 한다.

② 사건담당자는 경미한 범죄라도 장애인·기초수급자·이주여성 등 피해자의 사정으로 지원이 필요하거나 기타 사회 이목을 집중시키는 사건 등에 대해 피해자전담경찰관의 지원을 요청할 수 있다.

2. 심리적 지원 및 연계 (제35조)

① 경찰관서의 장은 범죄피해의 경중, 피해자의 상태 등으로 보아 심리평가나 상담의 필요성이 있다고 인정되는 사건 및 기타 사회적 이목이 집중되는 사건의 피해자에 대해 정신적 피해의 회복·경감을 위해 피해자심리전문요원을 통해 심리적 지원을 할 수 있다.

② 경찰관은 제1항의 피해자에게 지역 내 심리상담·치료를 제공하는 기관 및 단체에 관한 정보를 적극적으로 제공하고 피해자가 원하는 경우 해당 기관 및 단체로 연계할 수 있다.

3. 경제적 지원 및 연계 (제36조)

경찰관은 피해자가 피해정도, 보호 및 지원의 필요에 따라 구조금 지급, 치료비 또는 긴급생계비 지원, 주거지원 등 다양한 피해자지원제도의 혜택을 누릴 수 있도록 직접 지원하거나 유관기관 및 단체로 연계할 수 있다.

4. 유관기관 및 단체 등과의 협력 (제37조)

① 경찰관서의 장은 사건발생 시 신속한 피해자 보호 및 지원을 위하여 관할지역 내 유관기관 및 단체와의 유기적인 협조체제를 구축하여야 한다.

② 제1항의 경우에 경찰관서의 장은 관계전문가 등으로 구성된 위원회를 설치할 수 있다.

③ 경찰관서의 장은 관할지역 내 피해자 자조모임(피해자가 유사한 경험을 한 사람들을 통해 정서적 지지를 받음으로써 심리적 충격이나 불안 등을 극복하고 안정을 되찾을 수 있도록 하는 모임을 말한다)을 육성·지원하거나 그와 상호 협력할 수 있다.

5. 실종자 가족 등에 대한 보호 및 지원 (제38조)

실종자 가족, 자살기도자 등 범죄에 준하는 심신에 유해한 영향을 미치는 행위로 인해 피해를 입은 자에 대하여 필요한 경우 제21조부터 제38조까지를 준용할 수 있다.

6. 회복적 대화 (제39조)

① 경찰관은 피해자가 입은 피해의 실질적 회복 또는 범죄의 재발방지 등을 위하여 필요한 경우 피해자의 신청과 가해자의 동의 또는 가해자의 신청과 피해자의 동의에 따라 서로 대화할 수 있는 기회를 제공할 수 있다.

② 시·도경찰청장은 갈등조정 및 대화기법에 관한 전문적인 지식과 경험이 있는 사람을 회복적대화전문위원으로 위촉하여 제1항의 대화 진행을 의뢰할 수 있다.

③ 시·도경찰청장은 매년 회복적대화전문위원의 활동 성과를 평가하여 재위촉 여부를 심사하여야 한다.

④ 회복적대화전문위원에게는 예산의 범위 내에서 수당을 지급할 수 있다

Ⅷ. 교육 및 홍보

1. 교육 (제40조)

① 경찰관서의 장은 피해자를 접하는 경찰관을 대상으로 피해자 보호·지원에 관한 교육을 연 2회 이상 실시해야 한다.

② 제1항의 교육은 피해자를 접하는 모든 경찰관이 피해자의 심리적 특성에 대한 이해를 바탕으로 피해자를 배려할 수 있도록 의식을 형성하고, 피해자 보호 및 지원 제도와 관련 법률 등을 숙지하여 실무 적용 능력을 배양하는 것을 목적으로 한다.

③ 전2항의 교육은 다음 각 호의 내용을 포함하여야 한다.

 1. 경찰의 피해자 보호 및 지원의 의의, 관련 정책과 법령에 관한 사항

 2. 피해자의 심리 및 피해자가 직면하는 문제에 관한 사항

 3. 피해자의 2차 피해를 방지하기 위해 배려해야 할 사항

 4. 피해자 보호 및 지원제도의 개요

 5. 유관기관 및 단체와의 연계 방안

2. 전문교육 (제41조)

① 경찰관서의 장은 피해자 보호 및 지원업무를 전담하는 소속 경찰관 등에 대해 전문기관 위탁교육 등 전문성 강화를 위한 교육을 할 수 있다.

② 제1항의 교육은 피해자 보호 및 지원업무를 전담하는 경찰관 등이 업무적인 특성으로 인해 받는 스트레스 해소방안 및 심리상담 등을 포함한다.

3. 국민의 이해 증진을 위한 홍보 (제42조)

① 경찰관서의 장은 피해자 보호 및 지원의 중요성과 각종 피해자 지원제도, 유관기관 및 단체에 대한 홍보 등 피해자 보호 및 지원에 관한 국민의 이해 증진을 위

해 노력한다.

② 제1항의 홍보활동을 함에 있어 인터넷과 인터넷 외의 매체를 다양하게 활용하여 정보 격차가 생기지 않도록 배려한다.

Ⅸ. 범죄피해자 보호 (경찰수사규칙 제79조~제83조)

1. 피해자 보호의 원칙

① 사법경찰관리는 피해자[타인의 범죄행위로 피해를 당한 사람과 그 배우자(사실상의 혼인관계를 포함한다), 직계친족 및 형제자매를 말한다. 이하 이 장에서 같다]의 심정을 이해하고 그 인격을 존중하며 피해자가 범죄피해 상황에서 조속히 회복하여 인간의 존엄성을 보장받을 수 있도록 노력해야 한다.

② 사법경찰관리는 피해자의 명예와 사생활의 평온을 보호하고 해당 사건과 관련하여 각종 법적 절차에 참여할 권리를 보장해야 한다.

2. 신변보호

① 수사준칙 제15조제2항에 따른 신변보호에 필요한 조치의 유형은 다음 각 호와 같다.

1. 피해자 보호시설 등 특정시설에서의 보호

2. 신변경호 및 수사기관 또는 법원 출석·귀가 시 동행

3. 임시숙소 제공

4. 주거지 순찰 강화, 폐쇄회로텔레비전의 설치 등 주거에 대한 보호

5. 그 밖에 비상연락망 구축 등 신변안전에 필요하다고 인정되는 조치

② 범죄신고자 등 참고인으로서 범죄수사와 관련하여 보복을 당할 우려가 있는 경우에 관하여는 제1항을 준용한다.

※ 검사와 사법경찰관의 상호협력과 일반적 수사준칙에 관한 규정

제15조(피해자 보호) ① 검사 또는 사법경찰관은 피해자의 명예와 사생활의 평온을 보호하기 위해 「범죄피해자 보호법」 등 피해자 보호 관련 법령의 규정을 준수해야 한다.

② 검사 또는 사법경찰관은 피의자의 범죄수법, 범행 동기, 피해자와의 관계, 언동 및 그 밖의 상황으로 보아 피해자가 피의자 또는 그 밖의 사람으로부터 생명·신체에 위해를 입거나 입을 염려가 있다고 인정되는 경우에는 직권 또는 피해자의 신청에 따라 신변보호에 필요한 조치를 강구해야 한다.

---

3. 피해자에 대한 정보 제공

사법경찰관리는 피해자를 조사하는 경우 다음 각 호의 정보를 피해자에게 제공해야 한다. 다만, 피해자에 대한 조사를 하지 않는 경우에는 수사준칙 제51조제1항에 따른 결정(이송 결정은 제외한다)을 하기 전까지 정보를 제공해야 한다.

1. 신변보호 신청권, 신뢰관계인 동석권 등 형사절차상 피해자의 권리
2. 범죄피해자구조금, 심리상담·치료 지원 등 피해자 지원제도 및 지원단체에 관한 정보
3. 그 밖에 피해자의 권리보호 및 복지증진을 위하여 필요하다고 인정되는 정보

4. 회복적 대화

① 사법경찰관리는 피해자가 입은 피해의 실질적인 회복 등을 위하여 필요하다고 인정하면 피해자 또는 가해자의 신청과 그 상대방의 동의에 따라 서로 대화할 수 있는 기회를 제공할 수 있다.

② 제1항에 따라 대화 기회를 제공하는 경우 사법경찰관리는 피해자와 가해자 간 대화가 원활하게 진행될 수 있도록 전문가에게 회복적 대화 진행을 의뢰할 수 있다.

5. 범죄피해의 평가

사법경찰관리는 피해자의 피해정도를 파악하고 보호·지원의 필요성을 판단하기 위해 범죄피해평가를 실시할 수 있으며, 일정한 자격을 갖춘 단체 또는 개인에게 이를 의뢰할 수 있다.

제5절 공무원범죄 수사

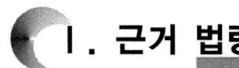 I. 근거 법령

1. 범죄수사규칙

제46조(공무원등에 대한 수사 개시 등의 통보) ① 경찰관은 공무원 및 공공기관의 임직원 등(이하 "공무원등"이라 한다)에 대하여 수사를 시작한 때와 이를 마친 때에는 다음 각 호의 규정에 따라 공무원 등의 소속기관의 장 등에게 수사 개시 사실 및 그 결과를 통보해야 한다.
　1. 「국가공무원법」 제83조제3항
　2. 「지방공무원법」 제73조제3항
　3. 「사립학교법」 제66조의3제1항
　4. 「공공기관의 운영에 관한 법률」 제53조의2
　5. 「지방공기업법」 제80조의2
　6. 「지방자치단체 출자·출연 기관의 운영에 관한 법률」 제34조의2
　7. 「과학기술분야 정부출연연구기관 등의 설립·운영 및 육성에 관한 법률」 제35조의2
　8. 「국가연구개발혁신법」 제37조
　9. 「국가정보원직원법」 제23조제3항
　10. 「군인사법」 제59조의3제1항
　11. 「부정청탁 및 금품등 수수의 금지에 관한 법률 시행령」 제37조
　12. 그 밖에 소속 기관의 장 등에게 수사 개시 등을 통보하도록 규정하고 있는 법령
② 경찰관이 제1항에 따라 통보하는 경우에는 다음 각 호의 서식을 작성하여 통보해야 한다.
　1. 소속 공무원등에 대하여 수사를 개시한 경우: 별지 제12호서식의 공무원등 범죄 수사 개시 통보서
　2. 소속 공무원등에 대하여 「수사준칙」 제51조제1항제2호부터 제5호까지의 결정을 한 경우: 별지 제13호서식의 공무원등 범죄 수사 결과 통보서

가. 국가공무원법

제83조(감사원에서의 조사와의 관계등) ③ 감사원과 검찰·경찰·기타 수사기관은 조사나 수사를 개시한 때와 이를 종료한 때에는 10일내에 소속기관의 장에게 당해 사실을 통보하여야 한다.

나. 지방공무원법

제73조(징계의 관리) ③ 감사원과 검찰·경찰, 그 밖의 수사기관 및 제1항에 따른 행정기관은 조사나 수사를 시작하였을 때와 마쳤을 때에는 10일 이내에 소속 기관의 장에게 해당 사실을 알려야 한다.

다. 사립학교법

제66조의3(감사원 조사와의 관계 등) ① 감사원, 검찰·경찰, 그 밖의 수사기관은 사립학교 교원에 대한 조사나 수사를 시작하였을 때와 마쳤을 때에는 10일 이내에 해당 교원의 임용권자에게 그 사실을 통보하여야 한다.

라. 공공기관의 운영에 관한 법률

> **제53조의2(수사기관등의 수사 개시·종료 통보)** 수사기관등은 공공기관의 임직원에 대하여 직무와 관련된 사건에 관한 조사나 수사를 시작한 때와 이를 마친 때에는 10일 이내에 공공기관의 장에게 해당 사실과 결과를 통보하여야 한다.

마. 지방공기업법

> **제80조의2(수사기관 등의 수사 등 개시·종료 통보)** 다음 각 호의 어느 하나에 해당하는 기관은 공사 또는 공단의 임직원에 대하여 직무와 관련된 사건에 관한 조사나 수사를 시작한 때와 이를 마친 때에는 10일 이내에 공사의 사장 또는 공단의 이사장에게 해당 사실과 결과를 통보하여야 한다.
> 1. 감사원
> 2. 검찰·경찰 및 그 밖의 수사기관
> 3. 행정안전부장관
> 4. 지방자치단체의 장

바. 지방자치단체 출자·출연 기관의 운영에 관한 법률

> **제34조의2(수사기관 등의 수사 등 개시·종료 통보)** 다음 각 호의 어느 하나에 해당하는 기관은 출자·출연 기관의 임직원에 대하여 직무와 관련된 사건에 관한 조사나 수사를 시작한 때와 이를 마친 때에는 10일 이내에 출자·출연 기관의 장에게 해당 사실과 그 결과를 통보하여야 한다.
> 1. 감사원
> 2. 검찰·경찰 및 그 밖의 수사기관
> 3. 지방자치단체의 장

사. 과학기술분야 정부출연연구기관 등의 설립·운영 및 육성에 관한 법률

> **제35조의2(수사기관 등의 수사 개시 통보)** 감사원과 검찰·경찰, 그 밖의 수사기관은 연구기관 또는 연구회의 임직원에 대하여 직무와 관련된 사건에 관한 조사나 수사를 시작한 때와 이를 마친 때에는 10일 이내에 연구기관의 원장 또는 연구회의 이사장에게 해당 사실과 결과를 통보하여야 한다.

아. 국가연구개발혁신법

> **제37조(수사기관의 수사 등 개시·종료 통보)** 검찰, 경찰 등 수사기관의 장은 연구개발기관의 임직원에 대하여 국가연구개발활동과 관련된 사건에 관한 조사나 수사를 시작한 때와 이를 마친 때에는 10일 이내에 해당 연구개발기관의 장과 소관 중앙행정기관의 장에게 그 사실을 통보하여야 한다.

자. 국가정보원직원법

> **제23조(직원에 대한 수사 등)** ① 수사기관이 직원을 구속하려면 미리 원장에게 통보하여야 한다. 다만, 현행범인 경우에는 그러하지 아니하다.
> ② 수사기관이 현행범인 직원을 구속하였을 때에는 지체 없이 원장에게 그 사실을 통보하여야 한다.
> ③ 수사기관이 직원에 대하여 수사를 시작한 때와 수사를 마친 때에는 지체 없이 원장에게 그 사실과 결과를 통보하여야 한다.

차. 군인사법

> **제59조의3(감사원의 조사와의 관계 등)** ① 감사원이나 군검찰, 군사법경찰관, 그 밖의 수사기관은 군인의 비행사실에 대한 조사나 수사를 시작한 때와 마친 때에는 10일 이내에 그 군인의 소속 또는 감독 부대나 기관의 장에게 그 사실을 통보하여야 한다.

카. 부정청탁 및 금품등 수수의 금지에 관한 법률 시행령

> **제37조(수사 개시·종료의 통보)** 수사기관은 법 위반행위에 따른 신고 등에 따라 범죄 혐의가 있다고 인식하여 수사를 시작한 때와 이를 마친 때에는 10일 이내에 그 사실을 해당 공직자등이 소속한 공공기관에 통보하여야 한다.

● II. 수사통보 대상

1. 경찰·기타 수사기관은 조사나 수사를 개시한 때와 이를 종료한 때에는 10일 이내에 소속기관의 장에게 당해 사실을 통보하여야 한다.

2. 결과 통보

   수사준칙 제51조제1항제2호부터 제5호까지의 결정을 한 경우 그 결과를 통보하여야 한다.

   > 2. 검찰송치
   > 3. 불송치
   >   가. 혐의없음(범죄인정안됨, 증거불충분)
   >   나. 죄가안됨
   >   다. 공소권없음
   >   라. 각하
   > 4. 수사중지
   >   가. 피의자중지
   >   나. 참고인중지
   > 5. 이송

○ ○ 경 찰 서

제 000-0000호   20○○. ○. ○.

수 신

제 목   공무원등 범죄 수사 개시 통보

　아래 직원에 대하여 다음과 같이 수사를 개시하였으므로 관련 법령 (예, 국가
공무원법 제83조제3항 : 해당 법과 조문 표기)에 의거 통보합니다.

피의자	성　　　명		주민등록번호	
	주　　　거			
	소속(직위)			

사 건 번 호		수사개시일자		신　병	
죄　　　　명					

피의사실요지

비　　고	이 사건과 관련 행정조치를 취한 사실이 있으면 참고로 통보하여 주시기 바랍니다.

소 속 관 서

사법경찰관 계급

○ ○ 경 찰 서

제 000-0000호   20○○. ○. ○.

수 신

제 목   공무원 등 범죄 수사 결과 통보

　아래 사항에 대하여 다음과 같이 처리하였으므로 관련 법령 (예, 국가공무원법 제83조제3항 : 해당 법과 조문 표기)에 의거 통보합니다.

사 건 번 호		
죄 명		
피 의 자	소 속 (직위)	
	주민등록번호	
	성 명	
처 리 상 황	연 월 일	
	내 용	

피의사실요지

비 고	이 사건과 관련 행정조치를 취한 사실이 있으면 참고로 통보하여 주시기 바랍니다.

소 속 관 서

사법경찰관 계급

4. 공무원범죄로 인해 취득한 불법수익 몰수(공무원범죄에관한몰수특례법)

가. 특정공무원범죄를 범한 자가 그 범죄행위를 통하여 취득한 불법수익 등은 이를 몰수한다.

나. "특정공무원범죄"라 함은 다음 각목의 1에 해당하는 죄를 말한다.

① 형법 제129조 내지 제132조의 죄

제129조(수뢰, 사전수뢰) ① 공무원 또는 중재인이 그 직무에 관하여 뇌물을 수수, 요구 또는 약속한 때에는 5년이하의 징역 또는 10년이하의 자격정지에 처한다.
② 공무원 또는 중재인이 될 자가 그 담당할 직무에 관하여 청탁을 받고 뇌물을 수수, 요구 또는 약속한 후 공무원 또는 중재인이 된 때에는 3년이하의 징역 또는 7년이하의 자격정지에 처한다.

제130조(제삼자뇌물제공) 공무원 또는 중재인이 그 직무에 관하여 부정한 청탁을 받고 제삼자에게 뇌물을 공여하게 하거나 공여를 요구 또는 약속한 때에는 5년이하의 징역 또는 10년이하의 자격정지에 처한다.

제131조(수뢰후부정처사, 사후수뢰) ① 공무원 또는 중재인이 전2조의 죄를 범하여 부정한 행위를 한 때에는 1년이상의 유기징역에 처한다.
② 공무원 또는 중재인이 그 직무상 부정한 행위를 한 후 뇌물을 수수, 요구 또는 약속하거나 제삼자에게 이를 공여하게 하거나 공여를 요구 또는 약속한 때에도 전항의 형과 같다.
③ 공무원 또는 중재인이었던 자가 그 재직중에 청탁을 받고 직무상 부정한 행위를 한 후 뇌물을 수수, 요구 또는 약속한 때에는 5년이하의 징역 또는 10년이하의 자격정지에 처한다.
④ 전3항의 경우에는 10년이하의 자격정지를 병과할 수 있다.

제132조(알선수뢰) 공무원이 그 지위를 이용하여 다른 공무원의 직무에 속한 사항의 알선에 관하여 뇌물을 수수, 요구 또는 약속한 때에는 3년이하의 징역 또는 7년이하의 자격정지에 처한다.

---

② 회계관계직원등의책임에관한법률 제2조제1호·제2호 또는 제4호(제1호 또는 제2호에 규정된 자의 보조자로서 그 회계사무의 일부를 처리하는 자에 한한다)에 규정된 자가 국고 또는 지방자치단체에 손실을 미칠 것을 인식하고 그 직무에 관하여 범한 형법 제355조의 죄

제2조(정의) 이 법에서 "회계관계직원"이라 함은 다음 각호의 1에 해당하는 자를 말한다.
1. 예산회계법 등 국가의 예산 및 회계에 관계되는 사항을 정한 법령의 규정에 의하여 국가의 회계사무를 집행하는 자로서 다음 각목의 1에 해당하는 자
가. 세입징수관·재무관·지출관(통합지출관 및 지출확인관을 포함한다)·계약관 및 현금출납공무원
나. 도급경비취급공무원(都給經費取扱公務員)
다. 유가증권취급공무원
라. 조체급명령관(繰替給命令官)
마. 기금의 출납을 명하는 자
바. 채권관리관
사. 물품관리관·물품운용관·물품출납공무원 및 물품사용공무원
아. 재산관리관
자. 국세환급금의 지급명령관

차. 관세환급금의 지급을 명하는 공무원

카. 그 밖에 국가의 회계사무를 처리하는 자

타. 가목 내지 카목에 규정된 자의 대리자·분임자 또는 대리분임자

2. 지방재정법 등 지방자치단체의 예산 및 회계에 관계되는 사항을 정한 법령의 규정에 의하여 지방자치 단체의 회계사무를 집행하는 자로서 다음 각목의 1에 해당하는 자

가. 징수관·경리관·지출원·출납원·물품관리관 및 물품사용공무원

나. 가목에 규정된 자외의 자로서 제1호 각목에 규정된 자가 집행하는 회계사무에 준하는 사무를 처리하 는 자

3. 감사원법에 따라 감사원의 감사를 받는 단체 등의 회계사무를 집행하는 자로서 관계법령·정관·사규 등 에 규정되거나 관계법령·정관·사규 등에 의하여 임명된 자와 그 대리자·분임자 또는 대리분임자

4. 제1호 내지 제3호에 규정된 자의 보조자로서 그 회계사무의 일부를 처리하는 자

③ 특정범죄가중처벌등에관한법률 제2조 및 제5조의 죄

제2조(뇌물죄의 가중처벌) ① 형법 제129조·제130조 또는 제132조에 규정된 죄를 범한 자는 그 수수· 요구 또는 약속한 뇌물의 가액(이하 본조에서 "수뢰액"이라 한다)에 따라 다음과 같이 가중처벌한다.

1. 수뢰액이 5천만원 이상인 때에는 무기 또는 10년 이상의 징역에 처한다.

2. 수뢰액이 1천만원 이상 5천만원 미만인 때에는 5년 이상의 유기징역에 처한다.

제5조(국고등 손실) 회계관계직원등의책임에관한법률 제2조제1호·제2호 또는 제4호(제1호 또는 제2호에 규정된 자의 보조자로서 그 회계사무의 일부를 처리하는 자에 한한다)에 규정된 자가 국고 또는 지방자 치단체에 손실을 미칠 것을 인식하고 그 직무에 관하여 형법 제355조의 죄를 범한 때에는 다음의 구분에 따라 가중처벌한다.

1. 국고 또는 지방자치단체의 손실이 5억원 이상인 때에는 무기 또는 5년 이상의 징역에 처한다.

2. 국고 또는 지방자치단체의 손실이 5천만원 이상 5억원 미만인 때에는 3년 이상의 유기징역에 처한다.

성폭력범수사

성폭력 범죄 수사

편 5

제1장	성폭력범죄 수사의 개관

제1절 성폭력과 성폭력범죄

 Ⅰ. 성범죄와 성폭력의 의의

1. 성범죄

성범죄란 성과 관련되어 발생하는 범죄이다. 형법상 규정된 성관련 범죄는 물론 '성폭력범죄의 처벌 등에 관한 특례법', '아동·청소년의 성보호에 관한 법률', '풍속영업의 규제에 관한 법률', '성매매알선 등 행위의 처벌에 관한 법률', '경범죄처벌법' 등 특별법상 규정된 성관련 범죄 일체를 포함하는 것으로 사람의 신체의 완전성과 성적 자기결정의 자유를 침해하는 모든 범죄를 말한다.

2. 성폭력

성폭력은 성범죄를 범하기 위하여 그 수단으로 사용되는 폭행, 협박을 비롯하여 전화·컴퓨터·우편 등을 이용하여 상대방에 대하여 성적 해악을 고지하거나, 음란한 언어, 영상 등을 송부함으로써 성적 수치심을 유발하게 하는 등 개인의 성적 자유 내지 애정의 자유를 침해하는 행위를 말하며, 사람에게 가해지는 모든 신체적, 언어적, 정신적 폭력을 포괄하는 개념이다. 따라서 성폭력에 대한 막연한 불안감이나 공포뿐만 아니라 그것으로 인한 행동제약도 간접적인 성폭력이라고 할 수 있다.

현행법상 성폭력범죄에 관하여는 '성폭력범죄의 처벌 등에 관한 특례법' 제2조에서 성에 관련된 대부분의 범죄를 성폭력 범죄라 하여 포괄적으로 규정하고 있다.

3. 성폭력범죄

가. 「형법」제2편제22장 성풍속에 관한 죄 중 제242조(음행매개), 제243조(음화반포 등), 제244조(음화제조등) 및 제245조(공연음란)의 죄

나. 「형법」제2편제31장 약취(略取), 유인(誘引) 및 인신매매의 죄 중 추행, 간음
또는 성매매와 성적 착취를 목적으로 범한 제288조 또는 추행, 간음 또는 성
매매와 성적 착취를 목적으로 범한 제289조, 제290조(추행, 간음 또는 성매매
와 성적 착취를 목적으로 제288조 또는 추행, 간음 또는 성매매와 성적 착취
를 목적으로 제289조의 죄를 범하여 약취, 유인, 매매된 사람을 상해하거나 상
해에 이르게 한 경우에 한정한다), 제291조(추행, 간음 또는 성매매와 성적 착
취를 목적으로 제288조 또는 추행, 간음 또는 성매매와 성적 착취를 목적으로
제289조의 죄를 범하여 약취, 유인, 매매된 사람을 살해하거나 사망에 이르게
한 경우에 한정한다), 제292조[추행, 간음 또는 성매매와 성적 착취를 목적으
로 한 제288조 또는 추행, 간음 또는 성매매와 성적 착취를 목적으로 한 제
289조의 죄로 약취, 유인, 매매된 사람을 수수(授受) 또는 은닉한 죄, 추행, 간
음 또는 성매매와 성적 착취를 목적으로 한 제288조 또는 추행, 간음 또는 성
매매와 성적 착취를 목적으로 한 제289조의 죄를 범할 목적으로 사람을 모집,
운송, 전달한 경우에 한정한다] 및 제294조(추행, 간음 또는 성매매와 성적 착
취를 목적으로 범한 제288조의 미수범 또는 추행, 간음 또는 성매매와 성적
착취를 목적으로 범한 제289조의 미수범, 추행, 간음 또는 성매매와 성적 착취
를 목적으로 제288조 또는 추행, 간음 또는 성매매와 성적 착취를 목적으로
제289조의 죄를 범하여 발생한 제290조제1항의 미수범 또는 추행, 간음 또는
성매매와 성적 착취를 목적으로 제288조 또는 추행, 간음 또는 성매매와 성적
착취를 목적으로 제289조의 죄를 범하여 발생한 제291조제1항의 미수범 및 제
292조제1항의 미수범 중 추행, 간음 또는 성매매와 성적 착취를 목적으로 약
취, 유인, 매매된 사람을 수수, 은닉한 죄의 미수범으로 한정한다)의 죄

다. 「형법」제2편제32장 강간과 추행의 죄 중 제297조(강간), 제297조의2(유사강
간), 제298조(강제추행), 제299조(준강간, 준강제추행), 제300조(미수범), 제301
조(강간등 상해·치상), 제301조의2(강간등 살인·치사), 제302조(미성년자등에
대한 간음), 제303조(업무상위력등에 의한 간음) 및 제305조(미성년자에 대한 간
음, 추행)의 죄

라. 「형법」제339조(강도강간)의 죄 및 제342조(제339조의 미수범으로 한정한다)의 죄

마. 이 법 제3조(특수강도강간 등)부터 제15조(미수범)까지의 죄

제2절 국가기관의 책무
(성폭력방지 및 피해자보호 등에 관한 법률)

1. 국가 등의 책무 (제3조)

국가와 지방자치단체는 성폭력을 방지하고 성폭력피해자(이하 "피해자"라 한다)를 보호·지원하기 위하여 다음 각 호의 조치를 하여야 한다.

1. 성폭력 신고체계의 구축·운영
2. 성폭력 예방을 위한 조사·연구, 교육 및 홍보
3. 피해자를 보호·지원하기 위한 시설의 설치·운영
4. 피해자에 대한 주거지원, 직업훈련 및 법률구조 등 사회복귀 지원
5. 피해자에 대한 보호·지원을 원활히 하기 위한 관련 기관 간 협력체계의 구축·운영
6. 성폭력 예방을 위한 유해환경 개선
7. 피해자 보호·지원을 위한 관계 법령의 정비와 각종 정책의 수립·시행 및 평가
8. 제7조의3제1항에 따른 불법촬영물등·신상정보의 삭제지원 및 피해자에 대한 일상회복 지원

2. 성폭력 예방교육 등 (제5조)

① 국가기관 및 지방자치단체의 장, 「유아교육법」 제7조에 따른 유치원의 장, 「영유아보육법」 제10조에 따른 어린이집의 원장, 「초·중등교육법」 제2조에 따른 각급 학교의 장, 「고등교육법」 제2조에 따른 학교의 장, 그 밖에 대통령령으로 정하는 공공단체의 장(이하 "국가기관등의 장"이라 한다)은 대통령령으로 정하는 바에 따라 성교육 및 성폭력 예방교육 실시, 기관 내 피해자 보호와 피해 예방을 위한 자체 예방지침 마련, 사건발생 시 재발방지대책 수립·시행 등 필요한 조치를 하고, 그 결과를 여성가족부장관에게 제출하여야 한다.

② 제1항에 따른 교육을 실시하는 경우 「성매매방지 및 피해자보호 등에 관한 법률」 제4조에 따른 성매매 예방교육, 「양성평등기본법」 제31조에 따른 성희롱 예방교육 및 「가정폭력방지 및 피해자보호 등에 관한 법률」 제4조의3에 따른 가정폭력 예방교육 등을 성평등 관점에서 통합하여 실시할 수 있다.

③ 국가기관등의 장은 제1항에 따라 실시하는 성교육 및 성폭력 예방교육의 참여에 관한 사항을 소속 직원 및 종사자에 대한 승진, 전보, 교육훈련 등의 인사관리에 반영할 수 있다.

④ 「양성평등기본법」 제3조제3호에 따른 사용자는 성교육 및 성폭력 예방교육을 실시하는 등 직장 내 성폭력 예방을 위한 노력을 하여야 한다.

제3절 성폭력 관련 법

1. 형 법

구 분	행위유형	적용법조
강 간	• 폭행 또는 협박으로 사람을 강간한 자	제297조
유사강간	• 폭행 또는 협박으로 사람에 대하여 구강, 항문 등 신체(성기 제외)의 내부에 성기를 넣거나 성기, 항문에 손가락 등 신체(성기 제외)의 일부 또는 도구를 넣는 행위를 한 사람	제297조의2
강제추행	• 폭행 또는 협박으로 사람에 대하여 추행을 한 자	제298조
준강간 준강제추행	• 사람의 심신상실 또는 항거불능의 상태를 이용하여 간음 또는 추행을 한 자	제299조
강간등 상해 · 치상	• 제297조, 제297조의2 및 제298조부터 제300조까지의 죄를 범한 자가 사람을 상해하거나 상해에 이르게 한 때	제301조
강간등 살인 · 치사	• 제297조, 제297조의2 및 제298조부터 제300조까지의 죄를 범한 자가 사람을 살해한 때, 사망에 이르게 한 때	제301조의2
미성년자등에 대한 간음	• 미성년자 또는 심신미약자에 대하여 위계 또는 위력으로써 간음 또는 추행을 한 자	제302조
업무상위력에 의한 간음	• 업무, 고용 기타 관계로 인하여 자기의 보호 또는 감독을 받는 부녀에 대하여 위계 또는 위력으로써 간음한 자 • 법률에 의하여 구금된 부녀를 감호하는 자가 그 부녀를 간음한 때 ※ 업무상위력에 의한 강제추행 ⇨ 성폭법에 규정	제303조
미성년자에 대한간음, 추행	• 13세미만의 부녀를 간음하거나 13세미만의 사람에게 추행을 한 자 • 13세 이상 16세 미만의 사람에 대하여 간음 또는 추행을 한 19세 이상의 자	제305조

2. 성폭력범죄의 처벌 등에 관한 특례법

구 분	행위유형	적용법조
특수강도 강간 등	• 형법 주거침입, 야간주거침입절도, 특수절도 또는 제342조(미수범. 다만, 제330조 및 제331조의 미수범에 한한다)의 죄를 범한 사람이 같은 법 제297조(강간), 제297조의2(유사강간), 제298조(강제추행) 및 제299조(준강간, 준강제추행)의 죄를 범한 때 • 형법 제334조(특수강도) 또는 제342조(미수범. 다만, 제334조의 미수범에 한한다)의 죄를 범한 사람이 위와 같은 죄를 범한 때	제3조
특수강간 등	• 흉기 기타 위험한 물건을 휴대하거나 2인 이상이 합동하여 강간의 죄를 범한 자 • 제1항의 방법으로 형법 강제추행의 죄를 범한 자 • 제1항의 방법으로 형법 준강간, 준강제추행의 죄를 범한 자	제4조

친족관계에 의한 강간 등	• 친족관계인 사람이 폭행 또는 협박으로 강간 • 친족관계인 사람이 폭행 또는 협박으로 강간추행 • 친족관계에 있는 사람이 사람에 대하여 형법 제299조의 죄를 범한 때	제5조
장애인에 대한 간음등	• 신체장애 또는 정신상의 장애로 항거불능인 상태에 있음을 이용하여 사람을 간음하거나 사람에 대하여 추행한 자	제6조
13세미만의 미성년자에 대한 강간, 강제추행 등	• 13세 미만의 사람에 대하여 형법 제297조(강간)의 죄를 범한 자 • 13세 미만의 사람에 대하여 폭행 또는 협박으로 　－ 구강·항문 등 신체(성기를 제외)의 내부에 성기를 삽입하는 행위 　－ 성기에 손가락 등 신체(성기를 제외)의 일부나 도구를 삽입하는 행위 • 13세 미만의 사람에 대하여 형법 제298조(강제추행)의 죄를 범한 자 • 13세 미만의 사람에 대하여 형법 제299조(준강간, 준강제추행)의 죄를 범한 자 • 위계 또는 위력으로써 13세 미만의 사람을 간음하거나 13세 미만의 사람에 대하여 추행을 한 자	제7조
강간 등 상해·치상	• 제3조제1항, 제4조, 제6조, 제7조 또는 제15조(제3조제1항, 제4조, 제6조 또는 제7조의 미수범으로 한정)의 죄를 범한 사람이 다른 사람을 상해하거나 상해에 이르게 한 때 • 제5조 또는 제15조(제5조의 미수범으로 한정)의 죄를 범한 사람이 다른 사람을 상해하거나 상해에 이르게 한 때	제8조
강간 등 살인·치사	• 제3조부터 제7조까지, 제15조(제3조부터 제7조까지의 미수범으로 한정한다)의 죄 또는 「형법」 제297조, 제297조의2(유사강간) 및 제298조부터 제300조(미수범)까지의 죄를 범한 사람이 다른 사람을 살해한 때 • 제4조, 제5조 또는 제15조(제4조 또는 제5조의 미수범으로 한정)의 죄를 범한 사람이 다른 사람을 사망에 이르게 한 때	제9조
업무상 위력등에 의한 추행	• 업무·고용 기타 관계로 인하여 자기의 보호 또는 감독을 받는 사람에 대하여 위계 또는 위력으로써 추행한 자 • 법률에 의하여 구금된 사람을 감호하는 자가 그 사람을 추행한 때	제10조 제1항
공중밀집 장소에서의 추행	• 대중교통수단, 공연·집회장소 기타 공중이 밀집하는 장소에서 사람을 추행한 자	제11조
성적 목적을 위한 공공장소 침입행위	• 자기의 성적 욕망을 만족시킬 목적으로 「공중화장실 등에 관한 법률」 제2조제1호부터 제5호까지에 따른 공중화장실 등 및 「공중위생관리법」 제2조제1항제3호에 따른 목욕장업의 목욕장 등 대통령령으로 정하는 공공장소에 침입하거나 같은 장소에서 퇴거의 요구를 받고 응하지 아니하는 사람	제12조
통신매체 이용음란	• 자기 또는 다른 사람의 성적 욕망을 유발하거나 만족시킬 목적으로 전화·우편·컴퓨터 기타 통신매체를 통하여 성적 수치심이나 혐오감을 일으키는 말이나 음향, 글이나 도화, 영상 또는 물건을 상대방에게 도달하게 한 자	제13조
카메라 등 이용촬영	• 카메라 기타 이와 유사한 기능을 갖춘 기계장치를 이용하여 성적 욕망 또는 수치심을 유발할 수 있는 타인의 신체를 그 의사에 반하여 촬영하거나 그 촬영물을 반포·판매·임대 또는 공연히 전	제14조 (양벌규정)

	시·상영한 자	
	• 촬영 당시에는 촬영대상자의 의사에 반하지 아니하는 경우에도 사후에 그 의사에 반하여 촬영물을 반포·판매·임대·제공 또는 공공연하게 전시·상영한 자	
	• 영리목적으로 제1항의 촬영물을 「정보통신망 이용촉진 및 정보보호 등에 관한 법률」 제2조제1항제1호의 정보통신망을 이용하여 유포한 자	
허위영상물 등의 반포등	• 반포등을 할 목적으로 사람의 얼굴·신체 또는 음성을 대상으로 한 촬영물·영상물 또는 음성물(이하 이 조에서 "영상물등"이라 한다)을 영상물등의 대상자의 의사에 반하여 성적 욕망 또는 수치심을 유발할 수 있는 형태로 편집·합성 또는 가공한 자 • 편집물등 또는 복제물을 반포등을 한 자 또는 편집등을 할 당시에는 영상물등의 대상자의 의사에 반하지 아니한 경우에도 사후에 그 편집물등 또는 복제물을 영상물등의 대상자의 의사에 반하여 반포등을 한 자 • 영리를 목적으로 영상물등의 대상자의 의사에 반하여 정보통신망을 이용하여 위항의 죄를 범한 자	제14조의2
촬영물 등을 이용한 협박·강요	• 성적 욕망 또는 수치심을 유발할 수 있는 촬영물 또는 복제물(복제물의 복제물을 포함한다)을 이용하여 사람을 협박한 자 • 협박으로 사람의 권리행사를 방해하거나 의무 없는 일을 하게 한 자	제14조의3

3. 아동·청소년의 성보호에 관한 법률

구 분		행위유형	적용법조
청소년성매매	행위자	• 아동·청소년의 성을 사는 행위를 한 자	제13조
	업주등 관련자	• 영업으로 청소년의 성을 사는 행위의 장소를 제공하거나 알선한 자, 자금, 토지, 건물 등을 제공한 자	제15조 제1항
		• 폭행·협박·선불금 등 채무·업무·고용관계 등을 이용하여 청소년에게 매매춘을 강요한 자	제14조
		• 아동·청소년에게 매매춘을 하도록 유인·권유, 장소제공·알선한 자 등	제15조 제2항
	대상 청소년	• 아동·청소년 성매매의 대상이 된 청소년 ※ 형사처벌 면제, 소년법에 따른 보호처분	제21조
청소년에 대한 강간강제추행		• 폭행 또는 협박으로 아동·청소년을 강간한 사람 • 아동·청소년에 대하여 폭행이나 협박으로 유사강간 한 자 • 아동·청소년에 대하여 「형법」 제298조의 죄를 범한 자 • 아동·청소년에 대하여 「형법」 제299조의 죄를 범한 자 • 위계 또는 위력으로써 아동·청소년을 간음하거나 아동·청소년을 추행한 자	제7조
장애인인 아동·청소년에 대한 간음 등		• 19세 이상의 사람이 13세 이상의 장애 아동·청소년을 간음하거나 13세 이상의 장애 아동·청소년으로 하여금 다른 사람을 간음하게 하는 경우 • 19세 이상의 사람이 13세 이상의 장애 아동·청소년을 추행한 경우 또는 13세 이상의 장애 아동·청소년으로 하여금 다른 사람을 추행	제8조
13세 이상 16세 미만 간음 등		• 19세 이상의 사람이 13세 이상 16세 미만인 아동·청소년의 궁박(窮迫)한 상태를 이용하여 해당 아동·청소년을 간음하거나 해당	제8조의

	아동·청소년으로 하여금 다른 사람을 간음하게 하는 경우 • 19세 이상의 사람이 13세 이상 16세 미만인 아동·청소년의 궁박한 상태를 이용하여 해당 아동·청소년을 추행한 경우 또는 해당 아동·청소년으로 하여금 다른 사람을 추행하게 하는 경우	2
강간등 상해/치상	• 제7조 죄를 범한 사람이 다른 사람을 상해하거나 상해에 이르게 한 때	제9조
강간등 살인/치사	• 제7조의 죄를 범한 사람이 다른 사람을 살해한 때 • 제7조의 죄를 범한 사람이 다른 사람을 사망에 이르게 한 때	제10조
청소년 이용 음란물	• 아동·청소년이용 음란물을 제작·수입·수출한 자 • 영리 목적의 청소년 이용 음란물 판매·대여·배포·상영자 등	제11조
아동·청소년성 착취물을 이용한 협박·강요	• 아동·청소년성착취물을 이용하여 그 아동·청소년을 협박한 자 • 제1항에 따른 협박으로 그 아동·청소년의 권리행사를 방해하거나 의무 없는 일을 하게 한 자	제11조의 2
청소년 매매	• 매매춘 및 음란물 제작의 대상이 될 것을 알면서 청소년을 국내외에 매매 또는 이송한 자	제12조
아동·청소년에 대한 성착취 목적 대화 등	• 19세 이상의 사람이 성적 착취를 목적으로 정보통신망을 통하여 아동·청소년에게 다음 각 호의 어느 하나에 해당하는 행위를 한 경우 -성적 욕망이나 수치심 또는 혐오감을 유발할 수 있는 대화를 지속적 또는 반복적으로 하거나 그러한 대화에 참여시키는 행위 -제2조제4호 각 목에 해당하는 행위를 하도록 유인·권유하는 행위 • 19세 이상의 사람이 정보통신망을 통하여 16세 미만인 아동·청소년에게 제1항 각 호의 어느 하나에 해당하는 행위를 한 경우	제15조의 2
피해자 등에 대한 강요행위	• 폭행이나 협박으로 아동·청소년대상 성범죄의 피해자 또는 「아동복지법」 제3조제3호에 따른 보호자를 상대로 합의를 강요한 자	제16조

4. 기 타

구 분	행위유형	적용법조
청소년보호법	• 영리를 목적으로 청소년으로 하여금 신체적인 접촉 또는 은밀한 부분의 노출 등 성적접대행위를 하게 하거나 이러한 행위를 알선·매개하는 행위 • 영리를 목적으로 청소년으로 하여금 손님과 함께 술을 마시거나 노래 또는 춤 등으로 손님의 유흥을 돋우는 접객행위를 하게 하거나 이러한 행위를 알선·매개하는 행위 • 영리나 흥행을 목적으로 청소년에게 음란한 행위를 하게 하는 행위	제30조
정보통신망이 용촉진및정보 보호등에관한 법률	• 정보통신망을 통하여 음란한 부호·문언·음향·화상 또는 영상을 배포·판매·임대하거나 공연히 전시한 자 ※ 성폭법(통신매체이용음란) 제12조와 구별필요	제74조 제1항 제2호
노인복지법	• 노인에게 성적 수치심을 주는 성폭행·성희롱 등의 행위	제39조의9
장애인복지법	• 장애인에게 성적 수치심을 주는 성희롱·성폭력 등의 행위	제59조의9

제4절 피해자 보호·지원 시설 등의 설치·운영
(성폭력방지 및 피해자보호 등에 관한 법률)

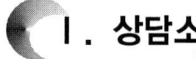 **Ⅰ. 상담소**

1. 상담소의 설치·운영 (제10조)

① 국가 또는 지방자치단체는 성폭력피해상담소(이하 "상담소"라 한다)를 설치·운영할 수 있다.

② 국가 또는 지방자치단체 외의 자가 상담소를 설치·운영하려면 특별자치시장·특별자치도지사 또는 시장·군수·구청장(자치구의 구청장을 말한다. 이하 같다)에게 신고하여야 한다. 신고한 사항 중 여성가족부령으로 정하는 중요 사항을 변경하려는 경우에도 또한 같다.

③ 특별자치시장·특별자치도지사 또는 시장·군수·구청장은 제2항에 따른 신고를 받은 날부터 10일 이내(변경신고의 경우 5일 이내)에 신고수리 여부 또는 민원처리 관련 법령에 따른 처리기간의 연장을 신고인에게 통지하여야 한다.

④ 상담소의 설치·운영 기준, 상담소에 두는 상담원 등 종사자의 수 및 신고 등에 필요한 사항은 여성가족부령으로 정한다.

2. 상담소의 업무 (제11조)

1. 성폭력피해의 신고접수와 이에 관한 상담
2. 성폭력피해로 인하여 정상적인 가정생활 또는 사회생활이 곤란하거나 그 밖의 사정으로 긴급히 보호할 필요가 있는 사람과 제12조에 따른 성폭력피해자보호시설 등의 연계
3. 피해자등의 질병치료와 건강관리를 위하여 의료기관에 인도하는 등 의료 지원
4. 피해자에 대한 수사기관의 조사와 법원의 증인신문(證人訊問) 등에의 동행
5. 성폭력행위자에 대한 고소와 피해배상청구 등 사법처리 절차에 관하여 법률구조법제8조에 따른 대한법률구조공단 등 관계 기관에 필요한 협조 및 지원 요청
6. 성폭력 예방을 위한 홍보 및 교육
7. 그 밖에 성폭력 및 성폭력피해에 관한 조사·연구

II. 보호시설과 통합지원센터

1. 보호시설의 종류 (제12조)

1. 일반보호시설: 피해자에게 제13조제1항 각 호의 사항을 제공하는 시설
2. 장애인보호시설: 「장애인차별금지 및 권리구제 등에 관한 법률」 제2조제2항에 따른 장애인인 피해자에게 제13조제1항 각 호의 사항을 제공하는 시설
3. 특별지원 보호시설: 「성폭력범죄의 처벌 등에 관한 특례법」 제5조에 따른 피해자로서 19세 미만의 피해자에게 제13조제1항 각 호의 사항을 제공하는 시설
4. 외국인보호시설: 외국인 피해자에게 제13조제1항 각 호의 사항을 제공하는 시설. 다만, 「가정폭력방지 및 피해자보호 등에 관한 법률」 제7조의2제1항제3호에 따른 외국인보호시설과 통합하여 운영할 수 있다.
5. 자립지원 공동생활시설: 제1호부터 제4호까지의 보호시설을 퇴소한 사람에게 제13조제1항제3호 및 그 밖에 필요한 사항을 제공하는 시설
6. 장애인 자립지원 공동생활시설: 제2호의 보호시설을 퇴소한 사람에게 제13조제1항제3호 및 그 밖에 필요한 사항을 제공하는 시설

2. 보호시설의 업무 등 (제13조)

1. 피해자등의 보호 및 숙식 제공
2. 피해자등의 심리적 안정과 사회 적응을 위한 상담 및 치료
3. 자립·자활 교육의 실시와 취업정보의 제공
4. 제11조제3호·제4호 및 제5호의 업무
5. 다른 법률에 따라 보호시설에 위탁된 업무
6. 그 밖에 피해자등을 보호하기 위하여 필요한 업무

3. 보호시설의 입소 (제15조)

① 피해자등이 다음 각 호의 어느 하나에 해당하는 경우에는 보호시설에 입소할 수 있다.
1. 본인이 입소를 희망하거나 입소에 동의하는 경우
2. 미성년자 또는 지적장애인 등 의사능력이 불완전한 사람으로서 성폭력행위자가 아닌 보호자가 입소에 동의하는 경우

② 제12조제2항에 따라 인가받은 보호시설의 장은 제1항에 따라 보호시설에 입소한 사람의 인적사항 및 입소사유 등을 특별자치시장·특별자치도지사 또는 시장·군수·구청장에게 지체 없이 보고하여야 한다.

③ 보호시설의 장은 친족에 의한 피해자나 지적장애인 등 의사능력이 불완전한 피해자로서 상담원의 상담 결과 입소가 필요하나 보호자의 입소 동의를 받는 것이 적절하지 못하다고 인정하는 경우에는 제1항에도 불구하고 보호시설에 입소하게 할 수 있다. 이 경우 제12조제2항에 따라 인가받은 보호시설의 장은 지체 없이 관할 특별자치시장·특별자치도지사 또는 시장·군수·구청장의 승인을 받아야 한다.

④ 제3항에 따른 입소 및 승인에 있어서 보호시설의 장과 특별자치시장·특별자치도지사 또는 시장·군수·구청장은 피해자의 권익 보호를 최우선적으로 고려하여야 한다.

4. 보호시설의 입소기간 (제16조)

① 제12조제3항에 따른 보호시설의 종류별 입소기간은 다음 각 호와 같다.

1. 일반보호시설: 1년 이내. 다만, 여성가족부령으로 정하는 바에 따라 1년 6개월의 범위에서 한 차례 연장할 수 있다.

2. 장애인보호시설: 2년 이내. 다만, 여성가족부령으로 정하는 바에 따라 피해회복에 소요되는 기간까지 연장할 수 있다.

3. 특별지원 보호시설: 19세가 될 때까지. 다만, 여성가족부령으로 정하는 바에 따라 2년의 범위에서 한 차례 연장할 수 있다.

4. 외국인보호시설: 1년 이내. 다만, 여성가족부령으로 정하는 바에 따라 피해회복에 소요되는 기간까지 연장할 수 있다.

5. 자립지원 공동생활시설: 2년 이내. 다만, 여성가족부령으로 정하는 바에 따라 2년의 범위에서 한 차례 연장할 수 있다.

6. 장애인 자립지원 공동생활시설: 2년 이내. 다만, 여성가족부령으로 정하는 바에 따라 2년의 범위에서 한 차례 연장할 수 있다.

② 제1항제1호에도 불구하고 일반보호시설에 입소한 피해자가 대통령령으로 정하는 특별한 사유에 해당하는 경우에는 입소기간을 초과하여 연장할 수 있다.

③ 제2항에 따른 입소기간의 연장에 관한 사항은 여성가족부령으로 정한다.

5. 보호시설의 퇴소 (제17조)

① 제15조제1항에 따라 보호시설에 입소한 사람은 본인의 의사 또는 같은 항 제2호에 따라 입소 동의를 한 보호자의 요청에 따라 보호시설에서 퇴소할 수 있다.

② 보호시설의 장은 입소한 사람이 다음 각 호의 어느 하나에 해당하면 퇴소를 명할 수 있다.

　　1. 보호 목적이 달성된 경우

　　2. 제16조에 따른 보호기간이 끝난 경우

　　3. 입소자가 거짓이나 그 밖의 부정한 방법으로 입소한 경우

　　4. 그 밖에 보호시설 안에서 현저한 질서문란 행위를 한 경우

6. 피해자를 위한 통합지원센터의 설치·운영(제18조)

① 국가와 지방자치단체는 성폭력 피해상담, 치료, 제7조의2제2항에 따른 기관에 법률상담등 연계, 수사지원, 그 밖에 피해구제를 위한 지원업무를 종합적으로 수행하기 위하여 성폭력피해자통합지원센터(이하 "통합지원센터"라 한다)를 설치·운영할 수 있다.

② 국가와 지방자치단체는 대통령령으로 정하는 기관 또는 단체로 하여금 통합지원센터를 설치·운영하게 할 수 있다.

③ 통합지원센터에 두는 상담원 등 종사자의 수 등에 필요한 사항은 여성가족부령으로 정한다.

7. 상담원 등의 자격기준(제19조)

① 다음 각 호의 어느 하나에 해당하는 사람은 상담소, 보호시설 및 통합지원센터의 장과 중앙디지털성범죄피해자지원센터등의 장, 상담원 또는 그 밖의 종사자가 될 수 없다.

　1. 미성년자, 피성년후견인 또는 피한정후견인

　2. 삭제 〈2015. 2. 3.〉

　3. 금고 이상의 실형을 선고받고 그 집행이 끝나거나(집행이 끝난 것으로 보는 경우를 포함한다) 집행이 면제되지 아니한 사람

　3의2. 금고 이상의 형의 집행유예를 선고받고 그 유예기간 중에 있는 사람

　4. 「성폭력범죄의 처벌 등에 관한 특례법」 제2조의 죄 또는 「아동·청소년의 성보

호에 관한 법률」 제2조제2호의 죄를 범하여 형 또는 치료감호를 선고받고 그 형 또는 치료감호의 전부 또는 일부의 집행이 끝나거나(집행이 끝난 것으로 보는 경우를 포함한다) 집행이 유예·면제된 날부터 10년이 지나지 아니한 사람

② 상담소, 보호시설, 통합지원센터 및 중앙디지털성범죄피해자지원센터등에서 종사하려는 사람은 전문 지식이나 경력 등 대통령령으로 정하는 자격기준을 갖추어야 한다.

제5절 신상정보 등록제도

 I. 신상정보 등록·공개 제도

1. 신상정보 등록·공개 제도란?

신상정보 공개제도는 성범죄자 신상정보를 국민에 알림으로써 국민들로 하여금 성폭력에 대한 경각심을 고취시키고 성범죄를 사전에 예방할 수 있도록 하며,

성폭력 범죄자의 정보를 등록하고, 경찰이 등록정보 변경 여부를 확인하여 성범죄전과자의 재범을 억제하고,

수사기관이 등록정보를 범죄의 예방과 수사에 활용할 수 있도록 하는 등 성범죄로부터 사회의 안전을 강화하기 위한 제도

2. 관련법령

가. 성폭력범죄의 처벌 등에 관한 특례법 (제42조~제49조)
나. 아동·청소년의 성보호에 관한 법률 (제49조~55조)

3. 등록과 공개제도의 비교

구 분	등록제도	공개제도	고지제도
근거법	성폭력법(제42조)	청소년성보호법(제49조)	청소년성보호법(제50조)
대상자 확정절차	등록대상 성범죄로 유죄판결 확정된 자 및 심신상실(무죄)이나 공개명령이 확정된 자	등록대상자 중 법원의 공개명령에 따라 지정	등록대상자 중 법원의 공개명령에 따라 지정
고지되는 정보	1. 성명 2. 주민등록번호 3. 주소 및 실제거주지 4. 직업 및 직장 등의 소재지 5. 연락처(전화번호, 전자우편주소) 6. 신체정보(키와 몸무게) 7. 소유차량의 등록번호 8. 등록대상 성범죄 경력정보 9. 성범죄 전과사실(죄명 횟수) 10. 전자장치 부착 여부	1. 성명 2. 나이 3. 주소 및 실제거주지(도로명 및 건물번호) 4. 신체정보(키와 몸무게) 5. 사진 6. 등록대상 성범죄 요지(판결일자, 죄명 선고형량) 7. 성폭력범죄 전과사실(죄명 및 횟수) 8. 전자장치 부착 여부	1. 성명 2. 나이 3. 주소 및 실제거주지(상세주소포함) 4. 신체정보(키와 몸무게) 5. 사진 6. 등록대상 성범죄 요지(판결일자, 죄명 선고형량) 7. 성폭력범죄 전과사실(죄명 및 횟수) 8. 전자장치 부착 여부
등록기간	10년~30년	법원의 판결	법원의 판결
고지방법	법무부장관이 등록	여성가족부장관이 인터넷에 공개	여성가족부장관이 읍면동 아동청소년이 있는 가구 등에 우편고지

Ⅱ. 신상정보 등록제도

1. 처리절차

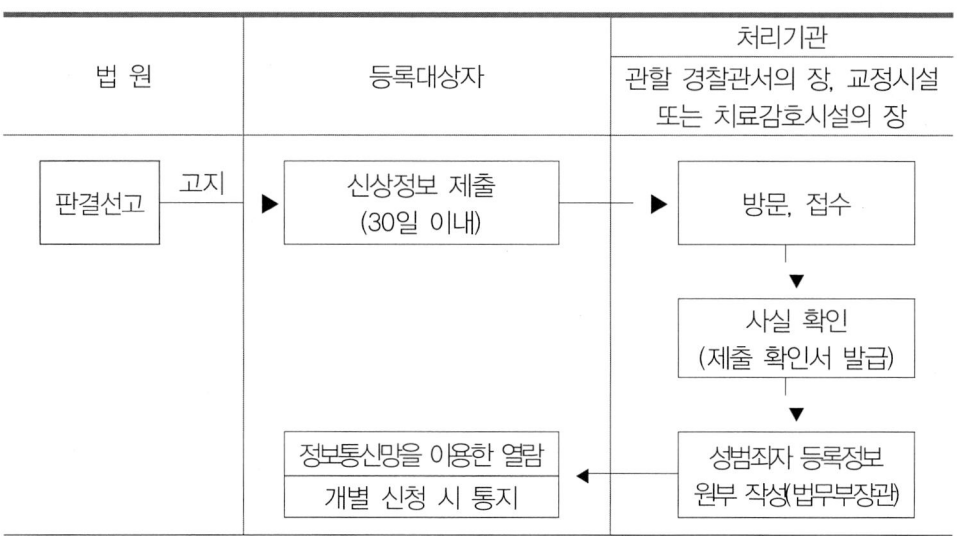

| 법 원 | 등록대상자 | 처리기관
관할 경찰관서의 장, 교정시설
또는 치료감호시설의 장 |

판결선고 → 고지 → 신상정보 제출 (30일 이내) → 방문, 접수 → 사실 확인 (제출 확인서 발급) → 성범죄자 등록정보 원부 작성(법무부장관) → 정보통신망을 이용한 열람 / 개별 신청 시 통지

2. 등록대상 성범죄 유형

구 분	등록대상 성폭력 범죄
형 법	제297조(강간), 제297조의2(유사강간), 제298조(강제추행) 제299조(준강간, 준강제추행), 제300조(미수범), 제302조(미성년자등에 대한 간음), 제303조(강간등 살인치사), 제305조(미성년자에 대한 간음, 추행), 제339조(강도강간)
성폭력범죄의 처벌 등에 관한 특례법	제3조 특수강도강간 등　　　　　제4조 특수강간 등 제5조 친족관계에 의한 강간 등　　제6조 장애인에 대한 강간·강제추행 등 제7조 13세 미만의 미성년자에 대한 강간, 강제추행 등 제8조 강간 등 상해·치상　　　　제9조 강간 등 살인·치사 제10조 업무상 위력 등에 의한 추행　제11조 공중 밀집 장소에서의 추행 제12조 성적 목적을 위한 다중이용장소 침입행위 제13조 통신매체를 이용한 음란행위　제14조 카메라 등을 이용한 촬영
아동·청소년 의 성보호에 관한 법률	제7조 아동·청소년에 대한 강간·강제추행 등 제8조 장애인인 아동·청소년에 대한 간음 등 제9조 강간 등 상해·치상　　　　제10조 강간 등 살인·치사 제11조 아동·청소년이용음란물의 제작·배포 등 제12조 아동·청소년 매매행위　　제13조 아동·청소년의 성을 사는 행위 등 제14조 아동·청소년에 대한 강요행위 등 제15조 알선영업행위 등

아동복지법	제17조제2호(아동에게 음란한 행위를 시키거나 이를 매개하는 행위 또는 아동에게 성적 수치심을 주는 성희롱 등의 성적 학대행위)

II. 등록대상자 신상정보 신규 제출

1. 등록대상자 등에 대한 고지 - 법원

가. 법원은 등록대상 성범죄로 유죄판결을 선고하거나 약식명령을 고지하는 경우에는 등록대상자라는 사실과 신상정보 제출 의무가 있음을 등록대상자에게 통지

나. 법원은 판결이나 약식명령이 확정된 날부터 14일 이내에 판결문 또는 약식명령 등본을 법무부장관에게 송달

2. 신상정보의 제출의무

가. 원칙

등록대상자는 판결이 확정된 날부터 30일 이내에 기본신상정보를 관할경찰관서의 장"에게 제출

나. 재소자

등록대상자가 교정시설 또는 치료감호시설에 수용된 경우에는 그 교정시설의 장 또는 치료감호시설의 장에게 제출

다. 위반 시 벌칙　☞ 1년 이하 징역 또는 500만원 이하 벌금

① 정당한 사유 없이 기본신상정보를 제출하지 아니하거나 거짓으로 제출한 자 및 관할경찰관서 또는 교정시설의 장의 사진촬영에 정당한 사유 없이 응하지 아니한 경우

③ 제출한 기본신상정보가 변경된 경우에는 그 사유와 변경내용을 변경사유가 발생한 날부터 20일 이내에 제출하지 않은 경우

④ 기본신상정보를 제출한 후 그 다음 해부터 매년 12월 31일까지 주소지를 관할하는 경찰관서에 출석하여 경찰관서의 장으로 하여금 자신의 정면 · 좌측 · 우측 상반신 및 전신 컬러사진을 촬영하여 전자기록으로 저장 · 보관하도록 하여야 하는데 이를 이행하지 않은 경우

[ ] 기본 [ ] 변경	신상정보 제출서			

접수번호			접수일	처리기간 즉시

등록대상자 신상정보	성 명	(한 글)	주민등록번호	
		(한 자)	※ 외국인인 경우: 국적·여권번호 및 외국인등록번호(외국인 등록번호가 없는 경우에는 생년월일) ※ 주민등록을 하지 않은 재외국민인 경우: 여권번호 및 생년월일 ※ 외국국적동포인 경우: 국적·여권번호 및 국내거소신고번호(국내거소신고번호가 없는 경우에는 생년월일)	
		(영 문)		
	주민등록주소 (도로명주소)	(외국인인 경우 국내 체류지, 외국국적동포인 경우 국내 거소)		
	실제거주지 (도로명주소)			
	직 업		직장명:	
			직장주소(도로명주소):	
	연락처	주거지 전화번호:	휴대전화 번호:	그 밖의 전화번호: 전자우편주소:
	신체정보	키: cm	몸무게: kg	
	소유차량 등록번호		※ 본인 명의로 등록된 모든 차량의 등록번호를 적어야 합니다.	

<변경정보 제출 시 변경 사유 및 내용>

「성폭력범죄의 처벌 등에 관한 특례법」 제43조에 따라 신상정보를 제출합니다.

년   월   일

등록대상자

(서명 또는 인)

○ ○ 경 찰 서 장   귀하

제 호			
[ ] 기본 **[ ] 변경** **신상정보 제출 확인서**			

제출인	성 명	(한 글)	주민등록번호	
		(한 자)	※ 외국인인 경우: 국적·여권번호 및 외국인등 록번호(외국인등록번호가 없는 경우에는 생년월일)	
		(영 문)	※ 주민등록을 하지 않은 재외국민인 경우: 여권번호 및 생년월일 ※ 외국국적동포인 경우: 국적·여권번호 및 국내거소신고번 호(국내거소신고번호가 없는 경우에는 생년월일)	
	주민등록주소 (도로명주소)	(외국인인 경우 국내 체류지, 외국국적동포인 경우 국내 거소)		
제출내용	「성폭력범죄의 처벌 등에 관한 특례법」 제43조의 신상정보·변경정보 및 관련 서류			
제출일시				

「성폭력범죄의 처벌 등에 관한 특례법 시행령」 제3조제4항에 따라 위
와 같이 신상정보를 제출하였음을 확인합니다.

년   월   일

○ ○ 경 찰 서 장   [직인]

신상정보 등록대상자 안내문

○ ○ ○ 귀하

「성폭력범죄의 처벌 등에 관한 특례법 시행령」 제3조제4항에 따라 아래의 내용을 안내합니다.

- 아   래 -

1️⃣ 신상정보의 제출 의무에 관한 사항

1. 등록대상자는 판결이 확정된 날부터 30일 이내에 주소지 또는 거주지를 관할하는 경찰관서의 장에게 직접 방문하여 기본신상정보를 제출하여야 합니다. 다만, 교정시설 또는 치료감호시설에 수용된 경우에는 수용된 시설의 장에게 제출하여야 합니다.

2. 기본신상정보를 제출할 때에는 등록대상자의 정면·좌측·우측 상반신 및 전신 컬러사진을 촬영하여 전자기록으로 저장·보관하도록 하여야 하며, 기본신상정보를 제출한 다음 해부터 매년 12월 31일까지 관할 경찰관서에 출석하여 사진을 촬영하여야 합니다.

3. 제출한 기본신상정보가 변경된 경우에는 변경사유가 발생한 날부터 20일 이내에 변경정보를 제출하여야 합니다.

4. 정당한 사유 없이 기본신상정보를 제출하지 않거나 거짓으로 제출한 경우, 사진촬영에 응하지 않은 경우, 변경정보를 제출하지 않는 경우에는 1년 이하의 징역 또는 500만원 이하의 벌금에 처해집니다.

2️⃣ 출입국 시 신고의무 등에 관한 사항

1. 6개월 이상 국외에 체류하기 위하여 출국하는 경우에는 출국 전까지 관할경찰관서의 장에게 체류국가 및 체류기간 등을 기재한 출국신고서를 제출하여야 합니다.

2. 출국신고서를 제출한 후 사정변경 등으로 출국을 하지 않게 된 경우에는 그 사실을 관할 경찰관서의 장에게 알려야 합니다.

3. 출국신고서를 제출하여 출국 후 사정변경 등으로 입국 예정일까지 입국을 할 수 없게 된 경우에는 지체없이 그 사실을 관할경찰관서의 장에게 알려야 합니다.

4. 입국하였을 때에는 입국일부터 14일 이내에 관할경찰관서의 장에게 입국신고서를 제출하여야 하며, 14일 이내에 제출할 수 없는 특별한 사정이 있는 경우에는 그 사유가 소멸한 날부터 7일 이내에 소명자료를 첨부하여 입국신고서를 제출하여야 합니다.

5. 정당한 사유 없이 출입국신고를 하지 않거나 거짓으로 신고한 경우에는 300만원 이하의 과태료가 부과됩니다.

③ 신상정보 등록의 면제에 관한 사항

1. 등록대상자는 신상정보를 최초로 등록한 날부터 최소등록기간(교정시설 또는 치료감호시설에 수용된 기간은 제외)이 경과한 경우 범죄경력조회서를 첨부하여 법무부장관에게 신상정보 등록의 면제를 신청할 수 있습니다.

등록기간	30년	20년	15년	10년
최소 등록기간	20년	15년	10년	7년

2. 최소 등록기간이 경과하고 아래의 요건을 모두 갖춘 경우 신상정보 등록이 면제됩니다.

　가. 등록기간 중 등록대상 성범죄를 저질러 유죄판결이 확정된 사실이 없을 것

　나. 판결 시 선고된 징역형 또는 금고형의 집행을 종료하거나 벌금을 완납하였을 것

　다. 판결 시 부과받은 신상정보 공개 · 고지명령, 전자장치 부착명령, 성충동 약물치료명령의 집행을 종료하였을 것

　라. 판결 시 부과받은 보호관찰, 사회봉사명령 및 수강명령(이수명령)의 집행을 완료하였을 것

　마. 등록기간 중 신상정보 등록, 전자장치 부착명령, 성충동 약물치료명령에 관한 의무위반 범죄를 저지르지 않았을 것

④ 등록정보 등의 열람 및 통지에 관한 사항

　등록정보, 등록정보의 폐기 사실 및 등록의 면제 신청에 대한 결과는 형사사법포털(http://www. kics.go.kr)에 접속하여 개인정보 인증 후 열람할 수 있으며, 등록대상자가 신청하는 경우에는 등기우편의 방법으로 통지합니다.

⑤ 기타 사항

　출국신고서, 입국신고서, 등록정보 통지 신청서, 신상정보 등록 면제 신청서, 등록정보 폐기 사실 통지 신청서 등 관련 서식은 국가법령정보센터(http://www.law.go.kr) 또는 형사사법포털(http://www.kics.go.kr) 민원서식을 통해 출력할 수 있습니다.

2000. 0. 0.

○ ○ 경 찰 서 장

| 관인
생략 |
|---|

III. 등록정보의 관리

1. 등록정보 보존기간 (성폭력처벌법 제45조 제1항)

법무부장관은 기본신상정보를 최초로 등록한 날부터 등록기간 동안 등록정보를 보존·관리하여야 한다.

가. 신상정보 등록의 원인이 된 성범죄로 사형, 무기징역·무기금고형 또는 10년 초과의 징역·금고형을 선고받은 사람 : 30년

나. 신상정보 등록의 원인이 된 성범죄로 3년 초과 10년 이하의 징역·금고형을 선고받은 사람 : 20년

다. 신상정보 등록의 원인이 된 성범죄로 3년 이하의 징역·금고형을 선고받은 사람 또는 「아동·청소년의 성보호에 관한 법률」 제49조제1항제4호에 따라 공개명령이 확정된 사람 : 15년

라. 신상정보 등록의 원인이 된 성범죄로 벌금형을 선고받은 사람 : 10년

2. 관할 경찰관서장에게 송부

법무부장관은 등록 당시 등록대상자가 교정시설 또는 치료감호시설에 수용 중인 경우에는 등록대상자가 석방된 후 지체 없이 등록정보를 등록대상자의 관할경찰관서의 장에게 송부하여야 한다.

3. 등록대상자 등록정보 확인 (성폭력처벌법 제45조 제7항)

관할경찰관서의 장은 등록기간 중 다음 각 호의 구분에 따른 기간마다 등록대상자와의 직접 대면 등의 방법으로 등록정보의 진위와 변경 여부를 확인하여 그 결과를 법무부장관에게 송부하여야 한다.

가. 등록기간이 30년인 등록대상자 : 3개월

나. 등록기간이 20년 또는 15년인 등록대상자 : 6개월

다. 등록기간이 10년인 등록대상자 : 1년

라. 「아동·청소년의 성보호에 관한 법률」 제49조에 따른 공개대상자인 경우 : 공개기간

마. 「아동·청소년의 성보호에 관한 법률」 제50조에 따른 고지대상자인 경우 : 고지기간

Ⅳ. 등록정보 진위 등 여부 확인

1. 등록대상자의 변경정보 제출

등록대상자는 제출한 기본신상정보가 변경된 경우에는 그 사유와 변경내용(변경정보)을 변경사유가 발생한 날부터 20일 이내에 제출하여야 한다.

2. 출입국 시 신고의무 등

가. 등록대상자가 6개월 이상 국외에 체류하기 위하여 출국하는 경우에는 미리 관할 경찰관서의 장에게 체류국가 및 체류기간 등을 신고하여야 한다.

나. 신고한 등록대상자가 입국하였을 때에는 특별한 사정이 없으면 14일 이내에 관할 경찰관서의 장에게 입국 사실을 신고하여야 한다.

다. 신고를 하지 아니하고 출국하여 6개월 이상 국외에 체류한 등록대상자가 입국하였을 때에도 또한 같다.

라. 관할경찰관서의 장은 신고를 받았을 때에는 지체 없이 법무부장관에게 해당 정보를 송달하여야 한다.

3. 확인방법

등록대상자를 경찰관서에 출석시키는 방법을 포함한 직접대면 등의 방법으로 등록정보 확인

4. 소재불명 시 조치

가. 주소지 관할 경찰서 담당경찰관이 담당, 실거주지 경찰서에서는 주소지 경찰서에 소재불명 통보

나. 입건요건

주소지, 실거주지, 직업소재지 등 20일 이상 소재불명

다. 절차요건

소재불명 발견 시부터 출석요구서(5일 간격, 3회)를 주소지와 실거주지에 발송했음에도 출석치 않는 경우 대상자 수배

출국신고서

※ 색상이 어두운 난은 신고인이 작성하지 않습니다.

접수번호		접수일시		처리기간	즉시

1. 인적사항

신고인	성 명	(한글)	주민등록번호	
		(한자)	※ 외국인인 경우: 국적 · 여권번호 및 외국인등록번호(외국인등록번호가 없는 경우에는 생년월일)	
		(영문)	※ 주민등록을 하지 않은 재외국민인 경우: 여권번호 및 생년월일 ※ 외국국적동포인 경우: 국적 · 여권번호 및 국내거소신고번호(국내거소신고번호가 없는 경우에는 생년월일)	
	연락처	주거지 전화번호:	휴대전화 번호:	그 밖의 전화번호:	전자우편주소:
	주민등록주소 (도로명주소)	(외국인인 경우 국내 체류지, 재외동포인 경우 국내 거소)			
	실제거주지 (도로명주소)				

2. 출국신고사항

체류국가		체류기간	
출국 예정일	년 월 일	입국 예정일	년 월 일

「성폭력범죄의 처벌 등에 관한 특례법 시행령」 제4조의2제1항에 따라 위와 같이 신고합니다.

년   월   일

신고인   (서명 또는 인)

○ ○ 경 찰 서 장   귀하

안내 및 유의사항

○ 6개월 이상 국외에 체류하기 위하여 출국하는 경우에는 출국 전까지 관할경찰관서의 장에게 체류국가 및 체류기간 등을 기재한 출국신고서를 제출하여야 합니다.
○ 출국신고서를 제출한 후 사정변경 등으로 출국을 하지 않게 되거나, 출국 후 입국 예정일까지 입국을 할 수 없게 된 경우에는 지체없이 그 사실을 관할경찰관서의 장에게 알려야 합니다.
○ 입국하였을 때에는 입국일부터 14일 이내에 관할경찰관서의 장에게 입국신고서를 제출하여야 합니다. 다만, 14일 이내에 입국신고서를 제출할 수 없는 특별한 사정이 있는 경우에는 그 사유가 소멸한 날부터 7일 이내에 소명자료를 첨부하여 입국신고서를 제출하여야 합니다.
○ 정당한 사유 없이 출입국신고를 하지 않거나 거짓으로 신고한 경우에는 300만원 이하의 과태료가 부과됩니다.

입국신고서

※ 색상이 어두운 난은 신고인이 작성하지 않습니다.

접수번호		접수일시		처리기간	즉시

1. 인적사항

신고인	성 명	(한글)	주민등록번호	
		(한자)	※ 외국인인 경우: 국적·여권번호 및 외국인등록번호(외국인등록번호가 없는 경우에는 생년월일) ※ 주민등록을 하지 않은 재외국민인 경우: 여권번호 및 생년월일 ※ 외국국적동포인 경우: 국적·여권번호 및 국내거소신고번호(국내거소신고번호가 없는 경우에는 생년월일)	
		(영문)		
	연락처	주거지 전화번호:	휴대전화 번호:	그 밖의 전화번호:	전자우편주소:
	주민등록주소 (도로명주소)	(외국인인 경우 국내 체류지, 재외동포인 경우 국내 거소)		
	실제거주지 (도로명주소)			

2. 입국신고사항

입국일	년 월 일

※ 아래의 내용은 해당되는 사람만 작성합니다.

출국시 미신고 사유	
입국 후 14일 이내에 신고하지 않은 사유	
입국예정일까지 입국하지 않은 사유	
첨부	소명자료

「성폭력범죄의 처벌 등에 관한 특례법 시행령」 제4조의2제3항에 따라 위와 같이 신고합니다.

년   월   일

신고인   (서명 또는 인)

○ ○ 경 찰 서 장   귀하

○ ○ 경 찰 서

수 신 (내부결재) 또는 ○○경찰서장(여성청소년과장)

(경유)

제 목 **신상정보 진위 및 변경 여부 확인결과 보고(통보)**

---

   1. 관련근거 : 성폭력범죄의 처벌 등에 관한 특례법 제42조 제1항, 제45조 제4항

   2. 위와 관련, 신상정보 등록대상자 (○○○)에 대해 다음과 같이 신상정보 지위와
      변경 여부를 확인하였기에 보고합니다.(주소지 관할관서에 통보하니 참고 바랍니다.)

  가. 대상자 인적사항

    1) 성 명 : ○○○

    2) 주민번호 :

  나. 확인결과

    1) 등록정보 진위와 변경 여부

구 분	등록정보	실제 확인정보	변경(일자)/ 거짓제출
주 소 지			
실 거 주 지			
차 량 번 호			
직 업			
직 장 소 재 지			

    2) 기타 참고사항

○ ○ 경 찰 서 장

20○○. ○. ○.

  경위 김남희   팀장 정인택 과장 양정숙

비공개

○ ○ 경 찰 서

수 신 (내부결재) 또는 ○○경찰서장(여성청소년과장)

(경유)

제 목 **신상정보 변경제출 확인결과 통보**

1. 관련근거 : 성폭력범죄의 처벌 등에 관한 특례법 제43조 제1항, 제2항
2. 위와 관련, 신상정보 등록대상자 (○○○)에 대해 다음과 같이 신상정보 변경
   사항을 제출하였기에 주소지 관할관서에 통보하니 참고 바랍니다.

가. 대상자 인적사항

1) 제출일 : 20○○.○.○.

2) 성 명 : ○○○

3) 주민번호 :

나. 확인결과

1) 등록정보 진위와 변경 여부

구 분	제출 정보	확인 결과
주 소 지		□일치 □불일치
실 거 주 지		□일치 □불일치
차 량 번 호		□일치 □불일치
직 업		□일치 □불일치
직 장 소 재 지		□일치 □불일치
사 진		□일치 □불일치

2) 기타 참고사항

○ ○ 경 찰 서 장

20○○.○.○.

경위 조유리   팀장 정인택 과장 양정숙

비공개

제2장 수사요령 및 유의사항

제1절 성폭력범죄 수사 및 피해자 보호
(성폭력범죄의 수사 및 피해자 보호에 관한 규칙)

Ⅰ. 적용범위

1. 적용범위 (제3조)

성폭력범죄의 수사에 관하여 다른 법령에 특별한 규정이 있는 경우를 제외하고는 이 규칙이 정하는 바에 따른다.

2. 다른 규칙과의 관계 (제4조)

성폭력범죄의 수사에 관하여 이 규칙으로 정하고 있지 않은 사항에 대해서는 범죄수사규칙을 준용한다.

Ⅱ. 전담수사

1. 전담수사부서의 운영 (제5조)

① 경찰서장은 성폭력범죄 전담수사부서에서 성폭력범죄의 수사를 전담하게 한다. 다만, 성폭력범죄 전담수사부서가 설치되지 않은 경우 다른 수사부서에서 성폭

력범죄의 수사를 담당하게 한다.

② 시도경찰청장은 제1항의 규정에도 불구하고 피해자가 13세 미만이거나 신체적인 또는 정신적인 장애로 사물을 변별하거나 의사를 결정할 능력이 미약한 경우에는 특별한 사정이 없는 한 시도경찰청에 설치된 성폭력범죄 전담수사부서에서 성폭력범죄의 수사를 담당하게 한다.

2. 전담조사관의 지정 (제6조)

① 시도경찰청장 및 경찰서장은 소속 경찰공무원 중에서 성폭력범죄 전담조사관을 지정하여 성폭력범죄 피해자의 조사를 전담하게 한다.

② 시도경찰청장 및 경찰서장은 특별한 사정이 없는 한 수사경과자 중에서 제7조제1항의 성폭력수사 전문화 교육을 이수한 사람에 한해서 성폭력범죄 전담조사관을 지정하되, 1인 이상을 여성경찰관으로 지정하여야 한다.

③ 성폭력범죄 전담수사부서가 설치되지 않은 경찰서의 경찰서장은 수사를 담당하는 부서에 근무하는 경찰관 중에서 성폭력범죄 전담조사관을 지정한다.

3. 피해자 보호지원관의 운영 (제8조)

① 시도경찰청장 및 경찰서장은 소속 시도경찰청 및 경찰서에 근무하는 성폭력범죄 전담조사관 중에서 1인을 피해자 보호지원관으로 지정한다.

② 피해자 보호지원관은 수사과정 및 수사종결 후의 피해자 보호·지원 업무와 소속 시도경찰청·경찰서에 근무하는 경찰관을 대상으로 하는 피해자 보호에 관한 교육 업무를 담당한다.

③ 시도경찰청장 및 경찰서장은 원활한 피해자 보호·지원을 위하여 사건담당 경찰관으로 하여금 피해자 보호지원관을 도와 피해자 보호·지원업무를 수행하도록 하여야 한다.

성폭력피해자를 위한 안내

◎ 형사절차상 권리

[조사 전] 변호사를 선임하거나 무료로 국선변호사 선정을 요청할 수 있습니다. 13세 미만 또는 장애인 피해자는 의사소통·표현에 어려움이 있는 경우, 경찰관과 피해자 사이에서 질문·답변을 쉽게 전달하는 진술조력인의 참여를 신청할 수 있습니다.

[조사 중] 진술조서에 가명을 사용하여 신분과 사생활의 비밀을 보호받을 수 있습니다. 19세 미만·장애인 피해자는 의사에 반하지 않는 한, 중복출석·반복진술을 방지하기 위해 영상카메라와 고성능 마이크를 활용하여 조사 시 진술 장면을 영상물 녹화하고 있습니다.

[조사 후] 본인이나 친족 등이 보복을 당할 우려가 있는 경우, 아래와 같은 신변보호조치를 요청할 수 있습니다.

1) 일정기간 특정시설에서 보호 2) 일정기간 신변경호 3) 참고인, 증인 출석·귀가 시 동행
4) 대상자 주거지 주기적 순찰 또는 폐쇄회로 텔레비전 설치 등 주거 보호 5) 기타 필요조치

[공판 절차 중] 법원에 출석하여 증언하는 것이 곤란한 경우, 진술녹화 영상물 등 증거에 대하여 판사가 미리 조사하여 그 결과를 보전하여 두도록 증거보전의 청구를 요청할 수 있습니다.

◎ 지원 제도

① 성폭력피해자통합지원센터(☎1899-3075)를 통해 24시간 상담, 신속한 증거채취 및 응급의료지원, 반복진술 방지를 위한 영상진술녹화, 형사절차에 대한 정보제공 등 법률자문을 받을 수 있습니다.

② 여성긴급전화 1366센터(☎1366)를 통해 24시간 언제든지 상담 및 각 지역의 쉼터·정부기관·병원·법률기관으로 연계받을 수 있습니다.

③ 성폭력상담소(전국 172개소*)를 통해 상담 후 심리치유 및 의료·법률 지원을 받을 수 있습니다. * 여성가족부 홈페이지 → 정책안내 → 인권보호 → 성폭력방지 → 시설정보

③ 다누리 콜센터(☎1577-1366)를 통해 이주여성은 24시간 통역 및 상담 지원, 쉼터 입소 및 의료·법률지원 등을 제공받을 수 있습니다.

   ※ 중국·베트남·타갈로그·캄보디아·몽골·러시아·일본·태국·라오스·우즈베크·네팔·영어 통역 지원

⑤ 대한변협법률구조재단(☎02-3476-6515)을 통해 법률구조가 필요한 부분에 대하여 무료법률상담이나 변호를 받을 수 있습니다.

◎ 공소시효

13세 미만 및 장애인 피해자에 대한 강간·강제추행 범죄는 공소시효가 없습니다.

피해자가 미성년자일 경우 성년이 되는 때부터 공소시효를 진행하며, DNA 증거 등 과학적 증거가 있는 경우 공소시효가 10년 연장됩니다.

III. 현장 조치

1. 현장 임장 (제9조)

성폭력범죄 전담조사관은 특별한 사정이 없는 한 성폭력 사건이 발생한 경우 지체 없이 현장에 임장한다.

2. 현장출동 시 유의사항 (제10조)

① 경찰관은 피해자의 성폭력 피해사실이 제3자에게 알려지지 않도록 출동 시 신속성을 저해하지 않는 범위에서 경광등을 소등하거나 인근에서 하차하여 도보로 이동하는 등 피해자 보호를 위하여 노력하여야 한다.

② 경찰관은 현장에서 성폭력범죄 피의자를 검거한 경우에는 즉시 피해자와 분리조치하고, 경찰관서로 동행할 때에도 분리하여 이동한다.

③ 경찰관은 친족에 의한 아동성폭력 사건의 피의자를 체포할 경우에는 특별한 사정이 없는 한 피해자와 분리조치 후 체포하여야 한다.

④ 경찰관은 용의자를 신속히 검거하기 위하여 제11조의 조치에 지장이 없는 범위에서 피해자로부터 간이진술을 청취하거나 피해자와 동행하여 현장 주변을 수색할 수 있다. 이 경우 경찰관은 반드시 피해자의 명시적 동의를 받아야 한다.

※ 성폭력방지 및 피해자보호 등에 관한 법률

제31조(경찰관서의 협조) 상담소, 보호시설 또는 통합지원센터의 장은 피해자등을 긴급히 구조할 필요가 있을 때에는 경찰관서(지구대·파출소 및 출장소를 포함한다)의 장에게 그 소속 직원의 동행을 요청할 수 있으며, 요청을 받은 경찰관서의 장은 특별한 사유가 없으면 이에 따라야 한다.

제31조의2(사법경찰관리의 현장출동 등) ① 사법경찰관리는 성폭력 신고가 접수된 때에는 지체 없이 신고된 현장에 출동하여야 한다.

② 제1항에 따라 출동한 사법경찰관리는 신고된 현장에 출입하여 관계인에 대하여 조사를 하거나 질문을 할 수 있다.

③ 제2항에 따라 출입, 조사 또는 질문을 하는 사법경찰관리는 그 권한을 표시하는 증표를 지니고 이를 관계인에게 내보여야 한다.

④ 제2항에 따라 조사 또는 질문을 하는 사법경찰관리는 피해자·신고자·목격자 등이 자유롭게 진술할 수 있도록 성폭력행위자로부터 분리된 곳에서 조사하는 등 필요한 조치를 하여야 한다.

⑤ 누구든지 정당한 사유 없이 신고된 현장에 출동한 사법경찰관리에 대하여 현장조사를 거부하는 등 업무를 방해하여서는 아니 된다.

3. 피해자 후송 (제11조)

① 경찰관은 피해자의 치료가 필요한 경우에는 즉시 피해자를 가까운 통합지원센터 또는 성폭력 전담의료기관으로 후송한다. 다만, 피해자가 원하지 않는 경우에는 그러하지 아니하다.

② 경찰관은 성폭력범죄의 피해자가 13세 미만이거나 신체적인 또는 정신적인 장애로 사물을 변별하거나 의사를 결정할 능력이 미약한 경우에는 통합지원센터나 성폭력 전담의료기관과 연계하여 치료, 상담 및 조사를 병행한다. 다만, 피해자가 원하지 않는 경우에는 그러하지 아니하다.

③ 제1항 및 제2항에도 불구하고 통합지원센터나 성폭력 전담의료기관의 거리가 멀어 신속한 치료가 어려운 경우에는 가까운 의료기관과 연계할 수 있다.

4. 신변안전조치 (제12조)

① 시도경찰청장 및 경찰서장은 성폭력범죄의 피해자·신고자 및 그 친족 또는 동거인, 그 밖의 밀접한 인적 관계에 있는 사람이 보복을 당할 우려가 있는 경우에는 소속 경찰관으로 하여금 안전을 위하여 필요한 조치를 하도록 하여야 한다.

② 경찰관은 성폭력범죄의 수사·조사 및 상담 과정에서 성폭력범죄의 피해자·신고자 및 그 친족 또는 동거인, 그 밖의 사람이 보복을 당할 우려가 있는 경우에는 신변안전에 필요한 조치를 하거나 대상자의 주거지 또는 현재지를 관할하는 경찰서의 경찰서장에게 신변안전조치를 요청하여야 한다. 다만, 대상자가 원하지 않는 경우에는 그러하지 아니하다.

③ 신변안전조치의 종류는 다음 각 호의 어느 하나와 같다.
  1. 일정기간 동안의 특정시설에서의 보호
  2. 일정기간 동안의 신변경호
  3. 참고인 또는 증인으로 출석·귀가 시 동행
  4. 대상자의 주거·직장에 대한 주기적 순찰
  5. 비상연락망 구축 등 그 밖의 신변안전에 필요하다고 인정되는 조치

5. 피해아동·청소년의 보호 (제13조)

① 경찰관은 아동·청소년대상 성폭력범죄를 저지른 자가 피해아동·청소년과 「가정

폭력범죄의 처벌 등에 관한 특례법」 제2조제2호의 가정구성원인 관계이면서 피해아동·청소년을 보호할 필요가 있는 때에는 피해아동·청소년 또는 그 법정대리인의 신청에 의하거나 직권으로 성폭력범죄를 저지른 자에 대하여 같은 법 제29조제1항제1호부터 제3호의 임시조치를 검사에게 신청할 수 있다.

② 경찰관은 성폭력범죄를 저지른 자가 제1항의 임시조치를 위반하여 다시 성폭력범죄를 저지를 우려가 있다고 인정하는 경우에는 「가정폭력범죄의 처벌 등에 관한 특례법」 제29조제1항제5호의 임시조치를 검사에게 신청할 수 있다.

6. 권리고지 (제14조)

① 경찰관은 성폭력범죄의 피해자등과 상담하거나 피해자를 조사할 때 국선변호인 선임, 피해자와 신뢰관계에 있는 자(신뢰관계자)의 동석, 진술조력인 참여, 신분·사생활 비밀보장, 신변안전조치 및 상담·법률·의료지원에 관한 사항을 피해자등에게 고지하여야 한다.

② 경찰관은 제1항의 내용을 고지할 때 피해자등의 인지능력·생활환경·심리상태 등을 감안하여 구체적인 내용을 설명하여 피해자등이 권리·지원내용을 충분히 이해할 수 있도록 하여야 한다.

7. 증거수집 (제16조)

경찰관은 피해자의 신체에서 증거를 채취할 때에는 반드시 피해자의 명시적인 동의를 받아야 하며, 특별한 사정이 없는 한 의사 또는 간호사의 도움을 받아 증거를 수집하여야 한다.

Ⅳ. 조사준비 등

1. 조사의 준비(제17조)

① 경찰관은 피해자를 조사하기 전에 피해자의 연령, 인지능력, 가족관계 및 생활환경 등을 확인하여야 한다.

② 경찰관은 제1항과 같이 확인한 결과를 토대로 피해자의 의견, 건강 및 심리 상태 등을 충분히 고려하여 조사의 시기·장소 및 방법 을 결정하여야 한다.

③ 경찰관은 조사의 시기·장소 및 방법을 결정할 때 제27조의 전문가 및 제28조의 진술조력인의 의견을 들을 수 있다.

2. 조사 시 유의사항 (제18조)

① 시도경찰청장 및 경찰서장은 특별한 사정이 없는 한 성폭력 피해여성을 여성 성폭력범죄 전담조사관이 조사하도록 하여야 한다. 다만, 피해자가 원하는 경우에는 신뢰관계자, 진술조력인 또는 다른 경찰관으로 하여금 입회하게 하고 별지 제1호 서식에 의해 서면으로 동의를 받아 남성 성폭력범죄 전담조사관으로 하여금 조사하게 할 수 있다.

② 경찰관은 성폭력 피해자를 조사할 때에는 제17조의 준비를 거쳐 1회에 수사상 필요한 모든 내용을 조사하는 등 조사 횟수를 최소화하기 위하여 노력하여야 한다.

③ 경찰관은 피해자의 입장을 최대한 존중하여 가급적 피해자가 원하는 시간에 진술 녹화실 등 평온하고 공개되지 않은 장소에서 조사하고, 공개된 장소에서의 조사로 인하여 신분이 노출되지 않도록 유의하여야 한다.

④ 경찰관은 성폭력 피해자에 대한 조사와 피의자에 대한 신문을 분리하여 실시하고, 대질신문은 반드시 필요한 경우에만 예외적으로 실시하되, 시기·장소 및 방법에 관하여 피해자의 의사를 최대한 존중하여야 한다.

⑤ 경찰관은 피해자로 하여금 가해자를 확인하게 할 때는 반드시 범인식별실 또는 진술녹화실을 활용하여 피해자와 가해자가 대면하지 않도록 하고, 동시에 다수의 사람 중에서 가해자를 확인하도록 하여야 한다.

피해자 조사 동의서

조사일시	
조사장소	
피 해 자	성명 : (연령)
입 회 인	성명 : (연령)
담당경찰관	소속: 계급: 성명 :

　위 피해자 본인은 위 일시, 장소에서 담당 경찰관으로부터 여성경찰관에게 직접 조사를 받거나 여성경찰관의 입회하에 조사를 받을 수 있음을 고지 받았음에도 불구하고, 스스로 여성경찰관의 조사나 입회를 거부하고 남성경찰관으로부터 조사받기를 원했음을 확인합니다.

20○○. ○. ○.

위 본인　성명　　　　　(인)

V. 신뢰관계자 동석 등

1. 변호사 선임의 특례 (제19조)

① 경찰관은 성폭력범죄의 피해자등에게 변호사를 선임할 수 있고 국선변호사 선정을 요청할 수 있음을 고지하여야 한다.

② 경찰관은 피해자등이 국선변호사 선정을 요청한 때에는 검사에게 통보하여야 한다.

③ 경찰관은 성폭력범죄의 피해자가 변호사를 선임하거나 검사가 국선변호사를 선정한 경우 변호사가 조사과정에 참여하게 하여야 한다.

④ 경찰관은 조사 중에 변호사가 의견 진술을 요청할 경우, 조사를 방해하는 등의 특별한 사정이 없는 한 승인하여야 한다.

2. 인적사항의 기재 생략 (제20조)

① 경찰관은 성폭력 사건처리와 관련하여 조서나 그 밖의 서류를 작성할 때 피해자 또는 범죄신고자등의 신원이 알려질 수 있는 사항에 대해서는 그 전부 또는 일부를 기재하지 아니할 수 있고, 이 때 범죄신고자등 신원관리카드에 인적사항을 등재한다.

② 제1항에 따라 인적사항을 기재하지 않을 때에는 피해자, 범죄신고자등의 서명은 가명(假名)으로, 간인(間印) 및 날인(捺印)은 무인(拇印)으로 하게 하여야 한다.

3. 신뢰관계자의 동석 (제21조)

① 경찰관은 피해자를 조사할 때 신뢰관계자를 동석하게 할 수 있다. 이 경우 신뢰관계자로부터 신뢰관계자 동석 확인서 및 피해자와의 관계를 소명할 서류를 제출받아 이를 기록에 편철한다.

② 경찰관은 아동·청소년대상 성폭력범죄의 피해자나 법정대리인이 신청하는 경우와 「성폭력범죄의 처벌 등에 관한 특례법」 제3조부터 제8조, 같은 법 제10조 및 제15조(같은 법 제9조의 미수범은 제외한다)의 범죄의 피해자를 조사하는 경우에는 수사에 지장을 줄 우려가 있는 부득이한 경우가 아니면 신뢰관계자를 동석하게 하여야 한다.

③ 경찰관은 피해자가 19세 미만이거나 신체적인 또는 정신적인 장애가 있는 경우에 피해자의 동의를 받아 성폭력 상담을 지원하는 상담소의 상담원 등을 신뢰관계자

로 동석하게 할 수 있다.

④ 제1항부터 제3항에 해당하는 경우 경찰관은 신뢰관계자라도 피해자에게 불리한 영향을 미칠 우려가 현저하거나 피해자가 원하지 아니하는 경우에는 동석하게 하여서는 아니 된다.

◖ Ⅵ. 영상녹화

1. 영상물의 촬영 · 보존 (제22조)

① 경찰관은 성폭력범죄의 피해자를 조사할 때에는 진술내용과 조사과정을 영상물 녹화장치로 촬영 · 보존할 수 있다. 다만, 피해자가 19세 미만이거나 신체적인 또는 정신적인 장애로 사물을 변별하거나 의사를 결정할 능력이 미약한 경우에는 반드시 촬영 · 보존하여야 한다.

② 경찰관은 영상녹화를 할 때에는 피해자등에게 영상녹화의 취지 등을 설명하고 동의 여부를 확인하여야 하며, 피해자등이 녹화를 원하지 않는 의사를 표시한 때에는 촬영을 하여서는 아니 된다. 다만, 가해자가 친권자 중 일방인 경우에는 그러하지 아니하다.

2. 영상녹화의 방법 (제23조)

경찰관은 영상물을 녹화할 때에는 조사의 시작부터 조서에 기명날인 또는 서명을 마치는 시점까지의 모든 과정을 영상녹화하고, 녹화완료 시 그 원본을 피해자 또는 변호사 앞에서 봉인하고 피해자로 하여금 기명날인 또는 서명하게 하여야 한다.

3. 영상녹화 시 유의사항 (제24조)

경찰관은 피해자등의 진술을 녹화하는 경우에 다음 각 호의 사항에 유의하여야 한다.

1. 피해자의 신원에 관한 사항은 녹화 전에 서면으로 작성하고 녹화 시 진술하지 않게 하여 영상물에 포함되지 않도록 한다.

2. 신뢰관계자 또는 진술조력인이 동석하여 녹화를 할 때에는, 신뢰관계자 또는 진

술조력인이 조사실을 이탈할 경우 녹화를 일시적으로 중단하고 조사실로 돌아온 후 녹화를 재개한다.

3. 피해자등이 신청하는 경우 영상물 촬영과정에서 작성한 조서의 사본을 발급하거나 영상물을 재생하여 시청하게 하고, 그 내용에 대하여 이의를 진술하는 때에는 그 취지를 기재한 서면을 첨부한다.

4. 속기사의 참여 (제25조)

① 경찰관은 영상녹화를 하는 경우에는 속기사로 하여금 영상물에 대한 속기록을 작성하도록 할 수 있다. 다만, 피해자등이 이를 원하지 아니할 때에는 그러하지 아니하다.

② 경찰관은 속기사가 영상녹화에 참여할 때에는 속기사로 하여금 진술녹화실 외부에서 속기록을 작성하도록 한다. 다만, 속기사가 영상녹화에 참여하지 않은 경우에는 피해자등의 명시적 동의를 받아 속기사로 하여금 영상물에 대한 속기록을 작성하도록 할 수 있다.

5. 속기록의 작성 (제26조)

① 경찰관은 진술자에게 열람하게 하거나 읽어 들려주는 방법으로 진술자로 하여금 속기록을 확인하게 하고, 진술자가 속기록에 대하여 이의가 없을 때에는 진술자로 하여금 속기록 말미에 기명날인 또는 서명하게 한다. 다만, 진술자가 기명날인 또는 서명할 수 없거나 이를 거부하는 경우에는 그 취지를 기재한 서면을 첨부한다.

② 경찰관은 속기록에 작성년월일과 계급을 기재하고 기명날인 또는 서명하고, 속기사로 하여금 속기록에 간인한 후 기명날인 또는 서명하게 한다.

○○ 해바라기센터

속 기 록

사건번호	
일시	
장소	
속기내용	피해자 000 진술 내용
총면수	00면
비고	

「성폭력범죄의 처벌 등에 관한 특례법」 제30조에 따라 피해자의 진술 내용과 조사과정을 촬영한 영상물에 대해 작성한 속기록(동시/사후)을 붙임과 같이 제출합니다.

20○○. ○. ○.

속기사 정 혜 선 (인)

위의 속기록을 진술자에게 열람하게 하였던 바(읽어준 바) 진술한 대로 오기나
증감·변경할 것이 전혀 없다고 말하므로 서명(기명날인)하게 하다.

                         진 술 자   (인)

              20○○. ○. ○.

                      사법경찰관 경감 김 기 완 (인)

                      속기사   정 혜 선 (인)

Ⅶ. 전문가 조력

1. 전문가의 의견 조회 (제27조)

① 경찰관은 정신건강의학과 의사, 심리학자, 사회복지학자 그 밖의 관련 전문가 중 경찰청장이 지정한 전문가로부터 행위자 또는 피해자의 정신 · 심리상태에 대한 진단소견 및 피해자의 진술내용에 관한 의견을 조회할 수 있다. 다만, 피해자가 13세 미만이거나 신체적인 또는 정신적인 장애로 사물을 변별하거나 의사를 결정할 능력이 미약한 경우에는 반드시 전문가로부터 의견을 조회하여야 한다.

② 경찰관은 피해자가 신체적인 또는 정신적인 장애로 사물을 변별하거나 의사를 결정할 능력이 미약한지 여부가 명확하지 않은 경우에는 전문가로부터 사물을 변별하거나 의사를 결정할 능력이 있는지 여부에 대한 의견을 조회하여야 한다.

2. 진술조력인의 참여 (제28조)

① 경찰관은 성폭력범죄의 피해자가 13세 미만이거나 신체적인 또는 정신적인 장애로 의사소통이나 의사표현에 어려움이 있는 경우 직권이나 피해자등 또는 변호사의 신청에 따라 진술조력인이 조사과정에 참여하게 할 수 있다. 다만, 피해자 등이 이를 원하지 않을 때는 그러하지 아니하다.

② 경찰관은 제1항의 피해자를 조사하기 전에 피해자등 또는 변호사에게 진술조력인에 의한 의사소통 중개나 보조를 신청할 수 있음을 고지하여야 한다.

③ 경찰관은 피의자 또는 피해자의 친족이거나 친족이었던 사람, 법정대리인, 대리인 또는 변호사를 진술조력인으로 선정해서는 아니 된다.

④ 경찰관은 「성폭력범죄의 처벌 등에 관한 특례법 시행규칙」 제13조제1항제1호 · 제2호에 해당할 때에는 해당 사건의 진술조력인 선정을 취소하여야 하고, 같은항 제3호부터 제6호에 해당할 때에는 취소할 수 있다.

⑤ 경찰관은 진술조력인이 조사에 참여한 경우에는 진술조서에 그 취지를 기재하고, 진술조력인으로 하여금 진술조서 및 영상녹화물에 기명날인 또는 서명을 하도록 하여야 한다.

제2절 진술조력인 제도
(진술조력인의 선정 등에 관한 규칙)

 I. 목적 및 적용범위

1. 목적 (제1조)

이 규칙은 「성폭력범죄의 처벌 등에 관한 특례법」 제35조, 제35조의3 및 제36조 (「다른 법률에서 준용하는 경우를 포함한다)에서 위임된 진술조력인의 자격, 양성, 배치 및 수사절차 참여 등에 관한 사항과 진술조력인 제도의 시행에 필요한 사항을 규정함을 목적으로 한다.

2. 정의 (제1의2)

이 규칙에서 "피해자등"이란 다음 각 호의 어느 하나에 해당하는 사람을 말한다.
1) 「성폭력범죄의 처벌 등에 관한 특례법」 제2조에 따른 성폭력범죄의 피해자
2) 「아동학대범죄의 처벌 등에 관한 특례법」 제2조제6호에 따른 피해아동
3) 「아동·청소년의 성보호에 관한 법률」 제2조제6호에 따른 피해아동·청소년
4) 「장애인복지법」 제59조의16제1항에 따른 범죄사건의 피해자인 장애인
5) 「인신매매등방지 및 피해자보호 등에 관한 법률」 제3조제1항제2호에 따른 인신매매등범죄피해자
6) 「아동학대범죄의 처벌 등에 관한 특례법」 제17조제2항에 따른 아동학대범죄사건의 형사 및 아동보호 절차의 참고인이나 증인

3. 적용 범위 등 (제2조)

이 규칙은 「성폭력범죄의 처벌 등에 관한 특례법」(이하 "법"이라 한다) 제35조, 제35조의2, 제35조의3 및 제36조부터 제39조까지를 준용(일부를 준용하는 경우를 포함한다)하는 다음 각 호의 절차에서의 진술조력인 지원에 대해서도 적용한다.
1) 「아동학대범죄의 처벌 등에 관한 특례법」 제17조제1항에 따른 아동학대범죄의 조사·심리
2) 「아동·청소년의 성보호에 관한 법률」 제25조제3항에 따른 아동·청소년대상

성범죄 피해자의 조사나 심리·재판

3) 「장애인복지법」 제59조의16제1항에 따른 범죄사건의 피해자인 장애인에 대한 조사·검증 또는 증인 신문

4) 「인신매매등방지 및 피해자보호 등에 관한 법률」 제18조에 따른 인신매매등 조사·심리

5) 「아동학대범죄의 처벌 등에 관한 특례법」 제17조제2항에 따른 아동학대범죄사건의 형사 및 아동보호 절차(참고인이나 증인이 13세 미만의 아동이거나 신체적인 또는 정신적인 장애로 의사소통이나 의사표현에 어려움이 있는 경우로 한정한다)

※ 성폭력범죄의 처벌 등에 관한 특례법
제36조(진술조력인의 수사과정 참여) ① 검사 또는 사법경찰관은 성폭력범죄의 피해자가 19세미만피해자등인 경우 형사사법절차에서의 조력과 원활한 조사를 위하여 직권이나 피해자, 그 법정대리인 또는 변호사의 신청에 따라 진술조력인으로 하여금 조사과정에 참여하여 의사소통을 중개하거나 보조하게 할 수 있다. 다만, 피해자 또는 그 법정대리인이 이를 원하지 아니하는 의사를 표시한 경우에는 그러하지 아니하다.
② 검사 또는 사법경찰관은 제1항의 피해자를 조사하기 전에 피해자, 법정대리인 또는 변호사에게 진술조력인에 의한 의사소통 중개나 보조를 신청할 수 있음을 고지하여야 한다.
③ 진술조력인은 조사 전에 피해자를 면담하여 진술조력인 조력 필요성에 관하여 평가한 의견을 수사기관에 제출할 수 있다.
④ 제1항에 따라 조사과정에 참여한 진술조력인은 피해자의 의사소통이나 표현 능력, 특성 등에 관한 의견을 수사기관이나 법원에 제출할 수 있다.

Ⅱ. 조력인의 자격

1. 진술조력인 양성 교육(제3조)

① 법무부장관은 진술조력인을 양성하기 위하여 법 제35조제2항 전단에 따른 아동·장애인의 심리나 의사소통에 관한 전문지식 또는 관련 분야에 종사한 경력이 있는 사람을 대상으로 다음 각 호의 내용이 포함된 교육 과정을 운영하여야 한다.
 1. 사법절차 및 아동보호절차 과정
 2. 피해자등에 대한 진술조력 과정
 2의2. 아동·장애인의 특성 과정
 3. 실습 과정
② 제4조제3호에 해당하는 교육 대상자에 대해서는 제1항 각 호의 내용 중 일부를 생략할 수 있다.

2. 진술조력인 교육 대상자의 선발(제4조)

법무부장관은 다음 각 호의 어느 하나에 해당하는 사람 중에서 제3조제1항에 따른 교육 대상자를 선발한다.

1. 아동·장애인의 심리나 의사소통 관련 분야의 실무 경험이 있는 사람
2. 임상심리학, 언어병리학, 정신병리학, 발달정신병리학, 발달심리학, 심리치료, 언어치료, 그 밖에 이와 유사한 전문 지식을 갖춘 사람
3. 아동·장애인의 심리나 의사소통 관련 분야 전문가로서 전문수사자문위원 또는 전문심리자문위원으로 활동한 경험이 있는 사람
4. 그 밖에 법무부장관이 정하는 사람

3. 진술조력인 자격의 부여(제5조)

① 법무부장관은 제3조에 따른 교육 과정을 이수한 사람에게 진술조력인 자격을 부여할 수 있다.
② 법무부장관은 제1항에 따라 진술조력인 자격을 부여한 때에는 진술조력인마다 별지 제1호서식의 자격 부여 대장을 작성하여 보관하여야 한다.

4. 조력인 자격증의 발급(제7조)

법무부장관은 제5조에 따라 진술조력인 자격을 취득한 사람에게 자격 부여일부터 1개월 이내에 별지 제2호서식의 진술조력인 자격증을 발급하여야 한다.

5. 진술조력인 자격의 관리 · 감독 등(제8조)

① 법무부장관은 진술조력인이 진술조력인 제도의 도입 취지에 부합하게 활동하고 있는지 등을 관리·감독하기 위하여 수사기관 등 관련 기관이나 조사 현장을 방문하거나, 관련자로부터 의견을 조회하거나, 진술조력인에 대하여 자료 제출을 요구하는 등 필요한 조치를 할 수 있다. 이 경우 진술조력인은 법무부장관의 요구에 지체 없이 따라야 한다.
② 진술조력인은 피해자등에 대한 조력 과정에서 작성하는 보고서 등 진술 조력 업무의 수행과 관련된 기록을 문서화하고 저장·보존하여야 한다.

6. 진술조력인 자문단의 구성 및 운영(제9조)

① 법무부장관은 진술조력인의 업무를 지원하기 위해 진술조력인 자문단을 둘 수 있다.

② 제1항에 따른 진술조력인 자문단은 성별을 고려해 5명 이내의 자문위원으로 구성한다.

③ 제2항에서 규정한 내용 외에 진술조력인 자문단의 구성, 수당 지급 등 자문단의 운영에 필요한 사항은 법무부장관이 정한다

7. 진술조력인 보수교육(제10조)

① 법무부장관은 진술조력인을 대상으로 연 1회 이상 보수교육을 실시하여야 한다.

② 제1항에 따른 보수교육의 내용에 관하여는 제3조를 준용한다.

③ 제1항 및 제2항에서 규정한 사항 외에 보수교육의 시간, 실시 방법 등 진술조력인 보수교육에 필요한 사항은 법무부장관이 정한다.

8. 진술조력인 자격증의 반납(제11조)

법 제35조의3제1항에 따라 진술조력인 자격이 취소된 사람은 진술조력인 자격 취소의 통지를 받은 날부터 15일 이내에 제7조에 따른 진술조력인 자격증을 법무부장관에게 반납해야 한다.

9. 진술조력인의 배치(제11조의2)

① 법무부장관은 진술조력인에 대한 지역별 수요를 고려하여 범죄피해자 지원, 성폭력 범죄와 아동학대 범죄의 예방 등을 목적으로 하는 공공기관이나 비영리단체에 상시 근무하는 진술조력인이 배치될 수 있도록 지원할 수 있다.

② 법무부장관은 진술조력인의 균형적인 배치를 위하여 제1항에 따른 공공기관이나 비영리단체와 협의할 수 있다.

③ 법무부장관은 진술조력인의 배치사업을 운영하는 공공기관이나 비영리단체에 필요한 예산을 지원할 수 있다.

10. 진술조력인명부의 작성(제12조)

① 법 제35조제3항에 따른 진술조력인 명부(이하 "진술조력인명부"라 한다)는 별지 제3호서식에 따른다. 진술조력인명부에는 해당 진술조력인이 원활하게 조력할 수 있는 피해자의 연령, 장애 특성, 범죄 종류 등을 전문분야로 기재할 수 있다.

② 법무부장관은 진술조력인 자격 등이 변경된 경우에는 그 내용을 진술조력인명부에 기재하여야 한다.

③ 법무부장관은 작성한 진술조력인명부를 법원행정처장, 검찰총장, 경찰청장 및 해양경찰청장에게 송부하여야 한다.

④ 법무부장관은 직무범위 및 수사관할 등을 고려해 진술조력인명부를 국방부장관, 고위공직자범죄수사처장 또는 「사법경찰관리의 직무를 수행할 자와 그 직무범위에 관한 법률」에 따라 사법경찰관리의 직무를 수행하는 자가 소속된 기관의 장에게 송부할 수 있다.

Ⅲ. 진술조력인의 선정

1. 진술조력인의 선정 절차 (제13조)

① 검사 또는 사법경찰관은 법 제36조제1항에 따라 진술조력인으로 하여금 조사과정에 참여하여 의사소통을 중개하거나 보조하게 하려면 조사 전에 진술조력인을 선정하여야 한다.

② 검사 또는 사법경찰관은 제1항에 따라 진술조력인을 선정한 경우에는 별지 제4호서식의 선정서를 작성하여 진술조력인에게 교부하고 그 사본을 수사기록에 편철하여야 한다.

③ 피해자등, 그 법정대리인[법정대리인이 법 제2조에 따른 성폭력범죄를 저지른 사람, 「아동학대범죄의 처벌 등에 관한 특례법」 제2조제5호의 아동학대행위자 또는 「장애인복지법」 제2조제3항에 따른 장애인학대를 한 사람(이하 "장애인학대행위자"라 한다) 등인 경우를 제외하며, 이하 같다], 「장애인복지법」 제59조의8에 따른 보조인(보조인이 장애인학대행위자인 경우를 제외하며, 이하 "보조인"이라 한다) 또는 변호사가 법 제36조제1항에 따라 진술조력인 선정 신청을 할 때에는 말로 하거나 별지 제5호서식의 진술조력인 선정 신청서를 제출하여야 한다.

④ 검사 또는 사법경찰관은 법 제36조제2항 또는 「장애인복지법」 제59조의16제2항에 따라 피해자등, 그 법정대리인, 보조인 또는 변호사에게 진술조력인에 의한 의사소통의 중개나 보조를 신청할 수 있음을 고지할 때에는 말로 하거나 별지 제6호서식의 고지서로 한다. 이 경우 검사 또는 사법경찰관은 별지 제7호서식의 확인서를 받아 기록에 편철하여야 한다.

⑤ 법 제36조제5항에 따른 검증에 관하여는 제1항부터 제4항까지의 규정을 준용한다. 이 경우 "조사"는 "검증"으로 본다.

2. 진술조력인의 선정 금지 (제14조)

다음 각 호의 어느 하나에 해당하는 사람은 해당 사건의 진술조력인으로 선정될 수 없다.
1. 피의자 또는 피해자등의 친족 또는 친족 관계에 있었던 사람
2. 피의자 또는 피해자등의 법정대리인
3. 피의자의 대리인 또는 변호인
4. 피해자등의 대리인 또는 변호사

3. 진술조력인 선정의 취소 (제15조)

① 검사 또는 사법경찰관은 다음 각 호의 어느 하나에 해당하는 경우에는 해당 사건의 진술조력인 선정을 취소할 수 있다. 다만, 제1호 또는 제2호에 해당하는 경우에는 선정을 취소하여야 한다.
1. 법 제35조의3 제1항에 따라 진술조력인 자격이 취소된 경우
2. 제14조 각 호에서 정한 선정 금지 사유가 발견된 경우
3. 피해자등, 그 법정대리인, 보조인 또는 변호사가 진술조력인 선정의 취소를 요청하고 그 요청에 상당한 이유가 있는 경우
4. 진술조력인이 사임의 의사를 표시하고 이에 상당한 이유가 있는 경우
5. 진술조력인이 그 업무를 성실하게 수행하지 아니한 경우
6. 그 밖에 질병, 상해 또는 장애 등으로 인하여 진술조력인의 업무를 수행하기 어려운 중대한 사유가 발생한 경우
② 검사 또는 사법경찰관은 진술조력인 선정을 취소한 경우에 그 사실을 지체 없이 피해자, 그 법정대리인 또는 변호사와 진술조력인에게 통지하여야 한다.
③ 제2항의 통지는 서면 외에 구술, 전화, 팩스, 전자우편, 휴대전화 문자전송이나 그 밖에 적당한 방법으로 할 수 있다.

4. 진술조력인의 재선정 (제16조)

검사 또는 사법경찰관은 제15조에 따라 진술조력인 선정을 취소한 경우에는 제13조에 따라 진술조력인을 다시 선정할 수 있다.

Ⅳ. 진술조력인의 수사참여

1. 진술조력인의 참여 대상 범위 (제17조)

법 제36조제1항 본문에서 "신체적인 또는 정신적인 장애로 의사소통이나 의사표현에 어려움이 있는 경우"란 다음 각 호의 어느 하나의 사람에 해당하는 경우를 말한다.

1. 「장애인복지법」 제32조에 따라 장애인으로 등록된 사람으로서 신체적 장애나 정신적 장애로 인하여 의사소통이나 의사표현이 어려운 사람

2. 제1호에 해당하지 아니하더라도 의사소통이나 의사표현이 어려운 장애가 있는 것으로 의심되는 사람

3. 그 밖에 주의력 결핍, 과잉 행동장애, 정서적 불안, 함묵증(緘黙症), 진술 회피 등으로 의사소통이나 의사표현이 어렵다고 검사 또는 사법경찰관이 판단하는 사람

2. 의사소통 중개 · 보조의 범위 (제18조)

① 진술조력인은 법 제36조제1항에 따라 의사소통을 중개하거나 보조하기 위해 다음 각 호의 어느 하나에 해당하는 업무를 수행한다.

1. 검사 또는 사법경찰관의 질문의 취지를 피해자등이 이해할 수 있도록 중요한 내용이 바뀌지 아니하는 범위에서 질문을 변환하여 전달하는 업무

2. 검사 또는 사법경찰관이 피해자등의 의사표현을 이해할 수 있도록 제20조제4항 각 호의 내용을 설명하는 업무

3. 검사 또는 사법경찰관이 피해자등의 특성에 맞는 조사를 할 수 있도록 제20조제4항 각 호의 내용을 설명하고, 전문지식을 활용하여 의사소통의 방법, 조사 계획 및 보조수단 등을 논의하거나 조언하는 업무

4. 피해자등이 심리적 안정을 얻고 조사에 집중할 수 있는 환경 등을 조성하는 활동

5. 그 밖에 검사 또는 사법경찰관이 피해자등의 조사에 필요하다고 인정하는 활동

② 진술조력인은 피해자등의 진술에 개입해서는 아니 되며, 검사 또는 사법경찰관이 직접 피해자등의 진술을 청취한 이후에만 피해자등의 진술을 그의 의사표현적 특징 등에 비추어 설명할 수 있다. 다만, 이 경우에도 피해자등의 진술 내용을 변경해서는 아니 된다.

3. 진술조서 등의 기재 사항 등 (제19조)

① 검사 또는 사법경찰관은 법 제36조제1항에 따라 조사과정에 진술조력인을 참여하

게 하여 진술조서를 작성하는 경우에는 그 진술조서에 진술조력인을 통하여 피해자등과의 의사소통을 중개 또는 보조하도록 하였다는 취지를 적고, 진술조력인의 기명날인 또는 서명을 받아야 한다.

② 검사 또는 사법경찰관은 법 제36조제1항에 따라 조사과정에 진술조력인을 참여하게 하여 영상녹화를 실시한 경우에는 제작된 영상녹화물(CD, DVD 등을 말한다)에 조사자 및 피조사자의 기명날인 또는 서명과 함께 진술조력인의 기명날인 또는 서명을 받아야 한다.

4. 조사 전 피해자 면담 (제20조)

① 진술조력인이 법 제36조제3항에 따라 조사 전에 피해자를 면담하려는 경우에는 수사기관은 진술조력인 조력 필요성에 관하여 평가할 수 있는 충분한 시간을 제공하여야 한다.

② 진술조력인은 법 제36조제3항에 따라 조사 전에 피해자등과 면담하는 경우 피해사실이나 해당 사건 내용 등에 관한 면담을 하여서는 아니 된다.

③ 진술조력인은 법 제36조제3항에 따라 진술조력인 조력 필요성에 관하여 평가한 의견을 수사기관에 제출하는 경우 구두 또는 서면으로 할 수 있다.

④ 진술조력인이 제3항에 따라 제출하는 의견에는 다음 각 호의 내용이 포함되어야 한다.

 1. 인지기능, 진술능력, 비언어적 의사표시, 언어이해 및 표현 능력

 2. 정서, 성격, 심리상태 등 심리적 특수성

 3. 그 밖에 의사소통의 중개 또는 보조에 필요한 정보로서 검사 또는 사법경찰관이 요청한 내용

5. 조사 후 의견 제출 (제21조)

① 진술조력인은 법 제36조제4항에 따라 피해자등의 의사소통이나 표현 능력, 특성 등에 관한 의견을 수사기관에 제출하는 경우 서면으로 하여야 한다.

② 진술조력인이 제1항에 따라 제출하는 의견에는 피해자등의 진술에 관한 신빙성 또는 사실관계를 평가하는 내용 등을 포함해서는 아니 된다.

③ 제1항 및 제2항에서 규정한 사항 외에 진술조력인의 조사 후 의견 제출에 필요한 사항에 관하여는 법무부장관이 정한다.

진술조력인 선정서

「성폭력범죄의 처벌 등에 관한 특례법」 제36조제1항(「아동학대범죄의 처벌 등에 관한 특례법」 제17조에서 준용하는 경우를 포함한다) 및 「진술조력인의 선정 등에 관한 규칙」 제13조제1항에 따라 피해자 또는 피해아동 ○○○(가명)에 대한 조사·검증 과정에서 아래와 같이 ○○○을 진술조력인으로 선정합니다.

성   명 :

자 격 번 호 :

20○○. ○. ○.

○ ○ 경 찰 서

경감 김 유 진(서명 또는 인)

진술조력인 선정 신청서

수 신: ○○지방검찰청 검사장(○○경찰서장)

「성폭력범죄의 처벌 등에 관한 특례법」 제36조제1항(「아동학대범죄의 처벌 등에 관한 특례법」 제17조에서 준용하는 경우를 포함한다) 및 「진술조력인의 선정 등에 관한 규칙」 제13조제3항에 따라 피해자 또는 피해아동 ○○○(가명)에 대한 조사·검증 과정에 아래와 같이 진술조력인의 선정을 신청합니다.

신 청 인	성 명	
	생 년 월 일	
	피해자(피해아동)와의 관계	
신 청 사 유		

※ 소명자료 별첨

20 .   .   .

신청인 ○ ○ ○ (서명 또는 인)

고 지 서

「성폭력범죄의 처벌 등에 관한 특례법」제36조제2항·제5항(「아동학대범죄의 처벌 등에 관한 특례법」제17조에서 준용하는 경우를 포함한다) 및 「진술조력인의 선정 등에 관한 규칙」제13조제4항에 따라 피해자·피해아동, 그 법정대리인 또는 변호사에게 피해자 또는 피해아동 ○○○(가명)에 대한 조사·검증 과정에서 진술조력인에 의한 의사소통의 중개나 보조를 신청할 수 있음을 고지합니다.

○ ○ 경 찰 서

경감 최 기 남 (인)

확 인 서

    본인은「성폭력범죄의 처벌 등에 관한 특례법」제36조제2항·제5항

(「아동학대범죄의 처벌 등에 관한 특례법」제17조에서 준용하는 경우

를 포함한다) 및「진술조력인의 선정 등에 관한 규칙」제13조제4항에

따라 피해자 또는 피해아동 ○○○(가명)에 대한 조사·검증 과정에서 진술

조력인에 의한 의사소통의 중개나 보조를 신청할 수 있음을 고지 받았음

을 확인합니다.

                        20 .   .   .

피해자 또는 피해아동과의 관계: (   )

                 ○ ○ ○ (서명 또는 인)

제3절 관련자 조사

 ## Ⅰ. 피해자 조사 시

1. 피해자 면담요령

1) 성적 수치심을 자극하는 과격하거나 직설적인 표현은 삼가야 한다.

2) 성폭력 피해자와 수사관 사이의 신뢰가 중요하다.

3) 범인의 말씨나 인상착의 등을 기억하는 경우 상세히 질문한다.

4) 피해자가 심한 충격을 받은 경우 간단한 면담에 그쳐야 한다.

5) 많은 강간범들이 피해자가 성적 쾌감을 느꼈다는 이유로 화간임을 주장하는 경우가 많으나, 이는 피해자의 의사와는 관계없는 원시적 생리반응일 뿐이며 또한 강간의 기수시기는 삽입 시이므로 피해자가 공연히 성적 수치심이나 필요 없는 죄책감을 느끼지 않도록 주의하여야 한다.

6) 어린이에 대한 강간사건 발생 시 피해어린이에 대한 면담요령

   – 어린이 성폭행의 경우 간혹 부모에 의해 이루어지는 경우가 있으므로 그런 의심이 있을 경우 혐의자를 참여치 못하게 하여야 한다.

   – 피해신고 등이 있으면 즉시 어린이를 면담하여 증거·진술 등을 확보하는 것이 좋다.

   – 성인인 성폭력피해자도 마찬가지이겠지만, 특히 어린이의 경우 경찰관과의 면담이 끝난 후 재차 부모가 사건에 대하여 자세히 물어보는 것은 가급적 피해야 한다. 성폭행에 대하여 자꾸 회상하게 되어 충격에서 벗어나지 못할 가능성이 있기 때문이다.

   – 면담은 여성수사관이 하는 것이 좋다.

2. 수사요령

1) 피해사실에 대한 6하 원칙

   ① 범행시간, 장소, 주의상황 등에 대한 구체적인 조사

   ② 폭행, 협박의 구체적인 방법과 흉기사용 여부

   ③ 반항의 정도, 당시 분위기, 억압의 정도

   ④ 가해자의 나이, 신분, 면식정도

⑤ 가해자의 신체적인 특징

⑥ 피해자의 상처와 강간과의 인과관계

⑦ 고소권자의 적법여부

2) 증거자료에 대한 수사

① 모발, 타액, 정액채취 등 감식(혈액형 및 유전자 감식)
　－ 피해당시 입었던 의복이나 휴지 등 수거

② 상해진단서 등 피해자의 신체부위에 대한 수사
　－ 폭행의 방법과 상해 부위 일치여부
　－ 소견서도 상해진단서와 동일
　－ 상해 부위 사진촬영

③ 정황증거
　－ 피해자의 행적수사(피해직전 만난 사람 등)
　－ 피의자의 알리바이

3. 수사시 유의사항

1) 조사시 지양해야 할 질문

① 성관계에 대해
　－ 피의자가 성관계를 하면서 변태적인 방법을 쓰지 않던가
　－ 피의자가 키스를 한다던가 상의를 벗기지 않던가

② 피해자 원인제공형 질문
　－ 왜 거기를 따라 갔나, 왜 같이 술을 먹었나, 왜 강간을 당하였다고 생각하나

③ 강간치상의 상해에 대한 질문
　－ 강간을 당하고 나서 질 속에 어떤 상처를 입은 사실이 있나

④ 피해자의 성경험에 대한 질문
　－ 남자와의 성관계가 처음인가

⑤ 사정여부에 대한 질문
　－ 강간당할 당시 가해자의 성기가 피해자의 몸속에 들어와서 사정을 하였나

⑥ 피해자의 옷차림, 정상적인 생활여부 등에 대한 질문
　－ 당시 어떤 옷을 입고 있었나(피해자가 유발하였다는 질문은 지양)
　－ 피해자는 가출하여 지금까지 숙식을 어떻게 했느냐

- 피해자의 부모는 안 계시느냐

⑦ 지연신고에 대한 질문
- 합의를 보려고 지금까지 신고하지 않았던 것이 아니냐

⑧ 반항의 정도에 대한 질문
- 도망하려면 할 수도 있지 않았느냐
- 왜 소리치거나 도움을 청하지 않았느냐

2) 피해자와 가해자가 밀접한 관계 시 유의점

① 피해자에 대한 인적사항을 가해자가 알고 있거나 가해자가 피해자의 가족과 가까운 사이일 경우 수사진행 과정 중 가해자의 가족 등에 의하여 노출되는 경우나 피해자가 또 다른 정신적인 피해를 볼 수 있다는 사실유념
② 화간 여부 주의(특히 여관에서 발생한 사건일 경우)
③ 결별에 대한 분노로 혼인빙자간음 내지 강간을 거론하는 경우

3) 기타 유의점

① 자백하여도 번복할 것에 대비 자백의 동기, 정황은 임의성 확보에 주력
② 현장검증 시
- 피해자로 하여금 재연행위 엄금
- 꼭, 필요시를 제외하고 현장검증 시 피해자 대동치 말 것
- 각자 주장대로 현장검증 실시한 후 그 결과에 따라 상황판단
③ 피해자가 상습적으로 합의금을 목적으로 유도한 경우
④ 합의종용 금지

4. 성범죄수사 시 피해자 보호

1) 수사담당자의 기본자세

- 수사는 엄정하게 하되, 성범죄로 커다란 고통을 받고 있는 피해자에게 더 이상의 고통이 가해지지 않도록 노력하여야 한다.
- 진지하면서도 정중한 태도로 수사에 임함으로써 피해자가 모욕이나 조롱을 당한다는 생각이 들지 않도록 최선을 다하여야 한다.
- 엄정 중립의 입장을 견지함으로써 당사자들로부터 수사의 공정성에 대한 의혹을 사지 되도록 하여야 한다.

2) 범죄현장에서의 피해자 보호

- 범죄현장 또는 그 직후의 성범죄 피해자를 발견한 경우 범죄 증거의 철저한 수집과 동시에 피해자 보호에도 만전을 기하여야 한다.
- 피해자에 대한 치료가 필요한 경우에는 즉시 병원으로 후송하는 등의 조치를 취한다.
- 정액, 체모의 채취나 상해 부위 및 정도를 확인하는 등의 증거수집을 위해 피해자의 몸을 조사하여야 할 필요가 있을 경우에는 피해자의 양해를 구한 다음 의사 또는 간호사 등의 도움을 받아 가장 피해가 적은 방법으로 조사한다.
- 피해자가 미성년자이거나 신체·정신장애자인 경우와 보복의 우려가 있는 경우에는 보호자 등에게 인계 시까지 피해자를 철저히 보호하여야 한다.
- 피해자의 인적사항이 외부에 유출되지 않도록 최선을 다 한다.

3) 피해자 소환절차상의 피해자 보호

- 피해자 소환 전에 수사가 필요한 사항을 철저히 준비함으로써 가급적 피해자의 소환을 최소화하도록 한다.
- 피해사실이 외부에 노출되지 않도록 가급적 전화 등으로 피해자에게 직접 연락하고, 타인을 통하여 연락을 할 경우에는 피해사실이 공개되지 않도록 소환 이유 등을 함부로 고지하지 않는다.
- 부득이 소환장을 발부하여야 하는 경우에는 봉함우편을 사용한다.
- 피해자가 원하는 경우 출장조사를 적극 활용한다.
- 재소환에 대비 피해자의 비밀보호에 편리한 연락처를 조서에 기재한다.

4) 조사환경

- 피해자의 입장을 최대한 존중하여 가급적 피해자가 원하는 시간에 평온하고 공개되지 않은 장소에서 조사한다.
- 조사시 참여자는 가급적 여성으로 하되 피해자의 의사를 존중한다.
- 피해자가 보호자 등 신뢰관계에 있는 자의 동석을 원하고 정서적 안정을 위하여 필요한 경우 가족, 친지 등 보조자의 입회를 허용한다.
- 13세 미만의 피해자는 반드시 보호자의 참여하에 조사한다.

5) 조사방법

- 피해자가 정신적인 원조를 받는다는 느낌을 가질 수 있도록 친절하고 온화한

태도를 유지하여야 한다.

- 해당사건과 무관한 피해자의 성경험이나 성범죄를 당할 당시의 기분, 가해자의 사정 여부 등 피해자가 모멸감이나 수치심을 느낄 수 있는 질문이나 공소유지에 필요하지 아니한 질문은 수사상 필요한 경우를 제외하고는 가급적 삼가해야 한다.

- 수사상 필요한 경우를 제외하고는 피해자가 범행의 동기를 유발했다는 식의 추궁을 자제한다.

- 모든 조사와 신문은 분리하여 하고, 가해자의 신원확인이 필요한 경우 가급적 피해자와 가해자가 직접 대면하지 않는 방법을 택한다.

- 대질신문은 최후의 수단이라고 인정되는 경우에만 극히 예외적으로 시행하고, 대질방법 등에 대한 피해자의 의사를 최대한 존중한다.

- 특별한 이유없이 합의 또는 고소취소를 종용함으로써 특정당사자를 비호한다는 의혹을 사지 않도록 하여야 한다.

Ⅱ. 참고인 조사 시

1. 피해상담원
- 상담원 상대로 상담경위 결과에 대한 진술서 협조(상담일지등)

2. 의 사
- 치료를 담당했던 의사의 소견서
- 상해진단서 및 상해부위와 피해자 행동간의 인과관계 등 확인

3. 아동심리(피해자가 아동일 경우)
- 아동심리학 의사 등 피해아동에 대한 심리적인 피해 및 향후 치료방법 경위 예견결과 등 청취

III. 피의자 조사 시

1. 부인할 것에 대비

새로운 사실, 피의자만 알고 있었던 사실, 서로 주장이 다른 사실 등 증거로 증명력을 인정받기 위한 자료 증언일 경우는 촌각의 여유도 주지 말고 적절한 방법으로 확보

2. 피해자와 대질하지 않더라도 입증이 가능한 조사

- 피의자의 신문은 피해자로부터 미리 얻은 정보를 바탕으로 추궁
- 진술시 말 대신 행동으로 표현되는 모든 일거수일투족의 행동표현을 기록으로 정리

3. 변명이나 회피의 구실이나 기회를 주지 않는 조사

4. 직접증거가 아니더라도 범죄행위의 심증형성에 결정인 영향을 줄 수 있는 자료로서 증명력이 인정되는 조사

5. 피해자의 연락처 등 누설 방지

피의자가 피해자와 합의를 하겠다며 피해자의 연락처, 주소 등을 조사경찰관에게 문의한 경우

- 먼저 그 사실을 피해자에게 고지하여 연락처 등을 알려 줘도 되는지 여부를 확인할 것
- 피해자가 원치 않을 경우 "개인정보보호법"에 의거 알려줄 수 없음
- 원할 경우 피해자에 고지여부 등에 대한 수사보고서를 작성하여 근거를 남겨 둘 것

제4절 조서 작성요령

 Ⅰ. 관련자 조서작성

1. 피해자(고소인) 진술조서(아동일 경우)

- 누구와 같이 왔느냐
- 지금부터 아저씨(또는 아줌마)가 묻는 말에 대답할 수 있나
- ○○○(피의자)를 알고 있는가
- ○○○가 어떻게 생겼나
- ○○○ 자동차를 언제 어디에서 타게 되었나
- 뭐라면서 차를 타라고 하던가
- 그 자동차가 어떻게 생겼는지 알고 있는가
- 그 자동차를 타고 어디에 가자고 하던가
- 어디에서 ○○○가 어디를 만지던가
- 뭐라면서 만지던가
- 그래서 어떻게 했는가
- 그 날 옷은 어떻게 입었나
- 만질 때 옷 위로 만졌나 아니면 옷 속으로(바지를 벗기고 등)
- 만질 때 아프지 않았나
- 이러한 사실을 엄마에게 말했나
- 그 뒤 또 ○○○가 이러한 짓을 하였나

例) 피해자 조사사항

위 피해아동의 모 김혜자로부터 성폭력 신고를 접수하였기 피해아동을 통하여 사안의 진상을 명백히 하기 위하여 위 김혜자의 동의하에 영상물녹화장치를 설치하고 다음과 같이 임의로 문답하다.

문   여기에 누구랑 왔어요
답   엄마랑 같이 왔어요.
문   이름이 뭐예요
답   이초롱이요

문	초롱이는 몇 살인가요.
답	6살요
문	아줌마가 누구인지 알아요
답	경찰아줌마요
문	경찰아줌마는 어떤 일을 하는 줄 알아요.
답	나쁜 사람들을 혼내주는 사람이에요
문	그럼 지금부터 아줌마가 묻는 말에 대답할 수 있어요
답	예
문	오늘 여기 무엇 때문에 왔어요
답	우리 유치원 차를 운전하는 아저씨가 저 잠지를 만졌어요. 그래서 병원에 갔는데 엄마가 경찰에 가서 아저씨를 혼내줘야 한다고 하여 엄마랑 같이왔어요
문	잠지가 어디에요
답	(이때 자신의 음부를 손으로 가리키면서). 여기 오줌 나오는데요.
문	언제 아저씨가 초롱이 잠지를 만졌어요
답	어제 유치원 끝나고 혼자 유치원에서 늦게까지 놀고 있는데 아저씨가 이제 집에 가야 한다면서 저를 집에 데려다 준다고 하였어요. 그러면서 만졌어요. 이때 피해자의 어머니에게 확인한바, 초롱이가 집에 와서 유치원 차 아저씨가 잠지를 만졌는데 아프다고 하여 병원에 갔기 때문에 피해를 당하는 시간이 20○○. 5. 25. 17:00경이라고 대답하다.
문	아저씨가 어떻게 생겼어요
답	키가 크고 무섭게 생겼어요.
문	아저씨가 어디서 초롱이 잠지를 만졌나요
답	어린이집 차에서요.
문	그 자동차가 어떻게 생겼는지 알고 있는가요
답	노랑색으로 되어 있는데 저희 아빠 차보다 더 크게 생겼어요. 그리고 항상 그 차를 타고 유치원에 다녔어요.
문	그 날 유치원 차를 누구랑 같이 탔어요
답	아저씨가 운전하고 저 혼자 탔어요
문	유치원 선생님은 타지 않았나요.
답	항상 선생님이 탔었는데 그 날은 선생님이 바쁘다면서 저 혼자 타고 가라고 했어요
문	아저씨가 뭐라면서 만졌나요.
답	가만히 있지 않으면 혼내준다고 했어요. 그래서 아저씨가 무서워 그냥 있었어요
문	아저씨가 어떻게 초롱이 잠지를 만졌어요
답	아저씨가 운전하고 가다가 길가에 차를 세웠어요. 거기는 사람들이 많이 다니지 않았어요. 그러면서 초롱이 얼마나 컸는지 아저씨가 만져보자 하면서 저 잠지를 계속 만졌어요
문	그때 아프지 않던가요
답	그때도 아팠고 집에 와서 오줌을 눌 때도 많이 아팠어요. 그래서 엄마에게 잠지가

	아프다고 말하면서 유치원 차 아저씨가 만졌다고 말했어요.
문	그 날 옷은 무엇을 입었어요. 바지를 입었나요. 치마를 입었나요.
답	치마를 입고 있었어요.
문	아저씨가 만질 때 옷 위로 만졌나 아니면 옷을 벗기고 만졌나요
답	팬티 속으로 손을 넣어 만졌어요.
	이때, 피해자의 설명을 돕기 위해 녹화실에 비치된 인체인형을 보여주면서
문	그때 아저씨가 초롱이 잠지를 어떻게 만졌는지 말해 줄 수 있나요
	이때 피해자는 여자인형의 치마를 올려 팬티 속에 손을 집어넣고 인형의 음부에 대고 문지르는 시늉을 하며
답	이렇게 아저씨가 만졌어요
문	아저씨는 옷 안 벗었나요
답	옷 안 벗었어요.
문	아저씨가 초롱이 잠지 만질 때 초롱이는 뭐라고 했나요
답	울면서 아프니까 만지지 말라고 했어요. 그러니까 만지지 않았어요.
문	아저씨가 초롱이 잠지 만지고 나서 초롱이한테 뭐라던가요.
답	선생님과 엄마한테 말하지 말라고 했어요.
문	아저씨가 전에도 초롱이 잠지 만진 적 있어요
답	이번이 처음이에요.
문	병원에서 치료 받았어요.
답	엄마에게 아프다고 하니까 병원에 데려가 병원 의사선생님이 치료 해 주었어요.
문	그 아저씨 아줌마가 혼내줄까요
답	나쁜 아저씨에요. 아줌마가 혼내주세요.
문	더 하고 싶은 말은 있어요
답	(고개를 저으면서) 없어요

2. 피해자 진술조서(성인일 경우)

- 피의자와 어떠한 관계인가

- 처음 언제 어떻게 알게 되었나

- 누구와 같이 피의자를 만났나

- 어떻게 피의자의 승용차를 타게 되었나

- 처음 어디까지 데려다 준다면서 차를 타라고 하던가

- 차를 타고 어디까지 갔는가

- 목적지까지 갈 때 별다른 이상을 보이지 않던가

- 그곳에 도착하였을 때 주변에 누가 없던가

- 어떻게 옷을 벗기던가
- 뭐라면서 옷을 벗기던가
- 그때 피해자는 어떻게 하였나
- 그로 인하여 상처입은 곳이 있는가
- 그곳에서 어떻게 탈출하였나
- 피해자가 도망할 때 피의자는 어떻게 하던가
- 피해 당한 후 어떠한 조치를 하였나(샤워, 병원 치료등)
- 피의자의 처벌을 원하는가

3. 피의자 신문조서

- 피의자는 홍길순을 알고 있나
- 그 여자는 언제부터 알고 있었나
- 피의자는 피해자와 강제로 성교하려 한 일이 있나
- 언제, 어디서 강제로 성교했나
- 어떤 방법으로 했나
- 피의자 혼자서 하였는가
- 피해자가 반항하지 않던가
- 피해자에게 상처를 입혔나
- 이것이 당시 피해자를 위협하는데 사용했던 칼인가요
  이 때 압수된 중 제1호 칼을 보여준 바
- 피해자는 어떤 반응을 보였나
- 칼은 언제 어디에서 구하였나
- 당시 사용한 칼은 범행 후 어떻게 하였나
- 어디에 있다가 붙잡혔나
- 왜 이런 짓을 했나
- 합의는 했나

제5절 성폭력 진술의 신빙성 판단 방법

 Ⅰ. 피해자 진술 신빙성 판단 방법

1. 성폭행 사건에서 피해자 진술의 신빙성을 판단함에 있어 법원이 유념하여야 하는 점 및 피해자 진술의 신빙성 판단 방법

가. 법원이 성폭행이나 성희롱 사건의 심리를 할 때에는 그 사건이 발생한 맥락에서 성차별 문제를 이해하고 양성평등을 실현할 수 있도록 '성인지 감수성'을 잃지 않도록 유의하여야 한다(양성평등기본법 제5조 제1항 참조).

나. 우리 사회의 가해자 중심의 문화와 인식, 구조 등으로 인하여 성폭행이나 성희롱 피해자가 피해사실을 알리고 문제를 삼는 과정에서 오히려 피해자가 부정적인 여론이나 불이익한 처우 및 신분 노출의 피해 등을 입기도 하여 온 점 등에 비추어 보면, 성폭행 피해자의 대처 양상은 피해자의 성정이나 가해자와의 관계 및 구체적인 상황에 따라 다르게 나타날 수밖에 없다.

다. 따라서 개별적, 구체적인 사건에서 성폭행 등의 피해자가 처하여 있는 특별한 사정을 충분히 고려하지 않은 채 피해자 진술의 증명력을 가볍게 배척하는 것은 정의와 형평의 이념에 입각하여 논리와 경험의 법칙에 따른 증거판단이라고 볼 수 없다(대법원 2018. 4. 12. 선고 2017두74702 판결 참조).

2. 강간죄가 성립하기 위한 폭행·협박이 있었는지 여부의 판단기준

가. 강간죄가 성립하기 위한 가해자의 폭행·협박이 있었는지 여부는 그 폭행·협박의 내용과 정도는 물론 유형력을 행사하게 된 경위, 피해자와의 관계, 성교 당시와 그 후의 정황 등 모든 사정을 종합하여 피해자가 성교 당시 처하였던 구체적인 상황을 기준으로 판단하여야 하며,

나. 사후적으로 보아 피해자가 성교 이전에 범행 현장을 벗어날 수 있었다거나 피해자가 사력을 다하여 반항하지 않았다는 사정만으로 가해자의 폭행·협박이 피해자의 항거를 현저히 곤란하게 할 정도에 이르지 않았다고 섣불리 단정하여서는 아니 된다(대법원 2005. 7. 28. 선고 2005도3071 판결 등 참조).

3. 피고인 진술의 신빙성이 인정되지 않는다는 사정이 공소사실을 뒷받침하는 증거에 해당하는지 여부

강간죄에서 공소사실을 인정할 증거로 사실상 피해자의 진술이 유일한 경우에 피고인의 진술이 경험칙상 합리성이 없고 그 자체로 모순되어 믿을 수 없다고 하여 그것이 공소사실을 인정하는 직접증거가 되는 것은 아니지만, 이러한 사정은 법관의 자유판단에 따라 피해자 진술의 신빙성을 뒷받침하거나 직접증거인 피해자 진술과 결합하여 공소사실을 뒷받침하는 간접정황이 될 수 있다.

⇒ 피고인이 친구의 아내를 강간한 혐의 등으로 기소된 사안에서, 피해자가 처하여 있는 특별한 사정을 충분히 고려하지 않은 채 피해자 진술의 신빙성을 배척하기에 부족하거나 피해자의 진술과 양립 가능한 사정만을 근거로 피해자 진술의 신빙성을 배척하여 무죄로 판단한 원심을 파기한 사례(대법원 2018. 10. 25. 선고 2018도7709)

4. 성폭행 등의 피해자 진술의 증명력을 판단하는 방법 / 피고인의 친딸로 가족관계에 있던 피해자가 '마땅히 그러한 반응을 보여야만 하는 피해자'로 보이지 않는다는 이유만으로 피해자 진술의 신빙성을 함부로 배척할 수 있는지 여부(소극) / 친족관계에 의한 성범죄를 당하였다는 피해자 진술의 신빙성을 판단할 때 특히 고려할 사항

성폭행 피해자의 대처 양상은 피해자의 성정이나 가해자와의 관계 및 구체적인 상황에 따라 다르게 나타날 수밖에 없다. 따라서 개별적, 구체적인 사건에서 성폭행 등의 피해자가 처하여 있는 특별한 사정을 충분히 고려하지 않은 채 피해자 진술의 증명력을 가볍게 배척하는 것은 정의와 형평의 이념에 입각하여 논리와 경험의 법칙에 따른 증거판단이라고 볼 수 없다. 피고인의 친딸로 가족관계에 있던 피해자가 '마땅히 그러한 반응을 보여야만 하는 피해자'로 보이지 않는다는 이유만으로 피해자 진술의 신빙성을 함부로 배척할 수 없다. 그리고 친족관계에 의한 성범죄를 당하였다는 피해자의 진술은 피고인에 대한 이중적인 감정, 가족들의 계속되는 회유와 압박 등으로 인하여 번복되거나 불분명해질 수 있는 특수성이 있다는 점을 고려해야 한다.(대법원 2020. 8. 20., 선고, 2020도6965, 2020전도74, 판결]

III. 미성년자 진술 신빙성 판단 방법

1. 성추행 피해 아동이 한 진술의 신빙성 유무를 판단하는 방법

증거로 제출된 성추행 피해 아동이 검찰에서 한 진술의 신빙성을 판단함에 있어서는, 아동의 경우 질문자에 의한 피암시성이 강하고, 상상과 현실을 혼동하거나 기억내용의 출처를 제대로 인식하지 못할 가능성이 있는 점 등을 고려하여,

가. 아동의 나이가 얼마나 어린지,

나. 그 진술이 사건 발생시로부터 얼마나 지난 후에 이루어진 것인지,

다. 사건 발생 후 그러한 진술이 이루어지기까지의 과정에서 최초로 아동의 피해 사실을 청취한 보호자나 수사관들이 편파적인 예단을 가지고 아동에게 사실이 아닌 정보를 주거나 반복적인 신문 등을 통하여 특정한 답변을 유도하는 등으로 아동 기억에 변형을 가져 올 여지는 없었는지,

라. 그 진술 당시 질문자에 의하여 오도될 수 있는 암시적인 질문이 반복된 것은 아닌지,

마. 같이 신문을 받은 또래 아동의 진술에 영향을 받은 것은 아닌지,

바. 면담자로부터 영향을 받지 않은 아동 자신의 진술이 이루어진 것인지,

아. 법정에서는 피해사실에 대하여 어떠한 진술을 하고 있는지 등을 살펴보아야 하며,

자. 또한 검찰에서의 진술내용에 있어서도 일관성이 있고 명확한지,

차. 세부내용의 묘사가 풍부한지,

카. 사건 · 사물 · 가해자에 대한 특징적인 부분에 관한 묘사가 있는지,

타. 정형화된 사건 이상의 정보를 포함하고 있는지 등도 종합적으로 검토하여야 한다.(대법원 2008.7.10. 선고, 2006도2520, 판결)

※ 이는 지적장애가 있어 정신연령이나 사회적 연령이 아동에 해당하는 성인이 수사기관과 법정에서 한 진술이 신빙성이 있는지를 판단할 경우에도 마찬가지이다(대법원 2014. 7. 24. 선고 2014도2918, 2014전도54 판결, 대법원 2015. 9. 10. 선고 2015도7450 판결 등 참조).

2. 성추행 피해를 주장하는 아동 진술의 신빙성 판단 방법

성추행 피해를 주장하는 아동 진술의 신빙성을 판단함에 있어서는, 그 아동이 최초로 피해 사실을 진술하게 된 경위를 살펴서,

가. 단서를 발견한 보호자 등의 추궁에 따라 피해 사실을 진술하게 된 것인지

나. 또는 아동이 자발적, 임의적으로 피해 사실을 고지한 것인지를 검토하고,

다. 최초로 아동의 피해 사실을 청취한 질문자가 편파적인 예단을 가지고 사실이 아닌 정보를 주거나 특정한 답변을 강요하는 등으로 부정확한 답변을 유도하지는 않았는지,

라. 질문자에 의하여 오도될 수 있는 암시적인 질문이 반복됨으로써 아동 기억에 변형을 가져올 여지는 없었는지도 살펴보아야 하며,

마. 아동의 경우 현실감시 능력이 상대적으로 약해서 상상과 현실을 혼동할 우려가 있는 점,

바. 특히 시기를 달리하는 복수의 가해자에 의한 성추행의 피해가 경합되었다고 주장하는 경우에는 아동의 피해 사실에 대한 기억 내용의 출처가 혼동되었을 가능성이 있는 점 등도 고려하여야 하고,

사. 진술이 일관성이 있고 명확한지, 세부 내용의 묘사가 풍부한지,

아. 사건·사물·가해자에 대한 특징적인 부분에 관한 묘사가 있는지,

자. 정형화된 사건 이상의 정보를 포함하고 있는지 등도 종합적으로 검토하여야 한다.(대법원 2006.10.26, 선고, 2005다61027, 판결)

3. 성추행 가해 혐의를 받는 아동이 일시적으로 이를 시인하는 진술을 하였다가 다시 부인하는 경우, 그 자백의 신빙성 판단 방법

가. 아동으로부터 자백을 얻는 과정에서 질문자가 가해 혐의를 받는 아동의 범죄행위에 대하여 편파적인 예단을 가지고 자백을 강요한 것은 아닌지,

나. 아동의 자백이 구체적인 표현을 담고 있는지,

다. 내용이 명확한지 등을 살펴보고,

☞ 아동이 자백을 번복하게 된 경위 등을 종합적으로 검토하여 가해 혐의를 받는 아동의 자백의 신빙성을 판단하여야 한다.(대법원 2006.10.26, 선고, 2005다61027, 판결)

4. 사진제시에 의한 범인식별 절차에서 피해자 진술의 신빙성을 높이기 위한 절차적 요건

가. 범인의 인상착의 등에 관한 목격자의 진술 내지 묘사를 사전에 상세히 기록화한 다음,

나. 용의자를 포함하여 그와 인상착의가 비슷한 여러 사람을 동시에 목격자와 대면시켜 범인을 지목하도록 하여야 하고,

다. 용의자와 목격자 및 비교대상자들이 상호 사전에 접촉하지 못하도록 하여야 하며,

라. 사후에 증거가치를 평가할 수 있도록 대질 과정과 결과를 문자와 사진 등으로 서면화하는 등의 조치를 취하여야 한다.(대법원 2008.7.10, 선고, 2006도2520, 판결)

5. 미성년자인 피해자가 자신을 보호·감독하는 지위에 있는 친족으로부터 성범죄를 당하였다고 진술하는 경우에 그 진술의 신빙성을 함부로 배척해서는 아니 되는 경우 / 친족관계에 의한 성범죄를 당하였다는 미성년자인 피해자가 법정에서 수사기관에서의 진술을 번복하는 경우, 어느 진술에 신빙성이 있는지 판단하는 기준

미성년자인 피해자가 자신을 보호·감독하는 지위에 있는 친족으로부터 강간이나 강제추행 등 성범죄를 당하였다고 진술하는 경우에 그 진술의 신빙성을 판단함에 있어서, 피해자가 자신의 진술 이외에는 달리 물적 증거 또는 직접 목격자가 없음을 알면서도 보호자의 형사처벌을 무릅쓰고 스스로 수치스러운 피해 사실을 밝히고 있고, 허위로 그와 같은 진술을 할 만한 동기나 이유가 분명하게 드러나지 않을 뿐만 아니라, 진술 내용이 사실적·구체적이고, 주요 부분이 일관되며, 경험칙에 비추어 비합리적이거나 진술 자체로 모순되는 부분이 없다면, 그 진술의 신빙성을 함부로 배척해서는 안 된다.

특히 친족관계에 의한 성범죄를 당하였다는 미성년자 피해자의 진술은 피고인에 대한 이중적인 감정, 가족들의 계속되는 회유와 압박 등으로 인하여 번복되거나 불분명해질 수 있는 특수성을 갖고 있으므로, 피해자가 법정에서 수사기관에서의 진술을 번복하는 경우, 수사기관에서 한 진술 내용 자체의 신빙성 인정 여부와 함께 법정에서 진술을 번복하게 된 동기나 이유, 경위 등을 충분히 심리하여 어느 진술에 신빙성이 있는지를 신중하게 판단하여야 한다. (대법원 2020. 5. 14. 선고, 2020도2433, 판결)

제6절 성폭력범죄 피해자 조사지침

1. 목적 (제1조)

이 지침은 16세미만의 아동, 장애인에 대한 수사 절차상의 유의사항을 규정함으로써 성폭력범죄 피해자의 인권을 보장함을 목적으로 한다.

2. 성폭력범죄의 피해자에 대한 전담조사제 (제2조)

가. 각 청의 장은 성폭력범죄를 전담할 검사를 지정하여 성폭력범죄의 피해자를 조사하고, 사법경찰관리 지휘 및 송치 후 사건처리를 전담토록 한다.

나. 각 경찰서의 장은 성폭력 사건조사 경험이 풍부하고 법률적 소양을 갖춘 사법경찰관리를 성폭력 전담 경찰관리로 지정한다.

3. 피해자 조사환경의 조성 (제3조)

검사 또는 사법경찰관은 성폭력범죄 피해자의 조사를 위해 전용조사실을 이용하는 등 피해자가 편안한 상태에서 진술할 수 있는 환경을 조성하여야 하고, 조사 횟수는 필요 최소한으로 하여야 한다.

4. 신뢰관계에 있는 자의 동석 (제4조)

가. 검사 또는 사법경찰관은 성폭력범죄의 피해자를 조사함에 있어 피해자 또는 법정대리인의 신청이 있는 때에는 수사에 지장을 초래할 우려가 있는 등 부득이한 경우가 아닌 한 피해자와 신뢰관계에 있는 자를 동석하게 하여야 한다. 이 경우 검사 또는 사법경찰관은 신뢰관계에 있는 자로부터 붙임1)과 같은 신뢰관계자 동석확인서를 제출받아 이를 기록에 편철한다.

나. 검사 또는 사법경찰관은 신뢰관계에 있는 자의 동석 결정시 사건의 증인이거나 범죄에 직·간접적으로 관련된 사람은 배제하는 등 피해자 진술의 신빙성을 확보하는 데 유의하여야 한다.

다. 신뢰관계에 있는 자가 동석하는 경우 검사 또는 사법경찰관은 성폭력 피해자의 시야가 미치지 않는 적절한 위치에 좌석을 마련하여 조사를 실시한다. 다만, 신뢰관계에 있는 자의 동석으로 인하여 다음 각의 사유가 발생하거나 그 염려가 있는 때에는 동석자의 퇴거를 요구하고 조사할 수 있다.

　　① 조사 과정에 개입하거나 조사를 제지·중단시키는 경우

　　② 피해자를 대신하여 답변하거나 특정한 답변을 유도하는 경우

　　③ 피해자의 진술 번복을 유도하는 경우

　　④ 기타 동석자의 언동 등으로 인하여 수사에 지장을 초래할 우려가 있는 경우

라.　'다'의 사유로 동석자를 퇴거하게 한 경우 그 사유를 피해자측에 설명하고 그 구체적 정황을 수사보고서로 작성하여 기록에 편철한다.

신뢰관계자 동석 확인서

본인은 20○○형제○○호 ○○○○ 피의사건의 피해자 ○○○와 신뢰관계에 있는 자로서 피해자 조사과정에 동석하였음을 확인합니다.

　　　　　　　　　　20○○. ○. ○.

　　　　　　　　신뢰관계자　　　　　　　　(인)

• 주민등록번호 :

• 주　　　　소 :

• 전 화 번 호 :

• 피해자와의 관계 :

---

5. 16세 미만 아동, 장애인의 보호 (제5조)

가. 검사 또는 사법경찰관은 조사 과정에서 16세 미만이거나 신체장애 또는 정신상의 장애로 사물을 변별하거나 의사를 결정할 능력이 미약한 성폭력범죄의 피해자(이하 '피해아동 등'이라 함)의 사생활의 비밀을 보호하고, 그들의 인격이나 명예가 손상되지 않도록 유의한다.

나. 검사 또는 사법경찰관은 피해아동 등을 조사하는 경우 그 진술내용과 조사과정을 비디오녹화기 등 영상물 녹화장치에 의하여 녹화하고, 조사 횟수를 최소화하는 등 수사 및 재판 과정에서 피해아동 등의 인권 보호에 특히 유의한다.

6. 피해아동 등에 대한 성폭력사건 보고 등 (제6조)

가. 사법경찰관은 피해아동 등에 대한 성폭력사건의 접수 즉시 전담검사에게 발생 및 접수 내용을 유선 또는 고소장·신고서 등의 팩스 송부나 서면으로 보고한다.

나. 전담검사는 사법경찰관으로부터 보고받은 내용을 검토한 후 피해아동 등에 대한 사법경찰관의 진술 녹화과정에 직접 참석하여 지휘할 것인지 여부를 통보한다.

다. 사법경찰관은 조사 과정에 전담검사가 직접 참석한 경우 검사의 지휘를 받아 진술 녹화를 실시하고, 녹화 직후 피해아동 등의 진술 요지를 포함한 수사관련 사항을 수사보고서로 작성하여 기록에 편철한다.

라. 사법경찰관은 조사 과정에 전담검사의 참석 없이 피해아동 등에 대한 진술 녹화가 실시된 경우에는 지체 없이 전항의 수사보고서를 작성하고 전담검사에게 팩스 등으로 송부하여 지휘를 받아야 한다.

7. 조사 계획의 수립 (제7조)

가. 검사 또는 사법경찰관은 피해아동 등에 대한 조사에 앞서 피해아동 등 관련 전문가의 의견을 충분히 청취하여 조사 계획을 수립한다.

나. 조사 계획을 수립함에 있어 피해아동 등의 연령 및 인지능력, 가족관계 및 생활환경, 수사기관에서의 조사 이전 상황 등을 점검하고 이를 수사보고서 등으로 작성, 기록에 편철한다.

8. 조사 단계별 유의 사항(제8조)

검사 또는 사법경찰관은 피해아동 등의 성별, 연령, 심신상태 등을 고려하여 조사하여야 하며 조사 단계별로 다음의 사항에 유의한다.

가. 제1단계 : 신뢰관계의 형성

1) 피해아동 등이 조사 초기에 갖게 되는 주저, 불안, 불신 등을 해소하고, 조사자와의 신뢰관계를 형성할 수 있도록 다음 사항에 유의한다.
   - 조사자는 피해아동 등에게 조사실에 있는 모든 사람을 소개해 주고 왜 그 사람들이 이 방에 있는지 피해아동 등의 연령, 인지 능력 등에 적합한 말로 설명한다.
   - 피해아동 등이 조사 장소까지 오는 길 혹은 그날 학교나 가정에서 겪은 일 등과 같은 일반적인 이야기로 시작하여, 피해아동 등에게 자신에 대해 이야기하도록 권한다.
   - 피해자가 3세 이하의 아동이거나 장애인인 경우, 언어 발달이나 인지 능력 등을 감안하여 아동심리전문가 등 전문가의 의견을 참작하고, 놀이도구나 사진 등과 같은 소품을 이용하는 등 조사자와 피해아동 등 사이의 신뢰관계 형성에 더욱 많은 시간과 노력을 기울인다.
   - 조사의 기본규칙을 설명함에 있어서 피해아동 등에게 진실한 것, 실제 일어난 일을 말하는 역할을 담당하고 조사자는 주로 듣는 역할을 담당한다는 점을 설명하고, 피해아동 등이 이해하기 어렵거나 불분명한 질문에 대해서는 언제든지 다시 질문을 요구할 수 있다는 점을 설명한다.

2) 거짓과 진실에 대한 이해도 측정

   피해아동 등의 연령이나 인지 능력 등을 감안하여 거짓말에 대한 이해도를 사전에 파악함으로써, 조사시 피해아동 등 진술의 신빙성을 점검해 둔다.

3) 신뢰관계 형성을 위한 대화 기법
   - 텔레비전 프로그램 등과 같이 피해아동 등이 좋아하는 주제나 사건에 대해서 설명해 보도록 한다.
   - 피해아동 등에게 자신의 느낌, 소리, 냄새, 맛을 묘사하도록 한다.

나. 제2단계 : 피해아동 등의 '자유로운 설명' 방식에 의한 진술 듣기

1) 방 법
   - 조사자는 피해아동 등 스스로 '무슨 일이 일어났는지'에 대하여 간섭받지 않고

설명하도록 하여 피해아동 등에게 그들 자신의 언어로 사건에 대하여 자유롭게 진술할 수 있는 충분한 기회를 제공해야 한다(例 "네가 그 일에 관하여 모두 말해 보렴").

- 피해아동 등이 말하기를 주저하거나 진술능력이 취약하더라도 조사자는 인내심을 가지고 피해아동 등의 진술을 기다리는 등 충분한 시간을 제공한다.
- 피해아동 등이 자신의 설명을 끝낸 것이 분명하다고 보여지면 조사자는 "응", "그래" 또는 피해아동 등의 마지막 진술을 반복하는 등 진술을 용이하게 하는 '촉진어'를 사용하여 피해아동 등의 설명을 풍부하게 이끌도록 한다.

2) 금지 사항

- "잘 하고 있다"는 언어적 강화 행위
- 안거나 손잡아주기 등의 신체적 접촉 행위
- "말을 하면 집에 보내줄게" 등의 대가 제공의 언급
- 기타 피해아동 등 진술의 신빙성을 약화시킬 수 있는 일체의 언행은 하지 않도록 한다.

3) 피해아동 등의 진술 거부시 조치사항

- 피해아동 등이 사건에 대한 진술을 거부할 경우 조사자는 그 조사를 계속 진행할 것인지에 대해 다각도로 숙고해야 한다.
- 조사자는 수사상황 및 피해아동 등 관련 전문가와 법정대리인 또는 신뢰관계에 있는 자의 의견을 종합하여 조사의 종료가 피해아동 등에게 최선이라고 판단되면 일단 조사를 종료하고, 피해아동 등의 보호자 등에게 그 사유를 설명한 후 수사보고서를 작성하여 기록에 철한다.

다. 제3단계 : 피해아동 등에게 질문하기

1) 방법

- 조사자는 가능한 한 명확하고, 간단하며, 짧은 내용으로 질문 하여야 한다.
- 조사자는 생물학적, 신체적 용어에 대해 피해아동 등에게 설명할 필요가 있으며, 피해아동 등의 진술에 특이하거나 모호한 부분이 있으면 피해아동 등에게 부드럽게 설명을 구하여 그 의미를 명확히 한다.
- 조사자는 피해아동 등의 답변이 특정한 방향으로 유도되도록 질문하여서는 안

된다. 다만, 다른 모든 질문방식으로는 피해아동 등으로부터 어떠한 정보도 이끌어낼 수 없을 경우 피해아동 등이 자발적으로 정보를 제공할 수 있도록 어떤 대상을 예시하는 등의 방법을 예외적으로 사용한다.

2) 피해야 하는 질문 내용

이중부정하거나 아주 긴 질문, 전문법률용어를 포함한 질문, 추상적이고 가정적인 질문은 피하여야 한다.

라. 제4단계 : 조사의 종료

조사는 다음과 같은 단계를 거쳐 종료한다.

– 조사자는 피해아동 등의 진술에서 중요한 증거가 되는 사항들을 피해아동 등이 사용한 용어로 요약하여 그에게 확인한다.
– 조사자는 추가적인 질문이나 의미를 명확하게 하는 작업이 필요한지에 대하여 점검한다.
– 피해아동 등에게 마음을 진정시킬 시간을 제공하여 피해아동 등으로 하여금 안정된 마음으로 조사실을 떠날 수 있도록 배려한다.

9. 장애인에 대한 특칙 (제9조)

가. 검사 또는 사법경찰관은 성폭력범죄의 피해자가 정신상의 장애 등으로 사물을 변별하거나 의사를 결정할 능력이 미약한 때에는 본인이나 법정대리인 등에게 보조인을 선정하도록 권유하고, 선정된 보조인을 제4조의 신뢰관계에 있는 자로 동석하게 할 수 있다.

나. 검사 또는 사법경찰관은 성폭력범죄의 피해자가 청각장애인 또는 시각장애인인 때에는 본인 또는 법정대리인 등의 의견을 참작하여 수화 또는 문자 통역 등의 방법을 활용하여 조사한다.

다. 검사 또는 사법경찰관은 성폭력범죄의 피해자가 정신지체인인 때에는 면담을 통하여 진술 능력 등을 확인하고, 피해자가 자신의 의사를 제대로 전달하지 못하여 수사에 지장을 초래한다고 판단되는 경우에 한하여 제1항의 보조인 또는 신뢰관계에 있는 자로 하여금 피해자의 의사를 전달하도록 할 수 있다.

제184조(장애인에 대한 특칙) ① 경찰관은 성폭력 피해자가 신체적 또는 정신적 장애 등으로 사물을 변별하거나 의사를 결정할 능력이 미약한 때에는 본인이나 법정대리인 등에게 보조인을 선정하도록 권유하고, 선정된 보조인을 신뢰관계에 있는 사람으로 동석하게 할 수 있다.

② 경찰관은 성폭력 피해자가 언어장애인, 청각장애인 또는 시각장애인인 때에는 본인 또는 법정대리인 등의 의견을 참작하여 수화 또는 문자 통역 등의 방법을 활용하여 조사한다.

③ 경찰관은 성폭력 피해자가 정신지체인인 때에는 면담을 통하여 진술능력 등을 확인하고, 피해자가 자신의 의사를 제대로 전달하지 못하여 수사에 지장을 초래한다고 판단되는 경우에 한하여 제1항의 보조인 또는 신뢰관계에 있는 사람으로 하여금 피해자의 의사를 전달하도록 할 수 있다.

10. 진술을 녹화할 때의 유의 사항 (제10조)

검사 또는 사법경찰관은 피해아동 등의 진술을 녹화하는 경우에 다음의 사항에 유의한다.

가. 피해아동 등에 대한 진술 녹화시 피해아동 등과 그 법정대리인에게 진술 녹화의 취지 및 증거능력의 특칙에 관하여 설명하고, 그 동의 여부를 확인하여야 한다. 이 경우 피해아동 등 또는 법정대리인이 진술 녹화를 원하지 않는 의사를 표시한 때에는 촬영을 하여서는 안된다.

나. 조사장소는 피해아동 등의 특성을 고려, 피해자가 안전하고 편안하게 느낄 수 있는 적정한 환경을 갖추고 공개되지 않는 장소를 마련하는 등 피해자의 정서적 안정에 유의한다. 또한, 피해자가 16세 미만의 아동인 경우 놀이기구는 조사 이전에 활용하고 조사시에는 최소한의 놀이기구만 사용하여 피해자가 조사에 집중할 수 있도록 한다.

다. 진술 녹화를 시작할 때에는 누가, 언제, 누구를 상대로, 어떤 범행과 관련하여 조사하는지, 동석자는 누구인지 소개하는 방법으로 시작한다.

라. 진술 녹화시 피해아동 등의 표정과 움직임이 잘 나타나도록 촬영하고, 2개 이상의 비디오테이프(CD 포함)를 사용하게 되는 경우에는 각 비디오테이프에 종료와 재개의 취지를 말하여 녹화한다.

마. 검사 또는 사법경찰관은 진술 녹화를 종료할 경우 종료사실을 말하여 녹화하고, 녹화테이프에는 녹화일자, 장소, 시간, 붙임2) '아동(장애인)성폭력피해사건 지휘부'의 일련번호 등을 기재한 라벨을 붙여 압수물에 준하여 보관 및 처리하고, 열람·등사 신청이 있는 경우 전담검사의 지휘를 받아 처리한다.

바. 비디오테이프(CD 포함)는 2부를 녹화하여, 원본테이프는 조사 후 즉시 봉인하여 검찰청에 보관하며, 사본테이프는 수사와 재판 과정에 활용한다. 비디오테이프 원본은 재판부의 요구나 피고인의 이의 제기가 있을 때에 한하여 판사 또는 전담검사의 지휘를 받아 개봉할 수 있다.

사. 사법경찰관은 피해아동 등 사건을 송치할 때 기록표지에 붙임3)의 「아동성폭력피해사건」 또는 「장애인성폭력피해사건」이라는 고무인을 찍어 비디오테이프와 함께 송치한다.

11. 증거보전절차의 활용 (제11조)

가. 검사는 피의자가 범죄 혐의를 부인하고, 피해아동 등의 연령, 건강 상태 등을 고려할 때 증거보전의 필요성이 있다고 인정되는 경우에는 법원에 형사소송법 제184조 제1항의 규정에 의한 증거보전을 적극적으로 청구한다. 이 경우 검사는 피해아동 등과 그 법정대리인의 증거보전 청구 요청을 참작한다.

나. 사법경찰관은 수사상 필요하다고 인정되는 때에는 검사에게 제1항의 증거보전을 청구하여 줄 것을 요청할 수 있다.

다. 검사는 증거보전청구서에 사건의 개요, 증명할 사실, 증거 및 보전의 방법, 피해자가 16세 미만 아동이거나 장애인인 사실을 기재하여야 한다.

라. 증거보전절차에서 증인신문을 실시할 경우, 검사는 피해아동 등의 연령, 건강상태 등을 고려하여 법원에 법정외 신문 또는 피의자와의 분리신문을 요청하거나, 피의자의 반대신문을 법관이 대신해 줄 것을 요청하는 등 피해아동 등이 편안한 상태에서 충분히 진술할 수 있도록 배려한다.

마. 검사는 판사의 허가를 얻어 증거보전절차에 따라 작성된 증인신문조서 또는 녹화된 비디오테이프를 사본하여 증거자료로 활용한다.

> ※ 범죄수사규칙
> 제185조(증거보전의 특례) 성폭력 피해자나 그 법정대리인이 「성폭력처벌법」 제41조에 따라 증거보전의 청구를 요청한 경우 경찰관은 그 요청이 상당한 이유가 있다고 인정하는 때에는 관할 지방검찰청 또는 지청의 검사에게 증거보전 청구를 신청할 수 있다.

12. 피의자 등과 대질 조사 (제12조)

검사 또는 사법경찰관은 피해아동 등의 연령, 정신적 압박감 등을 고려하여 피해아동 등에 대한 조사와 피의자에 대한 신문은 분리하여 실시하고, 대질신문은 최후의 수단인 경우 예외적으로 실시하되 대질방법 등에 대한 피해아동등 측의 의사를 최대한 존중한다.

13. 수사기밀 누설 방지 (제13조)

검사 또는 사법경찰관은 성폭력범죄 피해자의 진술 또는 녹화된 비디오테이프의 유출 등으로 성폭력범죄 피해자의 사생활이 침해되지 않도록 유의하여야 한다.

제3장

죄명별 수사요령

제1절 형 법

제1항 음행매개

> **제242조(음행매개)** 영리의 목적으로 사람을 매개하여 간음하게 한 자는 3년 이하의 징역 또는 1천500만원 이하의 벌금에 처한다.
>
> ※ 아동복지법 제17조(금지행위), 제71조(벌칙)
>
> ※ 아동·청소년의 성보호에 관한 법률 제12조(알선영업행위 등)
>
> ※ 성매매알선 등 행위의 처벌에 관한 법률 제19조(벌칙)

 Ⅰ. 구성요건

1. 주 체

매개되어 간음행위를 한 사람을 제외한 모든 자

2. 객 체

개정 전(2013.6.18.)에는 미성년 또는 음행의 상습 없는 부녀'로 한정하였으나 개정법에서는 사람으로 규정하고 있기 때문에 남녀, 음행의 상습여부에 상관없이 사람이면 된다.

3. 행 위

사람을 매개하여 간음케 하는 것

(1) 매 개

간음에 이르게 알선하는 일체의 행위

○ 간음의사가 있었는가를 불문하나, 간음자의 자의적인 행동을 전제로 하므로 폭행·협박은 매개행위에 해당하지 않는다.

(2) 간 음

배우자가 아닌 이성과의 성교행위

○ 단순히 추행하게 하는 것 또는 동성애만으로는 본죄가 성립하지 아니한다.
○ 간음은 매춘행위일 필요는 없으므로 간음행위자가 재산적 대가를 취하지 않는다고 하더라도 매개자에게 영리의 목적이 있는 이상 본죄가 성립한다.

(3) 기 수

간음함으로써 기수가 된다. 따라서 간음을 매개하였으나 간음에 이르지 못한 경우에는 본죄는 성립하지 않는다(미수범처벌규정은 없음).

4. 죄 수

1회 간음이 있을 때마다 1죄 성립

5. 주관적 구성요건

고의 이외에 영리목적이 있어야 한다. 따라서 무상의 음행매개행위는 본죄를 구성하지 아니한다.

● Ⅱ. 범죄사실

1) 범죄사실 기재례

각 특별법에 따라 처벌하면 될 것임(등대지기Ⅲ 범죄사실 참조)

2) 적용법조 : 제242조 ☞ 공소시효 5년

제2항 음화반포 등

제243조(음화반포 등) 음란한 문서, 도화, 필름 기타 물건을 반포, 판매 또는 임대하거나 공연히 전시 또는 상영한 자는 1년 이하의 징역 또는 500만원 이하의 벌금에 처한다.

I. 구성요건

1. 객 체

음란한 문서, 도화, 필름 기타 물건, 즉 음란물

(1) 음 란

그 내용이 사람의 성욕을 자극·흥분시키거나 만족케 하는 물건으로서 일반인의 성적 수치심을 해하고 선량한 성적 도의관념에 반하는 것

1) 음란의 판단기준

■ 판례 ■　미술교사가 자신의 인터넷 홈페이지에 게시한 자신의 미술작품, 사진 및 동영상의 일부에 대하여 음란성이 인정되는지 여부(적극)

[1] 사실관계

중학교미술교사인 甲은 만삭인 아내와 자신이 전라의 상태로 나란히 찍은 사진인 '우리부부'와 여성의 성기를 정밀묘사한 '그대는 행복한가' 및 발기된 채 정액을 분출하는 남성의 성기 그림인 '남근주의'를 자신의 인터넷 홈페이지에 게시하였다.

[2] 판결요지

가. "음란"의 판단기준

구 전기통신기본법 제48조의2(2001.1.16. 법률 제6360호 부칙 제5조 제1항에 의하여 삭제, 현행 정보통신망이용촉진및정보보호등에관한법률 제65조 제1항 제2호 참조)에서 규정하고 있는 '음란'이라 함은, 일반 보통인의 성욕을 자극하여 성적 흥분을 유발하고 정상적인 성적 수치심을 해하여 성적 도의 관념에 반하는 것을 말하고, 표현물의 음란 여부를 판단함에 있어서는 당해 표현물의 성에 관한 노골적이고 상세한 묘사·서술의 정도와 그 수법, 묘사·서술이 그 표현물 전체에서 차지하는 비중, 거기에 표현된 사상 등과 묘사·서술의 관련성, 표현물의 구성이나 전개 또는 예술성·사상성 등에 의한 성적 자극의 완화 정도, 이들의 관점으로부터 당해 표현물을 전체로서 보았을 때 주로 그 표현물을 보는 사람들의 호색적 흥미를 돋우느냐의 여부 등 여러 점을 고려하여야 하며, 표현물 제작자의 주관적 의도가 아니라 그 사회의 평균인의 입장에서 그 시대의 건전한 사회 통념에 따라 객관적이고 규범적으로 평가하여야 한다.

나. 과학서·예술작품과 음란성

예술성과 음란성은 차원을 달리하는 관념이므로 어느 예술작품에 예술성이 있다고 하여 그 작품의 음란성이 당연히 부정되는 것은 아니라 할 것이고, 다만 그 작품의 예술적 가치, 주제와 성적 표현의 관련성 정도 등에 따라서는 그 음란성이 완화되어 결국은 형법이 처벌대상으로 삼을 수 없게 되는 경우가 있을 수 있을 뿐이므로 피고인의 작품들에 예술성이 있다고 해 그 이유만으로 이 작품들의 음란성이 당연히 부정된다고는 볼 수 없다(대법원 2005.7.22. 선고 2003도2911 판결). ☞(甲은 정보통신망이용촉진및정보보호등에관한법률 위반죄(음란물 전시죄))

■ 판례 ■ 사진첩에 남자 모델이 전혀 등장하지 아니하고 남녀간의 정교 장면에 관한 사진이나 여자의 국부가 완전히 노출된 사진이 수록되어 있지 않은 경우, 음란한 도화에 해당하는지 여부(적극)

사진첩에 남자 모델이 전혀 등장하지 아니하고 남녀간의 정교 장면에 관한 사진이나 여자의 국부가 완전히 노출된 사진이 수록되어 있지 않다 하더라도, 이들 사진들은 모델의 의상 상태, 자세, 촬영 배경, 촬영 기법이나 예술성 등에 의하여 성적 자극을 완화시키는 요소는 발견할 수 없고, 오히려 사진 전체로 보아 선정적 측면을 강조하여 주로 독자의 호색적 흥미를 돋구는 것으로서 일반 보통인의 성욕을 자극하여 성적 흥분을 유발하고 정상적인 성적 수치심을 해하는 것으로서 성적 도의관념에 반하는 것이므로, 그 사진첩은 음란한 도화에 해당한다(대법원 1997.8.22. 선고 97도937 판결).

■ 판례 ■ '음란' 개념의 종국적인 판단 주체

'음란' 이라는 개념은 사회와 시대적 변화에 따라 변동하는 상대적이고도 유동적인 것이고, 그 시대에 있어서 사회의 풍속, 윤리, 종교 등과도 밀접한 관계를 가지는 추상적인 것이므로, 구체적인 판단에 있어서는 사회통념상 일반 보통인의 정서를 그 판단의 기준으로 삼을 수밖에 없다고 할지라도, 이는 일정한 가치판단에 기초하여 정립할 수 있는 규범적인 개념이므로, '음란' 이라는 개념을 정립하는 것은 물론 구체적인 표현물의 음란성 여부도 종국적으로는 법원이 이를 판단하여야 한다(대법원 2008.3.13. 선고 2006도3558 판결).

■ 판례 ■ '음란' 의 의미 및 어떠한 물건의 음란 여부를 판단하는 기준

이 사건 물건은 사람의 피부에 가까운 느낌을 주는 실리콘을 소재로 하여 여성의 음부, 항문, 엉덩이 부위를 재현하였다고는 하나, 여성 성기의 일부 특징만을 정교하지 아니한 형상으로 간략하게 표현한 것에 불과하고 그 색상 또한 사람의 실제 피부색과는 차이가 있는 점 등을 알 수 있다. 사정이 이와 같다면, 이 사건 물건은 전체적으로 관찰·평가하여 볼 때 그 모습이 상당히 저속한 느낌을 주는 것은 사실이지만 이를 넘어서서 형사법상 규제의 대상으로 삼을 만큼 사람의 존엄성과 가치를 심각하게 훼손·왜곡하였다고 평가할 수 있을 정도로 노골적인 방법에 의하여 사람의 특정 성적 부위를 적나라하게 표현 또는 묘사한 것이라고 단정할 수 없다. 따라서 이 사건 물건이 사회통념상 일반 보통인의 성욕을 자극하여 성적 흥분을 유발하고 정상적인 성적 수치심을 해하여 성적 도의관념에 반하는 물건에 해당한다고 보기 어렵다.(대법원 2014. 6. 12., 선고, 2013도6345, 판결)

■ 판례 ■ 실리콘을 소재로 하여 여성의 특정 신체부위를 개괄적인 형상과 단일한 재질, 색상을 이용하여 재현한 남성용 자위기구를 전시한 사안

이 사건 물품은 남성용 자위기구로서의 기능과 목적을 위하여 사람의 피부와 유사한 질감, 촉감, 색상을 가진 실리콘을 소재로 하여 여성의 특정 신체부위를 개괄적인 형상과 단일한 재질, 색상을

이용하여 재현한 것일 뿐, 단순히 저속하다거나 문란한 느낌을 준다는 정도를 넘어서서 존중·보호되어야 할 인격을 갖춘 존재인 사람의 존엄성과 가치를 심각하게 훼손·왜곡하였다고 평가할 수 있을 정도로 노골적인 방법에 의하여 성적 부위를 적나라하게 표현 또는 묘사한 것으로 보이지 않는다는 이유로 음란한 물건에 해당하지 않는다고 보아, 피고인에 대해 무죄를 선고한 제1심판결을 그대로 유지하였다. 원심판결 이유를 관련 법리 및 기록에 비추어 살펴보면, 원심의 그와 같은 판단은 정당하고, 거기에 상고이유 주장과 같이 형법 제243조에서 정한 음란한 물건에 관한 법리를 오해하여 판결에 영향을 미친 위법이 없다.(대법원 2014. 5. 29., 선고, 2014도3312, 판결)

2) 음 화

■ 판례 ■ 공연윤리위원회의 심의를 마친 영화의 장면으로써 제작한 포스타 등의 광고물도 음화에 해당할 수 있는지 여부(적극)

[1] 사실관계

> 甲은 자신이 제작하고 공연윤리위원회의 심의를 거쳐 국내 여러 극장에서 상영된 '사방지'라는 영화를 선전하기 위하여 여성간에 애무장면 등 영화에 나오는 장면의 일부를 포스타나 스틸사진 등으로 제작하여 배포하였다.

[2] 판결요지

공연윤리위원회의 심의를 마친 영화작품이라 하더라도 이것을 영화관에서 상영하는 것이 아니고 관람객을 유치하기 위하여 영화장면의 일부를 포스타나 스틸사진 등으로 제작하였고, 제작된 포스타 등 도화가 그 영화의 예술적 측면이 아닌 선정적 측면을 특히 강조하여 그 표현이 과도하게 성감을 자극시키고 일반인의 정상적인 성적 정서를 해치는 것이어서 건전한 성풍속이나 성도덕 관념에 반하는 것이라면 그 포스타 등 광고물은 음화에 해당한다(대법원 1990.10.16. 선고 90도1485 판결). ☞ (甲은 음화제조 및 음화반포죄)

■ 판례 ■ 명화집에 있는 나체사진을 복사하여 성냥갑 속에 넣어 판매한 경우, 음화판매죄의 성부(적극)

비록 명화집에 실려있는 그림이라 할지라도 이것을 예술 문학 등 공공의 이익을 위해서가 아닌 성냥갑 속에 넣어 판매할 목적으로 그 카드사진을 복사 제조하거나 시중에 판매하였다면 명화를 모독하여 음화화시켰다 할 것이고 그림의 음란성 유무는 객관적으로 판단해야 할 것이다(대법원 1970.10.30. 선고 70도1879 판결).

3) 음란한 물건

■ 판례 ■ 남성용 자위기구인 모조여성성기가 음란한 물건에 해당하는지 여부(적극)

[1] 사실관계

> 甲은 그가 경영하는 '핑키'라는 성인용품점에서 남성용 자위기구인 일명 '체이시'라는 물건을 밖에서 보이는 쇼윈도가 아니라 내부진열대위에 전시하였다.

[2] 판결요지

가. 음란한 물건의 개념

음란한 물건이라 함은 성욕을 자극하거나 흥분 또는 만족케 하는 물건들로서 일반인의 정상적인 성적 수치심을 해치고 선량한 성적 도의관념에 반하는 것을 의미한다.

나. 판단방법

어떤 물건이 음란한 물건에 해당하는지 여부는 행위자의 주관적 의도나 반포, 전시 등이 행하여진 상황에 관계없이 그 물건 자체에 관하여 객관적으로 판단하여야 한다.

다. 甲의 죄책

남성용 자위기구인 모조여성성기가 음란한 물건에 해당한다(대법원 2003.5.16. 선고 2003도988 판결). ☞ (甲은 음란물전시죄)

■ 판례 ■　여성용 자위기구나 돌출콘돔이 음란한 물건에 해당하는지 여부(소극)

[1] 사실관계

> 甲은 성생활용품점이라는 가게를 연 뒤 여성용자위기구나 돌출콘돔 등을 판매하였다.

[2] 판결요지

음란한 물건이라 함은 성욕을 자극하거나 흥분 또는 만족케 하는 물품으로서 일반인의 정상적인 성적 수치심을 해치고 선량한 성적 도의관념에 반하는 것을 가리킨다고 할 것인바, 여성용 자위기구나 돌출콘돔의 경우 그 자체로 남성의 성기를 연상케 하는 면이 있다 하여도 그 정도만으로 그 기구 자체가 성욕을 자극, 흥분 또는 만족시키게 하는 물건으로 볼 수 없을 뿐만 아니라 일반인의 정상적인 성적 수치심을 해치고 선량한 성적 도의관념에 반한다고도 볼 수 없으므로 음란한 물건에 해당한다고 볼 수 없다(대법원 2000.10.13. 선고 2000도3346 판결).

■ 판례 ■　'음란'의 의미 및 '음란한 물건'으로 평가되기 위한 표현의 정도

① 이 사건 물건은 남성용 자위기구로서 그 일부는 성인 여성의 엉덩이 윗부분을 본 떠 실제 크기에 가깝게 만들어졌고 그 재료로는 사람의 피부에 가까운 느낌을 주는 색깔의 실리콘을 사용함으로써 여성의 신체 부분을 실제와 비슷하게 재현하고 있기는 하나, 부분별 크기와 그 비율 및 채색 등에 비추어 그 전체적인 모습은 실제 사람 형상이라기보다는 조잡한 인형에 가까워 보이는 점,

② 이 사건 물건 가운데 여성의 성기를 형상화한 부분에 별도로 선홍색으로 채색한 것이 있으나, 그 모양과 색상 등 전체적인 형상에 비추어 여성의 외음부와 지나치게 흡사하도록 노골적인 모양으로 만들어졌다고 할 수 없고, 오히려 여성의 성기를 사실 그대로 표현하였다고 하기에는 크게 부족해 보이는 점 등을 종합하여 보면, 이 사건 물건이 사회통념상 일반 보통인의 성욕을 자극하여 성적 흥분을 유발하고 정상적인 성적 수치심을 해하여 성적 도의관념에 반하는 것이라고 보기 어렵고, 이 사건 물건을 전체적으로 관찰하여 볼 때 그 모습이 상당히 저속한 느낌을 주는 것은 사실이지만 이를 넘어 사람의 존엄성과 가치를 심각하게 훼손·왜곡하였다고 평가할 수 있을 정도로 노골적으로 사람의 특정 성적 부위를 적나라하게 표현 또는 묘사한 것으로 보기는 어렵다.(대법원 2014.7.24. 선고, 2013도9228, 판결)

2. 행 위

반포, 판매 또는 임대하거나 공연히 전시 또는 상영하는 것

○ 공연전시란 불특정 또는 다수인이 관람할 수 있는 상태에 두는 것으로 현실적으로 관람 했음을 요하지 않고, 관람 가능한 상태로 족하며 유상·무상을 불문한다.

○ 공연상영이란 불특정 또는 다수인에게 필름 등 영상자료를 화면에 비추어 보는 것으로 영사기·VTR 등 상영수단은 불문한다.

○ 반포는 현실적으로 교부된 때 기수가 되고, 판매·임대의 경우도 계약만으로는 부족하고 현실적으로 인도된 때 기수가 된다.

3. 주관적 구성요건

문서, 도화, 필름 기타 물건을 반포, 판매 또는 임대하거나 공연히 전시 또는 상영한다는 점에 대한 인식과 문서의 음란성에 대한 인식이 있을 것

ⅠⅠ. 범죄사실기재 및 신문사항

[기재례1] 판매목적 음화 소지

1) 범죄사실 기재례

> 피의자는 20○○. ○. ○. 11:00경 ○○에 있는 피의자 경영의 서적판매점 '○○'에서 별지 기재 내용과 같은 사진이 수록된 음란한 문서인 '○○' 10권을 판매할 목적으로 소지하였다.

2) 적용법조 : 제243조(음화전시) ☞ 공소시효 5년

[기재례2] 차량에서 음란 사진 판매

1) 범죄사실 기재례

> 피의자는 20○○. ○. ○. ○○:○○경 ○○○ 도로변 피의자 소유 ○○○봉고차에서 남녀의 성교장면을 노골적으로 촬영한 "제비와 꽃뱀의 하루"라는 제목을 붙인 수첩형의 음란한 사진 20매를 ○○만 원에 판매하였다.

2) 적용법조 : 제243조(음화전시) ☞ 공소시효 5년

3) 신문사항

– 음화를 판매한 일이 있는가

– 언제부터 언제까지 어디에서 판매하였는가

– 어떤 음화를 어떤 조건으로 판매하였는가

– 누구를 상대로 판매하였는가

– 지금까지 어느 정도 판매하였는가

　이때 판매 현장에서 압수한 증거물을 보여주며

– 판매목적으로 전시하였던 음화가 맞는가

– 이런 음화는 언제 어디에서 구입하였나(구입처 추적)

– 피의자는 이런 음화를 어떻게 생각하는가

[기재례3] 성인용품점에서 음란물건 전시

1) 범죄사실 기재례

피의자는 20○○. ○. ○.부터 20○○. ○. ○.경까지 ○○에서 '○○성인용품점'을 운영하면서 그가 경영하는 위 성인용품점 매장에 '사람의 피부에 가까운 느낌을 주는 실리콘을 재질로 사용하여 여성의 음부, 항문, 음모, 허벅지 부위를 실제와 거의 동일한 모습으로 재현하는 한편, 음부 부위는 붉은 색으로, 음모 부위는 검은 색으로 채색하는 등 그 형상 및 색상 등에 있어서 여성의 외음부를 그대로 옮겨놓은 남성용 자위기구'인 일명 '체이시'라는 음란한 물건을 공연히 전시하였다.

2) 적용법조 : 제243조(음란물건전시) ☞ 공소시효 5년

3) 신문사항

– 성인용품점을 하고 있는가

– 언제부터 어디에서 하고 있는가

– 어떤 물건을 취급하고 있는가

– 남성용 자위기구인 체이시를 판매하기 위해 전시한 일이 있는가

– 매장 어디에 전시하였는가

– 매장을 찾는 사람 누구나 이를 볼 수 있는가

– 그럼 공연히 전시하였다는 것인가

– 이 물건은 어떻게 생긴 것인가

– 누구를 상대로 판매하는가

– 어떤 용도와 방법으로 사용하는가

– 여성의 외음부와 똑 같다고 생각하지 않는가

– 그럼 음란물이 아닌가

– 이 물건은 언제 어디에서 누구로부터 구입하였는가

- 어느 정도 구입하였으며 얼마나 판매하였나
- 누구를 상대로 판매하였는가
- 지금까지 어느 정도 판매하였는가

  이때 판매 현장에서 압수한 증거물을 보여주며
- 판매목적으로 전시하였던 물건이 맞는가
- 피의자는 이런 음란물건을 어떻게 생각하는가

제3항 음화제조 등

> **제244조(음화제조 등)** 제243조의 행위에 공할 목적으로 음란한 물건을 제조, 소지, 수입 또는 수출한 자는 1년 이하의 징역 또는 500만원 이하의 벌금에 처한다.

 I. 구성요건

1. 객 체

음란한 물건

○ 본죄의 음란한 물건이란 제243조의 물건보다 넓은 개념으로서 문서·도화까지 포함한 개념이다.

■ 판례 ■ **형법 제243조 및 제244조 소정의 '음란'의 의미 및 그 판단 기준**

형법 제243조 및 제244조에서 말하는 '음란'이라 함은 정상적인 성적 수치심과 선량한 성적 도의 관념을 현저히 침해하기에 적합한 것을 가리킨다 할 것이고, 이를 판단함에 있어서는 그 시대의 건전한 사회통념에 따라 객관적으로 판단하되 그 사회의 평균인의 입장에서 문서 전체를 대상으로 하여 규범적으로 평가하여야 할 것이며, 문학성 내지 예술성과 음란성은 차원을 달리하는 관념이므로 어느 문학작품이나 예술작품에 문학성 내지 예술성이 있다고 하여 그 작품의 음란성이 당연히 부정되는 것은 아니라 할 것이고, 다만 그 작품의 문학적·예술적 가치, 주제와 성적 표현의 관련성 정도 등에 따라서는 그 음란성이 완화되어 결국은 형법이 처벌대상으로 삼을 수 없게 되는 경우가 있을 수 있을 뿐이다.(대법원 2000.10.27, 선고, 98도679, 판결)

2. 행 위

제조, 소지, 수입 또는 수출하는 것

3. 주관적 구성요건

고의와 음화판매등죄를 범할 목적이 있을 것

II. 범죄사실기재 및 신문사항

1) 범죄사실 기재례 - [판매할 목적으로 남성용 자위기구 제조]

피의자는 ○○에서 ○○부부용품제조라는 성인용품을 제조하는 사람이다.

피의자는 판매할 목적으로 20○○. ○. ○.부터 20○○. ○. ○.경까지 그가 경영하는 위 공장에서 '사람의 피부에 가까운 느낌을 주는 실리콘을 재질로 사용하여 여성의 음부, 항문, 음모, 허벅지 부위를 실제와 거의 동일한 모습으로 재현하는 한편, 음부 부위는 붉은 색으로, 음모 부위는 검은 색으로 채색하는 등 그 형상 및 색상 등에 있어서 여성의 외음부를 그대로 옮겨놓은 남성용 자위기구'인 일명 '체이시'라는 음란한 물건을 제조하였다.

2) 적용법조 : 제244조 ☞ 공소시효 5년

3) 신문사항

- 음화를 제조한 일이 있는가
- 언제부터 어디에서 만들었는가
- 어떤 음화를 만들었는가
- 무엇 때문에 만들었는가(제243조의 행위에 공할 목적이 있어야 한다)
- 어떤 방법으로 만들었는가
- 지금까지 어느 정도 만들었는가
- 이렇게 만든 음화는 누구에게 어떤 방법으로 제공하였는가
- 어떻게 홍길동에게 제공하게 되었는가

제4항 공연음란

제245조(공연음란) 공연히 음란한 행위를 한 자는 1년이하의 징역, 500만원이하의 벌금, 구류 또는 과료에 처한다.

 I . 구성요건

1. 행위상황

공연성이 있을 것

○ 공연성이란 불특정 또는 다수인이 인식할 수 있는 상태를 의미하나, 불특정 또는 다수인이 음란행위가 행해지는 장소에 있을 필요는 없다.

○ 거리에서 행한 음란행위도 숨어서 한 경우, 내부간에 결합된 수인간의 음란행위는 공연성이 없어 본죄를 구성하지 아니한다.

2. 행 위

음란한 행위를 하는 것

○ 음란한 행위란 성욕을 자극·흥분시키는 행위로서 사회의 건전한 성도덕에 반하고 공중에게 심한 성적 불쾌감을 주는 행위를 의미한다.

○ 음란행위는 성행위일 것을 요하나 반드시 성교행위를 말하는 것은 아니다.

음란행위에 해당하는 것	음란행위에 해당하지 아니하는 것
(1) 남녀간의 성행위 (2) 동성간 성행위 (3) 남성이나 여성 단독의 자위적 성행위	(1) 음담 (2) 목욕을 하는 것 (3) 소변을 보는 것 (4) 단순히 나체를 보이는 것 (5) 키스나 유방을 노출하는 것

■ 판례 ■ 　형법 제245조 공연음란죄에서의 '음란한 행위'의 의미

[1] 사실관계

요구르트 제품의 홍보를 위하여 전라의 여성 누드모델들이 일반 관람객과 기자 등 수십명이 있는 자리에서, 알몸에 밀가루를 바르고 무대에 나와 분무기로 요구르트를 몸에 뿌려 밀가루를 벗겨내는 방법으로 알몸을 완전히 드러낸 채 음부 및 유방 등이 노출된 상태에서 무대를 돌며 관람객들을 향하여 요구르트를 던졌다.

[2] 판결요지

가. 형법 제245조 공연음란죄에서의 '음란한 행위'의 의미

형법 제245조 소정의 '음란한 행위'라 함은 일반 보통인의 성욕을 자극하여 성적 흥분을 유발하고 정상적인 성적 수치심을 해하여 성적 도의관념에 반하는 행위를 가리키는 것이고, 그 행위가 반드시 성행위를 묘사하거나 성적인 의도를 표출할 것을 요하는 것은 아니다.

나. 공연음란죄의 성립여부(적극)

요구르트 제품의 홍보를 위하여 전라의 여성 누드모델들이 일반 관람객과 기자 등 수십명이 있는 자리에서, 알몸에 밀가루를 바르고 무대에 나와 분무기로 요구르트를 몸에 뿌려 밀가루를 벗겨내는 방법으로 알몸을 완전히 드러낸 채 음부 및 유방 등이 노출된 상태에서 무대를 돌며 관람객들을 향하여 요구르트를 던진 행위가 공연음란죄에 해당한다(대법원 2006. 1. 13. 선고 2005도1264 판결).

■ 판례 ■ 신체의 노출행위가 단순히 다른 사람에게 부끄러운 느낌이나 불쾌감을 주는 정도에 불과하다고 인정되는 경우, 형법 제245조 소정의 음란행위에 해당하는지 여부(소극)

[1] 사실관계

> 甲은 A가 경영하는 상점내에서, 자신의 동서인 乙이 위 상점 앞에 주차한 차량으로 인하여 A와 말다툼하였을 때, A가 자신에게 "술을 먹었으면 입으로 먹었지 똥구멍으로 먹었냐"라며 말하였다는 이유로, 다시 위 상점으로 찾아가 가게를 보고 있던 A의 딸인 B(여, 23세)에게 소리 지르면서, 그녀 앞에서 바지와 팬티를 무릎까지 내린 후 엉덩이를 들이밀며 "내 항문에 술을 부어라"라고 말하자, B는 울음을 떠뜨리며 고개를 돌려 성기를 보지는 못하였다.

[2] 판결요지

가. 음란행위의 개념

형법 제245조 소정의 '음란한 행위'라 함은 일반 보통인의 성욕을 자극하여 성적 흥분을 유발하고 정상적인 성적 수치심을 해하여 성적 도의관념에 반하는 것을 가리킨다.

나. 목적의 필요여부

위 죄는 주관적으로 성욕의 흥분, 만족 등의 성적인 목적이 있어야 성립하는 것은 아니고 그 행위의 음란성에 대한 의미의 인식이 있으면 족하다.

다. 甲의 죄책

경범죄처벌법 제1조 제41호가 '여러 사람의 눈에 뜨이는 곳에서 함부로 알몸을 지나치게 내놓거나 속까지 들여다보이는 옷을 입거나 또는 가려야 할 곳을 내어 놓아 다른 사람에게 부끄러운 느낌이나 불쾌감을 준 사람'을 처벌하도록 규정하고 있는 점 등에 비추어 볼 때, 신체의 노출행위가 있었다고 하더라도 그 일시와 장소, 노출 부위, 노출 방법·정도, 노출 동기·경위 등 구체적 사정에 비추어, 그것이 일반 보통인의 성욕을 자극하여 성적 흥분을 유발하고 정상적인 성적 수치심을 해하는 것이 아니라 단순히 다른 사람에게 부끄러운 느낌이나 불쾌감을 주는 정도에 불과하다고 인정되는 경우 그와 같은 행위는 경범죄처벌법 제1조 제41호에 해당할지언정, 형법 제245조의 음란행위에 해당한다고 할 수 없다(대법원 2004. 3. 12. 선고 2003도6514 판결).

■ 판례 ■　연극공연행위의 음란성 유무가 행위자의 주관적 의사에 따라 좌우되는지 여부 (소극)

[1] 사실관계

'미란다'라는 연극공연에서 甲은 옷을 모두 벗은 채 팬티만 걸친 상태로 침대 위에 누워 있고, 여주인공인 乙은 뒤로 돌아선 자세로 입고 있던 가운을 벗고 관객들에게 온몸이 노출되는 완전 나체 상태로 침대위의 甲에게 다가가서 끌어안고 서로 격렬하게 뒹구는 등 그녀가 甲을 유혹하여 성교를 갈구하는 장면을 연기하고, 마지막 부분에 이르러 甲이 乙이 입고 있던 옷을 모두 벗기고 관객들에게 정면으로 그녀의 전신 및 음부까지 노출된 완전나체의 상태로 만든 다음, 그녀의 양손을 끈으로 묶어 창틀에 매달아 놓고 자신은 그 나신을 유심히 내려다보면서 자위행위를 하는 장면을 연기하였다.

[2] 판결요지

가. 연극공연행위의 음란성 판단 기준

형법 제245조의 공연음란죄에 규정한 음란한 행위라 함은 일반 보통인의 성욕을 자극하여 성적 흥분을 유발하고 정상적인 성적 수치심을 해하여 성적 도의관념에 반하는 것을 가리키는바, 연극 공연행위의 음란성의 판단에 있어서는 당해 공연행위의 성에 관한 노골적이고 상세한 묘사·서술의 정도와 그 수법, 묘사·서술이 행위 전체에서 차지하는 비중, 공연행위에 표현된 사상 등과 묘사·서술과의 관련성, 연극작품의 구성이나 전개 또는 예술성·사상성 등에 의한 성적 자극의 완화의 정도, 이들의 관점으로부터 당해 공연행위를 전체로서 보았을 때 주로 관람객들의 호색적 흥미를 돋구는 것으로 인정되느냐 여부 등의 여러 점을 검토하는 것이 필요하고, 이들의 사정을 종합하여 그 시대의 건전한 사회통념에 비추어 그것이 공연히 성욕을 흥분 또는 자극시키고 또한 보통인의 정상적인 성적 수치심을 해하고, 선량한 성적 도의관념에 반하는 것이라고 할 수 있는 가 여부에 따라 결정되어야 한다.

나. 연극공연행위의 음란성 유무가 행위자의 주관적 의사에 따라 좌우되는지 여부(소극)

연극공연행위의 음란성의 유무는 그 공연행위 자체로서 객관적으로 판단해야 할 것이고, 그 행위자 의 주관적인 의사에 따라 좌우되는 것은 아니다(대법원 1996.6.11. 선고 96도980 판결).

■ 판례 ■　성기·엉덩이 등 신체의 주요한 부위를 노출한 행위가 경범죄 처벌법 제3조 제1 항 제33호에 해당하는지 또는 형법 제245조의 '음란한 행위'에 해당하는지 판단하는 기준

경범죄 처벌법 제3조 제1항 제33호가 '공개된 장소에서 공공연하게 성기·엉덩이 등 신체의 주 요한 부위를 노출하여 다른 사람에게 부끄러운 느낌이나 불쾌감을 준 사람'을 처벌하도록 규정하 고 있는 점 등에 비추어 볼 때, 성기·엉덩이 등 신체의 주요한 부위를 노출한 행위가 있었을 경 우 그 일시와 장소, 노출 부위, 노출 방법·정도, 노출 동기·경위 등 구체적 사정에 비추어, 그것 이 단순히 다른 사람에게 부끄러운 느낌이나 불쾌감을 주는 정도에 불과하다면 경범죄 처벌법 제3 조 제1항 제33호에 해당할 뿐이지만, 그와 같은 정도가 아니라 일반 보통인의 성욕을 자극하여 성 적 흥분을 유발하고 정상적인 성적 수치심을 해하는 것이라면 형법 제245조의 '음란한 행위'에 해당한다고 할 수 있다. (대법원 2020. 1. 16., 선고, 2019도14056, 판결)

842　제5편 성폭력범죄 수사

3. 주관적 구성요건

공연히 음란한 행위를 한다는 고의가 있어야 한다. 따라서 공연성에 대한 인식이 없는 경우에는 음란행위에 대한 고의가 있어도 본죄는 성립하지 아니한다.

■ 판례 ■ 고속도로에서 경찰관에 대항하여 공중 앞에서 알몸이 되어 성기를 노출한 경우, 음란한 행위라는 인식이 있는지 여부(적극)

[1] 사실관계

> 甲은 중부고속도로로 승용차를 운전하여 가던 중 앞서가던 A녀 운전의 승용차가 진로를 비켜주지 않는다는 이유로 그 차를 추월하여 정차하게 한 다음, 승용차를 손괴하고 그 안에 타고 있던 B를 때려 상해를 가하는 등의 행패를 부리다가 신고를 받고 출동한 경찰관이 이를 제지하려고 하자, 시위조로 주위에 운전자 등 사람이 많이 있는 가운데 옷을 모두 벗어 알몸의 상태로 바닥에 드러눕거나 돌아다녔다.

[2] 판결요지

가. 공연음란죄의 음란한 행위의 의미 및 그 주관적 요건

형법 제245조 소정의 '음란한 행위'라 함은 일반 보통인의 성욕을 자극하여 성적 흥분을 유발하고 정상적인 성적 수치심을 해하여 성적 도의관념에 반하는 것을 가리킨다고 할 것이고, 위 죄는 주관적으로 성욕의 흥분 또는 만족 등의 성적인 목적이 있어야 성립하는 것은 아니지만 그 행위의 음란성에 대한 의미의 인식이 있으면 족하다.

나. 甲의 죄책

고속도로에서 승용차를 손괴하거나 타인에게 상해를 가하는 등의 행패를 부리던 자가 이를 제지하려는 경찰관에 대항하여 공중 앞에서 알몸이 되어 성기를 노출한 경우, 음란한 행위에 해당하고 그 인식도 있었다고 보아야 할 것이다(대법원 2000.12.22. 선고 2000도4372 판결).

4. 죄 수

음란행위의 수를 기준으로 판단한다. 다만 1회의 출연 중에 수회의 음란행위를 한 경우에는 포괄일죄가 된다.

Ⅱ. 범죄사실기재 및 신문사항

1) 범죄사실 기재례

[기재례1] 고속도로에서 알몸으로 돌아다닌 경우

피의자는 20○○. ○. ○. 중부고속도로로 승용차를 운전하여 가던 중 앞서가던 A녀 운전의 승용차가 진로를 비켜주지 않는다는 이유로 그 차를 추월하여 정차하게 한 다음, 승용차를 손괴하고 그 안에 타고 있던 B를 때려 상해를 가하는 등의 행패를 부리다가 신고를 받고 출동한 ○○지구대 소속 경위 이영민이 이를 제지하려고 하자, 시위조로 주위에 운전자 등 사람이 많이 있는 가운데 옷을 모두 벗어 알몸의 상태로 돌아다녀 약 10분간 공연히 음란한 행위를 하였다.

[기재례2] 음악홀에서 스트립 댄스

피의자는 20○○. ○. ○. ○○:○○경 ○○에 있는 홍길동이 경영하는 ○○음악홀에서 ○○○등 손님 30여명의 손님들 앞에서 허리부분에는 빨간색 스카프 1장을 감고 왼쪽 가슴에 유방을 가리는 망사헝겊 1장만을 걸쳤을 뿐 벌거벗은 몸을 흔들며 재즈곡에 맞추어 소위 "스트립 댄스"를 추던 중 그 가슴에 붙어 있던 헝겊마저 떼어버린 다음 이어서 허리에 감은 스카프를 벗어 던짐으로써 완전히 나체가 되어 음부를 내놓은 채 계속하여 약 5분간 그 춤을 추어 공연히 음란한 행위를 하였다.

2) 적용법조 : 제245조… 공소시효 5년

3) 신문사항

- ○○음악홀 직원인가
- 언제부터 이 음악홀에서 일을 하였는가
- 주로 어떤 일을 하고 있는가
- 위 음악홀에서 스트립 댄스를 춘 일이 있는가
- 언제부터 추었는가
- 어떤 방법으로 추는가
- 처음 시작할 때의 의상과 끝날 때의 의상은
- 누구를 상대로 이러한 춤을 추는가
- 그럼 끝 부분에서는 완전 나체가 된다는 것인가
- 몇 분정도 이런 상태로 춤을 추는가

- 이런 행위가 음란행위라 생각하지 않는가
- 무엇 때문에 이런 춤을 추는가
- 이런 춤은 누구의 지시에 따라 한 것인가
- 피의자의 이런 음란행위를 어떻게 생각하는가
- 이런 행위를 하고 피의자는 음악홀로부터 어떤 조건을 제시 받았는가

[기재례3] 골목길에서 성기 자위행위

피의자는 20○○. ○. ○. 16:00경 ○○에 있는 ○○식당옆 골목길에서 홍길녀(여, 13세) 혼자 걸어오는 것을 발견하고 바지 지퍼사이로 성기를 꺼내 손으로 흔들며 자위행위를 하여 공연히 음란한 행위를 하였다.

3) 신문사항

- ○○에 있는 골목길을 간 일이 있는가
- 그곳은 무엇 때문에 갔는가
- 그곳에서 자위행위를 한 일이 있는가
- 그때가 언제쯤인가
- 어떻게 자위행위를 하였나
- 그곳에 누가 있었는가
- 왜 그곳에서 자위행위를 하였는가
- 왜 이런 행위를 하였나

[기재례4] 요구르트 나체 광고 사건

피의자는 20○○. ○. ○. ○○에 있는 전시장에서 일반 관람객과 기자 등 수십명이 있는 자리에서, 회사에서 생산한 요구르트 제품의 홍보를 위하여 알몸에 밀가루를 바르고 무대에 나와 들고 있던 분무기로 요구르트를 몸에 뿌려 밀가루를 벗겨내는 방법으로 알몸을 완전히 드러낸 채 음부 및 유방 등이 노출된 상태에서 무대를 돌며 관람객들을 향하여 요구르트를 던져 약 20분간 공연히 음란한 행위를 하였다.

3) 신문사항

- ○○회사 직원인가
- 위 회사 제품 홍보활동을 한 일이 있는가
- 언제 어디에서 홍보를 하였는가
- 어떤 홍보를 하였나

- 이런 분장은 누구의 지시에 따라 한 것인가
- 홍보과정에서 왜 알몸을 들어냈는가
- 이런 음란행위를 어느 정도 하였는가
- 그 당시 그곳에 참여한 사람은 누구이며 몇 명 정도였는가
- 누가 그 관람객들에게 연락하였나
- 피의자의 이런 음란행위를 어떻게 생각하는가
- 회사의 지시라고 하지만 꼭 이런 행위를 했어야 하였는가
- 이런 행위를 하고 피의자는 회사로부터 어떤 조건을 제시 받았는가

[기재례5] 여자아이 앞에서 소변을 보는 등 음란행위

피의자는 20○○. ○. ○. 16:00경 ○○에 있는 '○○식당' 앞 노상에서 10,000원권 1장을 바닥에 떨어뜨린 후 가족들 3명과 함께 지나가던 어린 여자아이 甲(5세)에게 "돈을 주워라"라고 한 다음 위 가족들이 보는 앞에서 성기를 꺼내 소변을 배설하여 공연히 음란한 행위를 하였다.

[기재례6] 편의점 매장에서 음란행위

피의자는 20○○. ○. ○. 15:40경 ○○에 있는 ○○편의점 내에서 콘돔을 사면서 아르바이트 중인 피해자가 보는 곳에서 자신의 성기를 들어내 잡고 흔들어 그녀로 하여금 성적 수치심을 유발하게 하였다.
이로써 피의자는 불특정 다수인의 출입이 자유로운 영업점에서 공연히 음란행위를하였다.

[기재례7] 고속버스 내에서 성기노출행위

피의자는 20○○. ○. ○. 16:00경 (고속버스 번호) ○○고속버스(서울에서 ○○방면) 뒷좌석에 앉아 피의자의 바로 앞 좌석에 여성 승객들을 포함한 20여 명이 탑승하고 있었음에도 약 10분간 피의자의 성기를 바지 지퍼 밖을 꺼내어 만지는 등 공연히 음란행위를 하였다.

[기재례8] 자신의 승용차 내에서 성기노출행위

피의자는 20○○. ○. ○. 09:00경 ○○편의점 앞 도로변에 자신의 (차량번호) ○○승용차를 정차하여 놓은 후 피해자 갑(여, 26세)가 위 편의점에서 근무하고 있는 것을 확인한 다음, 위 승용차의 운전석에 앉은 채 조수석 창문을 열고 피해자를 비롯한 불특정 또는 다수인이 볼 수 있도록 바지를 허벅지까지 내리고 자신의 성기를 꺼내어 손으로 잡고 흔들어, 공연히 음란한 행위를 하였다.

제5항 추행 등 목적 약취, 유인 등

> 제288조(추행 등 목적 약취, 유인 등) ① 추행, 간음, 결혼 또는 영리의 목적으로 사람을 약취 또는 유인한 사람은 1년 이상 10년 이하의 징역에 처한다.
> ② 노동력 착취, 성매매와 성적 착취, 장기적출을 목적으로 사람을 약취 또는 유인한 사람은 2년 이상 15년 이하의 징역에 처한다.
> ③ 국외에 이송할 목적으로 사람을 약취 또는 유인하거나 약취 또는 유인된 사람을 국외에 이송한 사람도 제2항과 동일한 형으로 처벌한다.
> 제294조(미수범) 제287조부터 제289조까지, 제290조제1항, 제291조제1항과 제292조제1항의 미수범은 처벌한다.
> 제296조(예비, 음모) 제287조부터 제289조까지, 제290조제1항, 제291조제1항과 제292조제1항의 죄를 범할 목적으로 예비 또는 음모한 사람은 3년 이하의 징역에 처한다.
> 제296조의2(세계주의) 제287조부터 제292조까지 및 제294조는 대한민국 영역 밖에서 죄를 범한 외국인에게도 적용한다.

Ⅰ. 구성요건

1. 추행, 간음, 결혼 또는 영리의 목적 (제1항)

(1) 객 체

성년자 · 미성년자 · 남자 · 여자를 모두 포함

○ 추행 · 간음 · 영리 또는 결혼의 목적으로 미성년자를 약취하거나 유인한 때에는 형이 무거운 본죄가 적용된다. 결혼목적 약취의 경우 구법에서는 감경적구성요건 이였으나 삭제되었고 추행과 간음 목적은 구법에서 친고죄였으나 역시 삭제되었다.

(2) 행 위

약취 · 유인하는 것

■ 판례 ■　　형법 제288조 소정의 약취행위에 있어서의 폭행 또는 협박의 정도

형법 제288조에 규정된 약취행위는 피해자를 그 의사에 반하여 자유로운 생활관계 또는 보호관계로부터 범인이나 제3자의 사실상 지배하에 옮기는 행위를 말하는 것으로서, 폭행 또는 협박을 수단으로 사용하는 경우에 그 폭행 또는 협박의 정도는 상대방을 실력적 지배하에 둘 수 있을 정도이면 족하고 반드시 상대방의 반항을 억압할 정도의 것임을 요하지는 아니한다(대법원 1991.8.13. 선고 91도1184 판결).

(3) 기수시기

행위자가 추행 · 간음 · 영리 또는 결혼의 목적으로 사람을 약취 · 유인하면 기수가 되고, 그

목적달성여부는 불문한다. 다만 실력적 지배에는 어느 정도 시간적 계속성이 있을 것을 요한다.

  ○ 본죄의 목적이 실현되지 않아도 기수가 인정되므로 본죄의 미수범은 약취·유인 행위의 미수를 의미한다.

(4) 주관적 구성요건

고의와 추행·간음·영리 또는 결혼의 목적이 있을 것

  ○ 추행의 목적이란

    피해자를 추행의 주체 또는 객체로 삼으려는 목적을 말한다.

  ○ 간음의 목적이란

    결혼이 아닌 성교의 목적을 말하고 결혼할 목적이 있는 경우 결혼목적 약취·유인죄가 성립한다. 다만 반드시 약취자·인취자가 추행·간음의 당사자가 되어야 하는 것은 아니다.

  ○ 영리목적이란

    재산적 이익을 취득할 목적을 말하는 것으로서 계속적·일시적, 적법·불법을 불문한다.

  ○ 결혼할 목적이란

    – 법률혼이건 사실혼이건 진실로 혼인관계를 맺을 목적을 의미한다. 따라서 단순히 내연관계나 첩관계를 맺을 목적, 결혼지참금만 착복하려는 목적으로 약취·유인한 경우는 본죄가 성립하지 않는다.

    – 행위자가 피해자와 결혼할 목적이나 피해자와 제3자를 결혼시킬 목적으로 약취·유인해야 한다. 따라서 행위자가 피해자가 아닌 제3자와 결혼할 목적으로 약취·유인한 경우에는 결혼목적 약취·유인죄가 성립하지 않는다.

(5) 타죄와의 관계

(가) 인질강도죄와의 관계

석방의 대가로 재물을 취득할 목적으로 약취·유인한 경우에는 인질강도죄의 실행의 착수가 있었는가에 따라 인질강도죄 또는 영리목적 약취·유인죄가 성립한다.

  ○ 인질강도죄의 실행의 착수, 즉 재물의 요구가 있으면 인질강도죄가 성립한다.

  ○ 재물의 요구가 없으면 영리목적 약취·유인죄가 성립한다(통설).

  ○ 미성년자를 약취·유인 후 재물을 요구한 경우에는 특정범죄가중처벌등에관한법률 제5조의2 제2항 제1호가 적용된다.

(나) 미성년자 약취유인죄와의 관계

결혼할 목적으로 미성년자를 인취할 경우에는 미성년자약취·유인죄가 아니라, 본죄만 성립한다.

2. 노동력 착취, 성매매와 성적 착취, 장기적출을 목적 (제2항)

(1) 객 체

성년자 · 미성년자 · 남자 · 여자를 모두 포함

(2) 행 위

약취 · 유인하는 것

(3) 기수시기

행위자가 노동력 착취, 성매매와 성적착취, 장기 적출의 목적으로 사람을 약취 · 유인하면 기수가 되고, 그 목적달성여부는 불문한다. 다만 실력적 지배에는 어느 정도 시간적 계속성이 있을 것을 요한다.

○ 본죄의 목적이 실현되지 않아도 기수가 인정되므로 본죄의 미수범은 약취 · 유인 행위의 미수를 의미한다.

(4) 주관적 구성요건

고의와 노동력 착취, 성매매와 성적착취, 장기 적출의 목적이 있을 것

○ 구법에서 추업에 사용할 목적 매매죄는 성매매와 성적착취에 해당한다고 볼 수 있다.

○ 장기적출의 목적으로 약취 · 유인함으로써 성립하고 실질적으로 장기적출 행위가 이루어지면 '장기등 이식에 관한 법률' 과 경합범으로 처벌한다.

3. 국외에 이송할 목적 (제3항)

(1) 객 체

미혼 · 기혼, 성년 · 미성년 및 남녀를 불문

(2) 주관적 구성요건

고의와 국외에 이송할 목적이 있을 것. 그러나 국외이송의 동기는 불문

■ 판례 ■ '약취' 의 의미와 그 판단기준 및 미성년자를 보호 · 감독하는 사람이 해당 미성년자에 대한 약취죄의 주체가 될 수 있는지 여부

[1] 미성년자약취죄, 국외이송약취죄 등의 구성요건 중 '약취' 의 의미와 그 판단기준 및 미성년자를 보호 · 감독하는 사람이 해당 미성년자에 대한 약취죄의 주체가 될 수 있는지 여부(한정 적극)와 미성년 자녀의 부모 일방에 대하여 자녀에 대한 약취죄가 성립하기 위한 요건

[다수의견] 형법 제287조의 미성년자약취죄, 제288조 제3항 전단[구 형법(2013. 4. 5. 법률 제

11731호로 개정되기 전의 것을 말한다. 이하 같다) 제289조 제1항에 해당한다]의 국외이송약취죄 등의 구성요건요소로서 약취란 폭행, 협박 또는 불법적인 사실상의 힘을 수단으로 사용하여 피해자를 그 의사에 반하여 자유로운 생활관계 또는 보호관계로부터 이탈시켜 자기 또는 제3자의 사실상 지배 하에 옮기는 행위를 의미하고, 구체적 사건에서 어떤 행위가 약취에 해당하는지 여부는 행위의 목적 과 의도, 행위 당시의 정황, 행위의 태양과 종류, 수단과 방법, 피해자의 상태 등 관련 사정을 종합 하여 판단하여야 한다. 한편 미성년자를 보호·감독하는 사람이라고 하더라도 다른 보호감독자의 보 호·양육권을 침해하거나 자신의 보호·양육권을 남용하여 미성년자 본인의 이익을 침해하는 때에는 미성년자에 대한 약취죄의 주체가 될 수 있는데, 그 경우에도 해당 보호감독자에 대하여 약취죄의 성 립을 인정할 수 있으려면 그 행위가 위와 같은 의미의 약취에 해당하여야 한다. 그렇지 아니하고 폭 행, 협박 또는 불법적인 사실상의 힘을 사용하여 그 미성년자를 평온하던 종전의 보호·양육 상태로 부터 이탈시켰다고 볼 수 없는 행위에 대하여까지 다른 보호감독자의 보호·양육권을 침해하였다는 이유로 미성년자에 대한 약취죄의 성립을 긍정하는 것은 형벌법규의 문언 범위를 벗어나는 해석으로 서 죄형법정주의의 원칙에 비추어 허용될 수 없다. 따라서 부모가 이혼하였거나 별거하는 상황에서 미성년의 자녀를 부모의 일방이 평온하게 보호·양육하고 있는데, 상대방 부모가 폭행, 협박 또는 불 법적인 사실상의 힘을 행사하여 그 보호·양육 상태를 깨뜨리고 자녀를 탈취하여 자기 또는 제3자의 사실상 지배하에 옮긴 경우, 그와 같은 행위는 특별한 사정이 없는 한 미성년자에 대한 약취죄를 구 성한다고 볼 수 있다. 그러나 이와 달리 미성년의 자녀를 부모가 함께 동거하면서 보호·양육하여 오던 중 부모의 일방이 상대방 부모나 그 자녀에게 어떠한 폭행, 협박이나 불법적인 사실상의 힘을 행사함이 없이 그 자녀를 데리고 종전의 거소를 벗어나 다른 곳으로 옮겨 자녀에 대한 보호·양육을 계속하였다면, 그 행위가 보호·양육권의 남용에 해당한다는 등 특별한 사정이 없는 한 설령 이에 관하여 법원의 결정이나 상대방 부모의 동의를 얻지 아니하였다고 하더라도 그러한 행위에 대하여 곧바로 형법상 미성년자에 대한 약취죄의 성립을 인정할 수는 없다.

[2] 베트남 국적 여성인 피고인이 남편 甲의 의사에 반하여 생후 약 13개월 된 자녀 乙을 주거지에 서 데리고 나와 약취하고 베트남에 함께 입국함으로써 乙을 국외에 이송하였다고 하여 국외이송 약취 및 피약취자국외이송으로 기소된 사안

제반 사정을 종합할 때 피고인이 乙을 데리고 베트남으로 떠난 행위는 어떠한 실력을 행사하여 乙을 평 온하던 종전의 보호·양육 상태로부터 이탈시킨 것이라기보다 친권자인 모(母)로서 출생 이후 줄곧 맡아 왔던 乙에 대한 보호·양육을 계속 유지한 행위에 해당하여, 이를 폭행, 협박 또는 불법적인 사실상의 힘을 사용하여 乙을 자기 또는 제3자의 지배하에 옮긴 약취행위로 볼 수는 없다는 이유로, 피고인에게 무죄를 인정한 원심판단을 정당하다.(대법원 2013.6.20. 선고, 2010도14328, 전원합의체 판결)

(3) 죄 수

국외이송의 목적이 있는 이상 객체가 미성년자이거나 영리의 목적이 있는 경우에도 본죄만 성립

(4) 행 위

○ 대한민국 영역을 벗어나면 기수가 되고, 반드시 타국의 영역 내로 들어갈 필요는 없다.

○ 국외 이송 목적으로 약취유인한 자가 피인취자를 국외에 이송한 경우 양 죄가 모 두 성립한다(다수설).

II. 범죄사실기재 및 신문사항

[기재례1] 인터넷으로 모델을 모집한다고 약취

1) 범죄사실 기재례

피의자는 인터넷 모델나라 까페에 모델 지원서를 제출하는 등 모델활동에 관심이 있는 사람들을 추행할 목적으로 전화를 걸어 본인을 ○○○이라고 가명으로 소개한 다음 인터넷 쇼핑몰을 운영하는데 모델을 선발할 예정이니 면접을 보러 오라고 하였다.

피의자는 20○○. ○. ○.14:30경 ○○에서 추행의 목적으로 위와 같이 피해자 갑(26세, 여)을 유인한 후 강제추행할 마음을 먹고 ○○로 데리고 가 포즈 연습을 시키고 연인포즈를 하자고 피해자를 속여 어깨에 손을 올리고 가슴에 손을 대고 허리를 감싸는 등 강제로 추행하고, 계속하여 조용한 곳으로 가서 연습하자며 ○○에 있는 ★모텔 100호로 이동하여 피해자를 침대에 눕히고 포즈연습을 시킨다며 피해자를 속이고 피고인은 하의를 모두 벗은 상태에서 옷을 입고 있는 피해자의 가슴과 음부를 만져 피해자를 추행하였다.

이로써 피고인은 추행의 목적으로 피해자를 유인하고 위계로써 추행하였다.

2) 적용법조 : 제288조 제1항　☞ 공소시효 10년

[기재례2] 영리목적 미성년자유인

1) 범죄사실 기재례

피의자는 ○○(주) 회장 홍길동의 아들 甲(9세)을 유인하여 홍길동에게 그 아들과 서로 바꾸는 조건으로 돈을 받으려고 마음먹었다.

피의자는 20○○. ○. ○. ○○:○○경 ○○에 있는 ○○초등학교 부근에서 위 甲을 기다리고 있다 집에 돌아가려는 위 甲을 불러 "아저씨는 아빠 회사에서 근무하는 사람인데, 지금 아빠가 빨리 너를 데려오라고 하니까 아저씨와 같이 가자"라고 거짓말하였다.

피의자는 피해자가 아직 어려 사리판단을 잘 하지 못하는 것을 이용하여 그곳에서 피해자를 피의자 소유 ○○거 1111 승용차에 태워 ○○에 있는 피의자의 집으로 데려갔다.

이로써 피의자는 20○○. ○. ○.경까지 그 집에 머물게 하여 영리를 목적으로 피해자를 유인하였다.

2) 적용법조 : 제288조 제1항　☞ 공소시효 10년

3) 신문사항
- 홍길동과 그의 아들을 알고 있는가
- 홍길동의 아들을 찾아간 일이 있는가
- 언제 어디로 찾아갔는가

- 무엇 때문에 찾아갔으며 찾아가서 뭐라고 하였나
- 아들이 피의자의 말을 믿던가
- 어떤 방법으로 아들을 데려 갔는가
- 어디까지 갔으며 데려가서 어떻게 하였나
- 어떤 목적으로 데려간 것인가
- 왜 홍길동의 아들을 범행 대상으로 삼았는가
- 홍길동에게 돈을 요구하지는 않았는가

[기재례3] 농촌 총각의 결혼목적 다방 종업원 약취

1) 범죄사실 기재례

피의자는 농촌에 살고 있어 결혼하려는 여자가 없자 결혼상대를 물색하여 약취하기로 마음먹고, ○○에 있는 ○○다방의 종업원으로 취직한 피해자 홍길녀(24세, 여)를 그 대상으로 삼았다.

피의자는 20○○. ○. ○. 20:00경 위 피해자가 차를 배달하기 위해 ○○로 가는 것을 보고 피의자의 차량(차량번호)을 피해자 옆에 세우고 '나와 결혼해 달라. 그동안 지켜보았는데 너무 사랑스럽다. 난 당신과 꼭 결혼하고 싶다. 내 말을 들어 주지 않으면 이 자동차에 억지로 태워 같이 강물로 들어가 버리겠다'고 협박하였다.

이로써 피의자는 피해자를 위 승용차에 강제로 태워 20○○. ○. ○.경 까지 피의자의 집에 머무르도록 하여 그녀를 결혼할 목적으로 약취하였다.

2) 적용법조 : 제288조 제1항　☞　공소시효 10년

[기재례4] 국외이송 목적 회장 아들 유인

1) 범죄사실 기재례

피의자는 ○○에서 인력소개업을 하는 자로서 ○○(주) 회장 홍길동의 아들 甲(9세)을 유인 이를 국외로 이송하여 미국에 있는 A에게 매매할 목적이었다.

피의자는 20○○. ○. ○. ○○:○○경 ○○에 있는 ○○초등학교 부근에서 위 甲을 기다리고 있다 집에 가려는 위 甲을 불러 "아저씨는 아빠 회사에서 근무하는 사람인데, 지금 아빠가 빨리 너를 데려오라고 하니까 아저씨와 같이 가자"라고 거짓말을 하였다.

피의자는 위 甲이 아직 어려 사리판단을 못하는 것을 이용 그곳에서 피의자 소유 ○○고1111 승용차에 태워 ○○에 있는 피의자의 집으로 데리고 가 20○○. ○. ○.경까지 그 집에 머물게 함으로써 국외 이송을 목적으로 그를 유인하였다.

2) 적용법조 : 제289조 제3항　☞　공소시효 10년

제6항 인신매매

제289조(인신매매) ① 사람을 매매한 사람은 7년 이하의 징역에 처한다.

② 추행, 간음, 결혼 또는 영리의 목적으로 사람을 매매한 사람은 1년 이상 10년 이하의 징역에 처한다.

③ 노동력 착취, 성매매와 성적 착취, 장기적출을 목적으로 사람을 매매한 사람은 2년 이상 15년 이하의 징역에 처한다.

④ 국외에 이송할 목적으로 사람을 매매하거나 매매된 사람을 국외로 이송한 사람도 제3항과 동일한 형으로 처벌한다.

제294조(미수범) … 제289조까지, … 미수범은 처벌한다.

제296조(예비, 음모) … 제289조까지, …의 죄를 범할 목적으로 예비 또는 음모한 사람은 3년 이하의 징역에 처한다.

제296조의2(세계주의) 제287조부터 제292조까지 … 대한민국 영역 밖에서 죄를 범한 외국인에게도 적용한다.

 I. 구성요건

1. 주 체

제한이 없다. 따라서 보호자나 친권자도 본죄의 주체가 될 수 있다.

2. 객 체

성년자 · 미성년자 · 남자 · 여자를 모두 포함

○ 구법에서는 부녀나 국외이송목적으로 매매한 경우에만 처벌하였다.

■ 판례 ■ 부녀매매죄의 주체 및 객체와 그 성립요건

[1] 사실관계

> 甲 등은 디스코클럽에서 乙녀(18세)를 "스키장에 놀러가자."고 유인하여 강간한 뒤 윤락가 포주 丙에게 80만원을 받고 팔아넘겼고 포주 丙은 다시 乙녀를 80만원을 받고 포주 丁에게 팔아넘겼다. 포주 丁은 乙녀에게 13개월에 걸쳐 매일 5회에서 10회씩 윤락행위를 하게 하였다.

[2] 판결요지

부녀매매죄는 부녀자의 신체의 자유를 그 일차적인 보호법익으로 하는 죄로서 그 행위의 객체는 부녀이고, 여자인 이상 그 나이나 성년, 미성년, 기혼 여부 등을 불문한다고 보아야 하고, 행위의 주체에는 제한이 없으니 반드시 친권자등의 보호자만이 본 죄의 주체가 될 수 있다는 것도 근거 없는 해석이라 할 것이며, 요컨대 본죄의 성립 여부는 그 주체 및 객체에 중점을 두고 볼 것이 아니라 매매의 일방이 어떤 경위로 취득한 부녀자에 대한 실력적 지배를 대가를 받고 그 상대방에게 넘긴다고 하는 행위에 중점을 두고 판단하여야 하므로 매도인이 매매 당시 부녀자를 실력으로 지배하고 있었는가 여

부 즉 계속된 협박이나 명시적 혹은 묵시적인 폭행의 위협 등의 험악한 분위기로 인하여 보통의 부녀자라면 법질서에 보호를 호소하기를 단념할 정도의 상태에서 그 신체에 대한 인계인수가 이루어졌는가의 여부에 달려 있다고 하여야 할 것이다(대법원 1992.1.21. 선고 91도1402 전원합의체 판결).

3. 행 위

매매하는 것.

(1) 매 매

신병을 유상으로 상대방의 실력적 지배하에 두는 것으로, 교환도 이에 포함된다.

(2) 기수시기

매매계약을 체결한 때에 실행의 착수가 인정되고, 실력적 지배가 실제로 상대방 측에 이전되었을 때 기수

- 계약을 체결했으나 아직 인도하지 않은 경우나 계약체결 후 돈을 받았으나 아직 인도하지 않은 경우에는 미수에 불과하다.
- 추행 등 목적범의 경우 그 목적에 사용했는지 여부, 대금의 지급 여부와는 관계 없이 성립한다(다수설).

(3) 미수범과 예비 음모 및 세계주의

미수범 뿐 아니라 예비, 음모행위도 처벌한다. 대한민국 영역 밖에서 죄를 범한 외국인에게도 적용될 수 있도록 세계주의 규정을 도입하였다.

4. 주관적 구성요건

제1항의 경우에는 사람을 매매함으로써 성립하기 때문에 목적이 필요 없다.

그러나 제2항과 제3항의 경우에는 추행, 간음, 결혼 또는 영리, 노동력 착취, 성매매와 성적 착취, 장기적출, 국외이송의 목적이 있어야 한다.

II. 범죄사실기재 및 신문사항

1) 범죄사실 기재례 - [직업소개소에서 성적 착취목적 부녀매매]

가. 피의자 홍길동
피의자는 20○○. ○. ○.경 ○○에 있는 피의자 경영 ○○직업소개소에 지방에서 상경한

순진한 김○○(20세)와 박○○(21세)가 찾아오자 이들을 김길동이 경영하는 ○○에 있는 유흥주점에 팔기로 마음먹었다.

피의자는 위 김길동이 이들을 접대부로 사용할 것이라는 사실을 알면서도 그로부터 현금 ○○만원을 받고 이들을 인도하여 주어 성적 착취에 사용할 목적으로 부녀를 매매하였다.

나. 피의자 김길동

피의자는 위와 같은 때 같은 장소에서 위 홍길동이 데리고 온 위 김○○와 박○○등을 피의자가 경영하는 술집의 성매매와 성적 착취하기 위하여 그에게 현금 ○○만원을 주고 그들을 인도 받았다.

2) 적용법조 : 제289조 제3항   ☞ 공소시효 10년

3) 매도자 신문사항

– 직업소개소를 하고 있는가

– 언제부터 어디에서 하고 있는가

– 영업등록은 하였는가

– 영업규모는 어느 정도 인가

– 김길동에게 종업원을 소개해 준 일이 있는가

– 언제 누구를 소개시켜 주었는가

– 어떤 조건으로 소개해 주었는가

– 김길동은 어떤 영업을 하고 있는지 알고 있는가

– 김길동은 종업원들에게 어떤 일을 시킨 다고 말을 하던가

– 피의자가 소개시켜준 종업원들이 어떤 일을 할 것이라는 것을 알고 있는가

– 그럼 성매매와 성적 착취에 사용할 목적이라는 것을 알고 소개시켜 주었다는 것인가

4) 매수자 신문사항

– 홍길동으로부터 종업원을 소개 받은 일이 있는가

– 언제 누구를 소개 받았는가

– 어떤 조건으로 소개 받았는가

– 어떤 일을 시키기 위해 이들을 종업원으로 고용하였는가

– 이들을 성매매와 성적 착취에 사용하려고 고용한 것인가

– 어떤 방법으로 성매매와 성적 착취에 사용하려고 하였는가

– 이들을 언제 누구를 상대로 성매매와 성적 착취에 사용하였는가

제7항 약취, 유인, 매매, 이송 등 상해 · 치상 (살인 · 치사)

> 제290조(약취, 유인, 매매, 이송 등 상해·치상) ① 제287조부터 제289조까지의 죄를 범하여 약취, 유인, 매매 또는 이송된 사람을 상해한 때에는 3년 이상 25년 이하의 징역에 처한다.
> ② 제287조부터 제289조까지의 죄를 범하여 약취, 유인, 매매 또는 이송된 사람을 상해에 이르게 한 때에는 2년 이상 20년 이하의 징역에 처한다.
> 제291조(약취, 유인, 매매, 이송 등 살인·치사) ① 제287조부터 제289조까지의 죄를 범하여 약취, 유인, 매매 또는 이송된 사람을 살해한 때에는 사형, 무기 또는 7년 이상의 징역에 처한다.
> ② 제287조부터 제289조까지의 죄를 범하여 약취, 유인, 매매 또는 이송된 사람을 사망에 이르게 한 때에는 무기 또는 5년 이상의 징역에 처한다.
> 제294조(미수범) ... 제290조제1항, 제291조제1항 …의 미수범은 처벌한다.
> 제296조(예비, 음모) ... 제290조제1항, 제291조제1항 …의 죄를 범할 목적으로 예비 또는 음모한 사람은 3년 이하의 징역에 처한다.
> 제296조의2(세계주의) 제287조부터 제292조까지 … 대한민국 영역 밖에서 죄를 범한 외국인에게도 적용한다.

 Ⅰ. 구성요건

1. 주 체

제287조부터 제289조까지의 죄를 범한 사람

2. 행 위

사람을 상해 · 살해하거나 상해 · 사망에 이르게 하는 것

상해 · 치상의 결과는 약취, 유인 등의 과정에서 발생한 것임을 요하지 않으며, 약취, 유인 등의 기회에 발생된 것이면 충분하다.

(가) 피약취자 등 치사상

약취자 등이 과실로 피해자를 상해나 치사에 이르게 한 때 성립(결과적가중범)

(나) 피약취자 등 상해·살인

약취자 등이 상해나 살인의 고의를 가진 경우 성립하며 미수와 예비 · 음모를 처벌한다.

3. 기수시기

약취, 유인 된 사람을 상해하거나 상해에 이르게 할 때 또는 이들을 살해하거나 사망에 이르게 한 때

II. 범죄사실 기재

1) 범죄사실 기재례 - [피유인자상해]

피의자는 20○○. ○. ○. ○○:○○경 서울역 광장을 배회하다가 의자에 혼자 앉아있는 홍길자(여, 21세)를 보고 그녀를 꾀어서 간음하기로 마음먹었다.

피의자는 위 피해자에게 마치 피의자가 방송국 프로듀서인 것처럼 꾸민 다음 "나는 ○○ 방송국 ○○프로그램을 위해 순진한 얼굴을 가진 여자를 찾으러 나온 P.D인데 아가씨를 보니까 내가 찾는 전형적인 여자인 것 같다. TV에 출현해 볼 생각이 있느냐"고 하면서 그녀를 유혹하고 다음날 ○○:○○경 ○○에서 만나기로 하였다.

피의자는 다음날 ○○:○○경 ○○에서 만나 서울역 부근의 "나그네모텔" 203호실로 데리고 들어가 그녀를 간음함으로써 간음의 목적으로 그녀를 유인하였다.

이때 피해자가 속았다는 것을 알고 탈출하려고 하자 탈출하면 신고할 것을 염려하여 도망가지 못하게 하기 위해 주먹으로 얼굴을 수회 때려 약 2주일간의 치료를 요하는 전두부열상을 입게 하였다.

2) 적용법조 : 제290조 제1항, 제288조 제1항   ☞ 공소시효 10년

3) 신문사항

– 홍길자를 알고 있는가

  – 중략–

– 그럼 간음목적으로 피해자를 유인하였다는 것인가

– 유인한 후 어떻게 하였는가

– 폭행이나 협박한 사실이 있는가

– 무엇 때문에 때렸는가

– 어떤 방법으로 때렸나

– 어떠한 상처를 입혔는가

제8항 약취, 유인, 매매, 이송된 사람의 수수·은닉

제292조(약취, 유인, 매매, 이송된 사람의 수수·은닉 등) ① 제287조부터 제289조까지의 죄로 약취, 유인, 매매 또는 이송된 사람을 수수(授受) 또는 은닉한 사람은 7년 이하의 징역에 처한다.
② 제287조부터 제289조까지의 죄를 범할 목적으로 사람을 모집, 운송, 전달한 사람도 제1항과 동일한 형으로 처벌한다.
제294조(미수범) ... 제292조제1항의 미수범은 처벌한다.
제296조(예비, 음모) ... 제292조제1항의 죄를 범할 목적으로 예비 또는 음모한 사람은 3년 이하의 징역에 처한다.
제296조의2(세계주의) ... 제292조까지 ⋯ 대한민국 영역 밖에서 죄를 범한 외국인에게도 적용한다.

Ⅰ. 구성요건

1. 수수와 은닉 (제1항)

수수란 피인취자를 자기의 실력적 지배하에 두는 것을 말하며, 유상무상을 불문한다. 은닉이란 피인취자의 발견을 곤란하게 하는 일체의 행위를 의미한다.

미수와 예비·음모를 처벌한다.

2. 모집, 운송, 전달 (제2항)

제287조부터 제289조까지의 죄를 범할 목적으로 하는 목적범이다.

종래 방조범 형태로 인정되던 약취, 유인, 인신매매 등을 위하여 사람을 모집, 운송, 전달하는 행위를 독자적인 구성요건으로 처벌하도록 규정

Ⅱ. 범죄사실기재 및 신문사항

1) 범죄사실 기재례 - [국외이송목적으로 유인된 자 수수]

피의자는 20○○. ○. ○. ○○:○○경 ○○에서 乙이 ○○에서 국외이송목적으로 유인한 홍길동(10세)을 그 정을 알고 있으면서도 이를 수수하였다.

2) 적용법조 : 제292조 제1항 ☞ 공소시효 7년

제9항 강 간

제297조(강간) 폭행 또는 협박으로 사람을 강간한 자는 3년 이상의 유기징역에 처한다.
제300조(미수범) 제297조, 제297조의2, 제298조 및 제299조의 미수범은 처벌한다.
제305조의2(상습범) 상습으로 제297조, 제297조의2, 제298부터 제300조까지, 제302조, 제303조 또는 제305
    조의 죄를 범한 자는 그 죄에 정한 형의 2분의 1까지 가중한다.
제305조의3(예비, 음모) 제297조, 제297조의2, 제299조(준강간죄에 한정한다), 제301조(강간 등 상해죄에 한
    정한다) 및 제305조의 죄를 범할 목적으로 예비 또는 음모한 사람은 3년 이하의 징역에 처한다.
제306조(고소) 삭제(2013.6.19.) 제297조 내지 제300조와 제302조 내지 제305조의 죄는 고소가 있어야 공소
    를 제기할 수 있다.
※ 성폭력범죄의 처벌 등에 관한 특례법 제3조(특수강도강간 등), 제4조(특수강간 등), 제5조(친
    족관계에 의한 강간 등), 제6조(장애인에 대한 간간·강제추행 등), 제7조(13세 미만의 미성년
    자에 대한 강간, 강제추행 등)

I . 구성요건

1. 주 체

  본죄는 신분범도 자수범도 아니므로 주체에는 제한이 없다. 또한 남녀의 제한도 없
으며 법률상의 남편도 주체가 될 수 있다.(개정 전에는 부녀를 강간한 자로 규정)

2. 객 체

  남녀 구분 없이 사람이다. 다만 19세미만의 청소년이나 13세 미만의 경우에는 특별
법에서 별도로 가중처벌하고 있다.
○ 그동안 성전환 수술에 의하여 여성이 된 자는 강간죄의 객체가 될 수 없다(대법원
    1996.6.11. 선고 96도791 판결)고 하였으나 이제는 이러한 경우에도 다툼 없이 강간
    죄의 객체가 된다.

  ▪판례▪   형법 제297조에서 규정한 강간죄의 객체인 '부녀'에 혼인관계가 정상적으로 유
지되고 있는 법률상의 처도 포함되는지 여부(적극)

[1] 사실관계

  2001년 결혼한 甲은 아내 乙과의 사이에 자녀 둘을 두고 한집에 살아 왔지만 2~3년 전부
  터 불화를 겪고 있는 자이다. 甲은 乙이 밤늦게 귀가하는 것에 불만을 품고 있던 중 지난
  2011년 11월 11일 밤 10시 30분께 집으로 돌아온 乙을 주먹과 발로 마구 때린 뒤 부엌에서
  칼을 들고 나와 찌를 듯이 위협한 다음 강제로 성관계를 맺었다.

형법 제297조는 부녀를 강간한 자를 처벌한다고 규정하고 있는데, 형법이 강간죄의 객체로 규정하고 있는 부녀란 성년이든 미성년이든, 기혼이든 미혼이든 불문하며 곧 여자를 가리키는 것이다. 이와 같이 형법은 법률상 처를 강간죄의 객체에서 제외하는 명문의 규정을 두고 있지 않으므로, 문언 해석상으로도 법률상 처가 강간죄의 객체에 포함된다고 새기는 것에 아무런 제한이 없다. 한편, 1953. 9. 18. 법률 제293호로 제정된 형법은 강간죄를 규정한 제297조를 담고 있는 제2편 제32장의 제목을 '정조에 관한 죄'라고 정하고 있었는데, 1995. 12. 29. 법률 제5057호로 형법이 개정되면서 그 제목이 '강간과 추행의 죄'로 바뀌게 되었다. 이러한 형법의 개정은 강간죄의 보호법익이 현재 또는 장래의 배우자인 남성을 전제로 한 관념으로 인식될 수 있는 '여성의 정조' 또는 '성적 순결'이 아니라, 자유롭고 독립된 개인으로서 여성이 가지는 성적 자기결정권이라는 사회 일반의 보편적 인식과 법감정을 반영한 것으로 볼 수 있다. 민법 제826조 제1항은 부부의 동거의무를 규정하고 있고, 여기에는 배우자와 성생활을 함께 할 의무가 포함된다. 그러나 부부 사이에 민법상의 동거의무가 인정된다고 하더라도 거기에 폭행, 협박에 의하여 강요된 성관계를 감내할 의무가 내포되어 있다고 할 수 없다. 결론적으로, 헌법이 보장하는 혼인과 가족생활의 내용, 가정에서의 성폭력에 대한 인식의 변화, 형법의 체계와 그 개정 경과, 강간죄의 보호법익과 부부의 동거의무의 내용 등에 비추어 보면, 형법 제297조가 정한 강간죄의 객체인 '부녀'에는 법률상 처가 포함되고, 혼인관계가 파탄된 경우뿐만 아니라 실질적인 혼인관계가 유지되고 있는 경우에도 남편이 반항을 불가능하게 하거나 현저히 곤란하게 할 정도의 폭행이나 협박을 가하여 아내를 간음한 경우에는 강간죄가 성립한다고 보아야 한다. 이와 달리, 실질적인 부부관계가 유지되고 있을 때에는 설령 남편이 강제로 아내를 간음하였다고 하더라도 강간죄가 성립하지 아니한다고 판시한 대법원 1970. 3. 10. 선고 70도29 판결은 이 판결과 배치되는 범위에서 이를 변경하기로 한다(대법원 2013.5.16 선고, 2012도1488전원합의체 판결). 처가 다른 여자와 동거하고 있는 남편을 상대로 간통죄고소와 이혼소송을 제기하였으나 그 후 부부간에 다시 새 출발을 하기로 약정하고 간통죄고소를 취하하였다면 그들 사이에 실질적인 부부관계가 없다고 단정할 수 없으므로 설사 남편이 강제로 처를 간음하였다 하여도 강간죄는 성립되지 아니한다(대법원 1970.3.10. 선고 70도29 판결).

3. 행 위

폭행 또는 협박으로 강간하는 것

(1) 폭행 또는 협박

1) 폭행·협박의 주체 및 시기

○ 폭행·협박은 행위자 스스로 가한 것이어야 한다. 따라서 제3자가 행한 폭행·협박을 이용하여 간음한 경우에는 강간죄가 아니라 준강간죄가 성립한다.

○ 폭행·협박은 간음의 종료 이전에 행해져야 한다.

2) 폭행·협박의 정도

피해자의 항거를 불가능하게 하거나 반항을 현저히 곤란하게 할 정도로 충분하고(통설·판례), 절대적 폭력 이외에 강제적 폭력도 포함한다.

■ 판례 ■   강간죄가 성립하기 위한 폭행·협박의 정도 및 폭행·협박이 피해자의 항거를 불가능하게 하거나 현저히 곤란하게 할 정도였는지 판단하는 기준 / 강간죄에서 폭행·협박과 간음 사이에 인과관계가 있어야 하는지 여부(적극) 및 폭행·협박이 반드시 간음행위보다 선행되어야 하는지 여부(소극)

강간죄가 성립하려면 가해자의 폭행·협박은 피해자의 항거를 불가능하게 하거나 현저히 곤란하게 할 정도의 것이어야 한다. 폭행·협박이 피해자의 항거를 불가능하게 하거나 현저히 곤란하게 할 정도의 것이었는지 여부는 폭행·협박의 내용과 정도는 물론, 유형력을 행사하게 된 경위, 피해자와의 관계, 성교 당시와 그 후의 정황 등 모든 사정을 종합하여 판단하여야 한다. 또한 강간죄에서의 폭행·협박과 간음 사이에는 인과관계가 있어야 하나, 폭행·협박이 반드시 간음행위보다 선행되어야 하는 것은 아니다.(대법원 2017.10.12. 선고, 2016도16948 판결)

■ 판례 ■   혼인 외 성관계 사실을 폭로하겠다는 내용으로 협박

[1] 사실관계

유부녀인 丙녀는 옛 애인으로 행사하는 甲과 얼굴을 정확히 보지 못한 상태에서 1회 성관계를 가진 후 여전히 옛 애인으로 행세하는 甲으로부터 마치 사진 찍은 자의 성관계 요구에 불응하면 사진이 피해자의 집으로 보내지고 옛 애인과 성관계를 가진 사실이 남편과 가족들에게 알려질 듯한 태도로 '甲을 만나기 위하여 애를 업고 모텔로 들어가는 丙녀의 모습과 甲과 만났던 모텔 방호수를 사진으로 찍은 사람이 피해자와의 성관계를 요구한다'는 말을 듣고 '사진 찍은 자'로도 행세하는 甲으로부터 간음 및 추행을 당하였으나, 甲으로부터 별다른 폭행이나 협박을 받은 적이 없었다.

[2] 판결요지

가. 강간죄의 성립요건으로서 폭행·협박의 정도 및 그 판단 기준
강간죄가 성립하려면 가해자의 폭행·협박은 피해자의 항거를 불가능하게 하거나 현저히 곤란하게 할 정도의 것이어야 하고, 그 폭행·협박이 피해자의 항거를 불가능하게 하거나 현저히 곤란하게 할 정도의 것이었는지 여부는 그 폭행·협박의 내용과 정도는 물론, 유형력을 행사하게 된 경위, 피해자와의 관계, 성교 당시와 그 후의 정황 등 모든 사정을 종합하여 판단하여야 한다.

나. 협박과 간음 또는 추행 사이에 시간적 간격이 있는 경우, 협박의 요건
가해자가 폭행을 수반함이 없이 오직 협박만을 수단으로 피해자를 간음 또는 추행한 경우에도 그 협박의 정도가 피해자의 항거를 불가능하게 하거나 현저히 곤란하게 할 정도의 것(강간죄)이거나 또는 피해자의 항거를 곤란하게 할 정도의 것(강제추행죄)이면 강간죄 또는 강제추행죄가 성립하고, 협박과 간음 또는 추행 사이에 시간적 간격이 있더라도 협박에 의하여 간음 또는 추행이 이루어진 것으로 인정될 수 있다면 달리 볼 것은 아니다.

다. 甲의 죄책
유부녀인 피해자에 대하여 혼인 외 성관계 사실을 폭로하겠다는 등의 내용으로 협박하여 피해자를 간음 또는 추행한 사안에서 위와 같은 협박이 피해자를 단순히 외포시킨 정도를 넘어 적어도 피해자의 항거를 현저히 곤란하게 할 정도의 것이었다고 보기에 충분하다는 이유로, 강간죄 및 강제추행죄가 성립한다(대법원 2007.1.25. 선고 2006도5979 판결).

■ 판례 ■ 　강간죄가 성립하기 위한 폭행·협박이 있었는지 여부의 판단 기준

[1] 사실관계

> 노래방 도우미 乙녀는 甲이 운영하는 노래방에 와서 甲과 그 일행들의 유흥을 돋우는 일을 하다가 甲의 일행이 먼저 귀가한 후 1시간 더 연장하자는 甲의 요청에 따라 甲과 단둘이 노래방에 있게 되었다. 甲은 乙녀가 울면서 하지 말라고 하고 "사람 살려"라고 소리를 지르는 등의 반항을 하였음에도, 乙녀를 소파에 밀어 붙이고 양쪽 어깨를 눌러 일어나지 못하게 하는 등으로 반항을 억압한 후 간음하였고, 이로 인하여 乙녀는 외음부찰과상을 입었다. 그러나 성행위 당시 乙녀가 몸을 일으켜 그 장소를 탈출하려고 하거나 소리를 질러 구조를 요청하는 등 적극적으로 반항을 한 흔적은 없었다.

[2] 판결요지

강간죄가 성립하기 위한 가해자의 폭행·협박이 있었는지 여부는 그 폭행·협박의 내용과 정도는 물론 유형력을 행사하게 된 경위, 피해자와의 관계, 성교 당시와 그 후의 정황 등 모든 사정을 종합하여 피해자가 성교 당시 처하였던 구체적인 상황을 기준으로 판단하여야 하며, 사후적으로 보아 피해자가 성교 이전에 범행 현장을 벗어날 수 있었다거나 피해자가 사력을 다하여 반항하지 않았다는 사정만으로 가해자의 폭행·협박이 피해자의 항거를 현저히 곤란하게 할 정도에 이르지 않았다고 섣불리 단정하여서는 안 된다(대법원 2005.7.28. 선고 2005도3071 판결). ☞ (甲은 강간치상죄)

■ 판례 ■ 　수면제를 투약하여 피해자를 간음하거나 추행한 사건

강간치상죄나 강제추행치상죄에 있어서의 상해는 피해자의 신체의 완전성을 훼손하거나 생리적 기능에 장애를 초래하는 것, 즉 피해자의 건강상태가 불량하게 변경되고 생활기능에 장애가 초래되는 것을 말하는 것으로, 여기서의 생리적 기능에는 육체적 기능뿐만 아니라 정신적 기능도 포함된다. 따라서 수면제와 같은 약물을 투약하여 피해자를 일시적으로 수면 또는 의식불명 상태에 이르게 한 경우에도 약물로 인하여 피해자의 건강상태가 불량하게 변경되고 생활기능에 장애가 초래되었다면 자연적으로 의식을 회복하거나 외부적으로 드러난 상처가 없더라도 이는 강간치상죄나 강제추행치상죄에서 말하는 상해에 해당한다. 그리고 피해자에게 이러한 상해가 발생하였는지는 객관적, 일률적으로 판단할 것이 아니라 피해자의 연령, 성별, 체격 등 신체·정신상의 구체적인 상태, 약물의 종류와 용량, 투약방법, 음주 여부 등 약물의 작용에 미칠 수 있는 여러 요소를 기초로 하여 약물 투약으로 인하여 피해자에게 발생한 의식장애나 기억장애 등 신체, 정신상의 변화와 내용 및 정도를 종합적으로 고려하여 판단하여야 한다.(대법원 2017.6.29. 선고, 2017도3196, 판결)

■ 판례사례 ■ 　[강간죄의 성립을 긍정한 사례]

> (1) 새벽에 건물 내실에서 피고인의 몸에 새겨진 문신을 보고 겁을 먹은 연령이 어린 피해자에게 자신이 전과자라고 말하면서 캔맥주를 집어던지고 피해자의 뺨을 한번 때리며 성행위를 요구한 경우(대법원 1999.4.9. 선고 99도519 판결)
> (2) 여고생을 여관방으로 유인하여 방문을 걸어 잠근 후 성교할 것을 요구하였으나 거부하자 '옆방에 친구들이 많이 있다. 한 명하고 할 것이냐? 여러 명하고 할 것이냐?'라고 말하면서 성행위를 요구하여 간음한 경우(대법원 2000.8.18. 선고 2000도1914 판결)

■ 판례사례 ■ [피해자가 반항을 못하거나 반항을 현저하게 곤란하게 할 정도의 유형력의 행사가 있었다고 볼 수 없다는 이유로 강간죄의 성립을 부정한 사례]

(1) 피해자의 손목을 비틀며 강제로 여관에 들어갔지만 피해자가 여관주인이 방을 안내하는데 창피해서 구조요청하지 않은 경우(대법원 1990.9.28. 선고 90도1562 판결)
(2) 사촌여동생을 강간할 목적으로 담을 넘어 침입한 후 안방에 들어가 누워 자고 있던 여동생의 가슴과 엉덩이를 만지면서 강간하려 하였으나 '야'하고 고함을 치자 도망간 경우 ⇨ 주거침입죄 성립(대법원 1990.5.25. 선고 90도607 판결)
(3) 甲은 술에 취해 안방에서 자고 있는 乙녀를 발견하고 안방으로 들어가자, 어렴풋이 잠에 깬 乙녀는 애인으로 착각하고 甲이 애무하며 여관으로 가자고 하자 그냥 빨리 하라고 말하였고, 이에 甲은 乙녀를 간음하여 상해를 입게 한 경우(대법원 2000.2.25. 선고 98도4355 판결)
(4) 피해자와 전화로 사귀어 오면서 음담패설을 주고받을 정도까지 되었고 당초 간음을 시도한 방에서 피해자가 "여기는 죽은 시어머니를 위한 제청방이니 이런 곳에서 이런 짓을 하면 벌 받는다"고 말하여 안방으로 장소를 옮기게 되어 간음한 경우(대법원 1991.5.28. 선고 91도546 판결)

■ 판례 ■ 인터넷 채팅방을 통해 알게 된 소녀를 비디오방에서 간음한 경우

[1] 사실관계

甲은 인터넷 채팅방을 통해 알게 된 14세의 乙녀와 PC방에서 만나 게임을 하다가 乙녀를 집으로 돌려보내려 하였으나 집에 들어가지 않는다고 하여 비디오방으로 가게 되었다. 甲은 비디오방에서 갑자기 욕정이 생겨 "야, 우리 하자."고 말하였더니 乙녀가 아무 말도 하지 않고 소파에 기대어 누워 있어 강제적으로 바지를 벗기려고 하자 乙녀가 너무 놀라 甲을 밀치며 비디오를 계속 보라고 하였으나 욕정을 참지 못하고 乙녀를 꼼짝 못하게 한 뒤 강제적으로 乙녀의 바지를 벗기고 간음을 하였다. 그 후 甲과 乙녀는 함께 甲의 숙직실로 갔는데, 乙녀가 누워있는 모습을 보고 乙녀에게 다가가 "하자"고 하였더니 아무런 대답을 하지 않자 강제로 성관계를 맺었다. 그 후 함께 지내다가 甲은 乙녀를 택시에 태워 집으로 보내주었다.

[2] 판결요지

가. 강간죄에 있어서의 폭행·협박의 정도 및 그 판단 기준
강간죄가 성립하려면 가해자의 폭행·협박은 피해자의 항거를 불가능하게 하거나 현저히 곤란하게 할 정도의 것이어야 하고, 그 폭행·협박이 피해자의 항거를 불가능하게 하거나 현저히 곤란하게 할 정도의 것이었는지 여부는 그 폭행·협박의 내용과 정도는 물론 유형력을 행사하게 된 경위, 피해자와의 관계, 성교 당시와 그 후의 정황 등 모든 사정을 종합하여 판단하여야 한다.
나. 甲의 죄책
피해자가 반항을 못하거나 반항을 현저하게 곤란하게 할 정도의 유형력의 행사가 있었다고 볼 수 없어 강간죄는 성립하지 않는다(대법원 2004.6.25. 선고 2004도2611 판결).

(2) 강간행위

사람의 의사에 반하여 간음하는 것

○ 폭행·협박과 간음 사이에는 인과관계가 있어야 한다. 따라서 폭행·협박 후에 간음에 대한 동의가 있는 경우, 폭행·협박과 간음 사이에는 인과관계에 없으므로 강간미수가 성립할 뿐이다.

(3) 실행의 착수와 기수

1) 착수시기

폭행·협박을 개시한 때에 강간죄의 실행의 착수가 인정된다.

■ 판례 ■   강간을 목적으로 피해자의 집에 침입하여 안방에서 자고있는 피해자의 가슴과 엉덩이를 만진 경우, 강간죄의 실행의 착수 인정여부(소극)

[1] 사실관계

甲남은 乙녀를 강간할 목적으로 乙녀의 집에 침입하여 안방에서 누워 자고 있는 乙녀의 가슴과 엉덩이를 만지면서 간음을 기도하였으나 乙녀가 잠에서 깨는 바람에 그 뜻을 이루지 못하였다.

[2] 판결요지

강간죄의 실행의 착수가 있었다고 하려면 강간의 수단으로서 폭행이나 협박을 한 사실이 있어야 할 터인데 피고인이 강간할 목적으로 피해자의 집에 침입하였다 하더라도 안방에 들어가 누워 자고 있는 피해자의 가슴과 엉덩이를 만지면서 간음을 기도하였다는 사실만으로는 강간의 수단으로 피해자에게 폭행이나 협박을 개시하였다고 하기는 어렵다(대법원 1990.5.25. 선고 90도607 판결). ☞ (甲은 주거침입죄)

■ 판례 ■   강간하기로 결심하고 새벽 4시에 피해자 혼자 있는 방문 앞에 가서 방문을 열어 주지 않으면 부수고 들어갈 듯한 기세로 방문을 두드린 경우, 강간죄의 실행의 착수 인정여부(적극)

[1] 사실관계

甲남은 평소 짝사랑하던 乙녀를 강간하기로 결심하고 새벽 4시에 乙 혼자 있는 방문 앞에 가서 방문을 열어 주지 않으면 부수고 들어갈 듯한 기세로 방문을 두드리자, 乙이 위험을 느끼고 창문에 걸터앉아 "가까이 오면 뛰어 내리겠다"고 하는데도 베란다를 통하여 창문으로 침입하려고 하였다. 이를 본 乙녀는 창문으로 뛰어내려 결국 중상을 입었다.

[2] 판결요지

피고인이 간음할 목적으로 새벽 4시에 여자 혼자 있는 방문 앞에 가서 피해자가 방문을 열어 주지 않으면 부수고 들어갈 듯한 기세로 방문을 두드리고 피해자가 위험을 느끼고 창문에 걸터 앉아 가까이 오면 뛰어 내리겠다고 하는데도 베란다를 통하여 창문으로 침입하려고 하였다면 강간의 수단으로서의 폭행에 착수하였다고 할 수 있으므로 강간의 착수가 있었다고 할 것이다(대법원 1991.4.9. 선고 91도288 판결).   ☞ (甲은 강간치상죄와 주거침입죄)

(1) 피해자의 팔을 잡아 일어나지 못하게 하고 유방과 엉덩이를 만지면서 피해자의 팬티를 벗기려
　　하자 피해자가 뿌리치고 동생 방으로 건너간 경우(대법원 2000.6.9. 선고 2000도1253 판결)
(2) 甲이 강간을 결의하고 乙녀를 주행 중인 자동차에서 탈출불가능하게 하여 외포케 하고 50킬로미
　　터를 운행하여 여관 방실에서 강간하려 하였으나 피해자가 화장실에 들어가 문을 잠그고 소리질러
　　그 목적을 이루지 못한 경우 ⇨ 감금죄와 강간미수죄의 상상적 경합범(대법원 1983.4.26. 선고 83
　　도323 판결)

2) 기수시기

　남자의 성기가 여자의 성기 속에 들어가기 시작하는 순간에 기수가 되고, 성기의 완
전 삽입이나 사정은 요하지 않는다.

4. 주관적 구성요건

　폭행 또는 협박으로 사람을 강간한다는 인식·인용이 있을 것
　○ 간음에 상대방의 동의가 있은 것으로 오인하고 간음한 경우에는 구성요건적 착오
　　로 고의가 조각된다.

5. 죄수 및 타 죄와의 관계

(1) 죄 수

　동일한 폭행·협박을 이용하여 수회 간음 한 경우에는 강간죄의 단순일죄가 된다.

■ 판례 ■　　폭행 또는 협박으로 부녀를 강간한 경우 강간죄 외에 폭행죄나 협박죄 또는 폭력
행위등 처벌에 관한 법률위반죄를 구성하는지 여부(소극) 및 이들 각 죄의 관계(= 법조경합)
폭행 또는 협박으로 부녀를 강간한 경우에는 강간죄만 성립하고, 그것과 별도로 강간의 수단으로
사용된 폭행·협박이 형법상의 폭행죄나 협박죄 또는 폭력행위등처벌에관한법률위반의 죄를 구성
한다고는 볼 수 없으며, 강간죄와 이들 각 죄는 이른바 법조경합의 관계일 뿐이다(대법원
2002.5.16. 선고 2002도51 전원합의체 판결).

■ 판례 ■　　피해자를 1회 간음하고 200미터쯤 오다가 다시 1회 간음한 경우 죄수(= 단순일죄)
피해자를 위협하여 항거불능케 한 후 1회 간음하고 2백 미터쯤 오다가 다시 1회 간음한 경우에 있
어 피고인의 의사 및 그 범행시각과 장소로 보아 두 번째의 간음행위는 처음한 행위의 계속으로 볼
수 있어 이를 단순일죄로 처단하는 것이 정당하다(대법원 1970.9.29. 선고 70도1516 판결).

■ 판례 ■   1회 강간하고 나서 약 1시간후 장소를 옮겨 같은 피해자를 다시 1회 강간한 행위의 죄수(= 실체적 경합)

[1] 사실관계

> 甲은 乙녀(20세)를 강간할 목적으로 도망가는 乙녀를 추격하여 수회 때리고 손으로 목을 조르면서 1회 간음하여 강간하고 이로 인하여 요치 28일간의 전두부 타박상을 입게 한 후, 약 1시간 후에 그녀를 자신의 집 작은방으로 끌고 가 앞서 범행으로 상처를 입고 항거불능 상태인 그녀를 다시 1회 간음하여 강간하였다.

[2] 판결요지

피해자를 1회 강간하여 상처를 입게한 후 약 1시간후에 장소를 옮겨 같은 피해자를 다시 1회 강간한 행위는 그 범행시간과 장소를 달리하고 있을 뿐만 아니라 각 별개의 범의에서 이루어진 행위로서 형법 제37조 전단의 실체적 경합범에 해당한다(대법원 1987.5.12. 선고 87도694 판결). ☞ (甲은 강간치상죄와 강간죄의 실체적 경합범)

(2) 타죄와의 관계

○ 강간하기 위하여 감금한 경우 ⇨ 강간죄와 감금죄의 상상적 경합(대법원 1983. 4. 26. 선고 83도323 판결)

○ 13세 미만의 여자를 강간한 경우 ⇨ 강간죄가 성립하지만, 성폭력범죄의 처벌 등에 관한 특례법 제7조 제1항의 규정이 적용

○ 타인의 주거에 침입하여 강간한 경우 ⇨ 강간죄와 주거침입죄의 실체적 경합범

■ 판례 ■   주거침입죄와 강간죄와의 죄수

야간에 흉기를 들고 사람의 주거에 침입하여 강간을 한 경우에는 폭력행위등처벌에관한법률위반(주거침입)죄와 강간죄가 성립하고 이 경우 두 죄는 실체적 경합관계에 있다(대법원 1988.12.13. 선고 88도1807, 88감도130 판결).

6. 소추조건

강간죄는 고소가 있어야 공소를 제기할 수 있는 친고죄였으나 법 개정(2013. 6. 19. 시행)으로 친고죄가 폐지되어 고소 없이도 처벌할 수 있다. 따라서 별도의 소추요건을 요하지 않는다.

그러나 법 개정 전(2013.6.18.)에 발생한 강간죄에 대해서는 친고죄로 규정하고 있기 때문에 반드시 고소가 있어야 처벌할 수 있다.

II. 범죄사실 작성시 유의사항

1. 객 체

가. 남녀의 구분이 없어졌기 때문에 남녀에 대한 표시가 반드시 필요한 것은 아니다. 그러나 형량과 죄질의 참고자료로 사용하기 위해서는 여자가 남자를 강간한 경우와 그 반대의 경우에 있어서는 다를 것이다. 그러기 때문에 남녀표시를 하여야 한다.

나. 피해자의 연령은 이를 기재함이 실무례인데 형법 제302조, 제305조의 경우는 구성요건의 한 요소를 이루고 있으므로 반드시 기재하여야 한다.

2. 고 의

가. 피해자가 13세 이상 또는 그 미만의 자인가에 대한 인식은 피해자의 연령을 기재함으로써 피의자가 이를 당연히 알고 있었다고 보이는 경우에는 특히 이를 적시할 필요가 없지만, 그렇지 아니한 경우에는 특히 이 인식에 관한 점도 적시하지 않으면 안 된다.

나. 행위가 간음의 목적으로 된 것임을 적시하여야 한다. 이 점은 협박의 내용이나 폭행의 태양등 제반 사정으로부터 판명되는 경우도 많지만, 보통은 「……강간하기로 마음먹고」 등의 표현으로써 나타낸다. 특히 미수의 경우에는 단순한 폭행죄, 협박죄, 강제추행죄 또는 강도죄와의 구별을 나타내기 위하여 필요하다.

3. 폭행·협박

폭행, 협박이 반항을 불가능하게 하거나 현저히 곤란하게 할 정도에 이르는 강력한 유형력의 행사를 의미하므로 그 취지를 기재하여야 한다.

4. 간음행위

강간이 기수인 경우 그 구체적 사실을 지나치게 저속한 표현으로 나타내는 것은 좋은 일은 아니다. 기수, 미수가 특히 문제가 되는 경우 외에는 「간음하여」라는 정도의 다소 추상적인 표현을 사용하는 것이 좋다. 강간죄의 경우에도 간통죄와 마찬가지로 개개의 성행위마다 1개의 죄가 성립되는 것이므로 죄수에 알맞은 사실을 명기하여야 한다.

Ⅲ. 범죄사실 작성

1) 범죄사실 기재례

[기재례1] 노래방 도우미 강간

피의자는 20○○. ○. ○. 23:00경 ○○에 있는 ○○노래방에 일행 3명과 같이 찾아가 도우미인 피해자 홍길녀(34세)를 불러 놀다가 피의자의 일행들은 먼저 귀가한 후 1시간 더 연장하자는 피의자의 요청에 따라 피해자와 단둘이 노래방에 있게 되었다.

이때 피의자가 피해자를 껴안으려고 하자 울면서 하지 말라 하고 '사람 살려'라고 소리를 지르는 등 반항하였음에도, 피의자가 피해자를 소파에 밀어붙이고 양쪽 어깨를 눌러 일어나지 못하게 하는 등으로 피해자의 반항을 억압하고 하의를 모두 벗긴 다음 피의자의 성기를 피해자의 음부에 삽입하여 그녀를 강간하였다.

[기재례2] 노래방 도우미 강간

피의자는 20○○. ○. ○. 23:00경 ○○에 있는 ○○노래방에 일행 3명과 같이 찾아가 도우미인 피해자 홍길녀(34세)를 불러 놀다가 피의자의 일행들은 먼저 귀가한 후 1시간 더 연장하자는 피의자의 요청에 따라 피해자와 단둘이 노래방에 있게 되었다.

이때 피의자가 피해자를 껴안으려고 하자 울면서 하지 말라 하고 '사람 살려'라고 소리를 지르는 등 반항하였음에도, 피의자가 피해자를 소파에 밀어붙이고 양쪽 어깨를 눌러 일어나지 못하게 하는 등으로 피해자의 반항을 억압하고 하의를 모두 벗긴 다음 피의자의 성기를 피해자의 음부에 삽입하여 그녀를 강간하였다.

[기재례3] 인터넷 채팅으로 만나 강간

피의자는 20○○. 1. 6.경 인터넷채팅사이트인 '버디버디'를 통하여 피해자 홍길녀(여, 24세)를 알게 되었다.

가. 피의자는 20○○. ○. ○. 03:00경 ○○에 있는 ○○비디오방에서 위 피해자와 함께 영화를 보다가 순간적으로 욕정을 일으켜 '야, 우리 하자.'고 말하면서 그 곳 소파에 누워 있던 피해자의 몸 위에 올라 타 움직이지 못하게 하고 양손으로 바지와 팬티를 벗기는 등 피해자의 반항을 억압한 후 1회 간음하여 강간하였다.

나. 피의자는 같은 날 13:00경 ○○에 있는 피의자가 근무하는 A 회사 숙직실에서 그 곳에 누워있던 피해자를 보고 순간적으로 욕정을 일으켜 '하자'고 말하면서 피해자의 몸 위에 올라타 움직이지 못하게 하고 양손으로 팬티를 벗기는 등 피해자의 반항을 억압한 후 1회 간음하여 강간하였다.

[기재례4] 승용차 안에서 강간

피의자는 20○○. ○. ○. ○○:○○경 ○○시 ○○동 ○○번지에 있는 앞 골목길 피의자 소유 승용차 ○○거1818호를 주차해 두고 차안에서 피해자 홍길녀(여, 22세)가 혼자 지나가는 것을 발견하고 순간적으로 욕정을 일으켜 그녀를 강간하기로 마음먹고, 그녀 뒤에서 갑자기 그녀를 끌어안고 목을 조르며 피의자 승용차 안으로 끌고 들어갔다.

피의자는 소리 지르면 죽여 버리겠다고 말하고 주먹으로 피해자의 얼굴을 2,3회 때리는 등 폭행하여 항거 불능케 한 후 하의를 모두 벗기고 피해자를 1회 간음하여 강간하였다.

[기재례5] 다방종업원을 승용차 안에서 강간

피의자는 20○○. ○. ○. ○○:○○경 ○○도로상에 주차한 승용차 조수석에서 함께 타고 간 다방종업원인 피해자 甲(여, 21세)에게 성관계를 요구하며 옷을 벗으라고 하였으나 거절하자 심한 욕설을 하며 조수석으로 넘어가 의자를 뒤로 젖혀 피해자를 눕히고 피의자의 무릎으로 피해자의 허벅지를 내리눌러 반항을 억압한 다음 상, 하의를 벗기고 간음하여 강간하였다.

[기재례6] 빈 창고에서 강간

피의자는 20○○. ○. ○. ○○:○○경 ○○에서 피해자 甲(여, 23세)이 혼자 걸어가고 있는 것을 보고 갑자기 욕정을 일으켜 그녀를 강간하기로 마음먹고 ○○앞 도로상에서 그녀를 뒤에서 덮쳐 인근 빈 창고로 끌고 들어갔다.

피의자는 그곳 바닥에 넘어뜨리고 일어나려고 하는 피해자의 머리를 왼손으로 누르며 "떠들면 죽인다."고 말하여 반항을 억압한 뒤 강제로 간음하여 그녀를 강간하였다.

[기재례7] 성인 방송을 보면서 강간

피의자는 20○○. ○. ○. 14:00경 ○○ 피의자의 집에서, 친구 갑을 피해자 A(29세, 여)를 집으로 들어오게 한 뒤 집에 아무도 없는 점을 이용하여 피해자를 강간하기로 마음먹고, 텔레비전에 성인방송 프로그램을 켜놓고 "싫다"면서 발버둥을 치며 반항하는 피해자의 몸 위로 올라타 피해자가 움직이지 못하게 하여 피해자의 반항을 억압한 다음, 계속하여 "소리쳐도 소용없다"고 말하면서 피해자의 바지와 팬티를 벗긴 후 1회 간음하여 피해자를 강간하였다.

2) 적용법조 : 제297조 ☞ 공소시효 10년

IV. 피해자 조사사항

- 피의자와 어떠한 관계인가
- 처음 언제 어떻게 알게 되었나
- 누구와 같이 피의자를 만났나
- 어떻게 피의자의 승용차를 타게 되었나
- 처음 어디까지 데려다 준다면서 차를 타라고 하던가
- 차를 타고 어디까지 갔는가
- 목적지까지 갈 때 별다른 이상을 보이지 않던가
- 그곳에 도착하였을 때 주변에 누가 없던가
- 어떻게 옷을 벗기던가
- 뭐라면서 옷을 벗기던가
- 그때 피해자는 어떻게 하였나
- 그로 인하여 상처입은 곳이 있는가
- 그곳에서 어떻게 탈출하였나
- 피해자가 도망할 때 피의자는 어떻게 하던가
- 피해 당한 후 어떠한 조치를 하였나(샤워, 병원 치료등)
- 피의자의 처벌을 원하는가

V. 피의자 신문사항

1. 피의자의 일반적 조사사항

가. 범행의 동기

- 우발적인가(범행의 직접원인·간접원인, 제3자가 관련된 원인)
- 계획적인가

나. 준비행위

- 범행을 위하여 어떠한 준비를 하였는가

- 흉기 기타 범죄 공여물의 입수 경로
- 범행당시의 복장·휴대품 기타 몸차림, 흉기의 휴대 방법 등

다. 범행지까지의 경로

- 언제 어디서 출발하였는가
- 어느 길을 거쳤는가, 도중 특이한 일이나 만난 사람은 없었는가
- 언제 현장에 도착하였는가

라. 범행일시

- 범행일시에 대한 피의자의 인식은 확실한가, 그 근거는(참고인의 진술과 합치되는가)

마. 범행장소

1) 어디서 범행했는가

- 이웃집과의 관계, 가옥의 구조, 방의 배치·구조(출입구 시정, 기구·집기 등의 배치상황 등)나 가족들의 상태, 사람의 출입, 명암상황
- 도로상·산야·전답, 사찰 경내, 산막·선차내·해변·공원 등
- 사람·차량의 교통량, 행락객 등의 상황
- 공중밀집장소인가(공중밀집장소에서의 추행은 성폭력 범죄의 처벌 및 피해자보호 등에 관한 법률의 적용을 받는다)
- 날씨·명암 등의 상황 마. 인가·노점 등과의 방향·거리관계 등

2) 왜 그 장소를 택했는가

3) 현장에 관하여 피해자의 진술과 합치하는가

4) 지번을 모를 때에는 지리적 상황, 목표물 등

바. 범행의 상황

- 범행 직전에 피해자와 응대한 상황(위치·언어·태도)
- 흉기 등의 사용 여부(도검·총기, 끈·곤봉류, 약물(흥분제)
- 흉기 등 사용의 구체적 태양
  - 흉기로 위협하고 끈 등으로 수족을 결박하고 입을 봉했는 등
  - 수면제 기타 약물을 먹였는지 여부
  - 술 기타로 취하게 하였는가 등

- 외포 · 곤혹의 정도
  - ㅇ 반항하였는가
  - ㅇ 외포상태에 있었는가
  - ㅇ 의사결정(의사실행)의 자유를 잃은 정도였는가
  - ㅇ 심신상실(기절)하였는가
- 현장의 지형 · 지물을 이용하였는가
- 피해자와 피의자의 자태, 성교 · 추행의 구체적 태양
- 성교 · 추행의 소요시간
- 음경 삽입의 여부, 사정의 여부
- 강간(추행) 당시의 피해자의 태도와 그 상황

사. 사상(死傷)결과의 발생

- 사상 결과에 대한 인식 · 예견의 유무
- 상해의 부위 · 정도
- 사상 결과의 진단서 · 검안서 등과는 합치하는가

아. 범의의 확정

- 폭행 · 협박은 강간(추행)의 수단으로서 행했는가
- 강간(추행)행위에 대한 인식은 명확했는가

자. 피해자의 연령에 대한 인식

- 피해자가 13세 이상임을 인식했는가, 인식한 근거는

차. 신분관계(피해자와의 관계)

- 혈족 기타 친족관계의 유무
- 사교상 교제의 유무와 그 정도
- 경제상 거래관계의 유무
- 친지 · 고용관계의 유무
- 면식이 없으면 인상 · 복장 · 특징 · 소지품 · 언어 · 태도 등

카. 범행 후의 상황

- 흉기 등을 언제 어디서 처분하였는가
- 언제 어디서 어느 길을 통하여 도주하였는가

- 교통기관의 이용 여부
- 도주하는 도중 특이한 일이나 만난 사람은 없었는가

타. 화해교섭
- 피해자에 대한 치료비 기타 손해액에 대한 변상의 여부
- 화해교섭의 경과·내용 등

파. 공범관계
- 모의의 유무와 일시·장소
- 모의의 내용과 범위·방법
- 분담한 임무와 그 실행내용(윤간 형태는 아니었는가)
- 교사자·방조자의 유무

2. 피의자 신문例
- 피의자는 홍길순을 알고 있나
- 피의자는 피해자와 강제로 성교하려 한 일이 있나
- 그 여자는 언제부터 알고 있었나
- 언제, 어디서 강제로 성교했나
- 어떤 방법으로 했나
- 피의자 혼자서 하였는가
- 피해자에게 상처를 입혔나
- 이것이 당시 피해자를 위협하는데 사용했던 칼인가
  이때 압수된 중 제1호 칼을 보여준 바
- 피해자는 어떤 반응을 보였나
- 칼은 언제 어디에서 구하였나
- 당시 사용한 칼은 범행 후 어떻게 하였나
- 어디에 있다가 붙잡혔나
- 왜 이런 짓을 했나
- 합의는 했나

제10항 유사강간

제297조의2(유사강간) 폭행 또는 협박으로 사람에 대하여 구강, 항문 등 신체(성기는 제외한다)의 내부에 성기를 넣거나 성기, 항문에 손가락 등 신체(성기는 제외한다)의 일부 또는 도구를 넣는 행위를 한 사람은 2년 이상의 유기징역에 처한다.

제300조(미수범) 제297조, 제297조의2, 제298조 및 제299조의 미수범은 처벌한다.

제305조의2(상습범) 상습으로 제297조, 제297조의2, 제298부터 제300조까지, 제302조, 제303조 또는 제305조의 죄를 범한 자는 그 죄에 정한 형의 2분의 1까지 가중한다.

제305조의3(예비, 음모) 제297조, 제297조의2, 제299조(준강간죄에 한정한다), 제301조(강간 등 상해죄에 한정한다) 및 제305조의 죄를 범할 목적으로 예비 또는 음모한 사람은 3년 이하의 징역에 처한다.

Ⅰ. 구성요건

1. 주 체

주체에는 제한이 없고, 여자도 본죄의 단독정범·공동정범이 될 수 있다.

2. 객 체

자연인으로 성별, 기혼 여부, 연령의 다소를 불문하고 본죄의 객체가 된다.

3. 행 위

폭행 또는 협박으로 구강, 항문 등 신체(성기는 제외한다)의 내부에 성기를 넣거나 성기, 항문에 손가락 등 신체(성기는 제외한다)의 일부 또는 도구를 넣는 행위를 하는 것

성기를 이용 성기에 삽입한 경우는 강간죄가 성립하지만, 성기를 이용 성기이외의 신체에 삽입한 행위를 하거나 성기 이외 신체(손가락 등)나 도구를 이용하여 성기에 삽입한 경우 본죄가 성립한다. 미수범 및 상습범도 처벌한다.

■ 판례 ■ **유사강간죄의 실행의 착수시기**

강간죄는 사람을 강간하기 위하여 피해자의 항거를 불능하게 하거나 현저히 곤란하게 할 정도의 폭행 또는 협박을 개시한 때에 그 실행의 착수가 있다고 보아야 할 것이지, 실제 간음행위가 시작되어야만 그 실행의 착수가 있다고 볼 것은 아니다. 유사강간죄의 경우도 이와 같다.(대법원 2021. 8. 12., 선고, 2020도17796, 판결)

■ 판례 ■ **군형법상 군인등유사강간 및 군인등강제추행의 죄가 형법상 유사강간 및 강제추행의 죄에 대해 가중처벌되는 죄로서 성폭력범죄의 처벌 등에 관한 특례법 제2조 제2항에**

의하여 성폭력범죄에 포함되는지 여부(적극)

성폭력범죄의 처벌 등에 관한 특례법(이하 '성폭력특례법'이라고 한다) 제2조 제1항은 각 호의 어느 하나에 해당하는 죄를 성폭력범죄로 규정하였는데, 제3호에는 형법 제297조의2(유사강간), 제298조(강제추행)의 죄가 포함되어 있고, 같은 법 제2조 제2항에서 '제1항 각 호의 범죄로서 다른 법률에 따라 가중처벌되는 죄'는 성폭력범죄로 본다고 규정하였다. 한편 2009. 11. 2. 법률 제9820호로 개정된 군형법은 군대 내 여군의 비율이 확대되고 군대 내 성폭력 문제가 심각해지자 여군을 성폭력범죄로부터 보호하고 군대 내 군기확립을 위하여 제15장에 강간과 추행의 죄에 관한 장을 신설하면서 제92조의2에 군인등강제추행의 죄를 규정하였고, 그 후 2012. 12. 18. 법률 제11574호로 형법이 개정되면서 제297조의2(유사강간)의 죄가 신설되자 2013. 4. 5. 법률 제11734호로 군형법도 개정되면서 제92조의2에 군인등유사강간의 죄가 신설되고, 군인등강제추행의 죄는 제92조의3으로 조항이 변경되었다. 위와 같이 군형법상 강간과 강제추행의 죄가 군인을 상대로 한 성폭력범죄를 가중처벌하기 위한 것으로서 형법상 강간 및 강제추행의 죄와 본질적인 차이가 없어 이를 성폭력특례법상 성폭력범죄에서 제외할 합리적인 이유가 없는 점, 군인등유사강간 및 군인등강제추행의 죄는 행위주체가 군형법 제1조에 규정된 자로 제한되고 범행대상(또는 행위객체)이 군형법 제1조 제1항 내지 제3항에 규정된 자로 제한되는 점 외에 형법상 유사강간 및 강제추행의 죄와 행위태양이 동일한 점 등을 종합하여 보면, 군인등유사강간 및 군인등강제추행의 죄는 형법상 유사강간 및 강제추행의 죄에 대하여 가중처벌하는 죄로서 성폭력특례법 제2조 제2항에 의해 성폭력범죄에 포함된다고 보아야 한다.(대법원 2014. 12. 24., 선고, 2014도10916, 판결)

4. 주관적 구성요건

폭행 또는 협박으로 사람에 대하여 유사강간을 한다는 것에 대한 인식·인용이 있을 것.

5. 특별법

피해자가 청소년인 경우에는 아동·청소년의 성보호에 관한 법률로 처벌한다.

◗ II. 범죄사실기재 및 신문사항

1) 범죄사실 기재례

[기재례1] 택시기사의 승객 준유사강간

> 피의자는 20○○. ○. ○. 22:00경 ○○에 있는 ○○백화점 부근에서 피의자가 운행하는 (차량번호)호 택시에 피해자 갑(여,21세)을 승차시켰으나 피해자가 술에 만취하여 정신을 차리지 못하자 피해자를 ○○에 있는 ○○모텔 202호실로 데리고 가 침대 위에 눕힌 다음 옷을 벗기고 피해자의 몸에 묻은 오물을 닦아 주었다.
> 피의자는 같은 날 23:30경 위 모텔 202호실로 다시 찾아가 피해자가 잠이 들어 있는 것을 발견하고 입으로 피해자의 목과 가슴을 빨고 손가락을 피해자의 성기 안에 집어넣었다.
> 이로써 피의자는 피해자가 항거불능의 상태에 있음을 이용하여 피해자의 신체에 피의자의 손가락을 삽입하였다.

[기재례2] 동료직원 준유사강간

> 피의자는 20○○. ○. ○. 21:30경 같은 회사에 다니는 직장동료인 피해자 甲(여, 26세)과 저녁을 같이 먹은 후 술에 취한다면서 인근 여관에 잠깐만 쉬고 가자고 하여 ○○에 있는 여관 ○○호실에 같이 들어가게 되었다.
>
> 피의자는 같은 날 22:00경 피해자를 침대에 눕힌 후 ○○방법으로 피해자의 반항을 억압하고 피해자의 옷 속으로 손을 넣어 피해자의 가슴과 음부를 만지고, 손가락을 피해자의 음부에 넣었으며, 피의자의 성기를 피해자로 하여금 빨게 하고, 피해자를 자신의 위로 올라오게 한 후 피해자의 허리를 양손으로 잡고 자신의 성기를 피해자의 음부에 대고 비비면서 위아래로 왕복하였다.
>
> 이로써 피의자는 피해자의 구강에 성기를 넣고, 피해자의 성기에 손가락을 넣는 유사강간행위를 하였다.

[기재례3] 항문에 성기삽입 유사강간

> 피의자는 20○○. ○. ○. 07:00경 ○○에 있는 ○○호텔 222호실에서 그 전 클럽에서 만난 피해자 갑(여, 23세)과 함께 들어가 술에 취하여 잠을 자고 있던 피해자를 보고 순간 욕정을 느껴 피해자의 옷을 벗긴 다음 피해자의 항문 부위에 피의자의 성기를 삽입하였다.
>
> 이로써 피의자는 위와 같이 피해자의 항거불능 상태를 이용하여 피해자의 항문에 성기를 삽입하여 간음하였다.

[기재례4] 처남의 내연녀에 대한 준유사강간

> 피의자는 손아래 누이인 갑의 남편이고, 피해자 을(여, 36세)은 갑과 내연관계에 있는 사람이다.
>
> 피의자는 20○○. ○. ○. 01:00경 ○○ 피의자의 주거지 내 거실에서, 잠을 자고 있던 피해자에게 접근하여 바지를 벗고 팬티만 입은 상태에서 피해자의 잠옷 바지와 팬티를 무릎까지 내려 벗기고, 피해자의 왼쪽 엉덩이와 다리를 피의자의 오른쪽 허벅지 위에 올려놓은 후 한 손으로 피해자의 엉덩이를 주무르고, 다른 한 손으로 피해자의 음부를 만지며 손가락을 질 내에 삽입하였다.
>
> 이로써 피의자는 피해자의 심신상실 상태를 이용하여 피해자를 유사강간하였다.

2) 적용법조 : 제299조, 제297조의2 … 공소시효 10년

3) 신문사항

- 홍길녀를 알고 있는가
- 위 홍길녀와 같이 술을 먹은 일이 있는가

- 언제 어디에서 먹었는가
- 술을 어느 정도 먹었는가
- 술을 먹은 후 홍길녀를 어떻게 하였나
- 어디에 있는 여관으로 어떻게 같이 가게 되었는가
- 여관에 도착하였을 때 홍길녀의 상태는 어떠하였는가
- 그때 홍길녀를 강간하였는가
- 어떻게 강간하였는가
- 옷을 벗길 때 홍길녀는 전혀 의식하지 못하던가
- 반항도 없었는가
- 어떤 방법으로 유사강간를 하였는가
- 왜 성교를 하지 않았는가
- 처음부터 유사강간만 하려고 하였는가
- 성교를 하지 못하는 이유라도 있는가
- 강간 후 어떻게 하였는가

제11항 강제추행

 ## Ⅰ. 구성요건

1. 주 체

주체에는 제한이 없고, 여자도 본죄의 단독정범·공동정범이 될 수 있다.

2. 객 체

자연인

○ 연인으로 성별, 기혼 여부, 연령의 다소를 불문하고 본죄의 객체가 되나, 강제추행의 객체가 13세 미만의 사람인 경우에는 제305조와 성폭력범죄의 처벌 등에 관한 특례법 제7조가 적용된다.

3. 행 위

폭행 또는 협박으로 추행을 하는 것

(1) 폭행 또는 협박

1) 폭행·협박의 정도

다수설은 강간죄와 동일하게 본죄의 폭행·협박은 상대방의 반항을 불가능하게 하거나 현저히 곤란하게 할 정도에 이를 것을 요한다고 하나, 판례는 상대방의 의사에 반하는 유형력의 행사가 있으면 충분하고 그 힘의 대소강약은 중요하지 않다고 한다.

■ 판례 ■   기습추행의 경우 폭행의 정도

[1] 강제추행죄에 포함되는 이른바 '기습추행'의 경우, 추행행위와 동시에 저질러지는 폭행행위의 정도 / '추행'의 의미 및 이에 해당하는지 판단하는 기준

강제추행죄는 상대방에 대하여 폭행 또는 협박을 가하여 항거를 곤란하게 한 뒤에 추행행위를 하는 경우뿐만 아니라 폭행행위 자체가 추행행위라고 인정되는 이른바 기습추행의 경우도 포함된다. 특히 기습추행의 경우 추행행위와 동시에 저질러지는 폭행행위는 반드시 상대방의 의사를 억압할 정도의 것임을 요하지 않고 상대방의 의사에 반하는 유형력의 행사가 있기만 하면 그 힘의 대소강약을 불문한다는 것이 일관된 판례의 입장이다. 이에 따라 대법원은, 피해자의 옷 위로 엉덩이나 가슴을 쓰다듬는 행위, 피해자의 의사에 반하여 그 어깨를 주무르는 행위, 교사가 여중생의 얼굴에 자신의 얼굴을 들이밀면서 비비는 행위나 여중생의 귀를 쓸어 만지는 행위 등에 대하여 피해자의 의사에 반하는 유형력의 행사가 이루어져 기습추행에 해당한다고 판단한 바 있다. 나아가 추행은 객관적으로 일반인에게 성적 수치심이나 혐오감을 일으키게 하고 선량한 성적 도덕관념에 반하는 행위로서 피해자의 성적 자유를 침해하는 것으로, 이에 해당하는지 여부는 피해자의 의사, 성별, 연령, 행위자와 피해자의 이전부터의 관계, 그 행위에 이르게 된 경위, 구체적 행위태양, 주위의 객관적 상황과 그 시대의 성적 도덕관념 등을 종합적으로 고려하여 신중히 결정되어야 한다.

[2] 미용업체인 甲 주식회사를 운영하는 피고인이 甲 회사의 가맹점에서 근무하는 乙(여, 27세)을 비롯한 직원들과 노래방에서 회식을 하던 중 乙을 자신의 옆자리에 앉힌 후 갑자기 乙의 볼에 입을 맞추고, 이에 乙이 '하지 마세요'라고 하였음에도 계속하여 오른손으로 乙의 오른쪽 허벅지를 쓰다듬어 강제로 추행한 경우

공소사실 중 피고인이 乙의 허벅지를 쓰다듬은 행위로 인한 강제추행 부분에 대하여는, 乙은 본인의 의사에 반하여 피고인이 자신의 허벅지를 쓰다듬었다는 취지로 일관되게 진술하였고, 당시 현장에 있었던 증인들의 진술 역시 피고인이 乙의 허벅지를 쓰다듬는 장면을 목격하였다는 취지로서 乙의 진술에 부합하는 점, 여성인 乙이 성적 수치심이나 혐오감을 느낄 수 있는 부위인 허벅지를 쓰다듬은 행위는 乙의 의사에 반하여 이루어진 것인 한 乙의 성적 자유를 침해하는 유형력의 행사에 해당할 뿐 아니라 일반인에게도 성적 수치심이나 혐오감을 일으키게 하는 추행행위라고 보아야 하는 점, 원심은 무죄의 근거로서 피고인이 乙의 허벅지를 쓰다듬던 당시 乙이 즉시 피고인에게 항의하거나 반발하는 등의 거부의사를 밝히는 대신 그 자리에 가만히 있었다는 점을 중시한 것으로 보이나, 성범죄 피해자의 대처 양상은 피해자의 성정이나 가해자와의 관계 및 구체적인 상황에 따라 다르게 나타날 수밖에 없다는 점에서 위 사정만으로는 강제추행죄의 성립이 부정된다고 보기 어려운 점 등을 종합할 때 기습추행으로 인한 강제추행죄의 성립을 부정적으로 볼 수 없을 뿐 아니라, 피고인이 저지른 행위가 자신의 의사에 반하였다는 乙 진술의 신빙성에 대하여 합리적인 의심을 가질 만한 사정도 없다는 이유로, 이와 달리 보아 이 부분에 대하여도 범죄의 증명이 없다고 본 원심의 판단에 기습추행 내지 강제추행죄의 성립에 관한 법리를 오해한 잘못이 있다.(대법원 2020. 3. 26.선고, 2019도15994, 판결)

■ 판례 ■ 강제추행죄의 '폭행 또는 협박'에 상대방의 항거를 곤란하게 할 정도일 것이 요구되는지 여부(소극)

[1] 사실관계

피고인이 4촌 친족인 피해자를 침대에 쓰러뜨려 반항하지 못하게 한 후 피해자의 가슴을 만지는 등 강제로 추행하였다는 사실로 성폭력처벌법 위반죄(주위적 공소사실)로 기소된 사안임

[2] 판결요지

1. 강제추행죄의 범죄구성요건과 보호법익, 종래의 판례 법리의 문제점, 성폭력범죄에 대한 사회적 인식, 판례 법리와 재판 실무의 변화에 따라 해석기준을 명확히 할 필요성 등에 비추어 강제추

행죄의 '폭행 또는 협박'의 의미는 다시 정의될 필요가 있다. 강제추행죄의 '폭행 또는 협박'은 상대방의 항거를 곤란하게 할 정도로 강력할 것이 요구되지 아니하고, 상대방의 신체에 대하여 불법한 유형력을 행사(폭행)하거나 일반적으로 보아 상대방으로 하여금 공포심을 일으킬 수 있는 정도의 해악을 고지(협박)하는 것이라고 보아야 한다.

　2. 어떠한 행위가 강제추행죄의 '폭행 또는 협박'에 해당하는지 여부는 행위의 목적과 의도, 구체적인 행위태양과 내용, 행위의 경위와 행위 당시의 정황, 행위자와 상대방과의 관계, 그 행위가 상대방에게 주는 고통의 유무와 정도 등을 종합하여 판단하여야 한다.

　3. 이와 달리 강제추행죄의 폭행 또는 협박이 상대방의 항거를 곤란하게 할 정도일 것을 요한다고 본 대법원 2012. 7. 26. 선고 2011도8805 판결을 비롯하여 같은 취지의 종전 대법원판결은 이 판결의 견해에 배치되는 범위 내에서 모두 변경하기로 한다.

⇒ 종전 대법원은 강제추행죄의 '폭행 또는 협박'의 의미에 관하여 이를 두 가지 유형으로 나누어, 폭행행위 자체가 곧바로 추행에 해당하는 경우(이른바 기습추행형)에는 상대방의 의사를 억압할 정도의 것임을 요하지 않고 상대방의 의사에 반하는 유형력의 행사가 있는 이상 그 힘의 대소강약을 불문한다고 판시하는 한편, 폭행 또는 협박이 추행보다 시간적으로 앞서 그 수단으로 행해진 경우(이른바 폭행·협박 선행형)에는 상대방의 항거를 곤란하게 하는 정도의 폭행 또는 협박이 요구된다고 판시하여 왔음(대법원 2011도8805 판결 등, 이하 폭행·협박 선행형 관련 판례 법리를 '종래의 판례 법리') 대법원은 본 전합판결에서 강제추행죄의 '폭행 또는 협박'의 의미를 다시 정의하였음. 즉, 강제추행죄의 '폭행 또는 협박'은 상대방의 항거를 곤란하게 할 정도로 강력할 것이 요구되지 아니하고, 상대방의 신체에 대하여 불법한 유형력을 행사(폭행)하거나 일반적으로 보아 상대방으로 하여금 공포심을 일으킬 수 있는 정도의 해악을 고지(협박)하는 것이라고 다시 정의함 (대법원 2023. 9. 21. 선고 전원합의체 2018도13877 판결)

2) 폭행·협박의 시기

반드시 추행이전에 행해질 것을 요하지 않으며 추행과 동시에 행해지거나 폭행 자체가 추행에 해당 할 수도 있다.

■ 판례 ■　피해자와 춤을 추면서 순간적으로 피해자의 유방을 만진 행위가 강제추행에 해당되는지 여부(적극)

[1] 사실관계

> 甲은 자신의 처가 경영하는 식당의 지하실에서 종업원들인 乙녀, 丙녀 등과 노래를 부르며 놀던 중 丙녀가 노래를 부르는 동안 乙녀를 뒤에서 껴안고 브루스를 추면서 乙녀의 유방을 만졌다.

[2] 판결요지

가. 강제추행죄에 있어서 폭행의 형태와 정도

강제추행죄는 상대방에 대하여 폭행 또는 협박을 가하여 항거를 곤란하게 한 뒤에 추행행위를 하는 경우뿐만 아니라 폭행행위 자체가 추행행위라고 인정되는 경우도 포함되는 것이며, 이 경우에 있어서의 폭행은 반드시 상대방의 의사를 억압할 정도의 것임을 요하지 않고 상대방의 의사에 반하는 유형력의 행사가 있는 이상 그 힘의 대소강약을 불문한다.

나. 강제추행죄에 있어서 추행의 의미 및 판단 기준

추행이라 함은 객관적으로 일반인에게 성적 수치심이나 혐오감을 일으키게 하고 선량한 성적 도덕관념에 반하는 행위로서 피해자의 성적 자유를 침해하는 것이라고 할 것인데, 이에 해당하는지 여부는 피해자의 의사, 성별, 연령, 행위자와 피해자의 이전부터의 관계, 그 행위에 이르게 된 경위, 구체적 행위태양, 주위의 객관적 상황과 그 시대의 성적 도덕관념 등을 종합적으로 고려하여 신중히 결정되어야 한다.

다. 甲의 죄책

피해자와 춤을 추면서 피해자의 유방을 만진 행위가 순간적인 행위에 불과하더라도 피해자의 의사에 반하여 행하여진 유형력의 행사에 해당하고 피해자의 성적 자유를 침해할 뿐만 아니라 일반인의 입장에서도 추행행위라고 평가될 수 있는 것으로서, 폭행행위 자체가 추행행위라고 인정되어 강제추행에 해당된다(대법원 2002.4.26. 선고 2001도2417 판결).

■ **판례** ■　추행의 고의로 폭행행위를 하여 실행행위에 착수하였으나 추행의 결과에 이르지 못한 경우

[1] 강제추행죄에서 '추행'의 의미와 판단 기준 / 추행의 고의로 폭행행위를 하여 실행행위에 착수하였으나 추행의 결과에 이르지 못한 경우, 강제추행미수죄가 성립하는지 여부(적극) 및 이러한 법리는 폭행행위 자체가 추행행위라고 인정되는 '기습추행'의 경우에도 마찬가지로 적용되는지 여부(적극)

강제추행죄는 상대방에 대하여 폭행 또는 협박을 가하여 항거를 곤란하게 한 뒤에 추행행위를 하는 경우뿐만 아니라 폭행행위 자체가 추행행위라고 인정되는 경우도 포함되며, 이 경우의 폭행은 반드시 상대방의 의사를 억압할 정도의 것일 필요는 없다. 추행은 객관적으로 일반인에게 성적 수치심이나 혐오감을 일으키게 하고 선량한 성적 도덕관념에 반하는 행위로서 피해자의 성적 자유를 침해하는 것을 말하며, 이에 해당하는지는 피해자의 의사, 성별, 연령, 행위자와 피해자의 이전부터의 관계, 행위에 이르게 된 경위, 구체적 행위태양, 주위의 객관적 상황과 그 시대의 성적 도덕관념 등을 종합적으로 고려하여 신중히 결정되어야 한다.

그리고 추행의 고의로 상대방의 의사에 반하는 유형력의 행사, 즉 폭행행위를 하여 실행행위에 착수하였으나 추행의 결과에 이르지 못한 때에는 강제추행미수죄가 성립하며, 이러한 법리는 폭행행위 자체가 추행행위라고 인정되는 이른바 '기습추행'의 경우에도 마찬가지로 적용된다.

[2] 피고인이 밤에 술을 마시고 배회하던 중 버스에서 내려 혼자 걸어가는 피해자 갑을 발견하고 마스크를 착용한 채 뒤따라가다가 인적이 없고 외진 곳에서 가까이 접근하여 껴안으려 하였으나, 갑이 뒤돌아보면서 소리치자 그 상태로 몇 초 동안 쳐다보다가 다시 오던 길로 되돌아갔다고 하여 아동 · 청소년의 성보호에 관한 법률 위반으로 기소된 사안에서, 피고인의 행위가 아동 · 청소년에 대한 강제추행미수죄에 해당한다고 한 사례

피고인과 갑의 관계, 갑의 연령과 의사, 행위에 이르게 된 경위와 당시 상황, 행위 후 갑의 반응 및 행위가 갑에게 미친 영향 등을 고려하여 보면, 피고인은 갑을 추행하기 위해 뒤따라간 것으로 추행의 고의를 인정할 수 있고, 피고인이 가까이 접근하여 갑자기 뒤에서 껴안는 행위는 일반인에게 성적 수치심이나 혐오감을 일으키게 하고 선량한 성적 도덕관념에 반하는 행위로서 갑의 성적 자유를 침해하는 행위여서 그 자체로 이른바 '기습추행' 행위로 볼 수 있으므로, 피고인의 팔이 갑의 몸에 닿지 않았더라도 양팔을 높이 들어 갑자기 뒤에서 껴안으려는 행위는 갑의 의사에 반하는 유형력의 행사로서 폭행행위에 해당하며, 그때 '기습추행'에 관한 실행의 착수가 있는데, 마침 갑이 뒤돌아보면서 소리치

는 바람에 몸을 껴안는 추행의 결과에 이르지 못하고 미수에 그쳤으므로, 피고인의 행위는 아동·청소년에 대한 강제추행미수죄에 해당한다고 한 사례(대법원 2015.09.10. 선고 2015도6980 판결)

(2) 추 행

객관적으로 일반인에게 성적 수치감이나 혐오감을 느끼게 하는 일체의 행위로, 행위자의 주관적 동기나 목적은 불문

- 추행은 객관적으로 성적인 수치감·도덕감정을 현저히 해할 수 있을 정도의 중요한 행위이어야 한다. 따라서 여자의 손이나 무릎을 만지는 경우는 물론, 옷을 입고 있는 여자의 옷 위로 가슴을 만지는 것만으로는 추행에 해당한다고 할 수 없다.

- 공연성은 요하지 않으므로 공연히 강제추행을 한 경우에는 강제추행죄와 공연음란죄의 상상적 경합이 된다.

■ 판례 ■　욕설을 하면서 자신의 바지를 벗어 성기를 보여주는 행위가 강제추행인지 여부

[1] 강제추행죄 구성요건 중 '추행'의 의미와 그 판단 기준

형법 제298조는 "폭행 또는 협박으로 사람에 대하여 추행을 한 자"를 강제추행죄로 벌할 것을 정한다. 그런데 강제추행죄는 개인의 성적 자유라는 개인적 법익을 침해하는 죄로서, 위 법규정에서의 '추행'이란 일반인에게 성적 수치심이나 혐오감을 일으키고 선량한 성적 도덕관념에 반하는 행위인 것만으로는 부족하고 그 행위의 상대방인 피해자의 성적 자기결정의 자유를 침해하는 것이어야 한다. 따라서 건전한 성풍속이라는 일반적인 사회적 법익을 보호하려는 목적을 가진 형법 제245조의 공연음란죄에서 정하는 '음란한 행위'(또는 이른바 과다노출에 관한 경범죄처벌법 제1조 제41호에서 정하는 행위)가 특정한 사람을 상대로 행하여졌다고 해서 반드시 그 사람에 대하여 '추행'이 된다고 말할 수 없고, 무엇보다도 문제의 행위가 피해자의 성적 자유를 침해하는 것으로 평가될 수 있어야 한다. 그리고 이에 해당하는지 여부는 피해자의 의사·성별·연령, 행위자와 피해자의 관계, 그 행위에 이르게 된 경위, 구체적 행위태양, 주위의 객관적 상황 등을 종합적으로 고려하여 정하여진다.

[2] 강제추행죄 구성요건 중 '폭행·협박'의 정도와 그 판단 기준

강제추행죄는 폭행 또는 협박을 가하여 사람을 추행함으로써 성립하는 것으로서 그 폭행 또는 협박이 항거를 곤란하게 할 정도일 것을 요한다. 그리고 그 폭행 등이 피해자의 항거를 곤란하게 할 정도의 것이었는지 여부는 그 폭행 등의 내용과 정도는 물론, 유형력을 행사하게 된 경위, 피해자와의 관계, 추행 당시와 그 후의 정황 등 모든 사정을 종합하여 판단하여야 한다.

[3] 피고인이 피해자 갑(여, 48세)에게 욕설을 하면서 자신의 바지를 벗어 성기를 보여주는 방법으로 강제추행하였다는 내용으로 기소된 사안에서, 제반 사정을 고려할 때 단순히 피고인이 바지를 벗어 자신의 성기를 보여준 것만으로는 폭행 또는 협박으로 '추행'을 하였다고 볼 수 없다고 한 사례

갑(甲)의 성별·연령, 행위에 이르게 된 경위, 갑에 대하여 어떠한 신체 접촉도 없었던 점, 행위장소가 사람 및 차량의 왕래가 빈번한 도로로서 공중에게 공개된 곳인 점, 피고인이 한 욕설은 성적인 성질을 가지지 아니하는 것으로서 '추행'과 관련이 없는 점, 갑이 자신의 성적 결정의 자유를 침해당하였다고 볼 만한 사정이 없는 점 등 제반 사정을 고려할 때, 단순히 피고인이 바지를

벗어 자신의 성기를 보여준 것만으로는 폭행 또는 협박으로 '추행'을 하였다고 볼 수 없는데도, 이와 달리 보아 유죄를 인정한 원심판결에 강제추행죄의 추행에 관한 법리오해의 위법이 있다(대법원 2012.07.26. 선고 2011도8805 판결).

■ **판례** ■   성욕을 자극 · 흥분 · 만족시키려는 주관적 동기나 목적'이 있어야 하는지 여부

[1] '추행'의 의미와 판단 기준 및 강제추행죄의 주관적 구성요건으로 '성욕을 자극 · 흥분 · 만족시키려는 주관적 동기나 목적'이 있어야 하는지 여부(소극)

'추행'이란 객관적으로 일반인에게 성적 수치심이나 혐오감을 일으키게 하고 선량한 성적 도덕관념에 반하는 행위로서 피해자의 성적 자유를 침해하는 것이고, 이에 해당하는지는 피해자의 의사, 성별, 연령, 행위자와 피해자의 이전부터의 관계, 행위에 이르게 된 경위, 구체적 행위태양, 주위의 객관적 상황과 그 시대의 성적 도덕관념 등을 종합적으로 고려하여 신중히 결정되어야 한다. 그리고 강제추행죄의 성립에 필요한 주관적 구성요건으로 성욕을 자극 · 흥분 · 만족시키려는 주관적 동기나 목적이 있어야 하는 것은 아니다.

[2] 피고인이, 알고 지내던 여성인 피해자 갑이 자신의 머리채를 잡아 폭행을 가하자 보복의 의미에서 갑의 입술, 귀 등을 입으로 깨무는 등의 행위를 한 사안

피고인이, 알고 지내던 여성인 피해자 갑이 자신의 머리채를 잡아 폭행을 가하자 보복의 의미에서 갑의 입술, 귀, 유두, 가슴 등을 입으로 깨무는 등의 행위를 한 사안에서, 객관적으로 여성인 피해자의 입술, 귀, 유두, 가슴을 입으로 깨무는 행위는 일반적이고 평균적인 사람으로 하여금 성적 수치심이나 혐오감을 일으키게 하고 선량한 성적 도덕관념에 반하는 행위로서, 갑의 성적 자유를 침해하였다고 보는 것이 타당하다는 이유로, 피고인의 행위가 강제추행죄의 '추행'에 해당한다고 한 사례(대법원 2013.09.26. 선고 2013도5856 판결).

4. 주관적 구성요건

폭행 또는 협박으로 사람을 추행한다는 것에 대한 인식 · 인용이 있을 것, 그러나 성욕을 자극 · 만족시키겠다는 주관적 경향 내지 의도는 필요치 않다(다수설).

5. 특별법

흉기 기타 위험한 물건을 휴대하거나 2인 이상이 합동하여 강제추행죄를 범한 경우에는 성폭력범죄의 처벌 등에 관한 특례법 제4조 제2항의 특수강제추행죄가 성립한다. 이는 비친고죄이다.

II. 범죄사실기재

1) 범죄사실 기재례

[기재례1] 음모를 면도칼로 깍은 경우

피의자는 20○○. ○. ○. 16:00경 ○○에 있는 ○○원룸에서 그 곳에 데려온 피해자 乙녀 (29세)가 밥을 먹지 않는다는 이유로 피해자를 강제로 눕혀 옷을 벗긴 뒤 1회용 면도기로 피해자의 음모를 반 정도 깎아 강제추행하고 이로 인하여 피해자로 하여금 치료일수 불상의 음모절단상을 입게 하였다.
(판례는 강제추행죄만 인정하고 치상은 인정하지 않음. 대법원 2000.3.23. 선고 99도3099 판결).

[기재례2] 끌어안고 유방과 음부를 만진 경우

피의자는 20○○. ○. ○. 19:00경 ○○에 있는 ○○초등학교 화장실에서 피해자 甲(여, 22세)에게 욕정을 품고 양손으로 그녀의 목을 조르면서 "떠들면 죽여 버리겠다."고 말하여 반항하지 못하게 한 후 오른손을 그녀의 옷 속에 집어넣어 유방과 음부를 만져 그녀를 강제로 추행하였다.

[기재례3] 회식하면서 얼굴을 만진 경우

피의자는 ○○대학교ㅁㅁ병원·성형외과 전공의 3년차로 일하던 사람으로, 20○○. ○. ○. 19:00경 ○○에 있는 "○○" 주점에서, 위 성형외과 회식을 하던 중 같은 과 전공의 2년차인 피해자 갑(여, 24세)에게 "얘는 왜 이렇게 취했냐?"라고 말하면서 피의자의 얼굴을 피해자의 얼굴에 가까이 들이대고 양손으로 피해자의 머리를 만져 피해자를 강제로 추행하였다.
피의자는 계속하여 위 주점에서 나와, 같은 날 20:50경 위 주점 앞 노상에서 택시를 타기 위하여 피해자를 포함한 일행들과 함께 걸어가던 중 갑자기 "이렇게 안는 것도 안 돼?"라고 말하면서 뒤에서 양손으로 피해자를 껴안아 피해자를 강제로 추행하였다.

[기재례4] 핸드폰 모서리로 남성의 항문부위 찌르는 방법으로 강제추행

피의자는 20○○. ○. ○. 02:12경 ○○ 앞 노상에서 술에 취한 상태로 피의자를 피하여 다른 곳에 피신하여 있는 피해자 갑의 멱살을 잡아끌어 (차량번호) 차량에 탑승하도록 하고 갑자기 소지하고 있던 피의자의 휴대폰으로 차량에 탑승하는 피해자의 항문 부위를 1회 강하게 찔러 피해자를 강제로 추행하였다.

[기재례5] 춤을 추면서 유방을 만진 경우

피의자는 20○○. ○. ○.경 ○○에 있는 자신의 처가 운영하고 있는 ○○식당의 지하실에서 종업원들인 乙녀, 丙녀 등과 노래를 부르며 놀던 중 丙녀가 노래를 부르는 동안 피해자 乙녀(29세)를 뒤에서 껴안고 브루스를 추면서 그녀의 유방을 만져 그녀를 강제로 추행하였다.

[기재례6] 귓속말 강제추행

피의자는 20○○. ○. ○. 03:00경 ○○차에서, 다른 식탁에 앉아 있던 피해자 갑(여, 33세)에게 갑자기 다가가 피해자를 향해 양팔을 벌리고 피해자를 감싸 안으려고 하면서 오른손을 피해자의 왼쪽 뺨에 대면서 귓속말을 하려는 태도를 보였다.

이로써 피의자는 피해자를 강제로 추행하였다.

[기재례7] 지하주차장에서 혼자 있는 피해자를 강제추행

피의자는 술에 취한 피해자 갑(여, 26세)과 피해자의 친구가 ○○에 있는 ○○빌딩 지하주차장으로 걸어 들어간 후 피해자의 친구만 나오는 모습을 확인하고 술에 취해 혼자 있는 피해자를 강제추행하기로 마음먹었다.

피의자는 20○○. ○. ○. 02:00경 위 빌딩 지하주차장에서 피해자가 운전석에 타고 있던 (차량번호) 승용차로 다가가 운전석 창문을 통해 피해자를 살펴보자, 피해자가 피의자를 주차 관리인으로 착각하여 위 승용차를 빼달라는 것으로 생각하고 피의자에게 "왜요"라고 하면서 차문을 열었다.

그러자 피의자는 피해자에게 "너무 예뻐서 그렇다."라고 말하며 갑자기 위 승용차 안으로 몸을 넣어 오른손으로 그곳에 누워 있던 피해자의 가슴부위를 눌러 피해자가 반항하지 못하게 한 후 피해자가 '왜 이러세요'라고 말하며 피의자를 밀쳤음에도 이를 무시하고 피해자의 볼에 뽀뽀를 하고, 왼손을 피해자의 치마 속으로 넣어 속바지 위로 음부를 수회 만져 피해자를 강제로 추행하였다.

2) **적용법조** : 제298조 ☞ 공소시효 10년

III. 신문사항

- ○○에서 술을 먹은 일이 있는가
- 누구랑 같이 먹었는가
- 그곳 종업원 홍길녀를 알고 있는가
- 술을 먹으면서 홍길녀를 추행한 일이 있는가
- 언제 어디에서 인가
- 어떤 방법으로 추행하였나
- 뭐라면서 음부와 유방을 만졌는가
- 홍길녀가 반항하지 않던가
- 그곳에는 누가 있었는가
- 피의자가 홍길녀를 추행할 때 다른 사람들도 보았는가
- 왜 이런 행위를 하였는가

제12항 준강간, 준강제추행

제299조(준강간, 준강제추행) 사람의 심신상실 또는 항거불능의 상태를 이용하여 간음 또는 추행을 한 자는 제297조, 제297조의2 및 제298조의 예에 의한다.

제300조(미수범) 제297조, 제297조의2, 제298조 및 제299조의 미수범은 처벌한다.

제305조의2(상습범) 상습으로 제297조, 제297조의2, 제298부터 제300조까지, 제302조, 제303조 또는 제305조의 죄를 범한 자는 그 죄에 정한 형의 2분의 1까지 가중한다.

제305조의3(예비, 음모) 제297조, 제297조의2, 제299조(준강간죄에 한정한다), 제301조(강간 등 상해죄에 한정한다) 및 제305조의 죄를 범할 목적으로 예비 또는 음모한 사람은 3년 이하의 징역에 처한다.

제306조(고소) 삭제《2013.6.19.》제297조 내지 제300조와 제302조 내지 제305조의 죄는 고소가 있어야 공소를 제기할 수 있다.

Ⅰ. 구성요건

1. 객 체

심신상실 또는 항거불능상태에 있는 사람

(1) 사 람

준강제추행죄는 물론 준강간죄의 객체도 남녀를 불문한다.

(2) 심신상실의 상태

정신기능의 장애로 인하여 정상적인 판단능력이 없는 상태

- ○ 생물학적인 사물변별능력·의사결정능력이 없는 자 뿐만 아니라 일시적으로 깊은 의사장애(수면, 탈진, 무의식, 주취 등)에 빠진 사람도 해당한다고 본다(다수설·판례).
- ○ 제10조의 심신미약은 본조의 심신상실에 포함되지 않는다.

■ 판례 ■ 피해자가 술에 취해 안방에서 자고 있는 경우, 심신상실상태에 있었다고 볼 수 있는지 여부(소극)

[1] 사실관계

> 甲은 술에 취해 안방에서 자고 있는 乙女를 발견하고 갑자기 욕정을 일으켜 안방으로 들어가 乙의 옆에 누워 몸을 더듬다가 乙의 바지를 벗기려는 순간 , 어렴풋이 잠에 깬 乙女가 애인으로 착각하여 반항하지 않고 응함에 따라 피해자를 1회 간음하여 상해를 입게하였다.

[2] 판결요지

피고인이 술에 취하여 안방에서 잠을 자고 있던 피해자를 발견하고 갑자기 욕정을 일으켜 피해자의 옆에 누워 피해자의 몸을 더듬다가 피해자의 바지를 벗기려는 순간 피해자가 어렴풋이 잠에서

깨어났으나 피해자는 잠결에 자신의 바지를 벗기려는 피고인을 자신의 애인으로 착각하여 반항하지 않고 응함에 따라 피해자를 1회 간음한 사실을 인정한 다음, 이와 같이 피해자가 잠결에 피고인을 자신의 애인으로 잘못 알았다고 하더라도 피해자의 위와 같은 의식상태를 심신상실의 상태에 이르렀다고 보기 어렵다(대법원 2000.2.25. 선고 98도4355 판결).

(3) 항거불능의 상태

심신상실 이외의 사유로 인하여 심리적 또는 육체적으로 반항이 불가능한 경우를 말하는데, 그 원인은 불문한다(例, 의사가 자신을 신뢰한 여자환자의 치료를 가장하여 간음·추행한 경우, 이미 포박되어 있거나 수 회 강간으로 반항할 기력조차 없는 부녀를 간음한 경우).

■ 판례 ■   형법 제299조 소정의 '항거불능의 상태'의 의미

형법 제299조에서의 항거불능의 상태라 함은 같은 법 제297조, 제298조와의 균형상 심신상실 이외의 원인 때문에 심리적 또는 물리적으로 반항이 절대적으로 불가능하거나 현저히 곤란한 경우를 의미한다.(대법원 2000.5.26. 선고, 98도3257, 판결)

2. 행 위

심신상실 또는 항거불능의 상태를 이용하여 간음 또는 추행을 하는 것

(1) 이 용

이미 조성된 심신상실 또는 항거불능의 상태를 간음이나 추행의 기회로 삼는 것
 ○ 항거불능상태는 이미 조성되어 있어야 하므로 행위자가 스스로 상대방의 심신상실 또는 항거불능의 상태를 야기한 후 간음·추행을 행한 경우에는 본죄가 아니라 직접 강간죄·강제추행죄에 해당한다.

(2) 간음 또는 추행

강간죄와 강제추행죄의 그것과 동일

(3) 실행의 착수시기

간음의 수단이라고 볼 수 있는 행동을 시작한 때에 실행의 착수가 인정된다.

■ 판례 ■   잠을 자고 있는 피해자의 옷을 벗기고 자신의 바지를 내린 상태에서 피해자의 음부 등을 만진 경우, 준강간죄의 실행에 착수인정 여부(적극)

[1] 사실관계

甲은 乙녀가 잠을 자는 사이에 乙녀의 바지와 팬티를 발목까지 벗기고 웃옷을 가슴 위까지 올린 다음, 자신의 바지를 아래로 내린 상태에서 乙녀의 가슴, 엉덩이, 음부 등을 만지고 성기를 乙녀의 음부에 삽입하려고 하였으나 乙녀가 몸을 뒤척이고 비트는 등 잠에서 깨어 거부하는 듯한 기색을 보이자 더 이상 간음행위에 나아가는 것을 포기하였다.

[2] 판결요지

피고인의 행위를 전체적으로 관찰할 때, 피고인은 잠을 자고 있는 피해자의 옷을 벗기고 자신의 바지를 내린 상태에서 피해자의 음부 등을 만지는 행위를 한 시점에서 피해자의 항거불능의 상태를 이용하여 간음을 할 의도를 가지고 간음의 수단이라고 할 수 있는 행동을 시작한 것으로서 준강간죄의 실행에 착수하였다고 보아야 할 것이고, 그 후 피고인이 위와 같은 행위를 하는 바람에 피해자가 잠에서 깨어나 피고인이 성기를 삽입하려고 할 때에는 객관적으로 항거불능의 상태에 있지 아니하였다고 하더라도 준강간미수죄의 성립에 지장이 없다(대법원 2000. 1. 14. 선고 99도5187 판결). ☞ (甲은 준강간미수죄)

■ 판례 ■ 피고인이 피해자가 심신상실 또는 항거불능의 상태에 있다고 인식하고 그러한 상태를 이용하여 간음할 의사로 피해자를 간음하였으나 피해자가 실제로는 심신상실 또는 항거불능의 상태에 있지 않은 경우, 준강간죄의 불능미수가 성립하는지 여부(적극)

피고인이 피해자가 심신상실 또는 항거불능의 상태에 있다고 인식하고 그러한 상태를 이용하여 간음할 의사로 피해자를 간음하였으나 피해자가 실제로는 심신상실 또는 항거불능의 상태에 있지 않은 경우에는, 실행의 수단 또는 대상의 착오로 인하여 준강간죄에서 규정하고 있는 구성요건적 결과의 발생이 처음부터 불가능하였고 실제로 그러한 결과가 발생하였다고 할 수 없다. 피고인이 준강간의 실행에 착수하였으나 범죄가 기수에 이르지 못하였으므로 준강간죄의 미수범이 성립한다. 피고인이 행위 당시에 인식한 사정을 놓고 일반인이 객관적으로 판단하여 보았을 때 준강간의 결과가 발생할 위험성이 있었으므로 준강간죄의 불능미수가 성립한다.

구체적인 이유는 다음과 같다.

① 형법 제27조에서 규정하고 있는 불능미수는 행위자에게 범죄의사가 있고 실행의 착수라고 볼 수 있는 행위가 있지만 실행의 수단이나 대상의 착오로 처음부터 구성요건이 충족될 가능성이 없는 경우이다. 다만 결과적으로 구성요건의 충족은 불가능하지만, 그 행위의 위험성이 있으면 불능미수로 처벌한다. 불능미수는 행위자가 실제로 존재하지 않는 사실을 존재한다고 오인하였다는 측면에서 존재하는 사실을 인식하지 못한 사실의 착오와 다르다.

② 형법은 제25조 제1항에서 "범죄의 실행에 착수하여 행위를 종료하지 못하였거나 결과가 발생하지 아니한 때에는 미수범으로 처벌한다."라고 하여 장애미수를 규정하고, 제26조에서 "범인이 자의로 실행에 착수한 행위를 중지하거나 그 행위로 인한 결과의 발생을 방지한 때에는 형을 감경 또는 면제한다."라고 하여 중지미수를 규정하고 있다. 장애미수 또는 중지미수는 범죄의 실행에 착수할 당시 실행행위를 놓고 판단하였을 때 행위자가 의도한 범죄의 기수가 성립할 가능성이 있었으므로 처음부터 기수가 될 가능성이 객관적으로 배제되는 불능미수와 구별된다.

③ 형법 제27조에서 정한 '실행의 수단 또는 대상의 착오'는 행위자가 시도한 행위방법 또는 행위객체로는 결과의 발생이 처음부터 불가능하다는 것을 의미한다. 그리고 '결과 발생의 불가능'은 실행의 수단 또는 대상의 원시적 불가능성으로 인하여 범죄가 기수에 이를 수 없는 것을 의미한다고 보아야 한다. 한편 불능범과 구별되는 불능미수의 성립요건인 '위험성'은 피고인이 행위 당시에 인식한 사정을 놓고 일반인이 객관적으로 판단하여 결과 발생의 가능성이 있는지 여부를 따져야 한다.

④ 형법 제299조에서 정한 준강간죄는 사람의 심신상실 또는 항거불능의 상태를 이용하여 간음함으로써 성립하는 범죄로서, 정신적·신체적 사정으로 인하여 성적인 자기방어를 할 수 없는 사람의 성적 자기결정권을 보호법익으로 한다. 심신상실 또는 항거불능의 상태는 피해자인 사람에게 존재하여야 하므로 준강간죄에서 행위의 대상은 '심신상실 또는 항거불능의 상태에 있는 사람'이

다. 그리고 구성요건에 해당하는 행위는 그러한 '심신상실 또는 항거불능의 상태를 이용하여 간음' 하는 것이다. 심신상실 또는 항거불능의 상태에 있는 사람에 대하여 그 사람의 그러한 상태를 이용하여 간음행위를 하면 구성요건이 충족되어 준강간죄가 기수에 이른다.

피고인이 피해자가 심신상실 또는 항거불능의 상태에 있다고 인식하고 그러한 상태를 이용하여 간음할 의사를 가지고 간음하였으나, 실행의 착수 당시부터 피해자가 실제로는 심신상실 또는 항거불능의 상태에 있지 않았다면, 실행의 수단 또는 대상의 착오로 준강간죄의 기수에 이를 가능성이 처음부터 없다고 볼 수 있다. 이 경우 피고인이 행위 당시에 인식한 사정을 놓고 일반인이 객관적으로 판단하여 보았을 때 정신적·신체적 사정으로 인하여 성적인 자기방어를 할 수 없는 사람의 성적 자기결정권을 침해하여 준강간의 결과가 발생할 위험성이 있었다면 불능미수가 성립한다. (대법원 2019. 3. 28. 선고 2018도16002 전원합의체 판결).

II. 범죄사실기재 및 신문사항

[기재례1] 준강간미수

피의자는 20○○. ○. ○. 23:30분경 같은 집에서 자취를 하고 있는 피해자 홍미라(23세)가 방문을 열어놓고 잠을 자는 사이에 피해자 방에 들어가 피해자의 바지와 팬티를 발목까지 벗기고 웃옷을 가슴 위까지 올린 다음, 피의자의 바지를 아래로 내린 상태에서 피해자의 가슴, 엉덩이, 음부 등을 만지고 피의자가 성기를 피해자의 음부에 삽입하려고 하였다.

이때 피해자가 몸을 뒤척이고 비트는 등 잠에서 깨어 거부하는 듯한 기색을 보이자 더 이상 간음행위에 나아가는 것을 포기하고 미수에 그쳤다.

2) 적용법조 : 제300조, 제299조, 제297조 ☞ 공소시효 10년

[기재례2] 만취자 간음

1) 범죄사실 기재례

피의자는 20○○. ○. ○. ○○:○○분경 ○○에 있는 ○○모텔 404호실에서 같은 날 ○○:○○경에 위 여관부근의 포장마차에서 처음 만난 피해자 홍길녀(여, 22세)와 함께 소주를 마시던 중 위 피해자가 술에 취해 쓰러져 의식을 차리지 못하자 위 여관으로 피해자를 업고 가 침대에 눕힌 다음 만취되어 항거불능상태를 이용하여 옷을 벗기고 피의자의 성기를 피해자의 음부에 삽입함으로써 간음하였다.

2) 적용법조 : 제299조, 제297조 ☞ 공소시효 10년

[기재례3] 찜질방 수면실에서 강제추행

1) 범죄사실 기재례

피의자는 20○○. ○. ○. 05:30경 ○○에 있는 ○○ 찜질방 5층 수면실 내에서, 잠을 자고 있던 피해자 갑(여, 24세)을 발견하고 갑자기 욕정을 일으켜 한 손으로는 피해자의 양쪽 가슴을 만지고, 다른 한 손으로는 음부와 엉덩이를 만지는 등으로 그녀를 추행하였다.

2) 적용법조 : 제299조, 제297조 ☞ 공소시효 10년

[기재례4] 술에 취해 같이 옷을 벗고 자다가 강제추행

1) 범죄사실 기재례

피의자는 20○○. ○. ○. 19:00경 ○○에서 함께 근무하는 피해자 갑(여, 48세)을 만나 다음 날 02:30경까지 ○○주점 등지에서 4차에 걸쳐 술을 마시다가 술에 취한 피해자가 구토를 하면서 구토물이 옷에 묻고, 정신을 차리지 못하여 피해자를 여관으로 데리고 가 그곳에서 재우기로 하고 ○○에 있는 ○○모텔 205호로 데리고 갔다.
피의자는 같은 날 04:30경 위 205호에서 피해자가 계속하여 구토를 하고 구토물이 피의자와 피해자의 옷에 묻어 아침에 출근하기 곤란할 것이 염려되어 더 이상 구토물이 묻지 않도록 피해자의 옷을 모두 벗기고, 자신도 옷을 벗은 상태에서 피해자를 보고 순간적으로 욕정을 일으켜 술에 취하여 잠을 자느라 항거불능의 상태에 있는 피해자의 가슴을 입으로 빨아 피해자를 추행하였다.

2) 적용법조 : 제299조, 제297조 ☞ 공소시효 10년

[기재례5] 술취해 자고 있는 피해자 강제추행

1) 범죄사실 기재례

피의자는 20○○. ○. ○.경 패스트푸드점에서 아르바이트를 하며 피해자 갑(여, 20세)을 알게 되어 아르바이트를 그만둔 후에도 피해자와 연락하며 지내왔다.
피의자는 20○○. ○. ○. 02:00경 ○○에 있는 피의자의 주거지에서 피해자와 함께 술을 마시던 중 술에 취한 피해자가 잠을 자다 구토를 하자 피해자의 상의를 벗기고 토사물을 닦아주다 피해자의 바지와 팬티를 벗기고 피해자의 음부에 코를 대고 냄새를 맡았다.
이로써 피의자는 피해자의 심신상실 또는 항거불능의 상태를 이용하여 피해자를 추행하였다.

2) 적용법조 : 제299조, 제298조 ☞ 공소시효 10년

[기재례6] 택시기사의 술취한 승객추행

1) 범죄사실 기재례

> 피의자는 20○○. ○. ○. 02:20경 ○○에서 피의자가 운행하는 (차량번호)호 택시 조수석
> 에 승차한 피해자 갑(여, 21세)이 술에 취해 잠이 든 틈을 이용하여 오른손을 피해자의 윗옷
> 안으로 집어넣어 가슴 윗부분을 만져 피해자를 추행하였다.
> 　이로써 피의자는 피해자의 항거불능 상태를 이용하여 추행하였다.

2) 적용법조 : 제299조, 제298조　☞　공소시효 10년

3) 신문사항

- 홍길녀를 알고 있는가
- 위 홍길녀와 같이 술을 먹은 일이 있는가
- 언제 어디에서 어느 정도 먹었는가
- 술을 먹은 후 홍길녀를 어떻게 하였나
- 어디에 있는 여관으로 어떻게 같이 가게 되었는가
- 여관에 도착하였을 때 홍길녀의 상태는 어떠하였는가
- 어떻게 강간하였는가
- 옷을 벗길 때 홍길녀는 전혀 의식하지 못하던가
- 강간 후 어떻게 하였는가

제13항 강간등 상해 · 치상, 강간등 살인 · 치사

> **제301조(강간등 상해·치상)** 제297조, 제297조의2 및 제298조부터 제300조까지의 죄를 범한 자가 사람을 상해하거나 상해에 이르게 한 때에는 무기 또는 5년 이상의 징역에 처한다.
>
> **제301조의2(강간등 살인·치사)** 제297조, 제297조의2 및 제298조부터 제300조까지를 범한 자가 사람을 살해한 때에는 사형 또는 무기징역에 처한다. 사망에 이르게 한 때에는 무기 또는 10년 이상의 징역에 처한다.
>
> **제305조의3(예비, 음모)** 제297조, 제297조의2, 제299조(준강간죄에 한정한다), 제301조(강간 등 상해죄에 한정한다) 및 제305조의 죄를 범할 목적으로 예비 또는 음모한 사람은 3년 이하의 징역에 처한다.
>
> ※ **성폭력범죄의 처벌 등에 관한 특례법**
>
> **제21조(공소시효에 관한 특례)** ④ 다음 각 호의 죄를 범한 경우에는 제1항과 제2항에도 불구하고 「형사소송법」 제249조부터 제253조까지 및 「군사법원법」 제291조부터 제295조까지에 규정된 공소시효를 적용하지 아니한다.
> 1. 「형법」 제301조의2(강간등 살인 · 치사)의 죄(강간등 살인에 한정한다)

 Ⅰ. 구성요건

1. 주 체

  강간죄 · 강제추행죄, 유사강간, 준강간죄 · 준강제추행죄, 13세 미만자 의제강간죄 · 의제강제추행죄를 범한 자로서, 그 기수 · 미수를 불문하고 본죄의 주체가 된다.

2. 행 위

  상해하거나 상해에 이르게 하거나, 살해하거나 사망에 이르게 하는 것

(1) 상해 또는 치상, 살인 또는 치사

  상해 · 살해란 상해나 사망에 대한 고의가 있는 경우를 말하고, 사망 · 상해에 이르게 하는 것이란 고의 없이 사망 · 상해의 결과를 발생하게 한 경우를 의미한다.

  ■ 판례 ■ **강간치상죄에 있어서 상해의 판단 기준**

강간행위에 수반하여 생긴 상해가 극히 경미한 것으로서 군이 치료할 필요가 없어서 자연적으로 치유되며 일상생활을 하는 데 아무런 지장이 없는 경우에는 강간치상죄의 상해에 해당되지 아니한다고 할 수 있을 터이나, 그러한 논거는 피해자의 반항을 억압할 만한 폭행 또는 협박이 없어도 일상생활 중 발생할 수 있는 것이거나 합의에 따른 성교행위에서도 통상 발생할 수 있는 상해와 같은 정도임을 전제로 하는 것이므로 그러한 정도를 넘는 상해가 그 폭행 또는 협박에 의하여 생긴 경우라면 상해에 해당된다고 할 것이며, 피해자의 건강상태가 나쁘게 변경되고 생활기능에 장애가 초래된 것인지는 객관적, 일률적으로 판단될 것이 아니라 피해자의 연령, 성별, 체격 등 신체, 정신상의 구체적 상태를 기준으로 판단되어야 한다(대법원 2005.5.26. 선고 2005도1039 판결).

■ 판례 ■   강간치상죄나 강제추행치상죄에서 '상해'의 의미 / 수면제와 같은 약물을 투약하여 피해자를 일시적으로 수면 또는 의식불명 상태에 이르게 한 것이 강간치상죄나 강제추행치상죄에서 말하는 상해에 해당하는 경우 및 판단 기준

강간치상죄나 강제추행치상죄에 있어서의 상해는 피해자의 신체의 완전성을 훼손하거나 생리적 기능에 장애를 초래하는 것, 즉 피해자의 건강상태가 불량하게 변경되고 생활기능에 장애가 초래되는 것을 말하는 것으로, 여기서의 생리적 기능에는 육체적 기능뿐만 아니라 정신적 기능도 포함된다. 따라서 수면제와 같은 약물을 투약하여 피해자를 일시적으로 수면 또는 의식불명 상태에 이르게 한 경우에도 약물로 인하여 피해자의 건강상태가 불량하게 변경되고 생활기능에 장애가 초래되었다면 자연적으로 의식을 회복하거나 외부적으로 드러난 상처가 없더라도 이는 강간치상죄나 강제추행치상죄에서 말하는 상해에 해당한다. 그리고 피해자에게 이러한 상해가 발생하였는지는 객관적, 일률적으로 판단할 것이 아니라 피해자의 연령, 성별, 체격 등 신체·정신상의 구체적인 상태, 약물의 종류와 용량, 투약방법, 음주 여부 등 약물의 작용에 미칠 수 있는 여러 요소를 기초로 하여 약물 투약으로 인하여 피해자에게 발생한 의식장애나 기억장애 등 신체, 정신상의 변화와 내용 및 정도를 종합적으로 고려하여 판단하여야 한다.(대법원 2017.6.29, 선고, 2017도3196, 판결).

■ 판례사례 ■   [상해에 해당하여 강간치상죄가 성립하는 사례]

(1) 재생된 처녀막이 파열된 경우(대법원 1995.7.25. 선고 94도1351 판결)
(2) 전치 10일의 회음부찰과상을 입힌 경우(대법원 1983.7.12. 선고 83도1258 판결)
(3) 전치 2일의 질내에 담적색 피하일혈반이 생긴 경우(대법원 1990.4.13. 선고 90도154 판결)
(4) 피해자의 얼굴을 가격하여 코피가 나고 콧등이 부어 오른 경우(대법원 1991.10.22. 선고 91도1832 판결)
(5) 강간이 미수에 그치고 그 과정에서 피해자에게 전치 10일의 히스테리증을 일으킨 경우(대법원 69도2213 판결)
(6) 전치 10일의 젖가슴 좌상과 압통과 종창치료를 위한 주사와 3일간 투약한 경우(대법원 2000.2. 11. 선고 99도4794 판결)
(7) 폭행행위로 인해서가 아니라 삽입하려는 과정에서 약 2주간의 외음부좌상을 입힌 경우(대법원 1999.4.9. 선고 99도519 판결)
(8) 강간으로 인하여 피해자에게 보행불능, 수면장애, 식욕감퇴, 히스테리 등의 기능장애가 야기된 경우(대법원 1969.3.11. 선고 69도161 판결)
(9) 피해자가 소형승용차 안에서 강간범행을 모면하려고 저항하는 과정에서 피고인과의 물리적 충돌로 인하여 '우측 슬관절 부위 찰과상' 등을 입은 경우(대법원 2005.5.26. 선고 2005도1039 판결)

■ 판례 ■   경부 및 전흉부 피하출혈, 통증으로 약 7일 간의 가료를 요하는 상처가 강간치상죄의 상해에 해당하는지 여부(소극)

[1] 사실관계

甲은 나이트클럽에서 피해자 乙녀와 동석하여 술을 마신 후 집까지 데려다주겠다고 하여 자신의 승용차에 태워가던 중 욕정을 일으켜 강간하기로 마음먹고 乙녀에게 '연애한번 하자'고 하였으나 그녀가 거절하자 한손으로 목을 죄고, 다른 한 손으로 하의를 벗기려 하였으나 乙여인이 甲의 팔을 물면서 저항하였다. 마침 지나가던 택시운전사에게 구원을 요청하여 구출됨에 따라 미수에 그치고, 이로 인해 乙녀에게 전치 약 7일간의 경부, 전흉부 타박상 등의 상처를 입혔다.

[2] 판결요지

피해자를 강간하려다가 미수에 그치고 그 과정에서 피해자에게 경부 및 전흉부 피하출혈, 통증으로 약 7일 간의 가료를 요하는 상처가 발생하였으나 그 상처가 굳이 치료를 받지 않더라도 일상생활을 하는 데 아무런 지장이 없고 시일이 경과함에 따라 자연적으로 치유될 수 있는 정도라면 그로 인하여 신체의 완전성이 손상되고 생활기능에 장애가 왔다거나 건강상태가 불량하게 변경되었다고 보기는 어려워 강간치상죄의 상해에 해당하지 않는다(대법원 1994.11.4. 선고 94도1311 판결).

■ 판례사례 ■　　[상해에 해당하지 아니하여 강간치상죄가 성립하지 않는 사례]

> (1) 강간 피해자가 입은 좌전경부흡입상(대법원 1991.11.8. 선고 91도2188 판결)
> (2) 강간 도중에 피해자의 어깨와 목을 입으로 빨아서 생긴 반상출혈상(대법원 1986.7.8. 선고 85도2042 판결)
> (3) 성경험 있는 여자에 대한 3, 4일간의 가료를 요하는 정도의 외음부 충혈 (대법원 1989.1.31. 선고 88도831 판결)
> (4) 면도칼로 음모의 모근 부분을 남기고 모간 부분만을 일부 잘라 낸 경우(대법원 2000.3.23. 선고 99도3099 판결)
> (5) 강간하려다 미수에 그친 과정에서 피해자의 손바닥에 생긴 2cm 정도의 가볍게 긁힌 상처(대법원 1987.10.26. 선고 87도1880 판결)

(2) 기본범죄의 실현정도

강간 · 강제추행 등이 기수에 이른 때는 물론 미수에 그친 때도 성립한다.

■ 판례 ■　　강간치상죄에 있어서 상해의 결과는 간음행위 자체나 강간에 수반하는 행위에서 발생한 경우도 포함하는지 여부(적극)

[1] 사실관계

甲은 새벽 2시경 A공원에서 그 곳 여자화장실에 들어간 乙녀를 발견하고 그녀를 강간하기로 마음먹고 乙녀가 있던 여자화장실 내 용변칸을 노크하자, 乙녀는 하의를 내리고 좌변기에 앉아 있던 중 노크소리가 나자 남편인 줄 알고 "아빠야?"라고 하면서 밖이 보일 정도로 문을 열었다. 이 순간 용변칸에 들어와 앞을 가로막는 甲에 乙이 놀라자 甲은 "조용히 해, 가만히 있어."라고 말하며 붙잡아 반항을 억압한 후 간음하려 하였으나, 그 곳 남자화장실에 있던 乙녀의 남편에 의해 체포되었다. 이 과정에서 甲은 乙녀에게 약 2주간의 치료를 요하는 좌족관절부좌상을 입게 하였다.

[2] 판결요지

가. 주거침입죄 및 감금죄의 성립여부(적극)

피고인이 피해자가 사용중인 공중화장실의 용변칸에 노크하여 남편으로 오인한 피해자가 용변칸 문을 열자 강간할 의도로 용변칸에 들어간 것이라면 피해자가 명시적 또는 묵시적으로 이를 승낙하였다고 볼 수 없어 주거침입죄에 해당한다. 또한 甲이 乙사용의 용변칸에 들어가 강간할 의도로 문을 잠근 행위는 감금죄를 구성한다.

나. 강간치상죄에 있어서 상해의 결과는 간음행위 자체나 강간에 수반하는 행위에서 발생한 경우도 포함하는지 여부(적극)

강간이 미수에 그친 경우라도 그로 인하여 피해자가 상해를 입었으면, 강간치상죄가 성립하는 것이고, 강간치상죄에 있어 상해의 결과는 강간의 수단으로 사용한 폭행으로부터 발생한 경우뿐만 아니라 간음행위 그 자체로부터 발생한 경우나 강간에 수반하는 행위에서 발생한 경우도 포함된다(대법원 2003.5.30. 선고 2003도1256 판결). ☞ (甲은 형법상 주거침입죄, 감금죄, 강간치상죄)

　　※ 주거침입한 자가 강간하여 상해를 입힌 경우에는 성폭력범죄의처벌및피해자보호등에관한법률 제9조 제1항 소정의 (특수)강간치상죄만 성립한다.

(3) 인과관계

강간 등의 행위와 상해·사망의 결과사이에 인과관계가 있고, 예견가능성이 있을 것을 요한다.

　○ 상해·사망은 반드시 강간의 수단으로 행사된 폭행으로 말미암아 발생된 것임을 요하지 않고, 널리 강간의 기회에 범인의 행위로 인하여 발생한 것이면 족하다.

　○ 강간행위 등에 수반되지 않는 상해·사망의 결과는 본죄에 해당하지 않는다.

■ 판례 ■　　강간하려는 행위를 피하려다 사상에 이르게 된 경우, 상당인과관계를 인정할 수 있는지 여부(적극)

[1] 사실관계

　甲은 乙녀를 자신이 경영하는 속셈학원의 강사로 고용하고 학습교재를 설명한다는 구실로 몰래 미리 예약해 놓은 호텔객실 앞까지 乙녀를 유인하여 강제로 객실 안으로 끌고 들어간 후, 객실에서 나가려는 乙을 가로막아 못나가게 하고 반항을 억압한 후 강간하려 하였다. 乙이 완강히 반항하던 중 객실의 예약된 대실시간이 끝나가자 시간을 연장하기 위하여 甲이 호텔 프런트에 전화를 하는 사이에 乙은 객실을 빠져나가려 하였으나 甲에게 잡힐 것 같은 생각이 들자 다급한 나머지 위 객실 창문을 열고 뛰어내리다가 28m 아래 지상으로 추락하여 두개골골절상 등을 입고 사망하였다.

[2] 판결요지

가. 강간하려는 행위와 이를 피하려다 사상에 이르게 된 사실 사이에 상당인과관계를 인정할 수 있는지 여부(적극)

폭행이나 협박을 가하여 간음을 하려는 행위와 이에 극도의 흥분을 느끼고 공포심에 사로잡혀 이를 피하려다 사상에 이르게 된 사실과는 이른바 상당인과관계가 있어 강간치사상죄로 다스릴 수 있다.

나. 甲의 죄책

피고인의 강간미수행위와 피해자의 사망과의 사이에 상당인과관계가 있어 피고인을 강간치사죄로 다스릴 수 있다(대법원 1995.5.12. 선고 95도425 판결).

■ 판례 ■   상해의 결과를 예견할 수 없어 강간치상죄로 처단할 수 없다고 판단한 사례

[1] 사실관계

甲은 술에 굉장히 취하여 몸을 제대로 가누지 못하는 乙녀를 여관으로 강제로 데리고 들어간 후 甲이 화장실에 가 있던 중 정신을 차려 출입문을 열고 동 여관 1층 복도까지 도망간 동녀를 끌고 다시 돌아와 술에 취하여 제대로 반항을 하지 못하는 동녀를 1회 간음한 후에 발가벗은 자신의 몸으로 동녀의 몸을 누르고 손으로 동녀의 상체를 껴안아 동녀의 반항을 억압하고 동녀를 간음하려 하자, 동녀가 이를 모면하기 위하여 甲을 밀어내면서 피고인에게 마실물을 떠달라고 말하여 甲이 화장실에 물을 뜨려간 사이에 동녀가 그 방 출입문을 안에서 잠그고 구내전화를 통하여 사람 살려달라고 구조를 요청하였는바, 그때 甲이 출입문을 세게 밀어대며 출입문을 부수고 들어올 기세를 보이자 乙이 그 방에 들어오면 강간당할 것을 두려워 급히 그 방 창문을 넘어 난간을 따라 도망하여 동 여관 벽에 걸려있는 텔레비전 안테나선을 타고 1층으로 내려가던중 그 줄을 놓쳐 땅바닥으로 떨어져 완치불가능의 경추 제7번 이하의 완전사지마비 상태등의 상해를 입게 하였다.

[2] 판결요지

피고인과 피해자가 여관에 투숙하여 별다른 저항이나 마찰없이 성행위를 한 후, 피고인이 잠시 방 밖으로 나간 사이에 피해자가 방문을 안에서 잠그고 구내전화를 통하여 여관종업원에게 구조요청까지 한 후라면, 일반경험칙상 이러한 상황아래에서 피해자가 피고인의 방문 흔드는 소리에 겁을 먹고 강간을 모면하기 위하여 3층에서 창문을 넘어 탈출하다가 상해를 입을 것이라고 예견할 수는 없다고 볼 것이므로 이를 강간치상죄로 처단할 수 없다(대법원 1985.10.8. 선고 85도1537 판결).

■ 판례 ■   甲과 乙 사이에 술값 문제로 시비가 되어 상호 욕설을 하다가 甲이 양손으로 乙의 가슴 부분을 여러 차례 밀어 넘어뜨리고, 어깨를 1회 미는 등의 폭행을 하여 비골 골절 등의 상해를 가한 다음 乙의 상의 위쪽으로 손을 넣어 乙의 가슴을 만지고 스타킹 위로 허벅지를 만져 추행한 경우

피고인의 위 폭행을 강제추행의 수단으로서의 폭행으로 볼 수 없어 위 상해와 강제추행 사이에 인과관계가 없어 강제추행치상죄는 성립하지 않는다(대법원 2009.7.23. 선고 2009도1934 판결).

(4) 기수시기

강간·강제추행의 기수·미수를 불문하고 상해·사망의 결과가 발생하면 기수

(5) 미수의 성립

형법은 결과적 가중범인 강간치사상죄의 미수범처벌규정을 두고 있지 않으며, 강간상해·살인죄는 고의범이므로 미수가 가능하나 형법상 미수범 처벌규정이 없다.

✱ 성폭력범죄의 처벌 등에 관한 특례법은 특수강간죄의 결과적 가중범인 특수강간치상죄(제8조)와 특수강간치사죄(제9조)에 대하여 특별히 미수범처벌규정을 두고 있다(제14조).

3. 죄 수

○ 강간시에 살인의 고의가 존재하는 경우에는 강간살인죄가 성립하나, 강간 후에 살인의 고의가 생겨 피해자를 살인한 경우에는 강간죄와 살인죄의 경합범이 된다.

○ 강간치상죄를 범한 자가 실신한 피해자를 구호하지 않고 방치한 경우에는 포괄하여 강간치상죄만 성립한다.

4. 공동정범

▪ 판례 ▪ **범죄실행에 직접 가담하지 않은 강간공모자와 강간치상죄의 공동정범의 죄책**

공동정범의 경우에 공모자 전원이 일정한 일시, 장소에 집합하여 모의하지 아니하고 공범자중 수인을 통하여 범의의 연락이 있고 그 범의내용에 대하여 포괄적 또는 개별적인 의사연락이나 그 인식이 있었다면 그들 전원이 공모관계에 있다 할 것이고, 이와 같이 공모한 후 공범자중의 1인이 설사 범죄실행에 직접 가담하지 아니하였다 하더라도 다른 공모자가 분담실행한 공모자가 실행한 행위에 대하여 공동정범의 책임이 있다 할 것이며, 공범자중 수인이 강간의 기회에 상해의 결과를 야기하였다면 다른 공범자가 그 결과의 인식이 없었더라도 강간치상죄의 책임이 없다고 할 수 없다(대법원 1984.2.14. 선고 83도3120 판결).

5. 소추조건

본 죄는 친고죄가 아니므로 피해자가 고소를 취소해도 처벌에는 영향을 주지 않는다.

II. 범죄사실 작성시 유의사항

치사상의 결과는 강간행위(간음행위, 간음의 수단인 폭행, 협박) 또는 강간에 수반하는 행위에 의하여 생김을 요하므로 그 취지의 적시를 정확히 하지 않으면 안 된다.

III. 범죄사실기재

1. 강간치상 · 상해

[기재례1] 강간상해

1) 범죄사실 기재례

피의자는 20○○. ○. ○. 서울중앙지방법원에서 강제추행치상죄로 징역 2년 6월에 집행유예 3년을 선고받고, 그 유예기간 중에 있다.

피의자는 20○○. ○. ○. 06:10경 ○○에 있는 ○○빌딩 1층 출입문 앞에 서 있다가, 계단에서 내려오는 피해자 갑(여,33세)의 목을 졸라 넘어뜨려 정신을 잃게 하였다.

피의자는 피해자를 들어 어깨에 메고 약 200m 떨어져 있는 ○○ 주차장으로 이동하여 안쪽에 주차되어 있던 (차량등록번호) 파란색 ○○승용차 보닛 위에 피해자를 내려놓은 다음, 피해자의 바지를 벗기고 1회 간음하려 하였으나 미수에 그치고, 그 과정에서 피해자에게 약 3주간의 치료가 필요한 뇌진탕, 질 입구 및 처녀막 열상 등을 가하였다.

2) 적용법조 : 제301조, 제297조 ☞ 공소시효 15년

[기재례2] 같을 술을 먹다 술에 취한 동료 교수 강간상해

1) 범죄사실 기재례

피의자는 □□대학교병원 혈액종양내과 부교수이고, 피해자 갑(여,40세) △△대학교병원 의과대학 혈액종양내과 임상조교수로서 상호 업무교류상 알게 된 사이로, 20○○. ○. ○.부터 20○○. ○. ○.까지 영국에서 개최되는 유럽암학회 참석차 일행 병과 함께 3명이 동행을 하게 되었다.

피의자는 위 학회 진행 중인 20○○. ○. ○. 20:30경부터 ○○에 있는 ○○호텔(100호실)에 있는 피의자의 숙소에서 피해자 및 일행 병과 함께 술을 마셨다.

피의자는 같은 날 23:00경 피해자의 숙소인 위 ○○호텔(102호)실에서, 그전에 피해자가 술에 취하여 정신을 차리지 못하자 피해자를 그곳에 데려다 준 것을 기화로, 피해자와 함께 방 안으로 들어가 침대에 누운 후, 술에 만취하여 잠이 든 피해자의 바지와 팬티를 벗긴 뒤 위와 같이 항거불능 상태에 있던 피해자를 1회 간음하고, 이로 인하여 피해자에게 치료일수를 알 수 없는 처녀막 열상 및 외상 후 스트레스장애 등의 상해를 입게 하였다.

2) 적용법조 : 제301조, 제297조 ☞ 공소시효 15년

[기재례3] 공원 여자화장실에서 강간미수

1) 범죄사실 기재례

피의자는 20○○. ○. ○. 01:55경 ○○에 있는 ○○공원에서 그 곳 여자화장실에 들어간 피해자 김마담(여, 44세)을 발견하고 순간적으로 욕정을 일으켜 그녀를 강간하기로 마음먹었다.

피의자는 피해자가 있던 여자화장실 내 용변칸으로 침입하여 피해자에게 "조용히 해, 가만히 있어." 라고 말하며 한손으로 피해자의 입을 막고, 다른 손으로는 그녀의 몸통 부분을 붙잡아 그녀의 반항을 억압한 후 그녀를 간음하려 하였으나, 그 곳 남자화장실에 있던 피해자의 남편 홍길동이 달려오자 뜻을 이루지 못하고 미수에 그 친 채, 피해자에게 약 2주간의 치료를 요하는 좌족관절부좌상 등을 입게 하였다.

2) 적용법조 : 제301조, 제300조, 제297조 ☞ 공소시효 15년

[기재례4] 강간상해

1) 범죄사실 기재례

피의자 乙은 20○○. ○. ○. ○○:○○경 ○○에 있는 '○○' 피시방 앞에서 피의자 甲이 인터넷 채팅을 통하여 알게 된 피해자 A 및 그 친구들인 피해자 B를 피의자 甲의 승용차에 태우고 함께 ○○에 있는 주남저수지 부근을 드라이브하던 중, 피해자 일행이 잠시 차에서 내린 사이에 피의자 甲의 제의로 피의자 甲은 피해자 B를, 피의자 乙은 피해자 A를 각 강간하기로 하였다.

피의자들은 01:00경 ○○ 에 있는 야산 입구에 이르러 피의자 甲은 피해자 B의 얼굴을 손으로 1회 때리고 산 쪽으로 20m 가량 끌고 가 다시 손으로 얼굴을 때리며 겁을 주어 반항을 억압한 다음 1회 간음하여 강간하고, 피의자 乙은 피해자 A를 산 쪽으로 50m 가량 끌고 가 겁을 주어 반항을 억압한 다음 1회 간음하여 강간하고, 피의자 甲은 피의자 乙이 피해자 A를 데리고 자기 쪽으로 오자 그녀를 인계받아 뺨을 때리면서 겁을 주어 반항을 억압한 다음 1회 간음하여 강간하였다.

이로써 피의자들은 공모하여 피해자 A에게 약 2주간의 치료를 요하는 다발성 좌상 등을 입게 하였다.

2) 적용법조 : 제301조, 제297조 ☞ 공소시효 15년

[기재례5] 강간하여 둔부좌상

1) 범죄사실 기재례

피의자는 20○○. ○. ○. ○○:○○경 ○○에 있는 ○○공원입구 인적이 드문 곳에서 그곳을 혼자 지나가는 피해자 홍길녀(여, 21세)를 발견하고 순간적으로 욕정을 일으켜 그녀를 강간하기로 마음먹었다.

피의자는 피해자를 공원 숲 속으로 끌고 들어가 목을 조르며 바닥에 눕히고 그녀의 옷을 벗기려 하였으나 그녀가 소리를 지르며 반항하자 주먹으로 그녀의 얼굴을 2회 때리면서 시키는 대로하지 않으면 죽여 버리겠다고 말하여 반항을 억압한 후 그녀의 하의를 모두 벗긴 채 1회 간음하여 그녀를 강간하고, 이로 인하여 그녀에게 요치 2주간의 둔부좌상 등을 입게 하였다.

2) 적용법조 : 제301조, 제297조 ☞ 공소시효 15년

[기재례6] 만취자를 간음하여 처녀막파열

1) 범죄사실 기재례

피의자는 20○○. ○. ○. ○○:○○분경 ○○에 있는 ○○장모텔 404호실에서 같은 날 ○○:○○경에 위 여관부근의 포장마차에서 처음 만난 피해자 홍길녀(여, 22세)와 함께 소주를 마시던 중 위 피해자가 술에 취해 쓰러져 의식을 차리지 못하자 위 여관으로 피해자를 엎고 가 침대에 눕힌 다음 만취되어 항거불능상태를 이용하여 옷을 벗기고 피의자의 성기를 피해자의 음부에 삽입함으로써 간음하고 그로 인해 피해자로 하여금 치료일수 미상의 처녀막파열상등의 상해를 가하였다.

2) 적용법조 : 제301조, 제297조 ☞ 공소시효 15년

[기재례7] 강제추행치상

1) 범죄사실 기재례

피의자는 20○○. ○. ○.18:00경 ○○에 있는 ○○산책로에서 혼자 산책하고 있는 피해자 홍길녀(여, 21세)에게 욕정을 품고 주먹으로 그녀의 얼굴을 3회 때리면서 "떠들면 죽여버리겠다."고 말하여 반항하지 못하게 한 후 그녀의 입술에 입을 맞추고, 음부에 손가락을 집어넣는 등 그녀를 강제로 추행하고, 이로 인하여 그녀에게 약 1주간의 치료를 요하는 회음부열창 등을 입게 하였다.

2) 적용법조 : 제301조, 제298조 ☞ 공소시효 15년

[기재례8] 골목길에 납치 강간

1) 범죄사실 기재례

피의자는 20○○. 12. 22. 05:00경 ○○에 있는 노상에서, 혼자 걸어가는 여대생인 피해자 ○○○(여, 20세)을 발견하고 욕정을 일으켜 300미터 정도를 뒤따라가 골목길에 이르러 뒤에서 왼팔로 피해자의 목을 감아 부근 빌라의 지하주차장 구석으로 끌고 갔다.
피의자는 그곳에서 다음 바닥에 넘어뜨리고 목을 조르면서 "가만히 있지 않으면 죽여 버리겠다"라고 말하면서 피해자의 몸 위에 올라타 움직이지 못하게 하여 항거 불능케 한 후 피해자의 바지와 속옷을 벗기고 동녀의 음부에 손가락을 넣어 수회 쑤신 다음 성기를 꺼내기 위하여 바지를 내리자 피해자가 그 틈을 타 도망하는 바람에 그 뜻을 이루지 못하고 미수에 그쳤으나 그 과정에서 피해자로 하여금 2주간의 치료를 요하는 음부외상을 입게 하였다.

2) 적용법조 : 제301조, 제300조, 제297조 ☞ 공소시효 15년

[기재례9] 여자 음부를 음료수 캔으로 상해

　피의자는 20○○. ○. ○. 20:00경 ○○에 있는 ○○노래연습장에서 노래방 도우미로 그곳에 온 피해자 갑(여, 24세)에게 호감을 갖게 되어 피해자에게 시간당 25,000원을 주기로 약속하고 피의자의 일행들과 함께 피해자를 ○○에 있는 상호 불상의 조개구이 집으로 데려갔다.

　피의자는 위 조개구이 집에서 술을 마시던 중 피해자에게 욕정을 느껴 피해자를 강간하기로 마음먹고 "날씨도 추운데 시간비를 계산해 줄 테니 안에 들어가서 이야기를 하자."는 말로 술에 취한 피해자를 유인하여 부근에 있는 상호 불상의 모텔에 데려갔다.

　피의자는 다음 날 03:30경 위 모텔 100호에 들어가자마자 옷을 벗고 용 문신을 보여주며 "내가 맥주병으로 마누라 머리를 깼다. 내가 연산동 조폭들은 다 안다. 씹할 년아. 니는 여기에 들어오면 못 나간다." 등의 말로 피해자를 협박하고 손으로 피해자의 목을 잡고 무릎으로 피해자의 배를 누르는 등 폭행하여 반항을 억압한 후 피해자의 옷을 벗기고 피해자의 성기에 피의자의 성기를 삽입하였다.

　그러나 발기가 제대로 되지 않아 성욕이 충족되지 않는다는 이유로 방실 내에 있던 음료수 캔과 화장품 병을 피해자의 성기에 강제로 밀어 넣고 휘저어 피해자의 회음부가 찢어지게 하는 등으로 피해자에게 약 2주간의 치료를 요하는 회음부열상 등의 상해를 입게 하였다.

　2) **적용법조** : 제301조, 제297조　☞　공소시효 15년

2. 강간치사 · 살인

　1) 범죄사실 기재례

[기재례1] 강간살인

　피의자는 20○○. ○. ○. 22:40경 ○○시장 입구 골목길에서 그 곳을 지나가던 피해자 ○○○(여, 21세)을 발견하고 피해자에게 피의자가 운전한 승용차(차량번호)로 다가가 "○○여고 학생이냐, 윤리 선생님 ○○○가 교통사고를 당했다, 도와주어야 하니 같이 가자"고 말하여 그 말에 속은 위 피해자를 위 승용차 조수석에 태워 차량의 통행이 뜸한 ○○비상활주로까지 운행해 갔다.

　피의자는 그곳에서 좌측손으로 피해자의 입을 막고 우측 손으로 목덜미를 잡아 누르며 "소리지르지 마라, 반항하면 죽여버리겠 다"라고 말하여 "살려 달라"고 하는 피해자에게 "옷을 전부 벗어라, 강간만 하고 살려 주겠다"고 말하여 그 반항을 억압해 피해자로 하여금 옷을 모두 벗고 조수석 의자에 눕게 한 후 1회 간음하여 강간하였다.

　피의자는 위 범행이 발각되어 처벌을 받을 것이 두려운 나머지 피해자를 살해하기로 마음먹고, 피의자의 지시로 양손을 뒤로 하고 위 승용차 조수석에 엎드려 있는 피해자의 등 위에 올라가 양 무릎으로 피해자의 양손을 눌러 꼼짝 못하게 하고 "살려주는 거죠"라고 애원하는 피해자의 머리를 피해자가 축 늘어질 때까지 3~4분간 계속 세게 눌러 피해자로 하여금 그 자리에서 질식으로 사망하게 하여 피해자를 살해하였다.

　2) **적용법조** : 제301조의2, 제298조　☞　공소시효 25년

[기재례2] 납치 강간치사

1) 범죄사실 기재례

피의자는 20○○. ○. ○. 23:10경 ○○에 있는 ○○교회 앞 노상에서 피해자 갑(여, 22세)이 버스에서 내려 혼자서 집으로 걸어가는 것을 보고 순간 욕정이 생겨 피해자를 강간하기로 마음먹었다.

피의자는 피해자의 뒤를 따라가다가 어둡고 인적이 없는 곳에 이르자 한 손으로 피해자의 목을 잡고 다른 한 손으로는 피해자의 머리채를 잡고 그곳에서 20-30m 정도 떨어진 논으로 끌고 가 주먹으로 피해자의 얼굴 부위 등을 수회 때려 피해자를 논바닥에 눕히는 등의 방법으로 피해자의 반항을 억압한 다음 피해자가 소지하고 있던 가방으로 피해자 얼굴을 가리고 피해자의 상의 반팔 티셔츠와 브래지어를 위로 올린 다음 입으로 피해자의 양쪽 가슴을 빨고 피해자의 바지와 팬티를 벗긴 다음 피해자의 음부에 피의자의 성기를 삽입하려고 하였으나 피해자가 "사람살려"라고 소리치며 도망을 하였다.

피의자는 피해자의 뒤를 쫓아가 피해자를 잡아 바닥에 넘어뜨린 다음 주먹으로 피해자의 얼굴 부위 등을 수회 때리고 한 손으로는 피해자의 머리를 누르고 다른 한 손으로는 피해자의 목을 조르는 등의 방법으로 피해자의 반항을 억압한 후 피해자의 음부에 피의자의 성기를 삽입하여 피해자를 강간하였고 그 과정에서 ○○상으로 사망에 이르게 하였다.

2) 적용법조 : 제301조의2, 제298조 ☞ 공소시효 25년

● Ⅳ. 신문사항

- ○○에서 술을 먹은 일이 있는가
- 누구랑 같이 먹었는가
- 그곳 종업원 홍길녀를 알고 있는가
- 술을 먹으면서 홍길녀를 추행한 일이 있는가
- 언제 어디에서 인가
- 어떻게 홍길녀를 추행하였나
- 어떤 방법으로 추행하였나
- 뭐라면서 음부와 유방을 만졌는가
- 홍길녀가 반항하지 않던가
- 그곳에는 누가 있었는가
- 피의자가 홍길녀를 추행할 때 다른 사람들도 보았는가

- 홍길녀를 추행하는 과정에서 피해자에게 상처를 입힌 일이 있는가
- 어느 부위를 어느 정도 다치게 하였는가
- 어떻게 하는 과정에서 이런 상처를 입혔는가
- 상처 부위에 대한 치료를 받게 하였는가
- 피해자는 피의자의 행위로 ○○부위를 다쳐 약 ○○주간의 치료를 요하는 진단서
  를 제출하였는데 이를 인정하는가

제14항 미성년자 등에 대한 간음

> 제302조(미성년자등에 대한 간음) 미성년자 또는 심신미약자에 대하여 위계 또는 위력으로써 간음 또는 추행을 한 자는 5년 이하의 징역에 처한다.
>
> 제305조의2(상습범) 상습으로 제297조, 제297조의2, 제298부터 제300조까지, 제302조, 제303조 또는 제305조의 죄를 범한 자는 그 죄에 정한 형의 2분의 1까지 가중한다.
>
> 제306조(고소) 삭제〈2013.6.19.〉 제297조 내지 제300조와 제302조 내지 제305조의 죄는 고소가 있어야 공소를 제기할 수 있다.

 Ⅰ. 구성요건

1. 객 체

미성년자와 심신미약자

(1) 미성년자

만 13세 이상 만 19세 미만의 자로서, 결혼여부는 불문한다.

○ 13세 미만 자는 미성년자의제강간·강제추행죄(제305조)가 적용된다.

○ 그러나 특별법에 따라 13세미만의 경우에는 성폭력범죄 처벌 등에 관한 특례법, 13세 이상 19세 미만의 경우에는 아동·청소년의 성보호에 관한 법률을 각각 적용한다.

(2) 심신미약자

정신기능의 장애로 정상적인 판단능력이 부족한 자를 말하며, 그 연령은 불문하므로 성인도 포함한다. 그러나 성폭력범죄 처벌 등에 관한 특례법에서 장애인 성폭력 규정을 두고 있어 특별법이 우선 적용한다.

■ 판례 ■ 형법 제32장에 규정된 '강간과 추행의 죄'의 보호법익인 '성적 자유', '성적 자기결정권'의 의미 / 미성년자 등 추행죄에서 말하는 '미성년자', '심신미약자'의 의미 / 위 죄에서 말하는 '추행'의 의미 및 추행에 해당하는지 판단하는 기준 / 위 죄에서 말하는 '위력'의 의미 및 위력으로써 추행한 것인지 판단하는 기준

형법 제302조는 "미성년자 또는 심신미약자에 대하여 위계 또는 위력으로써 간음 또는 추행을 한 자는 5년 이하의 징역에 처한다."라고 규정하고 있다. 형법은 제2편 제32장에서 '강간과 추행의 죄'를 규정하고 있는데, 이 장에 규정된 죄는 모두 개인의 성적 자유 또는 성적 자기결정권을 침해하는 것을 내용으로 한다. 여기에서 '성적 자유'는 적극적으로 성행위를 할 수 있는 자유가 아니라 소극적으로 원치 않는 성행위를 하지 않을 자유를 말하고, '성적 자기결정권'은 성행위를 할 것인가 여부, 성행위를 할 때 상대방을 누구로 할 것인가 여부, 성행위의 방법 등을 스스로

결정할 수 있는 권리를 의미한다. 형법 제32장의 죄의 기본적 구성요건은 강간죄(제297조)나 강제추행죄(제298조)인데, 이 죄는 미성년자나 심신미약자와 같이 판단능력이나 대처능력이 일반인에 비하여 낮은 사람은 낮은 정도의 유·무형력의 행사에 의해서도 저항을 제대로 하지 못하고 피해를 입을 가능성이 있기 때문에 범죄의 성립요건을 보다 완화된 형태로 규정한 것이다.

이 죄에서 '미성년자'는 형법 제305조 및 성폭력범죄의 처벌 등에 관한 특례법 제7조 제5항의 관계를 살펴볼 때 '13세 이상 19세 미만의 사람'을 가리키는 것으로 보아야 하고, '심신미약자'란 정신기능의 장애로 인하여 사물을 변별하거나 의사를 결정할 능력이 미약한 사람을 말한다. 그리고 '추행'이란 객관적으로 피해자와 같은 처지에 있는 일반적·평균적인 사람으로 하여금 성적 수치심이나 혐오감을 일으키게 하고 선량한 성적 도덕관념에 반하는 행위로서 구체적인 피해자를 대상으로 하여 피해자의 성적 자유를 침해하는 것을 의미하는데, 이에 해당하는지 여부는 피해자의 의사, 성별, 연령, 행위자와 피해자의 관계, 행위에 이르게 된 경위, 피해자에 대하여 이루어진 구체적 행위태양, 주위의 객관적 상황과 그 시대의 성적 도덕관념 등을 종합적으로 고려하여 판단하여야 한다. 다음으로 '위력'이란 피해자의 성적 자유의사를 제압하기에 충분한 세력으로서 유형적이든 무형적이든 묻지 않으며, 폭행·협박뿐 아니라 행위자의 사회적·경제적·정치적인 지위나 권세를 이용하는 것도 가능하다. 위력으로써 추행한 것인지 여부는 피해자에 대하여 이루어진 구체적인 행위의 경위 및 태양, 행사한 세력의 내용과 정도, 이용한 행위자의 지위나 권세의 종류, 피해자의 연령, 행위자와 피해자의 이전부터의 관계, 피해자에게 주는 위압감 및 성적 자유의사에 대한 침해의 정도, 범행 당시의 정황 등 여러 사정을 종합적으로 고려하여 판단하여야 한다.(대법원 2019. 6. 13., 선고, 2019도3341, 판결)

2. 행 위

위계·위력에 의한 간음·추행하는 것

(1) 위 계

기망수단에 의하여 상대방을 착오에 빠지게 하는 것으로, 유혹을 포함한다.

■ 판례 ■ 피해자에게 남자를 소개시켜 준다고 거짓말을 하여 여관으로 유인하여 간음한 경우, 위계에 해당하는지 여부(소극)

[1] 사실관계

> 甲은 乙과 공모하여 모 여관 객실에서 정신지체로 심신미약상태인 丙녀에게 남자를 소개시켜준다며 丙녀를 여관까지 유인하여, 甲이 먼저 丙녀와 1회 성교하고, 계속하여 乙이 동녀와 1회 성교하였다.

[2] 판결요지

가. 형법 제302조소정의 위계에 의한 심신미약자간음죄에 있어서 '위계'의 의미

형법 제302조소정의 위계에 의한 심신미약자간음죄에 있어서 위계라 함은 행위자가 간음의 목적으로 상대방에게 오인, 착각, 부지를 일으키고는 상대방의 그러한 심적 상태를 이용하여 간음의 목적을 달성하는 것을 말하는 것이고, 여기에서 오인, 착각, 부지란 간음행위 자체에 대한 오인, 착각,

부지를 말하는 것이지, 간음행위와 불가분적 관련성이 인정되지 않는 다른 조건에 관한 오인, 착각, 부지를 가리키는 것은 아니다.

나. 형법 제302조소정의 위계에 해당하는지 여부(소극)

피고인이 피해자를 여관으로 유인하기 위하여 남자를 소개시켜 주겠다고 거짓말을 하고 피해자가 이에 속아 여관으로 오게 되었고 거기에서 성관계를 하게 되었다 할지라도, 그녀가 여관으로 온 행위와 성교행위 사이에는 불가분의 관련성이 인정되지 아니하는 만큼 이로 인하여 피해자가 간음행위 자체에 대한 착오에 빠졌다거나 이를 알지 못하였다고 할 수는 없다 할 것이어서, 피고인의 위 행위는 형법 제302조소정의 위계에 의한 심신미약자간음죄에 있어서 위계에 해당하지 아니한다 (대법원 2002.7.12. 선고 2002도2029 판결).

■ 판례 ■ 청소년에게 성교의 대가로 돈을 주겠다고 거짓말한 행위가 청소년의성보호에관한법률 제10조 제4항 소정의 위계에 해당하는지 여부(소극)

[1] 사실관계

> 甲은 여고생인 乙녀를 컴퓨터채팅을 통해 알고 성교의 대가로 50만원을 주겠다고 하면서 성관계를 제안하자, 乙녀는 이를 승낙한 뒤 甲과 만나 성교행위를 하였다. 그런데 甲은 돈을 줄 능력도 의사도 없었다.

[2] 판결요지

가. 청소년의성보호에관한법률 제10조와 형법 제297조, 제298조, 제299조 및 제302조의 관계

청소년의성보호에관한법률 제10조는 형법 제297조, 제298조, 제299조 및 제302조의 죄에 대하여 피해자가 청소년인 경우에 이를 가중처벌하는 규정일 뿐이지 그 구성요건을 형법과 달리하는 규정은 아니다.

나. 형법 제302조의 위계에 의한 미성년자간음죄에 있어서 위계의 의미

형법 제302조의 위계에 의한 미성년자간음죄에 있어서 위계라 함은 행위자가 간음의 목적으로 상대방에게 오인, 착각, 부지를 일으키고는 상대방의 그러한 심적 상태를 이용하여 간음의 목적을 달성하는 것을 말하는 것이고, 여기에서 오인, 착각, 부지란 간음행위 자체에 대한 오인, 착각, 부지를 말하는 것이지, 간음행위와 불가분적 관련성이 인정되지 않는 다른 조건에 관한 오인, 착각, 부지를 가리키는 것은 아니다.

다. 甲의 죄책

피고인이 청소년에게 성교의 대가로 돈을 주겠다고 거짓말하고 청소년이 이에 속아 피고인과 성교행위를 하였다고 하더라도, 사리판단력이 있는 청소년에 관하여는 그러한 금품의 제공과 성교행위 사이에 불가분의 관련성이 인정되지 아니하는 만큼 이로 인하여 청소년이 간음행위 자체에 대한 착오에 빠졌다거나 이를 알지 못하였다고 할 수 없다는 이유로 피고인의 행위가 청소년의성보호에관한법률 제10조 제4항 소정의 위계에 해당하지 아니한다(대법원 2001.12.24. 선고 2001도5074 판결).

(2) 위 력

사람의 의사를 제압할 수 있는 유형·무형의 힘(例, 폭행·협박 및 지위·권세의 이용)을 사용하는 것. 위력은 강간죄·강제추행죄의 폭행·협박에 이르지 않을 정도여야 한다. 따라서 피해자가 미성년자라도 강간죄에서 요구하는 정도의 폭행·협박으로 간음한 경우에는 강간죄가 성립한다.

II. 범죄사실기재 및 신문사항

1) 범죄사실 기재례

[기재례1] 지적장애인 유인하여 간음

> 피의자는 20○○. ○. ○. 01:00경 ○○에 있는 ○○카페 부근 어느 여관 객실에서, 지적장애로 심신미약 상태인 피해자 홍미라(22세)에게 남자를 소개해 준다며 피해자를 위 장소까지 유인한 후 1회 성교하여 위계로써 그녀를 간음하였다.

[기재례2] 위력으로 미성년자 간음

> 피의자는 20○○. ○. ○. 경 미성년자인 피해자 갑(여, 15세)의 계모인 을을 알게 되고, 을로부터 위 피해자를 무속인으로 만들어 달라는 부탁을 받고 피해자를 산과 바다로 데리고 다니면서 수련을 시키던 중, 피해자가 위 을로부터 계속된 구타 및 가혹행위를 당하고 있다는 사실을 알고 있었다.
> 피의자는 20○○.○.○. 16:00경 ○○에 있는 ○○계곡에서, 피해자가 산 기도를 하는 것을 지켜보다 갑자기 욕정을 일으켜 주변에 사람이 없는 것을 확인한 다음, 피해자에게 "할아버지 말을 안 들으면 엄마(을)한테 당한다"라고 말을 하여 피해자의 반항을 억압한 다음 위력으로써 미성년자인 피해자를 1회 간음하였다.

2) 적용법조 : 제302조 ☞ 공소시효 7년

3) 신문사항

- 홍미라를 알고 있는가
- 홍미라를 여관에 데리고 간 일이 있는가
- 언제 어디에 있는 여관인가
- 처음 어떻게 만나 그 곳에 투숙하게 되었는가
- 무엇 때문에 여관에 데리고 갔는가
- 여관에 데리고 가 간음한 일이 있는가
- 어떤 방법으로 간음하였는가
- 홍미라의 정신상태가 어떠하던가
- 반항하지 않던가

제15항 업무상위력 등에 의한 간음

제303조(업무상위력 등에 의한 간음) ① 업무, 고용 기타 관계로 인하여 자기의 보호 또는 감독을 받는 사람에 대하여 위계 또는 위력으로써 간음한 자는 5년이하의 징역 또는 1천500만원이하의 벌금에 처한다.
② 법률에 의하여 구금된 사람을 감호하는 자가 그 사람을 간음한 때에는 7년이하의 징역에 처한다.
제305조의2(상습범) 상습으로 제297조, 제297조의2, 제298부터 제300조까지, 제302조, 제303조 또는 제305조의 죄를 범한 자는 그 죄에 정한 형의 2분의 1까지 가중한다.
제306조(고소) 삭제〈2013.6.19.〉 제297조 내지 제300조와 제302조 내지 제305조의 죄는 고소가 있어야 공소를 제기할 수 있다.

※ 성폭력범죄의 처벌 등에 관한 특례법
제10조(업무상 위력 등에 의한 추행) ① 업무, 고용이나 그 밖의 관계로 인하여 자기의 보호, 감독을 받는 사람에 대하여 위계 또는 위력으로 추행한 사람은 3년 이하의 징역 또는 1,500만원 이하의 벌금에 처한다.
② 법률에 따라 구금된 사람을 감호하는 사람이 그 사람을 추행한 때에는 5년 이하의 징역 또는 2천만원 이하의 벌금에 처한다.

 ## I. 구성요건

1. 피보호(감독)자간음죄 (제1항)

(1) 주 체

업무·고용 기타 관계로 보호·감독하는 지위에 있는 자(진정신분범)

(2) 객 체

업무·고용 기타 관계로 자기의 보호·감독을 받는 13세 이상의 사람으로, 사실상 자기의 보호·감독하에 있으면 족하고 그 원인은 불문한다.

▪ 판례 ▪ 형법 303조 1항 규정 중 기타 관계로 자기의 보호 또는 감독을 받는 부녀 중에는 사실상의 보호 또는 감독을 받는 상황에 있는 부녀도 포함되는지 여부(적극)

[1] 사실관계

미장원 주인 乙녀의 남편 甲은 자신을 '주인아저씨'라고 부르며 직접·간접의 지시를 따르고 있는 미장원 종업원 丙녀에게 저녁을 사주고 고의로 시간을 지연시켜서 야간통행금지에 임박한 시간에 여관에 투숙한 후, 말을 듣지 않으면 해고하겠다고 하여 위력으로 간음하였다.

[2] 판결요지

형법 303조 1항 규정중 기타 관계로 자기의 보호 또는 감독을 받는 부녀라 함은 사실상의 보호 또는 감독을 받는 상황에 있는 부녀인 경우도 이에 포함되는 것으로 보는 것이 우리의 일반사회통념이나 실정 그리고 동 법조를 신설하여 동 법조 규정상황하에 있는 부녀의 애정의 자유가 부당하게 침해되는 것을 보호하려는 법의 정신에 비추어 타당하다(대법원 1976.2.10. 선고 74도1519 판결). ☞ (甲은 업무상위력에의한간음죄)

■ 판례 ■ 업무상 위력에 의한 간음죄의 피해자가 해고될 것이 두려워 고소를 하지 않는 것이 형사소송법 제230조 제1항 단서 소정의 "고소할 수 없는 불가항력의 사유"에 해당하는지 여부
자기의 피용자인 부녀를 간음하면서 불응하는 경우 해고할 것을 위협하였다 하더라도 이는 업무상 위력에 의한 간음죄의 구성요건일 뿐 그 경우 해고될 것이 두려워 고소를 하지 않은 것이 고소할 수 없는 불가항력적 사유에 해당한다고 할 수 없다.(대법원 1985.9.10. 선고, 85도1273, 판결)

(3) 행 위

위계 또는 위력으로써 간음하는 것

✱ 형법상 업무상위력 등에 의한 간음죄는 규정되어 있으나 업무상위력 등에 의한 추행죄는 규정이 없다는 점에 주의하여야 한다. 다만 성폭력범죄의 처벌 등에 관한 특례법에서는 업무상위력 등에 의한 추행죄 처벌규정이 있다.

(4) 타죄와의 관계

○ 13세 미만의 피감호 사람을 위계·위력으로써 간음한 경우 ⇨ 미성년자 의제강간 죄만 성립(법조경합중 특별관계)
○ 13세 이상의 미성년자 또는 심신미약자인 피감호 사람을 위계·위력으로써 간음한 경우 ⇨ 미성년자·심신미약자 강간죄가 성립

2. 피감호자간음죄 (제2항)

(1) 주 체

법률에 의하여 구금된 사람을 감호하는 자(진정신분범)
○ 본죄는 자수범으로 감호자가 스스로 간음함으로써만 성립하고, 간접정범의 형태로는 범할 수 없다.

(2) 객 체

법률에 의하여 구금된 사람(例, 구속된 형사피고인·피의자, 형집행 중에 있는 사람, 노역장에 유치된 사람, 경찰서 유치장에 있는 사람). 여기서 법률이란 형사소송법을 의미한다.

(3) 행 위

간음하는 것
○ 간음만으로 본죄가 성립하며, 폭행·협박이나 위계·위력 등의 수단을 필요로 하지 않는다. 폭행·협박에 의하여 피구금자를 간음한 경우에는 강간죄가 성립한다.

○ 피구금자 추행의 경우에는 형법이 아닌 성폭력범죄의 처벌 등에 관한 특례법 제10조에 규정되어 있다.

(4) 위법성

피구금자의 동의를 얻어서 간음한 경우에도 본죄가 성립한다.

(5) 타 죄와의 관계

○ 13세 미만의 피구금자를 간음한 경우 ⇨ 미성년자의제강간죄만 성립(법조경합 중 특별관계)

○ 13세 이상 미성년자 또는 심신미약자인 피구금자를 간음한 경우 ⇨ 미성년자·심신미약자 간음죄가 성립(법조경합 중 특별관계)

3. 소추조건

법 개정(2013.6.19. 시행)으로 친고죄가 아니므로 별도의 고소 없이도 공소제기가 가능하다.

◉ II. 범죄사실기재 및 신문사항

1. 피보호자 간음

1) 범죄사실 기재례 - [미장원 주인 남편이 종업원 간음]

피의자는 ○○미장원 주인 乙녀의 남편이다.
피의자는 200○. ○. ○. 위 미장원 종업원인 피해자 甲녀(23세)가 피의자에게 '주인아저씨'라고 부르며 직접·간접의 지시를 따르고 있는 것을 이용하여 위 피해자에게 저녁을 사주겠다고 하여 같이 저녁을 먹은 후 23:00경 ○○에 있는 여관 앞에서 '지금부터 내말을 듣지 않으면 해고시키겠다. 그러니 지금 이 여관에 들어가 같이 하룻밤을 지내자라고 말하여 위 여관 309호실에 투숙한 후, 말을 듣지 않으면 해고하겠다고 하여 위력으로 간음하였다.

2) 적용법조 : 제303조 제1항 ☞ 공소시효 7년

3) 피해자 조사사항

- 홍길동(피의자)과 어떤 관계인가
- 언제 위 미장원에 종사하게 되었나
- 어떤 조건으로 고용되었나

– 종업원은 모두 몇 명인가

– 피의자가 뭐라면서 언제 저녁을 먹자고 하던가

– 그 당시 어떤 생각으로 피의자를 따라갔는가

– 언제 성관계를 요구하던가

– 뭐라면서 요구하던가

– 몇 시쯤 어디에 있는 여관에 들어 갔는가

– 그 당시 피의자를 따라가지 않으면 안되었는가

– 여관에 투숙하여 의자가 어떤 행동을 하던가

– 뭐라면서 성관계 요구를 하던가

– 거절하지 않았는가

– 피의자가 해고할 수 있다고 생각하였나

– 피의자의 처벌을 원하는가

4) 피의자 신문사항

– 甲녀를 알고 있는가

– 평소 甲녀는 피의자를 뭐라고 부른가

– 언제부터 피의자의 부인 미장원 종업원으로 종사하였는가

– 피의자는 부인이 운영하는 미장원운영에 대해 어느 정도의 영향력이 있는가

– 甲녀에게 저녁을 사주겠다고 한 일이 있는가

– 언제이며 같이 저녁을 먹었는가

– 어디에서 먹었으며 식사후 어떻게 하였나

– 뭐라면서 여관에 가자고 하였나

– 순순히 응하던가

– 몇시쯤 어디에 있는 어느 여관에 투숙하였나

– 무엇 때문에 여관에 가게되었나

– 여관에 들어가 무엇을 하였나

– 성관계를 요구하니까 이에 순순히 응하던가

– 그래서 뭐라고 말하여 성관계를 하였나

– 실질적으로 甲녀를 해고할 수 있는가

– 甲녀는 피의자가 부인에게 말하여 해고할 수 있다고 믿고 있는가

– 그럼 해고하겠다고 위력을 행사하여 성관계를 가졌다는 것인가

2. 피감호자 간음

1) 범죄사실 기재례 - [교도관이 상담중 가석방 빙자 간음]

피의자는 ○○교도소에서 ○○업무를 맡고 있는 교도직공무원(교위)이다.

피의자는 20○○. ○. ○. 15:00경 위 교도소 상담실에서 사기죄로 수감중인 기결수 홍길녀(35세)를 간음할 것을 마음먹고 '다음 광복절 때 특사로 석방될 수 있도록 해주겠다. 그러니 내 말을 듣고 내가 시키는데로 하라'고 하자 그녀가 그 뜻을 받아들이는 태도를 보이자 그곳에 있는 소파에서 피의자가 감호하는 그녀를 간음하였다.

2) 적용법조 : 제303조 제2항 ☞ 공소시효 7년

3) 신문사항

- 공무원인가
- 언제 임용되었으며 현 직책과 직급은
- 현재 맡고 있는 구체적인 업무는 무엇인가
- 홍길녀를 상담한 일이 있는가
- 언제 어디에서 어떤 상담을 하였는가
- 무엇 때문에 이런 상담을 하였는가
- 상담하면서 홍길녀를 간음한 일이 있는가
- 뭐라면서 간음하였는가
- 피해자가 피의자의 말을 믿고 응하던가
- 피해자에게 그런 약속을 지킬 수 있는 능력과 조건이 되는가

제16항 미성년자의제강간, 추행

제305조(미성년자에 대한 간음, 추행) ① 13세미만의 사람에 대하여 간음 또는 추행을 한 자는 제297조, 제297조의2, 제298조, 제301조 또는 제301조의2의 예에 의한다. ② 13세 이상 16세 미만의 사람에 대하여 간음 또는 추행을 한 19세 이상의 자는 제297조, 제297조의2, 제298조, 제301조 또는 제301조의2의 예에 의한다. **제305조의2(상습범)** 상습으로 제297조, 제297조의2, 제298부터 제300조까지, 제302조, 제303조 또는 제305조의 죄를 범한 자는 그 죄에 정한 형의 2분의 1까지 가중한다. **제305조의3(예비, 음모)** 제297조, 제297조의2, 제299조(준강간죄에 한정한다), 제301조(강간 등 상해죄에 한정한다) 및 제305조의 죄를 범할 목적으로 예비 또는 음모한 사람은 3년 이하의 징역에 처한다. **제306조(고소)** 삭제〈2013.6.19.〉 제297조 내지 제300조와 제302조 내지 제305조의 죄는 고소가 있어야 공소를 제기할 수 있다.

Ⅰ. 구성요건

1. 객 체

16세 미만의 사람으로 남녀 구분이 없다. 그러나 특별법에 따라 13세미만의 경우에는 성폭력범죄 처벌 등에 관한 특례법을 적용한다.

2. 행 위

간음 · 추행하는 것

○ 폭행이나 협박과 같은 강제적인 방법을 사용하여 간음할 것을 요하지 않는다.

○ 처음부터 폭행 · 협박에 의하여 13세 미만자를 강제추행하면, 본죄가 아니라 강간죄 또는 강제추행죄가 성립하고, 성폭력범죄의 처벌 등에 관한 특례법 제7조에 의하여 가중처벌된다.

✽ 13세 미만자를 강제추행하다가 상해를 입힌 경우 미성년자의제강제추행치상죄가 아니라 미성년자강제추행치상죄로 의율하여야 한다.

3. 주관적 구성요건

○ 행위의 객체가 16세 미만 사람임을 인식하여야 한다.

○ 13세 미만의 사람에 대한 간음 또는 추행의 가해자는 나이에 제한이 없으나 13세 이상 16세 미만의 경우 가해자가 19세 이상이어야 한다.

■ 판례 ■ 초등학교 4학년 담임교사(남자)가 교실에서 자신이 담당하는 반의 남학생의 성기를 만진 행위가 '추행'에 해당하는지 여부(적극)

[1] 형법 제305조의 미성년자의제강제추행죄의 성립요건

형법 제305조의 미성년자의제강제추행죄는 '13세 미만의 아동이 외부로부터의 부적절한 성적 자극이나 물리력의 행사가 없는 상태에서 심리적 장애 없이 성적 정체성 및 가치관을 형성할 권익'을 보호법익으로 하는 것으로서, 그 성립에 필요한 주관적 구성요건요소는 고의만으로 충분하고, 그 외에 성욕을 자극·흥분·만족시키려는 주관적 동기나 목적까지 있어야 하는 것은 아니다.

[2] 미성년자의제강제추행죄에서 말하는 '추행'에 해당하는지 여부(적극)

초등학교 4학년 담임교사(남자)가 교실에서 자신이 담당하는 반의 남학생의 성기를 만진 행위가 미성년자의제강제추행죄에서 말하는 '추행'에 해당한다(대법원 2006. 1. 13. 선고 2005도6791 판결).

■ 판례 ■ 형법 제32장에 규정된 '강간과 추행의 죄'의 보호법익인 '성적 자유', '성적 자기결정권'의 의미 / 미성년자 등 추행죄에서 말하는 '미성년자', '심신미약자'의 의미 / 위 죄에서 말하는 '추행'의 의미 및 추행에 해당하는지 판단하는 기준 / 위 죄에서 말하는 '위력'의 의미 및 위력으로써 추행한 것인지 판단하는 기준

형법 제302조는 "미성년자 또는 심신미약자에 대하여 위계 또는 위력으로써 간음 또는 추행을 한 자는 5년 이하의 징역에 처한다."라고 규정하고 있다. 형법은 제2편 제32장에서 '강간과 추행의 죄'를 규정하고 있는데, 이 장에 규정된 죄는 모두 개인의 성적 자유 또는 성적 자기결정권을 침해하는 것을 내용으로 한다. 여기에서 '성적 자유'는 적극적으로 성행위를 할 수 있는 자유가 아니라 소극적으로 원치 않는 성행위를 하지 않을 자유를 말하고, '성적 자기결정권'은 성행위를 할 것인가 여부, 성행위를 할 때 상대방을 누구로 할 것인가 여부, 성행위의 방법 등을 스스로 결정할 수 있는 권리를 의미한다. 형법 제32장의 죄의 기본적 구성요건은 강간죄(제297조)나 강제추행죄(제298조)인데, 이 죄는 미성년자나 심신미약자와 같이 판단능력이나 대처능력이 일반인에 비하여 낮은 사람은 낮은 정도의 유·무형력의 행사에 의해서도 저항을 제대로 하지 못하고 피해를 입을 가능성이 있기 때문에 범죄의 성립요건을 보다 완화된 형태로 규정한 것이다. 이 죄에서 '미성년자'는 형법 제305조 및 성폭력범죄의 처벌 등에 관한 특례법 제7조 제5항의 관계를 살펴볼 때 '13세 이상 19세 미만의 사람'을 가리키는 것으로 보아야 하고, '심신미약자'란 정신기능의 장애로 인하여 사물을 변별하거나 의사를 결정할 능력이 미약한 사람을 말한다. 그리고 '추행'이란 객관적으로 피해자와 같은 처지에 있는 일반적·평균적인 사람으로 하여금 성적 수치심이나 혐오감을 일으키게 하고 선량한 성적 도덕관념에 반하는 행위로서 구체적인 피해자를 대상으로 하여 피해자의 성적 자유를 침해하는 것을 의미하는데, 이에 해당하는지 여부는 피해자의 의사, 성별, 연령, 행위자와 피해자의 관계, 행위에 이르게 된 경위, 피해자에 대하여 이루어진 구체적 행위태양, 주위의 객관적 상황과 그 시대의 성적 도덕관념 등을 종합적으로 고려하여 판단하여야 한다. 다음으로 '위력'이란 피해자의 성적 자유의사를 제압하기에 충분한 세력으로서 유형적이든 무형적이든 묻지 않으며, 폭행·협박뿐 아니라 행위자의 사회적·경제적·정치적인 지위나 권세를 이용하는 것도 가능하다. 위력으로써 추행한 것인지 여부는 피해자에 대하여 이루어진 구체적인 행위의 경위 및 태양, 행사한 세력의 내용과 정도, 이용한 행위자의 지위나 권세의 종류, 피해자의 연령, 행위자와 피해자의 이전부터의 관계, 피해자에게 주는 위압감 및 성적 자유의사에 대한 침해의 정도, 범행 당시의 정황 등 여러 사정을 종합적으로 고려하여 판단하여야 한다. (대법원 2019. 6. 13. 선고, 2019도3341, 판결)

4. 피해자의 동의

▪ 판례 ▪　미성년자의제 강간추행죄의 성립에 있어서 위계 또는 위력이나 폭행 또는 협박 등의 행사요부 및 피해자의 동의가 있으면 위 죄가 불성립하는지 여부(소극)

형법 제305조에 규정된 13세미만 부녀에 대한 의제강간, 추행죄는 그 성립에 있어 위계 또는 위력이나 폭행 또는 협박의 방법에 의함을 요하지 아니하며 피해자의 동의가 있었다고 하여도 성립하는 것이다(대법원 1982.10.12. 선고 82도2183 판결).

▪ 판례 ▪　성추행 피해 아동이 한 진술의 신빙성 유무를 판단하는 방법

아동의 나이가 얼마나 어린지, 그 진술이 사건 발생시로부터 얼마나 지난 후에 이루어진 것인지, 사건 발생 후 그러한 진술이 이루어지기까지의 과정에서 최초로 아동의 피해 사실을 청취한 보호자나 수사관들이 편파적인 예단을 가지고 아동에게 사실이 아닌 정보를 주거나 반복적인 신문 등을 통하여 특정한 답변을 유도하는 등으로 아동 기억에 변형을 가져 올 여지는 없었는지, 그 진술당시 질문자에 의하여 오도될 수 있는 암시적인 질문이 반복된 것은 아닌지, 같이 신문을 받은 또래 아동의 진술에 영향을 받은 것은 아닌지, 면담자로부터 영향을 받지 않은 아동 자신의 진술이 이루어진 것인지, 법정에서는 피해사실에 대하여 어떠한 진술을 하고 있는지 등을 살펴보아야 하며, 또한 검찰에서의 진술내용에 있어서도 일관성이 있고 명확한지, 세부내용의 묘사가 풍부한지, 사건·사물·가해자에 대한 특징적인 부분에 관한 묘사가 있는지, 정형화된 사건 이상의 정보를 포함하고 있는지 등도 종합적으로 검토하여야 한다(대법원 2008.7.10. 선고 2006도2520 판결).

5. 미수범

본죄의 미수범처벌규정은 없으나 본죄를 강간, 강제추행의 예에 따라 처벌하므로 미수처벌이 가능하다.

▪ 판례 ▪　미성년자의제강간·강제추행죄를 규정한 형법 제305조에 의하여 미수범도 처벌할 수 있는지 여부(적극)

미성년자의제강간·강제추행죄를 규정한 형법 제305조가 "13세 미만의 부녀를 간음하거나 13세 미만의 사람에게 추행을 한 자는 제297조, 제298조, 제301조 또는 제301조의2의 예에 의한다"로 되어 있어 강간죄와 강제추행죄의 미수범의 처벌에 관한 형법 제300조를 명시적으로 인용하고 있지 아니하나, 형법 제305조의 입법 취지는 성적으로 미성숙한 13세 미만의 미성년자를 특별히 보호하기 위한 것으로 보이는바 이러한 입법 취지에 비추어 보면 동조에서 규정한 형법 제297조와 제298조의 '예에 의한다'는 의미는 미성년자의제강간·강제추행죄의 처벌에 있어 그 법정형뿐만 아니라 미수범에 관하여도 강간죄와 강제추행죄의 예에 따른다는 취지로 해석되고, 이러한 해석이 형벌법규의 명확성의 원칙에 반하는 것이거나 죄형법정주의에 의하여 금지되는 확장해석이나 유추해석에 해당하는 것으로 볼 수 없다(대법원 2007.3.15. 선고 2006도9453 판결).

6. 죄 수

미성년자 의제강간죄 또는 미성년자 의제강제추행죄는 행위시마다 1개의 범죄 성립한다.

II. 범죄사실 기재시 유의사항

■ 판례 ■   미성년자 의제강간, 강제추행죄의 공소제기에 있어서 범행일시의 기재방법

미성년자 의제강간죄 또는 미성년자 의제강제 추행죄는 행위시마다 1개의 범죄가 성립하므로 이 사건 공소사실 중 '피고인이 1980.12. 일자 불상경부터 1981. 9.5 전일경 까지 사이에 피해자를 협박하여 약 20여회 강간 또는 강제추행하였다' 는 부분은 그 범행일시가 명시되지 아니하여 동 공소 사실 부분에 대한 공소는 기각을 면할 수 없다(대법원 1982.12.14. 선고 82도2442 판결).

III. 범죄사실기재 및 신문사항

[기재례1] 초등학생의 팬티 속에 손을 넣어 음부를 만진 경우

1) 범죄사실 기재례

> 피의자는 ○○에 있는 ○○초등학교 5학년 1반의 담임교사로 재직하였던 자이다.
> 피의자는 200○. ○. ○. ○○:○○경 위 학교 사무실에서 같은 반 학생인 홍길순(12세)이 다른 학생들은 체육시간으로 모두 나가고 몸이 아파 혼자 있는 피해자에게 접근하여 그녀를 끌어안고 팬티 속에 손을 넣어 음부를 만져서 추행하였다.

2) 적용법조 : 제305조 제1항, 제298조(미성년자의제강제추행) ☞ 공소시효 없음

3) 신문사항

- ○○학교 교사인가
- 언제 교직에 임용되었으며 위 학교는 언제부터 재직하고 있는가
- 홍길순을 알고 있는가
- 홍길순을 추행한 일이 있는가
- 언제 어디에서인가
- 그곳에 다른 학생들은 없었나
- 어떻게 추행하였는가
- 어떤 방법으로 추행하였나
- 뭐라면서 그랬는가
- 피해자가 반항하지 않던가
- 어린 학생에게 어떻게 이런 행위를 할 수 있는가

[기재례2] 7세 여아를 간음한 경우

1) 범죄사실 기재례

> 피의자는 20○○. ○. 경부터 그 형인 甲의 ○○주거지에 살면서 조카인 乙(여, 8세)이 하교 후 그 친구인 피해자 김소녀(여, 7세)와 함께 노는 것을 알고 위 피해자를 간음하기로 마음먹었다.
>
> 피의자는 20○○. ○. 초순 13:00경, 위 甲의 주거지 내 乙이 놀이방으로 사용하고 피의자가 침식하는 작은 방에서, 피해자의 옷을 모두 벗기고 가슴과 성기를 손과 발로 만지고 성기 안에 발가락을 집어넣는 등 추행하다가 피의자의 성기를 피해자의 성기에 삽입하여 13세 미만의 부녀인 피해자를 간음하였다.

2) 적용법조 : 제305조 제1항, 제297조(미성년자의제강간) ☞ 공소시효 없음

[기재례3] 3세 여아의 음부를 문지른 경우

1) 범죄사실 기재례

> 피의자는 20○○. 8. 8.경 ○○에 있는 피의자의 집 거실에서 피의자의 조카인 피해자 甲(여, 3세)을 바닥에 눕히고 손에 로션을 바른 후 피해자의 음부를 문지르는 등 13세 미만 미성년자인 피해자를 추행하였다.

2) 적용법조 : 제305조 제1항, 제298조(미성년자의제강제추행) ☞ 공소시효 없음

3) 신문사항

- 甲을 알고 있는가(어떠한 관계인가)
- 甲을 추행한 일이 있는가
- 언제 어디에서인가
- 그곳에 다른 사람들은 없었나
- 어떻게 추행하였는가
- 어떤 방법으로 추행하였나
- 뭐라면서 그랬는가
- 피해자가 반항하지 않던가
- 어린 조카에게 어떻게 이런 행위를 할 수 있는가

제17항 강도강간

제339조(강도강간) 강도가 사람을 강간한 때에는 무기 또는 10년이상의 징역에 처한다.

제342조(미수범) 제329조 내지 제341조의 미수범은 처벌한다.

※ 성폭력범죄의 처벌 등에 관한 특례법 제3조(특수강도강간등)

※ 특정범죄가중처벌등에관한법률 제5조의5(강도상해등 재범자의 가중처벌)

 I. 구성요건

1. 주 체

　단순강도 · 특수강도 · 준강도 · 인질강도 등의 강도

　　○ 강도의 실행에 착수하여야 본죄의 주체가 될 수 있다. 그러나 강도의 기수 · 미수는 불문한다.

■ 판례 ■　　강도행위가 야간에 주거에 침입하여 이루어지는 특수강도죄의 실행의 착수시기 (= 폭행 · 협박시)

[1] 사실관계

> 甲은 강도의 목적으로 야간에 칼을 들고 乙의 집 현관문을 열고 마루까지 침입하였으나 14 세의 乙의 손녀가 화장실에서 용변을 보고 나오는 것을 발견하고 갑자기 욕정을 일으켜 칼을 손녀의 목에 들이대고 방에 끌고 들어가 강간하였다.

[2] 판결요지

가. 특수강도죄에 있어서의 실행의 착수시기

특수강도의 실행의 착수는 강도의 실행행위 즉 사람의 반항을 억압할 수 있는 정도의 폭행 또는 협박에 나아갈 때에 있다 할 것이다.

나. 甲의 죄책

강도의 범의로 야간에 칼을 휴대한 채 타인의 주거에 침입하여 집안의 동정을 살피다가 피해자를 발견하고 갑자기 욕정을 일으켜 칼로 협박하여 강간한 경우, 야간에 흉기를 휴대한 채 타인의 주거에 침입하여 집안의 동정을 살피는 것만으로는 특수강도의 실행에 착수한 것이라고 할 수 없으므로 위의 특수강도에 착수하기도 전에 저질러진 위와 같은 강간행위가 구 특정범죄가중처벌등에 관한법률 제5조의6 제1항 소정의 특수강도강간죄에 해당한다고 할 수 없다(대법원 1991.11.22. 선고 91도2296 판결).　☞ (甲은 주거침입죄, 강간죄, 강도예비죄의 실체적 경합범)

2. 행 위

사람을 강간하는 것

(1) 강도의 실행의 착수

강도강간죄가 성립하기 위해서는 강도의 실행의 착수(例, 폭행·협박)가 있어야 한다. 그러나 강도의 기수·미수는 불문한다.

(가) 강간범이 강도를 한 경우

■ 판례 ■   강간범이 강간의 범행 후에 부녀의 재물을 강취한 경우, 성폭력범죄의처벌및피해자보호등에관한법률 제5조 제2항 소정의 특수강도강간죄로 의율할 수 있는지 여부(한정 소극)

[1] 사실관계

> 甲은 도망을 가려는 乙녀(18세)의 어깨를 잡아 방으로 끌고 와 침대에 엎드리게 하고 이불을 뒤집어씌운 후 베개로 乙녀의 머리부분을 약 3분간 힘껏 눌렀다. 이에 乙녀가 손발을 휘저으며 발버둥치다가 움직임을 멈추고 사지가 늘어졌음에도 계속하여 약 10초간 누르고 있다가 乙녀가 사망한 것을 확인하고 乙녀가 잠자는 것처럼 위장을 해 놓은 뒤 방안에 있던 물건들을 가방에 넣고 집을 빠져나왔다. 몇일 후 甲은 丙녀를 강간하고 난 뒤에 丙녀의 물건이 탐이나 흉기로 위협한 후 물건을 빼앗았다.

[2] 판결요지

가. 乙녀에 대한 죄책

강도가 베개로 피해자의 머리부분을 약 3분간 누르던 중 피해자가 저항을 멈추고 사지가 늘어졌음에도 계속하여 누른 행위에 대해서는 살해의 고의가 인정된다.

나. 丙녀에 대한 죄책

강간범이 강간행위 후에 강도의 범의를 일으켜 그 부녀의 재물을 강취하는 경우에는 형법상 강도강간죄가 아니라 강간죄와 강도죄의 경합범이 성립될 수 있을 뿐인바, 성폭력범죄의처벌및피해자보호등에관한법률 제5조 제2항은 형법 제334조(특수강도) 등의 죄를 범한 자가 형법 제297조(강간) 등의 죄를 범한 경우에 이를 특수강도강간 등의 죄로 가중하여 처벌하고 있으므로, 다른 특별한 사정이 없는 한 강간범이 강간의 범행 후에 특수강도의 범의를 일으켜 그 부녀의 재물을 강취한 경우에는 이를 성폭력범죄의처벌및피해자보호등에관한법률 제5조 제2항 소정의 특수강도강간죄로 의율할 수 없다(대법원 2002. 2. 8. 선고 2001도6425 판결).   ☞ (乙에 대한 강도살인죄, 丙에 대한 강간죄와 특수강도죄의 실체적 경합)

(나) 강간 중 강도하고 강간한 경우

■ 판례 ■   강간의 실행행위의 계속 중에 강도행위를 한 경우 강도강간죄를 구성하는지 여부

강도강간죄는 강도라는 신분을 가진 범인이 강간죄를 범하였을 때 성립하는 범죄이고 따라서 강간범이 강간행위 후에 강도의 범의를 일으켜 그 부녀의 재물을 강취하는 경우에는 강도강간죄가 아니라 강도죄와 강간죄의 경합범이 성립될 수 있을 뿐이나, 강간범이 강간행위 종료전 즉 그 실행

행위의 계속중에 강도의 행위를 할 경우에는 이때에 바로 강도의 신분을 취득하는 것이므로 이후에 그 자리에서 강간행위를 계속하는 때에는 강도가 부녀를 강간한 때에 해당하여 형법 제339조 소정의 강도강간죄를 구성한다(대법원 1988.9.9. 선고 88도1240 판결).

(다) 강도의 수단으로 강간을 하고 강취한 경우

강도의 수단으로 강간을 하고 강취한 경우에도 본죄가 성립한다.

(2) 강간의 시기

강간은 강도의 기회에 행해지어야 한다. 그러나 재물탈취의 전후를 불문한다.

■ 판례 ■   강도의 상대방과 강간의 상대방이 다른 경우, 강도강간죄의 성립여부(적극)

[1] 사실관계

甲은 乙 등과 강도하기로 모의를 한 후 지나가던 丙으로부터 금품을 빼앗고 이어서 그의 여자 친구인 丁녀를 강간하였다.

[2] 판결요지

피고인이 강도하기로 모의를 한 후 피해자 병남으로부터 금품을 빼앗고 이어서 피해자 정녀를 강간하였다면 강도강간죄를 구성한다(대법원 1991.11.12. 선고 91도2241 판결).

■ 판례 ■   甲이 야간에 乙녀의 주거에 침입하여 드라이버를 들이대며 협박하여 乙녀의 반항을 억압한 상태에서 강간행위의 실행 도중 현장에 있던 丙녀의 핸드백을 새로운 폭력이나 협박없이 취득한 후 乙녀에 대한 강간행위를 계속한 경우

강간범인이 부녀를 강간할 목적으로 폭행, 협박에 의하여 반항을 억압한 후 반항억압 상태가 계속 중임을 이용하여 재물을 탈취하는 경우에는 재물탈취를 위한 새로운 폭행, 협박이 없더라도 강도죄가 성립한다. 따라서 피고인의 행위를 포괄하여 구 성폭력범죄의 처벌 및 피해자보호 등에 관한 법률(2010. 4. 15. 법률 제10258호 성폭력범죄의 피해자보호 등에 관한 법률로 개정되기 전의 것) 위반(특수강도강간등)죄에 해당한다(대법원 2010.12.9. 선고 2010도9630 판결).

(3) 기수와 미수

본죄의 기수와 미수는 강간의 미수와 기수에 따라 결정되며, 강도의 기수 · 미수는 불문한다. 따라서 강도가 기수라도 강간이 미수에 그친 경우에는 본죄의 미수가 성립하나, 반대로 강도가 미수라도 강간이 기수이면 본죄의 기수가 된다.

■ 판례 ■   강도가 강간하려고 하였으나 잠자던 피해자의 어린 딸이 잠에서 깨어 우는 바람에 도주한 경우의 죄책(= 강도강간죄의 장애미수)

강도가 강간하려고 하였으나 잠자던 피해자의 어린 딸이 잠에서 깨어 우는 바람에 도주하였고, 또 피해자가 시장에 간 남편이 곧 돌아온다고 하면서 임신중이라고 말하자 도주한 경우에는 자의로 강간행위를 중지하였다고 볼 수 없다(대법원 1993.4.13. 선고 93도347 판결).

3. 주관적 구성요건

강도 · 강간에 대한 고의와 불법영득의사가 있을 것

　ㅇ 처음부터 강도와 강간의 범의를 함께 가진 경우 ⇨ 본죄성립

　ㅇ 강도의 실행의 착수 후 강간의 범의가 생긴 경우 ⇨ 본죄성립

　ㅇ 강간의 범의만 가지고 강간 후 금품을 강취한 경우 ⇨ 강간죄와 강도죄의 경합범

■ 판례 ■　　강간하는 과정에서 피해자들이 도망가지 못하게 손가방을 빼앗은 행위와 불법
영득 의사 유무(소극)

불법영득의 의사라 함은 권리자를 배제하여 타인의 물건을 자기의 물건과 같이 그 경제적 용법에
따라 이용처분하는 의사를 말하는 것이므로 강간하는 과정에서 피해자들이 도망가지 못하게 하기
위해 손가방을 빼앗은 것에 불과하다면 이에 불법영득의 의사가 있었다고 할 수 없다(대법원
1985.8.13. 선고 85도1170 판결).

4. 죄 수

(1) 강도강간살인 · 상해

　강도가 살인 또는 상해의 고의를 가지고 폭행 · 협박하여 피해자를 사망 또는 상해한
경우에는 강도강간죄와 강도살인죄 · 강도상해죄의 상상적 경합이 성립한다(이설있음).

(2) 강도강간치사상

　강도가 살해 또는 상해의 고의 없이 폭행 · 협박하여 사망 또는 상해에 이르게 한 경
우에는 강도강간죄와 강도치사상죄의 상상적 경합이 성립한다.

■ 판례 ■　　강도강간이 미수에 그쳤으나 반항을 억압하기 위한 폭행으로 상해를 입힌 경우,
죄명 및 죄수

[1] 사실관계

> 甲은 강도의 의사로 부녀자 乙을 폭행하여 상해를 입혀 항거불능케 한 후 재물을 찾았으나
> 재물이 없어 미수에 그치고, 항거불능의 상태에 빠진 乙을 간음하려 하였으나 역시 실패하
> 고 그 과정에서 반항을 억압하기 위한 폭행으로 乙에게 상해를 입혔다.

[2] 판결요지

강도가 재물강취의 뜻을 재물의 부재로 이루지 못한 채 미수에 그쳤으나 그 자리에서 항거불능의
상태에 빠진 피해자를 간음할 것을 결의하고 실행에 착수했으나 역시 미수에 그쳤더라도 반항을
억압하기 위한 폭행으로 피해자에게 상해를 입힌 경우에는 강도강간미수죄와 강도치상죄가 성립되
고 이는 1개의 행위가 2개의 죄명에 해당되어 상상적 경합관계가 성립된다(대법원 1988.6.28. 선
고 88도820 판결). ☞ (甲은 강도강간미수죄와 강도치상죄의 상상적 경합)

II. 범죄사실 작성시 유의사항

1. 강도의 수단이 폭행, 협박이 행하여진 후에 강간행위가 이어서 행하여지는 경우도 있고 또 동일한 행위가 兩者의 취지를 겸하는 경우도 있다. 사실의 적시로서는 그 어느 것인가를 구별하여 설시하여야 할 것이다.

2. 강간행위는 강도행위가 행하여진 기회 또는 기 기회 계속 중에 행하여짐을 필요로 한다. 어느 지점에서 강도의 실행행위에 착수하고 다른 지점에서 강간한 경우에는 '……길에서……강취한 후 약 20m 떨어진 도로변의 풀밭까지 그녀를 끌고 가서 그곳에서……강간하였다.'와 같이 기회 계속 중의 행위라는 점을 적시하여야 한다.

3. 강도의 피해자와 강간의 피해자가 다른 때에는 강도행위와 강간행위와의 관련을 명확히 하지 않으면 안된다.

4. 강도가 기수인가 미수인가 그쳤는가는 본죄의 성립여부에 관계가 없으나 그 기수, 미수의 구별이 판결문 자체에 의하여 알아 볼 수 있도록 설시하는 것이 적당하다.

III. 범죄사실기재 및 신문사항

1) 범죄사실 기재례

[기재례1] 강도강간의사로 협박하고 강취 후 강간

> 피의자는 20○○. ○. ○. ○○:○○경 ○○에서 피해자 甲(여, 23세)으로부터 금품을 강취함과 동시에 그녀를 강간하려고 마음먹고 귀가 중이던 위 피해자를 옆 골목으로 끌고 들어가 돈을 모두 내놓으라 그러지 않으면 목을 졸라 죽이겠다면서 양손으로 피해자의 목을 조여 그녀의 반항을 억압한 다음 ○○만원이 들어 있는 그녀의 핸드백을 강취한 후 그 자리에 넘어뜨려 간음하여 그녀를 강간하였다.

[기재례2] 피서지에서 강도강간

> 피의자는 20○○. ○. ○. 23:00경 ○○에 있는 ○○해안에 텐트를 치고 잠자던 피해자 홍길녀를 깨워 피의자가 미리 준비하여 가지고간 장난감 권총을 피해자의 목에 들이 대고 주먹으로 얼굴을 때리면서 금품을 요구하였으나 피해자가 가진 것이 없다고 하자 주먹으로 피해자의 배와 얼굴 등을 때리고 목을 누르는 등 항거불능케 하여 강간하였다.

[기재례3] 강도강간

피의자는 20○○. ○. ○. 서울고등법원에서 강도강간미수죄 등으로 징역 장기 3년을 선고받고 20○○. ○. ○. ○○교도소에서 그 형의 집행을 종료하였다.

피의자는 20○○. ○. ○. 22:30경 ○○에 있는 피해자 갑(여, 30세)의 집에 이르러 잠겨 있지 아니한 현관문을 통해 집안으로 침입하여 그곳 방문 앞에 있던 피해자를 발견하고 피해자의 입을 왼손으로 틀어막고 "소리치면 애들을 죽어버리겠다."고 협박하며 피해자를 안방으로 끌고 들어가 방안에 있던 전자모기향 전선줄로 피해자의 양손을 등 뒤로 묶고 헝겊으로 입을 틀어막은 후 "돈을 내놓지 않으면 애들을 죽이겠다."고 협박하여 피해자가 반항하지 못하게 하였다.

피의자는 피해자로부터 지갑에 있던 그 소유의 현금 30,000원과 그곳 생수통에 있던 약 30,000원 등 합계 약 60,000원을 빼앗아 강취하고, 피해자를 강간할 마음을 먹고 그 자리에서 피해자를 뒤로 눕히고 베개로 얼굴을 가린 뒤 치마를 올리고 팬티를 벗긴 후 "소리치면 애들을 발로 걷어차고 때려죽이겠다. 애들이 어떻게 되는지 한 번 보겠느냐."고 협박하여 반항하지 못하게 한 다음 피해자를 1회 간음하여 강간하였다.

2) **적용법조** : 제339조 ☞ 공소시효 15년

3) **신문사항**

- 홍길녀를 알고 있는가
- 홍길녀로부터 금품을 빼앗은 일이 있는가
- 언제 어디에서 빼앗았는가
- 어떻게 그곳에서 범행을 하게 되었는가
- 왜 홍길녀를 피해자로 택하였는가
- 어떤 방법으로 금품을 빼앗았는가
- 빼앗은 금품은 모두 얼마였는가
- 피해자가 반항하지 않던가
- 그 당시 주변에 다른 사람들이 없었는가
- 금품을 빼앗은 후 어떻게 하였나
- 어떤 방법으로 강간하였나
- 그때도 반항하지 않던가
- 범행 후 어떻게 하였나
- 빼앗은 금품은 어떻게 하였는가

제2절 아동 · 청소년의 성보호에 관한 법률
(청소년성보호법)

 Ⅰ. 목적 및 개념정의

1. 목 적

> **제1조(목적)** 이 법은 아동 · 청소년대상 성범죄의 처벌과 절차에 관한 특례를 규정하고 피해아동 · 청소년을 위한 구제 및 지원 절차를 마련하며 아동 · 청소년대상 성범죄자를 체계적으로 관리함으로써 아동 · 청소년을 성범죄로부터 보호하고 아동 · 청소년이 건강한 사회구성원으로 성장할 수 있도록 함을 목적으로 한다.
>
> **제3조(해석상 · 적용상의 주의)** 이 법을 해석 · 적용할 때에는 아동 · 청소년의 권익을 우선적으로 고려하여야 하며, 이해관계인과 그 가족의 권리가 부당하게 침해되지 아니하도록 주의하여야 한다.

2. 개념정의

> **제2조(정의)** 이 법에서 사용하는 용어의 뜻은 다음과 같다.
> 1. "아동 · 청소년"이란 19세 미만의 자를 말한다. 다만, 19세에 도달하는 연도의 1월 1일을 맞이한 자는 제외한다.
> 2. "아동 · 청소년대상 성범죄"란 다음 각 목의 어느 하나에 해당하는 죄를 말한다.
>   가. 제7조, 제7조의2, 제8조, 제8조의2, 제9조부터 제15조까지 및 제15조의2의 죄
>   나. 아동 · 청소년에 대한 「성폭력범죄의 처벌 등에 관한 특례법」 제3조부터 제15조까지의 죄
>   다. 아동 · 청소년에 대한 「형법」 제297조, 제297조의2 및 제298조부터 제301조까지, 제301조의2, 제302조, 제303조, 제305조, 제339조 및 제342조(제339조의 미수범에 한정한다)의 죄
>   라. 아동 · 청소년에 대한 「아동복지법」 제17조제2호의 죄
> 3. "아동 · 청소년대상 성폭력범죄"란 아동 · 청소년대상 성범죄에서 제11조부터 제15조까지 및 제15조의2의 죄를 제외한 죄를 말한다.
> 3의2. "성인대상 성범죄"란 「성폭력범죄의 처벌 등에 관한 특례법」 제2조에 따른 성폭력범죄를 말한다. 다만, 아동 · 청소년에 대한 「형법」 제302조 및 제305조의 죄는 제외한다.
> 4. "아동 · 청소년의 성을 사는 행위"란 아동 · 청소년, 아동 · 청소년의 성(性)을 사는 행위를 알선한 자 또는 아동 · 청소년을 실질적으로 보호 · 감독하는 자 등에게 금품이나 그 밖의 재산상 이익, 직무 · 편의 제공 등 대가를 제공하거나 약속하고 다음 각 목의 어느 하나에 해당하는 행위를 아동 · 청소년을 대상으로 하거나 아동 · 청소년으로 하여금 하게 하는 것을 말한다.
>   가. 성교 행위
>   나. 구강 · 항문 등 신체의 일부나 도구를 이용한 유사 성교 행위
>   다. 신체의 전부 또는 일부를 접촉 · 노출하는 행위로서 일반인의 성적 수치심이나 혐오감을 일으키는 행위
>   라. 자위 행위
> 5. "아동 · 청소년이용음란물"이란 아동 · 청소년 또는 아동 · 청소년으로 명백하게 인식될 수 있는 사람이나 표현물이 등장하여 제4호의 각 목의 어느 하나에 해당하는 행위를 하거나 그 밖의 성적 행위를

하는 내용을 표현하는 것으로서 필름·비디오물·게임물 또는 컴퓨터나 그 밖의 통신매체를 통한 화상·영상 등의 형태로 된 것을 말한다.

6. "피해아동·청소년"이란 제2호나목부터 라목까지, 제7조, 제7조의2, 제8조, 제8조의2, 제9조부터 제15조까지 및 제15조의2의 죄의 피해자가 된 아동·청소년(제13조제1항의 죄의 상대방이 된 아동·청소년을 포함한다)을 말한다.

6의2. "성매매 피해아동·청소년"이란 피해아동·청소년 중 제13조제1항의 죄의 상대방 또는 제13조제2항·제14조·제15조의 죄의 피해자가 된 아동·청소년을 말한다.

7. 삭제 〈2020.5.19〉

8. 삭제 〈2020.6.9〉

9. "등록정보"란 법무부장관이 「성폭력범죄의 처벌 등에 관한 특례법」 제42조제1항의 등록대상자에 대하여 같은 법 제44조제1항에 따라 등록한 정보를 말한다.

■ 판례 ■   아동·청소년의 성보호에 관한 법률 제2조 제5호의 의미와 규정 취지

아동·청소년의 성보호에 관한 법률 제2조 제5호는 종전의 '아동·청소년이용음란물'을 '아동·청소년성착취물'로 규정함으로써 아동·청소년을 대상으로 하는 음란물은 그 자체로 아동·청소년에 대한 성착취, 성학대를 의미하는 것임을 명확히 하고 있다. 또한 실제의 아동·청소년뿐만 아니라 '아동·청소년으로 인식될 수 있는 사람이나 표현물'이 등장하는 경우도 아동·청소년성착취물에 포함되는바, 그 이유는 실제 아동·청소년인지와 상관없이 아동·청소년이 성적 행위를 하는 것으로 묘사하는 각종 매체물의 시청이 아동·청소년을 상대로 한 성범죄를 유발할 수 있다는 점을 고려하여 잠재적 성범죄로부터 아동·청소년을 보호하려는 데 있다. 가상의 표현물이라 하더라도 아동·청소년을 성적 대상으로 하는 표현물의 지속적 접촉은 아동·청소년의 성에 대한 왜곡된 인식과 비정상적 태도를 형성하게 할 수 있고, 또한 아동·청소년을 상대로 한 성범죄로 이어질 수 있다는 점을 부인하기 어렵다. (대법원 2021. 11. 25., 선고, 2021두46421, 판결)

■ 판례 ■   구 아동·청소년의 성보호에 관한 법률 제2조 제5호에서 말하는 '아동·청소년으로 인식될 수 있는 표현물'의 의미와 판단 기준

구 아동·청소년의 성보호에 관한 법률(2012. 12. 18. 법률 제11572호로 전부 개정되기 전의 것)의 입법 목적과 개정 연혁, 표현물의 특징 등에 비추어 보면, 위 법률 제2조 제5호에서 말하는 '아동·청소년으로 인식될 수 있는 표현물'이란 사회 평균인의 시각에서 객관적으로 보아 명백하게 청소년으로 인식될 수 있는 표현물을 의미하고, 개별적인 사안에서 표현물이 나타내고 있는 인물의 외모와 신체발육에 대한 묘사, 음성 또는 말투, 복장, 상황 설정, 영상물의 배경이나 줄거리 등 여러 사정을 종합적으로 고려하여 신중하게 판단하여야 한다. (대법원 2019. 5. 30., 선고, 2015도863, 판결)

II. 공소시효 등 특례

1. 공소시효 특례

제18조(신고의무자의 성범죄에 대한 가중처벌) 제34조제2항 각 호의 기관·시설 또는 단체의 장과
그 종사자가 자기의 보호·감독 또는 진료를 받는 아동·청소년을 대상으로 성범죄를 범한 경우에는 그
죄에 정한 형의 2분의 1까지 가중처벌한다.

제19조(「형법」상 감경규정에 관한 특례) 음주 또는 약물로 인한 심신장애 상태에서 아동·청소년대
상 성폭력범죄를 범한 때에는 「형법」 제10조제1항·제2항 및 제11조를 적용하지 아니할 수 있다.

제20조(공소시효에 관한 특례) ① 아동·청소년대상 성범죄의 공소시효는 「형사소송법」 제252조제1항
에도 불구하고 해당 성범죄로 피해를 당한 아동·청소년이 성년에 달한 날부터 진행한다.

② 제7조의 죄는 디엔에이(DNA)증거 등 그 죄를 증명할 수 있는 과학적인 증거가 있는 때에는 공소시효가
10년 연장된다.

③ 13세 미만의 사람 및 신체적인 또는 정신적인 장애가 있는 아동·청소년에 대하여 다음 각 호의 죄를
범한 경우에는 제1항과 제2항에도 불구하고 「형사소송법」 제249조부터 제253조까지 및 「군사법원
법」 제291조부터 제295조까지에 규정된 공소시효를 적용하지 아니한다.

1. 「형법」 제297조(강간), 제298조(강제추행), 제299조(준강간, 준강제추행), 제301조(강간등 상해·치상) 또
   는 제305조(미성년자에 대한 간음, 추행)의 죄

2. 제9조 및 제10조의 죄

3. 「성폭력범죄의 처벌 등에 관한 특례법」 제6조제2항, 제7조제2항·제5항, 제8조, 제9조의 죄

④ 다음 각 호의 죄를 범한 경우에는 제1항과 제2항에도 불구하고 「형사소송법」 제249조부터 제253조까지
및 「군사법원법」 제291조부터 제295조까지에 규정된 공소시효를 적용하지 아니한다.

1. 「형법」 제301조의2(강간등 살인·치사)의 죄(강간등 살인에 한정한다)

2. 제10조제1항의 죄

3. 「성폭력범죄의 처벌 등에 관한 특례법」 제9조제1항의 죄

2. 수사 및 재판의 특례

제25조(수사 및 재판 절차에서의 배려) ① 수사기관과 법원 및 소송관계인은 아동·청소년대상 성범
죄를 당한 피해자의 나이, 심리 상태 또는 후유장애의 유무 등을 신중하게 고려하여 조사 및 심리·재판
과정에서 피해자의 인격이나 명예가 손상되거나 사적인 비밀이 침해되지 아니하도록 주의하여야 한다.

② 수사기관과 법원은 아동·청소년대상 성범죄의 피해자를 조사하거나 심리·재판할 때 피해자가 편안한
상태에서 진술할 수 있는 환경을 조성하여야 하며, 조사 및 심리·재판 횟수는 필요한 범위에서 최소한
으로 하여야 한다.

③ 수사기관과 법원은 제2항에 따른 조사나 심리·재판을 할 때 피해아동·청소년이 13세 미만이거나 신체
적인 또는 정신적인 장애로 의사소통이나 의사표현에 어려움이 있는 경우 조력을 위하여 「성폭력범죄
의 처벌 등에 관한 특례법」 제36조부터 제39조까지를 준용한다. 이 경우 "성폭력범죄"는 "아동·청소년
대상 성범죄"로, "피해자"는 "피해아동·청소년"으로 본다.

제25조의2(아동·청소년대상 디지털 성범죄의 수사 특례) ① 사법경찰관리는 다음 각 호의 어느 하나에
해당하는 범죄(이하 "디지털 성범죄"라 한다)에 대하여 신분을 비공개하고 범죄현장(정보통신망을 포함한다)
또는 범인으로 추정되는 자들에게 접근하여 범죄행위의 증거 및 자료 등을 수집(이하 "신분비공개수사"라 한

대)할 수 있다.

1. 제11조 및 제15조의2의 죄
2. 아동·청소년에 대한 「성폭력범죄의 처벌 등에 관한 특례법」 제14조제2항 및 제3항의 죄

② 사법경찰관리는 디지털 성범죄를 계획 또는 실행하고 있거나 실행하였다고 의심할 만한 충분한 이유가 있고, 다른 방법으로는 그 범죄의 실행을 저지하거나 범인의 체포 또는 증거의 수집이 어려운 경우에 한정하여 수사 목적을 달성하기 위하여 부득이한 때에는 다음 각 호의 행위(이하 "신분위장수사"라 한다)를 할 수 있다.

1. 신분을 위장하기 위한 문서, 도화 및 전자기록 등의 작성, 변경 또는 행사
2. 위장 신분을 사용한 계약·거래
3. 아동·청소년성착취물 또는 「성폭력범죄의 처벌 등에 관한 특례법」 제14조제2항의 촬영물 또는 복제물(복제물의 복제물을 포함한다)의 소지, 판매 또는 광고

③ 제1항에 따른 수사의 방법 등에 필요한 사항은 대통령령으로 정한다. [본조신설 2021. 3. 23.]

제25조의3(아동·청소년대상 디지털 성범죄 수사 특례의 절차) ① 사법경찰관리가 신분비공개수사를 진행하고자 할 때에는 사전에 상급 경찰관서 수사부서의 장의 승인을 받아야 한다. 이 경우 그 수사기간은 3개월을 초과할 수 없다.

② 제1항에 따른 승인의 절차 및 방법 등에 필요한 사항은 대통령령으로 정한다.

③ 사법경찰관리는 신분위장수사를 하려는 경우에는 검사에게 신분위장수사에 대한 허가를 신청하고, 검사는 법원에 그 허가를 청구한다.

④ 제3항의 신청은 필요한 신분위장수사의 종류·목적·대상·범위·기간·장소·방법 및 해당 신분위장수사가 제25조의2제2항의 요건을 충족하는 사유 등의 신청사유를 기재한 서면으로 하여야 하며, 신청사유에 대한 소명자료를 첨부하여야 한다.

⑤ 법원은 제3항의 신청이 이유 있다고 인정하는 경우에는 신분위장수사를 허가하고, 이를 증명하는 서류(이하 "허가서"라 한다)를 신청인에게 발부한다.

⑥ 허가서에는 신분위장수사의 종류·목적·대상·범위·기간·장소·방법 등을 특정하여 기재하여야 한다.

⑦ 신분위장수사의 기간은 3개월을 초과할 수 없으며, 그 수사기간 중 수사의 목적이 달성되었을 경우에는 즉시 종료하여야 한다.

⑧ 제7항에도 불구하고 제25조의2제2항의 요건이 존속하여 그 수사기간을 연장할 필요가 있는 경우에는 사법경찰관리는 소명자료를 첨부하여 3개월의 범위에서 수사기간의 연장을 검사에게 신청하고, 검사는 법원에 그 연장을 청구한다. 이 경우 신분위장수사의 총 기간은 1년을 초과할 수 없다. [본조신설 2021. 3. 23.]

제25조의4(아동·청소년대상 디지털 성범죄에 대한 긴급 신분위장수사) ① 사법경찰관리는 제25조의2제2항의 요건을 구비하고, 제25조의3제3항부터 제8항까지에 따른 절차를 거칠 수 없는 긴급을 요하는 때에는 법원의 허가 없이 신분위장수사를 할 수 있다.

② 사법경찰관리는 제1항에 따른 신분위장수사 개시 후 지체 없이 검사에게 허가를 신청하여야 하고, 사법경찰관리는 48시간 이내에 법원의 허가를 받지 못한 때에는 즉시 신분위장수사를 중지하여야 한다.

③ 제1항 및 제2항에 따른 신분위장수사 기간에 대해서는 제25조의3제7항 및 제8항을 준용한다.

제25조의5(아동·청소년대상 디지털 성범죄에 대한 신분비공개수사 또는 신분위장수사로 수집한 증거 및 자료 등의 사용제한) 사법경찰관리가 제25조의2부터 제25조의4까지에 따라 수집한 증거 및 자료 등은 다음 각 호의 어느 하나에 해당하는 경우 외에는 사용할 수 없다.

1. 신분비공개수사 또는 신분위장수사의 목적이 된 디지털 성범죄나 이와 관련되는 범죄를 수사·소추하거나 그 범죄를 예방하기 위하여 사용하는 경우
2. 신분비공개수사 또는 신분위장수사의 목적이 된 디지털 성범죄나 이와 관련되는 범죄로 인한 징계절

차에 사용하는 경우

3. 증거 및 자료 수집의 대상자가 제기하는 손해배상청구소송에서 사용하는 경우
4. 그 밖에 다른 법률의 규정에 의하여 사용하는 경우 [본조신설 2021. 3. 23.]

제25조의6(국가경찰위원회와 국회의 통제) ① 「국가경찰과 자치경찰의 조직 및 운영에 관한 법률」 제16조제1항에 따른 국가수사본부장(이하 "국가수사본부장"이라 한다)은 신분비공개수사가 종료된 즉시 대통령령으로 정하는 바에 따라 같은 법 제7조제1항에 따른 국가경찰위원회에 수사 관련 자료를 보고하여야 한다.

② 국가수사본부장은 대통령령으로 정하는 바에 따라 국회 소관 상임위원회에 신분비공개수사 관련 자료를 반기별로 보고하여야 한다. [본조신설 2021. 3. 23.]

제25조의7(비밀준수의 의무) ① 제25조의2부터 제25조의6까지에 따른 신분비공개수사 또는 신분위장수사에 대한 승인·집행·보고 및 각종 서류작성 등에 관여한 공무원 또는 그 직에 있었던 자는 직무상 알게 된 신분비공개수사 또는 신분위장수사에 관한 사항을 외부에 공개하거나 누설하여서는 아니 된다.

② 제1항의 비밀유지에 관하여 필요한 사항은 대통령령으로 정한다. [본조신설 2021. 3. 23.]

제25조의8(면책) ① 사법경찰관리가 신분비공개수사 또는 신분위장수사 중 부득이한 사유로 위법행위를 한 경우 그 행위에 고의나 중대한 과실이 없는 경우에는 벌하지 아니한다.

② 제1항에 따른 위법행위가 「국가공무원법」 제78조제1항에 따른 징계 사유에 해당하더라도 그 행위에 고의나 중대한 과실이 없는 경우에는 징계 요구 또는 문책 요구 등 책임을 묻지 아니한다.

③ 신분비공개수사 또는 신분위장수사 행위로 타인에게 손해가 발생한 경우라도 사법경찰관리는 그 행위에 고의나 중대한 과실이 없는 경우에는 그 손해에 대한 책임을 지지 아니한다.[본조신설 2021. 3. 23.]

제26조(영상물의 촬영·보존 등) ① 아동·청소년대상 성범죄 피해자의 진술내용과 조사과정은 비디오녹화기 등 영상물 녹화장치로 촬영·보존하여야 한다.

② 제1항에 따른 영상물 녹화는 피해자 또는 법정대리인이 이를 원하지 아니하는 의사를 표시한 때에는 촬영을 하여서는 아니 된다. 다만, 가해자가 친권자 중 일방인 경우는 그러하지 아니하다.

③ 제1항에 따른 영상물 녹화는 조사의 개시부터 종료까지의 전 과정 및 객관적 정황을 녹화하여야 하고, 녹화가 완료된 때에는 지체 없이 그 원본을 피해자 또는 변호사 앞에서 봉인하고 피해자로 하여금 기명날인 또는 서명하게 하여야 한다.

④ 검사 또는 사법경찰관은 피해자가 제1항의 녹화장소에 도착한 시각, 녹화를 시작하고 마친 시각, 그 밖에 녹화과정의 진행경과를 확인하기 위하여 필요한 사항을 조서 또는 별도의 서면에 기록한 후 수사기록에 편철하여야 한다.

⑤ 검사 또는 사법경찰관은 피해자 또는 법정대리인이 신청하는 경우에는 영상물 촬영과정에서 작성한 조서의 사본을 신청인에게 교부하거나 영상물을 재생하여 시청하게 하여야 한다.

⑥ 제1항부터 제4항까지의 절차에 따라 촬영한 영상물에 수록된 피해자의 진술은 공판준비기일 또는 공판기일에 피해자 또는 조사과정에 동석하였던 신뢰관계에 있는 자의 진술에 의하여 그 성립의 진정함이 인정된 때에는 증거로 할 수 있다.

⑦ 누구든지 제1항에 따라 촬영한 영상물을 수사 및 재판의 용도 외에 다른 목적으로 사용하여서는 아니 된다.

제27조(증거보전의 특례) ① 아동·청소년대상 성범죄의 피해자, 그 법정대리인 또는 경찰은 피해자가 공판기일에 출석하여 증언하는 것에 현저히 곤란한 사정이 있을 때에는 그 사유를 소명하여 제26조에 따라 촬영된 영상물 또는 그 밖의 다른 증거물에 대하여 해당 성범죄를 수사하는 검사에게 「형사소송법」 제184조제1항에 따른 증거보전의 청구를 할 것을 요청할 수 있다.

② 제1항의 요청을 받은 검사는 그 요청이 상당한 이유가 있다고 인정하는 때에는 증거보전의 청구를 하여야 한다.

제28조(신뢰관계에 있는 사람의 동석) ① 법원은 아동·청소년대상 성범죄의 피해자를 증인으로 신문하는 경우에 검사, 피해자 또는 법정대리인이 신청하는 경우에는 재판에 지장을 줄 우려가 있는 등 부득이한 경우가 아니면 피해자와 신뢰관계에 있는 사람을 동석하게 하여야 한다.

② 제1항은 수사기관이 제1항의 피해자를 조사하는 경우에 관하여 준용한다.

③ 제1항 및 제2항의 경우 법원과 수사기관은 피해자와 신뢰관계에 있는 사람이 피해자에게 불리하거나 피해자가 원하지 아니하는 경우에는 동석하게 하여서는 아니 된다.

제32조(양벌규정) 법인의 대표자나 법인 또는 개인의 대리인, 사용인, 그 밖의 종업원이 그 법인 또는 개인의 업무에 관하여 제4조제3항, 제5조제2항·제3항 또는 제31조제3항의 어느 하나에 해당하는 위반행위를 하면 그 행위자를 벌하는 외에 그 법인 또는 개인에게도 해당 조문의 벌금형을 과(科)하고, 제1조제1항부터 제6항까지, 제2조, 제4조제1항·제2항·제4항 또는 제5조제1항의 어느 하나에 해당하는 위반행위를 하면 그 행위자를 벌하는 외에 그 법인 또는 개인을 5천만원 이하의 벌금에 처한다. 다만, 법인 또는 개인이 그 위반행위를 방지하기 위하여 해당 업무에 관하여 상당한 주의와 감독을 게을리하지 아니한 경우에는 그러하지 아니하다.

○○경찰서

제 호   20○○.○.○.
수 신 : 상급경찰관서 수사부서장
참 조 :

제 목 : **신분비공개수사 승인신청**

　　　　다음 사람에 대한　　　피(혐)의사건에 관하여 「아동·청소년의 성보호에 관한 법률」 제25조의3제1항에 따라 아래와 같이 신분비공개수사 승인을 신청합니다.

접수일자		접수번호			사건번호	
피(혐)의자			주민등록번호			
신분비공개수사의 필 요 성	[ ] 혐의사실의 확인　　　　　　[ ] 증거의 수집 [ ] 범인의 검거　　　　　　　　[ ] 기타 (　　　)					
신분비공개수사의 방 　　　　 법						
신분비공개수사의 대 상 과 범 위						
신분비공개수사의 기 간 및 장 소	1. 기간 : 2. 장소 :					
혐의사실의 요지 및 신 청 이 유						
비 　　　　　 고						

소속관서

사법경찰관리 *계급*　　　*성명*

III. 아동·청소년의 선도보호 등

1. 피해아동·청소년 등을 위한 조치의 청구 (제41조)

검사는 성범죄의 피해를 받은 아동·청소년을 위하여 지속적으로 위해의 배제와 보호가 필요하다고 인정하는 경우 법원에 제1호의 보호관찰과 함께 제2호부터 제5호까지의 조치를 청구할 수 있다. 다만, 「전자장치 부착 등에 관한 법률」 제9조의2 제1항제2호 및 제3호에 따라 가해자에게 특정지역 출입금지 등의 준수사항을 부과하는 경우에는 그러하지 아니하다.

1. 가해자에 대한 「보호관찰 등에 관한 법률」에 따른 보호관찰
2. 피해를 받은 아동·청소년의 주거 등으로부터 가해자를 분리하거나 퇴거하는 조치
3. 피해를 받은 아동·청소년의 주거, 학교, 유치원 등으로부터 100미터 이내에 가해자 또는 가해자의 대리인의 접근을 금지하는 조치
4. 「전기통신기본법」 제2조제1호의 전기통신이나 우편물을 이용하여 가해자가 피해를 받은 아동·청소년 또는 그 보호자와 접촉을 하는 행위의 금지
5. 제45조에 따른 보호시설에 대한 보호위탁결정 등 피해를 받은 아동·청소년의 보호를 위하여 필요한 조치

2. 피해아동·청소년 등에 대한 보호처분의 판결 등 (제42조)

① 법원은 제41조에 따른 보호처분의 청구가 이유 있다고 인정할 때에는 6개월의 범위에서 기간을 정하여 판결로 보호처분을 선고하여야 한다.
② 제41조 각 호의 보호처분은 병과할 수 있다.
③ 검사는 제1항에 따른 보호처분 기간의 연장이 필요하다고 인정하는 경우 법원에 그 기간의 연장을 청구할 수 있다. 이 경우 보호처분 기간의 연장 횟수는 3회 이내로 하고, 연장기간은 각각 6개월 이내로 한다.
④ 보호처분 청구사건의 판결은 아동·청소년대상 성범죄 사건의 판결과 동시에 선고하여야 한다.
⑤ 피해자 또는 법정대리인은 제41조제1호 및 제2호의 보호처분 후 주거 등을 옮긴 때에는 관할 법원에 보호처분 결정의 변경을 신청할 수 있다.
⑥ 법원은 제1항에 따른 보호처분을 결정한 때에는 검사, 피해자, 가해자, 보호관찰관 및 보

호처분을 위탁받아 행하는 보호시설의 장에게 각각 통지하여야 한다. 다만, 보호시설이 민간에 의하여 운영되는 기관인 경우에는 그 시설의 장으로부터 수탁에 대한 동의를 받아야 한다.

⑦ 보호처분 결정의 집행에 관하여 필요한 사항은 「가정폭력범죄의 처벌 등에 관한 특례법」 제43조를 준용한다.

3. 피해아동 · 청소년 등에 대한 보호처분의 변경과 종결 (제43조)

① 검사는 제42조에 따른 보호처분에 대하여 그 내용의 변경 또는 종결을 법원에 청구할 수 있다.

② 법원은 제1항에 따른 청구가 있는 경우 해당 보호처분이 피해를 받은 아동 · 청소년의 보호에 적절한지 여부에 대하여 심사한 후 보호처분의 변경 또는 종결이 필요하다고 인정하는 경우에는 이를 변경 또는 종결하여야 한다.

4. 가해아동 · 청소년의 처리 (제44조)

① 10세 이상 14세 미만의 아동 · 청소년이 제2조제2호나목 및 다목의 죄와 제7조의 죄를 범한 경우에 수사기관은 신속히 수사하고, 그 사건을 관할 법원 소년부에 송치하여야 한다.

※ 아동 · 청소년의 성보호에 관한 법률

제2조(정의) 이 법에서 사용하는 용어의 뜻은 다음과 같다.
2. "아동 · 청소년대상 성범죄"란 다음 각 목의 어느 하나에 해당하는 죄를 말한다.
나. 아동 · 청소년에 대한 「성폭력범죄의 처벌 등에 관한 특례법」 제3조부터 제15조까지의 죄
다. 아동 · 청소년에 대한 「형법」 제297, 제297조의2 및 제298조부터 제301조까지, 제301조의2, 제302조, 제303조, 제305조, 제339조 및 제342조(제339조의 미수범에 한정한다)의 죄

제7조(아동 · 청소년에 대한 강간 · 강제추행 등) ① 폭행 또는 협박으로 아동 · 청소년을 강간한 사람은 무기 또는 5년 이상의 징역에 처한다.
② 아동 · 청소년에 대하여 폭행이나 협박으로 다음 각 호의 어느 하나에 해당하는 행위를 한 자는 5년 이상의 유기징역에 처한다.
1. 구강 · 항문 등 신체(성기는 제외한다)의 내부에 성기를 넣는 행위
2. 성기 · 항문에 손가락 등 신체(성기는 제외한다)의 일부나 도구를 넣는 행위
③ 아동 · 청소년에 대하여 「형법」 제298조의 죄를 범한 자는 2년 이상의 유기징역 또는 1천만원 이상 3천만원 이하의 벌금에 처한다.
④ 아동 · 청소년에 대하여 「형법」 제299조의 죄를 범한 자는 제1항부터 제3항까지의 예에 따른다.
⑤ 위계(僞計) 또는 위력으로써 아동 · 청소년을 간음하거나 아동 · 청소년을 추행한 자는 제1항부터 제3항까지의 예에 따른다.
⑥ 제1항부터 제5항까지의 미수범은 처벌한다.

---

② 14세 이상 16세 미만의 아동·청소년이 제1항의 죄를 범하여 그 사건이 관할 법원 소년부로 송치된 경우 송치받은 법원 소년부 판사는 그 아동·청소년에게 다음 각 호의 어느 하나에 해당하는 보호처분을 할 수 있다.

 1. 소년법」제32조제1항 각 호의 보호처분

 2 「청소년 보호법」제35조의 청소년 보호·재활센터에 선도보호를 위탁하는 보호처분

③ 사법경찰관은 제1항에 따른 가해아동·청소년을 발견한 경우 특별한 사정이 없으면 그 사실을 가해아동·청소년의 법정대리인 등에게 통지하여야 한다.

④ 판사는 제1항 및 제2항에 따라 관할 법원 소년부에 송치된 가해아동·청소년에 대하여「소년법」제32조제1항제4호 또는 제5호의 처분을 하는 경우 재범예방에 필요한 수강명령을 하여야 한다.

⑤ 검사는 가해아동·청소년에 대하여 소년부 송치 여부를 검토한 결과 소년부 송치가 적절하지 아니한 경우 가해아동·청소년으로 하여금 재범예방에 필요한 교육과정이나 상담과정을 마치게 하여야 한다.

Ⅳ. 친권상실청구 및 성범죄의 신고

1. 친권상실청구 등 (제23조)

① 아동·청소년대상 성범죄 사건을 수사하는 검사는 그 사건의 가해자가 피해아동·청소년의 친권자나 후견인인 경우에 법원에「민법」제924조의 친권상실선고 또는 같은 법 제940조의 후견인 변경 결정을 청구하여야 한다. 다만, 친권상실선고 또는 후견인 변경 결정을 하여서는 아니 될 특별한 사정이 있는 경우에는 그러하지 아니하다.

② 다음 각 호의 기관·시설 또는 단체의 장은 검사에게 제1항의 청구를 하도록 요청할 수 있다. 이 경우 청구를 요청받은 검사는 요청받은 날부터 30일 내에 해당 기관·시설 또는 단체의 장에게 그 처리 결과를 통보하여야 한다.

 1. 「아동복지법」제10조의2에 따른 아동권리보장원 또는 같은 법 제45조에 따른 아동보호전문기관

 2. 「성폭력방지 및 피해자보호 등에 관한 법률」제10조의 성폭력피해상담소 및 같은 법 제12조의 성폭력피해자보호시설

3. 「청소년복지 지원법」 제29조제1항에 따른 청소년상담복지센터 및 같은 법 제31조 제1호에 따른 청소년쉼터

③ 제2항 각 호 외의 부분 후단에 따라 처리 결과를 통보받은 기관·시설 또는 단체의 장은 그 처리 결과에 대하여 이의가 있을 경우 통보받은 날부터 30일 내에 직접 법원에 제1항의 청구를 할 수 있다.

2. 피해아동·청소년의 보호조치 결정 (제24조)

법원은 아동·청소년대상 성범죄 사건의 가해자에게 「민법」 제924조에 따라 친권상실선고를 하는 경우에는 피해아동·청소년을 다른 친권자 또는 친족에게 인도하거나 제45조 또는 제46조의 기관·시설 또는 단체에 인도하는 등의 보호조치를 결정할 수 있다. 이 경우 그 아동·청소년의 의견을 존중하여야 한다.

3. 아동·청소년대상 성범죄의 신고 (제34조)

① 누구든지 아동·청소년대상 성범죄의 발생 사실을 알게 된 때에는 수사기관에 신고할 수 있다.

② 다음 각 호의 어느 하나에 해당하는 기관·시설 또는 단체의 장과 그 종사자는 직무상 아동·청소년대상 성범죄의 발생 사실을 알게 된 때에는 즉시 수사기관에 신고하여야 한다.

1. 「유아교육법」 제2조제2호의 유치원

2. 「초·중등교육법」 제2조의 학교, 같은 법 제28조와 같은 법 시행령 제54조에 따른 위탁 교육기관 및 「고등교육법」 제2조의 학교

2의2. 특별시·광역시·특별자치시·도·특별자치도 교육청 또는 「지방교육자치에 관한 법률」 제34조에 따른 교육지원청이 「초·중등교육법」 제28조에 따라 직접 설치·운영하거나 위탁하여 운영하는 학생상담지원시설 또는 위탁 교육시설

2의3. 「제주특별자치도 설치 및 국제자유도시 조성을 위한 특별법」 제223조에 따라 설립된 국제학교

3. 「의료법」 제3조의 의료기관

4. 「아동복지법」 제3조제10호의 아동복지시설 및 같은 법 제37조에 따른 통합서비스 수행기관

5. 「장애인복지법」 제58조의 장애인복지시설

6. 「영유아보육법」 제2조제3호의 어린이집, 같은 법 제7조에 따른 육아종합지원센터 및 같은 법 제26조의2에 따른 시간제보육서비스지정기관

7. 「학원의 설립·운영 및 과외교습에 관한 법률」 제2조제1호의 학원 및 같은 조 제2호의 교습소

8. 「성매매방지 및 피해자보호 등에 관한 법률」 제5조의 성매매피해자등을 위한 지원시설 및 같은 법 제10조의 성매매피해상담소

9. 「한부모가족지원법」 제19조에 따른 한부모가족복지시설

10. 「가정폭력방지 및 피해자보호 등에 관한 법률」 제5조의 가정폭력 관련 상담소 및 같은 법 제7조의 가정폭력피해자 보호시설

11. 「성폭력방지 및 피해자보호 등에 관한 법률」 제10조의 성폭력피해상담소 및 같은 법 제12조의 성폭력피해자보호시설

12. 「청소년활동 진흥법」 제2조제2호의 청소년활동시설

13. 「청소년복지 지원법」 제29조제1항에 따른 청소년상담복지센터 및 같은 법 제31조제1호에 따른 청소년쉼터

13의2. 「학교 밖 청소년 지원에 관한 법률」 제12조에 따른 학교 밖 청소년 지원센터

14. 「청소년 보호법」 제35조의 청소년 보호·재활센터

15. 「국민체육진흥법」 제2조제9호가목 및 나목의 체육단체

16. 「대중문화예술산업발전법」 제2조제7호에 따른 대중문화예술기획업자가 같은 조 제6호에 따른 대중문화예술기획업 중 같은 조 제3호에 따른 대중문화예술인에 대한 훈련·지도·상담 등을 하는 영업장(이하 "대중문화예술기획업소"라 한다)

③ 다른 법률에 규정이 있는 경우를 제외하고는 누구든지 신고자 등의 인적사항이나 사진 등 그 신원을 알 수 있는 정보나 자료를 출판물에 게재하거나 방송 또는 정보통신망을 통하여 공개하여서는 아니 된다.

◗ V. 관련기관 등에의 취업제한

제56조(아동·청소년 관련기관등에의 취업제한 등) ① 법원은 아동·청소년대상 성범죄 또는 성인대상 성범죄(이하 "성범죄"라 한다)로 형 또는 치료감호를 선고하는 경우(제11조제5항에 따라 벌금형을 선고받은 사람은 제외한다)에는 판결(약식명령을 포함한다. 이하 같다)로 그 형 또는 치료감호의 전부 또는

일부의 집행을 종료하거나 집행이 유예·면제된 날(벌금형을 선고받은 경우에는 그 형이 확정된 날)부터 일정기간(이하 "취업제한 기간"이라 한다) 동안 다음 각 호에 따른 시설·기관 또는 사업장(이하 "아동·청소년 관련기관등"이라 한다)을 운영하거나 아동·청소년 관련기관등에 취업 또는 사실상 노무를 제공할 수 없도록 하는 명령(이하 "취업제한 명령"이라 한다)을 성범죄 사건의 판결과 동시에 선고(약식명령의 경우에는 고지)하여야 한다. 다만, 재범의 위험성이 현저히 낮은 경우, 그 밖에 취업을 제한하여서는 아니 되는 특별한 사정이 있다고 판단하는 경우에는 그러하지 아니한다.

■ 판례 ■   2018. 1. 16. 법률 제15352호로 개정된 아동·청소년의 성보호에 관한 법률의 시행 전에 아동·청소년 대상 성범죄를 범한 피고인에 대하여, 제1심이 개정법 시행일 이전에 유죄를 인정하여 징역 5년과 성폭력치료프로그램 이수명령(40시간), 추징(18만 원)을 선고하였고, 이에 대하여 피고인만 사실오인과 양형부당을 이유로 항소하였는데, 개정법 시행일 이후에 판결을 선고한 원심이 개정법 부칙 제3조와 제56조 제1항에 따라 판결 선고와 동시에 취업제한 명령을 선고하여야 한다는 이유로 제1심판결을 직권으로 파기하고 유죄를 인정하여 제1심과 동일한 형과 함께 5년간의 취업제한 명령을 선고한 사안

2018. 1. 16. 법률 제15352호로 개정된 아동·청소년의 성보호에 관한 법률(이하 '개정법'이라 한다)의 시행 전에 아동·청소년 대상 성범죄를 범한 피고인에 대하여, 제1심이 개정법 시행일 이전에 유죄를 인정하여 징역 5년과 성폭력치료프로그램 이수명령(40시간), 추징(18만 원)을 선고하였고, 이에 대하여 피고인만 사실오인과 양형부당을 이유로 항소하였는데, 개정법 시행일 이후에 판결을 선고한 원심이 개정법 부칙 제3조와 제56조 제1항(이하 '개정규정'이라 한다)에 따라 판결 선고와 동시에 취업제한 명령을 선고하여야 한다는 이유로 제1심판결을 직권으로 파기하고 유죄를 인정하여 제1심과 동일한 형(징역 5년, 40시간의 성폭력치료프로그램 이수명령, 18만 원의 추징)과 함께 5년간의 취업제한 명령을 선고한 사안에서, 개정규정과 개정법 부칙 제1조, 제3조, 제4조 제1항 제3호 각 목, 제5조의 내용과 취지 등에 비추어 보면, 피고인은 구 아동·청소년의 성보호에 관한 법률(2018. 1. 16. 법률 제15352호로 개정되기 전의 것) 제56조 제1항(이하 '종전 규정'이라 한다)에 따라 취업제한을 받는 사람으로서 개정법 시행 전에 징역 5년을 선고한 제1심판결이 확정될 경우 별도의 취업제한 명령의 선고가 없더라도 개정법 부칙 제4조 또는 제5조의 특례 규정에 따라 아동·청소년 관련기관 등에 5년간 취업이 제한되는데, 이러한 특례 규정은 예외 없이 일률적으로 10년간 취업제한의 효력이 당연히 발생하는 종전 규정보다 피고인에게 유리하므로, 원심이 개정법 부칙 제3조에 따라 개정규정을 적용하여 피고인에게 제1심과 동일한 형을 선고하면서 동시에 5년간의 취업제한 명령을 선고하였지만 제1심판결을 그대로 유지하는 것보다 피고인에게 특별히 신분상의 불이익이 없어 불이익변경금지원칙에 반하지 않는다. (대법원 2018. 10. 25., 선고, 2018도13367, 판결)

VI. 벌칙과 죄명표

1. 벌 칙

제65조(벌칙) ① 다음 각 호의 어느 하나에 해당하는 자는 5년 이하의 징역 또는 5천만원 이하의 벌금에
처한다.
1. 제25조의7을 위반하여 직무상 알게 된 신분비공개수사 또는 신분위장수사에 관한 사항을 외부에 공개
하거나 누설한 자
2. 제54조를 위반하여 직무상 알게 된 등록정보를 누설한 자
3. 제55조제1항 또는 제2항을 위반한 자
4 정당한 권한 없이 등록정보를 변경하거나 말소한 자
② 제42조에 따른 보호처분을 위반한 자는 2년 이하의 징역 또는 2천만원 이하의 벌금에 처한다.
③ 제21조제2항에 따라 징역형 이상의 실형과 이수명령이 병과된 자가 보호관찰소의 장 또는 교정시설의 장
의 이수명령 이행에 관한 지시에 불응하여 「보호관찰 등에 관한 법률」 또는 「형의 집행 및 수용자의
처우에 관한 법률」 에 따른 경고를 받은 후 재차 정당한 사유 없이 이수명령 이행에 관한 지시에 불응한
경우에는 1년 이하의 징역 또는 1천만원 이하의 벌금에 처한다.
④ 다음 각 호의 어느 하나에 해당하는 자는 1년 이하의 징역 또는 500만원 이하의 벌금에 처한다.
1. 제34조제3항을 위반하여 신고자 등의 신원을 알 수 있는 정보나 자료를 출판물에 게재하거나 방송 또
는 정보통신망을 통하여 공개한 자
2. 제55조제3항을 위반한 자
⑤ 제21조제2항에 따라 벌금형과 이수명령이 병과된 자가 보호관찰소의 장의 이수명령 이행에 관한 지시에
불응하여 「보호관찰 등에 관한 법률」 에 따른 경고를 받은 후 재차 정당한 사유 없이 이수명령 이행에
관한 지시에 불응한 경우에는 1천만원 이하의 벌금에 처한다.
제66조(벌칙) 보호관찰 대상자가 제62조제1항에 따른 제재조치를 받은 이후 재차 정당한 이유 없이 준수
사항을 위반하면 3년 이하의 징역 또는 1천만원 이하의 벌금에 처한다.
제32조(양벌규정) 법인의 대표자나 법인 또는 개인의 대리인, 사용인, 그 밖의 종업원이 그 법인 또는 개
인의 업무에 관하여 제11조제3항·제5항, 제14조제3항, 제15조제2항·제3항 또는 제31조제3항의 어느 하
나에 해당하는 위반행위를 하면 그 행위자를 벌하는 외에 그 법인 또는 개인에게도 해당 조문의 벌금형
을 과(科)하고, 제11조제1항·제2항·제4항·제6항, 제12조,제14조제1항·제2항·제4항 또는 제15조제1항의
어느 하나에 해당하는 위반행위를 하면 그 행위자를 벌하는 외에 그 법인 또는 개인을 5천만원 이하의
벌금에 처한다. 다만, 법인 또는 개인이 그 위반행위를 방지하기 위하여 해당 업무에 관하여 상당한 주의
와 감독을 게을리하지 아니한 경우에는 그러하지 아니하다.

2. 죄명표

해당조문	죄 명 표 시
제7조 제1항	아동·청소년의성보호에관한법률위반(강간)
제2항	아동·청소년의성보호에관한법률위반(유사성행위)
제3항	아동·청소년의성보호에관한법률위반(강제추행)
제4항	아동·청소년의성보호에관한법률위반(준강간, 준유사성행위, 준강제추행)
제5항	아동·청소년의성보호에관한법률위반【위계등(간음, 추행)】
제7조의2	아동·청소년의성보호에관한법률위반[(제7조 각항의 각 죄명)(예비, 음모)]
제8조 제1항	아동·청소년의성보호에관한법률위반(장애인간음)
제8조 제2항	아동·청소년의성보호에관한법률위반(장애인추행)
제8조의2 제1항	아동 · 청소년의성보호에관한법률위반(16세미만아동 · 청소년간음)
제8조의2 제2항	아동 · 청소년의성보호에관한법률위반(16세미만아동 · 청소년추행)
제9조	아동·청소년의성보호에관한법률위반【강간등(상해, 치상)】
제10조	아동·청소년의성보호에관한법률위반【강간등(살인, 치사)】
제11조 제5항	아동·청소년의성보호에관한법률위반(성착취물소지)
제11조 제7항	아동·청소년의성보호에관한법률위반(상습성착취물제작 · 배포등)
그 외의 11조	아동·청소년의성보호에관한법률위반(성착취물제작 · 배포등)
제12조	아동·청소년의성보호에관한법률위반(매매)
제13조	아동·청소년의성보호에관한법률위반(성매수등)
제14조	아동·청소년의성보호에관한법률위반(강요행위등)
제15조	아동·청소년의성보호에관한법률위반(알선영업행위등)
제16조	아동·청소년의성보호에관한법률위반(합의강요)
제17조 제1항	아동·청소년의성보호에관한법률위반(음란물온라인서비스제공)
제31조	아동·청소년의성보호에관한법률위반(비밀누설)
그 외	아동·청소년의성보호에관한법률위반

Ⅶ. 범죄사실

1. 아동 · 청소년에 대한 강간 등

> 제7조(아동·청소년에 대한 강간·강제추행 등) ① 폭행 또는 협박으로 아동 · 청소년을 강간한 사람은 무기 또는 5년 이상의 징역에 처한다.
>
> ② 아동 · 청소년에 대하여 폭행이나 협박으로 다음 각 호의 어느 하나에 해당하는 행위를 한 자는 5년 이상의 유기징역에 처한다.
> 　1. 구강 · 항문 등 신체(성기는 제외한다)의 내부에 성기를 넣는 행위
> 　2. 성기 · 항문에 손가락 등 신체(성기는 제외한다)의 일부나 도구를 넣는 행위
> ③ 아동 · 청소년에 대하여 「형법」 제298조의 죄를 범한 자는 2년 이상의 유기징역 또는 1천만원 이상 3천만원 이하의 벌금에 처한다.
> ④ 아동 · 청소년에 대하여 「형법」 제299조의 죄를 범한 자는 제1항부터 제3항까지의 예에 따른다.
> ⑤ 위계 또는 위력으로써 아동 · 청소년을 간음하거나 아동 · 청소년을 추행한 자는 제1항부터 제3항까지의 예에 따른다.
> ⑥ 제1항부터 제5항까지의 미수범은 처벌한다.
> 제7조의2(예비, 음모) 제7조의 죄를 범할 목적으로 예비 또는 음모한 사람은 3년 이하의 징역에 처한다.
> 제9조(강간 등 상해·치상) 제7조의 죄를 범한 사람이 다른 사람을 상해하거나 상해에 이르게 한 때에는 무기 또는 7년 이상의 징역에 처한다.
> 제10조(강간 등 살인·치사) ① 제7조의 죄를 범한 사람이 다른 사람을 살해한 때에는 사형 또는 무기징역에 처한다.
> ② 제7조의 죄를 범한 사람이 다른 사람을 사망에 이르게 한 때에는 사형, 무기 또는 10년 이상의 징역에 처한다.
> 제20조(공소시효에 관한 특례) ② 제7조의 죄는 디엔에이(DNA)증거 등 그 죄를 증명할 수 있는 과학적인 증거가 있는 때에는 공소시효가 10년 연장된다.

[기재례1] 청소년 위계로 강제추행

1) 범죄사실 기재례

> 　피의자는 인터넷 모델나라 까페에 모델 지원서를 제출하는 등 모델활동에 관심이 있는 사람들을 추행할 목적으로 전화를 걸어 본인을 ○○○이라고 가명으로 소개한 다음 인터넷 쇼핑몰을 운영하는데 모델을 선발할 예정이니 면접을 보러 오라고 하였다.
> 　피의자는 20○○. ○. ○.14:30경 ○○에 있는 ○○역에서 추행의 목적으로 위와 같이 청소년인 피해자 갑(16세, 여)을 유인한 후 강제추행할 마음을 먹고 ○○빌라 옆 창고로 데리고 가 포즈 연습을 시키고 연인포즈를 하자고 피해자를 속여 어깨에 손을 올리고 가슴에 손을 대고 허리를 감싸는 등 강제로 추행하였다.
> 　이로써 피의자는 추행의 목적으로 피해자를 유인하고 위계로써 추행하였다.

2) 적용법조 : 제7조 제5항, 제3항 ☞ 공소시효 성년에 달한 날부터 15년

[기재례2] 추행목적으로 유인 후 위계에 의한 강간

1) 범죄사실 기재례

피의자는 20○○. ○. ○.14:50경 추행의 목적으로 청소년인 피해자 갑(16세)에게 전화를 걸어 "지난번에는 포즈가 적극적이지 못했다. 이번에는 만나서 적극적으로 포즈를 취해 보자"라고 하여 ○○으로 오게 한 다음 "내가 운영할 쇼핑몰의 모델에 선발이 되었다. 조금 있으면 직원들이 촬영을 올 것이다. 조용한 곳으로 가서 포즈 연습을 하자"라고 하며 ○○모텔 100호로 데리고 갔다.

피의자는 그곳에서 포즈연습을 하자며 피해자를 속여 침대에 눕힌 다음 피의자는 바지를 벗고 피해자의 위에 올라타 가슴과 어깨 부분을 만지다가 갑자기 피해자가 입고 있던 레깅스와 팬티를 반 정도 내리고 1회 성교하여 피해자를 강간하였다.

이로써 피의자는 추행의 목적으로 피해자를 유인하고 위계로써 강간하였다.

2) 적용법조 : 제7조 제1항, 제3항 ☞ 공소시효 성년에 달한 날부터 15년

[기재례3] 유사성교행위

1) 범죄사실 기재례

피의자는 ○○고등학교 교장이고, 아동·청소년인 피해자 甲(15세)은 위 학교의 여학생인 바, 피의자는 피해자를 교장실로 불러 ○○에 있는 자신의 관사로 오도록 하고, 피해자가 이에 응하지 아니하면 교장실로 다시 불러 관사로 오도록 하는 등 교장이라는 지위를 이용하여 피해자의 반항의사를 제압하여 위력으로 아동·청소년인 피해자의 성기에 손가락을 넣는 등 소위 '유사성교행위'를 마음먹었다.

피의자는 20○○. 6. 하순 18:30경 피의자의 위 관사 안방에서, 피해자 甲(여,16세)을 침대에 눕힌 후 피의자의 혀를 피해자의 입안으로 넣고, 피해자의 가슴을 빨고 피해자의 음부에 손가락을 넣은 후 피해자로 하여금 양다리를 벌리게 한 후 피해자의 음부를 핥고, 계속하여 피해자의 몸 위에 올라타 피의자의 성기를 피해자의 음부에 비비대면서 위아래로 왕복하였다. 이로써 피의자는 피해자의 성기에 손가락을 넣는 행위를 하였다.

2) 적용법조 : 제7조 제2항 제2호 ☞ 공소시효 성년에 달한 날부터 15년

[기재례4] 교사의 학생 추행 (위계등추행)

피의자는 20○○. 3.경부터 20○○. 3.경까지 ○○에 있는 ○○고등학교에서 담임교사로 근무하면서, 학생들을 추행하더라도 미숙하고 나이가 어린 학생들이 학교생활 및 성적평가에 불이익을 우려하여 피고인의 행동에 대해 거절하거나 반항하기 어렵다는 점을 이용하여 학생들을 추행하기로 마음먹었다.

가. 피해자 갑(여, 17세)에 대한 범행

① 피의자는 20○○. 5.경 ○○에 있는 피의자가 담임교사로 근무하는 ○○고등학교 301호 실습실에서, 공부를 하고 있는 피해자 옆에 앉아 피해자에게 "남자 친구 있냐, 없으면 남자 친구 대신 그 사랑을 나한테 주면 안 되냐?"라고 말하며 손을 어깨에 올리고 팔뚝에 손가락을 대고 몸을 밀착시켰다.

② 피의자는 20○○. 6.경 위 고등학교 교무실에서, 피해자에게 "다른 애들은 애교도 부리는데 너는 왜 애교를 부리지 않니?"라고 말을 하며 손을 피해자의 어깨에 올리고 몸을 피해자에게 가까이 밀착시켰다.

나. 피해자 을(여, 18세)에 대한 범행

피의자는 20○○. 9.경 위 고등학교 교실에서, 7교시 실습수업을 마치고 종례를 하기 위하여 교실 뒷문으로 들어오는 피해자의 옆으로 가서 어깨동무를 한 후 피의자의 머리를 피해자의 머리와 맞대고 피고인의 볼을 피해자의 볼에 수회 닿게 하였다.

다. 피해자 병(여, 18세)에 대한 범행

피의자는 20○○년 여름경 위 고등학교 실습실에서, 갑자기 학생인 피해자의 옆 자리에 앉아 어깨동무를 하고 피해자에게 "오늘도 지각을 안 했네. 앞으로 지각하지 말아라."라고 이야기를 하며 피고인의 볼을 피해자의 볼에 수회 닿게 하였다.

이로써 피의자는 위력으로 아동·청소년인 피해자들을 추행하였다.

2) **적용법조** : 제7조 제5항, 제3항, 형법 제298조 ☞ 공소시효 성년에 달한 날부터 15년

[기재례5] 학교 교사의 학생들 추행

피의자는 20○○.○.○.경부터 20○○.○.○.경 직위해제 시까지 ○○고등학교에서 교사로서 근무하던 사람이다.

1. 피의자는 20○○.3.경 ○○에 있는 ○○고등학교에서 국어수업 도중 책상에서 필기를 하던 피해자 갑(여, 15세)의 뒤에서 접근하여 갑자기 손으로 피해자의 손, 팔 안쪽을 잡아 만지작거렸다.

2. 피의자는 20○○. 5.경 위 ○○고등학교 교무실에서 중간고사가 끝나고 난 뒤 마침 위 피해자 을이 교무실에 있는 것을 보고 '국어 성적 궁금하지 않냐'고 묻고 피해자가 '궁금해요'라고 하니 무릎을 치면서 '가르쳐 줄 테니까 일단 여기 앉아봐라'고 말하고 손으로 피해자의 오른손을 잡아 오른손 엄지손가락 밑 부분부터 손가락 및 손 전체를 계속하여 만지작거렸다.

이로써 피의자는 교사로서 피의자의 보호·감독을 받는 학생으로 청소년인 피해자를 위력으로 추행하였다.

2) **적용법조** : 제7조 제5항, 제3항, 형법 제298조 ☞ 공소시효 성년에 달한 날부터 15년

[기재례6] 사실관계 청소년 위력으로 간음

피의자는 피해자 B(여, 17세)의 친모인 C(여, 43세)와 결혼을 전제로 4년 동안 함께 살아오고 있는 사실혼 관계에 있는 사람이다.

피의자는 평소 피해자를 상대로 '중학교 때 일진이어서 싸움도 잘하고 힘이 세다' 는 취지로 말을 하면서 피해자 등을 상대로 말을 할 때마다 욕설을 하는 등 마치 피해자가 피의자의 말에 복종하지 않을 경우 피해자를 상대로 폭력을 행사할 듯한 태도를 보여 왔다.

피의자는 20○○. ○. ○. 22:30경 ○○에 있는 피의자의 집에서, C가 야간 근무로 집에 없는 틈을 타 그곳 작은 방 침대에 누워 피의자에게 등을 돌린 채 있던 피해자에게 다가가 "왜 안 씻고 폰을 만지고 있냐?, 엄마가 오기 전에 빨리 씻어라." 고 말하면서 양손으로 피해자의 어깨와 팔다리를 주무르다가 한 손을 피해자의 허벅지 사이에 집어넣고 나머지 한 손으로 피해자의 몸을 피의자 쪽으로 돌려 눕힌 다음, 피해자의 입에 키스를 하고 피해자의 가슴을 만지다가 피해자의 바지와 속옷을 한꺼번에 벗기고 피해자의 음부를 입으로 빨고 피해자의 음부 안으로 피의자의 손가락을 넣고 만지고, 이에 피해자가 "하지 마라" 며 몸을 비틀면서 한 손으로 피의자의 손목을 잡고 당기며 다른 한 손으로 피의자를 밀어내자, 이를 무시한 채 계속하여 한 손으로 피해자의 가슴을 만지다가 피해자의 상의를 위로 걷어 올리고 피해자의 가슴을 입으로 빨다 재차 피해자의 음부를 만지다가 피해자의 몸위로 올라가 피의자의 성기를 피해자의 음부에 2회 넣어 간음하였다.

이로써 피의자는 위력으로써 아동·청소년인 피해자를 간음하였다.

2) 적용법조 : 제7조 제5항, 제1항 ☞ 공소시효 성년에 달한 날부터 15년

[기재례7] 청소년 강간

피의자는 20○○. ○. ○. 20:00경 ○○에 있는 자신의 주거지에서, '○○' 라는 채팅 사이트의 "만남하실 분, 15女" 라는 채팅방에 접속하여 성매매 대가로 ○○만 원을 주겠다고 피해자 갑(14세)을 자신의 주거지로 유인한 후, 뒤늦게 돈이 없는 것을 확인한 피해자가 화대를 먼저 줄 것을 요구하면서 그냥 나가려고 하자, 가지 못하게 막으면서 피해자에게 "씹할 년아, 병신아, 좆 까지마." 라고 욕설을 하고 손으로 피해자의 목 부분을 밀치고 강제로 손을 잡아끈 뒤 "나는 경찰이다. 너 같은 가출 청소년을 잡는 경찰이다. 교도소에 가고 싶지 않으면 그냥 하고 가라." 라고 위협하는 등 이에 응하지 아니할 경우 더 큰 위해를 가할 듯한 태도를 보여 피해자의 반항을 억압한 다음, 옷을 벗고 바닥에 눕게 한 후 자신의 바지와 팬티를 벗고 1회 성교하여 청소년인 피해자를 강간하였다.

2) 적용법조 : 제7조 제1항, 제3항 ☞ 공소시효 성년에 달한 날부터 15년

■ **판례** ■   청소년의성보호에관한법률 제10조 제4항에 정한 '위력'의 의미 및 위력 행사 여부의 판단 방법

청소년의성보호에관한법률위반(청소년강간등)죄는 '위계 또는 위력으로써 여자 청소년을 간음하거나 청소년에 대하여 추행한' 것인바, 이 경우 위력이라 함은 피해자의 자유의사를 제압하기에 충

분한 세력을 말하고, 유형적이든 무형적이든 묻지 않으므로 폭행·협박뿐 아니라 행위자의 사회적·수사튑적·정치적인 지위나 권세를 이용하는 것도 가능하며, '위력으로써' 간음 또는 추행한 것인지 여부는 행사한 유형력의 내용과 정도 내지 이용한 행위자의 지위나 권세의 종류, 피해자의 연령, 행위자와 피해자의 이전부터의 관계, 그 행위에 이르게 된 경위, 구체적인 행위 태양, 범행 당시의 정황 등 제반 사정을 종합적으로 고려하여 판단하여야 한다(대법원 2007.8.23. 선고 2007도4818 판결).

■ 판례 ■ 甲이 청소년에게 성교의 대가로 돈을 주겠다고 거짓말하고 이에 속은 청소년과 성교행위를 한 경우

[1] 형법 제302조의 위계에 의한 미성년자간음죄에 있어서 위계의 의미

형법 제302조의 위계에 의한 미성년자간음죄에 있어서 위계라 함은 행위자가 간음의 목적으로 상대방에게 오인, 착각, 부지를 일으키고는 상대방의 그러한 심적 상태를 이용하여 간음의 목적을 달성하는 것을 말하는 것이고, 여기에서 오인, 착각, 부지란 간음행위 자체에 대한 오인, 착각, 부지를 말하는 것이지, 간음행위와 불가분적 관련성이 인정되지 않는 다른 조건에 관한 오인, 착각, 부지를 가리키는 것은 아니다.

[2] 甲의 행위가 청소년의성보호에관한법률 제10조 제4항 소정의 위계에 해당하는지 여부(소극)

피고인이 청소년에게 성교의 대가로 돈을 주겠다고 거짓말하고 청소년이 이에 속아 피고인과 성교행위를 하였다고 하더라도, 사리판단력이 있는 청소년에 관하여는 그러한 금품의 제공과 성교행위 사이에 불가분의 관련성이 인정되지 아니하는 만큼 이로 인하여 청소년이 간음행위 자체에 대한 착오에 빠졌다거나 이를 알지 못하였다고 할 수 없으므로 피고인의 행위는 청소년의성보호에관한법률 제10조 제4항 소정의 위계에 해당하지 아니한다(대법원 2001.12.24. 선고 2001도5074 판결).

■ 판례 ■ 고소능력의 정도 및 고소능력이 없던 피해자가 후에 고소능력이 생긴 경우 고소기간의 기산점(= 고소능력이 생긴 때)

[1] 고소를 함에는 고소능력이 있어야 하는바, 이는 피해를 받은 사실을 이해하고 고소에 따른 사회생활상의 이해관계를 알아차릴 수 있는 사실상의 의사능력으로 충분하므로 민법상의 행위능력이 없는 자라도 위와 같은 능력을 갖춘 자에게는 고소능력이 인정되고, 범행 당시 고소능력이 없던 피해자가 그 후에 비로소 고소능력이 생겼다면 그 고소기간은 고소능력이 생긴 때로부터 기산하여야 한다.

[2] 따라서 강간 피해 당시 14세의 정신지체아가 범행일로부터 약 1년 5개월 후 담임교사 등 주위 사람들에게 피해사실을 말하고 비로소 그들로부터 고소의 의미와 취지를 설명듣고 고소에 이른 경우, 위 설명을 들은 때 고소능력이 생겼다고 보아야 할 것이다(대법원 2007.10.11. 선고 2007도4962 판결).

■ 판례 ■ 체구가 큰 만 27세 남자가 만 15세(48kg)인 피해자의 거부 의사에도 불구하고, 성교를 위하여 피해자의 몸 위로 올라간 것 외에 별다른 유형력을 행사하지는 않은 경우, 청소년의 성보호에 관한 법률상 '위력에 의한 청소년 강간죄'의 성립여부(적극)

피해자는 1991. 7. 26.생으로 이 사건 당시 만 15세 8개월 남짓의 키 164cm, 체중 48kg인 여자인데 비해, 피고인은 1979. 8. 20.생으로 이 사건 당시 만 27세 8개월 남짓의 신장 185cm, 체중 87kg인 남자인바, 피고인이 피해자의 반바지를 벗기려고 하자 피해자가 '안 하신다고 하셨잖아요'

'하지 마세요' 라고 하면서 계속해서 명시적인 거부 의사를 밝혔음에도, '괜찮다' '가만히 있어' 라고 말하면서 피해자의 바지와 팬티를 벗기고 몸으로 피해자를 누르면서 간음하기에 이른 점, 피해자가 처음 만난 피고인의 요구에 순순히 응하여 성관계를 가진다는 것은 경험칙상 납득되지 않는 점, 피고인이 공소외인과 피해자 및 공소외인의 다른 친구 2명과 함께 모텔을 찾으러 다닐 때만하여도 피해자는 피고인과 단둘이 모텔방에 남게 될 것을 예상하지 못했던 것으로 보이는 점, 술에 취한데다가 나이, 키, 체중에서 현저한 차이가 나는 피고인과 단둘이 모텔방에 있게 된 피해자로서는 피고인에게 압도당하여 정상적인 반항을 하기가 어려웠으리라고 보이는 점 등에 비추어, 피고인이 이 사건 당시 피해자와 성교를 위하여 피해자의 몸 위로 올라간 것 이외에 별다른 유형력을 행사하지 않았더라도, 피고인이 몸으로 짓누르고 있어서 저항할 수가 없었고 겁을 먹은 나머지 그 의사에 반하여 간음을 당하였다고 할 수 있다(대법원 2008.7.24. 선고 2008도4069 판결).

■ **판례** ■ 강제추행미수 사건

[1] 강제추행죄에서 '폭행' 의 형태와 정도 및 '추행' 의 의미와 판단 기준 / 추행의 고의로 폭행 행위를 하여 실행행위에 착수하였으나 추행의 결과에 이르지 못한 경우, 강제추행미수죄가 성립하는지 여부(적극) 및 이러한 법리는 폭행행위 자체가 추행행위라고 인정되는 '기습추행' 의 경우에도 마찬가지로 적용되는지 여부(적극)

강제추행죄는 상대방에 대하여 폭행 또는 협박을 가하여 항거를 곤란하게 한 뒤에 추행행위를 하는 경우뿐만 아니라 폭행행위 자체가 추행행위라고 인정되는 경우도 포함되며, 이 경우의 폭행은 반드시 상대방의 의사를 억압할 정도의 것일 필요는 없다. 추행은 객관적으로 일반인에게 성적 수치심이나 혐오감을 일으키게 하고 선량한 성적 도덕관념에 반하는 행위로서 피해자의 성적 자유를 침해하는 것을 말하며, 이에 해당하는지는 피해자의 의사, 성별, 연령, 행위자와 피해자의 이전부터의 관계, 행위에 이르게 된 경위, 구체적 행위태양, 주위의 객관적 상황과 그 시대의 성적 도덕관념 등을 종합적으로 고려하여 신중히 결정되어야 한다. 그리고 추행의 고의로 상대방의 의사에 반하는 유형력의 행사, 즉 폭행행위를 하여 실행행위에 착수하였으나 추행의 결과에 이르지 못한 때에는 강제추행미수죄가 성립하며, 이러한 법리는 폭행행위 자체가 추행행위라고 인정되는 이른바 '기습추행' 의 경우에도 마찬가지로 적용된다.

[2] 피고인이 밤에 술을 마시고 배회하던 중 버스에서 내려 혼자 걸어가는 피해자 甲을 발견하고 마스크를 착용한 채 뒤따라가다가 인적이 없고 외진 곳에서 가까이 접근하여 껴안으려 하였으나, 甲이 뒤돌아보면서 소리치자 그 상태로 몇 초 동안 쳐다보다가 다시 오던 길로 되돌아갔다고 하여 아동·청소년의 성보호에 관한 법률 위반으로 기소된 사안에서, 피고인의 행위가 아동·청소년에 대한 강제추행미수죄에 해당한다고 한 사례

피고인이 밤에 술을 마시고 배회하던 중 버스에서 내려 혼자 걸어가는 피해자 甲(여, 17세)을 발견하고 마스크를 착용한 채 뒤따라가다가 인적이 없고 외진 곳에서 가까이 접근하여 껴안으려 하였으나, 甲이 뒤돌아보면서 소리치자 그 상태로 몇 초 동안 쳐다보다가 다시 오던 길로 되돌아갔다고 하여 아동·청소년의 성보호에 관한 법률 위반으로 기소된 사안에서, 피고인과 甲의 관계, 甲의 연령과 의사, 행위에 이르게 된 경위와 당시 상황, 행위 후 甲의 반응 및 행위가 甲에게 미친 영향 등을 고려하여 보면, 피고인은 甲을 추행하기 위해 뒤따라간 것으로 추행의 고의를 인정할 수 있고, 피고인이 가까이 접근하여 갑자기 뒤에서 껴안는 행위는 일반인에게 성적 수치심이나 혐오감을 일으키게 하고 선량한 성적 도덕관념에 반하는 행위로서 甲의 성적 자유를 침해하는 행위여서 그 자체로 이른바 '기습추행' 행위로 볼 수 있으므로, 피고인의 팔이 甲의 몸에 닿지 않았더라도 양팔을 높이 들어 갑자기 뒤에서 껴안으려는 행위는 甲의 의사에 반하는 유형력의 행사로서 폭

행행위에 해당하며, 그때 '기습추행'에 관한 실행의 착수가 있는데, 마침 甲이 뒤돌아보면서 소리치는 바람에 몸을 껴안는 추행의 결과에 이르지 못하고 미수에 그쳤으므로, 피고인의 행위는 아동·청소년에 대한 강제추행미수죄에 해당한다.(대법원 2015.9.10, 선고, 2015도6980,2015모 2524, 판결)

■ **판례** ■ 강제추행죄가 '자수범'에 해당하는지 여부(소극) / 피해자를 도구로 삼아 피해자의 신체를 이용하여 추행행위를 한 경우, 강제추행죄의 간접정범에 해당하는지 여부(적극)

강제추행죄는 사람의 성적 자유 내지 성적 자기결정의 자유를 보호하기 위한 죄로서 정범 자신이 직접 범죄를 실행하여야 성립하는 자수범이라고 볼 수 없으므로, 처벌되지 아니하는 타인을 도구로 삼아 피해자를 강제로 추행하는 간접정범의 형태로도 범할 수 있다. 여기서 강제추행에 관한 간접 정범의 의사를 실현하는 도구로서의 타인에는 피해자도 포함될 수 있으므로, 피해자를 도구로 삼아 피해자의 신체를 이용하여 추행행위를 한 경우에도 강제추행죄의 간접정범에 해당할 수 있다.(대법 원 2018. 2. 8., 선고, 2016도17733, 판결)

2. 장애인 청소년 간음

1) 적용법조 : 제8조 제2항 ☞ 공소시효 성년에 달한 날부터 10년

제8조(장애인인 아동·청소년에 대한 간음 등) ① 19세 이상의 사람이 13세 이상의 장애 아동·청소 년(「장애인복지법」 제2조제1항에 따른 장애인으로서 신체적인 또는 정신적인 장애로 사물을 변별하거나 의사를 결정할 능력이 미약한 아동·청소년을 말한다. 이하 같다)을 간음하거나 13세 이상의 장애 아 동·청소년으로 하여금 다른 사람을 간음하게 하는 경우에는 3년 이상의 유기징역에 처한다.
② 19세 이상의 사람이 13세 이상의 장애 아동·청소년을 추행한 경우 또는 13세 이상의 장애 아동·청 소년으로 하여금 다른 사람을 추행하게 하는 경우에는 10년 이하의 징역 또는 5천만원 이하의 벌금에 처한다.

2) 범죄사실 기재례

[기재례1]

피의자는 200○. ○. ○. 01:00경 ○○에 있는 ○○카페 부근 상호불상 여관 객실에서, 정 신지체로 심신미약상태인 피해자 홍미라(여, 17세)에게 남자를 소개해 준다며 피해자를 위 장소까지 유인한 후 1회 성교하여 그녀를 간음하였다.

[기재례2]

피의자는 200○. 1.경 인터넷 채팅사이트인 ○○을 통해 지적장애 3급 및 정신분열증 등 의 정신장애가 있는 피해자 갑(여, 18세)을 알게 되었다.
피의자는 피해자가 정신적인 장애로 인하여 성적 자기결정권을 행사하기 어려운 점을 이용하여 자신의 집으로 유인하여 간음하거나 추행하기로 마음먹고, 200○. 1. 3. 15:35 경 △△으로 피해자에게 '○○야 너가 말도 없이 걍 나가버려서 쪽지 남긴다, 네가 오 면 재미있게 놀자 그나저나 어떻게 만원도 없을 수가 있니 언제 올꺼니? 암튼 네가 오면 재미나게 놀자 알겠지^^' 라는 등 쪽지를 수십 회 보내는 방법으로 피해자를 유혹하여 정신적인 장애가 있는 피해자가 자신의 주거지인 ○○로 오도록 하였다.

가. 간음

피의자는 20○○. 1. 18. 13:00경 위 피의자의 주거지에서, 피해자의 말투가 어눌하고 겉으로 보기에도 행동이 어리숙하여 피해자에게 지적장애가 있다는 점을 알면서도 위와 같이 피해자를 유인하여, 피해자의 음부에 피의자의 성기를 삽입하여 1회 간음하였다.

나. 추행

피의자는 20○○. 2. 4. 11:30경 위항과 같은 장소에서, 피해자의 말투가 어눌하고 겉으로 보기에도 행동이 어리숙하여 피해자에게 지적장애가 있다는 점을 알면서도 위와 같이 피해자를 유인하여, 그 곳에 있던 일회용 면도기로 피해자의 음모와 겨드랑이 털을 밀어 강제추행 하였다.

[기재례3]

피의자는 20○○. ○. ○. 16:00경 ○○아파트 관리사무소 커피 자판기 앞에서 만난 지적장애 1급의 장애인인 피해자 갑(여,16세)를 간음하기로 마음먹고 "집에 가서 커피 한잔 마시자"라고 말하여 피해자를 자신의 위 거주지로 데리고 가 안방에 눕게 한 뒤, 피해자가 정신적인 장애로 인하여 항거불능인 상태를 이용하여 피해자의 몸 위에 올라타 성관계를 함으로써, 장애인인 피해자를 간음하였다.

3) 신문시 유의사항

– 피의자는 19세 이상일 경우(19세 미만일 경우 제7조 제5항 등으로 처벌)

– 피해자는 13세이상 19세 미만 장애인일 것(13세 미만일 경우 성폭법, 19세 이상일 경우 형법적용)

– 간음함으로써 성립하고 폭행협박에 이르지 않을 것(폭행협박이 수반될 경우 제7조 적용)

■ **판례** ■ 제8조 제1항에서 정한 '사물을 변별할 능력', '의사를 결정할 능력'의 의미 및 위 각 능력이 미약한지 여부의 판단 기준

'사물을 변별할 능력'이란 사물의 선악과 시비를 합리적으로 판단하여 정할 수 있는 능력을 의미하고, '의사를 결정할 능력'이란 사물을 변별한 바에 따라 의지를 정하여 자기의 행위를 통제할 수 있는 능력을 의미하는데, 이러한 사물변별능력이나 의사결정능력은 판단능력 또는 의지능력과 관련된 것으로서 사실의 인식능력이나 기억능력과는 반드시 일치하는 것은 아니다. 한편 위 각 능력이 미약한지 여부는 전문가의 의견뿐 아니라 아동·청소년의 평소 언행에 관한 제3자의 진술 등 객관적 증거, 공소사실과 관련된 아동·청소년의 언행 및 사건의 경위 등 여러 사정을 종합하여 판단할 수 있는데, 이때 해당 연령의 아동·청소년이 통상 갖추고 있는 능력에 비하여 어느 정

도 낮은 수준으로서 그로 인하여 성적 자기결정권을 행사할 능력이 부족하다고 판단되면 충분하다(대법원 2015.03.20. 선고 2014도17346 판결).

■ 판례 ■ 사물을 변별할 능력', '의사를 결정할 능력'의 의미 및 위 각 능력이 미약한지 여부의 판단 기준

[1] 아동·청소년의 성보호에 관한 법률 제8조 제1항에서 정한 '사물을 변별할 능력', '의사를 결정할 능력'의 의미 및 위 각 능력이 미약한지 여부의 판단 기준

아동·청소년의 성보호에 관한 법률 제8조 제1항에서 말하는 '사물을 변별할 능력'이란 사물의 선악과 시비를 합리적으로 판단하여 정할 수 있는 능력을 의미하고, '의사를 결정할 능력'이란 사물을 변별한 바에 따라 의지를 정하여 자기의 행위를 통제할 수 있는 능력을 의미하는데, 이러한 사물변별능력이나 의사결정능력은 판단능력 또는 의지능력과 관련된 것으로서 사실의 인식능력이나 기억능력과는 반드시 일치하는 것은 아니다. 한편 위 각 능력이 미약한지 여부는 전문가의 의견뿐 아니라 아동·청소년의 평소 언행에 관한 제3자의 진술 등 객관적 증거, 공소사실과 관련된 아동·청소년의 언행 및 사건의 경위 등 여러 사정을 종합하여 판단할 수 있는데, 이때 해당 연령의 아동·청소년이 통상 갖추고 있는 능력에 비하여 어느 정도 낮은 수준으로서 그로 인하여 성적 자기결정권을 행사할 능력이 부족하다고 판단되면 충분하다.

[2] 아동·청소년의 성보호에 관한 법률 제8조 제1항의 취지 및 위 조항이 장애인의 일반적인 성적 자기결정권을 과도하게 침해하는지 여부(소극)

아동·청소년의 성보호에 관한 법률 제8조 제1항은 일반 아동·청소년보다 판단능력이 미약하고 성적 자기결정권을 행사할 능력이 부족한 장애 아동·청소년을 대상으로 성적 행위를 한 자를 엄중하게 처벌함으로써 성적 학대나 착취로부터 장애 아동·청소년을 보호하기 위해 마련된 것으로 입법의 필요성과 정당성이 인정된다. 한편 비록 장애가 있더라도 성적 자기결정권을 완전하게 행사할 능력이 충분히 있다고 인정되는 경우에는 위 조항의 '사물을 변별하거나 의사를 결정할 능력이 미약한 아동·청소년'에 해당하지 않게 되어, 이러한 아동·청소년과의 간음행위를 위 조항으로 처벌할 수 없으므로, 위 조항이 장애인의 일반적인 성적 자기결정권을 과도하게 침해한다고 볼 수 없다.(대법원 2015. 3. 20., 선고, 2014도17346, 판결)

■ 판례 ■ 성폭력범죄의 처벌 등에 관한 특례법 제6조에서 규정하는 '신체적인 장애가 있는 사람'의 의미 및 신체적인 장애를 판단하는 기준 / 위 규정에서 처벌하는 '신체적인 장애가 있는 사람에 대한 강간·강제추행 등의 죄'가 성립하려면 행위자가 범행 당시 피해자에게 이러한 신체적인 장애가 있음을 인식하여야 하는지 여부(적극)

제6조는 신체적인 장애가 있는 사람에 대하여 강간의 죄 또는 강제추행의 죄를 범하거나 위계 또는 위력으로써 그러한 사람을 간음한 사람을 처벌하고 있다. 2010. 4. 15. 제정된 당초의 성폭력처벌법 제6조는 '신체적인 장애 등으로 항거불능인 상태에 있는 여자 내지 사람'을 객체로 하는 간음, 추행만을 처벌하였으나, 2011. 11. 17.자 개정 이후 '신체적인 장애가 있는 여자 내지 사람'을 객체로 하는 강간, 강제추행 등도 처벌대상으로 삼고 있다. 이러한 개정 취지는 성폭력에 대한 인지능력, 항거능력, 대처능력 등이 비장애인보다 낮은 장애인을 보호하기 위하여 장애인에 대한 성폭력범죄를 가중처벌하는 데 있다. 장애인복지법 제2조는 장애인을 '신체적·정신적 장애로 오랫동안 일상생활이나 사회생활에서 상당한 제약을 받는 자'라고 규정하고 있고, 성폭력처벌법과 유사하게 장애인에 대한 성폭력범행의 특칙을 두고 있는 아동·청소년의 성보호에 관한 법률

제8조는 장애인복지법상 장애인 개념을 그대로 가져와 장애 아동·청소년의 의미를 밝히고 있다. 장애인차별금지 및 권리구제 등에 관한 법률 제2조는 장애를 '신체적·정신적 손상 또는 기능상 실이 장기간에 걸쳐 개인의 일상 또는 사회생활에 상당한 제약을 초래하는 상태'라고 규정하면서, 그러한 장애가 있는 사람을 장애인이라고 규정하고 있다. 이와 같은 관련 규정의 내용을 종합하면, 성폭력처벌법 제6조에서 규정하는 '신체적인 장애가 있는 사람'이란 '신체적 기능이나 구조 등 의 문제로 일상생활이나 사회생활에서 상당한 제약을 받는 사람'을 의미한다고 해석할 수 있다. 한편 장애와 관련된 피해자의 상태는 개인별로 그 모습과 정도에 차이가 있는데 그러한 모습과 정 도가 성폭력처벌법 제6조에서 정한 신체적인 장애를 판단하는 본질적인 요소가 되므로, 신체적인 장애를 판단함에 있어서는 해당 피해자의 상태가 충분히 고려되어야 하고 비장애인의 시각과 기준 에서 피해자의 상태를 판단하여 장애가 없다고 쉽게 단정해서는 안 된다. 아울러 본 죄가 성립하 려면 행위자도 범행 당시 피해자에게 이러한 신체적인 장애가 있음을 인식하여야 한다. (대법원 2021. 2. 25., 선고, 2016도4404, 2016전도49, 판결)

3. 궁박한 상태 청소년 간음

1) 적용법조 : 제8조의2 제1항   ☞   공소시효 성년에 달한 날부터 10년

> 제8조의2(13세 이상 16세 미만 아동·청소년에 대한 간음 등) ① 19세 이상의 사람이 13세 이상 16세 미만인 아동·청소년(제8조에 따른 장애 아동·청소년으로서 16세 미만인 자는 제외한다. 이하 이 조에서 같다)의 궁박(窮迫)한 상태를 이용하여 해당 아동·청소년을 간음하거나 해당 아동·청소년으로 하여금 다른 사람을 간음하게 하는 경우에는 3년 이상의 유기징역에 처한다.
> ② 19세 이상의 사람이 13세 이상 16세 미만인 아동·청소년의 궁박한 상태를 이용하여 해당 아동·청소년 을 추행한 경우 또는 해당 아동·청소년으로 하여금 다른 사람을 추행하게 하는 경우에는 10년 이하의 징역 또는 5천만원 이하의 벌금에 처한다.

2) 범죄사실 기재례

> 피의자는 20○○. 4. 25.경 서울시 ○○ ○○주택 30○호에 있는 피의자의 주거지에서, 스마트폰 애플리케이션인 '○○'을 통하여 알게 된 청소년인 피해자 갑(여, 15세)이 가출 하여 갈 곳이 없고 용돈이 떨어져 지하철역 등에서 노숙을 하는 등 생활에 궁박한 상태라 는 것을 알고 피해자에게 '나와 성관계를 하면 매일 용돈을 주며 앞으로 일자리를 알아봐 주겠다'라는 취지로 말하면서 피해자와 1회 성교하여 그녀를 간음하였다.

3) 신문시 유의사항
   - 궁박한 상태란 반드시 경제적 궁핍상태(例, 파산·부도 등)에 한하지 않고, 정 신적·육체적 궁박상태(例, 생명·신체의 위급 상태, 명예·신용에 대한 위난) 를 포함하며, 사회적 곤궁상태(例, 주택난·자금난)를 모두 포함한다.
   - 피의자는 19세 이상일 경우(19세 미만일 경우 제7조 제5항 등으로 처벌)
   - 피해자는 13세 이상 19세 미만 아동청소년일 것(장애인일 경우 제8조, 13세 미 만일 경우 성폭법, 19세 이상일 경우 형법 적용)

–폭행협박에 이르지 않을 것(폭행협박이 수반될 경우 제7조 적용)

–간음함으로써 성립

■ **판례** ■   아동이 성적 자기결정권을 행사하였는지 판단함에 있어 고려할 사항

[1] 15세의 중학생인 피해자가 피고인과 성관계를 할 당시 성적 자기결정권을 행사하였음을 전제로, 중단 요구를 무시하고 계속 성관계를 한 피고인의 행위에 대해 성적 학대행위에 해당하지 않는다고 판단한 원심이 타당한지 여부(소극)

국가와 사회는 아동·청소년에 대하여 다양한 보호의무를 부담한다. 국가는 청소년의 복지향상을 위한 정책을 실시하고(헌법 제34조 제4항), 초·중등교육을 실시할 의무(교육기본법 제8조)를 부담한다. 사법 영역에서도 마찬가지여서 친권자는 미성년자를 보호하고 양육하여야 하고(민법 제913조), 미성년자가 법정대리인의 동의 없이 한 법률행위는 원칙적으로 그 사유에 제한 없이 취소할 수 있다(민법 제5조). 법원도 아동·청소년이 피해자인 사건에서 아동·청소년이 특별히 보호되어야 할 대상임을 전제로 판단해왔다. 대법원은 아동복지법상 아동에 대한 성적 학대행위 해당 여부를 판단함에 있어 아동이 명시적인 반대 의사를 표시하지 아니하였더라도 성적 자기결정권을 행사하여 자신을 보호할 능력이 부족한 상황에 기인한 것인지 가려보아야 한다는 취지로 판시하였고(대법원 2015. 7. 9. 선고 2013도7787 판결 참조), 아동복지법상 아동매매죄에 있어서 설령 아동 자신이 동의하였더라도 유죄가 인정된다고 판시하였다(대법원 2015. 8. 27. 선고 2015도6480 판결 참조). 아동·청소년이 자신을 대상으로 음란물을 제작하는 데에 동의하였더라도 원칙적으로 청소년성보호법상 아동·청소년이용 음란물 제작죄를 구성한다는 판시(대법원 2015. 2. 12. 선고 2014도11501, 2014전도197 판결 참조)도 같은 취지이다.

이와 같이 아동·청소년을 보호하고자 하는 이유는, 아동·청소년은 사회적·문화적 제약 등으로 아직 온전한 자기결정권을 행사하기 어려울 뿐만 아니라, 인지적·심리적·관계적 자원의 부족으로 타인의 성적 침해 또는 착취행위로부터 자신을 방어하기 어려운 처지에 있기 때문이다. 또한 아동·청소년은 성적 가치관을 형성하고 성 건강을 완성해가는 과정에 있으므로 아동·청소년에 대한 성적 침해 또는 착취행위는 아동·청소년이 성과 관련한 정신적·신체적 건강을 추구하고 자율적 인격을 형성·발전시키는 데에 심각하고 지속적인 부정적 영향을 미칠 수 있다. 따라서 아동·청소년이 외관상 성적 결정 또는 동의로 보이는 언동을 하였다 하더라도, 그것이 타인의 기망이나 왜곡된 신뢰관계의 이용에 의한 것이라면, 이를 아동·청소년의 온전한 성적 자기결정권의 행사에 의한 것이라고 평가하기 어렵다(대법원 2020. 8. 27. 선고 2015도9436 전원합의체 판결 참조).

[2] 신체 노출 사진 인터넷 게시 등을 피해자에 대한 협박으로 인정하면서도 피고인이 계획한 간음 행위 시기와 2달 정도의 간격이 있고, 간음 행위에 대한 구체적인 계획까지 드러내지 않았음을 이유로 미수를 인정하지 않은 원심이 타당한지 여부(소극)

성적 자기결정권은 스스로 선택한 인생관 등을 바탕으로 사회공동체 안에서 각자가 독자적으로 성적 관념을 확립하고 이에 따라 사생활의 영역에서 자기 스스로 내린 성적 결정에 따라 자기책임 하에 상대방을 선택하고 성관계를 가질 권리로 이해된다. 여기에는 자신이 하고자 하는 성행위를 결정할 권리라는 적극적 측면과 함께 원치 않는 성행위를 거부할 권리라는 소극적 측면이 함께 존재하는데, 위계에 의한 간음죄를 비롯한 강간과 추행의 죄는 소극적 성적 자기결정권을 침해하는 것을 내용으로 한다(위 대법원 2015도9436 전원합의체 판결, 대법원 2019. 6. 13. 선고 2019도3341 판결 참조).(대법원 2020. 10. 29. 선고 2018도16466)

4. 청소년이용음란물제작·배포 등

1) 적용법조 : 제11조 제2항 ☞ 공소시효 10년(정보통신망법 제74조 제1항 제2호)

> 제11조(아동·청소년성착취물의 제작·배포 등) ① 아동·청소년성착취물을 제작·수입 또는 수출한 자는 무기 또는 5년 이상의 징역에 처한다.
> ② 영리를 목적으로 아동·청소년성착취물을 판매·대여·배포·제공하거나 이를 목적으로 소지·운반·광고·소개하거나 공연히 전시 또는 상영한 자는 5년 이상의 유기징역에 처한다.
> ③ 아동·청소년성착취물을 배포·제공하거나 이를 목적으로 광고·소개하거나 공연히 전시 또는 상영한 자는 3년 이상의 유기징역에 처한다.
> ④ 아동·청소년성착취물을 제작할 것이라는 정황을 알면서 아동·청소년을 아동·청소년성착취물의 제작자에게 알선한 자는 3년 이상의 유기징역에 처한다.
> ⑤ 아동·청소년성착취물을 구입하거나 아동·청소년성착취물임을 알면서 이를 소지·시청한 자는 1년 이상의 유기징역에 처한다.
> ⑥ 제1항의 미수범은 처벌한다
> ⑦ 상습적으로 제1항의 죄를 범한 자는 그 죄에 대하여 정하는 형의 2분의 1까지 가중한다.

2) 범죄사실 기재례

[기재례1] PC방에서 음란물 배포

> 피의자는 20○○. ○. ○.경부터 20○○. ○. ○.경까지 사이에 ○○에 있는 피의자 경영 PC방에서, 음란물이 저장된 서버 컴퓨터 2대 등 컴퓨터 18대, 위 컴퓨터를 서로 연결하여 놓은 통신망 등을 설치한 다음, 위 서버 컴퓨터에 인터넷 음란사이트로부터 내려 받은 '미국 로리타', '러시아 길거리 아이들' 등 청소년과의 성교행위 등이 표현된 청소년이용음란물을 저장해 놓았다.
> 피의자는 손님들에게 시간당 ○○만원을 받고 컴퓨터의 바탕화면에 있는 '즐겨찾기'라는 아이콘을 통하여 위 청소년이용음란물인 동영상을 볼 수 있도록 함으로써 영리를 목적으로 청소년성찰취물을 공연히 전시하였다.

3) 신문사항

- PC방을 경영하고 있는가
- 언제부터 어디에서 하고 있는가
- 누가 관리 운영을 하는가
- 이 PC방에 청소년성착취물 동영상을 저장한 일이 있는가
- 어떤 동영상인가
- 어떤 방법으로 이런 음란 동영상을 이용하게 하였나
- 누구를 상대로 하였나

- 언제부터 이런 동영상을 전시하였나
- 이러한 동영상은 언제 누구로부터 구입하였나
- 어떤 조건으로 구입했나
- 시간당 얼마를 받고 이용하도록 하였나
- 그동안 얼마 상당의 이익을 보았나
- 이렇게 얻은 돈은 어떻게 하였나

[기재례2] 아동·청소년성착취물 제작 (제11조 제1항, 아동복지법 제71조 제1항 제1호, 제17조 제2호) ☞ 공소시효 15년

피의자는 20○○.○.○.경 인터넷 네이버 사이트에 개설된 성인카페 '○○'에서 일대일 채팅을 통하여 아동·청소년인 피해자 갑(여, 당시 12세)과 알게 된 것을 기화로 카카오톡 메신저를 통하여 피해자와 메시지를 주고받게 되었다.

이때 피의자는 피해자에게 마치 자신은 성인 여성이면서 피해자와 같은 중학교에 다니는 사촌 동생이 있어 피해자를 동생처럼 좋아하는 것처럼 행세하여 피해자의 호감을 산 후, 초등학교를 갓 졸업하고 중학교에 진학하여 정신적으로 미성숙하고 성적인 호기심만 왕성할 뿐 이를 통제하거나 성적 자기결정권에 따른 결정을 할 수 있는 능력이 없는 상태인 피해자를 상대로 성적인 요구를 하여 자신의 성 욕구를 충족시키기로 마음먹었다.

가. 피의자는 20○○.○.○.16:50경 ○○에 있는 피의자의 집에서, 휴대전화기를 이용하여 피해자와 카카오톡 메신저를 주고받다가 피해자에게 "옷 다 벗고 사진 찍어서 보내봐, 지난번에 찍은 것처럼 여러 장, ──"라는 메시지를 보내 피해자에게 피해자의 알몸과 가슴, 성기, 항문 등을 촬영한 사진을 보내 줄 것을 요구하여 피해자로 하여금 알몸과 가슴, 성기, 항문 등을 노출한 채 사진을 촬영하게 한 후 해당 사진 4장을 카카오톡 메신저를 이용하여 피의자의 휴대전화기로 전송받은 다음 이를 피의자가 사용하는 컴퓨터에 저장하였다.

나. 피의자는 20○○.○.○.18:06경 위 피의자의 집에서, 휴대전화기를 이용하여 피해자에게 "○○'라고 메시지를 보내어 피해자로 하여금 옷을 모두 벗고 양 다리를 벌린 채 오른 손에 주걱을 들고 피해자의 음부 부위를 위 주걱으로 때리는 동영상을 촬영하게 하고, 해당 동영상을 네이버의 공유 파일인 'N드라이브'에 업로드하게 한 다음, 피해자로부터 피해자의 네이버 아이디와 비밀번호를 알아내고, 이를 이용하여 위 'N드라이브'에 접속하는 방법으로 해당 동영상을 전송받았다.

이로써 피의자는 총 ○○회에 걸쳐 아동·청소년인 피해자가 등장하여 신체의 전부 또는 일부를 노출하는 행위로서 일반인의 성적 수치심이나 혐오감을 일으키는 행위를 하는 내용을 표현한 컴퓨터나 그 밖의 통신매체를 통한 화상과 영상인 아동·청소년이용음란물을 제작하고, 아동인 피해자에게 음란한 행위를 시켰다.

[기재례3] 인터넷사이트 이용 음란물 배포 (제11조 제3항) ☞ **공소시효 7년**

피의자는 20○○. ○. ○.20:00경 ○○에서, 컴퓨터를 이용하여 인터넷 ○○사이트에 접속하여 ○○메가바이트 당 ○○원을 받기로 하고 그곳 게시판에 ○○라는 제목으로 교복을 입은 여학생이 남성과 성행위를 하는 내용의 아동·청소년이용음란물을 업로드한 것을 비롯하여, 그때부터 20○○. ○. ○. 14:56경까지 별지 범죄일람표 기재와 같이 위 인터넷 사이트 게시판에 아동·청소년이용음란물 ○○건을 업로드하여 불특정 다수의 사람들이 이를 다운로드받을 수 있도록 하였다.

이로써 피의자는 영리를 목적으로 아동·청소년성착취물을 판매·대여·배포하거나 공연히 전시 또는 상영하였다.

[기재례4] 인터넷사이트 이용 음란물 배포 (제11조 제3항) ☞ **공소시효 7년**

누구든지 아동·청소년성착취물을 배포·제공하거나 공연히 전시 또는 상영하여서는 아니 된다.
그럼에도 불구하고 피의자는 20○○.○.○. 15:45경 피의자의 주거지인 ○○에서, 컴퓨터를 이용하여 P2P 방식 공유 프로그램인 ○○'에 접속한 다음, '○○'라는 제목으로 아동·청소년 또는 아동·청소년으로 명백하게 인식될 수 있는 여성이 남성과 성기를 노출한 채 성관계를 하는 동영상 1개를 다운로드 받아 소지하고, 같은 프로그램을 이용하여 위 동영상을 자동으로 공유하게 하여 다른 사용자들이 위 동영상들을 다운로드 받을 수 있도록 배포하였다.

■ **판례** ■　'아동·청소년으로 인식될 수 있는 사람이나 표현물'에 해당하는지 판단 기준

피고인들이 교복을 입은 여학생이 남성과 성행위를 하는 내용 등의 동영상 32건을 인터넷 사이트 게시판에 업로드하여 불특정 다수의 사람들이 이를 다운로드받을 수 있도록 함으로써 영리를 목적으로 아동·청소년이용음란물을 판매·대여·배포하거나 공연히 전시 또는 상영하였다고 하여 아동·청소년의 성보호에 관한 법률 위반으로 기소된 사안에서, 위 동영상은 모두 교실과 대중교통수단 등의 장소에서 체육복 또는 교복을 입었거나 가정교사로부터 수업을 받는 등 학생으로 연출된 사람이 성행위를 하는 것을 내용으로 하고 있어 '아동·청소년으로 인식될 수 있는 사람'이 등장하는 '아동·청소년이용음란물'에 해당한다고 보아야 하고, 해당 인물이 실제 성인으로 알려져 있다고 하여 달리 볼 수 없다는 이유로 유죄를 선고한 사례.(수원지법 2013.2.20. 선고 2012고단3926,4943 판결)

■ **판례** ■　구 아동·청소년의 성보호에 관한 법률 제2조 제5호에서 정한 '아동·청소년이용음란물'에 해당하기 위한 요건

형벌법규의 해석은 엄격하여야 하고, 명문규정의 의미를 피고인에게 불리한 방향으로 지나치게 확장해석하거나 유추해석하는 것은 허용되지 않는다는 죄형법정주의의 원칙과 구 아동·청소년의 성보호에 관한 법률(2011. 9. 15. 법률 제11047호로 개정되기 전의 것) 제2조 제4호, 제5호, 제8조 제1항, 구 아동·청소년의 성보호에 관한 법률(2012. 12. 18. 법률 제11572호로 전부 개정되기 전의 것) 제2조 제4호, 제5호, 제8조 제1항의 문언 및 법정형 그 밖에 위 규정들의 연혁 등에 비추어 보면, 위 법률들 제2조 제5호에서 말하는 '아동·청소년이용음란물'은 '아동·청소년'이나 '아동·청소년 또는 아동·청소년으로 인식될 수 있는 사람이나 표현물'이 등장하여 그 아동·

청소년 등이 제2조 제4호 각 목의 행위나 그 밖의 성적 행위를 하거나 하는 것과 같다고 평가될 수 있는 내용을 표현하는 것이어야 한다.(대법원 2013. 9. 12., 선고, 2013도502, 판결]

■ **판례** ■ 구 아동·청소년의 성보호에 관한 법률 제2조 제5호에서 정한 '아동·청소년으로 인식될 수 있는 사람'의 의미

구 아동·청소년의 성보호에 관한 법률(2012. 12. 18. 법률 제11572호로 전부 개정되기 전의 것, 이하 '아청법'이라 한다)은 아동·청소년대상 성범죄의 처벌과 절차에 관한 특례를 규정하고 피해아동·청소년을 위한 구제 및 지원절차를 마련하며 아동·청소년대상 성범죄자를 체계적으로 관리함으로써 아동·청소년을 성범죄로부터 보호하고 아동·청소년이 건강한 사회구성원으로 성장할 수 있도록 함을 목적으로 하여 제정된 법률로서(제1조), 제2조 제1호에서 "아동·청소년은 19세 미만의 자를 말한다. 다만, 19세에 도달하는 해의 1월 1일을 맞이한 자는 제외한다"고 규정하고, 제2조 제5호에서 "아동·청소년이용음란물은 아동·청소년 또는 아동·청소년으로 인식될 수 있는 사람이나 표현물이 등장하여 성교 행위 등 제2조 제4호의 어느 하나에 해당하는 행위를 하거나 그 밖의 성적 행위를 하는 내용을 표현하는 것으로서 필름·비디오물·게임물 또는 컴퓨터나 그 밖의 통신매체를 통한 화상·영상 등의 형태로 된 것을 말한다"고 규정하는 한편, 제8조 제4항에서 아동·청소년이용음란물을 배포하거나 공연히 전시 또는 상영한 자는 3년 이하의 징역 또는 2,000만 원 이하의 벌금에 처하도록 규정하고 있다. 위와 같은 아청법의 관련 규정 및 입법취지 등을 앞에서 본 형벌법규의 해석에 관한 법리에 비추어 보면, 아청법 제2조 제5호에서 규정하고 있는 '아동·청소년으로 인식될 수 있는 사람'은 '아동·청소년'과 대등한 개념으로서 그와 동일한 법적 평가를 받을 수 있는 사람을 의미하며, 따라서 해당 음란물의 내용과 함께 등장인물의 외모와 신체 발육 상태, 영상물의 출처 및 제작 경위 등을 종합적으로 고려하여 사회 평균인의 입장에서 건전한 사회통념에 따라 객관적이고 규범적으로 평가할 때 명백하게 아동·청소년으로 인식될 수 있는 사람을 뜻한다고 해석함이 타당하다.(대법원 2014. 9. 26., 선고, 2013도12607, 판결)

■ **판례** ■ 제작한 영상물이 객관적으로 아동·청소년이 등장하여 성적 행위를 하는 내용을 표현한 영상물에 해당하는 경우, 대상이 된 아동·청소년의 동의하에 촬영하거나 사적인 소지·보관을 1차적 목적으로 제작하더라도 구 아동·청소년의 성보호에 관한 법률 제8조 제1항의 '아동·청소년이용음란물'을 '제작'한 것에 해당하는지 여부(적극) / 위와 같은 영상물 제작행위에 위법성이 없다고 볼 수 있는 예외적인 경우 및 판단 기준

구 아동·청소년의 성보호에 관한 법률(2012. 12. 18. 법률 제11572호로 전부 개정되기 전의 것, 이하 '구 아청법'이라 한다)은 제2조 제5호, 제4호에 '아동·청소년이용음란물'의 의미에 관한 별도의 규정을 두면서도, 제8조 제1항에서 아동·청소년이용음란물을 제작하는 등의 행위를 처벌하도록 규정하고 있을 뿐 범죄성립의 요건으로 제작 등의 의도나 음란물이 아동·청소년의 의사에 반하여 촬영되었는지 여부 등을 부가하고 있지 아니하다. 여기에다가 아동·청소년을 대상으로 성적 행위를 한 자를 엄중하게 처벌함으로써 성적 학대나 착취로부터 아동·청소년을 보호하는 한편 아동·청소년이 책임 있고 건강한 사회구성원으로 성장할 수 있도록 하려는 구 아청법의 입법 목적과 취지, 정신적으로 미성숙하고 충동적이며 경제적으로도 독립적이지 못한 아동·청소년의 특성, 아동·청소년이용음란물은 직접 피해자인 아동·청소년에게는 치유하기 어려운 정신적 상처를 안겨줄 뿐 아니라, 이를 시청하는 사람들에게까지 성에 대한 왜곡된 인식과 비정상적 가치관을 조장하므로 이를 제작 단계에서부터 원천적으로 차단함으로써 아동·청소년을 성적 대상으로 보는 데서 비롯되는 잠재적 성범죄로부터 아동·청소년을 보호할 필요가 있는 점, 인터넷 등 정보통신매체의 발달로 인하여 음란물이 일단 제작되면 제작 후 사정의 변경에 따라, 또는 제작자의 의도와 관

계없이 언제라도 무분별하고 무차별적으로 유통에 제공될 가능성을 배제할 수 없는 점 등을 더하여 보면, 제작한 영상물이 객관적으로 아동·청소년이 등장하여 성적 행위를 하는 내용을 표현한 영상물에 해당하는 한 대상이 된 아동·청소년의 동의하에 촬영한 것이라거나 사적인 소지·보관을 1차적 목적으로 제작한 것이라고 하여 구 아청법 제8조 제1항의 '아동·청소년이용음란물'에 해당하지 아니한다거나 이를 '제작'한 것이 아니라고 할 수 없다.

다만 아동·청소년인 행위자 본인이 사적인 소지를 위하여 자신을 대상으로 '아동·청소년이용음란물'에 해당하는 영상 등을 제작하거나 그 밖에 이에 준하는 경우로서, 영상의 제작행위가 헌법상 보장되는 인격권, 행복추구권 또는 사생활의 자유 등을 이루는 사적인 생활 영역에서 사리분별력 있는 사람의 자기결정권의 정당한 행사에 해당한다고 볼 수 있는 예외적인 경우에는 위법성이 없다고 볼 수 있다. 아동·청소년은 성적 가치관과 판단능력이 충분히 형성되지 아니하여 성적 자기결정권을 행사하고 자신을 보호할 능력이 부족한 경우가 대부분이므로 영상의 제작행위가 이에 해당하는지 여부는 아동·청소년의 나이와 지적·사회적 능력, 제작의 목적과 동기 및 경위, 촬영 과정에서 강제력이나 위계 혹은 대가가 결부되었는지 여부, 아동·청소년의 동의나 관여가 자발적이고 진지하게 이루어졌는지 여부, 아동·청소년과 영상 등에 등장하는 다른 인물과의 관계, 영상 등에 표현된 성적 행위의 내용과 태양 등을 종합적으로 고려하여 신중하게 판단하여야 한다.(대법원 2015. 2. 12., 선고, 2014도11501,2014전도197, 판결)

■ 판례 ■   '아동·청소년이용음란물'에 해당하기 위한 요건

형벌법규의 해석은 엄격하여야 하고, 명문규정의 의미를 피고인에게 불리한 방향으로 지나치게 확장해석하거나 유추해석하는 것은 허용되지 않는다는 죄형법정주의의 원칙과 구 아동·청소년의 성보호에 관한 법률(2011. 9. 15. 법률 제11047호로 개정되기 전의 것) 제2조 제4호, 제5호, 제8조 제1항, 구 아동·청소년의 성보호에 관한 법률(2012. 12. 18. 법률 제11572호로 전부 개정되기 전의 것) 제2조 제4호, 제5호, 제8조 제1항의 문언 및 법정형 그 밖에 위 규정들의 연혁 등에 비추어 보면, 위 법률들 제2조 제5호에서 말하는 '아동·청소년이용음란물'은 '아동·청소년'이나 '아동·청소년 또는 아동·청소년으로 인식될 수 있는 사람이나 표현물'이 등장하여 그 아동·청소년 등이 제2조 제4호 각 목의 행위나 그 밖의 성적 행위를 하거나 하는 것과 같다고 평가될 수 있는 내용을 표현하는 것이어야 한다.(대법원 2013.9.12, 선고, 2013도502, 판결)

■ 판례 ■   아동·청소년을 이용한 음란물 제작을 처벌하는 이유 및 아동·청소년의 동의가 있다거나 개인적인 소지·보관을 1차적 목적으로 제작하더라도 아동·청소년의 성보호에 관한 법률 제11조 제1항의 '아동·청소년이용음란물의 제작'에 해당하는지 여부(적극) / 직접 아동·청소년의 면전에서 촬영행위를 하지 않았더라도 아동·청소년이용음란물을 만드는 것을 기획하고 타인으로 하여금 촬영행위를 하게 하거나 만드는 과정에서 구체적인 지시를 한 경우, 아동·청소년이용음란물 '제작'에 해당하는지 여부(원칙적 적극)와 그 기수 시기(= 촬영을 마쳐 재생이 가능한 형태로 저장된 때) 및 이러한 법리는 아동·청소년으로 하여금 스스로 자신을 대상으로 하는 음란물을 촬영하게 한 경우에도 마찬가지인지 여부(적극)

아동·청소년의 성보호에 관한 법률(이하 '청소년성보호법'이라 한다)의 입법목적은 아동·청소년을 대상으로 성적 행위를 한 자를 엄중하게 처벌함으로써 성적 학대나 착취로부터 아동·청소년을 보호하고 아동·청소년이 책임 있고 건강한 사회구성원으로 성장할 수 있도록 하려는 데 있다. 아동·청소년이용음란물은 직접 피해자인 아동·청소년에게는 치유하기 어려운 정신적 상처를 안겨줄 뿐만 아니라, 이를 시청하는 사람들에게까지 성에 대한 왜곡된 인식과 비정상적 가치관을 조장한다. 따라서 아동·청소년을 이용한 음란물 '제작'을 원천적으로 봉쇄하여 아동·청소년을

성적 대상으로 보는 데서 비롯되는 잠재적 성범죄로부터 아동·청소년을 보호할 필요가 있다. 특히 인터넷 등 정보통신매체의 발달로 음란물이 일단 제작되면 제작 후 제작자의 의도와 관계없이 언제라도 무분별하고 무차별적으로 유통에 제공될 가능성이 있다. 이러한 점에 아동·청소년을 이용한 음란물 제작을 처벌하는 이유가 있다. 그러므로 아동·청소년의 동의가 있다거나 개인적인 소지·보관을 1차적 목적으로 제작하더라도 청소년성보호법 제11조 제1항의 '아동·청소년이용음란물의 제작'에 해당한다고 보아야 한다.

피고인이 직접 아동·청소년의 면전에서 촬영행위를 하지 않았더라도 아동·청소년이용음란물을 만드는 것을 기획하고 타인으로 하여금 촬영행위를 하게 하거나 만드는 과정에서 구체적인 지시를 하였다면, 특별한 사정이 없는 한 아동·청소년이용음란물 '제작'에 해당한다. 이러한 촬영을 마쳐 재생이 가능한 형태로 저장이 된 때에 제작은 기수에 이르고 반드시 피고인이 그와 같이 제작된 아동·청소년이용음란물을 재생하거나 피고인의 기기로 재생할 수 있는 상태에 이르러야만 하는 것은 아니다. 이러한 법리는 피고인이 아동·청소년으로 하여금 스스로 자신을 대상으로 하는 음란물을 촬영하게 한 경우에도 마찬가지이다.(대법원 2018. 9. 13., 선고, 2018도9340, 판결)

■ **판례** ■ 구 아동·청소년의 성보호에 관한 법률 제11조 제5항에서 정한 '소지'의 의미 / 자신이 지배하지 않는 서버 등에 저장된 아동·청소년이용음란물에 접근하여 다운로드 받을 수 있는 인터넷 주소(URL) 등을 제공받은 것에 그친 경우, 이를 아동·청소년이용음란물을 '소지'한 것으로 평가할 수 있는지 여부(원칙적 소극) / 아동·청소년성착취물 등을 구입한 다음 직접 다운로드받을 수 있는 인터넷 주소를 제공받은 경우, 2020. 6. 2. 개정된 아동·청소년의 성보호에 관한 법률 제11조 제5항, 2020. 5. 19. 개정된 성폭력범죄의 처벌 등에 관한 특례법 제14조 제4항에 따라 처벌되는지 여부(적극)

구 아동·청소년의 성보호에 관한 법률(2020. 6. 2. 법률 제17338호로 개정되기 전의 것) 제11조 제5항은 "아동·청소년이용음란물임을 알면서 이를 소지한 자는 1년 이하의 징역 또는 2천만 원 이하의 벌금에 처한다."라고 규정하고 있다. 여기서 '소지'란 아동·청소년이용음란물을 자기가 지배할 수 있는 상태에 두고 지배관계를 지속시키는 행위를 말하고, 인터넷 주소(URL)는 인터넷에서 링크하고자 하는 웹페이지나 웹사이트 등의 서버에 저장된 개개의 영상물 등의 웹 위치 정보 또는 경로를 나타낸 것에 불과하다. 따라서 아동·청소년이용음란물 파일을 구입하여 시청할 수 있는 상태 또는 접근할 수 있는 상태만으로 곧바로 이를 소지로 보는 것은 소지에 대한 문언 해석의 한계를 넘어서는 것이어서 허용될 수 없으므로, 피고인이 자신이 지배하지 않는 서버 등에 저장된 아동·청소년이용음란물에 접근하여 다운로드받을 수 있는 인터넷 주소 등을 제공받은 것에 그친다면 특별한 사정이 없는 한 아동·청소년이용음란물을 '소지'한 것으로 평가하기는 어렵다. 한편 2020. 6. 2. 법률 제17338호로 개정된 아동·청소년의 성보호에 관한 법률 제11조 제5항은 아동·청소년성착취물을 구입하거나 시청한 사람을 처벌하는 규정을 신설하였고, 2020. 5. 19. 법률 제17264호로 개정된 성폭력범죄의 처벌 등에 관한 특례법 제14조 제4항은 카메라 등을 이용하여 성적 욕망 또는 수치심을 유발할 수 있는 사람의 신체를 촬영대상자의 의사에 반하여 촬영한 촬영물 또는 복제물을 소지·구입·저장 또는 시청한 사람을 처벌하는 규정을 신설하였다. 따라서 아동·청소년성착취물 등을 구입한 다음 직접 다운로드받을 수 있는 인터넷 주소를 제공받았다면 위 규정에 따라 처벌되므로 처벌공백의 문제도 더 이상 발생하지 않는다.(대법원 2023. 6. 29. 선고 2022도6278 판결)

5. 청소년 매매행위

1) 적용법조 : 제12조 제1항 ☞ 공소시효 성년에 달한 날부터 15년

> 제12조(아동·청소년 매매행위) ① 아동·청소년의 성을 사는 행위 또는 아동·청소년성착취물을 제작
> 하는 행위의 대상이 될 것을 알면서 아동·청소년을 매매 또는 국외에 이송하거나 국외에 거주하는 아
> 동·청소년을 국내에 이송한 자는 무기 또는 5년 이상의 징역에 처한다.
> ② 제1항의 미수범은 처벌한다.

2) 범죄사실 기재례

> 피의자는 홍길동이 ○○에서 ○○업을 하고 있었기 때문에 청소년을 상대로 성매매행위를
> 할 것을 알고 있었다.
> 그럼에도 불구하고 피의자는 20○○. ○. ○. ○○에서 청소년인 甲(여, 18세)을 위 홍길동에
> 게 ○○만원을 받고 넘겨 청소년의 성을 사는 행위의 대상이 될 것을 알면서 매매하였다.

3) 신문사항

- 홍길동을 알고 있는가
- 홍길동이 어디에서 어떤 일을 하고 있는가
- 피의자는 청소년인 甲녀를 알고 있는가
- 위 甲녀를 언제 어떻게 만나 처음 알게 되었나
- 甲녀가 청소년인 것 알고 있는가
- 甲녀를 홍길동에게 매매한 일이 있는가
- 언제 어디에서 어떤 조건으로 매매하였나
- 홍길동이 甲녀를 어떻게 할 것을 알면서 넘겨 주었는가
- 그럼 청소년을 상대로 성매매 사실을 알면서도 넘겼다는 것인가

6. 청소년의 성(性)을 사는 행위

1) 적용법조 : 제13조 제1항 ☞ 공소시효 성년에 달한 날부터 10년

> 제13조(아동·청소년의 성을 사는 행위 등) ① 아동·청소년의 성을 사는 행위를 한 자는 1년 이상
> 10년 이하의 징역 또는 2천만원 이상 5천만원 이하의 벌금에 처한다.
> ② 아동·청소년의 성을 사기 위하여 아동·청소년을 유인하거나 성을 팔도록 권유한 자는 3년 이하의 징
> 역 또는 3천만원 이하의 벌금에 처한다.
> ③ 16세 미만의 아동·청소년 및 장애 아동·청소년을 대상으로 제1항 또는 제2항의 죄를 범한 경우에는
> 그 죄에 정한 형의 2분의 1까지 가중처벌한다.

2) 범죄사실 기재례

> 피의자는 20○○. ○. ○. ○○에 있는 홍콩모텔 304호실에서 20○○. ○. ○.경 인터넷 채팅을 통하여 알게 된 청소년인 홍길녀(여, 17세)에게 용돈명목으로 ○○만원을 주고 성교하여 청소년의 성을 사는 행위를 하였다.

3) 신문사항

- 피의자는 청소년인 홍길녀를 알고 있는가
- 위 홍길녀를 언제 어떻게 만나 처음 알게 되었나
- 홍길녀가 청소년인 것 알고 있는가
- 홍길녀와 성교한 일이 있는가
- 언제 어디에서 성교하였나
- 어떻게 그곳에 가게 되었나
- 어떠한 조건으로 성교하였나
- 홍길녀가 순순히 피의자를 따라 가던가
- 청소년에게 용돈을 주고 성교한 것에 대해 어떻게 생각하나

■ **판례** ■ 피고인이 피해자에게 제공한 편의 즉, 숙소의 제공과 기타 차비 명목의 금전 교부 등이 성교의 대가로 제공한 것인지의 여부(적극)

청소년인 피해자가 숙식의 해결 등 생활비 조달이 매우 어려운 처지에 놓이게 되어 피고인을 만나 함께 잠을 자는 방법으로 숙소를 해결하는 외에는 공원이나 길에서 잠을 자야만 할 정도로 절박한 상황에 처해 있었던 점, 피고인은 피해자가 잠잘 곳이 없다는 사정을 미리 알고 있었으며, 특히 피해자로서는 피고인의 성교 요구를 거절하면 야간에 집 또는 여관에서 쫓겨날 것을 두려워하여 어쩔 수 없이 성교를 하게 되었던 점, 피해자는 그 이후 피고인과 지속적으로 만나거나 특별한 애정관계를 유지하지는 아니하였던 점 등을 종합적으로 고려해 볼 때, 피고인이 피해자에게 제공한 편의 즉, 숙소의 제공과 기타 차비 명목의 금전 교부 등은 피고인과 피해자 사이의 사생활 내지 애정관계에서 발생한 부대비용의 부담으로 볼 수는 없고, 피고인이 피해자에게 성교의 대가로 제공한 것이라고 인정함이 상당하다(대법원 2002.3.15. 선고 2002도83 판결).

■ **판례** ■ 이미 성매매 의사를 가지고 있었던 아동·청소년에게 성을 팔도록 권유하는 행위도 아동·청소년의 성보호에 관한 법률 제10조 제2항에서 정한 '성을 팔도록 권유하는 행위'에 포함되는지 여부(적극)

피고인이 인터넷 채팅사이트를 통하여, 이미 성매매 의사를 가지고 성매수자를 물색하고 있던 청소년 갑과 성매매 장소, 대가 등에 관하여 구체적 합의에 이른 다음 약속장소 인근에 도착하여 갑에게 전화로 요구 사항을 지시한 사안에서, 피고인의 행위가 아동·청소년의 성보호에 관한 법률 제10조 제2항에서 정한 '아동·청소년에게 성을 팔도록 권피고인이 인터넷 채팅사이트를 통하여, 이미 성매매 의사를 가지고 성매수 행위를 할 자를 물색하고 있던 청소년 갑(여, 16세)과 성매매

장소, 대가, 연락방법 등에 관하여 구체적인 합의에 이른 다음, 약속장소 인근에 도착하여 갑에게 전화를 걸어 '속바지를 벗고 오라'고 지시한 사안에서, 피고인의 일련의 행위가 아동·청소년의 성보호에 관한 법률 제10조 제2항에서 정한 '아동·청소년에게 성을 팔도록 권유하는 행위'에 해당한다.(대법원 2011.11.10. 선고 2011도3934 판결)

■ **판례** ■   아동·청소년의 성을 사는 행위를 알선하는 행위로 아동·청소년의 성을 사는 행위를 한 사람이 행위의 상대방이 아동·청소년임을 인식하여야 하는지 여부(소극)

아동·청소년의 성보호에 관한 법률(이하 '청소년성보호법'이라고 한다)은 성매매의 대상이 된 아동·청소년을 보호·구제하려는 데 입법 취지가 있고, 청소년성보호법에서 '아동·청소년의 성매매 행위'가 아닌 '아동·청소년의 성을 사는 행위'라는 용어를 사용한 것은 아동·청소년은 보호대상에 해당하고 성매매의 주체가 될 수 없어 아동·청소년의 성을 사는 사람을 주체로 표현한 것이다. 그리고 아동·청소년의 성을 사는 행위를 알선하는 행위를 업으로 하는 사람이 알선의 대상이 아동·청소년임을 인식하면서 알선행위를 하였다면, 알선행위로 아동·청소년의 성을 사는 행위를 한 사람이 행위의 상대방이 아동·청소년임을 인식하고 있었는지는 알선행위를 한 사람의 책임에 영향을 미칠 이유가 없다. 따라서 아동·청소년의 성을 사는 행위를 알선하는 행위를 업으로 하여 청소년성보호법 제15조 제1항 제2호의 위반죄가 성립하기 위해서는 알선행위를 업으로 하는 사람이 아동·청소년을 알선의 대상으로 삼아 그 성을 사는 행위를 알선한다는 것을 인식하여야 하지만, 이에 더하여 알선행위로 아동·청소년의 성을 사는 행위를 한 사람이 행위의 상대방이 아동·청소년임을 인식하여야 한다고 볼 수는 없다.(대법원 2016.2.18. 선고, 2015도15664, 판결)

7. 청소년의 성을 사는 상대가 되도록 권유

1) **적용법조** : 제14조 제1항 제4호 ☞ 공소시효 성년에 달한 날부터 10년

제14조(아동·청소년에 대한 강요행위 등) ① 다음 각 호의 어느 하나에 해당하는 자는 5년 이상의 유기징역에 처한다.
 1. 폭행이나 협박으로 아동·청소년으로 하여금 아동·청소년의 성을 사는 행위의 상대방이 되게 한 자
 2. 선불금(先拂金), 그 밖의 채무를 이용하는 등의 방법으로 아동·청소년을 곤경에 빠뜨리거나 위계 또는 위력으로 아동·청소년으로 하여금 아동·청소년의 성을 사는 행위의 상대방이 되게 한 자
 3. 업무·고용이나 그 밖의 관계로 자신의 보호 또는 감독을 받는 것을 이용하여 아동·청소년으로 하여금 아동·청소년의 성을 사는 행위의 상대방이 되게 한 자
 4. 영업으로 아동·청소년을 아동·청소년의 성을 사는 행위의 상대방이 되도록 유인·권유한 자
② 제1항제1호부터 제3호까지의 죄를 범한 자가 그 대가의 전부 또는 일부를 받거나 이를 요구 또는 약속한 때에는 7년 이상의 유기징역에 처한다.
③ 아동·청소년의 성을 사는 행위의 상대방이 되도록 유인·권유한 자는 7년 이하의 징역 또는 5천만원 이하의 벌금에 처한다.
④ 제1항과 제2항의 미수범은 처벌한다.

---

2) 범죄사실 기재례

피의자는 ○○에서 "신속다방"이라는 상호로 휴게음식점업을 경영하는 사람이다. 영업으로 청소년을 청소년의 성을 사는 행위의 상대방이 되도록 유인·권유하여서는 아니 된다.

피의자는 20○○. ○. ○. ○○:○○경부터 위 다방에서 성명불상의 남자로부터 차 배달 전화를 받고 위 회사라로 하여금 차를 배달, 판매케 하여 영업으로 그녀로 하여금 ○○에 있는 홍콩여관에서 성명을 알 수 없는 남자와 성매매행위를 하게하여 화대로 ○○만원과 3시간의 시간비로 ○○만원을 받도록 하는 등 20○○. ○. ○.경 까지 별지 범죄일람표 내용과 같이 총 ○○회에 걸쳐 총 ○○만원 상당을 받도록 하여 그녀로 하여금 청소년의 성을 사는 행위의 상대가 되도록 권유하였다.

8. 청소년의 성 알선행위업

1) 적용법조 : 제15조 제1항 제2호 ☞ 공소시효 성년에 달한 날부터 10년

제15조(알선영업행위 등) ① 다음 각 호의 어느 하나에 해당하는 자는 7년 이상의 유기징역에 처한다.
1. 아동·청소년의 성을 사는 행위의 장소를 제공하는 행위를 업으로 하는 자
2. 아동·청소년의 성을 사는 행위를 알선하거나 정보통신망(「정보통신망 이용촉진 및 정보보호 등에 관한 법률」 제2조제1항제1호의 정보통신망을 말한다. 이하 같다)에서 알선정보를 제공하는 행위를 업으로 하는 자
3. 제1호 또는 제2호의 범죄에 사용되는 사실을 알면서 자금·토지 또는 건물을 제공한 자
4. 영업으로 아동·청소년의 성을 사는 행위의 장소를 제공·알선하는 업소에 아동·청소년을 고용하도록 한 자
② 다음 각 호의 어느 하나에 해당하는 자는 7년 이하의 징역 또는 5천만원 이하의 벌금에 처한다.
1. 영업으로 아동·청소년의 성을 사는 행위를 하도록 유인·권유 또는 강요한 자
2. 아동·청소년의 성을 사는 행위의 장소를 제공한 자
3. 아동·청소년의 성을 사는 행위를 알선하거나 정보통신망에서 알선정보를 제공한 자
4. 영업으로 제2호 또는 제3호의 행위를 약속한 자
③ 아동·청소년의 성을 사는 행위를 하도록 유인·권유 또는 강요한 자는 5년 이하의 징역 또는 3천만원 이하의 벌금에 처한다.

2) 범죄사실 기재례

[기재례1] 보도집 운영 알선

피의자는 ○○에서 청소년인 甲녀(18세), 乙녀(17세) 등을 상주시키면서 위 시내에 있는 ♠모텔, ♥모텔, ★여관 등의 종업원들에게 투숙객들이 성매매 여성을 찾으면 연락하여 달라면서 전화번호를 알려준 다음 위 모텔 등에서 전화가 걸려오면 위 청소년들을 그 곳으로 보내어 성명을 알 수 없는 투숙객들과 성교하게 하고, 위 청소년들이 1회의 성매매행위로 받는 화대중 30%를 숙식비명목으로 받는 등 속칭 보도집을 운영하는 사람이다.

피의자는 20○○. ○. ○. 21:00경 위 ♠모텔 불상의 호실에서 위와 같은 방법으로 청소년인 甲으로 하여금 성명불상의 남자로부터 화대 명목으로 ○○만 원을 받고 성교하도록 하였다.

피의자는 그때부터 20○○. ○. ○.까지 사이에 위와 같은 방법으로 청소년인 甲녀(18세), 乙녀(17

세)로 하여금 성명 불상의 남자로부터 별지 범죄일람표내용과 같이 화대명목으로 총 ○○만원을 받고 성교하도록 하고 이중 30%를 숙식비명목으로 받아서 청소년의 성을 사는 행위를 알선하였다.

[기재례2] 채팅이용 알선

피의자는 20○○. ○. ○.경 인터넷 채팅을 통해 알게 된 가출 청소년인 甲(여, 14세)에게 사귀자며 접근한 뒤 ○○에 있는 '홍콩모텔' 210호실에 甲과 함께 장기 투숙하면서 '버디버디'라는 채팅사이트에 "○○ 만남하실 분, 15女"라는 채팅방을 개설하였다.

피의자는 이에 접속한 성명불상의 남자를 상대로 "조건합니다.○○"이라며 채팅하여, 甲으로 하여금 이에 응하는 성명불상의 남자들을 상대로 ○○에서 만나게 한 뒤 위 '홍콩모텔'로 함께 가 화대 명목으로 1시간에 15만 원, 2시간에 25만 원을 받고 성매매를 하도록 하는 방법으로 성매매 알선행위를 하기로 마음먹었다.

피의자는 20○○. ○. ○. 16:00경 위 모텔 불상의 호실에서 위와 같은 방법으로 청소년인 甲으로 하여금 성명불상의 남자로부터 화대 명목으로 25만 원을 받고 성교하도록 함으로써 청소년의 성을 사는 행위를 알선하였다.

3) 신문사항

- 피의자는 어떠한 영업을 하고 있는가
- 청소년들에게 성을 파는 행위를 하도록 한 일이 있는가
- 언제부터 언제까지 하였나
- 성을 파는 행위를 하도록 한 청소년은 몇 명이며 그 들의 인적사항은
- 이들 청소년들을 처음 어떻게 고용하게 되었는가
- 어떠한 방법으로 성을 파는 행위를 알선하였나
- 누구를 상대로 하였나
- 청소년들이 1회 성매매행위를 하는데 화대로 얼마를 받았나
- 피의자는 이들에게 얼마를 받았나
- 어떠한 목적과 명목으로 받았나
- 지금까지 각 청소년들로부터 피의자가 받은 금액은

■ **판례** ■ 　수회에 걸쳐 청소년 성매매 알선을 한 경우의 죄수

청소년의 성보호에 관한 법률 제12조 제2항 제3호 위반죄는 같은 조 제1항 제2호 위반죄와는 달리 원칙적으로 각 알선행위마다 1개의 '성을 사는 행위의 알선죄'가 성립한다고 봄이 상당하므로, 각 알선행위의 일시·장소와 방법을 명시하여 다른 사실과 구별이 가능하도록 공소사실을 기재하여야 한다. (서울중앙지법 2009.2.16. 선고 2009고합12 선고 판결).

■ 판례 ■ 아동 · 청소년의 성을 사는 행위를 알선하는 행위를 업으로 하여 아동 · 청소년의 성보호에 관한 법률 제15조 제1항 제2호의 위반죄가 성립하기 위하여, 알선행위로 아동 · 청소년의 성을 사는 행위를 한 사람이 행위의 상대방이 아동 · 청소년임을 인식하여야 하는지 여부(소극)

아동 · 청소년의 성보호에 관한 법률(이하 '청소년성보호법'이라고 한다)은 성매매의 대상이 된 아동 · 청소년을 보호 · 구제하려는 데 입법 취지가 있고, 청소년성보호법에서 '아동 · 청소년의 성매매 행위'가 아닌 '아동 · 청소년의 성을 사는 행위'라는 용어를 사용한 것은 아동 · 청소년은 보호대상에 해당하고 성매매의 주체가 될 수 없어 아동 · 청소년의 성을 사는 사람을 주체로 표현한 것이다. 그리고 아동 · 청소년의 성을 사는 행위를 알선하는 행위를 업으로 하는 사람이 알선의 대상이 아동 · 청소년임을 인식하면서 알선행위를 하였다면, 알선행위로 아동 · 청소년의 성을 사는 행위를 한 사람이 행위의 상대방이 아동 · 청소년임을 인식하고 있었는지는 알선행위를 한 사람의 책임에 영향을 미칠 이유가 없다. 따라서 아동 · 청소년의 성을 사는 행위를 알선하는 행위를 업으로 하여 청소년성보호법 제15조 제1항 제2호의 위반죄가 성립하기 위해서는 알선행위를 업으로 하는 사람이 아동 · 청소년을 알선의 대상으로 삼아 그 성을 사는 행위를 알선한다는 것을 인식하여야 하지만, 이에 더하여 알선행위로 아동 · 청소년의 성을 사는 행위를 한 사람이 행위의 상대방이 아동 · 청소년임을 인식하여야 한다고 볼 수는 없다.(대법원 2016. 2. 18. 선고, 2015도15664, 판결)

■ 판례 ■ 청소년유해업소인 유흥주점의 업주가 종업원을 고용하는 경우 대상자의 연령을 확인하여야 하는 의무의 내용 및 성을 사는 행위를 알선하는 행위를 업으로 하는 자가 알선영업행위를 위하여 아동 · 청소년인 종업원을 고용하는 경우에도 같은 법리가 적용되는지 여부(적극)

청소년 보호법의 입법목적 등에 비추어 볼 때, 유흥주점과 같은 청소년유해업소의 업주에게는 청소년 보호를 위하여 청소년을 당해 업소에 고용하여서는 아니 될 매우 엄중한 책임이 부여되어 있으므로, 유흥주점의 업주가 당해 유흥업소에 종업원을 고용하는 경우에는 주민등록증이나 이에 유사한 정도로 연령에 관한 공적 증명력이 있는 증거에 의하여 대상자의 연령을 확인하여야 한다. 만일 대상자가 제시한 주민등록증상의 사진과 실물이 다르다는 의심이 들면 청소년이 자신의 신분과 연령을 감추고 유흥업소 취업을 감행하는 사례가 적지 않은 유흥업계의 취약한 고용실태 등에 비추어 볼 때, 업주로서는 주민등록증상의 사진과 실물을 자세히 대조하거나 주민등록증상의 주소 또는 주민등록번호를 외워보도록 하는 등 추가적인 연령확인조치를 취하여야 하고, 대상자가 신분증을 분실하였다는 사유로 연령 확인에 응하지 아니하는 등 고용대상자의 연령확인이 당장 용이하지 아니한 경우라면 대상자의 연령을 공적 증명에 의하여 확실히 확인할 수 있는 때까지 채용을 보류하거나 거부하여야 할 의무가 있다. 이러한 법리는, 성매매와 성폭력행위의 대상이 된 아동 · 청소년의 보호 · 구제를 목적으로 하는 아동 · 청소년의 성보호에 관한 법률의 입법취지 등에 비추어 볼 때, 성을 사는 행위를 알선하는 행위를 업으로 하는 자가 알선영업행위를 위하여 아동 · 청소년인 종업원을 고용하는 경우에도 마찬가지로 적용된다고 보아야 한다. 따라서 성을 사는 행위를 알선하는 행위를 업으로 하는 자가 성매매알선을 위한 종업원을 고용하면서 고용대상자에 대하여 아동 · 청소년의 보호를 위한 위와 같은 연령확인의무의 이행을 다하지 아니한 채 아동 · 청소년을 고용하였다면, 특별한 사정이 없는 한 적어도 아동 · 청소년의 성을 사는 행위의 알선에 관한 미필적 고의는 인정된다고 봄이 타당하다.(대법원 2014. 7. 10. 선고, 2014도5173, 판결)

9. 성착취 목적 대화 (카카오톡 이용 성적 수치심 유발)

1) 적용법조 : 제15조의2 제1항 제2호, 제2조 제4호 다목 ☞ 공소시효 5년

> 제15조의2(아동·청소년에 대한 성착취 목적 대화 등) ① 19세 이상의 사람이 성적 착취를 목적으로 정보통신망을 통하여 아동·청소년에게 다음 각 호의 어느 하나에 해당하는 행위를 한 경우에는 3년 이하의 징역 또는 3천만원 이하의 벌금에 처한다.
> 1. 성적 욕망이나 수치심 또는 혐오감을 유발할 수 있는 대화를 지속적 또는 반복적으로 하거나 그러한 대화에 지속적 또는 반복적으로 참여시키는 행위
> 2. 제2조제4호 각 목의 어느 하나에 해당하는 행위를 하도록 유인·권유하는 행위
> ② 19세 이상의 사람이 정보통신망을 통하여 16세 미만인 아동·청소년에게 제1항 각 호의 어느 하나에 해당하는 행위를 한 경우 제1항과 동일한 형으로 처벌한다.

2) 범죄사실 기재례

피의자는 ○○에서 ○○식당업을 하는 사람으로 20○○. ○. ○.부터 피의자의 식당 아르바이트생으로 청소년인 피해자 갑(여, 18세)이 취업하여 일하고 있었다.

19세 이상의 사람이 성적 착취를 목적으로 정보통신망을 통하여 아동·청소년에게 신체의 전부 또는 일부를 접촉·노출하는 행위로서 일반인의 성적 수치심이나 혐오감을 일으키는 행위를 하도록 유인·권유하는 행위를 하여서는 아니 된다.

그럼에도 피의자는 피해자가 평소 서빙 잘못으로 불이익을 우려하여 피의자의 행동에 대해 거절하거나 반항하기 어렵다는 점을 이용하여 교육한다는 명목으로 20○○. ○. ○. ○○:○○경 퇴근한 위 피해자에게 정보통신망(전화번호)인 카카오톡 화상으로 전화하여 앞으로 계속 손님들에게 불친절하면 더 이상 아르바이트로 일하게 할 수 없다고 하였다.

그러면서 피의자는 손님들이 좋아하는 몸매를 갖추어야 손님들이 좋아하기 때문에 몸매를 확인해야 한다며 상의를 모두 탈의하게 한 후 하체 확인을 위해 하의도 모두 탈의하게 하였다.

이로써 피의자는 신체 전부를 노출하게 하여 성적 수치심을 일으키게 하는 행위를 하였다.

3) 신문사항
  - 갑을 알고 있는가
  - 갑을 피의자 종업원으로 고용한 사실이 있는가
  - 언제부터 어떤 조건으로 고용하였는가
  - 갑에게 퇴근시 간 이후 전화한 사실이 있는가
  - 언제 어떤 방법으로 전화하였는가
  - 무엇 때문에 전화하였나
  - 전화하여 뭐라고 하였는가
  - 왜 갑에게 탈의하도록 하였는가
  - 순순히 탈의하던가
  - 갑이 피의자의 행위로 성적 수치심을 느꼈다고 생각하지 않았는가

10. 성폭력 피해자 합의 강요

1) 적용법조 : 제16조 ☞ 공소시효 5년

제16조(피해자 등에 대한 강요행위) 폭행이나 협박으로 아동·청소년대상 성범죄의 피해자 또는 「아동복지법」 제3조제3호에 따른 보호자를 상대로 합의를 강요한 자는 7년 이하의 징역에 처한다.

※ 아동복지법
제3조(용어) 이 법에서 사용하는 용어의 뜻은 다음과 같다.
　3. "보호자"란 친권자, 후견인, 아동을 보호·양육·교육하거나 그러한 의무가 있는 자 또는 업무·고용 등의 관계로 사실상 아동을 보호·감독하는 자를 말한다.

2) 범죄사실 기재례

　피의자는 乙의 친구로 乙이 20○○. ○. ○. 21:00경 ○○에서 피해자 홍길녀(여, 17세)를 강간한 사실을 乙로부터 전해 들어 알고 있다.
　피의자는 20○○. ○. ○. 11:00경 ○○에 있는 홍길녀를 찾아가 乙과 합의를 종용하면서 '만약 합의를 해주지 않으면 다니고 있는 학교 학생들에게 강간사실을 폭로하여 학교를 다닐 수 없도록 하겠다'며 강간피해자인 홍길녀를 상대로 합의를 강요하였다.

3) 신문사항

　– 乙과 홍길녀를 각 알고 있는가
　– 홍길녀가 乙에게 강간당한 내용을 알고 있는가
　– 언제 어떻게 알게 되었는가
　– 홍길녀에게 乙과 합의할 것을 강요한 일이 있는가
　– 언제 어디에서 홍길녀를 만났는가
　– 어떻게 그곳에서 만나게 되었나
　– 홍길녀의 연락처를 어떻게 알았는가 (만약, 홍길녀의 승낙없이 담당경찰관이 알려주었다고 할 경우 경찰관은 개인정보보호법 위반)
　– 뭐라면서 乙과 합의를 강요하였는가
　– 홍길녀가 합의를 하겠다고 하던가

11. 성매매 피해상담소장의 비밀누설

1) 적용법조 : 제31조 제4항, 제1항 ☞ 공소시효 5년

> **제31조(비밀누설 금지)** ① 아동·청소년대상 성범죄의 수사 또는 재판을 담당하거나 이에 관여하는 공무원 또는 그 직에 있었던 사람은 피해아동·청소년의 주소·성명·연령·학교 또는 직업·용모 등 그 아동·청소년을 특정할 수 있는 인적사항이나 사진 등 또는 그 아동·청소년의 사생활에 관한 비밀을 공개하거나 타인에게 누설하여서는 아니 된다.
> ② 제45조 및 제46조의 기관·시설 또는 단체의 장이나 이를 보조하는 자 또는 그 직에 있었던 자는 직무상 알게 된 비밀을 타인에게 누설하여서는 아니 된다.
> ③ 누구든지 피해아동·청소년의 주소·성명·연령·학교 또는 직업·용모 등 그 아동·청소년을 특정하여 파악할 수 있는 인적사항이나 사진 등을 신문 등 인쇄물에 싣거나 「방송법」 제2조제1호에 따른 방송(이하 "방송"이라 한다) 또는 정보통신망을 통하여 공개하여서는 아니 된다.
> ④ 제1항부터 제3항까지를 위반한 자는 7년 이하의 징역 또는 5천만원 이하의 벌금에 처한다. 이 경우 징역형과 벌금형은 병과할 수 있다.

2) 범죄사실 기재례

> 피의자는 ○○에서 성매매상담소장직에 있는 자이다. 보호시설 및 상담시설의 기관·시설 또는 단체의 장이나 이를 보조하는 자 또는 그 직에 있었던 자는 직무상 알게 된 비밀을 타인에게 누설하여서는 아니 된다.
> 그럼에도 불구하고 피의자는 20○○. ○. ○. 위 상담소에서 강간피해 청소년인 홍길녀(17세)를 상담하는 과정에서 알게 된 위 홍길녀가 재학 중인 학교와 가족사항 등을 20○○. ○. ○. ○○에서 청소년 ○○명을 상대로 실시한 청소년 강좌시 사례를 들어 말함으로써 직무상 알게 된 비밀을 누설하였다.

3) 신문사항

- 어떤 일을 하고 있는가
- 언제부터 성매매상담소장직에 재직하였나
- 홍길녀를 상담한 일이 있는가
- 언제 어디에서 상담하였나
- 어떤 상담을 하였는가
- 상담내용을 타인에게 누설한 일이 있는가
- 언제 어디에서 누구에게 말하였나
- 어떤 내용을 말하였나
- 무엇 때문에 이런 말을 하였는가

제3절 성폭력범죄의 처벌 등에 관한 특례법
(성폭력처벌법)

 Ⅰ. 목적 및 개념정의

1. 목 적

제1조(목적) 이 법은 성폭력범죄의 처벌 및 그 절차에 관한 특례를 규정함으로써 성폭력범죄 피해자의 생명과 신체의 안전을 보장하고 건강한 사회질서의 확립에 이바지함을 목적으로 한다.

2. 개념정의

제2조(정의) ① 이 법에서 "성폭력범죄"란 다음 각 호의 어느 하나에 해당하는 죄를 말한다.
1. 「형법」 제2편제22장 성풍속에 관한 죄 중 제242조, 제243조, 제244조 및 제245조의 죄
2. 「형법」 제2편제31장 약취, 유인 및 인신매매의 죄 중 추행, 간음 또는 성매매와 성적 착취를 목적으로 범한 제288조 또는 추행, 간음 또는 성매매와 성적 착취를 목적으로 범한 제289조, 제290조(추행, 간음 또는 성매매와 성적 착취를 목적으로 제288조 또는 추행, 간음 또는 성매매와 성적 착취를 목적으로 제289조의 죄를 범하여 약취, 유인, 매매된 사람을 상해하거나 상해에 이르게 한 경우에 한정), 제291조(추행, 간음 또는 성매매와 성적 착취를 목적으로 제288조 또는 추행, 간음 또는 성매매와 성적 착취를 목적으로 제289조의 죄를 범하여 약취, 유인, 매매된 사람을 살해하거나 사망에 이르게 한 경우에 한정), 제292조[추행, 간음 또는 성매매와 성적 착취를 목적으로 한 제288조 또는 추행, 간음 또는 성매매와 성적 착취를 목적으로 한 제289조의 죄로 약취, 유인, 매매된 사람을 수수 또는 은닉한 죄, 추행, 간음 또는 성매매와 성적 착취를 목적으로 한 제288조 또는 추행, 간음 또는 성매매와 성적 착취를 목적으로 한 제289조의 죄를 범할 목적으로 사람을 모집, 운송, 전달한 경우에 한정한다] 및 제294조(추행, 간음 또는 성매매와 성적 착취를 목적으로 범한 제288조의 미수범 또는 추행, 간음 또는 성매매와 성적 착취를 목적으로 범한 제289조의 미수범, 추행, 간음 또는 성매매와 성적 착취를 목적으로 제288조 또는 추행, 간음 또는 성매매와 성적 착취를 목적으로 제289조의 죄를 범하여 발생한 제290조제1항의 미수범 또는 추행, 간음 또는 성매매와 성적 착취를 목적으로 제288조 또는 추행, 간음 또는 성매매와 성적 착취를 목적으로 제289조의 죄를 범하여 발생한 제291조제1항의 미수범 및 제292조제1항의 미수범 중 추행, 간음 또는 성매매와 성적 착취를 목적으로 약취, 유인, 매매된 사람을 수수, 은닉한 죄의 미수범으로 한정)의 죄
3. 「형법」 제2편제32장 강간과 추행의 죄 중 제297조, 제297조의2, 제298조, 제299조, 제300조(미수범), 제301조, 제301조의2, 제302조, 제303조 및 제305조의 죄
4. 「형법」 제339조(강도강간)의 죄 및 제342조(제339조의 미수범으로 한정한다)의 죄
5. 이 법 제3조(특수강도강간 등)부터 제15조(미수범)까지의 죄
② 제1항 각 호의 범죄로서 다른 법률에 따라 가중처벌되는 죄는 성폭력범죄로 본다.

II. 디지털 성범죄 수사 특례

1. 디지털 성범죄의 수사 특례 (제22조의2)

① 사법경찰관리는 제14조부터 제14조의3까지의 죄(이하 "디지털 성범죄"라 한다)에 대하여 신분을 비공개하고 범죄현장(정보통신망을 포함한다) 또는 범인으로 추정되는 자들에게 접근하여 범죄행위의 증거 및 자료 등을 수집(이하 "신분비공개수사"라 한다)할 수 있다.

② 사법경찰관리는 디지털 성범죄를 계획 또는 실행하고 있거나 실행하였다고 의심할 만한 충분한 이유가 있고, 다른 방법으로는 그 범죄의 실행을 저지하거나 범인의 체포 또는 증거의 수집이 어려운 경우에 한정하여 수사 목적을 달성하기 위하여 부득이한 때에는 다음 각 호의 행위(이하 "신분위장수사"라 한다)를 할 수 있다.

1. 신분을 위장하기 위한 문서, 도화 및 전자기록 등의 작성, 변경 또는 행사

2. 위장 신분을 사용한 계약·거래

3. 다음 각 목에 해당하는 촬영물 또는 복제물 등의 소지, 제공, 판매 또는 광고. 다만, 제공이나 판매는 피해자가 없거나 피해자가 성년이고 그 동의를 받은 경우로 한정한다.

    가. 제14조에 따른 촬영물 또는 복제물(복제물의 복제물을 포함한다)

    나. 제14조의2에 따른 편집물·합성물·가공물 또는 복제물(복제물의 복제물을 포함한다)

    다. 「아동·청소년의 성보호에 관한 법률」 제2조제5호에 따른 아동·청소년 성착취물

    라. 「정보통신망 이용촉진 및 정보보호 등에 관한 법률」 제44조의7제1항제1호에 따른 정보

③ 제1항에 따른 수사의 방법 등에 필요한 사항은 대통령령으로 정한다.

2. 디지털 성범죄 수사 특례의 절차 (제22조의3)

① 사법경찰관리가 신분비공개수사를 진행하고자 할 때에는 사전에 상급 경찰관서 수사부서의 장의 승인을 받아야 한다. 이 경우 그 수사기간은 3개월을 초과할 수 없다.

② 제1항에 따른 승인의 절차 및 방법 등에 필요한 사항은 대통령령으로 정한다.

③ 사법경찰관리는 신분위장수사를 하려는 경우에는 검사에게 신분위장수사에 대한 허

가를 신청하고, 검사는 법원에 그 허가를 청구한다.

④ 제3항의 신청은 필요한 신분위장수사의 종류·목적·대상·범위·기간·장소·방법 및 해당 신분위장수사가 제22조의2제2항의 요건을 충족하는 사유 등의 신청사유를 기재한 서면으로 하여야 하며, 신청사유에 대한 소명자료를 첨부하여야 한다.

⑤ 법원은 제3항의 신청이 이유 있다고 인정하는 경우에는 신분위장수사를 허가하고, 이를 증명하는 서류(이하 "허가서"라 한다)를 신청인에게 발부한다.

⑥ 허가서에는 신분위장수사의 종류·목적·대상·범위·기간·장소·방법 등을 특정하여 기재하여야 한다.

⑦ 신분위장수사의 기간은 3개월을 초과할 수 없으며, 그 수사기간 중 수사의 목적이 달성되었을 경우에는 즉시 종료하여야 한다.

⑧ 제7항에도 불구하고 제22조의2제2항의 요건이 존속하여 그 수사기간을 연장할 필요가 있는 경우에는 사법경찰관리는 소명자료를 첨부하여 3개월의 범위에서 수사기간의 연장을 검사에게 신청하고, 검사는 법원에 그 연장을 청구한다. 이 경우 신분위장수사의 총 기간은 1년을 초과할 수 없다.

3. 디지털 성범죄에 대한 긴급 신분비공개수사 (제22조의4)

① 사법경찰관리는 디지털 성범죄에 대하여 제22조의3제1항 및 제2항에 따른 절차를 거칠 수 없는 긴급을 요하는 때에는 상급 경찰관서 수사부서의 장의 승인 없이 신분비공개수사를 할 수 있다.

② 사법경찰관리는 제1항에 따른 신분비공개수사 개시 후 지체 없이 상급 경찰관서 수사부서의 장에게 보고하여야 하고, 사법경찰관리는 48시간 이내에 상급 경찰관서 수사부서의 장의 승인을 받지 못한 때에는 즉시 신분비공개수사를 중지하여야 한다.

③ 제1항 및 제2항에 따른 신분비공개수사 기간에 대해서는 제22조의3제1항 후단을 준용한다.

4. 디지털 성범죄에 대한 긴급 신분위장수사 (제22조의5)

① 사법경찰관리는 제22조의2제2항의 요건을 구비하고, 제22조의3제3항부터 제8항까지에 따른 절차를 거칠 수 없는 긴급을 요하는 때에는 법원의 허가 없이 신분위장수사를 할 수 있다.

② 사법경찰관리는 제1항에 따른 신분위장수사 개시 후 지체 없이 검사에게 허가를 신

청하여야 하고, 사법경찰관리는 48시간 이내에 법원의 허가를 받지 못한 때에는 즉
시 신분위장수사를 중지하여야 한다.

③ 제1항 및 제2항에 따른 신분위장수사 기간에 대해서는 제22조의3제7항 및 제8항을
준용한다.

5. 디지털 성범죄에 대한 신분비공개수사 또는 신분위장수사로 수집한 증거 및 자료 등의 사용제한 (제22조의6)

사법경찰관리가 제22조의2부터 제22조의5까지에 따라 수집한 증거 및 자료 등은 다
음 각 호의 어느 하나에 해당하는 경우 외에는 사용할 수 없다.

① 신분비공개수사 또는 신분위장수사의 목적이 된 디지털 성범죄나 이와 관련되는 범
죄를 수사·소추하거나 그 범죄를 예방하기 위하여 사용하는 경우

② 신분비공개수사 또는 신분위장수사의 목적이 된 디지털 성범죄나 이와 관련되는 범
죄로 인한 징계절차에 사용하는 경우

③ 증거 및 자료 수집의 대상자가 제기하는 손해배상청구소송에서 사용하는 경우

④ 그 밖에 다른 법률의 규정에 의하여 사용하는 경우

◖ Ⅲ. 성폭력범죄의 절차에 관한 특례

1. 피해자, 신고인 등에 대한 보호조치 (제23조)

법원 또는 수사기관이 성폭력범죄의 피해자, 성폭력범죄를 신고(고소·고발을 포함한
다)한 사람을 증인으로 신문하거나 조사하는 경우에는 「특정범죄신고자 등 보호법」
제5조 및 제7조부터 제13조까지의 규정을 준용한다. 이 경우 「특정범죄신고자 등 보
호법」 제9조와 제13조를 제외하고는 보복을 당할 우려가 있음을 요하지 아니한다.

2. 피해자의 신원과 사생활 비밀 누설 금지 (제24조)

① 성폭력범죄의 수사 또는 재판을 담당하거나 이에 관여하는 공무원 또는 그 직에 있
었던 사람은 피해자의 주소, 성명, 나이, 직업, 학교, 용모, 그 밖에 피해자를 특정
하여 파악할 수 있게 하는 인적사항과 사진 등 또는 그 피해자의 사생활에 관한 비
밀을 공개하거나 다른 사람에게 누설하여서는 아니 된다.

② 누구든지 제1항에 따른 피해자의 주소, 성명, 나이, 직업, 학교, 용모, 그 밖에 피
해자를 특정하여 파악할 수 있는 인적사항이나 사진 등을 피해자의 동의를 받지 아

니하고 신문 등 인쇄물에 싣거나 「방송법」 제2조제1호에 따른 방송 또는 정보통신망을 통하여 공개하여서는 아니 된다.

3. 성폭력범죄의 피해자에 대한 전담조사제 (제26조)

① 검찰총장은 각 지방검찰청 검사장으로 하여금 성폭력범죄 전담 검사를 지정하도록 하여 특별한 사정이 없으면 이들로 하여금 피해자를 조사하게 하여야 한다.

② 경찰청장은 각 경찰서장으로 하여금 성폭력범죄 전담 사법경찰관을 지정하도록 하여 특별한 사정이 없으면 이들로 하여금 피해자를 조사하게 하여야 한다.

③ 국가는 제1항의 검사 및 제2항의 사법경찰관에게 성폭력범죄의 수사에 필요한 전문지식과 피해자보호를 위한 수사방법 및 수사절차, 아동 심리 및 아동·장애인 조사 면담기법 등에 관한 교육을 실시하여야 한다. 〈개정 2023. 7. 11.〉

④ 성폭력범죄를 전담하여 조사하는 제1항의 검사 및 제2항의 사법경찰관은 19세 미만인 피해자나 신체적인 또는 정신적인 장애로 사물을 변별하거나 의사를 결정할 능력이 미약한 피해자(이하 "19세미만피해자등"이라 한다)를 조사할 때에는 피해자의 나이, 인지적 발달 단계, 심리 상태, 장애 정도 등을 종합적으로 고려하여야 한다.

4. 성폭력범죄 피해자에 대한 변호사 선임의 특례 (제27조)

① 성폭력범죄의 피해자 및 그 법정대리인(이하 "피해자등"이라 한다)은 형사절차상 입을 수 있는 피해를 방어하고 법률적 조력을 보장하기 위하여 변호사를 선임할 수 있다.

② 제1항에 따른 변호사는 검사 또는 사법경찰관의 피해자등에 대한 조사에 참여하여 의견을 진술할 수 있다. 다만, 조사 도중에는 검사 또는 사법경찰관의 승인을 받아 의견을 진술할 수 있다.

③ 제1항에 따른 변호사는 피의자에 대한 구속 전 피의자심문, 증거보전절차, 공판준비기일 및 공판절차에 출석하여 의견을 진술할 수 있다. 이 경우 필요한 절차에 관한 구체적 사항은 대법원규칙으로 정한다.

④ 제1항에 따른 변호사는 증거보전 후 관계 서류나 증거물, 소송계속 중의 관계 서류나 증거물을 열람하거나 등사할 수 있다.

⑤ 제1항에 따른 변호사는 형사절차에서 피해자등의 대리가 허용될 수 있는 모든 소송행위에 대한 포괄적인 대리권을 가진다.

⑥ 검사는 피해자에게 변호사가 없는 경우 국선변호사를 선정하여 형사절차에서 피해자의 권익을 보호할 수 있다. 다만, 19세미만피해자등에게 변호사가 없는 경우에는 국선변호사를 선정하여야 한다.

5. 수사 및 재판절차에서의 배려 (제29조)

① 수사기관과 법원 및 소송관계인은 성폭력범죄를 당한 피해자의 나이, 심리 상태 또는 후유장애의 유무 등을 신중하게 고려하여 조사 및 심리·재판 과정에서 피해자의 인격이나 명예가 손상되거나 사적인 비밀이 침해되지 아니하도록 주의하여야 한다.

② 수사기관과 법원은 성폭력범죄의 피해자를 조사하거나 심리·재판할 때 피해자가 편안한 상태에서 진술할 수 있는 환경을 조성하여야 하며, 조사 및 심리·재판 횟수는 필요한 범위에서 최소한으로 하여야 한다.

③ 수사기관과 법원은 조사 및 심리·재판 과정에서 19세미만피해자등의 최상의 이익을 고려하여 다음 각 호에 따른 보호조치를 하도록 노력하여야 한다.

  1. 19세미만피해자등의 진술을 듣는 절차가 타당한 이유 없이 지연되지 아니하도록 할 것
  2. 19세미만피해자등의 진술을 위하여 아동 등에게 친화적으로 설계된 장소에서 피해자 조사 및 증인신문을 할 것
  3. 19세미만피해자등이 피의자 또는 피고인과 접촉하거나 마주치지 아니하도록 할 것
  4. 19세미만피해자등에게 조사 및 심리·재판 과정에 대하여 명확하고 충분히 설명할 것
  5. 그 밖에 조사 및 심리·재판 과정에서 19세미만피해자등의 보호 및 지원 등을 위하여 필요한 조치를 할 것

6. 19세미만 피해자등 진술 내용 등의 영상녹화 및 보존 등 (제30조)

① 검사 또는 사법경찰관은 19세미만피해자등의 진술 내용과 조사 과정을 영상녹화장치로 녹화(녹음이 포함된 것을 말하며, 이하 "영상녹화"라 한다)하고, 그 영상녹화물을 보존하여야 한다.

② 검사 또는 사법경찰관은 19세미만피해자등을 조사하기 전에 다음 각 호의 사실을 피해자의 나이, 인지적 발달 단계, 심리 상태, 장애 정도 등을 고려한 적절한 방식으로 피해자에게 설명하여야 한다.

1. 조사 과정이 영상녹화된다는 사실

2. 영상녹화된 영상녹화물이 증거로 사용될 수 있다는 사실

③ 제1항에도 불구하고 19세미만피해자등 또는 그 법정대리인(법정대리인이 가해자이 거나 가해자의 배우자인 경우는 제외한다)이 이를 원하지 아니하는 의사를 표시하 는 경우에는 영상녹화를 하여서는 아니 된다.

④ 검사 또는 사법경찰관은 제1항에 따른 영상녹화를 마쳤을 때에는 지체 없이 피해자 또는 변호사 앞에서 봉인하고 피해자로 하여금 기명날인 또는 서명하게 하여야 한다.

⑤ 검사 또는 사법경찰관은 제1항에 따른 영상녹화 과정의 진행 경과를 조서(별도의 서면을 포함한다. 이하 같다)에 기록한 후 수사기록에 편철하여야 한다.

⑥ 제5항에 따라 영상녹화 과정의 진행 경과를 기록할 때에는 다음 각 호의 사항을 구체적으로 적어야 한다.

1. 피해자가 영상녹화 장소에 도착한 시각

2. 영상녹화를 시작하고 마친 시각

3. 그 밖에 영상녹화 과정의 진행경과를 확인하기 위하여 필요한 사항

⑦ 검사 또는 사법경찰관은 19세미만 피해자등이나 그 법정대리인이 신청하는 경우에는 영상녹화 과정에서 작성한 조서의 사본 또는 영상녹화물에 녹음된 내용을 옮겨 적 은 녹취서의 사본을 신청인에게 발급하거나 영상녹화물을 재생하여 시청하게 하여 야 한다.

⑧ 누구든지 제1항에 따라 영상녹화한 영상녹화물을 수사 및 재판의 용도 외에 다른 목적으로 사용하여서는 아니 된다.

⑨ 제1항에 따른 영상녹화의 방법에 관하여는 「형사소송법」 제244조의2제1항 후단 을 준용한다.

7. 영상녹화물의 증거능력 특례 (제30조의2)

① 제30조제1항에 따라 19세미만 피해자등의 진술이 영상녹화된 영상녹화물은 같은 조 제4항부터 제6항까지에서 정한 절차와 방식에 따라 영상녹화된 것으로서 다음 각 호의 어느 하나의 경우에 증거로 할 수 있다.

1. 증거보전기일, 공판준비기일 또는 공판기일에 그 내용에 대하여 피의자, 피고인 또는 변호인이 피해자를 신문할 수 있었던 경우. 다만, 증거보전기일에서의 신문 의 경우 법원이 피의자나 피고인의 방어권이 보장된 상태에서 피해자에 대한 반 대신문이 충분히 이루어졌다고 인정하는 경우로 한정한다.

2. 19세미만피해자등이 다음 각 목의 어느 하나에 해당하는 사유로 공판준비기일 또는 공판기일에 출석하여 진술할 수 없는 경우. 다만, 영상녹화된 진술 및 영상녹화가 특별히 신빙(信憑)할 수 있는 상태에서 이루어졌음이 증명된 경우로 한정한다.

　가. 사망

　나. 외국 거주

　다. 신체적, 정신적 질병·장애

　라. 소재불명

　마. 그 밖에 이에 준하는 경우

② 법원은 제1항제2호에 따라 증거능력이 있는 영상녹화물을 유죄의 증거로 할지를 결정할 때에는 피고인과의 관계, 범행의 내용, 피해자의 나이, 심신의 상태, 피해자가 증언으로 인하여 겪을 수 있는 심리적 외상, 영상녹화물에 수록된 19세미만피해자등의 진술 내용 및 진술 태도 등을 고려하여야 한다. 이 경우 법원은 전문심리위원 또는 제33조에 따른 전문가의 의견을 들어야 한다.

8. 심리의 비공개 (제31조)

① 성폭력범죄에 대한 심리는 그 피해자의 사생활을 보호하기 위하여 결정으로써 공개하지 아니할 수 있다.

② 증인으로 소환받은 성폭력범죄의 피해자와 그 가족은 사생활보호 등의 사유로 증인신문의 비공개를 신청할 수 있다.

③ 재판장은 제2항에 따른 신청을 받으면 그 허가 및 공개 여부, 법정 외의 장소에서의 신문 등 증인의 신문 방식 및 장소에 관하여 결정할 수 있다.

④ 제1항 및 제3항의 경우에는 「법원조직법」 제57조(재판의 공개)제2항·제3항 및 「군사법원법」 제67조제2항·제3항을 준용한다.

9. 진술조력인의 수사과정 참여 (제36조)

① 검사 또는 사법경찰관은 성폭력범죄의 피해자가 19세미만피해자등인 경우 형사사법절차에서의 조력과 원활한 조사를 위하여 직권이나 피해자, 그 법정대리인 또는 변호사의 신청에 따라 진술조력인으로 하여금 조사과정에 참여하여 의사소통을 중개하거나 보조하게 할 수 있다. 다만, 피해자 또는 그 법정대리인이 이를 원하지 아니하는 의사를 표시한 경우에는 그러하지 아니하다.

② 검사 또는 사법경찰관은 제1항의 피해자를 조사하기 전에 피해자, 법정대리인 또는

변호사에게 진술조력인에 의한 의사소통 중개나 보조를 신청할 수 있음을 고지하여야 한다.

③ 진술조력인은 조사 전에 피해자를 면담하여 진술조력인 조력 필요성에 관하여 평가한 의견을 수사기관에 제출할 수 있다.

④ 제1항에 따라 조사과정에 참여한 진술조력인은 피해자의 의사소통이나 표현 능력, 특성 등에 관한 의견을 수사기관이나 법원에 제출할 수 있다.

⑤ 제1항부터 제4항까지의 규정은 검증에 관하여 준용한다.

⑥ 그 밖에 진술조력인의 수사절차 참여에 관한 절차와 방법 등 필요한 사항은 법무부령으로 정한다.

10. 증거보전의 특례 (제41조)

① 피해자나 그 법정대리인 또는 사법경찰관은 피해자가 공판기일에 출석하여 증언하는 것에 현저히 곤란한 사정이 있을 때에는 그 사유를 소명하여 제30조에 따라 영상녹화된 영상녹화물 또는 그 밖의 다른 증거에 대하여 해당 성폭력범죄를 수사하는 검사에게 「형사소송법」 제184조(증거보전의 청구와 그 절차)제1항에 따른 증거보전의 청구를 할 것을 요청할 수 있다. 이 경우 피해자가 19세미만피해자등인 경우에는 공판기일에 출석하여 증언하는 것에 현저히 곤란한 사정이 있는 것으로 본다.

② 제1항의 요청을 받은 검사는 그 요청이 타당하다고 인정할 때에는 증거보전의 청구를 할 수 있다. 다만, 19세미만피해자등이나 그 법정대리인이 제1항의 요청을 하는 경우에는 특별한 사정이 없는 한 「형사소송법」 제184조제1항에 따라 관할 지방법원판사에게 증거보전을 청구하여야 한다.

Ⅲ. 소추조건, 벌칙, 죄명표

1. 고소제한 예외와 공소시효 특례

제18조(고소 제한에 대한 예외) 성폭력범죄에 대하여는 「형사소송법」 제224조(고소의 제한) 및 「군사법원법」 제266조에도 불구하고 자기 또는 배우자의 직계존속을 고소할 수 있다.

제21조(공소시효에 관한 특례) ① 미성년자에 대한 성폭력범죄의 공소시효는 「형사소송법」 제252조제1항 및 「군사법원법」 제294조제1항에도 불구하고 해당 성폭력범죄로 피해를 당한 미성년자가 성년에 달한 날부터 진행한다.

② 제2조제3호 및 제4호의 죄와 제3조부터 제9조까지의 죄는 디엔에이(DNA)증거 등 그 죄를 증명할 수 있는 과학적인 증거가 있는 때에는 공소시효가 10년 연장된다.

③ 13세 미만의 사람 및 신체적인 또는 정신적인 장애가 있는 사람에 대하여 다음 각 호의 죄를 범한 경우에는 제1항과 제2항에도 불구하고 「형사소송법」 제249조부터 제253조까지 및 「군사법원법」 제291조부터 제295조까지에 규정된 공소시효를 적용하지 아니한다.

  1. 「형법」 제297조(강간), 제298조(강제추행), 제299조(준강간, 준강제추행), 제301조(강간등 상해·치상), 제301조의2(강간등 살인·치사) 또는 제305조(미성년자에 대한 간음, 추행)의 죄

  2. 제6조제2항, 제7조제2항, 제8조, 제9조의 죄

  3. 「아동·청소년의 성보호에 관한 법률」 제9조 또는 제10조의 죄

④ 다음 각 호의 죄를 범한 경우에는 제1항과 제2항에도 불구하고 「형사소송법」 제249조부터 제253조까지 및 「군사법원법」 제291조부터 제295조까지에 규정된 공소시효를 적용하지 아니한다.

  1. 「형법」 제301조의2(강간등 살인·치사)의 죄(강간등 살인에 한정한다)

  2. 제9조제1항의 죄

  3. 「아동·청소년의 성보호에 관한 법률」 제10조제1항의 죄

  4. 「군형법」 제92조의8의 죄(강간 등 살인에 한정한다)

2. 벌 칙

제50조(벌칙) ① 다음 각 호의 어느 하나에 해당하는 자는 5년 이하의 징역 또는 5천만원 이하의 벌금에 처한다.

  1. 제48조를 위반하여 직무상 알게 된 등록정보를 누설한 자

  2. 정당한 권한 없이 등록정보를 변경하거나 말소한 자

② 다음 각 호의 어느 하나에 해당하는 자는 3년 이하의 징역 또는 3천만원 이하의 벌금에 처한다.

  1. 제24조제1항 또는 제38조제2항에 따른 피해자의 신원과 사생활 비밀 누설 금지 의무를 위반한 자

  2. 제24조제2항을 위반하여 피해자의 인적사항과 사진 등을 공개한 자

③ 다음 각 호의 어느 하나에 해당하는 자는 1년 이하의 징역 또는 500만원 이하의 벌금에 처한다.

  1. 제43조제1항을 위반하여 정당한 사유 없이 기본신상정보를 제출하지 아니하거나 거짓으로 제출한 자 및 같은 조 제2항에 따른 관할경찰관서 또는 교정시설의 장의 사진촬영에 정당한 사유 없이 응하지 아니한 자

  2. 제43조제3항(제44조제6항에서 준용하는 경우를 포함한다)을 위반하여 정당한 사유 없이 변경정보를 제출하지 아니하거나 거짓으로 제출한 자

  3. 제43조제4항(제44조제6항에서 준용하는 경우를 포함한다)을 위반하여 정당한 사유 없이 관할 경찰관서에 출석하지 아니하거나 촬영에 응하지 아니한 자

④ 제2항제2호의 죄는 피해자의 명시한 의사에 반하여 공소를 제기할 수 없다.

⑤ 제16조제2항에 따라 이수명령을 부과받은 사람이 보호관찰소의 장 또는 교정시설의 장의 이수명령 이행에 관한 지시에 불응하여 「보호관찰 등에 관한 법률」 또는 「형의 집행 및 수용자의 처우에 관한 법률」에 따른 경고를 받은 후 재차 정당한 사유 없이 이수명령 이행에 관한 지시에 불응한 경우에는 다음 각 호에 따른다.

  1. 벌금형과 병과된 경우는 500만원 이하의 벌금에 처한다.

  2. 징역형 이상의 실형과 병과된 경우에는 1년 이하의 징역 또는 5백만원 이하의 벌금에 처한다.

제51조(양벌규정) 법인의 대표자나 법인 또는 개인의 대리인, 사용인, 그 밖의 종업원이 그 법인 또는 개인의 업무에 관하여 제13조 또는 제43조의 위반행위를 하면 그 행위자를 벌하는 외에 그 법인 또는 개인에게도 해당 조문의 벌금형을 과(科)한다. 다만, 법인 또는 개인이 그 위반행위를 방지하기 위하여 해당 업무에 관하여 상당한 주의와 감독을 게을리하지 아니한 경우에는 그러하지 아니하다.

3. 죄명표

해당조문	죄 명 표 시
제3조 제1항	〔〔주거침입, 절도〕(강간, 유사강간,강제추행, 준강간, 준유사강간, 준강제추행)
제3조 제2항	〔특수강도(강간, 유사강간, 강제추행,준강간, 준유사강간, 준강제추행)
제4조 제1항	(특수강간)
제4조 제2항	(특수강제추행)
제4조 제3항	〔특수(준강간,준강제추행)
제5조 제1항	(친족관계에의한강간)
제5조 제2항	(친족관계에의한강제추행)
제5조 제3항	〔친족관계에의한(준강간, 준강제추행)
제6조 제1항	(장애인강간)
제2항	(장애인유사성행위)
제3항	(장애인강제추행)
제4항	〔장애인(준강간, 준유사성행위, 준강제추행)
제5항	(장애인위계등간음)
제6항	(장애인위계등추행)
제7항	(장애인피보호자간음)
제7조 제1항	(13세미만미성년자강간)
제2항	(13세미만미성년자유사성행위)
제3항	(13세미만미성년자강제추행)
제4항	〔13세미만미성년자(준강간, 준유사성행위, 준강제추행)
제5항	〔13세미만미성년자위계등(간음,추행)
제8조	강간등(상해, 치상)
제9조	〔강간등(살인, 치사)
제10조	(업무상위력등에의한추행)
제11조	(공중밀집장소에서의추행)
제12조	(성적목적다중이용장소침입)
제13조	(통신매체이용음란)
제14조 제1,2,3항	(카메라등이용촬영 · 반포등)
제14조 제4항	(카메라등이용촬영물소지등)
제14조 제5항	(상습카메라등이용촬영 · 반포등)
제14조의2제1,2,3항	(허위영상물편집 · 반포등)
제14조의2제4항	(상습허위영상물편집 · 반포등)
제14조의3제1항	(촬영물등이용협박)
제14조의3제2항	(촬영물등이용강요)
제14조의3제3항	〔상습(촬영물등이용협박, 촬영물등이용강요)〕
제15조의2	〔〔(제3조 내지 제7조 각 죄명)(예비,음모)〕
제50조	(비밀준수등)
그 외	성폭력범죄의처벌등에관한특례법위반

Ⅳ. 범죄사실

1. 특수강도강간 등

> 제3조(특수강도강간 등) ① 「형법」 제319조제1항(주거침입), 제330조(야간주거침입절도), 제331조(특수절도) 또는 제342조(미수범. 다만, 제330조 및 제331조의 미수범으로 한정한다)의 죄를 범한 사람이 같은 법 제297조(강간), 제297조의2(유사강간), 제298조(강제추행) 및 제299조(준강간, 준강제추행)의 죄를 범한 경우에는 무기징역 또는 7년 이상의 징역에 처한다.
> ② 「형법」 제334조(특수강도) 또는 제342조(미수범. 다만, 제334조의 미수범으로 한정한다)의 죄를 범한 사람이 같은 법 제297조(강간), 제297조의2(유사강간), 제298조(강제추행) 및 제299조(준강간, 준강제추행)의 죄를 범한 경우에는 사형, 무기징역 또는 10년 이상의 징역에 처한다.
> 제15조(미수범) 제3조부터 제9조까지, 제14조, 제14조의2 및 제14조의3의 미수범은 처벌한다.
> 제21조(공소시효에 관한 특례) ② … 제3조부터 제9조까지의 죄는 디엔에이(DNA)증거 등 그 죄를 증명할 수 있는 과학적인 증거가 있는 때에는 공소시효가 10년 연장된다.

[기재례1] 불이 켜져 있는 모텔방 침입강간(방실침입강간)

1) 적용법조 : 제3조 제2항 ☞ 공소시효 25년

2) 범죄사실 기재례

> 피의자는 20○○. ○. ○. 새벽 무렵 술에 취해 ○○일원을 배회하던 중 모텔, 유흥업소, 다방 등의 붉은색 간판과 조명을 보고 성욕을 일으켜 불상의 여성을 강간할 것을 마음먹었다.
>
> 피의자는 같은 날 05:00경 ○○에 있는 '△△모텔' 건물 뒤편에 이르러 위 모텔 200호실의 창문이 열려 있는 것을 발견하고, 그 아래 담벼락을 딛고 올라서 시정되어 있지 않은 창문을 통해 위 2002호실로 침입한 다음 그곳 침대에 누워 혼자 잠을 자고 있는 피해자 갑(여, 27세)를 발견하였다.
>
> 이에 피의자는 한손으로 피해자의 입을 틀어막고, 다른 손으로 피해자의 상체를 눌렀으나, 잠에서 깬 피해자가 몸부림을 치며 반항하자 피해자에게 "칼로 죽여버린다. 조용히 해라." 라고 협박하였다.
>
> 그럼에도 불구하고 피해자가 계속하여 반항하자 피의자는 한쪽 팔로 반항하는 피해자의 목을 감싸 안은 다음 다른 손으로 피해자의 턱밑 급소부분을 힘껏 눌러 반항하지 못하게 하고, 피해자에게 "반항하면 죽인다. 너 머리맡에 칼이 있으니까. 침대 위에 올라가서 옷을 벗어라." 라고 협박하여 이에 겁을 먹은 피해자로 하여금 침대에 눕게 한 다음 피해자의 몸 위로 올라 타 피해자를 1회 간음하였다.
>
> 이로써 피의자은 피해자가 점유하는 방실에 침입하여 피해자를 강간하였다.

[기재례2] 흉기협박 강도강간

1) 적용법조 : 제3조 제2항   ☞   공소시효 25년

2) 범죄사실 기재례

피의자는 20○○. 12. 30. 21:30경 ○○에 있는 ○○빌딩 지하 1층 피해자 乙(여, 33세) 운영의 ○○주점에서 손님인 척 가장하고 들어가 술과 안주를 주문하여 먹으면서 금품을 강취하기로 마음먹고 기회를 노리는 중 피해자가 "예약 손님이 곧 찾아오기로 했다"고 말하자 손으로 피해자의 어깨 부위를 밀어 넘어뜨린 후 피해자의 몸 위로 올라타 주먹으로 얼굴을 4회가량 때리고, 피해자가 반항하면서 큰소리로 비명을 지르는데 화가 나 미리 준비하여 소지하던 칼(전체길이 24㎝, 칼 날길이 13㎝)로 피해자의 왼쪽 가슴 부위, 오른쪽 눈썹 부위 등을 2회 찌르는 등 반항을 하지 못하게 하였다.

피의자는 피해자의 스타킹과 팬티를 벗기고 손가락을 피해자의 성기에 넣는 등 강제로 추행하고 계속하여 피해자에게 "핸드백이 어디에 있느냐"라고 위협하면서 주방 서랍 등을 뒤지는 등 물건을 강취하려고 하였으나 적당한 금품을 발견하지 못하여 그 뜻을 이루지 못하고 미수에 그치고, 이로 인하여 피해자에게 약 4주간의 치료를 요하는 안면개방창 등 상해를 가하였다.

[기재례3] 주거침입 후 강제추행

1) 적용법조 : 제3조 제2항   ☞   공소시효 25년

2) 범죄사실 기재례

피의자는, 20○○. ○. ○. 04:10경 ○○에 있는 피해자 홍길녀(여, 29세)의 집에 이르러 시정되지 않은 현관문을 열고 안으로 침입하여 훔칠 물건을 찾기 위하여 안방으로 기어가던 도중 인기척에 놀라 잠이 깬 피해자가 소리를 지르며 저항하자 체포를 면탈할 목적으로 손으로 피해자의 입을 막고 다리를 걸어 바닥에 넘어뜨린 후 피해자의 배위에 올라타 주먹으로 얼굴을 수회 때려 피해자에게 약 ○○일간의 치료를 요하는 좌측 안와 내벽 골절, 외상 후 스트레스 장애 등의 상해를 가하였다.

피의자는 계속하여 항거불능 상태로 가만히 누워 있는 피해자를 보고 순간적으로 욕정을 일으켜 피해자의 상의를 두 손으로 잡아 당겨 찢은 뒤 가슴을 만지고 바지를 벗게 한 후 피해자의 음부에 손가락을 넣는 등 약 5분간 강제로 추행하였다.

[기재례4] 2인 합동 강도 강간

1) 적용법조 : 제3조 제2항   ☞   공소시효 25년

2) 범죄사실 기재례

> 피의자 甲, 피의자 乙은 ○○교도소에서 수감 중 알게 된 교도소 동기생들로서 부녀자들을 납치 강도강간할 것을 공모하였다.
>
> 피의자들은 20○○. ○. ○. ○○:○○경 ○○에 있는 ○○앞노상에서 혼자서 귀가하는 피해자 홍길녀(21세)를 피의자 甲소유 승용차(서울20노0000호)에 강제로 태워 납치한 후 ○○에 있는 야산으로 끌고 가 피해자 목에 칼을 들이대고 위협하여 차량 내에서 강간하고 현금 20만원을 강취하는 등 서울 경기지역을 무대로 같은 방법으로 별지 범죄일람표의 내용과 같이 총 33회에 걸쳐 합동하여 ○○만원 상당을 강취하였다.

[기재례5] 특수강도강간 미수

1) 적용법조 : 제3조 제2항, 제15조   ☞   공소시효 25년

2) 범죄사실 기재례

> 피의자는 20○○. ○. ○. 21:50경 ○○에 있는 피해자 갑(40세, 여)의 집에 담을 넘고 들어가 잠을 자고 있는 피해자 위에 올라타 흉기인 용도불상의 칼을 목에 들이대며 "조용히 해라, 소리치면 죽인다" 라고 위협하고 청테이프를 눈과 입에 붙이고, 피해자를 엎드려 눕게 하여 청색테이프로 양손을 감아 뒤로 결박하여 반항을 억압한 후 피해자를 다시 돌려 눕게 하여 피해자의 젖가슴을 입으로 빨고 피고인의 성기를 피해자의 질 속에 삽입하여 강간하였다.
>
> 피의자는 계속하여 위와 같이 억압된 상태에 있는 피해자에게 "돈이 어디 있냐" 라고 말하며 금품을 강취하려 하였으나 피해자가 "엄마가 다 가지고 가셨다" 라고 하며 금품이 있는 곳을 말하지 않는 바람에 그 뜻을 이루지 못하고 미수에 그쳤다.

[기재례6] 흉기협박 주거침입 강도강간

1) 적용법조 : 제3조 제2항   ☞   공소시효 25년

2) 범죄사실 기재례

> 피의자는 20○○. ○. ○. 21:50경 ○○에 있는 피해자 갑(40세, 여)의 집에 시정되어 있지 않은 출입문을 열고 침입하여 흉기인 용도불상의 칼로 피해자를 위협하며 안방으로 몰아넣고 미리 준비한 노끈으로 피해자의 양손을 뒤로 묶고 "돈 어디 있냐" 라고 말하며 반항을 억압한 후 그곳에 있던 현금 10만 원, 현금카드 등이 든 피해자 소유의 지갑 1개를 강취하여 호주머니에 넣었다.
>
> 피의자는 계속하여 피해자를 침대에 엎드려 눕게 하고 "움직이면 죽인다" 라고 위협하여 반항을 억압한 후 치마를 들추어 팬티를 찢어 벗기고 피의자의 성기를 피해자의 질속에 삽입하여 강간하였다.

■ **판례** ■ 성폭력범죄의 처벌 및 피해자보호 등에 관한 법률 제5조 제2항에 규정된 범죄의 행위주체

성폭력범죄의 처벌 및 피해자보호 등에 관한 법률 제5조 제2항에 정하는 특수강도강제추행죄의 주체는 형법의 제334조 소정의 특수강도범 및 특수강도미수범의 신분을 가진 자에 한정되는 것으로 보아야 하고, 형법 제335조, 제342조에서 규정하고 있는 준강도범 내지 준강도미수범은 성폭력범죄의 처벌 및 피해자보호 등에 관한 법률 제5조 제2항의 행위주체가 될 수 없다(대법원 2006.8.25. 선고 2006도2621 판결).

■ **판례** ■ 강간범이 강간의 범행 후에 특수강도의 범의를 일으켜 부녀의 재물을 강취한 경우, 특수강도강간죄로 의율할 수 있는지 여부(한정 소극)

강간범이 강간행위 후에 강도의 범의를 일으켜 그 부녀의 재물을 강취하는 경우에는 형법상 강도강간죄가 아니라 강간죄와 강도죄의 경합범이 성립될 수 있을 뿐인바, 성폭력범죄의처벌및피해자보호등에관한법률 제5조 제2항은 형법 제334조(특수강도) 등의 죄를 범한 자가 형법 제297조(강간) 등의 죄를 범한 경우에 이를 특수강도강간 등의 죄로 가중하여 처벌하고 있으므로, 다른 특별한 사정이 없는 한 강간범이 강간의 범행 후에 특수강도의 범의를 일으켜 그 부녀의 재물을 강취한 경우에는 이를 성폭력범죄의처벌및피해자보호등에관한법률 제5조 제2항 소정의 특수강도강간죄로 의율할 수 없다(대법원 2002.2.8. 선고 2001도6425 판결).

■ **판례** ■ 강간의 실행행위 계속 중에 강도행위를 한 경우 '강도강간죄'를 구성하는지 여부(적극) 및 특수강간범이 강간행위 종료 전에 특수강도의 행위를 한 경우 '특수강도강간죄'로 의율할 수 있는지 여부(원칙적 적극)

강간범이 강간행위 후에 강도의 범의를 일으켜 그 부녀의 재물을 강취하는 경우에는 강도강간죄가 아니라 강간죄와 강도죄의 경합범이 성립될 수 있을 뿐이지만, 강간행위의 종료 전 즉 그 실행행위의 계속 중에 강도의 행위를 할 경우에는 이때에 바로 강도의 신분을 취득하는 것이므로 이후에 그 자리에서 강간행위를 계속하는 때에는 강도가 부녀를 강간한 때에 해당하여 형법 제339조에 정한 강도강간죄를 구성하고, 구 성폭력범죄의 처벌 및 피해자보호 등에 관한 법률(2010. 4. 15. 법률 제10258호 성폭력범죄의 피해자보호 등에 관한 법률로 개정되기 전의 것) 제5조 제2항은 형법 제334조(특수강도) 등의 죄를 범한 자가 형법 제297조(강간) 등의 죄를 범한 경우에 이를 특수강도강간 등의 죄로 가중하여 처벌하는 것이므로, 다른 특별한 사정이 없는 한 특수강간범이 강간행위 종료 전에 특수강도의 행위를 한 이후에 그 자리에서 강간행위를 계속하는 때에도 특수강도가 부녀를 강간한 때에 해당하여 구 성폭력범죄의 처벌 및 피해자보호 등에 관한 법률 제5조 제2항에 정한 특수강도강간죄로 의율할 수 있다.(대법원 2010. 12. 9., 선고, 2010도9630, 판결)

■ **판례** ■ 특수강간범이 강간행위 종료 전에 특수강도의 행위를 한 경우, 구 성폭력범죄의 처벌 및 피해자보호 등에 관한 법률 제5조 제2항에 정한 '특수강도강간죄'로 의율할 수 있는지 여부(원칙적 적극)

강도강간죄는 강도라는 신분을 가진 범인이 강간죄를 범하였을 때 성립하는 범죄이므로, 강간범이 강간행위 후에 강도의 범의를 일으켜 그 부녀의 재물을 강취하는 경우에는 강도강간죄가 아니라 강도죄와 강간죄의 경합범이 성립될 수 있을 뿐이나, 강간범이 강간행위 종료전, 즉 그 실행행위의 계속 중에 강도의 행위를 할 경우에는 이때에 바로 강도의 신분을 취득하는 것이므로 이후에 그 자리에서 강간행위를 계속하는 때에는 강도가 부녀를 강간한 때에 해당하여 「형법」 제339조 소정의 강도강간죄를 구성한다 할 것이고 (대법원 1988. 9. 9. 선고 88도1240 판결 참조), 구 「성폭

력범죄의 처벌 및 피해자보호 등에 관한 법률」 제5조 제2항은 「형법」 제334조(특수강도) 등의 죄를 범한 자가 「형법」 제297조(강간) 등의 죄를 범한 경우에 이를 특수강도강간 등의 죄로 가중하여 처벌하는 것이므로, 「다른 특별한 사정이 없는 한 특수강간범이 강간행위 종료 전에 특수강도의 행위를 한 이후에 그 자리에서 강간행위를 계속하는 때에도 특수강도가 부녀를 강간한 때에 해당하여 구 「성폭력범죄의 처벌 및 피해자보호 등에 관한 법률」 제5조 제2항에 정한 특수강도강간죄로 의율할 수 있다.(대법원 2010. 7. 15., 선고, 2010도3594, 판결)

■ **판례** ■　주거침입강제추행죄 및 주거침입강간죄 등이 주거침입죄를 범한 후에 사람을 강간하는 등의 행위를 하여야 하는 일종의 신분범인지 여부(적극) 및 그 실행의 착수시기(= 주거침입 행위 후 강간죄 등의 실행행위에 나아간 때)

주거침입강제추행죄 및 주거침입강간죄 등은 사람의 주거 등을 침입한 자가 피해자를 간음, 강제추행 등 성폭력을 행사한 경우에 성립하는 것으로서, 주거침입죄를 범한 후에 사람을 강간하는 등의 행위를 하여야 하는 일종의 신분범이고, 선후가 바뀌어 강간죄 등을 범한 자가 그 피해자의 주거에 침입한 경우에는 이에 해당하지 않고 강간죄 등과 주거침입죄 등의 실체적 경합범이 된다. 그 실행의 착수시기는 주거침입 행위 후 강간죄 등의 실행행위에 나아간 때이다.(대법원 2021. 8. 12., 선고, 2020도17796, 판결)

■ **판례** ■　결합범인 성폭력범죄의 처벌 등에 관한 특례법 위반(주거침입강제추행)죄가 성립하려면 주거침입죄 내지 건조물침입죄에 해당하여야 하는지 여부(적극) / 주거침입죄의 보호법익(=사실상 주거의 평온) / 주거침입죄의 구성요건적 행위인 '침입'의 의미 및 침입행위에 해당하는지 판단하는 기준

성폭력범죄의 처벌 등에 관한 특례법 위반(주거침입강제추행)죄는 형법 제319조 제1항의 주거침입죄 내지 건조물침입죄와 형법 제298조의 강제추행죄의 결합범이므로, 위 죄가 성립하려면 형법 제319조가 정한 주거침입죄 내지 건조물침입죄에 해당하여야 한다.

주거침입죄는 사실상 주거의 평온을 보호법익으로 한다. 주거침입죄의 구성요건적 행위인 침입은 주거침입죄의 보호법익과의 관계에서 해석하여야 하므로, 침입이란 주거의 사실상 평온상태를 해치는 행위태양으로 주거에 들어가는 것을 의미하고, 침입에 해당하는지는 출입 당시 객관적·외형적으로 드러난 행위태양을 기준으로 판단함이 원칙이다. 사실상의 평온상태를 해치는 행위태양으로 주거에 들어가는 것이라면 대체로 거주자의 의사에 반하겠지만, 단순히 주거에 들어가는 행위 자체가 거주자의 의사에 반한다는 주관적 사정만으로는 바로 침입에 해당한다고 볼 수 없다. 거주자의 의사에 반하는지는 사실상의 평온상태를 해치는 행위태양인지를 평가할 때 고려할 요소 중 하나이지만 주된 평가 요소가 될 수는 없다. 따라서 침입행위에 해당하는지는 거주자의 의사에 반하는지가 아니라 사실상의 평온상태를 해치는 행위태양인지에 따라 판단하여야 한다. (대법원 2022. 8. 25. 선고 2022도3801 판결)

2. 특수강간

제4조(특수강간 등) ① 흉기나 그 밖의 위험한 물건을 지닌 채 또는 2명 이상이 합동하여 형법 제297조(강간)의 죄를 범한 사람은 무기징역 또는 7년 이상의 징역에 처한다.
② 제1항의 방법으로 형법 제298조(강제추행)의 죄를 범한 사람은 5년 이상의 유기징역에 처한다.
③ 제1항의 방법으로 형법 제299조(준강간, 준강제추행)의 죄를 범한 사람은 제1항 또는 제2항의 예에 따라 처벌한다.
제15조(미수범) 제3조부터 제9조까지, 제14조, 제14조의2 및 제14조의3의 미수범은 처벌한다.
제21조(공소시효에 관한 특례) ② … 제3조부터 제9조까지의 죄는 디엔에이(DNA)증거 등 그 죄를 증명할 수 있는 과학적인 증거가 있는 때에는 공소시효가 10년 연장된다.

[기재례1] 2인 이상 합동강간

1) 적용법조 : 제4조 제1항   ☞   공소시효 15년

2) 범죄사실 기재례

> 피의자 甲, 피의자 乙은 ○○교도소에서 수감 중 알게 된 교도소 동기생들로서 부녀자를 강간할 것을 공모합동하여 20○○. ○. ○. ○○:○○경 ○○에서 피해자 홍길녀(21세)가 혼자 걸어 있는 것을 보고 인근 야산으로 끌고가 목에 칼을 들이대고 위협하여 甲은 망을 보고 乙은 피해자의 반항을 억압하여 항거불능상태에서 1회 강간하였다.

[기재례2] 위험한 물건으로 협박 후 강간

1) 적용법조 : 제4조 제1항   ☞   공소시효 15년

2) 범죄사실 기재례

> 피의자는 20○○. ○. ○. 22:30경 ○○에서 피해자 갑(여, 22세)에게 위험한 물건인 부엌칼(전체 길이 28.5cm, 칼날 길이 17.5cm, 증 제1호)로 피해자의 좌측 이마부위를 1회 찌르고, 좌측 팔꿈치 부위를 위 칼로 1회 그은 후, 피해자가 입고 있던 옷 속으로 위 칼을 넣어 겉옷과 속옷을 모두 찢고, 계속하여 주먹과 발로 피해자의 얼굴과 허리 등을 여러 차례 때리고, 피해자를 안방으로 밀쳐 넣고 문을 잠근 뒤 옷을 벗겨 알몸인 상태로 눕게 한 후 부엌칼을 피해자의 복부에 들이대며 움직이지 못하도록 하여 반항을 억압한 후 1회 간음하여 강간하였다.
> 피의자는 계속하여 공포에 떨고 있는 피해자의 음모를 가위(증 제2호)와 일회용 면도기(증 제3호)로 자르고 재차 1회 간음하여 강간하였다.
> 이로써 피의자은 위험한 물건을 휴대하여 피해자에게 약 14일간의 치료를 요하는 다발성 좌상 및 열상 등을 가하고, 위험한 물건을 지닌 채 피해자를 2회 강간하였다.

[기재례3] 흉기휴대 강간

1) 적용법조 : 제4조 제1항   ☞   공소시효 15년

2) 범죄사실 기재례

피의자는 20○○. ○. ○. 23:00경 ○○에 있는 ○○중학교 정문 앞길에서 그 곳을 지나가던 피해자 甲(여, 21세)에게 욕정을 품고, 소지하고 있던 위험한 물건인 길이 15cm 가량의 등산용 칼을 들이대고 피해자의 팔을 잡아당겨 위 학교 운동장 동쪽 구석 담 밑으로 끌고 갔다.

피의자는 그 곳에서 오른손 주먹으로 피해자의 얼굴을 2회 때리면서 "시키는 대로 하지 않으면 죽여 버리겠다."고 말하는 등 반항하지 못하게 한 후 피해자를 1회 간음하여 강간하였다.

[기재례4] 흉기휴대 강제추행

1) 적용법조 : 제4조 제2항, 제1항 ☞ 공소시효 15년

2) 범죄사실 기재례

피의자는 출근시간대의 도심 지하철 환승역에서 사람이 왕래하여 주위가 혼란한 틈을 이용하여 면도칼로 여자들의 옷을 찢어 속살을 보이게 하는 방법으로 자신의 성욕을 만족시키려고 마음먹었다.

피의자는 20○○. ○. ○ 08:00경 ○○지하철 제○호선 ○○역 출발 ○○행 전동차안에서 피해자 乙(여, 20세)이 ○○역에서 내리기 위하여 출입문 근처에 서 있는 것을 보고 뒤에서 접근하여 미리 준비해 간 면도칼(칼날길이 ○○cm, 너비 ○○cm)을 위 乙의 엉덩이 부분에 대고 그어 위 乙의 바지부분을 ○○cm가량 찢어 속살을 보이게 하여 강제로 추행하였다.

[기재례4] 합동 준강제추행

1) 적용법조 : 제4조 제3항, 제1항, 형법 제299조 ☞ 공소시효 15년

2) 범죄사실 기재례

피의자들은 20○○.○.○. 01:00경 ○○에 있는 ○○펜션에서, 술에 취하여 잠을 자고 있는 피해자 갑(20세)을 발견 피의자1이 피해자의 배 부위에 치약을 짠 후 피해자 상의를 걷어 올린 다음 손으로 배 부위에 치약 펼쳐 바르고 피의자2는 오른손으로 휴대전화를 촬영하면서 휴대전화 플래시로 피해자의 음모 및 배 부위를 비추면서 왼손으로 피해자의 바지와 하의 속옷을 성기가 보일 때까지 아래로 내리면서 "내려야지 여기(피해자의 팬티) 안에 넣어야지"라고 말하고, 피의자1이 피의자3에게 "이리와 뿌려, 이거 이거 뿌려, 그리고 비벼"라고 말하고, 이에 피의자2는 피해자의 음모 부위에 치약을 짠 후 손으로 비벼 발랐다.

이로써 피의자들은 합동하여 항거불능 상태에 있는 피해자를 추행하였다.

■ 판례 ■ 甲·乙·丙·丁이 강간을 공모하고 실행에 착수하였으나, 丙이 강간에 실패한 경우

[1] 사실관계

甲·乙·丙·丁은 2003.9.17. 여고생인 A·B·C를 만나 함께 놀다가 01:00경 A·B·C를 야산의 저수지로 유인하여 강간하자는 丁의 제의에 따라 A·B·C를 트럭에 태워 진해시 풍호동 풍호저수

지로 데리고 가면서, 불안해하는 A · B · C에게 그곳에 丙의 할머니 댁이 있다고 거짓말하여 안심
시켰다. 저수지에 도착한 후 乙은 주변에 사람들이 오는지 망을 보고 甲은 C를 주차해 놓은 트럭
에 데리고 가 반항을 억압한 후 간음하였고, 乙은 B를 주변 벤치로 데리고 가 반항을 억압한 후
간음하여 2주간의 치료를 요하는 상처를 입게 하였다. 한편 丙은 A를 트럭에 데리고 가 강간하기
위하여 허벅지를 수회 때렸으나 A가 심하게 반항하는 바람에 그 뜻을 이루지 못하였다.

가. 성폭력범죄의처벌및피해자보호등에관한법률 제6조 제1항의 합동범이 성립하기 위한 요건

성폭력범죄의처벌및피해자보호등에관한법률 제6조 제1항의 2인 이상이 합동하여 형법 제297조의
죄를 범함으로써 특수강간죄가 성립하기 위하여는 주관적 요건으로서의 공모와 객관적 요건으로서
의 실행행위의 분담이 있어야 하고, 그 실행행위는 시간적으로나 장소적으로 협동관계에 있다고 볼
정도에 이르면 된다.

나. 甲 · 乙 · 丙 · 丁의 죄책

피고인 등이 비록 특정한 1명씩의 피해자만 강간하거나 강간하려고 하였다 하더라도, 사전의 모의
에 따라 강간할 목적으로 심야에 인가에서 멀리 떨어져 있어 쉽게 도망할 수 없는 야산으로 피해
자들을 유인한 다음 곧바로 암묵적인 합의에 따라 각자 마음에 드는 피해자들을 데리고 불과
100m 이내의 거리에 있는 곳으로 흩어져 동시 또는 순차적으로 피해자들을 각각 강간하였다면,
그 각 강간의 실행행위도 시간적으로나 장소적으로 협동관계에 있었다고 보아야 할 것이므로, 피해
자 3명 모두에 대한 특수강간죄 등이 성립된다(대법원 2004.8.20. 선고 2004도2870 판결).

■ **판례** ■ 　범행 현장에서 범행에 사용하려는 의도로 흉기 등 위험한 물건을 소지하거나 몸
에 지닌 경우, 피해자가 이를 인식하지 못하였거나 실제 범행에 사용하지 아니더라도 성폭력
범죄의처벌및피해자보호등에관한법률 제6조 제1항에 정한 '휴대'에 해당하는지 여부(적극)

성폭력범죄의처벌및피해자보호등에관한법률의 목적과 같은 법 제6조의 규정 취지에 비추어 보면
같은 법 제6조 제1항 소정의 '흉기 기타 위험한 물건을 휴대하여 강간죄를 범한 자'란 범행 현
장에서 그 범행에 사용하려는 의도 아래 흉기를 소지하거나 몸에 지니는 경우를 가리키는 것이고,
그 범행과는 전혀 무관하게 우연히 이를 소지하게 된 경우까지를 포함하는 것은 아니라 할 것이
나, 범행 현장에서 범행에 사용하려는 의도 아래 흉기 등 위험한 물건을 소지하거나 몸에 지닌
이상 그 사실을 피해자가 인식하거나 실제로 범행에 사용하였을 것까지 요구되는 것은 아니다(대
법원 2004.6.11. 선고 2004도2018 판결).

■ **판례** ■ 　엘리베이터 안에서 자신의 자위행위 모습을 보여준 행위가 강제추행죄의 추행
에 해당한다고 본 사례

추행은 객관적으로 일반인에게 성적 수치심이나 혐오감을 일으키게 하고 선량한 성적 도덕관념에
반하는 행위로서 피해자의 성적 자유를 침해하는 것을 말하는바, 이에 해당하는지 여부는 피해자의
의사, 성별, 연령, 행위자와 피해자의 관계, 그 행위에 이르게 된 경위, 구체적 행위태양, 주위의
객관적 상황과 그 시대의 성적 도덕관념 등을 종합적으로 고려하여 신중히 결정하여야 한다.
피고인이 엘리베이터라는 폐쇄된 공간에서 피해자들을 칼로 위협하는 등으로 꼼짝하지 못하도록
자신의 실력적인 지배하에 둔 다음 피해자들에게 성적 수치심과 혐오감을 일으키는 자신의 자위
행위 모습을 보여 주고 피해자들로 하여금 이를 외면하거나 피할 수 없게 한 행위는 강제추행죄
의 추행에 해당한다고 본 원심판결을 수긍한 사례(대법원 2010. 2. 25. 선고 2009도13716판결).

3. 친족관계에 의한 강간죄

제5조(친족관계에 의한 강간 등) ① 친족관계인 사람이 폭행 또는 협박으로 사람을 강간한 경우에는 7년 이상의 유기징역에 처한다.
② 친족관계인 사람이 폭행 또는 협박으로 사람을 강제추행한 경우에는 5년 이상의 유기징역에 처한다.
③ 친족관계인 사람이 사람에 대하여 「형법」 제299조(준강간, 준강제추행)의 죄를 범한 경우에는 제1항 또는 제2항의 예에 따라 처벌한다.
④ 제1항부터 제3항까지의 친족의 범위는 4촌 이내의 혈족·인척과 동거하는 친족으로 한다.
⑤ 제1항부터 제3항까지의 친족은 사실상의 관계에 의한 친족을 포함한다.
제15조(미수범) 제3조부터 제9조까지, 제14조, 제14조의2 및 제14조의3의 미수범은 처벌한다.
제15조의2(예비, 음모) 제3조부터 제7조까지의 죄를 범할 목적으로 예비 또는 음모한 사람은 3년 이하의 징역에 처한다.

[기재례1] 사실혼 관계에 있는 부인의 딸 강제추행 및 강간

1) 적용법조 : 제5조 제1항, 제2항 ☞ 공소시효 없음

2) 범죄사실 기재례

피의자는 20○○. 11.경부터 홍길녀와 사이에 사실상의 혼인관계를 맺고 그녀 및 그녀의 딸인 피해자 乙(여, 10세)과 동거 중 이었다.
가. 피의자는 20○○. 9. 초순 20:00경 ○○에 있는 피의자의 집에서, 피해자를 보고 갑자기 욕정을 일으켜, 피의자를 친부로 알고 있고 나이가 어려 제대로 반항할 힘이 없는 피해자에게 "엄마한테 이야기를 안하면 된다"고 말하여 피해자의 반항을 억압한 후 강제로 피해자의 가슴과 엉덩이를 만져 피해자를 추행하였다.
나. 피의자는 20○○. ○. ○. 23:30경 전항과 같은 장소에서, 피해자가 잠을 자고 있는 것을 보고 욕정을 일으켜, 깊은 잠에 빠진데다가 친부로 알고 있는 피의자의 뜻밖의 행동에 반항할 엄두조차 내지 못하는 피해자의 항거불능 상태를 이용하여 피해자의 웃옷을 올리고 바지와 팬티를 벗긴 후 피의자의 성기를 피해자의 음부에 삽입하여 피해자를 1회 간음하여 강간하였다.

[기재례2] 사촌여동생 강간

1) 적용법조 : 제5조 제1항 ☞ 공소시효 15년

2) 범죄사실 기재례

피의자는 20○○. 1. 2. 21:00경 ○○에서 사촌여동생인 피해자 甲(23세)가 혼자 걸어가고 있는 것을 보고 갑자기 욕정을 일으켜 그녀를 강간하기로 마음먹고 ○○앞 도로상에서 그녀를 뒤에서 덮쳐 인근 빈 창고로 끌고 들어가 그 바닥에 넘어뜨리고 일어나려고 하는 그녀의 머리를 왼쪽손으로 누르며 "떠들면 죽인다."고 말하여 그녀의 반항을 억압한 뒤 강제로 간음하여 강간하였다.

[기재례3] 자신의 딸 강제추행 및 강간

1) **적용법조** : 제5조 제1항, 제8조 제2항 ☞ 공소시효 없음

2) **범죄사실 기재례**

> 피의자는 피해자 갑(여, 20세) 친부이고, 피해자는 친조부모 집에서 살다가 초등학교 6학년 2학기를 다닐 무렵부터 피의자와 함께 살게 되었다.
> 가. 피의자는 20○○. ○. ○.15:00~16:00경 ○○에 있는 피의자의 화장실에서, 피해자(당시 12세)를 목욕시켜 준다며 욕실로 들어오게 한 다음 피해자를 그곳 바닥에 눕히고, 피해자의 가슴을 주무르면서 입으로 핥고 성기를 만져 친족관계에 있는 피해자를 강제로 추행하였다.
> 나. 피의자는 20○○. ○. ○.15:00경 ○○에 있는 피의자의 집 거실에서, 피해자를 자신의 옆에 눕게 한 다음 피해자의 가슴을 만지면서 입으로 빨다가, 울면서 반항하는 피해자의 옷을 벗기고 그 몸 위에 올라타는 방법으로 피해자의 반항을 억압한 후 간음하여 13세 미만의 미성년자인 피해자를 강간하고, 이로 인하여 피해자에게 치료일수 미상의 처녀막 파열상을 가하였다.

3) **신문사항**

　가. 피해자와의 관계
　　　– 어떤 관계의 친족인가(4촌 이내의 혈족과 2촌 이내의 인척을 친족으로 하며 사실상의 친족도 포함한다)
　나. 범행의 동기
　다. 범행동기·장소·범행장소
　라. 범행의 상황
　　　– 약점 이용
　　　– 외포·공포의 정도
　　　– 음경삽입·사정의 여부
　　　– 강간(추행)당시의 피해자의 태도와 그 상황
　마. 가해·피해자의 정신상태
　　　– 심신상실·심신미약, 농아자, 주취여부
　바. 피해자의 고소여부(고소여부에 관련없이 고소할 수 있음)

■ **판례** ■ 　피해자를 입양할 의사로 데려와 처의 동의 없이 생모의 동의를 얻어 처와 사이에 친생자출생신고를 한 경우 해당에 해당하는지 여부(적극)
피고인이 조선족인 피해자와 사이에 피고인이 피해자의 교육을 지원하고, 피해자는 결혼한 후에도

피고인의 사망시까지 피고인과 함께 살며 피고인은 사망시 재산의 30%와 함께 살던 집을 피해자에게 주기로 약정하고 이에 따라 피해자를 중국에서 우리나라로 데려온 후 피고인의 집에서 함께 생활하면서 피해자에게 생활비와 교육비를 지원하였고, 그 후 피해자를 자신과 처 사이의 친생자로 출생신고까지 하였으며, 피해자의 모는 법정대리인으로서 위 약정 및 출생신고에 동의한 사안에서, 피고인과 피해자는 입양의 합의를 포함하여 입양의 실질적 요건을 모두 갖추고 있었던 것으로 보이고, 다만 피고인이 처와 상의 없이 혼자만의 의사로 친생자출생신고를 한 것은 사실이나 처의 취소 청구에 의하여 취소가 이루어지지 않은 이상 피고인과 피해자 사이의 입양은 유효하다고 보아야 할 것이라는 이유로, 피고인이 친생자출생신고 전에는 피해자의 사실상의 양부로서 법 제7조 제5항 소정의 '사실상의 관계에 의한 친족'에, 친생자출생신고 후에는 피해자의 양부로서 법 제7조 제1항 소정의 "친족"에 해당한다(대법원 2006.1.12. 선고 2005도8427 판결).

■ 판례 ■　중혼적 사실혼으로 인하여 형성된 인척이 성폭력범죄의처벌및피해자보호등에관한법률 제7조 제5항 소정의 '사실상의 관계에 의한 친족'에 해당하는지 여부(적극)
법률이 정한 혼인의 실질관계는 모두 갖추었으나 법률이 정한 방식, 즉 혼인신고가 없기 때문에 법률상 혼인으로 인정되지 않는 이른바 사실혼으로 인하여 형성되는 인척도 성폭력범죄의처벌및피해자보호등에관한법률 제7조 제5항이 규정한 사실상의 관계에 의한 친족에 해당하고, 비록 우리 법제가 일부일처주의를 채택하여 중혼을 금지하는 규정을 두고 있다 하더라도 이를 위반한 때를 혼인 무효의 사유로 규정하고 있지 아니하고 단지 혼인 취소의 사유로만 규정함으로써 중혼에 해당하는 혼인이라도 취소되기 전까지는 유효하게 존속하는 것이므로 중혼적 사실혼이라 하여 달리 볼 것은 아니다(대법원 2002.2.22. 선고 2001도5075 판결).

■ 판례 ■　이른바 사실혼으로 인하여 형성되는 인척이 성폭력범죄의처벌및피해자보호등에관한법률 제7조 제5항 소정의 '사실상의 관계에 의한 친족'에 해당하는지 여부(적극)
법률이 정한 혼인의 실질관계는 모두 갖추었으나 법률이 정한 방식, 즉 혼인신고가 없기 때문에 법률상 혼인으로 인정되지 않는 이른바 사실혼으로 인하여 형성되는 인척도 사실상의 관계에 의한 친족에 해당 한다(대법원 2000.2.8. 선고 99도5395 판결).

■ 판례 ■　양부가 취중에 10세의 입양한 딸과 잠을 자다가 다리로 딸의 몸을 누르면서 엉덩이와 가슴을 만진 경우
피고인은 입양한 딸인 피해자(10세)와 나란히 누워서 잠을 자던 중 피고인의 오른쪽 다리로 피해자를 누르고 오른손으로 피해자의 엉덩이를 만지고, 왼손을 피해자의 상의 안으로 집어넣어 가슴을 만졌다는 것인바, 위 인정 사실과 더불어 기록상 인정되는 피고인과 피해자의 관계, 피해자의 연령, 위 행위에 이르게 된 경위와 당시의 상황 등을 고려하여 보면, 피고인의 위 행위가 단순한 애정 표현의 한계를 넘어서 피해자의 의사에 반하여 행하여진 유형력의 행사로 피해자의 성적 자유를 침해할 뿐만 아니라 일반인의 입장에서도 추행행위라고 평가될 수 있는 것이고, 나아가 추행행위의 행태와 당시의 정황 등에 비추어 볼 때 피고인의 범의도 넉넉히 인정 할 수 있다(대법원 2008.4.10. 선고 2007도9487 판결).

■ 판례 ■　피고인의 친딸로 가족관계에 있던 피해자가 '마땅히 그러한 반응을 보여야만 하는 피해자'로 보이지 않는다는 이유만으로 피해자 진술의 신빙성을 함부로 배척할 수 있는지 여부(소극) / 친족관계에 의한 성범죄를 당하였다는 피해자 진술의 신빙성을 판단할 때 특히 고려할 사항
성폭행 피해자의 대처 양상은 피해자의 성정이나 가해자와의 관계 및 구체적인 상황에 따라 다르

게 나타날 수밖에 없다. 따라서 개별적, 구체적인 사건에서 성폭행 등의 피해자가 처하여 있는 특별한 사정을 충분히 고려하지 않은 채 피해자 진술의 증명력을 가볍게 배척하는 것은 정의와 형평의 이념에 입각하여 논리와 경험의 법칙에 따른 증거판단이라고 볼 수 없다. 피고인의 친딸로 가족관계에 있던 피해자가 '마땅히 그러한 반응을 보여야만 하는 피해자'로 보이지 않는다는 이유만으로 피해자 진술의 신빙성을 함부로 배척할 수 없다. 그리고 친족관계에 의한 성범죄를 당하였다는 피해자의 진술은 피고인에 대한 이중적인 감정, 가족들의 계속되는 회유와 압박 등으로 인하여 번복되거나 불분명해질 수 있는 특수성이 있다는 점을 고려해야 한다.(대법원 2020. 8. 20., 선고, 2020도6965, 2020전도74, 판결)

■ **판례** ■ 미성년자인 피해자가 자신을 보호·감독하는 지위에 있는 친족으로부터 성범죄를 당하였다고 진술하는 경우에 그 진술의 신빙성을 함부로 배척해서는 아니 되는 경우 / 친족관계에 의한 성범죄를 당하였다는 미성년자인 피해자가 법정에서 수사기관에서의 진술을 번복하는 경우, 어느 진술에 신빙성이 있는지 판단하는 기준

미성년자인 피해자가 자신을 보호·감독하는 지위에 있는 친족으로부터 강간이나 강제추행 등 성범죄를 당하였다고 진술하는 경우에 그 진술의 신빙성을 판단함에 있어서, 피해자가 자신의 진술이외에는 달리 물적 증거 또는 직접 목격자가 없음을 알면서도 보호자의 형사처벌을 무릅쓰고 스스로 수치스러운 피해 사실을 밝히고 있고, 허위로 그와 같은 진술을 할 만한 동기나 이유가 분명하게 드러나지 않을 뿐만 아니라, 진술 내용이 사실적·구체적이고, 주요 부분이 일관되며, 경험칙에 비추어 비합리적이거나 진술 자체로 모순되는 부분이 없다면, 그 진술의 신빙성을 함부로 배척해서는 안 된다.
특히 친족관계에 의한 성범죄를 당하였다는 미성년자 피해자의 진술은 피고인에 대한 이중적인 감정, 가족들의 계속되는 회유와 압박 등으로 인하여 번복되거나 불분명해질 수 있는 특수성을 갖고 있으므로, 피해자가 법정에서 수사기관에서의 진술을 번복하는 경우, 수사기관에서 한 진술 내용 자체의 신빙성 인정 여부와 함께 법정에서 진술을 번복하게 된 동기나 이유, 경위 등을 충분히 심리하여 어느 진술에 신빙성이 있는지를 신중하게 판단하여야 한다.(대법원 2020. 5. 14. 선고, 2020도2433, 판결)

■ **판례** ■ 의붓아버지와 의붓딸의 관계가 성폭력범죄의 처벌 등에 관한 특례법 제5조 제4항에서 규정한 '4촌 이내의 인척'으로서 친족관계에 해당하는지 여부(적극)

성폭력범죄의 처벌 등에 관한 특례법(이하 '성폭력처벌법'이라 한다) 제5조 제3항은 "친족관계인 사람이 사람에 대하여 형법 제299조(준강간, 준강제추행)의 죄를 범한 경우에는 제1항 또는 제2항의 예에 따라 처벌한다."라고 규정하고 있고, 같은 조 제1항은 "친족관계인 사람이 폭행 또는 협박으로 사람을 강간한 경우에는 7년 이상의 유기징역에 처한다."라고 규정하고 있으며, 같은 조 제4항은 "제1항부터 제3항까지의 친족의 범위는 4촌 이내의 혈족·인척과 동거하는 친족으로 한다."라고 규정하고 있다. 한편 민법 제767조는 "배우자, 혈족 및 인척을 친족으로 한다."라고 규정하고 있고, 같은 법 제769조는 "혈족의 배우자, 배우자의 혈족, 배우자의 혈족의 배우자를 인척으로 한다."라고 규정하고 있으며, 같은 법 제771조는 "인척은 배우자의 혈족에 대하여는 배우자의 그 혈족에 대한 촌수에 따르고, 혈족의 배우자에 대하여는 그 혈족에 대한 촌수에 따른다."라고 규정하고 있다. 따라서 의붓아버지와 의붓딸의 관계는 성폭력처벌법 제5조 제4항이 규정한 4촌 이내의 인척으로서 친족관계에 해당한다.(대법원 2020. 11. 5., 선고, 2020도10806, 판결)

4. 장애인에 대한 강간 · 강제추행 등

1) 적용법조 : 제6조 제1항 ☞ 공소시효 없음

> 제6조(장애인에 대한 강간·강제추행 등) ① 신체적인 또는 정신적인 장애가 있는 사람에 대하여 「형법」 제297조(강간)의 죄를 범한 사람은 무기징역 또는 7년 이상의 징역에 처한다.
> ② 신체적인 또는 정신적인 장애가 있는 사람에 대하여 폭행이나 협박으로 다음 각 호의 어느 하나에 해당하는 행위를 한 사람은 5년 이상의 유기징역에 처한다.
> 　1. 구강 · 항문 등 신체(성기는 제외한다)의 내부에 성기를 넣는 행위
> 　2. 성기 · 항문에 손가락 등 신체(성기는 제외한다)의 일부나 도구를 넣는 행위
> ③ 신체적인 또는 정신적인 장애가 있는 사람에 대하여 「형법」 제298조(강제추행)의 죄를 범한 사람은 3년 이상의 유기징역 또는 3천만원 이상 5천만원 이하의 벌금에 처한다.
> ④ 신체적인 또는 정신적인 장애로 항거불능 또는 항거곤란 상태에 있음을 이용하여 사람을 간음하거나 추행한 사람은 제1항부터 제3항까지의 예에 따라 처벌한다.
> ⑤ 위계(僞計) 또는 위력(威力)으로써 신체적인 또는 정신적인 장애가 있는 사람을 간음한 사람은 5년 이상의 유기징역에 처한다.
> ⑥ 위계 또는 위력으로써 신체적인 또는 정신적인 장애가 있는 사람을 추행한 사람은 1년 이상의 유기징역 또는 1천만원 이상 3천만원 이하의 벌금에 처한다.
> ⑦ 장애인의 보호, 교육 등을 목적으로 하는 시설의 장 또는 종사자가 보호, 감독의 대상인 장애인에 대하여 제1항부터 제6항까지의 죄를 범한 경우에는 그 죄에 정한 형의 2분의 1까지 가중한다.
> 제15조(미수범) 제3조부터 제9조까지, 제14조, 제14조의2 및 제14조의3의 미수범은 처벌한다.

2) 범죄사실 기재례

[기재례1] 장애인준강간

> 피의자는 20○○. 7. 21.경 지적장애 2급인 피해자 B(여, 20세)가 인터넷에 '가출을 하고 싶으니 도와 달라.'고 남긴 글을 보고 피해자에게 '여행도 다니면서 같이 살자.'라고 유인하여 20○○.○.○.경 ○○에 있는 ○○지하철 ○○역 1번 출구 앞에서 피해자를 만나게 되었다.
> 피의자는 지적장애인인 피해자에게 "빨리 친해지려면 술을 마셔야 하는데 지금 피곤하니 모텔에 가서 마시자."라고 말하여 피해자를 ○○에 있는 ○○여관으로 유인한 다음 위 여관 불상의 호실에서 피해자에게 성관계를 요구하였으나 피해자가 이를 거절하자 "우리는 애인이고 부부 사이이니 성관계를 하여야 한다."라고 말하여 그 자리에서 피해자를 3회 간음하였다.
> 이로써 피의자는 피해자가 정신적인 장애로 인하여 항거불능 상태에 있음을 이용하여 피해자를 간음하였다.

[기재례2] 신체장애인 강제추행

> 피의자는 20○○. ○. ○.13:35경 ○○에서 담배를 피우던 중 위 빌딩 2층에 있는 장애인 자립재활센터에서 일을 마친 후 귀가 차량을 기다리던 피해자 갑(여,25세, 지적장애 1급)을 발견하고 피해자를 강제추행하기로 마음먹었다.
> 피의자는 피해자에게 다가가 "아유 예쁘네."라고 말하면서 손으로 갑자기 피해자의 얼

굴을 쓰다듬고, 주변의 시선을 피하기 위해서 입고 있던 점퍼로 피해자의 몸을 가린 후 손으로 피해자의 가슴을 주무르고, 또다시 피해자의 얼굴을 손으로 쓰다듬고 피해자의 허리를 팔로 감싸 안은 후에 피해자의 입술에 자신의 입술을 맞추고, 이에 놀란 피해자가 "하지 마." 라고 소리치며 달아나자 피해자를 뒤따라가 재차 피의자을 밀치며 거부하는 피해자의 가슴을 만졌다.

이로써 피의자는 정신적인 장애 및 신체적인 장애가 있는 사람을 강제추행하였다.

■ **판례** ■ 피고인이 별다른 강제력을 행사하지 않고서 지적 능력이 4 ~ 8세에 불과한 정신지체 장애여성을 간음하였고 장애여성도 이에 대하여 별다른 저항행위를 하지 아니한 경우

[1] 사실관계

甲은 자신의 집에 전세로 입주하여 살고 있는 乙녀와 동거하면서 평소 乙녀에게 심한 폭력을 행사하였고 乙녀의 작은오빠에게도 부(夫)처럼 행동하면서 폭력을 행사하던 중, 甲은 乙녀가 없는 틈을 이용하여 장애여성으로서 지적 능력이 4-8세에 불과한 乙녀의 딸 丙녀를 별다른 강제력을 행사하지 않고서 강제로 바닥에 눕히고 바지와 팬티를 벗긴 다음 8회에 걸쳐 간음하였다.

[2] 판결요지

가. 제8조에 정한 '신체장애 또는 정신상의 장애로 항거불능인 상태에 있음'의 의미 및 정신상의 장애가 주된 원인이 되어 항거불능인 상태에 있었는지 여부의 판단 기준

성폭력범죄의 처벌 및 피해자보호 등에 관한 법률 제8조의 "신체장애 또는 정신상의 장애로 항거불능인 상태에 있음" 이라 함은, 신체장애 또는 정신상의 장애 그 자체로 항거불능의 상태에 있는 경우뿐 아니라 신체장애 또는 정신상의 장애가 주된 원인이 되어 심리적 또는 물리적으로 반항이 불가능하거나 현저히 곤란한 상태에 이른 경우를 포함하는 것으로 보아야 하고, 그 중 정신상의 장애가 주된 원인이 되어 항거불능인 상태에 있었는지 여부를 판단함에 있어서는 피해자의 정신상 장애의 정도뿐 아니라 피해자와 가해자의 신분을 비롯한 관계, 주변의 상황 내지 환경, 가해자의 행위 내용과 방법, 피해자의 인식과 반응의 내용 등을 종합적으로 검토해야 한다.

나. 甲의 죄책

피해자가 정신장애를 주된 원인으로 항거불능상태에 있었음을 이용하여 간음행위를 한 것으로서 성폭력범죄의 처벌 및 피해자보호 등에 관한 법률 제8조의 '항거불능인 상태'에 해당한다(대법원 2007.7.27. 선고 2005도2994 판결).

■ **판례** ■ 피해자가 정신지체장애 1급의 장애가 있기는 하나 그로 인하여 항거불능의 상태에 있었다고 단정하기는 어렵다고 한 사례

피해자는 저능아이기는 하나 7~8세 정도의 지능은 있었고, 평소 마을 어귀에 있는 요트 경기장 등을 돌아다니며 시간을 보내는 등 자신의 신체를 조절할 능력도 충분히 있었으나, 평소 겁이 많아 누가 큰 소리를 치면 겁을 먹고 시키는 대로 하였던 점, 피해자 스스로 피고인이 나오라고 하였을 때 안 나가면 경찰차가 와서 잡아가므로 안 나갈 수 없었고, 옷을 벗으라고 하였을 때 벗지 않으면 피고인이 손바닥으로 얼굴을 때리므로 무서워서 옷을 벗지 않을 수 없었으며, 아버지에게

이르면 때려준다고 하여 아무에게도 이야기할 수 없었다는 취지로 진술하고 있는 점 등으로 보아, 피해자는 지능이 정상인에 미달하기는 하나 사고능력이나 사리분별력이 전혀 없다고는 할 수 없고, 성적인 자기결정을 할 능력이 있기는 하였으나, 다만 그 능력이 미약한 상태에 있었던 데 불과하고, 피고인이 피해자의 그러한 상태를 이용하여 가벼운 폭행과 협박·위계로써 피해자의 반항을 손쉽게 억압하고 피해자를 간음하게 된 것으로 볼 여지가 충분하다. 결국, 피해자는 형법 제302조에서 말하는 심신미약의 상태에 있었다고 볼 수는 있겠으나, 법 제8조에서 말하는 항거불능의 상태에 있었다고 단정하기는 어렵다 할 것이다(대법원 2004.5.27. 선고 2004도1449 판결).

■ 판례 ■   성폭력범죄의처벌및피해자보호 등에관한법률 제8조 소정의 '항거불능인 상태'의 의미

제8조는 신체장애 또는 정신상의 장애로 항거불능인 상태에 있음을 이용하여 여자를 간음하거나 사람을 추행한 자를 형법 제297조, 제298조의 강간 또는 강제추행의 죄에 정한 형으로 처벌하도록 규정하고 있고, 위 법률 제12조에 의하여 제8조의 미수범도 처벌되는바, 위 법률 제8조에 정한 죄는 정신적 또는 신체적 사정으로 인하여 성적인 자기방어를 할 수 없는 사람에게 성적 자기결정권을 보호해 주는 것을 보호법익으로 하고 있고, 위 법률규정에서의 항거불능의 상태라 함은 심리적 또는 물리적으로 반항이 절대적으로 불가능하거나 현저히 곤란한 경우를 의미한다고 보아야 할 것이므로, 위 법률 제8조의 구성요건에 해당하기 위해서는 피해자가 신체장애 또는 정신상의 장애로 인하여 성적인 자기방어를 할 수 없는 항거불능의 상태에 있었어야 하고, 이러한 요건은 형법 제302조에서 미성년자 또는 심신미약자에 대하여 위계 또는 위력으로써 간음 또는 추행을 한 자의 처벌에 관하여 따로 규정하고 있는 점에 비추어 더욱 엄격하게 해석하여야 한다(대법원 2003.10.24. 선고 2003도5322 판결).

■ 판례 ■   '신체장애'에 정신장애가 포함되는지 여부(소극)

신체장애로 항거불능인 상태에 있음을 이용하여 여자를 간음하거나 사람에 대하여 추행한 자는 형법 제297조(강간) 또는 제298조(강제추행)에 정한 형으로 처벌한다고 규정하고 있는바, 관련 법률의 장애인에 관한 규정과 형법상의 유추해석 금지의 원칙에 비추어 볼 때, 이 규정에서 말하는 '신체장애'에 정신박약 등으로 인한 정신장애도 포함된다고 보아 그러한 정신장애로 인하여 항거불능 상태에 있는 여자를 간음한 경우에도 이 규정에 해당한다고 해석하기는 어렵다(대법원 1998.4.10. 선고 97도3392 판결).

■ 판례 ■   위계의 의미

[1] 구 성폭력범죄의 처벌 등에 관한 특례법 제6조 제5항, 제6항에서 정한 '위계'의 의미

구 성폭력범죄의 처벌 등에 관한 특례법(2012. 12. 18. 법률 제11556호로 전부 개정되기 전의 것) 제6조 제5항, 제6항은 위계로써 장애인을 간음하거나 추행한 사람을 처벌하는 규정이다. 위 규정에서 말하는 위계란 행위자가 간음 또는 추행의 목적으로 상대방에게 오인, 착각, 부지를 일으키고는 상대방의 그러한 심적 상태를 이용하여 간음 또는 추행의 목적을 달성하는 것을 말하고, 여기에서 오인, 착각, 부지라고 함은 간음행위 또는 추행행위 자체에 대한 오인, 착각, 부지를 말하는 것이지, 간음행위 또는 추행행위와 불가분적 관련성이 인정되지 않는 다른 조건에 관한 오인, 착각, 부지를 가리키는 것이 아니다.

[2] 피고인이 甲에게 정신장애가 있음을 알면서 인터넷 쪽지를 이용하여 甲을 피고인의 집으로 유인한 후 성교행위와 제모행위를 함으로써 장애인인 甲을 간음하고 추행하였다고 하여 구 성폭력범죄의 처벌 등에 관한 특례법 위반으로 기소된 사안에서, 피고인의 행위가 위 특례법에서 정한

'장애인에 대한 위계에 의한 간음죄 또는 추행죄'에 해당하지 않는다.

피고인이 성교 등의 목적을 가지고 甲을 유인하여 피고인의 집으로 오게 하였더라도, 위 유인행위는 甲을 피고인의 집으로 오게 하기 위한 행위에 불과하고, 甲이 피고인의 집으로 온 것과 성교행위나 제모행위 사이에 불가분적 관련성이 인정되지 아니하여, 甲이 피고인의 유인행위로 간음행위나 추행행위 자체에 대한 착오에 빠졌다거나 이를 알지 못하게 되었다고 할 수 없으므로, 피고인의 행위는 위 특례법에서 정한 장애인에 대한 위계에 의한 간음죄 또는 추행죄에 해당하지 않는다.(대법원 2014.9.4, 선고, 2014도8423,2014전도151, 판결)

■ **판례** ■ 구 성폭력범죄의 처벌 등에 관한 특례법 제6조에서 정한 '신체적인 또는 정신적인 장애로 항거불능인 상태'의 의미 및 정신적인 장애가 주된 원인이 되어 '항거불능인 상태'에 있었는지 판단하는 기준

구 성폭력범죄의 처벌 등에 관한 특례법(2011. 11. 17. 법률 제11088호로 개정되기 전의 것, 이하 '구 성폭법'이라 한다) 제6조의 '신체적인 또는 정신적인 장애로 항거불능인 상태'란 신체적 또는 정신적 장애 그 자체로 항거불능의 상태에 있는 경우뿐 아니라 신체장애 또는 정신적인 장애가 주된 원인이 되어 심리적 또는 물리적으로 반항이 불가능하거나 현저히 곤란한 상태에 이른 경우를 포함하는 것으로 보아야 하고, 그 중 정신적인 장애가 주된 원인이 되어 항거불능인 상태에 있었는지 여부를 판단함에 있어서는 피해자의 정신적 장애의 정도뿐 아니라 피해자와 가해자의 신분을 비롯한 관계, 주변의 상황 내지 환경, 가해자의 행위 내용과 방법, 피해자의 인식과 반응의 내용 등을 종합적으로 검토해야 한다. 나아가 장애인의 성적 자기결정권을 충실하게 보호하고자 하는 구 성폭법 제6조의 입법 취지에 비추어 보면, 위와 같은 '항거불능인 상태'에 있었는지 여부를 판단할 때에는 피해자가 정신적 장애인이라는 사정이 충분히 고려되어야 하므로, 외부적으로 드러나는 피해자의 지적 능력 이외에 정신적 장애로 인한 사회적 지능·성숙의 정도, 이로 인한 대인관계에서 특성이나 의사소통능력 등을 전체적으로 살펴 피해자가 범행 당시에 성적 자기결정권을 실질적으로 표현·행사할 수 있었는지를 신중히 판단하여야 한다.(대법원 2014.2.13, 선고, 2011도6907, 판결)

■ **판례** ■ 성폭력처벌법 제6조의 '정신적인 장애가 있는 사람'의 의미

제6조에서 정하는 '정신적인 장애가 있는 사람'이란 '정신적인 기능이나 손상 등의 문제로 일상생활이나 사회생활에서 상당한 제약을 받는 사람'을 가리킨다(대법원 2021. 2. 25. 선고 2016도4404판결 참조). 장애인복지법에 따른 장애인 등록을 하지 않았다거나 그 등록기준을 충족하지 못하더라도 여기에 해당할 수 있다.

☞ 피해자가 장애인등록을 하지 않았더라도, 여러 사정을 종합할 때 정신적 기능 등의 문제로 일상생활이나 사회생활에서 상당한 제약을 받는 자에 해당하므로, 성폭력처벌법 제6조에서 규정한 '정신적인 장애가 있는 사람'에 해당한다고 한 원심판결에 법리오해의 잘못이 없다. (대법원 2021.10.28.선고 2021도9051 판결)

5. 13세 미만자에 대한 강간, 강제추행

1) 적용법조 : 제7조 제3항 ☞ 공소시효 없음

제7조(13세 미만의 미성년자에 대한 강간, 강제추행 등) ① 13세 미만의 사람에 대하여 「형법」 제297 조(강간)의 죄를 범한 사람은 무기징역 또는 10년 이상의 징역에 처한다.

② 13세 미만의 사람에 대하여 폭행이나 협박으로 다음 각 호의 어느 하나에 해당하는 행위를 한 사람은 7년 이상 의 유기징역에 처한다.

1. 구강·항문 등 신체(성기는 제외한다)의 내부에 성기를 넣는 행위

2. 성기·항문에 손가락 등 신체(성기는 제외한다)의 일부나 도구를 넣는 행위

③ 13세 미만의 사람에 대하여 「형법」 제298조(강제추행)의 죄를 범한 사람은 5년 이상의 유기징역에 처한다.

④ 13세 미만의 사람에 대하여 「형법」 제299조(준강간, 준강제추행)의 죄를 범한 사람은 제1항부터 제3항까지의 예 에 따라 처벌한다.

⑤ 위계 또는 위력으로써 13세 미만의 사람을 간음하거나 추행한 사람은 제1항부터 제3항까지의 예에 따라 처벌한다.

제15조(미수범) 제3조부터 제9조까지, 제14조, 제14조의2 및 제14조의3의 미수범은 처벌한다.

2) 범죄사실 기재례

[기재례1] 공원에서 추행

피의자는 20○○. 1. 중순 15:00경 ○○에 있는 ○○체육관에서 태권도 수련을 마친 다음 같은 체육관에 다니며 평소 피의자를 따르던 피해자 김○○(남, 10세)를 데리고 부근 피시방 에서 게임을 한 후 귀가하려다가 순간적으로 욕정을 일으켜 피해자를 추행하기로 마음먹었다.

피의자는 피해자에게 ○○체육공원에 놀러가자고 유인하여 위 체육공원 화장실 옆 벤치로 데려 간 다음, 같은 날 17:00경 그곳에서 피해자에게 "바지를 벗지 않으면 때리겠다."고 협박하여 항 거불능하게 한 후 피해자의 바지를 벗기고 손으로 성기를 만지는 등 피해자를 강제로 추행하였다.

[기재례2] 교장이 학생 추행

피의자는 20○○. 3. 1.부터 20○○. 2. 16. ○○광역시교육감으로부터 해임처분을 받을 때 까지 ○○에 있는 ○○초등학교의 교장으로 재직하였다.

피의자는 20○○. ○. ○. 14:00경에서 15:00경까지 사이에 위 초등학교 교장실에서 혼자 서 청소를 하고 있던 위 초등학교 재학생인 피해자 김미숙(여, 12세)을 보고 피해자 등의 뒤 에서 겨드랑이 사이로 손을 넣어 동인을 껴안은 다음 손바닥으로 가슴부위를 만져, 13세미 만의 사람인 위 피해자를 강제로 추행하였다.

[기재례3] 찜질방 수면실에서 준강제추행(제7조 제4항, 제3항, 형법 제299조)

피의자는 20○○. ○. ○. ○○:○○경 ○○에 있는 ○○찜질방 수면실에서 그곳 바닥에서 잠 을 자고 있던 피해자 甲(여, 12세)을 발견하고 순간적으로 욕정을 느껴 강제추행할 것을 마음먹 은 다음 피해자의 옆에 피해자와 반대방향으로 누워 다리로 피해자의 엉덩이를 수회 비비는 방

법으로 피해자의 무의식적인 항거불능 상태를 이용하여 피해자를 강제로 추행하였다.

[기재례4] 13세미만미성년자유사성행위(제7조 제2항 제2호, 제7조 제3항

피의자는 20○○.○.○.경부터 주말마다 퇴근 후 ○○에 있는 갑의 주거지에서 잠을 자면서 그곳에 있는 위 갑의 자녀인 피해자 을(여, 8세)에게 욕정이 생겨 피해자를 추행하기로 마음 먹었다.

1. 성폭력범죄의처벌등에관한특례법위반(13세미만미성년자유사성행위)

피의자는 20○○.○.○. 21:00경 위 갑의 주거지 내 작은방에서 피해자 을과 잠을 자기 위해 누워 있던 중 피해자 을에게 이불을 덮은 후 피해자의 속옷 안으로 손을 넣어 음부를 만지다 가 손가락을 질 속에 넣었고, 피해자가 아프다고 하자 평소 자위를 하거나 위 갑과 성관계를 할 때 사용하던 마사지젤을 피해자 음부에 바른 후 손가락으로 만지고 질 속에 넣었다.

이로서 피의자는 13세 미만의 사람에 대하여 성기에 손가락 등 신체의 일부를 넣는 행위를 하였다.

2. 성폭력범죄의처벌등에관한특례법위반(13세미만미성년자강제추행)

피의자는 20○○.○.○. 21:00경 위 갑의 주거지 내 작은방에서 피해자 을이 휴대폰 게임 을 하고 있는 피의자에게 다가와 장난을 하자 피의자의 손으로 피해자의 옷 위로 음부를 만 져 13세 미만의 사람에 대하여 추행을 하였다.

[기재례5] 위력으로 13세 미만 미성년자에 대한 유사성행위 (제7조 제5항, 제2항 제1호)

피의자는 20○○.○.○.18:00~18:20경 사이 ○○에서, 피해자(당시 11세)가 학교를 마치고 집으로 들어와 안방에서 옷을 갈아입고 있는 것을 보자 안방으로 들어가 방문을 걸어 잠근 후 갑자기 피해자를 안으면서 피해자의 입술과 볼에 키스를 하고, 이에 피해자가 '왜 이러 느냐, 하지 말라'고 말하며 피해자를 밀어내자 피의자는 양팔로 피해자를 안아 그곳 바닥 에 깔려있던 이불 위에 내려놓은 다음, 피해자가 입고 있던 상의를 모두 벗기고 피의자의 혀를 피해자의 입 안으로 넣어 키스하고 피해자의 가슴을 입으로 빨다가 갑자기 피의자의 바지와 팬티를 벗어 피의자의 성기를 꺼내 피해자에게 '빨아라, 입 안에 넣고 빨아'고 말 하여 피해자로 하여금 피의자의 성기를 입에 넣고 빨도록 하였다.

이로써 피의자는 13세 미만의 미성년인 피해자에 대하여 위력으로 구강의 내부에 성기를 넣는 행위를 하였다.

■ **판례** ■ 13세 미만 미성년자에 대한 추행죄의 주관적 구성요건

[1] 성폭력범죄의 처벌 및 피해자보호 등에 관한 법률 제8조의2 제5항에 정한 13세 미만 미성년자에 대한 추행죄의 주관적 구성요건으로 '성욕을 자극·흥분·만족시키려는 주관적 동기나 목적' 이 필요한지 여부(소극) 및 '추행' 해당 여부의 판단 방법

성폭력범죄의 처벌 및 피해자보호 등에 관한 법률 제8조의2 제5항에서 규정한 13세 미만의 미성 년자에 대한 추행죄는 '13세 미만의 아동이 외부로부터의 부적절한 성적 자극이나 물리력의 행사 가 없는 상태에서 심리적 장애 없이 성적 정체성 및 가치관을 형성할 권익'을 보호법익으로 하는 것으로서, 그 성립에 필요한 주관적 구성요건으로 성욕을 자극·흥분·만족시키려는 주관적 동기

나 목적이 있어야 하는 것은 아니다. 위 죄에 있어서 '추행'이라 함은 객관적으로 상대방과 같은 처지에 있는 일반적·평균적인 사람으로 하여금 성적 수치심이나 혐오감을 일으키게 하고 선량한 성적 도덕관념에 반하는 행위로서 피해자의 성적 자유를 침해하는 것이라고 할 것인데, 이에 해당하는지 여부는 피해자의 의사, 성별, 연령, 행위자와 피해자의 이전부터의 관계, 그 행위에 이르게 된 경위, 구체적 행위태양, 주위의 객관적 상황과 그 시대의 성적 도덕관념 등을 종합적으로 고려하여 신중히 결정하여야 한다.

[2] 초등학교 교사가 건강검진을 받으러 온 학생의 옷 속으로 손을 넣어 배와 가슴 등의 신체 부위를 만진 행위는 제8조의2 제5항에서 말하는 '추행'에 해당한다.

초등학교 기간제 교사가 다른 학생들이 지켜보는 가운데 건강검진을 받으러 온 학생의 옷 속으로 손을 넣어 배와 가슴 등의 신체 부위를 만진 행위는, 설사 성욕을 자극·흥분·만족시키려는 주관적 동기나 목적이 없었더라도 객관적으로 일반인에게 성적 수치심이나 혐오감을 불러일으키고 선량한 성적 도덕관념에 반하는 행위라고 평가할 수 있고 그로 인하여 피해 학생의 심리적 성장 및 성적 정체성의 형성에 부정적 영향을 미쳤다고 판단되므로, 성폭력범죄의 처벌 및 피해자보호 등에 관한 법률 제8조의2 제5항에서 말하는 '추행'에 해당한다(대법원 2009.9.24. 선고 2009도2576 판결).

■ **판례** ■ 피고인이 아파트 엘리베이터 내에 13세 미만인 甲(여, 11세)과 단둘이 탄 다음 甲을 향하여 성기를 꺼내어 잡고 여러 방향으로 움직이다가 이를 보고 놀란 甲 쪽으로 가까이 다가감으로써 위력으로 甲을 추행하였다고 하여 기소된 사안

피고인은 나이 어린 甲을 범행 대상으로 삼아, 의도적으로 협소하고 폐쇄적인 엘리베이터 내 공간을 이용하여 甲이 도움을 청할 수 없고 즉시 도피할 수도 없는 상황을 만들어 범행을 한 점 등 제반 사정에 비추어 볼 때, 비록 피고인이 甲의 신체에 직접적인 접촉을 하지 아니하였고 엘리베이터가 멈춘 후 甲이 위 상황에서 바로 벗어날 수 있었다고 하더라도, 피고인의 행위는 甲의 성적 자유의사를 제압하기에 충분한 세력에 의하여 추행행위에 나아간 것으로서 위력에 의한 추행에 해당한다고 보아야 한다(대법원 2013.1.16. 선고 2011도7164 판결).

6. 강간 등 치상

제8조(강간 등 상해·치상) ① 제3조제1항, 제4조, 제6조, 제7조 또는 제15조(제3조제1항, 제4조, 제6조 또는 제7조의 미수범으로 한정한다)의 죄를 범한 사람이 다른 사람을 상해하거나 상해에 이르게 한 때에는 무기징역 또는 10년 이상의 징역에 처한다.

② 제5조 또는 제15조(제5조의 미수범으로 한정한다)의 죄를 범한 사람이 다른 사람을 상해하거나 상해에 이르게 한 때에는 무기징역 또는 7년 이상의 징역에 처한다.

제15조(미수범) 제3조부터 제9조까지, 제14조, 제14조의2 및 제14조의3의 미수범은 처벌한다.

제15조의2(예비, 음모) 제3조부터 제7조까지의 죄를 범할 목적으로 예비 또는 음모한 사람은 3년 이하의 징역에 처한다.

[기재례1] 합동으로 강간치상

1) 적용법조 : 제8조 제1항 ☞ 공소시효 없음

2) 범죄사실 기재례

피의자들은 20○○. ○. ○. ○○:○○경 ○○에 있는 피의자 乙의 집에서 공모·합동하여 피의자는 손바닥으로 피해자의 얼굴을 3회 때리고 머리채를 잡아 피해자를 피의자 乙이 있는 방으로 밀어 넣은 뒤, 피의자는 그 옆방에서 피해자가 도망하지 못하게 망을 보고, 피의자 乙은 피해자를 방안으로 끌고 들어가 강제로 옷을 벗겨 반항을 하지 못하게 하였다.

피의자 乙은 피해자를 1회 간음하여 강간하고, 그 다음날 ○○:○○경 위와 같이 항거불능의 상태에 있는 피해자를 다시 1회 간음하여 강간하고, 그로 인하여 피해자로 하여금 약 1주간의 치료를 요하는 처녀막파열상을 입게 하였다.

[기재례2] 공원 여자화장실에서 강간미수

1) 적용법조 : 제8조 제1항 ☞ 공소시효 없음

2) 범죄사실 기재례

피의자는 20○○. ○. ○. 01:55경 ○○에 있는 ○○공원에서 그 곳 여자화장실에 들어간 피해자 김마담(여, 44세)을 발견하고 순간적으로 욕정을 일으켜 그녀를 강간하기로 마음먹었다.

피의자는 피해자가 있던 여자화장실 내 용변 칸으로 침입하여 미리 준비한 흉기인 과도(크기)를 피해자 목에 대고 "조용히 해, 가만히 있어." 라고 말하며 한손으로 피해자의 입을 막고, 다른 손으로는 그녀의 몸통 부분을 붙잡아 그녀의 반항을 억압한 후 그녀를 간음하려 하였으나, 그 곳 남자화장실에 있던 피해자의 남편 홍길동이 달려오자 뜻을 이루지 못하고 미수에 그친 채, 피해자에게 약 2주간의 치료를 요하는 좌족관절부좌상 등을 입게 하였다.

[기재례3] 강제추행치상

1) 적용법조 : 제8조 제1항 ☞ 공소시효 없음

2) 범죄사실 기재례

피의자는 20○○. ○. ○.18:00경 ○○에 있는 ○○산책로에서 혼자 산책하고 있는 피해자 홍길녀(여, 21세)에게 욕정을 품고 미리 준비한 흉기인 과도(크기)로 그녀의 얼굴을 3회 때리면서 "떠들면 죽여버리겠다."고 말하여 반항하지 못하게 한 후 그녀의 입술에 입을 맞추고, 음부에 손가락을 집어넣는 등 그녀를 강제로 추행하고, 이로 인하여 그녀에게 약 1주간의 치료를 요하는 회음부열창 등을 입게 하였다.

[기재례4] 처를 강간치상

1) 적용법조 : 제8조 제2항, 제5조 제1항 ☞ 공소시효 없음

2) 범죄사실 기재례

피의자는 20○○. ○. ○. 17:00경 ○○ 피의자의 집에 술을 마시고 들어와 처인 피해자 갑(여, 40세)과 다투다가 피해자의 팔을 잡아당겨 부엌으로 끌고 가 가스오븐렌지의 가스선을 뽑아 '같이 죽자'며 일회용 라이터를 이용하여 불을 붙이려 하였다.
피의자는 주방에 있던 위험한 물건인 과도를 가지고 와 '죽으려고 많이 생각해 보았는데 혼자 죽으려니 억울하기도 하고 혼자는 죽지 못하겠으니 너 죽이고 나 죽으면 될 것 같다'며 주먹으로 피해자의 얼굴을 수회 때리고, 머리채를 잡아 벽에 부딪치게 하였으며, 들고 있던 과도로 피해자의 얼굴을 손으로 잡은 후 과도로 1회 긁고, 과도 끝으로 피해자의 오른쪽 가슴을 1회 찌르며, 머리, 팔, 어깨, 다리를 순차적으로 1회씩 더 찔러 피해자에게 약 14일간의 치료를 요하는 다발성 자창 및 좌상을 가하고, 과도를 들고 피해자를 더 때릴 듯이 위협하여 이에 겁을 먹은 피해자로 하여금 상의와 바지를 벗게 하고 피의자의 성기를 빨도록 한 다음 1회 간음하여 강간하였다.

■ 판례 ■ 흉기를 휴대하고 주거에 침입하여 피해자를 강간하고 상해를 입힌 경우, 성폭력범죄및피해자보호등에관한법률 제9조 제1항 위반죄 이외에 주거침입죄가 성립하는지(소극)
성폭력범죄의처벌및피해자보호등에관한법률 제5조 제1항은 형법 제319조 제1항의 죄를 범한 자가 강간의 죄를 범한 경우를 규정하고 있고, 성폭력범죄의처벌및피해자보호등에관한법률 제9조 제1항은 같은 법 제5조 제1항의 죄와 같은 법 제6조의 죄에 대한 결과적 가중범을 동일한 구성요건에 규정하고 있으므로, 피해자의 방안에 침입하여 식칼로 위협하여 반항을 억압한 다음 피해자를 강간하여 상해를 입히게 한 피고인의 행위는 그 전체가 포괄하여 같은 법 제9조 제1항의 죄를 구성할 뿐이지, 그 중 주거침입의 행위가 나머지 행위와 별도로 주거침입죄를 구성한다고는 볼 수 없다(대법원 1999.4.23. 선고 99도354 판결).

■ 판례 ■   甲이 乙을 강간한 뒤, 乙이 불안, 불면, 악몽, 자책감, 우울감정, 대인관계 회피, 일상생활에 대한 무관심, 흥미상실 등의 증상을 보인 경우

[1] 성폭력범죄의처벌및피해자보호등에관한법률 제9조 제1항 소정의 상해의 의미

성폭력범죄의처벌및피해자보호등에관한법률 제9조 제1항의 상해는 피해자의 신체의 완전성을 훼손하거나 생리적 기능에 장애를 초래하는 것으로, 반드시 외부적인 상처가 있어야만 하는 것이 아니고, 여기서의 생리적 기능에는 육체적 기능뿐만 아니라 정신적 기능도 포함된다.

[2] 乙의 증상이 상해에 해당하는지 여부(적극)

정신과적 증상인 외상 후 스트레스 장애가 성폭력범죄의처벌및피해자보호등에관한법률 제9조 제1항 소정의 상해에 해당한다(대법원 1999.1.26. 선고 98도3732 판결).

■ 판례 ■   성폭력범죄의처벌및피해자보호등에관한법률 제9조 제1항의 죄의 주체에 같은 법 제6조의 미수범도 포함되는지 여부

형벌법규는 그 규정내용이 명확하여야 할 뿐만 아니라 그 해석에 있어서도 엄격함을 요하고 유추해석은 허용되지 않는 것이므로 성폭력범죄의처벌및피해자보호등에관한법률 제9조 제1항의 죄의 주체는 "제6조의 죄를 범한 자"로 한정되고 같은 법 제6조 제1항의 미수범까지 여기에 포함되는 것으로 풀이할 수는 없다(대법원 1995.4.7. 선고 95도94 판결).

7. 강간 등 살인

제9조(강간 등 살인·치사) ① 제3조부터 제7조까지, 제15조(제3조부터 제7조까지의 미수범으로 한정한다)의 죄 또는 「형법」 제297조(강간), 제297조의2(유사강간) 및 제298조(강제추행)부터 제300조(미수범)까지의 죄를 범한 사람이 다른 사람을 살해한 때에는 사형 또는 무기징역에 처한다.
② 제4조, 제5조 또는 제15조(제4조 또는 제5조의 미수범으로 한정한다)의 죄를 범한 사람이 다른 사람을 사망에 이르게 한 때에는 무기징역 또는 10년 이상의 징역에 처한다.
③ 제6조, 제7조 또는 제15조(제6조 또는 제7조의 미수범으로 한정한다)의 죄를 범한 사람이 다른 사람을 사망에 이르게 한 때에는 사형, 무기징역 또는 10년 이상의 징역에 처한다.
제15조(미수범) 제3조부터 제9조까지, 제14조, 제14조의2 및 제14조의3의 미수범은 처벌한다.
제15조의2(예비, 음모) 제3조부터 제7조까지의 죄를 범할 목적으로 예비 또는 음모한 사람은 3년 이하의 징역에 처한다.

[기재례1] 강도살인 및 사체오욕

1) **적용법조** : 제9조 제1항, 제15조, 제3조 제1항, 형법 제297조, 제159조 ☞ 공소시효 없음

2) **범죄사실 기재례**

가. 성폭력범죄의 처벌 등에 관한 특례법 위반(강간살인)
200○. 2. 15. 22:00경 ○○에 있는 여대생인 피해자 ○○○(여, 20세)이 거주하는 ○호에 이르러, 시정되지 않은 문을 열고 방안으로 침입하여 위 피해자의 어깨를 붙잡아 바닥에 넘어뜨리면서 "옷을 벗지 않으면 죽여 버리겠다"는 등의 말을 하자 이에 겁을 먹은 동녀가 돈을 줄테니 한번만 살려달라는 말과 함께 현금 ○○만원과 현금카드 3장, 중국화폐를 건네주자 이를 받아 주머니에 집어넣은 후 재차 피해자의 몸 위에 올라타 "빨리 벗어라"고 협박하여 피해자가 반항을 하지 못하게 하였다.
피의자는 피해자가 옷을 벗다가 강간을 모면하기 위하여 피의자의 왼쪽 새끼손가락을 물고 주먹으로 얼굴을 얻어맞으면서도 놓지 않은 채 비명을 지르자 누군가 비명소리를 듣고 오게 되면 자신의 범행이 탄로 날 것이 두려운 나머지 위 피해자를 살해할 마음을 먹고 두 손으로 피해자의 목을 힘껏 눌러 그 시경 그곳에서 동녀를 경부 압박질식으로 사망케 하여 피해자를 살해하였다.
나. 사체오욕
피의자는 같은 일시·장소에서, 전항과 같이 위 피해자 ○○○을 살해한 후에도 욕정을 이기지 못하고 사망한 동 사체의 입을 벌리고 자신의 성기를 집어넣어 왕복하고, 동 사체의 음부에 성기를 집어넣고 왕복하여 사정한 후 다시 그곳 방안에 있던 위 피해자 소유의 화장품 튜브를 동녀의 음부에 집어넣고 쑤시면서 자위를 하는 등의 방법으로 망인인 위 ○○○의 사체를 오욕하였다.

[기재례2] 강간살인 미수

1) 적용법조 : 제9조 제2항, 제15조, 제4조 제1항 ☞ 공소시효 없음

2) 범죄사실 기재례

　　피의자는 200○. ○. ○. 02:00경 ○○에서 피해자 갑(여, 30세)을 감싸기 위하여 가져온 이불을 바닥에 깔고 그 위에 피해자를 눕힌 다음 미리 준비한 흉기인 과도(크기)를 피해자 목에 대고 죽인다고 위협하면서 피의자의 바지와 팬티를 밑으로 내린 후 피해자의 옷을 벗기고, 이에 피해자가 "살려주세요, 살려주세요, 집에 갈래" 라고 애원하면서 몸을 비틀고 소리지르며 반항하자, 피의자는 왼손으로 피해자의 목 부위를 눌러 반항을 억압한 다음 왼손 세 번째, 네 번째 손가락을 그녀의 질 속에 집어넣어 아래위로 수 회 흔들고, 이로 그녀의 양쪽 볼, 왼쪽 손목 부위 등을 물고, 성기를 그녀의 음부에 집어넣어 피해자를 강간하였다.

　　피의자는 위와 같이 피해자를 강간하던 중, 피해자가 피의자의 얼굴을 보았기 때문에 그녀를 살려두면 피의자를 신고하게 될 것이 두려운 나머지 피해자를 살해할 것을 마음먹고 손으로 그녀의 목을 강하게 졸라 피해자를 살해하려고 하였다.

　　그러나 피해자가 심한 목졸림으로 인하여 실신한 것을 죽은 것으로 오인하여 현장을 떠나는 바람에 미수에 그치고, 피해자에게 약 3개월 이상의 치료를 요하는 복강 내 질 천공, 질 후벽 열상, 직장손상, 좌 안구 손상, 안면부 울혈 등의 상해 및 약 1개월 이상의 치료를 요하는 급성 스트레스 반응 등의 상해를 입도록 하였다.

■ **판례** ■　　미성년자를 약취한 후 강간 목적으로 상해 등을 가하고 나아가 강간 및 살인미수를 범한 경우, 약취한 미성년자에 대한 상해 등으로 인한 특정범죄 가중처벌 등에 관한 법률 위반죄와 미성년자에 대한 강간 및 살인미수행위로 인한 성폭력범죄의 처벌 등에 관한 특례법 위반죄의 죄수 관계(=실체적 경합범)

미성년자인 피해자를 약취한 후에 강간을 목적으로 피해자에게 가혹한 행위 및 상해를 가하고 나아가 그 피해자에 대한 강간 및 살인미수를 범하였다면, 이에 대하여는 약취한 미성년자에 대한 상해 등으로 인한 특정범죄 가중처벌 등에 관한 법률 위반죄 및 미성년자인 피해자에 대한 강간 및 살인미수행위로 인한 성폭력범죄의 처벌 등에 관한 특례법 위반죄가 각 성립하고, 설령 상해의 결과가 피해자에 대한 강간 및 살인미수행위 과정에서 발생한 것이라 하더라도 위 각 죄는 서로 형법 제37조 전단의 실체적 경합범 관계에 있다.(대법원 2014. 2. 27., 선고, 2013도12301,2013전도252,2013치도2, 판결).

8. 업무상 위력 등에 의한 추행

1) 적용법조 : 제10조 ☞ 공소시효 5년

> 제10조(업무상 위력 등에 의한 추행) ① 업무, 고용이나 그 밖의 관계로 인하여 자기의 보호, 감독을 받는 사람에 대하여 위계 또는 위력으로 추행한 사람은 3년 이하의 징역 또는 1,500만원 이하의 벌금에 처한다.
> ② 법률에 따라 구금된 사람을 감호하는 사람이 그 사람을 추행한 때에는 5년 이하의 징역 또는 2천만원 이하의 벌금에 처한다.

2) 범죄사실 기재례

[기재례1] 교도관의 수형자 추행 등(제301조, 제298조(강제추행치상), 제125조(독직가혹행위))

> 피의자는 20○○. ○. ○.부터 ○○구치소 분류심사과 소속 분류사로 근무하면서 위 구치소에 수형중인 기결수들을 상대로 수형자분류심사 및 가석방분류심사 업무에 종사하였다.
> 피의자는 여자수형자를 상대로 분류심사를 하게 되면 ○○제곱미터 정도의 분류심사실에 여자수형자만 입실하도록 되어 있어 심사를 받는 여자수형자를 성추행하더라도 다른 교도관들이 알기 어려울 뿐만 아니라 심사를 받는 여자수형자는 분류심사의 결과에 따라 구치소 내 처우나 가석방 여부에 불이익을 받을 것이 두려워 반항하지 못할 것이 라는 점을 악용하여 교도관이라는 우월적 지위를 이용하여 여자 수형자들을 성추행하는 등 가혹행위를 하기로 마음먹었다.
> 피의자는 20○○. 12. 2. 10:00경 위 구치소 분류심사실에서 여자수형자인 피해자 乙에 대하여 분류심사를 하게 되자, 심사 도중에 위 피해자의 옆으로 옮겨 앉은 후 갑자기 위 피해자를 세게 끌어안은 상태에서 위 피해자의 엉덩이와 가슴을 수회 만지고, 재차 옷 안으로 손을 집어넣어 위 피해자의 엉덩이와 가슴을 수회 만지고, 이에 몸을 뒤틀며 반항하는 위 피해자에게 "말을 듣지 않으면 수갑을 채워 독방에 집어넣겠다" 고 말하는 등 협박하였다.
> 피의자는 이와 같은 방법으로 피해자의 가슴과 엉덩이 등을 계속 만지는 등 직위를 이용하여 가혹행위를 함과 동시에 위 피해자를 추행하고, 그 충격으로 인하여 위 피해자로 하여금 치료 일수 미상의 급성스트레스장애 등의 상해를 입게 하였다.

[기재례2] 부하 여직원을 위력으로 추행

> 피의자는 20○○. ○. ○.경부터 ○○주식회사의 영업부 대리로 근무하였다.
> 피의자는 20○○. ○. ○.경부터 부하 여직원인 피해자 홍길녀(여, 22세)에게 자신의 어깨를 주무르게 한 후 이를 거절하면 큰소리로 화를 내 피해자로 하여금 이를 거절할 수 없도록 하였고, 피의자가 위 회사 회장의 조카인 관계로 위 회사 관계자들이 피의자를 제지하지 않아 계속하여 피해자로 하여금 피고인의 어깨를 주무르게 하여오던 중, 20○○. ○. ○.경 위 회사의 영업부 사무실에서 자신의 어깨를 주무르라는 요구를 피해자가 거절하자 피해자의 등 뒤로 가 '이렇게 하는 거야.'라고 말하면서 양손으로 피해자의 어깨를 주물러 업무상 위력에 의하여 피해자를 추행하였다.

[기재례3] 유흥주점 종업원을 위계로 추행

피의자는 20○○. 7. 20. 16:00경 ○○에 있는 피의자 자신이 운영하고 있는 ○○유흥주점에서 고용관계에 있는 종업원 홍길녀(여 22세)와 술을 먹다 내 말을 잘 들으면 앞으로 마담을 시켜주겠다며 그녀를 끌어안고 유방과 음부를 손으로 만져 위계로서 그녀를 추행하였다.

[기재례4] 식당 서빙여직원 강제추행

피의자는 ○○에서 식당을 운영하는 사람이고, 20○○.○.○.경부터 위 식당에서 아르바이트 직원으로 근무하던 피해자 갑(여, 20세)이 하는 서빙업무 등을 관리하였다.

피의자는20○○.○.○.05:00경 위 식당에서 피해자와 술을 마시고 피해자를 집까지 데려다 주겠다고 하여 자신의 승용차 조수석에 태운 다음 ○○사우나 인근 노상에 이르러 위 차량을 주차시키고 차 안에서 피해자와 이야기를 하였다.

그러던 중 피의자는 순간적으로 피해자를 추행할 마음을 먹고 피해자에게 "한 번 안아봐도 되느냐."고 묻고서 피해자가 "싫다"고 거절하였음에도 불구하고 양손으로 피해자를 껴안고, 자신의 입술을 피해자의 입술에 갖다 대어 키스를 하였다.

이로써 피의자는 업무로 인하여 피의자의 보호, 감독을 받는 피해자에 대하여 위력으로 추행하였다.

[기재례5] 학교교사의 학생들 추행 (아동 · 청소년의 성보호에 관한 법률:위력에 의한 청소년 추행, 성폭력범죄의 처벌 등에 관한 특례법 :업무상 위력에 의한 피보호감독자 추행)

피의자는 20○○.○.○.경부터 20○○.○.○.경 직위해제 시까지 ○○고등학교에서 교사로서 근무하던 사람이다.

1. 피의자는 20○○.3.경 ○○에 있는 ○○고등학교에서 국어수업 도중 책상에서 필기를 하던 피해자 갑(여, 15세)의 뒤에서 접근하여 갑자기 손으로 피해자의 손, 팔 안쪽을 잡아 만지작거렸다.

이로써 피의자는 교사로서 피의자의 보호, 감독을 받는 학생으로 청소년인 피해자를 위력으로 추행하였다.

2. 피의자는 20○○. 5.경 위 ○○고등학교 교무실에서 중간고사가 끝나고 난 뒤 마침 위 피해자 을이 교무실에 있는 것을 보고 '국어 성적 궁금하지 않냐'고 묻고 피해자가 '궁금해요'라고 하니 무릎을 치면서 '가르쳐 줄 테니까 일단 여기 앉아봐라'고 말하고 손으로 피해자의 오른손을 잡아 오른손 엄지손가락 밑 부분부터 손가락 및 손 전체를 계속하여 만지작거렸다.

이로써 피의자는 교사로서 피의자의 보호 · 감독을 받는 학생으로 청소년인 피해자를 위력으로 추행하였다.

■ **판례** ■　병원 응급실에서 당직 근무를 하던 의사가 가벼운 교통사고로 인하여 비교적 경미한 상처를 입고 입원한 여성 환자들의 바지와 속옷을 내리고 음부 윗부분을 진료행위를 가장하여 수회 누른 경우, 업무상 위력 등에 의한 추행에 해당여부(적극)

피고인은 병원 응급실에서 당직근무를 하는 의사로서 자신의 보호 감독하에 있는 입원 환자들인 피해자들의 의사에 반하여, 자고 있는 甲을 깨워 상의를 배꼽 위로 올리고 바지와 팬티를 음부 윗부분까지 내린 다음 '아프면 말하라.'고 하면서 양손으로 복부를 누르다가 차츰 아래로 내려와 팬티를 엉덩이 중간까지 걸칠 정도로 더 내린 후 음부 윗부분 음모가 나 있는 부분과 그 주변을 4~5회 정도 누르고, 이어 자고 있는 乙을 깨워 '만져서 아프면 얘기하라.'고 하면서 상의를 배꼽 위로 올려 계속 누르다가 바지와 팬티를 음모가 일부 드러날 정도까지 내려 음부 윗부분 음모가 나 있는 부분과 그 주변까지 양손으로 수회 누르는 행위는 피해자들의 성적 자유를 현저히 침해하고, 일반인의 입장에서도 추행행위라고 평가할 만한 것이라 할 것이다. 따라서 이는 고용 기타 관계로 인하여 보호 또는 감독을 받는 사람들에 대하여 위계로서 추행을 한 것으로 성폭력범죄의 처벌및피해자보호등에관한법률상의 업무상위력등에의한추행죄를 구성한다(대법원 2005.7. 14. 선고 2003도7107 판결).

■ **판례** ■　직장 상사인 甲이 뒤에서 20대 초반의 미혼 여성의 의사에 명백히 반하여 어깨를 주무른 경우

20대 초반의 미혼 여성인 피해자가 자신이 근무하던 회사 대표의 조카로서 30대 초반의 가정을 가진 남성상사인 피고인의 요구를 거절하지 못한 채 어쩔 수 없이 여러 차례 그의 어깨를 주물러 준 적이 있었는데, 피고인이 평소와 마찬가지로 피해자에게 어깨를 주물러 달라는 요구를 하였다가 거절당하자 곧바로 등뒤로 가 양손으로 피해자의 어깨를 서너 번 주무른 행위는 피고인의 어깨를 주무르는 것에 대하여 평소 수치스럽게 생각하여 오던 피해자에 대하여 그 의사에 명백히 반하여 그의 어깨를 주무르고, 이로 인하여 소름이 끼치도록 혐오감을 들게 하였고, 이어 나중에는 피해자를 껴안기까지 한 일련의 행위에서 드러난 피고인의 추행 성향을 앞서 본 추행에 관한 법리에 비추어 볼 때, 이는 20대 초반의 미혼 여성인 피해자의 성적 자유를 침해할 뿐만 아니라, 일반인의 입장에서도 도덕적 비난을 넘어 추행행위라고 평가할 만한 것이라 할 것이고, 나아가 추행행위의 행태와 당시의 경위 등에 비추어 볼 때 피고인의 범의나 업무상 위력이 행사된 점도 인정된다(대법원 2004.4.16. 선고 2004도52).

■ **판례** ■　위력과 추행의 정의 및 추행의 판단기준

[1] 성폭력범죄의처벌및피해자보호등에관한법률 제11조 제1항 소정의 위력과 추행의 정의

업무상위력등에의한추행상의 위력이라 함은 피해자의 자유의사를 제압하기에 충분한 세력을 말하고, 유형적이든 무형적이든 묻지 않으므로 폭행·협박뿐 아니라 사회적·경제적·정치적인 지위나 권세를 이용하는 것도 가능하며, 위력행위 자체가 추행행위라고 인정되는 경우도 포함되고, 이 경우에 있어서의 위력은 현실적으로 피해자의 자유의사가 제압될 것임을 요하는 것은 아니라 할 것이고, 추행이라 함은 객관적으로 일반인에게 성적 수치심이나 혐오감을 일으키게 하고 선량한 성적 도덕관념에 반하는 것이라고 할 것이다.

[2] 업무상위력등에의한추행죄 해당 여부의 판단 기준

개인의 성적자유를 보호법익으로 하는 것이므로 결국 이에 해당하는지 여부는 개인의 성적 자유가 현저히 침해되고, 또한 일반인의 입장에서 보아도 추행행위라고 평가될 경우에 한정하여야 할 것이

고, 이러한 의미에서 키스, 포옹 등과 같은 경우에 있어서 그것이 추행행위에 해당하는가에 대하여는 피해자의 의사, 성별, 연령, 행위자와 피해자의 이전부터의 관계, 그 행위에 이르게 된 경위, 구체적 행위태양, 주위의 객관적 상황과 그 시대의 성적 도덕관념 등을 종합적으로 고려하여 신중히 검토하여야만 한다(대법원 1998.1.23. 선고 97도2506 판결).

■ **판례** ■   채용 절차에서 영향력의 범위 안에 있는 사람도 포함되는지 여부(적극)

[1] '업무상 위력 등에 의한 추행'에 관한 처벌 규정인 성폭력범죄의 처벌 등에 관한 특례법 제10 조 제1항에서 정한 '업무, 고용이나 그 밖의 관계로 인하여 자기의 보호, 감독을 받는 사람'에 직장 안에서 보호 또는 감독을 받거나 사실상 보호 또는 감독을 받는 상황에 있는 사람뿐만 아니라 채용 절차에서 영향력의 범위 안에 있는 사람도 포함되는지 여부(적극) / 위 죄에서 말하는 '위력'의 의미 및 위력으로써 추행하였는지 판단하는 기준

성폭력범죄의 처벌 등에 관한 특례법 제10조는 '업무상 위력 등에 의한 추행'에 관한 처벌 규정인데, 제1항에서 "업무, 고용이나 그 밖의 관계로 인하여 자기의 보호, 감독을 받는 사람에 대하여 위계 또는 위력으로 추행한 사람은 3년 이하의 징역 또는 1천 500만 원 이하의 벌금에 처한다."라고 정하고 있다. '업무, 고용이나 그 밖의 관계로 인하여 자기의 보호, 감독을 받는 사람'에는 직장 안에서 보호 또는 감독을 받거나 사실상 보호 또는 감독을 받는 상황에 있는 사람뿐만 아니라 채용 절차에서 영향력의 범위 안에 있는 사람도 포함된다. 그리고 '위력'이란 피해자의 자유의사를 제압하기에 충분한 힘을 말하고, 유형적이든 무형적이든 묻지 않고 폭행·협박뿐만 아니라 사회적·경제적·정치적인 지위나 권세를 이용하는 것도 가능하며, 현실적으로 피해자의 자유의사가 제압될 필요는 없다. 위력으로써 추행하였는지는 행사한 유형력의 내용과 정도, 행위자의 지위나 권세의 종류, 피해자의 연령, 행위자와 피해자의 관계, 그 행위에 이르게 된 경위, 구체적인 행위 모습, 범행 당시의 정황 등 여러 사정을 종합적으로 고려하여 판단하여야 한다.

[2] 편의점 업주인 피고인이 아르바이트 구인 광고를 보고 연락한 甲을 채용을 빌미로 불러내 면접을 한 후 자신의 집으로 유인하여 甲의 성기를 만지고 甲에게 피고인의 성기를 만지게 하였다고 하여 성폭력범죄의 처벌 등에 관한 특례법 위반(업무상위력등에의한추행)으로 기소된 사안

피고인이 채용 권한을 가지고 있는 지위를 이용하여 甲의 자유의사를 제압하여 甲을 추행하였다고 본 원심판단이 정당하다. (대법원 2020. 7. 9. 선고, 2020도5646, 판결)

9. 공중 밀집 장소에서의 추행

1) 적용법조 : 제11조 ☞ 공소시효 5년

제11조(공중 밀집 장소에서의 추행) 대중교통수단, 공연·집회 장소, 그 밖에 공중(公衆)이 밀집하는 장소에서 사람을 추행한 사람은 3년 이하의 징역 또는 3천만원 이하의 벌금에 처한다.

2) 범죄사실 기재례

[기재례1] 지하철에서 강제추행

피의자는 20○○. ○. ○. ○○:○○경 서울지하철 1호선 ○○역에서 승차하여 ○○○지점을 지날 무렵 출근하는 승객들로 지하철이 붐비자 옆에 서 있던 피해자 홍길녀(여,20세)에게 몸을 밀착시키면서 피의자의 오른손을 그녀의 미니스커트 속으로 집어넣어 중지로 음부를 만졌다.

피의자는 이와 같은 방법으로 같은 노선 ○○역에 도착할 때까지 약 ○○분간에 걸쳐 대중교통수단인 전동차에서 피해자를 추행하였다.

[기재례2] 찜질방 수면실에서 강제추행

피의자는 20○○. ○. ○. ○○:○○경 ○○에 있는 ○○찜질방 수면실내에서 잠을 자고 있던 피해자 甲(여. 20세)을 한 손으로는 피해자의 양쪽가슴을 만지고 다른 한 손으로는 음부와 엉덩이를 만지는 등으로 공중밀집장소인 찜질방에서 피해자를 추행하였다.

3) 신문사항

※ 필수 조사사항

○ 범행장소(전철·버스 등 대중교통수단, 극장·영화관·집회장소 등)

○ 추행의 수단의 방법

○ 피해자의 반항 정도

○ 조사사항

    – 피의자는 홍길녀를 알고 있는가

    – 홍길녀를 추행한 일이 있는가

    – 언제 어디에서 인가

    – 어떻게 홍길녀를 추행하였나

    – 어떤 방법으로 추행하였나

    – 뭐라면서 음부와 유방을 만졌는가

- 홍길녀가 반항하지 않던가

- 그곳에는 누가 있었는가

- 피의자가 홍길녀를 추행할 때 다른 사람들도 보았는가

- 왜 이런 행위를 하였는가

■ **판례** ■　찜질방 수면실에서 옆에 누워 있던 피해자의 가슴 등을 손으로 만진 경우

[1] 성폭력범죄의 처벌 및 피해자보호 등에 관한 법률 제13조에서 정한 '공중이 밀집하는 장소'의 의미

공중밀집장소에서의 추행죄를 규정한 성폭력범죄의 처벌 및 피해자보호 등에 관한 법률 제13조의 입법 취지, 위 법률 조항에서 그 범행장소를 공중이 '밀집한' 장소로 한정하는 대신 공중이 '밀집하는' 장소로 달리 규정하고 있는 문언의 내용, 그 규정상 예시적으로 열거한 대중교통수단, 공연·집회 장소 등의 가능한 다양한 형태 등에 비추어 보면, 여기서 말하는 '공중이 밀집하는 장소'에는 현실적으로 사람들이 빽빽이 들어서 있어 서로간의 신체적 접촉이 이루어지고 있는 곳만을 의미하는 것이 아니라 이 사건 찜질방 등과 같이 공중의 이용에 상시적으로 제공·개방된 상태에 놓여 있는 곳 일반을 의미한다. 또한, 위 공중밀집장소의 의미를 이와 같이 해석하는 한 그 장소의 성격과 이용현황, 피고인과 피해자 사이의 친분관계 등 구체적 사실관계에 비추어, 공중밀집장소의 일반적 특성을 이용한 추행행위라고 보기 어려운 특별한 사정이 있는 경우에 해당하지 않는 한, 그 행위 당시의 현실적인 밀집도 내지 혼잡도에 따라 그 규정의 적용 여부를 달리한다고 할 수는 없다.

[2] 찜질방 수면실에서 옆에 누워 있던 피해자의 가슴 등을 손으로 만진 행위가 성폭력범죄의 처벌 및 피해자보호 등에 관한 법률 제13조에서 정한 공중밀집장소에서의 추행행위에 해당한다(대법원 2009.10.29. 선고 2009도5704 판결).

10. 성적 목적을 위한 다중이용장소 침입

  1) 적용법조 : 제12조   ☞ 공소시효 5년 (7년)

제12조(성적 목적을 위한 다중이용장소 침입행위) 자기의 성적 욕망을 만족시킬 목적으로 화장실,
  목욕장·목욕실 또는 발한실(發汗室), 모유수유시설, 탈의실 등 불특정 다수가 이용하는 서장소에 침입하
  거나 같은 장소에서 퇴거의 요구를 받고 응하지 아니하는 사람은 1년 이하의 징역 또는 1천만원 이하의
  벌금에 처한다.
※ 시행령
제1조의2(성적 목적을 위한 공공장소 침입행위) 「성폭력범죄의 처벌 등에 관한 특례법」 제2조에서
  "「공중화장실 등에 관한 법률」 제2조제1호부터 제5호까지에 따른 공중화장실 등 및 「공중위생관리법」 제2조
  제1항제3호에 따른 목욕장업의 목욕장 등 대통령령으로 정하는 공공장소"란 다음 각 호의 어느 하나에 해당하
  는 장소를 말한다.
 1. 「공중화장실 등에 관한 법률」 제2조제1호부터 제5호까지의 규정에 따른 공중화장실, 개방화장실, 이동
    화장실, 간이화장실 또는 유료화장실
 2. 「공중위생관리법」 제2조제1항제3호에 따른 목욕장업의 목욕장
 3. 「모자보건법」 제10조의3에 따른 모유수유시설로서 임산부가 영유아에게 모유를 먹일 수 있도록 설치된 장소
 4. 다음 각 목의 어느 하나에 해당하는 시설에 설치된 탈의실 또는 목욕실
    가. 「체육시설의 설치·이용에 관한 법률」 제2조제1호에 따른 체육시설
    나. 「유통산업발전법」 제2조제3호에 따른 대규모점포
※ 형법
제319조(주거침입, 퇴거불응)
※ 경범죄처벌법
제3조(경범죄의 종류) ① 다음 각 호의 어느 하나에 해당하는 사람은 10만원 이하의 벌금, 구류 또는 과
  료(科料)의 형으로 처벌한다.
 37. (무단 출입) 출입이 금지된 구역이나 시설 또는 장소에 정당한 이유 없이 들어간 사람

---

  2) 범죄사실 기재례

[기재례1] 공중화장실 침입

  피의자는 여성의 신체를 몰래 촬영하기로 마음먹고 그 대상을 물색하던 중, 20○○. ○.
○.12:50경 ○○에 있는 ○○공중화장실에 들어가, 미리 소지하고 있던 캠코더를 화장실 칸
막이 밑에 고정시키고 약 30분 동안 옆 칸에서 용변을 보는 성명을 알 수 없는 위 학교 여
학생 6명의 음부를 차례로 촬영하였다.
  이로써 피의자는 자기의 성적 욕망을 만족시킬 목적으로 공중화장실에 침입하고 또 성
적 욕망 또는 수치심을 유발할 수 있는 타인의 신체를 그 의사에 반하여 촬영하였다.

[기재례2] 공중화장실 침입

  피의자는 20○○.○.○.21:00경 ○○에 있는 ○○지하철역 1층 여자화장실에서 피해자 갑
(여, 20세)이 위 화장실에 용변을 보러 들어가는 모습을 발견하고 자신의 성적 욕망을 만족

시킬 목적으로 피해자를 따라 들어가 안으로 침입하여 화장실 변기를 밟고 올라가 칸막이 위 틈새로 피해자를 훔쳐보았다.

[기재례3] 공중화장실 침입

피의자는 20○○. 7. 26. 21:10경 ○○에 위치한 B 부근의 실외 공중화장실 앞에 이르러, 피해자 C(26세, 여)가 용변을 보기 위해 화장실에 들어가는 것을 보고 자기의 성적 욕망을 만족시킬 목적으로 열린 화장실 문을 통해 안으로 들어가, 피해자가 용변을 보는 칸의 바로 옆 칸에 들어가 칸막이 사이의 빈 공간으로 머리를 들이밀었다.

결국 피의자는 자기의 성적 욕망을 만족시킬 목적으로 공중화장실에 침입하였다

[기재례4] 공중화장실 침입

피의자는 20○○.○.○. 08:50 ○○에 있는 ○○역 여자장실 앞에 이르러 위 화장실 이용하는 여성들 용변 보는 모습을 훔쳐보기 위해 화장실 안으로 들어가 2호 칸에 있다가 3호 칸에 피해자 갑이 들어가 용변을 보자 이를 훔쳐보기 위해 칸막이 아래쪽으로 얼굴을 들이 밀었다.

피의자는 이와 같이 자신의 욕망을 만족시킬 목적으로 공중화장실에 침입하였다.

3) 신문사항
 - 범행 장소(공중화장실 · 목욕장 등)
 - 출입한 일시
 - 범행 목적 (목적범임)
 - 촬영한 기계장치(카메라 · 비디오)
 - 범행 후 피해자의 상황
 - 발각되게 된 경위

11. 통신매체이용음란

1) 적용법조 : 제13조 ☞ 공소시효 5년

> 제13조(통신매체를 이용한 음란행위) 자기 또는 다른 사람의 성적 욕망을 유발하거나 만족시킬 목적으로 전화, 우편, 컴퓨터, 그 밖의 통신매체를 통하여 성적 수치심이나 혐오감을 일으키는 말, 음향, 글, 그림, 영상 또는 물건을 상대방에게 도달하게 한 사람은 2년 이하의 징역 또는 2천만원 이하의 벌금에 처한다.

2) 범죄사실 기재례

[기재례1] 일반전화 이용

> 자기 또는 다른 사람의 성적 욕망을 유발하거나 만족시킬 목적으로 전화·우편·컴퓨터 기타 통신매체를 통하여 성적 수치심이나 혐오감을 일으키는 말이나 음향, 글이나 도화, 영상 또는 물건을 상대방에게 도달하게 하여서는 아니된다.
> 그럼에도 불구하고 피의자는 성적욕망을 만족시킬 목적으로, 20○○. ○. ○. ○○:○○경 ○○에 있는 피의자의 집 전화(123-4567)를 이용 피해자 홍길녀(여, 29세)에게 전화하여 "나는 ○○성상담소 소장으로 여성들을 상대로 성만족도 조사를 하고 있다"고 피해자를 속이고, 상담을 하겠다면서 "○○○○"고 말하는 등으로 피해자에게 성적 수치심과 혐오감을 일으키는 말을 도달하게 하였다.

[기재례2] 휴대전화 이용

> 피의자는 20○○. ○. ○. ○○:○○경 ○○에서 성적욕망을 유발하거나 만족시킬 목적으로 피의자의 휴대전화(번호)를 이용하여 피해자 홍길녀(여, 26세)의 휴대전화(번호)로 "○○양의 사랑스런 엉덩이 만나고 싶어라. 내 마음 두근두근 너를 사랑해..."라는 내용의 문자메시지를 보낸 것을 비롯하여 그때부터 20○○. ○. ○. ○○:○○경 까지 총 ○○회에 걸쳐 성적 수치심이나 혐오감을 일으키는 내용의 문자 메시지를 보내 상대방인 피해자에게 도달하게 하였다.

3) 신문사항
- 이용한 통신 매체(전화·우편·컴퓨터 통신 등)
- 성적 욕망을 유발·만족시키기 위한 수단(말·음향·도화·글·동영상·음란 물건 등)

■ 판례 ■ 전화, 우편, 컴퓨터나 그 밖에 일반적으로 통신매체라고 인식되는 수단을 이용하지 아니한 채 직접 상대방에게 말, 글, 물건 등을 도달하게 하는 행위
통신매체를 이용하지 아니한 채 '직접' 상대방에게 말, 글, 물건 등을 도달하게 하는 행위까지 포함하여 위 규정으로 처벌할 수 있다고 보는 것은 법문의 가능한 의미의 범위를 벗어난 해석으로서 실정법 이상으로 처벌 범위를 확대하는 것이다.(대법원 2016.3.10, 선고, 2015도17847, 판결)

■ **판례** ■   '통신매체이용음란죄'의 보호법익

[1] 성폭력범죄의 처벌 등에 관한 특례법 제13조에서 정한 '통신매체이용음란죄'의 보호법익 / 위
　　죄의 구성요건 중 '자기 또는 다른 사람의 성적 욕망을 유발하거나 만족시킬 목적' 유무의 판
　　단 기준 및 '성적 수치심이나 혐오감을 일으키는 것'의 의미와 판단 기준

성폭력범죄의 처벌 등에 관한 특례법(이하 '성폭력처벌법'이라 한다) 제13조는 "자기 또는 다
른 사람의 성적 욕망을 유발하거나 만족시킬 목적으로 전화, 우편, 컴퓨터, 그 밖의 통신매체를 통
하여 '성적 수치심이나 혐오감을 일으키는 말, 음향, 글, 그림, 영상 또는 물건'(이하 '성적 수
치심을 일으키는 그림 등'이라 한다)을 상대방에게 도달하게 한 사람"을 처벌하고 있다. 성폭력
처벌법 제13조에서 정한 '통신매체이용음란죄'는 '성적 자기결정권에 반하여 성적 수치심을 일
으키는 그림 등을 개인의 의사에 반하여 접하지 않을 권리'를 보장하기 위한 것으로 성적 자기결
정권과 일반적 인격권의 보호, 사회의 건전한 성풍속 확립을 보호법익으로 한다.
　'자기 또는 다른 사람의 성적 욕망을 유발하거나 만족시킬 목적'이 있는지는 피고인과 피해자의
관계, 행위의 동기와 경위, 행위의 수단과 방법, 행위의 내용과 태양, 상대방의 성격과 범위 등 여
러 사정을 종합하여 사회통념에 비추어 합리적으로 판단하여야 한다. 또한 '성적 수치심이나 혐오
감을 일으키는 것'은 피해자에게 단순한 부끄러움이나 불쾌감을 넘어 인격적 존재로서의 수치심이
나 모욕감을 느끼게 하거나 싫어하고 미워하는 감정을 느끼게 하는 것으로서 사회 평균인의 성적
도의관념에 반하는 것을 의미한다. 이와 같은 성적 수치심 또는 혐오감의 유발 여부는 일반적이고
평균적인 사람들을 기준으로 하여 판단함이 타당하고, 특히 성적 수치심의 경우 피해자와 같은 성
별과 연령대의 일반적이고 평균적인 사람들을 기준으로 하여 그 유발 여부를 판단하여야 한다.

[2] 성폭력범죄의 처벌 등에 관한 특례법 제13조의 구성요건 중 '성적 수치심이나 혐오감을 일으키
　　는 말, 음향, 글, 그림, 영상 또는 물건을 상대방에게 도달하게 한다'는 것의 의미 및 상대방에
　　게 성적 수치심이나 혐오감을 일으키는 말, 음향, 글, 그림, 영상 또는 물건이 담겨 있는 웹페이
　　지 등에 대한 인터넷 링크(internet link)를 보내는 행위가 위 구성요건을 충족하는지 여부(한정
　　적극)

성폭력범죄의 처벌 등에 관한 특례법 제13조에서 '성적 수치심이나 혐오감을 일으키는 말, 음향,
글, 그림, 영상 또는 물건(이하 '성적 수치심을 일으키는 그림 등'이라 한다)을 상대방에게 도달
하게 한다'는 것은 '상대방이 성적 수치심을 일으키는 그림 등을 직접 접하는 경우뿐만 아니라
상대방이 실제로 이를 인식할 수 있는 상태에 두는 것'을 의미한다. 따라서 행위자의 의사와 그
내용, 웹페이지의 성격과 사용된 링크기술의 구체적인 방식 등 모든 사정을 종합하여 볼 때 상대
방에게 성적 수치심을 일으키는 그림 등이 담겨 있는 웹페이지 등에 대한 인터넷 링크(internet
link)를 보내는 행위를 통해 그와 같은 그림 등이 상대방에 의하여 인식될 수 있는 상태에 놓이고
실질에 있어서 이를 직접 전달하는 것과 다를 바 없다고 평가되고, 이에 따라 상대방이 이러한 링
크를 이용하여 별다른 제한 없이 성적 수치심을 일으키는 그림 등에 바로 접할 수 있는 상태가 실
제로 조성되었다면, 그러한 행위는 전체로 보아 성적 수치심을 일으키는 그림 등을 상대방에게 도
달하게 한다는 구성요건을 충족한다.(대법원 2017.6.8, 선고, 2016도21389, 판결)

■ **판례** ■   성폭력범죄의 처벌 등에 관한 특례법 제13조에서 정한 '통신매체 이용 음란
죄'의 보호법익 / 위 죄의 구성요건 중 '자기 또는 다른 사람의 성적 욕망을 유발하거나
만족시킬 목적'이 있는지 판단하는 기준 및 '성적 욕망'에 상대방을 성적으로 비하하거
나 조롱하는 등 상대방에게 성적 수치심을 줌으로써 자신의 심리적 만족을 얻고자 하는 욕
망이 포함되는지 여부(적극)와 이러한 '성적 욕망'이 상대방에 대한 분노감과 결합되어

있더라도 마찬가지인지 여부(적극)

성폭력범죄의 처벌 등에 관한 특례법 제13조는 "자기 또는 다른 사람의 성적 욕망을 유발하거나 만족시킬 목적으로 전화, 우편, 컴퓨터, 그 밖의 통신매체를 통하여 '성적 수치심이나 혐오감을 일으키는 말, 음향, 글, 그림, 영상 또는 물건'(이하 '성적 수치심을 일으키는 그림 등'이라 한다)을 상대방에게 도달하게 한 사람"을 처벌하고 있다. 성폭력범죄의 처벌 등에 관한 특례법 제13조에서 정한 '통신매체 이용 음란죄'는 '성적 자기결정권에 반하여 성적 수치심을 일으키는 그림 등을 개인의 의사에 반하여 접하지 않을 권리'를 보장하기 위한 것으로 성적 자기결정권과 일반적 인격권의 보호, 사회의 건전한 성풍속 확립을 보호법익으로 한다.

'자기 또는 다른 사람의 성적 욕망을 유발하거나 만족시킬 목적'이 있는지는 피고인과 피해자의 관계, 행위의 동기와 경위, 행위의 수단과 방법, 행위의 내용과 태양, 상대방의 성격과 범위 등 여러 사정을 종합하여 사회통념에 비추어 합리적으로 판단하여야 한다.

'성적 욕망'에는 성행위나 성관계를 직접적인 목적이나 전제로 하는 욕망뿐만 아니라, 상대방을 성적으로 비하하거나 조롱하는 등 상대방에게 성적 수치심을 줌으로써 자신의 심리적 만족을 얻고자 하는 욕망도 포함된다. 또한 이러한 '성적 욕망'이 상대방에 대한 분노감과 결합되어 있더라도 달리 볼 것은 아니다.(대법원 2018. 9. 13., 선고, 2018도9775, 판결)

■ **판례** ■   제13조에서 정한 '자기 또는 다른 사람의 성적 욕망을 유발하거나 만족시킬 목적'이 있는지 판단하는 기준 / 위 규정에서 정한 '성적 수치심이나 혐오감을 일으키는 것'의 의미 및 성적 수치심 또는 혐오감의 유발 여부를 판단하는 기준

제13조는 "자기 또는 다른 사람의 성적 욕망을 유발하거나 만족시킬 목적으로 전화, 우편, 컴퓨터, 그 밖의 통신매체를 통하여 '성적 수치심이나 혐오감을 일으키는 말, 음향, 글, 그림, 영상 또는 물건'을 상대방에게 도달하게 한 사람"을 처벌한다. '자기 또는 다른 사람의 성적 욕망을 유발하거나 만족시킬 목적'이 있는지 여부는 피고인과 피해자의 관계, 행위의 동기와 경위, 행위의 수단과 방법, 행위의 내용과 태양, 상대방의 성격과 범위 등 여러 사정을 종합하여 사회통념에 비추어 합리적으로 판단하여야 한다. 또한 '성적 수치심이나 혐오감을 일으키는 것'은 피해자에게 단순한 부끄러움이나 불쾌감을 넘어 인격적 존재로서의 수치심이나 모욕감을 느끼게 하거나 싫어하고 미워하는 감정을 느끼게 하는 것으로서 사회 평균인의 성적 도의관념에 반하는 것을 의미한다. 이와 같은 성적 수치심 또는 혐오감의 유발 여부는 일반적이고 평균적인 사람들을 기준으로 하여 판단함이 타당하고, 특히 성적 수치심의 경우 피해자와 같은 성별과 연령대의 일반적이고 평균적인 사람들을 기준으로 하여 그 유발 여부를 판단하여야 한다.(대법원 2022. 9. 29. 선고 2020도11185 판결)

12. 카메라 등 이용촬영

1) 적용법조 : 제14조 제1항 ☞ 공소시효 7년

제14조(카메라 등을 이용한 촬영) ① 카메라나 그 밖에 이와 유사한 기능을 갖춘 기계장치를 이용하여 성적 욕망 또는 수치심을 유발할 수 있는 사람의 신체를 촬영대상자의 의사에 반하여 촬영한 자는 5년 이하의 징역 또는 3천만원 이하의 벌금에 처한다.

② 제1항에 따른 촬영물 또는 복제물(복제물의 복제물을 포함한다. 이하 이 조에서 같다)을 반포·판매·임대·제공 또는 공공연하게 전시·상영(이하 "반포등"이라 한다)한 자 또는 제1항의 촬영이 촬영 당시에는 촬영대상자의 의사에 반하지 아니한 경우(자신의 신체를 직접 촬영한 경우를 포함한다)에도 사후에 그 촬영물 또는 복제물을 촬영대상자의 의사에 반하여 반포등을 한 자는 7년 이하의 징역 또는 5천만원 이하의 벌금에 처한다.

③ 영리를 목적으로 촬영대상자의 의사에 반하여 「정보통신망 이용촉진 및 정보보호 등에 관한 법률」 제2조제1항제1호의 정보통신망(이하 "정보통신망"이라 한다)을 이용하여 제2항의 죄를 범한 자는 3년 이상의 유기징역에 처한다.

④ 제1항 또는 제2항의 촬영물 또는 복제물을 소지·구입·저장 또는 시청한 자는 3년 이하의 징역 또는 3천만원 이하의 벌금에 처한다.

⑤ 상습으로 제1항부터 제3항까지의 죄를 범한 때에는 그 죄에 정한 형의 2분의 1까지 가중한다. 〈

제15조(미수범) 제3조부터 제9조까지, 제14조, 제14조의2 및 제14조의3의 미수범은 처벌한다.

2) 불법촬영물로 인한 피해자에 대한 지원

※ **성폭력방지 및 피해자보호 등에 관한 법률**
제7조의3(불법촬영물로 인한 피해자에 대한 지원 등) ① 국가는 「성폭력범죄의 처벌 등에 관한 특례법」 제14조에 따른 촬영물 또는 복제물(복제물의 복제물을 포함한다. 이하 이 조에서 "촬영물등"이라 한다)이 「정보통신망 이용촉진 및 정보보호 등에 관한 법률」 제2조제1항제1호의 정보통신망에 유포되어 피해를 입은 사람에 대하여 촬영물등의 삭제를 위한 지원을 할 수 있다.

② 제1항에 따른 지원 대상자, 그 배우자(사실상의 혼인관계를 포함한다), 직계친족 또는 형제자매는 국가에 촬영물등의 삭제를 위한 지원을 요청할 수 있다.

③ 제1항에 따른 촬영물등 삭제 지원에 소요되는 비용은 「성폭력범죄의 처벌 등에 관한 특례법」 제14조에 해당하는 죄를 범한 성폭력행위자가 부담한다.

④ 국가가 제1항에 따라 촬영물등 삭제 지원에 소요되는 비용을 지출한 경우 제3항의 성폭력행위자에 대하여 구상권(求償權)을 행사할 수 있다.

⑤ 제1항 및 제2항에 따른 촬영물등 삭제 지원의 내용·방법, 제4항에 따른 구상권 행사의 절차·방법 등에 필요한 사항은 여성가족부령으로 정한다.

※ **성폭력방지 및 피해자보호 등에 관한 법률 시행규칙**
제2조의6(불법촬영물 삭제 지원 내용 및 방법 등) ① 여성가족부장관은 법 제7조의3제1항에 따라 같은 항 각 호의 어느 하나에 해당하는 촬영물 또는 복제물 등(이하 이 조에서 "촬영물등"이라 한다)의 유포로 피해를 입은 사람에 대하여 다음 각 호의 지원을 할 수 있다.
  1. 촬영물등 삭제가 필요한 피해 등에 관한 상담
  2. 촬영물등 유포로 인한 피해 정보의 수집 및 보관

3. 정보통신서비스 제공자 등에 대한 정보통신망에 유포된 촬영물등 삭제 요청 및 확인·점검
4. 그 밖에 촬영물등 삭제 지원과 관련하여 여성가족부장관이 필요하다고 인정하는 사항
② 여성가족부장관은 촬영물등 삭제 지원을 위한 물적·인적 자원을 갖추고 있다고 인정하는 기관으로 하여금 제1항 각 호에 따른 촬영물등 삭제 지원에 관한 업무를 하게 할 수 있다.
③ 제1항에 따른 지원 대상자, 그 배우자(사실상의 혼인관계를 포함한다), 직계친족, 형제자매 또는 지원 대상자가 지정하는 대리인(이하 이 조에서 "삭제지원요청자"라 한다)은 다음 각 호의 서류를 갖추어 여성가족부장관 또는 제2항에 따른 기관에 제1항 각 호의 지원을 요청할 수 있다.
1. 삭제지원요청자의 신분을 증명하는 서류
2. 지원 대상자와의 관계를 증명하는 서류(삭제지원요청자가 지원 대상자의 배우자, 직계친족, 형제자매인 경우에만 해당한다)
3. 지원 대상자가 자필 서명한 위임장 및 지원 대상자의 신분증 사본(삭제지원요청자가 지원 대상자가 지정하는 대리인인 경우에만 해당한다)
④ 여성가족부장관은 법 제7조의3제3항 각 호 외의 부분 후단에 따라 촬영물등과 관련된 자료를 다음 각 호의 구분에 따른 기간 동안 보관해야 한다. 다만, 삭제지원요청자의 요청이 있는 경우에는 이를 즉시 폐기해야 한다.
1. 「아동·청소년의 성보호에 관한 법률」 제2조제5호에 따른 아동·청소년성착취물: 영구
2. 「성폭력범죄의 처벌 등에 관한 특례법」 제14조에 따른 촬영물 또는 복제물(복제물의 복제물을 포함한다) 및 같은 법 제14조의2에 따른 편집물등 또는 복제물(복제물의 복제물을 포함한다): 10년
3. 그 밖에 촬영물등과 관련된 자료: 5년
⑤ 여성가족부장관은 법 제7조의3제3항 각 호 외의 부분 후단에 따른 자료의 수집 및 보관을 위해 정보시스템을 구축·운영할 수 있다.
⑥ 여성가족부장관은 법 제7조의3제5항에 따라 구상권을 행사하려는 경우에는 성폭력행위자 또는 아동·청소년대상 성범죄행위자에게 구상금액의 산출근거 등을 명시하여 이를 납부할 것을 서면으로 통지해야 한다.
⑦ 제6항에 따른 통지를 받은 성폭력행위자 또는 아동·청소년대상 성범죄행위자는 통지를 받은 날부터 30일 이내에 구상금액을 납부해야 한다.

3) 범죄사실 기재례

[기재례1] 백화점화장실에서 도촬

피의자는 20○○. ○. ○. 경부터 ○○에 있는 ○○백화점 1층의 여자화장실 첫째칸 천장에 몰래카메라를 설치하여, 근 2개월 동안 화장실 이용자들의 수치심을 유발하는 모습을 그들의 의사에 반하여 촬영하였다.

[기재례2] 편의점 알바생의 손님 촬영

피의자는 20○○. 1. 12. 00:35 경 ○○에 있는 ○○편의점에서 아르바이트를 하던 중 자신이 사용하던 삼성 갤럭시 스마트폰의 셀프 동영상 촬영 기능을 실행시켜 신고 있던 오른쪽 슬리퍼와 발등 사이에 끼워 넣은 후 손님인 피의자 갑(여,22세)이 물건을 계산하기 위해 계산대 앞으로 왔을 때 위와 같이 동영상 촬영이 되고 있는 스마트 폰을 끼운

오른발을 피해자 치마 밑으로 살짝 뻗어 피해자의 치마 속을 몰래 촬영하였다.

　이로써 피의자는 카메라나 그 밖에 이와 유사한 기능을 갖춘 기계장치를 이용하여 성적 욕망 또는 수치심을 유발 할 수 있는 다른 사람의 신체를 그 의사에 반하여 촬영하였다.

[기재례3] 촬영미수 : 제15조, 제14조 제1항

　피의자는 20○○. ○. ○. 12:40경 ○○에 있는 2층 화장실에서 여자의 하체 사진을 찍기 위하여 디지털 카메라를 미리 소지하고 들어갔다.

　피의자는 그 곳에 용변을 보러온 피해자 甲, 乙의 옷을 벗는 하체 모습을 위 카메라로 찍어 성적 욕망 또는 수치심을 유발할 수 있는 피해자들의 신체를 그 의사에 반하여 촬영하려고 하였으나, 위 카메라가 정상적으로 작동하지 아니하여 촬영에 실패함으로써 미수에 그쳤다.

[기재례4] 캠코더 카메라로 촬영

　피의자는 전처인 피해자 A(여, 33세)과 이혼한 후에도 계속 만나며 친밀한 관계를 유지하여 왔다. 그러던 중 피의자는 피해자에게 다른 남자가 생겨 피의자와의 관계를 끝내려고 하자 앙심을 품게 되었다. 이에 피의자는 피해자의 승낙을 받고 캠코더로 촬영해 두었던 피해자와의 성행위 장면을 CD로 만들어 배포하기로 마음먹었다.

　피의자는 20○○. ○. ○.경 ○○에 있는 피의자의 원룸에서, 위 성행위 장면을 복사한 동영상 CD 20여 장을 제작한 후 ○○ 일대의 택시에 탑승하여 택시기사들에게 1장씩 나누어 주는 등 그때부터 20○○. ○. ○.경까지 약 4회에 걸쳐 같은 방법으로 ○○ 일대의 택시기사들에게 위 동영상 CD 100여 장을 나누어 주었다.

　이로써 피의자는 캠코더 카메라를 이용하여 성적 욕망 또는 수치심을 유발할 수 있는 피해자의 신체를 촬영한 촬영물을 반포하였다.

[기재례5] 지하철에서 휴대폰 카메라로 촬영

　피의자는 20○○. ○. ○. 18:30경 ○○에 있는 지하철 1호선 ○○역을 운행하는 전동차 안에서 카메라가 내장된 피의자의 휴대전화기를 피해자 甲(여, 18세)의 다리 사이로 집어넣어 성적 수치심을 유발할 수 있는 피해자의 치마 속 하체 부위를 그 의사에 반하여 촬영하였다.

[기재례6] 고속버스 내에서 도촬

　피의자는 20○○.○.○. 16:00경 20○○.○.○.에 있는 ○○.부근 고속도로에서 운행하는 ○○행 고속버스(차량번호) 안에서 좌석에 앉아 졸고 있던 피해자 갑(여,20세)의 치마 속을 자신의 삼성 갤럭시 스마트폰 카메라를 이용하여 그녀 몰래 3호 촬영하였다.

　이로써 피의자는 카메라를 이용하여 성적 욕망 또는 수치심을 유발할 수 있는 피해자의 신체를 그녀의 의사에 반하여 촬영하였다.

[기재례7] 휴대폰 카메라로 촬영

피의자는 20○○. ○. ○.14:00경 ○○에 있는 ○○모텔에서 당시 내연관계에 있던 피해자 홍길녀(여, 39세)가 옷을 벗고 있는 틈을 타 휴대폰(삼성애니콜 SPH-V4300)의 카메라를 이용하여 피해자의 신체를 그의 의사에 반하여 촬영하였다.

[기재례8] 검사사칭 공문서위조, 사기, 강간 등

가. 사기

피의자는 20○○. 11. 2.경 ○○에서, 검사를 사칭하면서 피해자 ○○○로부터 돈을 받더라도 그녀와의 결혼자금으로 이를 보관할 의사가 없다. 그럼에도 불구하고 피의자는 피해자에게 "나는 ○○지청 검사인데, 당신과 결혼하고 싶다. 결혼하려면 자금이 필요한데 통장 하나를 만들어서 함께 돈을 모아두자"는 취지로 거짓말을 하였다. 피의자는 이에 속은 피해자로부터 즉석에서 현금 200,000원을 교부받은 것을 비롯하여 별지 범죄일람표(1)기재와 같이 그 시경부터 20○○. 5. 20.까지 위와 같은 방법으로 ○○회에 걸쳐 돈을 송금받았다.

나. 공문서위조

피의자는 20○○. 1. 14.경 ○○에 있는 피의자의 집에서, 행사할 목적으로 권한 없이 그곳에 있는 컴퓨터 워드프로세서를 이용하여 앞면에 "NO.000-000-00-00000, 검사증, 소속:○○지방검찰청, 직위:검사, 직급:○급, 성명:○○○, 유효기간:20○○년 1월 13일부터 20○○년 1월 13일까지, 위 사람은 검찰청법 제4조의 규정에 의거하여 검찰공무원임을 증명합니다. 20○○. 01. 13. 대법원장 ○○○"이라고 기재하고, 그 우측 하단에 붉은색 "농협중앙회인" 직인을 입력하고, 뒷면에 검찰청법 제4조를 기재하여 이를 인쇄한 후 앞면의 우측 상단에 피의자의 증명사진을 부착하고 미리 준비한 코팅비닐을 덮어 손으로 문질러 코팅하는 방법으로 공문서인 대법원장 발행의 공무원증 1매를 위조하였다.

다. 위조공문서행사

피의자는 20○○. ○. ○. 22:00경 ○○에서, 위와 같이 위조한 ○○지방검찰청 공무원증을 마치 진정하게 발행된 것인 양 그 정을 모르는 피해자 ○○○에게 제시하여 이를 각 행사하였다.

라. 성폭력범죄의 처벌 등에 관한 특례법 위반(카메라등이용촬영)

피의자는 20○○. 1. 2. 23:00경 위 원룸에서, 피의자의 휴대전화로 전항과 같이 의식을 잃고 쓰러져 있는 피해자 ○○○의 나체 내지 그녀의 음부를 피의자의 손가락으로 만지는 등의 장면을 촬영하여 카메라와 유사한 기능을 갖춘 기계장치를 이용하여 성적 욕망 또는 수치심을 유발할 수 있는 타인의 신체를 그 의사에 반하여 촬영하였다.

[기재례9] 사무실 직원이 남녀 공용화장실에 몰카 설치

피의자는 ○○주식회사의 직원으로서, ○○에 있는 위 회사 사무소에서 근무하던 자인바, 업무 스트레스 해소 및 자신의 성적 욕망을 충족시킬 목적으로, 자신이 근무하는 위 사무소 남녀 공용화장실에 일명 몰래카메라를 설치하여 화장실에 출입하는 사람들의 신체를 촬영하기로 마음먹었다.

이에, 피의자는 20○○.○.○.10:00경 위 사무소에 있는 남녀 공용화장실에서, 녹화기능을 작동시킨 휴대폰을 방향제 케이스에 숨겨놓고 변기 위에 올려놓아 몰래카메라를 설치하여 ○○분 가량에 걸쳐 화장실 안의 모습을 촬영하여, 같은 날 12:00경 회사 동료인 갑(30세, 여)의 엉덩이 부분을 촬영하였다.

피의자는 이를 비롯하여, 20○○.○.○. 10:00경부터 20○○.○.○.까지 위와 같은 방법으로 별지 범죄일람표 기재와 같이 18회에 걸쳐 화장실에 출입하는 사람들의 알몸을 촬영하거나 촬영을 시도하였다.

이로써, 피의자는 휴대폰 카메라를 이용하여 성적 욕망 또는 수치심을 유발할 수 있는 다른 사람의 신체를 그 의사에 반하여 촬영하거나, 이를 촬영하려다가 미수에 그쳤다.

[기재례10] 성관계 촬영 후 협박

1. 성폭력범죄의 처벌 등에 관한 특례법 위반(카메라 이용 촬영)

피의자는 20○○. 1. 중순 15:00경 ○○시 ○○동에 있는 ○○장 여관에서 스마트폰 채팅 앱인 '○○'을 통해 알게 된 피해자 B(여, 18세)와 그녀의 상체를 벗겨 가슴 부위를 노출시킨 채 성관계를 하면서 피해자 몰래 피의자의 휴대폰으로 그 장면을 동영상 촬영하였다.

이로써 피의자는 카메라나 그 밖에 이와 유사한 기능을 갖춘 기계장치를 이용하여 성적 욕망 또는 수치심을 유발할 수 있는 다른 사람의 신체를 그 의사에 반하여 촬영하였다.

2. 협박

가. 피의자는 전항과 같은 일시 다음 날 ○○시 ○○○○ ○단지 ○○동 앞 놀이터에서 피해자를 만나 피해자에게 '너와의 성관계 장면을 촬영한 동영상을 가지고 있고, 나를 만나지 않으면 동영상을 뿌리겠다.'는 취지로 말하여 협박하였다.

나. 피의자는 20○○. 2. 15. 02:53경 ○○시 ○○로 ○○, ○○동 ○○호 피의자의 집에서 스마트폰 채팅 앱인 '○○'으로 피해자 B에게 만나자고 요구하다가 피해자가 이를 거부하자 피해자의 엄마인 C를 거론하며 "C씨부터 보내줄까"라는 문자메시지를 보내 피해자를 협박하였다.

4) 신문사항

- 범행 장소(공중화장실·주택·사무실)
- 촬영한 기계장치(카메라·비디오)
- 범행 후 피해자의 상황
- 발각되게 된 경위

■ **판례** ■ 인터넷 채팅용 화상카메라를 이용하여 화상채팅을 하던 도중 상대방이 스스로 나체를 찍어 전송한 영상을 피고인의 컴퓨터에 저장한 경우

피고인이 인터넷 채팅용 화상카메라를 이용하여 화상채팅을 하던 도중 상대방이 스스로 나체를 찍어 전송한 영상을 피고인의 컴퓨터에 저장한 행위는 성폭력범죄의 처벌 및 피해자보호 등에 관한 법률 제14조의2에서 정한 촬영행위에 해당하지 않는다(대법원 2005.10.13. 선고 2005도5396 판결).

■ 판례 ■　甲이 피해자의 신체를 그 의사에 반하여 촬영하기 위해 카메라의 셔터를 눌렀으나 카메라가 정상적으로 작동하지 아니하여 촬영에 실패한 경우

[1] 카메라등이용촬영죄의 기수 시기

성폭력범죄의처벌및피해자보호등에관한법률 제14조의2는 성적 욕망 또는 수치심을 유발할 수 있는 피해자의 신체를 그 의사에 반하여 촬영하는 행위를 처벌하고 있고, 같은 법 제12조는 그 미수범을 처벌하고 있는바, 위 촬영죄의 기수에 달하기 위하여는 적어도 카메라 속에 들어 있는 필름 또는 메모리 장치에 피사체에 대한 영상 정보가 입력된 상태에 도달하여야 한다.

[2] 甲의 죄책

피고인이 피해자의 신체를 그 의사에 반하여 촬영하기 위해 카메라의 셔터를 눌렀으나 카메라가 정상적으로 작동하지 아니하여 촬영에 실패한 경우, 성폭력범죄의처벌및피해자보호등에관한법률 제14조의2 소정의 카메라등이용촬영죄의 미수범에 해당한다고 한 사례(서울지법 2001.9.6. 선고 2001노4585 판결)

■ 판례 ■　야간에 버스 안에서 휴대폰 카메라로 옆 좌석에 앉은 여성(18세)의 치마 밑으로 드러난 허벅다리 부분을 촬영한 경우

[1] 성폭력범죄의 처벌 및 피해자보호 등에 관한 법률 제14조의2 제1항의 보호법익 및 '성적 욕망 또는 수치심을 유발할 수 있는 타인의 신체'에 해당하는지 여부의 판단 방법

카메라 기타 이와 유사한 기능을 갖춘 기계장치를 이용하여 성적 욕망 또는 수치심을 유발할 수 있는 타인의 신체를 그 의사에 반하여 촬영하는 행위를 처벌하는 성폭력범죄의 처벌 및 피해자보호 등에 관한 법률 제14조의2 제1항은 인격체인 피해자의 성적 자유 및 함부로 촬영당하지 않을 자유를 보호하기 위한 것이다. 촬영한 부위가 '성적 욕망 또는 수치심을 유발할 수 있는 타인의 신체'에 해당하는지 여부는 객관적으로 피해자와 같은 성별, 연령대의 일반적이고도 평균적인 사람들의 입장에서 성적 욕망 또는 수치심을 유발할 수 있는 신체에 해당되는지 여부를 고려함과 아울러, 당해 피해자의 옷차림, 노출의 정도 등은 물론, 촬영자의 의도와 촬영에 이르게 된 경위, 촬영 장소와 촬영 각도 및 촬영 거리, 촬영된 원판의 이미지, 특정 신체 부위의 부각 여부 등을 종합적으로 고려하여 구체적·개별적·상대적으로 결정하여야 한다.

[2] 야간에 버스 안에서 휴대폰 카메라로 옆 좌석에 앉은 여성(18세)의 치마 밑으로 드러난 허벅다리 부분을 촬영한 것이 성폭력범죄의 처벌 및 피해자보호 등에 관한 법률 제14조의2 제1항 위반죄에 해당하는지 여부(적극)

야간에 버스 안에서 휴대폰 카메라로 옆 좌석에 앉은 여성(18세)의 치마 밑으로 드러난 허벅다리 부분을 촬영한 것은 그 촬영 부위가 성폭력범죄의 처벌 및 피해자보호 등에 관한 법률 제14조의2 제1항의 '성적 욕망 또는 수치심을 유발할 수 있는 타인의 신체'에 해당하여 위 조항 위반죄가 성립한다(대법원 2008.9.25.선고 2008도7007 판결).

■ 판례 ■　구 성폭력범죄의 처벌 및 피해자보호 등에 관한 법률 제14조의2 제1항에서 정한 '카메라 등 이용 촬영죄'에서 동영상 촬영 중 저장버튼을 누르지 않고 촬영을 종료한 경우의 기수시기

[1] 구 성폭력범죄의 처벌 및 피해자보호 등에 관한 법률 제14조의2 제1항에서 정한 '카메라 등 이

용 촬영죄'의 기수 시기

구 성폭력범죄의 처벌 및 피해자보호 등에 관한 법률(2010. 4. 15. 법률 제10258호 성폭력범죄의 피해자보호 등에 관한 법률로 개정되기 전의 것) 제14조의2 제1항에서 정한 '카메라 등 이용 촬영죄'는 카메라 기타 이와 유사한 기능을 갖춘 기계장치 속에 들어 있는 필름이나 저장장치에 피사체에 대한 영상정보가 입력됨으로써 기수에 이른다고 보아야 한다. 그런데 최근 기술문명의 발달로 등장한 디지털카메라나 동영상 기능이 탑재된 휴대전화 등의 기계장치는, 촬영된 영상정보가 사용자 등에 의해 전자파일 등의 형태로 저장되기 전이라도 일단 촬영이 시작되면 곧바로 촬영된 피사체의 영상정보가 기계장치 내 RAM(Random Access Memory) 등 주기억장치에 입력되어 임시 저장되었다가 이후 저장명령이 내려지면 기계장치 내 보조기억장치 등에 저장되는 방식을 취하는 경우가 많고, 이러한 저장방식을 취하고 있는 카메라 등 기계장치를 이용하여 동영상 촬영이 이루어졌다면 범행은 촬영 후 일정한 시간이 경과하여 영상정보가 기계장치 내 주기억장치 등에 입력됨으로써 기수에 이르는 것이고, 촬영된 영상정보가 전자파일 등의 형태로 영구저장되지 않은 채 사용자에 의해 강제종료되었다고 하여 미수에 그쳤다고 볼 수는 없다.

[2] 피고인이 지하철 환승에스컬레이터 내에서 카메라폰으로 피해자의 치마 속 신체 부위를 동영상 촬영하였다고 하여 구 성폭력범죄의 처벌 및 피해자보호 등에 관한 법률 위반으로 기소된 사안

피고인이 지하철 환승에스컬레이터 내에서 짧은 치마를 입고 있는 피해자의 뒤에 서서 카메라폰으로 성적 수치심을 느낄 수 있는 치마 속 신체 부위를 피해자 의사에 반하여 동영상 촬영하였다고 하여 구 성폭력범죄의 처벌 및 피해자보호 등에 관한 법률(2010. 4. 15. 법률 제10258호 성폭력범죄의 피해자보호 등에 관한 법률로 개정되기 전의 것) 위반으로 기소된 사안에서, 피고인이 휴대폰을 이용하여 동영상 촬영을 시작하여 일정한 시간이 경과하였다면 설령 촬영 중 경찰관에게 발각되어 저장버튼을 누르지 않고 촬영을 종료하였더라도 카메라 등 이용 촬영 범행은 이미 '기수'에 이르렀다고 볼 여지가 매우 큰데도, 피고인이 동영상 촬영 중 저장버튼을 누르지 않고 촬영을 종료하였다는 이유만으로 위 범행이 기수에 이르지 않았다고 단정하여, 피고인에 대한 위 공소사실 중 '기수'의 점을 무죄로 인정한 원심판결에 법리오해로 인한 심리미진 또는 이유모순의 위법이 있다고 한 사례.(대법원 2011.6.9. 선고 2010도10677 판결)

■ 판례 ■   타인의 승낙을 받아 촬영한 경우

[1] 성폭력범죄의 처벌 및 피해자보호 등에 관한 법률 제14조의2 제1항의 '그 촬영물'에 타인의 승낙을 받아 촬영한 영상물도 포함되는지 여부(소극)

카메라 등 이용 촬영죄를 정한 성폭력범죄의 처벌 및 피해자보호 등에 관한 법률 제14조의2 제1항 규정의 문언과 그 입법 취지 및 연혁, 보호법익 등에 비추어, 위 규정에서 말하는 '그 촬영물'이란 성적 욕망 또는 수치심을 유발할 수 있는 타인의 신체를 그 의사에 반하여 촬영한 영상물을 의미하고, 타인의 승낙을 받아 촬영한 영상물은 포함되지 않는다고 해석된다.

[2] 피고인이 피해자의 승낙을 받아 캠코더로 촬영해 두었던 피해자와의 성행위 장면이 담긴 영상물을 반포하였다는 공소사실에 대하여 무죄를 선고한 원심판결을 수긍한 사례(대법원 2009.10.29. 선고 2009도7973 판결)

■ 판례 ■   성폭력범죄의 처벌 등에 관한 특례법 제14조 제2항에서 정한 '반포'와 '제공'의 의미 및 반포할 의사 없이 특정한 1인 또는 소수의 사람에게 무상으로 교부하는 것이 '제공'에 해당하는지 여부(적극)

성폭력범죄의 처벌 등에 관한 특례법 제14조 제2항은 카메라나 그 밖에 이와 유사한 기능을 갖춘 기계장치를 이용하여 성적 욕망 또는 수치심을 유발할 수 있는 다른 사람의 신체를 촬영한 촬영물이 촬영 당시에는 촬영대상자의 의사에 반하지 아니하는 경우에도 사후에 의사에 반하여 촬영물을 반포·판매·임대·제공 또는 공공연하게 전시·상영한 사람을 처벌하도록 규정하고 있다.

여기에서 '반포'는 불특정 또는 다수인에게 무상으로 교부하는 것을 말하고, 계속적·반복적으로 전달하여 불특정 또는 다수인에게 반포하려는 의사를 가지고 있다면 특정한 1인 또는 소수의 사람에게 교부하는 것도 반포에 해당할 수 있다. 한편 '반포'와 별도로 열거된 '제공'은 '반포'에 이르지 아니하는 무상 교부 행위를 말하며, '반포'할 의사 없이 특정한 1인 또는 소수의 사람에게 무상으로 교부하는 것은 '제공'에 해당한다.(대법원 2016.12.27. 선고, 2016도16676, 판결)

■ 판례 ■ 　성폭력범죄의 처벌 등에 관한 특례법 제14조 제1항 후단의 입법 취지 및 위 조항에서 '타인의 신체를 그 의사에 반하여 촬영한 촬영물'을 반포·판매·임대 또는 공연히 전시·상영한 자가 반드시 촬영물을 촬영한 자와 동일인이어야 하는지 여부(소극)

성폭력범죄의 처벌 등에 관한 특례법 제14조 제1항 후단의 문언 자체가 "촬영하거나 그 촬영물을 반포·판매·임대 또는 공연히 전시·상영한 자"라고 함으로써 촬영행위 또는 반포 등 유통행위를 선택적으로 규정하고 있을 뿐 아니라, 위 조항의 입법 취지는, 개정 전에는 카메라 등을 이용하여 성적 욕망 또는 수치심을 유발할 수 있는 타인의 신체를 그 의사에 반하여 촬영한 자만을 처벌하였으나, '타인의 신체를 그 의사에 반하여 촬영한 촬영물'(이하 '촬영물'이라 한다)이 인터넷 등 정보통신망을 통하여 급속도로 광범위하게 유포됨으로써 피해자에게 엄청난 피해와 고통을 초래하는 사회적 문제를 감안하여, 죄책이나 비난 가능성이 촬영행위 못지않게 크다고 할 수 있는 촬영물의 시중 유포 행위를 한 자에 대해서도 촬영자와 동일하게 처벌하기 위한 것인 점을 고려하면, 위 조항에서 촬영물을 반포·판매·임대 또는 공연히 전시·상영한 자는 반드시 촬영물을 촬영한 자와 동일인이어야 하는 것은 아니고, 행위의 대상이 되는 촬영물은 누가 촬영한 것인지를 묻지 아니한다.(대법원 2016.10.13. 선고, 2016도6172, 판결)

■ 판례 ■ 　성폭력범죄의 처벌 등에 관한 특례법 제14조 제1항의 처벌 대상이 '다른 사람의 신체 그 자체'를 카메라 등 기계장치를 이용해서 '직접' 촬영하는 경우에 한정되는지 여부(적극) 및 다른 사람의 신체 이미지가 담긴 영상을 위 조항의 '다른 사람의 신체'에 포함시키는 해석이 허용되는지 여부(소극) / 같은 법 제14조 제2항 및 제3항에서 정한 '촬영물'의 의미(= '다른 사람'을 촬영대상자로 하여 그 신체를 촬영한 촬영물) 및 자의에 의해 스스로 자신의 신체를 촬영한 촬영물을 위 조항의 촬영물에 포함시키는 해석이 허용되는지 여부(소극)

성폭력범죄의 처벌 등에 관한 특례법(이하 '성폭력처벌법'이라고 한다) 제14조 제1항, 제2항, 제3항에 의하면, 성폭력처벌법 제14조 제1항의 촬영의 대상은 '성적 욕망 또는 수치심을 유발할 수 있는 다른 사람의 신체'라고 보아야 함이 문언상 명백하므로 위 규정의 처벌 대상은 '다른 사람의 신체 그 자체'를 카메라 등 기계장치를 이용해서 '직접' 촬영하는 경우에 한정된다고 보는 것이 타당하므로, 다른 사람의 신체 이미지가 담긴 영상도 위 조항의 '다른 사람의 신체'에 포함된다고 해석하는 것은 법률문언의 통상적인 의미를 벗어나는 것이어서 죄형법정주의 원칙상 허용될 수 없고, 성폭력처벌법 제14조 제2항 및 제3항의 촬영물은 '다른 사람'을 촬영대상자로 하여 그 신체를 촬영한 촬영물을 뜻하는 것임이 문언상 명백하므로, 자의에 의해 스스로 자신의 신체를 촬영한 촬영물까지 위 조항에서 정한 촬영물에 포함시키는 것은 문언의 통상적인 의미를 벗어난 해석이다.(대법원 2018. 3. 15., 선고, 2017도21656, 판결)

■ **판례** ■ 성폭력범죄의 처벌 등에 관한 특례법 제14조 제1항에서 촬영행위뿐만 아니라 촬영물을 반포 · 판매 · 임대 · 제공 또는 공공연하게 전시 · 상영하는 행위까지 처벌하는 취지 / 위 조항에서 '반포'와 별도로 열거된 '제공'의 의미 및 촬영의 대상이 된 피해자 본인이 위 조항에서 말하는 '제공'의 상대방에 포함되는지 여부(소극) / 피해자 본인에게 촬영물을 교부하는 행위가 위 조항의 '제공'에 해당하는지 여부(원칙적 소극)

성폭력범죄의 처벌 등에 관한 특례법(이하 '성폭력처벌법'이라 한다) 제14조 제1항에서 촬영행위뿐만 아니라 촬영물을 반포 · 판매 · 임대 · 제공 또는 공공연하게 전시 · 상영하는 행위까지 처벌하는 것은, 성적 욕망 또는 수치심을 유발할 수 있는 타인의 신체를 촬영한 촬영물이 인터넷 등 정보통신망을 통하여 급속도로 광범위하게 유포됨으로써 피해자에게 엄청난 피해와 고통을 초래하는 사회적 문제를 감안하여, 죄책이나 비난가능성이 촬영행위 못지않게 크다고 할 수 있는 촬영물의 유포행위를 한 자를 촬영자와 동일하게 처벌하기 위해서이다. 성폭력처벌법 제14조 제1항에서 '반포'와 별도로 열거된 '제공'은, '반포'에 이르지 아니하는 무상 교부행위로서 '반포'할 의사 없이 '특정한 1인 또는 소수의 사람'에게 무상으로 교부하는 것을 의미하는데, 성폭력처벌법 제14조 제1항에서 촬영행위뿐만 아니라 촬영물을 반포 · 판매 · 임대 · 제공 또는 공공연하게 전시 · 상영하는 행위까지 처벌하는 것이 촬영물의 유포행위를 방지함으로써 피해자를 보호하기 위한 것임에 비추어 볼 때, 촬영의 대상이 된 피해자 본인은 성폭력처벌법 제14조 제1항에서 말하는 '제공'의 상대방인 '특정한 1인 또는 소수의 사람'에 포함되지 않는다고 봄이 타당하다.

따라서 피해자 본인에게 촬영물을 교부하는 행위는 다른 특별한 사정이 없는 한 성폭력처벌법 제14조 제1항의 '제공'에 해당한다고 할 수 없다. (대법원 2018. 8. 1., 선고, 2018도1481, 판결)

■ **판례** ■ 다른 사람의 신체 이미지가 담긴 영상을 촬영하는 행위도 촬영에 해당하는지

[1] 성폭력범죄의 처벌 등에 관한 특례법 제14조 제1항에서 규정한 '다른 사람의 신체를 촬영하는 행위'에 다른 사람의 신체 그 자체를 직접 촬영하는 행위만 해당하는지 여부(적극) 및 다른 사람의 신체 이미지가 담긴 영상을 촬영하는 행위도 이에 해당하는지 여부(소극)

성폭력범죄의 처벌 등에 관한 특례법 제14조 제1항은 "카메라나 그 밖에 이와 유사한 기능을 갖춘 기계장치를 이용하여 성적 욕망 또는 수치심을 유발할 수 있는 다른 사람의 신체를 그 의사에 반하여 촬영하거나 그 촬영물을 반포 · 판매 · 임대 · 제공 또는 공공연하게 전시 · 상영한 자는 5년 이하의 징역 또는 1천만 원 이하의 벌금에 처한다."라고 규정하고 있다. 위 조항이 촬영의 대상을 '다른 사람의 신체'로 규정하고 있으므로, 다른 사람의 신체 그 자체를 직접 촬영하는 행위만이 위 조항에서 규정하고 있는 '다른 사람의 신체를 촬영하는 행위'에 해당하고, 다른 사람의 신체 이미지가 담긴 영상을 촬영하는 행위는 이에 해당하지 않는다.

[2] 성폭력범죄의 처벌 등에 관한 특례법 제14조 제2항에서 규정한 '촬영물'에 다른 사람의 신체 그 자체를 직접 촬영한 촬영물만 해당하는지 여부(적극) 및 다른 사람의 신체 이미지가 담긴 영상을 촬영한 촬영물도 이에 해당하는지 여부(소극)

성폭력범죄의 처벌 등에 관한 특례법(이하 '성폭력처벌법'이라 한다) 제14조 제2항은 "제1항의 촬영이 촬영 당시에는 촬영대상자의 의사에 반하지 아니하는 경우에도 사후에 그 의사에 반하여 촬영물을 반포 · 판매 · 임대 · 제공 또는 공공연하게 전시 · 상영한 자는 3년 이하의 징역 또는 500만 원 이하의 벌금에 처한다."라고 규정하고 있다. 위 제2항은 촬영대상자의 의사에 반하지 아니하여 촬영한 촬영물을 사후에 그 의사에 반하여 반포하는 행위 등을 규율 대상으로 하면서 그 촬영의 대상과 관련해서는 '제1항의 촬영'이라고 규정하고 있다. 성폭력처벌법 제14조 제1항이 촬

영의 대상을 '다른 사람의 신체'로 규정하고 있으므로, 위 제2항의 촬영물 또한 '다른 사람의 신체'를 촬영한 촬영물을 의미한다고 해석하여야 하는데, '다른 사람의 신체에 대한 촬영'의 의미를 해석할 때 위 제1항과 제2항의 경우를 달리 볼 근거가 없다. 따라서 다른 사람의 신체 그 자체를 직접 촬영한 촬영물만이 위 제2항에서 규정하고 있는 촬영물에 해당하고, 다른 사람의 신체 이미지가 담긴 영상을 촬영한 촬영물은 이에 해당하지 아니한다.

[3] 피고인이 甲과 성관계하면서 합의하에 촬영한 동영상 파일 중 일부 장면 등을 찍은 사진 3장을 지인 명의의 휴대전화 문자메시지 기능을 이용하여 甲의 처 乙의 휴대전화로 발송함으로써, 촬영 당시 甲의 의사에 반하지 아니하였으나 사후에 그 의사에 반하여 '甲의 신체를 촬영한 촬영물'을 乙에게 제공하였다고 하여 성폭력법 위반(카메라등이용촬영)으로 기소된 사안

피고인이 甲과 성관계하면서 합의하에 촬영한 동영상 파일 중 피고인이 甲의 성기를 입으로 빨거나 손으로 잡고 있는 장면 등을 찍은 사진 3장을 지인 명의의 휴대전화 문자메시지 기능을 이용하여 甲의 처 乙의 휴대전화로 발송함으로써, 촬영 당시 甲의 의사에 반하지 아니하였으나 사후에 그 의사에 반하여 '甲의 신체를 촬영한 촬영물'을 乙에게 제공하였다고 하여 성폭력범죄의 처벌 등에 관한 특례법 위반(카메라등이용촬영)으로 기소된 사안에서, 피고인이 성관계 동영상 파일을 컴퓨터로 재생한 후 모니터에 나타난 영상을 휴대전화 카메라로 촬영하였더라도, 이는 甲의 신체 그 자체를 직접 촬영한 행위에 해당하지 아니하여, 그 촬영물은 같은 법 제14조 제2항에서 규정한 촬영물에 해당하지 아니한다는 이유로, 이와 달리 보아 피고인에게 유죄를 인정한 원심판단에 같은 법 제14조 제2항에 관한 법리를 오해한 잘못이 있다.(대법원 2018. 8. 30., 선고, 2017도3443, 판결)

■ 판례 ■ 성폭력범죄의 처벌 등에 관한 특례법 위반(카메라등이용촬영)죄에서 규정한 '촬영'의 의미 / 성폭력범죄의 처벌 등에 관한 특례법 위반(카메라등이용촬영)죄에서 실행의 착수 시기

성폭력처벌법 위반(카메라등이용촬영)죄는 카메라 등을 이용하여 성적 욕망 또는 수치심을 유발할 수 있는 타인의 신체를 그 의사에 반하여 촬영함으로써 성립하는 범죄이고, 여기서 '촬영'이란 카메라나 그 밖에 이와 유사한 기능을 갖춘 기계장치 속에 들어 있는 필름이나 저장장치에 피사체에 대한 영상정보를 입력하는 행위를 의미한다(대법원 2011. 6. 9. 선고 2010도10677 판결 참조). 따라서 범인이 피해자를 촬영하기 위하여 육안 또는 캠코더의 줌 기능을 이용하여 피해자가 있는지 여부를 탐색하다가 피해자를 발견하지 못하고 촬영을 포기한 경우에는 촬영을 위한 준비행위에 불과하여 성폭력처벌법 위반(카메라등이용촬영)죄의 실행에 착수한 것으로 볼 수 없다(대법원 2011. 11. 10. 선고 2011도12415 판결 참조). 이에 반하여 범인이 카메라 기능이 설치된 휴대전화를 피해자의 치마 밑으로 들이밀거나, 피해자가 용변을 보고 있는 화장실 칸 밑 공간 사이로 집어넣는 등 카메라 등 이용 촬영 범행에 밀접한 행위를 개시한 경우에는 성폭력처벌법 위반(카메라등이용촬영)죄의 실행에 착수하였다고 볼 수 있다.(대법원 2021. 3. 25., 선고, 2021도749, 판결)

13. 허위영상물 반포

1) 적용법조 : 제14조의2 제1항 ☞ 공소시효 7년

제14조의2(허위영상물 등의 반포등) ① 반포등을 할 목적으로 사람의 얼굴·신체 또는 음성을 대상으로 한 촬영물·영상물 또는 음성물(이하 이 조에서 "영상물등"이라 한다)을 영상물등의 대상자의 의사에 반하여 성적 욕망 또는 수치심을 유발할 수 있는 형태로 편집·합성 또는 가공(이하 이 조에서 "편집등"이라 한다)한 자는 5년 이하의 징역 또는 5천만원 이하의 벌금에 처한다.

② 제1항에 따른 편집물·합성물·가공물(이하 이 항에서 "편집물등"이라 한다) 또는 복제물(복제물의 복제물을 포함한다. 이하 이 항에서 같다)을 반포등을 한 자 또는 제1항의 편집등을 할 당시에는 영상물등의 대상자의 의사에 반하지 아니한 경우에도 사후에 그 편집물등 또는 복제물을 영상물등의 대상자의 의사에 반하여 반포등을 한 자는 5년 이하의 징역 또는 5천만원 이하의 벌금에 처한다.

③ 영리를 목적으로 영상물등의 대상자의 의사에 반하여 정보통신망을 이용하여 제2항의 죄를 범한 자는 7년 이하의 징역에 처한다.

④ 상습으로 제1항부터 제3항까지의 죄를 범한 때에는 그 죄에 정한 형의 2분의 1까지 가중한다.

제15조(미수범) 제3조부터 제9조까지, 제14조, 제14조의2 및 제14조의3의 미수범은 처벌한다.

14. 촬영물 등을 이용한 협박 강요

1) 적용법조 : 제14조의3 제1항 ☞ 공소시효 10년

제14조의3(촬영물 등을 이용한 협박·강요) ① 성적 욕망 또는 수치심을 유발할 수 있는 촬영물 또는 복제물(복제물의 복제물을 포함한다)을 이용하여 사람을 협박한 자는 1년 이상의 유기징역에 처한다.

② 제1항에 따른 협박으로 사람의 권리행사를 방해하거나 의무 없는 일을 하게 한 자는 3년 이상의 유기징역에 처한다.

③ 상습으로 제1항 및 제2항의 죄를 범한 경우에는 그 죄에 정한 형의 2분의 1까지 가중한다.

제15조(미수범) 제3조부터 제9조까지, 제14조, 제14조의2 및 제14조의3의 미수범은 처벌한다.

15. 신상정보 제출의무 위반

제43조(신상정보의 제출 의무) ① 등록대상자는 제42조제1항의 판결이 확정된 날부터 30일 이내에 다음 각 호의 신상정보(이하 "기본신상정보"라 한다)를 자신의 주소지를 관할하는 경찰관서의 장(이하 "관할 경찰관서의 장"이라 한다)에게 제출하여야 한다. 다만, 등록대상자가 교정시설 또는 치료감호시설에 수용된 경우에는 그 교정시설의 장 또는 치료감호시설의 장(이하 "교정시설등의 장"이라 한다)에게 기본신상정보를 제출함으로써 이를 갈음할 수 있다.
  1. 성명
  2. 주민등록번호
  3. 주소 및 실제거주지
  4. 직업 및 직장 등의 소재지
  5. 연락처(전화번호, 전자우편주소를 말한다)
  6. 신체정보(키와 몸무게)
  7. 소유차량의 등록번호
③ 등록대상자는 제1항에 따라 제출한 기본신상정보가 변경된 경우에는 그 사유와 변경내용(이하 "변경정보"라 한다)을 변경사유가 발생한 날부터 20일 이내에 제1항에 따라 제출하여야 한다.
④ 등록대상자는 제1항에 따라 기본신상정보를 제출한 경우에는 그 다음 해부터 매년 12월 31일까지 주소지를 관할하는 경찰관서에 출석하여 경찰관서의 장으로 하여금 자신의 정면·좌측·우측 상반신 및 전신 컬러사진을 촬영하여 전자기록으로 저장·보관하도록 하여야 한다. 다만, 교정시설등의 장은 등록대상자가 교정시설 등에 수용된 경우에는 석방 또는 치료감호 종료 전에 등록대상자의 정면·좌측·우측 상반신 및 전신 컬러사진을 새로 촬영하여 전자기록으로 저장·보관하여야 한다.
제42조(신상정보 등록대상자) ① 제2조제1항제3호·제4호, 같은 조 제2항(제1항제3호·제4호에 한정한다), 제3조부터 제15조까지의 범죄 및 「아동·청소년의 성보호에 관한 법률」 제2조제2호가목·라목의 범죄(이하 "등록대상 성범죄"라 한다)로 유죄판결이나 약식명령이 확정된 자 또는 같은 법 제49조제1항제4호에 따라 공개명령이 확정된 자는 신상정보 등록대상자(이하 "등록대상자"라 한다)가 된다. 다만, 제12조·제13조의 범죄 및 「아동·청소년의 성보호에 관한 법률」 제11조제3항 및 제5항의 범죄로 벌금형을 선고받은 자는 제외한다.

[기재례1] 기본신상정보 미제출

  1) 적용법조 : 제50조 제3항 제1호, 제43조 제1항   ☞   공소시효 5년

  2) 범죄사실 기재례

  피의자는 20○○. ○. ○. ○○법원으로부터 20○○. ○. ○. 신상정보 등록대상자라는 사실과 신상정보제출의무가 있음을 통지받았다
  등록대상자는 판결이 확정된 날부터 30일 이내에 기본신상정보를 자신의 주소지를 관할하는 경찰관서의 장에게 제출하여야 한다.
  그럼에도 불구하고 피의자는 20○○. ○. ○.까지 관할 경찰관서의 장에게 기본신상정보를 제출하지 아니하였다.

[기재례2] 변경정보 미제출

1) 적용법조 : 제50조 제3항 제2호, 제43조 제3항 ☞ 공소시효 5년

2) 범죄사실 기재례

(가) 변경주소 미제출

피의자는 신상정보 대상자로 20○○. ○. ○. 관할경찰관서인 ○○경찰서장에게 기본신상정보를 제출하였다.

등록대상자가 제출한 기본신상정보가 변경된 경우에는 그 사유와 변경내용을 변경사유가 발생한 날부터 20일 이내에 제출하여야 한다.

그럼에도 불구하고 피의자는 20○○. ○. ○.실제거주지를 ○○에서 ○○로 변경하였음에도 20○○. ○. ○.까지 정당한 사유 없이 변경정보를 제출하지 아니하였다.

(나) 변경내용 미제출

신상정보등록대상자는 그 신상정보가 변경 경우에는 그 사유와 변경내용을 변경사유가 발생한 날부터 20일 이내에 주소지 관할 경찰서장에게 제출하여야 한다.

그럼에도 불구하고 피의자는 20○○.○.○.경 ○○로 전입하여 주소지가 변경되었음에도 변경사유가 발생한 날로부터 20일 이내인 20○○.○.○.경까지 주소지 관할 경찰관서의 장에게 변경사유와 변경내용을 제출하지 않았다.

피의자는 또 20○○.○.○.경 ○○차량을 자신의 소유로 등록하였음에도 변경사유가 발생한 날로부터 20일 이내인 20○○.○.○.경까지 주소지 관할 경찰관서의 장에게 변경사유와 변경내용을 제출하지 않았다.

이로써 피의자는 신상정보 제출의무를 위반하였다.

(다) 출소 후 변경 내용 미제출

신상정보등록대상자는 그 신상정보가 변경 경우에는 그 사유와 변경내용을 변경사유가 발생한 날부터 20일 이내에 주소지 관할 경찰서장에게 제출하여야 한다.

피의자는 20○○.○.○.경 ○○지방법원에서 아동·청소년의성보호에관한법률위반(강제추행)죄로 벌금 500만원을 선고받아 20○○.○.○. 그 판결이 확정된 신상정보 등록대상자로서, 20○○.○.○.경 ○○교도소에서 장소 불상지로 실제 거주지가 변경되었음에도 20일 이내에 변경정보를 제출하지 아니하였다.

[기재례3] 경찰관서 출석 불응

1) 적용법조 : 제50조 제3항 제3호, 제43조 제4항   ☞   공소시효 5년

2) 범죄사실 기재례

> 피의자는 신상정보 대상자로 20○○. ○. ○. 관할 경찰관서인 ○○경찰서에게 기본신상
> 정보를 제출하였다.
> 등록대상자는 기본신상정보를 제출한 경우에는 그 다음 해부터 매년 12월 31일까지 주
> 소지를 관할하는 경찰관서에 출석하여 경찰관서의 장으로 하여금 자신의 정면·좌측·우
> 측 상반신 및 전신 컬러사진을 촬영하여 전자기록으로 저장·보관하도록 하여야 한다.
> 그럼에도 불구하고 피의자는 20○○. ○. ○.까지 정당한 사유 없이 관할 경찰관서에 출
> 석하지 아니하였다.

■ 판례 ■   성폭력범죄의 처벌 등에 관한 특례법상 등록대상 성범죄에 대해 선고유예 판결
이 있는 경우, 판결 확정 즉시 등록대상자로서 신상정보 제출의무를 지는지 여부(적극) 및
선고유예 판결 확정 후 2년이 경과하면 신상정보 제출의무를 면하는지 여부(적극) / 제1심
또는 항소심의 신상정보 제출의무 고지와 관련하여 그 대상, 내용 및 절차 등에 관한 잘못
을 다투는 취지의 상고이유가 적법한지 여부(소극)

성폭력범죄의 처벌 등에 관한 특례법(이하 '성폭력 특례법'이라 한다) 제16조 제2항, 제42조 제
1항, 제2항, 제43조 제1항, 제3항, 제4항, 제45조 제1항의 내용 및 형식, 그 취지와 아울러 선고
유예 판결의 법적 성격 등에 비추어 보면, 등록대상자의 신상정보 제출의무는 법원이 별도로 부과
하는 것이 아니라 등록대상 성범죄로 유죄판결이 확정되면 성폭력 특례법의 규정에 따라 당연히
발생하는 것이고, 위 유죄판결에서 선고유예 판결이 제외된다고 볼 수 없다. 따라서 등록대상 성범
죄에 대하여 선고유예 판결이 있는 경우에도 선고유예 판결이 확정됨으로써 곧바로 등록대상자로
되어 신상정보를 제출할 의무를 지게 되며, 다만 선고유예 판결 확정 후 2년이 경과하여 면소된
것으로 간주되면 등록대상자로서 신상정보를 제출할 의무를 면한다고 해석된다.
그리고 이와 같이 등록대상자의 신상정보 제출의무는 법원이 별도로 부과하는 것이 아니므로, 유죄
판결을 선고하는 법원이 하는 신상정보 제출의무 등의 고지는 등록대상자에게 신상정보 제출의무
가 있음을 알려 주는 것에 의미가 있을 뿐이다. 따라서 설령 법원이 유죄판결을 선고하면서 고지
를 누락하거나 고지한 신상정보 제출의무 대상이나 내용 등에 잘못이 있더라도, 그 법원은 적법한
내용으로 수정하여 다시 신상정보 제출의무를 고지할 수 있고, 상급심 법원도 그 사유로 판결을
파기할 필요 없이 적법한 내용의 신상정보 제출의무 등을 새로 고지함으로써 잘못을 바로잡을 수
있으므로, 제1심 또는 원심의 신상정보 제출의무 고지와 관련하여 그 대상, 내용 및 절차 등에 관
한 잘못을 다투는 취지의 상고이유는 판결에 영향을 미치지 않는 사항에 관한 것으로서 적법한 상
고이유가 되지 못한다.(대법원 2014. 11. 13., 선고, 2014도3564, 판결)

■ 판례 ■   신상정보 등록대상자인 피고인이 최초 등록일인 2015. 5. 29.부터 1년마다 관할
경찰관서에 출석하여 사진을 촬영·저장시켜야 할 의무를 이행하여야 함에도 2016. 5. 29.까
지 이러한 의무를 이행하지 아니하였다고 하여 성폭력범죄의 처벌 등에 관한 특례법 위반으로
기소된 사안

신상정보 등록대상자인 피고인이 최초 등록일인 2015. 5. 29.부터 1년마다 관할 경찰관서에 출석

하여 사진을 촬영·저장시켜야 할 의무를 이행하여야 함에도 2016. 5. 29.까지 이러한 의무를 이행하지 아니하였다고 하여 성폭력범죄의 처벌 등에 관한 특례법 위반으로 기소된 사안에서, 범죄 후 법률의 변경에 의하여 그 행위가 범죄를 구성하지 아니하게 된 때에는 신법을 적용하여야 하는데(형법 제1조 제2항), 구 성폭력범죄의 처벌 등에 관한 특례법(2016. 12. 20. 법률 제14412호로 개정되기 전의 것, 이하 '구 성폭력처벌법'이라 한다) 제43조 제4항이 2016. 12. 20. 법률 제14412호로 "등록대상자는 제1항에 따라 기본신상정보를 제출한 경우에는 그 다음 해부터 매년 12월 31일까지 주소지를 관할하는 경찰관서에 출석하여 경찰관서의 장으로 하여금 자신의 정면·좌측·우측 상반신 및 전신 컬러사진을 촬영하여 전자기록으로 저장·보관하도록 하여야 한다."라고 개정되었고, 2016. 12. 20. 시행된 성폭력범죄의 처벌 등에 관한 특례법(이하 '개정 성폭력처벌법'이라 한다) 부칙 제4조는 '제43조 제4항 등의 개정규정은 이 법 시행 전에 등록대상 성범죄로 유죄판결이나 약식명령이 확정되어 등록대상자가 된 사람에 대해서도 적용한다'고 규정하고 있으므로, 개정 성폭력처벌법이 시행되기 전인 2015. 5. 4. 관할 경찰관서에 기본신상정보를 제출하였고, 이에 따라 2015. 5. 29. 최초로 신상정보 등록대상자로 등록된 피고인은 구 성폭력처벌법이 아니라 개정 성폭력처벌법 제43조 제4항에 따라 기본신상정보를 제출한 다음 해인 2016. 1. 1.부터 2016. 12. 31.까지 관할 경찰관서에 출석하거나 사진촬영에 응할 의무를 부담할 뿐 2016. 5. 29.까지 위와 같은 의무를 이행하여야 할 의무를 부담한다고 볼 수 없으므로, 개정 성폭력처벌법 제50조 제3항 제3호, 제43조 제4항을 위반한 행위에 해당하지 않는다.(대법원 2017. 5. 31., 선고, 2017도2566, 판결)

제4절 성폭력방지 및 피해자보호 등에 관한 법률
(성폭력방지법)

Ⅰ. 목적 및 개념정의

1. 목 적

> 제1조(목적) 이 법은 성폭력을 예방하고 성폭력피해자를 보호·지원함으로써 인권증진에 이바지함을 목적으로 한다.

2. 개념정의

> 제2조(정의) 이 법에서 사용하는 용어의 뜻은 다음과 같다.
> 1. "성폭력"이란 「성폭력범죄의 처벌 등에 관한 특례법」 제2조제1항에 규정된 죄에 해당하는 행위를 말한다.
> 2. "성폭력행위자"란 「성폭력범죄의 처벌 등에 관한 특례법」 제2조제1항에 해당하는 죄를 범한 사람을 말한다.
> 3. "성폭력피해자"란 성폭력으로 인하여 직접적으로 피해를 입은 사람을 말한다.

Ⅱ. 상담소 및 보호시설

1. 상담소의 업무 (제11조)

1. 성폭력피해의 신고접수와 이에 관한 상담
2. 성폭력피해로 인하여 정상적인 가정생활 또는 사회생활이 곤란하거나 그 밖의 사정으로 긴급히 보호할 필요가 있는 사람과 제12조에 따른 성폭력피해자보호시설 등의 연계
3. 피해자등의 질병치료와 건강관리를 위하여 의료기관에 인도하는 등 의료 지원
4. 피해자에 대한 수사기관의 조사와 법원의 증인신문(證人訊問) 등에의 동행
5. 성폭력행위자에 대한 고소와 피해배상청구 등 사법처리 절차에 관하여 「법률구조법」 제8조에 따른 대한법률구조공단 등 관계 기관에 필요한 협조 및 지원 요청
6. 성폭력 예방을 위한 홍보 및 교육
7. 그 밖에 성폭력 및 성폭력피해에 관한 조사·연구

2. 보호시설의 설치·운영 및 종류 (제12조)

① 국가 또는 지방자치단체는 성폭력피해자보호시설(보호시설)을 설치·운영할 수 있다.

② 「사회복지사업법」에 따른 사회복지법인이나 그 밖의 비영리법인은 특별자치시장·특별자치도지사 또는 시장·군수·구청장의 인가를 받아 보호시설을 설치·운영할 수 있다.

③ 제1항 및 제2항에 따른 보호시설의 종류는 다음 각 호와 같다.

 1. 일반보호시설: 피해자에게 제13조제1항 각 호의 사항을 제공하는 시설

 2. 장애인보호시설: 「장애인차별금지 및 권리구제 등에 관한 법률」 제2조제2항에 따른 장애인인 피해자에게 제13조제1항 각 호의 사항을 제공하는 시설

 3. 특별지원 보호시설: 「성폭력범죄의 처벌 등에 관한 특례법」 제5조에 따른 피해자로서 19세 미만의 피해자에게 제13조제1항 각 호의 사항을 제공하는 시설

 4. 외국인보호시설: 외국인 피해자에게 제13조제1항 각 호의 사항을 제공하는 시설. 다만, 「가정폭력방지 및 피해자보호 등에 관한 법률」 제7조의2제1항제3호에 따른 외국인보호시설과 통합하여 운영할 수 있다.

 5. 자립지원 공동생활시설: 제1호부터 제4호까지의 보호시설을 퇴소한 사람에게 제13조제1항제3호 및 그 밖에 필요한 사항을 제공하는 시설

 6. 장애인 자립지원 공동생활시설: 제2호의 보호시설을 퇴소한 사람에게 제13조제1항제3호 및 그 밖에 필요한 사항을 제공하는 시설

④ 국가 또는 지방자치단체는 보호시설의 설치·운영을 대통령령으로 정하는 기관 또는 단체에 위탁할 수 있다.

3. 보호시설의 업무 등 (제13조)

 1. 피해자등의 보호 및 숙식 제공
 2. 피해자등의 심리적 안정과 사회 적응을 위한 상담 및 치료
 3. 자립·자활 교육의 실시와 취업정보의 제공
 4. 제11조제3호·제4호 및 제5호의 업무
 5. 다른 법률에 따라 보호시설에 위탁된 업무
 6. 그 밖에 피해자등을 보호하기 위하여 필요한 업무

4. 보호시설에 대한 보호비용 지원 (제14조)

국가 또는 지방자치단체는 보호시설에 입소한 피해자등의 보호를 위하여 필요한

경우 다음 각 호의 보호비용을 보호시설의 장 또는 피해자에게 지원할 수 있다. 다만, 보호시설에 입소한 피해자등이 「국민기초생활 보장법」 등 다른 법령에 따라 보호를 받고 있는 경우에는 그 범위에서 이 법에 따른 지원을 하지 아니한다.

1. 생계비
2. 아동교육지원비
3. 아동양육비
4. 그 밖에 대통령령으로 정하는 비용(퇴소 시 자립지원금)

5. 보호시설의 입소 (제15조)

① 피해자등이 다음 각 호의 어느 하나에 해당하는 경우에는 보호시설에 입소할 수 있다.

1. 본인이 입소를 희망하거나 입소에 동의하는 경우
2. 미성년자 또는 지적장애인 등 의사능력이 불완전한 사람으로서 성폭력행위자가 아닌 보호자가 입소에 동의하는 경우

② 제12조제2항에 따라 인가받은 보호시설의 장은 제1항에 따라 보호시설에 입소한 사람의 인적사항 및 입소사유 등을 특별자치시장·특별자치도지사 또는 시장·군수·구청장에게 지체 없이 보고하여야 한다.

③ 보호시설의 장은 친족에 의한 피해자나 지적장애인 등 의사능력이 불완전한 피해자로서 상담원의 상담 결과 입소가 필요하나 보호자의 입소 동의를 받는 것이 적절하지 못하다고 인정하는 경우에는 제1항에도 불구하고 보호시설에 입소하게 할 수 있다. 이 경우 제12조제2항에 따라 인가받은 보호시설의 장은 지체 없이 관할 특별자치시장·특별자치도지사 또는 시장·군수·구청장의 승인을 받아야 한다.

6. 보호시설의 입소기간 (제16조)

1. 일반보호시설: 1년 이내. 다만, 여성가족부령으로 정하는 바에 따라 1년 6개월의 범위에서 한 차례 연장할 수 있다.
2. 장애인보호시설: 2년 이내. 다만, 여성가족부령으로 정하는 바에 따라 피해회복에 소요되는 기간까지 연장할 수 있다.
3. 특별지원 보호시설: 19세가 될 때까지. 다만, 여성가족부령으로 정하는 바에 따라 2년의 범위에서 한 차례 연장할 수 있다.
4. 외국인보호시설: 1년 이내. 다만, 여성가족부령으로 정하는 바에 따라 피해회복

에 소요되는 기간까지 연장할 수 있다.

5. 자립지원 공동생활시설: 2년 이내. 다만, 여성가족부령으로 정하는 바에 따라 2년의 범위에서 한 차례 연장할 수 있다.

6. 장애인 자립지원 공동생활시설: 2년 이내. 다만, 여성가족부령으로 정하는 바에 따라 2년의 범위에서 한 차례 연장할 수 있다.

7. 보호시설의 퇴소 (제17조)

① 제15조제1항에 따라 보호시설에 입소한 사람은 본인의 의사 또는 같은 항 제2호에 따라 입소 동의를 한 보호자의 요청에 따라 보호시설에서 퇴소할 수 있다.

② 보호시설의 장은 입소한 사람이 다음 각 호의 어느 하나에 해당하면 퇴소를 명할 수 있다.

1. 보호 목적이 달성된 경우
2. 제16조에 따른 보호기간이 끝난 경우
3. 입소자가 거짓이나 그 밖의 부정한 방법으로 입소한 경우
4. 그 밖에 보호시설 안에서 현저한 질서문란 행위를 한 경우

◖ III. 죄명표 및 벌칙

1. 죄명표

해당조문	죄 명 표 시
제36조 제1항	성폭력방지및피해자보호등에관한법률위반(피해자해고등)
제36조 제2항 제1호	성폭력방지및피해자보호등에관한법률위반(상담소등설치)
제36조 제2항 제2호	〃 　　　　　　　　　　　　　　　(폐지명령등)
제36조 제2항 제3호	〃 　　　　　　　　　　　　　　(영리목적운영금지)
제36조 제2항 제4호	〃 　　　　　　　　　　　　　　　　(비밀엄수)

2. 벌 칙

제36조(벌칙) ① 제8조를 위반하여 피해자 또는 성폭력 발생 사실을 신고한 자에게 불이익조치를 한 자는 3년 이하의 징역 또는 3천만원 이하의 벌금에 처한다.

② 다음 각 호의 어느 하나에 해당하는 자는 2년 이하의 징역 또는 500만원 이하의 벌금에 처한다.

1. 제10조제2항 전단, 제12조제2항 또는 제19조의2제3항 전단을 위반하여 신고를 하지 아니하거나 인가를 받지 아니하고 상담소, 보호시설 또는 교육훈련시설을 설치·운영한 자
2. 제23조에 따른 업무의 폐지 또는 정지 명령이나 인가취소를 받고도 상담소, 보호시설 또는 교육훈련시설을 계속 운영한 자
3. 제29조에 따른 영리목적 운영 금지의무를 위반한 자
4. 제30조에 따른 비밀 엄수의 의무를 위반한 자

제37조(양벌규정) 법인의 대표자나 법인 또는 개인의 대리인, 사용인, 그 밖의 종사자가 그 법인 또는 개인의 업무에 관하여 제36조의 위반행위를 하면 그 행위자를 벌하는 외에 그 법인 또는 개인에게도 해당 조문의 벌금형을 과(科)한다. 다만, 법인 또는 개인이 그 위반행위를 방지하기 위하여 해당 업무에 관하여 상당한 주의와 감독을 게을리하지 아니한 경우에는 그러하지 아니하다.

제38조(과태료) ① 다음 각 호의 어느 하나에 해당하는 자에게는 500만원 이하의 과태료를 부과한다.

1. 제22조제1항에 따른 시정 명령을 따르지 아니한 자
2. 제31조의2제5항을 위반하여 정당한 사유 없이 현장조사를 거부하는 등 업무를 방해한 자

② 다음 각 호의 어느 하나에 해당하는 자에게는 300만원 이하의 과태료를 부과한다.

1. 제9조제2항을 위반하여 성폭력 사건이 발생한 사실을 신고하지 아니한 자
2. 정당한 사유 없이 제32조제1항에 따른 보고를 하지 아니하거나 거짓으로 보고한 자 또는 조사·검사를 거부하거나 기피한 자
3. 제33조에 따른 유사명칭 사용 금지의무를 위반한 자

③ 제1항 및 제2항에 따른 과태료는 대통령령으로 정하는 바에 따라 여성가족부장관 또는 지방자치단체의 장이 부과·징수한다.

3. 경찰관서 협조

제31조(경찰관서의 협조) 상담소, 보호시설, 통합지원센터 또는 중앙디지털성범죄피해자지원센터등의 장은 피해자등을 긴급히 구조할 필요가 있을 때에는 경찰관서(지구대·파출소 및 출장소를 포함한다)의 장에게 그 소속 직원의 동행을 요청할 수 있으며, 요청을 받은 경찰관서의 장은 특별한 사유가 없으면 이에 따라야 한다.

제31조의2(사법경찰관리의 현장출동 등) ① 사법경찰관리는 성폭력 신고가 접수된 때에는 지체 없이 신고된 현장에 출동하여야 한다.

② 제1항에 따라 출동한 사법경찰관리는 신고된 현장에 출입하여 관계인에 대하여 조사를 하거나 질문을 할 수 있다.

③ 제2항에 따라 출입, 조사 또는 질문을 하는 사법경찰관리는 그 권한을 표시하는 증표를 지니고 이를 관계인에게 내보여야 한다.

④ 제2항에 따라 조사 또는 질문을 하는 사법경찰관리는 피해자·신고자·목격자 등이 자유롭게 진술할 수 있도록 성폭력행위자로부터 분리된 곳에서 조사하는 등 필요한 조치를 하여야 한다.

⑤ 누구든지 정당한 사유 없이 신고된 현장에 출동한 사법경찰관리에 대하여 현장조사를 거부하는 등 업무를 방해하여서는 아니 된다.

Ⅳ. 범죄사실

1. 성폭력 피해자 해고 행위

1) 적용법조 : 제36조 제1항, 제8조 ☞ 공소시효 5년

제8조(피해자에 대한 불이익처분의 금지) 누구든지 피해자 또는 성폭력 발생 사실을 신고한 자를 고용하고 있는 자는 성폭력과 관련하여 피해자 또는 성폭력 발생 사실을 신고한 자에게 다음 각 호의 어느 하나에 해당하는 불이익조치를 하여서는 아니 된다.
1. 파면, 해임, 해고, 그 밖에 신분상실에 해당하는 불이익조치
2. 징계, 정직, 감봉, 강등, 승진 제한, 그 밖의 부당한 인사조치
3. 전보, 전근, 직무 미부여, 직무 재배치, 그 밖에 본인의 의사에 반하는 인사조치
4. 성과평가 또는 동료평가 등에서의 차별이나 그에 따른 임금 또는 상여금 등의 차별 지급
5. 직업능력 개발 및 향상을 위한 교육훈련 기회의 제한, 예산 또는 인력 등 가용자원의 제한 또는 제거, 보안정보 또는 비밀정보 사용의 정지 또는 취급자격의 취소, 그 밖에 근무조건 등에 부정적 영향을 미치는 차별 또는 조치
6. 주의 대상자 명단 작성 또는 그 명단의 공개, 집단 따돌림, 폭행 또는 폭언 등 정신적·신체적 손상을 가져오는 행위 또는 그 행위의 발생을 방치하는 행위
7. 직무에 대한 부당한 감사 또는 조사나 그 결과의 공개
8. 그 밖에 본인의 의사에 반하는 불이익조치

2) 범죄사실 기재례

피의자는 ○○에서 ○○상사라는 상호로 종업원인 홍길녀 등 20여명을 고용하여 ○○업을 운영하고 있는 고용주이다. 피의자의 종업원인 홍길녀가 20○○. ○. ○. 성폭력을 당하여 그 무렵부터 수사기관에서 수사를 받고 있다.

누구든지 피해자 또는 성폭력 발생 사실을 신고한 자를 고용하고 있는 자는 성폭력과 관련하여 피해자 또는 성폭력 발생 사실을 신고한 자에게 불이익조치를 하여서는 아니 된다.

피의자는 20○○. ○. ○. 위 성폭력사건으로 피해자가 수사를 받기 위해 잦은 출장과 성폭력으로 인해 주변 소문이 좋지 않다는 이유로 20○○. ○. ○. 홍길녀를 해고하였다.

이로써 피의자는 성폭력과 관련하여 피해자를 해고하였다.

3) 신문사항

- 피의자는 어디에서 어떤 일을 하고 있는가(고용주 여부 확인)
- 홍길녀를 언제부터 피의자 회사에 고용하였는가
- 홍길녀가 성폭력피해를 당한 것을 알고 있는가
- 홍길녀를 해고한 일이 있는가
- 언제 무엇 때문에 해고하였는가
- 해고 이유가 홍길녀의 성폭력 때문인가
- 홍길녀 해고가 정당하다고 생각하는가

2. 미신고 상담소 설치

1) 적용법조 : 제36조 제2항 제1호, 제10조 제2항 ☞ 공소시효 5년

> **제10조(상담소의 설치 · 운영)** ② 국가 또는 지방자치단체 외의 자가 상담소를 설치 · 운영하려면 특별자치시장 · 특별자치도지사 또는 시장 · 군수 · 구청장(자치구의 구청장을 말한다. 이하 같다)에게 신고하여야 한다. 신고한 사항 중 여성가족부령으로 정하는 중요 사항을 변경하려는 경우에도 또한 같다.
> **제12조(보호시설의 설치·운영 및 종류)** ② 「사회복지사업법」에 따른 사회복지법인이나 그 밖의 비영리법인은 특별자치시장 · 특별자치도지사 또는 시장 · 군수 · 구청장의 인가를 받아 보호시설을 설치 · 운영할 수 있다.

2) 범죄사실 기재례

> 피의자는 ○○에서 ○○시설을 갖추고 성폭력 예방을 위한 홍보와 교육을 하고 있는 사람이다.
>
> 국가 또는 지방자치단체 외의 자가 상담소를 설치 · 운영하려면 특별자치시장 · 특별자치도지사, 시장 · 군수 · 구청장에게 신고하여야 한다.
>
> 그럼에도 불구하고 피의자는 20○○. ○. ○.경부터 위 장소에서 20○○. ○. ○. 까지 성폭력피해자 등을 대상으로 1인당 1일 ○○만원을 받고 신고없이 상담소를 설치운영하였다.

3) 신문사항

- 상담소를 설치운영한 일이 있는가
- 언제부터 언제까지 판매하였나
- 어디에서 하였나
- 어떤 시설을 갖추고(시설규모, 종업원 수 등)
- 누구를 상대로 상담하였나
- 그들을 어떤 방법으로 상담하였나
- 누가 어디에서 상담하였는가
- 상담해주고 어떤 대가를 받았는가
- 그 동안 총 몇 명을 상대로 상담하였으며 대가는 어느 정도 받았는가
- 행정기관에 상담소 설치신고를 하였는가
- 왜 신고없이 이런 행위를 하였나

3. 영업정지 기간 중 영업행위

1) 적용법조 : 제36조 제2항 제2호, 제23조 제1항 제2호 ☞ 공소시효 5년

> 제23조(인가의 취소 등) ① 특별자치시장·특별자치도지사 또는 시장·군수·구청장은 상담소, 보호시
> 설 또는 교육훈련시설이 다음 각 호의 어느 하나에 해당하는 경우에는 그 업무의 폐지 또는 정지를 명
> 하거나 인가를 취소할 수 있다.
> 1. 제22조에 따른 시정 명령을 위반한 경우
> 2. 제29조를 위반하여 영리를 목적으로 상담소, 보호시설 또는 교육훈련시설을 설치·운영한 경우
> 3. 정당한 사유 없이 제32조제1항에 따른 보고를 하지 아니하거나 거짓으로 보고한 경우 또는 조사·검
>   사를 거부하거나 기피한 경우

2) 범죄사실 기재례

> 피의자는 20○○. ○. ○.부터 ○○에서 ○○상담소를 운영하고 있는 사람이다.
> 피의자는 20○○. ○. ○. ○○시장으로부터 영리목적으로 상담소를 운영하다 적발되어
> 20○○. ○. ○.부터 20○○. ○. ○.까지 영업정지 명령을 받았다.
> 그럼에도 불구하고 피의자는 위 명령을 위반하여 20○○. ○. ○.부터 20○○. ○. ○.
> 까지 ○○를 상대로 ○○방법으로 상담소를 운영하였다.

3) 신문사항

- 상담소를 운영 하고 있는가

- 언제부터 어디에서 하고 있는가

- 규모는 어느 정도인가

- 운영정지 명령을 받은 일이 있는가

- 누구로부터 어떤 명령을 받았는가

- 운영정지기간은 언제부터 언제까지 인가

- 무엇 때문에 정지명령을 받았는가

- 위 기간 운영을 하였는가

- 어떤 방법으로 운영하였는가

- 왜 정지 기간 중 운영을 하게 되었는가

4. 영리목적 운영

1) 적용법조 : 제36조 제2항 제3호, 제29조 ☞ 공소시효 5년

> 제29조(영리목적 운영의 금지) 누구든지 영리를 목적으로 상담소, 보호시설 또는 교육훈련시설을 설치·운영하여서는 아니 된다. 다만, 교육훈련시설의 장은 상담원 교육훈련과정을 수강하는 사람에게 여성가족부장관이 정하는 바에 따라 수강료를 받을 수 있다.

2) 범죄사실 기재례

> 피의자는 20○○. ○. ○. ○○시장에게 설치신고 후 ○○에서 ○○상담소를 운영하고 있는 사람이다.
> 누구든지 영리를 목적으로 상담소, 보호시설 또는 교육훈련시설을 설치·운영하여서는 아니 된다.
> 그럼에도 불구하고 피의자는 20○○. ○. ○.경부터 위 장소에서 20○○. ○. ○. 까지 성폭력피해자 등을 대상으로 1인당 1일 ○○만원을 받고 영리목적으로 상담소를 설치·운영하였다.

3) 신문사항

- 상담소를 운영 하고 있는가
- 언제부터 어디에서 하고 있는가
- 규모는 어느 정도인가
- 누구를 상대로 어떤 방법으로 상담소 운영을 하는가
- 상담해주고 비용을 받는가
- 어떤 경우로 얼마의 비용을 받는가
- 그동안 누구에게 어떤 상담을 해주고 얼마의 비용을 받았는가
- 그러한 상담비용을 받는 것이 정당한가

5. 직무상 비밀누설 행위

1) 적용법조 : 제36조 제2항 제4호, 제30조 ☞ 공소시효 5년

> 제30조(비밀 엄수의 의무) 상담소, 보호시설, 통합지원센터 또는 중앙디지털성범죄피해자지원센터등의 장은 피해자등을 긴급히 구조할 필요가 있을 때에는 경찰관서(지구대·파출소 및 출장소를 포함한다)의 장에게 그 소속 직원의 동행을 요청할 수 있으며, 요청을 받은 경찰관서의 장은 특별한 사유가 없으면 이에 따라야 한다.

2) 범죄사실 기재례

> 피의자는 ○○에 있는 ○○성폭력상담소의 상담원으로 20○○. ○. ○. ○○:○○경 위 사무실에서 성폭력피해자 홍길녀(여, 28세)로부터 성폭력을 당한 사실에 대해 상담한 사실이 있다.
>
> 상담소, 보호시설 또는 통합지원센터의 장이나 그 밖의 종사자 또는 그 직에 있었던 사람은 그 직무상 알게 된 비밀을 누설하여서는 아니 된다.
>
> 그럼에도 불구하고 피의자는 20○○. ○. ○. ○○:○○경 위 사무실에서 홍길녀와 상담한 성폭력 사실을 동료직원인 최민자 등에게 말하여 이를 누설하였다.

3) 신문사항

- 피의자는 어디에 근무하고 있는가
- 어떠한 업무를 수행하는가(성폭력 상담원)
- 홍길녀를 알고 있는가
- 언제 어디에서 위 홍길녀와 상담하였나
- 상담과정에서 어떠한 사항을 알게 되었나
- 홍길녀가 성폭력을 당했다는 것을 알고 있는가
- 이러한 사실을 누설한 일이 있나
- 언제 어디에서 누구에게 누설하였나
- 피의자의 행위로 홍길녀는 어떠한 피해를 보았는지 알고 있나
- 상당요원으로서 이러한 누설행위에 대해 어떻게 생각하느냐

제5절 성매매알선 등 행위의 처벌에 관한 법률
(성매매처벌법)

 I. 목적 및 개념정의

1. 목 적

제1조(목적) 이 법은 성매매, 성매매알선 등 행위 및 성매매 목적의 인신매매를 근절하고, 성매매피해자의 인권을 보호함을 목적으로 한다.

2. 개념정의

제2조(정의) ① 이 법에서 사용하는 용어의 정의는 다음과 같다.
1. "성매매"란 불특정인을 상대로 금품이나 그 밖의 재산상의 이익을 수수(收受)하거나 수수하기로 약속하고 다음 각 목의 어느 하나에 해당하는 행위를 하거나 그 상대방이 되는 것을 말한다.
  가. 성교행위
  나. 구강, 항문 등 신체의 일부 또는 도구를 이용한 유사 성교행위
2. "성매매알선 등 행위"란 다음 각 목의 어느 하나에 해당하는 행위를 하는 것을 말한다.
  가. 성매매를 알선, 권유, 유인 또는 강요하는 행위
  나. 성매매의 장소를 제공하는 행위
  다. 성매매에 제공되는 사실을 알면서 자금, 토지 또는 건물을 제공하는 행위
3. "성매매 목적의 인신매매"란 다음 각 목의 어느 하나에 해당하는 행위를 하는 것을 말한다.
  가. 성을 파는 행위 또는 「형법」 제245조에 따른 음란행위를 하게 하거나, 성교행위 등 음란한 내용을 표현하는 사진·영상물 등의 촬영 대상으로 삼을 목적으로 위계(僞計), 위력(威力), 그 밖에 이에 준하는 방법으로 대상자를 지배·관리하면서 제3자에게 인계하는 행위
  나. 가목과 같은 목적으로 미성년자, 사물을 변별하거나 의사를 결정할 능력이 없거나 미약한 사람 또는 대통령령으로 정하는 중대한 장애가 있는 사람이나 그를 보호·감독하는 사람에게 선불금 등 금품이나 그 밖의 재산상의 이익을 제공하거나 제공하기로 약속하고 대상자를 지배·관리하면서 제3자에게 인계하는 행위
  다. 가목 및 나목의 행위가 행하여지는 것을 알면서 가목과 같은 목적이나 전매를 위하여 대상자를 인계받는 행위
  라. 가목부터 다목까지의 행위를 위하여 대상자를 모집·이동·은닉하는 행위
4. "성매매피해자"란 다음 각 목의 어느 하나에 해당하는 사람을 말한다.
  가. 위계, 위력, 그 밖에 이에 준하는 방법으로 성매매를 강요당한 사람
  나. 업무관계, 고용관계, 그 밖의 관계로 인하여 보호 또는 감독하는 사람에 의하여 「마약류관리에 관한 법률」 제2조에 따른 마약·향정신성의약품 또는 대마(이하 "마약등"이라 한다)에 중독되어 성매매를 한 사람
  다. 미성년자, 사물을 변별하거나 의사를 결정할 능력이 없거나 미약한 사람 또는 대통령령으로 정하는 중대한 장애가 있는 사람으로서 성매매를 하도록 알선·유인된 사람
  라. 성매매 목적의 인신매매를 당한 사람

② 다음 각 호의 어느 하나에 해당하는 경우에는 대상자를 제1항제3호가목에 따른 지배·관리하에 둔 것으로 본다.

1. 선불금 제공 등의 방법으로 대상자의 동의를 받은 경우라도 그 의사에 반하여 이탈을 제지한 경우
2. 다른 사람을 고용·감독하는 사람, 출입국·직업을 알선하는 사람 또는 그를 보조하는 사람이 성을 파는 행위를 하게 할 목적으로 여권이나 여권을 갈음하는 증명서를 채무이행 확보 등의 명목으로 받은 경우

※ 시행령(대통령령)

제2조(중대한 장애가 있는 사람의 범위) 「성매매알선 등 행위의 처벌에 관한 법률」 (이하 "법"이라 한다) 제2조제1항제3호 나목·제4호 다목, 제8조제3항 및 제18조제2항제2호에서 "대통령령으로 정하는 중대한 장애가 있는 사람"이란 별표에서 규정한 사람 또는 이에 준하는 사람으로서 타인의 보호·감독이 없으면 정상적으로 일상생활 또는 사회생활을 영위하기 어렵고, 이로 인하여 타인의 부당한 압력이나 기망(欺罔)·유인에 대한 저항능력이 취약한 사람을 말한다.

※ 중대한 장애가 있는 자의 기준(제2조관련)

1. 지체장애인(肢體障碍人) 팔다리 또는 몸통의 기능에 영속적인 장애가 있거나 그 일부를 잃어 주위의 도움이 없으면 일상생활을 영위하기 어려운 사람
2. 시각장애인(視覺障碍人) 좋은 눈의 시력(만국식시력표에 의하여 측정한 것을 말하며, 굴절이상이 있는 사람에 대하여는 교정시력을 기준으로 한다)이 0.04 이하인 사람
3. 청각장애인(聽覺障碍人)
   가. 두 귀의 청력 손실이 각각 70데시벨(dB) 이상인 사람
   나. 두 귀에 들리는 보통 말소리의 명료도가 50퍼센트 이하인 사람
   다. 양측 평형기능의 소실 또는 감소로 두 눈을 뜨고 10미터를 걸으려면 중간에 균형을 잡기 위하여 한 번 이상 멈추어야 하는 사람
4. 언어장애인(言語障碍人) 음성 기능 또는 언어 기능을 잃은 사람
5. 정신지체인(精神遲滯人) 지능지수가 70 이하인 사람으로서 사회적·직업적 재활을 위하여 지속적인 도움이나 교육이 필요한 사람
6. 발달장애인(發達障碍人) 자폐증으로 정상발달의 단계가 나타나지 아니하고 지능지수가 70 이하이며, 지능 및 능력장애로 인하여 주위의 많은 도움이 없으면 일상생활을 영위하기 어려운 사람
7. 정신장애인(精神障碍人)
   가. 정신분열병으로 망상·환청·사고장애 및 기괴한 행동 등의 양성증상 및 사회적 위축 등의 음성증상이 있고, 중등(中等)도의 이상의 인격 변화가 있으며, 기능 및 능력장애로 인하여 주위의 많은 도움이 없으면 일상생활을 영위하기 어려운 사람
   나. 양극성 정동장애(조울병)로 기분·의욕 및 행동·사고장애 증상이 있는 증상기가 저속되거나 자주 반복되며, 기능 및 능력장애로 인하여 주위의 많은 도움이 없으면 일상생활을 영위하기 어려운 사람
   다. 만성적인 반복성 우울장애로 망상 등 정신병적 증상이 동반되고, 기분·의욕 및 행동 등에 대한 우울증상이 있는 증상기가 지속되거나 자주 반복되며, 기능 및 능력장애로 인하여 주위의 많은 도움이 없으면 일상생활을 영위하기 어려운 사람
   라. 만성적인 분열성 정동장애(情動障碍)로 가목 내지 다목에 준하는 증상이 있는 사람

■ 판례 ■ 마사지업소의 여종업원인 甲이 침대가 설치된 밀실에서 짧은 치마와 반소매 티를 입고 남자 손님의 온몸을 주물러 성적인 흥분을 일으킨 뒤 손님의 옷을 모두 벗기고 로션을 바른 손으로 손님의 성기를 감싸쥐고 성교행위를 하듯이 왕복운동을 하여 성적 만족감에 도달한 손님으로 하여금 사정하게 한 경우

[1] '유사성교행위' 의 의미 및 그 판단 방법

성매매 등 근절과 성매매 피해자 인권 보호라는 성매매알선 등 행위의 처벌에 관한 법률의 입법 취지와 성교행위와 유사성교행위를 아무런 구별 없이 같이 취급하고 있는 같은 법 제2조 제1항 제1호의 규정 등 고려하면, 위 법률 제2조 제1항 제1호(나)목의 '유사성교행위' 는 구강·항문 등 신체 내부로의 삽입행위 내지 적어도 성교와 유사한 것으로 볼 수 있는 정도의 성적 만족을 얻기 위한 신체접촉행위를 말하고, 어떤 행위가 성교와 유사한 것으로 볼 수 있는 정도의 성적 만족을 얻기 위한 신체접촉행위에 해당하는지 여부는 당해 행위가 이루어진 장소, 행위자들의 차림새, 신체 접촉 부위와 정도 및 행위의 구체적인 내용, 그로 인한 성적 만족감의 정도 등을 종합적으로 평가하여 규범적으로 판단하여야 한다.

[2] 甲의 행위가 유사성교행위에 해당하는지 여부(적극)

甲의 행위는 성매매알선 등 행위의 처벌에 관한 법률 제2조 제1항 제1호(나)목의 '유사성교행위' 에 해당한다(대법원 2006.10.26. 선고 2005도8130 판결).

■ 판례 ■ 구 윤락행위등방지법 제2조 제1호 소정의 '불특정' 의 의미

[1] 사실관계

甲은 강원도 도박장 직원으로서 투자유치를 위하여 외국인을 접대하면서 술집 등을 통하여 구한 여성 2명에게 돈을 주고 외국투자자와 성교하도록 알선하였다.

[2] 판결요지

가. 구 윤락행위등방지법 제2조 제1호 소정의 '불특정' 의 의미

구 윤락행위등방지법(2004. 3. 22. 법률 제7196호 성매매알선 등 행위의 처벌에 관한 법률 부칙 제2조로 폐지되기 전의 것) 제2조 제1호는, "윤락행위" 라 함은 불특정인을 상대로 하여 금품 기타 재산상의 이익을 받거나 받을 것을 약속하고 성행위를 하는 것을 말한다고 규정하고 있는바, 여기서 '불특정' 이라 함은 성행위 당시에 상대방이 특정되지 않았다는 의미가 아니고, 성행위의 대가인 금품 기타 재산상의 이익에 주목적을 두고 상대방의 특정성을 중시하지 않는다는 의미라 봄이 상당하다.

나. 甲의 죄책

피고인이 술집 등을 통하여 구한 여성 2명에게 돈을 주고 그들로 하여금 피고인이 경영하는 회사의 외국투자자와 성교하도록 알선한 행위는 위 법상 불특정인에 대한 윤락행위 알선에 해당한다(대법원 2008.5.29. 선고 2007도2839 판결).

■ 판례 ■ 성매매알선 등 행위의 처벌에 관한 법률 제2조 제1항 제2호 (다)목에서 정한 '성매매에 제공되는 사실을 알면서 자금·토지 또는 건물을 제공하는 행위' 에 행위자가 스스로 '성매매를 알선, 권유, 유인 또는 강요하는 행위' 나 '성매매의 장소를 제공하는 행위' 를 하는 경우가 포함되는지 여부(적극)

범죄수익은닉의 규제 및 처벌 등에 관한 법률(이하 '범죄수익법' 이라 한다) 제8조 제1항은 '범죄수익' 을 몰수할 수 있다고 하면서, 범죄수익법 제2조 제2호 (나)목 1)은 "성매매알선 등 행위의 처벌에 관한 법률(이하 '성매매처벌법' 이라 한다) 제19조 제2항 제1호(성매매알선 등 행위 중 성매매에 제공되는 사실을 알면서 자금·토지 또는 건물을 제공하는 행위만 해당한다)의 죄에 관계된 자금 또는 재산" 을 위 법에서 규정하는 '범죄수익' 의 하나로 규정하고 있는데, 성매매

알선 등 행위를 규정한 성매매처벌법 제2조 제1항 제2호 중 (다)목의 "성매매에 제공되는 사실을 알면서 자금·토지 또는 건물을 제공하는 행위"에는 그 행위자가 "성매매를 알선, 권유, 유인 또는 강요하는 행위"[성매매처벌법 제2조 제1항 제2호 (가)목] 또는 "성매매의 장소를 제공하는 행위"[성매매처벌법 제2조 제1항 제2호 (나)목]를 하는 타인에게 자금, 토지 또는 건물을 제공하는 행위뿐만 아니라 스스로 (가)목이나 (나)목의 행위를 하는 경우도 포함된다고 보아야 한다.(대법원 2013.5.23, 선고, 2012도11586, 판결)

● Ⅱ. 성매매피해자 등의 보호

1. 성매매피해자에 대한 처벌특례와 보호 (제6조)

① 성매매피해자의 성매매는 처벌하지 아니한다.

② 검사 또는 사법경찰관은 수사과정에서 피의자 또는 참고인이 성매매피해자에 해당한다고 볼 만한 상당한 이유가 있을 때에는 지체 없이 법정대리인, 친족 또는 변호인에게 통지하고, 신변보호, 수사의 비공개, 친족 또는 지원시설·성매매피해상담소에의 인계 등 그 보호에 필요한 조치를 하여야 한다. 다만, 피의자 또는 참고인의 사생활 보호 등 부득이한 사유가 있는 경우에는 통지하지 아니할 수 있다.

③ 법원 또는 수사기관이 이 법에 규정된 범죄를 신고(고소·고발 포함)한 사람 또는 성매매피해자를 조사하거나 증인으로 신문(訊問)하는 경우에는 「특정범죄 신고자 등 보호법」 제7조부터 제13조까지의 규정을 준용한다. 이 경우 「특정범죄 신고자 등 보호법」 제9조와 제13조를 제외하고는 보복을 당할 우려가 있어야 한다는 요건이 필요하지 아니하다.

2. 신고의무 등 (제7조)

① 「성매매방지 및 피해자보호 등에 관한 법률」 제5조제1항에 따른 지원시설 및 같은 법 제10조에 따른 성매매피해상담소의 장이나 종사자가 업무와 관련하여 성매매 피해사실을 알게 되었을 때에는 지체 없이 수사기관에 신고하여야 한다.

② 누구든지 이 법에 규정된 범죄를 신고한 사람에게 그 신고를 이유로 불이익을 주어서는 아니 된다.

③ 다른 법률에 규정이 있는 경우를 제외하고는 신고자등의 인적사항이나 사진 등 그 신원을 알 수 있는 정보나 자료를 인터넷 또는 출판물에 게재하거나 방송매체를 통하여 방송하여서는 아니 된다.

3. 신뢰관계에 있는 사람의 동석 (제8조)

① 법원은 신고자등을 증인으로 신문할 때에는 직권으로 또는 본인·법정대리인이나 검사의 신청에 의하여 신뢰관계에 있는 사람을 동석하게 할 수 있다.

② 수사기관은 신고자등을 조사할 때에는 직권으로 또는 본인·법정대리인의 신청에 의하여 신뢰관계에 있는 사람을 동석하게 할 수 있다.

③ 법원 또는 수사기관은 미성년자, 사물을 변별하거나 의사를 결정할 능력이 없거나 미약한 사람 또는 대통령령으로 정하는 중대한 장애가 있는 사람에 대하여 제1항 및 제2항에 따른 신청을 받은 경우에는 재판이나 수사에 지장을 줄 우려가 있는 등 특별한 사유가 없으면 신뢰관계에 있는 사람을 동석하게 하여야 한다.

④ 제1항부터 제3항까지의 규정에 따라 신문이나 조사에 동석하는 사람은 진술을 대리하거나 유도하는 등의 행위로 수사나 재판에 부당한 영향을 끼쳐서는 아니 된다.

4. 심리의 비공개 (제9조)

① 법원은 신고자등의 사생활이나 신변을 보호하기 위하여 필요하면 결정으로 심리를 공개하지 아니할 수 있다.

② 증인으로 소환받은 신고자등과 그 가족은 사생활이나 신변을 보호하기 위하여 증인신문의 비공개를 신청할 수 있다.

③ 재판장은 제2항에 따른 신청을 받으면 그 허가 여부, 법정 외의 장소에서의 신문 등 신문의 방식 및 장소에 관하여 결정할 수 있다.

④ 제1항 및 제3항에 따른 심리의 비공개에 관하여는 「법원조직법」 제57조제2항 및 제3항을 준용한다.

5. 불법원인으로 인한 채권무효 (제10조)

① 다음 각 호의 어느 하나에 해당하는 사람이 그 행위와 관련하여 성을 파는 행위를 하였거나 할 사람에게 가지는 채권은 그 계약의 형식이나 명목에 관계없이 무효로 한다. 그 채권을 양도하거나 그 채무를 인수한 경우에도 또한 같다.

1. 성매매알선 등 행위를 한 사람
2. 성을 파는 행위를 할 사람을 고용·모집하거나 그 직업을 소개·알선한 사람
3. 성매매 목적의 인신매매를 한 사람

② 검사 또는 사법경찰관은 제1항의 불법원인과 관련된 것으로 의심되는 채무의 불

이행을 이유로 고소·고발된 사건을 수사할 때에는 금품이나 그 밖의 재산상의 이익 제공이 성매매의 유인·강요 수단이나 성매매 업소로부터의 이탈방지 수단으로 이용되었는지를 확인하여 수사에 참작하여야 한다.

③ 검사 또는 사법경찰관은 성을 파는 행위를 한 사람이나 성매매피해자를 조사할 때에는 제1항의 채권이 무효라는 사실과 지원시설 등을 이용할 수 있음을 본인 또는 법정대리인 등에게 고지하여야 한다.

6. 외국인여성에 대한 특례 (제11조)

① 외국인여성이 이 법에 규정된 범죄를 신고한 경우나 외국인여성을 성매매피해자로 수사하는 경우에는 해당 사건을 불기소처분하거나 공소를 제기할 때까지 「출입국관리법」 제46조에 따른 강제퇴거명령 또는 같은 법 제51조에 따른 보호의 집행을 하여서는 아니 된다. 이 경우 수사기관은 지방출입국·외국인관서에 해당 외국인여성의 인적사항과 주거를 통보하는 등 출입국 관리에 필요한 조치를 하여야 한다.

② 검사는 제1항의 사건에 대하여 공소를 제기한 후에는 성매매피해 실태, 증언 또는 배상의 필요성, 그 밖의 정황을 고려하여 지방출입국·외국인관서의 장 등 관계 기관의 장에게 일정한 기간을 정하여 제1항에 따른 강제퇴거명령의 집행을 유예하거나 보호를 일시해제할 것을 요청할 수 있다.

③ 제1항 및 제2항에 따라 강제퇴거명령의 집행을 유예하거나 보호의 일시해제를 하는 기간에는 해당 외국인여성에게 지원시설 등을 이용하게 할 수 있다.

④ 수사기관은 외국인여성을 성매매피해자로 조사할 때에는 「소송촉진 등에 관한 특례법」에 따른 배상신청을 할 수 있음을 고지하여야 한다.

⑤ 성매매피해자인 외국인여성이 「소송촉진 등에 관한 특례법」에 따른 배상신청을 한 경우에는 그 배상명령이 확정될 때까지 제1항을 준용한다.

Ⅲ. 보호사건

1. 보호사건의 처리 (제12조)

① 검사는 성매매를 한 사람에 대하여 사건의 성격·동기, 행위자의 성행(性行) 등을 고려하여 이 법에 따른 보호처분을 하는 것이 적절하다고 인정할 때에는 특별

한 사정이 없으면 보호사건으로 관할법원에 송치하여야 한다.

② 법원은 성매매 사건의 심리 결과 이 법에 따른 보호처분을 하는 것이 적절하다고 인정할 때에는 결정으로 사건을 보호사건의 관할법원에 송치할 수 있다.

2. 보호처분의 결정 등 (제14조)

① 판사는 심리 결과 보호처분이 필요하다고 인정할 때에는 결정으로 다음 각 호의 어느 하나에 해당하는 처분을 할 수 있다.

1. 성매매가 이루어질 우려가 있다고 인정되는 장소나 지역에의 출입금지
2. 「보호관찰 등에 관한 법률」에 따른 보호관찰
3. 「보호관찰 등에 관한 법률」에 따른 사회봉사·수강명령
4. 「성매매방지 및 피해자보호 등에 관한 법률」 제10조에 따른 성매매피해상담소에의 상담위탁
5. 「성폭력방지 및 피해자보호 등에 관한 법률」 제27조제1항에 따른 전담의료기관에의 치료위탁

② 제1항 각 호의 처분은 병과(倂科)할 수 있다.

③ 법원은 보호처분의 결정을 한 경우에는 지체 없이 검사, 보호처분을 받은 사람, 보호관찰관 또는 보호처분을 위탁받아 행하는 지원시설·성매매피해상담소 또는 의료기관(이하 "수탁기관"이라 한다)의 장에게 통지하여야 한다. 다만, 국가가 운영하지 아니하는 수탁기관에 보호처분을 위탁할 때에는 그 기관의 장으로부터 수탁에 대한 동의를 받아야 한다.

④ 법원은 제1항제2호부터 제5호까지의 처분을 한 경우에는 교육, 상담, 치료 또는 보호관찰에 필요한 자료를 보호관찰관 또는 수탁기관의 장에게 송부하여야 한다.

3. 보호처분의 기간 (제15조)

제14조제1항제1호·제2호 및 제4호에 따른 보호처분 기간은 6개월을, 같은 항 제3호에 따른 사회봉사·수강명령은 100시간을 각각 초과할 수 없다.

4. 보호처분의 변경 (제16조)

① 법원은 검사, 보호관찰관 또는 수탁기관의 장이 청구하면 결정으로 한 번만 보호

처분의 종류와 기간을 변경할 수 있다.

② 제1항에 따라 보호처분의 종류와 기간을 변경할 때에는 종전의 처분기간을 합산
하여 제14조제1항제1호·제2호·제4호·제5호에 따른 보호처분 기간은 1년을, 같
은 항 제3호에 따른 사회봉사·수강명령은 200시간을 각각 초과할 수 없다.

Ⅳ. 보상금 제도

1. 보상금 (제28조)

① 제18조제2항제3호, 같은 조 제3항제4호, 같은 조 제4항, 제22조의 범죄 및 성매
매 목적의 인신매매의 범죄를 수사기관에 신고한 사람에게는 보상금을 지급할 수
있다.

② 제1항에 따른 보상금의 지급 기준 및 범위에 관하여 필요한 사항은 대통령령으로 정한다.

2. 보상금의 지급 (시행령 제6조)

① 보상금은 신고가 접수된 범죄에 대하여 공소가 제기되거나 기소유예처분이 된 경
우에 지급할 수 있다. 다만, 피의자를 검거하지 못하는 등으로 공소가 제기되지
아니한 경우에도 신고로 인하여 범죄의 주요 증거가 확보되거나 피해자 구조에
현저히 기여한 때에는 보상금을 지급할 수 있다.

② 보상금은 최고 2천만원 이내로 하여 그 지급결정이 있은 당해연도 예산의 범위안
에서 지급하되, 그 구체적인 지급기준은 법무부령으로 정한다.

3. 보상금의 지급기준 (시행규칙 제13조)

① 보상금은 법 제28조제1항에 따라 보상금 지급대상이 되는 범죄(이하 "대상범죄"라
한다)에 대하여 신고를 한 경우에 다음 각 호에서 정한 보상금 상한액의 범위에서
지급한다.

1. 법 제18조제4항 또는 법 제22조에 규정된 범죄 중 범죄단체 또는 범죄집단의
   구성죄에 대하여 신고를 한 경우 : 2천만원

2. 범죄단체 또는 범죄집단이나 국제범죄조직에서 저지른 대상범죄의 적발 및 범
   인검거 등에 기여한 경우 : 2천만원

3. 대상범죄와 관련된 「형법」 제250조(살인, 존속살해), 제253조(위계 등에 의한

촉탁살인 등) 및 제254조(미수범. 다만, 제251조 및 제252조의 미수범을 제외한다)의 범죄의 적발 및 범인검거 등에 기여한 경우 : 2천만원

  4. 신고에 의하여 감금 또는 인신매매된 성매매 피해자를 구조한 경우 : 2천만원

  5. 법 제18조제3항제3호 및 제4호에 규정된 범죄 또는 법 제22조에 규정된 범죄 중 범죄단체 또는 범죄집단에의 가입죄에 대하여 신고를 한 경우 : 1천만원

  6. 법 제18조제2항제3호에 규정된 범죄에 대하여 신고를 한 경우 : 700만원

② 제1항의 규정에 의하여 보상금 액수를 결정함에 있어서 다음 각호의 사항을 참작하여야 한다.

  1. 신고의 정확성

  2. 당해 사건의 적발과 적정한 처리에 기여한 공로

  3. 범행 적발의 난이도

  4. 범죄의 경중과 규모

  5. 몰수·추징될 범죄수익 등의 액수

  6. 신고로 인한 범인검거 및 피해자 구조 여부

③ 당해 사건의 해결이 국내외적으로 중요하거나 대형범죄, 조직범죄의 근절 등 범죄 진압에 현저히 기여한 경우에는 2천만원을 초과하지 아니하는 범위안에서 제1항의 규정에 의한 지급기준보다 보상금을 증액하여 지급할 수 있다.

V. 벌칙 및 죄명표

1. 벌 칙

제18조(벌칙) ① 다음 각 호의 어느 하나에 해당하는 사람은 10년 이하의 징역 또는 1억원 이하의 벌금에 처한다.
  1. 폭행이나 협박으로 성을 파는 행위를 하게 한 사람
  2. 위계 또는 이에 준하는 방법으로 성을 파는 사람을 곤경에 빠뜨려 성을 파는 행위를 하게 한 사람
  3. 친족관계, 고용관계, 그 밖의 관계로 인하여 다른 사람을 보호·감독하는 것을 이용하여 성을 파는 행위를 하게 한 사람
  4. 위계 또는 위력으로 성교행위 등 음란한 내용을 표현하는 영상물 등을 촬영한 사람
② 다음 각 호의 어느 하나에 해당하는 사람은 1년 이상의 유기징역에 처한다.
  1. 제1항의 죄(미수범을 포함한다)를 범하고 그 대가의 전부 또는 일부를 받거나 이를 요구·약속한 사람
  2. 위계 또는 위력으로 미성년자, 사물을 변별하거나 의사를 결정할 능력이 없거나 미약한 사람 또는 대통령령으로 정하는 중대한 장애가 있는 사람으로 하여금 성을 파는 행위를 하게 한 사람
  3. 「폭력행위 등 처벌에 관한 법률」 제4조에 규정된 단체나 집단의 구성원으로서 제1항의 죄를 범한 사람

③ 다음 각 호의 어느 하나에 해당하는 사람은 3년 이상의 유기징역에 처한다.
 1. 다른 사람을 감금하거나 단체 또는 다중(多衆)의 위력을 보이는 방법으로 성매매를 강요한 사람
 2. 성을 파는 행위를 하였거나 할 사람을 고용·관리하는 것을 이용하여 위계 또는 위력으로 낙태하게 하거나 불임시술을 받게 한 사람
 4. 「폭력행위 등 처벌에 관한 법률」 제4조에 규정된 단체나 집단의 구성원으로서 제2항제1호 또는 제2호의 죄를 범한 사람
④ 다음 각 호의 어느 하나에 해당하는 사람은 5년 이상의 유기징역에 처한다.
 1. 업무관계, 고용관계, 그 밖의 관계로 인하여 보호 또는 감독을 받는 사람에게 마약등을 사용하여 성을 파는 행위를 하게 한 사람
 2. 「폭력행위 등 처벌에 관한 법률」 제4조에 규정된 단체나 집단의 구성원으로서 제3항제1호부터 제3호까지의 죄를 범한 사람

제19조(벌칙) ① 다음 각 호 어느 하나에 해당하는 사람은 3년 이하의 징역 또는 3천만원 이하의 벌금에 처한다.
 1. 성매매알선 등 행위를 한 사람
 2. 성을 파는 행위를 할 사람을 모집한 사람
 3. 성을 파는 행위를 하도록 직업을 소개·알선한 사람
② 다음 각 호의 어느 하나에 해당하는 사람은 7년 이하의 징역 또는 7천만원 이하의 벌금에 처한다.
 1. 영업으로 성매매알선 등 행위를 한 사람
 2. 성을 파는 행위를 할 사람을 모집하고 그 대가를 지급받은 사람
 3. 성을 파는 행위를 하도록 직업을 소개·알선하고 그 대가를 지급받은 사람

제20조(벌칙) ① 다음 각 호의 어느 하나에 해당하는 사람은 3년 이하의 징역 또는 3천만원 이하의 벌금에 처한다.
 1. 성을 파는 행위 또는 「형법」 제245조에 따른 음란행위 등을 하도록 직업을 소개·알선할 목적으로 광고(각종 간행물, 유인물, 전화, 인터넷, 그 밖의 매체를 통한 행위를 포함한다. 이하 같다)를 한 사람
 2. 성매매 또는 성매매알선 등 행위가 행하여지는 업소에 대한 광고를 한 사람
 3. 성을 사는 행위를 권유하거나 유인하는 광고를 한 사람
② 영업으로 제1항에 따른 광고물을 제작·공급하거나 광고를 게재한 사람은 2년 이하의 징역 또는 1천만원 이하의 벌금에 처한다.
③ 영업으로 제1항에 따른 광고물이나 광고가 게재된 출판물을 배포한 사람은 1년 이하의 징역 또는 500만원 이하의 벌금에 처한다.

제21조(벌칙) ① 성매매를 한 사람은 1년 이하의 징역이나 300만원 이하의 벌금·구류 또는 과료(科料)에 처한다.
 ② 제7조제3항을 위반한 사람은 500만원 이하의 벌금에 처한다.

제22조(범죄단체의 가중처벌) 제18조 또는 제19조에 규정된 범죄를 목적으로 단체 또는 집단을 구성하거나 그러한 단체 또는 집단에 가입한 사람은 「폭력행위 등 처벌에 관한 법률」 제4조의 예에 따라 처벌한다.

제23조(미수범) 제18조부터 제20조까지에 규정된 죄의 미수범은 처벌한다.

제24조(징역과 벌금의 병과) 제18조제1항, 제19조, 제20조 및 제23조(제18조제2항부터 제4항까지에 규정된 죄의 미수범은 제외한다)의 경우에는 징역과 벌금을 병과할 수 있다.

제25조(몰수 및 추징) 제18조부터 제20조까지에 규정된 죄를 범한 사람이 그 범죄로 인하여 얻은 금품이나 그 밖의 재산은 몰수하고, 몰수할 수 없는 경우에는 그 가액(價額)을 추징한다.

제26조(형의 감면) 이 법에 규정된 죄를 범한 사람이 수사기관에 신고하거나 자수한 경우에는 형을 감경

하거나 면제할 수 있다.

제27조(양벌규정) 법인의 대표자나 법인 또는 개인의 대리인, 사용인, 그 밖의 종업원이 그 법인 또는 개인의 업무에 관하여 제18조부터 제23조까지의 어느 하나에 해당하는 위반행위를 하면 그 행위자를 벌하는 외에 그 법인 또는 개인에게도 해당 조문의 벌금형을 과(科)하고, 벌금형이 규정되어 있지 아니한 경우에는 1억원 이하의 벌금에 처한다. 다만, 법인 또는 개인이 그 위반행위를 방지하기 위하여 해당 업무에 관하여 상당한 주의와 감독을 게을리하지 아니한 경우에는 그러하지 아니하다.

2. 죄명표

구 분	죄명표시
제18조	성매매알선 등 행위의 처벌에 관한 법률 위반(성매매강요등)
제19조	성매매알선 등 행위의 처벌에 관한 법률 위반(성매매알선등)
제20조	성매매알선 등 행위의 처벌에 관한 법률 위반(성매매광고)
제21조 제1항중 아동·청소년의성보호에 관한법률 제26조 제1항이 적용되는 경우	성매매알선 등 행위의 처벌에 관한 법률 위반(아동·청소년)
그 외의 제21조 제1항	성매매알선 등 행위의 처벌에 관한 법률 위반(성매매)
그외 조항	성매매알선 등 행위의 처벌에 관한 법률 위반

⦿ VI. 다른 법률과의 관계

제5조(다른 법률과의 관계) 이 법에서 규정한 사항에 관하여 「아동·청소년의 성보호에 관한 법률」 및 「대중문화예술산업발전법」에 특별한 규정이 있는 경우에는 그 법에서 정하는 바에 따른다.

⦿ VII. 범죄사실

1. 성매매 장소 제공

1) 적용법조 : 제19조 제1항 제1호, 제2조 제1항 제2호 다목   ☞ 공소시효 5년

2) 범죄사실 기재례

[기재례1]

　피의자는 ○○에 있는 ○○프라자 ○○호의 소유자로서 20○○. ○. ○.경 갑과 위 프라자 ○○호를 보증금 ○○만 원, 월 차임 ○○만 원, 임대차기간을 20○○. ○. ○.까지로 하는 계약을 체결하였다.

　피의자는 20○○. ○. ○.경 ○○경찰서로부터 위 프라자 ○○호가 갑에 의하여 성매매장소로 제공되었다는 통지를 받고, 이후 20○○. ○. ○.경 ○○경찰서로부터 재차 위 프라자 ○○호가 갑으로부터 임차인 지위를 승계한 을에 의하여 성매매 장소로 제공되었다는 통지를 받아 위 장소에서 성매매 영업이 이루어진다는 사실을 알고 있음에도 또 다시 위 을의 소개로 위와 같이 새롭게 임대차 계약을 체결한 병이 동일 시설을 이용하여 20○○. ○. ○.경부터 20○○. ○. ○.경까지 위 ○○프라자 ○○호에서 계속하여 성매매 영업을 할수 있도록 임대해주어 성매매에 제공되는 사실을 알면서도 장소를 제공하였다.

　피의자는 ○○건물의 소유자이다. 누구든지 성매매의 장소를 제공하거나 성매매에 제공되는 사실을 알면서도 건물 등을 제공하는 행위를 하여서는 아니 된다.

　그럼에도 불구하고, 피의자는 20○○. ○. ○.경부터 20○○. ○. ○.경까지 사이에 위 건물에서, 성매매에 제공되는 사실을 잘 알면서 성매매여성 2명으로부터 매월 100만 원씩을 받기로 하고 위 성매매여성에게 위 건물의 방 2개를 임대하여 그곳에서 위 성매매여성이 성매매를 하도록 하였다.

　이로써 피의자는 성매매의 장소를 제공하거나 성매매에 제공되는 사실을 알면서 건물을 제공하는 성매매알선 등의 행위를 하였다.

[기재례2]

　피의자는 ○○에 있는 ○○건물의 건물주로서 위 건물 지하를 홍길동에게 임대해주어 위 홍길동이 그곳을 속칭 보도방으로 사용하다 20○○. ○. ○. 성매매행위로 단속되어 20○○. ○. ○. ○○경찰서장으로부터 '위 업소가 성매매 장소로 제공되었음'을 알리는 통지문을 받았다.

　그럼에도 불구하고 피의자는 20○○. ○. ○.부터 20○○. ○. ○.까지 위 건물 지하에서 甲이 안마시술소를 하면서 그곳을 찾는 손님들을 상대로 성매매 사실을 알면서 甲으로부터 월 ○○만원씩 받는 조건으로 위 건물을 제공하였다.

3) 신문사항

－ ○○건물주인가

－ 위 건물 지하를 임대한 사실이 있는가

－ 언제 누구에게 어떤 조건으로 임대하였다

－ 어떤 용도로 사용하던가

－ 위 지하에서 성매매한 사실을 알고 있는가

－ 성매매 사실과 관련 ○○경찰서장으로부터 통지문을 받은 사실이 있는가

－ 언제 어떤 내용의 통지문을 받았는가

– 이런 통지문을 받은 후 위 지하건물을 다시 임대한 일이 있는가

– 언제 누구에게 어떤 조건으로 제공하였는가

– 어떤 용도로 사용한다고 하던가

– 그러한 용도이면 성매매 장소로 사용될 수 있다고 보지 않는가

– 왜 성매매장소로 제공되는 사실을 알면서도 제공하였는가

4) 단속시 유의사항

○ 건물주에 대한 처벌은 '건물이 성매매에 제공되는 사실을 알고 있는 경우'에만 가능하다.

○ 성매매 집결지의 경우 건물주에 대한 형사처벌이 용이하나, 신·변종 업소의 경우 성매매 제공사실을 부인하는 경우가 많아 입증에 어려움이 있다.

○ 1차 출석요구하여 성매매 사실여부를 알았는지 조사한 후 부인하는 경우 추후 적발시 처벌됨을 고지하면서 '통지문'을 교부(발송)하고 재차 적발시 반드시 형사입건한다. 통지문 교부사항에 대해서는 별도의 처리대장을 만들어 비치한다.

■ **판례** ■   구 성매매알선 등 행위의 처벌에 관한 법률 제2조 제1항 제2호 (다)목에서 정한 '성매매에 제공되는 사실을 알면서 건물을 제공하는 행위'에 건물 임대 후 성매매에 제공되는 사실을 알게 되었는데도 건물 제공행위를 중단하지 아니하고 계속 임대하는 경우도 포함되는지 여부(적극)

[1] 구성매매알선 등 행위의 처벌에 관한 법률 제2조 제1항 제2호 (다)목 규정상 건물 임대 후 성매매에 제공되는 사실을 알게 되었는데도 건물 제공행위를 중단하지 아니하고 계속 임대하는 경우도 포함

구성매매알선 등 행위의 처벌에 관한 법률 제2조 제1항 제2호 (다)목은 '성매매에 제공되는 사실을 알면서 건물을 제공하는 행위'를 '성매매알선 등 행위'에 해당한다고 규정하고 있는데, 성매매행위의 공급자와 중간 매개체를 차단하여 우리 사회에 만연되어 있는 성매매행위의 강요·알선 등 행위와 성매매행위를 근절하려는 법률의 입법 취지와 위 규정이 건물을 제공하는 행위의 내용을 건물을 인도하는 행위로 제한하고 있지 않은 점에 비추어 볼 때, 여기에서 말하는 '성매매에 제공되는 사실을 알면서 건물을 제공하는 행위'에는 건물을 임대한 자가 임대 당시에는 성매매에 제공되는 사실을 알지 못하였으나 이후에 수사기관의 단속 결과 통지 등으로 이를 알게 되었는데도, 건물의 임대차계약을 해지하여 임대차관계를 종료시키고 점유 반환을 요구하는 의사를 표시함으로써 제공행위를 중단하지 아니한 채 성매매에 제공되는 상황이 종료되었음을 확인하지 못한 상태로 계속 임대하는 경우도 포함한다고 보아야 한다.

[2] 건물 소유자인 피고인이 甲에게 건물을 임대한 후 경찰청으로부터 성매매 장소로 제공된다는 통지를 받아 위 건물에서 성매매가 이루어진다는 사실을 알았는데도 이를 계속 임대하는 방법으로 제공하였다고 하여 구 성매매알선 등 행위의 처벌에 관한 법률 위반죄로 기소된 사안에서, 피고인에게 유죄를 인정한 원심판단의 결론이 정당하다고 한 사례

피고인이 甲에게 "향후 건물에서 성매매를 하지 말고 만약 불법영업을 할 경우 건물을 명도하라."는 취지의 내용증명 우편을 보낸 적이 있고, 甲을 만나 불법영업을 하지 않겠다는 각서를 요구하였는데 甲이 이를 거부한 사정이 있더라도 위와 같은 조치는 임대차계약을 확정적으로 종료시키는 것이 아니어서 건물의 제공행위를 중단하였다고 할 수 없다고 한 사례.(대법원 2011.8.25. 선고, 2010도6297, 판결)

■ 판례 ■   '영업으로 성매매를 알선한 행위'와 '영업으로 성매매에 제공되는 건물을 제공하는 행위'의 죄수 관계(=실체적 경합)

구 성매매알선 등 행위의 처벌에 관한 법률(2011. 5. 23. 법률 제10697호로 개정되기 전의 것, 이하 '구 성매매알선 등 처벌법'이라 한다) 제2조 제1항 제2호는 '성매매알선등행위'로 (가)목에서 '성매매를 알선·권유·유인 또는 강요하는 행위'를, (다)목에서 '성매매에 제공되는 사실을 알면서 자금·토지 또는 건물을 제공하는 행위'를 규정하는 한편, 구 성매매알선 등 처벌법 제19조는 '영업으로 성매매알선등행위를 한 자'에 대한 처벌을 규정하고 있는데, 성매매알선행위와 건물제공행위의 경우 비록 처벌규정은 동일하지만, 범행방법 등의 기본적 사실관계가 상이할 뿐 아니라 주체도 다르다고 보아야 한다. 또한 수개의 행위태양이 동일한 법익을 침해하는 일련의 행위로서 각 행위 간 필연적 관련성이 당연히 예상되는 경우에는 포괄일죄의 관계에 있다고 볼 수 있지만, 건물제공행위와 성매매알선행위의 경우 성매매알선행위가 건물제공행위의 필연적 결과라거나 반대로 건물제공행위가 성매매알선행위에 수반되는 필연적 수단이라고도 볼 수 없다. 따라서 '영업으로 성매매를 알선한 행위'와 '영업으로 성매매에 제공되는 건물을 제공하는 행위'는 당해 행위 사이에서 각각 포괄일죄를 구성할 뿐, 서로 독립된 가벌적 행위로서 별개의 죄를 구성한다고 보아야 한다.(대법원 2011.5.26. 선고 2010도6090 판결)

■ 판례 ■   피고인이 외국에서 안마시술업소를 운영하면서 안마사 자격이 없는 종업원들을 고용한 다음 그곳을 찾아오는 손님들로부터 서비스대금을 받고 마사지와 유사성교행위를 하도록 하였다는 취지의 의료법 위반 및 성매매알선 등 행위의 처벌에 관한 법률 위반 공소사실이 각 유죄로 인정된 사안

피고인이 일본에서 안마시술업소를 운영하면서 안마사 자격이 없는 종업원들을 고용한 다음 그곳을 찾아오는 손님들로부터 서비스대금을 받고 마사지와 유사성교행위를 하도록 하였다는 취지의 의료법 위반 및 성매매알선 등 행위의 처벌에 관한 법률 위반 공소사실이 각 유죄로 인정된 사안에서, 피고인이 마사지를 제외한 유사성교행위의 요금을 따로 정하지 아니하고 마사지가 포함된 전체 요금만을 정해 두고 영업을 한 점 등에 비추어, 피고인 운영의 안마시술업소에서 행한 마사지와 유사성교행위가 의료법 위반죄와 성매매알선 등 행위의 처벌에 관한 법률 위반죄의 실체적 경합관계에 있더라도 손님으로부터 지급받는 서비스대금은 그 전부가 마사지 대가이면서 동시에 유사성교행위의 대가라고 보아 유사성교행위가 포함된 서비스대금 전액의 추징을 명한 원심판단의 결론을 수긍한 사례(대법원 2018. 2. 8., 선고, 2014도10051, 판결)

■ 판례 ■   성매매장소 제공행위에 대한 처벌규정을 둔 취지

[1] 성매매알선 등 행위의 처벌에 관한 법률에서 성매매장소 제공행위에 대한 처벌 규정을 둔 취지

성매매알선 등 행위의 처벌에 관한 법률은 제19조 제1항 제1호, 제2조 제1항 제2호 (나)목에서 성매매의 장소를 제공하는 행위를 한 사람을 처벌하도록 규정하고, '영업으로' 그와 같은 행위를 한 사람에 대하여는 제19조 제2항 제1호에서 가중하여 처벌하도록 별도로 규정하고 있다. 위와 같

이 성매매장소의 제공행위에 대한 처벌 규정을 둔 입법 취지는, 성매매의 장소를 제공하는 것은 성매매 내지는 성매매알선을 용이하게 하는 것이고, 결국 성매매의 강요·알선 등 행위로 인하여 얻은 재산상의 이익을 취득하는 것이라는 점에서 성매매행위의 공급자와 중간 매개체를 차단하여 우리 사회에 만연되어 있는 성매매행위의 강요·알선 등 행위와 성매매행위를 근절하려는 성매매알선 등 행위의 처벌에 관한 법률의 목적을 달성하기 위해 간접적인 성매매알선을 규제하기 위함이다.

[2] 피고인이 자기 소유의 건물을 2017. 8. 31. 甲에게 월 70만 원에, 2018. 6. 18. 乙에게 월 100만 원에 성매매장소로 제공하였다는 범죄사실로 각 약식명령이 확정되었는데, 위 건물을 2014. 6.경부터 2016. 4.경까지, 2018. 3.경부터 2018. 5. 13.경까지 丙에게 월 300만 원에 임대하는 등 성매매장소로 제공하여 성매매알선 등 행위를 한 경우

확정된 각 약식명령은 영업이 아닌 단순 성매매장소 제공행위 범행으로 처벌된 것이고, 공소사실 역시 영업이 아닌 단순 성매매장소 제공행위 범행으로 기소된 것이어서 구성요건의 성질상 동종 행위의 반복이 예상되는 경우라고 볼 수 없고, 성매매알선행위가 장소제공행위의 필연적 결과라거나 반대로 장소제공행위가 성매매알선행위에 수반되는 필연적 수단이라고 볼 수 없는 점, 각 약식명령의 장소제공행위는 2017. 8. 31. 하루 동안 甲에게 임료를 월 70만 원으로 정하여 임대하였다는 것과 2018. 6. 18. 하루 동안 乙에게 임료를 월 100만 원으로 정하여 임대하였다는 것이고, 공소사실의 장소제공행위는 그와 다른 시기에 丙에게 임료를 월 300만 원으로 정하여 임대하였다는 것으로, 별개의 법률관계인 각각의 임대차계약이 시기를 달리하여 존재하고, 임대차계약의 중요한 내용인 임차인과 임료 등이 모두 다른 점, 각 약식명령과 공소사실의 장소제공행위는, 장소를 제공받은 성매매업소 운영주가 성매매알선 등 행위로 단속되어 기소·처벌을 받는 과정에서 함께 처벌을 받게 된 것으로, 피고인은 그때마다 새로운 성매매업소 운영주와 다시 임대차계약을 체결하여 온 것으로 보이는 점, 한편 성매매장소를 제공한 수 개의 행위가 동일한 범죄사실이라고 쉽게 단정하여 포괄일죄로 인정하면, 자칫 범행 중 일부만 발각되어 그 부분만 공소가 제기되어 확정판결을 받게 된 후에는 나중에 발각된 부분을 처벌하지 못하여 행위에 합당한 기소와 양형이 불가능하게 될 수 있는 불합리가 나타나 처벌규정을 둔 입법 취지가 훼손될 여지도 있는 점 등 여러 사정을 염두에 두고 공소사실과 각 약식명령의 범죄사실에 있어 범의의 단일성과 계속성이 인정되는지 등을 살펴본 다음 각 약식명령의 범죄사실과 공소사실이 동일사건에 해당하여 포괄일죄 관계에 있는지를 가려 그 확정판결의 기판력이 공소사실에 미치는지를 판단하여야 함에도, 이와 달리 각 약식명령의 범죄사실과 공소사실이 동일사건에 해당한다고 단정하여 포괄일죄 관계에 있다고 보아 각 약식명령의 기판력이 공소사실에 미친다는 이유로 면소를 선고한 원심판결에 성매매장소 제공에 의한 성매매알선 등 행위의 처벌에 관한 법률 위반(성매매알선등)죄에서 포괄일죄와 경합범의 구별 기준에 관한 법리를 오해하고 필요한 심리를 다하지 아니한 잘못이 있다.(대법원 2020. 5. 14. 선고, 2020도1355, 판결)

■ **판례** ■ 성매매에 제공되는 사실을 알면서 자금, 토지 또는 건물을 제공하는 행위

[1] 성매매알선 등 행위의 처벌에 관한 법률 제2조 제1항 제2호 (다)목에서 정한 '성매매에 제공되는 사실을 알면서 자금, 토지 또는 건물을 제공하는 행위'에 행위자가 스스로 '성매매를 알선, 권유, 유인 또는 강요하는 행위'나 '성매매의 장소를 제공하는 행위'를 하는 경우가 포함되는지 여부(적극)

범죄수익은닉의 규제 및 처벌 등에 관한 법률(이하 '범죄수익은닉규제법'이라고 한다) 제8조 제1항은 '범죄수익'을 몰수할 수 있다고 하면서, 범죄수익은닉규제법 제2조 제2호 (나)목 1)은 "성매매알선 등 행위의 처벌에 관한 법률(이하 '성매매처벌법'이라고 한다) 제19조 제2항 제1호(성

매매알선 등 행위 중 성매매에 제공되는 사실을 알면서 자금·토지 또는 건물을 제공하는 행위만 해당한다)의 죄에 관계된 자금 또는 재산"을 위 법에서 규정하는 '범죄수익'의 하나로 규정하고 있다. 성매매알선 등 행위를 규정한 성매매처벌법 제2조 제1항 제2호 중 (다)목의 "성매매에 제공되는 사실을 알면서 자금, 토지 또는 건물을 제공하는 행위"에는 그 행위자가 성매매를 알선, 권유, 유인 또는 강요하는 행위"[성매매처벌법 제2조 제1항 제2호 (가)목] 또는 "성매매의 장소를 제공하는 행위"[성매매처벌법 제2조 제1항 제2호 (나)목]를 하는 타인에게 자금, 토지 또는 건물을 제공하는 행위뿐만 아니라 스스로 (가)목이나 (나)목의 행위를 하는 경우도 포함된다(대법원 2013. 5. 23. 선고 2012도11586 판결 참조).

[2] 성매매알선 행위자가 자신의 성매매알선 영업에 필요한 장소인 오피스텔 각 호실을 임차하기 위해 임대인에게 보증금을 지급한 행위가 성매매알선 등 행위의 처벌에 관한 법률 제2조 제1항 제2호 (다)목의 '성매매에 제공되는 사실을 알면서 자금을 제공하는 행위'에 해당하는지 여부(적극)

성매매처벌법 제2조 제1항 제2호 (다)목의 행위태양인 '성매매에 제공되는 사실을 알면서 자금, 토지 또는 건물을 제공하는 행위'에는 스스로 성매매처벌법 제2조 제1항 제2호 (가)목이나 (나)목의 행위를 하는 경우도 포함된다. 그리고 위 조항에서는 성매매알선 행위자가 자신의 '토지 또는 건물'을 제공하는 행위뿐 아니라 '자금'을 제공하는 행위도 함께 규정하고 있다. 따라서 성매매알선 행위자인 피고인들이 자신의 성매매알선 영업에 필요한 장소인 오피스텔 각 호실을 임차하기 위해 보증금을 임대인에게 지급한 행위는 성매매처벌법 제2조 제1항 제2호 (다)목의 '성매매에 제공되는 사실을 알면서 자금을 제공하는 행위'에 해당한다. (대법원 2020. 10. 15., 선고, 2020도960, 판결)

통 지 문

통지일		20○○. ○. ○.		
건물주	성 명			
	주 민 등 록 번 호			
	주 소			
성매매 알선장소	업 소 명		단속일자	20○○. ○. ○.
	소 재 지			
	죄 명			
	범 죄 사 실			

　　귀하 소유의 위 업소가 성매매 장소로 제공되었음을 알려드립니다.

　　재차 적발시 귀하께서는 「성매매알선등행위의처벌에관한법률」제19조위반(성매매에 제공되

는 사실을 알면서 자금·토지 또는 건물 제공하는 행위)으로 처벌되며 이와 관계된 자금 또는

재산은 「범죄수익은닉의규제및처벌등에관한법률」 제2조 제2호의 '범죄수익'에 해당하여 몰

수 할 수 있습니다.

　　　　　　사건담당자 : 여성청소년과(여성청소년계) 경감 박 창 도 ㉑

　　　　　　　　　　○ ○ 경 찰 서

2. 영업으로 성매매행위의 유인

> 제4조(금지행위) 누구든지 다음 각 호의 어느 하나에 해당하는 행위를 하여서는 아니 된다.
> 1. 성매매
> 2. 성매매알선 등 행위
> 3. 성매매 목적의 인신매매
> 4. 성을 파는 행위를 하게 할 목적으로 다른 사람을 고용·모집하거나 성매매가 행하여진다는 사실을 알고 직업을 소개·알선하는 행위
> 5. 제1호, 제2호 및 제4호의 행위 및 그 행위가 행하여지는 업소에 대한 광고행위

[기재례1] 성매매알선 및 방조

1) **적용법조** : 제19조 제2항 제1호, 제4조 제2호 ☞ 공소시효 7년

2) **범죄사실 기재례**

피의자 A는 20○○.○.○.○○고등법원에서 ○○죄로 징역 1년 6월을 선고받고, ○○ ○○구치소에서 위 형의 집행을 종료하였다. 피의자 A, B는 각 ○○지역 폭력조직인 '신역전파'에 소속된 조직폭력배이다.

피의자 A는 선배인 을이 태국여성들을 고용하여 성매매알선 영업을 하는 것을 보고, 자신도 태국여성들을 고용하여 성매매알선 영업을 하기로 하고, 위 을을 통해 태국여성인 일명 '1' 등을 고용하는 등 전반적으로 성매매알선 영업을 총괄하는 역할을, 피의자 B는 성매매 여성들을 성매수 남성들이 지정하는 장소까지 차량을 이용해 데려다 주고, 성매매가 끝난 후 다시 데려오는 역할을 담당하기로 하였다.

이후 피의자들은 인터넷 사이트인 '○○'를 통해 불특정 다수의 남성들의 휴대전화로 '○○' 등의 성매매를 암시하는 문구를 전송하거나, 스마트폰 모바일 메신저인 즐톡에 '○○' 등의 문구를 게시하는 방법으로 광고를 하고, 이를 보고 연락하는 남성들을 상대로 성매매알선 영업을 하기로 모의하였다.

피의자들은 20○○.○.○.05:00경 ○○에 있는 ○○집에서 갑으로부터 성매매 여성을 위 주소지로 보내달라는 연락을 받고, 성매매 여성 1명을 위 주소지로 보내주면서 위 갑으로부터 성매매의 대가로 ○○만원을 받고, 위 여성으로 하여금 위 갑과 성교행위를 하게 한 것을 비롯하여 20○○.○.○.경부터 20○○.○.○.경까지 태국 여성인 일명 '1,2,3' 등으로 하여금 위와 같은 방법으로 약 ○○회에 걸쳐 성매매를 하게 하였다.

피의자들은 이와 같이 공모하여 영업으로 성매매알선 등 행위를 하였다.

[기재례2] 성매매알선

1) **적용법조** : 제19조 제2항 제1호, 제4조 제2호 ☞ 공소시효 7년

2) **범죄사실 기재례**

피의자는 20○○. ○. ○.부터 20○○. ○. ○.까지 사이에 ○○에서 성매매녀인 甲녀(20

세), 乙녀(22세) 등을 상주시키면서 위 시내에 있는 ♠모텔, ♥모텔, ★여관 등의 종업원들에게 투숙객들이 성매매 여성을 찾으면 연락하여 달라면서 전화번호를 알려주었다.

피의자는 20○○. ○. ○. 위 ♠모텔 업주 丙으로부터 전화를 받고 성매매여성인 乙녀를 그 곳으로 보내어 성명을 알 수 없는 투숙객들과 성교하게 하고, 위 성매매여성이 1회의 성매매행위로 받는 화대 중 30%인 ○○원을 숙식비명목으로 받아서 영업으로 성매매행위를 유인하는 등 20○○. ○. ○.까지 총 ○○회에 걸쳐 ○○만원 상당의 부당이득을 취하였다.

[기재례3] 성매매알선 및 방조

1) 적용법조 : 제19조 제2항 제1호, 제4조 제2호 ☞ 공소시효 7년

2) 범죄사실 기재례

가. 성매매알선등행위의처벌에관한법률위반(성매매알선등)

누구든지 불특정인을 상대로 금품이나 그 밖의 재산상의 이익을 수수하거나 수수하기로 약속하고 영업으로 성매매를 알선하여서는 아니 된다.

그럼에도 불구하고 피의자는 20○○.○.○.경 ○○에 있는 자신 운영의 ○○마사지에서, 손님으로부터 성매매 대가로 ○○만 원을 받고 그곳에 있는 ○○국적의 성명불상의 여성종업원들로 하여금 성행위를 하게 하는 등 그때부터 20○○.○.○.경까지 영업으로 수회에 걸쳐 성매매를 알선하였다.

나. 성매매알선등행위의처벌에관한법률위반(성매매알선등)방조

피의자는 자신의 아들인 갑이 영업으로 성매매를 알선한다는 사실을 알면서도 20○○.○.○.경부터 20○○.○.○.경까지 ○○에 있는 갑 운영의 ○○마사지에, 자신이 위 ○○마사지에서 고용한 을,병 등 2명의 ○○국적 여성 종업원으로 하여금 성매매를 하도록 공급해 주어 위 갑의 성매매 알선 영업을 방조하였다.

[기재례4] 유사성교행위 성매매행위업

1) 적용법조 : 제19조 제2항 제1호, 제4조 제2호 ☞ 공소시효 7년

2) 범죄사실 기재례

피의자는 20○○. ○. ○. 부터 ○○에서 ○○피부클리닉이라는 상호로 ○○㎡평에 샤워실 2개, 종업원대기실 1개, 룸 12개를 설치하여 놓고 여대생 종업원 갑 등 10여명을 고용하고 성매매알선업을 하기로 마음먹었다.

피의자는 20○○. ○. ○.부터 20○○. ○. ○.경까지 사이에 위 업소를 찾은 남자손님 1인당 ○○만원을 받고 그 중 ○○만원을 여대생 종업원에게 지불하는 조건으로 위 갑으로 하여금 남자손님인 A의 성기에 로션을 바른 후, 손으로 감아쥐고 상하로 왕복운동을 시켜 사정하게 하는 (속칭 "대딸방") 등 1일 평균 20여명의 손님을 상대로 위와 같은 유사성교행위를 하게 하여 일일 평균 매상 ○○만 원을 올리는 등 성매매알선 등 행위를 영업으로 하였다.

3) 신문사항

- 피의자는 어떠한 영업을 하고 있는가
- 종업원들에게 성을 파는 행위를 하도록 한 일이 있는가
- 언제부터 언제까지 하였나
- 성을 파는 행위를 하도록 한 성매매녀는 몇 명이며 그 들의 인적사항은
- 어떠한 방법으로 성을 파는 행위를 유인하였나
- 누구를 상대로 하였나
- 성매매녀들이 1회 성매매행위를 하는데 화대로 얼마를 받았나
- 피의자는 이들 성매매녀에게 얼마를 받았나
- 어떠한 목적과 명목으로 받았나
- 지금까지 각 성매매녀들로부터 피의자가 받은 금액은

[기재례5] 스포츠마사지 업소에서 성매매 알선

1) **적용법조** : 제19조 제2항 제1호 ☞ 공소시효 7년

2) **범죄사실 기재례**

> 피의자는 20○○. ○. ○. 02:00경 ○○에 있는 피의자가 운영하던 ○○스포츠 마사지업소에서, 그곳을 찾아온 손님 갑으로부터 10만 원을 받아 여종업원인 을에게 5만 원을 주기로 하고, 갑으로 하여금 을과 성관계를 맺도록 하여 성매매 알선행위를 한 것을 비롯하여 20○○. ○. ○.경부터 20○○. ○. ○.경까지 같은 방법으로 약 ○○회에 걸쳐 약 ○○만 원 상당의 매출을 올려 영업으로 성매매 알선행위를 하였다.

[기재례6] 성매매알선 및 방조

1) **적용법조** : 제19조 제2항 제1호, 제4조 제2호 ☞ 공소시효 7년

2) **범죄사실 기재례**

> 1. 피의자 1
> 피의자는 20○○.○.○. 21:50경 ○○에 있는 ○○에서, 성매매알선업소 단속을 위하여 손님을 가장하여 위 업소에 온 ○○경찰서 생활질서계 소속 경찰관으로부터 성매매에 대한 대가로 ○○만 원을 받기로 하고 성매매여성 ○○을 그곳 주택 방안으로 안내하여 성매매의 대상자가 되도록 알선하였다.
> 2. 피의자 2
> 피의자는 ○○에 있는 ○○호가 위치한 건물의 소유주로서 20○○.○.○. 21:50경 피의자 1이 위 건물에서 성매매 알선행위를 한다는 사실을 알면서도 동인에게 위 건물 ○○호를 제공하여 성매매알선 등 행위를 하였다.

■ **판례** ■   구 윤락행위등방지법 제25조 제2항 제3호에서 정한 '윤락행위 알선'의 의미

구 윤락행위등방지법(2004. 3. 22. 법률 제7196호 성매매알선등행위의처벌에관한법률 부칙 제2조로 폐지) 제25조 제2항 제3호에서 정한 '윤락행위의 알선'은 윤락행위를 하려는 당사자 사이에 서서 이를 중개하거나 편의를 도모하는 것을 의미하므로, 윤락행위의 알선이 되기 위하여는 반드시 그 알선에 의하여 윤락행위를 하려는 당사자가 실제로 윤락행위를 하거나 서로 대면하는 정도에 이르러야만 하는 것은 아니나, 적어도 윤락행위를 하려는 당사자 사이에 서서 실제로 서로의 의사를 연결하여 더 이상 알선자의 개입이 없더라도 당사자 사이에 윤락행위에 이를 수 있을 정도의 주선행위는 있어야 한다(대법원 2005.2.17. 선고 2004도8808 판결).

■ **판례** ■   피고인이 외국에서 안마시술업소를 운영하면서 안마사 자격이 없는 종업원들을 고용한 다음 그곳을 찾아오는 손님들로부터 서비스대금을 받고 마사지와 유사성교행위를 하도록 하였다는 취지의 의료법 위반 및 성매매알선 등 행위의 처벌에 관한 법률 위반 공소사실이 각 유죄로 인정된 사안

피고인이 일본에서 안마시술업소를 운영하면서 안마사 자격이 없는 종업원들을 고용한 다음 그곳을 찾아오는 손님들로부터 서비스대금을 받고 마사지와 유사성교행위를 하도록 하였다는 취지의 의료법 위반 및 성매매알선 등 행위의 처벌에 관한 법률 위반 공소사실이 각 유죄로 인정된 사안에서, 피고인이 마사지를 제외한 유사성교행위의 요금을 따로 정하지 아니하고 마사지가 포함된 전체 요금만을 정해 두고 영업을 한 점 등에 비추어, 피고인 운영의 안마시술업소에서 행한 마사지와 유사성교행위가 의료법 위반죄와 성매매알선 등 행위의 처벌에 관한 법률 위반죄의 실체적 경합관계에 있더라도 손님으로부터 지급받는 서비스대금은 그 전부가 마사지 대가이면서 동시에 유사성교행위의 대가라고 보아 유사성교행위가 포함된 서비스대금 전액의 추징을 명한 원심판단의 결론을 수긍한 사례.(대법원 2018. 2. 8., 선고, 2014도10051, 판결).

3. 영업으로 성매매행위의 장소제공

1) 적용법조 : 제19조 제2항 제1호 ☞ 공소시효 7년

2) 범죄사실 기재례

[기재례1] 성매매장소 제공

피의자는 20○○. ○. ○.부터 20○○. ○. ○.까지 사이에 ○○에 있는 피의자 집에 객실 3개를 갖춰놓고 성매매녀인 甲녀(20세), 乙녀(22세) 등으로 하여금 불특정 다수의 남자 손님을 상대로 화대 ○○만원을 받고 성교하게 한 다음 화대 중에서 위 甲으로부터 ○○만원, 위 乙로부터 ○○만원을 방값명목으로 각각 교부받아 영업으로 성매매행위의 장소를 제공하였다.

[기재례2] 성매매 알선 및 영업자 처벌(풍속법 제10조 제1항, 제3조 제1호)

피의자는 ○○에 있는 ○○여인숙을 운영하는 사람이다.
가. 성매매알선등행위의처벌에관한법률위반
피의자는 20○○. ○. ○ 00:30경 위 ○○여인숙에서 甲으로 하여금 화대 명목으로 ○○만원을 받고, 호객꾼(일명 '나까이') 乙이 데리고 온 이름을 알 수 없는 손님과 1회 성교하도록 하여 성매매의 장소를 제공하는 등 성매매알선 등 행위를 하고, 같은 날 03:00경 같은 장소에서 위와 같은 방법으로 성매매알선 등 행위를 하여 2회에 걸쳐 영업으로 성매매알선 등 행위를 하였다.
나. 풍속영업의규제에관한법률위반
풍속영업소에서는 성매매알선 등 행위를 하여서는 아니된다.
그럼에도 불구하고, 피의자는 전항과 같은 일시경 풍속영업소인 ○○여인숙에서 위와 같은 방법으로 성매매를 하도록 하여 성매매알선 등 행위를 하였다.

[기재례3] 성매매장소 제공

피의자는 어머니 갑과 공동으로 ○○에 있는 약 ○○㎡ 규모의 5층 건물을 소유하면서 20○○. ○. ○.경 안마시술소를 운영하겠다는 병에게 위 건물을 임대차보증금 ○○만원에 월세 ○○만원으로 정하여 임대해 주었는데, 20○○. ○. ○.경 ○○경찰청으로부터 위 건물이 성매매장소로 제공되었다는 통지를 받아 위 건물에서 성매매가 이루어진다는 사실을 알고 있었다.
그럼에도 불구하고, 그 무렵부터 20○○. ○. ○.경까지 위 건물을 병에게 계속 임대하는 방법으로 위 건물을 갑에게 제공하여 성매매알선 등 행위를 하였다.

3) 신문사항

- 갑, 을녀를 알고 있는가
- 이들을 언제부터 고용하였나

- 처음 어떻게 고용하게 되었나

- 어떤 조건으로 고용하였나

- 이들에게 성매매를 하도록 한 일이 있는가

- 언제 누구를 상대로 하도록 하였나

- 어디에서 어떤 방법으로 하도록 하였나

- 그들로부터 받은 화대는 누가 받았으며 어떻게 배분하였나

- 갑, 을에게는 각 얼마를 받았는가

- 어떤 명목으로 그녀들에게 받았는가

■ **판례** ■   성매매장소 인식여부

[1] 구 성매매알선 등 행위의 처벌에 관한 법률 제2조 제1항 제2호 (다)목에서 정한 '성매매에 제공되는 사실을 알면서 건물을 제공하는 행위'에 건물 임대 후 성매매에 제공되는 사실을 알게 되었는데도 건물 제공행위를 중단하지 아니하고 계속 임대하는 경우도 포함되는지 여부(적극)

구 성매매알선 등 행위의 처벌에 관한 법률(2011. 5. 23. 법률 제10697호로 개정되기 전의 것) 제2조 제1항 제2호 (다)목은 '성매매에 제공되는 사실을 알면서 건물을 제공하는 행위'를 '성매매알선 등 행위'에 해당한다고 규정하고 있는데, 성매매행위의 공급자와 중간 매개체를 차단하여 우리 사회에 만연되어 있는 성매매행위의 강요·알선 등 행위와 성매매행위를 근절하려는 법률의 입법 취지와 위 규정이 건물을 제공하는 행위의 내용을 건물을 인도하는 행위로 제한하고 있지 않은 점에 비추어 볼 때, 여기에서 말하는 '성매매에 제공되는 사실을 알면서 건물을 제공하는 행위'에는 건물을 임대한 자가 임대 당시에는 성매매에 제공되는 사실을 알지 못하였으나 이후에 수사기관의 단속 결과 통지 등으로 이를 알게 되었는데도, 건물의 임대차계약을 해지하여 임대차관계를 종료시키고 점유 반환을 요구하는 의사를 표시함으로써 제공행위를 중단하지 아니한 채 성매매에 제공되는 상황이 종료되었음을 확인하지 못한 상태로 계속 임대하는 경우도 포함한다고 보아야 한다.

[2] 건물 소유자인 피고인이 甲에게 건물을 임대한 후 경찰청으로부터 성매매 장소로 제공된다는 통지를 받아 위 건물에서 성매매가 이루어진다는 사실을 알았는데도 이를 계속 임대하는 방법으로 제공하였다고 하여 구 성매매알선 등 행위의 처벌에 관한 법률 위반죄로 기소된 사안에서, 피고인에게 유죄를 인정한 원심판단의 결론이 정당하다.

건물 소유자인 피고인이 甲에게 건물을 임대한 후 경찰청으로부터 성매매 장소로 제공된다는 통지를 받아 위 건물에서 성매매가 이루어진다는 사실을 알았는데도 이를 계속 임대하는 방법으로 제공하였다고 하여 구 성매매알선 등 행위의 처벌에 관한 법률(2011. 5. 23. 법률 제10697호로 개정되기 전의 것) 위반으로 기소된 사안에서, 피고인이 甲에게 "향후 건물에서 성매매를 하지 말고 만약 불법영업을 할 경우 건물을 명도하라."는 취지의 내용증명 우편을 보낸 적이 있고, 甲을 만나 불법영업을 하지 않겠다는 각서를 요구하였는데 甲이 이를 거부한 사정이 있더라도 위와 같은 조치는 임대차계약을 확정적으로 종료시키는 것이 아니어서 건물의 제공행위를 중단하였다고 할 수 없다.(대법원 2011.8.25. 선고, 2010도6297. 판결)

■ **판례** ■   '알선한 행위'와 '영업으로 성매매에 제공되는 건물을 제공하는 행위'의 죄수 관계

[1] '영업으로 성매매를 알선한 행위'와 '영업으로 성매매에 제공되는 건물을 제공하는 행위'의

죄수 관계(=실체적 경합)

구 성매매알선 등 행위의 처벌에 관한 법률(2011. 5. 23. 법률 제10697호로 개정되기 전의 것, 이하 '구 성매매알선 등 처벌법'이라 한다) 제2조 제1항 제2호는 '성매매알선등행위'로 (가)목에서 '성매매를 알선·권유·유인 또는 강요하는 행위'를, (다)목에서 '성매매에 제공되는 사실을 알면서 자금·토지 또는 건물을 제공하는 행위'를 규정하는 한편, 구 성매매알선 등 처벌법 제19조는 '영업으로 성매매알선등행위를 한 자'에 대한 처벌을 규정하고 있는데, 성매매알선행위와 건물제공행위의 경우 비록 처벌규정은 동일하지만, 범행방법 등의 기본적 사실관계가 상이할 뿐 아니라 주체도 다르다고 보아야 한다. 또한 수개의 행위태양이 동일한 법익을 침해하는 일련의 행위로서 각 행위 간 필연적 관련성이 당연히 예상되는 경우에는 포괄일죄의 관계에 있다고 볼 수 있지만, 건물제공행위와 성매매알선행위의 경우 성매매알선행위가 건물제공행위의 필연적 결과라거나 반대로 건물제공행위가 성매매알선행위에 수반되는 필연적 수단이라고도 볼 수 없다. 따라서 '영업으로 성매매를 알선한 행위'와 '영업으로 성매매에 제공되는 건물을 제공하는 행위'는 당해 행위 사이에서 각각 포괄일죄를 구성할 뿐, 서로 독립된 가별적 행위로서 별개의 죄를 구성한다고 보아야 한다.

[2] 약식명령이 확정된 구 성매매알선 등 행위의 처벌에 관한 법률 위반죄의 범죄사실인 '영업으로 성매매에 제공되는 건물을 제공하는 행위'와 위 약식명령 발령 전에 행해진 같은 법 위반의 공소사실인 '영업으로 성매매를 알선한 행위'가 포괄일죄의 관계에 있다고 본 원심판결에 법리오해의 위법이 있다.

약식명령이 확정된 구 성매매알선 등 행위의 처벌에 관한 법률(2011. 5. 23. 법률 제10697호로 개정되기 전의 것, 이하 '구 성매매알선 등 처벌법'이라 한다) 위반죄의 범죄사실인 '영업으로 성매매에 제공되는 건물을 제공하는 행위'와 위 약식명령 발령 전에 행해진 구 성매매알선 등 처벌법 위반의 공소사실인 '영업으로 성매매를 알선한 행위'가 서로 독립된 가별적 행위로서 별개의 죄를 구성한다고 보아야 하는데도, 포괄일죄의 관계에 있다고 보아 위 공소사실에 대하여 면소를 선고한 원심판결에 법리오해의 위법이 있다.(대법원 2011.5.26. 선고, 2010도6090, 판결)

■ 판례 ■ 성매매장소 제공행위에 대한 처벌 규정을 둔 취지

[1] 성매매알선 등 행위의 처벌에 관한 법률에서 성매매장소 제공행위에 대한 처벌 규정을 둔 취지

성매매알선 등 행위의 처벌에 관한 법률은 제19조 제1항 제1호, 제2조 제1항 제2호 (나)목에서 성매매의 장소를 제공하는 행위를 한 사람을 처벌하도록 규정하고, '영업으로' 그와 같은 행위를 한 사람에 대하여는 제19조 제2항 제1호에서 가중하여 처벌하도록 별도로 규정하고 있다. 위와 같이 성매매장소의 제공행위에 대한 처벌 규정을 둔 입법 취지는, 성매매의 장소를 제공하는 것은 성매매 내지는 성매매알선을 용이하게 하는 것이고, 결국 성매매의 강요·알선 등 행위로 인하여 얻은 재산상의 이익을 취득하는 것이라는 점에서 성매매행위의 공급자와 중간 매개체를 차단하여 우리 사회에 만연되어 있는 성매매행위의 강요·알선 등 행위와 성매매행위를 근절하려는 성매매알선 등 행위의 처벌에 관한 법률의 목적을 달성하기 위해 간접적인 성매매알선을 규제하기 위함이다.

[2] 피고인이 자기 소유의 건물을 2017. 8. 31. 甲에게 월 70만 원에, 2018. 6. 18. 乙에게 월 100만 원에 성매매장소로 제공하였다는 범죄사실로 각 약식명령이 확정되었는데, 위 건물을 2014. 6. 경부터 2016. 4.경까지, 2018. 3.경부터 2018. 5. 13.경까지 丙에게 월 300만 원에 임대하는 등 성매매장소로 제공하여 성매매알선 등 행위를 하였다는 공소사실로 기소된 사안에서, 확정된 각 약식명령의 범죄사실과 공소사실이 포괄일죄 관계에 있다고 보아 각 약식명령의 기판력이 공소

사실에 미친다는 이유로 면소를 선고한 원심판결에 성매매장소 제공에 의한 성매매알선 등 행위의 처벌에 관한 법률 위반(성매매알선등)죄에서 포괄일죄와 경합범의 구별 기준에 관한 법리오해 등의 잘못이 있다고 한 사례

확정된 각 약식명령은 영업이 아닌 단순 성매매장소 제공행위 범행으로 처벌된 것이고, 공소사실 역시 영업이 아닌 단순 성매매장소 제공행위 범행으로 기소된 것이어서 구성요건의 성질상 동종행위의 반복이 예상되는 경우라고 볼 수 없고, 성매매알선행위가 장소제공행위의 필연적 결과라거나 반대로 장소제공행위가 성매매알선행위에 수반되는 필연적 수단이라고 볼 수 없는 점, 각 약식명령의 장소제공행위는 2017. 8. 31. 하루 동안 甲에게 임료를 월 70만 원으로 정하여 임대하였다는 것과 2018. 6. 18. 하루 동안 乙에게 임료를 월 100만 원으로 정하여 임대하였다는 것이고, 공소사실의 장소제공행위는 그와 다른 시기에 丙에게 임료를 월 300만 원으로 정하여 임대하였다는 것으로, 별개의 법률관계인 각각의 임대차계약이 시기를 달리하여 존재하고, 임대차계약의 중요한 내용인 임차인과 임료 등이 모두 다른 점, 각 약식명령과 공소사실의 장소제공행위는, 장소를 제공받은 성매매업소 운영주가 성매매알선 등 행위로 단속되어 기소·처벌을 받는 과정에서 함께 처벌을 받게 된 것으로, 피고인은 그때마다 새로운 성매매업소 운영주와 다시 임대차계약을 체결하여 온 것으로 보이는 점, 한편 성매매장소를 제공한 수 개의 행위가 동일한 범죄사실이라고 쉽게 단정하여 포괄일죄로 인정하면, 자칫 범행 중 일부만 발각되어 그 부분만 공소가 제기되어 확정판결을 받게 된 후에는 나중에 발각된 부분을 처벌하지 못하여 행위에 합당한 기소와 양형이 불가능하게 될 수 있는 불합리가 나타나 처벌규정을 둔 입법 취지가 훼손될 여지도 있는 점 등 여러 사정을 염두에 두고 공소사실과 각 약식명령의 범죄사실에 있어 범의의 단일성과 계속성이 인정되는지 등을 살펴본 다음 각 약식명령의 범죄사실과 공소사실이 동일사건에 해당하여 포괄일죄 관계에 있는지를 가려 그 확정판결의 기판력이 공소사실에 미치는지를 판단하여야 함에도, 이와 달리 각 약식명령의 범죄사실과 공소사실이 동일사건에 해당한다고 단정하여 포괄일죄 관계에 있다고 보아 각 약식명령의 기판력이 공소사실에 미친다는 이유로 면소를 선고한 원심판결에 성매매장소 제공에 의한 성매매알선 등 행위의 처벌에 관한 법률 위반(성매매알선등)죄에서 포괄일죄와 경합범의 구별 기준에 관한 법리를 오해하고 필요한 심리를 다하지 아니한 잘못이 있다. (대법원 2020. 5. 14., 선고, 2020도1355, 판결)

4. 영업으로 성매매알선 업소 광고

1) 적용법조 : 제20조 제2항, 제1항 제2호 ☞ 공소시효 5년

2) 범죄사실 기재례

피의자는 20○○. ○. ○.경부터 서울 ○○빌딩 2층 주식회사 ○○라는 소프트웨어 운영 회사의 대표이사로 사업자등록을 하고, ○○닷컴 (http://www.○○.com)이라는 인터넷 사이트를 운영하면서 갑을 위 사이트의 영업총괄부장으로, 을을 위 사이트 영업팀장으로, 병과 정을 영업사원으로, 각 고용하였다.

피의자는 위 사이트의 회원수가 ○○만 명에 이르고, 대부분 남성이 사이트 회원으로 가입되어 있다는 사실을 이용하여, 직원 갑은 영업 관리를, 을, 병, 정은 주로 유사성교행위를 하는 성매매업소를 찾아 광고제휴를 체결하도록 하고, 성매매업소로부터 매월 ○○만원에서 ○○만원 상당의 광고비를 피의자 개인 명의의 ○○은행 계좌로 송금받거나 직접 현금으로 받아 수익을 올리기로 마음먹었다.

피의자는 갑, 을, 병, 정과 공모하여, 20○○. ○. ○.경부터 20○○. ○. ○.경까지 서울 ○○ 빌딩 2층 (주)○○○ 사무실에서, 서울 ○○에 있는 '○○'이라는 성매매업소를 운영하는 A로부터 광고비 명목으로 ○○만 원을 피의자 개인 명의 계좌로 송금받고, 위 성매매업소의 위치, 전화번호, 요금, 성매매여성 프로필 및 신체부위가 노출된 사진과 함께 '○○'라는 내용의 광고를 위 사이트에 게시하여 성매매업소에 대한 광고를 게재한 것을 비롯하여 20○○. ○. ○.경부터 20○○. ○. ○.경까지 별지 범죄일람표 기재와 같이 총 ○○)에 걸쳐 위와 같은 방법으로 성매매업소를 광고하여 ○○만 원 상당의 수익을 올렸다.

5. 성매매행위

1) 적용법조 : 제21조 제1항 ☞ 공소시효 5년

2) 범죄사실 기재례

> 가. 피의자 甲
> 피의자는 20○○. ○. ○. ○○에 있는 홍콩장 여관 제333호실에서 피의자 乙로부터 화대비로 ○○만원을 받고 1회 성교행위를 하여 성매매를 하였다.
> 나. 피의자 乙
> 피의자는 위 일시장소에서 위와 같이 성매매의 상대자가 되었다.

3) 신문사항

  가. 甲(매매녀)
  – 乙을 알고 있는가
  – 을과 성관계를 한 일이 있는ㅋ가
  – 언제 어디에서 하였나
  – 어떤 조건으로 하였나
  – 누가 성매매를 하도록 하던가
  – 성매매 대금은 받았는가

  나. 乙(매수남)
  – 甲과 성교한 일이 있는가
  – 언제 어디에서 하였나
  – 어떻게 하게 되었나
  – 어떤 조건으로 하였나
  – 언제 어디에서 얼마를 주었나

6. 폭행(협박)으로 성을 파는 행위를 하게 한 경우

1) 적용법조 : 제18조 제1항 제1호 ☞ 공소시효 10년

2) 범죄사실 기재례

[기재례1] 종업원으로 하여금 성매매행위를 하도록 강요

> 피의자는 20○○. ○. ○. 피의자가 경영하고 있는 ○○에 있는 ○○업소에 손님으로 찾아온 홍길동이 술을 먹고 파트너인 위 업소 종업원 乙녀와 같이 성매매(속칭 2차)를 나가겠다하자 乙녀가 이를 거부한다는 이유로 위 홍길동과 성매매를 나가지 않으면 당장 해고시키고 선불금으로 가져간 ○○만원을 반환하라면서 손바닥으로 위 乙녀의 뺨을 때리고 협박하여 위 건물 2층에 있는 홍콩장 303호실에서 위 홍길동과 성교행위를 하게하였다.

✽ 상대방 홍길동은 성매수자로 처벌

[기재례2] 자신의 여자를 폭행(협박)하여 성매매를 강요한 경우

> 가. 상 해
> 　피의자는 20○○. ○. ○. 19:00경 ○○에 있는 ○○원룸에서 피해자 甲(여, 29세)에게 자신의 후배인 乙과 성관계를 가졌다는 이유로 발로 피해자의 허벅지를 4회 차고, 주먹으로 얼굴과 머리를 3~4회 때려 피해자에게 약 2주간의 치료를 요하는 다발성좌상 등을 가하였다.
> 나. 성매매알선등행위의처벌에관한법률(성매매강요등)
> 　피의자는 20○○. ○. ○.경 ○○에 있는 ○○법무법인에서 피해자 甲(여, 29세)에 대하여 실제 채권이 없음에도 서로 헤어지는 조건으로 ○○만원에 대한 허위공정증서를 작성한 다음 위 피해자가 그 돈을 갚지 않는 다는 이유로 20○○. ○. ○. 21:00경 피해자에게 전항과 같은 폭행을 하면서 "너는 술집 같은데 가거 아르바이트도 할 수 있겠네. 그런데 너는 술을 못 먹으니까 안 되겠다. 성매매라도 해서 내 돈을 갚아라"라고 말하여 성매매를 강요하고, 세이클럽 채팅방 甲의 홈페이지 (아이디 A, 비밀번호 BB)에 들어가서 甲의 사진과 "조건만남. 010-123-4567"라는 문구의 광고를 올렸다.
> 　피의자는 20○○. ○. ○. 02:00경 ○○에 있는 ○○모텔 ○○호실에서 丙으로부터 10만원을 받고 피해자로 하여금 丙과 성관계를 하도록 하고, 위 10만원을 피의자가 받아 감으로써 폭행 또는 협박으로 성을 파는 행위를 하게하고 그 대가를 전부 받았다.

✽ 이때 丙이 성관계를 하지 않았을 경우에는 제18조 제2항 제1호, 제1항 제1호를 적용한다.

3) 신문사항

- 유흥주점업을 알고 있는가
- 언제부터 어디에서 하는가
- 종업원은 몇 명정도 있는가
- 종업원 중에 홍길녀 라고 있는가
- 위 홍길녀로 하여금 성매매를 하도록 한 일이 있는가
- 언제 누구랑 하게 하였나
- 손님이 을녀를 먼저 요구하던가
- 종업원이 순순히 응하던가
- 거부하여 뭐라고 하였나
- 어떤 방법으로 협박하였다는 것인가
- 피의자의 강요로 받아 들이던가
- 언제 어디에서 성교를 하도록 하였나
- 어떤 조건으로 하도록 하였나
- 성교댓가로 누가 얼마를 받았는가
- 누구로부터 받았는가

7. 고용관계를 이용 단순히 성을 파는 행위를 하게 한 경우

1) 적용법조 : 제18조 제1항 제3호 ☞ 공소시효 10년

2) 범죄사실 기재례

> 친족·고용 그 밖의 관계로 타인을 보호·감독하는 것을 이용하여 성을 파는 행위를 하게하여서는 아니 된다.
> 그럼에도 불구하고 피의자는 20○○. ○. ○. 22:00경 피의자가 경영하고 있는 ○○에 있는 ○○업소에서 종업원인 홍길녀(22세)에게 손님인 홍길동으로부터 화대비 ○○원을 받고 성교를 하여 성매매행위를 하게하고 위 홍길녀가 받은 돈 중 ○○원을 소개비 명목으로 받아 고용관계를 이용하여 성매매행위를 하게하였다.

3) 신문사항
  - 유흥주점업을 알고 있는가
  - 언제부터 어디에서 하는가
  - 종업원은 몇 명정도 있는가
  - 종업원 중에 홍길녀 라고 있는가
  - 위 홍길녀로 하여금 성매매를 하도록 한 일이 있는가
  - 언제 누구랑 하게 하였나
  - 어떻게 홍길동을 홍길녀에게 소개하였나
  - 홍길동으로부터는 얼마의 금품을 받았나
  - 홍길동으로부터 받은 돈은 어떻게 하였나
  - 왜 ○○원을 무슨 명목으로 받았는가(소개비를 방은 경우)
  - 홍길녀를 홍길동 성교하도록 할 때 홍길녀가 순순히 응하던가
  - 홍길녀와 고용관계에 있기 때문에 응한 것이 아닌가

제6절 성매매방지 및 피해자보호 등에 관한 법률
(성매매피해자보호법)

 I. 목적 및 개념정의

1. 목 적

> **제1조(목적)** 이 법은 성매매를 방지하고, 성매매피해자 및 성을 파는 행위를 한 사람의 보호, 피해회복 및 자립·자활을 지원하는 것을 목적으로 한다.

2. 개념정의

> **제2조(정의)** 이 법에서 사용하는 용어의 뜻은 다음과 같다.
> 1. "성매매"란 「성매매알선 등 행위의 처벌에 관한 법률」 제2조제1항제1호에 따른 행위를 말한다.
> 2. "성매매알선등행위"란 「성매매알선 등 행위의 처벌에 관한 법률」 제2조제1항제2호에 따른 행위를 말한다.
> 3. "성매매 목적의 인신매매"란 「성매매알선 등 행위의 처벌에 관한 법률」 제2조제1항제3호에 따른 행위를 말한다.
> 4. "성매매피해자"란 「성매매알선 등 행위의 처벌에 관한 법률」 제2조제1항제4호에 따른 사람을 말한다.
> 5. "성접대"란 거래나 업무 관계에 있는 상대방에게 거래나 업무행위에 대한 대가로서 성을 제공하거나 알선·권유하는 행위를 말한다.

 II. 지원시설

1. 지원시설의 종류 (제9조)

① 성매매피해자등을 위한 지원시설(이하 "지원시설"이라 한다)의 종류는 다음 각 호와 같다.

1. 일반 지원시설: 성매매피해자등을 대상으로 1년의 범위에서 숙식을 제공하고 자립을 지원하는 시설
2. 청소년 지원시설: 19세 미만의 성매매피해자등을 대상으로 19세가 될 때까지 숙식을 제공하고, 취학·교육 등을 통하여 자립을 지원하는 시설
3. 외국인 지원시설: 외국인 성매매피해자등을 대상으로 3개월(「성매매알선 등 행위의 처벌에 관한 법률」 제11조에 해당하는 경우에는 그 해당 기간)의 범위에서

숙식을 제공하고, 귀국을 지원하는 시설

4. 자립지원 공동생활시설: 성매매피해자등을 대상으로 2년의 범위에서 숙박 등의 편의를 제공하고, 자립을 지원하는 시설

② 일반 지원시설의 장은 1년 6개월의 범위에서 여성가족부령으로 정하는 바에 따라 지원기간을 연장할 수 있다.

③ 청소년 지원시설의 장은 2년의 범위에서 여성가족부령으로 정하는 바에 따라 지원기간을 연장할 수 있다.

④ 자립지원 공동생활시설의 장은 2년의 범위에서 여성가족부령으로 정하는 바에 따라 지원기간을 연장할 수 있다.

⑤ 제2항부터 제4항까지의 규정에도 불구하고 성매매피해자등이 「장애인차별금지 및 권리구제 등에 관한 법률」 제2조제2항에 따른 장애인인 경우 여성가족부령으로 정하는 바에 따라 피해 회복에 소요되는 기간까지 지원기간을 연장할 수 있다.

2. 지원시설의 업무 (제11조)

① 일반 지원시설은 다음 각 호의 업무를 수행한다.

1. 숙식 제공
2. 심리적 안정과 피해 회복을 위한 상담 및 치료
3. 질병치료와 건강관리를 위하여 의료기관에 인도(引渡)하는 등의 의료지원
4. 수사기관의 조사와 법원의 증인신문(證人訊問)에의 동행
5. 「법률구조법」 제8조에 따른 대한법률구조공단 등 관계 기관에 필요한 협조와 지원 요청
6. 자립·자활 교육의 실시와 취업정보 제공
7. 「국민기초생활 보장법」 등 사회보장 관계 법령에 따른 급부(給付)의 수령 지원
8. 기술교육(위탁교육 포함)
9. 다른 법률에서 지원시설에 위탁한 사항
10. 그 밖에 여성가족부령으로 정하는 사항

② 청소년 지원시설은 제1항 각 호의 업무 외에 진학을 위한 교육을 제공하거나 교육기관에 취학을 연계하는 업무를 수행한다.

③ 외국인 지원시설은 제1항제1호부터 제5호까지 및 제9호의 업무와 귀국을 지원하는 업무를 수행한다.

④ 자립지원 공동생활시설은 다음 각 호의 업무를 수행한다.

1. 숙박 지원
2. 취업 및 창업을 위한 정보 제공
3. 그 밖에 사회 적응을 위하여 필요한 지원으로서 여성가족부령으로 정하는 사항

3. 지원시설 입소 등 (제12조)

① 지원시설에 들어가려는 사람은 해당 지원시설의 입소규정을 지켜야 한다.
② 지원시설에서 제공하는 프로그램을 이용하려는 사람은 해당 지원시설의 이용규정을 지켜야 한다.
③ 지원시설의 장은 입소규정이나 이용규정을 지키지 아니하거나 그 밖에 단체생활을 현저히 해치는 행위를 하는 입소자나 이용자에 대하여는 퇴소 또는 이용 중단 등 필요한 조치를 할 수 있다.

4. 지원시설의 운영 (제13조)

① 지원시설의 장은 입소자 또는 이용자의 인권을 최대한 보장하여야 한다.
② 지원시설의 장은 입소자 및 이용자의 사회 적응능력 등을 기를 수 있도록 상담, 교육, 정보를 제공하고, 신변 보호 등에 필요한 지원을 하여야 한다.
③ 지원시설의 장은 입소자의 건강관리를 위하여 입소 후 1개월 이내에 건강진단을 실시하고, 건강에 이상이 발견된 경우에는 「의료급여법」에 따른 의료급여를 받게 하는 등 필요한 조치를 하여야 하며, 필요한 경우 의료기관에 질병치료 등을 의뢰할 수 있다.

III. 자활지원센터와 상담소

1. 자활지원센터의 업무 (제16조)

1. 작업장 등의 설치·운영
2. 취업 및 기술교육(위탁교육을 포함한다)
3. 취업 및 창업을 위한 정보의 제공
4. 그 밖에 사회 적응을 위하여 필요한 지원으로서 여성가족부령으로 정하는 사항

2. 상담소의 업무 (제18조)

1. 상담 및 현장 방문
2. 지원시설 이용에 관한 고지 및 지원시설에의 인도 또는 연계
3. 성매매피해자등의 구조
4. 제11조제1항제3호부터 제5호까지의 업무
5. 성매매 예방을 위한 홍보와 교육
6. 다른 법률에서 상담소에 위탁한 사항
7. 성매매피해자등의 보호를 위한 조치로서 여성가족부령으로 정하는 사항

3. 수사기관의 협조 (제21조)

① 상담소의 장은 성매매피해자등을 긴급히 구조할 필요가 있는 경우에는 관할 국가 경찰관서의 장에게 그 소속 직원의 동행을 요청할 수 있으며, 요청을 받은 국가 경찰관서의 장은 특별한 사유가 없으면 이에 따라야 한다.

② 상담소의 장은 본인 또는 상담소 직원이 성매매, 성매매알선등행위 및 성매매 목적 의 인신매매 방지 등을 위하여 업소 및 지역을 현장방문하거나 출입하고자 할 때 업무를 원활히 수행할 수 있도록 수사기관 및 행정기관의 지원을 요청할 수 있다.

Ⅳ. 벌 칙

제36조(벌칙) 다음 각 호의 어느 하나에 해당하는 자는 1년 이하의 징역 또는 1천만원 이하의 벌금에 처한다.
1. 제10조제2항 전단을 위반하여 신고를 하지 아니하고 지원시설을 설치·운영한 자
2. 제15조제2항 전단을 위반하여 신고를 하지 아니하고 자활지원센터를 설치·운영한 자
3. 제17조제2항 전단을 위반하여 신고를 하지 아니하고 상담소를 설치·운영한 자
4. 제29조 또는 제30조를 위반한 자
5. 제31조에 따른 명령을 위반한 자

제37조(양벌규정) 법인의 대표자나 법인 또는 개인의 대리인, 사용인, 그 밖의 종사자가 그 법인 또는 개 인의 업무에 관하여 제36조의 위반행위를 하면 그 행위자를 벌하는 외에 그 법인 또는 개인에게도 해당 조문의 벌금형을 과(科)한다. 다만, 법인 또는 개인이 그 위반행위를 방지하기 위하여 해당 업무에 관하 여 상당한 주의와 감독을 게을리하지 아니한 경우에는 그러하지 아니하다.

제38조(과태료) ① 다음 각 호의 어느 하나에 해당하는 자에게는 500만원 이하의 과태료를 부과한다.
1. 제27조제1항에 따른 관계 공무원의 출입·검사를 거부·방해 또는 기피한 자
2. 제32조 또는 제33조를 위반하여 게시물을 게시하지 아니한 자

② 제28조제1항을 위반하여 신고하지 아니한 자에게는 300만원 이하의 과태료를 부과한다.
③ 제1항 및 제2항에 따른 과태료는 대통령령으로 정하는 바에 따라 여성가족부장관, 시·도지사 또는 시장·군수·구청장이 부과·징수한다.

V. 범죄사실

1. 미신고 지원시설 설치 운영

1) 적용법조 : 제36조 제1호, 제10조 제2항 ☞ 공소시효 5년

제10조(지원시설의 설치) ① 국가 또는 지방자치단체는 지원시설을 설치·운영할 수 있다.
② 국가나 지방자치단체 외의 자가 지원시설을 설치·운영하려면 특별자치시장·특별자치도지사, 시장·군수·구청장(자치구의 구청장을 말한다. 이하 같다)에게 신고하여야 한다. 신고한 사항 중 여성가족부령으로 정하는 중요 사항을 변경하려는 경우에도 또한 같다.

2) 범죄사실 기재례

　피의자는 ○○에서 ○○시설을 갖추고 외국인 성매매피해자등을 대상으로 1인당1일 ○○만원을 받고 숙식을 제공하고, 귀국을 지원하는 외국인 지원시설을 설차·운영하는 사람이다.
　국가나 지방자치단체 외의 자가 지원시설을 설치·운영하려면 특별자치시장·특별자치도지사, 시장·군수·구청장에게 신고하여야 한다.
　그럼에도 불구하고 피의자는 20○○. ○. ○.경부터 위 장소에서 20○○. ○. ○. 까지 위와 같은 방법으로 신고없이 외국인 지원시설을 설차·운영하였다.

2. 미신고 자활지원센터 설치 운영

1) 적용법조 : 제36조 제2호, 제15조 제2항 ☞ 공소시효 5년

제15조(자활지원센터의 설치 및 운영) ① 국가 또는 지방자치단체는 성매매피해자등의 회복과 자립에 필요한 지원을 제공하기 위하여 자활지원센터를 설치·운영할 수 있다.
② 국가 또는 지방자치단체 외의 자가 자활지원센터를 설치·운영하려면 특별자치시장·특별자치도지사, 시장·군수·구청장에게 신고하여야 한다. 신고한 사항 중 여성가족부령으로 정하는 중요 사항을 변경하려는 경우에도 또한 같다.

2) 범죄사실 기재례

　피의자는 ○○에서 ○○시설을 갖추고 외국인매피해자등을 대상으로 1인당 1일 ○○만원

을 받고 취업 및 창업을 위한 정보의 제공을 제공하는 사람이다.

국가 또는 지방자치단체 외의 자가 자활지원센터를 설치 · 운영하려면 특별자치시장 · 특별자치도지사, 시장 · 군수 · 구청장에게 신고하여야 한다.

그럼에도 불구하고 피의자는 20○○. ○. ○.경부터 위 장소에서 20○○. ○. ○. 까지 위와 같은 방법으로 신고없이 자활지원센터를 설치운영하였다.

3. 미신고 상담소 설치 운영

1) 적용법조 : 제36조 제3호, 제17조 제2항　☞　공소시효 5년

제17조(상담소의 설치) ① 국가 또는 지방자치단체는 성매매피해상담소(이하 "상담소"라 한다)를 설치 · 운영할 수 있다.

② 국가 또는 지방자치단체 외의 자가 상담소를 설치 · 운영하려면 특별자치시장 · 특별자치도지사, 시장 · 군수 · 구청장에게 신고하여야 한다.　신고한 사항 중 여성가족부령으로 정하는 중요 사항을 변경하려는 경우에도 또한 같다.

2) 범죄사실 기재례

피의자는 ○○에서 ○○시설을 갖추고 성매매 예방을 위한 홍보와 교육을 하고 있는 사람이다.

국가 또는 지방자치단체 외의 자가 상담소를 설치 · 운영하려면 특별자치시장 · 특별자치도지사, 시장 · 군수 · 구청장에게 신고하여야 한다.

그럼에도 불구하고 피의자는 20○○. ○. ○.경부터 위 장소에서 20○○. ○. ○. 까지 성매매피해자등을 대상으로 1인당 1일 ○○만원을 받고 신고없이 상담소를 설치운영하였다.

3) 신문사항

- 상담소를 설치운영한 일이 있는가
- 언제부터 언제까지 판매하였나
- 어디에서 하였나
- 어떤 시설을 갖추고(시설규모, 종업원 수 등)
- 누구를 상대로 상담하였나
- 그들을 어떤 방법으로 상담하였나
- 누가 어디에서 상담하였는가
- 상담해주고 어떤 대가를 받았는가
- 그 동안 총 몇 명을 상대로 상담하였으며 대가는 어느 정도 받았는가
- 행정기관에 상담소 설치신고를 하였는가
- 왜 신고없이 이런 행위를 하였나

4. 영리목적 상담소 설치 운영

1) 적용법조 : 제36조 제4호, 제29조 ☞ 공소시효 5년

제29조(영리목적 운영의 금지) 이 법에 따른 상담소등은 영리를 목적으로 설치·운영하여서는 아니 된다.

2) 범죄사실 기재례

피의자는 20○○. ○. ○. ○○시장에게 설치신고 후 ○○에서 ○○상담소를 운영하고 있는 사람으로 상담소등은 영리를 목적으로 설치·운영하여서는 아니 된다.

그럼에도 불구하고 피의자는 20○○. ○. ○.경부터 위 장소에서 20○○. ○. ○. 까지 성매매피해자등을 대상으로 1인당 1일 ○○만원을 받고 영리목적으로 상담소를 운영하였다.

5. 직무상비밀누설 행위

1) 적용법조 : 제36조 제5호, 제30조 ☞ 공소시효 5년

제30조(비밀엄수 등의 의무) 상담소등의 장이나 종사자 또는 그 직에 있었던 자는 직무상 알게 된 비밀을 누설하여서는 아니 된다.

2) 범죄사실 기재례

피의자는 20○○. ○. ○. ○○시장에게 설치신고 후 ○○에서 ○○상담소를 운영하고 있는 상담소장이다.

상담소등의 장이나 종사자 또는 그 직에 있었던 자는 직무상 알게 된 비밀을 누설하여서는 아니 된다.

그럼에도 불구하고 피의자는 20○○. ○. ○. ○○:○○경 자신의 상담소에서 성매매피해자인 홍길녀(여, 28세)와 상담 중 알게 된 ○○내용을 20○○. ○. ○.경 ○○에서 동료직원인 최민자 등에게 말하여 이를 누설하였다.

3) 신문사항

- 피의자는 어디에서 근무하고 있는가
- 어떠한 업무를 수행하는가
- 홍길녀를 알고 있는가
- 언제 어디에서 위 홍길녀와 상담하였나
- 상담과정에서 어떠한 사항을 알게 되었나
- 이러한 사실을 누설한 일이 있나
- 언제 어디에서 누구에게 누설하였나
- 피의자의 행위로 홍길녀는 어떠한 피해를 보았는지 알고 있나
- 상담소 소장으로서 이러한 누설행위에 대해 어떻게 생각하느냐

제7절 정보통신망 이용촉진 및 정보보호 등에 관한 법률
(정보통신망법)

 Ⅰ. 개념정의 및 다른 법률과의 관계

1. 목 적

제1조(목적) 이 법은 정보통신망의 이용을 촉진하고 정보통신서비스를 이용하는 자의 개인정보를 보호함과 아울러 정보통신망을 건전하고 안전하게 이용할 수 있는 환경을 조성하여 국민생활의 향상과 공공복리의 증진에 이바지함을 목적으로 한다.

2. 개념정의

제2조(정의) ① 이 법에서 사용하는 용어의 뜻은 다음과 같다.
1. "정보통신망"이란 「전기통신사업법」 제2조제2호에 따른 전기통신설비를 이용하거나 전기통신설비와 컴퓨터 및 컴퓨터의 이용기술을 활용하여 정보를 수집·가공·저장·검색·송신 또는 수신하는 정보통신체제를 말한다.
2. "정보통신서비스"란 「전기통신사업법」 제2조제6호에 따른 전기통신역무와 이를 이용하여 정보를 제공하거나 정보의 제공을 매개하는 것을 말한다.
3. "정보통신서비스 제공자"란 「전기통신사업법」 제2조제8호에 따른 전기통신사업자와 영리를 목적으로 전기통신사업자의 전기통신역무를 이용하여 정보를 제공하거나 정보의 제공을 매개하는 자를 말한다.
4. "이용자"란 정보통신서비스 제공자가 제공하는 정보통신서비스를 이용하는 자를 말한다.
5. "전자문서"란 컴퓨터 등 정보처리능력을 가진 장치에 의하여 전자적인 형태로 작성되어 송수신되거나 저장된 문서형식의 자료로서 표준화된 것을 말한다.
7. "침해사고"란 다음 각 목의 방법으로 정보통신망 또는 이와 관련된 정보시스템을 공격하는 행위로 인하여 발생한 사태를 말한다.
  가. 해킹, 컴퓨터바이러스, 논리폭탄, 메일폭탄, 서비스거부 또는 고출력 전자기파 등의 방법
  나. 정보통신망의 정상적인 보호·인증 절차를 우회하여 정보통신망에 접근할 수 있도록 하는 프로그램이나 기술적 장치 등을 정보통신망 또는 이와 관련된 정보시스템에 설치하는 방법
13. "전자적 전송매체"란 정보통신망을 통하여 부호·문자·음성·화상 또는 영상 등을 수신자에게 전자문서 등의 전자적 형태로 전송하는 매체를 말한다.

3. 다른 법률과의 관계

제5조(다른 법률과의 관계) 정보통신망 이용촉진 및 정보보호등에 관하여는 다른 법률에서 특별히 규정된 경우 외에는 이 법으로 정하는 바에 따른다. 다만, 제7장의 통신과금서비스에 관하여 이 법과 「전자금융거래법」의 적용이 경합하는 때에는 이 법을 우선 적용한다.

II. 벌칙 및 죄명표

1. 벌 칙

제74조(벌칙) ① 다음 각 호의 어느 하나에 해당하는 자는 1년 이하의 징역 또는 1천만원 이하의 벌금에
처한다.
　2. 제44조의7제1항제1호를 위반하여 음란한 부호·문언·음향·화상 또는 영상을 배포·판매·임대하거
　　나 공공연하게 전시한 자
제75조(양벌규정) 법인의 대표자나 법인 또는 개인의 대리인, 사용인, 그 밖의 종업원이 그 법인 또는 개
인의 업무에 관하여 제71조부터 제73조까지 또는 제74조제1항의 어느 하나에 해당하는 위반행위를 하면
그 행위자를 벌하는 외에 그 법인 또는 개인에게도 해당 조문의 벌금형을 과(科)한다. 다만, 법인 또는
개인이 그 위반행위를 방지하기 위하여 해당 업무에 관하여 상당한 주의와 감독을 게을리하지 아니한
경우에는 그러하지 아니하다.

2. 죄명표

법 조 문	죄 명 표 시
제70조 제1항, 제2항	정보통신망 이용촉진 및 정보보호 등에 관한 법률위반(명예훼손)
제71조 제1항 제3,5호	정보통신망 이용촉진 및 정보보호 등에 관한 법률위반(개인정보누설등)
제71조 제1항 제9, 10, 11호, 제72조 제1항 제1호	정보통신망 이용촉진 및 정보보호 등에 관한 법률위반(정보통신망침해등)
제74조 제1항 제2호	정보통신망 이용촉진 및 정보보호 등에 관한 법률위반(음란물유포)
그 외	정보통신망 이용촉진 및 정보보호 등에 관한 법률위반

III. 범죄사실

1. 음란한 부호·문언·음향·화상 또는 영상을 배포·판매·임대하거나 공연히 전시

　1) 적용법조 : 제74조 제1항 제2호, 제44조의7 제1항 제1호　☞　공소시효 5년

제44조의7(불법정보의 유통금지 등) ① 누구든지 정보통신망을 통하여 다음 각 호의 어느 하나에 해
당하는 정보를 유통하여서는 아니 된다.
1. 음란한 부호·문언·음향·화상 또는 영상을 배포·판매·임대하거나 공공연하게 전시하는 내용의 정보

2) 범죄사실 기재례

[기재례1] 정보통신망 이용 음란화상배포

피의자는 20○○. ○. ○.경부터 20○○. ○. ○.경까지 사이에 인터넷 서비스업체인 ○○ 상에 개설한 인터넷 신문인 '○○신문'에, 피의자 乙이 개설한 각 홈페이지들 및 피의자 丙이 미국 인터넷 서비스업체 ○○상에 개설하여 수십 개의 음란소설을 게재한 홈페이지에 바로 연결될 수 있는 링크사이트를 만들었다.

이를 통해 위 피의자 乙, 피의자 丙이 음란사진과 음란소설을 게재하고 있는 사이트에 바로 접속되도록 하여 위 '○○신문'에 접속한 불특정 다수의 인터넷 이용자들이 이를 컴퓨터 화면을 통해 볼 수 있도록 함으로써, 전기통신역무를 이용하여 음란한 영상 및 문언을 공연히 전시하였다.

[기재례2] 포르노 사이트 운영 음란화상배포

피의자는 동영상 콘텐츠제공업체(CP)인 주식회사 A 대표이사로, 인터넷 포탈사이트업체인 B 주식회사와 동 회사 운영의 포탈사이트에 동영상을 제공하고 정보이용료의 50%를 받는 동영상 제공 계약을 체결하였다.

피의자는 20○○. 8.경부터 20○○. 3. 23.경까지 ○○에 있는 ○○빌딩에 있는 위 A 사무실에서, 전라의 남녀가 성관계를 맺는 장면 등이 담겨있는 '꿈의 손빨래' 등 별지 범죄일람표 기재와 같은 동영상 12편을 B 주식회사 운영의 인터넷포탈 사이트인 www.○○.com의 VOD 성인페이지에 각 게시하고, 1편당 ○○원의 요금을 받고 일반인들로 하여금 이를 감상하게 하였다.

이로써 피의자는 월 평균 ○○만원의 매출을 올리는 방법으로 정보통신망을 통하여 음란한 화상 또는 영상을 배포·공연히 전시하였다.

[기재례3] 해외 포르노 사이트 운영 음란화상배포

누구든지 정보통신망을 이용하여 음란한 부호·문언·음향·화상 또는 영상을 배포·판매·임대하거나 공공연하게 전시하여서는 아니 된다.

그럼에도 불구하고 피의자는 국내에 서버를 둔 대다수 성인사이트들이 심의를 필한 영화만을 방영함으로 인해 그 수익성이 현저히 떨어지는 반면, 포르노물이 합법화되어 있는 외국의 서버를 임차하여 유료 음란사이트를 개설하여 놓고 ○○프로그램 등을 이용 서버-클라이언트간 터미널 개념으로 국내에서 원격 관리하면 수사기관의 추적을 따돌릴 수 있다고 생각고 위와 같은 방법으로 해외 음란사이트를 개설하여 돈을 취득하기로 마음먹었다.

피의자는 20○○. ○. ○. 도메인 등록대행 사이트인 ○○를 통해 "○○"라는 국제도매인을 등록하고 20○○. ○. ○. 미국 엘에이에 있는 ○○사와 서버 임대차 및 호스팅 계약을, 같은 날 ○○사와 신용카드 결재대행 계약을 각각 체결하였다.

이후 피의자는 ○○에 있는 피의자 집에서 ○○통신에서 제공하는 인터넷 전용회선에 연결된 컴퓨터를 이용하여 남녀의 성기와 삽입장면, 구강색스, 강간, 윤간, 변태성행위 등이 실연되는 한국, 유럽, 동남아 등지에서 제작된 동영상과 음란한 언어로 구성된 사이트를 제작하여 위 서버에 설치하여 놓고 1인당 1개월에 미화 32달러, 3개월 100달러를 지급받는 조건으로 회원가입을 유도하면서, 20○○. ○. ○.경부터 20○○. ○. ○.까지 사이에 위 사이트에 접속한 불특정 다수인들을 상대로 별지 범죄일람표의 내용과 같이 ○○편의 음란한 영상 등을 공연히 전시·배포하였다.

[기재례4] 방통위 위원이 위원회 의결 음란정보 배포

피의자는 20○○. ○. ○.경부터 방송통신심의위원회 심의위원으로 일하던 중, 20○○. ○. ○.경 ○○에 있는 피의자의 집에서, 피의자의 인터넷 블로그인 '피고인 자료실 (인터넷 주소 ○○)'에 '검열자 일기 #4 이 사진을 보면 성적으로 자극받거나 성적으로 흥분되나요?'라는 제목으로 20○○. ○. ○. 제○○차 방송통신심의위원회에서 음란정보로 의결한 발기된 남성 성기 사진 등을 게시함으로써 정보통신망을 통하여 음란한 화상 또는 영상을 공공연하게 전시하였다.

[기재례5] 카카오톡 이용 음란화상배포

누구든지 정보통신망을 이용하여 음란한 부호·문언·음향·화상 또는 영상을 배포·판매·임대하거나 공공연하게 전시하여서는 아니 된다.
그럼에도 피의자는 20○○. 7. 31. 11:51경 휴대전화를 이용하여 카카오톡 단체 대화방을 개설한 뒤 성명불상의 수신자들에게 성명불상 여자의 나체 음부 사진을 전송한 것을 비롯하여 별지 범죄일람표 기재와 같이 총 187회에 걸쳐 음란한 화상 또는 영상을 배포하였다.

[기재례6] 제74조 제1항 제2호, 제44조의7 제1항 제1호(음란영상 배포),
아동복지법 제71조 제1항 제1의2호, 제17조 제2호(아동 성적학대행위)

1. 아동복지법위반(아동에대한음행강요·매개·성희롱등)
누구든지 아동에게 음란한 행위를 시키거나 이를 매개하는 행위 또는 아동에게 성적 수치심을 주는 성희롱 등의 성적 학대행위를 하여서는 아니 된다.
그럼에도 피의자는 20○○. 7.경부터 20○○. 10. 20.경까지 인터넷 사이트를 통해 알게 된 아동인 피해자 갑(여, 10세)에게 카카오톡 문자메시지로 "생식기에 손가락을 넣은 채 사진을 찍어 보내라."고 요구하였으나 피해자가 이를 거절하자 "사진을 보내지 않으면 집에 찾아가겠다."라고 협박하여 이에 겁을 먹은 피해자로 하여금 생식기에 손가락을 넣은 채 사진을 찍게 한 뒤 카카오톡 문자메시지로 보내게 하는 등 매일 피해자로 하여금 음란한 행위를 하게 하거나 피해자에게 성적 수치심을 주는 성희롱 등의 성적 학대행위를 한 것을 비롯하여, 별지 범죄 일람표 1 기재와 같이 총 ○○명의 아동인 피해자에게 음란한 행위를 하게 하거나 피해자에게 성적 수치심을 주는 성희롱 등의 성적 학대행위를 하였다.
2. 정보통신망이용촉진및정보보호등에관한법률위반(음란물유포)

누구든지 정보통신망을 이용하여 음란한 부호·문언·음향·화상 또는 영상을 배포·판매·임대하거나 공공연하게 전시하여서는 아니 된다.

그럼에도 피의자는 20○○.○.○.12:00경 휴대전화를 이용하여 카카오톡 단체 대화방을 개설한 뒤 성명불상의 수신자들에게 성명불상 여자의 나체 음부 사진을 전송한 것을 비롯하여 별지 범죄 일람표 2 기재와 같이 총 187회에 걸쳐 음란한 화상 또는 영상을 배포하였다.

[기재례7] 음란물 영상 판매

피의자는 '○○'이라는 음란물 사이트의 운영자로, 아동·청소년이용음란물 및 성인 음란물을 성인PC방에 판매하기로 마음먹었다.

피의자는 20○○.○.○.경 위 사이트를 통해 아동·청소년 이용 음란물 및 성인 음란물을 실시간으로 제공할 수 있는 음란물 서버 2대와 인터넷시설을 ○○에 있는 ○○호에 설치한 후 20○○.○.○.경부터 20○○.○.○. 12:00경까지 사이에 이용료 명목으로 매월 ○○만원을 받고 "○○" 등 성인PC방 약 ○○곳에 아동·청소년인 고등학교 남학생과 중학교 여학생이 성기를 노출하고 성교행위 등을 하는 내용이 포함된 "○○"라는 제목의 동영상 등 아동·청소년이용 음란물 ○○편과 남녀가 성기를 노출하고 성교행위 등을 하는 장면이 포함된 음란 동영상 ○○편을 위 사이트를 통해 실시간으로 제공(일명 스트리밍 방식)하였다.

이로써 피의자는 영리를 목적으로 아동·청소년이용 음란물을 판매하고 정보통신망을 통하여 음란한 영상을 판매하였다.

■ **판례** ■ 중학교미술교사인 甲이 만삭인 아내와 자신이 전라의 상태로 나란히 찍은 사진인 '우리부부'와 여성의 성기를 정밀묘사한 '그대는 행복한가' 및 발기된 채 정액을 분출하는 남성의 성기 그림인 '남근주의'를 자신의 인터넷 홈페이지에 게시한 경우

[1] 구 전기통신기본법 제48조의2에서 규정하고 있는 '음란'의 의미 및 그 판단 기준

구 전기통신기본법 제48조의2(2001.1.16. 법률 제6360호 부칙 제5조 제1항에 의하여 삭제, 현행 정보통신망이용촉진및정보보호등에관한법률 제65조 제1항 제2호 참조)에서 규정하고 있는 '음란'이라 함은, 일반 보통인의 성욕을 자극하여 성적 흥분을 유발하고 정상적인 성적 수치심을 해하여 성적 도의 관념에 반하는 것을 말하고, 표현물의 음란 여부를 판단함에 있어서는 당해 표현물의 성에 관한 노골적이고 상세한 묘사·서술의 정도와 그 수법, 묘사·서술이 그 표현물 전체에서 차지하는 비중, 거기에 표현된 사상 등과 묘사·서술의 관련성, 표현물의 구성이나 전개 또는 예술성·사상성 등에 의한 성적 자극의 완화 정도, 이들의 관점으로부터 당해 표현물을 전체로서 보았을 때 주로 그 표현물을 보는 사람들의 호색적 흥미를 돋우느냐의 여부 등 여러 점을 고려하여야 하며, 표현물 제작자의 주관적 의도가 아니라 그 사회의 평균인의 입장에서 그 시대의 건전한 사회 통념에 따라 객관적이고 규범적으로 평가하여야 한다.

[2] 예술작품에 예술성이 있는 경우 음란성이 당연히 부정되는지 여부(소극)

예술성과 음란성은 차원을 달리하는 관념이고 어느 예술작품에 예술성이 있다고 하여 그 작품의 음란성이 당연히 부정되는 것은 아니라 할 것이며, 다만 그 작품의 예술적 가치, 주제와 성적 표현

의 관련성 정도 등에 따라서는 그 음란성이 완화되어 결국은 처벌대상으로 삼을 수 없게 되는 경우가 있을 뿐이다.

[3] 甲의 행위의 음란성 인정여부(적극)

중학교미술교사인 甲은 만삭인 아내와 자신이 전라의 상태로 나란히 찍은 사진인 '우리부부' 와 여성의 성기를 정밀묘사한 '그대는 행복한가' 및 발기된 채 정액을 분출하는 남성의 성기 그림인 '남근주의' 를 자신의 인터넷 홈페이지에 게시한 경우 음란성이 인정된다(대법원 2005.7.22. 선고 2003도2911 판결).

■ 판례 ■ 인터넷 포털 사이트 내 오락채널 총괄팀장과 위 오락채널 내 만화사업의 운영 직원들이 콘텐츠제공업체들의 음란만화게재에 대해 삭제요구를 하지 않은 경우

[1] 구 전기통신기본법 제48조의2에서 규정하고 있는 '음란' 의 의미 및 그 판단 기준

구 전기통신기본법(2001.1.16. 법률 제6360호로 개정되기 전의 것) 제48조의2에서 규정하고 있는 '음란' 이라 함은, 일반 보통인의 성욕을 자극하여 성적 흥분을 유발하고 정상적인 성적 수치심을 해하여 성적 도의관념에 반하는 것을 말하고, 표현물의 음란 여부를 판단함에 있어서는 당해 표현물의 성에 관한 노골적이고 상세한 묘사·서술의 정도와 그 수법, 묘사·서술이 그 표현물 전체에서 차지하는 비중, 거기에 표현된 사상 등과 묘사·서술의 관련성, 표현물의 구성이나 전개 또는 예술성·사상성 등에 의한 성적 자극의 완화 정도, 이들의 관점으로부터 당해 표현물을 전체로서 보았을 때 주로 그 표현물을 보는 사람들의 호색적 흥미를 돋우느냐의 여부 등 여러 점을 고려하여야 하며, 표현물 제작자의 주관적 의도가 아니라 그 사회의 평균인의 입장에서 그 시대의 건전한 사회 통념에 따라 객관적이고 규범적으로 평가하여야 한다.

[2] 총괄팀장과 직원들에게 음란만화의 삭제를 요구할 조리상 의무가 있는지 여부(적극)

인터넷 포털 사이트 내 오락채널 총괄팀장과 위 오락채널 내 만화사업의 운영 직원인 피고인들에게, 콘텐츠제공업체들이 게재하는 음란만화의 삭제를 요구할 조리상의 의무가 있으므로, 구 전기통신기본법(2001. 1.16. 법률 제6360호로 개정되기 전의 것) 제48조의2 위반 방조죄가 성립한다(대법원 2006.4.28. 선고 2003도4128 판결).

■ 판례 ■ 음란한 부호 등이 전시된 웹페이지에 대한 링크(link)행위

[1] 구 전기통신기본법 제48조의2소정의 '공연히 전시' 의 의미

구 전기통신기본법 제48조의2(2001.1.16. 법률 제6360호 부칙 제5조 제1항에 의하여 삭제, 현행 정보통신망이용촉진및정보보호등에관한법률 제65조 제1항 제2호참조) 소정의 '공연히 전시' 한다고 함은, 불특정·다수인이 실제로 음란한 부호·문언·음향 또는 영상을 인식할 수 있는 상태에 두는 것을 의미한다.

[2] 음란한 부호 등이 전시된 웹페이지에 대한 링크(link)행위가 그 음란한 부호 등의 전시에 해당하는지 여부(한정 적극)

음란한 부호 등으로 링크를 해 놓는 행위자의 의사의 내용, 그 행위자가 운영하는 웹사이트의 성격 및 사용된 링크기술의 구체적인 방식, 음란한 부호 등이 담겨져 있는 다른 웹사이트의 성격 및 다른 웹사이트 등이 음란한 부호 등을 실제로 전시한 방법 등 모든 사정을 종합하여 볼 때, 링크를 포함한 일련의 행위 및 범의가 다른 웹사이트 등을 단순히 소개·연결할 뿐이거나 또는 다른 웹사이트 운영자의 실행행위를 방조하는 정도를 넘어, 이미 음란한 부호 등이 불특정·다수인에 의하여

인식될 수 있는 상태에 놓여 있는 다른 웹사이트를 링크의 수법으로 사실상 지배·이용함으로써 그 실질에 있어서 음란한 부호 등을 직접 전시하는 것과 다를 바 없다고 평가되고, 이에 따라 불특정·다수인이 이러한 링크를 이용하여 별다른 제한 없이 음란한 부호 등에 바로 접할 수 있는 상태가 실제로 조성되었다면, 그러한 행위는 전체로 보아 음란한 부호 등을 공연히 전시한다는 구성요건을 충족한다고 봄이 상당하며, 이러한 해석은 죄형법정주의에 반하는 것이 아니라, 오히려 링크기술의 활용과 효과를 극대화하는 초고속정보통신망 제도를 전제로 하여 신설된 구 전기통신기본법 제48조의2(2001.1.16. 법률 제6360호 부칙 제5조 제1항에 의하여 삭제, 현행정보통신망이용촉진 및정보보호등에관한법률 제65조 제1항 제2호참조) 규정의 입법 취지에 부합하는 것이라고 보아야 한다(대법원 2003.7.8. 선고 2001도1335 판결).

■ **판례** ■　표현의 자유와 관련된 정당행위의 새로운 판단기준을 제시한 사건)

[1] 정보통신망법 제44조의7 제1항 제1호, 제74조 제1항 제2호에서 규정하는 '음란'의 의미 / 특정 표현물을 형사처벌의 대상이 될 음란 표현물이라고 하기 위한 요건 및 판단 기준

정보통신망 이용촉진 및 정보보호 등에 관한 법률 제44조의7 제1항 제1호, 제74조 제1항 제2호에서 규정하는 '음란'이란 사회통념상 일반 보통인의 성욕을 자극하여 성적 흥분을 유발하고 정상적인 성적 수치심을 해하여 성적 도의관념에 반하는 것을 말한다. 음란성에 관한 논의는 자연스럽게 형성·발전되어 온 사회 일반의 성적 도덕관념이나 윤리의식 및 문화적 사조와 직결되고, 아울러 개인의 사생활이나 행복추구권 및 다양성과도 깊이 연관되는 문제로서, 국가 형벌권이 지나치게 적극적으로 개입하기에 적절한 분야가 아니다. 이러한 점을 고려할 때, 특정 표현물을 형사처벌의 대상이 될 음란 표현물이라고 하기 위하여는 표현물이 단순히 성적인 흥미에 관련되어 저속하다거나 문란한 느낌을 준다는 정도만으로는 부족하다. 사회통념에 비추어 전적으로 또는 지배적으로 성적 흥미에만 호소할 뿐 하등의 문학적·예술적·사상적·과학적·의학적·교육적 가치를 지니지 아니한 것으로서, 과도하고도 노골적인 방법에 의하여 성적 부위나 행위를 적나라하게 표현·묘사함으로써, 존중·보호되어야 할 인격체로서의 인간의 존엄과 가치를 훼손·왜곡한다고 볼 정도로 평가될 수 있어야 한다. 나아가 이를 판단할 때에는 표현물 제작자의 주관적 의도가 아니라 사회 평균인의 입장에서 전체적인 내용을 관찰하여 건전한 사회통념에 따라 객관적이고 규범적으로 평가하여야 한다.

[2] 음란물에 문학적·예술적·사상적·과학적·의학적·교육적 표현 등이 결합된 경우, 이러한 결합 표현물에 의한 표현행위가 형법 제20조에 정하여진 '사회상규에 위배되지 아니하는 행위'에 해당하는 경우

음란물이 그 자체로는 하등의 문학적·예술적·사상적·과학적·의학적·교육적 가치를 지니지 아니하더라도, 음란성에 관한 논의의 특수한 성격 때문에, 그에 관한 논의의 형성·발전을 위해 문학적·예술적·사상적·과학적·의학적·교육적 표현 등과 결합되는 경우가 있다. 이러한 경우 음란 표현의 해악이 이와 결합된 위와 같은 표현 등을 통해 상당한 방법으로 해소되거나 다양한 의견과 사상의 경쟁메커니즘에 의해 해소될 수 있는 정도라는 등의 특별한 사정이 있다면, 이러한 결합 표현물에 의한 표현행위는 공중도덕이나 사회윤리를 훼손하는 것이 아니어서, 법질서 전체의 정신이나 그 배후에 놓여 있는 사회윤리 내지 사회통념에 비추어 용인될 수 있는 행위로서 형법 제20조에 정하여진 '사회상규에 위배되지 아니하는 행위'에 해당된다.

[3] 방송통신심의위원회 심의위원인 피고인이 자신의 인터넷 블로그에 위원회에서 음란정보로 의결한 '남성의 발기된 성기 사진'을 게시함으로써 정보통신망을 통하여 음란한 화상 또는 영상인

사진을 공공연하게 전시한 경우

방송통신심의위원회(이하 '위원회'라고 한다) 심의위원인 피고인이 자신의 인터넷 블로그에 위원회에서 음란정보로 의결한 '남성의 발기된 성기 사진'을 게시함으로써 정보통신망을 통하여 음란한 화상 또는 영상인 사진을 공공연하게 전시하였다고 하여 정보통신망 이용촉진 및 정보보호 등에 관한 법률 위반(음란물유포)으로 기소된 사안에서, 피고인의 게시물은 다른 블로그의 화면 다섯 개를 갈무리하여 옮겨온 남성의 발기된 성기 사진 8장(이하 '사진들'이라 한다)과 벌거벗은 남성의 뒷모습 사진 1장을 전체 게시면의 절반을 조금 넘는 부분에 걸쳐 게시하고, 이어서 정보통신에 관한 심의규정 제8조 제1호를 소개한 후 피고인의 의견을 덧붙이고 있으므로 사진들과 음란물에 관한 논의의 형성·발전을 위한 학술적, 사상적 표현 등이 결합된 결합 표현물로서, 사진들은 오로지 남성의 발기된 성기와 음모만을 뚜렷하게 강조하여 여러 맥락 속에서 직접적으로 보여줌으로써 성적인 각성과 흥분이 존재한다는 암시나 공개장소에서 발기된 성기의 노출이라는 성적 일탈의 의미를 나타내고, 나아가 여성의 시각을 배제한 남성중심적인 성관념의 발로에 따른 편향된 관점을 전달하고 있어 음란물에 해당하나, 사진들의 음란성으로 인한 해악은 이에 결합된 학술적, 사상적 표현들과 비판 및 논증에 의해 해소되었고, 결합 표현물인 게시물을 통한 사진들의 게시는 목적의 정당성, 수단이나 방법의 상당성, 보호법익과 침해법익 간의 법익균형성이 인정되어 법질서 전체의 정신이나 그 배후에 놓여 있는 사회윤리 내지 사회통념에 비추어 용인될 수 있는 행위에 해당하므로, 원심이 게시물의 전체적 맥락에서 사진들을 음란물로 단정할 수 없다고 본 것에는 같은 법 제74조 제1항 제2호 및 제44조의7 제1항 제1호가 규정하는 '음란'에 관한 법리오해의 잘못이 있으나, 공소사실을 무죄로 판단한 것은 결론적으로 정당하다.(대법원 2017.10.26. 선고, 2012도13352, 판결).

■ **판례** ■   음란의 의미 / 음판표현물의 요건 및 판단기준

[1] 정보통신망법 제44조의7 제1항 제1호, 제74조 제1항 제2호에서 규정하는 '음란'의 의미 / 특정 표현물을 형사처벌의 대상이 될 음란 표현물이라고 하기 위한 요건 및 판단 기준

제44조의7 제1항 제1호, 제74조 제1항 제2호에서 규정하는 '음란'이란 사회통념상 일반 보통인의 성욕을 자극하여 성적 흥분을 유발하고 정상적인 성적 수치심을 해하여 성적 도의관념에 반하는 것을 말한다. 음란성에 관한 논의는 자연스럽게 형성·발전되어 온 사회 일반의 성적 도덕관념이나 윤리의식 및 문화적 사조와 직결되고, 아울러 개인의 사생활이나 행복추구권 및 다양성과도 깊이 연관되는 문제로서, 국가 형벌권이 지나치게 적극적으로 개입하기에 적절한 분야가 아니다. 이러한 점을 고려할 때, 특정 표현물을 형사처벌의 대상이 될 음란 표현물이라고 하기 위하여는 표현물이 단순히 성적인 흥미에 관련되어 저속하다거나 문란한 느낌을 준다는 정도만으로는 부족하다. 사회통념에 비추어 전적으로 또는 지배적으로 성적 흥미에만 호소할 뿐 하등의 문학적·예술적·사상적·과학적·의학적·교육적 가치를 지니지 아니한 것으로서, 과도하고도 노골적인 방법에 의하여 성적 부위나 행위를 적나라하게 표현·묘사함으로써, 존중·보호되어야 할 인격체로서의 인간의 존엄과 가치를 훼손·왜곡한다고 볼 정도로 평가될 수 있어야 한다. 나아가 이를 판단할 때에는 표현물 제작자의 주관적 의도가 아니라 사회 평균인의 입장에서 전체적인 내용을 관찰하여 건전한 사회통념에 따라 객관적이고 규범적으로 평가하여야 한다.

[2] 음란물에 문학적·예술적·사상적·과학적·의학적·교육적 표현 등이 결합된 경우, 이러한 결합 표현물에 의한 표현행위가 형법 제20조에 정하여진 '사회상규에 위배되지 아니하는 행위'에 해당하는 경우

음란물이 그 자체로는 하등의 문학적·예술적·사상적·과학적·의학적·교육적 가치를 지니지 아니하더라도, 음란성에 관한 논의의 특수한 성격 때문에, 그에 관한 논의의 형성·발전을 위해 문학적·예술적·사상적·과학적·의학적·교육적 표현 등과 결합되는 경우가 있다. 이러한 경우 음란표현의 해악이 이와 결합된 위와 같은 표현 등을 통해 상당한 방법으로 해소되거나 다양한 의견과 사상의 경쟁메커니즘에 의해 해소될 수 있는 정도라는 등의 특별한 사정이 있다면, 이러한 결합표현물에 의한 표현행위는 공중도덕이나 사회윤리를 훼손하는 것이 아니어서, 법질서 전체의 정신이나 그 배후에 놓여 있는 사회윤리 내지 사회통념에 비추어 용인될 수 있는 행위로서 형법 제20조에 정하여진 '사회상규에 위배되지 아니하는 행위'에 해당된다.

[3] 방송통신심의위원회 심의위원인 피고인이 자신의 인터넷 블로그에 위원회에서 음란정보로 의결한 '남성의 발기된 성기 사진'을 게시함으로써 정보통신망을 통하여 음란한 화상 또는 영상인 사진을 공공연하게 전시하였다고 하여 정보통신망법 위반(음란물유포)으로 기소된 사안

방송통신심의위원회(이하 '위원회'라고 한다) 심의위원인 피고인이 자신의 인터넷 블로그에 위원회에서 음란정보로 의결한 '남성의 발기된 성기 사진'을 게시함으로써 정보통신망을 통하여 음란한 화상 또는 영상인 사진을 공공연하게 전시하였다고 하여 정보통신망 이용촉진 및 정보보호 등에 관한 법률 위반(음란물유포)으로 기소된 사안에서, 피고인의 게시물은 다른 블로그의 화면 다섯 개를 갈무리하여 옮겨온 남성의 발기된 성기 사진 8장(이하 '사진들'이라 한다)과 벌거벗은 남성의 뒷모습 사진 1장을 전체 게시면의 절반을 조금 넘는 부분에 걸쳐 게시하고, 이어서 정보통신에 관한 심의규정 제8조 제1호를 소개한 후 피고인의 의견을 덧붙이고 있으므로 사진들과 음란물에 관한 논의의 형성·발전을 위한 학술적, 사상적 표현 등이 결합된 결합 표현물로서, 사진들은 오로지 남성의 발기된 성기와 음모만을 뚜렷하게 강조하여 여러 맥락 속에서 직접적으로 보여줌으로써 성적인 각성과 흥분이 존재한다는 암시나 공개장소에서 발기된 성기의 노출이라는 성적 일탈의 의미를 나타내고, 나아가 여성의 시각을 배제한 남성중심적인 성관념의 발로에 따른 편향된 관점을 전달하고 있어 음란물에 해당하나, 사진들의 음란성으로 인한 해악은 이에 결합된 학술적, 사상적 표현들과 비판 및 논증에 의해 해소되었고, 결합 표현물인 게시물을 통한 사진들의 게시는 목적의 정당성, 수단이나 방법의 상당성, 보호법익과 침해법익 간의 법익균형성이 인정되어 법질서 전체의 정신이나 그 배후에 놓여 있는 사회윤리 내지 사회통념에 비추어 용인될 수 있는 행위에 해당하므로, 원심이 게시물의 전체적 맥락에서 사진들을 음란물로 단정할 수 없다고 본 것에는 같은 법 제74조 제1항 제2호 및 제44조의7 제1항 제1호가 규정하는 '음란'에 관한 법리오해의 잘못이 있으나, 공소사실을 무죄로 판단한 것은 결론적으로 정당하다.(대법원 2017.10.26. 선고, 2012도13352, 판결)

■ **판례** ■ 피고인이 음란물유포 인터넷사이트를 운영하면서 정보통신망 이용촉진 및 정보보호 등에 관한 법률 위반(음란물유포)죄와 도박개장방조죄에 의하여 비트코인을 취득한 사안

피고인이 음란물유포 인터넷사이트를 운영하면서 정보통신망법 위반(음란물유포)죄와 도박개장방조죄에 의하여 비트코인(Bitcoin)을 취득한 사안에서, 범죄수익은닉의 규제 및 처벌 등에 관한 법률(이하 '범죄수익은닉규제법'이라 한다) [별표] 제1호 (사)목에서는 형법 제247조의 죄를, [별표] 제24호에서는 정보통신망법 제74조 제1항 제2호의 죄를 중대범죄로 규정하고 있어 피고인의 정보통신망법 위반(음란물유포)죄와 도박개장방조죄는 범죄수익은닉규제법에 정한 중대범죄에 해당하며, 비트코인은 경제적인 가치를 디지털로 표상하여 전자적으로 이전, 저장 및 거래가 가능하도록 한, 이른바 '가상화폐'의 일종인 점, 피고인은 위 음란사이트를 운영하면서 사진과 영상을 이용하는 이용자 및 음란사이트에 광고를 원하는 광고주들로부터 비트코인을 대가로 지급받아 재산적

가치가 있는 것으로 취급한 점에 비추어 비트코인은 재산적 가치가 있는 무형의 재산이라고 보아야 하고, 몰수의 대상인 비트코인이 특정되어 있다는 이유로, 피고인이 취득한 비트코인을 몰수할 수 있다고 본 원심판단이 정당하다.(대법원 2018. 5. 30., 선고, 2018도3619, 판결)

■ **판례** ■   음란물 영상의 '토렌트 파일'의 의미 및 위 파일이 정보통신망 이용촉진 및 정보보호 등에 관한 법률 제44조의7 제1항 제1호에서 정보통신망을 통한 유통을 금지한 '음란한 영상을 배포하거나 공공연하게 전시하는 내용의 정보'에 해당하는지 여부(적극) / 음란물 영상의 토렌트 파일을 웹사이트 등에 게시하여 불특정 또는 다수인에게 무상으로 다운로드 받게 하는 행위 또는 그 토렌트 파일을 이용하여 별다른 제한 없이 해당 음란물 영상에 바로 접할 수 있는 상태를 실제로 조성한 행위가 같은 법상 음란한 영상을 배포하거나 공공연하게 전시한다는 구성요건을 충족하는지 여부(적극)

음란물 영상의 토렌트 파일은 그 음란물 영상을 P2P 방식의 파일 공유 프로토콜인 토렌트를 통해 공유하기 위해 토렌트 클라이언트 프로그램(이하 '토렌트 프로그램'이라 한다)을 사용하여 생성된 파일이다. 음란물 영상의 토렌트 파일은 음란물 영상의 이름·크기·고유의 해쉬값 등의 메타데이터를 담고 있는 파일이고, 그 메타데이터는 수많은 토렌트 이용자들로부터 토렌트를 통해 전송받을 해당 음란물 영상을 찾아내는 색인(index)과 같은 역할을 한다. 그 토렌트 파일을 취득하여 토렌트 프로그램에서 실행하면 자동으로 다른 토렌트 이용자들로부터 그 토렌트 파일이 가리키는 해당 음란물 영상을 전송받을 수 있다. 이처럼 음란물 영상의 토렌트 파일은 음란물 영상을 공유하기 위해 생성된 정보이자 토렌트를 통해 공유 대상인 해당 음란물 영상을 전송받는 데에 필요한 정보이다. 위와 같이 P2P 방식의 파일 공유 프로토콜인 토렌트에서 토렌트 파일이 수행하는 역할과 기능, 음란물 영상을 공유하기 위해 그 토렌트 파일을 웹사이트 등에 게시하는 행위자의 의도 등을 종합하면, 음란물 영상을 공유하기 위해 생성된 정보이자 토렌트를 통해 그 음란물 영상을 전송받는 데에 필요한 정보인 해당 음란물 영상의 토렌트 파일은, 정보통신망 이용촉진 및 정보보호 등에 관한 법률(이하 '정보통신망법'이라 한다) 제44조의7 제1항 제1호에서 정보통신망을 통한 유통을 금지한 '음란한 영상을 배포하거나 공공연하게 전시하는 내용의 정보'에 해당한다. 따라서 음란물 영상의 토렌트 파일을 웹사이트 등에 게시하여 불특정 또는 다수인에게 무상으로 다운로드 받게 하는 행위 또는 그 토렌트 파일을 이용하여 별다른 제한 없이 해당 음란물 영상에 바로 접할 수 있는 상태를 실제로 조성한 행위는 정보통신망법 제74조 제1항 제2호에서 처벌 대상으로 삼고 있는 '같은 법 제44조의7 제1항 제1호를 위반하여 음란한 영상을 배포하거나 공공연하게 전시'한 것과 실질적으로 동일한 결과를 가져온다. 그러므로 위와 같은 행위는 전체적으로 보아 음란한 영상을 배포하거나 공공연하게 전시한다는 구성요건을 충족한다.(대법원 2019. 7. 25, 선고, 2019도5283, 판결).

제8절 풍속영업의 규제에 관한 법률
(풍속영업규제법)

 ## Ⅰ. 풍속영업의 범위 및 위반사항 통보

1. 목 적

제1조(목적) 이 법은 풍속영업(風俗營業)을 하는 장소에서 선량한 풍속을 해치거나 청소년의 건전한 성장을 저해하는 행위 등을 규제하여 미풍양속을 보존하고 청소년을 유해한 환경으로부터 보호함을 목적으로 한다.

2. 풍속영업의 범위

제2조(풍속영업의 범위) 이 법에서 "풍속영업"이란 다음 각 호의 어느 하나에 해당하는 영업을 말한다.
1. 「게임산업진흥에 관한 법률」 제2조제6호에 따른 게임제공업 및 같은 법 제2조제8호에 따른 복합유통 게임제공업
2. 「영화 및 비디오물의 진흥에 관한 법률」 제2조제16호가목에 따른 비디오물감상실업
3. 「음악산업진흥에 관한 법률」 제2조제13호에 따른 노래연습장업
4. 「공중위생관리법」 제2조제1항제2호부터 제4호까지의 규정에 따른 숙박업, 목욕장업(沐浴場業), 이용업 (理容業) 중 대통령령으로 정하는 것
5. 「식품위생법」 제36조제1항제3호에 따른 식품접객업 중 대통령령으로 정하는 것
6. 「체육시설의 설치·이용에 관한 법률」 제10조제1항제2호에 따른 무도학원업 및 무도장업
7. 그 밖에 선량한 풍속을 해치거나 청소년의 건전한 성장을 저해할 우려가 있는 영업으로 대통령령으로 정하는 것

※ 시행령(대통령령)
제2조(풍속영업의 범위) 「풍속영업의 규제에 관한 법률」 (이하 "법"이라 한다) 제2조제5호 및 제7호에 따른 풍속영업의 범위는 다음과 같다.
1. 법 제2조제5호에서 "식품접객업 중 대통령령으로 정하는 것"이란 「식품위생법 시행령」 제21조제8호다 목에 따른 단란주점영업 및 같은 호 라목에 따른 유흥주점영업을 말한다.
2. 법 제2조제7호에서 "그 밖에 선량한 풍속을 해치거나 청소년의 건전한 성장을 저해할 우려가 있는 영업으로 대통령령으로 정하는 것"이란 「청소년보호법」 제2조제5호가목(6)에 따른 청소년 출입·고용금 지업소에서의 영업을 말한다.

3. 위반사항의 통보

제6조(위반사항의 통보 등) ① 경찰서장은 풍속영업자나 대통령령으로 정하는 종사자가 제3조를 위반 하면 그 사실을 허가관청에 알리고 과세에 필요한 자료를 국세청장에게 통보하여야 한다.
② 제1항에 따른 통보를 받은 허가관청은 그 내용에 따라 허가취소·영업정지·시설개수 명령 등 필요한 행정처분을 한 후 그 결과를 경찰서장에게 알려야 한다.
③ 경찰청장 및 지방자치단체의 장은 제2항에 따른 행정처분을 받은 풍속영업소에 관한 정보를 공유하기 위하여 정보공유시스템을 구축·운영하여야 한다.

II. 벌 칙

제10조(벌칙) ① 제3조제1호를 위반하여 풍속영업소에서 성매매알선등행위를 한 자는 3년 이하의 징역 또는 3천만원 이하의 벌금에 처한다.
② 제3조제2호부터 제4호까지의 규정을 위반하여 음란행위를 하게 하는 등 풍속영업소에서 준수할 사항을 지키지 아니한 자는 3년 이하의 징역 또는 2천만원 이하의 벌금에 처한다.
제12조(양벌규정) 법인의 대표자나 법인 또는 개인의 대리인, 사용인, 그 밖의 종업원이 그 법인 또는 개인의 업무에 관하여 제10조의 위반행위를 하면 그 행위자를 벌하는 외에 그 법인 또는 개인에게도 해당 조문의 벌금형을 과(科)한다. 다만, 법인 또는 개인이 그 위반행위를 방지하기 위하여 해당 업무에 관하여 상당한 주의와 감독을 게을리하지 아니한 경우에는 그러하지 아니하다.

III. 범죄사실

1. 숙박업자의 음란비디오물 관람하게 한 경우

1) 적용법조 : 제10조 제2항, 제3조 제3호 나목 ☞ 공소시효 5년

제3조(준수 사항) 풍속영업을 하는 자(허가나 인가를 받지 아니하거나 등록이나 신고를 하지 아니하고 풍속영업을 하는 자를 포함한다. 이하 "풍속영업자"라 한다) 및 대통령령으로 정하는 종사자는 풍속영업을 하는 장소(이하 "풍속영업소"라 한다)에서 다음 각 호의 행위를 하여서는 아니 된다.
1. 「성매매알선 등 행위의 처벌에 관한 법률」 제2조제1항제2호에 따른 성매매알선등행위
2. 음란행위를 하게 하거나 이를 알선 또는 제공하는 행위
3. 음란한 문서·도화(圖畵)·영화·음반·비디오물, 그 밖의 음란한 물건에 대한 다음 각 목의 행위
  가. 반포(頒布)·판매·대여하거나 이를 하게 하는 행위
  나. 관람·열람하게 하는 행위
  다. 반포·판매·대여·관람·열람의 목적으로 진열하거나 보관하는 행위
4. 도박이나 그 밖의 사행(射倖)행위를 하게 하는 행위

2) 범죄사실 기재례

[기재례1] 음란비디오 상영

피의자는 ○○에서 홍콩여관을 경영하는 풍속영업자이다. 풍속영업소에서 음란한 문서·도화·영화·음반·비디오물, 그 밖의 음란한 물건을 관람·열람하게 하는 등의 행위를 하여서는 아니 된다.
피의자는 200○. ○. ○. ○○:○○경 위 여관의 내실에서 그 곳에 설치된 비디오기에 일본 남녀가 전라의 상태에서 성교하는 장면 등이 묘사된 "홍콩 꽃나비"라는 제목의 음란비디오물을 녹화하여 위 여관의 각 객실에 설치된 텔레비전 수상기에 방영하게 함으로써 위 여관 108호실에 투숙한 홍길동을 비롯하여 투숙객 30여명이 이를 관람하게 하였다.

[기재례2] 일본위성 성인체널

피의자는 20○○.○.○.부터 ○○에서 ○○모텔이라는 상호로 여관업을 하고 있다.

풍속영업을 영위하는 자는 풍속영업소에서 음란한 문서·도화·영화·음반·비디오물, 그 밖의 음란한 물건을 관람·열람하게 하는 등의 행위를 하여서는 아니 된다.

그럼에도 불구하고 피의자는 20○○. ○. ○.경부터 20○○. ○. ○.경까지 위 모텔의 객실에 일본 위성 성인 채널을 시청할 수 있는 유료위성 성인방송 타이머 기계를 텔레비전과 연결하여 설치한 후 투숙객으로 하여금 ○○원을 투입하면 남녀의 적나라한 성교 장면이 묘사된 음란한 영상을 관람할 수 있게 하여 풍속영업자의 준수사항을 위반하였다.

3) 신문사항

- 피의자는 풍속영업자인가
- 언제부터 어디에서 어떠한 영업을 하고 있는가(영업사항 조사)
- 투숙객들에게 음란비디오를 방영한 일이 있는가
- 언제 어떤 음란비디오를 방영하였나
- 음란비디오 내용을 알고 있는가
- 어떤 방법으로 방영하였나
- 이러한 음란비디오는 언제 어디에서 구입하였나
- 무엇 때문에 이런 비디오를 방영하였나
- 당시 투숙객은 몇 명 정도 였는가

■ **판례** ■   모텔에 동영상 파일 재생장치인 디빅 플레이어(DivX Player)를 설치하고 투숙객에게 그 비밀번호를 가르쳐 주어 저장된 음란 동영상을 관람하게 한 경우

[1] 풍속영업의 규제에 관한 법률 제3조 제2호가 규정하는 '비디오물'의 의미

비디오물이란 영화 및 비디오물의 진흥에 관한 법률 제2조 제12호가 규정하는 비디오물, 즉 연속적인 영상이 테이프 또는 디스크 등의 디지털 매체나 장치에 담긴 저작물로서 기계·전기·전자 또는 통신장치에 의하여 재생하여 볼 수 있거나 보고 들을 수 있도록 제작된 것을 말한다. 따라서 게임산업진흥에 관한 법률 제2조 제1호의 규정에 의한 게임물과 컴퓨터프로그램에 의한 것(영화가 수록되어 있지 아니한 것에 한한다)은 제외하는 것으로 해석하는 것이 상당하다.

[2] 위의 사안이 음란한 비디오물을 풍속영업소에서 관람하게 한 행위에 해당하는지 여부(적극)

이는 풍속영업의 규제에 관한 법률 제3조 제2호가 금지하고 있는 음란한 비디오물을 풍속영업소에서 관람하게 한 행위에 해당한다(대법원 2008.8.21. 선고 2008도3975 판결).

■ **판례** ■   유흥주점 여종업원들이 웃옷을 벗고 브래지어만 착용하거나 치마를 허벅지가 다 드러나도록 걷어 올리고 가슴이 보일 정도로 어깨끈을 밑으로 내린 채 손님을 접대한 경우

[1] 제3조 제1호 에 정한 '음란행위'의 의미 및 풍속영업소에서 이루어진 행위가 형사처벌의 대상

이 되는 '음란행위'에 해당하기 위한 요건

'음란행위'란 성욕을 자극하거나 흥분 또는 만족시키는 행위로서 일반인의 정상적인 성적 수치심을 해치고 선량한 성적 도의관념에 반하는 것을 의미하는바, '음란'이라는 개념이 사회와 시대적 변화에 따라 변동하는 상대적이고도 유동적인 것이며, 음란성에 관한 논의는 자연스럽게 형성·발전되어 온 사회 일반의 성적 도덕관념이나 윤리관념 및 문화적 사조와 직결되고 아울러 개인의 사생활이나 행복추구권 및 다양성과도 깊이 연관되는 문제로서 국가형벌권이 지나치게 적극적으로 개입하기에 적절한 분야가 아니라는 점 등에 비추어 볼 때, 풍속영업을 영위하는 장소에서 이루어진 행위가 형사처벌의 대상이 되는 '음란행위'에 해당한다고 하려면 당해 풍속영업의 종류, 허가받은 영업의 형태, 이용자의 연령 제한이나 장소의 공개 여부, 신체노출로 인한 음란행위에서는 그 시간과 장소, 노출 부위와 방법 및 정도, 그 동기와 경위 등을 종합적으로 고려하여, 그것이 단순히 일반인에게 부끄러운 느낌이나 불쾌감을 준다는 정도를 넘어서서 사회적으로 유해한 영향을 끼칠 위험성이 있다고 평가할 수 있을 정도로 노골적인 방법에 의하여 성적 부위를 노출하거나 성적 행위를 표현한 것으로서, 사회 평균인의 입장에서 성욕을 자극하여 성적 흥분을 유발하고 정상적인 성적 수치심을 해하였다고 평가될 수 있어야 한다.

[2] 위의 행위가 음란행위에 해당하는지 여부(적극)

위 종업원들의 행위와 노출 정도가 형사법상 규제의 대상으로 삼을 만큼 사회적으로 유해한 영향을 끼칠 위험성이 있다고 평가할 수 있을 정도로 노골적인 방법에 의하여 성적 부위를 노출하거나 성적 행위를 표현한 것이라고 단정하기에 부족하다는 이유로, 구 풍속영업의 규제에 관한 법률 제3조 제1호에 정한 '음란행위'에 해당한다(대법원 2009.2.26. 선고 2006도3119 판결)

■ **판례** ■   나이트클럽 무용수인 피고인이 무대에서 공연하면서 겉옷을 모두 벗고 성행위와 유사한 동작을 연출하거나 속옷에 부착되어 있던 모조 성기를 수차례 노출한 경우

원심은, '피고인 2는 나이트클럽 무용수로서 2009. 2. 18. 01:14경 대구 수성구 황금동 소재 ○○○ 나이트클럽의 무대에서 옷을 입고 춤을 추다가 상·하의를 모두 탈의하여 팬티만을 입은 채 엎드려 허리를 상하로 움직이면서 성행위를 묘사하는 행위를 하고, 위 팬티를 벗어 그 안에 착용하고 있던 속옷에 부착된 모조 성기를 보임으로써 마치 성기를 노출시킨 듯한 장면을 노골적으로 연출하여 음란행위를 제공하였고, 피고인 1은 위 나이트클럽의 영업부장으로서 피고인 2로 하여금 위와 같이 음란행위를 하게 하였다'라는 요지의 이 사건 공소사실에 대하여, 제1심이 채택한 증거들을 근거로 그 판시와 같은 사실을 인정한 다음, 피고인 2의 공연이 이루어진 시간, 노출의 정도와 방법 등을 위 업소에 출입할 수 있는 성인들이 접할 수 있는 일반 성인 매체의 종류 및 그 내용 등과 비교하여 살펴보면, 비록 위 공연이 전체적으로 보아 다소 저속하고 문란하여 일반인들에게 부끄러운 느낌이나 불쾌감을 준다고 볼 수는 있을지언정, 그 정도를 넘어서서 형사법상 규제의 대상으로 삼을 만큼 노골적인 방법에 의하여 성적 부위를 노출하거나 성적 행위를 표현한 음란행위에 해당한다고 단정하기는 어렵다고 판단하였다. 그러나 원심의 이와 같은 판단은 앞서 본 법리와 아래와 같은 사정에 비추어 볼 때 이를 그대로 수긍하기 어렵다.

먼저, 원심판결 이유에 의하더라도, 피고인 2가 공소사실 기재 일시, 장소에서 이 사건 공연을 시작할 당시 모조 성기가 달리고 그 주변에 음모가 그려져 있는 살색 팬티를 입고 그 위에 흰색 팬티를 착용한 후 겉옷을 입었던 사실, 피고인 2가 춤을 추면서 흰색 팬티만 남겨두고 겉옷을 모두 탈의한 후 엎드려서 허리를 반복적으로 움직여 마치 성행위를 연상하게 하는 동작을 취하였던 사실, 그 후 피고인 2가 커다란 수건으로 허리 부분을 감싼 후 겉에 입고 있던 흰색 팬티를 탈의함

으로써 마치 그 수건 아래로는 아무것도 입고 있지 않은 듯한 착각이 들도록 한 채 수건을 좌우로 흔들면서 잠깐씩 모조 성기를 노출하다가 결국 수건을 내려 가짜 성기를 완전히 노출하였는데, 모조 성기를 완전 노출한 것과 거의 동시에 무대 조명이 완전히 꺼지고 이 사건 공연이 끝난 사실, 이 사건 공연은 전체 시간이 약 7분 정도이고, 피고인 2가 수건을 좌우로 흔들면서 모조 성기를 노출한 것은 약 20초 정도인 사실을 알 수 있다. 이러한 사실에다가 위 채택한 증거들에 의하여 알 수 있는 다음과 같은 사정, 즉, 이 사건 나이트클럽의 조명도와 공연내용 등에 비추어 보면 공연을 관람하는 대부분의 손님들은 모조 성기가 아니라 실제 성기라고 인식할 수밖에 없었을 것으로 보이는 점, 피고인 2의 공연은 성행위와 유사한 동작을 연출하거나 실제 성기로 오인될 수 있는 모조 성기를 노출함으로써 관객들의 색정적 흥미에 호소하는 목적을 가지고 있을 뿐 그 밖에 다른 예술적, 문화적 가치는 전혀 없는 것으로 보이는 점 등을 더하여 보면, 피고인 2의 이 사건 공연은 단순히 일반인들에게 부끄러운 느낌이나 불쾌감을 주는 정도를 넘어서서 형사법상 규제의 대상으로 삼을 만큼 노골적인 방법에 의하여 성적 부위를 노출하거나 성적 행위를 표현한 음란행위에 해당한다고 보아야 할 것이고, 원심이 지적하듯이 이 사건 나이트클럽이 유흥주점 허가를 받은 곳이라거나 피고인 2가 성행위를 연상시키는 동작을 할 당시에 상대방이 없는 상태였다는 점 및 수건을 좌우로 흔들면서 수차례에 걸쳐 모조 성기를 노출한 것이 약 20초 정도에 불과하였고 실제 성기의 노출은 없었다는 점 등을 일부 고려하더라도 이와 달리 볼 수는 없다고 할 것이다.(대법원 2011.9.8, 선고, 2010도10171, 판결)

■ **판례** ■ 음란행위 알선 및 음란행위의 의미

[1] 풍속영업의 규제에 관한 법률 제3조 제2호에서 정한 음란행위 '알선' 및 '음란행위'의 의미 / 풍속영업을 하는 자의 행위가 '음란행위의 알선'에 해당하는지 판단하는 기준

풍속영업의 규제에 관한 법률(이하 '풍속영업규제법'이라고 한다) 제3조 제2호는 풍속영업을 하는 자에 대하여 '음란행위를 알선하는 행위'를 금지하고 있다. 여기에서 음란행위를 '알선'하였다고 함은 풍속영업을 하는 자가 음란행위를 하려는 당사자 사이에 서서 이를 중개하거나 편의를 도모하는 것을 의미한다. 따라서 음란행위의 '알선'이 되기 위하여 반드시 그 알선에 의하여 음란행위를 하려는 당사자가 실제로 음란행위를 하여야만 하는 것은 아니고, 음란행위를 하려는 당사자들의 의사를 연결하여 더 이상 알선자의 개입이 없더라도 당사자 사이에 음란행위에 이를 수 있을 정도의 주선행위만 있으면 족하다. 한편 풍속영업규제법 제3조 제2호에서 규정하고 있는 '음란행위'란 성욕을 자극하거나 흥분 또는 만족시키는 행위로서 일반인의 정상적인 성적 수치심을 해치고 선량한 성적 도의관념에 반하는 것을 의미한다. 따라서 풍속영업을 하는 자의 행위가 '음란행위의 알선'에 해당하는지 여부는 당해 풍속영업의 종류, 허가받은 영업의 형태, 이용자의 연령 제한이나 장소의 공개 여부, 신체노출 등의 경우 그 시간과 장소, 노출 부위와 방법 및 정도, 그 동기와 경위 등을 종합적으로 고려하여, 사회 평균인의 입장에서 성욕을 자극하여 성적 흥분을 유발하고 정상적인 성적 수치심을 해하였다고 평가될 수 있는 행위, 즉 '음란행위'를 앞서의 법리에서 제시한 바와 같이 '알선'하였다고 볼 수 있는지를 기준으로 판단하여야 한다.

[2] 유흥주점의 업주인 피고인 甲과 종업원인 피고인 乙이 공모하여, 위 주점에 여성용 원피스를 비치해 두고 여성종업원들로 하여금 그곳을 찾아온 남자 손님 3명에게 이를 제공하여 갈아입게 한 다음 접객행위를 하도록 하는 방법으로 음란행위를 알선하였다고 하여 풍속영업의 규제에 관한 법률 위반으로 기소된 사안

풍속영업에 해당하는 유흥주점영업은 유흥종사자를 두거나 유흥시설을 설치할 수 있고 손님이 노

래를 부르거나 춤을 추는 행위가 허용되는 영업인데, 이때 유흥종사자란 손님과 함께 술을 마시거나 노래 또는 춤으로 손님의 유흥을 돋우는 부녀자를 말하는 점(식품위생법 시행령 제21조, 제22조), 피고인들의 영업방식 자체가 유흥주점의 일반적 영업방식으로 보기 어려운 매우 이례적인 것인 점, 특히 여성종업원들은 남자 손님들을 대면하자 곧 여성용 원피스로 갈아입게 하였는데 이는 그 재질이 얇고 미끄러운 소재로 만들어졌을 뿐만 아니라 남성이 입는 경우에도 여유 공간이 남을 정도로 사이즈가 크고 헐렁한 형태로서 남자 손님 3명 중 2명은 속옷을 모두 벗은 채 여성용 원피스를 입은 것을 보면, 단순히 노래와 춤으로 유흥을 즐기기 위한 하나의 방편이라고 보기 어렵고, 남자 손님과 여성종업원이 함께 있었던 방이 폐쇄된 공간이라는 점까지 함께 고려하면, 정상적인 성적 수치심을 무뎌지게 하고 성적 흥분을 의식적으로 유발하고자 한 방식으로 볼 여지가 큰 점, 위와 같은 일련의 과정에다가 남자 손님들이 여성종업원들과 만난 지 채 1시간도 되지 않은 시점에 이루어진 경찰관들의 단속 당시의 현장 상황 등에 비추어 보면, 피고인들이 여성종업원들에게 따르게 한 위와 같은 영업방식이나 행위는 결국 피고인들의 추가 개입이 없더라도 남자 손님들의 성욕을 자극하여 성적 흥분을 유발함으로써 여성종업원들과 음란행위로 나아갈 수 있도록 편의를 도모한 주선행위라고 평가함에 부족함이 없는 점을 종합하면, 피고인들은 풍속영업을 하는 자가 준수하여야 할 금지규범을 어기고 유흥주점의 남자 손님들과 여성종업원들 사이에 서서 음란행위를 알선하였다고 평가함이 타당하다는 이유로, 이와 달리 보아 공소사실을 무죄로 판단한 원심판결에 풍속영업규제법 제3조 제2호에서 정한 음란행위의 알선 등에 관한 법리를 오해한 잘못이 있다.(대법원 2020. 4. 29., 선고, 2017도16995, 판결)

■ **판례** ■   나이트클럽의 운영자 피고인 甲, 연예부장 피고인 乙, 남성무용수 피고인 丙이 공모하여 클럽 내에서 성행위를 묘사하는 공연을 하는 등 음란행위 영업을 하여 풍속영업의 규제에 관한 법률 위반으로 기소되었는데, 당시 경찰관들이 클럽에 출입하여 피고인 丙의 공연을 촬영한 영상물 및 이를 캡처한 영상사진이 증거로 제출된 사안

나이트클럽(이하 '클럽'이라 한다)의 운영자 피고인 甲, 연예부장 피고인 乙, 남성무용수 피고인 丙이 공모하여 클럽 내에서 성행위를 묘사하는 공연을 하는 등 음란행위 영업을 하여 풍속영업의 규제에 관한 법률 위반으로 기소되었는데, 당시 경찰관들이 클럽에 출입하여 피고인 丙의 공연을 촬영한 영상물 및 이를 캡처한 영상사진이 증거로 제출된 사안에서, 경찰관들은 국민신문고 인터넷 사이트에 '클럽에서 남성무용수의 음란한 나체쇼가 계속되고 있다.'는 민원이 제기되자 그에 관한 증거수집을 목적으로 클럽에 출입한 점, 클럽은 영업시간 중에는 출입자격 등의 제한 없이 성인이라면 누구나 출입이 가능한 일반적으로 개방되어 있는 장소인 점, 경찰관들은 클럽의 영업시간 중에 손님들이 이용하는 출입문을 통과하여 출입하였고, 출입 과정에서 보안요원 등에게 제지를 받거나 보안요원이 자리를 비운 때를 노려 몰래 들어가는 등 특별한 사정이 발견되지 않는 점, 피고인 丙은 클럽 내 무대에서 성행위를 묘사하는 장면이 포함된 공연을 하였고, 경찰관들은 다른 손님들과 함께 객석에 앉아 공연을 보면서 불특정 다수의 손님들에게 공개된 피고인 丙의 모습을 촬영한 점에 비추어 보면, 위 촬영물은 경찰관들이 피고인들에 대한 범죄 혐의가 포착된 상태에서 클럽 내에서의 음란행위 영업에 관한 증거를 보전하기 위하여, 불특정 다수에게 공개된 장소인 클럽에 통상적인 방법으로 출입하여 손님들에게 공개된 모습을 촬영한 것이므로, 영장 없이 촬영이 이루어졌더라도 위 촬영물과 이를 캡처한 영상사진은 증거능력이 인정된다는 이유로, 이와 달리 보아 피고인들에 대한 공소사실을 무죄로 판단한 원심판결에 수사기관 촬영물의 증거능력에 관한 법리오해의 잘못이 있다.(대법원 2023. 4. 27. 선고 2018도8161 판결)

2. 성매매 및 음란행위 알선(성매매법 제19조 제2항 제1호 참고)

1) 적용법조 : 제10조 제1항, 제3조 제1호 ☞ 공소시효 5년

2) 범죄사실 기재례

[기재례1] 숙박업자의 성매매알선행위

> 피의자는 ○○에 있는 풍속영업소인 ○○모텔의 숙박업소 업주이다. 풍속영업소에서 「성매매알선 등 행위의 처벌에 관한 법률」 제2조제1항제2호의 규정에 따른 성매매알선등행위를 하여서는 아니 된다.
>
> 그럼에도 불구하고 피의자는 20○○. ○. ○. 22:00경 위 여관에서 피의자가 데리고 온 성매매녀 김삼순(22세)으로 하여금 그곳을 찾은 투숙객 홍길동과 성매매행위를 하게하고 그녀가 화대조로 받은 ○○원 중에서 ○○원을 알선대가로 받는 등 그때부터 20○○. ○. ○.까지 ○○회에 걸쳐 불특정 투숙객들과 성매매행위를 하게하고 그때마다 ○○만원을 받는 방법으로 성매매행위를 알선하였다.

[기재례2] 증기탕업자의 음란행위 알선

> 피의자는 ○○에서 ○○증기탕이란 상호로 특수목욕장업을 경영하는 풍속영업자이다.
>
> 피의자는 20○○. ○. ○.부터 20○○. ○. ○.까지 사이에 위 목욕장에서 종업원인 홍길녀(여, 22세) 등 3명을 고용하여 위 업소를 찾는 불특정 다수의 남성을 상대로 위 종업원들이 알몸으로 손님을 맞사지 하면서 젖가슴과 음부 등으로 손님들의 성기부의를 자극하여 흥분시켜 음란행위를 하게하고 그 대가로 1명의 손님으로부터 ○○만원을 받아 그 중 ○만원을 착복하는 방법으로 월평균 ○○만원의 부당이득을 취득하였다.

3) 신문사항(성매매녀 알선)
  - 피의자는 ○○모텔 종업원인가
  - 언제부터 언제까지 근무하고 있는가
  - 위 여관 규모와 시설
  - 종업원은 모두 몇 명 근무하고 있나
  - 위 여관에서 무슨 일을 하고 있나
  - 풍속업소라는 사실을 아는가
  - 홍길동이 위 여관을 찾아와 성매매녀를 찾은 일이 있는가
  - 그때가 언제인가
  - 성매매녀를 소개시켜 주었나
  - 어떤 성매매녀를 소개시켜주었는가
  - 그 대가로 얼마를 요구하였으며 얼마를 받았는가

3. 음란 행위

1) 적용법조 : 제10조 제2항, 제3조 제2호 ☞ 공소시효 5년
2) 범죄사실 기재례

[기재례1] 숙박업소에서 음란행위

풍속영업을 하는 자 및 대통령령으로 정하는 종사자는 풍속영업을 하는 장소에서 음란행위를 하게 하거나 이를 알선 또는 제공하는 행위를 하여서는 아니 된다.

그럼에도 불구하고, 피의자는 20○○.8.3. ○○에서 ○○펜션이라는 상호로 숙박업을 영위하면서, 성적 부위를 클로즈업하여 촬영한 사진으로 홍보 영상을 만들어 게시하고, 여성들의 경우 연회비를 면제하는 등의 방법으로 불특정다수의 남녀를 회원으로 모집하여 위 장소에 함께 숙박하게 하고, 숙박하는 사람들로 하여금 남녀를 불문하고 성기를 모두 노출한 채 나체로 배드민턴, 일광욕, 물놀이, 캠프파이어, 식사 등을 하게 하였다.

이로써 피의자는 풍속영업을 하는 장소에서 음란행위를 하게 하였다.

[기재례2] 펜션에서 나체모임 행위

풍속영업을 하는 자 및 대통령령으로 정하는 종사자는 풍속영업을 하는 장소에서 음란행위를 하게 하거나 이를 알선 또는 제공하는 행위를 하여서는 아니 된다.

그럼에도 불구하고, 피의자는 20○○.○.○. ○○에서 미신고 숙박업을 영위하면서, 성적 부위를 클로즈업하여 촬영한 사진으로 홍보 영상을 만들어 게시하고, 여성들의 경우 연회비를 면제하는 등의 방법으로 불특정다수의 남녀를 회원으로 모집하여 위 장소에 함께 숙박하게 하고, 숙박하는 사람들로 하여금 남녀를 불문하고 성기를 모두 노출한 채 나체로 배드민턴, 일광욕, 물놀이, 캠프파이어, 식사 등을 하게 하였다.

이로써 피의자는 풍속영업을 하는 장소에서 음란행위를 하게 하였다.

3) 신문사항
- 피의자는 풍속영업자인가
- 언제부터 어디에서 어떠한 영업을 하고 있는가(영업사항 조사)
- 투숙객들의 복장은
- 투숙객들의 숙박형태는
- 투숙객들에 대한 숙박비는
- 투숙객들에게 언제 어떠한 방법으로 영업홍보를 하였는가
- 이러한 영업형태를 투숙객들도 알고 있었는가
- 풍속영업자로서 이러한 행위에 대해 어떻게 생각하는가

■ 판례 ■   음란행위 '알선' 및 '음란행위'의 의미

[1] 풍속영업의 규제에 관한 법률 제3조 제2호에서 정한 음란행위 '알선' 및 '음란행위'의 의미 /
　　풍속영업을 하는 자의 행위가 '음란행위의 알선'에 해당하는지 판단하는 기준

풍속영업의 규제에 관한 법률(이하 '풍속영업규제법'이라고 한다) 제3조 제2호는 풍속영업을 하는 자에 대하여 '음란행위를 알선하는 행위'를 금지하고 있다. 여기에서 음란행위를 '알선'하였다고 함은 풍속영업을 하는 자가 음란행위를 하려는 당사자 사이에 서서 이를 중개하거나 편의를 도모하는 것을 의미한다. 따라서 음란행위의 '알선'이 되기 위하여 반드시 그 알선에 의하여 음란행위를 하려는 당사자가 실제로 음란행위를 하여야만 하는 것은 아니고, 음란행위를 하려는 당사자들의 의사를 연결하여 더 이상 알선자의 개입이 없더라도 당사자 사이에 음란행위에 이를 수 있을 정도의 주선행위만 있으면 족하다. 한편 풍속영업규제법 제3조 제2호에서 규정하고 있는 '음란행위'란 성욕을 자극하거나 흥분 또는 만족시키는 행위로서 일반인의 정상적인 성적 수치심을 해치고 선량한 성적 도의관념에 반하는 것을 의미한다. 따라서 풍속영업을 하는 자의 행위가 '음란행위의 알선'에 해당하는지 여부는 당해 풍속영업의 종류, 허가받은 영업의 형태, 이용자의 연령 제한이나 장소의 공개 여부, 신체노출 등의 경우 그 시간과 장소, 노출 부위와 방법 및 정도, 그 동기와 경위 등을 종합적으로 고려하여, 사회 평균인의 입장에서 성욕을 자극하여 성적 흥분을 유발하고 정상적인 성적 수치심을 해하였다고 평가될 수 있는 행위, 즉 '음란행위'를 앞서의 법리에서 제시한 바와 같이 '알선'하였다고 볼 수 있는지를 기준으로 판단하여야 한다.

[2] 유흥주점의 업주인 피고인 甲과 종업원인 피고인 乙이 공모하여, 위 주점에 여성용 원피스를 비치해 두고
　　여성종업원들로 하여금 그곳을 찾아온 남자 손님 3명에게 이를 제공하여 갈아입게 한 다음 접객행위를 하
　　도록 하는 방법으로 음란행위를 알선하였다고 하여 풍속영업의 규제에 관한 법률 위반으로 기소된 사안

풍속영업에 해당하는 유흥주점영업은 유흥종사자를 두거나 유흥시설을 설치할 수 있고 손님이 노래를 부르거나 춤을 추는 행위가 허용되는 영업인데, 이때 유흥종사자란 손님과 함께 술을 마시거나 노래 또는 춤으로 손님의 유흥을 돋우는 부녀자를 말하는 점(식품위생법 시행령 제21조, 제22조), 피고인들의 영업방식 자체가 유흥주점의 일반적 영업방식으로 보기 어려운 매우 이례적인 것인 점, 특히 여성종업원들은 남자 손님들을 대면하자 곧 여성용 원피스로 갈아입게 하였는데 이는 그 재질이 얇고 미끄러운 소재로 만들어졌을 뿐만 아니라 남성이 입는 경우에도 여유 공간이 남을 정도로 사이즈가 크고 헐렁한 형태로서 남자 손님 3명 중 2명은 속옷을 모두 벗은 채 여성용 원피스를 입은 것을 보면, 단순히 노래와 춤으로 유흥을 즐기기 위한 하나의 방편이라고 보기 어렵고, 남자 손님과 여성종업원이 함께 있었던 방이 폐쇄된 공간이라는 점까지 함께 고려하면, 정상적인 성적 수치심을 무뎌지게 하고 성적 흥분을 의식적으로 유발하고자 한 방식으로 볼 여지가 큰 점, 위와 같은 일련의 과정에다가 남자 손님들이 여성종업원들과 만난 지 채 1시간도 되지 않은 시점에 이루어진 경찰관들의 단속 당시의 현장 상황 등에 비추어 보면, 피고인들이 여성종업원들에게 따르게 한 위와 같은 영업방식이나 행위는 결국 피고인들의 추가 개입이 없더라도 남자 손님들의 성욕을 자극하여 성적 흥분을 유발함으로써 여성종업원들과 음란행위로 나아갈 수 있도록 편의를 도모한 주선행위라고 평가함에 부족함이 없는 점을 종합하면, 피고인들은 풍속영업을 하는 자가 준수하여야 할 금지규범을 어기고 유흥주점의 남자 손님들과 여성종업원들 사이에 서서 음란행위를 알선하였다고 평가함이 타당하다는 이유로, 이와 달리 보아 공소사실을 무죄로 판단한 원심판결에 풍속영업규제법 제3조 제2호에서 정한 음란행위의 알선 등에 관한 법리를 오해한 잘못이 있다.
(대법원 2020. 4. 29. 선고, 2017도16995, 판결).

4. 업소에서 도박을 하게 하는 행위

1) 적용법조 : 제10조 제2항, 제3조 제4호 ☞ 공소시효 5년

2) 범죄사실 기재례

> 피의자는 ○○에서 위스트모텔이라는 상호로 여관업을 경영하는 풍속영업자이다. 풍속영업소에서 도박 기타 사행행위를 하게 하여서는 아니된다.
>
> 그럼에도 불구하고 피의자는 20○○. ○. ○. ○○:○○경 위 여관 제324호 객실에 투숙한 피의자 홍길동외 4명이 고스톱을 할 테니 화투 한 목을 달라고 말하면서 만일 단속이 나오면 전화기를 이용하여 신호를 넣어달라고 부탁하고 팁으로 ○○만원을 주자 위 홍길동 등이 도박을 한다는 사실을 알면서도 위 홍길동 등에게 화투를 제공하는 등으로 협력함으로써 위 홍길동 등이 1점당 ○○원짜리의 속칭 "고스톱"이라는 도박을 하게 하였다.

3) 신문사항

- 피의자는 풍속영업자인가
- 언제부터 어디에서 어떠한 영업을 하고 있는가(영업사항 조사)
- 투숙객들에게 화투놀이를 할 수 있도록 한 일이 있는가
- 언제 투숙한 자들인가
- 이들에게 어떻게 화투를 하도록 하였나
- 피의자는 이들에게 화투를 주거 어떠한 대가를 받았나
- 그들은 어떠한 화투놀이를 하였나
- 풍속영업자로서 이러한 행위에 대해 어떻게 생각하는가

■ **판례** ■   풍속영업자가 풍속영업소에서 일시 오락 정도에 불과한 도박을 하게 한 경우, 풍속영업의규제에관한법률 제3조 제3호 위반죄로 처벌할 수 있는지 여부(소극)

풍속영업자가 풍속영업소에서 도박을 하게 한 때에는 그것이 일시 오락 정도에 불과하여 형법상 도박죄로 처벌할 수 없는 경우에도 풍속영업자의 준수사항 위반을 처벌하는 풍속영업의규제에관한 법률 제10조 제1항, 제3조 제3호의 구성요건 해당성이 있다고 할 것이나, 어떤 행위가 법규정의 문언상 일단 범죄 구성요건에 해당된다고 보이는 경우에도, 그것이 정상적인 생활형태의 하나로서 역사적으로 생성된 사회생활 질서의 범위 안에 있는 것이라고 생각되는 경우에는 사회상규에 위배되지 아니하는 행위로서 그 위법성이 조각되어 처벌할 수 없다(대법원 2004.4.9. 선고 2003도6351 판결).

제4장 성폭력/성매매 범죄 실무사례

제1절 사기죄와 성행위

1. 사 례

금품 등을 받을 것을 전제로 성행위를 하는 부녀를 기만하여 성행위 대가의 지급을 면하는 경우, 사기죄의 성립여부

2. 관련판례

금품 등을 받을 것을 전제로 성행위를 하는 부녀를 기망하여 성행위 대가의 지급을 면한 경우, 일반적으로 부녀와의 성행위 자체는 경제적으로 평가할 수 없고, 부녀가 상대방으로부터 금품이나 재산상 이익을 받을 것을 약속하고 성행위를 하는 약속 자체는 선량한 풍속 기타 사회질서에 위반한 사항을 내용으로 하는 법률행위로서 무효이나, 사기죄의 객체가 되는 재산상의 이익이 반드시 사법(私法)상 보호되는 경제적 이익만을 의미하지 아니하고, 부녀가 금품 등을 받을 것을 전제로 성행위를 하는 경우 그 행위의 대가는 사기죄의 객체인 경제적 이익에 해당하므로, 부녀를 기망하여 성행위 대가의 지급을 면하는 경우 사기죄가 성립한다(대법원 2001.10.23. 선고 2001도2991 판결).

3. 결 론

가. 일반적으로 부녀와의 성행위 자체는 경제적으로 평가할 수 없고, 부녀가 상대방으로부터 금품이나 재산상 이익을 받을 것을 약속하고 성행위를 하는 약속 자체는 선량한 풍속 기타 사회질서에 위반한 사항을 내용으로 하는 법률행위로서 무효

나. 사기죄의 객체가 되는 재산상의 이익이 반드시 사법(私法)상 보호되는 경제적 이익만을 의미하지 아니하고, 부녀가 금품 등을 받을 것을 전제로 성행위를 하는 경우,

다. 행위의 대가는 사기죄의 객체인 경제적 이익에 해당하므로, 부녀를 기망하여 성행위 대가의 지급을 면하는 경우 사기죄가 성립한다.

제2절 남자 담임선생이 초등 남학생 성기를 만진 경우

1. 사 례

초등학교 4학년 담임교사(남자)인 甲이 교실에서 자신이 담당하는 반의 남학생인 피해자의 성기를 4회에 걸쳐 만진 경우

2. 법규연구

가. 형 법

제305조(미성년자에 대한 간음, 추행) 13세 미만의 사람에 대하여 간음 또는 추행을 한 자는 제297조, 제297조의2, 제298조, 제301조 또는 제301조의2의 예에 의한다
제298조(강제추행) 폭행 또는 협박으로 사람에 대하여 추행을 한 자는 10년 이하의 징역 또는 1천500만 원 이하의 벌금에 처한다.

나. 성폭력범죄의 처벌 등에 관한 특례법

제7조(13세 미만의 미성년자에 대한 강간, 강제추행 등) ③ 13세 미만의 사람에 대하여 「형법」 제 298조(강제추행)의 죄를 범한 사람은 무기 또는 10년 이상의 징역에 처한다.
⑤ 위계(僞計) 또는 위력(威力)으로써 13세 미만의 여자를 간음하거나 13세 미만의 사람에 대하여 추행한 사람은 제1항부터 제3항까지의 예에 따라 처벌한다.

3. 결 론

가. 형법 제305조의 미성년자의제강제추행죄는 '13세 미만의 아동이 외부로부터의 부적절한 성적 자극이나 물리력의 행사가 없는 상태에서 심리적 장애 없이 성적 정체성 및 가치관을 형성할 권익'을 보호법익으로 하는 것으로서, 그 성립에 필요한 주관적 구성요건요소는 고의만으로 충분하고, 그 외에 성욕을 자극, 흥분, 만족시키려는 주관적 동기나 목적까지 있어야 하는 것은 아니다.

나. 甲의 행위는 비록 교육적인 의도에서 비롯된 것이라 하여도 교육방법으로서는 적정성을 갖추고 있다고 볼 수 없고, 그로 인하여 정신적, 육체적으로 미숙한 피해자의 심리적 성장 및 성적 정체성의 형성에 부정적 영향을 미쳤으며, 현재의 사회환경과 성적 가치기준, 도덕관념에 부합되지 아니하므로, 형법 제305조 에서

말하는 '추행'에 해당된다(대법원 2006.1.13. 선고 2005도6791 판결 참조).

다. 성폭법 적용여부

　　성폭법 제7조 제5항은 위계 또는 위력으로 추행할 경우 처벌하는 경우이고 이러한 위계 또는 위력없이 단순이 성기만 만질 경우에는 형법을 적용하여 할 것이다. 사례의 경우에는 이러한 위력과 위계의 방법이 아닌 경우를 가정한 경우이다.

"어리석고 귀먹고 고질이 있고 벙어리라도
집은 큰 부자요
지혜 있고 총명하지만 도리어 가난하다.
운수는 해와 달과 날과 시가 분명히 정하여 있으니
계산해 보면 부귀는 사람으로 말미암음에 있지 않고
명에 있는 것이다."

- 명심보감(순 명 편)

제3절 손거울 이용 여자신체 은밀한 부분을 본 경우

1. 사 례

야간에 일반음식점 영업을 하는 주점내에 위치한 남녀공용화장실에서 남자가 다른 칸에 들어가 볼일을 보고 있는 여자의 은밀한 부분을 보기 위해 화장실 아래부분으로 손거울을 넣어 여자의 신체 은밀한 부분을 보다 적발된 경우 처벌여부

2. 법규연구

가. 성폭력범죄의 처벌 등에 관한 특례법

제14조(카메라 등을 이용한 촬영) ① 카메라나 그 밖에 이와 유사한 기능을 갖춘 기계장치를 이용하여 성적 욕망 또는 수치심을 유발할 수 있는 다른 사람의 신체를 그 의사에 반하여 촬영하거나 그 촬영물을 반포 · 판매 · 임대 · 제공 또는 공공연하게 전시 · 상영한 자는 7년 이하의 징역 또는 5천만원 이하의 벌금에 처한다.
② 제1항에 따른 촬영물 또는 복제물(복제물의 복제물을 포함한다. 이하 이 조에서 같다)을 반포 · 판매 · 임대 · 제공 또는 공공연하게 전시 · 상영(이하 "반포등"이라 한다)한 자 또는 제1항의 촬영이 촬영 당시에는 촬영대상자의 의사에 반하지 아니한 경우(자신의 신체를 직접 촬영한 경우를 포함한다)에도 사후에 그 촬영물 또는 복제물을 촬영대상자의 의사에 반하여 반포등을 한 자는 7년 이하의 징역 또는 5천만원 이하의 벌금에 처한다.
③ 영리를 목적으로 촬영대상자의 의사에 반하여 「정보통신망 이용촉진 및 정보보호 등에 관한 법률」 제2조제1항제1호의 정보통신망(이하 "정보통신망"이라 한다)을 이용하여 제2항의 죄를 범한 자는 3년 이상의 유기징역에 처한다.
④ 제1항 또는 제2항의 촬영물 또는 복제물을 소지 · 구입 · 저장 또는 시청한 자는 3년 이하의 징역 또는 3천만원 이하의 벌금에 처한다. 〈신설 2020.5.19〉
⑤ 상습으로 제1항부터 제3항까지의 죄를 범한 때에는 그 죄에 정한 형의 2분의 1까지 가중한다.

나. 형 법

제319조(주거침입, 퇴거불응) ① 사람의 주거, 관리하는 건조물, 선박이나 항공기 또는 점유하는 방실에 침입한 자는 3년이하의 징역 또는 500만원이하의 벌금에 처한다.

다. 경범죄처벌법

제3조(경범죄의 종류) ① 다음 각 호의 어느 하나에 해당하는 사람은 10만원 이하의 벌금, 구류 또는 과료(科料)의 형으로 처벌한다.
37. (무단 출입) 출입이 금지된 구역이나 시설 또는 장소에 정당한 이유 없이 들어간 사람

3. 결 론

가. 성폭력법 적용여부

　기계장치에 의해 촬영하여야 하는데 단순히 손거울을 사용한 경우에는 해당된다고 볼 수 없음

나. 일반인의 출입이 허용된 음식점이라 하더라도 영업주의 명시적 또는 추정적의사에 반하여 들어간 것이라면 주거침입죄가 된다는 판례(95도 2674)와

다. 타인의 주거에 거주자의 의사에 반하여 들어가는 경우에는 주거침입죄가 성립하며 이때 거주자의 의사라 함은 명시적인 경우뿐만 아니나 묵시적인 경우도 포함되고 주변사정에 따라서는 거주자의 반대의사가 추정될 수 있다(92도 455)의 취지를 감안한다면

라. 타인의 건물 또는 자신의 건물이라 하더라도 여자 화장실에 들어갈 특단의 사정이 없는 한, 타인이 주거 · 관리하는 건조물의 남녀공용화장실에 여성의 몸을 훔쳐볼 의사로 들어간 경우라면 주거 · 관리권자의 의사에 반하여 침입하였다고 볼 것이므로

마. 형법상 건조물침입죄로 의율하여 수사할 것이며, 경미한 사안일 경우에는 경범죄처벌법의 무단침입으로 의율할 수 있을 것이다.

제4절 아파트 계단에서 자위행위를 한 경우

1. 사 례

甲은 엘리베이터 안에서 피해자의 볼을 손으로 만지고 엘리베이터에서 내린 후 18층 비상구로 데리고 가 두려움에 떨고 있는 피해자의 면전에서 자위행위를 하였다.

가. 아파트의 엘리베이터에서 7세의 피해자를 그 의사에 반하여 계단으로 데리고 간 후 피해자의 면전에서 자신의 성기를 꺼내어 자위행위를 한 것을 강제추행죄에서의 추행으로 볼 수 있는지 여부

나. 강제추행죄에 해당하지 않을 경우 공연음란죄 성립 여부

2. 법규연구

가. 성폭력범죄의 처벌 등에 관한 특례법

제7조(13세 미만의 미성년자에 대한 강간, 강제추행 등) ③ 13세 미만의 사람에 대하여 「형법」 제298조(강제추행)의 죄를 범한 사람은 5년 이상의 징역에 처한다.

나. 형 법

제298조(강제추행) 폭행 또는 협박으로 사람에 대하여 추행을 한 자는 10년 이하의 징역 또는 1천500만원 이하의 벌금에 처한다.
제245조(공연음란) 공연히 음란한 행위를 한 자는 1년 이하의 징역, 500만원 이하의 벌금, 구류 또는 과료에 처한다.

3. 관련판례

[1] 강제추행죄에 있어서 폭행의 형태와 정도

강제추행죄는 상대방에 대하여 폭행 또는 협박을 가하여 항거를 곤란하게 한 뒤에 추행행위를 하는 경우뿐만 아니라 폭행행위 자체가 추행행위라고 인정되는 경우도 포함되는 것이며, 이 경우에 있어서의 폭행은 반드시 상대방의 의사를 억압할 정도의 것임을 요하지 않고 상대방의 의사에 반하는 유형력의 행사가 있는 이상 그 힘의 대소강약을 불문한다.

[2] 강제추행죄에 있어서 추행의 의미 및 판단 기준

추행이라 함은 객관적으로 일반인에게 성적 수치심이나 혐오감을 일으키게 하고 선량한 성적 도덕관념에 반하는 행위로서 피해자의 성적 자유를 침해하는 것이라고 할 것인데, 이에 해당하는지 여부는 피해자의 의사, 성별, 연령, 행위자와 피해자의 이전부터의 관계, 그 행위에 이르게 된 경위, 구체적 행위태양, 주위의 객관적 상황과 그 시대의 성적 도덕관념 등을 종합적으로 고려하여 신중히 결정되어야 한다.

[3] 피해자와 춤을 추면서 순간적으로 피해자의 유방을 만진 행위가 강제추행에 해당된다.(대법원 2002.4.26. 선고 2001도2417 판결)

4. 결 론

가. 원심은

甲이 엘리베이터 안에서 피해자의 볼을 손으로 만지고 엘리베이터에서 내린 후 비상문 쪽으로 피해자를 데리고 가 피해자 앞에서 자위행위를 한 사실은 인정되나, 甲이 피해자에게 별다른 폭행, 협박을 하지 않은 상태에서 피해자의 볼을 손으로 만지는데 그치거나 피해자와 별다른 신체적 접촉 없이 피해자 앞에서 자위행위를 한 행위만으로는 강제추행죄의 구성요건적 행위로서의 추행을 하였다고 보기 어렵고, 달리 甲이 폭행 또는 협박으로 피해자를 추행하였다고 인정할 증거가 없다며 공연음란죄를 적용하였다.

나. 검사는 항소하여

甲은 피해자의 의사에 반하여 7세의 피해자를 18층 비상구로 데리고 가 두려움에 떨고 있는 피해자의 면전에서 자위행위를 하였는바, 甲의 이러한 행위는 성욕의 흥분, 자극 또는 만족을 목적으로 하는 행위로서 건전한 상식을 지닌 일반인으로 하여금 성적 수치심이나 혐오의 감정을 느끼게 하는 행위로서 강제추행죄에서의 추행에 해당한다고 주장하였다.

다. 항소법원(고등법원)은

甲은 이 사건 범행 당시 엘리베이터 안에서 피해자의 볼을 꼬집고 피해자가 16층에서 내릴 때 자신도 따라 내린 다음 피해자의 어깨를 손으로 잡고 계단을 이용하여 18층 계단으로 피해자를 데리고 간 점, 甲은 피해자가 극도의 공포상태에서 甲에게 '잡아가는 것 아니냐'고 물었음에도 위와 같이 피해자의 어깨를 잡고 강제로 피해자를 계단으로 올라가게 한 점, 甲은 범행 장소에 이르러 바지와 팬티를 내리고 피해자에게 성기를 보여주고 자위행위를 하였고, 피해자는 겁에 질려 비상구의 문고리를 잡고서 나가려고 하였던 점, 이 사건 범행 장소는 퇴로가 없는 폐쇄된 장소였던 점 등을 종합하면, 甲은 7세밖에 안 된 어린 피해자를 폐쇄된 공간으로 데리고 가 피해자가 꼼짝 못하도록 자신의 실력적인 지배하에 둔 다음 피해자에게 성적 수치심과 혐오감을 일으키는 자신의 자위행위 모습을 보여 주고 피해자로 하여금 이를 외면하고 피할 수 없게 하였던 것이므로 甲의 위와 같은 행위는 강제추행죄에 있어 추행에 해당한다고 판결하였다. (광주고법 2007노399, 2008.6.19.)

제5절 엉덩이 만진 행위와 강제추행 여부

1. 사 례

甲은 치킨 집을 운영하는 자로 전단지 배달 아르바이트를 하기 위해 찾아온 청소년인 피해자 乙(여, 15세)에게 "너 브라자 찼냐?, 브라자 차고 다녀라"라고 말하며 손바닥으로 피해자의 엉덩이를 2~3회 가량 두드려 동녀를 강제로 추행하였다.

2. 법규연구

가. 아동 · 청소년의 성보호에 관한 법률

제7조(아동·청소년에 대한 강간·강제추행 등) ② 아동 · 청소년에 대하여 폭행이나 협박으로 다음 각 호의 어느 하나에 해당하는 행위를 한 자는 5년 이상의 유기징역에 처한다.
1. 구강 · 항문 등 신체(성기는 제외한다)의 내부에 성기를 넣는 행위
2. 성기 · 항문에 손가락 등 신체(성기는 제외한다)의 일부나 도구를 넣는 행위

나. 형 법

제298조(강제추행) 폭행 또는 협박으로 사람에 대하여 추행을 한 자는 10년 이하의 징역 또는 1천500만 원 이하의 벌금에 처한다.

3. 참고판례

가. 강제추행죄에 있어서 추행의 의미 및 판단 기준

'추행'이라 함은 객관적으로 일반인에게 성적 수치심이나 혐오감을 일으키게 하고 선량한 성적 도덕관념에 반하는 행위로서 피해자의 성적 자유를 침해하는 것이라고 할 것이고, 이에 해당하는지 여부는 피해자의 의사, 성별, 연령, 행위자와 피해자의 이전부터의 관계, 그 행위에 이르게 된 경위, 구체적 행위태양, 주위의 객관적 상황과 그 시대의 성적 도덕관념 등을 종합적으로 고려하여 신중히 결정되어야 할 것이다(대법원 2004.4.16. 선고 2004도52 판결).

나. 강제추행죄에 있어서 폭행과 추행의 의미

[1] 강제추행죄에 있어서 폭행의 형태와 정도

강제추행죄는 상대방에 대하여 폭행 또는 협박을 가하여 항거를 곤란하게 한 뒤에 추행행위를 하는 경우뿐만 아니라 폭행행위 자체가 추행행위라고 인정되는 경우도 포함되는 것이며, 이 경우에 있어서의 폭행은 반드시 상대방의 의사를 억압할 정도의 것임을 요하지 않고 상대방의 의사에 반하는 유형력의 행사가 있는 이상 그 힘의 대소강약을 불문한다.

[2] 강제추행죄에 있어서 추행의 의미 및 판단 기준

추행이라 함은 객관적으로 일반인에게 성적 수치심이나 혐오감을 일으키게 하고 선량한 성적 도덕관념에 반하는 행위로서 피해자의 성적 자유를 침해하는 것이라고 할 것인데, 이에 해당하는지 여부는 피해자의 의사, 성별, 연령, 행위자와 피해자의 이전부터의 관계, 그 행위에 이르게 된 경위, 구체적 행위태양, 주위의 객관적 상황과 그 시대의 성적 도덕관념 등을 종합적으로 고려하여 신중히 결정되어야 한다(대법원 2002.4.26. 선고 2001도2417 판결).

4. 법원의 판단(대법원 2006.8.11. 선고 2006노737 판결)

가. 강제추행죄에서 말하는 '추행'이라 함은 객관적으로 일반인에게 성적 수치심이나, 혐오감을 일으키게 하고 선량한 성적 도덕관념에 반하는 행위로서 피해자의 성적자유를 침해하는 것이라고 할 것이고, 이에 해당하는지 여부는 피해자의 의사·성별·연령, 행위자와 피해자의 이전부터의 관계, 그 행위에 이르게 된 경위, 구체적 행위태양, 주위의 객관적 상황과 그 시대의 성적 도덕관념 등을 종합적으로 고려하여 신중히 결정되어야 할 것이다.

나. 사례와 같이 甲과 피해자와의 관계 및 甲이 피해자의 엉덩이를 건드리기 전에 있었던 甲의 행동과 이로 인한 피해자의 감정상태, 피해자는 15세의 여학생으로 감수성이 예민한 청소년인 점, 여성에 대한 추행에 있어서 신체부위에 따라 본질적인 차이가 있을 수 없는 점 등을 종합해 보면, 甲이 피해자의 엉덩이를 가볍게 친 행위가 순간적인 것에 불과하더라도 피해자의 의사에 반하여 행하여진 유형력의 행사에 해당하고,

다. 성적으로 중요한 의미를 갖는 여성의 엉덩이를 손으로 건드림으로써 객관적으로도 일반인에게 성적 수치심을 일으켰다고 봄이 상당하므로, 甲의 위 행위는 강제추행죄에서 말하는 '추행'에 해당한다.

라. 강제추행죄에서 말하는 '추행'은 반드시 성욕을 만족시킬 목적이나 주관적인 동기를 요건으로 하는 것은 아니고, 또 아르바이트 학생을 격려하거나 옷차림에 대한 교육차원에서 피해자를 다독거린 것이라고 하더라도 굳이 피해자의 엉덩이를 손으로 건드릴 하등의 이유는 없는 점을 고려하면 행위 당시에 적어도 추행의 범의가 병존하고 있었다고 보기에 충분하다.

5. 판결의 의미(결론)

성적 가치기준의 혼돈에 따른 이성에 대한 무분별한 신체접촉행위로부터 피해자를 보호하기 위해서는 종래 가볍게 생각하고 쉽게 저질러지는 행위에 대해서 보다 엄격하게 판단해야 할 필요성이 있음을 명확히 한 사례.

제6절 청바지 입은 여성의 허벅지를 만진 경우

1. 사 례

甲은 乙이 운영하는 '막걸리와 주전자' 식당 1번 테이블에서 乙이 식당내 인테리어공사를 하기 위해 공사업자 丙과 대화를 하고 있는 것을 보고 위 식당 8번 테이블에서 식사를 하던 중 갑자기 乙이 앉아 있는 옆으로 와서 손으로 乙의 오른쪽 허벅지를 3~4회에 걸쳐 만져서 乙을 추행하였다.

―수원지법 2008노236(2008.6.10)

2. 법규연구(형법)

제298조(강제추행) 폭행 또는 협박으로 사람에 대하여 추행을 한 자는 10년 이하의 징역 또는 1천500만 원 이하의 벌금에 처한다.

3. 법원의 판결

제1심 법원에서는 甲의 행위가 乙의 항거를 곤란하게 할 정도의 폭행이 아니라는 이유로 무죄를 선고하였다.

검사가 이에 항소하여 항소법원에서는

- 甲은 乙이 식당내 인테리어 공사를 하기 위해 공사업자와 대화를 나누고 있던 1번 테이블로 와서 그곳에 앉아 있던 乙의 오른쪽 옆에 앉아 청바지를 입고 있는 乙의 오른쪽 허벅지 윗부분을 3회 정도 갑자기 만졌고, 乙이 甲에게 '뭐하는 짓이냐'고 소리를 치자 甲은 위 식당을 떠난 사실을 인정할 수 있다.

- 위 인정사실에 앞서 본 법리를 종합하면, 설령 甲이 乙의 위 식당에 약 8회 정도 찾아간 적이 있어 안면이 있던 사이였고, 甲이 乙에게 약 100만 원 정도를 대여한 사정이 있다고 하더라도, 甲의 위와 같은 행위 및 甲이 乙의 신체를 만진 부위 및 그 직후 乙 및 甲의 행동 등을 감안하면, 甲이 乙의 허벅지를 만진 행위는 乙에 대한 폭행이자 객관적으로 일반인에게 성적 수치심이나 혐오감을 일으키게 하고 선량한 성적 도덕관념에 반하는 행위로서 乙의 성적 자유를 침해하는 추행이라고 할 것이다.

- 위와 같은 甲의 폭행행위 자체가 추행행위라고 인정되는 경우 그 폭행은 반드시 상대방의 의사를 억압할 정도의 것임을 요하지 않고 상대방의 의사에 반하는 유형력의 행사가 있는 이상 그 힘의 대소강약을 불문하는 것이므로, 甲의 위 행위는 강제추행죄를 구성한다며 유죄를 인정하였다.

4. 관련판례

가. 강제추행죄의 추행의 의미, 폭행의 형태와 정도

[1] 강제추행죄에 있어서 폭행의 형태와 정도

강제추행죄는 상대방에 대하여 폭행 또는 협박을 가하여 항거를 곤란하게 한 뒤에 추행행위를 하는 경우뿐만 아니라 폭행행위 자체가 추행행위라고 인정되는 경우도 포함되는 것이며, 이 경우에 있어서의 폭행은 반드시 상대방의 의사를 억압할 정도의 것임을 요하지 않고 상대방의 의사에 반하는 유형력의 행사가 있는 이상 그 힘의 대소강약을 불문한다.

[2] 강제추행죄에 있어서 추행의 의미 및 판단 기준

추행이라 함은 객관적으로 일반인에게 성적 수치심이나 혐오감을 일으키게 하고 선량한 성적 도덕관념에 반하는 행위로서 피해자의 성적 자유를 침해하는 것이라고 할 것인데, 이에 해당하는지 여부는 피해자의 의사, 성별, 연령, 행위자와 피해자의 이전부터의 관계, 그 행위에 이르게 된 경위, 구체적 행위태양, 주위의 객관적 상황과 그 시대의 성적 도덕관념 등을 종합적으로 고려하여 신중히 결정되어야 한다.

[3] 피해자와 춤을 추면서 순간적으로 피해자의 유방을 만진 행위

피해자와 춤을 추면서 피해자의 유방을 만진 행위가 순간적인 행위에 불과하더라도 피해자의 의사에 반하여 행하여진 유형력의 행사에 해당하고 피해자의 성적 자유를 침해할 뿐만 아니라 일반인의 입장에서도 추행행위라고 평가될 수 있는 것으로서, 폭행행위 자체가 추행행위라고 인정되어 강제추행에 해당된다.(대법원 2002.4.26. 선고 2001도2417 판결)

나. 강제추행죄의 성립요건으로서 폭행·협박의 정도 및 그 판단 기준

상대방에 대하여 폭행 또는 협박을 가하여 추행행위를 하는 경우에 강제추행죄가 성립하려면 그 폭행 또는 협박이 항거를 곤란하게 할 정도일 것을 요하고, 그 폭행·협박이 피해자의 항거를 곤란하게 할 정도의 것이었는지 여부 역시 그 폭행·협박의 내용과 정도는 물론, 유형력을 행사하게 된 경위, 피해자와의 관계, 추행 당시와 그 후의 정황 등 모든 사정을 종합하여 판단하여야 한다.(대법원 2007.1.25. 선고 2006도5979 판결)

제7절 잠자고 있는 여성의 코를 만진 경우

1. 사 례

甲은 잠들어 있던 乙녀(30세)에게 다가가 손으로 피해자의 목과 얼굴을 스치고 심신상실의 상태를 이용하여 코를 잡아 비틀었다.
가. 준강제추행죄 성립여부
나. 폭행죄 성립여부

2. 관련법규 (형법)

제260조(폭행, 존속폭행) ① 사람의 신체에 대하여 폭행을 가한 자는 2년 이하의 징역, 500만원 이하의 벌금, 구류 또는 과료에 처한다.
제299조(준강간, 준강제추행) 사람의 심신상실 또는 항거불능의 상태를 이용하여 간음 또는 추행을 한 자는 전2조의 예에 의한다.

3. 결 론 (서울중앙지법 2012. 8. 22. 선고 2012고단1879 판결)

가. 추행이라 함은

객관적으로 일반인에게 성적 수치심이나 혐오감을 일으키게 하고 선량한 성적 도덕 관념에 반하는 행위로서 피해자의 성적 자유를 침해하는 것이라고 할 것인데, 이에 해당하는지 여부는 피해자의 의사, 성별, 연령, 행위자와 피해자의 이전부터의 관계, 그 행위에 이르게 된 경위, 구체적 행위태양, 주위의 객관적 상황과 그 시대의 성적 도덕 관념 등을 종합적으로 고려하여 신중히 결정되어야 한다(대법원 2002.4. 26. 선고 2001도2417 판결 등 참조).

한편, 본인의 의사와 관계없는 다른 사람의 거동이나 언사에 의하여 성적 수치심이나 혐오의 감정, 불쾌감이나 굴욕감 등을 겪는 피해를 입은 경우라 하더라도 그러한 거동 그 자체가 폭력적 행태를 띄는 것이라고 보기 어렵거나, 건전한 상식 있는 일반인의 관점에서 성적 수치심이나 혐오의 감정을 느끼게 하는 행태라고 곧바로 단정하기 어렵고, 행위자에게 성욕의 자극과 만족이라는 경향성이 드러나지 아니하여 그러한 행위를 행하는 행위자에게 성적 수치심이나 혐오감을 야기할 만한 행위라는 인식이 있었다고 평가하기 어렵다고 한다면, 이를 형사적인 책임을 지는 추행행위라 할 수 없다.

나. 사례의 경우

① 피고인이 잡아 비틀었던 피해자의 코 부위를 사회통념상 성적으로 중요한 의미를 갖는 신체 부위라고 단정하기 어려운 점,

② 피고인의 행위는 피해자의 코를 짧은 순간 잡아 비튼 것으로 그 구체적인 행위태양에 있어 성적수치심이나 혐오의 감정을 느끼게 하는 행태라고 보기 어려운 점,

③ 피고인이 피해자의 목과 얼굴을 스친 것은 피고인이 의도적으로 어루만진 것이라기보다는 피해자의 코를 잡으려는 과정에서 일어난 것으로 스치는 정도에 불과하여 폭행에 이르지 않은 점,

④ 이 사건 발생 장소, 당시 피고인의 행동 및 정황, 피고인이 술에 취한 정도 등에 비추어 볼 때 피고인이 당시 피해자에게 '아름다우십니다' 라고 이야기한 것을 두고 피고인이 피해자의 코를 잡아 비트는 행위로 인하여 성적만족이나 자극, 흥분 등의 경향성을 드러낸 것이라고 평가하기 어려운 점 등을 종합적으로 고려하면, 비록 피고인의 행위로 말미암아 피해자가 원하지 않는 신체접촉을 당하였고, 그 때문에 불쾌감을 느끼거나 놀랐을 수 있으나 나아가 피고인의 위와 같은 행위가 일반적으로 성적 수치심이나 혐오감을 일으키게 하고 선량한 성적 도덕관념을 해치는 행위로서 객관적으로 피해자의 성적 자기결정권을 침해하는 행동에 해당된다고 보기 어렵고, 검사가 제출한 증거들만으로는 이를 인정하기에 부족하다.

다. 결론적으로

폭행죄만 인정하고 준강제추행죄는 무죄를 선고하였다.

제8절 청소년인줄 모르고 성행위를 하였으나 차후 청소년인 것을 안 경우

1. 사 례

> 만18세의 여자와 화대비를 주고 성관계를 가진 피의자에 대하여 수사를 하다 보니 그 청소년이 22살이라고 하여 청소년인줄 몰랐다고 변명하는데, 화장을 하면 나이를 짐작하기 어려운 게 현실이고, 이 청소년도 유흥업소에 일을 하기 위하여 보도방에서 나이를 속였다고 하는데, 이런 경우 청소년의성보호등에관한법률을 적용할 수 있는지 여부

2. 법규연구(아동·청소년의 성보호에 관한 법률)

> 제13조(아동·청소년의 성을 사는 행위 등) ① 아동·청소년의 성을 사는 행위를 한 자는 1년 이상 10년 이하의 징역 또는 2천만원 이상 5천만원 이하의 벌금에 처한다.
> ② 아동·청소년의 성을 사기 위하여 아동·청소년을 유인하거나 성을 팔도록 권유한 자는 1년 이하의 징역 또는 1천만원 이하의 벌금에 처한다.
> ③ 장애 아동·청소년을 대상으로 제1항 또는 제2항의 죄를 범한 경우에는 그 죄에 정한 형의 2분의 1까지 가중처벌한다. 〈신설 2020. 5. 19.〉

3. 관련판례

가. 이성혼숙을 하려는 자가 청소년이라고 의심할 만한 사정이 있는 경우 여관업주가 취하여야 할 조치

여관업을 하는 사람으로서는 이성혼숙을 하려는 사람들의 겉모습이나 차림새 등에서 청소년이라고 의심할 만한 사정이 있는 때에는 신분증이나 다른 확실한 방법으로 청소년인지 여부를 확인하고 청소년이 아닌 것으로 확인된 경우에만 이성혼숙을 허용하여야 한다(대법원 2002.10.8. 선고 2002도4282 판결).

나. 유흥업소의 업주로서는 다른 공적 증명력 있는 증거를 확인해 봄이 없이 단순히 건강진단결과서상의 생년월일 기재만을 확인한 경우

[1] 청소년고용금지업소의 업주가 유흥종사자를 고용함에 있어서 연령확인에 필요한 의무의 내용

청소년보호법의 입법 목적 등에 비추어 볼 때, 유흥주점과 같은 청소년유해업소의 업주에게는 청소년의 보호를 위하여 청소년을 당해 업소에 고용하여서는 아니될 매우 엄중한 책임이 부여되어 있다 할 것이므로, 유흥주점영업의 업주가 당해 유흥업소에 종업원을 고용함에 있어서는 주민등록증이나 이

에 유사한 정도로 연령에 관한 공적 증명력이 있는 증거에 의하여 대상자의 연령을 확인하여야 하고, 만일 대상자가 신분증을 분실하였다는 사유로 그 연령 확인에 응하지 아니하는 등 고용대상자의 연령확인이 당장 용이하지 아니한 경우라면 청소년유해업소의 업주로서는 청소년이 자신의 신분과 연령을 감추고 유흥업소 취업을 감행하는 사례가 적지 않은 유흥업계의 취약한 고용실태 등에 비추어 대상자의 연령을 공적 증명에 의하여 확실히 확인할 수 있는 때까지 그 채용을 보류하거나 거부하여야 한다.

[2] 건강진단수첩(속칭 보건증) 또는 건강진단결과서가 연령에 관한 공적 증명력이 있는 증거라고 볼 수 없다

[3] 유흥업소의 업주로서는 다른 공적 증명력 있는 증거를 확인해 봄이 없이 단순히 건강진단결과서상의 생년월일 기재만을 확인하는 것으로는 청소년보호를 위한 연령확인의무이행을 다한 것으로 볼 수 없고, 따라서 이러한 의무이행을 다하지 아니한 채 대상자가 성인이라는 말만 믿고 타인의 건강진단결과서만을 확인한 채 청소년을 청소년유해업소에 고용한 업주에게는 적어도 청소년 고용에 관한 미필적 고의가 있음이 인정된다(대법원 2002.6. 28. 선고 2002도2425 판결).

4. 결 론

가. 청소년성보호법의 목적(제1조)이 청소년의 성을 사거나 이를 알선하는 행위 등을 처벌하기 위해 제정된 것으로 이러한 법 취지에서 보더라도 나이를 속였기 때문에 청소년인줄 몰랐다고 변명할 경우 처벌하지 못한다면 사실상 이 법의 청소년 성매매행위를 처벌하기 어려울 것임

– 왜냐면 나는 청소년이 아닌 줄 알았고 또 상대방도 그렇게 말하였다라고 할 경우 어떠한 기준으로 청소년을 판단하겠는가. 그러기 때문에 일차적으로는 결과를 가지고 상대가 청소년일 경우는 처벌해야 할 것임

나. 대법원 판례 내용도 업주는 청소년여부를 확인해야 하며 심지어는 보건증으로 확인한 것도 이를 인정하지 않고 있는바와 같이

– 이는 업주들만이 준수해야 할 사항으로만 생각하기 쉬운데 청소년을 상대한 모든 사람들이 준수해야 할 것으로 판단되며

다. 그렇다면 청소년의 성을 사기 위해서 어떻게 그 청소년의 주민등록증을 보고 연

령을 확인해야 할 것이냐고 반문하겠지만 행위자(피의자)에게 입증의 책임이 전환된다고 볼 수 있기 때문에 행위자는 청소년의 성을 산 것이 아니라는 것을 증명하기 위해서는 달리 방법이 없음

- 만약 청소년이 아님을 확인하고 성을 매수하였다면 그때는 청소년성보호법보다 경미한 성매매법으로 처벌하면 될 것입니다.

라. 또 한 예로 피의자가 업소에는 청소년을 종업원으로 고용하지 못하도록 되어 있기 때문에 당연히 청소년이 아닐 것으로 믿고 성매수를 하였다 할 경우

- 그 업소가 국가에서 운영(불가능하지만)한 즉 신뢰할 수 있는 기관이라면 믿고 할 수 있다 하지만 그러지 않을 경우에는 결과 책임을 져야 할 것이며 이때 업주도 청소년 고용행위로 처벌하는 것은 당연

제9절 춤추면서 순간적으로 유방을 만진 경우

1. 사 례

제비 甲은 아리비안 라이트 클럽에서 춤을 추다 주변에서 같이 춤을 주고 있던 꽃뱀 乙녀의 유방을 순간적으로 만졌다. 이때 乙녀는 甲으로부터 강제추행을 당하였다고 하자, 甲은 乙녀에게 폭행협박을 가하지 않았기 때문에 강제추행이 아니라고 오히려 큰소리를 치는데 이 경우 甲의 처벌유무

2. 법규연구

가. 형 법

제298조(강제추행) 폭행 또는 협박으로 사람에 대하여 추행을 한 자는 10년이하의 징역 또는 1천500만원 이하의 벌금에 처한다.

나. 성폭력범죄의 처벌 등에 관한 특례법

제11조(공중 밀집 장소에서의 추행) 대중교통수단, 공연·집회 장소, 그 밖에 공중(公衆)이 밀집하는 장소에서 사람을 추행한 사람은 3년 이하의 징역 또는 3천만원 이하의 벌금에 처한다.

3. 관련판례

가. 강제추행죄에 있어서 폭행의 형태와 정도

강제추행죄는 상대방에 대하여 폭행 또는 협박을 가하여 항거를 곤란하게 한 뒤에 추행행위를 하는 경우뿐만 아니라 폭행행위 자체가 추행행위라고 인정되는 경우도 포함되는 것이며, 이 경우에 있어서의 폭행은 반드시 상대방의 의사를 억압할 정도의 것임을 요하지 않고 상대방의 의사에 반하는 유형력의 행사가 있는 이상 그 힘의 대소강약을 불문한다.

나. 강제추행죄에 있어서 추행의 의미 및 판단 기준

추행이라 함은 객관적으로 일반인에게 성적 수치심이나 혐오감을 일으키게 하고 선량한 성적 도덕관념에 반하는 행위로서 피해자의 성적 자유를 침해하는 것이라고 할 것인데, 이에 해당하는지 여부는 피해자의 의사, 성별, 연령, 행위자와 피해자의 이전부터의 관계, 그 행위에 이르게 된 경위, 구체적 행위태양, 주위

의 객관적 상황과 그 시대의 성적 도덕관념 등을 종합적으로 고려하여 신중히 결정되어야 한다.

다. 피해자와 춤을 추면서 순간적으로 피해자의 유방을 만진 행위가 강제추행에 해당되는지 여부(적극)

피해자와 춤을 추면서 피해자의 유방을 만진 행위가 순간적인 행위에 불과하더라도 피해자의 의사에 반하여 행하여진 유형력의 행사에 해당하고 피해자의 성적 자유를 침해할 뿐만 아니라 일반인의 입장에서도 추행행위라고 평가될 수 있는 것으로서, 폭행행위 자체가 추행행위라고 인정되어 강제추행에 해당된다(대법원 2002.4.26. 선고 2001도2417 판결).

4. 결 론

가. 강제추행죄는 상대방에 대하여 폭행 또는 협박을 가하여 항거를 곤란하게 한 뒤에 추행행위를 하는 경우뿐만 아니라 폭행행위 자체가 추행행위라고 인정되는 경우도 포함되는 것이며, 이 경우에 있어서의 폭행은 반드시 상대방의 의사를 억압할 정도의 것임을 요하지 않고 상대방의 의사에 반하는 유형력의 행사가 있는 이상 그 힘의 대소강약을 불문하여,

나. 피해자와 춤을 추면서 피해자의 유방을 만진 행위가 순간적인 행위에 불과하더라도 피해자의 의사에 반하여 행하여진 유형력의 행사에 해당하고 피해자의 성적 자유를 침해할 뿐만 아니라 일반인의 입장에서도 추행행위라고 평가될 수 있는 것으로서, 폭행행위 자체가 추행행위라고 인정되어 강제추행에 해당된다.

다. 그리고 성폭법의 공중밀집장소에서의 추행의 공중밀집장소란 대중교통수단, 공연·집회장소 기타 공중이 밀집하는 장소를 뜻하고 라이트클럽 같은 장소를 의미하지 않기 때문에 적용될 여지가 없음

제10절 성매매행위를 강요한 주점업주 등의 손해배상 책임

1. 사 례

甲은 주점에서 유흥접객원으로 일을 하여 오면서 선불금 채무를 지게 되었고, 그러던 중 직업소개소 실장이던 乙의 알선으로 선불금 ○○만원을 받고 丙이 운영하던 ○○유흥주점에서 유흥접객원으로 일하기 시작하였다.

丙은 甲이 ○○유흥주점에서 근무하는 동안 여러 차례에 걸쳐 甲에게 성매매행위를 하는 속칭 2차를 나가지 않으면 손님들의 주대와 화대를 甲의 빚으로 계산하겠다고 협박하는 등으로 성매매행위를 할 것을 강요하였고, 이에 甲은 어쩔 수 없이 속칭 2차를 나가 성매매행위를 하게 되었다. 丙의 가해를 견디다 못한 甲은 ○○유흥주점에서 도망 나왔다.

－부산지법 2005가단30265 손해배상(기) 2006.3.27.

2. 법규연구(민법)

제750조(불법행위의 내용) 고의 또는 과실로 인한 위법행위로 타인에게 손해를 가한 자는 그 손해를 배상할 책임이 있다.

3. 법원의 판단

주점업주 등이 주점종업원에게 성매매행위를 강요한 것은 범죄행위로서 불법행위에 해당한다 할 것이고, 그로 인하여 주점종업원들이 극심한 정신적 고통을 입었음은 명백하다 할 것이므로, 주점업주 등은 주점종업원에게 위자료를 지급할 의무가 있다.

4. 판결의 의미(결론)

주점업주 등이 주점종업원에게 성매매행위를 강요한 경우 주점종업원에 대하여 손해배상책임을 져야 한다는 것을 명백히 한 점에 이 판결의 의미가 있다.

제11절 종업원이 선불금을 성매매전제로 교부받았다 주장한 경우

1. 사 례

> 피의자는 피해자에게 전에 근무한 유흥업소 업주에게 갚아야 할 금 1,380만원을 대신 갚아
> 주면 피해자가 지정하는 유흥업소에서 근무하여 매월 200만원을 변제하겠다고 거짓말하여
> 이에 속은 피해자로부터 위 금원을 교부받아 이를 편취한 후, 편취의 범의를 부인하고, 아울
> 러 위 금원은 유흥업소에서 피의자가 성매매를 하는 것을 전제로 하여 교부된 선불금에 해
> 당하므로 법률상 무효라고 주장하고 있다.

2. 법규연구

가. 형 법

제347조(사기) ① 사람을 기망하여 재물의 교부를 받거나 재산상의 이익을 취득한 자는 10년 이하의 징역
또는 2천만원 이하의 벌금에 처한다.
② 전항의 방법으로 제삼자로 하여금 재물의 교부를 받게 하거나 재산상의 이익을 취득하게 한 때에도 전
항의 형과 같다.

나. 성매매알선 등 행위의 처벌에 관한 법률

제10조(불법원인으로 인한 채권무효) ① 다음 각 호의 어느 하나에 해당하는 사람이 그 행위와 관련
하여 성을 파는 행위를 하였거나 할 사람에게 가지는 채권은 그 계약의 형식이나 명목에 관계없이 무효
로 한다. 그 채권을 양도하거나 그 채무를 인수한 경우에도 또한 같다.
1. 성매매알선 등 행위를 한 사람
2. 성을 파는 행위를 할 사람을 고용·모집하거나 그 직업을 소개·알선한 사람
3. 성매매 목적의 인신매매를 한 사람
② 검사 또는 사법경찰관은 제1항의 불법원인과 관련된 것으로 의심되는 채무의 불이행을 이유로 고소·고
발된 사건을 수사할 때에는 금품이나 그 밖의 재산상의 이익 제공이 성매매의 유인·강요 수단이나 성매
매 업소로부터의 이탈방지 수단으로 이용되었는지를 확인하여 수사에 참작하여야 한다.
③ 검사 또는 사법경찰관은 성을 파는 행위를 한 사람이나 성매매피해자를 조사할 때에는 제1항의 채권이
무효라는 사실과 지원시설 등을 이용할 수 있음을 본인 또는 법정대리인 등에게 고지하여야 한다.

3. 쟁 점

가. 유흥업소 종업원이 직업소개소 업주로부터 차용금 명목으로 선불금을 받은 후
약정한 기간 안에 그 돈을 변제하지 못하여 사기죄로 기소된 경우 편취범의를
판단함에 있어 고려하여야 할 사정

나. 사례의 경우 피의자의 주장과 같이 선불금이 성매매를 전제로 하여 제공되었다

는 점을 입증할 뚜렷한 증거가 없는 이상 피의자에게 편취범의가 있었는지 여부에 따라서 사기죄의 성립 유무를 판단하여야 할 것인데, 일반 차용금 사기사건의 경우와는 달리 선불금 사건의 경우 유흥업소 여종업원들에게는 재산이 거의 없는 반면 많은 부채를 부담하고 있고, 유흥업소에서 일을 하여 선불금을 변제하는 것 이외에는 선불금을 변제받을 방법이 없다는 사정을 유흥업소 업주 또는 직업소개소 경영주들이 잘 알고 있으므로, 선불금을 지급할 당시 유흥업소 종업원이 채무초과의 상태에 있었다거나 채무를 변제하지 못하였다는 사정만으로는 편취범의를 쉽게 인정할 수 없고,

다. 선불금을 변제할 의사가 있었는지 여부는 직업소개소 경영주 또는 유흥업소 업주와 여종업원 사이에 약정한 근로기간이 있었는지 여부, 있다면 어느 정도 근무하였는지 여부, 약정한 대로 근로하였음에도 선불금을 변제하지 못하였다면 그것이 여종업원의 귀책사유에 기인하는 것인지 여부, 약정근로기간 중간에 유흥업소 근무를 그만두었다면 그 사유 등을 종합하여 판단하여야 한다.

4. 법원의 판단(대법원 2006.3.3. 선고 2005고정4171 판결)

피의자는 선불금을 받은 후 직업소개소 경영주가 지정한 유흥업소에서 근무하였으나 근무과정에서 필수적으로 지출되는 비용이 많았고, 수입은 당초의 예상에 미치지 못하였으며, 피의자는 직업소개소 경영주에게 선불금에 대한 현금보관증을 작성하여 줄 때 자신의 인적사항을 사실 그대로 기재하였고, 종전에 근무한 유흥주점에서 선불금을 편취한 전력이 없었으며, 가족이 형사처벌되어 구속되자 심신이 지쳐서 선불금을 변제하지 못하고 유흥업소 여종업원 근무를 그만둔 사실이 인정되므로 피의자에게 편취범의를 인정하기 어렵다.

5. 판결의 의미(결론)

선불금 사기사건에 있어서 편취범의를 판단함에 있어서 고려하여야 할 사정을 명확히 밝힌 점에 그 의의가 있다.

제12절 이용업소 업태위반 시 처벌법규

1. 사 례

1. 이용소에서 옷을 입힌 상태에서 침대에 눕혀 어깨와 전신을 만져 안마나 마사지를 해주면서 여 종업원이 손님의 하의를 벗긴 상태에서 성매매행위를 하였을 경우 성매매행위를 알선한 업주 및 성매매녀, 상간자 처벌법규
2. 이용소에서 성매매행위를 하지 않고 옷을 입은 상태에서 침대에 눕혀 어께와 전신을 만져 안마나 마시지를 해주었다고 진술할 경우 무허가 안마사로 의료법을 적용할 수 있는지 처벌한다면 업주와 고용 성매매녀의 처벌법규

2. 법규연구

"이용업"이라 함은 손님의 머리카락 또는 수염을 깎거나 다듬는 등의 방법으로 손님의 용모를 단정하게 하는 영업을 말하는 것으로 「공중위생관리법」 및 「풍속영업의규제에관한법률」의 적용을 받는 영업임

3. 결 론

가. "사례1"의 경우

「풍속영업의규제에관한법률」 제3조에서는 "풍속영업소에서 성매매알선등의 행위 또는 음란행위를 하거나 이를 알선 또는 제공하여서는 아니된다."고 규정하고, 이를 위반할 경우에는 同法 제10조 제1항에 따라 3년이하의 징역 또는 3천만원이하의 벌금에 처하도록 규정하고 있는 한편 「성매매알선등행위의처벌에관한법률」 제19조 제2항 제1호에서는 영업으로 성매매알선을 한 자는 7년이하의 징역 또는 7,000만원이하의 벌금에 처하도록 규정하고 있으므로 이용소에서 여성으로 하여금 성매매를 하게 하거나 남성의 성기를 만지는 등의 음란행위를 하였다면

- 同업소의 업주는 「풍속영업의규제에관한법률」 소정의 준수사항 위반의 책임과 함께 「성매매알선등행위의처벌에관한법률」 제19조 위반
- 실재 성매매를 한 여성과 그 상대방이 된 자의 경우는 「성매매알선등행위의처벌에관한법률」 제21조 제1항에서 성매매행위를 한 자는 1년이하의 징역이나 300만원이하의 벌금·구류 또는 과료에 처한다고 규정하고 있으므로 이에 따라 각 처벌

나. "사례2"의 경우

- "의료법 제25조 제1항 소정의 '의료행위'라 함은 의학적 전문지식을 기초로 하는 경험과 기능으로 진찰, 검안, 처방, 투약 또는 외과적 시술을 시행하여 하는 질병의 예방 또는 치료행위 및 그 밖에 의료인이 행하지 아니하면 보건위생상 위해가 생길 우려가 있는 행위를 의미하므로 지압서비스업소에서 근육통을 호소하는 손님들에게 엄지손가락과 팔꿈치 등을 사용하여 근육이 뭉쳐진 허리와 어깨 등의 부위를 누르는 방법으로 근육통을 완화시켜 준 행위가 의료행위에 해당하지 않는다"고 한 判例(대법원 2000.2.22. 선고 99도4541 판결)와 "마사지업소에서 종업원이 대가를 받고 손님들의 몸을 손으로 문지른 등의 행위가 사실관계 등에 비추어 윤락행위를 위하여 성적 흥분을 일으키게 하는 행위이지 의료법 제67조 소정의 '영리를 목적으로 한 안마행위'에 해당하지 않는다."는 判例(대법원 2001.6.2. 선고 2001도1568 판결)를 종합해 보면

- 건강증진을 목적으로, 손이나 특수한 기구로 몸을 주무르거나, 누르거나, 잡아당기거나, 두드리거나 하는 등의 안마가 아닌 단순히 성매매 또는 음란행위를 위하여 성적 흥분을 일으키게 하는 행위에 불과한 것이라면 이를 의료행위라 할 수 없을 것이므로 무자격 안마사가 이와 같은 행위를 하였다 하더라도 의료법위반이 되는 것은 아니라고 할 것임

제13절 성매매행위 알선의 기준

1. 사 례

유흥주점 업주가 평소 종업원들이 성매매(일명2차)를 한다는 사실을 알았고 본건 당일에도 손님과 종업원이 2차를 나간다는 사실을 알고는 있었으나 성매매대금에 대해서는 업주는 전혀 이익이 없고 그 대금은 종업원 몫으로만 지불할 경우 업주에 대하여 어떤 법조가 적용되는지

2. 법규연구

가. 성매매알선등행위의처벌에관한법률

제4조(금지행위) 누구든지 다음 각호의 어느 하나에 해당하는 행위를 하여서는 아니된다.
1. 성매매
2. 성매매알선등행위
3. 성매매 목적의 인신매매
4. 성을 파는 행위를 하게 할 목적으로 타인을 고용·모집하거나 성매매가 행하여진다는 사실을 알고 직업을 소개·알선하는 행위

제19조(벌칙) ① 다음 각호의 어느 하나에 해당하는 자는 3년 이하의 징역 또는 3천만원 이하의 벌금에 처한다.
1. 성매매알선등행위를 한 자
2. 성을 파는 행위를 할 자를 모집한 자
3. 성을 파는 행위를 하도록 직업을 소개·알선한 자
② 다음 각호의 어느 하나에 해당하는 자는 7년 이하의 징역 또는 7천만원이하의 벌금에 처한다.
1. 영업으로 성매매알선등행위를 한 자
2. 성을 파는 행위를 할 자를 모집하고 그 대가를 지급받은 자
3. 성을 파는 행위를 하도록 직업을 소개·알선하고 그 대가를 지급받은 자

나. 풍속영업의규제에관한법률

제3조(준수사항) 풍속영업을 영위하는 자(허가 또는 인가를 받지 아니하거나 등록 또는 신고를 하지 아니하고 풍속영업을 영위하는 자를 포함) 및 대통령령으로 정하는 종사자는 다음 각호의 사항을 지켜야 한다.
1. 풍속영업을 영위하는 장소에서 윤락행위 또는 음란행위를 하게 하거나 이를 알선 또는 제공하여서는 아니된다.

3. 결 론

가. 舊「윤락행위등방지법」에서 윤락알선행위를 처벌하고 있는 바, 이때 알선이라 함은 윤락행위에 관하여 상대방 사이에서 양자간에 윤락행위 등의 계약체결을 중개하거나 그 편의를 도모하는 행위를 말한다 할 것이어서(大判 2000.9.29. 2000도2253)

나. 성매매알선의 대가로 금품을 수수하거나 경제적인 이익을 얻음이 없다고 하더라도 성매매알선죄의 책임을 면할 수는 없을 것이지만, 성매매에 대한 계약체결을 중개하거나 그 편의를 도모함이 없이 단순히 이를 묵인함에 불과한 경우에는 이를 알선이라 보기에는 다소 어려울 것으로 생각되고

다. 성매매알선이 성립하는 경우, 실제 성매매행위가 있어야 하는지의 여부에 대해서는 해석상 다툼이 있을 수 있으나, 장물알선죄와 관련하여 알선에 의하여 매매계약 등이 성립할 것은 요하지 않는다는 다수설의 취지와 판례(대법원 2000.9.29. 선고 2000도2253 판결)의 취지를 감안할 때, 일반적으로 성매매행위를 전제로 한 알선 또는 권유(유인)행위가 있었다면 실제 성매매행위가 있는가의 여부를 떠나 同法 소정의 성매매알선으로 처벌이 가능할 것임

라. 그러나 성매매법이 제정되면서 동법 제23조 미수범을 처벌하고 있어 알선행위 이후 성매매행위가 이루어지지 않았다 하더라도 처벌할 수 있도록 되어 있음

마. 「풍속영업의규제에관한법률」 적용과 관련 "풍속영업을 영위하는 장소에서 윤락행위 또는 음란행위를 하게 하거나 이를 알선 또는 제공"하는 행위를 말하는 것이므로 영업장소가 아닌 곳에서의 행위에 대해서는 동법을 적용할 수는 없음

제14절 성매매 제공 사실을 알면서 건물 제공행위

1. 사 례

甲은 3층 건물의 소유자로서 乙이 지하 1층에서 휴게텔을 하는 조건으로 임대계약를 하고 이를 임대하였다. 甲은 본인도 휴게텔을 한 경험이 있기 때문에 휴게텔에서는 성매매가 이루어진다는 것을 알고 있다. 건물주를 처벌할 수 있는지 여부

2. 법규연구

가. 성매매알선등행위의처벌에관한법률

제2조(정의) ① 이 법에서 사용하는 용어의 정의는 다음과 같다.
 2. "성매매알선등행위"라 함은 다음 각목의 어느 하나에 해당하는 행위를 하는 것을 말한다.
  다. 성매매에 제공되는 사실을 알면서 자금·토지 또는 건물을 제공하는 행위
제19조(벌칙) ① 다음 각호의 어느 하나에 해당하는 자는 3년 이하의 징역 또는 3천만원 이하의 벌금에 처한다.
 1. 성매매알선등행위를 한 자

나. 범죄수익은닉의 규제 및 처벌 등에 관한 법률

제2조(정의) 이 법에서 사용하는 용어의 뜻은 다음과 같다.
 2. "범죄수익"이란 다음 각 목의 어느 하나에 해당하는 것을 말한다.
  가. 중대범죄에 해당하는 범죄행위에 의하여 생긴 재산 또는 그 범죄행위의 보수(報酬)로 얻은 재산
  나. 다음의 어느 하나의 죄에 관계된 자금 또는 재산
   1) 「성매매알선 등 행위의 처벌에 관한 법률」 제19조제2항제1호(성매매알선등행위 중 성매매에 제공되는 사실을 알면서 자금·토지 또는 건물을 제공하는 행위만 해당한다)의 죄

3. 결 론

가. 성매매 알선업소 건물주 처벌의 어려움

　　　　건물주는 성매매 장소 제공 사실을 몰랐다고 부인하는 경우가 많아 조사 및 처벌의 어려움(건물이 성매매에 제공되는 사실을 인지하고 있는 경우에만 처벌 가능)

나. 성매매에 제공되는 사실을 알면서 자금·토지 또는 건물을 제공하는 것은 '성매매 알선등 행위'에 해당되어 처벌 가능함.

다. 건물주에 대한 철저한 수사

　　(가) 성매매 업소 단속시 필히 건물주까지 확인하여 출석요구

　　(나) 성매매 집결지를 비롯하여 안마시술소, 스포츠 마사지, 휴게텔 등 신·변
　　　　종 업소 단속시 필히 건물주 확인, 출석요구하여 성매매 장소 제공사실에 대
　　　　해 철저히 조사한 후 형사입건

　　⇒ 부인하는 경우 추후 적발시 처벌됨을 고지 (1차 통지)

　　⇒ 재차 적발시, 필히 형사입건 (2차 처벌조치)

통　지　문				
통　지　일		년　　　월　　　일		
건물주	성　　명			
	주민번호			
	주　　소			
성매매 알선업소	업소명		단속일자	년　　월　　일
	소재지			
	죄　　명			
	범죄사실			

　　귀하 소유의 위 업소가 성매매 장소로 제공되었음을 알려드립니다.
　　재차 적발시 귀하께서도 「성매매 알선 등 행위의 처벌에 관한 법률」제19조 위반(성
매매에 제공되는 사실을 알면서 자금·토지 또는 건물을 제공하는 행위)으로 처벌되
며 이와 관계된 자금 또는 재산은 「범죄수익은닉의 규제 및 처벌 등에 관한 법률」제2
조 제2호의 '범죄수익'에 해당하여 몰수할 수 있습니다.

　　　　　　　　사건담당자 : 여성청소년과 여청수사1팀 경위 장 형 근(인)

　　　　　　　　　　　○ ○ 경 찰 서

제15절 연속적으로 이루어진 성매매알선 범행이 포괄일죄 또는 실체적 경합범인지 여부

1. 사 례

3회의 단속에 따른 각 성매매알선 등 범행 중 2회 단속시의 범행에 대해 위 3회의 단속이 모두 이루어진 다음 약식명령이 발령된 경우 1회 및 3회 각 단속시의 범행에 대해 이를 모두 성매매알선 등의 포괄일죄로 보아 면소판결이 내려져야 하는지 여부

– 2006고단1998(2007. 6. 1)

2. 법규연구(성매매알선 등 행위의 처벌에 관한 법률)

제19조(벌칙) ① 다음 각호의 어느 하나에 해당하는 자는 3년 이하의 징역 또는 3천만원 이하의 벌금에 처한다.
  1. 성매매알선등행위를 한 자
  2. 성을 파는 행위를 할 자를 모집한 자
  3. 성을 파는 행위를 하도록 직업을 소개·알선한 자
② 다음 각호의 어느 하나에 해당하는 자는 7년 이하의 징역 또는 7천만원 이하의 벌금에 처한다.
  1. 영업으로 성매매알선등행위를 한 자
제2조(정의) ① 이 법에서 사용하는 용어의 정의는 다음과 같다.
  1. "성매매"라 함은 불특정인을 상대로 금품 그 밖의 재산상의 이익을 수수·약속하고 다음 각목의 어느 하나에 해당하는 행위를 하거나 그 상대방이 되는 것을 말한다.
    가. 성교행위
    나. 구강·항문 등 신체의 일부 또는 도구를 이용한 유사성교행위
  2. "성매매알선등행위"라 함은 다음 각목의 어느 하나에 해당하는 행위를 하는 것을 말한다.
    가. 성매매를 알선·권유·유인 또는 강요하는 행위
    나. 성매매의 장소를 제공하는 행위
    다. 성매매에 제공되는 사실을 알면서 자금·토지 또는 건물을 제공하는 행위

3. 판결의 요지

가. 사안의 개요

– 甲은 2006. 6. 16. 22:30경 ○○소재 甲 운영의 '○○' 마사지 업소에서 손님 丙로부터 60,000원을 받은 후 위 업소 종업원인 乙녀로 하여금 손으로 위 손님의 성기를 잡고 흔들게 하는 유사성교행위를 하게 함으로써 성매매알선 등 행위를 한 것을 비롯하여 같은 해 5.부터 같은 해 6. 16.까지 총 21회에 걸쳐 영업으로 성매매알선 등 행위를 하고,

- 2006. 10. 26. 19:00경 위 마사지 업소에서 성명불상의 손님으로부터 60,000원을 받은 후 위 업소 종업원인 丙녀로 하여금 위 성명불상자의 성기를 잡고 흔들게 하는 유사성교행위를 하게 함으로써 성매매알선 등 행위를 한 것을 비롯하여 그 무렵부터 같은 달 27.까지 총 4회에 걸쳐 영업으로 성매매알선 등 행위를 하였다.

나. 변호인의 주장

변호인은, 甲이 2006. 11. 14. 위 각 범행 일시 사이인 2006. 7. 29. 21:00경 위 범죄사실 기재와 같은 방법으로 손님에게 6만원을 받고 甲으로 하여금 위와 같은 유사성교행위를 한 사실에 대하여 서울남부지방법원으로부터 벌금 300만원의 약식 명령을 받고 그 무렵 위 약식명령이 확정되었는바, 위 법 제19조 제2항 제1호는 '영업으로' 성매매알선 등을 한 자를 처벌한다고 하여 이를 포괄일죄의 한 태양인 영업범으로 보고 있고, 따라서 위 각 법 위반 행위가 모두 저질러진 후인 2006. 11. 14. 위 약식명령이 발령된 이상 위 제1항 및 제3항에 대한 공소는 확정판결인 위 약식명령이 있었던 사건과 동일한 사건에 대하여 다시 제기된 것으로서 형사소송법 제326조 제1호에 따라 면소판결이 선고되어야 한다고 주장하였다.

다. 법원의 판단

영업범은 일반적으로 포괄일죄로 봄이 타당하다. 그러나 한편 동일 죄명에 해당하는 수 개의 행위 또는 연속된 행위를 단일하고 계속된 범의 하에 일정 기간 계속하여 행하고 그 피해법익도 동일한 경우에는 이를 각 행위를 통틀어 포괄일죄로 처단하여야 하지만, 범의의 단일성과 계속성이 인정되지 아니하는 등의 경우에는 각 범행은 실체적 경합범에 해당한다(대법원 2005.9.30. 선고 2005도 4051 판결 등 참조). 이 사건에서, 甲이 비록 같은 장소에서 영업으로 위와 같은 유사성교행위를 하였지만, 2006. 6. 16.경 및 같은 해 7. 29.경, 그리고 다시 같은 해 10. 27.경 모두 세 차례에 걸쳐 단속된 점, 위 2006. 6. 16.경 단속될 때 신용카드매출전표 등이 모두 압수되자, 그 다음부터는 대부분 현금으로 결제하도록 한 것으로 보이는 점, 단속 직후 곧바로 사업이 재개되지는 못한 것으로 보이고, 그 때마다 여종업원들이 바뀐 점, 甲은 위 각 단속 직후 경찰조사를 받을 때마다 뉘우치고 있다고 진술했음에도 다시 새롭게 사업을 재개한 점 등을 종합하여 보면, 甲은 위 각 세번의 범행시마다 새로운 범의를 일으켜 결국 범의가 갱신된 가운데 각각의 범행을 저질렀다고 보아야 하고, 따라서 이 사건 제1항 및 제3항의 공소사실과 위 약식명령의 공소사실은 포괄일죄가 아닌 각 실체적 경합범이라고 봄이 타당하다.

4. 결 론

영업범의 경우 같은 장소에서 시기적으로 인접하여 3회의 단속이 이루어졌다고 하더라도, 甲이 각 단속 이후 영업 행태의 일부나 여종업원 등을 바꾸고 경찰 조사 후 뉘우치고 있다고 진술하면서도 다시 새롭게 사업을 재개한 점 등에 비추어 각 단속시마다 甲의 범의가 단일하거나 계속적이지는 않았다고 보아 이를 실체적 경합범으로 처벌하였다.

■ 판례 ■   대법원 2005. 9. 30. 선고 2005도4051 판결

[1] 포괄일죄와 실체적 경합범의 구별 기준

동일 죄명에 해당하는 수개의 행위 혹은 연속된 행위를 단일하고 계속된 범의하에 일정 기간 계속하여 행하고 그 피해법익도 동일한 경우에는 이들 각 행위를 통틀어 포괄일죄로 처단하여야 할 것이나, 범의의 단일성과 계속성이 인정되지 아니하거나 범행방법이 동일하지 않은 경우에는 각 범행은 실체적 경합범에 해당한다.

[2] 컴퓨터로 음란 동영상을 제공한 제1범죄행위로 서버컴퓨터가 압수된 이후 다시 장비를 갖추어 동종의 제2범죄행위를 하고 제2범죄행위로 인하여 약식명령을 받아 확정된 사안에서, 피고인에게 범의의 갱신이 있어 제1범죄행위는 약식명령이 확정된 제2범죄행위와 실체적 경합관계에 있다고 보아야 할 것이라는 이유로, 포괄일죄를 구성한다고 판단한 원심판결을 파기한 사례

제16절 성관계 동영상을 카메라로 재촬영하여 배포 행위

1. 사 례

피의자가 성관계 동영상 파일을 컴퓨터로 재생한 후 모니터에 나타난 영상을 휴대전화 카메라로 촬영한 후 다른 사람에게 제공한 경우 처벌여부

2. 법규연구

가. 성폭력범죄의 처벌 등에 관한 특례법

제14조(카메라 등을 이용한 촬영) ① 카메라나 그 밖에 이와 유사한 기능을 갖춘 기계장치를 이용하여 성적 욕망 또는 수치심을 유발할 수 있는 다른 사람의 신체를 그 의사에 반하여 촬영하거나 그 촬영물을 반포·판매·임대·제공 또는 공공연하게 전시·상영한 자는 7년 이하의 징역 또는 5천만원 이하의 벌금에 처한다.
② 제1항에 따른 촬영물 또는 복제물(복제물의 복제물을 포함한다. 이하 이 조에서 같다)을 반포·판매·임대·제공 또는 공공연하게 전시·상영(이하 "반포등"이라 한다)한 자 또는 제1항의 촬영이 촬영 당시에는 촬영대상자의 의사에 반하지 아니한 경우(자신의 신체를 직접 촬영한 경우를 포함한다)에도 사후에 그 촬영물 또는 복제물을 촬영대상자의 의사에 반하여 반포등을 한 자는 7년 이하의 징역 또는 5천만원 이하의 벌금에 처한다.
③ 영리를 목적으로 촬영대상자의 의사에 반하여 「정보통신망 이용촉진 및 정보보호 등에 관한 법률」 제2조제1항제1호의 정보통신망(이하 "정보통신망"이라 한다)을 이용하여 제2항의 죄를 범한 자는 3년 이상의 유기징역에 처한다.
④ 제1항 또는 제2항의 촬영물 또는 복제물을 소지·구입·저장 또는 시청한 자는 3년 이하의 징역 또는 3천만원 이하의 벌금에 처한다.
⑤ 상습으로 제1항부터 제3항까지의 죄를 범한 때에는 그 죄에 정한 형의 2분의 1까지 가중한다.

나. 정보통신망 이용촉진 및 정보보호 등에 관한 법률

제44조의7(불법정보의 유통금지 등) ① 누구든지 정보통신망을 통하여 다음 각 호의 어느 하나에 해당하는 정보를 유통하여서는 아니 된다.
1. 음란한 부호·문언·음향·화상 또는 영상을 배포·판매·임대하거나 공공연하게 전시하는 내용의 정보

3. 결 론 (대법원 2018. 8. 30., 선고, 2017도3443, 판결)

가. 성폭력범죄의 처벌 등에 관한 특례법 제14조 제1항에서 규정한 '다른 사람의 신체를 촬영하는 행위'에 다른 사람의 신체 그 자체를 직접 촬영하는 행위만 해당하는지 여부(적극) 및 다른 사람의 신체 이미지가 담긴 영상을 촬영하는 행위도 이에 해당하는지 여부(소극)

위 조항이 촬영의 대상을 '다른 사람의 신체'로 규정하고 있으므로, 다른 사람

의 신체 그 자체를 직접 촬영하는 행위만이 위 조항에서 규정하고 있는 '다른 사람의 신체를 촬영하는 행위'에 해당하고, 다른 사람의 신체 이미지가 담긴 영상을 촬영하는 행위는 이에 해당하지 않는다.

나. 성폭력범죄의 처벌 등에 관한 특례법 제14조 제2항에서 규정한 '촬영물'에 다른 사람의 신체 그 자체를 직접 촬영한 촬영물만 해당하는지 여부(적극) 및 다른 사람의 신체 이미지가 담긴 영상을 촬영한 촬영물도 이에 해당하는지 여부(소극)

위 제2항은 촬영대상자의 의사에 반하지 아니하여 촬영한 촬영물을 사후에 그 의사에 반하여 반포하는 행위 등을 규율 대상으로 하면서 그 촬영의 대상과 관련해서는 '제1항의 촬영'이라고 규정하고 있다. 성폭력처벌법 제14조 제1항이 촬영의 대상을 '다른 사람의 신체'로 규정하고 있으므로, 위 제2항의 촬영물 또한 '다른 사람의 신체'를 촬영한 촬영물을 의미한다고 해석하여야 하는데, '다른 사람의 신체에 대한 촬영'의 의미를 해석할 때 위 제1항과 제2항의 경우를 달리 볼 근거가 없다. 따라서 다른 사람의 신체 그 자체를 직접 촬영한 촬영물만이 위 제2항에서 규정하고 있는 촬영물에 해당하고, 다른 사람의 신체 이미지가 담긴 영상을 촬영한 촬영물은 이에 해당하지 아니한다.

다. 피고인이 甲과 성관계하면서 합의하에 촬영한 동영상 파일 중 일부 장면 등을 찍은 사진 3장을 지인 명의의 휴대전화 문자메시지 기능을 이용하여 甲의 처 乙의 휴대전화로 발송함으로써, 촬영 당시 甲의 의사에 반하지 아니하였으나 사후에 그 의사에 반하여 '甲의 신체를 촬영한 촬영물'을 乙에게 제공한 경우

피고인이 성관계 동영상 파일을 컴퓨터로 재생한 후 모니터에 나타난 영상을 휴대전화 카메라로 촬영하였더라도, 이는 甲의 신체 그 자체를 직접 촬영한 행위에 해당하지 아니하여, 그 촬영물은 같은 법 제14조 제2항에서 규정한 촬영물에 해당하지 아니한다는 이유로, 이와 달리 보아 피고인에게 유죄를 인정한 원심판단에 같은 법 제14조 제2항에 관한 법리를 오해한 잘못이 있다.

제17절 성적욕구 충족을 위해 진돗개 성기에 손을 넣은 경우

1. 사 례

성적 욕구를 충족하기 위하여 위 암컷 진돗개의 성기 주변에 마요네즈를 바른 후 피의자의 손가락을 위 진돗개의 성기에 집어넣었다 빼는 행동을 수회 반복하여 위 진돗개로 하여금 상해를 입게 하고 결국 그 후유증으로 죽게 하였다.

2. 법규연구

가. 형법

제366조(재물손괴등) 타인의 재물, 문서 또는 전자기록등 특수매체기록을 손괴 또는 은닉 기타 방법으로 기 효용을 해한 자는 3년이하의 징역 또는 700만원 이하의 벌금에 처한다.

나. 동물보호법

제8조(동물학대 등의 금지) ② 누구든지 동물에 대하여 다음 각 호의 학대행위를 하여서는 아니 된다.
2. 살아 있는 상태에서 동물의 신체를 손상하거나 체액을 채취하거나 체액을 채취하기 위한 장치를 설치하는 행위. 다만, 질병의 치료 및 동물실험 등 농림축산식품부령으로 정하는 경우는 제외한다.
제46조(벌칙) ② 다음 각 호의 어느 하나에 해당하는 자는 2년 이하의 징역 또는 2천만원 이하의 벌금에 처한다.
1. 제8조제2항 또는 제3항을 위반하여 동물을 학대한 자

3. 결 론

암컷 진돗개의 성기 주변에 마요네즈를 바른 후 피고인의 손가락을 위 진돗개의 성기에 집어넣었다 빼는 행동을 수회 반복하여 위 진돗개로 하여금 상해를 입게 하고 결국 그 후유증으로 죽게하였다.

위 행위에 대하여 법원은 재물손괴죄와 동물보호법위반죄의 상상적 경합을 인정하였다.(대구지방법원 안동지원 2018고단103)

제18절 시내버스 안에서 일상복으로 입은 레깅스 뒷모습 몰카 촬영행위

1. 사 례

> 사람이 북적이는 시내버스 안에서 엉덩이 바로 위까지 내려오는 헐렁한 상의에 몸매가 드러나는 발목까지 내려온 레깅스 바지를 입고, 버스에서 하차하기 위해 요금 단말기 앞에 서 있던 여성의 엉덩이 부위 등 하반신을 휴대전화 카메라로 몰래 동영상으로 촬영하였다. 성폭력범죄의 처벌 등에 관한 특례법상의 '카메라 등을 이용한 촬영죄'에 해당하는지?

2. 법규연구 (성폭력범죄의 처벌 등에 관한 특례법)

> 제14조(카메라 등을 이용한 촬영) ① 카메라나 그 밖에 이와 유사한 기능을 갖춘 기계장치를 이용하여 성적 욕망 또는 수치심을 유발할 수 있는 사람의 신체를 촬영대상자의 의사에 반하여 촬영한 자는 7년 이하의 징역 또는 5천만원 이하의 벌금에 처한다.

3. 관련 판례 (대법원 2020. 12. 24. 선고 2019도16258 판결)

(1) 구「성폭력범죄의 처벌 등에 관한 특례법」(2018. 10. 16. 법률 제15977호로 개정되기 전의 것, 이하 '구 성폭력처벌법'이라 한다) 제14조 제1항은 '카메라나 그 밖에 이와 유사한 기능을 갖춘 기계장치를 이용하여 성적 욕망 또는 수치심을 유발할 수 있는 다른 사람의 신체를 그 의사에 반하여 촬영'하는 행위를 처벌하도록 규정한다. 구 성폭력처벌법 제14조 제1항에서 정한 '카메라등이용촬영죄'는 이른바 '몰래카메라'의 폐해가 사회문제가 되면서 촬영대상자의 의사에 반하는 촬영 및 반포 등의 행위를 처벌하기 위하여 신설된 조항으로서, 피해자의 성적 자기결정권 및 일반적 인격권 보호, 사회의 건전한 성 풍속 확립을 그 보호법익으로 하며(헌법재판소 2016. 12. 20. 선고 2016헌바153 결정 등 참조), 구체적으로 인격체인 피해자의 성적 자유와 함부로 촬영 당하지 아니할 자유를 보호하기 위한 것이다(대법원 2008. 9. 25. 선고 2008도7007 판결 참조). 여기에서 '성적 자유'는 소극적으로 자기 의사에 반하여 성적 대상화가 되지 않을 자유를 의미한다.

(2) 피해자가 성적 자유를 침해당했을 때 느끼는 성적 수치심은 부끄럽고 창피한 감정으로만 나타나는 것이 아니라 분노·공포·무기력·모욕감 등 다양한 형태로 나타날 수 있다. 성적 수치심의 의미를 협소하게 이해하여 부끄럽고 창피한 감정이 표출된 경

우만을 보호의 대상으로 한정하는 것은 성적 피해를 본 피해자가 느끼는 다양한 피해 감정을 소외시키고 피해자로 하여금 부끄럽고 창피한 감정을 느낄 것을 강요하는 결과가 될 수 있으므로, 피해 감정의 다양한 층위와 구체적인 범행 상황에 놓인 피해자의 처지와 관점을 고려하여 성적 수치심이 유발되었는지를 신중하게 판단해야 한다.

(3) 촬영한 대상이 '성적 욕망 또는 수치심을 유발할 수 있는 다른 사람의 신체'에 해당하는지는 객관적으로 피해자와 같은 성별, 연령대의 일반적이고 평균적인 사람들의 관점에서 성적 욕망 또는 수치심을 유발할 수 있는 신체에 해당하는지를 고려함과 아울러, 피해자의 옷차림, 노출의 정도 등은 물론, 촬영자의 의도와 촬영에 이르게 된 경위, 촬영 장소와 촬영 각도 및 촬영 거리, 촬영된 원판의 이미지, 특정 신체 부위의 부각 여부 등을 종합적으로 고려하여 구체적·개별적·상대적으로 결정하여야 한다(대법원 2008. 9. 25. 선고 2008도7007 판결 등 참조).

한편, 이처럼 '성적 욕망 또는 수치심을 유발할 수 있는 신체'란 특정한 신체의 부분으로 일률적으로 결정되는 것이 아니고 촬영의 맥락과 촬영의 결과물을 고려하여 그와 같이 촬영을 하거나 촬영을 당하였을 때 '성적 욕망 또는 수치심을 유발할 수 있는 경우'를 의미한다. 따라서 피해자가 공개된 장소에서 자신의 의사에 의하여 드러낸 신체 부분이라고 하더라도 이를 촬영하거나 촬영 당하였을 때는 성적 욕망 또는 수치심이 유발될 수 있으므로 카메라등이용촬영죄의 대상이 되지 않는다고 섣불리 단정하여서는 아니 된다.

4. 결 론

"카메라 등 이용 촬영죄"의 보호법익으로서 '성적 자유'를 구체화해서 소극적으로 자기 의사에 반해 성적 대상화가 되지 않을 자유를 의미한다는 점을 최초로 판시한 판결이라 볼 수 있다.

또한, 성적 수치심은 부끄럽고 창피한 감정으로만 나타나는 것이 아니라 분노·공포·무기력·모욕감 등 다양한 형태로 나타날 수 있다는 점에서 피해자의 다양한 피해 감정을 존중받을 수 있도록 하였다는 점에서 의미가 있다.

따라서 이 사례에서도 몸매가 드러나는 레깅스를 일상복으로 입었다는 이유로 성적 보호법익에서 제외될 수 없으며, 피해자가 성적 수치심이나 분노·모욕감 등을 느꼈다면 처벌 가능할 것으로 보인다.

제19절 회식 장소에서 여직원에게 '헤드락' 행위의 강제추행 여부

1. 사 례

> 피의자는 20○○. ○. ○. 18:45경 서울 ○○음식점에서 자신이 대표이사로 있는 회사의 직원인 피해자(여, 27세) 등과 함께 회식하며 피해자의 결혼 여부 등에 관하여 이야기하던 중 갑자기 왼팔로 피해자의 머리를 감싸고 피의자의 가슴 쪽으로 끌어당겨 피해자의 머리가 피의자의 가슴에 닿게 하고 주먹으로 피해자의 머리를 2회 쳤다. 이후 다른 대화를 하던 중 "이년을 어떻게 해야 계속 붙잡을 수 있지. 머리끄덩이를 잡고 붙잡아야 하나."라고 하면서 갑자기 손가락이 피해자의 두피에 닿도록 양손으로 피해자의 머리카락을 잡고 흔들고, 이후 갑자기 피해자의 어깨를 수회 치는 행위를 하였다.

2. 법규연구 (형법)

> 제298조(강제추행) 폭행 또는 협박으로 사람에 대하여 추행을 한 자는 10년 이하의 징역 또는 1천500만 원 이하의 벌금에 처한다.

3. 쟁 점

이 사안은, 회사 대표인 남성이 회식자리에서 여직원에게 팔로 목과 머리를 감싸 끌어당기는 일명 '헤드락'을 건 행위가 강제추행죄의 추행에 해당하는지 등이 문제된다.

4. 관련 판례

가. 하급심판결 (서울중앙지법 2020. 5. 29. 선고 2019노2513 판결)

공소사실 기재 음식점은 개방된 홀에 여러 개의 테이블이 놓여 있는 형태의 중국집으로 공개적인 장소였고, 그 자리에는 피고인과 피해자 외에 피고인 회사의 다른 직원 2명과 거래처의 대표 및 직원이 동석해 있었다.

피고인이 접촉한 피해자의 신체 부위는 피해자의 머리나 어깨로서 그 신체 부위 자체를 사회통념상 성과 관련된 특정 신체 부위라고 보기는 어렵다.

피고인이 한 행위는 피해자의 머리를 감싸고 헤드락을 걸면서 머리를 치거나 머리카락을 잡고 흔들거나 어깨를 수회 친 것으로서 성적인 의도를 가지고 하는 행위라고 보기 어렵다.

피고인은 피해자와 연봉협상이 진행 중인 상태에서 피해자가 이직할 것을 염려하던 차에 술을 마신 상태에서 피해자에게 공소사실 기재와 같은 말을 하면서 그와 같은 행동을 했던 것으로, 피고인의 행동이 성적인 언동과 결합하여 있지는 않았다.

피해자는 피고인의 행위로 인하여 성적 수치심을 느꼈다고 진술하였으나, 모멸감, 수치심, 불쾌감을 느꼈다는 취지로도 진술하고 있는바, 피해자가 피고인으로부터 욕설과 모욕적인 언동을 듣게 되어 느끼게 된 불쾌감, 수치심과 구분된 성적 수치심을 명확하게 감지하고 이를 진술하였다고는 보이지 않는다.

현장에 동석하였던 일행 중 한 명이 피고인의 행동에 대하여 "이러면 미투다." 등의 표현을 하였다고 하더라도 위 표현이 성범죄인 강제추행죄를 염두에 두고 한 진지한 평가라고 볼 수도 없다.

나. 대법원 판례 (대법원 20. 12. 24., 선고, 2020도7981, 판결)

피고인이 피해자 등이 나랑 결혼하려고 결혼 안 하고 있다던가, 이년 머리끄덩이를 잡아 붙잡아야겠다는 등의 발언과 그 말에 대한 피해자와 동료 여직원의 항의 내용에 비추어 보면 피고인의 말과 행동은 피해자의 여성성을 드러내고 피고인의 남성성을 과시하는 방법으로 피해자에게 모욕감을 주는 것이라는 점에서 '성적 의도를 가지고 한 행위'로 볼 수 있다.

피해자가 피해 당시에 울음을 터뜨리기도 했고, 당시에 대해 성적 수치심을 나타내는 구체적인 표현을 사용하였으며, 피해자가 피해감정으로 '성적 수치심과 모멸감, 불쾌감'을 함께 표현한 것도 사회통념상 인정되는 '성적 수치심'에 해당한다.

거래처 대표가 피고인의 행동을 가리켜 "이러면 미투다"라고 말한 것은, 피고인의 행동이 제3자가 보기에 성적 수치심을 일으키고 선량한 성적 도덕관념에 반하는 행위라고 인식되었다는 것을 의미한다.

추행행위의 행태와 당시의 정황 등에 비추어 강제추행의 고의가 인정될 때, 피고인에게 성욕의 자극 등 주관적 동기나 목적이 없었다거나 피해자의 이직을 막고 싶은 마음에서 비롯된 동기가 있었다고 하더라도 추행의 고의를 인정하는 데 방해가 되지 않는다.

5. 결 론

사례에서 피의자의 행위는 강제추행죄의 추행에 해당하고 피의자에게 추행의 고의도 인정되므로, 강제추행죄로 처벌할 수 있다.

제20절 성희롱 편지를 주거지 출입문에 끼워 놓은 것이 통신매체를 이용한 음란행위 여부

1. 사 례

甲은 수회에 걸쳐 성적 수치심 등을 일으키는 내용의 각 편지를 작성한 다음 이를 옆집에 사는 乙의 주거지 출입문에 끼워 넣었다.
甲의 행위가 성폭력처벌법에 따른 통신매체를 이용한 음란행위에 해당하는지?

2. 법규연구 (성폭력범죄의 처벌 등에 관한 특례법)

제13조(통신매체를 이용한 음란행위) 자기 또는 다른 사람의 성적 욕망을 유발하거나 만족시킬 목적으로 전화, 우편, 컴퓨터, 그 밖의 통신매체를 통하여 성적 수치심이나 혐오감을 일으키는 말, 음향, 글, 그림, 영상 또는 물건을 상대방에게 도달하게 한 사람은 2년 이하의 징역 또는 500만원 이하의 벌금에 처한다.

3. 관련 판례 (대법원 2016. 3. 10., 선고, 2015도17847, 판결)

성폭력처벌법 제13조는 "자기 또는 다른 사람의 성적 욕망을 유발하거나 만족시킬 목적으로 전화, 우편, 컴퓨터, 그 밖의 통신매체를 통하여 성적 수치심이나 혐오감을 일으키는 말, 음향, 글, 그림, 영상 또는 물건을 상대방에게 도달하게 한 사람은 2년 이하의 징역 또는 500만 원 이하의 벌금에 처한다."라고 규정하고 있다.

위 규정 문언에 의하면, 위 규정은 자기 또는 다른 사람의 성적 욕망을 유발하는 등의 목적으로 '전화, 우편, 컴퓨터나 그 밖에 일반적으로 통신매체라고 인식되는 수단을 이용하여' 성적 수치심 등을 일으키는 말, 글, 물건 등을 상대방에게 전달하는 행위를 처벌하고자 하는 것임이 문언상 명백하므로, 위와 같은 통신매체를 이용하지 아니한 채 '직접' 상대방에게 말, 글, 물건 등을 도달하게 하는 행위까지 포함하여 위 규정으로 처벌할 수 있다고 보는 것은 법문의 가능한 의미의 범위를 벗어난 해석으로써 실정법 이상으로 그 처벌 범위를 확대하는 것이라 하지 않을 수 없다.

기록에 의하면, 피고인은 공소사실 기재와 같은 성적 수치심 등을 일으키는 내용의 이 사건 각 편지를 자신이 직접 공소외인의 주거지 출입문에 끼워 넣음으로써 공소외인에게 도달하게 한 사실을 알 수 있는바, 그렇다면 피고인이 '전화, 우편, 컴퓨터, 그 밖의 통신매체를 통하여' 이 사건 각 편지를 공소외인에게 도달하게 한 것이라고 할 수 없으므로 앞서 본 법리에 따라 <u>피고인의 각 행위를 성폭력처벌법 제13조에 의하여 처벌할 수는 없다고 할 것이다.</u>

4. 결 론

대법원에서도 유사한 사례에서 위와 같이 판단하였으나, 이는 해당 행위가 성폭력처벌법상의 처벌조항에 해당되지 않는 내용이지 그 밖에 다른 범죄(스토킹처벌법)에 해당하지 않는다는 내용은 아니다.

따라서 편지의 내용이나 사건과 관련된 다른 사정에 따라서는 얼마든지 범죄가 될 수 있으므로, 위 사례와 같거나 유사한 행위로 상대방의 인격권을 침해하여 불쾌함을 주거나 성적 자기결정권을 침해하는 행위를 해서는 안 될 것이다.

제21절 인터넷에서 음란 동영상 다운받아 다시 올린 경우

1. 사 례

甲은 인터넷을 통해 검은색 치마를 입고 스타킹을 신은 채 걸어가는 여성의 다리를 촬영한 동영상을 다운받은 휴대폰으로 본인이 가입된 인터넷 모임 밴드 게시판에 이 동영상을 올렸다. 이 경우 '타인의 신체를 그 의사에 반하여 촬영한 촬영물'을 반포·판매·임대 또는 공연히 전시·상영한 자가 반드시 촬영물을 촬영한 자와 동일인이어야 하는지?

2. 법규연구 (성폭력범죄의 처벌 등에 관한 특례법)

제14조(카메라 등을 이용한 촬영) ① 카메라나 그 밖에 이와 유사한 기능을 갖춘 기계장치를 이용하여 성적 욕망 또는 수치심을 유발할 수 있는 사람의 신체를 촬영대상자의 의사에 반하여 촬영한 자는 7년 이하의 징역 또는 5천만원 이하의 벌금에 처한다.

3. 관련 판례

가. 하급심판례 (춘천지방법원 2016. 4. 20. 선고 2015노24 판결)

타인의 신체를 그 의사에 반하여 촬영한 자가 그 촬영물을 반포·판매·임대 또는 공연히 전시·상영하는 행위"만을 처벌하는 것이라고 축소해석할 경우, 타인의 신체를 그 의사에 반하여 촬영한 자가 이를 직접 유통하지 않고 제3자를 통해 유통하는 경우에는 그 촬영물의 유통행위를 규제할 수 없게 되어 입법목적을 달성할 수 없으며, 이에 따른 심각한 처벌의 공백을 초래하게 된다.

나. 대법원 판례 (대법원 2016. 10. 13. 선고 2016도6172 판결)

성폭력범죄의 처벌 등에 관한 특례법 제14조 제1항 후단의 문언 자체가 "촬영하거나 그 촬영물을 반포·판매·임대 또는 공연히 전시·상영한 자"라고 함으로써 촬영행위 또는 반포 등 유통행위를 선택적으로 규정하고 있을 뿐 아니라, 위 조항의 입법취지는, 개정 전에는 카메라 등을 이용하여 성적 욕망 또는 수치심을 유발할 수 있는 타인의 신체를 그 의사에 반하여 촬영한 자만을 처벌하였으나, '타인의 신체를 그 의사에 반하여 촬영한 촬영물'(이하 '촬영물'이라 한다)이 인터넷 등 정보통신망을 통하여 급속도로 광범위하게 유포됨으로써 피해자에게 엄청난 피해와 고통을 초래하는 사회적 문제를 감안하여, 죄책이나 비난 가능성이 촬영행위 못지않게 크다고 할 수 있는 촬영물의 시중 유포를 한 자에 대해서도 촬영자와 동일하게 처벌하기 위한 것인 점을 고려하면, 위 조항에서 촬영물을 반포·판매·임대 또는 공연히 전시·상영한 자는 반드시 촬영물을 촬영한 자와 동일인이어야 하는 것은 아니고, 행위의 대상이 되는 촬영물은 누가 촬영한 것인지를 묻지 아니한다.

4. 결 론

따라서 제3자가 촬영한 촬영물을 다운받아 밴드 등이 다시 올리면 성폭력처벌법에 따라 처벌받게 된다.

제22절 차 안에서 강제추행한 경우 운전면허 취소 여부

1. 사 례

甲은 직장동료인 乙녀와 회식을 마치고 甲 차량을 이용하여 乙녀를 데려다주겠다고 하면서 가던 중 한적한 곳에 이르자 차 안에서 乙녀를 강제로 추행하였다. 甲은 이 행위로 강제추행죄로 처벌받았다.
甲에 대해 자동차 운전면허증을 취소할 수 있는지?

2. 법규연구 (도로교통법)

제93조(운전면허의 취소·정지) ① 시·도경찰청장은 운전면허(연습운전면허는 제외한다. 이하 이 조에서 같다)를 받은 사람이 다음 각 호의 어느 하나에 해당하면 행정안전부령으로 정하는 기준에 따라 운전면허(운전자가 받은 모든 범위의 운전면허를 포함한다. 이하 이 조에서 같다)를 취소하거나 1년 이내의 범위에서 운전면허의 효력을 정지시킬 수 있다. 다만, 제2호, 제3호, 제7호, 제8호, 제8호의2, 제9호(정기 적성검사 기간이 지난 경우는 제외한다), 제14호, 제16호, 제17호, 제20호의 규정에 해당하는 경우에는 운전면허를 취소하여야 하고(제8호의2에 해당하는 경우 취소하여야 하는 운전면허의 범위는 운전자가 거짓이나 그 밖의 부정한 수단으로 받은 그 운전면허로 한정한다), 제18호의 규정에 해당하는 경우에는 정당한 사유가 없으면 관계 행정기관의 장의 요청에 따라 운전면허를 취소하거나 1년 이내의 범위에서 정지하여야 한다.
11. 운전면허를 받은 사람이 자동차등을 범죄의 도구나 장소로 이용하여 다음 각 목의 어느 하나의 죄를 범한 경우
  나. 형법 중 다음 어느 하나의 범죄
  1) 살인·사체유기 또는 방화
  2) 강도·강간 또는 강제추행
  3) 약취·유인 또는 감금
  4) 상습절도(절취한 물건을 운반한 경우에 한정한다)
  5) 교통방해(단체 또는 다중의 위력으로써 위반한 경우에 한정한다)

3. 관련 판례 (헌재 2015. 5. 28. 2013헌가6)

자동차등을 범죄를 위한 수단으로 이용하여 교통상의 위험과 장해를 유발하고 국민의 생명과 재산에 심각한 위협을 초래하는 것을 방지하여 안전하고 원활한 교통을 확보함과 동시에 차량을 이용한 범죄의 발생을 막고자 하는 심판대상조항은 그 입법목적이 정당하고, 운전면허를 필요적으로 취소하도록 하는 것은 자동차등을 이용한 범죄행위의 재발을 일정 기간 방지하는 데 기여할 수 있으므로 이는 입법목적을 달성하기 위한 적정한 수단이다.

4. 결 론

　도로교통법 제93조 제1항 제11호의 운전면허취소처분은 행정청의 재량에 따라 내릴 수 있는 타당한 조치로 취소하거나 1년 이내의 범위에서 효력을 정지할 수 있다.

　다만, 사안에 따라 자동차 등을 이용한 범죄 행위의 중대성이나 재범의 가능성 및 운전자의 사정 등을 감안하여 운전면허취소처분이 행정청의 재량의 범위를 일탈하거나 남용한 경우라고 판단된다면 해당 운전자는 행정구제절차를 거쳐 운전면허취소처분이 취소될 수도 있다.

　이와 같은 행정처분에 이의가 있는 경우에는 행정심판위원회에 행정심판을 제기하거나 행정소송을 제기하여 행정처분에 대한 효력을 다툴 수 있고, 그에 따른 권익 침해의 구제를 청구할 수 있다. (행정심판법 및 행정소송법)

제23절 껴안으려고 하다가 포기한 경우 강제추행죄 여부

1. 사 례

> A는 혼자 술을 마시고 길을 배회하던 중 버스에서 내려 혼자 걸어가는 피해자(여, 17세)를 발견하고, 마스크를 착용한 채 200m 정도 피해자를 뒤따라갔다. A는 인적이 없고 외진 곳에 이르러 피해자에게 약 1m 간격으로 가까이 접근하여 양팔을 높이 들어 피해자를 껴안으려고 하였으나, 인기척을 느낀 피해자가 뒤돌아보면서 "왜 이러세요?" 라고 소리치자, 그 상태로 몇 초 동안 피해자를 쳐다보다가 다시 오던 길로 되돌아갔다.
> A의 이러한 행위가 강제추행에 해당하는지?

2. 법규 연구

가. 형 법

> 제298조(강제추행) 폭행 또는 협박으로 사람에 대하여 추행을 한 자는 10년 이하의 징역 또는 1천500만원 이하의 벌금에 처한다.

나. 아동·청소년의 성보호에 관한 법률

> 제7조(아동·청소년에 대한 강간·강제추행 등) ③ 아동·청소년에 대하여 「형법」 제298조의 죄를 범한 자는 2년 이상의 유기징역 또는 1천만원 이상 3천만원 이하의 벌금에 처한다.
> ⑥ 제1항부터 제5항까지의 미수범은 처벌한다.

3. 관련 판례 (대법원 2015. 9. 10., 선고, 2015도6980, 2015모2524, 판결)

강제추행죄는 상대방에 대하여 폭행 또는 협박을 가하여 항거를 곤란하게 한 뒤에 추행행위를 하는 경우뿐만 아니라 폭행행위 자체가 추행행위라고 인정되는 경우도 포함되며, 이 경우의 폭행은 반드시 상대방의 의사를 억압할 정도의 것일 필요는 없다.

추행은 객관적으로 일반인에게 성적 수치심이나 혐오감을 일으키게 하고 선량한 성적 도덕관념에 반하는 행위로서 피해자의 성적 자유를 침해하는 것을 말하며, 이에 해당하는지는 피해자의 의사, 성별, 연령, 행위자와 피해자의 이전부터의 관계, 행위에 이르게 된 경위, 구체적 행위태양, 주위의 객관적 상황과 그 시대의 성적 도덕관념 등을 종합적으로 고려하여 신중히 결정되어야 한다.

추행의 고의로 상대방의 의사에 반하는 유형력의 행사, 즉 폭행행위를 하여 실행행위에 착수하였으나 추행의 결과에 이르지 못할 때는 강제추행미수죄가 성립하며, 이러한 법리는 폭행행위 자체가 추행행위라고 인정되는 이른바 '기습추행'의 경우에도 마찬가지로 적용된다.

피고인과 甲의 관계, 甲의 연령과 의사, 행위에 이르게 된 경위와 당시 상황, 행위 후 甲의 반응 및 행위가 甲에게 미친 영향 등을 고려하여 보면, 피고인은 甲을 추행하기 위해 뒤따라간 것으로 추행의 고의를 인정할 수 있고, 피고인이 가까이 접근하여 갑자기 뒤에서 껴안는 행위는 일반인에게 성적 수치심이나 혐오감을 일으키게 하고 선량한 성적 도덕관념에 반하는 행위로서 甲의 성적 자유를 침해하는 행위여서 그 자체로 이른바 '기습추행' 행위로 볼 수 있으므로, 피고인의 팔이 甲의 몸에 닿지 않았더라도 양팔을 높이 들어 갑자기 뒤에서 껴안으려는 행위는 甲의 의사에 반하는 유형력의 행사로서 폭행행위에 해당하며, 그때 '기습추행'에 관한 실행의 착수가 있는데, 마침 甲이 뒤돌아보면서 소리치는 바람에 몸을 껴안는 추행의 결과에 이르지 못하고 미수에 그쳤으므로, <u>피고인의 행위는 아동·청소년에 대한 강제추행미수죄에 해당한다.</u>

가정폭력수사

6 편

가정폭력 범죄 등 수사

제1장 가정폭력범죄의 개관

제1절 가정폭력과 가정폭력범죄

1. 가정폭력

가. 가정폭력의 정의

가정구성원 사이의 신체적, 정신적 또는 재산상 피해를 수반하는 행위를 말한다.

나. 가정구성원

1) 배우자(사실상 혼인관계에 있는 사람을 포함) 또는 배우자였던 사람

2) 자기 또는 배우자와 직계존비속관계(사실상의 양친자관계 포함)에 있거나 있었던 사람

3) 계부모와 자녀의 관계 또는 적모(嫡母)와 서자(庶子)의 관계에 있거나 있었던 사람

4) 동거하는 친족

※ 사실혼 판단

■ **판례** ■   사실혼이 성립하기 위하여는 그 당사자 사이에 주관적으로 혼인의사의 합치가 있고, 객관적으로 부부공동생활이라고 인정할 만한 혼인생활의 실체가 존재하여야 한다.(대법원 2001.1.30, 선고, 2000도4942, 판결)

■ **판례** ■   사실혼이란 당사자 사이에 주관적으로 혼인의 의사가 있고, 객관적으로도 사회관념상 가족질서적인 면에서 부부공동생활을 인정할 만한 혼인생활의 실체가 있는 경우라야 하고, 법률상 혼인을 한 부부가 별거하고 있는 상태에서 그 다른 한 쪽이 제3자와 혼인의 의사로 실질적인 부부생활을 하고 있다고 하더라도, 특별한 사정이 없는 한, 이를 사실혼으로 인정하여 법률혼에 준하는 보호를 할 수는 없다.(대법원 2001.4.13, 선고, 2000다52943, 판결)

■ **판례** ■   사실혼이란 당사자 사이에 혼인의 의사가 있고 사회적으로 정당시되는 실질적인 혼인생활을 공공연하게 영위하고 있으면서도 그 형식적 요건인 혼인신고를 하지 않았기 때문에 법률상 부부로 인정되지 아니하는 남녀의 결합관계를 말하므로, 사실혼이 성립하기 위해서는 주관적으로 당사자 사이에 혼인의 의사가 합치되고, 객관적으로 사회관념상 가족질서적인 면에서 부부공동생활이라고 인정할 만한 혼인생활의 실체가 존재하여야 한다.(대구지법 2009.12.2, 선고, 2009르637, 판결)

---

2. 가정폭력범죄 (가정폭력범죄의 처벌 등에 관한 특례법 제2조 제3호)

가정폭력으로서 다음 각 목의 어느 하나에 해당하는 죄를 말한다.

가. 「형법」 제2편제25장 상해와 폭행의 죄 중 제257조(상해, 존속상해), 제258조(중상해, 존속중상해), 제258조의2(특수상해), 제260조(폭행, 존속폭행)제1항·제2항, 제261조(특수폭행) 및 제264조(상습범)의 죄

나. 「형법」 제2편제28장 유기와 학대의 죄 중 제271조(유기, 존속유기)제1항·제2항, 제272조(영아유기), 제273조(학대, 존속학대) 및 제274조(아동혹사)의 죄

다. 「형법」 제2편제29장 체포와 감금의 죄 중 제276조(체포, 감금, 존속체포, 존속감금),제277조(중체포, 중감금, 존속중체포, 존속중감금), 제278조(특수체포, 특수감금), 제279조(상습범) 및 제280조(미수범)의 죄

라. 「형법」 제2편제30장 협박의 죄 중 제283조(협박, 존속협박)제1항·제2항, 제284조(특수협박), 제285조(상습범)(제283조의 죄에만 해당한다) 및 제286조(미수범)의 죄

마. 「형법」 제2편제32장 강간과 추행의 죄 중 제297조(강간), 제297조의2(유사강간), 제298조(강제추행), 제299조(준강간, 준강제추행), 제300조(미수범), 제301조(강간등 상해·치상), 제301조의2(강간등 살인·치사), 제302조(미성년자등에 대한 간음), 제305조(미성년자에 대한 간음, 추행), 제305조의2(상습범)(제297조, 제297조의2, 제298조부터 제300조까지의 죄에 한한다)의 죄

바. 「형법」 제2편제33장 명예에 관한 죄 중 제307조(명예훼손), 제308조(사자의 명예훼손), 제309조(출판물등에 의한 명예훼손) 및 제311조(모욕)의 죄

사. 「형법」 제2편제36장 주거침입의 죄

아. 「형법」 제2편제37장 권리행사를 방해하는 죄 중 제324조(강요) 및 제324조의5(미수범)(제324조의 죄에만 해당한다)의 죄

자. 「형법」 제2편제39장 사기와 공갈의 죄 중 제350조(공갈), 제350조의2(특수공갈) 및 제352조(미수범)(제350조, 제350조의2의 죄에만 해당한다)의 죄

차. 「형법」 제2편제42장 손괴의 죄 중 제366조(재물손괴등) 및 제369조(특수손괴)제1항의 죄

카. 「성폭력범죄의 처벌 등에 관한 특례법」 제14조(카메라 등을 이용한 촬영) 및 제15조(미수범)(제14조의 죄에만 해당한다)의 죄

타. 「정보통신망 이용촉진 및 정보보호 등에 관한 법률」 제74조제1항제3호의 죄

파. 가목부터 타목까지의 죄로서 다른 법률에 따라 가중처벌되는 죄

3. 가정폭력 신고 (제4조)

가. 누구든지 가정폭력범죄를 알게 된 경우에는 수사기관에 신고할 수 있다.

나. 신고의무자

다음 각 호의 어느 하나에 해당하는 사람이 직무를 수행하면서 가정폭력범죄를 알게 된 경우에는 정당한 사유가 없으면 즉시 수사기관에 신고하여야 한다.

① 아동의 교육과 보호를 담당하는 기관의 종사자와 그 기관장

② 아동, 60세 이상의 노인, 그 밖에 정상적인 판단 능력이 결여된 사람의 치료 등을 담당하는 의료인 및 의료기관의 장

③ 「노인복지법」에 따른 노인복지시설, 「아동복지법」에 따른 아동복지시설, 「장애인복지법」에 따른 장애인복지시설의 종사자와 그 기관장

④ 「다문화가족지원법」에 따른 다문화가족지원센터의 전문인력과 그 장

⑤ 「결혼중개업의 관리에 관한 법률」에 따른 국제결혼중개업자와 그 종사자

⑥ 「소방기본법」에 따른 구조대ㆍ구급대의 대원

⑦ 「사회복지사업법」에 따른 사회복지 전담공무원

⑧ 「건강가정기본법」에 따른 건강가정지원센터의 종사자와 그 센터의 장

다. 「아동복지법」에 따른 아동상담소, 「가정폭력방지 및 피해자보호 등에 관한 법률」에 따른 가정폭력 관련 상담소 및 보호시설, 「성폭력방지 및 피해자보호 등에 관한 법률」에 따른 성폭력피해상담소 및 보호시설에 근무하는 상담원과 그 기관장은 피해자 또는 피해자의 법정대리인 등과의 상담을 통하여 가정폭력범죄를 알게 된 경우에는 가정폭력피해자의 명시적인 반대의견이 없으면 즉시 신고하여야 한다.

라. 누구든지 가정폭력범죄를 신고한 사람에게 그 신고행위를 이유로 불이익을 주어서는 아니 된다.

제2절 국가기관의 책무
(가정폭력방지법)

1. 긴급전화센터의 설치·운영 등 (제4조의6)

가. 여성가족부장관 또는 특별시장·광역시장·도지사·특별자치도지사는 다음 각 호의 업무 등을 수행하기 위하여 긴급전화센터를 설치·운영하여야 한다. 이 경우 외국어 서비스를 제공하는 긴급전화센터를 따로 설치·운영할 수 있다.
○ 피해자의 신고접수 및 상담
○ 관련 기관·시설과의 연계
○ 피해자에 대한 긴급한 구조의 지원
○ 경찰관서 등으로부터 인도받은 피해자 및 피해자가 동반한 가정구성원(이하 "피해자등"의 임시 보호
나. 여성가족부장관 또는 시·도지사는 긴급전화센터의 설치·운영을 대통령령으로 정하는 기관 또는 단체에 위탁할 수 있다.

2. 상담소의 업무 (제6조)

상담소의 업무는 다음 각 호와 같다.
가. 가정폭력을 신고받거나 이에 관한 상담에 응하는 일
나. 가정폭력을 신고하거나 이에 관한 상담을 요청한 사람과 그 가족에 대한 상담
다. 가정폭력으로 정상적인 가정생활과 사회생활이 어렵거나 그 밖에 긴급히 보호를 필요로 하는 피해자등을 임시로 보호하거나 의료기관 또는 제7조제1항에 따른 가정폭력피해자 보호시설로 인도(引渡)하는 일
라. 행위자에 대한 고발 등 법률적 사항에 관하여 자문하기 위한 대한변호사협회 또는 지방변호사회 및 「법률구조법」에 따른 법률 구조법인 등에 대한 필요한 협조와 지원의 요청
마. 경찰관서 등으로부터 인도받은 피해자등의 임시 보호
바. 가정폭력의 예방과 방지에 관한 교육 및 홍보
사. 그 밖에 가정폭력과 그 피해에 관한 조사·연구

3. 수사기관의 협조 (제9조의2)

긴급전화센터, 상담소 또는 보호시설의 장은 가정폭력행위자로부터 피해자 또는 그 상담원 등 종사자를 긴급히 구조할 필요가 있는 경우 관할 경찰관서의 장에게 그 소속

직원의 동행을 요청할 수 있다. 이 경우 요청을 받은 경찰관서의 장은 특별한 사유가 없으면 이에 따라야 한다.

4. 보호시설

가. 보호시설의 설치 (제7조)
① 국가나 지방자치단체는 가정폭력피해자 보호시설(이하 "보호시설"이라 한다)을 설치·운영할 수 있다.
② 「사회복지사업법」에 따른 사회복지법인(이하 "사회복지법인"이라 한다)과 그 밖의 비영리법인은 시장·군수·구청장의 인가(認可)를 받아 보호시설을 설치·운영할 수 있다.
③ 보호시설에는 상담원을 두어야 하고, 보호시설의 규모에 따라 생활지도원, 취사원, 관리원 등의 종사자를 둘 수 있다.

나. 보호시설의 종류 (제7조의2)
① 단기보호시설 : 피해자등을 6개월의 범위에서 보호하는 시설
② 장기보호시설 : 피해자등에 대하여 2년의 범위에서 자립을 위한 주거편의(住居便宜) 등을 제공하는 시설
③ 외국인보호시설 : 배우자가 대한민국 국민인 외국인 피해자등을 2년의 범위에서 보호하는 시설
④ 장애인보호시설 : 「장애인복지법」의 적용을 받는 장애인인 피해자등을 2년의 범위에서 보호하는 시설

다. 보호시설의 입소대상 등 (제7조의3)
보호시설의 입소대상은 피해자등으로서 다음 각 호의 어느 하나에 해당하는 경우로 한다.
① 본인이 입소를 희망하거나 입소에 동의하는 경우
② 「장애인복지법」 제2조에 따른 지적장애인이나 정신장애인, 그 밖에 의사능력이 불완전한 자로서 가정폭력행위자가 아닌 보호자가 입소에 동의하는 경우
③ 「장애인복지법」 제2조에 따른 지적장애인이나 정신장애인, 그 밖에 의사능력이 불완전한 자로서 상담원의 상담 결과 입소가 필요하나 보호자의 입소 동의를 받는 것이 적절하지 못하다고 인정되는 경우

라. 보호시설의 퇴소 (제7조의4)

　　보호시설에 입소한 자는 본인의 의사 또는 같은 조 제1항제2호에 따라 입소 동의를 한 보호자의 요청에 따라 보호시설을 퇴소할 수 있으며, 보호시설의 장은 입소한 자가 다음 각 호의 어느 하나에 해당하는 경우에는 퇴소를 명할 수 있다.

① 보호의 목적이 달성된 경우
② 보호기간이 끝난 경우
③ 입소자가 거짓이나 그 밖의 부정한 방법으로 입소한 경우
④ 보호시설 안에서 현저한 질서문란 행위를 한 경우

마. 보호시설의 업무 (제8조)

　　보호시설은 피해자등에 대하여 다음 각 호의 업무를 행한다. 다만, 피해자가 동반한 가정 구성원에게는 제1호 외의 업무 일부를 하지 아니할 수 있고, 장기보호시설은 피해자등에 대하여 제1호부터 제5호까지에 규정된 업무(주거편의를 제공하는 업무는 제외한다)를 하지 아니할 수 있다.

① 숙식의 제공
② 심리적 안정과 사회적응을 위한 상담 및 치료
③ 질병치료와 건강관리(입소 후 1개월 이내의 건강검진을 포함한다)를 위한 의료기관에의 인도 등 의료지원
④ 수사·재판과정에 필요한 지원 및 서비스 연계
⑤ 법률구조기관 등에 필요한 협조와 지원의 요청
⑥ 자립자활교육의 실시와 취업정보의 제공
⑦ 다른 법률에 따라 보호시설에 위탁된 사항
⑧ 그 밖에 피해자등의 보호를 위하여 필요한 일

사건 수사 및 처리요령

제1절 신고접수 및 고소의 특례

1. 신고접수

가. 누구든지 가정폭력범죄를 알게 된 때에는 신고할 수 있으며 관련 보호시설 및 상담소 관계자 등은 신고의무가 있다.

나. 피해자는 폭력행위자가 직계존속인 경우에도 신고·고소할 수 있다.

다. 피해자의 방문신고 시 즉시 처리(고소장 제출요구 행위 지양)한다.

라. 신고 접수자는 신고인이 대부분 급박한 상황에 있음을 감안하여 친절한 자세로 신속·정확하게 신고를 접수한다.

마. 신고내용을 정확히 확인한다(발생일시·장소, 범행의 수단과 방법, 흉기소지 여부, 피해사실, 현재상황 등).

바. 피해사실이나 현장상황 등 긴급을 요하는 사항을 우선 파악하여 필요시 즉각 구급차 등을 출동시킨다.

2. 사법경찰관리의 현장출동 등 (가정폭력방지법 제9조의4)

① 사법경찰관리는 가정폭력범죄의 신고가 접수된 때에는 지체 없이 가정폭력의 현장에 출동하여야 한다.

② 제1항에 따라 출동한 사법경찰관리는 피해자를 보호하기 위하여 신고된 현장 또는 사건 조사를 위한 관련 장소에 출입하여 관계인에 대하여 조사를 하거나 질문을 할 수 있다.

③ 가정폭력행위자는 제2항에 따른 사법경찰관리의 현장 조사를 거부하는 등 그 업무 수행을 방해하는 행위를 하여서는 아니 된다.

④ 제2항에 따라 출입, 조사 또는 질문을 하는 사법경찰관리는 그 권한을 표시하는 증표를 지니고 이를 관계인에게 내보여야 한다.

⑤ 제1항에 따른 현장출동 시 수사기관의 장은 긴급전화센터, 상담소 또는 보호시설의 장에게 가정폭력 현장에 동행하여 줄 것을 요청할 수 있고, 요청을 받은 긴급전화센터, 상담소 또는 보호시설의 장은 정당한 사유가 없으면 그 소속 상담원을 가정폭력 현장에 동행하도록 하여야 한다.

⑥ 제2항에 따라 조사 또는 질문을 하는 사법경찰관리는 피해자·신고자·목격자 등이 자유롭게 진술할 수 있도록 가정폭력행위자로부터 분리된 곳에서 조사하는 등 필요한 조치를 하여야 한다.

3. 고소에 관한 특례 (가정폭력처벌법 제6조)

① 피해자 또는 그 법정대리인은 가정폭력행위자를 고소할 수 있다. 피해자의 법정대리인이 가정폭력행위자인 경우 또는 가정폭력행위자와 공동으로 가정폭력범죄를 범한 경우에는 피해자의 친족이 고소할 수 있다.

② 피해자는 「형사소송법」 제224조에도 불구하고 가정폭력행위자가 자기 또는 배우자의 직계존속인 경우에도 고소할 수 있다. 법정대리인이 고소하는 경우에도 또한 같다.

③ 피해자에게 고소할 법정대리인이나 친족이 없는 경우에 이해관계인이 신청하면 검사는 10일 이내에 고소할 수 있는 사람을 지정하여야 한다.

제2절 응급조치

 I. 응급조치 방법 (가정폭력처벌법)

진행 중인 가정폭력범죄에 대하여 신고를 받은 사법경찰관리는 즉시 현장에 나가서 다음 각 호의 조치를 하여야 한다.

1. 폭력행위의 제지, 가정폭력행위자·피해자의 분리

1의2. 「형사소송법」 제212조에 따른 현행범인의 체포 등 범죄수사

2. 피해자를 가정폭력 관련 상담소 또는 보호시설로 인도(피해자가 동의한 경우만 해당한다)

3. 긴급치료가 필요한 피해자를 의료기관으로 인도

4. 폭력행위 재발 시 제8조에 따라 임시조치를 신청할 수 있음을 통보

5. 제55조의2에 따른 피해자보호명령 또는 신변안전조치를 청구할 수 있음을 고지

제55조의2(피해자보호명령 등) ① 판사는 피해자의 보호를 위하여 필요하다고 인정하는 때에는 피해자, 그 법정대리인 또는 검사의 청구에 따라 결정으로 가정폭력행위자에게 다음 각 호의 어느 하나에 해당하는 피해자보호명령을 할 수 있다.

  1. 피해자 또는 가정구성원의 주거 또는 점유하는 방실로부터의 퇴거 등 격리
  2. 피해자 또는 가정구성원이나 그 주거·직장 등에서 100미터 이내의 접근금지
  3. 피해자 또는 가정구성원에 대한 「전기통신사업법」 제2조제1호의 전기통신을 이용한 접근금지
  4. 친권자인 가정폭력행위자의 피해자에 대한 친권행사의 제한
  5. 가정폭력행위자의 피해자에 대한 면접교섭권행사의 제한

② 제1항 각 호의 피해자보호명령은 이를 병과할 수 있다.

③ 피해자, 그 법정대리인 또는 검사는 제1항에 따른 피해자보호명령의 취소 또는 그 종류의 변경을 신청할 수 있다.

II. 경찰관의 조치 (범죄수사규칙)

1. 경찰관은 가정폭력범죄 신고현장에서 가정폭력처벌법 제5조에 따른 응급조치를 취하되, 폭력행위 제지 시 가족 구성원과의 불필요한 마찰이나 오해의 소지가 없도록 유의한다.

2. 제1항의 응급조치를 취한 경찰관은 가정폭력 행위자의 성명, 주소, 생년월일, 직업, 피해자와의 관계, 범죄사실의 요지, 가정상황, 피해자와 신고자의 성명, 응급조치의 내용 등을 상세히 적은 응급조치보고서를 작성하여 사건기록에 편철하여야 한다.

○ ○ 경 찰 서

제 0000-00000 호   20○○. ○. ○.

수 신 :

참 조 :

제 목 : **응급조치보고**

행위자	성 명	( )		
	주민등록번호	(세)		
	직 업			
	주 거			
	피해자와의 관계			
	가 정 상 황	성명 : 행위자와의 관계 : 주거 :		
죄 명				
범 죄 사 실 요 지		별지와 같음		
피 해 자				
신 고 자				

　　위 사람에 대한 ○○ 피의사건에 관하여 신고를 받고 즉시 현장에 임하여 다음과 같은
응급조치를 취하였음을 보고합니다.

□ 폭력행위의 제지, 행위자·피해자의 분리 및 범죄수사

□ 피해자를 가정폭력관련상담소 또는 보호시설에 인도(피해자가 동의함)

□ 피해자를 의료기관에 인도하여 긴급치료를 받게 함

□ 폭력행위의 재발시 사법경찰관이 검사에게 다음과 같은 임시조치를 신청할 수 있음을
　　행위자에게 통보

　　· 피해자 또는 가정구성원의 주거 또는 점유하는 방실로부터 퇴거 등 격리

　　· 피해자의 주거, 직장 등에서 100미터 이내의 접근금지

　　· 제1호 또는 제2호의 임시조치 위반시 경찰관서 유치장 또는 구치소에의 유치

소 속 관 서

사법경찰관   계급

제3절 임시조치와 긴급임시조치

Ⅰ. 임시조치

1. 임시조치 신청 (경찰)

① 경찰관은 「가정폭력처벌법」 제8조에 따라 가정폭력범죄가 재발할 우려가 있다고 인정하는 때에는 별지 제115호서식의 임시조치 신청서(사전)에 따라 관할 지방검찰청 또는 지청의 검사에게 같은 법 제29조제1항제1호부터 제3호까지의 임시조치를 법원에 청구할 것을 신청할 수 있다.

② 경찰관은 제1항의 신청에 의해 결정된 임시조치를 위반하여 가정폭력범죄가 재발될 우려가 있다고 인정하는 때에는 관할 지방검찰청 또는 지청의 검사에게 「가정폭력처벌법」 제29조제1항제5호의 경찰관서 유치장 또는 구치소에 유치하는 임시조치를 법원에 청구할 것을 신청할 수 있다.

③ 경찰관은 임시조치 신청을 한 때에는 별지 제121호서식의 임시조치신청부에 소정의 사항을 적어야 한다.

④ 경찰관은 「가정폭력처벌법」 제29조의2제1항에 따라 임시조치의 결정을 집행할 때에는 그 일시 및 방법을 별지 제122호서식의 임시조치통보서에 적어 사건기록에 편철하여야 한다.

⑤ 경찰관은 임시조치 결정에 대하여 항고가 제기되어 법원으로부터 수사기록등본의 제출을 요구받은 경우 항고심 재판에 필요한 범위 내의 수사기록등본을 관할 검찰청으로 송부하여야 한다.

⑥ 경찰관은 「가정폭력처벌법」 제8조제3항에 따른 요청을 받고도 임시조치를 신청하지 않는 경우에는 별지 제115의3호서식의 임시조치 미신청 사유 통지서를 작성하여 관할 지방검찰청 또는 지청의 검사에게 통지하여야 한다.

2. 임시조치의 청구 등 (검사)

① 검사는 가정폭력범죄가 재발될 우려가 있다고 인정하는 경우에는 직권으로 또는 사법경찰관의 신청에 의하여 법원에 제29조제1항제1호·제2호 또는 제3호의 임시조치를 청구할 수 있다.

② 검사는 가정폭력행위자가 제1항의 청구에 의하여 결정된 임시조치를 위반하여 가정폭

력범죄가 재발될 우려가 있다고 인정하는 경우에는 직권으로 또는 사법경찰관의 신청에 의하여 법원에 제29조제1항제5호의 임시조치를 청구할 수 있다.

③ 제1항 및 제2항의 경우 피해자 또는 그 법정대리인은 검사 또는 사법경찰관에게 제1항 및 제2항에 따른 임시조치의 청구 또는 그 신청을 요청하거나 이에 관하여 의견을 진술할 수 있다.

④ 제3항에 따른 요청을 받은 사법경찰관은 제1항 및 제2항에 따른 임시조치를 신청하지 아니하는 경우에는 검사에게 그 사유를 보고하여야 한다.

※ 가정보호심판규칙

제10조(임시조치의 청구) ① 법 제8조의 규정에 의한 임시조치의 청구는 서면으로 하되 그 청구서에는 범죄사실의 요지 및 제29조제1항제1호, 제2호 또는 제4호의 임시조치를 필요로 하는 사유를 기재하고 이를 소명하여야 한다.
② 제1항의 청구를 받은 판사는 신속히 임시조치의 여부를 결정하여야 하고, 임시조치의 사유를 판단하기 위하여 필요하다고 인정하는 때에는 행위자·피해자·가정구성원 기타 참고인을 소환하거나 동행영장을 발부하여 필요한 사항을 조사·심리할 수 있다.
③ 제1항의 청구를 받은 판사가 임시조치 결정 또는 임시조치청구를 기각하는 결정을 한 때에는 결정서 등본을 검사에게 송달하고, 검사 또는 사법경찰관은 이를 수사기록에 편철하여야 한다.
④ 법원은 제1항의 청구에 의하여 임시조치를 결정할 때에는 검사·행위자·피해자에게 결정을 통지하여야 한다.
⑤ 검사가 사건을 가정보호사건으로 송치하는 때에는 이미 행하여진 임시조치는 그 효력을 잃지 않는다.
⑥ 검사가 사건을 기소, 불기소 또는 소년부에 송치하는 때에는 이미 행하여진 임시조치는 그 효력을 잃는다. 이 경우 검사는 그 취지를 행위자 및 피해자에게 통지하여야 한다.

---

3. 임시조치 (판사)

판사는 가정보호사건의 원활한 조사·심리 또는 피해자 보호를 위하여 필요하다고 인정하는 경우에는 결정으로 가정폭력행위자에게 다음 각 호의 어느 하나에 해당하는 임시조치를 할 수 있다.

① 피해자 또는 가정구성원의 주거 또는 점유하는 방실(房室)로부터의 퇴거 등 격리
② 피해자 또는 가정구성원이나 그 주거·직장 등에서 100미터 이내의 접근 금지
③ 피해자 또는 가정구성원에 대한 「전기통신기본법」 제2조제1호의 전기통신을 이용한 접근 금지
④ 의료기관이나 그 밖의 요양소에의 위탁
⑤ 국가경찰관서의 유치장 또는 구치소에의 유치
⑥ 상담소등에의 상담위탁

○ ○ 경 찰 서

제 호   20○○. ○. ○.

수 신 :

제 목 : 임시조치 신청(사전)

다음 사람에 대한 ○○ 피의사건에 관하여 「가정폭력범죄의 처벌 등에 관한 특례법」 제8조에 따른 임시조치의 청구를 신청하니 아래와 같은 임시조치를 조속히 청구하여 주시기 바랍니다.

행 위 자	성 명			
	주민등록번호			
	직 업		피해자 등 과의 관계	
	주 거			
	보 조 인 등			
피 해 자 등	성 명			
	주 거			
	직 장			
임시조치의 내 용 (중복신청가능)	[□]	피해자 또는 가정구성원의 주거 또는 점유하는 방실로부터 퇴거 등 격리(제1호)		
	[□]	피해자 또는 가정구성원이나 그 주거·직장 등에서 100미터 이내의 접근 금지(제2호) 기준지: [ ]주거 [ ]직장 [ ]학교·학원 [ ]보호시설 [ ]그 밖의 장소( )		
	[□]	피해자 또는 가정구성원에 대한 「전기통신기본법」 제2조제1호의 전기통신을 이용한 접근 금지(제3호)		
	[□]	국가경찰관서의 유치장 또는 구치소에의 유치(제5호)		
범 죄 사 실 의 요 지 및 임 시 조 치 가 필 요 한 사 유				

○ ○ 경 찰 서

사법경찰관   계급

임시조치 통보서 (가정폭력)

20○○. ○. ○.

1. 행 위 자

　　성 명 : ○○○ (○○세, 성별)

　　주 거 :

2. 피 해 자

　　성 명 : ○○○ (세, 성별)

　　주 거 :

　　직 장 :

3. 임시조치 통보일시· 장소 및 방법

　　일시· 장소: ○○○○. ○○. ○○.(요일) ○○:○○, 장소

　　방 법 : ○○○○ (예시 : 대상자 대면하여 통보, 전화상 통보 등)

4. 임시조치 결정내용 및 기간 (○○○○.○○.○○ ～ ○○○○.○○.○○, ○○법원)

[　] 1호. 피해자 또는 가정구성원의 주거 또는 점유하는 방실로부터의 퇴거 등 격리

[　] 2호. 피해자 또는 가정구성원의 주거, 직장 등에서 100미터 이내의 접근금지

[　] 3호. 피해자 또는 가정구성원에 대한 「전기통신기본법」 제2조제1호의 전기통신을 이
　　　　　용한 접근금지

　　※ 전기통신 : 유선·무선·광선 및 기타의 전자적 방식에 의하여 부호·문헌·음향 또는 영상 송·수신

[　] 4호. 의료기관이나 그 밖의 요양소에의 위탁

[　] 5호. 국가경찰관서의 유치장 또는 구치소에의 유치

5. 담 당 자

　　소 속 : ○○경찰서 ○○과 ○○계

　　성 명 : 계급 ○○○

※ 정당한 사유 없이 임시조치를 이행하지 않거나 위반할 경우, 가정폭력특례법 제8조 제2항에 의
　거하여 <u>임시조치 5호(유치장·구치소 유치) 신청</u> 또는 제65조 제4호에 의거하여 <u>500만원 이하</u>
　의 과태료가 부과됨을 함께 통보

※ 적의한 방법으로 임시조치 대상자에게 통보하고, 통보서는 수사기록에 편철

II. 긴급임시조치

1. 긴급임시조치

① 경찰관은 「가정폭력처벌법」 제8조2제1항에 따른 긴급임시조치를 할 때 가정폭력 재범 위험성을 판단하는 경우 가정폭력 위험성 조사표를 활용하여야 한다.

② 경찰관은 「가정폭력처벌법」 제8조의2제2항의 경우 긴급임시조치결정서에 따른다.

③ 긴급임시조치한 경우에는 가정폭력 행위자에게 긴급임시조치의 내용 등을 알려주고, 긴급임시조치 확인 및 통보서 상단의 긴급임시조치 확인서를 받아야 한다. 다만, 행위자가 확인서에 기명날인 또는 서명하기를 거부하는 때에는 경찰관이 확인서 끝부분에 그 사유를 적고 기명날인 또는 서명하여야 한다.

④ 경찰관은 제3항에 따라 긴급임시조치 확인서를 작성한 때에는 행위자에게 긴급임시조치 통보서를 교부하여야 한다. 다만, 통보서를 교부하지 못하는 경우 구두 등 적절한 방법으로 통지하여야 한다.

> ※ 가정폭력처벌법
> **제8조의2(긴급임시조치)** ① 사법경찰관은 제5조에 따른 응급조치에도 불구하고 가정폭력범죄가 재발될 우려가 있고, 긴급을 요하여 법원의 임시조치 결정을 받을 수 없을 때에는 직권 또는 피해자나 그 법정대리인의 신청에 의하여 제29조제1항제1호부터 제3호까지의 어느 하나에 해당하는 조치(이하 "긴급임시조치"라 한다)를 할 수 있다.
> ② 사법경찰관은 제1항에 따라 긴급임시조치를 한 경우에는 즉시 긴급임시조치결정서를 작성하여야 한다.
> ③ 제2항에 따른 긴급임시조치결정서에는 범죄사실의 요지, 긴급임시조치가 필요한 사유 등을 기재하여야 한다.

2. 긴급임시조치와 임시조치

① 경찰관이 「가정폭력처벌법」 제8조의3제1항에 따른 임시조치를 신청하는 경우에는 임시조치신청서(사후)를 작성하고, 긴급임시조치결정서, 긴급임시조치확인서, 가정폭력 위험성 조사표를 첨부하여 관할 지방검찰청 또는 지청의 검사에게 같은 법 제29조제1항제1호부터 제3호까지의 임시조치를 법원에 청구할 것을 신청한다.

② 경찰관이 「가정폭력처벌법」 제8조의3제2항에 따라 긴급임시조치를 취소한 경우 가정폭력 피해자 및 행위자에게 구두 등 적절한 방법으로 통지를 하여야 한다.

> ※ 가정폭력처벌법
> **제8조의3(긴급임시조치와 임시조치의 청구)** ① 사법경찰관이 제8조의2제1항에 따라 긴급임시조치를 한 때에는 지체 없이 검사에게 제8조에 따른 임시조치를 신청하고, 신청받은 검사는 법원에 임시조치를 청구하여야 한다. 이 경우 임시조치의 청구는 긴급임시조치를 한 때부터 48시간 이내에 청구하여야 하며, 제8조의2제2항에 따른 긴급임시조치결정서를 첨부하여야 한다.
> ② 제1항에 따라 임시조치를 청구하지 아니하거나 법원이 임시조치의 결정을 하지 아니한 때에는 즉시 긴급임시조치를 취소하여야 한다.

가정폭력 위험성 조사표

조사 전 유의사항

1. 가해자와 피해자를 장소적으로 분리한 상태에서 조사표를 작성해 주십시오.

2. 조사표 작성의 목적은 "피해자의 안전과 보호"라는 점을 설명하고, 주취 상태·진술 거부 등으로 조사가 어려운 경우는 확인 가능한 사안만 기록하여 주십시오.

3. 조사표는 가·피해자의 진술과 현장 상황을 토대로 작성해 주시고, 조사 결과가 사건 처리와 긴급임시조치의 근거가 될 수 있음을 안내해 주십시오.

4. 조사표의 각 문항은 피해자 진술, 육안 관찰, PDA 上 신고 이력·재발우려 가정 정보 등을 통해 확인 및 기록하여 주시고, 필요한 경우 문서·사진·동영상 등으로 증거를 확보해 주시기 바랍니다.

5. 아동학대 정황*이 발견되는 경우 「아동학대 체크리스트」를 활용, 세심하게 점검해 주세요.

    *만 18세 미만 아동에 대한 폭행(눈에 띄는 상처·멍 등)·유기·방임 등

6. 경청하는 자세로, 개방형 질문을 활용하여 주세요.

    "신고한 내용에 대해 구체적으로 모두 진술해주세요. 어떤 피해를 입으셨나요?"

    ※ 관련근거: 「가정폭력방지법」 제9조의4 '현장출입조사', 「가정폭력처벌법」 제5조 '응급조치'

Ⅰ. 기본정보	신고일시 :		사건번호 :	쌍방 □
피해자	성명	성별:	연락처:	
	국적: 한국 □ 기타: ( )		생년월일:	
가해자	성명	성별:	연락처:	
	국적: 한국 □ 기타: ( )		생년월일:	
주소지: 신고지 동일 □ *직접입력(상세주소):			관계:	
			아동 유무: 있음□ 없음□	

Ⅱ. 사건처리 참고기준

범죄 유형	해당함
1. 상해(타박상, 골절, 혈흔, 응급실 내원 등)	☐
2. 특수폭행·협박(흉기사용)	☐
3. 상습폭행·협박(2회 이상 폭행·협박)	☐
4. 손괴(물건 파손)	☐
5. 보호처분·피해자보호명령(격리·접근금지) 위반 ※「가정폭력처벌법」제63조 위반죄 해당	☐
6. 일반폭행·협박(존속폭행·협박 포함)	☐
7. 긴급임시조치·임시조치(격리·접근금지) 위반	☐

※ 범죄 유형에 따른 조치 기준

△1~5번 → 체포·임의동행·발생보고 △6번 → 발생보고(형사처벌뿐 아니라 가해자 성행교정을 위한 보호처분[가정보호사건]이 가능함을 안내했음에도 명시적으로 사건접수를 원치 않는 경우에 만 현장종결) △7번 → 퇴거 조치 후 위반자 통보서 작성하여 여청수사팀 송부

Ⅲ. 긴급임시조치 결정문항   ※ 1개만 해당할 경우에도 긴급임시조치 적극 실시

조사 방법	조사 내용	해당함
경찰관 확인· 판단	1. 피해자에게 치료가 필요한 정도의 뚜렷한 외상(상해)이 확인 되거나 가해자가 흉기 등 위험한 물건을 소지(특수폭행·협박)한 것이 확인됨	☐
	2. 가해자가 출입문 개방에 협조하지 않고, 피해자를 대면한 결과 가정폭력 범죄 피해가 확인됨	☐
	3. 파편, 집기류의 심각한 파손 등 주변 잔여물을 볼 때 가정 폭력 범죄가 의심되고 위험성이 있다고 판단됨	☐

구분	유형	조사 내용	예	아니오	확인 안됨
경찰관 확인· 판단	경찰에 대한 저항	1. 가해자가 현장에 출동한 경찰관을 상대로 비협 조적인 태도를 보임	☐	☐	☐
	정당성 주장	2. 가해자가 가정폭력 행위를 피해자의 탓으로 돌 리며 어쩔 수 없는 행위였다고 주장함	☐	☐	☐
피해자 대상 질문	신고전력	3. 이전에도 가정폭력으로 신고한 적이 있나요?	☐	☐	☐
	일반적 폭력성	4. 가해자가 가족구성원 들을 포함한 다른 사람들 과 자주 다투거나, 폭력적인 성향을 보이나요?	☐	☐	☐
	알코올 등 약물사용	5. 가해자가 일주일에 술을 주 3회 이상 마시 거나 기타 약물*을 과다하게 사용하나요? * 향정신성 의약품(마약, 수면제 등), 불법 약물(본드, 가스 등)	☐	☐	☐
	자살암시	6. 가해자가 선생님 탓을 하며 죽겠다고 말하거 나 죽으려고 시도한 적 있나요?	☐	☐	☐
	지배 성향	7. 가해자가 선생님께서 다른 사람을 만나지 못하 도록 하거나 일거수일투족을 보고하게 하나요?	☐	☐	☐
	가해자에 대한 공포	8. 가해자의 손에 죽을 수도 있겠다고 느낀 적 이 있나요?	☐	☐	☐
	피해자 건강	9. 가해자와의 문제로 몸이나 마음에 불편한 곳 이 있나요?	☐	☐	☐
총 점			(		) 점

Ⅳ. 긴급임시조치 평가 기준   ※ 총점 5점 이상인 경우 긴급임시조치 적극 실시

※ 가정폭력 현장조사와 응급조치가 마무리되면 '가정폭력 피해자 권리 및 지원 안내서'를 피
  해자에게 문자로 전송하거나 직접 전달하고 그 내용을 안내해 주십시오.
※ 조사표상 제시된 사건처리·긴급임시조치 기준대로 처리하기 어려운 경우 그 사유를 종결내
  용에 상세히 기록해 주십시오. (기록된 내용은 사후 콜백 시 참고자료로 활용됩니다)

조사자 성명·계급		소속	

긴 급 임 시 조 치 결 정

제 0000-000000 호   20○○. ○. ○.

행위자	성 명		주민등록번호	
	직 업			
	주 거			
변 호 인				

위 사람에 대한 ○○○○ 피의사건에 관하여 「가정폭력범죄의 처벌 등에 관한 특례법」 제8조의2 제1항에 따라 다음과 같이 긴급임시조치를 결정함

[□] 피해자 또는 가정구성원의 주거 또는 점유하는 방실로부터의 퇴거 등 격리
[□] 피해자 또는 가정구성원의 주거, 직장 등에서 100미터 이내의 접근금지
[□] 피해자 또는 가정구성원에 대한 「전기통신기본법」 제2조제1호의 전기통신을 이용한 접근금지

피해자	성 명	
	주 거	
	직 장	
긴급임시조치 결정근거	□ 피해자 □ 피해자의 법정대리인 □ 사법경찰관 직권	
긴급임시조치 일시 및 장소	일시 :	
	장소 :	
범죄사실의 요지 및 긴급임시조치를 필요로 하는 사유		

소속관서

사법경찰관   계급

긴급임시조치 확인서(가정폭력)

행 위 자	성 명		주민등록번호	
	주 거			

본인은 경 에서 아래 항목의
긴급임시조치 결정에 대해 고지받았음을 확인합니다.

[□] 피해자 또는 가정구성원의 주거 또는 점유하는 방실로부터의 퇴거 등 격리

[□] 피해자 또는 가정구성원의 주거, 직장 등에서 100미터 이내의 접근금지

[□] 피해자 또는 가정구성원에 대한 「전기통신기본법」 제2조제1호의 전기통신을 이용한 접근금지(전화, 이메일, SNS 등을 이용한 접근금지)

20○○. ○. ○.
위 확인인   (인)

위 대상자에 대해 긴급임시조치 결정을 하면서, 위 결정 내용을 고지하였음.
(고지한 내용을 확인하였으나 정당한 이유없이 서명 또는 기명날인을 거부함)

소속관서   사법경찰관(리)   (인)

※ 아래 긴급임시조치 통보서는 잘라서 대상자에게 교부하여 주시기 바랍니다.

------------------------- (자르는 선) -----------------------------

긴급임시조치 통보서(가정폭력)

[□] 피해자 또는 가정구성원의 주거 또는 점유하는 방실로부터의 퇴거 등 격리

[□] 피해자 또는 가정구성원의 주거, 직장 등에서 100미터 이내의 접근금지

[□] 피해자 또는 가정구성원에 대한 「전기통신기본법」 제2조제1호의 전기통신을 이용한 접근금지(전화, 이메일, SNS 등을 이용한 접근금지)

※ 경찰의 긴급임시조치 결정사항 위반시 300만원 이하의 과태료가 부과될 수 있습니다. 긴급임시조치 결정시 지체없이 법원에 임시조치가 청구되며, 법원의 임시조치 결정사항 위반시 500만원 이하의 과태료가 부과되거나 경찰관서 유치장 또는 구치소에 유치될 수 있습니다.

20○○. ○. ○.
소속관서   사법경찰관(리)   (인)

○ ○ 경 찰 서

제 호   20○○. ○. ○.
수 신 :

제 목 : 임시조치 신청(사후)

다음 사람에 대한   피의사건에 관하여 긴급임시조치 후 「가정폭력범죄의 처벌 등
에 관한 특례법」 제8조의3 제1항에 따른 임시조치의 청구를 신청하니 아래와 같은 임시
조치를 조속히 청구하여 주시기 바랍니다.

행위자	성 명	
	주민등록번호	
	직 업	피해자 등 과의 관계	
	주 거	
	보조인등	
피해자등	성 명	
	주 거	
	직 장	
임시조치의 내 용 (중복신청가능)	[□]	피해자 또는 가정구성원의 주거 또는 점유하는 방실로부터 퇴거 등 격리(제1호)
	[□]	피해자 또는 가정구성원이나 그 주거·직장 등에서 100미터 이내의 접근 금지(제2호) 기준지: [ ]주거 [ ]직장 [ ]학교·학원 [ ]보호시설 [ ]그 밖의 장소( )
	[□]	피해자 또는 가정구성원에 대한 「전기통신기본법」 제2조제1호의 전기통신을 이용한 접근 금지(제3호)
긴급임시조치	일 시	
	내용·사유	
	집 행 자 의 관직 · 성명	
범 죄 사 실 의 요 지 및 임 시 조 치 가 필 요 한 사 유		

○ ○ 경 찰 서

사법경찰관   계급

제4절 보호처분

 Ⅰ. 보호처분의 결정 등 (가정폭력처벌법 제40조)

판사는 심리의 결과 보호처분이 필요하다고 인정하는 경우에는 결정으로 다음 각 호의 어느 하나에 해당하는 처분을 할 수 있다.

1. 가정폭력행위자가 피해자 또는 가정구성원에게 접근하는 행위의 제한

2. 가정폭력행위자가 피해자 또는 가정구성원에게 「전기통신기본법」 제2조제1호의 전기통신을 이용하여 접근하는 행위의 제한

3. 가정폭력행위자가 친권자인 경우 피해자에 대한 친권 행사의 제한

4. 「보호관찰 등에 관한 법률」에 따른 사회봉사·수강명령

5. 「보호관찰 등에 관한 법률」에 따른 보호관찰

6. 법무부장관 소속으로 설치한 감호위탁시설 또는 법무부장관이 정하는 보호시설에의 감호위탁

7. 의료기관에의 치료위탁

8. 상담소등에의 상담위탁

Ⅱ. 보호처분의 기간과 집행

1. 보호처분의 기간

제40조제1항제1호부터 제3호까지 및 제5호부터 제8호까지의 보호처분의 기간은 6개월을 초과할 수 없으며, 같은 항 제4호의 사회봉사·수강명령의 시간은 200시간을 각각 초과할 수 없다.

2. 보호처분 결정의 집행

① 법원은 가정보호사건조사관, 법원공무원, 사법경찰관리, 보호관찰관 또는 수탁기관 소속 직원으로 하여금 보호처분의 결정을 집행하게 할 수 있다.

② 보호처분의 집행에 관하여 이 법에서 정하지 아니한 사항에 대하여는 가정보호사건의 성질에 위배되지 아니하는 범위에서 「형사소송법」, 「보호관찰 등에 관한 법률」 및 「정신건강증진 및 정신질환자 복지서비스 지원에 관한 법률」을 준용한다.

III. 보호처분의 변경과 취소

1. 보호처분의 변경

① 법원은 보호처분이 진행되는 동안 필요하다고 인정하는 경우에는 직권으로 또는 검사, 보호관찰관 또는 수탁기관의 장의 청구에 의하여 결정으로 한 차례만 보호처분의 종류와 기간을 변경할 수 있다.

② 제1항에 따라 보호처분의 종류와 기간을 변경하는 경우 종전의 처분기간을 합산하여 제40조제1항제1호부터 제3호까지 및 제5호부터 제8호까지의 보호처분의 기간은 1년을, 같은 항 제4호의 사회봉사·수강명령의 시간은 400시간을 각각 초과할 수 없다.

③ 제1항의 처분변경 결정을 한 경우에는 지체 없이 그 사실을 검사, 가정폭력행위자, 법정대리인, 보조인, 피해자, 보호관찰관 및 수탁기관에 통지하여야 한다.

2. 보호처분의 취소

법원은 보호처분을 받은 가정폭력행위자가 제40조제1항제4호부터 제8호까지의 보호처분 결정을 이행하지 아니하거나 그 집행에 따르지 아니하면 직권으로 또는 검사, 피해자, 보호관찰관 또는 수탁기관의 장의 청구에 의하여 결정으로 그 보호처분을 취소하고 다음 각 호의 구분에 따라 처리하여야 한다.

① 제11조에 따라 검사가 송치한 사건인 경우에는 관할 법원에 대응하는 검찰청의 검사에게 송치

② 제12조에 따라 법원이 송치한 사건인 경우에는 송치한 법원에 이송

3. 보호처분의 종료

법원은 가정폭력행위자의 성행이 교정되어 정상적인 가정생활이 유지될 수 있다고 판단되거나 그 밖에 보호처분을 계속할 필요가 없다고 인정하는 경우에는 직권으로 또는 검사, 피해자, 보호관찰관 또는 수탁기관의 장의 청구에 의하여 결정으로 보호처분의 전부 또는 일부를 종료할 수 있다.

제5절 동행영장 집행

1. 경찰관은 「가정폭력처벌법」 제27조제1항에 따른 법원의 요청이 있는 경우 동행영장을 집행하여야 한다.

2. 경찰관은 동행영장을 집행하는 때에는 피동행자에게 동행영장을 제시하고 신속히 지정된 장소로 동행하여야 한다.

3. 경찰관은 동행영장을 소지하지 않은 경우 급속을 요하는 때에는 피동행자에게 범죄사실과 동행영장이 발부되었음을 고지하고 집행할 수 있다. 이 경우에는 집행을 완료한 후 신속히 동행영장을 제시하여야 한다.

4. 경찰관은 동행영장을 집행한 때에는 동행영장에 집행일시와 장소를, 집행할 수 없는 때에는 그 사유를 각각 적고 기명날인 또는 서명하여야 한다.

※ 가정폭력처벌법

제24조(소환 및 동행영장) ① 판사는 조사·심리에 필요하다고 인정하는 경우에는 기일을 지정하여 가정폭력행위자, 피해자, 가정구성원, 그 밖의 참고인을 소환할 수 있다.

② 판사는 가정폭력행위자가 정당한 이유 없이 제1항에 따른 소환에 응하지 아니하는 경우에는 동행영장을 발부할 수 있다.

제25조(긴급동행영장) 판사는 가정폭력행위자가 소환에 응하지 아니할 우려가 있거나 피해자 보호를 위하여 긴급히 필요하다고 인정하는 경우에는 제24조제1항에 따른 소환 없이 동행영장을 발부할 수 있다.

제26조(동행영장의 방식) 동행영장에는 가정폭력행위자의 성명, 생년월일, 주거, 행위의 개요, 인치(引致)하거나 수용할 장소, 유효기간 및 그 기간이 지난 후에는 집행에 착수하지 못하며 영장을 반환하여야 한다는 취지와 발부 연월일을 적고 판사가 서명·날인하여야 한다.

제27조(동행영장의 집행 등) ① 동행영장은 가정보호사건조사관이나 법원의 법원서기관·법원사무관·법원주사·법원주사보(이하 "법원공무원"이라 한다) 또는 사법경찰관리로 하여금 집행하게 할 수 있다.

② 법원은 가정폭력행위자의 소재가 분명하지 아니하여 1년 이상 동행영장을 집행하지 못한 경우 사건을 관할 법원에 대응하는 검찰청 검사에게 송치할 수 있다.

③ 법원은 동행영장을 집행한 경우에는 그 사실을 즉시 가정폭력행위자의 법정대리인 또는 보조인에게 통지하여야 한다.

제6절 신변안전조치

1. 신변안전조치의 청구 등

① 「가정폭력범죄의 처벌 등에 관한 특례법」(이하 "법"이라 한다) 제55조의2제5항에 따른 신변안전조치의 청구 및 요청은 각각 별지 제1호서식의 신변안전조치 청구서 및 별지 제2호서식의 신변안전조치 요청서로 하여야 한다. 다만, 긴급한 경우에는 구두(口頭)로 또는 전화 등으로 할 수 있으며, 사후에 지체 없이 관련 서면을 제출하거나 송부하여야 한다.

제55조의2(피해자보호명령 등) ⑤ 법원은 피해자의 보호를 위하여 필요하다고 인정하는 경우에는 피해자 또는 그 법정대리인의 청구 또는 직권으로 일정 기간 동안 검사에게 피해자에 대하여 다음 각 호의 어느 하나에 해당하는 신변안전조치를 하도록 요청할 수 있다. 이 경우 검사는 피해자의 주거지 또는 현재지를 관할하는 경찰서장에게 신변안전조치를 하도록 요청할 수 있으며, 해당 경찰서장은 특별한 사유가 없으면 이에 따라야 한다.
1. 가정폭력행위자를 상대방 당사자로 하는 가정보호사건, 피해자보호명령사건 및 그 밖의 가사소송절차에 참석하기 위하여 법원에 출석하는 피해자에 대한 신변안전조치
2. 자녀에 대한 면접교섭권을 행사하는 피해자에 대한 신변안전조치
3. 그 밖에 피해자의 신변안전을 위하여 대통령령으로 정하는 조치

---

② 제1항에 따른 신변안전조치를 청구하거나 요청할 때에는 신변안전조치가 필요한 사유, 신변안전조치의 종류 및 기간을 구체적으로 기재하여야 하며, 그 내용을 입증할 수 있는 자료 등을 첨부할 수 있다.

2. 신변안전조치의 종류

법 제55조의2제5항제3호에서 "그 밖에 피해자의 신변안전을 위하여 대통령령으로 정하는 조치"란 다음 각 호의 조치를 말한다.
① 피해자를 보호시설이나 치료시설 등으로 인도
② 참고인 또는 증인 등으로 법원 출석·귀가 시 또는 면접교섭권 행사 시 동행
③ 다음 각 목의 조치 등 피해자의 주거에 대한 보호
　가. 피해자의 주거에 대한 주기적 순찰
　나. 폐쇄회로 텔레비전의 설치
④ 그 밖에 피해자의 신변안전에 필요하다고 인정되는 조치

3. 신변안전조치 종류의 변경 청구 등

① 피해자 또는 그 법정대리인은 신변안전조치 종류의 변경이 필요하거나 또는 추가적인 신변안전조치가 필요한 경우 별지 제3호서식으로 법원에 신변안전조치의 종류 변경 또는 신변안전조치의 추가를 청구할 수 있다. 이 경우 제2조제1항 단서 및 제2항을 준용한다.

② 피해자 또는 그 법정대리인은 신변안전조치의 기간 중에 신변안전조치의 연장이 필요한 사유 및 그 기간을 구체적으로 기재하여 별지 제3호서식으로 법원에 신변안전조치의 연장을 청구할 수 있다. 이 경우 제2조제1항 단서 및 제2항을 준용한다.

③ 법원은 피해자 보호를 위하여 신변안전조치의 종류 변경, 신변안전조치의 추가 또는 기간 연장이 필요하다고 인정하는 경우에는 직권으로 또는 제1항·제2항에 따른 청구에 의하여 별지 제2호서식으로 검사에게 신변안전조치의 종류 변경, 신변안전조치의 추가 또는 기간 연장을 요청할 수 있다. 이 경우 제2조제1항 단서 및 제2항을 준용한다.

4. 신변안전조치의 집행 방법

① 검사는 법원으로부터 법 제55조의2제5항 전단 또는 이 영 제4조제3항에 따른 요청을 받은 경우에는 별지 제2호서식으로 피해자의 주거지 또는 현재지를 관할하는 경찰서장에게 해당 조치를 하도록 요청할 수 있다. 이 경우 제2조제1항 단서 및 제2항을 준용한다.

② 제1항에 따라 신변안전조치를 요청받은 경찰서장은 신변안전조치의 필요성이 소멸하는 등 특별한 사유가 없으면 제1항에 따라 검사가 요청한 조치를 하여야 한다.

5. 신변안전조치의 이행 통보 등

① 경찰서장이 법 제55조의2제5항에 따른 신변안전조치 및 제5조에 따른 조치를 하였을 때에는 지체 없이 그 조치를 요청한 검사에게 별지 제4호서식의 신변안전조치 이행 통보서로 통보하여야 한다.

② 검사는 제1항에 따른 통보를 받았을 때에는 제5조제1항에 따른 요청을 한 법원에 그 사실을 별지 제4호서식의 신변안전조치 이행 통보서로 통보하여야 한다.

③ 제1항과 제2항에 따른 통보 서류 및 신변안전조치와 관련된 서류는 공개해서는 아니 된다.

신변안전조치 청구서

※ [ ]에는 해당하는 곳에 √표를 합니다.

관련 사건번호	

청구인	성명		직업	
	생년월일		전화번호	
	주소			
	신변안전조치 대상자와의 관계			

신변안전 조치대상자	성명		직업	
	생년월일		전화번호	
	주소 ([ ] 주거지, [ ] 현재지)			
	가정폭력행위자와의 관계			
	근거	1. 가정폭력행위자를 상대방 당사자로 하는 가정보호사건, 피해자보호명령사건 및 그 밖의 가사소송절차 참석 [ ] 2. 자녀에 대한 면접교섭권 행사 [ ] 3. 기타[ ]		

청구내용	사유	종류	기간
첨부서류			

「가정폭력범죄의 처벌 등에 관한 특례법」 제55조의2제5항 및 같은 법 시행령 제2조제1항에 따라 위와 같이 신변안전조치를 청구합니다.

년   월   일

주소
청구인 성명   (서명 또는 인)

○○○○법원 (○○지원)   귀하

처 리 절 차

청구서 작성	→	접 수 · 검 토	→	요 청	→	접 수 · 검 토	→	요 청	→	해당 조치
청구인		법 원				검 사				관할 경찰서장

신변안전조치 요청서

관련 사건번호	

<table>
<tr><td rowspan="11">신 변 안 전
조 치 대 상 자</td><td>성명</td><td colspan="2">직업</td></tr>
<tr><td>생년월일</td><td colspan="2">전화번호</td></tr>
<tr><td colspan="3">주소 ([ ] 주거지, [ ] 현재지)</td></tr>
<tr><td colspan="3">가정폭력행위자와의 관계</td></tr>
<tr><td rowspan="3">근거</td><td colspan="2">1. 가정폭력행위자를 상대방 당사자로 하는 가정보호사건, 피해자 보호명령사건 및 그 밖의 가사소송절차 참석 (   )</td></tr>
<tr><td colspan="2">2. 자녀에 대한 면접교섭권 행사 (   )</td></tr>
<tr><td colspan="2">3. 기타 (   )</td></tr>
</table>

요 청 사 유	[ ] 직권, [ ] 청구 (○○○)	

<table>
<tr><td rowspan="5">요 청 조 치</td><td rowspan="4">[ ] 신규

[ ] 연장

[ ] 추가

[ ] 변경</td><td>1. 피해자 보호시설이나 치료시설 등으로의 인도
(   )</td></tr>
<tr><td>2. 출석·귀가 시 또는 면접교섭권 행사 시 동행
(   )</td></tr>
<tr><td>3. 주거에 대한 주기적 순찰
(   )</td></tr>
<tr><td>4. CCTV의 설치
(   )</td></tr>
<tr><td>5. 그 밖에 피해자의 신변안전에 필요하다고 인정되는 조치
(   )</td></tr>
</table>

요 청 기 간	

「가정폭력범죄의 처벌 등에 관한 특례법」 제55조의2제5항 및 같은 법 시행령 ([ ] 제2조제1항 또는 제4조제3항, [ ] 제5조제1항)에 따라 위와 같이 신변안전조치를 요청합니다.

년   월   일

○○법원 (○○지원) 판사 ○ ○ ○
또는 ○○○○검찰청 (○○지청) 검사 ○ ○ ○

(서명 또는 인)

○○경찰서장   귀하

신변안전조치 (변경[　], 추가[　], 연장[　]) 청구서

※ [　]에는 해당하는 곳에 √표를 합니다.

관련 사건번호		

	성 명		직 업	
청구인	생년월일		전화번호	
	주 소			
	신변안전조치 대상자와의 관계			

	성 명	직 업
신변안전조치대상자	생년월일	전화번호
	주 소 ([　] 주거지, [　] 현재지)	
	가정폭력행위자와의 관계	
	근 거	1. 가정폭력행위자를 상대방 당사자로 하는 가정보호사건, 피해자보호명령사건 및 그 밖의 가사소송절차 참석 [　] 2. 자녀에 대한 면접교섭권 행사 [　] 3. 기타 [　]

청 구 내 용 (기존신변안전조치, 변경조치 등)	
첨 부 서 류	

「가정폭력범죄의 처벌 등에 관한 특례법」 제55조의2제5항 및 같은 법 시행령 제4조제1항 또는 제2항에 따라 위와 같이 신변안전조치를 (변경, 추가, 연장) 청구합니다.

년　　　월　　　일

주소
청구인 성명　　　　　　　　　　(서명 또는 인)

○○○○법원 (○○지원) 귀하

처 리 절 차

청구서 작성	→	접수 · 검토	→	요청	→	접수 · 검토	→	요청	→	해당 조치
청구인		법 원				검 사				관할경찰서장

신변안전조치 이행 통보서

관 련 사건번호	
신 변 안 전 조 치 대 상 자	
요 청 내 용	
조 치 내 용	

        년   월   일 요청한 신변안전조치를 위와 같이 이행하였기에 「가정폭력범죄의 처벌 등에 관한 특례법」 제55조의2제5항 및 같은 법 시행령 ([ ] 제6조제1항, [ ] 제6조제2항)에 따라 이를 통보합니다.

년   월   일

○○○○경찰서장 ○ ○ ○
또는 ○○○○검찰청 (○○지청) 검사 ○ ○ ○   (서명 또는 인)

  ○○○○검찰청 (○○지청) 검사   귀하
또는 ○○○○법원 (○○지원)

제7절 바람직한 처리방법

I. 수사 시 유의사항

1. 경찰관은 가정폭력 범죄를 수사함에 있어서는 보호처분 또는 형사처분의 심리를 위한 특별자료를 제공할 것을 염두에 두어야 하며, 가정폭력 피해자와 가족구성원의 인권보호를 우선하는 자세로 임하여야 한다.

2. 경찰관은 가정폭력범죄 피해자 조사 시 피해자의 연령, 심리상태 또는 후유장애의 유무 등을 신중하게 고려하여 가급적 진술녹화실 등 별실에서 조사하여 심리적 안정을 취할 수 있는 분위기를 조성하고, 피해자의 조사과정에서 피해자의 인격이나 명예가 손상되거나 개인의 비밀이 침해되지 않도록 주의하여야 한다.

3. 가정폭력 피해자에 대한 조사는 수사상 필요한 최소한도로 실시하여야 한다.

4. 환경조사서의 작성
   경찰관은 가정폭력범죄를 수사함에 있어서는 범죄의 원인 및 동기와 행위자의 성격·행상·경력·교육정도·가정상황 그 밖의 환경 등을 상세히 조사하여 별지 제117호서식의 가정환경조사서를 작성하여야 한다.

가정환경조사서

제 0000-00000 호   0000.00.00.

조 사 자	

1. 인적사항

사건번호		죄 명			
성 명		주민등록번호	888888-8888888	직 업	
주 소					
전화번호	(자 택) (핸드폰)			학 력	

2. 가족상황

관계	성 명	연령	성별	학 력	직 업	기 타

3. 혼인상황 및 생활환경

혼 인 상 황	
생계비조달방법	
주 거 환 경	

4. 가정폭력상황

최 초 갈 등 발 생 원 인		
본건 범행 전 가 정 불화및폭력 횟 수		
가 정 불 화 해 결 을 위 한 노 력 유 무		
본 건 범 죄 의 원 인 및 동 기		
행위자심신상태	음 주 상 황	
	약 물 복 용 여 부	
	성 격 문 제	
	정 신 장 애 유 무	
범 죄 후 정 황		

5. 재범의 위험성 및 가정유지 의사 유무

가 정 유 지 의 사 유 무	
임 시 조 치 결 정 시 기 거 할 장 소 유 무	
상 담 소 상 담 희 망 여 부	
기 타 참 고 사 항	
재 범 위 험 성	

6. 조사자 의견

Ⅱ. 가정폭력사건의 처리요령

1. 신고 접수

가. 누구든지 가정폭력범죄를 알게 된 때에는 신고할 수 있으며 관련 보호시설 및 상담소 관계자 등은 신고의무가 있다.

나. 피해자는 폭력행위자가 직계존속인 경우에도 신고·고소할 수 있다.

다. 피해자의 방문신고 시 즉시 처리(고소장 제출요구 행위 지양)한다.

라. 신고 접수자는 신고인이 대부분 급박한 상황에 있음을 감안하여 친절한 자세로 신속·정확하게 신고를 접수한다.

마. 신고내용을 정확히 확인한다(발생일시·장소, 범행의 수단과 방법, 흉기소지 여부, 피해사실, 현재상황 등).

바. 피해사실이나 현장상황 등 긴급을 요하는 사항을 우선 파악하여 필요시 즉각 구급차 등을 출동시킨다.

2. 출동 및 현장 응급조치

가. 신고접수시는 사안의 경중을 불문하고 즉시 신속하게 현장출동 한다.

나. 신고접수시 현장상황을 파악, 필요한 경찰장구를 휴대 출동한다.

다. 현장 출동하여 응급조치시 반드시 행위자와 피해자를 분리하여 조사

라. 피해자에게 "폭력행위 재발시 행위자에 대해 퇴거 등 격리와 접근금지를 신청할 수 있고, 행위자가 이를 위반시 경찰관서 유치장 또는 구치소에 유치할 수 있는 임시조치를 신청할 수 있음"을 통보하고, 행위자에게도 이 내용을 엄중 경고

마. 신고접수·현장출동시 폭력행위는 발생하지 않고 단순히 격리 또는 접근금지의 임시조치위반 사안인 경우는 피해자에게 임시조치를 신청했던 경찰서 담당부서에 유치장 유치의 임시조치를 신청하도록 안내하거나 담당부서에 연계

바. 임장 즉시 폭력행위의 제지 및 범죄수사에 착수한다.

  ○ 주거 침입이라고 항의하거나 문을 열어주지 않는 경우라도 폭력행위가 진행 중이거나 위급한 경우에는 경찰상 즉시강제 원리에 입각, 강제로 문을 열고 들어가서라도 폭력행위 제지

  ○ 신속·강력하게 폭력행위를 제지하되 가족 구성원과 불필요한 마찰이나 오해의 소지가 없도록 유의

사. 피해자 동의시 피해자를 가정폭력 관련 상담소 또는 보호시설에 인도한다.

아. 긴급치료가 필요한 피해자는 신속히 의료기관에 인도한다.

3. 바람직한 처리방법

가. 피해자가 사건처리를 원하지 않더라도 가해자 체포, 경찰관서로의 동행등 즉각적이고 적극적인 처리가 요구되는 경우

- 현재 폭력행위가 진행 중이거나 가해자의 폭언·위협이 지속되는 경우
- 피해자가 외관상 확인가능할 정도의 심한 상해를 입은 경우
- 가해자가 흉기 등을 사용하여 피해자를 폭행한 경우
- 당사자간 다툼이 계속되고 있어 현장에서 경찰 철수 후 폭력이 재발할 위험성이 있다고 판단되는 경우
- 평소 가정폭력이 빈발하여 이웃 등에서 신고한 경우
- 피해자가 청소년이나 아동으로 가정내에 피해자를 보호할 가족구성원이 없는 경우
  ☞ 반드시 [아동학대예방센타]에 인계
- 피해자가 지속적으로 불안한 태도를 보이는 등 피해자의 처벌불원 의사가 가해자의 위협이나 앞으로의 폭력우려 때문으로 판단되는 경우
- 현장에 도착했을 때 피해자가 피신해 있고, 가해자의 심리상태가 불안정하여 폭력이 재발할 위험성이 있는 경우
- 현장 도착시 가해자가 문을 열어주지 않거나, 경찰의 개입에 적극 항의하는 등 폭력의 정황이 지속되고 있다고 판단되는 경우
- 주변에 사람들이 다수 모여 있는 등 심한 폭력이 행사되었다고 판단되는 경우

나. 피해자가 즉각적인 조치를 원하지 않아 사후 진술확보, 고소 등을 받아 처리하는 것이 바람직한 경우

- 피해자의 부상정도나 폭행의 정도가 경미한 경우
- 주변의 물건이 흐트러짐이 없는 등 사소한 다툼으로써 경찰이 철수하여도 폭력이 재발할 위험성이 없다고 판단되는 경우
- 가정내에 피해자를 보호할 가족구성원이 있고 피해자가 진지하게 경찰의 개입을 원치 않는 경우
- 이전에 가정폭력 경력이 없고 단순·우발적으로 발생한 것으로 판단되는 경우
- 현장도착시 폭력상황이 이미 종료되고 당사자들이 심리적 안정을 회복하여 대화가 가능한 경우
- 피해자가 사건처리를 원치 않으면서 보호시설 등으로 가기를 희망해 보호시설 등으로 인도하는 경우
- 가해자가 자신의 잘못을 진지하게 반성하고 있는 경우

4. 가정폭력사건 조사

가. 담당경찰관은 파괴된 가정의 평화와 안정을 회복하고 건강한 가정의 육성을 도모하는 자세로 조사한다.

나. 피해자는 피의자와 분리시켜 안전한 곳으로 인도 후 자유로운 분위기에서 피해자의 진술을 청취한다.

다. 신고자가 제3자인 경우 신분이 노출되지 않도록 유의하고 필요시 인근 주민상대로 폭력행위의 상습성 여부 등을 확인한다.

라. 가정폭력 피해자는 장기간 폭력에 시달려 온 경우가 대부분이고 심리적으로도 위축되어 있는 경우가 많음을 감안, 피해자를 이해하는 조사자세가 필요하다.

마. 가정폭력행위가 객관적으로 입증될 경우 피해자와의 대질신문은 가급적 지양하고, 대질신문을 하는 경우에도 피해자 안전에 대해 특별히 고려하여야 한다.

바. 피해자에게 피해구제를 받을 수 있는 방법, 사건처리절차 등을 상세히 설명해주고 불구속 수사시 가해자가 곧 귀가할 수 있음을 알려 추가적인 폭력에 대비케 한다.

사. 조사 후 귀가조치 시 가해자와 피해자는 시차를 두고 각각 귀가시키는 등으로 폭력행위 재발방지에 유의한다.

아. 피해자를 관련 상담소 등에 인도한 경우 필요시 상담원을 상대로 조사한다.

자. 가정폭력사건의 재발성을 감안, 적극적인 자세로 가정보호사건으로 처리하고 임시조치를 활용하는 하는 등 적정하게 조치한다.

차. 가정폭력사건 수사자료는 보호처분 등의 심리를 위한 특별자료가 됨을 인식, 가정환경·동기·원인·상습성·재발가능성 등이 수사기록에 표출이 되도록 조사한다.

카. 피해자 또는 법정대리인에게 임시조치 내용을 설명하고 신청에 대한 의견을 반드시 확인하여 조서에 기재한다.

例,

문	진술인은 가해자에 대하여 주거 또는 점유하는 방실로부터의 퇴거 등 격리나 주거·직장 등에서 100m 이내의 접근금지 등의 임시조치 신청을 원하는가요.
답	例1) 행위자가 저의 집에서 100m 이내에 접근을 금지하는 임시조치를 신청해 주시기 바랍니다. 例2) 가정생활 중 순간적으로 일어난 일이고 제가 그 순간을 참지 못하여 경찰에 신고까지 하였던 것입니다. 또 제가 신고한 후 저희 남편도 자기의 잘못을 깊이 뉘우치고 후회하고 있습니다. 그러기 때문에 더 이상 확대하고 싶지 않고 경찰의 임시조치도 원하지 않습니다.

✽ 임시조치는 피해자가 원하지 않는 경우라도 가정폭력 범죄가 재발할 우려가 있으면 사법경찰관이 직권으로 신청할 수 있음에 유의

5. 사법경찰관의 가정폭력사건 송치

> ※ 가정폭력처벌법
> **제7조(사법경찰관의 사건 송치)** 사법경찰관은 가정폭력범죄를 신속히 수사하여 사건을 검사에게 송치하여야 한다. 이 경우 사법경찰관은 해당 사건을 가정보호사건으로 처리하는 것이 적절한지에 관한 의견을 제시할 수 있다.

가. 절 차

사건접수 → 입건 → 송치 결정 → 검찰송치

나. 범죄혐의 유무와 상관없이 모두 송치결정서에 결정내용 기재 후 송치

例,

가정폭력범죄의 처벌 등에 관한 특례법 제7조에 따라 송치한다.

나. 통 지

송치한 날로부터 7일 이내 피의자, 고소인 등에게 통지

제3장　죄명별 수사

제1절 가정폭력범죄의 처벌 등에 관한 특례법
(가정폭력처벌법)

Ⅰ. 목적 및 개념정의

1. 목 적

> 제1조(목적) 이 법은 가정폭력범죄의 형사처벌 절차에 관한 특례를 정하고 가정폭력범죄를 범한 사람에 대하여 환경의 조정과 성행(性行)의 교정을 위한 보호처분을 함으로써 가정폭력범죄로 파괴된 가정의 평화와 안정을 회복하고 건강한 가정을 가꾸며 피해자와 가족구성원의 인권을 보호함을 목적으로 한다.

2. 개념정의

> 제2조(정의) 이 법에서 사용하는 용어의 뜻은 다음과 같다.
> 1. "가정폭력"이란 가정구성원 사이의 신체적, 정신적 또는 재산상 피해를 수반하는 행위를 말한다.
> 2. "가정구성원"이란 다음 각 목의 어느 하나에 해당하는 사람을 말한다.
>   가. 배우자(사실상 혼인관계에 있는 사람을 포함한다. 이하 같다) 또는 배우자였던 사람
>   나. 자기 또는 배우자와 직계존비속관계(사실상의 양친자관계를 포함한다. 이하 같다)에 있거나 있었던 사람
>   다. 계부모와 자녀의 관계 또는 적모(嫡母)와 서자(庶子)의 관계에 있거나 있었던 사람
>   라. 동거하는 친족
> 3. "가정폭력범죄"란 가정폭력으로서 다음 각 목의 어느 하나에 해당하는 죄를 말한다.
> 4. "가정폭력행위자"란 가정폭력범죄를 범한 사람 및 가정구성원인 공범을 말한다.
> 5. "피해자"란 가정폭력범죄로 인하여 직접적으로 피해를 입은 사람을 말한다.
> 6. "가정보호사건"이란 가정폭력범죄로 인하여 이 법에 따른 보호처분의 대상이 되는 사건을 말한다.
> 7. "보호처분"이란 법원이 가정보호사건에 대하여 심리를 거쳐 가정폭력행위자에게 하는 제40조에 따른 처분을 말한다.
> 7의2. "피해자보호명령사건"이란 가정폭력범죄로 인하여 제55조의2에 따른 피해자보호명령의 대상이 되는 사건을 말한다.
> 8. "아동"이란 「아동복지법」 제3조제1호에 따른 아동을 말한다.

3. 다른 법률과의 관계

> 제3조(다른 법률과의 관계) 가정폭력범죄에 대하여는 이 법을 우선 적용한다. 다만, 아동학대범죄에 대하여는 「아동학대범죄의 처벌 등에 관한 특례법」을 우선 적용한다.

4. 사법경찰관의 가정폭력사건 송치

> 제7조(사법경찰관의 사건 송치) 사법경찰관은 가정폭력범죄를 신속히 수사하여 사건을 검사에게 송치하여야 한다. 이 경우 사법경찰관은 해당 사건을 가정보호사건으로 처리하는 것이 적절한지에 관한 의견을 제시할 수 있다.

가. 가정폭력사건은 신속히 수사하여 사건을 송치한다.

나. 불송치 결정하는 경우에도 송치 결정서에 결정 내용을 기재하고 송치하여야 한다.

다. 송치서 죄명란에는 해당죄명(例 폭행)을 기재하고, 비고란에 '가정폭력사건'이라고 표시한다.

라. 가정보호사건으로 처리함이 상당한지 여부에 대해 의견을 제시할 수 있다.

II. 벌 칙

> 제63조(보호처분 등의 불이행죄)
> 제64조(비밀엄수 등 의무의 위반죄)
> 제65조(과태료) 다음 각 호의 어느 하나에 해당하는 사람에게는 500만원 이하의 과태료를 부과한다.
>   1. 정당한 사유 없이 제24조제1항에 따른 소환에 응하지 아니한 사람
>   2. 정당한 사유 없이 제44조에 따른 보고서 또는 의견서 제출 요구에 따르지 아니한 사람
>   3. 정당한 사유 없이 검사나 법원이 가정보호사건으로 송치한 제9조 또는 제12조에 따른 가정보호사건으로서 제40조제1항제4호부터 제8호까지의 보호처분이 확정된 후 이를 이행하지 아니하거나 집행에 따르지 아니한 사람
> 제66조(과태료) 다음 각 호의 어느 하나에 해당하는 사람에게는 300만원 이하의 과태료를 부과한다.
>   1. 정당한 사유 없이 제4조제2항 각 호의 어느 하나에 해당하는 사람으로서 그 직무를 수행하면서 가정폭력범죄를 알게 된 경우에도 신고를 하지 아니한 사람
>   2. 정당한 사유 없이 제8조의2제1항에 따른 긴급임시조치(검사가 제8조의3제1항에 따른 임시조치를 청구하지 아니하거나 법원이 임시조치의 결정을 하지 아니한 때는 제외한다)를 이행하지 아니한 사람

■ 판례 ■ 가정폭력범죄의 처벌 등에 관한 특례법 제37조 제1항 제1호의 불처분결정이 확정된 후에 검사가 동일한 범죄사실에 대하여 다시 공소를 제기하였거나 법원이 이에 대하여 유죄판결을 선고한 경우, 이중처벌금지의 원칙 내지 일사부재리의 원칙에 위배되는지 여부(소극)

가정폭력범죄의 처벌 등에 관한 특례법(이하 '가정폭력처벌법'이라고 한다)에 규정된 가정보호사건의 조사·심리는 검사의 관여 없이 가정법원이 직권으로 진행하는 형사처벌의 특례에 따른 절차로서, 검사는 친고죄에서의 고소 등 공소제기의 요건이 갖추어지지 아니한 경우에도 가정보호사건으로 처리할 수 있고(가정폭력처벌법 제9조), 법원은 보호처분을 받은 가정폭력행위자가 보호처분을 이행하지 아니하거나 집행에 따르지 아니하면 직권으로 또는 청구에 의하여 보호처분을 취소할 수 있는 등(가정폭력처벌법 제46조) 당사자주의와 대심적 구조를 전제로 하는 형사소송절차와는 내용과 성질을 달리하여 형사소송절차와 동일하다고 보기 어려우므로, 가정폭력처벌법에 따른 보호처분의 결정 또는 불처분결정에 확정된 형사판결에 준하는 효력을 인정할 수 없다. 가정폭력처벌법에 따른 보호처분의 결정이 확정된 경우에는 원칙적으로 가정폭력행위자에 대하여 같은 범죄사실로 다시 공소를 제기할 수 없으나(가정폭력처

벌법 제16조), 보호처분은 확정판결이 아니고 따라서 기판력도 없으므로, 보호처분을 받은 사건과 동일한 사건에 대하여 다시 공소제기가 되었다면 이에 대해서는 면소판결을 할 것이 아니라 공소제기의 절차가 법률의 규정에 위배하여 무효인 때에 해당한 경우이므로 형사소송법 제327조 제2호의 규정에 의하여 공소기각의 판결을 하여야 한다. 그러나 가정폭력처벌법은 불처분결정에 대해서는 그와 같은 규정을 두고 있지 않을 뿐만 아니라, 가정폭력범죄에 대한 공소시효에 관하여 불처분결정이 확정된 때에는 그때부터 공소시효가 진행된다고 규정하고 있으므로(가정폭력처벌법 제17조 제1항), 가정폭력처벌법은 불처분결정이 확정된 가정폭력범죄라 하더라도 일정한 경우 공소가 제기될 수 있음을 전제로 하고 있다. 따라서 가정폭력처벌법 제37조 제1항 제1호의 불처분결정이 확정된 후에 검사가 동일한 범죄사실에 대하여 다시 공소를 제기하였다거나 법원이 이에 대하여 유죄판결을 선고하였더라도 이중처벌금지의 원칙 내지 일사부재리의 원칙에 위배된다고 할 수 없다.(대법원 2017. 8. 23. 선고, 2016도5423, 판결).

Ⅲ. 범죄사실

1. 피해자 보호명령 위반

1) 적용법조 : 제63조 제1항 제2호, 제55조의2 제1항 제2호 ☞ 공소시효 5년

제63조(보호처분 등의 불이행죄) ① 다음 각 호의 어느 하나에 해당하는 가정폭력행위자는 2년 이하의 징역 또는 2천만원 이하의 벌금 또는 구류(拘留)에 처한다.

1. 제40조제1항제1호부터 제3호까지의 어느 하나에 해당하는 보호처분이 확정된 후에 이를 이행하지 아니한 가정폭력행위자

2. 제55조의2에 따른 피해자보호명령 또는 제55조의4에 따른 임시보호명령을 받고 이를 이행하지 아니한 가정폭력행위자

② 정당한 사유 없이 제29조제1항제1호부터 제3호까지의 어느 하나에 해당하는 임시조치를 이행하지 아니한 가정폭력행위자는 1년 이하의 징역 또는 1천만원 이하의 벌금 또는 구류에 처한다.

③ 상습적으로 제1항 및 제2항의 죄를 범한 가정폭력행위자는 5년 이하의 징역이나 5천만원 이하의 벌금에 처한다.

④ 제3조의2제1항에 따라 이수명령을 부과받은 사람이 보호관찰소의 장 또는 교정시설의 장의 이수명령 이행에 관한 지시에 불응하여 「보호관찰 등에 관한 법률」 또는 「형의 집행 및 수용자의 처우에 관한 법률」에 따른 경고를 받은 후 재차 정당한 사유 없이 이수명령 이행에 관한 지시에 불응한 경우 다음 각 호에 따른다.

1. 벌금형과 병과된 경우에는 500만원 이하의 벌금에 처한다.

2. 징역형의 실형과 병과된 경우에는 1년 이하의 징역 또는 1천만원 이하의 벌금에 처한다.

제55조의2(피해자보호명령 등) ① 판사는 피해자의 보호를 위하여 필요하다고 인정하는 때에는 피해자, 그 법정대리인 또는 검사의 청구에 따라 결정으로 가정폭력행위자에게 다음 각 호의 어느 하나에 해당하는 피해자보호명령을 할 수 있다.

1. 피해자 또는 가정구성원의 주거 또는 점유하는 방실로부터의 퇴거 등 격리

2. 피해자 또는 가정구성원이나 그 주거·직장 등에서 100미터 이내의 접근금지

3. 피해자 또는 가정구성원에 대한 「전기통신사업법」 제2조제1호의 전기통신을 이용한 접근금지

4. 친권자인 가정폭력행위자의 피해자에 대한 친권행사의 제한

5. 가정폭력행위자의 피해자에 대한 면접교섭권행사의 제한

2) 범죄사실 기재례

[기재례1]

피의자는 20○○. ○. ○. '20○○. ○. ○.까지 피해자 갑의 주거 (주소지)에서 100m 이내의 접근금지" 및 "피해자 휴대전화(전화번호) 또는 이메일 주소로 유선, 무선, 광선 및 기타의 전자적 방식에 의하여 부호, 문언, 음향 또는 영상을 송출하지 아니할 것"을 내용으로 하는 피해자 보호명령을 받았다.

그럼에도 불구하고 피의자는 20○○. ○. ○. ○○:○○경 위 피해자의 주거지에 찾아가 문을 열라고 고함을 지르는 등 피해자의 주거에 접근하고, 같은 날 피해자의 휴대전화(전화번호)로 "추석에 제사상 엎어 버리는 건 좋은 일 같은데"라는 문자메시지를 송신한 것을 비롯하여 그때부터 20○○. ○. ○.경까지 별지 범죄일람표 기재와 같이 ○○일간 약 ○○회에 걸쳐 피해자의 휴대전화기에 문자메시지를 송신하였다.

이로써 피의자는 법원의 피해자보호 명령을 위반하였다.

[기재례2]

피의자는 20○○. ○. ○. ○○지방법원에서 ○○죄 등으로 징역 6월에 집행유예 1년을 선고받고 20○○. ○. ○. 그 판결이 확정되었다. 피의자는 피해자 갑과 20○○. ○. ○.경부터 20○○. ○. ○. 경까지 동거하였던 사이이다.

피의자는 20○○. ○. ○. ○○지방법원에서 '1. 행위자에게 피해자 주거 및 직장에서 100미터 이내의 접근금지를 명한다. 2. 행위자에게 피해자의 핸드폰, 이메일주소, 유선, 무선, 광선 및 기타의 전자적 방식에 의하여 부호, 문언, 음향 또는 영상을 송신하지 아니할 것을 명한다.'라는 임시보호명령 결정을 받고, 20○○. ○. ○. 같은 법원에서 같은 내용의 피해자보호명령 결정을 받은 바 있다.

그럼에도 불구하고 피의자는 20○○. ○. ○.경 위 갑의 주거지에 접근한 것을 비롯하여 20○○. ○. ○. 20:15경까지 ○○회에 걸쳐 메시지를 송신하여 임시보호명령을 위반하였고, 20○○. ○. ○. 11:00경 피해자 주거지에 접근하여 보호명령을 위반하였다.

[기재례3]

피의자는 20○○. ○. ○. ○○지방법원에서 가정폭력범죄의처벌등에관한특례법위반죄 등으로 징역 8월에 집행유예 2년을 선고받고 20○○. ○. ○. 그 판결이 확정되었다.

피의자는 피해자 을(여, 77세)과 부부 관계로서, 피의자는 20○○. ○. ○. ○○가정법원에서 '20○○처○○ 기타의 죄(피해자보호명령) 사건 결정시까지 피해자가 점유하는 방실에 대한 접근금지 명령'을 받았다.

피의자는 20○○. ○. ○. 21:00경부터 같은 날 22:30경까지 ○○에 있는 피의자의 주거지 내에서, 피해자 을과 피의자를 신고한 사건의 형사재판에서 집행유예 판결이 선고된 것에 대해 화가 나, 화장실을 가기 위해 자신의 방에서 나오는 피해자 을을 향해 지팡이를 수 회 휘두르며 "야 이 새끼야!"라고 욕설을 하여 피해자를 폭행하여 임시보호명령을 위반하였다.

3) 신문사항

– 피해자 갑과는 어떤 관계인가

- 언제 결혼하였는가

- 언제 무엇 때문에 이혼하였는가

- 현재 피해자와 같이 거주하고 있는가

- 피해자를 폭행하여 수사기관의 수사를 받은 일이 있는가

- 언제 어디에서 무엇 때문에 그랬는가

- 그에 대한 어떤 처벌을 받았는가

- 위 사건으로 법원 판사로부터 피해자보호 명령처분을 받은 사실이 있는가

- 언제 어떤 피해자보호 명령을 받았는가

- 판사의 보호명령 처분을 지켰는가

- 언제 어디에 있는 피해자 주거지를 찾아갔는가

- 무엇 때문에 찾아갔으며 찾아가서 어떤 행위를 하였는가

- 피해자 핸드폰 번호를 알고 있는가

- 피해자 핸드폰으로 문자메시지를 발송한 사실이 있는가

- 언제부터 언제까지 어떤 내용의 문자메시지를 발송하였는가

- 어떤 방법으로 보냈는가

  이때 피해자가 제출한 자료를 근거로 피의자가 피해자에게 발송한 문자메시지 내용을 보여 주며

- 이 내용이 피의자가 피해자에게 발송한 내용이 맞는가

- 판사의 보호명령 처분을 왜 지키지 않았는가

■ **판례** ■   가정폭력범죄의 처벌 등에 관한 특례법상 피해자보호명령 및 임시보호명령 제도의 취지 / 같은 법 제55조의4 제2항에서 임시보호명령의 종기로 정한 '피해자보호명령의 결정 시'의 의미 및 결정 주문에서 종기를 제한하지 않은 임시보호명령이 가정폭력행위자에게 고지되어 효력이 발생한 후 적법한 피해자보호명령이 가정폭력행위자에게 고지되어 효력이 발생할 때까지의 사이에 가정폭력행위자가 임시보호명령에서 금지를 명한 행위를 한 경우, 임시보호명령 위반으로 인한 같은 법 위반죄가 성립하는지 여부(적극) / 같은 법 제63조 제1항 제2호에서 정한 '피해자보호명령을 받고 이를 이행하지 아니한 가정폭력행위자'의 의미 및 항고심에서 절차적 사유로 취소된 피해자보호명령에서 금지를 명한 행위를 한 경우, 피해자보호명령 위반으로 인한 같은 법 위반죄가 성립하는지 여부(적극)

가정폭력범죄의 처벌 등에 관한 특례법(이하 '가정폭력처벌법'이라 한다)은 종래 가정폭력범죄(제2조 제3호)에 대해서 검사가 가정보호사건으로 처리하고 관할 법원에 송치하거나(제11조) 법원이 가정폭력 행위자에 대한 피고사건을 심리한 결과 관할 법원에 송치한 사건(제12조)을 전제로 판사가 심리를 거쳐 하는 보호처분(제40조 제1항)만을 규정하고 있었다. 그러나 2011. 7. 25. 법률 제10921호로 도입된 피해자보호명령 제도는 피해자가 가정폭력행위자와 시간적·공간적으로 밀착되어 즉시 조치를 취하지 않으면 피해자에게 회복할 수 없는 피해를 입힐 가능성이 있을 때 수사기관과 소추기관을 거치지 않고 스스로 안전과 보호를 위하여 직접 법원에 보호를 요청할 수 있도록 하는 한편 그러한 명령을 위반한 경우에는 형사처벌을 함으로써 피해자 보호를 강화하려는 취지에서 도입되었다. 임시보호명령 제

도는 피해자보호명령 결정 전에 신속하게 피해자를 보호하고자 하는 취지에서 도입되었다.

위와 같은 규정의 체계와 내용, 입법 취지 등에 비추어 볼 때, 가정폭력처벌법 제55조의4 제2항에서 임시보호명령의 종기로 정한 "피해자보호명령의 결정 시"는 그 결정이 가정폭력행위자에게 고지됨으로써 효력이 발생한 때를 의미한다. 따라서 일단 임시보호명령이 가정폭력행위자에게 고지되어 효력이 발생하였다면 결정 주문에서 종기를 제한하지 않는 이상 적법한 피해자보호명령이 가정폭력행위자에게 고지되어 효력이 발생할 때까지 임시보호명령은 계속하여 효력을 유지하므로 가정폭력행위자가 그 사이에 임시보호명령에서 금지를 명한 행위를 한 경우에는 임시보호명령 위반으로 인한 가정폭력처벌법 위반죄가 성립한다.

나아가 가정폭력처벌법 제63조 제1항 제2호가 정한 '피해자보호명령을 받고 이를 이행하지 아니한 가정폭력행위자'란 피해자의 청구에 따라 가정폭력행위자로 인정되어 피해자보호명령을 받았음에도 이행하지 않은 사람을 말하고, 피해자보호명령이 항고심에서 절차적 사유로 취소되었음에 불과한 이상 피해자보호명령에서 금지를 명한 행위를 한 경우에는 피해자보호명령 위반으로 인한 가정폭력처벌법 위반죄가 성립한다.(대법원 2023. 7. 13., 선고, 2021도15745, 판결)

■ **판례** ■ 　　가정폭력범죄의 처벌 등에 관한 특례법　제63조 제1항 제2호에서 정한 '피해자보호명령을 받고 이를 이행하지 아니한 가정폭력행위자'의 의미

피해자보호명령 제도의 내용과 입법 취지 등에 비추어 보면, 제63조 제1항 제2호에서 정한 '피해자보호명령을 받고 이를 이행하지 아니한 가정폭력행위자'란 피해자의 청구에 따라 가정폭력행위자로 인정되어 피해자보호명령을 받았음에도 이행하지 않은 사람을 말한다. 가정폭력처벌법에 따른 피해자보호명령을 받은 甲이 이를 이행하지 않아 가정폭력처벌법 제63조 제1항 제2호의 보호처분 등의 불이행죄로 기소된 이후에 피해자보호명령의 전제가 된 가정폭력행위에 대하여 무죄판결을 선고받아 확정된 사안에서, 甲이 피해자의 청구에 따라 가정폭력행위자로 인정되어 피해자보호명령을 받고 이를 이행하지 않은 이상, 가정폭력처벌법 제63조 제1항 제2호의 보호처분 등의 불이행죄가 성립한다.(대법원 2023. 6. 1. 선고, 2020도5233, 판결)

2. 비밀엄수 등의 의무위반죄

1) 적용법조 : 제64조 제1항, 제18조 제1항 ☞ 공소시효 5년

제64조(비밀엄수 등 의무의 위반죄) ① 제18조제1항에 따른 비밀엄수 의무를 위반한 보조인(변호사는 제외한다), 상담소등의 상담원 또는 그 기관장(그 직에 있었던 사람을 포함한다)은 1년 이하의 징역이나 2년 이하의 자격정지 또는 1천만원 이하의 벌금에 처한다.
② 제18조제2항의 보도 금지 의무를 위반한 신문의 편집인·발행인 또는 그 종사자, 방송사의 편집책임자, 그 기관장 또는 종사자, 그 밖의 출판물의 저작자와 발행인은 500만원 이하의 벌금에 처한다.
제18조(비밀엄수 등의 의무) ① 가정폭력범죄의 수사 또는 가정보호사건의 조사·심리 및 그 집행을 담당하거나 이에 관여하는 공무원, 보조인, 상담소등에 근무하는 상담원과 그 기관장 및 제4조제2항제1호에 규정된 사람(그 직에 있었던 사람을 포함한다)은 그 직무상 알게 된 비밀을 누설하여서는 아니 된다.
② 이 법에 따른 가정보호사건에 대하여는 가정폭력행위자, 피해자, 고소인, 고발인 또는 신고인의 주소, 성명, 나이, 직업, 용모, 그 밖에 이들을 특정하여 파악할 수 있는 인적 사항이나 사진 등을 신문 등 출판물에 싣거나 방송매체를 통하여 방송할 수 없다.

2) 범죄사실 기재례

피의자는 ○○에 있는 ○○가정폭력상담소의 상담원으로서 그 직무상 알게 된 비밀을 누설하여서는 아니 된다.
그럼에도 불구하고 피의자는 20○○. ○. ○. ○○:○○경 위 사무실에서 ○○와 관련 홍길녀(여, 28세)와 상담 중 위 홍길녀가 남편으로부터 수시로 매를 맞는다는 등의 가정 일을 동료직원인 최민자 등에게 말하여 이를 누설하였다.

3) 신문사항

- 피의자는 어디에 근무하고 있는가
- 어떠한 업무를 수행하는가(가정폭력 상담원)
- 홍길녀를 알고 있는가
- 언제 어디에서 위 홍길녀와 상담하였나
- 상담과정에서 어떠한 사항을 알게 되었나
- 홍길녀가 가정폭력을 당하고 있다는 것을 알고 있는가
- 이러한 사실을 누설한 일이 있나
- 언제 어디에서 누구에게 누설하였나
- 피의자의 행위로 홍길녀는 어떠한 피해를 보았는지 알고 있나
- 상담요원으로서 이러한 누설행위에 대해 어떻게 생각하느냐

제2절 가정폭력방지 및 피해자보호 등에 관한 법률
(가정폭력방지법)

 Ⅰ. 목적 및 개념정의

1. 목적 및 기본이념

제1조(목적) 이 법은 가정폭력을 예방하고 가정폭력의 피해자를 보호·지원함을 목적으로 한다.
제1조의2(기본이념) 가정폭력 피해자는 피해 상황에서 신속하게 벗어나 인간으로서의 존엄성과 안전을 보장
받을 권리가 있다.

2. 개념정의

제2조(정의) 이 법에서 사용하는 용어의 뜻은 다음과 같다.
  1. "가정폭력"이란 「가정폭력범죄의 처벌 등에 관한 특례법」 제2조제1호의 행위를 말한다.
  2. "가정폭력행위자"란 「가정폭력범죄의 처벌 등에 관한 특례법」 제2조제4호의 자를 말한다.
  3. "피해자"란 가정폭력으로 인하여 직접적으로 피해를 입은 자를 말한다.
  4. "아동"이란 18세 미만인 자를 말한다.

Ⅱ. 벌 칙

제20조(벌칙) ① 제4조의5를 위반하여 피해자를 해고하거나 그 밖의 불이익을 준 자는 3년 이하의 징역 또는
  3천만원 이하의 벌금에 처한다.
② 다음 각 호의 어느 하나에 해당하는 자는 1년 이하의 징역 또는 1천만원 이하의 벌금에 처한다.
  1. 제5조제2항 저단·제7조제2항 또는 제8조의3제2항 전단에 따른 신고를 하지 아니하거나 인가를 받지 아
    니하고 상담소·보호시설 또는 교육훈련시설을 설치·운영한 자
  2. 제12조에 따른 업무의 정지·폐지 또는 시설의 폐쇄 명령을 받고도 상담소·보호시설 또는 교육훈련시설
    을 계속 운영한 자
  3. 제16조에 따른 비밀 엄수의 의무를 위반한 자
제21조(양벌규정) 법인의 대표자나 법인 또는 개인의 대리인, 사용인, 그 밖의 종업원이 그 법인 또는 개인
  의 업무에 관하여 제20조의 위반행위를 하면 그 행위자를 벌하는 외에 그 법인 또는 개인에게도 해당 조문
  의 벌금형을 과(科)한다. 다만, 법인 또는 개인이 그 위반행위를 방지하기 위하여 해당 업무에 관하여 상당한
  주의와 감독을 게을리하지 아니한 경우에는 그러하지 아니하다.
제22조(과태료) ① 정당한 사유 없이 제9조의4제3항을 위반하여 현장조사를 거부·기피하는 등 업무 수행을
  방해한 가정폭력행위자에게는 500만원 이하의 과태료를 부과한다.

② 다음 각 호의 어느 하나에 해당하는 자에게는 300만원 이하의 과태료를 부과한다.
  1. 정당한 사유 없이 제11조제1항에 따른 보고를 하지 아니하거나 거짓으로 보고한 자 또는 조사ㆍ검사를 거부하거나 기피한 자
  2. 제17조에 따른 유사 명칭 사용 금지를 위반한 자
③ 제1항 및 제2항에 따른 과태료는 대통령령으로 정하는 바에 따라 여성가족부장관 또는 시장ㆍ군수ㆍ구청장이 부과ㆍ징수한다.

III. 범죄사실

1. 피해자에 대한 불이익처분 행위(해고)

1) 적용법조 : 제20조 제1항, 제4조의5 ☞ 공소시효 5년

제4조의5(피해자에 대한 불이익처분의 금지) 피해자를 고용하고 있는 자는 누구든지 「가정폭력범죄의 처벌 등에 관한 특례법」에 따른 가정폭력범죄와 관련하여 피해자를 해고하거나 그 밖의 불이익을 주어서는 아니 된다.

2) 범죄사실 기재례

> 피의자는 ○○에서 ○○상사라는 상호로 종업원인 홍길녀 등 20여명을 고용하여 ○○업을 운영하고 있는 고용주이다.
> 피의자의 종업원인 홍길녀가 20○○. ○. ○. 남편인 갑으로부터 가정폭력을 당하여 그 무렵부터 단기보호시설에서 생활하고 있다.
> 피의자는 20○○. ○. ○. 가정폭력사건으로 홍길녀의 남편이 피의자 회사를 자주 찾아와 업무가 방해된다는 이유로 홍길녀를 해고하였다.
> 이로써 피의자는 가정폭력범죄와 관련하여 피해자를 해고하였다.

3) 신문사항

  - 피의자는 어디에서 어떤 일을 하고 있는가(고용주 여부 확인)
  - 홍길녀를 언제부터 피의자 회사에 고용하였는가
  - 홍길녀가 가정폭력피해를 당한 것을 알고 있는가
  - 홍길녀를 해고한 일이 있는가
  - 언제 무엇 때문에 해고하였는가
  - 해고 이유가 홍길녀의 가정폭력 때문인가
  - 홍길녀 해고가 정당하다고 생각하는가

2. 긴급전화센터 상담원의 비밀누설

1) 적용법조 : 제20조 제2항 제3호, 제16조 ☞ 공소시효 5년

> 제16조(비밀 엄수의 의무) 긴급전화센터, 상담소 또는 보호시설의 장이나 이를 보조하는 자 또는 그 직에 있었던 자는 그 직무상 알게 된 비밀을 누설하여서는 아니 된다.

2) 범죄사실 기재례

> 피의자는 ○○에 있는 ○○긴급전화센터의 상담원으로서 그 직무상 알게 된 비밀을 누설하여서는 아니 된다.
> 그럼에도 불구하고 피의자는 20○○. ○. ○. ○○:○○경 위 사무실에서 ○○와 관련 홍길녀(여, 28세)와 긴급전화 상담 중 위 홍길녀가 남편으로부터 수시로 매를 맞는다는 등의 가정 일을 동료직원인 최민자 등에게 말하여 이를 누설하였다.

3) 신문사항

- 피의자는 어디에 근무하고 있는가
- 어떠한 업무를 수행하는가(긴급전화센터 상담원)
- 홍길녀를 알고 있는가
- 언제 어디에서 위 홍길녀와 상담하였나
- 상담과정에서 어떠한 사항을 알게 되었나
- 홍길녀가 가정폭력을 당하고 있다는 것을 알고 있는가
- 이러한 사실을 누설한 일이 있나
- 언제 어디에서 누구에게 누설하였나
- 피의자의 행위로 홍길녀는 어떠한 피해를 보았는지 알고 있나
- 상당요원으로서 이러한 누설행위에 대해 어떻게 생각하느냐

3. 가정폭력행위자의 사법경찰관 현장조사 방해

1) 적용법조 : 제22조 제1항, 제9조의4 제3항 ☞ 과태료

제9조의4(사법경찰관리의 현장출동 등) ① 사법경찰관리는 가정폭력범죄의 신고가 접수된 때에는 지체 없이 가정폭력의 현장에 출동하여야 한다.

② 제1항에 따라 출동한 사법경찰관리는 피해자를 보호하기 위하여 신고된 현장 또는 사건 조사를 위한 관련 장소에 출입하여 관계인에 대하여 조사를 하거나 질문을 할 수 있다.

③ 가정폭력행위자는 제2항에 따른 사법경찰관리의 현장 조사를 거부하는 등 그 업무 수행을 방해하는 행위를 하여서는 아니 된다.

④ 제2항에 따라 출입, 조사 또는 질문을 하는 사법경찰관리는 그 권한을 표시하는 증표를 지니고 이를 관계인에게 내보여야 한다.

⑤ 제1항에 따른 현장출동 시 수사기관의 장은 긴급전화센터, 상담소 또는 보호시설의 장에게 가정폭력 현장에 동행하여 줄 것을 요청할 수 있고, 요청을 받은 긴급전화센터, 상담소 또는 보호시설의 장은 정당한 사유가 없으면 그 소속 상담원을 가정폭력 현장에 동행하도록 하여야 한다.

⑥ 제2항에 따라 조사 또는 질문을 하는 사법경찰관리는 피해자·신고자·목격자 등이 자유롭게 진술할 수 있도록 가정폭력행위자로부터 분리된 곳에서 조사하는 등 필요한 조치를 하여야 한다.

2) 위반 사항

가정폭력행위자는 출동한 사법경찰관리의 피해자 보호를 위해 신고된 현장 또는 사건 조사를 위한 관련 장소에 출입하여 조사한 경우 사법경찰관리의 현장 조사를 거부하는 등 그 업무 수행을 방해하는 행위를 하여서는 아니 된다.

☞ 이를 위반한 한 경우 과태료처분에 해당되어 해당 시군구에 통보하여야 한다.

○ ○ 경 찰 서

20○○.○.○.

수 신 : 여성가족부장관, 시장·군수·구청장

제 목 : 가정폭력 현장조사 방해 가정폭력행위자 통보

　다음과 같이 「가정폭력방지 및 피해자보호 등에 관한 법률」 제9조의4제3항을 위반한 사실이 있음을 통보합니다.

위 반 일 시			장 소	
위반 행위자 인 적 사 항	성 명		주민등록번호	
	주 소			
위 반 사 실 개　　요	동기·목적 방법·결과			
	위반행위 후 태도와 정황			
	참고사항			
적용법조	「가정폭력방지 및 피해자보호 등에 관한 법률」 제9조의4제3항 및 제22조제1항			
출　　동 사법경찰관리	소속: ○○경찰서, ○○지구대(파출소)　계급:　　성명:			

○○경찰서장 　직인

※ 귀 기관에서 통보사실에 대한 과태료 처분 시 그 결과를 통보하여 주시기 바랍니다.

제3절 스토킹범죄 수사

제1항 스토킹 범죄의 개관

 I. 국가 등의 책무 (스토킹방지법)

1. 국가 등의 책무 (제3조)

① 국가와 지방자치단체는 스토킹의 예방·방지와 피해자의 보호·지원을 위하여 다음 각
   호의 조치를 하여야 한다.
  1. 스토킹 신고체계의 구축·운영
  2. 스토킹 예방·방지를 위한 조사·연구·교육 및 홍보
  3. 피해자를 보호·지원하기 위한 시설의 설치·운영
  4. 피해자에 대한 법률구조와 주거 지원 및 취업 등 자립 지원 서비스의 제공
  5. 피해자의 신체적·정신적 회복을 위하여 필요한 상담·치료회복프로그램 제공
  6. 피해자에 대한 보호·지원을 원활히 하기 위한 관련 기관 간 협력체계의 구축·운영
  7. 스토킹의 예방·방지와 피해자의 보호·지원을 위한 관계 법령의 정비와 각종 정책
     의 수립·시행 및 평가
  8. 피해자의 안전확보를 위한 신변 노출 방지와 보호·지원 체계의 구축
  9. 피해자 지원 기관 및 시설 종사자의 신변보호를 위한 안전대책 마련
② 국가와 지방자치단체는 제1항에 따른 책무를 다하기 위하여 이에 따른 예산상의 조치
   를 하여야 한다.

2. 피해자 등에 대한 불이익조치의 금지 등 (제6조)

① 피해자 또는 스토킹 사실을 신고한 자를 고용하고 있는 자는 피해자 또는 스토킹 사실
   을 신고한 자에게 스토킹으로 피해를 입은 것 또는 신고를 한 것을 이유로 다음 각
   호의 어느 하나에 해당하는 불이익조치를 하여서는 아니 된다.
  1. 파면, 해임, 해고, 그 밖에 신분상실에 해당하는 신분상의 불이익조치
  2. 징계, 정직, 감봉, 강등, 승진 제한, 그 밖에 부당한 인사조치
  3. 전보, 전근, 직무 미부여, 직무 재배치, 그 밖에 본인의 의사에 반하는 인사조치
  4. 성과평가 또는 동료평가 등에서 차별이나 그에 따른 임금 또는 상여금 등의 차별 지급

5. 직업능력 개발 및 향상을 위한 교육훈련 기회의 제한, 예산 또는 인력 등 가용자원의 제한 또는 제거, 보안정보 또는 비밀정보 사용의 정지 또는 취급자격의 취소, 그 밖에 근무조건 등에 부정적 영향을 미치는 차별 또는 조치

6. 주의 대상자 명단 작성 또는 그 명단의 공개, 집단 따돌림, 폭행 또는 폭언 등 정신적·신체적 손상을 가져오는 행위 또는 그 행위의 발생을 방치하는 행위

7. 직무에 대한 부당한 감사 또는 조사나 그 결과의 공개

8. 그 밖에 본인의 의사에 반하는 불이익조치

② 피해자를 고용하고 있는 자는 피해자의 요청이 있으면 업무 연락처 및 근무 장소의 변경, 배치 전환 등의 적절한 조치를 할 수 있다.

3. 지원시설의 설치 (제8조)

① 국가나 지방자치단체는 피해자등의 보호·지원과 효과적인 피해 방지를 위하여 피해자 지원시설(이하 "지원시설"이라 한다)을 설치·운영할 수 있다.

② 여성가족부장관이나 지방자치단체의 장은 지원시설의 설치·운영 업무를 대통령령으로 정하는 기관 또는 단체에 위탁할 수 있다.

③ 여성가족부장관이나 지방자치단체의 장은 제2항에 따라 지원시설의 설치·운영 업무를 위탁하는 경우에는 그에 필요한 경비를 지원할 수 있다.

④ 제1항에 따른 지원시설의 설치·운영 기준 등에 필요한 사항은 대통령령으로 정한다.

4. 지원시설의 업무 (제9조)

지원시설은 다음 각 호의 업무를 수행한다.

1. 스토킹 신고 접수와 이에 관한 상담

2. 피해자등의 신체적·정신적 안정과 일상생활 복귀 지원

3. 피해자등의 보호와 임시거소의 제공 및 숙식 제공

4. 직업훈련 및 취업정보의 제공

5. 피해자등의 질병치료와 건강관리를 위하여 의료기관에 인도하는 등의 의료 지원

6. 스토킹행위자에 대한 고소와 피해배상청구 등 사법처리 절차에 관하여 「법률구조법」 제8조에 따른 대한법률구조공단 등 관계 기관에 대한 협조 및 지원 요청

7. 수사·재판 과정에 필요한 지원

8. 스토킹의 예방·방지를 위한 홍보 및 교육

9. 스토킹과 스토킹 피해에 관한 조사·연구

10. 다른 법률에 따라 지원시설에 위탁된 업무

11. 그 밖에 피해자등을 보호·지원하기 위하여 대통령령으로 정하는 업무

5. 경찰관서의 협조 (제13조)

① 지원시설의 장은 스토킹행위자로부터 피해자등을 긴급히 구조할 필요가 있을 때에는 경찰관서(지구대·파출소 및 출장소를 포함한다)의 장에게 그 소속 직원의 동행을 요청할 수 있다.

② 제1항에 따른 요청을 받은 경찰관서의 장은 특별한 사유가 없으면 그 요청에 따라야 한다.

6. 사법경찰관리의 현장출동 등 (제14조)

① 사법경찰관리는 스토킹의 신고가 접수된 때에는 지체 없이 신고된 현장에 출동하여야 한다.

② 제1항에 따라 출동한 사법경찰관리는 신고된 현장 또는 사건조사를 위한 관련 장소에 출입하여 관계인에 대하여 조사를 하거나 질문을 할 수 있다.

③ 제2항에 따라 출입, 조사 또는 질문을 하는 사법경찰관리는 그 권한을 표시하는 증표를 지니고 이를 관계인에게 내보여야 한다.

④ 제2항에 따라 조사 또는 질문을 하는 사법경찰관리는 피해자·신고자·목격자 등이 자유롭게 진술할 수 있도록 스토킹행위자로부터 분리된 곳에서 조사하는 등 필요한 조치를 하여야 한다.

⑤ 누구든지 정당한 사유 없이 제2항에 따른 사법경찰관리의 현장조사를 거부하는 등 그 업무 수행을 방해하는 행위를 하여서는 아니 된다.

◖ II. 스토킹범죄 등의 처리절차(스토킹처벌법)

1. 스토킹행위 신고 등에 대한 응급조치 (제3조)

사법경찰관리는 진행 중인 스토킹행위에 대하여 신고를 받은 경우 즉시 현장에 나가 다음 각 호의 조치를 하여야 한다.

1. 스토킹행위의 제지, 향후 스토킹행위의 중단 통보 및 스토킹행위를 지속적 또는 반복적으로 할 경우 처벌 서면경고

2. 스토킹행위자와 피해자등의 분리 및 범죄수사

3. 피해자등에 대한 긴급응급조치 및 잠정조치 요청의 절차 등 안내

4. 스토킹 피해 관련 상담소 또는 보호시설로의 피해자등 인도(피해자등이 동의한 경우만 해당한다)

※ 범죄수사규칙

제194조의2(응급조치) ① 경찰관은 스토킹행위의 신고현장에서 「스토킹범죄의 처벌 등에 관한 법률」(이하 "스토킹처벌법"이라 한다) 제3조에 따른 응급조치를 취하되 응급조치 시 불필요한 마찰이나 오해의 소지가 없도록 유의한다

② 제1항의 스토킹 행위에 대한 응급조치를 취한 경찰관은 스토킹 행위자의 성명, 주소, 주민등록번호, 직업, 피해자와의 관계, 스토킹행위 사실의 요지, 피해자와 신고자의 성명, 응급조치의 내용 등을 상세히 적은 별지 제191호서식의 응급조치 보고서를 작성하여야 한다.

---

2. 긴급응급조치 (제4조)

① 사법경찰관은 스토킹행위 신고와 관련하여 스토킹행위가 지속적 또는 반복적으로 행하여질 우려가 있고 스토킹범죄의 예방을 위하여 긴급을 요하는 경우 스토킹행위자에게 직권으로 또는 스토킹행위의 상대방이나 그 법정대리인 또는 스토킹행위를 신고한 사람의 요청에 의하여 다음 각 호에 따른 조치를 할 수 있다.

1. 스토킹행위의 상대방등이나 그 주거등으로부터 100미터 이내의 접근 금지

2. 스토킹행위의 상대방등에 대한 「전기통신기본법」 제2조제1호의 전기통신을 이용한 접근 금지

② 사법경찰관은 제1항에 따른 조치(이하 "긴급응급조치"라 한다)를 하였을 때에는 즉시 스토킹행위의 요지, 긴급응급조치가 필요한 사유, 긴급응급조치의 내용 등이 포함된 긴급응급조치결정서를 작성하여야 한다.

※ 범죄수사규칙

제194조의3(긴급응급조치) ① 경찰관은 「스토킹처벌법」 제4조제2항에 따라 긴급응급조치를 하였을 경우 별지 제192호서식의 긴급응급조치 결정서를 작성하여야 한다.

② 긴급응급조치한 경우에는 스토킹 행위자에게 긴급응급조치의 내용 등을 알려주고, 별지 제193호서식의 긴급응급조치 확인서 및 고지서 상단의 긴급응급조치 확인서를 작성해야 한다. 다만 행위자가 위 확인서에 기명날인 또는 서명하기를 거부하는 때에는 경찰관이 확인서 끝부분에 그 사유를 적고 기명날인 또는 서명해야 한다.

③ 경찰관은 제2항에 따라 위 별지 제193호서식 상단의 긴급응급조치 확인서를 작성한 때에는 스토킹 행위자에게 별지 제193호서식 하단의 긴급응급조치 고지서를 교부해야 한다. 다만, 고지서를 교부하지 못하는 경우 구두 등 적절한 방법으로 고지해야 한다.

④ 경찰관은 제1항에 따라 긴급응급조치를 한 때에는 스토킹행위의 상대방등이나 그 법정대리인에게 별지 제194호서식의 긴급응급조치 통지서 및 피해자 등 권리 안내서를 교부하는 등의 방법으로 이를 통지해야 한다. 다만, 이를 교부하지 못하는 경우 구두 등 적절한 방법으로 통지해야 한다.

3. 긴급응급조치의 승인 신청 (제5조)

① 사법경찰관은 긴급응급조치를 하였을 때에는 지체 없이 검사에게 해당 긴급응급조치에 대한 사후승인을 지방법원 판사에게 청구하여 줄 것을 신청하여야 한다.

② 제1항의 신청을 받은 검사는 긴급응급조치가 있었던 때부터 48시간 이내에 지방법원 판사에게 해당 긴급응급조치에 대한 사후승인을 청구한다. 이 경우 제4조제2항에 따라 작성된 긴급응급조치결정서를 첨부하여야 한다.

③ 지방법원 판사는 스토킹행위가 지속적 또는 반복적으로 행하여지는 것을 예방하기 위하여 필요하다고 인정하는 경우에는 제2항에 따라 청구된 긴급응급조치를 승인할 수 있다.

④ 사법경찰관은 검사가 제2항에 따라 긴급응급조치에 대한 사후승인을 청구하지 아니하거나 지방법원 판사가 제2항의 청구에 대하여 사후승인을 하지 아니한 때에는 즉시 그 긴급응급조치를 취소하여야 한다.

⑤ 긴급응급조치기간은 1개월을 초과할 수 없다.

> ※ 범죄수사규칙
> 제194조의4(긴급응급조치의 승인 신청) 경찰관이 「스토킹처벌법」 제5조 제1항에 따른 긴급응급조치에 대한 승인을 신청하는 경우 별지 제195호서식의 긴급응급조치 사후승인신청서에 따른다.

4. 긴급응급조치의 통지 등 (제6조)

① 사법경찰관은 긴급응급조치를 하는 경우에는 스토킹행위의 상대방등이나 그 법정대리인에게 통지하여야 한다.

② 사법경찰관은 긴급응급조치를 하는 경우에는 해당 긴급응급조치의 대상자(이하 "긴급응급조치대상자"라 한다)에게 조치의 내용 및 불복방법 등을 고지하여야 한다.

5. 긴급응급조치의 변경 등 (제7조)

① 긴급응급조치대상자나 그 법정대리인은 긴급응급조치의 취소 또는 그 종류의 변경을 사법경찰관에게 신청할 수 있다.

② 스토킹행위의 상대방등이나 그 법정대리인은 제4조제1항제1호의 긴급응급조치가 있은 후 스토킹행위의 상대방등이 주거등을 옮긴 경우에는 사법경찰관에게 긴급응급조치의 변경을 신청할 수 있다.

③ 스토킹행위의 상대방이나 그 법정대리인은 긴급응급조치가 필요하지 아니한 경우에는 사법경찰관에게 해당 긴급응급조치의 취소를 신청할 수 있다.

④ 사법경찰관은 정당한 이유가 있다고 인정하는 경우에는 직권으로 또는 제1항부터 제3

항까지의 규정에 따른 신청에 의하여 해당 긴급응급조치를 취소할 수 있고, 지방법원 판사의 승인을 받아 긴급응급조치의 종류를 변경할 수 있다.

⑤ 사법경찰관은 제4항에 따라 긴급응급조치를 취소하거나 그 종류를 변경하였을 때에는 스토킹행위의 상대방등 및 긴급응급조치대상자 등에게 다음 각 호의 구분에 따라 통지 또는 고지하여야 한다.

1. 스토킹행위의 상대방등이나 그 법정대리인: 취소 또는 변경의 취지 통지
2. 긴급응급조치대상자: 취소 또는 변경된 조치의 내용 및 불복방법 등 고지

⑥ 긴급응급조치(제4항에 따라 그 종류를 변경한 경우를 포함한다. 이하 이 항에서 같다)는 다음 각 호의 어느 하나에 해당하는 때에 그 효력을 상실한다.

1. 긴급응급조치에서 정한 기간이 지난 때
2. 법원이 긴급응급조치대상자에게 다음 각 목의 결정을 한 때(스토킹행위의 상대방과 같은 사람을 피해자로 하는 경우로 한정한다)

가. 제4조제1항제1호의 긴급응급조치에 따른 스토킹행위의 상대방등과 같은 사람을 피해자 또는 그의 동거인, 가족으로 하는 제9조제1항제2호에 따른 조치의 결정

나. 제4조제1항제1호의 긴급응급조치에 따른 주거등과 같은 장소를 피해자 또는 그의 동거인, 가족의 주거등으로 하는 제9조제1항제2호에 따른 조치의 결정

다. 제4조제1항제2호의 긴급응급조치에 따른 스토킹행위의 상대방등과 같은 사람을 피해자 또는 그의 동거인, 가족으로 하는 제9조제1항제3호에 따른 조치의 결정

※ 범죄수사규칙

제194조의5(긴급응급조치의 변경 등) ① 「스토킹처벌법」 제7조제1항에 따른 긴급응급조치의 취소 또는 그 종류의 변경 신청은 별지 제196호서식의 긴급응급조치 취소ㆍ종류변경 신청서에 의한다.

② 「스토킹처벌법」 제7조제2항에 따른 긴급응급조치의 변경 신청 및 같은 법 제7조제3항에 따른 긴급응급조치의 취소 신청은 별지 제197호서식의 긴급응급조치 취소ㆍ변경 신청서에 의한다.

③ 경찰관이 「스토킹처벌법」 제7조제4항에 따라 긴급응급조치를 변경하려는 경우 별지 제198호서식의 긴급응급조치 종류 변경 승인신청에 따라 지방법원 판사의 승인을 받아야 한다.

④ 경찰관이 제3항에 따라 긴급응급조치를 변경하였을 경우 별지 제198의2호서식의 긴급응급조치 변경 결정서를 작성해야 한다.

⑤ 경찰관이 「스토킹처벌법」 제7조제4항에 따라 긴급응급조치를 취소하였을 경우 별지 제198의3호서식의 긴급응급조치 취소 결정서를 작성해야 한다.

⑥ 경찰관이 긴급응급조치를 변경하거나 취소하였을 경우 「스토킹처벌법」 제7조제5항에 따른 고지 및 통지 절차는 제194조의3제2항부터 제4항까지를 준용한다. 이 경우 "긴급응급조치 확인서 및 고지서"는 별지 제193의2호서식의 "긴급응급조치 변경 확인서 및 변경 고지서" 또는 별지 제193의3호서식의 "긴급응급조치 취소 확인서 및 취소 고지서"로, "긴급응급조치 결정서"는 별지 제198의2호서식의 "긴급응급조치 변경 결정서" 또는 별지 제198의3호서식의 "긴급응급조치 취소 결정서"로, "긴급응급조치 통지서"는 별지 제194의2호서식의 "긴급응급조치 변경 통지서" 또는 별지 제194의3호서식의 "긴급응급조치 취소 통지서"로 본다.

6. 잠정조치의 청구 (제8조)

① 검사는 스토킹범죄가 재발될 우려가 있다고 인정하면 직권 또는 사법경찰관의 신청에 따라 법원에 제9조제1항 각 호의 조치를 청구할 수 있다.

② 피해자 또는 그 법정대리인은 검사 또는 사법경찰관에게 제1항에 따른 조치의 청구 또는 그 신청을 요청하거나, 이에 관하여 의견을 진술할 수 있다.

③ 사법경찰관은 제2항에 따른 신청 요청을 받고도 제1항에 따른 신청을 하지 아니하는 경우에는 검사에게 그 사유를 보고하여야 하고, 피해자 또는 그 법정대리인에게 그 사실을 지체 없이 알려야 한다.

④ 검사는 제2항에 따른 청구 요청을 받고도 제1항에 따른 청구를 하지 아니하는 경우에는 피해자 또는 그 법정대리인에게 그 사실을 지체 없이 알려야 한다.

> ※ 범죄수사규칙
>
> 제194조의6(잠정조치) ① 경찰관은 「스토킹처벌법」 제8조에 따라 스토킹범죄가 재발될 우려가 있다고 인정하는 때에는 별지 제199호서식의 잠정조치 신청서에 따라 관할 지방검찰청 또는 지청의 검사에게 같은 법 제9조제1항제1호부터 제4호까지의 잠정조치를 법원에 청구할 것을 신청할 수 있다.
>
> ② 경찰관은 「스토킹처벌법」 제11조제2항에 따라 수사과정에서 잠정조치가 계속 필요하다고 인정하는 경우에는 별지 제199의3호서식의 잠정조치 연장 신청 또는 별지 제199의4호서식의 잠정조치 종류변경 신청에 따라 관할 지방검찰청 또는 지청의 검사에게 잠정조치 연장 또는 그 종류의 변경을 법원에 청구할 것을 신청할 수 있고, 잠정조치가 필요하지 아니하다고 인정하는 경우에는 별지 제199의5호서식의 잠정조치 취소 신청에 따라 관할 지방검찰청 또는 지청의 검사에게 해당 잠정조치의 취소를 법원에 청구할 것을 신청할 수 있다.
>
> ③ 경찰관은 「스토킹처벌법」 제10조제1항에 따라 잠정조치의 결정을 집행할 때에는 그 일시 및 방법을 별지 제200호서식의 잠정조치 고지서에 적어 사건기록에 편철하고, 스토킹행위자에게도 해당 고지서를 교부해야 한다. 다만, 고지서를 교부하지 못하는 경우 구두 등 적절한 방법으로 고지해야 한다.
>
> ④ 경찰관은 잠정조치 결정에 대하여 항고가 제기되어 법원으로부터 수사기록등본의 제출을 요구받은 경우 항고심 재판에 필요한 범위 내의 수사기록등본을 관할 검찰청으로 송부하여야 한다.
>
> ⑤ 경찰관은 「스토킹처벌법」 제8조제3항에 따른 신청 요청을 받고도 잠정조치를 신청하지 않는 경우에는 별지 제199의2호서식의 잠정조치 미신청 사유 통보서를 작성하여 관할 지방검찰청 또는 지청의 검사에게 통보하고, 피해자 또는 그 법정대리인에게 구두 등 적절한 방법으로 그 사실을 지체 없이 알려야 한다.

7. 스토킹행위자에 대한 잠정조치 (제9조)

① 법원은 스토킹범죄의 원활한 조사·심리 또는 피해자 보호를 위하여 필요하다고 인정하는 경우에는 결정으로 스토킹행위자에게 다음 각 호의 어느 하나에 해당하는 조치(이하 "잠정조치"라 한다)를 할 수 있다.

1. 피해자에 대한 스토킹범죄 중단에 관한 서면 경고

2. 피해자 또는 그의 동거인, 가족이나 그 주거등으로부터 100미터 이내의 접근 금지

3. 피해자 또는 그의 동거인, 가족에 대한 「전기통신기본법」 제2조제1호의 전기통신을 이용한 접근 금지

3의2. 「전자장치 부착 등에 관한 법률」 제2조제4호의 위치추적 전자장치(이하 "전자
　　장치"라 한다)의 부착

4. 국가경찰관서의 유치장 또는 구치소에의 유치

② 제1항 각 호의 잠정조치는 병과(倂科)할 수 있다.

③ 법원은 제1항제3호의2 또는 제4호의 조치에 관한 결정을 하기 전 잠정조치의 사유를
판단하기 위하여 필요하다고 인정하는 때에는 검사, 스토킹행위자, 피해자, 기타 참고
인으로부터 의견을 들을 수 있다. 의견을 듣는 방법과 절차, 그 밖에 필요한 사항은
대법원규칙으로 정한다.

④ 제1항제3호의2에 따라 전자장치가 부착된 사람은 잠정조치기간 중 전자장치의 효용을
해치는 다음 각 호의 행위를 하여서는 아니된다.

1. 전자장치를 신체에서 임의로 분리하거나 손상하는 행위

2. 전자장치의 전파(電波)를 방해하거나 수신자료를 변조(變造)하는 행위

3. 제1호 및 제2호에서 정한 행위 외에 전자장치의 효용을 해치는 행위

⑤ 법원은 잠정조치를 결정한 경우에는 검사와 피해자 또는 그의 동거인, 가족, 그 법정
대리인에게 통지하여야 한다.

⑥ 법원은 제1항제4호에 따른 잠정조치를 한 경우에는 스토킹행위자에게 변호인을 선임할
수 있다는 것과 제12조에 따라 항고할 수 있다는 것을 고지하고, 다음 각 호의 구분
에 따른 사람에게 해당 잠정조치를 한 사실을 통지하여야 한다.

1. 스토킹행위자에게 변호인이 있는 경우: 변호인

2. 스토킹행위자에게 변호인이 없는 경우: 법정대리인 또는 스토킹행위자가 지정하는
　사람

⑦ 제1항제2호·제3호 및 제3호의2에 따른 잠정조치기간은 3개월, 같은 항 제4호에 따른
잠정조치기간은 1개월을 초과할 수 없다. 다만, 법원은 피해자의 보호를 위하여 그 기
간을 연장할 필요가 있다고 인정하는 경우에는 결정으로 제1항제2호·제3호 및 제3호
의2에 따른 잠정조치에 대하여 두 차례에 한정하여 각 3개월의 범위에서 연장할 수
있다.

8. 잠정조치의 집행 등 (제10조)

① 법원은 잠정조치 결정을 한 경우에는 법원공무원, 사법경찰관리, 구치소 소속 교정직
공무원 또는 보호관찰관으로 하여금 집행하게 할 수 있다.

② 제1항에 따라 잠정조치 결정을 집행하는 사람은 스토킹행위자에게 잠정조치의 내용,
불복방법 등을 고지하여야 한다.

③ 피해자 또는 그의 동거인, 가족, 그 법정대리인은 제9조제1항제2호의 잠정조치 결정이 있은 후 피해자 또는 그의 동거인, 가족이 주거등을 옮긴 경우에는 법원에 잠정조치 결정의 변경을 신청할 수 있다.

④ 제3항의 신청에 따른 변경 결정의 스토킹행위자에 대한 고지에 관하여는 제2항을 준용한다.

⑤ 제1항부터 제4항까지에서 규정한 사항 외에 제9조제1항제3호의2에 따른 잠정조치 결정의 집행 등에 관하여는 「전자장치 부착 등에 관한 법률」 제5장의2에 따른다.

9. 잠정조치의 변경 등 (제11조)

① 스토킹행위자나 그 법정대리인은 잠정조치 결정의 취소 또는 그 종류의 변경을 법원에 신청할 수 있다.

② 검사는 수사 또는 공판과정에서 잠정조치가 계속 필요하다고 인정하는 경우에는 직권이나 사법경찰관의 신청에 따라 법원에 해당 잠정조치기간의 연장 또는 그 종류의 변경을 청구할 수 있고, 잠정조치가 필요하지 아니하다고 인정하는 경우에는 직권이나 사법경찰관의 신청에 따라 법원에 해당 잠정조치의 취소를 청구할 수 있다.

③ 법원은 정당한 이유가 있다고 인정하는 경우에는 직권 또는 제1항의 신청이나 제2항의 청구에 의하여 결정으로 해당 잠정조치의 취소, 기간의 연장 또는 그 종류의 변경을 할 수 있다.

④ 법원은 제3항에 따라 잠정조치의 취소, 기간의 연장 또는 그 종류의 변경을 하였을 때에는 검사와 피해자 및 스토킹행위자 등에게 다음 각 호의 구분에 따라 통지 또는 고지하여야 한다.

1. 검사, 피해자 또는 그의 동거인, 가족, 그 법정대리인: 취소, 연장 또는 변경의 취지 통지
2. 스토킹행위자: 취소, 연장 또는 변경된 조치의 내용 및 불복방법 등 고지
3. 제9조제6항 각 호의 구분에 따른 사람: 제9조제1항제4호에 따른 잠정조치를 한 사실

⑤ 잠정조치 결정(제3항에 따라 잠정조치기간을 연장하거나 그 종류를 변경하는 결정을 포함한다. 이하 제12조 및 제14조에서 같다)은 스토킹행위자에 대해 검사가 불기소처분을 한 때 또는 사법경찰관이 불송치결정을 한 때에 그 효력을 상실한다.

10. 피해자에 대한 변호사 선임의 특례 (제17조의4)

① 피해자 및 그 법정대리인은 형사절차상 입을 수 있는 피해를 방어하고 법률적 조력을 보장받기 위하여 변호사를 선임할 수 있다.

② 제1항에 따라 선임된 변호사(이하 이 조에서 "변호사"라 한다)는 검사 또는 사법경찰관의 피해자 및 그 법정대리인에 대한 조사에 참여하여 의견을 진술할 수 있다. 다만, 조사 도중에는 검사 또는 사법경찰관의 승인을 받아 의견을 진술할 수 있다.

③ 변호사는 피의자에 대한 구속 전 피의자심문, 증거보전절차, 공판준비기일 및 공판절차에 출석하여 의견을 진술할 수 있다. 이 경우 필요한 절차에 관한 구체적 사항은 대법원규칙으로 정한다.

④ 변호사는 증거보전 후 관계 서류나 증거물, 소송계속 중의 관계 서류나 증거물을 열람하거나 복사할 수 있다.

⑤ 변호사는 형사절차에서 피해자 및 법정대리인의 대리가 허용될 수 있는 모든 소송행위에 대한 포괄적인 대리권을 가진다.

⑥ 검사는 피해자에게 변호사가 없는 경우 국선변호사를 선정하여 형사절차에서 피해자의 권익을 보호할 수 있다.

○○경 찰 서

제 _0000-000000_ 호			_2000.0.0._

수 신 :

제 목 : 응급조치 보고

행위자	성 명	
	주민등록번호	
	직 업	
	주 소	
	피해자와의 관계	
행위사실요지		
피 해 자 등		

　　진행 중인 스토킹행위에 대하여 신고를 받고 즉시 현장에 임하여 다음과 같○
응급조치를 취하였음을 보고합니다.

□ 스토킹행위의 제지

□ 스토킹행위의 중단 통보 및 스토킹행위를 지속적 또는 반복적으로 할 경우 처벌 서면경고

□ 스토킹행위자와 피해자등의 분리 및 범죄수사

□ 피해자등에 대한 긴급응급조치 및 잠정조치 요청의 절차 등 안내

- 사법경찰관에게 아래의 긴급응급조치를 요청할 수 있음
  - 스토킹행위의 상대방등이나 그 주거등으로부터 100미터 이내의 접근 금지
  - 스토킹행위의 상대방등에 대한 「전기통신기본법」 제2조제1호의 전기통신을 이용한 접근 금지

- 검사 또는 사법경찰관에게 아래의 잠정조치 청구 또는 신청을 요청할 수 있음
  - 피해자에 대한 스토킹범죄 중단에 관한 서면 경고
  - 피해자 또는 그의 동거인, 가족이나 그 주거등으로부터 100미터 이내의 접근 금지
  - 피해자 또는 그의 동거인, 가족에 대한 「전기통신기본법」 제2조제1호의 전기통신을 이용한 접근 금지
  - 「전자장치 부착 등에 관한 법률」 제2조제4호의 위치 추적 전자장치의 부착('24.1.12.~)
  - 국가경찰관서의 유치장 또는 구치소에의 유치

□ 스토킹 피해 관련 상담소 또는 보호시설로의 피해자 등 인도(피해자 등이 동의함)

비 고	

○○경 찰 서

사법경찰관

긴급응급조치 결정서

제 호   20○○. ○. ○.

다음 행위자에 대하여 「스토킹범죄의 처벌 등에 관한 법률」 제4조제1항에 따라 아래와 같이 긴급응급조치를 결정합니다.

[□] 스토킹행위의 상대방등이나 그 주거등으로부터 100미터 이내의 접근 금지
[□] 스토킹행위의 상대방등에 대한 「전기통신기본법」 제2조제1호의 전기통신을 이용한 접근 금지
– 긴급응급조치의 보호 대상: [ ]상대방 [ ]상대방의 동거인 [ ]상대방의 가족

	성 명	( )	주민등록번호	(세)
행위자	직 업			
	주 거			
	변 호 인			
상대방등	성 명			
	주 소			
	직 장 (소 재 지)			
긴급응급조치를 결정한 일시 및 장소	일시 :			
	장소 :			
긴급응급조치 결 정 근 거	□ 사법경찰관 직권 □ 상대방 □ 상대방의 법정대리인 □ 신고자			
긴급응급조치 기 간 및 장 소	기간 :			
	접근금지 장소 :			
스토킹행위의 요지 및 긴급응급조치를 필요로 하는 사유				

○○경 찰 서

사법경찰관

긴급응급조치 확인서

대상자	성 명	( )	주 민 등 록 번 호	(세)
	주 소			

　　본인은 *0000.00.00 00:00경 긴급응급조치 결정장소*에서 아래 항목의 긴급임시조치 내용 및 불복방법에 대해 고지받았음을 확인합니다.

< 긴급응급조치 내용 >

[□] 스토킹행위의 상대방이나 그 주거 등으로부터 100미터 이내의 접근금지
[□] 스토킹행위의 상대방에 대한 「전기통신기본법」 제2조 1호의 전기통신을 이용한 접근 금지

긴급응급조치의 기간 : *0000.00.00. ~ 0000.00.00. (00일간 또는 1개월간)*

< 불복방법 >

이 결정에 불복이 있으면 결정을 고지받은 날부터 7일 이내에 항고장을 제출하거나 사법경찰관에게 취소 또는 종류의 변경을 신청할 수 있습니다.

0000. 00. 00.
위 확인인　　　(인)

　　위 대상자에 대해 긴급응급조치 결정을 하면서, 위 결정 내용을 고지하였음.
　　(고지한 내용을 확인하였으나 정당한 이유없이 서명 또는 기명날인을 거부함)

　　소속관서　　　　　　사법경찰관(리)　　　　　　　　　　　　　(인)

※ 아래 긴급응급조치 통보서를 자른 후 긴급응급조치 관련 유의사항을 첨부하여 대상자에게 교부하여 주시기 바랍니다.

-------------- (자르는 선) ----------

긴급응급조치 통보서

< 긴급응급조치 내용 >

[□] 스토킹행위의 상대방이나 그 주거 등으로부터 100미터 이내의 접근금지
[□] 스토킹행위의 상대방에 대한 「전기통신기본법」 제2조 1호의 전기통신을 이용한 접근 금지

긴급응급조치의 기간 : *0000.00.00. ~ 0000.00.00. (00일간 또는 1개월간)*

< 불복방법 >

이 결정에 불복이 있으면 결정을 고지받은 날부터 7일 이내에 항고장을 제출하거나 사법경찰관에게 취소 또는 종류의 변경을 신청할 수 있습니다.

※ 경찰의 긴급응급조치 결정내용을 위반한 경우 1천만원 이하 과태료에 처해질 수 있습니다.

0000. 00. 00.

소속관서　　　　　　사법경찰관(리)　　　　　　　　　　　(인)

〈 피해자 등 권리 안내서 〉

경찰의 신변보호제도

○ <대상> 스토킹 신고 등과 관련하여 보복을 당할 우려가 있는 피해자·신고자 및 그 친족, 반복적으로 생명·신체에 대한 위해를 입었거나 입을 구체적인 우려가 있는 사람

○ <내용> 피해자의 위험성 및 여건 등을 고려하여 맞춤형 신변보호 실시

○ <신변보호 조치유형>

① (보호시설 연계 및 임시숙소 제공) 주거지 거주가 곤란하거나 보복범죄 우려가 있는 등 신변보호가 필요한 피해자를 대상으로 숙소 제공

② (신변경호) 위험발생이 명백·중대한 경우 △ 근접·밀착경호 △ 경찰관서 출석·귀가 시 동행 등 신변경호 수준과 기간을 정하여 실시

④ (주거지 순찰 강화) 피해자 주거지 및 주변에 대한 맞춤형 순찰 실시

⑤ (112 긴급신변보호대상자 등록) 112신고통합시스템에 스토킹·데이트폭력 피해자 및 피해우려자의 연락처(가족 포함 최대 3개) 등록, 긴급신고체계 구축 및 신속 출동

⑥ (위치추적장치 대여) 위험방지를 위해 비상연락체계를 갖출 필요가 있는 경우 위치추적장치(스마트워치)를 피해자에게 대여, 부착된 긴급버튼을 누르면 112신고 연결

⑦ (CCTV 설치) 위급 시 피해자가 주거지 CCTV 화면 및 비상음을 송출, 경찰 긴급출동

⑧ (신원정보 변경) 피해자의 이름, 전화번호, 차량번호 등 신원정보 변경을 적극 지원

⑨ (사후 모니터링) 피해 재발 우려 정도에 따라 등급 구분, 사후 모니터링(데이트폭력)

지원 제도 및 기관

① 여성긴급전화 1366센터(☎1366)를 통해 24시간 언제든지 상담 및 각 지역의 쉼터·정부기관·병원·법률기관으로 연계받을 수 있습니다.

② 한국여성의전화(02-2263-6465, 6464)를 통해 의료·법률상담을 지원받을 수 있습니다.
   ※ 상담시간 : 평일 오전 10시 ~ 오후 5시(점심시간 오후 1시 ~ 2시)

③ 다누리 콜센터(☎1577-1366)를 통해 이주여성은 24시간 통역 및 상담 지원, 쉼터 입소 및 의료·법률지원 등을 제공받을 수 있습니다.

④ 대한변협법률구조재단(☎02-3476-6515)을 통해 법률구조가 필요한 부분에 대하여 무료 법률상담이나 변호를 받을 수 있습니다.

담당 경찰관

(현장출동) 소속 : ○○경찰서 ○○지구대 ○팀   성명 : 경○ 홍길동
(사건담당) 소속 : ○○경찰서 ○○과 ○○팀   성명 : 경○ 홍길동(☎ 02-3150-0000)
※ 자세한 문의는 경찰서 스토킹 담당 경찰관(☎ 02-3150-0000) 또는 여성청소년과(☎ 02-3150-0000)로 연락주시기 바랍니다.

이런 경우는 신고해 주세요

★ 피해 유형의 예시

▶ 스토킹행위자(이하 '스토커')가 주거지나 회사 등 내가 있는 위치와 장소 인근에 나타난 경우

▶ 스토커가 이메일, 휴대전화, 집이나 회사의 전화기로 연락을 해온 경우

▶ 내가 자주 다니는 장소에 스토커가 다녀갔다는 얘기를 전해들은 경우 등

○○경찰서

제 호		20○○.○.○.

수 신 : ○○검찰청 검사장

제 목 : 긴급응급조치 사후 승인신청

다음 행위자의 스토킹행위에 관하여 아래와 같이 긴급응급조치 후 「스토킹범죄의 처벌 등에 관한 법률」 제5조제1항에 따른 사후승인의 청구를 신청합니다.

행위자	성 명	
	주민등록번호	
	직 업	
	주 소	
	법정대리인	
	변 호 인	
상대방	성 명	
	주 소	
	직장(소재지)	
긴급응급조치	일시·장소	
	내 용	[□] 스토킹행위의 상대방등이나 그 주거등으로부터 100미터 이내의 접근 금지(제1호) [□] 스토킹행위의 상대방등에 대한 「전기통신기본법」 제2조제1호의 전기통신을 이용한 접근 금지(제2호)
	긴급응급조치 보호 대상	[ ] 상대방 [ ] 상대방의 동거인 [ ] 상대방의 가족
	집행자의 관직·성명	
	기 간	~ ※ 최장 1개월
긴급응급조치 결정 근거		□ 사법경찰관 직권 □ 상대방 □ 상대방의 법정대리인 □ 신고자
스토킹행위의 요지 긴급응급조치를 필요로 하는 사유		
비 고		

○○경찰서

사법경찰관

긴급응급조치 취소·종류변경 신청서(행위자용)

20〇〇.〇.〇.

1. 신 청 인
   성 명 : 000 (00세, 성별)
   주 소 :

2. 긴급응급조치 결정내용 및 기간 ()
   [　] 1호. 피해자나 그 주거등으로부터 100미터 이내의 접근금지
   [　] 2호. 피해자에 대한 「전기통신기본법」 제2조제1호의 전기통신을 이용한 접근금지

3. 신 청 내 용
   [　] 가. 긴급응급조치 취소
      - 취소 사유 :

   [　] 나. 긴급응급조치 종류 변경
      - [　] 1호. 피해자나 그 주거등으로부터 100미터 이내의 접근금지
      - [　] 2호. 피해자에 대한 「전기통신기본법」 제2조제1호의 전기통신을 이용한 접근금지
      - 변경 사유 :

4. 담 당 자
   소 속 :
   성 명 :

긴급응급조치 취소·변경 신청서(피해자용)

20○○.○.○.

1. 신 청 인

   성 명 : 000 (00세, 성별)

   주 소 :

2. 긴급응급조치 대상자

   성 명 : 000 (00세, 성별)

   주 소 :

3. 긴급응급조치 결정내용 및 기간 ()

   [ ] 1호. 피해자나 그 주거등으로부터 100미터 이내의 접근금지

   [ ] 2호. 피해자에 대한 「전기통신기본법」 제2조제1호의 전기통신을 이용한 접근금지

4. 신 청 내 용

   [ ] 가. 긴급응급조치 취소

    – 취소 사유 :

   [ ] 나. 긴급응급조치 변경

    – [ ] 1호. 피해자나 그 주거등으로부터 100미터 이내의 접근금지

      다. 긴급응급조치 변경 사유

    – [ ] 주소지 또는 실거주지 이전 (기타:)

5. 담 당 자

   소 속 :

   성 명 :

○○경찰서

제 호		20○○.○.○.
수 신 :		
제 목 : 긴급응급조치 종류변경 승인신청		

다음 행위자에 대하여 「스토킹범죄의 처벌 등에 관한 법률」 제7조제4항에 따라 아래와 같이 긴급응급조치를 변경하고자 하니 승인하여 주시기 바랍니다.

행위자	성 명	
	주민등록번호	
	직 업	
	주 소	
	변 호 인	
상대방등	성 명	
	주 소	
	직장(소재지)	
현재 긴급응급조치	☐ 1. 상대방등이나 그 주거등으로부터 100미터 이내의 접근 금지 ☐ 2. 상대방등에 대한 「전기통신기본법」 제2조제1호의 전기통신을 이용한 접근 금지	
변경 긴급응급조치	☐ 1. 상대방등이나 그 주거등으로부터 100미터 이내의 접근 금지 ☐ 2. 상대방등에 대한 「전기통신기본법」 제2조제1호의 전기통신을 이용한 접근 금지	
스토킹행위의 요지 및 긴급응급조치의 변경을 필요로 하는 사유		
비 고		

○○경찰서

사법경찰관

○○경 찰 서

제 0000-000000 호	2000.○.○.

수 신 :

제 목 : 잠정조치 신청

다음 행위자에 대하여 「스토킹범죄의 처벌 등에 관한 법률」 제8조제1항에 따라 아래와 같이 잠정조치를 신청합니다.

□ 1. 피해자에 대한 스토킹범죄 중단에 관한 서면경고
□ 2. 피해자나 그 주거등으로부터 100미터 이내의 접근 금지
□ 3. 피해자, 그의 동거인, 가족에 대한 「전기통신기본법」 제2조제1호의 전기통신을 이용한 접근 금지
□ 3의2. 「전자장치 부착 등에 관한 법률」 제2조제4호의 위치추적 전자장치의 부착
□ 4. 국가경찰관서의 유치장 또는 구치소에의 유치

행위자	성 명	
	주민등록번호	
	직 업	
	주 소	
	변 호 인	
피해자 동거인 가족	성 명	
	주 소	
	직장(소재지)	
범죄사실 및 잠정조치를 필요로 하는 사유		
비 고		

○○경 찰 서

사법경찰관

○○경 찰 서

제 *0000-000000* 호		*20○○.○.○.*

수 신 :

제 목 : 잠정조치 미신청 사유 통보

「스토킹범죄의 처벌 등에 관한 법률」 제8조제3항에 따라 잠정조치를 신청하지 않는 사유를 아래와 같이 통보합니다.

요 청 인	성 명	
	자 격	[　]피해자　　[　]법정대리인

스 토 킹 행 위 자	성 명		피해자와의 관 계	
	주민등록번호			

피 해 자	성 명	
	주 거	

신 청 요 청 내 용	
잠 정 조 치 미신청 사유	

○○경 찰 서

사법경찰관

○ ○ 경 찰 서

제 *0000-000000* 호		*20○○.○.○.*

수 신 :

제 목 : 잠정조치 연장 신청

다음 행위자에 대하여 「스토킹범죄의 처벌 등에 관한 법률」 제11조제2항에 따라 아래와 같이 잠정조치의 연장을 신청합니다.

행위자	성 명	
	주 민 등 록 번 호	
	직 업	
	주 소	
	변 호 인	
피해자 동거인 가족	성 명	
	주 소	
	직장(소재지)	
현재 잠정조치의 내용	사 건 번 호	
	결 정 일 자	년 월 일
	잠정조치의 종류	
	잠정조치의 기간	년 월 일부터 년 월 일
범죄사실 및 잠정조치의 연장을 필요로 하는 사유		
비 고		

○ ○ 경 찰 서

사법경찰관

○○경찰서

제 *0000-000000* 호		*20*○○*.*○*.*○*.*

수 신 :

제 목 : 잠정조치 종류변경 신청

다음 행위자에 대하여 「스토킹범죄의 처벌 등에 관한 법률」 제11조제2항에 따라 아래와 같이 잠정조치 종류의 변경을 신청합니다.

행위자	성　　　　명	
	주 민 등 록 번 호	
	직　　　　업	
	주　　　　소	
	변　호　인	
피해자 동거인 가족	성　　　　명	
	주　　　　소	
	직 장 (소 재 지)	
현재 잠정조치의 내용	사 건 번 호	
	결 정 일 자	년　　월　　일
	잠정조치의 종류	
	잠정조치의 기간	년 월 일부터 년 월 일
잠정조치 종류의 변경 내용	[□] 피해자에 대한 스토킹범죄 중단에 관한 서면 경고 [□] 피해자, 그의 동거인, 가족이나 그 주거등으로부터 100미터 이내의 접근 금지 [□] 피해자, 그의 동거인, 가족에 대한 「전기통신기본법」 제2조제1호의 전기통신을 이용한 접근 금지 [□] 「전자장치 부착 등에 관한 법률」 제2조제4호의 위치추적 전자장치의 부착 [□] 국가경찰관서의 유치장 또는 구치소에의 유치	
범죄사실 및 잠정조치 종류의 변경을 필요로 하는 사유		
비　　　　　고		

○○경찰서

사법경찰관

제2항 스토킹범죄의 처벌 등에 관한 법률
(스토킹처벌법)

 Ⅰ. 목적과 개념정의

1. 목 적

제1조(목적) 이 법은 스토킹범죄의 처벌 및 그 절차에 관한 특례와 스토킹범죄 피해자에 대한 보호절차를 규정함으로써 피해자를 보호하고 건강한 사회질서의 확립에 이바지함을 목적으로 한다.

2. 개념정의

제2조(정의) 이 법에서 사용하는 용어의 뜻은 다음과 같다.
1. "스토킹행위"란 상대방의 의사에 반(反)하여 정당한 이유 없이 상대방 또는 그의 동거인, 가족에 대하여 다음 각 목의 어느 하나에 해당하는 행위를 하여 상대방에게 불안감 또는 공포심을 일으키는 것을 말한다.
  가. 상대방 또는 그의 동거인, 가족(이하 "상대방등"이라 한다)에게 접근하거나 따라다니거나 진로를 막아서는 행위
  나. 상대방등의 주거, 직장, 학교, 그 밖에 일상적으로 생활하는 장소(이하 "주거등"이라 한다) 또는 그 부근에서 기다리거나 지켜보는 행위
  다. 상대방등에게 우편·전화·팩스 또는 「정보통신망 이용촉진 및 정보보호 등에 관한 법률」 제2조제1항 제1호의 정보통신망(이하 "정보통신망"이라 한다)을 이용하여 물건이나 글·말·부호·음향·그림·영상·화상(이하 "물건등"이라 한다)을 도달하게 하거나 정보통신망을 이용하는 프로그램 또는 전화의 기능에 의하여 글·말·부호·음향·그림·영상·화상이 상대방등에게 나타나게 하는 행위
  라. 상대방등에게 직접 또는 제3자를 통하여 물건등을 도달하게 하거나 주거등 또는 그 부근에 물건등을 두는 행위
  마. 상대방등의 주거등 또는 그 부근에 놓여져 있는 물건등을 훼손하는 행위
  바. 다음의 어느 하나에 해당하는 상대방등의 정보를 정보통신망을 이용하여 제3자에게 제공하거나 배포 또는 게시하는 행위
    1) 「개인정보 보호법」 제2조제1호의 개인정보
    2) 「위치정보의 보호 및 이용 등에 관한 법률」 제2조제2호의 개인위치정보
    3) 1) 또는 2)의 정보를 편집·합성 또는 가공한 정보(해당 정보주체를 식별할 수 있는 경우로 한정한다)
  사. 정보통신망을 통하여 상대방등의 이름, 명칭, 사진, 영상 또는 신분에 관한 정보를 이용하여 자신이 상대방등인 것처럼 가장하는 행위
2. "스토킹범죄"란 지속적 또는 반복적으로 스토킹행위를 하는 것을 말한다.
3. "피해자"란 스토킹범죄로 직접적인 피해를 입은 사람을 말한다.
4. "피해자등"이란 피해자 및 스토킹행위의 상대방을 말한다.

■ **판례** ■ 스토킹범죄 성립을 위해서 피해자의 현실적인 불안감이나 공포심이 필요한지 여부

구 「스토킹범죄의 처벌 등에 관한 법률」 (2023. 7. 11. 법률 제19518호로 개정되기 전의 것, 이하 '구 스토킹처벌법'이라 한다) 제2조 제1호는 스토킹행위란 상대방의 의사에 반하여 정당한 이유 없

이 상대방 또는 그의 동거인, 가족에 대하여 다음 각 목의 어느 하나에 해당하는 행위를 하여 상대방에게 불안감 또는 공포심을 일으키는 것을 말한다."라고 규정하고, 같은 조 제2호는 " '스토킹범죄' 란 지속적 또는 반복적으로 스토킹행위를 하는 것을 말한다."라고 규정한다.

스토킹행위를 전제로 하는 스토킹범죄는 행위자의 어떠한 행위를 매개로 이를 인식한 상대방에게 불안감 또는 공포심을 일으킴으로써 그의 자유로운 의사결정의 자유 및 생활형성의 자유와 평온이 침해되는 것을 막고 이를 보호법익으로 하는 위험범이라고 볼 수 있으므로, 구 스토킹처벌법 제2조 제1호 각 목의 행위가 객관적·일반적으로 볼 때 이를 인식한 상대방이 불안감 또는 공포심을 일으키기에, 충분한 정도라고 평가될 수 있다면 현실적으로 상대방이 불안감 내지 공포심을 갖게 되었는지 여부와 관계없이 '스토킹행위' 에 해당하고, 나아가 그와 같은 일련의 스토킹행위가 지속되거나 반복되면 '스토킹범죄' 가 성립한다. 이때 구 스토킹처벌법 제2조 제1호 각 목의 행위가 객관적·일반적으로 볼 때 상대방으로 하여금 불안감 또는 공포심을 일으키기에 충분한 정도인지는 행위자와 상대방의 관계·지위·성향, 행위에 이르게 된 경위, 행위 태양, 행위자와 상대방의 언동, 주변의 상황 등 행위 전후의 여러 사정을 종합하여 객관적으로 판단하여야 한다.

⇒ 대법원은, 위와 같은 법리를 설시한 후, 위 판단 기준에 따를 때 이 사건 공소사실 중 일부(원심 별지 범죄일람표 순번 2 내지 5)는 피고인과 피해자의 평소 관계, 피고인이 피해자의 주거에 찾아가게 된 경위, 피해자의 언동, 출동 경찰관들의 대응 등에 비추어 객관적·일반적 관점에서 상대방으로 하여금 불안감 또는 공포심을 일으키기에, 충분한 행위로 단정하기 어려운 측면이 있으나, 스토킹행위의 본질적 속성상 비교적 경미한 수준의 개별 행위라 하더라도 그러한 행위가 반복되어 누적될 경우 상대방이 느끼는 불안감 또는 공포심이 비약적으로 증폭될 가능성이 충분하고, 피고인이 1개월 남짓의 짧은 기간에 위 행위뿐만 아니라 피고인 스스로도 피해자에게 불안감 또는 공포심을 일으키기에, 충분한 행위임을 인정하는 행위(원심 별지 범죄일람표 순번 6)를 반복하였으므로, 단기간에 수차례 반복된 순번 2 내지 6 행위는 누적적·포괄적으로 불안감 또는 공포심을 일으키기에, 충분한 하나의 스토킹행위를 구성한다고 볼 수 있고, 그 직후 또다시 불안감 또는 공포심을 일으키기에, 충분한 순번 7의 행위를 반복하였으므로, 결국 원심 별지 범죄일람표 순번 2 내지 7의 각 행위가 포괄하여 '스토킹범죄' 를 구성한다고 본 원심의 판단은 결론에 있어서 수긍할 수 있다고 판결 (대법원 2023. 9. 27. 선고 2023도6411 판결)

■ 판례 ■   휴대전화의 통화가 이루어져야 하는지 여부

[1] 전화를 걸어 상대방의 휴대전화에 벨소리가 울리게 하거나 부재중 전화 문구 등이 표시되도록 하여 상대방에게 불안감이나 공포심을 일으키는 행위가 실제 전화통화가 이루어졌는지와 상관없이 스토킹범죄의 처벌 등에 관한 법률 제2조 제1호 (다)목에서 정한 스토킹행위에 해당하는지 여부(적극)

스토킹범죄의 처벌 등에 관한 법률(이하 '스토킹처벌법' 이라 한다)의 문언, 입법 목적 등을 종합하면, 피고인이 전화를 걸어 피해자의 휴대전화에 벨소리가 울리게 하거나 부재중 전화 문구 등이 표시되도록 하여 상대방에게 불안감이나 공포심을 일으키는 행위는 실제 전화통화가 이루어졌는지와 상관없이 스토킹처벌법 제2조 제1호 (다)목에서 정한 스토킹행위에 해당한다.

[2] 상대방의 의사에 반하여 정당한 이유 없이 전화를 걸어 상대방과 전화통화를 하여 말을 도달하게 한 경우, 전화통화 내용이 불안감 또는 공포심을 일으키는 것이었음이 밝혀지지 않더라도 스토킹범죄의 처벌 등에 관한 법률 제2조 제1호 (다)목 스토킹행위에 해당할 수 있는지 여부(한정 적극) / 상대방과 전화통화 당시 아무런 말을 하지 않아 '말을 도달하게 하는 행위' 에 해당하지 않더라도 위 조항 스토킹행위에 해당할 수 있는지 여부(한정 적극)

피고인이 피해자의 의사에 반하여 정당한 이유 없이 전화를 걸어 피해자와 전화통화를 하여 말을 도달하게 한 행위는, 전화통화 내용이 불안감 또는 공포심을 일으키는 것이었음이 밝혀지지 않더라도, 피고

인과 피해자의 관계, 지위, 성향, 행위 전후의 여러 사정을 종합하여 전화통화 행위가 피해자의 불안감 또는 공포심을 일으키는 것으로 평가되면, 스토킹범죄의 처벌 등에 관한 법률 제2조 제1호 (다)목 스토킹행위에 해당하게 된다. 설령 피고인이 피해자와의 전화통화 당시 아무런 말을 하지 않아 '말을 도달하게 하는 행위'에 해당하지 않더라도 피해자의 수신 전 전화 벨소리가 울리게 하거나 발신자 전화 번호가 표시되도록 한 것까지 포함하여 피해자에게 불안감이나 공포심을 일으킨 것으로 평가된다면 '음향, 글 등을 도달하게 하는 행위'에 해당하므로 마찬가지로 위 조항 스토킹행위에 해당한다.(대법원 2023. 5. 18., 선고, 2022도12037, 판결)

※ 경범죄처벌법

제3조(경범죄의 종류) ① 다음 각 호의 어느 하나에 해당하는 사람은 10만원 이하의 벌금, 구류 또는 과료(科料)의 형으로 처벌한다.
41. (지속적 괴롭힘) 상대방의 명시적 의사에 반하여 지속적으로 접근을 시도하여 면회 또는 교제를 요구하거나 지켜보기, 따라다니기, 잠복하여 기다리기 등의 행위를 반복하여 하는 사람

Ⅱ. 벌 칙

제18조(스토킹범죄) ① 스토킹범죄를 저지른 사람은 3년 이하의 징역 또는 3천만원 이하의 벌금에 처한다..
② 흉기 또는 그 밖의 위험한 물건을 휴대하거나 이용하여 스토킹범죄를 저지른 사람은 5년 이하의 징역 또는 5천만원 이하의 벌금에 처한다.
제20조(벌칙) ① 다음 각 호의 어느 하나에 해당하는 사람은 3년 이하의 징역 또는 3천만원 이하의 벌금에 처한다.
  1. 제9조제4항을 위반하여 전자장치의 효용을 해치는 행위를 한 사람
  2. 제17조의3제1항을 위반하여 피해자등의 주소, 성명, 나이, 직업, 학교, 용모, 인적사항, 사진 등 피해자등을 특정하여 파악할 수 있게 하는 정보 또는 피해자등의 사생활에 관한 비밀을 공개하거나 다른 사람에게 누설한 사람
  3. 제17조의3제2항을 위반하여 피해자등의 주소, 성명, 나이, 직업, 학교, 용모, 인적 사항, 사진 등 피해자등을 특정하여 파악할 수 있게 하는 정보를 신문 등 인쇄물에 싣거나 「방송법」 제2조제1호에 따른 방송 또는 정보통신망을 통하여 공개한 사람
② 제9조제1항제2호 또는 제3호의 잠정조치를 이행하지 아니한 사람은 2년 이하의 징역 또는 2천만원 이하의 벌금에 처한다.
③ 긴급응급조치(검사가 제5조제2항에 따른 긴급응급조치에 대한 사후승인을 청구하지 아니하거나 지방법원 판사가 같은 조 제3항에 따른 승인을 하지 아니한 경우는 제외한다)를 이행하지 아니한 사람은 1년 이하의 징역 또는 1천만원 이하의 벌금에 처한다.
④ 제19조제1항에 따라 이수명령을 부과받은 후 정당한 사유 없이 보호관찰소의 장 또는 교정시설의 장의 이수명령 이행에 관한 지시에 따르지 아니하여 「보호관찰 등에 관한 법률」 또는 「형의 집행 및 수용자의 처우에 관한 법률」에 따른 경고를 받은 후 다시 정당한 사유 없이 이수명령 이행에 관한 지시를 따르지 아니한 경우에는 다음 각 호에 따른다.
  1. 벌금형과 병과된 경우에는 500만원 이하의 벌금에 처한다.
  2. 징역형의 실형과 병과된 경우에는 1년 이하의 징역 또는 1천만원 이하의 벌금에 처한다.

Ⅲ. 범죄사실

1. 스토킹 범죄

1) 적용법조 : 제18조 제1항 ☞ 공소시효 5년

2) 범죄사실 기재례

[기재례1] 직장동료 스토킹

> 피의자는 직장동료인 피해자 甲을 짝사랑한다며 20○○.○.○.○○:○○경 피해자가 직장에서 퇴근할 때 ○○에서 피해자의 주거지인 ○○까지 뒤따라가 불안감을 일으키게 하여 피해자로부터 더 이상 괴롭히지 말아 달라는 부탁을 받은 사실이 있다.
>
> 피의자는 피해자로부터 스토킹행위를 하지 말아 달라는 통고를 받았음에도 불구하고 같은 행위를 반복하여 20○○.○.○. 부터 20○○.○.○.까지 피해자로부터 100m 이내의 접근금지의 긴급응급조치를 받은 사실이 있다.
>
> 그럼에도 불구하고 피의자는 20○○.○.○.○○:○○경 ○○에서부터 ○○까지 피해자를 따라다니는 등 피해자의 의사에 반하여 정당한 이유없이 피해자에게 불안감과 공포심을 일으키는 행위를 하였다.
>
> 이로써 피의자는 피해자에게 반복적으로 스토킹행위를 하여 스토킹 범죄를 저질렀다.

[기재례2] 동료회원에게 우편물과 꽃 반복 배달 스토킹

> 피의자는 ○○산악회 회장이고 피해자는 회원으로 ' 20○○.○.○.경부터 3년간 교제했던 사이나 현재는 이별해 관계가 단절되었다.
>
> 피의자는 20○○.○.○.13:00 ○○ 피해자 주거지 현관문 앞에 편지가 들어있는 우편물을 놓고, 20○○.○.○.경부터 20○○.○.○.경까지 사이 ○○ 피해자 회사에 매일 꽃을 배달하였다.
>
> 이로써 피의자는 피해자에게 반복적으로 스토킹행위를 하여 스토킹 범죄를 저질렀다.

[기재례3] 가로막는 방법으로 스토킹

> 피의자는 피해자 甲 (여, 40세)와 20○○.○.○.~20○○.○.○.까지 연인관계였고, 평소 폭력적인 성향을 가지고 있어 결별하였다.
>
> 피의자는 20○○.○.○.18:00경 ○○에 있는 노상에서 귀가하는 피해자에게 "예전으로 돌아가자" 라고 말하며 의사에 반해 앞을 가로막는 것을 비롯하여 별지 범죄일람표 내용과 같이 총 ○○회 걸쳐 가로막거나 따라다녔다.
>
> 이로써, 피의자는 반복적인 스토킹 행위로 스토킹 범죄를 하였다.

[기재례4] 피의자 주거지 찾아가 수회 난동 소란

> 　피의자는 20○○. ○. ○.02:55경 ○○에 있는 피해자의 주거지에 이르러, "문 열어라. 잠 간만 앉아 있다가 갈게. 이건 아니잖아. 시발 내가 무슨 짓 했나. 빨리 문 열어라"라고 큰 소리로 말하며, 피해자의 주거지 현관문을 수회 두드렸다.
> 　피의자는 이를 비롯하여 그때부터 20○○. ○. ○.10:30경까지 별지 범죄일람표 기재와 같 이 총 ○○회에 걸쳐 피해자의 의사에 반하여 정당한 이유 없이 피해자의 주거에서 기다리 거나 지켜보는 등의 행위를 하여 피해자에게 불안감 또는 공포심을 일으켰다.
> 　이로써 피의자는 지속적 또는 반복적으로 스토킹행위를 하여 스토킹범죄를 저질렀다.

[기재례5] 휴대전화 이용 수회 스토킹

> 　피의자는 20○○. ○. ○. 15:00경 ○○에 있는 피의자의 주거지에서, 피의자의 휴대전화를 이용하 여 피해자 갑(여)의 휴대전화로 1회 전화를 걸어 아무 말도 하지 않은 채 끊고, 같은 날 16:38경 재차 전화를 걸어 피해자에게 '사랑한다, 2년 정도 지켜봐 왔다, 사진 잘 보고 있다, 너무 예쁘다, 다음 남자친구가 되면 좋겠다, 누나랑 같이 밥 한번 먹고 싶다, 추운데 감기 조심해라' 등의 말을 하였다.
> 　피의자는 이를 비롯하여 그때부터 20○○. ○. ○.경까지 별지 범죄일람표 기재와 같이 피 해자에게 음성통화, 영상통화를 걸거나 메시지를 전송하였다.
> 　이로써 피의자는 피해자의 의사에 반하여 정당한 이유 없이 지속적·반복적으로 피해자에게 정보통신망을 이용하여 글, 말, 영상 등을 도달하게 하여 불안감 또는 공포심을 일으켰다.

3) 신문사항

- 피의자는 피해자 甲을 알고 있는가
- 언제부터 알고 있으며 어떤 관계인가
- 피해자를 따라다닌 사실이 있는가
- 언제부터 따라 다녔는가
- 어디에서 어디까지 어떤 방법으로 따라 다녔나
- 무엇 때문에 따라 다녔나
- 이런 행위로 처벌받은 사실이 있는가
- 언제 어떠한 처벌을 받았는가
- 어떤 내용의 긴급응급조치였는가
- 응급조치 사항을 준수하였는가
- 응급조치를 받은 동안 또 피해자를 스토킹하였는가
- 언제 어디에서 어떻게 스토킹하였나
- 무엇 때문에 반복적으로 피해자를 스토킹하였는가
- 피의자의 이런 행위가 정당한 행위인가
- 피의자의 행위로 피해자가 어떤 피해를 보았다고 생각하는가

2. 흉기 이용 스토킹 범죄

1) 적용법조 : 제18조 제2항, 형법 제284조, 제283조 제1항 ☞ 공소시효 7년

2) 범죄사실 기재례

> 피의자는 20○○. ○. ○. 23:00경 ○○에 있는 피해자 갑(여, ○○세)의 직장 앞에서, 자해하여 상처가 난 자신의 왼쪽 손목을 피해자에게 보이면서 대화를 요청하고, 피를 보고 놀란 피해자의 권유에 의하여 피해자 운전의 승용차 조수석에 탑승하여 병원으로 향하던 중 피해자를 향하여 "내가 왜 왔을 것 같아, 하하, 내가 왜 왔는지 모르지" 등의 말을 수회 반복하고, 오른손으로 자신의 엉덩이 아래 깔고 앉은 위험한 물건인 캠핑용 칼(전체 길이 12.3cm, 칼날 길이 4.5cm)을 만지작거리는 등으로 별지 범죄일람표 기재와 같이 피해자를 위협하였다.
> 이로써 피의자는 위험한 물건을 휴대하여 피해자를 협박함과 동시에 지속적·반복적으로 스토킹행위를 하였다.

3. 스토킹행위자의 잠정조치 불이행죄

1) 적용법조 : 제20조 제2항, 제9조 제1항 제2호 ☞ 공소시효 5년

제9조(스토킹행위자에 대한 잠정조치) ① 법원은 스토킹범죄의 원활한 조사·심리 또는 피해자 보호를 위하여 필요하다고 인정하는 경우에는 결정으로 스토킹행위자에게 다음 각 호의 어느 하나에 해당하는 조치 (이하 "잠정조치"라 한다)를 할 수 있다.
1. 피해자에 대한 스토킹범죄 중단에 관한 서면 경고
2. 피해자 또는 그의 동거인, 가족이나 그 주거등으로부터 100미터 이내의 접근 금지
3. 피해자 또는 그의 동거인, 가족에 대한 「전기통신기본법」 제2조제1호의 전기통신을 이용한 접근 금지
3의2. 「전자장치 부착 등에 관한 법률」 제2조제4호의 위치추적 전자장치(이하 "전자장치"라 한다)의 부착

---

2) 범죄사실 기재례

[기재례1] 잠정조치 불이행

> 피의자는 20○○. ○. ○.경 스토킹행위를 하였음을 이유로 20○○. ○. ○. ○○지방법원으로부터 "피해자에 대한 스토킹범죄를 중단할 것, 20○○. ○. ○.까지 피해자나 그 주거 등으로부터 100m 이내에 접근하지 말 것, 20○○. ○. ○.까지 피해자의 휴대전화 또는 이메일 주소로 유선·무선·광선 및 기타의 전자적 방식에 의하여 부호·문언·음향 또는 영상을 송신하지 말 것"을 내용으로 하는 잠정조치 결정을 받고, 20○○. ○. ○.경 위 결정 사실을 통보받았다.
> 그럼에도 피의자는 20○○. ○. ○. 07:00경부터 20○○. ○. ○. 00:30경까지 ○○에 있는 피의자의 주거에서, 피의자의 휴대전화를 이용하여 피해자의 휴대전화로 별지 범죄일람표 기재와 같이 총 ○○회에 걸쳐 전화를 걸어 법원의 잠정조치를 이행하지 아니하였다.

[기재례2] 스토킹범죄로 잠정조치 결정을 받고 불이행

> 1. 스토킹범죄의 처벌 등에 관한 법률 위반(스토킹범죄)
>
> 피의자는 피해자 갑(여, 40세)가 운영하는 ○○에 있는 '○○주점'에 손님으로 방문했다가 피해자를 알게 된 후 피해자가 피의자의 연락을 받지 않고 위 주점에서 외상을 잘 해주지 않자, 20○○. ○. ○.부터 20○○. ○. ○.까지 사이에 피해자의 주거지인 ○○ 부근으로 피해자를 찾아가 기다리고, 20○○. ○. ○. 21:45경 위 주점에 찾아갔으며, 20○○. ○. ○.경부터 20○○. ○. ○.까지 총 ○○회에 걸쳐 피해자의 휴대전화로 전화를 걸었다.
>
> 이로써 피의자는 피해자에 대하여 접근하거나 따라다니거나 전화를 걸어 피해자에게 불안감 또는 공포심을 일으켜 지속적 또는 반복적으로 스토킹행위를 하였다.
>
> 2. 스토킹범죄의 처벌 등에 관한 법률 위반(잠정조치 불이행)
>
> 피의자는 위와 같이 스토킹범죄를 저질러 20○○. ○. ○. ○○지방법원으로부터 피해자에 대한 스토킹범죄를 중단하고, 20○○. ○. ○.까지 피해자의 주거 등으로부터 100m 이내에 접근하지 말며, 피해자의 휴대전화로 유선·무선·광선 및 기타의 전자적 방식에 의하여 부호·문언·음향 또는 영상을 송신하지 말 것을 내용으로 하는 잠정조치 결정을 받았다.
>
> 그럼에도 피의자는 20○○. ○. ○. 22:00경 위 1항 기재 피해자 운영의 '○○주점'에 찾아가 잠정조치 결정을 위반한 것을 비롯하여 그때부터 20○○. ○. ○.까지 별지 범죄일람표 기재와 같이 ○○회에 걸쳐 피해자의 주거 등에 접근하고, ○○회에 걸쳐 피해자의 휴대전화로 전화를 걸어 잠정조치 결정을 위반하였다.

3) 신문사항

- 피의자는 피해자 甲을 알고 있는가
- 언제부터 알고 있으며 어떤 관계인가
- 피해자를 따라다닌 사실이 있는가
- 언제부터 따라 다녔는가
- 어디에서 어디까지 어떤 방법으로 따라 다녔나
- 무엇 때문에 따라 다녔나
- 이런 행위로 처벌받은 사실이 있는가
- 언제 어떠한 처벌을 받았는가
- 어떤 내용의 잠정조치였는가
- 잠정조치 사항을 준수하였는가
- 잠정조치를 받은 동안 또 피해자를 스토킹하였는가
- 언제 어디에서 어떻게 스토킹하였나
- 무엇 때문에 반복적으로 피해자를 스토킹하였는가

제3항 스토킹방지 및 피해자보호 등에 관한 법률
(스토킹방지법)

 I. 목적과 개념정의

1. 목 적

> 제1조(목적) 이 법은 스토킹을 예방하고 피해자를 보호·지원함으로써 인권증진에 이바지함을 목적으로 한다.

2. 개념정의

> 제2조(정의) 이 법에서 사용하는 용어의 뜻은 다음과 같다.
> 1. "스토킹"이란 「스토킹범죄의 처벌 등에 관한 법률」 제2조제1호에 따른 스토킹행위 및 같은 조 제2호에 따른 스토킹범죄를 말한다.
> 2. "스토킹행위자"란 스토킹을 한 사람을 말한다.
> 3. "피해자"란 스토킹으로 직접적인 피해를 입은 사람을 말한다.

II. 벌 칙

> 제16조(벌칙) ① 제6조제1항을 위반하여 신고자 또는 피해자에게 해고나 그 밖의 불이익조치를 한 자는 3년 이하의 징역 또는 3천만원 이하의 벌금에 처한다.
> ② 제15조에 따른 비밀 유지의 의무를 위반한 자는 1년 이하의 징역 또는 1천만원 이하의 벌금에 처한다.
> 제17조(양벌규정) 법인의 대표자나 법인 또는 개인의 대리인, 사용인, 그 밖의 종사자가 그 법인 또는 개인의 업무에 관하여 제16조의 위반행위를 하면 그 행위자를 벌하는 외에 그 법인 또는 개인에게도 해당 조문의 벌금형을 과(科)한다. 다만, 법인 또는 개인이 그 위반행위를 방지하기 위하여 해당 업무에 관하여 상당한 주의와 감독을 게을리하지 아니한 경우에는 그러하지 아니하다.
> 제18조(과태료) ① 제14조제5항을 위반하여 정당한 사유 없이 사법경찰관리의 업무 수행을 방해한 자에게는 1천만원 이하의 과태료를 부과한다.
> ② 제1항에 따른 과태료는 대통령령으로 정하는 바에 따라 여성가족부장관이나 지방자치단체의 장이 부과·징수한다.

Ⅲ. 범죄사실

1. 비밀유지의무 위반

1) 적용법조 : 제16조 제2항, 제15조 ☞ 공소시효 5년

2) 범죄사실 기재례

> 제15조(비밀 유지의 의무) 지원시설의 장 또는 종사자이거나 지원시설의 장이었던 자 또는 종사자이었던 자는 그 직무상 알게 된 비밀을 누설하여서는 아니 된다.

2) 범죄사실 기재례

> 피의자는 20○○. ○. ○.경부터 ○○에서 ○○스토킹신고센터를 운영하며 스토킹 신고 접수와 이에 관한 상담 등의 업무를 맡고 있다.
> 지원시설의 장 또는 종사자이거나 지원시설의 장이었던 자 또는 종사자이었던 자는 그 직무상 알게 된 비밀을 누설하여서는 아니 된다.
> 그럼에도 불구하고 피의자는 20○○. ○. ○. ○○:○○경 위 센터에서 갑으로부터 삼담하면서 스토킹상담업무와 관련 알게 된 ○○사실을 동료인 을에게 말하였다.
> 이로써 피의자는 직무상 알게 된 비밀을 다른 사람에게 누설하였다.

3) 신문사항

- 피의자는 어디에 근무하고 있는가
- 어떠한 업무를 수행하는가
- 스토킹원 관련 업무에 종사한 일이 있는가
- 언제부터 어떠한 지원 업무를 취급하는가
- 스토킹 지원업무와 관련 사항을 외부에 누설한 사실이 있는가
- 언제 어디에서 왜 알려주었는가
- 누구에게 알려주었는가
- 왜 알려주었는가

2. 불이익조치

1) 적용법조 : 제16조 제2항, 제6조 ☞ 공소시효 5년

> 제6조(피해자 등에 대한 불이익조치의 금지 등) ① 피해자 또는 스토킹 사실을 신고한 자를 고용하고 있는 자는 피해자 또는 스토킹 사실을 신고한 자에게 스토킹으로 피해를 입은 것 또는 신고를 한 것을 이유로 다음 각 호의 어느 하나에 해당하는 불이익조치를 하여서는 아니 된다.

1. 파면, 해임, 해고, 그 밖에 신분상실에 해당하는 신분상의 불이익조치
2. 징계, 정직, 감봉, 강등, 승진 제한, 그 밖에 부당한 인사조치
3. 전보, 전근, 직무 미부여, 직무 재배치, 그 밖에 본인의 의사에 반하는 인사조치
4. 성과평가 또는 동료평가 등에서 차별이나 그에 따른 임금 또는 상여금 등의 차별 지급
5. 직업능력 개발 및 향상을 위한 교육훈련 기회의 제한, 예산 또는 인력 등 가용자원의 제한 또는 제거, 보안정보 또는 비밀정보 사용의 정지 또는 취급자격의 취소, 그 밖에 근무조건 등에 부정적 영향을 미치는 차별 또는 조치
6. 주의 대상자 명단 작성 또는 그 명단의 공개, 집단 따돌림, 폭행 또는 폭언 등 정신적·신체적 손상을 가져오는 행위 또는 그 행위의 발생을 방치하는 행위
7. 직무에 대한 부당한 감사 또는 조사나 그 결과의 공개
8. 그 밖에 본인의 의사에 반하는 불이익조치

2) 범죄사실 기재례

피의자는 ○○에서 ○○상사라는 상호로 종업원인 홍길녀 등 20여명을 고용하여 ○○업을 운영하고 있는 고용주이다. 피의자의 종업원인 홍길녀가 20○○. ○. ○. 스토킹을 당하여 그 무렵부터 수사기관에서 수사를 받고 있다.

피해자 또는 스토킹 사실을 신고한 자를 고용하고 있는 자는 피해자 또는 스토킹 사실을 신고한 자에게 스토킹으로 피해를 입은 것 또는 신고를 한 것을 이유로 파면, 해임, 해고, 그 밖에 신분상실에 해당하는 신분상의 불이익조치 하여서는 아니 된다.

그럼에도 불구하고 피의자는 20○○. ○. ○. 위 스토킹사건으로 피해자가 수사를 받기 위해 잦은 출장과 스토킹으로 인해 주변 소문이 좋지 않다는 이유로 20○○. ○. ○. 홍길녀를 해고하였다.

이로써 피의자는 스토킹과 관련하여 피해자를 해고하였다.

3) 신문사항

- 피의자는 어디에서 어떤 일을 하고 있는가(고용주 여부 확인)
- 홍길녀를 언제부터 피의자 회사에 고용하였는가
- 홍길녀가 스토킹피해를 당한 것을 알고 있는가
- 홍길녀를 해고한 일이 있는가
- 언제 무엇 때문에 해고하였는가
- 해고 이유가 홍길녀의 스토킹사건 때문인가
- 홍길녀 해고가 정당하다고 생각하는가

아동범죄수사

7
편

아동관련범죄 수사

제1장 | 아동복지 관련 개관

(아동복지법)

제1절 총 칙

Ⅰ. 기본이념과 정의

1. 기본 이념

① 아동은 자신 또는 부모의 성별, 연령, 종교, 사회적 신분, 재산, 장애유무, 출생지역, 인종 등에 따른 어떠한 종류의 차별도 받지 아니하고 자라나야 한다.

② 아동은 완전하고 조화로운 인격발달을 위하여 안정된 가정환경에서 행복하게 자라나야 한다.

③ 아동에 관한 모든 활동에 있어서 아동의 이익이 최우선적으로 고려되어야 한다.

④ 아동은 아동의 권리보장과 복지증진을 위하여 이 법에 따른 보호와 지원을 받을 권리를 가진다.

2. 정 의

① "아동"이란 18세 미만인 사람을 말한다.

② "아동복지"란 아동이 행복한 삶을 누릴 수 있는 기본적인 여건을 조성하고 조화롭게 성장·발달할 수 있도록 하기 위한 경제적·사회적·정서적 지원을 말한다.

③ "보호자"란 친권자, 후견인, 아동을 보호·양육·교육하거나 그러한 의무가 있는 자 또는 업무·고용 등의 관계로 사실상 아동을 보호·감독하는 자를 말한다.

④ "보호대상아동"이란 보호자가 없거나 보호자로부터 이탈된 아동 또는 보호자가 아동을 학대하는 경우 등 그 보호자가 아동을 양육하기에 적당하지 아니하거나 양육할 능력이 없는 경우의 아동을 말한다.

⑤ "지원대상아동"이란 아동이 조화롭고 건강하게 성장하는 데에 필요한 기초적인 조건이 갖추어지지 아니하여 사회적·경제적·정서적 지원이 필요한 아동을 말한다.

⑥ "가정위탁"이란 보호대상아동의 보호를 위하여 성범죄, 가정폭력, 아동학대, 정신질환 등의 전력이 없는 보건복지부령으로 정하는 기준에 적합한 가정에 보호대상아동을 일정 기간 위탁하는 것을 말한다.

⑦ "아동학대"란 보호자를 포함한 성인이 아동의 건강 또는 복지를 해치거나 정상적 발달을 저해할 수 있는 신체적·정신적·성적 폭력이나 가혹행위를 하는 것과 아동의 보호자가 아동을 유기하거나 방임하는 것을 말한다.

⑧. "아동학대관련범죄"란 다음 각 목의 어느 하나에 해당하는 죄를 말한다.

　가. 「아동학대범죄의 처벌 등에 관한 특례법」 제2조제4호에 따른 아동학대범죄

　나. 아동에 대한 「형법」 제2편제24장 살인의 죄 중 제250조부터 제255조까지의 죄

⑨ "피해아동"이란 아동학대로 인하여 피해를 입은 아동을 말한다.

⑩. "아동복지시설"이란 제50조에 따라 설치된 시설을 말한다.

⑪ "아동복지시설 종사자"란 아동복지시설에서 아동의 상담·지도·치료·양육, 그 밖에 아동의 복지에 관한 업무를 담당하는 사람을 말한다.

제2절 국가기관 등의 책무

1. 국가와 지방자치단체의 책무

① 국가와 지방자치단체는 아동의 안전·건강 및 복지 증진을 위하여 아동과 그 보호자 및 가정을 지원하기 위한 정책을 수립·시행하여야 한다.

② 국가와 지방자치단체는 보호대상아동 및 지원대상아동의 권익을 증진하기 위한 정책을 수립·시행하여야 한다.

③ 국가와 지방자치단체는 아동이 태어난 가정에서 성장할 수 있도록 지원하고, 아동이 태어난 가정에서 성장할 수 없을 때에는 가정과 유사한 환경에서 성장할 수 있도록 조치하며, 아동을 가정에서 분리하여 보호할 경우에는 신속히 가정으로 복귀할 수 있도록 지원하여야 한다.

④ 국가와 지방자치단체는 장애아동의 권익을 보호하기 위하여 필요한 시책을 강구하여야 한다.

⑤ 국가와 지방자치단체는 아동이 자신 또는 부모의 성별, 연령, 종교, 사회적 신분, 재산, 장애유무, 출생지역 또는 인종 등에 따른 어떠한 종류의 차별도 받지 아니하도록 필요한 시책을 강구하여야 한다.

⑥ 국가와 지방자치단체는 「아동의 권리에 관한 협약」에서 규정한 아동의 권리 및 복지 증진 등을 위하여 필요한 시책을 수립·시행하고, 이에 필요한 교육과 홍보를 하여야 한다.

⑦ 국가와 지방자치단체는 아동의 보호자가 아동을 행복하고 안전하게 양육하기 위하여 필요한 교육을 지원하여야 한다.

2. 보호자 등의 책무

① 아동의 보호자는 아동을 가정에서 그의 성장시기에 맞추어 건강하고 안전하게 양육하여야 한다.

② 아동의 보호자는 아동에게 신체적 고통이나 폭언 등의 정신적 고통을 가하여서는 아니 된다.

③ 모든 국민은 아동의 권익과 안전을 존중하여야 하며, 아동을 건강하게 양육하여야 한다.

제3절 아동복지 관련 위원회

 I. 아동정책조정위원회

1. 설치 목적

아동의 권리증진과 건강한 출생 및 성장을 위하여 종합적인 아동정책을 수립하고 관계
부처의 의견을 조정하며 그 정책의 이행을 감독하고 평가하기 위하여 국무총리 소속으
로 아동정책조정위원회를 둔다.

2. 위원회 심의 · 조정사항

① 기본계획의 수립에 관한 사항
② 아동의 권익 및 복지 증진을 위한 기본방향에 관한 사항
③ 아동정책의 개선과 예산지원에 관한 사항
④ 아동 관련 국제조약의 이행 및 평가 · 조정에 관한 사항
⑤ 아동정책에 관한 관련 부처 간 협조에 관한 사항
⑥ 그 밖에 위원장이 부의하는 사항

3. 위원회 구성

위원회는 위원장을 포함한 25명 이내의 위원으로 구성하되, 위원장은 국무총리가 되고
위원은 다음 각 호의 사람이 된다.
① 기획재정부장관 · 교육부장관 · 법무부장관 · 행정안전부장관 · 문화체육관광부장관 · 산
업통상자원부장관 · 보건복지부장관 · 고용노동부장관 · 여성가족부장관
② 아동 관련 단체의 장이나 아동에 대한 학식과 경험이 풍부한 사람 중 위원장이 위촉
하는 15명 이내의 위원

 II. 아동복지심의위원회 등

1. 아동복지심의위원회

시 · 도지사, 시장 · 군수 · 구청장은 다음 각 호의 사항을 심의하기 위하여 그 소속으로
아동복지심의위원회를 각각 둔다.

① 제8조에 따른 시행계획 수립 및 시행에 관한 사항

② 제15조에 따른 보호조치에 관한 사항

③ 제16조에 따른 퇴소조치에 관한 사항

④ 제16조의3에 따른 보호기간의 연장 및 보호조치의 종료에 관한 사항

⑤ 제18조에 따른 친권행사의 제한이나 친권상실 선고 청구에 관한 사항

⑥ 제19조에 따른 아동의 후견인의 선임이나 변경 청구에 관한 사항

⑦ 지원대상아동의 선정과 그 지원에 관한 사항

⑧ 그 밖에 아동의 보호 및 지원서비스를 위하여 시·도지사 또는 시장·군수·구청장이 필요하다고 인정하는 사항

2. 아동복지전담공무원

① 아동복지에 관한 업무를 담당하기 위하여 특별시·광역시·도·특별자치도 및 시·군·구에 각각 아동복지전담공무원을 둘 수 있다.

② 전담공무원은 「사회복지사업법」에 따른 사회복지사의 자격을 가진 사람으로 하고 그 임용 등에 필요한 사항은 해당 시·도 및 시·군·구의 조례로 정한다.

③ 전담공무원은 아동에 대한 상담 및 보호조치, 가정환경에 대한 조사, 아동복지시설에 대한 지도·감독, 아동범죄 예방을 위한 현장확인 및 지도·감독 등 지역 단위에서 아동의 복지증진을 위한 업무를 수행한다.

④ 시·도지사 또는 시장·군수·구청장은 전담공무원의 업무를 지원하기 위하여 보건복지부령으로 정하는 바에 따라 민간전문인력을 둘 수 있다.

⑤ 관계 행정기관, 아동복지시설 및 아동복지단체(아동의 권리를 보장하고 복지증진을 목적으로 설립된 기관 및 단체를 말한다. 이하 같다)를 설치·운영하는 자는 전담공무원 또는 제4항에 따른 민간전문인력(이하 "민간전문인력"이라 한다)이 협조를 요청하는 경우 정당한 사유가 없는 한 이에 따라야 한다.

3. 아동위원

① 시·군·구에 아동위원을 둔다.

② 아동위원은 그 관할 구역의 아동에 대하여 항상 그 생활상태 및 가정환경을 상세히 파악하고 아동복지에 필요한 원조와 지도를 행하며 전담공무원 및 관계 행정기관과 협력하여야 한다.

③ 아동위원은 그 업무의 원활한 수행을 위하여 적절한 교육을 받을 수 있다.

④ 아동위원은 명예직으로 하되, 아동위원에 대하여는 수당을 지급할 수 있다.

제4절 아동보호서비스, 아동학대의 예방 및 방지

 I. 아동보호서비스

1. 보호조치

시·도지사 또는 시장·군수·구청장은 그 관할 구역에서 보호대상아동을 발견하거나 보호자의 의뢰를 받은 때에는 아동의 최상의 이익을 위하여 대통령령으로 정하는 바에 따라 다음 각 호에 해당하는 보호조치를 하여야 한다.

① 전담공무원 또는 아동위원에게 보호대상아동 또는 그 보호자에 대한 상담·지도를 수행하게 하는 것

② 보호자 또는 대리양육을 원하는 연고자에 대하여 그 가정에서 아동을 보호·양육할 수 있도록 필요한 조치를 하는 것

③ 아동의 보호를 희망하는 사람에게 가정 위탁하는 것

④ 보호대상아동을 그 보호조치에 적합한 아동복지시설에 입소시키는 것

⑤ 약물 및 알코올 중독, 정서·행동·발달 장애, 성폭력·아동학대 피해 등으로 특수한 치료나 요양 등의 보호를 필요로 하는 아동을 전문치료기관 또는 요양소에 입원 또는 입소시키는 것

⑥ 「국내입양에 관한 특별법」 및 「국제입양에 관한 법률」에 따른 입양과 관련하여 필요한 조치를 하는 것

2. 보호대상아동의 사후관리

시·도지사 또는 시장·군수·구청장은 전담공무원 등 관계 공무원으로 하여금 보호조치의 종료로 가정으로 복귀한 보호대상아동의 가정을 방문하여 해당 아동의 복지 증진을 위하여 필요한 지도·관리를 제공하게 하여야 한다.

II. 친권상실 /후견인

1. 친권상실 선고의 청구 등

① 시·도지사, 시장·군수·구청장 또는 검사는 아동의 친권자가 그 친권을 남용하거나 현저한 비행이나 아동학대, 그 밖에 친권을 행사할 수 없는 중대한 사유가 있는 것을 발견한 경우 아동의 복지를 위하여 필요하다고 인정할 때에는 법원에 친권행사의 제한 또는 친권상실의 선고를 청구하여야 한다.

② 아동복지시설의 장 및 「초·중등교육법」에 따른 학교의 장은 제1항의 사유에 해당하는 경우 시·도지사, 시장·군수·구청장 또는 검사에게 법원에 친권행사의 제한 또는 친권상실의 선고를 청구하도록 요청할 수 있다.

③ 시·도지사, 시장·군수·구청장 또는 검사는 제1항 및 제2항에 따라 친권행사의 제한 또는 친권상실의 선고 청구를 할 경우 보장원 또는 아동보호전문기관 등 아동복지시설의 장, 아동을 상담·치료한 의사 및 해당 아동의 의견을 존중하여야 한다.

④ 시·도지사, 시장·군수·구청장 또는 검사는 제2항에 따라 친권행사의 제한 또는 친권상실의 선고 청구를 요청받은 경우에는 요청받은 날부터 30일 내에 청구 여부를 결정한 후 해당 요청기관에 청구 또는 미청구 요지 및 이유를 서면으로 알려야 한다.

⑤ 제4항에 따라 처리결과를 통보받은 아동복지시설의 장 및 학교의 장은 그 처리결과에 대하여 이의가 있을 경우 통보받은 날부터 30일 내에 직접 법원에 친권행사의 제한 또는 친권상실의 선고를 청구할 수 있다.

2. 아동의 후견인의 선임 청구 등

① 시·도지사, 시장·군수·구청장, 아동복지시설의 장 및 학교의 장은 친권자 또는 후견인이 없는 아동을 발견한 경우 그 복지를 위하여 필요하다고 인정할 때에는 법원에 후견인의 선임을 청구하여야 한다.

② 시·도지사, 시장·군수·구청장, 아동복지시설의 장, 학교의 장 또는 검사는 후견인이 해당 아동을 학대하는 등 현저한 비행을 저지른 경우에는 후견인 변경을 법원에 청구하여야 한다.

③ 제1항에 따른 후견인의 선임 및 제2항에 따른 후견인의 변경 청구를 할 때에는 해당

아동의 의견을 존중하여야 한다.

④ 아동복지시설에 입소 중인 보호대상아동에 대하여는 「보호시설에 있는 미성년자의 후견직무에 관한 법률」을 적용한다.

3. 아동의 후견인 선임

법원은 제19조제1항 및 제2항에 따라 후견인의 선임청구를 받은 경우 후견인이 없는 아동에 대하여 후견인을 선임하기 전까지 시·도지사, 시장·군수·구청장, 제45조에 따른 아동보호전문기관(이하 "아동보호전문기관"이라 한다)의 장, 가정위탁지원센터의 장 및 보장원의 장으로 하여금 임시로 그 아동의 후견인 역할을 하게 할 수 있다. 이 경우 해당 아동의 의견을 존중하여야 한다.

4. 보조인의 선임 등

① 법원의 심리과정에서 변호사, 법정대리인, 직계 친족, 형제자매, 제22조제4항에 따른 아동학대전담공무원, 아동보호전문기관의 상담원은 학대아동사건의 심리에 있어서 보조인이 될 수 있다. 다만, 변호사가 아닌 경우에는 법원의 허가를 받아야 한다.

② 법원은 피해아동을 증인으로 신문하는 경우 검사, 피해아동과 그 보호자 또는 아동보호전문기관의 신청이 있는 경우에는 피해아동과 신뢰관계에 있는 사람의 동석을 허가할 수 있다.

③ 수사기관이 피해아동을 조사하는 경우에도 제1항 및 제2항과 같다.

● III. 아동학대의 예방 및 방지

1. 아동학대의 예방과 방지 의무

① 국가와 지방자치단체는 아동학대의 예방과 방지를 위하여 다음 각 호의 조치를 취하여야 한다.

1. 아동학대의 예방과 방지를 위한 각종 정책의 수립 및 시행
2. 아동학대의 예방과 방지를 위한 연구·교육·홍보 및 아동학대 실태조사
3. 아동학대에 관한 신고체제의 구축·운영
4. 피해아동의 보호와 치료 및 피해아동의 가정에 대한 지원

5. 그 밖에 대통령령으로 정하는 아동학대의 예방과 방지를 위한 사항

② 지방자치단체는 아동학대를 예방하고 수시로 신고를 받을 수 있도록 긴급전화를 설치하여야 한다.

2. 피해아동 등에 대한 신분조회 등 조치

아동보호전문기관의 장은 피해아동의 보호, 치료 등을 수행함에 있어서 피해아동, 그 보호자 또는 아동학대행위자에 대한 다음 각 호의 조치를 관계 중앙행정기관의 장, 시·도지사 또는 시장·군수·구청장에게 협조 요청할 수 있으며, 요청을 받은 관계 중앙행정기관의 장, 시·도지사 또는 시장·군수·구청장은 정당한 사유가 없으면 이에 따라야 한다.

① 「출입국관리법」에 따른 외국인등록 사실증명의 열람 및 발급

② 「가족관계의 등록 등에 관한 법률」 제15조제1항제1호부터 제4호까지에 따른 증명서의 발급

③ 「주민등록법」에 따른 주민등록표 등본·초본의 열람 및 발급

④ 「국민기초생활 보장법」에 따른 수급자 여부의 확인

⑤ 「장애인복지법」에 따른 장애인등록증의 열람 및 발급

3. 아동학대 등의 통보

① 사법경찰관리는 아동 사망 및 상해사건, 가정폭력 사건 등에 관한 직무를 행하는 경우 아동학대가 있었다고 의심할 만한 사유가 있는 때에는 시·도지사, 시장·군수·구청장 또는 보장원의 장에게 그 사실을 통보하여야 한다.

② 사법경찰관 또는 보호관찰관은 「아동학대범죄의 처벌 등에 관한 특례법」 제14조제1항에 따라 임시조치의 청구를 신청하였을 때에는 시·도지사, 시장·군수·구청장 또는 보장원의 장에게 그 사실을 통보하여야 한다.

③ 제1항 및 제2항의 통보를 받은 시·도지사, 시장·군수·구청장 또는 보장원의 장은 피해아동 보호조치 등 필요한 조치를 하여야 한다.

4. 피해아동 응급조치에 대한 거부금지

「아동학대범죄의 처벌 등에 관한 특례법 제12조제1항제3호 또는 제4호에 따라 사법경찰관리, 아동학대전담공무원이 피해아동을 인도하는 경우에는 아동학대 관련 보호시설이나 의료기관은 정당한 사유 없이 이를 거부하여서는 아니 된다.

> 제12조(피해아동에 대한 응급조치) ① 제11조제1항에 따라 현장에 출동하거나 아동학대범죄 현장을
> 발견한 사법경찰관리 또는 아동보호전문기관의 직원은 피해아동 보호를 위하여 즉시 다음 각 호의 조
> 치(이하 "응급조치"라 한다)를 하여야 한다. 이 경우 제3호의 조치를 하는 때에는 피해아동의 의사를
> 존중하여야 한다(다만, 피해아동을 보호하여야 할 필요가 있는 등 특별한 사정이 있는 경우에는 그러
> 하지 아니하다).
>   3. 피해아동을 아동학대 관련 보호시설로 인도
>   4. 긴급치료가 필요한 피해아동을 의료기관으로 인도

5. 사후관리 등

① 아동보호전문기관의 장은 아동학대가 종료된 이후에도 가정방문, 전화상담 등을 통하여 아동학대의 재발 여부를 확인하여야 한다.

② 아동보호전문기관의 장은 아동학대가 종료된 이후에도 아동학대의 재발 방지 등을 위하여 필요하다고 인정하는 경우 피해아동 및 보호자를 포함한 피해아동의 가족에게 필요한 지원을 제공할 수 있다.

③ 아동보호전문기관이 제1항 및 제2항에 따라 업무를 수행하는 경우 보호자는 정당한 사유 없이 이를 거부하거나 방해하여서는 아니 된다.

6. 피해아동 및 그 가족 등에 대한 지원

① 아동보호전문기관의 장은 아동의 안전 확보와 재학대 방지, 건전한 가정기능의 유지 등을 위하여 피해아동 및 보호자를 포함한 피해아동의 가족에게 상담, 교육 및 의료적·심리적 치료 등의 필요한 지원을 제공하여야 한다.

② 아동보호전문기관의 장은 제1항의 지원을 위하여 관계 기관에 협조를 요청할 수 있다.

③ 보호자를 포함한 피해아동의 가족은 아동보호전문기관이 제1항에 따라 제공하는 지원에 성실하게 참여하여야 한다.

④ 아동보호전문기관의 장은 제1항의 지원 여부의 결정 및 지원의 제공 등 모든 과정에서 피해아동의 이익을 최우선으로 고려하여야 한다.

⑤ 국가와 지방자치단체는 보건복지부령으로 정하는 일정 소득 이하의 피해아동 및 보호자를 포함한 피해아동의 가족이 제1항의 상담 및 교육 또는 의료적·심리적 치료 등을 받은 경우에는 예산의 범위에서 여비 등 실비(實費)를 지급할 수 있다.

⑥ 국가와 지방자치단체는 「초·중등교육법」 제2조 각 호의 학교에 재학 중인 피해아동 및 피해아동의 가족이 주소지 외의 지역에서 취학(입학·재입학·전학·편입학을 포함)할 필요가 있을 때에는 그 취학이 원활하게 이루어 질 수 있도록 지원하여야 한다.

IV. 취업제한

1. 아동관련 기관의 취업제한 등

법원은 아동학대관련범죄로 형 또는 치료감호를 선고하는 경우에는 판결(약식명령을 포함한다. 이하 같다)로 그 형 또는 치료감호의 전부 또는 일부의 집행을 종료하거나 집행이 유예·면제된 날(벌금형을 선고받은 경우에는 그 형이 확정된 날을 말한다)부터 일정기간(이하 "취업제한기간"이라 한다) 동안 다음 각 호에 따른 시설 또는 기관(이하 "아동관련기관"이라 한다)을 운영하거나 아동관련기관에 취업 또는 사실상 노무를 제공할 수 없도록 하는 명령(이하 "취업제한명령"이라 한다)을 아동학대관련범죄 사건의 판결과 동시에 선고(약식명령의 경우에는 고지를 말한다)하여야 한다. 다만, 재범의 위험성이 현저히 낮은 경우나 그 밖에 취업을 제한하여서는 아니 되는 특별한 사정이 있다고 판단하는 경우에는 그러하지 아니하다.

1. 취약계층 아동 통합서비스 수행기관, 아동보호전문기관, 가정위탁지원센터 및 아동복지시설

2. 긴급전화센터, 가정폭력 관련 상담소, 가정폭력피해자 보호시설

3. 「건강가정기본법」 제35조의 건강가정지원센터

4. 「다문화가족지원법」 제12조의 다문화가족지원센터

5. 성매매피해자등을 위한 지원시설 및 성매매피해상담소

6. 성폭력피해상담소 및 성폭력피해자보호시설, 성폭력피해자통합지원센터

7. 「영유아보육법」 제2조제3호의 어린이집

8. 「유아교육법」 제2조제2호의 유치원

9. 「의료법」 제3조의 의료기관(같은 법 제2조의 의료인에 한정한다)

10. 「장애인복지법」 제58조의 장애인복지시설

11. 정신건강복지센터, 정신건강증진시설, 정신요양시설 및 정신재활시설

12. 「주택법」 제2조제3호의 공동주택의 관리사무소(경비업무 종사자에 한정한다)

13. 「청소년기본법」 제3조에 따른 청소년시설, 청소년단체

14. 「청소년활동진흥법」 제2조제2호의 청소년활동시설

15. 청소년상담복지센터, 이주배경청소년지원센터 및 청소년쉼터, 청소년자립지원관, 청소년치료재활센터

16. 「청소년 보호법」 제35조의 청소년 보호·재활센터

17. 「체육시설의 설치·이용에 관한 법률」 제2조제1호의 체육시설 중 아동의 이용이 제한되지 아니하는 체육시설로서 문화체육관광부장관이 지정하는 체육시설

18. 「초·중등교육법」 제2조 각 호의 학교 및 같은 법 제28조에 따라 학습부진아 등에 대한 교육을 실시하는 기관

19. 「학원의 설립·운영 및 과외교습에 관한 법률」 제2조제1호의 학원 및 같은 조 제2호의 교습소 중 아동의 이용이 제한되지 아니하는 학원과 교습소로서 교육부장관이 지정하는 학원·교습소

20. 「한부모가족지원법」 제19조의 한부모가족복지시설

21. 아동보호전문기관 또는 학대피해아동쉼터를 운영하는 법인

22. 「보호소년 등의 처우에 관한 법률」에 따른 소년원 및 소년분류심사원

23. 「민법」 제32조에 따라 보건복지부장관의 설립 허가를 받아 아동인권, 아동복지 등 아동을 위한 사업을 수행하는 비영리법인(대표자 및 아동을 직접 대면하는 업무에 종사하는 사람에 한정한다)

24. 「아이돌봄 지원법」 제11조에 따른 서비스제공기관

25. 「국내입양에 관한 특별법」 제37조제1항 및 「국제입양에 관한 법률」 제32조제1항에 따라 업무를 위탁받은 사회복지법인 및 단체

26. 「모자보건법」 제15조의18에 따른 산후조리도우미 서비스를 제공하는 사람을 모집하거나 채용하는 기관(직접 산후조리도우미 서비스를 제공하는 사람에 한정한다)

2. 아동학대에 대한 법률상담 등

① 국가는 피해아동을 위한 법률상담과 소송대리 등의 지원을 할 수 있다.

② 보건복지부장관, 시·도지사, 시장·군수·구청장, 보장원의 장 및 아동보호전문기관의

장은 「법률구조법」 제8조에 따른 대한법률구조공단 또는 대통령령으로 정하는 그 밖의 기관에 법률상담등을 요청할 수 있다.

③ 법률상담등에 소요되는 비용은 대통령령으로 정하는 바에 따라 국가가 부담할 수 있다. 다만, 법률상담등을 받는 자가 다른 법령에 의하여 법률상담등에 소요되는 비용을 지원받는 경우는 제외한다.

3. 아동학대 전담의료기관의 지정

① 보건복지부장관, 시·도지사 및 시장·군수·구청장은 국·공립병원, 보건소 또는 민간의료기관을 피해아동의 치료를 위한 전담의료기관(이하 이 조에서 "전담의료기관"이라 한다)으로 지정할 수 있다.

② 전담의료기관은 시·도지사 또는 시장·군수·구청장, 피해아동·가족·친족, 보장원의 장, 아동보호전문기관 또는 아동복지시설의 장, 경찰관서의 장, 판사 또는 가정법원 등의 요청이 있는 경우 피해아동에 대하여 다음 각 호의 조치를 하여야 한다.

1. 아동학대 피해에 대한 상담

2. 신체적·정신적 치료

3. 그 밖에 대통령령으로 정하는 의료에 관한 사항

③ 보건복지부장관, 시·도지사 및 시장·군수·구청장은 제1항에 따라 지정한 전담의료기관이 다음 각 호의 어느 하나에 해당하는 경우에는 그 지정을 취소할 수 있다. 다만, 제1호에 해당하는 경우에는 그 지정을 취소하여야 한다.

1. 거짓이나 그 밖의 부정한 방법으로 지정을 받은 경우

2. 정당한 사유 없이 제2항에 따른 의료 지원을 거부한 경우

3. 그 밖에 전담의료기관으로서 적합하지 아니하다고 대통령령으로 정하는 경우

제5절 아동에 대한 지원서비스

1. 아동의 안전에 대한 교육

① 아동복지시설의 장, 「영유아보육법」에 따른 어린이집의 원장, 「유아교육법」에 따른 유치원의 원장 및 「초·중등교육법」에 따른 학교의 장은 교육대상 아동의 연령을 고려하여 대통령령으로 정하는 바에 따라 매년 다음 각 호의 사항에 관한 교육계획을 수립하여 교육을 실시하여야 한다. 이 경우 그 대상이 「영유아보육법」 제2조제1호에 따른 영유아인 경우 아동복지시설의 장, 같은 법에 따른 어린이집의 원장 및 「유아교육법」에 따른 유치원의 원장은 보건복지부령으로 정하는 자격을 갖춘 외부전문가로 하여금 제1호의2에 따른 아동학대 예방교육을 하게 할 수 있다.

1. 성폭력 예방
1의2. 아동학대 예방
2. 실종·유괴의 예방과 방지
3. 감염병 및 약물의 오남용 예방 등 보건위생관리
4. 재난대비 안전
5. 교통안전

② 아동복지시설의 장, 「영유아보육법」에 따른 어린이집의 원장은 제1항에 따른 교육계획 및 교육실시 결과를 관할 시장·군수·구청장에게 매년 1회 보고하여야 한다.

③ 「유아교육법」에 따른 유치원의 원장 및 「초·중등교육법」에 따른 학교의 장은 제1항에 따른 교육계획 및 교육실시 결과를 대통령령으로 정하는 바에 따라 관할 교육감에게 매년 1회 보고하여야 한다.

2. 아동보호구역에서의 영상정보처리기기 설치 등

국가와 지방자치단체는 유괴 등 범죄의 위험으로부터 아동을 보호하기 위하여 필요하다고 인정하는 경우에는 다음 각 호의 어느 하나에 해당되는 시설의 주변구역을 아동보호구역으로 지정하여 범죄의 예방을 위한 순찰 및 아동지도 업무 등 필요한 조치를 할 수 있다.

① 「도시공원 및 녹지 등에 관한 법률」 제15조에 따른 도시공원
② 「영유아보육법」 제2조제3호의 어린이집, 같은 법 제7조에 따른 육아종합지원센터 및 같은 법 제26조의2에 따른 시간제보육서비스지정기관
③ 「초·중등교육법」 제38조 따른 초등학교 및 같은 법 제55조에 따른 특수학교
④ 「유아교육법」 제2조에 따른 유치원

3. 아동안전 보호인력의 배치 등

① 국가와 지방자치단체는 실종 및 유괴 등 아동에 대한 범죄의 예방을 위하여 순찰활동 및 아동지도 업무 등을 수행하는 아동안전 보호인력을 배치·활용할 수 있다.
② 순찰활동 및 아동지도 업무 등을 수행하는 아동안전 보호인력은 그 권한을 표시하는 증표를 지니고 이를 관계인에게 내보여야 한다.
③ 국가와 지방자치단체는 아동안전 보호인력으로 배치하고자 하는 사람에 대하여 본인의 동의를 받아 범죄경력을 확인하여야 한다.

4. 아동긴급보호소 지정 및 운영

① 경찰청장은 유괴 등의 위험에 처한 아동을 보호하기 위하여 아동긴급보호소를 지정·운영할 수 있다.
② 경찰청장은 아동긴급보호소의 지정을 원하는 자에 대하여 본인의 동의를 받아 범죄경력을 확인하여야 한다.

5. 자립지원

국가와 지방자치단체는 보호대상아동의 위탁보호 종료 또는 아동복지시설 퇴소 이후의 자립을 지원하기 위하여 다음 각 호에 해당하는 조치를 시행하여야 한다.
① 자립에 필요한 주거·생활·교육·취업 등의 지원
② 자립에 필요한 자립정착금 및 자립수당 지급
③ 자립에 필요한 자산의 형성 및 관리 지원(이하 "자산형성지원"이라 한다)
④ 자립에 관한 실태조사 및 연구
⑤ 사후관리체계 구축 및 운영
⑥ 그 밖에 자립지원에 필요하다고 대통령령으로 정하는 사항

6. 자산형성지원사업

① 국가와 지방자치단체는 아동이 건전한 사회인으로 성장·발전할 수 있도록 자산형성지원사업을 실시할 수 있다.
② 제1항에 따른 자산형성지원사업을 하여야 할 아동의 범위와 해당 아동의 선정·관리 등에 필요한 사항은 보건복지부령으로 정한다.

제6절 아동복지시설

Ⅰ. 아동보호전문기관

1. 지방자치단체는 학대받은 아동의 치료, 아동학대의 재발 방지 등 사례관리 및 아동학대 예방을 담당하는 아동보호전문기관을 시·도 및 시·군·구에 1개소 이상 두어야 한다. 다만, 시·도지사는 관할 구역의 아동 수 및 지리적 요건을 고려하여 조례로 정하는 바에 따라 둘 이상의 시·군·구를 통합하여 하나의 아동보호전문기관을 설치·운영할 수 있다

2. 지역아동보호전문기관을 통합하여 설치·운영하는 경우 시·도지사는 지역아동보호전문기관의 설치·운영에 필요한 비용을 관할 구역의 아동의 수 등을 고려하여 시장·군수·구청장에게 공동으로 부담하게 할 수 있다.

3. 시·도지사 및 시장·군수·구청장은 아동학대예방사업을 목적으로 하는 비영리법인을 지정하여 제1항에 따른 아동보호전문기관의 운영을 위탁할 수 있다.

Ⅱ. 가정위탁지원센터

1. 가정위탁지원센터의 설치 등

① 삭제 〈2019. 1. 15.〉

② 지방자치단체는 보호대상아동에 대한 가정위탁사업을 활성화하기 위하여 시·도 및 시·군·구에 가정위탁지원센터를 둔다. 다만, 시·도지사는 조례로 정하는 바에 따라 둘 이상의 시·군·구를 통합하여 하나의 가정위탁지원센터를 설치·운영할 수 있다.

③ 제2항 단서에 따라 가정위탁지원센터를 통합하여 설치·운영하는 경우 시·도지사는 가정위탁지원센터의 설치·운영에 필요한 비용을 관할 구역의 아동의 수 등을 고려하여 시장·군수·구청장에게 공동으로 부담하게 할 수 있다.

④ 시·도지사 및 시장·군수·구청장은 가정위탁지원을 목적으로 하는 비영리법인을 지정하여 제2항에 따른 가정위탁지원센터의 운영을 위탁할 수 있다.

⑤ 가정위탁지원센터의 설치기준과 운영, 상담원 등 직원의 자격과 배치기준, 제4항에 따른 지정의 요건 등에 필요한 사항은 대통령령으로 정한다.

⑥ 보장원은 가정위탁사업의 활성화 등을 위하여 다음 각 호의 업무를 수행한다.

  1. 가정위탁지원센터에 대한 지원

  2. 효과적인 가정위탁사업을 위한 지역 간 연계체계 구축

  3. 가정위탁사업과 관련된 연구 및 자료발간

  4. 가정위탁사업을 위한 프로그램의 개발 및 평가

  5. 상담원에 대한 교육 등 가정위탁에 관한 교육 및 홍보

  6. 가정위탁사업을 위한 정보기반 구축 및 정보 제공

  7. 그 밖에 대통령령으로 정하는 가정위탁사업과 관련된 업무

2. 가정위탁지원센터의 업무

① 가정위탁사업의 홍보 및 가정위탁을 하고자 하는 가정의 발굴

② 가정위탁을 하고자 하는 가정에 대한 조사 및 가정위탁 대상 아동에 대한 상담

③ 가정위탁을 하고자 하는 사람과 위탁가정 부모에 대한 교육

④ 위탁가정의 사례관리

⑤ 친부모 가정으로의 복귀 지원

⑥ 가정위탁 아동의 자립계획 및 사례 관리

⑦ 관할 구역 내 가정위탁 관련 정보 제공

⑧ 그 밖에 대통령령으로 정하는 가정위탁과 관련된 업무

⬤ III. 아동복지시설

1. 아동복지시설의 설치

① 국가 또는 지방자치단체는 아동복지시설을 설치할 수 있다.

② 국가 또는 지방자치단체 외의 자는 관할 시장·군수·구청장에게 신고하고 아동복지시설을 설치할 수 있다.

③ 시장·군수·구청장은 제2항에 따른 신고를 받은 경우 그 내용을 검토하여 이 법에 적합하면 신고를 수리하여야 한다.

2. 아동복지시설의 종류

① 아동복지시설의 종류는 다음과 같다.

1. 아동양육시설: 보호대상아동을 입소시켜 보호, 양육 및 취업훈련, 자립지원 서비스 등을 제공하는 것을 목적으로 하는 시설

2. 아동일시보호시설: 보호대상아동을 일시보호하고 아동에 대한 향후의 양육대책수립 및 보호조치를 행하는 것을 목적으로 하는 시설

3. 아동보호치료시설: 아동에게 보호 및 치료 서비스를 제공하는 다음 각 목의 시설

   가. 불량행위를 하거나 불량행위를 할 우려가 있는 아동으로서 보호자가 없거나 친권자나 후견인이 입소를 신청한 아동 또는 가정법원, 지방법원소년부지원에서 보호위탁된 19세 미만인 사람을 입소시켜 치료와 선도를 통하여 건전한 사회인으로 육성하는 것을 목적으로 하는 시설

   나. 정서적·행동적 장애로 인하여 어려움을 겪고 있는 아동 또는 학대로 인하여 부모로부터 일시 격리되어 치료받을 필요가 있는 아동을 보호·치료하는 시설

4. 공동생활가정: 보호대상아동에게 가정과 같은 주거여건과 보호, 양육, 자립지원 서비스를 제공하는 것을 목적으로 하는 시설

5. 자립지원시설: 아동복지시설에서 퇴소한 사람에게 취업준비기간 또는 취업 후 일정기간 동안 보호함으로써 자립을 지원하는 것을 목적으로 하는 시설

6. 아동상담소: 아동과 그 가족의 문제에 관한 상담, 치료, 예방 및 연구 등을 목적으로 하는 시설

7. 아동전용시설: 어린이공원, 어린이놀이터, 아동회관, 체육·연극·영화·과학실험전시시설, 아동휴게숙박시설, 야영장 등 아동에게 건전한 놀이·오락, 그 밖의 각종 편의를 제공하여 심신의 건강유지와 복지증진에 필요한 서비스를 제공하는 것을 목적으로 하는 시설

8. 지역아동센터: 지역사회 아동의 보호·교육, 건전한 놀이와 오락의 제공, 보호자와 지역사회의 연계 등 아동의 건전육성을 위하여 종합적인 아동복지서비스를 제공하는 시설

9. 아동보호전문기관

10. 제48조에 따른 가정위탁지원센터

11. 제10조의2에 따른 보장원

12. 제39조의2에 따른 자립지원전담기관

13. 제53조의2에 따른 학대피해아동쉼터

② 아동복지시설은 통합하여 설치할 수 있다.

③ 아동복지시설은 각 시설 고유의 목적 사업을 해치지 아니하고 각 시설별 설치기준 및 운영기준을 충족하는 경우 다음 각 호의 사업을 추가로 실시할 수 있다.

1. 아동가정지원사업: 지역사회아동의 건전한 발달을 위하여 아동, 가정, 지역주민에게

상담, 조언 및 정보를 제공하여 주는 사업

2. 아동주간보호사업: 부득이한 사유로 가정에서 낮 동안 보호를 받을 수 없는 아동을 대상으로 개별적인 보호와 교육을 통하여 아동의 건전한 성장을 도모하는 사업

3. 아동전문상담사업: 학교부적응아동 등을 대상으로 올바른 인격형성을 위한 상담, 치료 및 학교폭력예방을 실시하는 사업

4. 학대아동보호사업: 학대아동의 발견, 보호, 치료 및 아동학대의 예방 등을 전문적으로 실시하는 사업

5. 공동생활가정사업: 보호대상아동에게 가정과 같은 주거여건과 보호를 제공하는 것을 목적으로 하는 사업

6. 방과 후 아동지도사업: 저소득층 아동을 대상으로 방과 후 개별적인 보호와 교육을 통하여 건전한 인격형성을 목적으로 하는 사업

3. 아동전용시설의 설치

① 국가와 지방자치단체는 아동이 항상 이용할 수 있는 아동전용시설을 설치하도록 노력하여야 한다.

② 아동이 이용할 수 있는 문화·오락 시설, 교통시설, 그 밖의 서비스시설 등을 설치·운영하는 자는 대통령령으로 정하는 바에 따라 아동의 이용편의를 고려한 편익설비를 갖추고 아동에 대한 입장료와 이용료 등을 감면할 수 있다.

4. 학대피해아동쉼터의 설치 등

① 시·도지사 및 시장·군수·구청장은 피해아동에 대한 보호, 치료, 양육 서비스 등을 제공하는 학대피해아동쉼터를 지역별 아동수, 아동학대 발생건수, 아동의 성별 등을 고려하여 설치·운영할 수 있다.

② 학대피해아동쉼터의 업무는 다음 각 호와 같다.

1. 피해아동의 보호와 숙식 제공 등의 쉼터 생활 지원

2. 피해아동의 심리적 안정을 위한 심리상담·치료

3. 피해아동에 대한 학습 및 정서 지원

4. 그 밖에 보건복지부령으로 정하는 업무

③ 시·도지사 및 시장·군수·구청장은 학대피해아동쉼터의 설치·운영을 보건복지부장관이 정하는 비영리법인에 위탁할 수 있다.

④ 학대피해아동쉼터의 설치기준·운영 및 인력 등에 관한 사항은 보건복지부령으로 정한다.

제2장 | 아동·청소년 사건처리

제1절 아동보호 사건에 관한 특칙
(범죄수사규칙 제195조~제205조)

Ⅰ. 피해아동 조사 시 유의사항

1. 경찰관은 「아동학대범죄의 처벌 등에 관한 특례법」(이하 "「아동학대처벌법」"이라 한다) 제2조에 따른 아동학대범죄를 수사하면서 피해아동의 안전을 최우선으로 고려하고 조사과정에서 사생활의 비밀이 침해되거나 인격·명예가 손상되지 않도록 피해아동의 인권보호에 최선을 다해야 한다.

2. 경찰관은 피해아동의 연령·성별·심리상태에 맞는 조사방법을 사용하고 조사 일시·장소 및 동석자 필요성 여부를 결정하여야 한다.

3. 피해아동 조사는 수사상 필요한 최소한도로 실시하여야 한다.

4. 경찰관은 피해아동에 대한 조사와 학대행위자에 대한 신문을 반드시 분리하여 실시하고, 대질신문은 불가피한 경우 예외적으로만 실시하되 대질 방법 등에 대하여는 피해아동과 그 법정대리인 및 아동학대범죄 전문가의 의견을 최대한 존중하여야 한다.

5. 피해아동 조사 시에는 「성폭력범죄의 수사 및 피해자 보호에 관한 규칙」 제21조(신뢰관계자의 동석), 제22조(영상물의 촬영·보존) 및 제28조(진술조력인의 참여)를 준용한다. 이 경우 "성폭력범죄의 피해자"는 "피해아동"으로 본다.

II. 현장출동과 임시조치 등

1. 현장출동

① 「아동학대처벌법」 제11조제1항 후단에 따른 동행 요청은 별지 제139호서식의 아동학대범죄현장 동행 요청서에 따른다. 다만, 긴급한 경우에는 구두로 요청할 수 있다.

② 제1항 단서에 따라 구두로 요청한 경우에는 지체 없이 별지 제139호서식의 아동학대범죄현장 동행 요청서를 송부해야 한다.

2. 응급조치

① 경찰관은 아동학대범죄 신고를 접수한 즉시 현장에 출동하여 피해아동의 보호를 위하여 필요한 경우 「아동학대처벌법」 제12조제1항 각호의 응급조치를 하여야 한다.

② 경찰관이 「아동학대처벌법」 제12조제2항에 따라 피해아동등을 보호하고 있는 사실을 통보할 때에는 별지 제134호서식의 피해아동등 보호사실 통보서에 따른다.

③ 경찰관은 제1항에 따라 응급조치를 한 경우에는 즉시 별지 제129호서식의 응급조치 결과보고서와 별지 제130호서식의 아동학대 현장조사 체크리스트를 작성하여 사건기록에 편철하여야 한다.

3. 긴급임시조치

① 피해아동등, 그 법정대리인, 변호사, 시·도지사, 시장·군수·구청장 또는 아동보호전문기관의 장이 아동학대처벌법」 제13조제1항에 따라 긴급임시조치를 신청할 때에는 별지 제135호서식의 긴급임시조치 신청서에 따른다.

② 경찰관은 「아동학대처벌법」 제13조제2항에 따른 긴급임시조치를 한 경우에는 별지 제126호서식의 긴급임시조치결정서를 작성하여야 한다.

③ 경찰관이 제2항의 긴급임시조치를 한 경우에는 아동학대 행위자에게 긴급임시조치의 내용 등을 알려주고, 별지 제128호서식의 긴급임시조치통보서를 작성하여 교부하여야 한다. 다만, 아동학대행위자가 통보서 교부를 거부하는 때에는 경찰관이 통보일시 및 장소란에 그 사유를 적고 기명날인 또는 서명하여 편철하여야 한다.

4. 긴급조치·긴급임시조치 후 임시조치

① 경찰관이 「아동학대처벌법」 제15조제1항에 따라 검사에게 임시조치를 신청할 때에는 별지 제120호서식의 임시조치 신청서(사후)에 따른다.

② 경찰관이 제1항에 따라 임시조치를 신청하였을 때에는 별지 제121호서식의 임시조치 신청부에 소정의 사항을 적어야 한다.

③ 경찰관이 「아동학대처벌법」 제15조제3항에 따라 긴급임시조치를 취소한 때에는 별지 제136호서식의 긴급임시조치 취소결정서를 작성한 후 사건기록에 편철하여야 한다.

④ 경찰관이 「아동학대처벌법」 제13조제1항에 따라 긴급임시조치를 하거나 이 조 제3항에 따라 긴급임시조치를 취소한 때에는 긴급임시조치를 신청한 사람에게 그 처리결과를 알려주어야 한다. 이 경우 처리결과의 통보는 서면, 전화, 전자우편, 팩스, 휴대전화 문자전송, 그 밖에 적당한 방법으로 할 수 있다.

5. 임시조치

① 경찰관은 「아동학대처벌법」 제14조제1항에 따라 검사에게 임시조치를 신청할 때에는 별지 제119호서식의 임시조치 신청서(사전)에 따른다.

② 피해아동등, 그 법정대리인, 변호사, 시·도지사, 시장·군수·구청장 또는 아동보호전문기관의 장이 「아동학대처벌법」 제14조제2항에 따라 임시조치의 신청을 요청할 때에는 별지 제140호서식의 임시조치 신청 요청서에 따른다.

③ 경찰관은 제2항의 경우에 임시조치의 신청을 요청한 사람에게 별지 제137호서식의 임시조치 신청 요청 처리결과 통보서에 따라 그 처리결과를 알려주어야 한다. 이 경우 임시조치의 신청 요청을 받은 경찰관이 임시조치를 신청하지 않으면 검사와 임시조치의 신청을 요청한 사람에게 별지 제131호서식의 임시조치 미신청 사유 통지서에 따라 그 사유를 통지해야 한다.

④ 아동학대사건의 임시조치 신청에는 제189조제4항부터 제5항까지의 규정을 준용한다. 이때 임시조치통보서는 별지 제123호서식에 따른다.

⑤ 「아동학대처벌법」 제21조제2항에 따라 임시조치 집행을 담당하는 경찰관이 임시조치 이행상황을 통보할 때에는 별지 제132호서식의 임시조치 이행상황 통보서에 따른다.

○○경찰서

제 0000-000000 호	20○○.○.○.

수 신 :

제 목 : 아동학대범죄현장 동행 요청

「아동학대범죄의 처벌 등에 관한 특례법」 제11조제1항에 따라 아동학대범죄의 현장에 동행하여 줄 것을 요청합니다.

아동학대범죄 신 고 사 항	신 고 시 각	
	신 고 요 지	
	범죄발생지	

동 행 요 청 인	성 명		소 속	
	전 화 번 호		직 급	

특 이 사 항	

소 속 관 서

사법경찰관   계급

○○경찰서

제 0000-000000 호	20○○.○.○.

수 신 :

제 목 : 아동학대범죄현장 동행 요청

「아동학대범죄의 처벌 등에 관한 특례법」 제11조제1항에 따라 아동학대범죄의 현장에 동행하여 줄 것을 요청합니다.

아동학대범죄 신 고 사 항	신 고 시 각	
	신 고 요 지	
	범죄발생지	

동행요청인	성 명		소 속	
	전 화 번 호		직 급	

특 이 사 항	

소 속 관 서

사법경찰관 계급

○○경찰서

제 0000-000000 호		20○○.○.○.

수 신 :

제 목 : 응급조치 결과보고

「아동학대범죄의 처벌 등에 관한 특례법」 제12조제4항에 따라 신고를 받고 즉시 현장에 출동하여 아래와 같이 응급조치를 하였음을 보고합니다.

아동학대 행위자	성 명			
	주민등록번호			
	직 업		피해아동과 의 관 계	
	주 거			
	다 른 가 정 구 성 원	성명 : 행위자와의 관계 :		
		주거 :		
피 해 아 동	성 명			
	법정대리인 또는 아동보호전문기관 담 당 상 담 원			
응 급 조 치 일시및장소	일 시			
	장 소			
응급조치의 내 용	[□]	아동학대범죄 행위의 제지(제1호)		
	[□]	아동학대행위자를 피해아동으로부터 격리(제2호)		
	[□]	피해아동을 아동학대 관련 보호시설로 인도(제3호)		
	[□]	긴급치료가 필요한 피해아동을 의료기관으로 인도(제4호)		
응급조치자	성 명		소 속	
	전 화 번 호		직 급	
피 해 사 실 의 요 지 및 응급조치가 필요한 사유				

소 속 관 서

사법경찰관 계급

긴 급 임 시 조 치 신 청 서

※ [　]에는 해당되는 곳에 √표를 합니다.

접수번호		접수일자		처리기간	즉시

신청인	성　　명				
	자　　격 [　　]피해아동등 [　　]피해아동의 법정대리인 [　　]변호사 [　　]시·도지사, 시장·군수·구청장 [　　]아동보호전문기관장				
	주　　소				
	전화번호		팩스번호		

아동학대 행위자	성　　명	
	주민등록번호	(　　　　세)
	피해아동등과의 관계	전화번호
	주　　거	

피해아동등	성　　명	성　　별
	생년월일(나이)	전화번호
	법정대리인 또는 담당 아동학대전담공무원	

긴급임시조치의 내용 (중복신청 가능)	[　　]	피해아동등 또는 가정구성원의 주거로부터 퇴거 등 격리(법 제19조제1항제1호)
	[　　]	피해아동등 또는 가정구성원의 주거, 학교 또는 보호시설 등에서 100미터 이내의 접근 금지(법 제19조제1항제2호) 기준지: [　　]주거 [　　]학교·학원 [　　]보호시설 [　　]병원 　　　　 [　　]그 밖의 장소(　　　　　　　　　　　　　　　)
	[　　]	피해아동등 또는 가정구성원에 대한 「전기통신기본법」 제2조제1호의 전기통신을 이용한 접근 금지(법 제19조제1항제3호)

범죄사실의 요지 및 긴급임시조치가 필요 한 사유	별지와 같음

「아동학대범죄의 처벌 등에 관한 특례법」 제13조제1항에 따라 아동학대행위자에 대한 긴급임시조치를 신청합니다.

년　　　　　월　　　　　일

신청인	(서명 또는 인)

○ ○ **경찰서장** 귀하

○○경찰서

제 0000-000000 호	20○○.○.○.

수 신 :

제 목 : 임시조치 신청(사후)

다음 사람에 대한   피의사건에 관하여 응급조치(긴급임시조치) 후 「아동학대범 죄의 처벌 등에 관한 특례법」 제15조제1항에 따른 임시조치의 청구를 신청하니 아래와 같은 임시조치를 조속히 청구하여 주시기 바랍니다.

아 동 학 대 행 위 자	성 명			
	주민등록번호			
	직 업		피해아동등 과의 관계	
	주 거			
	보 조 인			
피 해 아 동 등	성 명			
	법정대리인 또는 담당 아동학대 전담공무원			

임 시 조 치 의 내 용 (중복신청 가능)	[□]	피해아동등 또는 가정구성원의 주거로부터 퇴거 등 격리 (제1호)
	[□]	피해아동등 또는 가정구성원의 주거, 학교 또는 보호시설 등에서 100미터 이내의 접근 금지(제2호) 기준지: [ ]주거 [ ]학교·학원 [ ]보호시설 [ ]병원 [ ]그 밖의 장소( )
	[□]	피해아동등 또는 가정구성원에 대한 「전기통신기본법」 제2조제1호의 전기통신을 이용한 접근 금지(제3호)
	[□]	친권 또는 후견인 권한 행사의 제한 또는 정지(제4호)
	[□]	아동보호전문기관 등에의 상담 및 교육 위탁(제5호)
	[□]	의료기관이나 그 밖의 요양시설에의 위탁(제6호)
	[□]	경찰관서의 유치장 또는 구치소에의 유치(제7호)

응 급 조 치 긴급임시조치	일 시	
	내 용	
범 죄 사 실 의 요 지 및 임 시 조 치 가 필 요 한 사 유		

소 속 관 서

사법경찰관   계급

Ⅲ. 조사와 송치

1. 아동학대 행위자에 대한 조사

경찰관은 아동학대 행위자를 신문하는 경우 「아동학대처벌법」에 따른 임시조치·보호처분·보호명령·임시보호명령 등의 처분을 받은 사실의 유무와, 그러한 처분을 받은 사실이 있다면 그 처분의 내용, 처분을 한 법원 및 처분일자를 확인하여야 한다.

2. 아동보호 사건송치

① 경찰관은 아동학대범죄를 신속히 수사하여 「아동학대처벌법」 제24조의 규정에 따라 사건을 검사에게 송치하여야 한다. 이때 「수사준칙」 제51조제1항제3호의 각목에 해당하는 사건인 경우에는 「경찰수사규칙」 별지 제115호서식의 송치결정서에 그 내용을 적어야 한다.

② 아동보호 사건송치 시 사건송치서 죄명 란에는 해당 죄명을 적고 비고란에 '아동보호사건'이라고 표시한다.

③ 경찰관은 아동학대 사건송치 시 사건의 성질·동기 및 결과, 아동학대행위자와 피해아동과의 관계, 아동학대행위자의 성행 및 개선 가능성 등을 고려하여 「아동학대처벌법」의 아동보호사건으로 처리함이 상당한지 여부에 관한 의견을 제시할 수 있다.

3. 보호처분 결정의 집행

① 경찰관은 「아동학대처벌법」 제38조제1항에 따른 법원의 요청이 있는 경우에는 보호처분의 결정을 집행하여야 한다.

② 「아동학대처벌법」 제38조제2항에 따라 보호처분의 집행을 담당하는 경찰관이 시·도지사 등에게 보호처분 이행상황을 통보할 때에는 별지 제133호서식의 보호처분 이행상황 통보서에 따른다.

4. 의무위반 사실의 통보

경찰관은 「아동학대처벌법」 제63조제1항제2호부터 제5호까지에 따른 의무위반 사실을 알게 된 때에는 그 사실을 별지 제138호서식의 의무위반 사실 통보서에 따라 관계 행정기관의 장에게 통보할 수 있다.

제2절 실종아동등 및 가출인 업무처리
(실종아동등 및 가출인 업무처리 규칙)

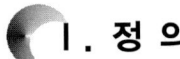 **I. 정 의**

1. "아동등"이란 「실종아동등의 보호 및 지원에 관한 법률」(이하 "법"이라 한다) 제2조 제1호에 따른 실종 당시 18세 미만 아동, 지적·자폐성·정신장애인, 치매환자를 말한다.

2. "실종아동등"이란 법 제2조제2호에 따른 사유로 인하여 보호자로부터 이탈된 아동등을 말한다.

3. "찾는실종아동등"이란 보호자가 찾고 있는 실종아동등을 말한다.

4. "보호실종아동등"이란 보호자가 확인되지 않아 경찰관이 보호하고 있는 실종아동등을 말한다.

5. "장기실종아동등"이란 보호자로부터 신고를 접수한 지 48시간이 경과한 후에도 발견되지 않은 찾는실종아동등을 말한다.

6. "가출인"이란 신고 당시 보호자로부터 이탈된 18세 이상의 사람을 말한다.

7. "발생지"란 실종아동등 및 가출인이 실종·가출 전 최종적으로 목격되었거나 목격되었을 것으로 추정하여 신고자 등이 진술한 장소를 말하며, 신고자 등이 최종 목격 장소를 진술하지 못하거나, 목격되었을 것으로 추정되는 장소가 대중교통시설 등일 경우 또는 실종·가출 발생 후 1개월이 경과한 때에는 실종아동등 및 가출인의 실종 전 최종 주거지를 말한다.

8. "발견지"란 실종아동등 또는 가출인을 발견하여 보호 중인 장소를 말하며, 발견한 장소와 보호 중인 장소가 서로 다른 경우에는 보호 중인 장소를 말한다.

9. "국가경찰 수사 범죄"란 「자치경찰사무와 시·도자치경찰위원회의 조직 및 운영 등에 관한 규정」 제3조제1호부터 제5호까지 또는 제6호나목의 범죄가 아닌 범죄를 말한다.

10. "실종·유괴경보 문자메시지"란 실종·유괴경보가 발령된 경우 「실종아동등의 보호 및 지원에 관한 법률 시행령」(이하 "영"이라 한다) 제4조의5제7항에 따른 공개정보 (이하 "공개정보"라 한다)를 시민들에게 널리 알리기 위하여 휴대폰에 전달하는 문자메시지를 말한다.

II. 정보시스템 입력 대상 및 관리

1. 정보시스템 입력 대상 및 정보 관리

① 실종아동등 프로파일링시스템에 입력하는 대상은 다음 각 호와 같다.

1. 실종아동등

2. 가출인

3. 보호시설 입소자 중 보호자가 확인되지 않는 사람(이하 "보호시설 무연고자"라 한다)

② 경찰관서의 장은 실종아동등 또는 가출인에 대한 신고를 접수한 후 신고대상자가 다음 각 호의 어느 하나에 해당하는 경우에는 신고 내용을 실종아동등 프로파일링시스템에 입력하지 않을 수 있다.

1. 채무관계 해결, 형사사건 당사자 소재 확인 등 실종아동등 및 가출인 발견 외 다른 목적으로 신고된 사람

2. 수사기관으로부터 지명수배 또는 지명통보된 사람

3. 허위로 신고된 사람

4. 보호자가 가출 시 동행한 아동등

5. 그 밖에 신고 내용을 종합하였을 때 명백히 제1항에 따른 입력 대상이 아니라고 판단되는 사람

③ 실종아동등 프로파일링시스템에 등록된 자료의 보존기간은 다음 각 호와 같다. 다만, 대상자가 사망하거나 보호자가 삭제를 요구한 경우는 즉시 삭제하여야 한다.

1. 발견된 18세 미만 아동 및 가출인 : 수배 해제 후로부터 5년간 보관

2. 발견된 지적·자폐성·정신장애인 등 및 치매환자 : 수배 해제 후로부터 10년간 보관

3. 미발견자 : 소재 발견 시까지 보관

4. 보호시설 무연고자 : 본인 요청 시

④ 경찰관서의 장은 본인 또는 보호자의 동의를 받아 실종아동등 프로파일링시스템에서 데이터베이스로 관리하는 실종아동등 및 보호시설 무연고자 자료를 인터넷 안전드림에 공개할 수 있다.

⑤ 경찰관서의 장은 다음 각 호의 어느 하나에 해당하는 때에는 지체 없이 인터넷 안전드림에 공개된 자료를 삭제하여야 한다.

1. 찾는실종아동등을 발견한 때

2. 보호실종아동등 또는 보호시설 무연고자의 보호자를 확인한 때

3. 본인 또는 보호자가 공개된 자료의 삭제를 요청하는 때

⑥ 실종아동등 또는 가출인에 대한 신고를 접수하거나, 실종아동등 프로파일링시스템에 신고 내용이 입력되어 있는 것을 확인한 경찰관은 보호자가 요청하는 경우에는 별지 제1호서식의 신고접수증을 발급할 수 있다.

2. 실종아동등 프로파일링시스템 등록

① 경찰관서의 장은 제7조제1항 각 호의 대상에 대하여 별지 제2호서식의 실종아동등 프로파일링시스템 입력자료를 시스템에 등록한다.

② 경찰관서의 장은 다음 각 호의 어느 하나에 해당하는 경우에는 별지 제3호서식에 따른 수정ㆍ해제자료를 작성하여 실종아동등 프로파일링시스템에 등록된 자료를 해제하여야 한다. 다만, 제6호에 해당하는 경우에는 해제 요청 사유의 진위(眞僞) 여부를 확인한 후 해제한다.

1. 찾는실종아동등 및 가출인의 소재를 발견한 경우

2. 보호실종아동등의 신원을 확인하거나 보호자를 확인한 경우

3. 허위 또는 오인신고인 경우

4. 지명수배 또는 지명통보 대상자임을 확인한 경우

5. 보호자가 해제를 요청한 경우

③ 실종아동등에 대한 해제는 실종아동찾기센터에서 하며, 시ㆍ도경찰청장 및 경찰서장이 해제하려면 실종아동찾기센터로 요청하여야 한다.

신 고 접 수 증

접 수 번 호 (시 스 템)	제 호
접 수 일 자	년 월 일
민 원 명	
민원인(대표자 또는 대리인) 성 명	
처 리 예 정 기 한	
처 리 주 무 부 서	
안 내 사 항	
민 원 접 수 자 서 명	

○ ○ 경 찰 서

※ 참고사항

∘ 본 접수증은 단순한 신고접수 사실만을 확인한 것이며 신고사실에 대한 진위 여부는 조사된 것이 아니므로 어떠한 민·형사관계에 영향을 미치기 위해 사용될 수 없습니다.

∘ 가출인의 핸드폰이나 E-mail을 통한 위치추적 또는 통화내역의 확인은 현행 통신비밀보호법(범죄수사 또는 국가안전보장을 위한 경우로 한정됨)상 불가함을 알려드립니다.

∘ 경찰관이 가출성인을 발견한 경우 가출인의 의사에 반하여 가출인의 위치를 알 수 있는 사항은 통보할 수 없습니다.

III. 실종아동등

1. 신고 접수

① 실종아동등 신고는 관할에 관계 없이 실종아동찾기센터, 각 시·도경찰청 및 경찰서에서 전화, 서면, 구술 등의 방법으로 접수하며, 신고를 접수한 경찰관은 범죄와의 관련 여부 등을 확인해야 한다.

② 경찰청 실종아동찾기센터는 실종아동등에 대한 신고를 접수하거나, 신고 접수에 대한 보고를 받은 때에는 즉시 실종아동등 프로파일링시스템에 입력, 관할 경찰관서를 지정하는 등 필요한 조치를 하여야 한다. 이 경우 관할 경찰관서는 발생지 관할 경찰관서 등 실종아동등을 신속히 발견할 수 있는 관서로 지정해야 한다.

2. 신고에 대한 조치 등

① 경찰관서의 장은 찾는실종아동등에 대한 신고를 접수한 때에는 정보시스템의 자료를 조회하는 등의 방법으로 실종아동등을 찾기 위한 조치를 취하고, 실종아동등을 발견한 경우에는 즉시 보호자에게 인계하는 등 필요한 조치를 하여야 한다.

② 경찰관서의 장은 보호실종아동등에 대한 신고를 접수한 때에는 제1항의 절차에 따라 보호자를 찾기 위한 조치를 취하고, 보호자가 확인된 경우에는 즉시 보호자에게 인계하는 등 필요한 조치를 하여야 한다.

③ 경찰관서의 장은 제2항에 따른 조치에도 불구하고 보호자를 발견하지 못한 경우에는 관할 지방자치단체의 장에게 보호실종아동등을 인계한다.

④ 경찰관서의 장은 정보시스템 검색, 다른 자료와의 대조, 주변인물과의 연락 등 실종아동등의 조속한 발견을 위하여 지속적인 추적을 하여야 한다.

⑤ 경찰관서의 장은 실종아동등에 대하여 제18조의 현장 탐문 및 수색 후 그 결과를 즉시 보호자에게 통보하여야 한다. 이후에는 실종아동등 프로파일링시스템에 등록한 날로부터 1개월까지는 15일에 1회, 1개월이 경과한 후부터는 분기별 1회 보호자에게 추적 진행사항을 통보한다.

⑥ 경찰관서의 장은 찾는실종아동등을 발견하거나, 보호실종아동등의 보호자를 발견한 경우에는 실종아동등 프로파일링시스템에서 등록 해제하고, 해당 실종아동등에 대한 발견 관서와 관할 관서가 다른 경우에는 발견과 관련된 사실을 관할 경찰관서의 장에게 지체 없이 알려야 한다.

3. 출생 신고 지연 아동의 확인

경찰관서의 장은 법 제6조제4항에 따라 지방자치단체의 장으로부터 출생 후 6개월이 경과한 아동의 신상카드 사본을 제출받은 경우에는 지체 없이 정보시스템에서 관리하는 자료와의 비교·검색 등을 통해 해당 아동이 실종아동인지를 확인하여 그 결과를 지방자치단체의 장에게 통보하여야 한다.

4. 아동등 지문 등 정보의 사전등록 및 관리

① 경찰관서의 장은 법 제7조의2에 따라 보호자가 사전등록을 신청하는 때에는 신청서를 제출받아 실종아동 등 프로파일링시스템에 등록한 후 「개인정보보호법」 제21조제1항에 따라 지체없이 폐기한다.

② 경찰관서의 장은 가족관계 기록사항에 관한 증명서, 장애인등록증 등 필요한 서류를 확인하는 등의 방법으로 아동등이 사전등록 대상에 해당하는지 확인하여야 한다.

③ 경찰관서의 장은 보호자의 신청을 받아 아동등의 지문·얼굴사진정보를 수집 및 인적사항 등 신청서상 기재된 개인정보를 확인하여 사전등록시스템에 입력할 수 있다. 다만, 보호자가 지문 또는 얼굴사진 정보의 수집을 거부하는 때에는 그 의사에 반하여 정보를 수집할 수 없다.

④ 경찰관서의 장은 보호실종아동등을 발견한 때에는 해당 아동등의 지문·얼굴사진정보를 수집 및 신체특징을 확인한 후 사전등록시스템의 데이터베이스와 비교 검색하는 등의 방법으로 신원을 확인하기 위한 조치를 하여야 한다. 다만, 해당 아동등이 지문 또는 얼굴사진 정보의 수집을 진정한 의사에 의해 명시적으로 거부할 때에는 그 의사에 반하여 정보를 수집할 수 없다.

⑤ 경찰관서의 장은 제4항의 조치에도 불구하고 보호실종아동등의 신원을 확인하지 못한 때에는 제11조의 규정에 따른 조치를 하여야 한다.

⑥ 경찰관서의 장은 영 제3조의3제2항에 따라 사전등록된 데이터베이스를 폐기하는 때에는 어떠한 방법으로도 복구할 수 없도록 기술적 조치를 하여야 한다.

⑦ 경찰관서의 장은 영 제3조의3제2항제2호에 따라 보호자가 사전등록된 데이터베이스의 폐기를 요청하는 때에는 즉시 해당 데이터베이스를 폐기하고, 제출받은 요청서는 10년간 보관하여야 한다.

5. 실종아동등의 위치정보를 요청하는 방법 및 절차

① 찾는실종아동등의 신고를 접수하여 현장에 출동한 경찰관은 보호자·목격자의 진술,

실종 당시의 정황 등을 종합하여 실종아동등의 조속한 발견을 위해 법 제9조에 따른 위치정보 제공 요청의 필요 여부를 판단하여야 한다.

② 현장 출동 경찰관은 신고자로부터 가족관계 등록사항에 관한 증명서, 장애인등록증 등 필요한 서류를 확인하는 등의 방법으로 신고대상자가 실종아동등에 해당하는지와 신고자가 실종아동등의 보호자가 맞는지 확인하여야 한다. 다만, 현장에서 관련 서류를 확인하기 어려운 때에는 신고자의 진술로 이를 확인할 수 있다.

③ 경찰관이 법 제9조에 따른 위치정보 제공을 요청하는 때에는 다음 각 호에 따른 결재권자의 결재를 받아 요청하여야 한다. 다만, 야간 또는 공석 등의 이유로 즉시 결재를 받기 어려운 때에는 사후에 보고하도록 해야 한다.

  1. 지구대·파출소 지역경찰관 : 지구대장 또는 파출소장
  2. 경찰서 여성청소년부서 담당 경찰관 : 소속 과장
  3. 시·도경찰청 여성청소년과 담당 경찰관 : 소속 계장

④ 담당 경찰관은 찾는실종아동등의 위치정보를 제공받아 수색하는 과정에서 해당 실종아동등이 범죄 피해로 인해 실종되었다고 확인되는 때에는 즉시 해당 위치정보를 폐기하여야 한다.

⑤ 경찰관서의 장은 위치정보가 실종아동등 찾기 이외의 목적으로 오·남용되지 않도록 관리하여야 한다.

6. 유전자검사

가. 실종아동등 여부 사전확인

① 경찰관서의 장은 법 제11조제1항 각 호에 따른 대상자로부터 유전자검사대상물을 채취하려면 실종아동등 프로파일링시스템의 자료 검색 등을 통하여 검사 대상자와 인적사항 등이 유사한 자료가 있는지 미리 확인하여야 한다.

② 경찰관서의 장은 제1항에 따른 검색을 통하여 검사대상자가 실종아동등이라는 것이 확인된 경우에는 해당 자료 화면을 출력하여 유전자검사동의서 등 유전자 검사대상물 채취관련 서류와 함께 보관한다.

③ 유전자검사대상물을 채취하고자 하는 아동등이 제1항의 방법으로 확인되지 않을 때에는 해당 아동등에게 보호시설 입·퇴소 기록 및 신상카드 등을 확인한 후 유전자검사대상물을 채취한다. 이 때 해당 기록 및 신상카드 사본은 제출받아 유전자 검사대상물 채취관련 서류와 함께 보관하여야 한다.

나. 유전자검사 동의서 사본 교부

① 경찰관서의 장은 법 제11조제1항에 의한 유전자검사 대상물 채취 시 작성한 「실종아동등의 발견 및 유전자검사 등에 관한 규칙」 제9조제1항의 유전자검사 동의서 사본을 본인 또는 법정대리인에게 교부하여야 한다.

Ⅳ. 가출인

1. 신고 접수

① 가출인 신고는 관할에 관계없이 접수하여야 하며, 신고를 접수한 경찰관은 범죄와 관련 여부를 확인하여야 한다.

② 경찰서장은 가출인에 대한 신고를 접수한 때에는 정보시스템의 자료 조회, 신고자의 진술을 청취하는 방법 등으로 가출인을 발견하기 위한 조치를 하여야 하며, 가출인을 발견하지 못한 경우에는 즉시 실종아동등 프로파일링시스템에 가출인에 대한 사항을 입력한다.

③ 경찰서장은 접수한 가출인 신고가 다른 관할인 경우 제2항의 조치 후 지체 없이 가출인의 발생지를 관할하는 경찰서장에게 이첩하여야 한다.

2. 신고에 대한 조치 등

① 가출인 사건을 관할하는 경찰서장은 정보시스템 자료의 조회, 다른 자료와의 대조, 주변 인물과의 연락 등 가출인을 발견하기 위해 지속적으로 추적하고, 실종아동등 프로파일링시스템에 등록한 날로부터 반기별 1회 보호자에게 귀가 여부를 확인한다.

② 경찰서장은 가출인을 발견한 때에는 등록을 해제하고, 해당 가출인을 발견한 경찰서와 관할하는 경찰서가 다른 경우에는 발견 사실을 관할 경찰서장에게 지체 없이 알려야 한다.

③ 경찰서장은 가출인을 발견한 경우에는 가출신고가 되어 있음을 고지하고, 보호자에게 통보한다. 다만, 가출인이 거부하는 때에는 보호자에게 가출인의 소재(所在)를 알 수 있는 사항을 통보하여서는 아니 된다.

V. 실종 · 유괴경보의 발령

1. 실종 · 유괴경보 체계의 구축 · 운영 등

① 경찰청장은 법 제9조의2제1항에 따라 실종·유괴경보 정책 수립 및 제도 개선 등에 관한 사항을 총괄하며 다음 각 호의 업무를 수행한다.

　1. 실종·유괴경보와 관련하여 협약을 체결한 기관·단체(이하 "협약기관"이라 한다)와의 협조체계 구축·운영

　2. 실종·유괴경보 발령시스템 구축 및 유지 관리

　3. 행정안전부, 영 제4조의5제2항에 따른 주요 전기통신사업자(이하 "주요 전기통신사업자"라 한다) 등 관계기관과의 협력

　4. 실종·유괴경보 발령 기준 및 표준문안·도안 개선

　5. 실종·유괴경보 운영실태 파악 및 통계 관리

　6. 관련 매뉴얼 및 교육자료 제작

　7. 그 밖에 실종·유괴경보 정책 수립 및 제도 개선 등과 관련된 제반사항

② 시·도경찰청장은 실종·유괴경보와 관련하여 다음 각 호의 업무를 수행한다.

　1. 협약기관과의 협조체계 구축·운영

　2. 실종·유괴경보의 발령 및 해제

　3. 타 시·도경찰청장의 발령 요청 등에 대한 협조

　4. 소속 경찰관에 대한 교육

　5. 그 밖에 실종·유괴경보 발령 및 해제와 관련된 제반사항

③ 경찰서장은 다음 각 호의 업무를 수행한다.

　1. 협약기관과의 협조체계 구축·운영

　2. 실종·유괴경보의 발령 요청

　3. 소속 경찰관에 대한 교육

④ 시·도경찰청장과 경찰서장은 실종·유괴경보와 관련한 업무를 수행하기 위하여 다음 각 호의 구분에 따라 운영책임자를 둔다.

　1. 실종경보 운영책임자

　　가. 시·도경찰청 : 여성청소년과장(미직제시 생활안전교통과장)

　　나. 경찰서 : 여성청소년과장(미직제시 생활안전과장 또는 생활안전교통과장)

　2. 유괴경보 운영책임자

　　가. 시·도경찰청 : 형사과장(미직제시 수사과장)

나. 경찰서 : 형사과장(미직제시 수사과장)

2. 실종·유괴경보의 발령

① 시·도경찰청장은 실종아동등의 조속한 발견과 복귀를 위하여 실종·유괴경보의 발령이 필요하다고 판단되는 경우 별표1의 발령 요건·기준에 따라 실종·유괴경보를 발령할 수 있다.

② 제1항에 따라 실종경보를 발령한 시·도경찰청장은 타 시·도경찰청장의 관할 구역에도 실종경보의 발령이 필요하다고 인정하는 경우 타 시·도경찰청장에게 같은 내용의 경보발령을 요청할 수 있고, 경보발령을 요청받은 시·도경찰청장은 특별한 사유가 없는 한 지체 없이 실종경보의 발령에 협조하여야 한다.

③ 시·도경찰청장은 별표1에 규정된 경보해제 사유에 해당하는 경우 즉시 당해 실종·유괴경보를 해제하여야 한다.

3. 실종·유괴경보 문자메시지 송출

① 경찰청장은 법 제9조의2제2항제1호에 따라 주요 전기통신사업자에게 실종·유괴경보 문자메시지의 송출을 요청하기 위한 시스템을 직접 구축·운영하거나 행정안전부장관과 사전 협의하여 「재난 및 안전관리 기본법」 제38조의2제1항과 「재난문자방송 기준 및 운영규정」 제4조제1항에 따라 구축된 재난문자방송 송출시스템을 이용할 수 있다.

② 시·도경찰청장은 제24조제1항에 따른 실종·유괴경보를 발령함에 있어 실종·유괴경보 문자메시지의 송출이 필요하다고 판단되는 경우 별표2의 송출 기준에 따라 별표3의 송출 문안을 정하여 실종아동찾기센터로 송출을 의뢰할 수 있다. 다만, 유괴경보 문자메시지의 송출을 의뢰하는 경우에는 국가수사본부장의 사전 승인을 받아야 한다.

③ 시·도경찰청장이 실종경보 문자메시지의 송출을 의뢰함에 있어 송출 지역이 타 시·도경찰청장의 관할 구역에 속하는 경우 제24조제2항의 규정에도 불구하고 타 시·도경찰청장이 관할 구역에 대한 실종경보 문자메시지의 송출에 협조한 것으로 간주한다.

④ 제2항에 따라 송출 의뢰를 받은 실종아동찾기센터는 제1항에 따른 송출시스템을 통하여 주요 전기통신사업자에게 실종·유괴경보 문자메시지의 송출을 요청하여야 한다. 다만, 시·도경찰청장이 의뢰한 내용에 대하여는 제2항 및 제3항에 따른 요건의 충족 여부를 확인하여야 하며, 위 요건에 대한 흠결이 있을 때에는 시·도경찰청장에게 보정을 요구할 수 있고, 그 흠결이 경미한 때에는 시·도경찰청장으로부터 그 내용을 확인하여 직권으로 보정할 수 있다.

실종·유괴경보 발령 요건 및 기준

1. 실종·유괴경보 발령 요건

명 칭	발령 요건
가. 실종경보	1) 다음의 요건을 모두 갖춘 경우 실종경보를 발령할 수 있다. 　가) 보호자가 별지 제7호서식의 동의서를 서면으로 제출할 것 　나) 실종아동등의 상습적인 가출 전력이 없을 것 　다) 실종아동등의 생명·신체에 대한 피해 발생이 우려될 것 2) 1)의 나) 및 다)에 대하여는 범죄심리전문가의 의견을 들을 수 있다. 3) 1)에 따른 기준을 충족하더라도 실종아동등이 유괴 또는 납치되었다는 명백한 증거가 존재하는 경우 실종경보를 발령하여서는 아니된다.
나. 유괴경보	1) 다음의 요건을 모두 갖춘 경우 유괴경보를 발령할 수 있다. 　가) 보호자가 별지 제8호서식의 동의서를 서면으로 제출할 것 　나) 유괴 또는 납치 사건으로 의심할 만한 증거나 단서가 존재할 것 　다) 경보발령에 대한 국가수사본부장의 승인이 있을 것 2) 1)의 나)에 대하여는 범죄심리전문가의 의견을 들을 수 있다.
다. 경보해제	1) 대상자를 발견하거나 범인을 검거한 경우 2) 보호자가 해제를 요구하거나 경보발령 기간이 종료된 경우 3) 기타 수사 등의 이유로 경보발령의 중단이 필요하다고 인정된 경우

비고

1. 보호자로부터 실종·유괴경보 관련 동의서를 제출받는 경우 담당 경찰관은 사전에 보호자에게 다음의 사항들을 설명하여야 한다.
　가. 실종아동등의 인적사항이 일반인에게 공개된다는 사실
　나. 실종·유괴경보 발령은 일반인들의 제보를 유도하여 실종아동등을 발견하기 위한 수단이라는 사실
　다. 그 밖에 당해 사건의 특성상 보호자에게 설명할 필요가 있다고 인정되는 사실
2. 시·도경찰청장은 필요한 경우 지역 실정, 발령 빈도 등을 고려하여 실종경보 발령 요건 중 1)의 나) 및 다)에 대한 구체적인 판단 기준을 마련할 수 있다.

2. 실종·유괴경보 발령 기준

구 분	발령 기준
가. 경보발령 지역 · 기간	1) 다음의 장소들을 고려하여 실종 · 유괴경보 발령 지역을 정한다. 　가) 실종아동등의 주거지 또는 주소지 　나) 실종 전 최종적으로 목격되었던 장소 　다) CCTV 영상자료, 위치추적, 카드 사용내역 등 객관적인 자료를 통하여 실종아동등이 소재하고 있다고 인정되는 장소 　라) 기타 정황상 실종아동등이 소재하고 있을 가능성이 높은 장소 2) 경보발령 기간은 보호자와 협의하여 정하되, 특별한 사유가 없으면 실종아동등 발견시까지로 한다.
나. 송출 수단 · 매체	1) 실종 · 유괴경보 발령 시 실종아동등 사건의 중대성과 발령의 효과성 등을 고려하여 다음의 범위 내에서 송출 수단 · 매체를 정한다. 　가) 협약기관을 통한 정보 공개 　나) 실종 · 유괴경보 문자메시지 송출 　다) 기관 홈페이지, 사회관계망서비스를 통한 정보 공개 　라) 전단지, 현수막 등 그 밖의 수단 · 매체 활용 2) 1)의 가)에 따라 협약기관에 정보 공개를 요청하는 경우 표준 문안 · 도안 등 발령에 필요한 자료를 첨부하여 협조를 요청하여야 한다. 다만, 협약기관과 협의하여 별도의 협조절차 · 방법 등을 정한 경우 그에 따른다. 3) 1)의 나)에 따른 문자메시지 송출은 [별표2]의 기준을 적용한다.
다. 공개정보 의 범위	1) 실종 · 유괴 경보 발령 시 다음의 정보를 공개한다. 　가) 실종 · 유괴 경위 및 일시 · 장소, 대상 구분 　나) 실종아동등의 성명, 사진, 나이, 성별, 국적, 신장, 몸무게, 착의 2) 필요한 경우 다음의 구분에 따라 정보를 추가 공개할 수 있다. 　가) 실종경보 : 체격, 얼굴형, 두발색상 · 형태, 점 · 흉터 등 신체특징 등 실종아동등의 발견 및 복귀를 위하여 필요한 최소한의 정보 　나) 유괴경보 : 용의자의 성명, 사진, 나이, 직업, 신체특징, 착용의상, 차량정보 등 유괴된 아동등의 발견 및 복귀를 위하여 필요한 최소한의 정보

실종·유괴경보 문자메시지 송출 기준

○ 실종경보 문자메시지 송출 기준

구 분	송출 기준		
	시 간	지 역	횟 수
발령문자	07~21시	다음의 범위 내에서 시·도경찰청장이 정하는 지역 1. 최종목격지 관할 시·군·구 2. 실종아동등의 주거지 관할 시·군·구 3. 현재지 관할 시·군·구	원칙 : 송출시점까지 확인된 지역에 한하여 1회 송출 예외 : 수사 등을 통해 새로운 현재지가 확인된 경우, 해당 현재지에 한하여 1회 한도로 추가송출 가능
해제문자	07~21시	발령문자가 송출되었던 지역	최대 1회

비고 : "현재지"란 CCTV 영상자료, 위치추적, 카드 사용내역 등 객관적인 자료를 통하여 실종아동등이 소재하고 있다고 인정되는 가장 최근의 장소를 말한다.

○ 유괴경보 문자메시지 송출 기준

구 분	송출 기준		
	시 간	지 역	횟 수
발령문자	07~21시	시·도경찰청장이 정하는 지역	최대 2회
해제문자	07~21시	발령문자가 송출되었던 지역	최대 1회

실종·유괴경보 문자메시지 표준문안

○ 실종경보 문자메시지 표준문안

구 분		문 안
실종경보	발령문자	[◇◇경찰청] 경찰은 △△시 △△지역에서 □□□□* 실종자 ○○○씨(군,양, 00살)를 찾고 있습니다 – 성별, 키, 체중, 착용의상 [URL] / ☎182
	* ①최종목격지 : 최종 목격된 / ②주거지 : 거주 중인 / ③현재지 : 배회 중인	
	해제문자	[◇◇경찰청] 시민 여러분의 관심과 제보로 경찰은 오늘 실종된 ○○○씨(군, 양, 00살)를 안전하게 발견했습니다. 감사합니다.

○ 유괴경보 문자메시지 표준문안

구 분		문 안
유괴경보	발령문자	[◇◇경찰청] 경찰은 △△시 △△지역에서 유괴·납치된 것으로 의심되는 ○○○씨(군,양, 00살)를 찾고 있습니다. – 성별, 키, 체중, 착용의상 [URL] / ☎182
	해제문자	[◇◇경찰청] 시민 여러분의 관심과 제보로 경찰은 오늘 ○○○씨(군,양, 00살)를 안전하게 □□□□□□* 하였습니다. 감사합니다.
	* ① 유괴·납치범을 검거한 경우 : 구조하고 용의자를 검거 ② 미검거 또는 일반사건 : 발견	

실 종 경 보 발 령 동 의 서

경찰관서명				
대 상 자	성 명		생년월일	
보 호 자	성 명		생년월일	
관 계 자	성 명			

1. 실종경보 발령 목적 : 실종아동등의 사진, 신상정보 및 실종경위 등을 일반인에게 공개하고, 사회적 관심과 제보를 유도하여 실종아동등을 신속히 발견

2. 다음 각 항목에 대해 관계자로부터 설명을 들은 후 본인이 충분히 이해하였다고 판단되면 [ ] 란에 체크[V]를 하시기 바랍니다.

가. [ ] 실종경보 발령의 이익과 위험에 대하여 관계자로부터 충분한 설명을 들었습니다.

나. [ ] 실종경보 발령에 따라 대상자의 인적사항이 문자메시지·방송·신문·인터넷 등의 매체·수단을 통해 일반인에게 공개되며, 공개된 정보는 실종경보가 해제된 이후에도 매체·수단의 특성상 비공개 전환 또는 삭제가 어려울 수 있습니다.

다. [ ] 보호자가 위의 사항에 대하여 동의했더라도 실종경보 발령 전에는 언제든지 동의를 철회할 수 있고, 발령된 이후에는 해제를 요구할 수 있습니다.

라. [ ] 보호자가 위의 사항에 대하여 동의했더라도 실종경보 발령과 관련된 요건을 충족하지 못하는 경우 실종경보는 발령될 수 없습니다.

마. [ ] 대상자를 발견한 경우 또는 기타 수사 등의 이유로 실종경보 발령의 중단이 필요하다고 인정되는 경우 실종경보는 해제됩니다.

바. [ ] 실종경보 발령에 대한 동의는 보호자의 자발적 의사에 따릅니다.

「실종아동등의 보호 및 지원에 관한 법률 시행령」 제4조의5에 따라 위 대상자에 대한 실종경보 발령에 동의합니다.

년 월 일

보호자(동의권자)   (서명 또는 인)

관 계 자   (서명 또는 인)

※ 첨부서류 : 발령대상자의 보호자임을 증명하는 서류

유괴경보 발령 동의서

경찰관서명				
대 상 자	성 명		생년월일	
보 호 자	성 명		생년월일	
관 계 자	성 명			

1. 유괴경보 발령 목적 : 실종아동등의 사진, 신상정보 및 유괴경위 등을 일반인에게 공개하고, 사회적 관심과 제보를 유도하여 실종아동등을 신속히 발견

2. 다음 각 항목에 대해 관계자로부터 설명을 들은 후 본인이 충분히 이해하였다고 판단되면 [ ]란에 체크[V]를 하시기 바랍니다.

   가. [ ] 유괴경보 발령의 이익과 위험에 대하여 관계자로부터 충분한 설명을 들었습니다.

   나. [ ] 유괴경보 발령에 따라 대상자의 인적사항이 문자메시지·방송·신문·인터넷 등의 매체·수단을 통해 일반인에게 공개되며, 공개된 정보는 유괴경보가 해제된 이후에도 매체·수단의 특성상 비공개 전환 또는 삭제가 어려울 수 있습니다.

   다. [ ] 보호자가 위의 사항에 대하여 동의했더라도 유괴경보 발령 전에는 언제든지 동의를 철회할 수 있고, 발령된 이후에는 해제를 요구할 수 있습니다.

   라. [ ] 보호자가 위의 사항에 대하여 동의했더라도 유괴경보 발령과 관련된 요건을 충족하지 못하는 경우 유괴경보는 발령될 수 없습니다.

   마. [ ] 대상자를 발견한 경우 또는 기타 수사 등의 이유로 유괴경보 발령의 중단이 필요하다고 인정되는 경우 유괴경보는 해제됩니다.

   바. [ ] 유괴경보 발령에 대한 동의는 보호자의 자발적 의사에 따릅니다.

「실종아동등의 보호 및 지원에 관한 법률 시행령」 제4조의5에 따라 위 대상자에 대한 유괴경보 발령에 동의합니다.

년   월   일

보호자(동의권자)   (서명 또는 인)

관 계 자   (서명 또는 인)

※ 첨부서류 : 발령대상자의 보호자임을 증명하는 서류

제3장 아동학대 처리절차

(아동학대범죄의 처벌 등에 관한 특례법)

제1절 총 칙

I. 아동학대와 아동학대범죄

1. 아동학대

보호자를 포함한 성인이 아동의 건강 또는 복지를 해치거나 정상적 발달을 저해할 수 있는 신체적 · 정신적 · 성적 폭력이나 가혹행위를 하는 것과 아동의 보호자가 아동을 유기하거나 방임하는 것을 말한다.

2. 아동학대범죄

가. 「형법」 제2편제25장 상해와 폭행의 죄 중 제257조(상해)제1항 · 제3항, 제258조의 2(특수상해)제1항(제257조제1항의 죄에만 해당한다) · 제3항(제1항 중 제257조제1항의 죄에만 해당한다), 제260조(폭행)제1항, 제261조(특수폭행) 및 제262조(폭행치사상)(상해에 이르게 한 때에만 해당한다)의 죄

나. 「형법」 제2편제28장 유기와 학대의 죄 중 제271조(유기)제1항, 제272조(영아유기), 제273조(학대)제1항, 제274조(아동혹사) 및 제275조(유기등 치사상)(상해에 이르게 한 때에만 해당한다)의 죄

다. 「형법」 제2편제29장 체포와 감금의 죄 중 제276조(체포, 감금)제1항, 제277조(중체포, 중감금)제1항, 제278조(특수체포, 특수감금), 제280조(미수범) 및 제281조(체포 · 감금등의 치사상)(상해에 이르게 한 때에만 해당한다)의 죄

라. 「형법」 제2편제30장 협박의 죄 중 제283조(협박)제1항, 제284조(특수협박) 및 제286조(미수범)의 죄

마. 「형법」제2편제31장 약취, 유인 및 인신매매의 죄 중 제287조(미성년자 약취, 유인), 제288조(추행 등 목적 약취, 유인 등), 제289조(인신매매) 및 제290조(약취, 유인, 매매, 이송 등 상해·치상)의 죄

바. 「형법」제2편제32장 강간과 추행의 죄 중 제297조(강간), 제297조의2(유사강간), 제298조(강제추행), 제299조(준강간, 준강제추행), 제300조(미수범), 제301조(강간 등 상해·치상), 제301조의2(강간등 살인·치사), 제302조(미성년자등에 대한 간음), 제303조(업무상위력 등에 의한 간음) 및 제305조(미성년자에 대한 간음, 추행)의 죄

사. 「형법」제2편제33장 명예에 관한 죄 중 제307조(명예훼손), 제309조(출판물등에 의한 명예훼손) 및 제311조(모욕)의 죄

아. 「형법」제2편제36장 주거침입의 죄 중 제321조(주거·신체 수색)의 죄

자. 「형법」제2편제37장 권리행사를 방해하는 죄 중 제324조(강요) 및 제324조의5(미수범)(제324조의 죄에만 해당한다)의 죄

차. 「형법」제2편제39장 사기와 공갈의 죄 중 제350조(공갈), 제350조의2(특수공갈) 및 제352조(미수범)(제350조, 제350조의2의 죄에만 해당한다)의 죄

카. 「형법」제2편제42장 손괴의 죄 중 제366조(재물손괴등)의 죄

타. 「아동복지법」제71조제1항 각 호의 죄(제3호의 죄는 제외한다)

파. 가목부터 타목까지의 죄로서 다른 법률에 따라 가중처벌되는 죄

하. 제4조(아동학대살해·치사), 제5조(아동학대중상해) 및 제6조(상습범)의 죄

3. 용어 정의

가. "아동학대범죄신고등"이란 아동학대범죄에 관한 신고·진정·고소·고발 등 수사 단서의 제공, 진술 또는 증언이나 그 밖의 자료제출행위 및 범인검거를 위한 제보 또는 검거활동을 말한다.

나. "아동학대행위자"란 아동학대범죄를 범한 사람 및 그 공범을 말한다.

다. "피해아동"이란 아동학대범죄로 인하여 직접적으로 피해를 입은 아동을 말한다.

라. "아동보호사건"이란 아동학대범죄로 인하여 제36조제1항에 따른 보호처분(이하 "보호처분"이라 한다)의 대상이 되는 사건을 말한다.

II. 아동학대 처리 절차상 특례

1. 다른 법률과의 관계(제3조)

아동학대범죄에 대하여는 이 법을 우선 적용한다. 다만, 「성폭력범죄의 처벌 등에 관한 특례법」, 「아동·청소년의 성보호에 관한 법률」에서 가중처벌되는 경우에는 그 법에서 정한 바에 따른다.

2. 고소에 대한 특례(제10조의4)

① 피해아동 또는 그 법정대리인은 아동학대행위자를 고소할 수 있다. 피해아동의 법정대리인이 아동학대행위자인 경우 또는 아동학대행위자와 공동으로 아동학대범죄를 범한 경우에는 피해아동의 친족이 고소할 수 있다.

② 피해아동은 「형사소송법」 제224조에도 불구하고 아동학대행위자가 자기 또는 배우자의 직계존속인 경우에도 고소할 수 있다. 법정대리인이 고소하는 경우에도 또한 같다.

③ 피해아동에게 고소할 법정대리인이나 친족이 없는 경우에 이해관계인이 신청하면 검사는 10일 이내에 고소할 수 있는 사람을 지정하여야 한다.

3. 공소시효의 정지와 효력 (제34조)

① 아동학대범죄의 공소시효는 「형사소송법」 제252조에도 불구하고 해당 아동학대범죄의 피해아동이 성년에 달한 날부터 진행한다.

② 아동학대범죄에 대한 공소시효는 해당 아동보호사건이 법원에 송치된 때부터 시효진행이 정지된다. 다만, 다음 각 호의 어느 하나에 해당하는 경우에는 그 때부터 진행된다.

1. 해당 아동보호사건에 대하여 제44조에 따라 준용되는 「가정폭력범죄의 처벌 등에 관한 특례법」 제37조제1항제1호에 따른 처분을 하지 아니한다는 결정이 확정된 때

2. 해당 아동보호사건이 제41조 또는 제44조에 따라 준용되는 「가정폭력범죄의 처벌 등에 관한 특례법」 제27조제2항 및 제37조제2항에 따라 송치된 때

③ 공범 중 1명에 대한 제2항의 시효정지는 다른 공범자에게도 효력을 미친다.

4. 비밀엄수 등의 의무 (제35조)

① 아동학대범죄의 수사 또는 아동보호사건의 조사·심리 및 그 집행을 담당하거나 이에 관여하는 공무원, 보조인, 진술조력인, 아동보호전문기관 직원과 그 기관장, 상담소 등에 근무하는 상담원과 그 기관장 및 제10조제2항((아동학대범죄 신고의무자) 각 호에 규정된 사람(그 직에 있었던 사람을 포함)은 그 직무상 알게 된 비밀을 누설하여서는 아니 된다.

② 신문의 편집인·발행인 또는 그 종사자, 방송사의 편집책임자, 그 기관장 또는 종사자, 그 밖의 출판물의 저작자와 발행인은 아동보호사건에 관련된 아동학대행위자, 피해아동, 고소인, 고발인 또는 신고인의 주소, 성명, 나이, 직업, 용모, 그 밖에 이들을 특정하여 파악할 수 있는 인적 사항이나 사진 등을 신문 등 출판물에 싣거나 방송매체를 통하여 방송할 수 없다.

③ 피해아동의 교육 또는 보육을 담당하는 학교의 교직원 또는 보육교직원은 정당한 사유가 없으면 해당 아동의 취학, 진학, 전학 또는 입소(그 변경을 포함)의 사실을 아동학대행위자인 친권자를 포함하여 누구에게든지 누설하여서는 아니 된다.

제2절 아동학대범죄의 처리절차

Ⅰ. 신고의무와 절차

1. 아동학대범죄 신고의무

① 누구든지 아동학대범죄를 알게 된 경우나 그 의심이 있는 경우에는 특별시 · 광역시 · 특별자치시 · 도 · 특별자치도(이하 "시 · 도"라 한다), 시 · 군 · 구(자치구를 말한다. 이하 같다) 또는 수사기관에 신고할 수 있다.

② 다음 각 호의 어느 하나에 해당하는 사람이 직무를 수행하면서 아동학대범죄를 알게 된 경우나 그 의심이 있는 경우에는 시 · 도, 시 · 군 · 구 또는 수사기관에 즉시 신고하여야 한다.

1. 「아동복지법」 제10조의2에 따른 아동권리보장원(이하 "아동권리보장원"이라 한다) 및 가정위탁지원센터의 장과 그 종사자

2. 아동복지시설의 장과 그 종사자(아동보호전문기관의 장과 그 종사자는 제외한다)

3. 「아동복지법」 제13조에 따른 아동복지전담공무원

4. 「가정폭력방지 및 피해자보호 등에 관한 법률」 제5조에 따른 가정폭력 관련 상담소 및 같은 법 제7조의2에 따른 가정폭력피해자 보호시설의 장과 그 종사자

5. 「건강가정기본법」 제35조에 따른 건강가정지원센터의 장과 그 종사자

6. 「다문화가족지원법」 제12조에 따른 다문화가족지원센터의 장과 그 종사자

7. 「사회보장급여의 이용 · 제공 및 수급권자 발굴에 관한 법률」 제43조에 따른 사회복지전담공무원 및 「사회복지사업법」 제34조에 따른 사회복지시설의 장과 그 종사자

8. 「성매매방지 및 피해자보호 등에 관한 법률」 제9조에 따른 지원시설 및 같은 법 제17조에 따른 성매매피해상담소의 장과 그 종사자

9. 「성폭력방지 및 피해자보호 등에 관한 법률」 제10조에 따른 성폭력피해상담소, 같은 법 제12조에 따른 성폭력피해자보호시설의 장과 그 종사자 및 같은 법 제18조에 따른 성폭력피해자통합지원센터의 장과 그 종사자

10. 「119구조 · 구급에 관한 법률」 제2조제4호에 따른 119구급대의 대원

11. 「응급의료에 관한 법률」 제2조제7호에 따른 응급의료기관등에 종사하는 응급구조사

12. 「영유아보육법」 제7조에 따른 육아종합지원센터의 장과 그 종사자 및 제10조에

따른 어린이집의 원장 등 보육교직원

13. 「유아교육법」 제2조제2호에 따른 유치원의 장과 그 종사자

14. 아동보호전문기관의 장과 그 종사자

15. 「의료법」 제3조제1항에 따른 의료기관의 장과 그 의료기관에 종사하는 의료인 및 의료기사

16. 「장애인복지법」 제58조에 따른 장애인복지시설의 장과 그 종사자로서 시설에서 장애아동에 대한 상담·치료·훈련 또는 요양 업무를 수행하는 사람

17. 「정신건강증진 및 정신질환자 복지서비스 지원에 관한 법률」 제3조제3호에 따른 정신건강복지센터, 같은 조 제5호에 따른 정신의료기관, 같은 조 제6호에 따른 정신요양시설 및 같은 조 제7호에 따른 정신재활시설의 장과 그 종사자

18. 「청소년기본법」 제3조제6호에 따른 청소년시설 및 같은 조 제8호에 따른 청소년 단체의 장과 그 종사자

19. 「청소년 보호법」 제35조에 따른 청소년 보호·재활센터의 장과 그 종사자

20. 「초·중등교육법」 제2조에 따른 학교의 장과 그 종사자

21. 「한부모가족지원법」 제19조에 따른 한부모가족복지시설의 장과 그 종사자

22. 「학원의 설립·운영 및 과외교습에 관한 법률」 제6조에 따른 학원의 운영자·강사·직원 및 같은 법 제14조에 따른 교습소의 교습자·직원

23. 「아이돌봄 지원법」 제2조제4호에 따른 아이돌보미

24. 「아동복지법」 제37조에 따른 취약계층 아동에 대한 통합서비스지원 수행인력

25. 「국내입양에 관한 특별법」 제37조제1항 및 「국제입양에 관한 법률」 제32조제1항에 따라 업무를 위탁받은 사회복지법인 및 단체의 장과 그 종사자

③ 누구든지 제1항 및 제2항에 따른 신고인의 인적 사항 또는 신고인임을 미루어 알 수 있는 사실을 다른 사람에게 알려주거나 공개 또는 보도하여서는 아니 된다.

④ 제2항에 따른 신고가 있는 경우 시·도, 시·군·구 또는 수사기관은 정당한 사유가 없으면 즉시 조사 또는 수사에 착수하여야 한다.

2. 불이익조치의 금지

누구든지 아동학대범죄신고자등에게 아동학대범죄신고등을 이유로 불이익조치를 하여서는 아니 된다.

3. 아동학대범죄 신고자 등에 대한 보호조치

아동학대범죄신고자등에 대하여는 「특정범죄신고자 등 보호법」 제7조부터 제13조까지의 규정을 준용한다.

> ※ 특정범죄신고자 등 보호법
> 제7조 인적 사항의 기재 생략
> 제8조 인적 사항의 공개 금지
> 제9조 신원관리카드의 열람
> 제10조 영상물 촬영
> 제11조 증인 소환 및 신문의 특례 등
> 제12조 소송진행의 협의 등
> 제13조 신변안전조치

II. 현장출동과 응급조치

1. 현장출동 (제11조)

① 아동학대범죄 신고를 접수한 사법경찰관리나 「아동복지법」 제22조제4항에 따른 아동학대전담공무원(이하 "아동학대전담공무원"이라 한다)은 지체 없이 아동학대범죄의 현장에 출동하여야 한다. 이 경우 수사기관의 장이나 시·도지사 또는 시장·군수·구청장은 서로 동행하여 줄 것을 요청할 수 있으며, 그 요청을 받은 수사기관의 장이나 시·도지사 또는 시장·군수·구청장은 정당한 사유가 없으면 사법경찰관리나 아동학대전담공무원이 아동학대범죄 현장에 동행하도록 조치하여야 한다.

② 아동학대범죄 신고를 접수한 사법경찰관리나 아동학대전담공무원은 아동학대범죄가 행하여지고 있는 것으로 신고된 현장 또는 피해아동을 보호하기 위하여 필요한 장소에 출입하여 아동 또는 아동학대행위자 등 관계인에 대하여 조사를 하거나 질문을 할 수 있다. 다만, 아동학대전담공무원은 다음 각 호를 위한 범위에서만 아동학대행위자 등 관계인에 대하여 조사 또는 질문을 할 수 있다.

  1. 피해아동의 보호
  2. 「아동복지법」 제22조의4의 사례관리계획에 따른 사례관리(이하 "사례관리"라 한다)

③ 시·도지사 또는 시장·군수·구청장은 제1항에 따른 현장출동 시 아동보호 및 사례관리를 위하여 필요한 경우 아동보호전문기관의 장에게 아동보호전문기관의 직원이 동행할 것을 요청할 수 있다. 이 경우 아동보호전문기관의 직원은 피해아동의

보호 및 사례관리를 위한 범위에서 아동학대전담공무원의 조사에 참여할 수 있다.

④ 제2항 및 제3항에 따라 출입이나 조사를 하는 사법경찰관리, 아동학대전담공무원 또는 아동보호전문기관의 직원은 그 권한을 표시하는 증표를 지니고 이를 관계인에게 내보여야 한다.

⑤ 제2항에 따라 조사 또는 질문을 하는 사법경찰관리 또는 아동학대전담공무원은 피해아동, 아동학대범죄신고자등, 목격자 등이 자유롭게 진술할 수 있도록 아동학대행위자로부터 분리된 곳에서 조사하는 등 필요한 조치를 하여야 한다.

⑥ 누구든지 제1항부터 제3항까지의 규정에 따라 현장에 출동한 사법경찰관리, 아동학대전담공무원 또는 아동보호전문기관의 직원이 제2항 및 제3항에 따른 업무를 수행할 때에 폭행·협박이나 현장조사를 거부하는 등 그 업무 수행을 방해하는 행위를 하여서는 아니 된다.

⑦ 제1항에 따른 현장출동이 동행하여 이루어지지 아니한 경우 수사기관의 장이나 시·도지사 또는 시장·군수·구청장은 현장출동에 따른 조사 등의 결과를 서로에게 통지하여야 한다.

2. 조사 (제11조의2)

아동학대전담공무원은 피해아동의 보호 및 사례관리를 위한 조사를 할 수 있다. 이 경우 아동학대전담공무원은 아동학대행위자 및 관계인에 대하여 출석·진술 및 자료제출을 요구할 수 있으며, 아동학대행위자 및 관계인은 정당한 사유가 없으면 이에 따라야 한다.

3. 피해아동 등에 대한 응급조치 (제12조)

① 제11조제1항에 따라 현장에 출동하거나 아동학대범죄 현장을 발견한 경우 또는 학대 현장 이외의 장소에서 학대피해가 확인되고 재학대의 위험이 급박·현저한 경우, 사법경찰관리 또는 아동학대전담공무원은 피해아동, 피해아동의 형제자매인 아동 및 피해아동과 동거하는 아동(이하 "피해아동등"이라 한다)의 보호를 위하여 즉시 다음 각 호의 조치(이하 "응급조치"라 한다)를 하여야 한다. 이 경우 제3호 또는 제5호의 조치를 하는 때에는 피해아동등의 이익을 최우선으로 고려하여야 하며, 피해아동등을 보호하여야 할 필요가 있는 등 특별한 사정이 있는 경우를 제외하고는 피해아동등의 의사를 존중하여야 한다.

1. 아동학대범죄 행위의 제지

2. 아동학대행위자를 피해아동등으로부터 격리

3. 피해아동등을 아동학대 관련 보호시설로 인도

4. 긴급치료가 필요한 피해아동을 의료기관으로 인도

5. 피해아동등을 연고자 등에게 인도

② 사법경찰관리나 아동학대전담공무원은 제1항제3호부터 제5호까지에 따라 피해아동등을 분리·인도하여 보호하는 경우 지체 없이 피해아동등을 인도받은 보호시설·의료시설의 소재지 또는 연고자 등의 주거지를 관할하는 시·도지사 또는 시장·군수·구청장에게 그 사실을 통보하여야 한다.

③ 제1항제2호부터 제5호까지에 따른 응급조치는 72시간을 넘을 수 없다. 다만, 본문의 기간에 공휴일이나 토요일이 포함되는 경우로서 피해아동등의 보호를 위하여 필요하다고 인정되는 경우에는 48시간의 범위에서 그 기간을 연장할 수 있다.

④ 제3항에도 불구하고 검사가 제15조제2항에 따라 임시조치를 법원에 청구한 경우에는 법원의 임시조치 결정 시까지 응급조치 기간이 연장된다.

⑤ 사법경찰관리 또는 아동학대전담공무원이 제1항에 따라 응급조치를 한 경우에는 즉시 응급조치결과보고서를 작성하여야 한다. 이 경우 사법경찰관리가 응급조치를 한 경우에는 관할 경찰관서의 장이 시·도지사 또는 시장·군수·구청장에게, 아동학대전담공무원이 응급조치를 한 경우에는 소속 시·도지사 또는 시장·군수·구청장이 관할 경찰관서의 장에게 작성된 응급조치결과보고서를 지체 없이 송부하여야 한다.

⑥ 제5항에 따른 응급조치결과보고서에는 피해사실의 요지, 응급조치가 필요한 사유, 응급조치의 내용 등을 기재하여야 한다.

⑦ 누구든지 아동학대전담공무원이나 사법경찰관리가 제1항에 따른 업무를 수행할 때에 폭행·협박이나 응급조치를 저지하는 등 그 업무 수행을 방해하는 행위를 하여서는 아니 된다.

⑧ 사법경찰관리는 제1항제1호 또는 제2호의 조치를 위하여 다른 사람의 토지·건물·배 또는 차에 출입할 수 있다.

⑨ 사법경찰관리나 아동학대전담공무원은 제1항제5호의 조치를 하는 경우 연고자 등의 동의를 얻어 가정폭력범죄, 아동학대범죄 등 범죄경력을 확인하는 등 피해아동등의 보호를 위하여 필요한 조치를 할 수 있다.

⑩ 제1항제5호 및 제2항에 따른 연고자 등의 기준, 제9항에 따른 범죄경력 조회 및 피해아동 보호를 위하여 필요한 조치 등에 관한 구체적인 사항은 대통령령으로 정한다.

○ ○ 경 찰 서
(00-0000-0000)

제 0000-00000 호   20○○.○.○.

수 신: ○○경찰서장

제 목: 아동학대범죄현장 동행 요청

    「아동학대범죄의 처벌 등에 관한 특례법」 제11조제1항에 따라 아동학대범죄의 현장에 동행하여 줄 것을 요청합니다.

아동학대범죄 신고사항	신고시각	년 월 일 시 분		
	신고요지			
	범죄발생지			

동행요청인	성 명		소 속	
	전화번호		직 급	

특이 사항	

○○경찰서

○○경찰서장   (서명 또는 인)

○○경찰서

(00-0000-0000)

제 0000-00000 호   20○○.○.○.

수 신: ○○시·도지사, 시장·군수·구청장

제 목: 피해아동 보호사실 통보

　　「아동학대범죄의 처벌 등에 관한 특례법」제12조제2항에 따라 아동학대행위자로부터 피해아동을 분리·인도하여 아래 시설에서 보호하고 있음을 통보합니다.

피해아동 1	성 명		생년월일(나이)	
	전화번호			
보호시설 또는 의료시설	명 칭			
	주 소			
	담당직원(직급)		전화번호	
피해아동 2	성 명		생년월일(나이)	
	전화번호			
보호시설 또는 의료시설	명 칭			
	주 소			
	담당직원(직급)		전화번호	
피해아동 3	성 명		생년월일(나이)	
	전화번호			
보호시설 또는 의료시설	명 칭			
	주 소			
	담당직원(직급)		전화번호	
통보인 인적사항	성 명		소 속	
	전화번호		직 급	

○○경찰서

사법경찰관리　　　　　　　　　　　　　(서명 또는 인)

○○경찰서

(00-0000-0000)

제 0000-00000 호   20○○.○.○.

수 신: ○○지방검찰청 검사장(○○경찰서장)

제 목: 응급조치 결과 보고

「아동학대범죄의 처벌 등에 관한 특례법」 제12조제1항에 따라 아래와 같이 응급조치를 하였음을 보고합니다.

아동학대 행위자	성 명	( )		
	주민등록번호	–		(세)
	직 업		피해아동 과의 관계	
	주 거			
	다른 가정구성원	성명: 주거:	행위자와의 관계:	
피해아동	성 명			
	법정대리인 또는 아동보호전문기관 담당 상담원			
응급조치 일시 및 장소	일 시	년 월 일 시 분		
	장 소			
응급조치의 내용	[ ] 아동학대범죄 행위의 제지(법 제12조제1항제1호) [ ] 아동학대행위자를 피해아동으로부터 격리(법 제12조제1항제2호) [ ] 피해아동을 아동학대 관련 보호시설로 인도(법 제12조제1항제3호) [ ] 긴급치료가 필요한 피해아동을 의료기관으로 인도(법 제12조제1항제4호)			
응급조치자	성 명		소 속	
	전화번호		직 급	
피해사실의 요지 및 응급조치가 필요한 사유	별지와 같음			

○○경찰서

사법경찰관리

(서명 또는 인)

III. 긴급임시조치와 임시조치

1. 아동학대행위자에 대한 긴급임시조치 (제13조)

① 사법경찰관은 제12조제1항에 따른 응급조치에도 불구하고 아동학대범죄가 재발될 우려가 있고, 긴급을 요하여 제19조제1항에 따른 법원의 임시조치 결정을 받을 수 없을 때에는 직권이나 피해아동등, 그 법정대리인(아동학대행위자를 제외한다. 이하 같다), 변호사(제16조에 따른 변호사를 말한다. 제48조 및 제49조를 제외하고는 이하 같다), 시·도지사, 시장·군수·구청장 또는 아동보호전문기관의 장의 신청에 따라 제19조제1항제1호부터 제3호까지의 어느 하나에 해당하는 조치를 할 수 있다.

> 제19조(아동학대행위자에 대한 임시조치) ① 판사는 아동학대범죄의 원활한 조사·심리 또는 피해아동등의 보호를 위하여 필요하다고 인정하는 경우에는 결정으로 아동학대행위자에게 다음 각 호의 어느 하나에 해당하는 조치(이하 "임시조치"라 한다)를 할 수 있다.
> 1. 피해아동등 또는 가정구성원(「가정폭력범죄의 처벌 등에 관한 특례법」 제2조제2호에 따른 가정구성원을 말한다. 이하 같다)의 주거로부터 퇴거 등 격리
> 2. 피해아동등 또는 가정구성원의 주거, 학교 또는 보호시설 등에서 100미터 이내의 접근 금지
> 3. 피해아동등 또는 가정구성원에 대한 「전기통신기본법」 제2조제1호의 전기통신을 이용한 접근 금지

② 사법경찰관은 제1항에 따른 조치(이하 "긴급임시조치"라 한다)를 한 경우에는 즉시 긴급임시조치결정서를 작성하여야 하고, 그 내용을 시·도지사 또는 시장·군수·구청장에게 지체 없이 통지하여야 한다.

③ 긴급임시조치결정서에는 범죄사실의 요지, 긴급임시조치가 필요한 사유, 긴급임시조치의 내용 등을 기재하여야 한다.

2. 임시조치의 청구 (제14조)

① 검사는 아동학대범죄가 재발될 우려가 있다고 인정하는 경우에는 직권으로 또는 사법경찰관이나 보호관찰관의 신청에 따라 법원에 제19조제1항 각 호의 임시조치를 청구할 수 있다.

② 피해아동등, 그 법정대리인, 변호사, 시·도지사, 시장·군수·구청장 또는 아동보호전문기관의 장은 검사 또는 사법경찰관에게 제1항에 따른 임시조치의 청구 또는 그 신청을 요청하거나 이에 관하여 의견을 진술할 수 있다.

③ 제2항에 따른 요청을 받은 사법경찰관은 제1항에 따른 임시조치를 신청하지 아니하는 경우에는 검사 및 임시조치를 요청한 자에게 그 사유를 통지하여야 한다.

3. 응급조치·긴급임시조치 후 임시조치의 청구 (제15조)

① 사법경찰관이 제12조제1항제2호부터 제5호까지에 따른 응급조치 또는 제13조제1항에 따른 긴급임시조치를 하였거나 시·도지사 또는 시장·군수·구청장으로부터 제12조제1항제2호부터 제5호까지에 따른 응급조치가 행하여졌다는 통지를 받은 때에는 지체 없이 검사에게 제19조에 따른 임시조치의 청구를 신청하여야 한다.

② 제1항의 신청을 받은 검사는 임시조치를 청구하는 때에는 응급조치가 있었던 때부터 72시간(제12조제3항 단서에 따라 응급조치 기간이 연장된 경우에는 그 기간을 말한다) 이내에, 긴급임시조치가 있었던 때부터 48시간 이내에 하여야 한다. 이 경우 제12조제5항에 따라 작성된 응급조치결과보고서 및 제13조제2항에 따라 작성된 긴급임시조치결정서를 첨부하여야 한다.

③ 사법경찰관은 검사가 제2항에 따라 임시조치를 청구하지 아니하거나 법원이 임시조치의 결정을 하지 아니한 때에는 즉시 그 긴급임시조치를 취소하여야 한다.

4. 피해아동에 대한 변호사 선임의 특례 (제16조)

① 아동학대범죄의 피해아동 및 그 법정대리인은 형사 및 아동보호 절차상 입을 수 있는 피해를 방지하고 법률적 조력을 보장하기 위하여 변호사를 선임할 수 있다.

② 제1항에 따른 변호사는 검사 또는 사법경찰관의 피해아동 및 그 법정대리인에 대한 조사에 참여하여 의견을 진술할 수 있다. 다만, 조사 도중에는 검사 또는 사법경찰관의 승인을 받아 의견을 진술할 수 있다.

③ 제1항에 따른 변호사는 피의자에 대한 구속 전 피의자심문, 증거보전절차, 공판준비기일 및 공판절차에 출석하여 의견을 진술할 수 있다. 이 경우 필요한 절차에 관한 구체적 사항은 대법원규칙으로 정한다.

④ 제1항에 따른 변호사는 증거보전 후 관계 서류나 증거물, 소송계속 중의 관계 서류나 증거물을 열람하거나 등사할 수 있다.

⑤ 제1항에 따른 변호사는 형사 및 아동보호 절차에서 피해아동 및 그 법정대리인의 대리가 허용될 수 있는 모든 소송행위에 대한 포괄적인 대리권을 가진다.

⑥ 검사는 피해아동에게 변호사가 없는 경우 형사 및 아동보호 절차에서 피해아동의 권익을 보호하기 위하여 국선변호사를 선정하여야 한다.

긴급임시조치 신청서

※ [ ]에는 해당되는 곳에 √표를 합니다.

접수번호	접수일자	처리기간 즉시

신청인	성 명	
	자 격 [ ]피해아동 [ ]피해아동의 법정대리인 [ ]변호사 [ ]아동보호전문기관장	
	주 소	
	전화번호	팩스번호

아동학대 행위자	성 명	
	주민등록번호	(세)
	피해아동과의 관계	전화번호
	주 거	

피해아동	성 명	
	생년월일(나이)	전화번호
	법정대리인 또는 아동보호전문기관 담당 상담원	

긴급임시조치 의 내용 (중복신청 가능)	[ ] 피해아동 또는 가정구성원의 주거로부터 퇴거 등 격리(법 제19조제1항제1호)
	[ ] 피해아동 또는 가정구성원의 주거, 학교 또는 보호시설 등에서 100미터 이내의 접근 금지(법 제19조제1항제2호) 기준지: [ ]주거 [ ]학교·학원 [ ]보호시설 [ ]병원 [ ]그 밖의 장소( )
	[ ] 피해아동 또는 가정구성원에 대한 「전기통신기본법」 제2조제1호의 전기통신을 이용한 접근 금지(법 제19조제1항제3호)

범죄사실의 요지 및 긴급임시조치가 필요한 사유	별지와 같음

「아동학대범죄의 처벌 등에 관한 특례법」 제13조제1항에 따라 아동학대행위자에 대한 긴급임시조치를 신청합니다.

20○○.○.○.

신청인   (서명 또는 인)

○ ○ 경찰서장 귀하

긴급임시조치결정서

제 0000-00000 호   200○.○.○.

다음 사람에 대한   ○○ 피의사건에 관하여 「아동학대범죄의 처벌 등에 관한 특례법」 제13조제1항에 따라 아래와 같이 긴급임시조치를 결정합니다.

아동학대 행위자	성 명	( )
	주민등록번호	- (세)
	직 업	피해아동과 의 관계	
	주 거	

피해아동	성 명	
	법정대리인 또는 아동보호전문기관 담당 상담원	

긴급임시조치 내용	[ ] 피해아동 또는 가정구성원의 주거로부터 퇴거 등 격리(법 제19조제1항제1호)
	[ ] 피해아동 또는 가정구성원의 주거, 학교 또는 보호시설 등에서 100미터 이내의 접근 금지(법 제19조제1항제2호) 기준지: [ ]주거 [ ]학교·학원 [ ]보호시설 [ ]병원 [ ]그 밖의 장소( )
	[ ] 피해아동 또는 가정구성원에 대한「전기통신기본법」제2조제1호의 전기통신을 이용한 접근 금지(법 제19조제1항제3호)

긴급임시조치 일시 및 장소	일 시	년 월 일 시 분
	장 소	

범죄사실의 요지 및 긴급임시조치가 필요한 사유	별지와 같음

긴급임시조치 고지	[ ] 본인은 위 일시 및 장소에서 위와 같이 긴급임시조치 결정을 고지받았음을 확인합니다. <div align=right>(서명 또는 인)</div>
	[ ] 긴급임시조치 결정을 고지하였으나 서명 또는 기명날인을 거부함. 거부사유:

년   월   일

○○경찰서

사법경찰관   (서명 또는 인)

긴급임시조치결정서

제 0000-00000 호   20○○.○.○.

다음 사람에 대한   ○○ 피의사건에 관하여 「아동학대범죄의 처벌 등에 관한 특례법」 제13조제1항에 따라 아래와 같이 긴급임시조치를 결정합니다.

아동학대 행위자	성 명	( )		
	주민등록번호	— (세)		
	직 업		피해아동 과의 관계	
	주 거			
피해아동	성 명			
	법정대리인 또는 아동보호전문기관 담당 상담원			
긴급임시조치 내용	[ ] 피해아동 또는 가정구성원의 주거로부터 퇴거 등 격리(법 제19조제1항제1호)			
	[ ] 피해아동 또는 가정구성원의 주거, 학교 또는 보호시설 등에서 100미터 이내의 접근 금지(법 제19조제1항제2호) 기준지: [ ]주거 [ ]학교·학원 [ ]보호시설 [ ]병원 [ ]그 밖의 장소( )			
	[ ] 피해아동 또는 가정구성원에 대한 「전기통신기본법」 제2조제1호의 전기통신을 이용한 접근 금지(법 제19조제1항제3호)			
긴급임시조치 일시 및 장소	일 시	년 월 일 시 분		
	장 소			
범죄사실의 요지 및 긴급임시조치가 필요한 사유	별지와 같음			
긴급임시조치 고지	[ ] 본인은 위 일시 및 장소에서 위와 같이 긴급임시조치 결정을 고지받았음을 확인합니다. (서명 또는 인)			
	[ ] 긴급임시조치 결정을 고지하였으나 서명 또는 기명날인을 거부함. 거부사유:			

년   월   일

○○경찰서

사법경찰관   (서명 또는 인)

○○ 경찰서

(00-0000-0000)

제 0000-00000 호   20○○.○.○.

수 신: ○○지방검찰청 검사장(지청장)

제 목: 임시조치 신청(사전)

        다음 사람에 대한 ○○ 피의사건에 관하여 「아동학대범죄의 처벌 등에 관한 특례법」 제14조제1항에 따라 임시조치의 청구를 신청하니 아래와 같은 임시조치를 청구하여 주시기 바랍니다.

<table>
<tr><td rowspan="5">아동학대
행위자</td><td>성 명</td><td colspan="2">(   )</td></tr>
<tr><td>주민등록번호</td><td colspan="2">–   (세)</td></tr>
<tr><td>직 업</td><td>피해아동과의 관계</td><td></td></tr>
<tr><td>주 거</td><td colspan="2"></td></tr>
<tr><td>보 조 인</td><td colspan="2"></td></tr>
<tr><td rowspan="3">피해아동</td><td>성 명</td><td colspan="2"></td></tr>
<tr><td>법정대리인 또는
아동보호전문기관
담당 상담원</td><td colspan="2"></td></tr>
<tr><td>변 호 사</td><td colspan="2"></td></tr>
<tr><td rowspan="7">임시조치의
내용

(중복신청 가능)</td><td colspan="3">[   ] 피해아동 또는 가정구성원의 주거로부터 퇴거 등 격리(법 제19조제1항제1호)</td></tr>
<tr><td colspan="3">[   ] 피해아동 또는 가정구성원의 주거, 학교 또는 보호시설 등에서 100미터 이내의 접근 금지(법 제19조제1항제2호)
기준지: [   ]주거 [   ]학교·학원 [   ]보호시설 [   ]병원
         [   ]그 밖의 장소(   )</td></tr>
<tr><td colspan="3">[   ] 피해아동 또는 가정구성원에 대한 「전기통신기본법」 제2조제1호의 전기통신을 이용한 접근 금지(법 제19조제1항제3호)</td></tr>
<tr><td colspan="3">[   ] 친권 또는 후견인 권한 행사의 제한 또는 정지(법 제19조제1항제4호)</td></tr>
<tr><td colspan="3">[   ] 아동보호전문기관 등에의 상담 및 교육 위탁(법 제19조제1항제5호)</td></tr>
<tr><td colspan="3">[   ] 의료기관이나 그 밖의 요양시설에의 위탁(법 제19조제1항제6호)</td></tr>
<tr><td colspan="3">[   ] 경찰관서의 유치장 또는 구치소에의 유치(법 제19조제1항제7호)</td></tr>
<tr><td>범죄사실의 요지 및
임시조치가 필요한 사유</td><td colspan="3">별지와 같음</td></tr>
</table>

○○경찰서

사법경찰관   (서명 또는 인)

○○경찰서

(00-0000-0000)

제 0000-00000 호   20○○.○.○.

수 신: ○○지방검찰청 검사장(지청장)

제 목: 임시조치 신청(사후)

　　　다음 사람에 대한 ○○피의사건에 관하여 응급조치(긴급임시조치) 후「아동학대범죄의 처벌 등에 관한 특례법」제15조제1항에 따른 임시조치의 청구를 신청하니 아래와 같은 임시조치를 조속히 청구하여 주시기 바랍니다.

아동학대 행위자	성 명	( )	
	주민등록번호	－　　　　　(　　세)	
	직 업	피해아동과의 관계	
	주 거		
	보 조 인		
피해아동	성 명		
	법정대리인 또는 아동보호전문기관 담당 상담원		
임시조치의 내용 (중복신청 가능)	[　]　피해아동 또는 가정구성원의 주거로부터 퇴거 등 격리(법 제19조제1항제1호)		
	[　]　피해아동 또는 가정구성원의 주거, 학교 또는 보호시설 등에서 100미터 이내의 접근 금지(법 제19조제1항제2호) 기준지: [　]주거 [　]학교·학원 [　]보호시설 [　]병원 　　　　　[　]그 밖의 장소(　　　　　　　　　　　　　)		
	[　]　피해아동 또는 가정구성원에 대한「전기통신기본법」제2조제1호의 전기통신을 이용한 접근 금지(법 제19조제1항제3호)		
	[　]　친권 또는 후견인 권한 행사의 제한 또는 정지(법 제19조제1항제4호)		
	[　]　아동보호전문기관 등에의 상담 및 교육 위탁(법 제19조제1항제5호)		
	[　]　의료기관이나 그 밖의 요양시설에의 위탁(법 제19조제1항제6호)		
	[　]　경찰관서의 유치장 또는 구치소에의 유치(법 제19조제1항제7호)		
응급조치· 긴급임시조치	일 시	년 월 일 시 분	
	내 용		
범죄사실의 요지 및 임시조치가 필요한 사유	별첨 응급조치결과보고서 (또는 긴급임시조치결정서) 기재내용과 같음		

○○경찰서

　　　　　　　　　사법경찰관　　　　　　　　　　　　　(서명 또는 인)

○ ○ 경 찰 서

우편번호/   주소   /전화번호   /전송

제 0000-00000 호   20○○.○.○.

수 신:

제 목: 임시조치 신청 요청 처리 결과 통보

　　「아동학대범죄의 처벌 등에 관한 특례법」제14조제2항에 따른 아동 학대행위자에 대한 임시조치 신청 요청의 처리 결과를 아래와 같이 통보합니다.

요청인	성　　명	
	자　　격	[　]피해아동 [　]법정대리인 [　]변호사 [　]아동보호전문기관장
아동학대 행위자	성　　명	｜ 피해아동과의 관계 ｜
	주민등록번호	－　　　　　　（　　　세）
피해아동	성　　명	
	법정대리인 또는 아동보호전문기관 담당 상담원	
요청내용		
처리결과	[　　] 임시조치 신청	[　　] 신청하지 아니함
법원의 임시조치 결정 내용	[　] 피해아동 또는 가정구성원의 주거로부터 퇴거 등 격리(법 제19조제1항제1호)	
	[　] 피해아동 또는 가정구성원의 주거, 학교 또는 보호시설 등에서 100미터 이내의 접근 금지(법 제19조제1항제2호) 기준지: [　]주거 [　]학교·학원 [　]보호시설 [　]병원 　　　　[　]그 밖의 장소(　　　　　　　　　　　)	
	[　] 피해아동 또는 가정구성원에 대한 「전기통신기본법」제2조제1호의 전기통신을 이용한 접근 금지(법 제19조제1항제3호)	
	[　] 친권 또는 후견인 권한 행사의 제한 또는 정지(법 제19조제1항제4호)	
	[　] 아동보호전문기관 등에의 상담 및 교육 위탁(법 제19조제1항제5호)	
	[　] 의료기관이나 그 밖의 요양시설에의 위탁(법 제19조제1항제6호)	
	[　] 경찰관서의 유치장 또는 구치소에의 유치(법 제19조제1항제7호)	
신청하지 아니하는 이유		

○○경찰서

사법경찰관　　　　　　　　　　(서명 또는 인)

○ ○ 경 찰 서

(00-0000-0000)

제 0000-00000 호   20○○.○.○.

수 신: ○○지방검찰청 검사장

제 목: 임시조치 미신청 사유 보고

　　「아동학대범죄의 처벌 등에 관한 특례법」 제14조제3항에 따라 임시조치를 신청하지 아니하는 사유를 다음과 같이 보고합니다.

요청인	성　　명			
	자　　격	[　]피해아동　[　]법정대리인　[　]변호사 [　]아동보호전문기관장		
아동학대 행위자	성　　명		피해아동과의 관계	
	주민등록번호	–		(　　세)
피해아동	성　　명			
	법정대리인 또는 아동보호전문기관 담당 상담원			
요청 내용				
임시조치 미신청 사유				

○○경찰서

사법경찰관   (서명 또는 인)

제3절 아동보호사건

 I. 판사의 임시조치

1. 아동학대행위자에 대한 임시조치 (제19조)

① 판사는 아동학대범죄의 원활한 조사·심리 또는 피해아동등의 보호를 위하여 필요하
다고 인정하는 경우에는 결정으로 아동학대행위자에게 다음 각 호의 어느 하나에 해
당하는 조치(임시조치)를 할 수 있다.

1. 피해아동등 또는 가정구성원(「가정폭력범죄의 처벌 등에 관한 특례법」 제2조제2호
에 따른 가정구성원)의 주거로부터 퇴거 등 격리

2. 피해아동등 또는 가정구성원의 주거, 학교 또는 보호시설 등에서 100미터 이내의 접
근 금지

3. 피해아동등 또는 가정구성원에 대한 「전기통신기본법」 제2조제1호의 전기통신을 이
용한 접근 금지

4. 친권 또는 후견인 권한 행사의 제한 또는 정지

5. 아동보호전문기관 등에의 상담 및 교육 위탁

6. 의료기관이나 그 밖의 요양시설에의 위탁

7. 경찰관서의 유치장 또는 구치소에의 유치

② 제1항 각 호의 처분은 병과할 수 있다.

③ 판사는 피해아동등에 대하여 제12조제1항제2호부터 제5호까지에 따른 응급조치가 행
하여진 경우에는 임시조치가 청구된 때로부터 24시간 이내에 임시조치 여부를 결정
하여야 한다.

④ 제1항 각 호의 규정에 따른 임시조치기간은 2개월을 초과할 수 없다. 다만, 피해아동
의 보호를 위하여 그 기간을 연장할 필요가 있다고 인정하는 경우에는 결정으로 제1
항제1호부터 제3호까지의 규정에 따른 임시조치는 두 차례만, 같은 항 제4호부터 제
7호까지의 규정에 따른 임시조치는 한 차례만 각 기간의 범위에서 연장할 수 있다.

2. 임시조치의 집행 (제21조)

① 판사는 제19조제1항 각 호에 규정된 임시조치의 결정을 한 경우에는 가정보호사건조사관, 법원공무원, 사법경찰관리 또는 구치소 소속 교정직공무원으로 하여금 집행하게 할 수 있다.

② 제1항에 따른 집행담당자는 아동학대행위자의 임시조치 이행상황에 대하여 시·도지사 또는 시장·군수·구청장에게 통보하여야 한다.

③ 피해아동등 또는 가정구성원은 제19조제1항제1호 및 제2호의 임시조치 후 주거, 학교 또는 보호시설 등을 옮긴 경우에는 관할 법원에 임시조치 결정의 변경을 신청할 수 있다.

④ 시·도지사 또는 시장·군수·구청장은 아동학대행위자의 임시조치 이행을 관리하고, 아동학대행위자가 임시조치 결정을 이행하지 않거나 그 집행에 따르지 아니하는 경우 적절한 조치를 하여야 한다.

Ⅱ. 사건의 송치 및 이송

1. 사법경찰관의 사건송치 (제24조)

사법경찰관은 아동학대범죄를 신속히 수사하여 사건을 검사에게 송치하여야 한다. 이 경우 사법경찰관은 해당 사건을 아동보호사건으로 처리하는 것이 적절한 지에 관한 의견을 제시할 수 있다.

※ <u>수사결과 불송치 결정을 하는 경우에도 송치 결정서에 결정내용을 기재하고 송치하여야한다.</u>

2. 검사의 결정 전 조사 (제25조)

① 검사는 아동학대범죄에 대하여 아동보호사건 송치, 공소제기 또는 기소유예 등의 처분을 결정하기 위하여 필요하다고 인정하면 아동학대행위자의 주거지 또는 검찰청 소재지를 관할하는 보호관찰소의 장에게 아동학대행위자의 경력, 생활환경, 양육능력이나 그 밖에 필요한 사항에 관한 조사를 요구할 수 있다.

② 제1항의 요구를 받은 보호관찰소의 장은 지체 없이 이를 조사하여 서면으로 해당 검사에게 통보하여야 하며, 조사를 위하여 필요한 경우에는 소속 보호관찰관에게 아동학대행위자 또는 관계인을 출석하게 하여 진술요구를 하는 등의 방법으로 필요한 사항을 조사하게 할 수 있다.

③ 제2항에 따른 조사를 할 때에는 미리 아동학대행위자 또는 관계인에게 조사의 취지를 설명하여야 하고, 그 인권을 존중하며, 직무상 비밀을 엄수하여야 한다.

④ 검사는 아동학대범죄에 관하여 필요한 경우 시·도지사, 시장·군수·구청장 또는 아동보호전문기관의 장에 대하여 제1항의 결정에 필요한 자료의 제출을 요구할 수 있다.

⑤ 검사는 제1항의 결정을 할 때에는 보호관찰소의 장으로부터 통보받은 조사 결과 및 시·도지사, 시장·군수·구청장 또는 아동보호전문기관의 장으로부터 제출 받은 자료 등을 참고하여 피해아동 보호와 아동학대행위자의 교화·개선에 가장 적합한 결정을 하여야 한다.

3. 조건부 기소유예 (제26조)

검사는 아동학대범죄를 수사한 결과 다음 각 호의 사유를 고려하여 필요하다고 인정하는 경우에는 아동학대행위자에 대하여 상담, 치료 또는 교육 받는 것을 조건으로 기소유예를 할 수 있다.

① 사건의 성질·동기 및 결과
② 아동학대행위자와 피해아동과의 관계
③ 아동학대행위자의 성행(性行) 및 개선 가능성
④ 원가정보호의 필요성
⑤ 피해아동 또는 그 법정대리인의 의사

4. 아동보호사건의 처리 (제27조)

① 검사는 아동학대범죄로서 제26조 각 호의 사유를 고려하여 제36조에 따른 보호처분을 하는 것이 적절하다고 인정하는 경우에는 아동보호사건으로 처리할 수 있다.

② 다음 각 호의 경우에는 제1항을 적용할 수 있다.

1. 피해자의 고소가 있어야 공소를 제기할 수 있는 아동학대범죄에서 고소가 없거나 취소된 경우

2. 피해자의 명시적인 의사에 반하여 공소를 제기할 수 없는 아동학대범죄에서 피해자가 처벌을 희망하지 아니한다는 명시적 의사표시를 하였거나 처벌을 희망하는 의사표시를 철회한 경우

5. 검사의 송치 (제28조)

① 검사는 제27조에 따라 아동보호사건으로 처리하는 경우에는 그 사건을 제18조제1항

에 따른 관할 법원(이하 "관할 법원"이라 한다)에 송치하여야 한다.

② 검사는 아동학대범죄와 그 외의 범죄가 경합(競合)하는 경우에는 아동학대범죄에 대한 사건만을 분리하여 관할 법원에 송치할 수 있다.

6. 법원의 송치 (제29조)

법원은 아동학대행위자에 대한 피고사건을 심리한 결과 제36조에 따른 보호처분을 하는 것이 적절하다고 인정하는 경우에는 결정으로 사건을 관할 법원에 송치할 수 있다.

7. 송치 시의 아동학대행위자 처리 (제30조)

① 제28조 또는 제29조에 따른 송치결정이 있는 경우 아동학대행위자를 구금하고 있는 시설의 장은 검사의 이송지휘를 받은 때부터 관할 법원이 있는 시(특별시, 광역시, 특별자치시 및 「제주특별자치도 설치 및 국제자유도시 조성을 위한 특별법」 제10조 제2항에 따른 행정시를 포함한다. 이하 같다)·군에서는 24시간 이내에, 그 밖의 시·군에서는 48시간 이내에 아동학대행위자를 관할 법원에 인도하여야 한다. 이 경우 법원은 아동학대행위자에 대하여 제19조에 따른 임시조치 여부를 결정하여야 한다.

② 제1항에 따른 인도와 결정은 「형사소송법」 제92조, 제203조 또는 제205조의 구속기간 내에 이루어져야 한다.

③ 아동학대행위자에 대한 구속영장의 효력은 제1항 후단에 따라 임시조치 여부를 결정한 때에 상실된 것으로 본다.

8. 송치서 (제31조)

① 사건을 아동보호사건으로 송치하는 경우에는 송치서를 보내야 한다.

② 송치서에는 아동학대행위자의 성명, 주소, 생년월일, 직업, 피해아동과의 관계 및 행위의 개요와 가정 상황을 적고 그 밖의 참고자료를 첨부하여야 한다.

제4절 피해아동 보호명령

Ⅰ. 보호명령

1. 보호명령 (제47조)

판사는 직권 또는 피해아동, 그 법정대리인, 검사, 변호사, 시·도지사 또는 시장·군수·구청장의 청구에 따라 결정으로 피해아동의 보호를 위하여 다음 각 호의 피해아동보호명령을 할 수 있다.

① 아동학대행위자를 피해아동의 주거지 또는 점유하는 방실(房室)로부터의 퇴거 등 격리

② 아동학대행위자가 피해아동 또는 가정구성원에게 접근하는 행위의 제한

③ 아동학대행위자가 피해아동 또는 가정구성원에게 「전기통신기본법」 제2조제1호의 전기통신을 이용하여 접근하는 행위의 제한

④ 피해아동을 아동복지시설 또는 장애인복지시설로의 보호위탁

⑤ 피해아동을 의료기관으로의 치료위탁

⑥ 피해아동을 아동보호전문기관, 상담소 등으로의 상담·치료위탁

⑦ 피해아동을 연고자 등에게 가정위탁

⑧ 친권자인 아동학대행위자의 피해아동에 대한 친권 행사의 제한 또는 정지

⑨ 후견인인 아동학대행위자의 피해아동에 대한 후견인 권한의 제한 또는 정지

⑩ 친권자 또는 후견인의 의사표시를 갈음하는 결정

2. 피해아동보호명령의 기간 (제51조)

① 제47조제1항제1호부터 제5호까지, 제5호의2 및 제6호부터 제8호까지의 피해아동보호명령의 기간은 1년을 초과할 수 없다. 다만, 관할 법원의 판사는 피해아동의 보호를 위하여 그 기간의 연장이 필요하다고 인정하는 경우 직권 또는 피해아동, 그 법정대리인, 검사, 변호사, 시·도지사 또는 시장·군수·구청장의 청구에 따른 결정으로 6개월 단위로 그 기간을 연장할 수 있다.

② 보호관찰소의 장 및 아동보호전문기관의 장은 시·도지사 또는 시장·군수·구청장에게 제1항 단서에 따른 피해아동보호명령의 연장 청구를 요청할 수 있으며, 시·도지사 또는 시장·군수·구청장은 요청받은 날부터 15일 이내에 그 처리 결과를 요청자에게 통보하여야 한다.

③ 제1항에 따라 연장된 기간은 피해아동이 성년에 도달하는 때를 초과할 수 없다.

3. 피해아동에 대한 임시보호명령 (제52조)

① 관할 법원의 판사는 제47조에 따른 피해아동보호명령의 청구가 있는 경우에 피해아동 보호를 위하여 필요하다고 인정하는 때에는 결정으로 임시로 제47조제1항 각 호의 어느 하나에 해당하는 조치(임시보호명령)를 할 수 있다.

② 임시보호명령의 기간은 피해아동보호명령의 결정 시까지로 한다. 다만, 판사는 필요하다고 인정하는 경우에는 그 기간을 제한할 수 있다.

③ 판사가 제47조제1항제7호 및 제8호에 따라 임시보호명령을 한 경우 그 임시보호명령의 기간 동안 임시로 후견인의 임무를 수행할 자의 선임 등에 대하여는 제23조를 준용한다.

④ 임시보호명령의 집행 및 취소와 변경에 대하여는 제50조를 준용한다. 이 경우 "피해아동보호명령"은 "임시보호명령"으로 본다.

🌙 II. 보조인

1. 보조인 (제48조)

① 피해아동 및 아동학대행위자는 피해아동보호명령사건에 대하여 각자 보조인을 선임할 수 있다.

② 피해아동 및 아동학대행위자의 법정대리인·배우자·직계친족·형제자매, 아동학대전담공무원, 아동보호전문기관의 상담원과 그 기관장 및 제16조에 따른 변호사는 보조인이 될 수 있다.

③ 변호사가 아닌 사람을 보조인으로 선임하거나 제2항에 따른 보조인이 되려면 법원의 허가를 받아야 한다.

④ 판사는 언제든지 제3항의 허가를 취소할 수 있다.

⑤ 제1항에 따른 보조인의 선임은 심급마다 보조인과 연명날인한 서면으로 제출하여야 한다.

⑥ 보조인이 되고자 하는 자는 심급별로 그 취지를 신고하여야 한다. 이 경우 보조인이 되고자 하는 자와 피해아동·아동학대행위자 사이의 신분관계 또는 보조인이 되고자 하는 자의 직위를 소명하는 서면을 첨부하여야 한다.

⑦ 보조인은 독립하여 절차행위를 할 수 있고, 피해아동 또는 아동학대행위자의 명시한 의사에 반하지 아니하는 절차행위를 할 수 있다. 다만, 법률에 다른 규정이 있는 때에는 예외로 한다.

2. 국선보조인 (제49조)

① 다음 각 호의 어느 하나에 해당하는 경우 법원은 직권에 의하거나 피해아동 또는 피해아동의 법정대리인·직계친족·형제자매, 아동학대전담공무원, 아동보호전문기관의 상담원과 그 기관장의 신청에 따라 변호사를 피해아동의 보조인으로 선정할 수 있다.

　1. 피해아동에게 신체적·정신적 장애가 의심되는 경우

　2. 빈곤이나 그 밖의 사유로 보조인을 선임할 수 없는 경우

　3. 그 밖에 판사가 보조인이 필요하다고 인정하는 경우

② 법원은 아동학대행위자가 「형사소송법」 제33조제1항 각 호의 어느 하나에 해당하는 경우에는 직권으로 변호사를 아동학대행위자의 보조인으로 선정할 수 있다.

③ 제1항과 제2항에 따라 선정된 보조인에게 지급하는 비용에 대하여는 「형사소송비용 등에 관한 법률」을 준용한다.

아동학대피해자를 위한 안내

◎ 형사절차상 권리

① 조사 전 변호사를 선임하거나 무료로 국선변호사 선정을 요청할 수 있습니다. 13세 미만 또는 장애인 피해자는 의사소통·표현에 어려움이 있는 경우, 경찰관과 피해자 사이에서 질문·답변을 쉽게 전달하는 진술조력인의 참여를 신청할 수 있습니다.

② 아동학대 재발 우려 시 경찰관이나 검사에게 임시조치 신청(청구)을 요청하거나 이에 관하여 의견을 진술할 수 있습니다. 임시조치 신청(청구)을 받은 판사는 아래 내용 중 어느 하나에 해당하는 임시조치를 결정 할 수 있습니다.

> 1) 주거로부터의 퇴거 등 격리   2) 100m 이내 접근 금지   3) 전기통신을 이용한 접근 금지
> 4) 친권 또는 후견인 권한 행사의 제한 또는 정지 5) 아동보호전문기관 등에의 상담 및 교육위탁
> 6) 의료기관이나 그 밖의 요양시설에의 위탁   7) 경찰관서의 유치장 또는 구치소에의 유치

※ 1)~4)항 위반 시 2년 이하의 징역 또는 2천만원 이하의 벌금 또는 구류 처벌
　 5)~6)항 위반 시 판사에게 임시조치 변경 청구 가능

③ 아동학대 재발 우려가 있고 긴급을 요하여 법원의 임시조치 결정을 받을 수 없을 때에는 경찰관에게 위 1)~3)항에 해당하는 긴급임시조치를 해줄 것을 신청할 수 있습니다.

④ 형사절차와는 별개로 가정법원에 아래 내용에 해당하는 피해아동보호명령을 신청할 수 있습니다.

> 1) 주거로부터의 퇴거 등 격리   2) 접근 제한   3) 전기통신을 이용한 접근 제한
> 4) 피해아동을 아동·장애인복지시설로 보호위탁   5) 피해아동을 의료기관으로 치료위탁
> 6) 피해아동을 연고자 등에게 가정위탁 7) 친권자인 아동학대행위자의 친권 행사의 제한(정지)
> 8) 후견인인 아동학대행위자의 후견인 권한의 제한(정지)

※ 위반 시 2년 이하의 징역 또는 2천만원 이하의 벌금 또는 구류 처벌
이 경우 보조인을 선임할 수 있으며, 피해아동에게 신체적·정신적 장애가 의심되거나 빈곤 또는 그 밖의 사유로 보조인을 선임할 수 없다면 법원에 국선보조인 선임을 신청할 수 있습니다.

◎ 지원 제도 및 기타정보

① 피해자 지원을 위해 지역별 아동보호전문기관에 관련 정보가 제공되며, 상담, 의료 지원, 심리치료 및 학대피해아동쉼터 연계, 멘토링 등 지원을 받을 수 있습니다.

② 관할 시·군·구청을 통해 입학 및 전학 지원, 드림스타트 및 희망복지지원단 연계를 받을 수 있고, 보호자가 아동을 양육하기에 적당하지 않거나 능력이 없는 경우 대리 양육 또는 가정위탁보호를 신청할 수 있습니다.

③ 아동학대범죄의 공소시효는 피해아동이 성년에 달한 날부터 진행됩니다.

제5절 실종아동 보호와 지원
(실종아동 등의 보호 및 지원에 관한 법률)

 **I. 용어의 정의**

1. 실종아동 등의 보호 및 지원에 관한 법률

제2조(정의) 이 법에서 사용하는 용어의 뜻은 다음과 같다.
1. "아동등"이란 다음 각 목의 어느 하나에 해당하는 사람을 말한다.
    가. 실종 당시 18세 미만인 아동
    나. 「장애인복지법」 제2조의 장애인 중 지적장애인, 자폐성장애인 또는 정신장애인
    다. 「치매관리법」 제2조제2호의 치매환자
2. "실종아동등"이란 약취(略取)·유인(誘引) 또는 유기(遺棄)되거나 사고를 당하거나 가출하거나 길을 잃는 등의 사유로 인하여 보호자로부터 이탈(離脫)된 아동등을 말한다.
3. "보호자"란 친권자, 후견인이나 그 밖에 다른 법률에 따라 아동등을 보호하거나 부양할 의무가 있는 사람을 말한다. 다만, 제4호의 보호시설의 장 또는 종사자는 제외한다.
4. "보호시설"이란 「사회복지사업법」 제2조제4호에 따른 사회복지시설 및 인가·신고 등이 없이 아동등을 보호하는 시설로서 사회복지시설에 준하는 시설을 말한다.
5. "유전자검사"란 개인 식별(識別)을 목적으로 혈액·머리카락·침 등의 검사대상물로부터 유전자를 분석하는 행위를 말한다.
6. "유전정보"란 유전자검사의 결과로 얻어진 정보를 말한다.
7. "신상정보"란 이름·나이·사진 등 특정인(特定人)임을 식별하기 위한 정보를 말한다.

2. 실종아동 등 및 가출인 업무처리 규칙

제2조(정의) 이 규칙에서 사용하는 용어의 뜻은 다음과 같다.
1. "아동등"이란 「실종아동등의 보호 및 지원에 관한 법률」 (이하 "법"이라 한다) 제2조제1호에 따른 실종 당시 18세 미만 아동, 지적·자폐성·정신장애인, 치매환자를 말한다.
2. "실종아동등"이란 법 제2조제2호에 따른 사유로 인하여 보호자로부터 이탈된 아동등을 말한다.
3. "찾는실종아동등"이란 보호자가 찾고 있는 실종아동등을 말한다.
4. "보호실종아동등"이란 보호자가 확인되지 않아 경찰관이 보호하고 있는 실종아동등을 말한다.
5. "장기실종아동등"이란 보호자로부터 신고를 접수한 지 48시간이 경과한 후에도 발견되지 않은 찾는실종아동등을 말한다.
6. "가출인"이란 신고 당시 보호자로부터 이탈된 18세 이상의 사람을 말한다.
7. "발생지"란 실종아동등 및 가출인이 실종·가출 전 최종적으로 목격되었거나 목격되었을 것으로 추정하여 신고자 등이 진술한 장소를 말하며, 신고자 등이 최종 목격 장소를 진술하지 못하거나, 목격되었을 것으로 추정되는 장소가 대중교통시설 등일 경우 또는 실종·가출 발생 후 1개월이 경과한 때에는 실종아동등 및 가출인의 실종 전 최종 주거지를 말한다.
8. "발견지"란 실종아동등 또는 가출인을 발견하여 보호 중인 장소를 말하며, 발견한 장소와 보호 중인 장소가 서로 다른 경우에는 보호 중인 장소를 말한다.

II. 실종아동 신고

1. 신고의무 등 (제6조)

① 다음 각 호의 어느 하나에 해당하는 사람은 그 직무를 수행하면서 실종아동등임을 알게 되었을 때에는 제3조제2항제1호에 따라 경찰청장이 구축하여 운영하는 신고체계(경찰신고체계)로 지체 없이 신고하여야 한다.

1. 보호시설의 장 또는 그 종사자
2. 「아동복지법」 제13조에 따른 아동복지전담공무원
3. 「청소년 보호법」 제35조에 따른 청소년 보호·재활센터의 장 또는 그 종사자
4. 「사회복지사업법」 제14조에 따른 사회복지전담공무원
5. 「의료법」 제3조에 따른 의료기관에서 업무를 하는 의료인, 종사자 및 의료기관의 장
6. 업무·고용 등의 관계로 사실상 아동등을 보호·감독하는 사람

② 지방자치단체의 장이 관계 법률에 따라 아동등을 보호조치할 때에는 아동등의 신상을 기록한 신고접수서를 작성하여 경찰신고체계로 제출하여야 한다.

③ 보호시설의 장 또는 「정신건강증진 및 정신질환자 복지서비스 지원에 관한 법률」 제3조제5호에 따른 정신의료기관의 장이 보호자가 확인되지 아니한 아동등을 보호하게 되었을 때에는 지체 없이 아동등의 신상을 기록한 카드(신상카드)를 작성하여 지방자치단체의 장과 전문기관의 장에게 각각 제출하여야 한다.

④ 지방자치단체의 장은 출생 후 6개월이 경과된 아동의 출생신고를 접수하였을 때에는 지체 없이 해당 아동의 신상카드를 작성하여 그 사본을 경찰청장에게 보내야 하며, 경찰청장은 실종아동등인지 여부를 확인하여 그 결과를 해당 지방자치단체의 장에게 보내야 한다. 지방자치단체의 장은 경찰청장이 해당 아동을 실종아동등으로 확인한 경우 전문기관의 장에게 해당 실종아동등의 신상카드의 사본을 보내야한다.

⑤ 지방자치단체의 장은 제1항에 따른 신고의무와 제3항에 따른 신상카드 제출의무에 관한 사항을 지도·감독하여야 한다.

2. 실종아동등 발생 신고 (실종아동등 조기발견지침 제4조)

① 누구든지 다중이용시설에서 실종아동 등이 발생하였을 경우 관리주체에게 신고할 수 있다.

② 신고를 받은 관리주체는 신고자 등으로부터 실종아동 등의 성명, 연령, 성별, 신체특징 등 관련 정보를 파악하고 이를 별지 제1호서식의 실종아동등 발생 신고

접수서에 기록·관리하여야 한다. 이 때 약취·유인 등 범죄관련 실종으로 의심되는 경우 관리주체는 즉시 관할 경찰관서의 장에게 신고하여야 한다.

3. 실종아동등 미발견 시 조치 (실종아동등 조기발견지침 제7조)

① 관리주체는 실종아동등 조기발견을 위한 조치를 취하고도 발견하지 못하였을 때는 그 보호자의 동의를 얻어 관할 경찰관서의 장에게 실종아동 등 발생사실을 신고하여야 한다.

② 관리주체는 경찰에 신고한 후에도 수색을 계속하여야 하며 관할 경찰관서의 장의 요청에 적극 협조하여야 한다.

4. 실종아동 신고에 대한 경찰조치 등

① 경찰관서의 장은 찾는실종아동등에 대한 신고를 접수한 때에는 정보시스템의 자료를 조회하는 등의 방법으로 실종아동등을 찾기 위한 조치를 취하고, 실종아동등을 발견한 경우에는 즉시 보호자에게 인계하는 등 필요한 조치를 하여야 한다.

② 경찰관서의 장은 보호실종아동등에 대한 신고를 접수한 때에는 제1항의 절차에 따라 보호자를 찾기 위한 조치를 취하고, 보호자가 확인된 경우에는 즉시 보호자에게 인계하는 등 필요한 조치를 하여야 한다.

③ 경찰관서의 장은 제2항에 따른 조치에도 불구하고 보호자를 발견하지 못한 경우에는 관할 지방자치단체의 장에게 보호실종아동등을 인계한다.

④ 경찰관서의 장은 정보시스템 검색, 다른 자료와의 대조, 주변인물과의 연락 등 실종아동등의 조속한 발견을 위하여 지속적인 추적을 하여야 한다.

⑤ 경찰관서의 장은 실종아동등에 대하여 제18조의 현장 탐문 및 수색 후 그 결과를 즉시 보호자에게 통보하여야 한다. 이후에는 실종아동등 프로파일링시스템에 등록한 날로부터 1개월까지는 15일에 1회, 1개월이 경과한 후부터는 분기별 1회 보호자에게 추적 진행사항을 통보한다.

⑥ 경찰관서의 장은 찾는실종아동등을 발견하거나, 보호실종아동등의 보호자를 발견한 경우에는 실종아동등 프로파일링시스템에서 등록 해제하고, 해당 실종아동등에 대한 발견 관서와 관할 관서가 다른 경우에는 발견과 관련된 사실을 관할 경찰관서의 장에게 지체 없이 알려야 한다. (실종아동등 및 가출인 업무처리 규칙제11조)

5. 실종아동등의 조기발견을 위한 사전신고증 발급 등 (제7조의2)

① 경찰청장은 실종아동등의 조속한 발견과 복귀를 위하여 아동등의 보호자가 신청하는 경우 아동등의 지문 및 얼굴 등에 관한 정보(지문등정보)를 제8조의2에 따른 정보시스템에 등록하고 아동등의 보호자에게 사전신고증을 발급할 수 있다.

② 경찰청장은 제1항에 따라 지문등정보를 등록한 후 해당 신청서(서면으로 신청한 경우로 한정한다)는 지체 없이 파기하여야 한다.

6. 사전 신고한 지문등정보의 범위 등

① 아동등의 보호자가 법 제7조의2제1항에 따라 등록을 신청하는 아동등의 지문 및 얼굴 등에 관한 정보(이하 "지문등정보"라 한다)는 다음 각 호와 같다.

 1. 아동등의 지문 및 얼굴 사진 정보
 2. 아동등의 성명, 성별, 주민등록번호, 주소, 연락처 등 인적사항
 3. 아동등의 키, 체중, 체격, 얼굴형, 머리색, 흉터, 점 또는 문신, 병력 등 신체특징
 4. 보호자의 성명, 주민등록번호, 주소, 연락처, 아동등과의 관계 등 인적사항

② 보호자가 법 제7조의2제1항에 따라 아동등의 지문등정보의 등록을 신청하려면 별지 제1호서식의 아동등 사전등록신청서를 경찰청장에게 제출하여야 한다.

③ 제2항에 따른 신청서를 받은 경찰청장은 신청인 및 등록대상 아동등이 보호자 및 아동등에 해당하는지를 확인하기 위하여 「전자정부법」 제36조제1항에 따른 행정정보의 공동이용을 통하여 신청인과 등록대상 아동등의 주민등록표 등본 및 장애인증명서(등록대상 아동등이 법 제2조제1호나목에 해당하는 경우만 해당한다)를 확인할 수 있다. 다만, 신청인 및 등록대상 아동등이 확인에 동의하지 아니하는 경우에는 해당 서류를 직접 첨부하게 하여야 한다.

④ 법 제7조의2제1항에 따라 경찰청장이 아동등의 지문등정보를 등록한 후 보호자에게 발급하는 아동등 사전신고증은 별지 제2호서식과 같다.(실종아동등의 발견 및 유전자검사 등에 관한 규칙 제3조)

실종아동등 발생 신고접수서

			연번
신고자 인적사항 등	신고일시	20○○. ○. ○. ○○:○○	
	발생일시		발생장소	
	성 명		성 별	
	생년월일		연 령	
	신고자(관계)		연락처	
	주 소		
실종아동등 인적사항 및 신체특징	성 명		성 별	
	생년월일		연령	
	신 장	cm	체 중	kg
	옷 색상		신발 종류 및 색상	
	안경 착용여부		안경색깔 및 유형	
	기타 특징		
	지문사전등록 여부		연락처	
관리주체 조치사항	수색시작시간		수색종료시간	
	경찰신고시간		경찰도착시간	
	미발견시 사유		발견시 인수자	(서명)
비고			

실종아동 등의 신고접수서

실종아동 등	성명		성별	남·여	연령	
	소재지					
	연락처					
	중요특징					

신체 및 외적사항	신장	체격	얼굴형	두 발		착의사항			그 밖의 신체특징
						상의	하의	신발	
	cm	1. 야윔 2. 비대 3. 보통	1. 둥근형 2. 긴 형 3. 삼각형 4. 역삼각형 5. 네모형	1. 장발 2. 단발 3. 삭발	1. 곱슬 2. 파마 3. 카트				

신고내용	
처리결과	

신고자	성 명	
	소 속	
	주 소	
	연락처	
	실종아동 등과의 관계	

년   월   일

접 수 자 소 속 :

직급(위) :

성 명 :

지방자치단체의 장 또는 경찰관서 장

아동등 사전등록신청서

※ [ ]에는 해당되는 곳에 √표를 합니다.

접수번호		접수일		처리기간 즉시

신청인	성 명		주민등록번호	
	주 소		전화번호	
	대상과의 관계 [ ]부모 [ ]자녀 [ ]배우자 [ ]친척 [ ]형제 [ ]동거인 [ ]시설			

등록대상 아동등의 정보	기본 정보	성 명		주민등록번호
		대상 구분 [ ]아동(만18세 미만) [ ]지적·자폐성·정신장애인(연령불문) [ ]치매환자(연령불문)		
		성 별 [ ]남 [ ]여		
		주 소		
	신체 특징	키(cm)		체중(kg)
		체 격	[ ]비만 [ ]건장 [ ]보통 [ ]왜소 [ ]특이 [ ]직접기재:	
		얼굴형	[ ]삼각형 [ ]역삼각형 [ ]계란형 [ ]사각형 [ ]둥근형 [ ]갸름한형 [ ]직접기재 :	
		머리색	[ ]검은색 [ ]흰색 [ ]반백 [ ]갈색 [ ]염색 [ ]직접기재:	
		흉 터	위 치	[ ]머리 [ ]얼굴 [ ]팔 [ ]손 [ ]등 [ ]몸통 [ ]둔부 [ ]다리 [ ]발 [ ]직접기재 :
			모 양	
		점 또는 문신	위 치	[ ]머리 [ ]얼굴 [ ]팔 [ ]손 [ ]등 [ ]몸통 [ ]둔부 [ ]다리 [ ]발 [ ]직접기재 :
			모 양	
		병 력	[ ]뇌질환 [ ]심장질환 [ ]간질환 [ ]기타 내과질환 [ ]외과질환 [ ]직접기재 :	
		그 밖의 특징		
	그 밖의 정보	실종(가출)경력 [ ]없음 [ ]1회 [ ]2회 [ ]3회 이상		
		주로 다니는 장소		

「실종아동등의 보호 및 지원에 관한 법률」 제7조의2제1항 및 「실종아동등의 발견 및 유전자검사 등에 관한 규칙」 제3조제2항에 따라 위 등록대상 아동등에 대한 지문등정보의 사전등록을 신청합니다.

년   월   일

신청인   (서명 또는 인)

경 찰 청 장 귀하

담당 공무원 확인사항	1. 주민등록표 등본 2. 장애인증명서(등록대상 아동등이 지적장애인, 자폐성장애인 또는 정신장애인인 경우만 해당합니다)	수수료 없음

행정정보 공동이용 동의서

위 신청인은 이 건 업무처리와 관련하여 담당 공무원이 「전자정부법」 제36조제1항에 따른 행정정보의 공동이용을 통하여 위의 담당 공무원 확인사항을 확인하는 것에 동의합니다. * 동의하지 않는 경우에는 신청인이 직접 해당 서류를 제출하여야 합니다.

신청인   (서명 또는 인)

신 고 접 수 증

접수번호(시스템)	제 호
접수일자	년 월 일
민 원 명	
민원인(대표자 또는 대리인) 성 명	
처리예정기한	
처리주무부서	
안 내 사 항	
민원접수자 서명	

○ ○ 경 찰 서

※ 참고사항

◦본 접수증은 단순한 신고접수 사실만을 확인한 것이며 신고사실에 대한 진위 여부는 조사된 것이 아니므로 어떠한 민·형사관계에 영향을 미치기 위해 사용될 수 없습니다.

◦가출인의 핸드폰이나 E-mail을 통한 위치추적 또는 통화내역의 확인은 현행 통신비밀보호법(범죄수사 또는 국가안전보장을 위한 경우로 한정됨)상 불가함을 알려 드립니다.

◦경찰관이 가출성인을 발견한 경우 가출인의 의사에 반하여 가출인의 위치를 알 수 있는 사항은 통보할 수 없습니다.

제   호

아동등 사전신고증

(사진) (3 X 4cm)	(지문사진) (3 X 4cm)

등록대상 아동등	성 명		주민등록번호	
	주 소			
	등 록 일			

신 청 인 (보 호 자)	성 명		생년월일	
	주 소		전화번호	

발 급 자	소 속		계 급	
	성 명			

「실종아동등의 보호 및 지원에 관한 법률」제7조의2제1항 및 「실종아동등의 발견 및 유전자검사 등에 관한 규칙」제3조제4항에 따라 위 등록대상 아동등의 지문등정보에 대하여 사전등록을 하였습니다.

※ 이 신고증은 단순한 사전신고 접수 사실만을 확인한 것이므로, 어떠한 민형사상 관계에 영향을 미치기 위해 사용될 수 없습니다.

년   월   일

○○ 경찰서장   직인

III. 지문 등 정보 등록

1. 실종아동등의 지문등정보의 등록·관리 (제7조의3)

① 경찰청장은 보호시설의 입소자 중 보호자가 확인되지 아니한 아동등으로부터 서면동의를 받아 아동등의 지문등정보를 등록·관리할 수 있다. 이 경우 해당 아동등이 미성년자·심신상실자 또는 심신미약자인 때에는 본인 외에 법정대리인의 동의를 받아야 한다. 다만, 심신상실·심신미약 또는 의사무능력 등의 사유로 본인의 동의를 얻을 수 없는 때에는 본인의 동의를 생략할 수 있다.

② 경찰청장은 제1항에 따른 지문등정보의 등록·관리를 위하여 제7조의2제3항에 따른 데이터베이스를 활용할 수 있다.

2. 정보연계시스템 등의 구축·운영 (제8조)

① 보건복지부장관은 실종아동등을 신속하게 발견하기 위하여 실종아동등의 신상정보를 작성, 취득, 저장, 송신·수신하는 데 이용할 수 있는 전문기관·경찰청·지방자치단체·보호시설 등과의 협력체계 및 정보네트워크(정보연계시스템)를 구축·운영하여야 한다.

② 전문기관의 장은 실종아동등을 발견하기 위하여 제6조제3항 및 제4항에 따라 받은 신상카드를 활용하여 데이터베이스를 구축·운영하여야 한다.

③ 전문기관의 장은 제6조제3항 및 제4항에 따라 받은 실종아동등의 신상카드 등 필요한 자료를 경찰청장에게 제공하여야 한다.

④ 경찰청장은 제2항에 따른 데이터베이스의 구축·운영을 위하여 제3조제2항, 제6조제1항·제2항 및 제7조에 따른 신고 등 필요한 자료를 전문기관의 장에게 제공하여야 한다.

⑤ 제6조제2항부터 제4항까지와 제3항 및 제4항에 따라 신상카드나 그 밖의 필요한 자료를 제출·제공하여야 하는 경우 정보연계시스템을 이용하여 제출·제공할 수 있다.

3. 실종아동등 신고·발견을 위한 정보시스템의 구축·운영 (제8조의2)

① 경찰청장은 실종아동등에 대한 신속한 신고 및 발견 체계를 갖추기 위한 정보시스템(정보시스템)을 구축·운영하여야 한다.

② 경찰청장은 실종아동등의 조속한 발견을 위하여 제8조제1항에 따라 구축·운영 중인 정보연계시스템을 「사회복지사업법」 제6조의2제2항에 따라 구축·운영하는 사회복지 업무 관련 정보시스템과 연계하여 해당 정보시스템이 보유한 실종아동등의 신상정보의 내용을 활용할 수 있다.

◗ Ⅳ. 수색 / 수사

1. 수색 또는 수사의 실시 등 (제9조)

① 경찰관서의 장은 실종아동등의 발생 신고를 접수하면 지체 없이 수색 또는 수사의 실시 여부를 결정하여야 한다.

② 경찰관서의 장은 실종아동등(범죄로 인한 경우를 제외한다. 이하 이 조 및 제9조의2에서 같다)의 조속한 발견을 위하여 필요한 때에는 다음 각 호의 어느 하나에 해당하는 자에게 실종아동등의 위치 확인에 필요한 「위치정보의 보호 및 이용 등에 관한 법률」 제2조제2호에 따른 개인위치정보, 「인터넷주소자원에 관한 법률」 제2조제1호에 따른 인터넷주소 및 「통신비밀보호법」 제2조제11호마목·사목에 따른 통신사실확인자료(개인위치정보등)의 제공을 요청할 수 있다. 이 경우 경찰관서의 장의 요청을 받은 자는 「통신비밀보호법」 제3조에도 불구하고 정당한 사유가 없으면 이에 따라야 한다.

1. 「위치정보의 보호 및 이용 등에 관한 법률」 제5조제7항에 따른 개인위치정보사업자

2. 「정보통신망 이용촉진 및 정보보호 등에 관한 법률」 제2조제1항제3호에 따른 정보통신서비스 제공자 중에서 대통령령으로 정하는 기준을 충족하는 제공자

3. 「정보통신망 이용촉진 및 정보보호 등에 관한 법률」 제23조의3에 따른 본인확인기관

4. 「개인정보 보호법」 제24조의2에 따른 주민등록번호 대체가입수단 제공기관

③ 제2항의 요청을 받은 자는 그 실종아동등의 동의 없이 개인위치정보등을 수집할 수 있으며, 실종아동등의 동의가 없음을 이유로 경찰관서의 장의 요청을 거부하여서는 아니 된다.

④ 경찰관서의 장과 경찰관서에 종사하거나 종사하였던 자는 실종아동등을 찾기 위한 목적으로 제공받은 개인위치정보등을 실종아동등을 찾기 위한 목적 외의 용도로 이용하여서는 아니 되며, 경찰관서의 장은 목적을 달성하였을 때에는 지체 없이 파기하여야 한다.

2. 공개 수색·수사 체계의 구축·운영 (제9조의3)

① 경찰청장은 실종아동등의 조속한 발견과 복귀를 위하여 실종아동등의 공개 수색·수사 체계를 구축·운영할 수 있다.

② 경찰청장은 제1항의 공개 수색·수사를 위하여 실종아동등의 보호자의 동의를 받아 「정보통신망 이용촉진 및 정보보호 등에 관한 법률」 제2조제1항제1호 및 제2호에 따른 정보통신망 또는 정보통신서비스 및 「방송법」 제2조제1호에 따른 방송 등을 이용하여 실종아동등과 관련된 정보를 공개할 수 있다.

3. 실종아동등 조기발견 지침 등 (제9조의4)

① 보건복지부장관은 불특정 다수인이 이용하는 시설에서 실종아동등을 빨리 발견하기 위하여 다음 각 호의 사항을 포함한 실종아동등 발생예방 및 조기발견을 위한 지침(실종아동등 조기발견 지침)을 마련하여 고시하여야 한다.

1. 보호자의 신고에 관한 사항
2. 실종아동등 발생 상황 전파와 경보발령 절차
3. 출입구 감시 및 수색 절차
4. 실종아동등 미발견 시 경찰 신고 절차
5. 경찰 도착 후 경보발령 해제에 관한 사항
6. 그 밖에 실종아동등 발생예방과 찾기에 관한 사항

② 다음 각 호의 어느 하나에 해당하는 시설·장소 중 대통령령으로 정하는 규모의 시설·장소의 소유자·점유자 또는 관리자 실종아동등이 신고되는 경우 실종아동등 조기발견 지침에 따라 즉시 경보발령, 수색, 출입구 감시 등의 조치를 하여야 한다.

1. 「유통산업발전법」에 따른 대규모점포
2. 「관광진흥법」에 따른 유원시설
3. 「도시철도법」에 따른 도시철도의 역사(출입통로·대합실·승강장 및 환승통로와 이에 딸린 시설을 포함한다)
4. 「여객자동차 운수사업법」에 따른 여객자동차터미널
5. 「공항시설법」에 따른 공항시설 중 여객터미널
6. 「항만법」에 따른 항만시설 중 여객이용시설

7. 「철도산업발전기본법」에 따른 철도시설 중 역시설(물류시설은 제외한다)

8. 「체육시설의 설치·이용에 관한 법률」에 따른 전문체육시설

9. 「공연법」에 따른 공연이 행하여지는 공연장 등 시설 또는 장소

10. 「박물관 및 미술관 진흥법」에 따른 박물관 및 미술관

11. 지방자치단체가 문화체육관광 진흥 목적으로 주최하는 지역축제가 행하여지는 장소

12. 그 밖에 대통령령으로 정하는 시설·장소

③ 관리주체는 제2항에 따른 시설·장소의 종사자에게 실종아동등 조기발견 지침에 관한 교육·훈련을 연 1회 실시하고, 그 결과를 관할 경찰관서의 장에게 보고하여야 한다.

④ 관할 경찰관서의 장은 실종아동등 조기발견 지침이 준수되도록 제2항에 따른 조치와 제3항에 따른 교육·훈련의 실시에 관한 사항을 지도·감독하여야 한다.

⑤ 관계 행정기관의 장은 제2항에 따른 시설·장소의 허가, 등록, 신고 또는 휴업, 폐업 등의 여부에 관한 정보를 관할 경찰관서의 장에게 통보하여야 한다. 다만, 「전자정부법」 제36조제1항에 따른 행정정보 공동이용을 통하여 확인할 수 있는 정보는 예외로 한다.

4. 출입·조사 등 (제10조)

① 경찰청장이나 지방자치단체의 장은 실종아동등의 발견을 위하여 필요하면 관계인에 대하여 필요한 보고 또는 자료제출을 명하거나 소속 공무원으로 하여금 관계 장소에 출입하여 관계인이나 아동등에 대하여 필요한 조사 또는 질문을 하게 할 수 있다.

② 경찰청장이나 지방자치단체의 장은 출입·조사를 실시할 때 정당한 이유가 있는 경우 소속 공무원으로 하여금 실종아동등의 가족 등을 동반하게 할 수 있다.

③ 제1항에 따라 출입·조사 또는 질문을 하려는 관계공무원은 그 권한을 표시하는 증표를 지니고 이를 관계인 등에게 내보여야 한다.

5. 관계 기관의 협조 (제16조)

보건복지부장관이나 경찰청장은 실종아동등의 조속한 발견·복귀와 복귀 후 지원을 위하여 관계 중앙행정기관의 장 또는 지방자치단체의 장에게 필요한 협조를 요청할 수 있다. 이 경우 협조요청을 받은 기관의 장은 특별한 사유가 없으면 이에 따라야 한다.

6. 실종아동등의 복귀 (시행령 제8조)

경찰청장·지방자치단체의 장 또는 전문기관의 장은 실종아동등의 보호자를 확인한 경우에는 신속히 실종아동등의 복귀에 필요한 조치를 취하여야 한다. 다만, 경찰청장 또는 지방자치단체의 장은 보호자가 다음 각 호의 어느 하나에 해당하는 행위자이거나 보건복지부령으로 정하는 사유가 있는 경우에는 전문기관의 장과 협의하여 복귀절차를 진행하지 아니할 수 있다.

1. 「아동복지법」에 따른 아동학대행위자
2. 「장애인복지법」에 따른 장애인학대행위자
3. 「노인복지법」에 따른 노인학대행위자
4. 「가정폭력방지 및 피해자보호 등에 관한 법률」에 따른 가정폭력행위자

7. 실종아동등의 복귀절차 등 (시행규칙 제5조)

① 영 제8조 각 호 외의 부분 본문에 따라 경찰청장·지방자치단체의 장 또는 전문기관의 장은 실종아동등을 보호자에게 복귀시키는 경우에 별지 제4호서식에 의하여 보호자로부터 실종아동등의 인수확인을 받아야 한다.

② 영 제8조 각 호 외의 부분 단서에서 "보건복지부령으로 정하는 사유가 있는 경우"란 다음 각 호의 어느 하나에 해당하는 경우로서 복귀가 아동등의 보호·양육을 위하여 부적절하다고 인정되는 경우를 말한다.

1. 실종아동등이 보호자의 학대 등을 이유로 복귀를 거부하는 경우
2. 보호자가 실종아동등을 학대하였거나 학대를 한 것으로 볼만한 사유가 있는 경우
3. 보호자가 마약류·알콜중독, 전염성 질환 그 밖에 정신질환이 있는 경우
4. 그 밖에 보호자가 실종 이전에 아동등의 의식주를 포함한 기본적인 보호·양육 및 치료 의무를 태만히 한 사실이 있는 경우

실종아동 등 인수확인서

인 수 자	성 명				
	주 소				
	주민등록번호				
	전 화 번 호				
	실종아동 등과의 관 계				
실종아동 등의 관련사항	성 명		성 별	남 · 여	
	주민등록번호				
	실종 년월일				
	발 견 일 자				

「실종아동 등의 보호 및 지원에 관한 법률 시행규칙」제5조제1항의 규정에 의하여 실종아동 등을 인수함을 확인합니다.

년   월   일

인수인   (서명 또는 인)

V. 유전자 검사

1. 유전자검사의 실시 (제11조)

① 경찰청장은 실종아동등의 발견을 위하여 다음 각 호의 어느 하나에 해당하는 자로부터 유전자검사대상물(이하 "검사대상물"이라 한다)을 채취할 수 있다.

  1. 보호시설의 입소자나 「정신건강증진 및 정신질환자 복지서비스 지원에 관한 법률」 제3조제5호에 따른 정신의료기관의 입원환자 중 보호자가 확인되지 아니한 아동등

  2. 실종아동등을 찾고자 하는 가족

  3. 그 밖에 보호시설의 입소자였던 무연고아동

② 유전자검사를 전문으로 하는 기관으로서 대통령령으로 정하는 기관(검사기관)은 유전자검사를 실시하고 그 결과를 데이터베이스로 구축·운영할 수 있다.

③ 제1항에 따른 검사대상물의 채취와 제2항에 따른 유전자검사를 실시하려면 제8조제2항에 따른 데이터베이스를 활용하여 실종아동등인지 여부를 확인한 후에 하여야 한다.

④ 경찰청장은 제1항에 따라 검사대상물을 채취하려면 미리 검사대상자의 서면동의를 받아야 한다. 이 경우 검사대상자가 미성년자, 심신상실자 또는 심신미약자일 때에는 본인 외에 법정대리인의 동의를 받아야 한다. 다만, 심신상실, 심신미약 또는 의사무능력 등의 사유로 본인의 동의를 받을 수 없을 때에는 본인의 동의를 생략할 수 있다.

⑤ 제2항에 따른 유전정보 데이터베이스를 구축·운영하는 경우 유전정보는 검사기관의 장이, 신상정보는 전문기관의 장이 각각 구분하여 관리하여야 한다.

2. 검사대상물 및 유전정보의 폐기 (제13조)

① 검사기관의 장은 유전자검사를 끝냈을 때에는 지체 없이 검사대상물을 폐기하여야 한다.

② 검사기관의 장은 다음 각 호의 어느 하나에 해당할 때에는 해당 유전정보를 지체 없이 폐기하여야 한다. 다만, 제3호에도 불구하고 검사대상자 또는 법정대리인이 제3호에서 정한 기간(보존기간)의 연장을 요청하는 경우에는 실종아동등의 보호자를 확인할 때까지 그 기간을 연장할 수 있다.

  1. 실종아동등이 보호자를 확인하였을 때

  2. 검사대상자 또는 법정대리인이 요청할 때

③ 검사기관의 장은 검사대상물·유전정보의 폐기 및 유전정보의 보존기간 연장에 관한 사항을 기록·보관하여야 한다.

3. 검사대상물 및 유전정보의 폐기 등 (실종아동등의 발견 및 유전자검사 등에 관한 규칙 제10조)

① 검사대상자 또는 법정대리인이 법 제13조제2항제2호에 따라 유전정보의 폐기를 요청하려면 별지 제11호서식의 유전정보 폐기 신청서를 국립과학수사연구원장에게 제출하여야 한다.

② 삭제

③ 국립과학수사연구원장은 법 제13조제3항에 따라 검사대상물 및 유전정보의 폐기에 관한 사항을 별지 제13호서식의 유전자검사대상물 및 유전정보 폐기 대장에 기록하고, 10년간 보관하여야 한다

4. 유전자검사 기록의 열람 등 (제14조)

① 검사기관의 장은 검사대상자 또는 법정대리인이 유전자검사 결과기록의 열람 또는 사본의 발급을 요청하면 이에 따라야 한다.

② 제1항에 따른 기록의 열람 또는 사본의 발급에 관한 신청절차 및 서식 등에 관하여 필요한 사항은 행정안전부령으로 정한다.

유전자검사 동의서

※ [ ]에는 해당되는 곳에 √표를 합니다.

검사대상자	성 명		주민등록번호	
	주 소		전화번호	
법정대리인	성 명		생년월일	
	주 소		전화번호	
참여인	성 명		생년월일	
	주 소		전화번호	

1. 유전자검사의 목적: 유전정보를 활용한 실종아동등 발견
2. 검사대상물의 처리: 검사 후 즉시 폐기
3. 검사대상물은 본래 목적 외로 이용되거나 타인에게 제공되지 않습니다.

※ 다음 각 항목에 대해 관계자로부터 설명을 들은 후 본인이 충분히 이해하였다고 판단
되면 [ ] 란에 체크[√]를 하시기 바랍니다.

1) [ ] 유전자검사의 이익과 위험에 대하여 관계자로부터 충분한 설명을 들었습니다.
2) [ ] 실종아동등이 보호자를 확인하였을 때, 검사대상자 또는 법정대리인이 요청할 때, 유전자검사일부터 10년이 경과하였을 때에는 유전정보를 폐기합니다.
3) [ ] 유전자검사일부터 10년이 경과한 이후에도 검사대상자 또는 법정대리인이 요청하면 보호자를 확인할 때까지 유전정보의 보존기간을 연장할 수 있습니다.
4) [ ] 경찰, 실종아동전문기관, 국립과학수사연구원은 유전자검사 동의인의 개인정보 보호를 위하여 필요한 조치를 하여야 할 의무가 있습니다.
5) [ ] 유전자검사는 검사대상자 또는 법정대리인의 자발적 의사에 따릅니다.

「실종아동등의 보호 및 지원에 관한 법률」 제11조제4항 및 「실종아동등의 발견 및 유전자검사 등에 관한 규칙」 제9조제1항에 따라 위 검사대상자에 대한 유전자검사에 동의합니다.

년   월   일

검사대상자   (서명 또는 인)

법정대리인   (서명 또는 인)

참 여 인   (서명 또는 인)

경 찰 청 장   귀하

첨부서류	보호시설 설치 신고증, 후견인 지정서 등 검사대상자의 법정대리인임을 증명할 수 있는 서류(법정대리인이 동의인인 경우에만 제출합니다)	수수료 없 음

유전정보 폐기 신청서

※ [ ]에는 해당되는 곳에 √표를 합니다.

접수번호		접수일		처리기간	즉시
신청인	성 명			주민등록번호	
	주 소			전화번호	
	검사대상자와의 관계 [ ]본인 [ ]법정대리인				
검사대상자 정보	성 명			주민등록번호	
	주 소				
폐기 신청 사유					

「실종아동등의 보호 및 지원에 관한 법률」제13조제2항제2호 및 「실종아동등의 발견 및 유전자검사 등에 관한 규칙」제10조제1항에 따라 위 검사대상자에 대한 유전정보의 폐기를 신청합니다.

년 월 일

신청인

(서명 또는 인)

국립과학수사연구원장 귀하

첨부서류	보호시설 설치 신고증, 후견인 지정서 등 검사대상자의 법정대리인임을 증명할 수 있는 서류(법정대리인이 신청인인 경우에만 제출합니다)	수수료 없 음

유의사항

1. 이 신청에 따라 유전정보를 폐기한 이후에는 어떠한 방법으로도 해당 정보가 복구되지 않습니다.
2. 해당 유전정보를 다시 등록하려면 「실종아동등의 보호 및 지원에 관한 법률」제11조제4항 및 「실종아동등의 발견 및 유전자검사 등에 관한 규칙」제9조제1항에 따른 유전자검사 동의 및 검사대상물 채취 등의 절차를 거쳐야 합니다.

Ⅵ. 실종수사조정위원회 (규칙 제20조)

1. 경찰서장은 실종아동등 및 가출인의 수색·추적 중 인지된 강력범죄의 업무를 조정하기 위하여 실종수사 조정위원회를 구성하여 운영할 수 있다.

> ※ 강력범죄의 범위
> ○ 살인, 상해, 폭행치사, 강간살인, 강간치사 등 피해자 사망사건
> ○ 실종자를 인질삼아 생명을 위협하거나 금품을 요구하는 인질강도
> ○ 변사(범죄혐의 여부 불문)

　가. 위원회는 위원장을 경찰서장으로 하고, 위원은 여성청소년과장(미직제시 생활안전과장), 형사과장(미직제시 수사과장) 등 과장 3인 이상으로 구성한다.

　나. 위원회는 경찰서 여성청소년과장이 회부한 강력범죄 의심 사건의 범죄관련성 여부 판단 및 담당부서를 결정한다.

2. 위원회는 경찰서 여성청소년과장의 안건 회부 후 24시간 내에 서면으로 결정하여야 한다.

3. 경찰서장은 위원회 결정에 따라 실종아동등 및 가출인 발견을 위해 신속히 추적 또는 수사에 착수하여야 한다.

4. 대상
　실종아동등 및 가출인

5. 사건관할 경찰관서가 변경된 경우 또는 이미 실시된 실종수사조정위원회의 결정에 영향을 미칠 수 있는 새로운 단서가 생긴 경우 재차 위원회 개최, 재심의 가능하다.

실종수사 조정위원회 결정서

일 시	20○○. ○. ○.( ) : ~ :		장 소		

안 건					

인 적 사 항	성 명		성 별		생년월일	(만 세)
	직 업		주 소			

발 생	일 시	
	장 소	

신 고	일 시		신고자	
	관 계		신고경로	112 / 182 / 지구대 방문

사 건 개 요	○(초동조치 및 현장수색 사항) ○(강력범죄 관련성 판단 사유) ○(사건 담당 기능에 관한 의견)

조 정 결 과	○살인 등 강력범죄에 해당함이 명백 ○형사과 강력팀에서 본 사건 처리

참석자 서명(명 참석)

소 속	직 위	계 급	성 명	서 명
경찰서장	위원장			
여성청소년과장	위 원			
형사과장	위 원			
○○과장	위 원			
여청수사팀장	간 사			

제4장 수사요령 및 유의사항

제1절 사건처리 원칙

Ⅰ. 고소에 대한 특례

1. 피해아동 또는 그 법정대리인은 아동학대행위자를 고소할 수 있다. 피해아동의 법정대리인이 아동학대행위자인 경우 또는 아동학대행위자와 공동으로 아동학대범죄를 범한 경우에는 피해아동의 친족이 고소할 수 있다.
2. 피해아동은 「형사소송법」 제224조에도 불구하고 아동학대행위자가 자기 또는 배우자의 직계존속인 경우에도 고소할 수 있다. 법정대리인이 고소하는 경우에도 또한 같다.

> 형사소송법 제224조(고소의 제한) 자기 또는 배우자의 직계존속을 고소하지 못한다.

3. 피해아동에게 고소할 법정대리인이나 친족이 없는 경우에 이해관계인이 신청하면 검사는 10일 이내에 고소할 수 있는 사람을 지정하여야 한다.

Ⅱ. 사건처리의 원칙

1. 수사원칙

가. 상습 아동학대 구속수사 원칙
　　중상해 이상 및 상습(아동학대 신고 3회 이상)인 경우 구속수사
나. 폭행 등 반의사불벌죄가 적용되는 형법과 달리 아동복지법 적용 가능, 구성요건을 갖춘 경우 반드시 입건

2. 형사처벌보다 보호처분이 적합한 경우

가. 아동보호사건으로 처리여부 판단

나. 아동보호사건으로 송치시

　　의견서, 송치서, 수사결과보고 상 행위자 성행, 사건동기 등 아동보호사건 처리 정
　　당성 여부를 자세히 작성

Ⅲ. 성폭력 피해자 통합지원센터와 연계

1. 연계조건

　가. 가족구성원 간 가정폭력범죄
　나. 가족구성원이 아닌 보호자에 의한 범죄, 아동복지시설, 유치원 등 시설에서 발생한
　　　아동사건은 제외

2. 연계기준

　가. 원칙적으로 경찰서 여청수사팀에서 조사
　나. 피해아동 치료, 심리상담, 조사 등 종합지원이 필요한 경우 현장에서 통합센터에 인
　　　계
　다. 경찰서 조사 중이라도 피해아동이 13세 미만, 의사소통지장(장애) 사유로 전문적인
　　　조사가 필요하다고 인정되는 사건은 통합센터에 조사 의뢰

3. 신고자 보호

　가. 신고자가 신고에 따른 번거로움과 신변노출로 인한 보복을 우려하지 않도록 아동학대
　　　신고자에 대한 배려가 필요
　나. 신고자 면담은 피해아동의 안전이 확보되고 증거인멸 우려가 없는 경우, 신고자가 요
　　　청하는 시간과 장소에 맞춰 방문 면담
　다. 가명조서 적극 활용
　　○신고자에게 가명으로 진술할 수 있음을 고지하고 신청이 있는 경우 가명조서작성, 신
　　　청이 없는 경우에도 신고자보호를 위해 필요시 직원으로 작성
　　○1회 진술서 작성으로 완료할 수 있도록 진술서 작성요령을 상세히 설명
　　　※ 가명조서 관련 구체적인 내용은 제1편 참조

제2절 긴급임시조치와 임시조치

● Ⅰ. 긴급임시조치

1. 집행

가. 신청에 의한 경우, 긴급임시조치 신청서를 제출받아 수사서류에 편철

나. 긴급임시조치 통보서를 작성하여 학대행위자에게 교부

다. 긴급임시조치결정서 작성 수사서류에 편철

라. 사건담당경찰관은 지체없이 임시조치신청서를 작성하여 검사에게 신청 → 검사청구 (48시간 이내) → 판사결정 → 임시조치 집행

2. 긴급임시조치 위반사실 확인시

의무위반사실통보서 작성, 학대행위자의 주소지 관할 지방자치단체에 과태료 부과요청

● Ⅱ. 임시조치

1. 필요적 임시조치

가. 요건

○ 응급조치 또는 긴급임시조치를 한 경우

○ 아동보호전문기관의 장으로부터 응급조치가 행하여 졌다는 통지를 받은 경우

나. 임시조치 유형 선정

학대행위자 및 피해아동에 대한 조사내용을 반영하여 학대전담경찰관이 작성한 재학대 위험도 평가척도 참고

다. 절차

 ○ 응급조치결과보고서 또는 긴급임시조치 결정서를 작성하거나, 현장출동 경찰관으로 부터 인계받은 경우
 ○ 임시조치 신청서를 작성하고 응급조치결과보고서, 긴급임시조치결정서 등 증빙서류 첨부, 임시조치 신청부에 기록 후 신청

2. 임의적 임시조치

가. 요건

재발이 우려되거나, 피해아동, 법정대리인, 변호사, 아동보호전문기관의 장이 임시조치를 신청해 줄 것을 요청하는 경우

나. 절차

임시조치 신청서와 신청부를 작성하여 검사에게 신청하고, 학대전담경찰관에게 통보

3. 임시조치 결정시 조치

가. 임시조치 요청을 받은 경우

임시조치 신청에 따른 결과를 '임시조치신청요청처리결과통보서'에 의하여 신청자에게 통보한다.

나. 집행

결정문에 따라 임시조치 집행 후 임시조치통보서에 집행일시, 방법 등에 상세히 기재 후 사건기록에 편철하고, 임시조치 미통보시 그 사유를 기재한 수사보고 작성첨부

제3절 학대신고의무자 불이행에 대한 조사

Ⅰ. 부 과

1. 부과주체

신고의무자 주소지 관할 시군구청

2. 부과대상

가. 신고의무자 직군에 해당하는 사람이 그 직무상 아동학대를 알게 되거나 그 의심이 있는 경우

나. 특히, 아동복지법 제17조 위반사실이 인정되어 형의선고 또는 보호처분(감호위탁, 보호관찰, 사회봉사, 수강명령 등)이 확정된 아동학대 사건에서는 보다 철저히 시행

다. 단, 고의과실이 없거나, 정당한 이유로 신고의무 위반이 위법하지 아니한 것으로 오인한 경우, 심신장애가 있는 경우는 부과대상에서 제외

3. 불이행 여부 적용기간

가. 아동학대 최초 인지가능시점부터 신고일까지의 범위에서 이행 여부를 판단

나. 최초 인지가능시점은 현장조사 결과에 따라 경찰 및 아동보호전문기관이 제출한 의견 등을 참고하여 학대발생 관할 시군구가 결정

4. 부과절차

경찰서 및 지역아동보호전문기관은 학대 발생 관할 시군구에 조사결과를 통보할 때, 조사대상 신고의무자의 조사내용, 사법처리진행상황을 포함하여 제출

● II. 기타 주의 사항

1. 집단시설 내 아동학대 조사시 주의사항

　법인의 대표자에 대해 양벌규정(아동복지법 제74조) 및 방조여부 적용검토

2. 집단시설 내 아동학대 조사시 유의사항

　가. 신고자가 특정일을 지정하여 CCTV 영상 확보를 요청하더라도 추후 다른 피해신고에
　　대비, 녹화된 모든 분량의 CCTV 확보

　나. 사안의 경중에 따라 시설을 관할하는 관리 기관과 협조, 전수조사 여부 판단/피해아
　　동의 부모에게 수시로 수사진행사항을 안내

3. 학대피해 기간에 대한 보강 수사 확행

　가. 피해아동 위험도 평가척도를 작성, 피해아동의 상태를 정확히 파악

　나. 피해아동의 신체에 나타난 학대의 증거(상처, 발육정도 등)와 정신적 피해, 이상행동
　　등에 대한 의사소견을 첨부하고 정밀검사 진행시 그 결과를 확인하여 학대기간을 산정

제5장

죄명별 수사요령

제1절 아동복지법

 I. 목적 및 개념정의

1. 목 적

제1조(목적) 이 법은 아동이 건강하게 출생하여 행복하고 안전하게 자랄 수 있도록 아동의 복지를 보장하는 것을 목적으로 한다.

제2조(기본 이념) ① 아동은 자신 또는 부모의 성별, 연령, 종교, 사회적 신분, 재산, 장애유무, 출생지역, 인종 등에 따른 어떠한 종류의 차별도 받지 아니하고 자라나야 한다.

② 아동은 완전하고 조화로운 인격발달을 위하여 안정된 가정환경에서 행복하게 자라나야 한다.

③ 아동에 관한 모든 활동에 있어서 아동의 이익이 최우선적으로 고려되어야 한다.

④ 아동은 아동의 권리보장과 복지증진을 위하여 이 법에 따른 보호와 지원을 받을 권리를 가진다.

2. 개념정의

제3조(정의) 이 법에서 사용하는 용어의 뜻은 다음과 같다.

1. "아동"이란 18세 미만인 사람을 말한다.
2. "아동복지"란 아동이 행복한 삶을 누릴 수 있는 기본적인 여건을 조성하고 조화롭게 성장·발달할 수 있도록 하기 위한 경제적·사회적·정서적 지원을 말한다.
3. "보호자"란 친권자, 후견인, 아동을 보호·양육·교육하거나 그러한 의무가 있는 자 또는 업무·고용 등의 관계로 사실상 아동을 보호·감독하는 자를 말한다.
4. "보호대상아동"이란 보호자가 없거나 보호자로부터 이탈된 아동 또는 보호자가 아동을 학대하는 경우 등 그 보호자가 아동을 양육하기에 적당하지 아니하거나 양육할 능력이 없는 경우의 아동을 말한다.
5. "지원대상아동"이란 아동이 조화롭고 건강하게 성장하는 데에 필요한 기초적인 조건이 갖추어지지 아니하여 사회적·경제적·정서적 지원이 필요한 아동을 말한다.
6. "가정위탁"이란 보호대상아동의 보호를 위하여 성범죄, 가정폭력, 아동학대, 정신질환 등의 전력이 없는 보건복지부령으로 정하는 기준에 적합한 가정에 보호대상아동을 일정 기간 위탁하는 것을 말한다.
7. "아동학대"란 보호자를 포함한 성인이 아동의 건강 또는 복지를 해치거나 정상적 발달을 저해할 수 있는 신체적·정신적·성적 폭력이나 가혹행위를 하는 것과 아동의 보호자가 아동을 유기하거나 방임하는 것을 말한다.

7의2. "아동학대관련범죄"란 다음 각 목의 어느 하나에 해당하는 죄를 말한다.

　　가. 「아동학대범죄의 처벌 등에 관한 특례법」 제2조제4호에 따른 아동학대범죄

　　나. 아동에 대한 「형법」 제2편제24장 살인의 죄 중 제250조부터 제255조까지의 죄

8. "피해아동"이란 아동학대로 인하여 피해를 입은 아동을 말한다.
9. "삭제 〈2016.3.22.〉
10. "아동복지시설"이란 제50조에 따라 설치된 시설을 말한다.
11. "아동복지시설 종사자"란 아동복지시설에서 아동의 상담·지도·치료·양육, 그 밖에 아동의 복지에 관한 업무를 담당하는 사람을 말한다.

3. 특별법 (아동학대범죄의 처벌 등에 관한 특례법)

제1조(목적) 이 법은 아동학대범죄의 처벌 및 그 절차에 관한 특례와 피해아동에 대한 보호절차 및 아동학대 행위자에 대한 보호처분을 규정함으로써 아동을 보호하여 아동이 건강한 사회 구성원으로 성장하도록 함을 목적으로 한다.

 ## II. 죄명표 및 벌칙

1. 죄명표

법 조 문	죄 명 표 시
제71조 제1항 제1호	아동복지법 위반(아동매매)
제1의2호	〃 (아동에 대한 음행강요·매개·성희롱 등)
제2호	〃 (아동학대, 아동유기·방임, 장애아동관람, 구걸강요·이용행위)
제3호	〃 (양육알선금품취득, 아동금품유용)
제4호	〃 (곡예강요행위, 제3자인도행위)
제71조 제2항 제3호	〃 (무신고 아동복지시설 설치)
제4호	〃 (허위서류작성 아동복지시설 종사자 자격취득)
제5호	〃 (시설폐쇄명령위반)
제6호	〃 (아동복지업무종사자 비밀누설)
제7호	〃 (조사거부·방해 등)
제72조	〃 〔상습(제71조 제1항 각호 각 죄명)〕
그외	아동복지법 위반

※ 아동복지법 제73조 : 해당 기수 죄명 다음에 '미수' 표시하지 아니함

2. 벌 칙

제71조(벌칙) ① 제17조를 위반한 자는 다음 각 호의 구분에 따라 처벌한다.
  1. 제1호(「아동·청소년의 성보호에 관한 법률」 제2조에 따른 매매는 제외한다)에 해당하는 행위를 한 자는 10년 이하의 징역에 처한다.
  1의2. 제2호에 해당하는 행위를 한 자는 10년 이하의 징역 또는 1억원 이하의 벌금에 처한다.
  2. 제3호부터 제8호까지의 규정에 해당하는 행위를 한 자는 5년 이하의 징역 또는 5천만원 이하의 벌금에 처한다.
  3. 제10호 또는 제11호에 해당하는 행위를 한 자는 3년 이하의 징역 또는 3천만원 이하의 벌금에 처한다.
  4. 제9호에 해당하는 행위를 한 자는 1년 이하의 징역 또는 1천만원 이하의 벌금에 처한다.
② 다음 각 호의 어느 하나에 해당하는 사람은 3년 이하의 징역 또는 3천만원 이하의 벌금에 처한다.
  1. 제28조의2제5항을 위반하여 피해아동관련 정보를 요청 목적 외로 사용하거나 다른 사람에게 제공 또는 누설한 사람
  2. 제65조를 위반하여 비밀을 누설하거나 직무상 목적 외의 용도로 이용한 사람
③ 다음 각 호의 어느 하나에 해당하는 자는 1년 이하의 징역 또는 1천만원 이하의 벌금에 처한다.
  1. 정당한 사유 없이 제51조제2항에 따라 다른 아동복지시설로 옮기는 권익보호조치를 하지 아니한 사람
  2. 제22조의5제2항을 위반하여 비밀을 누설하거나 부당한 이익을 취한 사람
  3. 제50조제2항에 따른 신고를 하지 아니하고 아동복지시설을 설치한 자
  4. 거짓으로 서류를 작성하여 제54조제1항에 따른 아동복지시설 전문인력의 자격을 인정받은 자
  5. 제56조에 따른 사업의 정지, 위탁의 취소 또는 시설의 폐쇄명령을 받고도 그 시설을 운영하거나 사업을 한 자
  6. 삭제 〈2020.12.29〉
  7. 제66조제1항에 따른 조사를 거부·방해 또는 기피하거나 질문에 대하여 답변을 거부·기피 또는 거짓 답변을 하거나, 아동에게 답변을 거부·기피 또는 거짓 답변을 하게 하거나 그 답변을 방해한 자
제72조(상습범) 상습적으로 제71조제1항 각 호의 죄를 범한 자는 그 죄에 정한 형의 2분의 1까지 가중한다.
제73조(미수범) 제71조제1항제1호의 미수범은 처벌한다.
제74조(양벌규정) 법인의 대표자나 법인 또는 개인의 대리인, 사용인, 그 밖의 종업원이 그 법인 또는 개인의 업무에 관하여 제71조의 위반행위를 하면 그 행위자를 벌하는 외에 그 법인 또는 개인에게도 해당 조문의 벌금형을 과(科)한다. 다만, 법인 또는 개인이 그 위반행위를 방지하기 위하여 해당 업무에 관하여 상당한 주의와 감독을 게을리하지 아니한 경우에는 그러하지 아니하다.
제75조(과태료) ① 다음 각 호의 어느 하나에 해당하는 자에게는 1천만원 이하의 과태료를 부과한다.
  1. 제27조의3을 위반하여 피해아동의 인수를 거부한 아동학대 관련 보호시설의 장
  2. 제29조의5제1항에 따른 해임요구를 정당한 사유 없이 거부하거나 1개월 이내에 이행하지 아니한 아동관련기관의 장
② 아동관련기관의 장이 제29조의3제5항을 위반하여 아동학대관련범죄 전력을 확인하지 아니하는 경우에는 500만원 이하의 과태료를 부과한다.
③ 다음 각 호의 어느 하나에 해당하는 자에게는 300만원 이하의 과태료를 부과한다.
  1의2. 제26조제3항을 위반하여 신고의무 교육을 실시하지 아니한 자
  1의3. 제28조제3항을 위반하여 정당한 사유 없이 아동학대 재발 방지 등을 위한 업무수행을 거부하거나 방해한 자
  1의4. 제29조제3항을 위반하여 보장원의 장 또는 아동보호전문기관의 장이 제공하는 지원에 정당한 사유 없이 참여하지 아니한 피해아동의 가족(보호자를 포함한다)
  1의5. 제29조의2를 위반하여 정당한 사유 없이 상담·교육·심리적 치료 등에 참여하지 아니한 아동학대행위자
  2. 제31조를 위반하여 교육을 실시하지 아니한 자
  3. 제51조를 위반하여 아동복지시설의 휴업·폐업 또는 운영 재개 신고를 하지 아니한 자
  4. 제69조를 위반하여 아동복지시설이라는 명칭을 사용한 자

Ⅲ. 범죄사실

1. 아동 매매 행위

1) 적용법조 : 제73조, 제71조 제1항 제1호, 제17조 제1호   ☞ 공소시효 10년

제17조(금지행위) 누구든지 다음 각 호의 어느 하나에 해당하는 행위를 하여서는 아니 된다.
1. 아동을 매매하는 행위
2. 아동에게 음란한 행위를 시키거나 이를 매개하는 행위 또는 아동에게 성적 수치심을 주는 성희롱 등의 성적 학대행위
3. 아동의 신체에 손상을 주거나 신체의 건강 및 발달을 해치는 신체적 학대행위
4. 삭제 〈2014.1.28.〉
5. 아동의 정신건강 및 발달에 해를 끼치는 정서적 학대행위(「가정폭력범죄의 처벌 등에 관한 특례법」 제2조제1호에 따른 가정폭력에 아동을 노출시키는 행위로 인한 경우를 포함한다)
6. 자신의 보호·감독을 받는 아동을 유기하거나 의식주를 포함한 기본적 보호·양육·치료 및 교육을 소홀히 하는 방임행위
7. 장애를 가진 아동을 공중에 관람시키는 행위
8. 아동에게 구걸을 시키거나 아동을 이용하여 구걸하는 행위
9. 공중의 오락 또는 흥행을 목적으로 아동의 건강 또는 안전에 유해한 곡예를 시키는 행위 또는 이를 위하여 아동을 제3자에게 인도하는 행위
10. 정당한 권한을 가진 알선기관 외의 자가 아동의 양육을 알선하고 금품을 취득하거나 금품을 요구 또는 약속하는 행위
11. 아동을 위하여 증여 또는 급여된 금품을 그 목적 외의 용도로 사용하는 행위

---

2) 범죄사실 기재례

[기재례1] 가출아동 매매

피의자는 20○○. ○. ○.경 스마트폰 랜덤채팅 어플을 통해 알게 된 피해 아동[가출 아동 갑(여, 11세)]이 정조관념이 희박하고 잠잘 곳이 없는 등 궁핍한 상황에 놓여 있기 때문에 모텔에 가자고 하면 따라가고 다른 남자를 소개시켜 주면 그 남자를 따라갈 것이라는 점을 이용하여 모텔에 데리고 가 간음을 하고, 친구로 하여금 데리고 있게 하면서 지속적으로 간음을 한 후, 피해 아동을 매매하기로 마음먹었다.

피의자는 20○○. ○. ○.20:30경 ○○ 피의자의 집에서, PC를 이용하여 인터넷 토크온상에 "15세 가출녀 데려가실 분, 제시"라는 채팅방을 만들고, 방에 들어와 "○○만 원에 가출녀를 데려가겠다."라고 하여 피의자가 아동매매 제안을 받아들이는 A에게 "오후 2시까지 ○○은행 내에 기다리고 있으면 그 장소로 찾아가 ○○만 원을 받고 그 즉시 가출녀를 넘겨주겠다."고 하였다.

피의자는 같은 날 14:00경 ○○은행 부근에서, 피해 아동을 차에 태워 그곳으로 데리고 온 후 A에게 피해 아동을 매도하려고 하였으나, A의 신고를 받고 현장에 출동한 경찰관에게 체포됨으로써 미수에 그쳤다.

[기재례2] 아동·청소년 이용 음란물 제작 등 (제71조 제1항 제1호, 제17조 제2호), 아동·청소년의성보호에관한법률 (제11조 제1항) ☞ 공소시효 15년

　　피의자는 20○○.○.○.경 인터넷 네이버 사이트에 개설된 성인카페 '○○'에서 일대일 채팅을 통하여 아동·청소년인 피해자 갑(여, 당시 12세)과 알게 된 것을 기화로 카카오톡 메신저를 통하여 피해자와 메시지를 주고받게 되었다.

　　이때 피의자는 피해자에게 마치 자신은 성인 여성이면서 피해자와 같은 중학교에 다니는 사촌 동생이 있어 피해자를 동생처럼 좋아하는 것처럼 행세하여 피해자의 호감을 산 후, 초등학교를 갓 졸업하고 중학교에 진학하여 정신적으로 미성숙하고 성적인 호기심만 왕성할 뿐 이를 통제하거나 성적 자기결정권에 따른 결정을 할 수 있는 능력이 없는 상태인 피해자를 상대로 성적인 요구를 하여 자신의 성 욕구를 충족시키기로 마음먹었다.

　　가. 피의자는 20○○.○.○.16:50경 ○○에 있는 피의자의 집에서, 휴대전화기를 이용하여 피해자와 카카오톡 메신저를 주고받다가 피해자에게 "옷 다 벗고 사진 찍어서 보내봐, 지난번에 찍은 것처럼 여러 장, ――"라는 메시지를 보내 피해자에게 피해자의 알몸과 가슴, 성기, 항문 등을 촬영한 사진을 보내줄 것을 요구하여 피해자로 하여금 알몸과 가슴, 성기, 항문 등을 노출한 채 사진을 촬영하게 한 후 해당 사진 4장을 카카오톡 메신저를 이용하여 피의자의 휴대전화기로 전송받은 다음 이를 피의자가 사용하는 컴퓨터에 저장하였다.

　　나. 피의자는 20○○.○.○.18:06경 위 피의자의 집에서, 휴대전화기를 이용하여 피해자에게 "○○'라고 메시지를 보내어 피해자로 하여금 옷을 모두 벗고 양다리를 벌린 채 오른손에 주걱을 들고 피해자의 음부 부위를 위 주걱으로 때리는 동영상을 촬영하게 하고, 해당 동영상을 네이버의 공유 파일인 'N드라이브'에 업로드하게 한 다음, 피해자로부터 피해자의 네이버 아이디와 비밀번호를 알아내고, 이를 이용하여 위 'N드라이브'에 접속하는 방법으로 해당 동영상을 전송받았다.

　　이로써 피의자는 총 ○○회에 걸쳐 아동·청소년인 피해자가 등장하여 신체의 전부 또는 일부를 노출하는 행위로써 일반인의 성적 수치심이나 혐오감을 일으키는 행위를 하는 내용을 표현한 컴퓨터나 그 밖의 통신매체를 통한 화상과 영상인 아동·청소년이용음란물을 제작하고, 아동인 피해자에게 음란한 행위를 시켰다.

■ 판례 ■ 　아동매매죄에서 아동에 대한 실력적 지배의 판단기준

[1] 아동복지법 제17조 제1호의 아동매매죄에서 '아동을 넘기거나 넘겨받는다'는 의미 및 해당 아동에 대한 실력적 지배가 있었는지 판단하는 기준

아동복지법 제17조 제1호의 아동매매죄는 보수나 대가를 받고 아동을 다른 사람에게 넘기거나 넘겨받음으로써 성립하는 범죄인데, 여기서 '아동을 넘기거나 넘겨받는다'는 의미는 아동을 실력으로 지배하고 있는 상태에서 아동의 신체에 대한 인수인계가 이루어지는 것이다. 그런데 아동복지법은 '아동'을 18세 미만인 사람으로 규정하고 있고 영유아에 한정하지 아니하므로 아동매매죄에서 해당 아동에 대한 실력적 지배가 있었는지는 해당 아동의 나이, 인지능력, 행위자(매도인이나 매수인)와의 관계, 당시 상황 등을 종합적으로 고려해서 판단하여야 한다.

[2] 피고인이 가출 상태인 甲(여, 13세)을 만나 성관계를 맺고 지인인 乙의 원룸에 5일 동안 머무르게 하면서, 인터넷 채팅을 통해 알게 된 丙에게 돈을 받고 甲을 넘기려고 하였으나 현장에 출동한 경찰관에게 체포됨으로써 甲을 매매하려다 미수에 그쳤다고 하여 구 아동복지법 위반으로 기소된 사안

인터넷 채팅을 통해 알게 된 丙에게 돈을 받고 甲을 넘기려고 하였으나 丙의 신고로 현장에 출동한 경찰관에게 체포됨으로써 甲을 매매하려다 미수에 그쳤다고 하여 구 아동복지법(2014. 1. 28. 법률 제12361호로 개정되기 전의 것) 위반으로 기소된 사안에서, 甲이 乙의 원룸에 머물 당시 혼자서 집까지 찾아가기는 곤란했을 것으로 보이는 등 진정한 의사에 기하여 머물렀다고 볼 수 없는 점, 피고인이 인터넷 채팅을 통해 알게 되었을 뿐 신상에 관하여 전혀 아는 바가 없는 丙에게서 돈을 받고 甲을 넘겨주기로 한 것임에도, 甲에게는 丙을 잘 알고 있는 동생이라고 소개하고 돈을 받고 넘겨주기로 한 것에 관하여도 전혀 알려주지 않은 채 짐을 싸서 피고인을 따라나서게 한 점 등 제반 사정을 종합할 때, 피고인이 甲에게 직접적인 폭행이나 협박을 하지 않았더라도 당시 만 13세에 불과한 가출 상태인 甲을 충분히 실력으로 지배하고 있었으므로, 피고인에게 유죄를 선고한 제1심판결은 정당하다.(창원지법 2015. 4. 16. 선고, 2015노573, 판결).

■ 판례 ■ 아동 보호자의 아동방임 판단 고려사항

[1] 아동복지법상 아동의 보호자가 아동을 방임함으로써 아동복지법 제71조 제1항 제2호를 위반하였는지 판단할 때 고려하여야 할 사항 및 특히 보호자가 친권자 또는 이에 준하는 주양육자인 경우 중요하게 고려해야 할 사항

아동복지법은 아동이 건강하게 출생하여 행복하고 안전하게 자랄 수 있도록 아동의 복지를 보장하는 것을 목적으로 한다(제1조). 아동은 완전하고 조화로운 인격발달을 위하여 안정된 가정환경에서 행복하게 자라나야 한다(제2조 제2항). 아동복지법상 아동의 보호자란 친권자, 후견인, 아동을 보호·양육·교육하거나 그러한 의무가 있는 자 또는 업무·고용 등의 관계로 사실상 아동을 보호·감독하는 자를 말하는데(제3조 제3호), 아동의 보호자는 아동을 가정에서 그의 성장시기에 맞추어 건강하고 안전하게 양육하여야 하고, 아동에게 신체적 고통이나 폭언 등의 정신적 고통을 가하여서는 아니 되는 책무를 부담한다(제5조 제1항, 제2항). 이와 함께 아동복지법은 아동학대의 의미를 정의하면서 아동의 보호자와 그 외의 성인을 구분하여, 아동의 보호자가 아닌 성인에 관해서는 신체적·정신적·성적 폭력이나 가혹행위를 아동학대행위로 규정하는 것에 비하여 아동의 보호자에 관해서는 위 행위들에 더하여 아동을 유기하거나 방임하는 행위까지 포함시키고 있다(제3조 제7호). 자신의 보호·감독을 받는 아동에 대하여 의식주를 포함한 기본적 보호·양육·치료 및 교육을 소홀히 하는 방임행위를 하여서는 아니 되고(제17조 제6호), 이를 위반하면 5년 이하의 징역 또는 5천만 원 이하의 벌금에 처해진다(제71조 제1항 제2호). 따라서 보호자가 아동을 방임함으로써 아동복지법 제71조 제1항 제2호를 위반하였는지 여부를 판단할 때에는 아동복지법의 입법 목적과 더불어 아동의 보호자가 그 입법 목적을 달성하기 위하여 일정한 책무를 부담한다는 점을 전제로 하여 보호자와 피해아동의 관계, 피해아동의 나이, 방임행위의 경위와 태양 등의 사정을 종합적으로 고려하여야 할 필요가 있다. 특히 보호자가 친권자 또는 이에 준하는 주양육자인 경우에는 피해아동을 보호하고 양육할 1차적 책임을 부담한다는 점을 중요하게 고려해야 한다.

[2] 아동 甲(당시 1세)의 친아버지인 피고인이 甲을 양육하면서 집안 내부에 먹다 남은 음식물 쓰레기, 소주병, 담배꽁초가 방치된 상태로 청소를 하지 않아 악취가 나는 비위생적인 환경에서 甲에게 제대로 세탁하지 않아 음식물이 묻어있는 옷을 입히고, 목욕을 주기적으로 시키지 않아 몸에서 악취를 풍기게 하는 등으로 甲을 방임하였다고 하여 아동복지법 위반으로 기소된 사안

생존에 필요한 최소한의 보호를 하였다는 사정이나 甲이 피고인에게 애정을 표현했다는 사정만으로는 피고인이 甲의 친권자로서 甲의 건강과 안전, 행복을 위하여 필요한 책무를 다했다고 보기 어렵다는 이유로, 피고인이 비위생적인 환경에서 甲을 양육하였고 甲의 의복과 몸을 청결하게 유지해 주지 않았으며 甲을 집에 두고 외출하기도 하는 등 의식주를 포함한 기본적인 보호·양육·치료 및 교육을 소홀히 하는 방임행위를 하였다고 본 원심의 판단이 정당하다.(2020. 9. 3. 선고 2020도7625 판결).

■ **판례** ■　아동에 대한 음행강요·매개·성희롱등

[1] 아동·청소년을 타인의 성적 침해 또는 착취행위로부터 보호하고자 하는 이유 / 아동·청소년이 타인의 기망이나 왜곡된 신뢰관계의 이용에 의하여 외관상 성적 결정 또는 동의로 보이는 언동을 한 경우 이를 아동·청소년의 온전한 성적 자기결정권의 행사에 의한 것이라고 평가할 수 있는지 여부 (소극)

국가와 사회는 아동·청소년에 대하여 다양한 보호의무를 부담한다. 국가는 청소년의 복지향상을 위한 정책을 실시하고(헌법 제34조 제4항), 초·중등교육을 실시할 의무(교육기본법 제8조)를 부담한다. 사법 영역에서도 마찬가지여서 친권자는 미성년자를 보호하고 양육하여야 하고(민법 제913조), 미성년자가 법정대리인의 동의 없이 한 법률행위는 원칙적으로 그 사유에 제한 없이 취소할 수 있다(민법 제5조). 법원도 아동·청소년이 피해자인 사건에서 아동·청소년이 특별히 보호되어야 할 대상임을 전제로 판단해 왔다. 대법원은 아동복지법상 아동에 대한 성적 학대행위 해당 여부를 판단함에 있어 아동이 명시적인 반대 의사를 표시하지 아니하였더라도 성적 자기결정권을 행사하여 자신을 보호할 능력이 부족한 상황에 기인한 것인지 가려보아야 한다는 취지로 판시하였고, 아동복지법상 아동매매죄에 있어서 설령 아동 자신이 동의하였더라도 유죄가 인정된다고 판시하였다. 아동·청소년이 자신을 대상으로 음란물을 제작하는 데에 동의하였더라도 원칙적으로 아동·청소년의 성보호에 관한 법률상 아동·청소년이용 음란물 제작죄를 구성한다는 판시도 같은 취지이다. 이와 같이 아동·청소년을 보호하고자 하는 이유는, 아동·청소년은 사회적·문화적 제약 등으로 아직 온전한 자기결정권을 행사하기 어려울 뿐만 아니라, 인지적·심리적·관계적 자원의 부족으로 타인의 성적 침해 또는 착취행위로부터 자신을 방어하기 어려운 처지에 있기 때문이다. 또한 아동·청소년은 성적 가치관을 형성하고 성 건강을 완성해 가는 과정에 있으므로 아동·청소년에 대한 성적 침해 또는 착취행위는 아동·청소년이 성과 관련한 정신적·신체적 건강을 추구하고 자율적 인격을 형성·발전시키는 데에 심각하고 지속적인 부정적 영향을 미칠 수 있다. 따라서 아동·청소년이 외관상 성적 결정 또는 동의로 보이는 언동을 하였더라도, 그것이 타인의 기망이나 왜곡된 신뢰관계의 이용에 의한 것이라면, 이를 아동·청소년의 온전한 성적 자기결정권의 행사에 의한 것이라고 평가하기 어렵다.

[2] '성적 자기결정권'의 의미와 내용 / 위계에 의한 간음죄를 비롯한 강간과 추행의 죄의 보호법익(= 소극적인 성적 자기결정권)

성적 자기결정권은 스스로 선택한 인생관 등을 바탕으로 사회공동체 안에서 각자가 독자적으로 성적 관념을 확립하고 이에 따라 사생활의 영역에서 자기 스스로 내린 성적 결정에 따라 자기책임하에 상대방을 선택하고 성관계를 가질 권리로 이해된다. 여기에는 자신이 하고자 하는 성행위를 결정할 권리라는 적극적 측면과 함께 원치 않는 성행위를 거부할 권리라는 소극적 측면이 함께 존재하는데, 위계에 의한 간음죄를 비롯한 강간과 추행의 죄는 소극적 성적 자기결정권을 침해하는 것을 내용으로 한다.

[3] 피고인이 아동인 甲(여, 15세)과 성관계를 하던 중 甲이 중단을 요구하는데도 계속하여 甲을 간음함으로써 '성적 학대행위'를 하였다고 하여 아동복지법 위반으로 기소된 사안

甲이 성적 자기결정권을 제대로 행사할 수 있을 정도의 성적 가치관과 판단능력을 갖추었는지 여부 등을 신중하게 판단하였어야 한다는 이유로, 이와 달리 만 15세인 甲의 경우 일반적으로 미숙하나마 자발적인 성적 자기결정권을 행사할 수 있는 연령대로 보이는 점, 군검사 역시 피고인이 甲과 성관계를 가진 자체에 대하여는 학대행위로 기소하지 아니한 점 등을 들어 성적 학대행위에 해당하지 않는다고 본 원심의 판단에 아동복지법 제17조 제2호에서 정한 '성적 학대행위'에 관한 법리오해의 잘못이 있다.(대법원 2020. 10. 29., 선고, 2018도16466, 판결)

■ **판례** ■ 아동복지법상 아동에 대한 성적 학대행위에 해당하는지 판단할 때 아동이 명시적인 반대의사를 표시하지 않았더라도 성적 자기결정권을 행사하여 자신을 보호할 능력이 부족한 상황에 기인한 것인지를 가려보아야 하는지 여부(적극) / 아동복지법상 아동매매죄에서 아동 자신이 동의하였더라도 유죄가 인정되는지 여부(적극)

국가와 사회는 아동·청소년에 대하여 다양한 보호의무를 부담한다. 법원은 아동·청소년이 피해자인 사건에서 아동·청소년이 특별히 보호되어야 할 대상임을 전제로 판단해왔다. 아동복지법상 아동에 대한 성적 학대행위에 해당하는지 판단하는 경우 아동이 명시적인 반대의사를 표시하지 아니하였더라도 성적 자기결정권을 행사하여 자신을 보호할 능력이 부족한 상황에 기인한 것인지 가려보아야 하고, 아동복지법상 아동매매죄에서 설령 아동 자신이 동의하였더라도 유죄가 인정된다. 아동·청소년이 자신을 대상으로 음란물을 제작하는 데에 동의하였더라도 원칙적으로 아동·청소년의 성보호에 관한 법률상 아동·청소년이용 음란물 제작죄를 구성한다. (대법원 2022. 7. 28., 선고, 2020도12419, 판결

2. 아동에게 음행을 시키는 행위

1) 적용법조 : 제71조 제1항 제1의2호, 제17조 제2호, 식품위생법위반(무허가 유흥주점업)

☞ 공소시효 10년

> **제17조(금지행위)** 누구든지 다음 각 호의 어느 하나에 해당하는 행위를 하여서는 아니 된다.
> 2. 아동에게 음란한 행위를 시키거나 이를 매개하는 행위 또는 아동에게 성적 수치심을 주는 성희롱 등의 성적 학대행위

2) 범죄사실 기재례

[기재례1] 아동을 종업원으로 고용 음란행위

> 가. 식품위생법 위반
> 　피의자는 20○○. ○. ○.부터 20○○. ○. ○.경까지 ○○에 방 3개, 주방 1개 등의 영업시설을 갖추고, 종업원 甲(여, 17세) 외 3명을 접대부로 고용하여 위 업소를 찾는 불특정다수의 고객들을 상대로 술시중을 들게 하면서 1일 평균 약 ○○만원 상당의 술과 안주 등을 조리·판매하는 유흥음식점영업을 하였다.
> 나. 아동복지법 위반
> 　피의자는 20○○. ○. ○. 22:00경 ○○에 있는 몰라모텔에서 위 甲녀로 하여금 위 업소의 고객인 성명미상의 남자와 성교를 하게 함으로써 아동에게 음란행위를 시켰다.

✱ 18세 이상의 여자에게 음행을 시킨 경우에는 성매매알선등행위의처벌에관한법률, 풍속영업의규제에관한법률을 적용

[기재례2] 아동에 대한 음행강요 · 매개 · 성희롱 등

누구든지 아동에게 음란한 행위를 시키거나 이를 매개하는 행위 또는 아동에게 성적 수치심을 주는 성희롱 등의 성적 학대행위를 하여서는 아니 된다.

그럼에도 피의자는 20○○. 7.경부터 20○○. 10. 20.경까지 인터넷 사이트를 통해 알게 된 아동인 피해자 甲(여, 10세)에게 카카오톡 문자메시지로 "생식기에 손가락을 넣은 채 사진을 찍어 보내라."고 요구하였으나 피해자가 이를 거절하자 "사진을 보내지 않으면 집에 찾아가겠다."라고 협박하였다.

이에 겁을 먹은 피해자로 하여금 생식기에 손가락을 넣은 채 사진을 찍게 한 뒤 카카오톡 문자메시지로 보내게 하는 등 매일 피해자로 하여금 음란한 행위를 하게 하거나 피해자에게 성적 수치심을 주는 성희롱 등의 성적 학대행위를 하였다.

피의자는 이를 비롯하여, 별지 범죄일람표 기재와 같이 총 ○○명의 아동인 피해자에게 음란한 행위를 하게 하거나 피해자에게 성적 수치심을 주는 성희롱 등의 성적 학대행위를 하였다.

[기재례3] 아동 성적학대행위

1. 아동복지법위반(아동에대한음행강요 · 매개 · 성희롱등)

누구든지 아동에게 음란한 행위를 시키거나 이를 매개하는 행위 또는 아동에게 성적 수치심을 주는 성희롱 등의 성적 학대행위를 하여서는 아니 된다.

그럼에도 피의자는 20○○. 7.경부터 20○○. 10. 20.경까지 인터넷 사이트를 통해 알게 된 아동인 피해자 갑(여, 10세)에게 카카오톡 문자메시지로 "생식기에 손가락을 넣은 채 사진을 찍어 보내라."고 요구하였으나 피해자가 이를 거절하자 "사진을 보내지 않으면 집에 찾아가겠다."라고 협박하여 이에 겁을 먹은 피해자로 하여금 생식기에 손가락을 넣은 채 사진을 찍게 한 뒤 카카오톡 문자메시지로 보내게 하는 등 매일 피해자로 하여금 음란한 행위를 하게 하거나 피해자에게 성적 수치심을 주는 성희롱 등의 성적 학대행위를 한 것을 비롯하여, 별지 범죄 일람표 1 기재와 같이 총 ○○명의 아동인 피해자에게 음란한 행위를 하게 하거나 피해자에게 성적 수치심을 주는 성희롱 등의 성적 학대행위를 하였다.

2. 정보통신망이용촉진및정보보호등에관한법률위반(음란물유포)

누구든지 정보통신망을 이용하여 음란한 부호 · 문언 · 음향 · 화상 또는 영상을 배포 · 판매 · 임대하거나 공공연하게 전시하여서는 아니 된다.

그럼에도 피의자는 20○○. ○. ○. 12:00경 휴대전화를 이용하여 카카오톡 단체 대화방을 개설한 뒤 성명불상의 수신자들에게 성명불상 여자의 나체 음부 사진을 전송한 것을 비롯하여 별지 범죄 일람표 2 기재와 같이 총 187회에 걸쳐 음란한 화상 또는 영상을 배포하였다.

[기재례4] 휴대전화 이용 아동 성적 학개

피의자는 20○○. ○. ○. 15:00경부터 같은 날 17:00경까지 사이에 ○○에 있는 ○○○ 옆 놀이터에서, 피의자 운전의 (차량번호) ○○차량을 타고 지나가다가 위 놀이터에서 휴대폰으로 사진을 촬영하며 놀고 있던 피해자 갑(여, 14세), 피해자 을(여, 13세)을 발견하고는 위 차량을 위 놀이터 옆에 주차한 후 피해자들에게 다가가 "나도 사진을 좀 찍어 달라"라고 수

차례 말하여 피해자 갑이 피해자의 휴대폰으로 피의자의 사진을 찍어주자, 이를 자신의 휴대폰으로 전송해 달라고 하였으나 피해자가 이를 거부하였다.

그러자 피의자는 피해자들에게 "그럼 나랑 같이 페이스북 하지 않을래"라고 말하였고 이에 피해자들이 거부하자, 다시 피해자들에게 "너희들 남자 고추 본 적이 있나"라고 물어보았고, 피해자들이 놀라는 표정을 짓자 곧이어 "고추 보여줄까"라고 말하였다.

이로써 피의자는 아동인 피해자들에게 성적 수치심을 주는 성희롱 등의 성적 학대행위를 하였다.

[기재례5] 카카오톡 이용 성적 학대

피의자와 피해자 갑(16세, 지적장애 3급, 여)은 3년 전부터 인터넷게임을 통해 알게 된 사이로, 200○.○.○.경 피의자는 피해자와 카카오톡 대화를 하다가, 피해자의 가슴사진을 촬영하여 전송해라, 그렇지 않으면, 당분간 연락을 하지 않고, 카카오톡 대화도하지 않겠다고 말하여, 피해자에게 가슴 사진을 촬영하게 하고, 이를 카카오톡으로 전송받는 등 이를 이용하여 성적 만족을 얻기 위해 성희롱하여 피해자의 정상적 발달을 저해할 수 있는 성적학대행위를 하였다.

3) 신문사항

- 종업원으로 甲을 고용한 일이 있는가
- 언제 어떤 조건으로 고용하였나
- 甲은 아동이라는 것을 알고 있는가
- 보호자를 확인하였는가
- 甲 등을 고용하여 유흥주점 영업을 한 일이 있는가
- 언제부터 언제까지 어떤 유흥주점업을 하였나
- 유흥주점업에 대한 허가를 받았나
- 甲 등의 보수는 어떻게 주었나
- 甲으로 하여금 손님들과 성교하도록 한 일이 있는가
- 언제 누구와 같이 하도록 하였나
- 아동인 甲에게 음란행위를 시킨 것에 대해 어떻게 생각하는가
- 甲외 또 다른 아동을 종업원으로 고용하고 있는가
- 종업원은 모두 몇 명이며 1일 매상은 얼마인가

■ **판례** ■   행위자 자신이 직접 아동의 음행의 상대방이 된 경우

구 아동복지법(2000. 1. 12. 법률 제6151호로 전문 개정되기 전의 것) 제18조 제5호는 '아동에게 음행을 시키는' 행위를 금지행위의 하나로 규정하고 있는바, 여기에서 '아동에게 음행을 시킨다'는 것은 행위자가 아동으로 하여금 제3자를 상대방으로 하여 음행을 하게 하는 행위를 가리키는 것일 뿐 행위자 자신이 직접 그 아동의 음행의 상대방이 되는 것까지를 포함하는 의미로 볼 것은 아니다. (대법원 2000.4.25. 선고 2000도223 판결).

■ **판례** ■   구 아동복지법상 금지되는 '성적 학대행위'의 의미와 판단 기준 / 피해 아동이 성적 자기결정권을 행사하거나 자신을 보호할 능력이 부족한 경우, 행위자의 요구에 명시적인 반대 의사를 표시하지 아니하였거나 행위자의 행위로 인해 현실적으로 육체적 또는 정신적 고통을 느끼지 아니하는 등의 사정만으로 성적 학대행위에 해당하지 않는다고 단정할 수 있는지 여부(소극)

[1] 사실관계

A육군 이병이던 피고인은 인터넷 게임을 통하여 알게 된 초등학교 4학년의 피해자(여, 10세)와 휴대폰을 이용하여 영상통화를 하던 중 '화장실에 가서 배 밑에 있는 부분을 보여달라'고 요구하였고, 이에 피해자는 영상통화를 하면서 피고인에게 바지와 팬티를 벗고 음부를 보여주거나 아예 옷을 전부 다 벗고 음부를 보여주기도 한 사실, 피고인은 2012. 7. 21. 피해자와 처음으로 전화통화를 한 이후 2012. 7. 25.까지 약 50여 회 이상 음성통화 또는 SMS를 통해 피해자와의 연락을 시도하였고, 그 과정에서 피해자는 2012. 7. 21.등 3일 동안 3회에 걸쳐 영상통화를 통해 피고인에게 음부를 보여주었다.

[2] 판결요지

구 아동복지법(2011. 8. 4. 법률 제11002호로 전부 개정되기 전의 것, 이하 같다)의 입법목적(제1조), 기본이념(제3조 제2항, 제3항) 및 같은 법 제2조 제4호, 제29조 제2호의 내용 등을 종합하면, 구 아동복지법상 금지되는 성적 학대행위란 아동에게 성적 수치심을 주는 성희롱, 성폭행 등의 행위로서 아동의 건강·복지를 해치거나 정상적 발달을 저해할 수 있는 성적 폭력 또는 가혹행위를 말하고, 이에 해당하는지 여부는 행위자 및 피해 아동의 의사·성별·연령, 피해 아동이 성적 자기결정권을 제대로 행사할 수 있을 정도의 성적 가치관과 판단능력을 갖추었는지 여부, 행위자와 피해 아동의 관계, 행위에 이르게 된 경위, 구체적인 행위 태양, 행위가 피해 아동의 인격 발달과 정신 건강에 미칠 수 있는 영향 등의 구체적인 사정을 종합적으로 고려하여 시대의 건전한 사회통념에 따라 객관적으로 판단하여야 한다. 한편 피해 아동이 성적 가치관과 판단능력이 충분히 형성되지 아니하여 성적 자기결정권을 행사하거나 자신을 보호할 능력이 상당히 부족한 경우라면 자신의 성적 행위에 관한 자기결정권을 자발적이고 진지하게 행사할 것이라 기대하기는 어려우므로, 행위자의 요구에 피해 아동이 명시적인 반대 의사를 표시하지 아니하였거나 행위자의 행위로 인해 피해 아동이 현실적으로 육체적 또는 정신적 고통을 느끼지 아니하는 등의 사정이 있다 하더라도, 이러한 사정만으로 행위자의 피해 아동에 대한 성희롱 등의 행위가 구 아동복지법 제29조 제2호의 '성적 학대행위'에 해당하지 아니한다고 단정할 것은 아니다.(대법원 2015.7.9. 선고, 2013도7787, 판결)

■ **판례** ■   아동복지법상 아동매매죄는 대가를 받고 아동의 신체를 인계·인수함으로써 성립하는지 여부(적극) 및 아동이 명시적인 반대 의사를 표시하지 아니하거나 동의·승낙의 의사를 표시하였다는 사정이 아동매매죄 성립에 영향을 미치는지 여부(소극)

아동복지법 제17조 제1호의 '아동을 매매하는 행위'는 '보수나 대가를 받고 아동을 다른 사람에게 넘기거나 넘겨받음으로써 성립하는 범죄'로서, '아동'은 같은 법 제3조 제1호에 의하면 18세 미만인 사람을 말한다. 아동은 아직 가치관과 판단능력이 충분히 형성되지 아니하여 자기결정권을 자발적이고 진지하게 행사할 것을 기대하기가 어렵고, 자신을 보호할 신체적·정신적 능력이 부족할 뿐 아니라, 보호자 없이는 사회적·경제적으로 매우 취약한 상태에 있으므로, 이러한 처지에 있는 아동을 마치 물건처럼 대가를 받고 신체를 인계·인수함으로써 아동매매죄가 성립하고, 설령 위와 같은 행위에 대하여 아동이 명시적인 반대 의사를 표시하지 아니하거나 더 나아가 동의·승낙의 의사를 표시하였다 하더라도 이러한 사정은 아동매매죄의 성립에 아무런 영향을 미치지 아니한다.(대법원 2015.8.27. 선고, 2015도6480, 판결)

■ **판례** ■   아동을 넘기거나 넘겨받는다는 의미와 실력적 지배 판단기준

[1] 아동복지법 제17조 제1호의 아동매매죄에서 '아동을 넘기거나 넘겨받는다'는 의미 및 해당 아동에 대한 실력적 지배가 있었는지 판단하는 기준

아동복지법 제17조 제1호의 아동매매죄는 보수나 대가를 받고 아동을 다른 사람에게 넘기거나 넘겨받음으로써 성립하는 범죄인데, 여기서 '아동을 넘기거나 넘겨받는다'는 의미는 아동을 실력으로 지배하고 있는 상태에서 아동의 신체에 대한 인수인계가 이루어지는 것이다. 그런데 아동복지법은 '아동'을 18세 미만인 사람으로 규정하고 있고 영유아에 한정하지 아니하므로 아동매매죄에서 해당 아동에 대한 실력적 지배가 있었는지는 해당 아동의 나이, 인지능력, 행위자(매도인이나 매수인)와의 관계, 당시 상황 등을 종합적으로 고려해서 판단하여야 한다.

[2] 피고인이 가출 상태인 甲(여, 13세)을 만나 성관계를 맺고 지인인 乙의 원룸에 5일 동안 머무르게 하면서, 인터넷 채팅을 통해 알게 된 丙에게 돈을 받고 甲을 넘기려고 하였으나 현장에 출동한 경찰관에게 체포됨으로써 甲을 매매하려다 미수에 그쳤다고 하여 구 아동복지법 위반으로 기소된 사안

甲이 乙의 원룸에 머물 당시 혼자서 집까지 찾아가기는 곤란했을 것으로 보이는 등 진정한 의사에 기하여 머물렀다고 볼 수 없는 점, 피고인이 인터넷 채팅을 통해 알게 되었을 뿐 신상에 관하여 전혀 아는 바가 없는 丙에게서 돈을 받고 甲을 넘겨주기로 한 것임에도, 甲에게는 丙을 잘 알고 있는 동생이라고 소개하고 돈을 받고 넘겨주기로 한 것에 관하여도 전혀 알려주지 않은 채 짐을 싸서 피고인을 따라나서게 한 점 등 제반 사정을 종합할 때, 피고인이 甲에게 직접적인 폭행이나 협박을 하지 않았더라도 당시 만 13세에 불과한 가출 상태인 甲을 충분히 실력으로 지배하고 있었으므로, 피고인에게 유죄를 선고한 제1심판결은 정당하다고 한 사례(창원지법 2015.4.16. 선고, 2015노573 판결).

■ **판례** ■   성적 학대행위의 의미와 판단기준

[1] 아복지법상 금지되는 '성적 학대행위'의 의미와 판단 기준

구 아동복지법(2011. 8. 4. 법률 제11002호로 전부 개정되기 전의 것, 이하 같다)의 입법목적(제1조), 기본이념(제3조 제2항, 제3항) 및 같은 법 제2조 제4호, 제29조 제2호의 내용 등을 종합하면, 구 아동복지법상 금지되는 성적 학대행위란 아동에게 성적 수치심을 주는 성희롱, 성폭행 등의 행위로서 아동의 건강·복지를 해치거나 정상적 발달을 저해할 수 있는 성적 폭력 또는 가혹행위를 말하고, 이에 해당하는지 여부는 행위자 및 피해 아동의 의사·성별·연령, 피해 아동이 성적 자기결정권을 제대로 행사할 수 있을 정도의 성적 가치관과 판단능력을 갖추었는지 여부, 행위자와 피해 아동의 관계, 행위에 이르게 된 경위, 구체적인 행위 태양, 행위가 피해 아동의 인격 발달과 정신 건강에 미칠 수 있는 영향 등의 구체적인 사정을 종합적으로 고려하여 시대의 건전한 사회통념에 따라 객관적으로 판단하여야 한다.

[2] 피해 아동이 성적 자기결정권을 행사하거나 자신을 보호할 능력이 부족한 경우, 행위자의 요구에 명시적인 반대 의사를 표시하지 아니하였거나 행위자의 행위로 인해 현실적으로 육체적 또는 정신적 고통을 느끼지 아니하는 등의 사정만으로 성적 학대행위에 해당하지 않는다고 단정할 수 있는지 여부(소극)

한편 피해 아동이 성적 가치관과 판단능력이 충분히 형성되지 아니하여 성적 자기결정권을 행사하거나 자신을 보호할 능력이 상당히 부족한 경우라면 자신의 성적 행위에 관한 자기결정권을 자발적이고 진지하게 행사할 것이라 기대하기는 어려우므로, 행위자의 요구에 피해 아동이 명시적인 반대 의사를 표시하지 아니하였거나 행위자의 행위로 인해 피해 아동이 현실적으로 육체적 또는 정신적 고통을 느끼지 아니하는 등의 사정이 있다 하더라도, 이러한 사정만으로 행위자의 피해 아동에 대한 성희롱 등의 행위가 구 아동복지법 제29조 제2호의 '성적 학대행위'에 해당하지 아니한다고 단정할 것은 아니다(대법원 2015.07.09. 선고 2013도7787 판결).

▪ 판례 ▪   아동복지법상 아동매매죄는 대가를 받고 아동의 신체를 인계·인수함으로써 성립하는지 여부(적극) 및 아동이 명시적인 반대 의사를 표시하지 아니하거나 동의·승낙의 의사를 표시하였다는 사정이 아동매매죄 성립에 영향을 미치는지 여부(소극)

아동복지법 제17조 제1호의 '아동을 매매하는 행위'는 '보수나 대가를 받고 아동을 다른 사람에게 넘기거나 넘겨받음으로써 성립하는 범죄'로서, '아동'은 같은 법 제3조 제1호에 의하면 18세 미만인 사람을 말한다. 아동은 아직 가치관과 판단능력이 충분히 형성되지 아니하여 자기결정권을 자발적이고 진지하게 행사할 것을 기대하기가 어렵고, 자신을 보호할 신체적·정신적 능력이 부족할 뿐 아니라, 보호자 없이는 사회적·경제적으로 매우 취약한 상태에 있으므로, 이러한 처지에 있는 아동을 마치 물건처럼 대가를 받고 신체를 인계·인수함으로써 아동매매죄가 성립하고, 설령 위와 같은 행위에 대하여 아동이 명시적인 반대 의사를 표시하지 아니하거나 더 나아가 동의·승낙의 의사를 표시하였다 하더라도 이러한 사정은 아동매매죄의 성립에 아무런 영향을 미치지 아니한다(대법원 2015.08.27. 선고 2015도6480 판결).

▪ 판례 ▪   아동복지법상 금지되는 '성적 학대행위'의 의미 및 성폭행의 정도에 이르지 아니한 성적 행위로서 성적 도의관념에 어긋나고 아동의 건전한 성적 가치관의 형성 등 완전하고 조화로운 인격발달을 현저하게 저해할 우려가 있는 행위가 이에 포함되는지 여부(적극)

아동복지법 제1조는 "이 법은 아동이 건강하게 출생하여 행복하고 안전하게 자랄 수 있도록 아동의 복지를 보장하는 것을 목적으로 한다."라고 규정하고 있고, 제2조는 "아동은 완전하고 조화로운 인격발달을 위하여 안정된 가정환경에서 행복하게 자라나야 한다(제2항). 아동에 관한 모든 활동에 있어서 아동의 이익이 최우선적으로 고려되어야 한다(제3항)."라고 규정하고 있다. 그리고 제3조 제7호에서는 아동학대를 "보호자를 포함한 성인이 아동의 건강 또는 복지를 해치거나 정상적 발달을 저해할 수 있는 신체적·정신적·성적 폭력이나 가혹행위를 하는 것과 아동의 보호자가 아동을 유기하거나 방임하는 것"이라고 정의하면서, 제17조 제2호에서 "누구든지 아동에게 음란한 행위를 시키거나 이를 매개하는 행위 또는 아동에게 성적 수치심을 주는 성희롱 등의 성적 학대행위를 하여서는 아니 된다."라고 하고 있다. '아동에게 음란한 행위를 시키는 행위'는 아동복지법 제정 당시부터 금지행위의 유형에 포함되어 있었으나, '성적 학대행위'는 2000. 1. 12. 법률 제6151호로 아동복지법이 전부 개정되면서 처음으로 금지행위의 유형에 포함되었고, 그 문언도 처음에는 "아동에게 성적 수치심을 주는 성희롱, 성폭행 등의 학대행위"였다가 2011. 8. 4. 법률 제11002호로 전부 개정 시 "아동에게 성적 수치심을 주는 성희롱·성폭력 등의 학대행위"로, 2014. 1. 28. 법률 제12361호로 개정 시 "아동에게 성적 수치심을 주는 성희롱 등의 성적 학대행위"로 각 변경됨으로써 현재는 성적 학대행위의 예로 '성폭행'이나 '성폭력'은 삭제되고 '성희롱'만을 규정하고 있다. 그리고 '성적 학대행위'가 위와 같이 금지행위의 유형에 포함된 이후부터 아동복지법이 2014. 1. 28. 법률 제12361호로 개정되기 전까지 아동복지법은 '아동에게 음행을 시키는 행위'와 '성적 학대행위'를 각각 다른 호에서 금지행위로 규정하면서 전자는 10년 이하의 징역 또는 5천만 원 이하의 벌금으로, 후자는 5년 이하의 징역 또는 3천만 원 이하의 벌금으로 처벌하는 등 법정형을 달리하였으나, 아동복지법이 2014. 1. 28. 개정되면서 같은 호에서 같은 법정형(10년 이하의 징역 또는 5천만 원 이하의 벌금)으로 처벌하게 되었다(제17조 제2호, 제71조 제1항 제1호의2 참조). 이러한 아동복지법의 입법목적과 기본이념, '아동에게 음란한 행위를 시키는 행위'와 '성적 학대행위'를 금지하는 규정의 개정 경과 등을 종합하면, 아동복지법상 금지되는 '성적 학대행위'는 아동에게 성적 수치심을 주는 성희롱 등의 행위로서 아동의 건강·복지를 해치거나 정상적 발달을 저해할 수 있는 성적 폭력 또는 가혹행위를 의미하고, 이는 '음란한 행위를 시키는 행위'와는 별개의 행위로서, 성폭행의 정도에 이르지 아니한 성적 행위도 그것이 성적 도의관념에 어긋나고 아동의 건전한 성적 가치관의 형성 등 완전하고 조화로운 인격발달을 현저하게 저해할 우려가 있는 행위이면 이에 포함된다.(대법원 2017.6.15. 선고, 2017도3448, 판결)

■ **판례** ■ 　아동에 대한 음행강요 · 매개 · 성희롱등

[1] 아동 · 청소년을 타인의 성적 침해 또는 착취행위로부터 보호하고자 하는 이유 / 아동 · 청소년이 타인의 기망이나 왜곡된 신뢰관계의 이용에 의하여 외관상 성적 결정 또는 동의로 보이는 언동을 한 경우 이를 아동 · 청소년의 온전한 성적 자기결정권의 행사에 의한 것이라고 평가할 수 있는지 여부 (소극)

국가와 사회는 아동 · 청소년에 대하여 다양한 보호의무를 부담한다. 국가는 청소년의 복지향상을 위한 정책을 실시하고(헌법 제34조 제4항), 초 · 중등교육을 실시할 의무(교육기본법 제8조)를 부담한다. 사법 영역에서도 마찬가지여서 친권자는 미성년자를 보호하고 양육하여야 하고(민법 제913조), 미성년자가 법정대리인의 동의 없이 한 법률행위는 원칙적으로 그 사유에 제한 없이 취소할 수 있다(민법 제5조). 법원도 아동 · 청소년이 피해자인 사건에서 아동 · 청소년이 특별히 보호되어야 할 대상임을 전제로 판단해 왔다. 대법원은 아동복지법상 아동에 대한 성적 학대행위 해당 여부를 판단함에 있어 아동이 명시적인 반대 의사를 표시하지 아니하였더라도 성적 자기결정권을 행사하여 자신을 보호할 능력이 부족한 상황에 기인한 것인지 가려보아야 한다는 취지로 판시하였고, 아동복지법상 아동매매죄에 있어서 설령 아동 자신이 동의하였더라도 유죄가 인정된다고 판시하였다. 아동 · 청소년이 자신을 대상으로 음란물을 제작하는 데에 동의하였더라도 원칙적으로 아동 · 청소년의 성보호에 관한 법률상 아동 · 청소년이용 음란물 제작죄를 구성한다는 판시도 같은 취지이다.

이와 같이 아동 · 청소년을 보호하고자 하는 이유는, 아동 · 청소년은 사회적 · 문화적 제약 등으로 아직 온전한 자기결정권을 행사하기 어려울 뿐만 아니라, 인지적 · 심리적 · 관계적 자원의 부족으로 타인의 성적 침해 또는 착취행위로부터 자신을 방어하기 어려운 처지에 있기 때문이다. 또한 아동 · 청소년은 성적 가치관을 형성하고 성 건강을 완성해 가는 과정에 있으므로 아동 · 청소년에 대한 성적 침해 또는 착취행위는 아동 · 청소년이 성과 관련한 정신적 · 신체적 건강을 추구하고 자율적 인격을 형성 · 발전시키는 데에 심각하고 지속적인 부정적 영향을 미칠 수 있다. 따라서 아동 · 청소년이 외관상 성적 결정 또는 동의로 보이는 언동을 하였더라도, 그것이 타인의 기망이나 왜곡된 신뢰관계의 이용에 의한 것이라면, 이를 아동 · 청소년의 온전한 성적 자기결정권의 행사에 의한 것이라고 평가하기 어렵다.

[2] '성적 자기결정권'의 의미와 내용 / 위계에 의한 간음죄를 비롯한 강간과 추행의 죄의 보호법익(= 소극적인 성적 자기결정권)

성적 자기결정권은 스스로 선택한 인생관 등을 바탕으로 사회공동체 안에서 각자가 독자적으로 성적 관념을 확립하고 이에 따라 사생활의 영역에서 자기 스스로 내린 성적 결정에 따라 자기책임하에 상대방을 선택하고 성관계를 가질 권리로 이해된다. 여기에는 자신이 하고자 하는 성행위를 결정할 권리라는 적극적 측면과 함께 원치 않는 성행위를 거부할 권리라는 소극적 측면이 함께 존재하는데, 위계에 의한 간음죄를 비롯한 강간과 추행의 죄는 소극적 성적 자기결정권을 침해하는 것을 내용으로 한다.

[3] 피고인이 아동인 甲(여, 15세)과 성관계를 하던 중 甲이 중단을 요구하는데도 계속하여 甲을 간음함으로써 '성적 학대행위'를 하였다고 하여 아동복지법 위반으로 기소된 사안

甲이 성적 자기결정권을 제대로 행사할 수 있을 정도의 성적 가치관과 판단능력을 갖추었는지 여부 등을 신중하게 판단하였어야 한다는 이유로, 이와 달리 만 15세인 甲의 경우 일반적으로 미숙하나마 자발적인 성적 자기결정권을 행사할 수 있는 연령대로 보이는 점, 군검사 역시 피고인이 甲과 성관계를 가진 자체에 대하여는 학대행위로 기소하지 아니한 점 등을 들어 성적 학대행위에 해당하지 않는다고 본 원심의 판단에 아동복지법 제17조 제2호에서 정한 '성적 학대행위'에 관한 법리오해의 잘못이 있다.(대법원 2020. 10. 29., 선고, 2018도16466, 판결)

3. 아동 신체적 학대행위

1) 적용법조 : 제71조 제1항 제2호, 제17조 제3호 ☞ 공소시효 7년

> 제17조(금지행위) 누구든지 다음 각 호의 어느 하나에 해당하는 행위를 하여서는 아니된다.
> 3. 아동의 신체에 손상을 주거나 신체의 건강 및 발달을 해치는 신체적 학대행위

2) 범죄사실 기재례

[기재례1] 보육교사의 아동 신체적 학대

> 피의자는 ○○에 있는 △△어린이집원장 겸 ○○반을 담당하는 보육교사이다
> 누구든지 아동의 신체에 손상을 주거나 신체의 건강 및 발달을 해치는 신체적 학대행위를
> 하여서는 아니 된다.
> 가. 피해자 '갑' 관련
> 피의자는 20○○. ○. ○.경 위 △△어린이집에서 피의자가 담당하고 있는 아동인 피해자 갑(여, 당
> 시 4세)이 말을 듣지 않는다는 이유로 주먹으로 입을 2회 때려 입술이 빨갛게 부어오르게 하였다.
> 나. 피해자 '을' 관련
> 피의자는 20○○. ○. ○.경 위 △△어린이집에서 피의자가 담당하고 있는 아동인 피해자
> 을(여, 당시 4세)의 귀를 잡아당겨 피가 맺히게 하였다.
> 이로써 피의자는 아동인 피해자들의 신체에 손상을 주거나 신체의 건강 및 발달을 해치는
> 신체적 학대행위를 하였다.

[기재례2] 친부의 자녀 신체적 학대

> 피의자는 아동인 피해자 갑(16세)의 친부로서 ○○에 있는 ○○아파트 11동 22호에서 피해
> 아동을 양육해 오던 중 20○○.○.○.21:00경 위 거실에서 피해자가 청소를 하면서 물을 많
> 이 사용했다는 이유로 피해자에게 '개새끼야. 니가 한게 뭐 있냐! 학교 다니지 말고 돈 벌
> 어라'는 등의 욕설을 하면서 등긁개(일명 효자손)로 피해자의 머리, 목, 팔 등을 수십 회 때
> 려 피해자의 머리 부위에 혹이 나고, 목, 어깨, 팔목, 팔꿈치, 손등에 멍이 들게 하였다.
> 이로써 피의자는 총 2회에 걸쳐 아동인 피해자의 신체에 손상을 주고 건강 및 발달을 해
> 치는 신체적 학대행위를 각 하였다

3) 신문사항

- 언제부터 어린이집을 운영하고 있는가
- 어린이집의 규모는(보육교사, 원생 수 등)
- 피의자의 역할은(담당하고 있는 아동 수 등)
- 돌보고 있는 아동을 학대한 사실이 있는가
- 누구를 학대하였는가

- 언제 어디에서 학대하였나
- 어떤 방법으로 학대하였다
- 또 다른 아동을 학대하였는가

■ **판례** ■　아동학대의 목적이나 의도가 있어야 하는지 여부

[1] 아동복지법 제17조 제3호에서 규정한 '아동의 신체에 손상을 주거나 신체의 건강 및 발달을 해치는 신체적 학대행위'에 아동의 신체건강과 그 정상적인 발달을 저해한 결과를 초래할 위험 또는 가능성이 발생한 경우가 포함되는지 여부(적극) 및 위 죄의 범의는 반드시 아동학대의 목적이나 의도가 있어야 인정되는지 여부(소극)

아동복지법 제3조 제7호는 '아동학대'란 '보호자를 포함한 성인이 아동의 건강 또는 복지를 해치거나 정상적 발달을 저해할 수 있는 신체적·정신적·성적 폭력이나 가혹행위를 하는 것과 아동의 보호자가 아동을 유기하거나 방임하는 것'이라고 규정하고, 같은 법 제17조 제3호에서 '아동의 신체에 손상을 주거나 신체의 건강 및 발달을 해치는 신체적 학대행위'를 금지행위로서 규정하고 있다. 한편 형법상 학대죄는 단순히 상대방의 인격에 대한 반인륜적 침해만으로는 부족하고 적어도 유기에 준할 정도에 이르러야 한다고 해석되고 있으나, 형법상 학대죄는 생명, 신체를 보호법익으로 하여 보호 또는 감독을 받는 자를 보호대상으로 하는 데 반하여, 아동복지법은 아동의 건강과 복지를 보호법익으로 하고(아동복지법 제1조), 18세 미만인 사람만을 보호대상으로 하며(아동복지법 제3조 제1호), 아동의 경우 완전하고 조화로운 인격발달을 위하여 사회적으로 보호받을 필요성에서 성인에 비하여 보호가치가 크므로, 아동복지법상 학대의 개념은 형법상 학대의 개념보다 넓게 해석하는 것이 타당하다.

위와 같은 아동복지법의 입법 목적, 일반적인 아동의 지적 수준과 신체발달 정도, 신체적 학대행위가 있었던 경우 그로 인하여 신체의 건강 및 발달이 저해되었는지를 정확히 확인하는 것은 현실적으로 쉽지 않은 점 등에 비추어 보면, 아동복지법 제17조 제3호에서 규정한 '아동의 신체에 손상을 주거나 신체의 건강 및 발달을 해치는 신체적 학대행위'에는 현실적으로 아동의 신체건강과 그 정상적인 발달을 저해한 경우뿐만 아니라 그러한 결과를 초래할 위험 또는 가능성이 발생한 경우도 포함되고, 위 죄의 범의는 반드시 아동학대의 목적이나 의도가 있어야 인정되는 것이 아니고, 아동의 신체건강 및 발달의 저해라는 결과를 발생시킬 가능성 또는 위험이 있는 행위 자체를 인식하거나 예견하고 이를 용인하면 족하다.

[2] 어린이집 보육교사인 피고인이, 보육 아동인 甲(만 1세)이 수업에 집중하지 않거나 잠을 자지 않는다는 등의 이유로 甲의 팔을 움켜잡아 강하게 흔들고, 이마에 딱밤을 때리고, 색연필 뒷부분으로 볼을 찌르거나 손으로 볼을 꼬집고, 손으로 엉덩이를 때리거나 자신의 다리를 甲의 몸 위에 올려놓고 누르는 등으로 5회에 걸쳐 신체적 학대행위를 하였다고 하여 아동학대범죄의 처벌 등에 관한 특례법 위반(아동복지시설종사자등의아동학대)으로 기소된 사안

甲은 보육교사의 강한 훈육이나 신체적 유형력을 통한 지도가 필요할 정도로 잘못된 행위를 하지 아니하였음에도 피고인은 甲을 훈육한다는 명목으로 몸을 세게 잡고 흔들거나 자리에 던지듯이 눕히거나 엉덩이를 때리는 등의 행위를 한 점 등 제반 사정을 종합하면, 피고인의 행위는 甲의 신체를 손상하거나 신체의 건강 및 발달을 해치는 신체적 학대행위에 해당하고, 피고인의 지위, 신체적 학대행위에 이르게 된 경위, 학대행위의 정도, 甲이 나름대로 아프다거나 싫다는 등의 의사를 표현한 점 등에 비추어 피고인에게 신체적 학대의 고의가 있었음을 충분히 인정할 수 있으며, 당시 甲에게 강한 훈육이나 신체적 유형력을 통한 지도가 필요한 상황이라고 보기 어려울뿐더러, 설령 甲이 잘못된 행위를 하여 적정한 훈육이 필요한 상황이었더라도 정당한 보육 내지 훈육행위로서 사회통념상 객관적 타당성을 갖추었다고 보기 어려우므로, 피고인의 행위는 관계 법령 등에 의한 정당행위에 해당하지 않는다.(울산지법 2017.8.4, 선고, 2017노542, 판결)

■ **판례** ■ 어린이집 교사인 피고인 甲이 아동인 피해자들의 입을 주먹으로 때리거나 귀를 잡아당기거나 머리를 주먹이나 손바닥으로 때리는 등 아동에 대한 신체적 학대행위를 하였다고 하여 피고인 甲과 어린이집 원장인 피고인 乙이 아동복지법 및 아동학대범죄의 처벌 등에 관한 특례법 위반으로 기소된 사안

피고인 乙이 아동복지법 및 아동학대범죄의 처벌 등에 관한 특례법 위반으로 기소된 사안에서, 피고인 甲의 체벌에 대하여 피해자들이 느낀 체벌의 강도와 두려움을 고려할 때 피고인 甲의 각 행위는 아동복지법상 '아동의 신체에 손상을 주거나 신체의 건강 및 발달을 해치는 신체적 학대행위'에 해당하나, 한편 피고인 乙은 직접 아동학대 예방 온라인 교육을 수료하고 어린이집 교사들에게도 아동학대 관련 교육을 수료하도록 지도한 점, 매주 어린이집 교사들과 회의하면서 아동에 대한 교육을 직접 지도하고 어린이집 교육사정을 검토·관리한 점, 평소 어린이집 복도를 돌아다니며 아동들의 교육상황을 관찰하였고 학부모들과 정기적으로 소통하였으며, 교사들에게 업무일지, 교육일지를 쓰게 하여 이를 보며 교육상황을 점검한 점 등 제반 사정을 종합할 때 어린이집 원장으로서 그 업무에 관하여 상당한 주의와 감독을 게을리하였다고 단정하기 어렵다는 이유로 피고인 甲에게 유죄, 피고인 乙에게 무죄를 선고(춘천지법 2017.1.19. 선고, 2015노945, 판결)

■ **판례** ■ 아동학대범죄의 처벌 등에 관한 특례법 제34조의 취지 및 같은 법 시행일 당시 범죄행위가 종료되었으나 아직 공소시효가 완성되지 아니한 아동학대범죄에 대하여 같은 법 제34조 제1항이 적용되는지 여부(적극)

아동학대범죄의 처벌 등에 관한 특례법(2014. 1. 28. 법률 제12341호로 제정되어 2014. 9. 29. 시행되었으며, 이하 '아동학대처벌법'이라 한다)은 아동학대범죄의 처벌에 관한 특례 등을 규정함으로써 아동을 보호하여 아동이 건강한 사회 구성원으로 성장하도록 함을 목적으로 제정되었다. 아동학대처벌법 제2조 제4호 (타)목은 아동복지법 제71조 제1항 제2호, 제17조 제3호에서 정한 '아동의 신체에 손상을 주거나 신체의 건강 및 발달을 해치는 신체적 학대행위'[구 아동복지법(2011. 8. 4. 법률 제11002호로 전부 개정되기 전의 것) 제29조 제1호 '아동의 신체에 손상을 주는 학대행위'에 상응하는 규정이다]를 아동학대범죄의 하나로 규정하고, 나아가 제34조는 '공소시효의 정지와 효력'이라는 표제 밑에 제1항에서 "아동학대범죄의 공소시효는 형사소송법 제252조에도 불구하고 해당 아동학대범죄의 피해아동이 성년에 달한 날부터 진행한다."라고 규정하며, 부칙은 "이 법은 공포 후 8개월이 경과한 날부터 시행한다."라고 규정하고 있다. 이처럼 아동학대처벌법은 신체적 학대행위를 비롯한 아동학대범죄로부터 피해아동을 보호하기 위한 것으로서, 같은 법 제34조 역시 아동학대범죄가 피해아동의 성년에 이르기 전에 공소시효가 완성되어 처벌대상에서 벗어나지 못하도록 진행을 정지시킴으로써 보호자로부터 피해를 입은 18세 미만 아동을 실질적으로 보호하려는 취지이다.

이러한 아동학대처벌법의 입법 목적 및 같은 법 제34조의 취지를 공소시효를 정지하는 특례조항의 신설·소급에 관한 법리에 비추어 보면, 비록 아동학대처벌법이 제34조 제1항의 소급적용 등에 관하여 명시적인 경과규정을 두고 있지는 아니하나, 위 규정은 완성되지 아니한 공소시효의 진행을 일정한 요건 아래에서 장래를 향하여 정지시키는 것으로서, 시행일인 2014. 9. 29. 당시 범죄행위가 종료되었으나 아직 공소시효가 완성되지 아니한 아동학대범죄에 대하여도 적용된다.(대법원 2016.9.28. 선고, 2016도7273, 판결)

■ **판례** ■ 구 아동복지법 제17조 제3호에서 금지행위의 하나로 규정한 '아동의 신체에 손상을 주는 학대행위'에서 '신체에 손상을 준다'의 의미

구 아동복지법(2014. 1. 28. 법률 제12361호로 개정되기 전의 것) 제17조 제3호는 "아동의 신체에 손상을 주는 학대행위"를 금지행위의 하나로 규정하고 있는데, 여기에서 '신체에 손상을 준다'란 아동의 신체에 대한 유형력의 행사로 신체의 완전성을 훼손하거나 생리적 기능에 장애를 초래하는 '상해'의 정도에까지는 이르지 않더라도 그에 준하는 정도로 신체에 부정적인 변화를 가져오는 것을 의미한다.(대법원 2016.5.12. 선고, 2015도6781, 판결)

4. 아동 정서적 학대행위

1) 적용법조 : 제71조 제1항 제2호, 제17조 제5호   ☞   공소시효 7년

> 제17조(금지행위) 누구든지 다음 각 호의 어느 하나에 해당하는 행위를 하여서는 아니된다.
>   5. 아동의 정신건강 및 발달에 해를 끼치는 정서적 학대행위

2) 범죄사실 기재례

[기재례1] 정서적 학대 (제17조 제5호)

> 피의자 A는 피해자 C(여, 5세)의 외할머니이고, 피의자 B는 피해자의 친어머니이다.
> 가. 아동복지법위반(아동유가방임)
>   피의자들은 20○○.○.○.경부터 20○○.○.○.경까지 ○○에 있는 피의자들의 주거지에서 피해자를 양육하면서, 피해자가 바지를 입은 채로 소변을 보는 등 말썽을 부린다는 이유로 수시로 피해자에게 아침 식사와 점심식사를 제공하지 않은 채 굶기고, 피해자가 영양결핍 및 성장부진 상태에 있다는 사실을 알면서도 병원치료를 받게 하지 않은 채 방치하여 피해자를 같은 연령의 평균 체중(14~15kg)보다 4~5kg가량 적게 나가는 심각한 영양결핍 및 성장부진 상태에 이르게 하였다.
>   이로써 피의자들은 공모하여, 피의자들의 보호·감독을 받는 아동인 피해자를 유기하거나 의식주를 포함한 기본적 보호·양육·치료 및 교육을 소홀히 하는 방임행위를 하였다.
> 나. 아동복지법위반(아동학대)
>   피의자들은 20○○.○.○. 20:00경 ○○에 있는 피의자들의 주거지에서 평소 피해자가 말을 잘 듣지 않고 말썽을 피웠다는 이유로 잠을 재우지 않은 채 피해자로 하여금 스스로 잘못을 말하게 하고, 피의자 A는 피해자에게 "하지 말라고. 거짓말? 아무것도 절대 안 돼. 앉아서 오줌 처벌 싸는 거 안 돼. 첫 번째는 거짓말이야. 째려보지 마. 만약에 약속 어길 때는 너 어떻게 한다고?"라고 말하여 피해자로 하여금 "바로 보육원에 보낸다고 했어요"라고 대답하게 한 후 "근데 그 꼬락서니를 누구한테 다 부리니 너는? 꼬락서니 누구한테 부려? 할미가 뭔 죄야? 할미가 죄지었니 너한테?"라고 화를 내고, 피의자 B는 이에 가담하여 피해자로 하여금 첫 번째, 두 번째, 세 번째로 지켜야 할 사항을 대답하게 하면서 휴대전화 음성녹음 기능을 이용하여 피의자들과 피해자의 대화 내용을 녹음하였다.
>   이로써 피의자들은 공모하여, 아동인 피해자의 정신건강 및 발달에 해를 끼치는 정서적 학대행위를 하였다.

[기재례2] 신체적 및 정서적 학대 (제17조 제3호, 제5호)

> 피의자는 피해자 갑(남, 17세)의 친부이다.
> 피의자는 20○○. ○. ○. 22:00경 ○○에 있는 피의자의 주거지에서, 술에 취해 큰소리로 욕설을 하는 등 소란을 피워 피해자가 피의자를 달래려 하자 갑자기 피해자에게 욕설을 하고, 피해자가 피의자를 피하여 피해자의 방에 들어가자, 같은 날 22:30경 주방에서 위험한 물건인 식칼(전체길이 ○○㎝, 칼날길이 ○○㎝)을 가져와 오른손에 든 채 피해자의 방에 들어가 피해자의 앞에 서서 칼을 들고 찌르거나 벨 듯이 수회 고쳐 쥐는 등 위협하면서 "네가 돈을

왜 가져가냐 이 새끼야'라고 욕설을 하고, 칼 등 부분으로 피해자의 머리를 4회 때렸다.

이로써 피의자는 위험한 물건을 휴대하여 피해자를 협박함과 동시에, 17세의 아동인 피해자의 신체에 손상을 주거나 신체의 건강 및 발달을 해치는 신체적 학대행위를 하고, 아동의 정신건강 및 발달에 해를 끼치는 정서적 학대행위를 하였다.

[기재례3] 정서적 학대 (제17조 제5호)

피의자는 20○○. ○. ○.경부터 20○○. ○. ○.경까지 ○○에 있는 ○○어린이집에서 보육교사로 근무한 사람이다.

피의자는 20○○. ○. ○.11:20경 위 어린이집에서 낮잠을 자기 위해 누워 있던 △△△반 원아인 피해아동 갑(여,3세)의 옆에 피의자의 휴대폰을 신경질적으로 집어 던진 후 무서운 영상을 틀어 주어 이를 시청한 피해아동으로 하여금 다리가 떨릴 정도로 극도의 공포심을 느껴 울음을 터뜨리게 하였다.

이로써 피의자는 아동의 정신건강 및 발달에 해를 끼치는 정서적 학대행위를 하였다.

3) 신문사항

- 언제부터 어린이집 보육교사 일을 하고 있는가
- 어린이집의 규모는(보육교사, 원생 수 등)
- 피의자의 역할은(담당하고 있는 아동 수 등)
- 돌보고 있는 아동을 학대한 사실이 있는가
- 누구를 학대하였는가
- 언제 어디에서 학대하였나
- 어떤 방법으로 학대하였다
- 또 다른 아동을 학대하였는가

■ **판례** ■　어린이집 보육교사인 피고인이, 낮잠을 자기 위해 누워 있던 원아인 甲(3세)에게 휴대전화로 무서운 영상을 틀어 주어 이를 시청한 甲이 다리가 떨릴 정도로 극도의 공포심을 느껴 울게 함으로써 아동복지법상 정서적 학대행위를 하였다는 내용으로 기소된 사안

아동복지법상 아동학대죄에서 정서적 학대행위는 유기에 준할 정도로 아동을 보호 없는 상태에 둠으로써 생명·신체에 위험을 가져올 수 있는 반인륜적 침해행위에까지 이를 필요는 없을지라도, 최소한 아동의 신체에 손상을 주는 등의 행위나 보호·감독 아래에 있는 아동을 유기하거나 방임하는 행위에 준하여 정서적 폭력이나 가혹행위 등으로 아동의 정신건강 및 발달에 위험을 가져올 것이 명백히 인정되는 행위로 해석함이 타당한데, 당시 甲의 반응과 행동을 살펴볼 때 피고인은 그 전에도 최소한 한 차례 이상 甲이 두려워하는 영상을 보여 주어 위협하면서 자신의 의사를 관철하여 온 것으로 보이는 점, 甲이 쉽게 공포심을 느끼는 소양이 있었더라도 이를 이용하여 공포심을 야기하는 영상을 강제로 보게 하는 행위가 정당화될 수는 없는 점, 甲은 어머니에게 불안감과 두려움을 호소하였고 그로 인해 심리 치료를 받았던 점 등에 비추어, 피고인의 행위는 甲의 정신건강 및 발달에 해를 끼치는 정서적 학대행위가 된다.(춘천지법 2016.1.22, 선고, 2015고단651, 판결)

■ **판례** ■   구 아동복지법 제17조 제5호에서 규정하는 "아동의 정신건강 및 발달에 해를 끼치는 정서적 학대행위"의 의미 / 여기에 아동의 정신건강과 정상적인 발달을 저해하는 결과를 초래할 위험 또는 가능성이 발생한 경우가 포함되는지 여부(적극) 및 위험 또는 가능성이 있음을 미필적으로 인식하면 충분한지 여부(적극)

구 아동복지법(2014. 1. 28. 법률 제12361호로 개정되기 전의 것) 제17조는 아동에 대한 금지행위로 제3호에서 '아동의 신체에 손상을 주는 학대행위'를 규정하고, 별도로 제5호에서 '아동의 정신건강 및 발달에 해를 끼치는 정서적 학대행위'를 규정하고 있는데, 아동의 신체에 손상을 주는 행위 가운데 아동의 정신건강 및 발달에 해를 끼치지 않는 행위를 상정할 수 없는 점 및 위 각 규정의 문언 등에 비추어 보면, 제5호의 행위는 유형력 행사를 동반하지 아니한 정서적 학대행위나 유형력을 행사하였으나 신체의 손상에까지 이르지는 않고 정서적 학대에 해당하는 행위를 가리킨다. 여기에서 '아동의 정신건강 및 발달에 해를 끼치는 정서적 학대행위'란 현실적으로 아동의 정신건강과 정상적인 발달을 저해한 경우뿐만 아니라 그러한 결과를 초래할 위험 또는 가능성이 발생한 경우도 포함되며, 반드시 아동에 대한 정서적 학대의 목적이나 의도가 있어야만 인정되는 것은 아니고 자기의 행위로 아동의 정신건강 및 발달을 저해하는 결과가 발생할 위험 또는 가능성이 있음을 미필적으로 인식하면 충분하다.(대법원 2015.12.23. 선고, 2015도13488, 판결)

5. 아동 유기/방임행위

1) 적용법조 : 제71조 제1항 제2호, 제17조 제6호 ☞ 공소시효 7년

> **제17조(금지행위)** 누구든지 다음 각 호의 어느 하나에 해당하는 행위를 하여서는 아니된다.
> 6. 자신의 보호 · 감독을 받는 아동을 유기하거나 의식주를 포함한 기본적 보호 · 양육 · 치료 및 교육을 소홀히 하는 방임행위

2) 범죄사실 기재례

[기재례1] 방임

피의자들은 5년 전부터 사실혼 관계에 있고, 피해자 갑(여, 20○○.○.○.생)의 부모인 사람들이다.

피의자들은 피해자의 친권자로써 자신의 보호 · 감독을 받는 피해자에게 의식주를 포함한 기본적 보호 · 양육 · 치료 및 교육을 소홀히 하지 않고 보호 · 감독할 의무가 있음에도, 피의자 A는 대부분 ○○에 있으면서 가정을 돌보지 않았고 피해자의 양육에 관한 책임은 전적으로 피의자 B가 부담하고 있었고, 피의자 B도 자녀 양육에 관한 전반적인 인식이 부족하여 피해자에 대한 정상적인 보호조치를 취하지 아니하였다.

피의자들은 공모하여 20○○.○.○. 20:00경 ○○에서, 피의자 B는 당시 만 3세에 불과한 피해자를 혼자 집에 방치한 채 외출한 상태였고, 피의자 A는 ○○에 가는 바람에 수일 동안 집을 비워 피해자가 임의로 문을 열고 밖으로 나갈 수 있을 정도로 피해자에 대한 정상적인 관리 · 감독을 하지 아니하는 바람에, 피해자가 혼자 집을 나간 후 집에서 약 1km 떨어진 ○○고등학교 정문 앞 노상에서 길을 잃어 헤매고 있었다.

이로써 피의자들은 공모하여 자신들의 보호 · 감독을 받는 피해자에게 기본적 보호 · 양육을 소홀히 하는 방임행위를 하였다.

[기재례2] 유기

피의자는 피해자 김(생후 5개월)의 친모이다. 누구든지 자신의 보호 · 감독을 받는 아동을 유기하여서는 아니 된다.

피의자는 남편인 갑이 20○○.○.○.경부터 피의자가 대표로 있는 ○○에 있는 ○○를 실질적으로 운영하면서 ○○억 원 상당의 부채 등으로 인하여 위 업체가 부도 위기에 놓이게 되자 자신이 직접 위 업체를 운영하고자 하였다.

한편, 피의자는 당시 생후 2개월인 피해자 김을 돌보아야 하는 상황이어서 계속해서 피해자를 양육하기 어려워지자, 갑과 사이에 피해자를 시어머니인 을로 하여금 양육하도록 하는 문제에 대하여 논의하였으나 의견이 일치하지 않자 일방적으로 피해자를 을의 집에 데려다 놓기로 마음먹었다.

그리하여 피의자는 20○○.○.○.14:06경 피해자를 데리고 ○○에 있는 을의 집을 방문하였으나, 집 안에서 아무런 대답이 없자 출입문 앞 복도에 피해자를 그대로 두고 갔다.

이로써 피의자는 자신의 보호 · 감독을 받는 아동인 피해자를 유기하였다.

■ **판례** ■ 아동 보호자의 아동방임 판단 고려사항

[1] 아동복지법상 아동의 보호자가 아동을 방임함으로써 아동복지법 제71조 제1항 제2호를 위반하였는지
　　판단할 때 고려하여야 할 사항 및 특히 보호자가 친권자 또는 이에 준하는 주양육자인 경우 중요하
　　게 고려해야 할 사항

아동복지법은 아동이 건강하게 출생하여 행복하고 안전하게 자랄 수 있도록 아동의 복지를 보장하는
것을 목적으로 한다(제1조). 아동은 완전하고 조화로운 인격발달을 위하여 안정된 가정환경에서 행복하
게 자라나야 한다(제2조 제2항). 아동복지법상 아동의 보호자란 친권자, 후견인, 아동을 보호·양육·
교육하거나 그러한 의무가 있는 자 또는 업무·고용 등의 관계로 사실상 아동을 보호·감독하는 자를
말하는데(제3조 제3호), 아동의 보호자는 아동을 가정에서 그의 성장시기에 맞추어 건강하고 안전하게
양육하여야 하고, 아동에게 신체적 고통이나 폭언 등의 정신적 고통을 가하여서는 아니 되는 책무를
부담한다(제5조 제1항, 제2항). 이와 함께 아동복지법은 아동학대의 의미를 정의하면서 아동의 보호자
와 그 외의 성인을 구분하여, 아동의 보호자가 아닌 성인에 관해서는 신체적·정신적·성적 폭력이나
가혹행위를 아동학대행위로 규정하는 것에 비하여 아동의 보호자에 관해서는 위 행위들에 더하여 아동
을 유기하거나 방임하는 행위까지 포함시키고 있다(제3조 제7호). 자신의 보호·감독을 받는 아동에 대
하여 의식주를 포함한 기본적 보호·양육·치료 및 교육을 소홀히 하는 방임행위를 하여서는 아니 되
고(제17조 제6호), 이를 위반하면 5년 이하의 징역 또는 5천만 원 이하의 벌금에 처해진다(제71조 제1
항 제2호). 따라서 보호자가 아동을 방임함으로써 아동복지법 제71조 제1항 제2호를 위반하였는지
여부를 판단할 때에는 아동복지법의 입법 목적과 더불어 아동의 보호자가 그 입법 목적을 달성하
기 위하여 일정한 책무를 부담한다는 점을 전제로 하여 보호자와 피해아동의 관계, 피해아동의 나
이, 방임행위의 경위와 태양 등의 사정을 종합적으로 고려하여야 할 필요가 있다. 특히 보호자가
친권자 또는 이에 준하는 주양육자인 경우에는 피해아동을 보호하고 양육할 1차적 책임을 부담한
다는 점을 중요하게 고려해야 한다.

[2] 아동 甲(당시 1세)의 친아버지인 피고인이 甲을 양육하면서 집안 내부에 먹다 남은 음식물 쓰레기,
　　소주병, 담배꽁초가 방치된 상태로 청소를 하지 않아 악취가 나는 비위생적인 환경에서 甲에게 제대
　　로 세탁하지 않아 음식물이 묻어있는 옷을 입히고, 목욕을 주기적으로 시키지 않아 몸에서 악취를
　　풍기게 하는 등으로 甲을 방임하였다고 하여 아동복지법 위반으로 기소된 사안

생존에 필요한 최소한의 보호를 하였다는 사정이나 甲이 피고인에게 애정을 표현했다는 사정만으로는
피고인이 甲의 친권자로서 甲의 건강과 안전, 행복을 위하여 필요한 책무를 다했다고 보기 어렵다는
이유로, 피고인이 비위생적인 환경에서 甲을 양육하였고 甲의 의복과 몸을 청결하게 유지해 주지 않았
으며 甲을 집에 두고 외출하기도 하는 등 의식주를 포함한 기본적인 보호·양육·치료 및 교육을 소홀
히 하는 방임행위를 하였다고 본 원심의 판단이 정당하다.(2020. 9. 3. 선고 2020도7625 판결)

6. 아동에게 구걸을 시키는 행위

1) **적용법조** : 제71조 제1항 제2호, 제17조 제8호, 형법상 공갈미수 ☞ 공소시효 7년

제17조(금지행위) 누구든지 다음 각 호의 어느 하나에 해당하는 행위를 하여서는 아니된다.
 8. 아동에게 구걸을 시키거나 아동을 이용하여 구걸하는 행위
---

2) **범죄사실 기재례**

> 가. 공갈미수
>   피의자는 20○○. ○. ○. ○○:○○경 ○○에 있는 ○○역 앞길에서 그곳을 지나가던 피해자 홍길동(남 9세)을 옆 골목길로 데리고 들어가 담벼락에 위 피해자를 세워놓고 인상을 쓰면서 "있는 것 다 내놔"라고 말을 하여 만약 이에 불응하면 폭행을 가할 듯한 태도를 보여 위 피해자들로 하여금 겁을 먹게 한 뒤 위 피해자의 주머니를 뒤졌으나 돈이 없어 그 뜻을 이루지 못하여 미수에 그쳤다.
> 나. 아동복지법 위반
>   피의자는 같은 날 ○○:○○경부터 ○○:○○경까지 위 역 앞길에서 아동인 위 홍길동에게 구걸하도록 강요하여 그로 하여금 지나가는 행인들에게 구걸을 시켰다.

3) **신문사항**

 – 피의자는 홍길동과 어떠한 관계인가
 – 처음 어떻게 홍길동을 만나게 되었나
 – 위 홍길동에게 구걸을 하도록 한 일이 있는가
 – 언제 어디에서 구걸을 강요하였나
 – 어디에서 구걸하도록 하였나
 – 어떠한 방법으로 구걸하도록 하였나
 – 누구를 상대로 구걸하도록 하였나
 – 얼마를 구걸하였나
 – 구걸하여 받은 돈은 어떻게 하였나

제2절 아동학대범죄의 처벌 등에 관한 특례법
(아동학대처벌법)

 Ⅰ. 목적 및 개념정의

1. 목 적

> **제1조(목적)** 이 법은 아동학대범죄의 처벌 및 그 절차에 관한 특례와 피해아동에 대한 보호절차 및 아동학대행위자에 대한 보호처분을 규정함으로써 아동을 보호하여 아동이 건강한 사회 구성원으로 성장하도록 함을 목적으로 한다.

2. 개념정의

> **제2조(정의)** 이 법에서 사용하는 용어의 뜻은 다음과 같다.
> 1. "아동"이란 「아동복지법」 제3조제1호에 따른 아동을 말한다.
> 2. "보호자"란 「아동복지법」 제3조제3호에 따른 보호자를 말한다.
> 3. "아동학대"란 「아동복지법」 제3조제7호에 따른 아동학대를 말한다.
> 4. "아동학대범죄"란 보호자에 의한 아동학대로서 다음 각 목의 어느 하나에 해당하는 죄를 말한다.
>   가. 「형법」 제2편제25장 상해와 폭행의 죄 중 제257조(상해)제1항·제3항, 제258조의2(특수상해)제1항(제257조제1항의 죄에만 해당한다)·제3항(제1항 중 제257조제1항의 죄에만 해당한다), 제260조(폭행)제1항, 제261조(특수폭행) 및 제262조(폭행치사상)(상해에 이르게 한 때에만 해당한다)의 죄
>   나. 「형법」 제2편제28장 유기와 학대의 죄 중 제271조(유기)제1항, 제272조(영아유기), 제273조(학대)제1항, 제274조(아동혹사) 및 제275조(유기등 치사상)(상해에 이르게 한 때에만 해당한다)의 죄
>   다. 「형법」 제2편제29장 체포와 감금의 죄 중 제276조(체포, 감금)제1항, 제277조(중체포, 중감금)제1항, 제278조(특수체포, 특수감금), 제280조(미수범) 및 제281조(체포·감금등의 치사상)(상해에 이르게 한 때에만 해당한다)의 죄
>   라. 「형법」 제2편제30장 협박의 죄 중 제283조(협박)제1항, 제284조(특수협박) 및 제286조(미수범)의 죄
>   마. 「형법」 제2편제31장 약취, 유인 및 인신매매의 죄 중 제287조(미성년자 약취, 유인), 제288조(추행 등 목적 약취, 유인 등), 제289조(인신매매) 및 제290조(약취, 유인, 매매, 이송 등 상해·치상)의 죄
>   바. 「형법」 제2편제32장 강간과 추행의 죄 중 제297조(강간), 제297조의2(유사강간), 제298조(강제추행), 제299조(준강간, 준강제추행), 제300조(미수범), 제301조(강간등 상해·치상), 제301조의2(강간등 살인·치사), 제302조(미성년자등에 대한 간음), 제303조(업무상위력 등에 의한 간음) 및 제305조(미성년자에 대한 간음, 추행)의 죄
>   사. 「형법」 제2편제33장 명예에 관한 죄 중 제307조(명예훼손), 제309조(출판물등에 의한 명예훼손) 및 제311조(모욕)의 죄
>   아. 「형법」 제2편제36장 주거침입의 죄 중 제321조(주거·신체 수색)의 죄
>   자. 「형법」 제2편제37장 권리행사를 방해하는 죄 중 제324조(강요) 및 제324조의5(미수범)(제324조의 죄에만 해당한다)의 죄
>   차. 「형법」 제2편제39장 사기와 공갈의 죄 중 제350조(공갈), 제350조의2(특수공갈) 및 제352조(미수범)(제

350조, 제350조의2의 죄에만 해당한다)의 죄

카. 「형법」 제2편제42장 손괴의 죄 중 제366조(재물손괴등)의 죄

타. 「아동복지법」 제71조제1항 각 호의 죄(제3호의 죄는 제외한다)

· 파. 가목부터 타목까지의 죄로서 다른 법률에 따라 가중처벌되는 죄

하. 제4조(아동학대살해·치사), 제5조(아동학대중상해) 및 제6조(상습범)의 죄

4의2. "아동학대범죄신고등"이란 아동학대범죄에 관한 신고·진정·고소·고발 등 수사 단서의 제공, 진술 또는 증언이나 그 밖의 자료제출행위 및 범인검거를 위한 제보 또는 검거활동을 말한다.

4의3. "아동학대범죄신고자등"이란 아동학대범죄신고등을 한 자를 말한다.

5. "아동학대행위자"란 아동학대범죄를 범한 사람 및 그 공범을 말한다.

6. "피해아동"이란 아동학대범죄로 인하여 직접적으로 피해를 입은 아동을 말한다.

7. "아동보호사건"이란 아동학대범죄로 인하여 제36조제1항에 따른 보호처분(이하 "보호처분"이라 한다)의 대상이 되는 사건을 말한다.

8. "피해아동보호명령사건"이란 아동학대범죄로 인하여 제47조에 따른 피해아동보호명령의 대상이 되는 사건을 말한다.

9. "아동보호전문기관"이란 「아동복지법」 제45조에 따른 아동보호전문기관을 말한다.

9의2. "가정위탁지원센터"란 「아동복지법」 제48조에 따른 가정위탁지원센터를 말한다.

10. "아동복지시설"이란 「아동복지법」 제50조에 따라 설치된 시설을 말한다.

11. "아동복지시설의 종사자"란 아동복지시설에서 아동의 상담·지도·치료·양육, 그 밖에 아동의 복지에 관한 업무를 담당하는 사람을 말한다.

3. 고소에 대한 특례

제10조의4(고소에 대한 특례) ① 피해아동 또는 그 법정대리인은 아동학대행위자를 고소할 수 있다. 피해아동의 법정대리인이 아동학대행위자인 경우 또는 아동학대행위자와 공동으로 아동학대범죄를 범한 경우에는 피해아동의 친족이 고소할 수 있다.

② 피해아동은 「형사소송법」 제224조에도 불구하고 아동학대행위자가 자기 또는 배우자의 직계존속인 경우에도 고소할 수 있다. 법정대리인이 고소하는 경우에도 또한 같다.

③ 피해아동에게 고소할 법정대리인이나 친족이 없는 경우에 이해관계인이 신청하면 검사는 10일 이내에 고소할 수 있는 사람을 지정하여야 한다.

4. 공소시효의 정지와 효력

제34조(공소시효의 정지와 효력) ① 아동학대범죄의 공소시효는 「형사소송법」 제252조에도 불구하고 해당 아동학대범죄의 피해아동이 성년에 달한 날부터 진행한다.

② 아동학대범죄에 대한 공소시효는 해당 아동보호사건이 법원에 송치된 때부터 시효 진행이 정지된다. 다만, 다음 각 호의 어느 하나에 해당하는 경우에는 그 때부터 진행된다.

1. 해당 아동보호사건에 대하여 제44조에 따라 준용되는 「가정폭력범죄의 처벌 등에 관한 특례법」 제37조제1항제1호에 따른 처분을 하지 아니한다는 결정이 확정된 때

2. 해당 아동보호사건이 제41조 또는 제44조에 따라 준용되는 「가정폭력범죄의 처벌 등에 관한 특례법」 제27조제2항 및 제37조제2항에 따라 송치된 때

③ 공범 중 1명에 대한 제2항의 시효정지는 다른 공범자에게도 효력을 미친다.

■ **판례** ■ 아동학대범죄의 공소시효 정지 규정인 아동학대범죄의 처벌 등에 관한 특례법 제34조의 취지 / 같은 법 제34조 제1항은 완성되지 않은 공소시효의 진행을 일정한 요건에서 장래를 향하여 정지시키는 것인지 여부(적극) 및 그 시행일 당시 범죄행위가 종료되었으나 아직 공소시효가 완성되지 않은 아동학대범죄에 대해서도 적용되는지 여부(적극)

아동학대범죄의 처벌 등에 관한 특례법(2014. 1. 28. 제정되어 2014. 9. 29. 시행되었으며, 이하 '아동학대처벌법'이라 한다)은 아동학대범죄의 처벌에 관한 특례 등을 정함으로써 아동을 보호하여 아동이 건강한 사회 구성원으로 성장하도록 함을 목적으로 다음과 같은 규정을 두고 있다. 제2조 제4호 (타)목은 아동복지법 제71조 제1항 제2호, 제17조 제3호에서 정한 '아동의 신체에 손상을 주거나 신체의 건강 및 발달을 해치는 신체적 학대행위'를 아동학대범죄의 하나로 정하고 있다. 제34조는 '공소시효의 정지와 효력'이라는 제목으로 제1항에서 "아동학대범죄의 공소시효는 형사소송법 제252조에도 불구하고 해당 아동학대범죄의 피해아동이 성년에 달한 날부터 진행한다."라고 정하고, 부칙은 "이 법은 공포 후 8개월이 경과한 날부터 시행한다."라고 정하고 있다. 아동학대처벌법은 신체적 학대행위를 비롯한 아동학대범죄로부터 피해아동을 보호하기 위한 것으로서, 제34조는 아동학대범죄가 피해아동의 성년에 이르기 전에 공소시효가 완성되어 처벌대상에서 벗어나는 것을 방지하고자 그 진행을 정지시킴으로써 피해를 입은 18세 미만 아동(아동학대처벌법 제2조 제1호, 아동복지법 제3조 제1호)을 실질적으로 보호하려는 데 취지가 있다.

아동학대처벌법은 제34조 제1항의 소급적용에 관하여 명시적인 경과규정을 두고 있지는 않다. 그러나 이 규정의 문언과 취지, 아동학대처벌법의 입법 목적, 공소시효를 정지하는 특례조항의 신설·소급에 관한 법리에 비추어 보면, 이 규정은 완성되지 않은 공소시효의 진행을 일정한 요건에서 장래를 향하여 정지시키는 것으로서, 그 시행일인 2014. 9. 29. 당시 범죄행위가 종료되었으나 아직 공소시효가 완성되지 않은 아동학대범죄에 대해서도 적용된다고 봄이 타당하다.

한편 대법원 2015. 5. 28. 선고 2015도1362, 2015전도19 판결은 공소시효의 배제를 규정한 구 성폭력범죄의 처벌 등에 관한 특례법(2012. 12. 18. 법률 제11556호로 전부 개정되기 전의 것) 제20조 제3항에 대한 것으로, 공소시효의 적용을 영구적으로 배제하는 것이 아니고 공소시효의 진행을 장래에 향하여 정지시키는 데 불과한 아동학대처벌법 제34조 제1항의 위와 같은 해석·적용에 방해가 되지 않는다. (대법원 2021. 2. 25., 선고, 2020도3694, 판결)

 II. 벌칙 및 죄명표

1. 벌칙

제4조((아동학대살해·치사) ① 제2조제4호가목부터 다목까지의 아동학대범죄를 범한 사람이 아동을 살해한 때에는 사형, 무기 또는 7년 이상의 징역에 처한다.

② 제2조제4호가목부터 다목까지의 아동학대범죄를 범한 사람이 아동을 사망에 이르게 한 때에는 무기 또는 5년 이상의 징역에 처한다.

③ 제1항의 미수범은 처벌한다.

제5조(아동학대중상해) 제2조제4호가목부터 다목까지의 아동학대범죄를 범한 사람이 아동의 생명에 대한 위험을 발생하게 하거나 불구 또는 난치의 질병에 이르게 한 때에는 3년 이상의 징역에 처한다.

제6조(상습범) 상습적으로 제2조제4호가목부터 파목까지의 아동학대범죄를 범한 자는 그 죄에 정한 형의 2분의 1까지 가중한다. 다만, 다른 법률에 따라 상습범으로 가중처벌되는 경우에는 그러하지 아니하다.

제7조(아동복지시설의 종사자 등에 대한 가중처벌) 제10조제2항 각 호에 따른 아동학대 신고의무자가 보호하는 아동에 대하여 아동학대범죄를 범한 때에는 그 죄에 정한 형의 2분의 1까지 가중한다.

제59조(보호처분 등의 불이행죄) ① 다음 각 호의 어느 하나에 해당하는 아동학대행위자는 2년 이하의 징역 또는 2천만원 이하의 벌금 또는 구류에 처한다.

1. 제19조제1항제1호부터 제4호까지의 어느 하나에 해당하는 임시조치를 이행하지 아니한 아동학대행위자
2. 제36조제1항제1호부터 제3호까지의 어느 하나에 해당하는 보호처분이 확정된 후에 이를 이행하지 아니한 아동학대행위자
3. 제47조에 따른 피해아동보호명령, 제52조에 따른 임시보호명령이 결정된 후에 이를 이행하지 아니한 아동학대행위자

② 상습적으로 제1항의 죄를 범한 아동학대행위자는 5년 이하의 징역이나 5천만원 이하의 벌금에 처한다.

③ 제8조제1항에 따라 이수명령을 부과받은 사람이 보호관찰소의 장 또는 교정시설의 장의 이수명령 이행에 관한 지시에 불응하여 「보호관찰 등에 관한 법률」 또는 「형의 집행 및 수용자의 처우에 관한 법률」에 따른 경고를 받은 후 재차 정당한 사유 없이 이수명령 이행에 관한 지시에 불응한 경우 다음 각 호에 따른다.

1. 벌금형과 병과된 경우에는 500만원 이하의 벌금에 처한다.
2. 징역형의 실형과 병과된 경우에는 1년 이하의 징역 또는 1천만원 이하의 벌금에 처한다.

제60조(피해자 등에 대한 강요행위) 폭행이나 협박으로 아동학대범죄의 피해아동 또는 제2조제2호에 따른 보호자를 상대로 합의를 강요한 사람은 7년 이하의 징역에 처한다.

제61조(업무수행 등의 방해죄) ① 제11조제2항·제3항, 제12조제1항, 제19조제1항 각 호, 제36조제1항 각 호 또는 제47조제1항 각 호에 따른 업무를 수행 중인 사법경찰관리, 아동학대전담공무원이나 아동보호전문기관의 직원에 대하여 폭행 또는 협박하거나 위계 또는 위력으로써 그 업무수행을 방해한 사람은 5년 이하의 징역 또는 1천500만원 이하의 벌금에 처한다.

② 단체 또는 다중의 위력을 보이거나 위험한 물건을 휴대하여 제1항의 죄를 범한 때에는 그 정한 형의 2분의 1까지 가중한다.

③ 제1항의 죄를 범하여 사법경찰관리, 아동학대전담공무원이나 아동보호전문기관의 직원을 상해에 이르게 한 때에는 3년 이상의 유기징역에 처한다. 사망에 이르게 한 때에는 무기 또는 5년 이상의 징역에 처한다.

제62조(비밀엄수 등 의무의 위반죄) ① 제35조제1항에 따른 비밀엄수 의무를 위반한 보조인, 진술조력인, 아동보호전문기관 직원과 그 기관장, 상담소 등에 근무하는 상담원과 그 기관장 및 제10조제2항 각 호에 규정된 사람(그 직에 있었던 사람을 포함한다)은 3년 이하의 징역이나 5년 이하의 자격정지 또는 3천만원 이하의 벌금에 처한다. 다만, 보조인인 변호사에 대하여는 「형법」 제317조제1항을 적용한다.

② 제10조제3항을 위반하여 신고인의 인적사항 또는 신고인임을 미루어 알 수 있는 사실을 다른 사람에게 알려주거나 공개 또는 보도한 자는 3년 이하의 징역이나 3천만원 이하의 벌금에 처한다.

③ 제35조제2항의 보도 금지 의무를 위반한 신문의 편집인·발행인 또는 그 종사자, 방송사의 편집책임자, 그 기관장 또는 종사자, 그 밖의 출판물의 저작자와 발행인은 500만원 이하의 벌금에 처한다.

제62조의2(불이익조치 금지 위반죄) ① 제10조의2를 위반하여 아동학대범죄신고자등에게 파면, 해임, 해고, 그 밖에 신분상실에 해당하는 신분상의 불이익조치를 한 자는 2년 이하의 징역 또는 2천만원 이하의 벌금에 처한다.

② 제10조의2를 위반하여 아동학대범죄신고자등에게 다음 각 호의 어느 하나에 해당하는 불이익조치를 한 자는 1년 이하의 징역 또는 1천만원 이하의 벌금에 처한다.

1. 징계, 정직, 감봉, 강등, 승진 제한, 그 밖에 부당한 인사조치
2. 전보, 전근, 직무 미부여, 직무 재배치, 그 밖에 본인의 의사에 반하는 인사조치
3. 성과평가 또는 동료평가 등에서의 차별과 그에 따른 임금 또는 상여금 등의 차별 지급
4. 교육 또는 훈련 등 자기계발 기회의 취소, 예산 또는 인력 등 가용자원의 제한 또는 제거, 보안정보 또는 비밀정보 사용의 정지 또는 취급 자격의 취소, 그 밖에 근무조건 등에 부정적 영향을 미치는 차별 또는 조치
5. 주의 대상자 명단 작성 또는 그 명단의 공개, 집단 따돌림, 폭행 또는 폭언, 그 밖에 정신적·신체적 손상

을 가져오는 행위

6. 직무에 대한 부당한 감사 또는 조사나 그 결과의 공개

2. 죄명표

법 조 문	죄 명 표 시
제4조 제1항	아동학대범죄의 처벌 등에 관한 특례법 위반(아동학대살해)
제4조 제2항	〃　　(아동학대치사)
제5조	〃　　(아동학대중상해)
제6조	〃　　〔상습(제2조 제4호 가목 내지 카목의 각 죄명)〕
제7조	〃　　(아동복지시설 종사자 등의 아동학대 가중처벌)
제59조 제1항, 제2항	〃　　(보호처분 등의 불이행)
제59조 제3항	〃　　(이수명령 불이행)
제60조	〃　　(피해자 등에 대한 강요행위)
제61조 제1항	〃　　〔(폭행, 협박)업무수행 등 방해〕
제2항	〃　　〔(단체다중의 위력, 위험한 물건 휴대)업무수행 등 방해〕
제3항	〃　　〔업무수행 등 방해(치상, 치사)〕
제62조 제1항	〃　　(비밀엄수의무위반)
제2항	〃　　(아동학대신고인의 인적사항 공개 및 보도행위)
제3항	〃　　(보도금지의무위반)
그외	아동학대범죄의 처벌 등에 관한 특례법 위반

III. 범죄사실

1. 아동학대치사

1) 적용법조 : 제4조, 제1항, 제2조 제4호 가목 ☞ 공소시효 15년

> 제4조(아동학대치사) ① 제2조제4호가목부터 다목까지의 아동학대범죄를 범한 사람이 아동을 살해한 때에는 사형, 무기 또는 7년 이상의 징역에 처한다.
> ② 제2조제4호가목부터 다목까지의 아동학대범죄를 범한 사람이 아동을 사망에 이르게 한 때에는 무기 또는 5년 이상의 징역에 처한다.
> ③ 제1항의 미수범은 처벌한다.

2) 범죄사실 기재례

[기재례1] 아동 학대 치사

> 피의자는 법률상 배우자인 갑(여, 40세, 20○○. ○. ○.혼인신고)과 사이에 5세 딸을 두고 있었다.
> 피의자는 잦은 외박으로 배우자와 부부싸움을 하다 배우자가 가출하자 혼자 위 딸을 양육하던 중 귀찮게 생각하여 보육원에 맡기기로 마음먹었다.
> 피의자는 20○○. ○. ○.14:00경 보육원을 찾기 위해 위 주거지 아파트 11층 승강기 출입구에서 승강기를 기다리던 중, 평소에 피해자가 심하게 울고 보챌 때 쉽게 달래지지 않아 힘이 들고 짜증이 나게 되자, 피해자가 타고 있는 유모차를 피해자의 몸과 머리가 심하게 들썩거릴 정도로 앞뒤로 강하게 흔들고, 계속하여 피해자를 피의자의 머리 뒤로 넘겼다가 무릎까지 빠른 속도로 내리면서 흔드는 행위를 반복하다가 피해자를 머리 뒤로 넘긴 상태에서 피해자를 놓쳐 피해자로 하여금 거실 바닥에 떨어지게 하였다.
> 피의자는 이로 인하여 20○○. ○. ○.17:50경 ○○대학교 병원에서 경막하출혈, 뇌부종, 양안 다발성 망막출혈 등으로 치료를 받던 피해자를 뇌간마비로 사망에 이르게 하였다.

3) 신문사항

- 가족관계는(현재 누구랑 살고 있는가)
- 딸을 누가 키우고 있는가
- 언제부터 키우고 있는가
- 왜 처와 같이 살고 있지 않는가
- 딸을 사망하게 한 일이 있는가
- 왜 딸이 사망하였는가
- 언제 어디에서 때렸는가
- 피의자의 행위로 딸이 죽을 수도 있다고 생각하지 않았는가
- 딸의 사망원인은

[기재례2] 아동 학대치사 및 보장급여 허위 청구 수령

가. 아동학대범죄의처벌등에관한특례법위반(아동학대치사)

누구든지 아동의 신체에 손상을 주거나 신체의 건강 및 발달을 해치는 신체적 학대행위, 자신의 보호·감독을 받는 아동을 유기하거나 의식주를 포함한 기본적 보호·양육·치료 및 교육을 소홀히 하는 방임행위를 하여서는 아니 된다.

피의자는 갑과 사이에 피해자 을(여, 5세)을 포함하여 2남 1녀를 두고 생활하다가 갑과 헤어지고 이혼소송을 하였다.

피의자는 20○○.○.○.경부터 피의자의 주거지인 ○○에서 피해자를 양육하면서 피해자의 갑상선 기능 저하증과 관련하여 정기적으로 병원에 데려가 검진 및 치료를 전혀 받게 하지 않았다.

위와 같은 피의자의 일련의 학대, 방임행위로 인해 피해자는 20○○.○.○.경 입 주변, 얼굴, 가슴 등을 비롯한 상반신 전반에 수포가 발생하였음에도, 아동학대로 처벌될 것을 우려하여 피해자를 병원에 데려가는 등 기본적인 치료를 소홀히 하는 방임행위를 하였다.

위와 같은 학대 및 방임의 결과로 갑상선 기능 저하, 전신 수포 질환, 우하지 염증으로 인한 극도의 신체기능 악화 및 왼쪽 2,3번 갈비뼈 골절로 인한 호흡곤란, 흉복부손상에 따른 흉강내출혈 등으로 20○○.○.○.경 위 주거지 부근에서 피해자를 사망에 이르게 하였다.

이로써 피의자는 피해자의 신체에 손상을 주거나 신체의 건강 및 발달을 해치는 신체적 학대행위, 자신의 보호·감독을 받는 피해자를 유기하거나 의식주를 포함한 기본적 보호·양육·치료를 소홀히 하는 방임행위를 하여 피해자를 사망에 이르게 하였다.

나. 사기, 사회보장급여의이용·제공및수급권자발굴에관한법률위반

피의자는 20○○.○.○.경 ○○에 있는 ○○동사무소에서 을에 대한 양육수당 관련 사회보장급여신청서를 작성하여 성명불상의 담당공무원에게 제출하였다.

그러나 사실 을은 20○○.○.○.경 이미 사망하였으므로, 피의자에게는 양육수당을 수급할 수 있는 자격이 없었다.

이로써 피의자는 이와 같이 위 성명불상의 담당공무원을 기망하여 이에 속은 피해자 ○○시로부터 20○○.○.○.경부터 20○○.○.○.경까지 총 ○○회에 걸쳐 을의 양육수당 명목으로 월 ○○만 원씩 합계 ○○만 원을 피의자의 계좌로 송금 받음과 동시에 부정한 방법으로 피해자 ○○시로부터 같은 금액 상당의 사회보장급여를 받았다.

※ 적용법조 : 아동학대범죄의 처벌 등에 관한 특례법 제4조, 제2조 제4호 가목, 나목

사회보장급여의 이용·제공 및 수급권자 발굴에 관한 법률 제54조 제3항, 제22조 제1항

제22조(사회보장급여의 환수) ① 수급자가 제20조에 따른 신고를 고의로 회피하거나 속임수 등의 부정한 방법으로 사회보장급여를 받거나 타인으로 하여금 사회보장급여를 받게 한 경우에는 사회보장급여를 제공한 보장기관의 장은 그 사회보장급여의 전부 또는 일부를 그 사회보장급여를 받거나 받게 한 재(이하 "부정수급자"라 한다)로부터 환수할 수 있다.

---

2. 아동복지시설종사자 등의 아동학대

1) 적용법조 : 제7조, 제10조 제2항 제2호   ☞ 공소시효 15년

> 제7조(아동복지시설의 종사자 등에 대한 가중처벌) 제10조제2항 각 호에 따른 아동학대 신고의무자가 보호하는 아동에 대하여 아동학대범죄를 범한 때에는 그 죄에 정한 형의 2분의 1까지 가중한다.
> 제10조(아동학대범죄 신고의무와 절차) ② 다음 각 호의 어느 하나에 해당하는 사람이 직무를 수행하면서 아동학대범죄를 알게 된 경우나 그 의심이 있는 경우에는 아동보호전문기관 또는 수사기관에 즉시 신고하여야 한다.
> 2. 아동복지시설의 장과 그 종사자(아동보호전문기관의 장과 그 종사자는 제외한다)
> 12. 「영유아보육법」 제7조에 따른 육아종합지원센터의 장과 그 종사자 및 제10조에 따른 어린이집의 원장 등 보육교직원
> 13. 「유아교육법」 제2조제2호에 따른 유치원의 장과 그 종사자

2) 범죄사실 기재례

[기재례1] 어린이집 원장의 학대 및 자격증 차용 (제7조, 제10조 제2항 제12호, 아동복지법 제71조 제1항 제2호, 제17조 제3호, 제5호, 영유아보육법 제54조 제3항   ☞ 공소시효 15년)

> 피의자는 20○○. ○. ○.경부터 ○○에 있는 ○○어린이집의 원장이다.
> 가. 아동학대범죄의처벌등에관한특례법위반(아동복지시설종사등의아동학대)
> 피의자는20○○. ○. ○. 09:50경 위 어린이집 원장실에서 피해자 갑○(1세)이 울면서 말을 듣지 않는다는 이유로 피해자를 바닥에 눕힌 다음 피의자의 셔츠, 레깅스 등을 이용하여 피해자의 다리를 묶은 다음 이불로 피해자의 몸을 감싸 움직이지 못하게 한 상태로 같은 날 15:00경까지 그대로 두어 정해진 간식시간과 점심시간에 간식과 점심을 주지 않았다.
> 피의자는 이를 비롯하여 별지 범죄일람표(Ⅰ) 기재와 같이 총 ○○회에 걸쳐 아동의 신체의 건강 및 발달을 해치는 신체적 학대행위를 함과 동시에 정신건강 및 발달에 해를 끼치는 정서적 학대행위를 하였다.
>
> 나. 영유아보육법위반
> 어린이집의 원장은 다른 사람으로부터 자격증을 차용하여서는 아니 된다.
> 그럼에도 불구하고 피의자는 20○○. ○. ○.경 ○○에 있는 "○○교회"에서 보육교사 1급 자격증을 소지하고 있던 을에게 "어린이집 보육교사가 부족한데 당장 채용이 어렵다. 보육교사 자격증을 2개월만 빌려 달라."고 말하였다.
> 피의자는 을로 하여금 위 어린이집에서 보육교사로 근무하게 할 의사가 없음에도 불구하고, 을로부터 보육교사 자격증을 차용하였다.

[기재례2] 어린이집 보육교사의 신체적 학대

피의자는 ○○에 있는 △△어린이집에서 ○○반을 담당하는 보육교사였다.

가. 피해자 '갑' 관련

피의자는 20○○. ○. ○.경 위 △△어린이집에서 피의자가 담당하고 있는 아동인 피해자 갑(당시 4세, 생년월일 20○○. ○. ○.)이 율동연습을 하던 중 틀렸다는 이유로 주먹으로 피해자의 머리에 꿀밤을 주듯이 때렸다.

이로써 피의자는 아동인 피해자의 신체에 손상을 주거나 신체의 건강 및 발달을 해치는 신체적 학대행위를 하였다.

나. 피해자 '을' 관련

피의자는 20○○. ○. ○.16:00경 피해자 을(당시 5세, 생년월일 20○○. ○. ○.)이 가져온 생일 떡을 책상에 보관하고 있었는데, 피해자 을이 허락을 받지 아니하고 피해자 갑에게 떡을 주었다는 이유로 피해자 을에게 떡을 꺼내라고 하면서 피해자 을과 피해자 갑의 머리를 손바닥으로 각 1회씩 때렸다.

이로써 피의자는 아동인 피해자들 신체에 손상을 주거나 신체의 건강 및 발달을 해치는 신체적 학대행위를 하였다.

[기재례3] 유치원 보육교사의 정서적 학대 (제7조, 제10조 제2항 제13호, 아동복지법 제71조 제1항 제2호, 제17조 제5호)

피의자는 ○○에 있는 ○○유치원 ○○반 보육교사이고, 아동학대범죄의 처벌 등에 관한 특례법 제10조 제2항에 따른 아동학대범죄의 신고의무자이다.

피의자는 20○○. ○. ○.16:30경 위 유치원 ○○반에서, 피해자 갑(4세)에게 오라고 하였는데 오지 않는다는 이유로, 다른 원생들이 보고 있는 가운데 피해자에게 소리를 지르면서 피해자의 책가방을 바닥에 던지고, 피해자에게 다가가 손으로 피해자의 어깨를 수회 흔들어 아동인 피해자의 정신건강 및 발달에 해를 끼치는 정서적 학대행위를 하여 아동학대 신고의무자가 보호하는 아동에 대하여 아동학대범죄를 범하였다.

피의자는 이를 비롯하여 20○○. ○. ○.경부터 20○○. ○. ○.경까지 별지 범죄일람표 기재와 같이 피해자 ○○명에게 총 ○○회에 걸쳐 정신건강 및 발달에 해를 끼치는 정서적 학대행위를 하여 아동학대 신고의무자가 보호하는 아동에 대하여 아동학대범죄를 범하였다.

3. 아동학대 피해자 보호자에 대한 합의강요

1) 적용법조 : 제60조 ☞ 공소시효 10년

> 제60조(피해자 등에 대한 강요행위) 폭행이나 협박으로 아동학대범죄의 피해아동 또는 제2조제2호에 따른 보호자를 상대로 합의를 강요한 사람은 7년 이하의 징역에 처한다.

2) 범죄사실 기재례

> 피의자는 20○○. ○. ○.경 ○○에 있는 ○○어린이집에서 피의자가 담당하고 있는 아동인 갑(4세,여)이 율동연습을 하던 중 틀렸다는 이유로 폭행하여 현재 ○○경찰서에서 사건이 진행 중에 있다.
>
> 피의자는 20○○. ○. ○.16:00경 ○○에서 위 아동의 모친인 피해자 A(35세,여)를 만나 '우리 남편이 검사로 있는데 합의를 해주지 않으면 남편 뒷조사를 하여 다니고 있는 회사를 그만두게 하겠다. 좋은 말로 했을 때 당장 합의서를 작성해 달라'고 말하여 협박하였다.
>
> 이로써 피의자는 협박으로 아동학대범죄의 피해자 보호자를 상대로 합의를 강요하였다.

3) 신문사항

- 보육교사인가
- 언제부터 어느 어린이집에 근무하고 있는가(담당, 아동 수 등)
- 보육 중인 어린이를 학대한 사실이 있는가
- 이러한 학대사실로 수사기관의 수사를 받고 있는가(언제 어디에서 어떤 조사)
- 피해자가 누구인가
- 피해자 부모와 합의를 위해 만난 사실이 있는가
- 합의하였는가
- 합의과정에서 합의를 종용한 사실이 있는가
- 어떤 방법으로 합의를 요구하였는가

4. 과태료 사항

제63조(과태료) ① 다음 각 호의 어느 하나에 해당하는 사람에게는 500만원 이하의 과태료를 부과한다.
1. 정당한 사유 없이 판사의 아동보호사건의 조사·심리를 위한 소환에 따르지 아니한 사람
2. 정당한 사유 없이 제10조제2항에 따른 신고를 하지 아니한 사람
3. 정당한 사유 없이 제11조제6항을 위반하여 사법경찰관리, 아동학대전담공무원 또는 아동보호전문기관의 직원이 수행하는 현장조사를 거부한 사람
3의2. 정당한 사유 없이 제11조의2제1항 후단을 위반하여 아동학대전담공무원의 출석·진술 및 자료제출 요구에 따르지 아니하거나 거짓으로 진술 또는 자료를 제출한 사람
4. 정당한 사유 없이 제13조제1항에 따른 긴급임시조치를 이행하지 아니한 사람
5. 정당한 사유 없이 제36조제1항제4호부터 제8호까지의 보호처분이 확정된 후 이를 이행하지 아니하거나 집행에 따르지 아니한 사람
6. 정당한 사유 없이 제39조에 따른 보고서 또는 의견서 제출 요구에 따르지 아니한 사람

가. 아동학대범죄 신고의무 위반

제10조(아동학대범죄 신고의무와 절차) ② 다음 각 호의 어느 하나에 해당하는 사람이 직무를 수행하면서 아동학대범죄를 알게 된 경우나 그 의심이 있는 경우에는 시·도, 시·군·구 또는 수사기관에 즉시 신고하여야 한다.
1. 가정위탁지원센터의 장과 그 종사자
2. 아동복지시설의 장과 그 종사자(아동보호전문기관의 장과 그 종사자는 제외한다)
3. 「아동복지법」 제13조에 따른 아동복지전담공무원
4. 「가정폭력방지 및 피해자보호 등에 관한 법률」 제5조에 따른 가정폭력 관련 상담소 및 같은 법 제7조의2에 따른 가정폭력피해자 보호시설의 장과 그 종사자
5. 「건강가정기본법」 제35조에 따른 건강가정지원센터의 장과 그 종사자
6. 「다문화가족지원법」 제12조에 따른 다문화가족지원센터의 장과 그 종사자
7. 「사회보장급여의 이용·제공 및 수급권자 발굴에 관한 법률」 제43조에 따른 사회복지전담공무원 및 「사회복지사업법」 제34조에 따른 사회복지시설의 장과 그 종사자
8. 「성매매방지 및 피해자보호 등에 관한 법률」 제9조에 따른 지원시설 및 같은 법 제17조에 따른 성매매피해상담소의 장과 그 종사자
9. 「성폭력방지 및 피해자보호 등에 관한 법률」 제10조에 따른 성폭력피해상담소, 같은 법 제12조에 따른 성폭력피해자보호시설의 장과 그 종사자 및 같은 법 제18조에 따른 성폭력피해자통합지원센터의 장과 그 종사자
10. 「「119구조·구급에 관한 법률」 제2조제4호에 따른 119구급대의 대원
11. 「응급의료에 관한 법률」 제2조제7호에 따른 응급의료기관등에 종사하는 응급구조사
12. 「영유아보육법」 제7조에 따른 육아종합지원센터의 장과 그 종사자 및 제10조에 따른 어린이집의 원장 등 보육교직원
13. 「유아교육법」 제2조제2호에 따른 유치원의 장과 그 종사자
14. 아동보호전문기관의 장과 그 종사자
15. 「의료법」 제3조제1항에 따른 의료기관의 장과 그 의료기관에 종사하는 의료인 및 의료기사
16. 「장애인복지법」 제58조에 따른 장애인복지시설의 장과 그 종사자로서 시설에서 장애아동에 대한 상담·치료·훈련 또는 요양 업무를 수행하는 사람
17. 「정신건강증진 및 정신질환자 복지서비스 지원에 관한 법률」 제3조제3호에 따른 정신건강복지센터, 같은 조 제5호에 따른 정신의료기관, 같은 조 제6호에 따른 정신요양시설 및 같은 조 제7호에 따른 정신재활

시설의 장과 그 종사자

18. 「청소년기본법」 제3조제6호에 따른 청소년시설 및 같은 조 제8호에 따른 청소년단체의 장과 그 종사자
19. 「청소년 보호법」 제35조에 따른 청소년 보호·재활센터의 장과 그 종사자
20. 「초·중등교육법」 제2조에 따른 학교의 장과 그 종사자
21. 「한부모가족지원법」 제19조에 따른 한부모가족복지시설의 장과 그 종사자
22. 「학원의 설립·운영 및 과외교습에 관한 법률」 제6조에 따른 학원의 운영자·강사·직원 및 같은 법 제14조에 따른 교습소의 교습자·직원
23. 「아이돌봄 지원법」 제2조제4호에 따른 아이돌보미
24. 「아동복지법」 제37조에 따른 취약계층 아동에 대한 통합서비스지원 수행인력
25. 「입양특례법」 제20조에 따른 입양기관의 장과 그 종사자
26. 「영유아보육법」 제8조에 따른 한국보육진흥원의 장과 그 종사자로서 같은 법 제30조에 따른 어린이집 평가 업무를 수행하는 사람
27. 「대안교육기관에 관한 법률」 제2조제2호에 따른 대안교육기관과 「초·중등교육법 시행령」 제54조에 따라 학교의 장으로부터 학업에 어려움을 겪는 학생들에 대한 교육을 위탁받은 교육기관 등의 장과 그 종사자

나. 아동학대행위자에 대한 긴급임시조치 위반

제13조(아동학대행위자에 대한 긴급임시조치) ① 사법경찰관은 제12조제1항에 따른 응급조치에도 불구하고 아동학대범죄가 재발될 우려가 있고, 긴급을 요하여 제19조제1항에 따른 법원의 임시조치 결정을 받을 수 없을 때에는 직권이나 피해아동등, 그 법정대리인(아동학대행위자를 제외한다. 이하 같다), 변호사(제16조에 따른 변호사를 말한다. 제48조 및 제49조를 제외하고는 이하 같다), 시·도지사, 시장·군수·구청장 또는 아동보호전문기관의 장의 신청에 따라 제19조제1항제1호부터 제3호까지의 어느 하나에 해당하는 조치를 할 수 있다.

다. 보호처분의 결정이행위반

제36조(보호처분의 결정 등) ① 판사는 심리의 결과 보호처분이 필요하다고 인정하는 경우에는 결정으로 다음 각 호의 어느 하나에 해당하는 보호처분을 할 수 있다.
1. 아동학대행위자가 피해아동 또는 가정구성원에게 접근하는 행위의 제한
2. 아동학대행위자가 피해아동 또는 가정구성원에게 「전기통신기본법」 제2조제1호의 전기통신을 이용하여 접근하는 행위의 제한
3. 피해아동에 대한 친권 또는 후견인 권한 행사의 제한 또는 정지
4. 「보호관찰 등에 관한 법률」에 따른 사회봉사·수강명령
5. 「보호관찰 등에 관한 법률」에 따른 보호관찰
6. 법무부장관 소속으로 설치한 감호위탁시설 또는 법무부장관이 정하는 보호시설에의 감호위탁
7. 의료기관에의 치료위탁
8. 아동보호전문기관, 상담소 등에의 상담위탁

○○경찰서

(00-0000-0000)

제 0000-00000 호   20○○.○.○.

수 신:

제 목: 의무위반사실 통보

　　　다음 사람에 대하여 아래와 같이 「아동학대범죄의 처벌 등에 관한 특례법」 제63조제1항에 따른 의무위반사실을 통보하오니, 과태료를 부과하여 주시기 바랍니다.

의무위반자	성 명	
	주민등록번호	－　　　　　（　　　세）
	주 소	

의무위반사실	일 시	년　　월　　일　　시　　분
	장 소	
	내 용	

적용법조	[　　]	정당한 사유 없이 법 제10조제2항에 따른 신고를 하지 아니한 사람 (법 제63조제1항제2호)
	[　　]	정당한 사유 없이 법 제13조제1항에 따른 긴급임시조치를 이행하지 아니한 사람(법 제63조제1항제3호)
	[　　]	정당한 사유 없이 법 제36조제1항제4호부터 제8호까지의 보호처분이 확정된 후 이를 이행하지 아니하거나 집행에 따르지 아니한 사람 (법 제63조제1항제4호) [　　]사회봉사·수강명령(법 제36조제1항제4호) [　　]보호관찰(법 제36조제1항제5호) [　　]감호위탁(법 제36조제1항제6호) [　　]치료위탁(법 제36조제1항제7호) [　　]상담위탁(법 제36조제1항제8호)

통보인 인적사항	성 명		소 속	
	전화번호		직 급	

○○경찰서

사법경찰관리   (서명 또는 인)

제3절 실종아동등의 보호 및 지원에 관한 법률
(실종아동법)

Ⅰ. 목적 및 개념정의

1. 목적

> **제1조(목적)** 이 법은 실종아동등의 발생을 예방하고 조속한 발견과 복귀를 도모하며 복귀 후의 사회 적응을 지원함으로써 실종아동등과 가정의 복지증진에 이바지함을 목적으로 한다.

2. 개념정의

> **제2조(정의)** 이 법에서 사용하는 용어의 뜻은 다음과 같다.
> 1. "아동등"이란 다음 각 목의 어느 하나에 해당하는 사람을 말한다.
>   가. 실종 당시 18세 미만인 아동
>   나. 「장애인복지법」 제2조의 장애인 중 지적장애인, 자폐성장애인 또는 정신장애인
>   다. 「치매관리법」 제2조제2호의 치매환자
>
>   > ※ 치매관리법
>   > 제2조(정의) 이 법에서 사용하는 용어의 뜻은 다음과 같다.
>   > 2. "치매환자"란 치매로 인한 임상적 특징이 나타나는 사람으로서 의사 또는 한의사로부터 치매로 진단받은 사람을 말한다.
>
> 2. "실종아동등"이란 약취(略取)·유인(誘引) 또는 유기(遺棄)되거나 사고를 당하거나 가출하거나 길을 잃는 등의 사유로 인하여 보호자로부터 이탈(離脫)된 아동등을 말한다.
> 3. "보호자"란 친권자, 후견인이나 그 밖에 다른 법률에 따라 아동등을 보호하거나 부양할 의무가 있는 사람을 말한다. 다만, 제4호의 보호시설의 장 또는 종사자는 제외한다.
> 4. "보호시설"이란 「사회복지사업법」 제2조제4호에 따른 사회복지시설 및 인가·신고 등이 없이 아동등을 보호하는 시설로서 사회복지시설에 준하는 시설을 말한다.
> 5. "유전자검사"란 개인 식별(識別)을 목적으로 혈액·머리카락·침 등의 검사대상물로부터 유전자를 분석하는 행위를 말한다.
> 6. "유전정보"란 유전자검사의 결과로 얻어진 정보를 말한다.
> 7. "신상정보"란 이름·나이·사진 등 특정인(特定人)임을 식별하기 위한 정보를 말한다.

제17조(벌칙) 다음 각 호의 어느 하나에 해당하는 자는 5년 이하의 징역 또는 5천만원 이하의 벌금에 처한다.

1. 제7조를 위반하여 정당한 사유 없이 실종아동등을 보호한 자
2. 제9조제4항을 위반하여 개인위치정보등을 실종아동등을 찾기 위한 목적 외의 용도로 이용한 자
3. 제9조의2제2항을 위반하여 제공받은 정보를 실종아동등을 찾기 위한 목적 외의 용도로 이용한 자

제18조(벌칙) 다음 각 호의 어느 하나에 해당하는 자는 2년 이하의 징역 또는 2천만원 이하의 벌금에 처한다.

1. 위계(僞計) 또는 위력(威力)을 행사하여 제10조제1항에 따른 관계공무원의 출입 또는 조사를 거부하거나 방해한 자
1의2. 제7조의4를 위반하여 지문등정보를 실종아동등을 찾기 위한 목적 외로 이용한 자
1의3. 제9조제3항을 위반하여 경찰관서의 장의 요청을 거부한 자
2. 제12조제1항을 위반하여 목적 외의 용도로 검사대상물의 채취 또는 유전자검사를 실시하거나 유전정보를 이용한 자
3. 제12조제2항을 위반하여 채취한 검사대상물 또는 유전정보를 외부로 유출한 자
4. 제15조를 위반하여 신상정보를 실종아동등을 찾기 위한 목적 외의 용도로 이용한 자

제18조의2(벌칙) 제9조의2제1항을 위반하여 정당한 사유 없이 경찰관서의 장의 요청을 거부한 자는 1년 이하의 징역 또는 1천만원 이하의 벌금에 처한다.

제19조(과태료) ① 다음 각 호의 어느 하나에 해당하는 자에게는 500만원 이하의 과태료를 부과한다.

1. 제9조의4제2항을 위반하여 실종아동등 조기발견 지침에 따른 조치를 하지 아니한 자
2. 제10조제1항에 따른 명령을 위반하여 보고 또는 자료제출을 하지 아니하거나, 거짓 보고 또는 거짓의 자료제출을 하거나, 정당한 사유 없이 관계 공무원의 출입 또는 조사를 기피한 자

② 다음 각 호의 어느 하나에 해당하는 자는 200만원 이하의 과태료를 부과한다.

1. 제6조제1항에 따른 신고를 하지 아니한 자
2. 제6조제3항에 따른 신상카드를 보내지 아니한 자
3. 제9조의4제3항에 따른 교육 · 훈련을 실시하지 아니하거나 그 결과를 보고하지 아니한 자

③ 제1항 및 제2항에 따른 과태료는 대통령령으로 정하는 바에 따라 경찰관서의 장 또는 지방자치단체의 장이 각각 부과 · 징수한다.

III. 범죄사실

1. 실종아동 신고 없이 보호

1) 적용법조 : 제17조 제1호, 제7조 ☞ 공소시효 7년

> 제7조(미신고 보호행위의 금지) 누구든지 정당한 사유 없이 실종아동등을 경찰관서의 장에게 신고하지 아니하고 보호할 수 없다.

2) 범죄사실 기재례

[기재례1]

> 누구든지 정당한 사유 없이 실종아동등을 경찰관서의 장에게 신고하지 아니하고 보호할 수 없다.
> 그럼에도 불구하고 피의자는 20○○. ○. ○.경 ○○에 있는 ○○역 대합실에서 길을 잃은 지적장애인 갑(45세, 남)을 발견하고 ○○에 있는 피의자 주거지로 데려와 피의자가 운영하고 있는 ○○염전 인부로 일을 하게 하였다.
> 이로써 피의자는 정당한 사유 없이 실종아동등을 신고하지 않고 보호하였다.

[기재례2]

> 누구든지 정당한 사유 없이 실종아동 등을 경찰관서의 장에게 신고하지 아니하고 보호할 수 없다.
> 그럼에도 불구하고 피의자 20○○.○.○.경 스마트폰 대화용 애플리케이션 '채팅매니아'를 통해 알게 된 가출한 실종아동인 갑(여,17세)에게 자신의 집에 재워준다고 말하며 ○○에 있는 피의자 주거지인 ○○원룸 300호로 갑을 데리고 가 그곳에서 약 1주일 동안 보호하였다.

3) 신문사항

- 실종아동을 보호한 사실이 있는가
- 언제부터 누구를 보호하였나
- 실종아동을 처음 어떻게 알게 되었는가
- 언제까지 어디에서 보호하였는가
- 어떤 방법으로 보호하였나
- 실종아동의 보호자에게 연락하였는가
- 실종사실을 경찰관서에 신고하였는가
- 왜 신고없이 보호하였는가

2. 경찰관의 실종아동 개인위치정보 미파기

1) 적용법조 : 제17조 제2호, 제9조 제4항 ☞ 공소시효 7년

제9조(수색 또는 수사의 실시 등) ④ 경찰관서와 경찰관서에 종사하거나 종사하였던 자는 실종아동등을 찾기 위한 목적으로 제공받은 개인위치정보등을 실종아동등을 찾기 위한 목적 외의 용도로 이용하여서는 아니 되며, 목적을 달성하였을 때에는 지체 없이 파기하여야 한다.

2) 범죄사실 기재례

피의자는 20○○. ○. ○.부터 ○○경찰서 여성청소년과 여청수사팀에서 실종아동 업무를 담당하고 있는 경찰공무원(경사)이다.

피의자는 20○○. ○. ○.경 위 경찰서 여청수사팀에서 아동 갑(남,11세)이 20○○. ○. ○. 실종되었다며 갑의 모친 을로부터 신고를 접수하였다.

신고접수 후 실종아동 갑의 위치정보를 수집하기 위해 20○○. ○. ○. ○○법원으로부터 갑이 휴대하고 있는 휴대전화(번호) 위치정보를 확인하여 20○○. ○. ○. ○○에서 실종아동을 찾아 목적을 달성하였다.

경찰관서와 경찰관서에 종사하거나 종사하였던 자는 실종아동등을 찾기 위한 목적으로 제공받은 개인위치정보등을 실종아동등을 찾기 위한 목적 외의 용도로 이용하여서는 아니 되며, 목적을 달성하였을 때에는 지체 없이 파기하여야 한다.

그럼에도 불구하고 피의자는 20○○. ○. ○.까지 실종아동의 위치를 계속 수집하였다.

3) 신문사항

- 언제부터 어떤 부서에서 어떤 업무를 담당하고 있는가
- 아동 갑에 대한 실종신고를 받고 이를 처리한 일이 있는가(접수 일시 장소 등)
- 실종신고를 접수받고 어떤 조치를 하였는가
- 언제 어떤 위치정보 수집을 하였는가
- 아동을 찾았는가(언제 어디에서 어떤 방법으로)
- 아동을 찾은 후 수집한 위치정보를 파기하였는가
- 언제까지 위치정보를 수집하였는가
- 아동을 찾은 후에도 왜 수집한 위치 정보를 파기하지 않았는가
- 파기하지 않는 아동에 대한 위치정보를 어떻게 하였는가

3. 위계의 방법으로 경찰공무원 출입거부

1) 적용법조 : 제18조 제1호, 제10조 제1항   ☞   공소시효 5년

제10조(출입·조사 등) ① 경찰청장이나 지방자치단체의 장은 실종아동등의 발견을 위하여 필요하면 관계인에 대하여 필요한 보고 또는 자료제출을 명하거나 소속 공무원으로 하여금 관계 장소에 출입하여 관계인이나 아동등에 대하여 필요한 조사 또는 질문을 하게 할 수 있다.

2) 범죄사실 기재례

> 피의자는 ○○에서 ○○아동상담소를 운영하고 있는 사람이다.
> 피의자는 20○○. ○. ○.경 ○○경찰서 여성청소년과 여청수사팀에서 실종아동 업무를 담당하고 있는 경찰공무원 갑이 실종아동을 발견하기 위해 입소자 명단 자료제출을 요구하였다.
> 그럼에도 불구하고 피의자는 ○○방법으로 위력을 행사하여 자료제출을 거부하는 등 관계 경찰공무원의 조사를 거부하였다.

※ 실종아동을 신고 없이 보호하고 있는 경우 제17조, 제7조 추가

3) 신문사항

- 아동상담소를 운영하고 있는가(명칭, 규모, 인허가 여부 등)
- 수사기관으로부터 실종아동 관련 자료제출 요구를 받은 사실이 있는가
- 언제 누구로부터 자료 요구를 받았는가
- 언제까지 어떤 자료 요구를 받았는가
- 자료를 제출하였는가
- 왜 자료 제출을 거부하였는가
- 제출 거부가 정당한 것인가

4. 유전정보 목적 외 이용

1) 적용법조 : 제18조 제2호, 제12조 제1항 ☞ 공소시효 5년

제12조(유전정보의 목적 외 이용금지 등) ① 누구든지 실종아동등을 발견하기 위한 목적 외의 용도로 제11조에 따른 검사대상물을 채취하거나 유전자검사를 실시하거나 유전정보를 이용할 수 없다.
② 검사대상물의 채취, 유전자검사 또는 유전정보관리에 종사하고 있거나 종사하였던 사람은 채취한 검사대상물 또는 유전정보를 외부로 유출하여서는 아니 된다.
제11조(유전자검사의 실시) ① 경찰청장은 실종아동등의 발견을 위하여 다음 각 호의 어느 하나에 해당하는 자로부터 유전자검사대상물(이하 "검사대상물"이라 한다)을 채취할 수 있다.
　1. 보호시설의 입소자나 「정신건강증진 및 정신질환자 복지서비스 지원에 관한 법률」 제3조제5호에 따른 정신의료기관의 입원환자 중 보호자가 확인되지 아니한 아동등
　2. 실종아동등을 찾고자 하는 가족
　3. 그 밖에 보호시설의 입소자였던 무연고아동

2) 범죄사실 기재례

　　피의자는 20○○. ○. ○.부터 ○○에서 ○○치매센터를 운영하고 있는 사람이다.
　　누구든지 실종아동등을 발견하기 위한 목적 외의 용도로 유전자 검사대상물을 채취하거나 유전자검사를 실시하거나 유전정보를 이용할 수 없다.
　　그럼에도 불구하고 피의자는 20○○. ○. ○.경 위 시설에 입소 중이던 치매환자 갑(남,79세) 등 입소자 20여명에 대해 ○○대학교 교수 A의 부탁을 받고 구강채취 방법으로 검사대상물을 채취하여 A에게 전달하였다.
　　이로써 피의자는 지문등정보를 실종아동등을 찾기 위한 목적 외로 이용하였다.

3) 신문사항

　- 어디에서 언제부터 치매센터를 운영하고 있는가

　- 입소한 치매환자는 몇 명이며, 어떤 방법으로 관리하고 있는가

　- 입소 치매환자 중 보호자가 없는 사람이 있는가

　- 그러면 실종여부를 확인할 대상자는 없는가

　- 치매환자들의 구강채취를 한 사실이 있는가

　- 언제 어디에서 누구를 상대로 채취하였는가

　- 무엇 때문에 채취하였나

　- 채취한 검사대상물은 어떻게 하였는가

　- 언제 얼마를 받고 전달하였는가

　- 어디에 사용하는 것으로 알고 전달하였는가

5. 신상정보 목적 외 이용

1) 적용법조 : 제18조 제4호, 제15조 ☞ 공소시효 5년

> 제15조(신상정보의 목적 외 이용금지) 누구든지 정당한 사유 없이 실종아동등의 신상정보를 실종아동등을 찾기 위한 목적 외의 용도로 이용할 수 없다.

2) 범죄사실 기재례

> 피의자는 20○○. ○. ○.경부터 ○○에서 ○○장애인거주시설을 운영하고 있는 사람이다.
>
> 누구든지 정당한 사유 없이 실종아동등의 신상정보를 실종아동등을 찾기 위한 목적 외의 용도로 이용할 수 없다.
>
> 그럼에도 불구하고 피의자는 20○○. ○. ○.경 가출하여 보호자를 알 수 없어 위 시설에 입소한 지적장애인 갑(여 23세)의 신상정보를 이용 갑 명의로 휴대전화를 가입하여 이를 피의자가 사용하였다.
>
> 이로써 피의자는 갑의 신상정보를 실종아동등을 찾기 위한 목적 외의 용도로 이용하였다.

3) 신문사항

- 어디에서 어떤 일을 하고 있는가
- 보호하고 있는 장애인이 몇 명이며 어떤 장애를 가지고 있는 사람들인가
- 입소 장애인들의 신상정보를 사용한 일이 있는가
- 언제 어디에서 사용하였는가가
- 누구의 신상정보를 사용하였는가
- 어떤 신상정보를 어디에 사용하였는가
- 갑은 언제 입소하였는가
- 보호자의 동의를 받고 사용하였는가
- 무엇 때문에 사용하였는가
- 이러한 신상정보 사용이 실종아동등을 찾기 위한 목적이였는가

학교폭력수사

8편

학교폭력 범죄 수사

<table>
<tr><td>제1장</td><td></td></tr>
</table>

학교폭력 범죄 수사의 개관

(학교폭력예방 및 대책에 관한 법률)

제1절 학교폭력예방 및 대책

 Ⅰ. 학교폭력 용어의 정의

1. 학교폭력

학교 내외에서 학생을 대상으로 발생한 상해, 폭행, 감금, 협박, 약취·유인, 명예훼손·모욕, 공갈, 강요·강제적인 심부름 및 성폭력, 따돌림, 사이버 따돌림, 정보통신망을 이용한 음란·폭력 정보 등에 의하여 신체·정신 또는 재산상의 피해를 수반하는 행위를 말한다.

2. 따돌림

학교 내외에서 2명 이상의 학생들이 특정인이나 특정집단의 학생들을 대상으로 지속적이거나 반복적으로 신체적 또는 심리적 공격을 가하여 상대방이 고통을 느끼도록 하는 모든 행위를 말한다.

3. 사이버 폭력

정보통신망(「정보통신망 이용촉진 및 정보보호 등에 관한 법률」 제2조제1항제1호의 정보통신망을 말한다)을 이용하여 학생을 대상으로 발생한 따돌림, 딥페이크 영상 등(인공지능 기술 등을 이용하여 학생의 얼굴·신체 또는 음성을 대상으로 성적 욕망 또는 불쾌감을 유발할 수 있는 형태로 편집·합성·가공한 촬영물·영상물 또는 음성물을 말한다)을 제작·반포하는 행위 및 그 밖에 신체·정신 또는 재산상의 피해를 수반하는 행위를 말한다.

4. 가해학생

가해자 중에서 학교폭력을 행사하거나 그 행위에 가담한 학생을 말한다.

5. 피해학생

학교폭력으로 인하여 피해를 입은 학생을 말한다.

6. 장애학생

신체적·정신적·지적 장애 등으로 「장애인 등에 대한 특수교육법」 제15조에서 규정하는 특수교육이 필요한 학생을 말한다.

> 제15조(특수교육대상자의 선정) ① 교육장 또는 교육감은 다음 각 호의 어느 하나에 해당하는 사람 중 특수교육을 필요로 하는 사람으로 진단·평가된 사람을 특수교육대상자로 선정한다.
> 1. 시각장애   2. 청각장애   3. 지적장애   4. 지체장애   5. 정서·행동장애
> 6. 자폐성장애(이와 관련된 장애를 포함한다)   7. 의사소통장애
> 8. 학습장애   9. 건강장애   10. 발달지체
> 11. 그 밖에 두 가지 이상의 장애가 있는 경우 등 대통령령으로 정하는 장애

II. 학교폭력 처리 절차

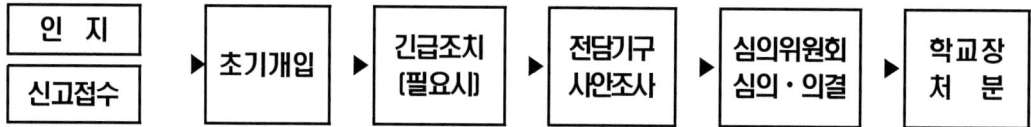

1. 학교장의 긴급조치 (가해학생에 대한 우선 출석정지 등)

가. 2명 이상의 학생이 고의적·지속적으로 폭력을 행사한 경우

나. 학교폭력을 행사하여 전치 2주 이상의 상해를 입힌 경우

다. 학교폭력에 대한 신고, 진술, 자료제공 등에 대한 보복을 목적으로 폭력을 행사한 경우

라. 학교의 장이 피해학생을 가해학생으로부터 긴급하게 보호할 필요가 있다고 판단하는 경우

2. 전담기구

가. 학교의 장은 학교에 상담실을 설치하고, 전문상담교사를 둔다.

나. 전문상담교사는 학교의 장 및 심의위원회의 요구가 있는 때에는 학교폭력에 관련된 피해학생 및 가해학생과의 상담결과를 보고하여야 한다.

다. 학교의 장은 교감, 전문상담교사, 보건교사 및 책임교사 등으로 학교폭력문제를 담당

하는 전담기구를 구성하며, 학교폭력 사태를 인지한 경우 지체 없이 전담기구 또는 소속 교원으로 하여금 가해 및 피해 사실 여부를 확인하도록 한다.

라. 전담기구는 학교폭력에 대한 실태조사와 학교폭력 예방 프로그램을 구성·실시하며, 학교의 장 및 심의위원회의 요구가 있는 때에는 학교폭력에 관련된 조사결과 등 활동결과를 보고하여야 한다.

3. 심의위원회의 구성·운영 (제13조)

가. 심의위원회는 10명 이상 50명 이내의 위원으로 구성하되, 전체위원의 3분의 1 이상을 해당 교육지원청 관할 구역 내 학교(고등학교를 포함한다)에 소속된 학생의 학부모로 위촉하여야 한다.

나. 심의위원회의 위원장은 다음 각 호의 어느 하나에 해당하는 경우에 회의를 소집하여야 한다.

○ 심의위원회 재적위원 4분의 1 이상이 요청하는 경우
○ 학교의 장이 요청하는 경우
○ 피해학생 또는 그 보호자가 요청하는 경우
○ 학교폭력이 발생한 사실을 신고받거나 보고받은 경우
○ 가해학생이 협박 또는 보복한 사실을 신고받거나 보고받은 경우
○ 그 밖에 위원장이 필요하다고 인정하는 경우

다. 심의위원회는 회의의 일시, 장소, 출석위원, 토의내용 및 의결사항 등이 기록된 회의록을 작성·보존하여야 한다.

4. 피해학생보호 (제16조)및 가해학생 조치 (제17조)

피해학생 보호조치	가해학생에 대한 조치
1. 학내외 전문가에 의한 심리상담 및 조언 2. 일시보호 3. 치료 및 치료를 위한 요양 4. 학급교체 5. 전학권고 〈삭제 2012.3.21.〉 6. 그 밖에 피해학생의 보호를 위하여 필요한 조치	1. 피해학생에 대한 서면사과 2. 피해학생 및 신고·고발 학생에 대한 접촉, 협박 및 보복행위(정보통신망을 이용한 행위를 포함한다)의 금지 3. 학교에서의 봉사 4. 사회봉사 5. 학내외 전문가, 교육감이 정한 기관에 의한 특별 교육이수 또는 심리치료 6. 출석정지　　7. 학급교체 8. 전학　　9. 퇴학처분

■ **판례** ■ 고등학생 甲이 乙 등으로부터 학교폭력을 당하였다는 내용의 신고를 함에 따라 개최된 학교폭력대책자치위원회에서 乙에게 구 학교폭력예방 및 대책에 관한 법률 제17조 제1항 제1호가 정한 피해학생에 대한 서면사과, 제2호가 정한 피해학생에 대한 접촉, 협박 및 보복행위 금지 등의 조치를 할 것을 학교장에게 요청하기로 심의·의결하여 학교장이 乙에게 자치위원회가 의결한 각 내용의 조치를 하고 이를 통지한 사안

자치위원회 학부모대표위원 1명이 학부모전체회의가 아닌 학급별 대표로 구성된 학부모대표회의에서 선출되었는데, 기존 학부모대표위원이 사임한 후 자치위원회가 개최되기까지 약 2개월의 기간이 있었으므로 그 사이에 학부모전체회의를 개최하는 것이 곤란하였다고 보기 어려워 위 학부모대표위원 선출은 구 학교폭력예방법 제13조 제1항에 반하여 위법하고, 구 학교폭력예방법 제14조에 따르면 전문상담교사 또는 학교폭력책임교사는 학교장 및 자치위원회의 요구에 따라 학교폭력에 관련된 피해학생 및 가해학생과의 상담결과를 보고하거나, 학교장이 구성한 전담기구의 구성원으로서 학교폭력 사태에 관한 가해 및 피해 사실 여부를 확인하고 이에 관하여 확인한 사항을 학교장 및 자치위원회에 보고하는 지위에 있는 자로서, 해당 사건에 관하여 상담 및 조사 업무를 수행한 전문상담교사 또는 학교폭력책임교사는 자치위원회의 위원에게 요구되는 업무수행의 공정성과 독립성이 보장된다고 할 수 없어, 학교폭력 사건에 대한 조사 및 보고, 심의 구조에 비추어 자치위원회 위원으로서의 자격이 없는데도 위 심의·의결 당시 학교폭력책임교사가 자치위원회 위원으로 참여하였다는 이유로, 위 심의·의결은 위원의 자격이 없는 학부모대표 1명과 학교폭력책임교사가 위원으로 참여한 데다가 적법하게 선출된 학부모대표위원이 전체 위원의 과반수에 미달하여 위법하게 구성된 자치위원회에 의하여 이루어진 것으로서 그에 따른 학교장의 乙에 대한 위 처분은 위법하다고 한 사례이다. (제주지법 2020. 12. 15. 선고 2019구합6370 판결 : 확정)

■ **판례** ■ 甲 고등학교장이 학교폭력대책자치위원회를 개최하여 '乙이 학교 앞 바닷가에서 피해자 丙 학생에게 폭행을 가하였다'는 안건을 심의·의결하고, 자치위원회의 의결 결과에 따라 乙에게 출석정지 5일 및 특별교육이수 10시간, 보호자에 대한 특별교육 4시간을 명하는 처분을 한 사안

학교폭력에 관한 조치요청권을 갖는 자치위원회는 그 구성이 법령에서 정한 절차대로 이뤄져 학교구성원들로부터 민주적 정당성을 얻어야 하고, 자치위원회가 이와 같은 적법한 절차에 따라 구성되지 않은 경우라든지 조치요청결정에 이르는 과정에서 결정의 정당성에 영향을 미치는 위법이 개입된 경우라면 그 자치위원회의 요청과 그에 따른 학교장의 조치는 위법한데, 학부모회의를 개최하면서 학교장 측의 공식적인 개최안내, 회의안건, 자치위원회 위원 선출과 관련하여서는 아무런 안내도 받지 못한 채 일부 학부모들이 참석한 점, 학부모회의의 학부모위원이나 자치위원회의 학부모위원은 희망자가 없어 어쩔 수 없이 그 자리에서 추대되는 형식을 취하여 의결한 점 등을 종합하면, 학부모회의 사전에 제대로 된 정보를 제공하지 않았고, 그에 따라 학부모들이 민주적 의사를 개진·숙의할 기회가 없었던 위와 같은 학부모회의에서 선출된 학부모위원은 법령에서 예정하고 있는 '학부모전체회의에서 적법하게 선출된 학부모대표'로 볼 수 없으므로 이러한 절차에 따른 자치위원회의 구성은 학교폭력예방 및 대책에 관한 법령을 위반한 하자가 중대하고, 자치위원회의 학부모위원이 학부모 전체의 의사에 의하여 선출된 것으로 인정할 수 없을 정도로 하자가 명백하여 자치위원회의 학부모위원 선정, 곧 의결주체 선정절차가 무효인 이상, 자치위원회의 의결이 적법하다는 전제에서 이루어진 위 처분 또한 무효로 보는 것이 타당하다고 한 사례이다. (창원지법 2019. 3. 13. 선고 2018구단12153 판결 : 확정)

III. 학교폭력대책위원회

1. 학교폭력대책위원회의 설치 · 기능 (제7조)

학교폭력의 예방 및 대책에 관한 다음 각 호의 사항을 심의하기 위하여 국무총리 소속으로 학교폭력대책위원회(이하 "대책위원회"라 한다)를 둔다.

① 학교폭력의 예방 및 대책에 관한 기본계획의 수립 및 시행에 대한 평가

② 학교폭력과 관련하여 관계 중앙행정기관 및 지방자치단체의 장이 요청하는 사항

③ 학교폭력과 관련하여 교육청, 제9조에 따른 학교폭력대책지역위원회, 제10조의2에 따른 학교폭력대책지역협의회, 제12조에 따른 학교폭력대책심의위원회, 전문단체 및 전문가가 요청하는 사항

2. 대책위원회의 구성 (제8조)

① 대책위원회는 위원장 2명을 포함하여 20명 이내의 위원으로 구성한다.

② 위원장은 국무총리와 학교폭력 대책에 관한 전문지식과 경험이 풍부한 전문가 중에서 대통령이 위촉하는 사람이 공동으로 되고, 위원장 모두가 부득이한 사유로 직무를 수행할 수 없을 때에는 국무총리가 지명한 위원이 그 직무를 대행한다.

③ 위원은 다음 각 호의 사람 중에서 대통령이 위촉하는 사람으로 한다. 다만, 제1호의 경우에는 당연직 위원으로 한다.

  1. 기획재정부장관, 교육부장관, 과학기술정보통신부장관, 법무부장관, 행정안전부장관, 문화체육관광부장관, 보건복지부장관, 여성가족부장관, 방송통신위원회 위원장, 경찰청장

  2. 학교폭력 대책에 관한 전문지식과 경험이 풍부한 전문가 중에서 제1호의 위원이 각각 1명씩 추천하는 사람

  3. 관계 중앙행정기관에 소속된 3급 공무원 또는 고위공무원단에 속하는 공무원으로서 청소년 또는 의료 관련 업무를 담당하는 사람

4. 대학이나 공인된 연구기관에서 조교수 이상 또는 이에 상당한 직에 있거나 있었던 사람으로서 학교폭력 문제 및 이에 따른 상담 또는 심리에 관하여 전문지식이 있는 사람

5. 판사ㆍ검사ㆍ변호사

6. 전문단체에서 청소년보호활동을 5년 이상 전문적으로 담당한 사람

7. 의사의 자격이 있는 사람

8. 학교운영위원회 활동 및 청소년보호활동 경험이 풍부한 학부모

④ 위원장을 포함한 위원의 임기는 2년으로 하되, 1차에 한하여 연임할 수 있다.

⑤ 위원회의 효율적 운영 및 지원을 위하여 간사 1명을 두되, 간사는 교육부장관이 된다.

⑥ 위원회에 상정할 안건을 미리 검토하는 등 안건 심의를 지원하고, 위원회가 위임한 안건을 심의하기 위하여 대책위원회에 학교폭력대책실무위원회(이하 "실무위원회"라 한다)를 둔다.

3. 학교폭력대책지역위원회의 설치 (제9조)

① 지역의 학교폭력 문제를 해결하기 위하여 시ㆍ도에 학교폭력대책지역위원회(지역위원회)를 둔다.

② 특별시장ㆍ광역시장ㆍ특별자치시장ㆍ도지사 및 특별자치도지사는 지역위원회의 운영 및 활동에 관하여 교육감과 협의하여야 하며, 그 효율적인 운영을 위하여 실무위원회를 둘 수 있다.

③ 지역위원회는 위원장 1인을 포함한 11인 이내의 위원으로 구성한다.

4. 학교폭력대책지역위원회의 기능 등 (제10조)

① 지역위원회는 기본계획에 따라 지역의 학교폭력 예방대책(이하 "예방대책"이라 한다)을 매년 수립한다. 이 경우 예방대책에 시행계획의 내용을 포함하여야 한다.

② 지역위원회는 전년도 예방대책에 따른 추진실적과 다음 연도 예방대책을 대통령령으로 정하는 바에 따라 매년 교육부장관에게 제출하여야 한다.

③ 그밖에 예방대책의 수립 및 시행 등에 필요한 사항은 대통령령으로 정한다.

④ 지역위원회는 해당 지역에서 발생한 학교폭력에 대하여 교육감 및 시·도경찰청장에게 관련 자료를 요청할 수 있다.

⑤ 교육감은 지역위원회의 의견을 들어 제16조제1항제1호부터 제3호까지나 제17조제1항제5호에 따른 상담·치료 및 교육을 담당할 상담·치료·교육 기관을 지정하여야 한다.

⑥ 교육감은 제5항에 따른 상담·치료·교육 기관을 지정한 때에는 해당 기관의 명칭, 소재지, 업무를 인터넷 홈페이지에 게시하고, 그 밖에 다양한 방법으로 학부모에게 알릴 수 있도록 노력하여야 한다.

5. 학교폭력대책지역협의회의 설치 · 운영 (10조의2)

① 학교폭력예방 대책을 수립하고 기관별 추진계획 및 상호 협력·지원 방안 등을 협의하기 위하여 시·군·구에 학교폭력대책지역협의회(지역협의회)를 둔다.

② 지역협의회는 위원장 1명을 포함한 20명 내외의 위원으로 구성한다.

6. 학교폭력대책심의위원회의 설치 · 기능 (제12조)

① 학교폭력의 예방 및 대책에 관련된 사항을 심의하기 위하여 학교에 학교폭력대책심의위원회(심의위원회)를 둔다. 다만, 심의위원회 구성에 있어 대통령령으로 정하는 사유가 있는 경우에는 교육감의 보고를 거쳐 둘 이상의 학교가 공동으로 심의위원회를 구성할 수 있다.

② 심의위원회는 학교폭력의 예방 및 대책 등을 위하여 다음 각 호의 사항을 심의한다.

 1. 학교폭력의 예방 및 대책수립을 위한 학교 체제 구축

 2. 피해학생의 보호

 3. 가해학생에 대한 선도 및 징계

 4. 피해학생과 가해학생 간의 분쟁조정

 5. 그 밖에 대통령령으로 정하는 사항

③ 심의위원회는 해당 지역에서 발생한 학교폭력에 대하여 학교장 및 관할 경찰서장에게 관련 자료를 요청할 수 있다.

Ⅳ. 학교폭력 조사·상담 등

1. 학교폭력 조사·상담 등

① 교육감은 학교폭력 예방과 사후조치 등을 위하여 다음 각 호의 조사·상담 등을 수행할 수 있다.

 1. 학교폭력 피해학생 상담 및 가해학생 조사

 2. 필요한 경우 가해학생 학부모 조사

 3. 학교폭력 예방 및 대책에 관한 계획의 이행 지도

 4. 관할 구역 학교폭력서클 단속

 5. 학교폭력 예방을 위하여 민간 기관 및 업소 출입·검사

 6. 그 밖에 학교폭력 등과 관련하여 필요한 사항

② 교육감은 제1항의 조사·상담 등의 업무를 대통령령으로 정하는 기관 또는 단체에 위탁할 수 있다.

③ 교육감 및 위탁 기관 또는 단체의 장은 제1항에 따른 조사·상담 등의 업무를 수행에 필요한 경우 관계 기관의 장에게 협조를 요청할 수 있다.

2. 관계 기관과의 협조 등

① 교육부장관, 교육감, 지역 교육장, 학교의 장은 학교폭력과 관련한 개인정보 등을 경찰청장, 시도경찰청장, 관할 경찰서장 및 관계 기관의 장에게 요청할 수 있다.

② 정보제공을 요청받은 경찰청장, 시도경찰청장, 관할 경찰서장 및 관계 기관의 장은 특별한 사정이 없으면 그 요청을 따라야 한다.

③ 학교폭력과 관련한 개인정보 등을 협조를 요청할 때에는 문서로 하여야 한다.

3. 학교폭력 예방교육 등 (제15조)

① 학교의 장은 학생의 육체적·정신적 보호와 학교폭력의 예방을 위한 학생들에 대한 교육(학교폭력의 개념·실태 및 대처방안 등을 포함)을 학기별로 1회 이상 실시하여야 한다.

② 학교의 장은 학교폭력의 예방 및 대책 등을 위한 교직원 및 학부모에 대한 교육을 학기별로 1회 이상 실시하여야 한다.

③ 학교의 장은 학교폭력 예방교육 프로그램의 구성 및 그 운용 등을 전담기구와 협의하여 전문단체 또는 전문가에게 위탁할 수 있다.

④ 교육장은 학교폭력 예방교육 프로그램의 구성과 운용계획을 학부모가 쉽게 확인할 수 있도록 인터넷 홈페이지에 게시하고, 그 밖에 다양한 방법으로 학부모에게 알릴 수 있도록 노력하여야 한다.

V. 학교폭력 신고와 전담경찰관

1. 학교폭력의 신고의무

① 학교폭력 현장을 보거나 그 사실을 알게 된 자는 학교 등 관계 기관에 이를 즉시 신고하여야 한다.

② 제1항에 따라 신고를 받은 기관은 이를 가해학생 및 피해학생의 보호자와 소속 학교의 장에게 통보하여야 한다.

③ 제2항에 따라 통보받은 소속 학교의 장은 이를 심의위원회에 지체 없이 통보하여야 한다.

④ 누구라도 학교폭력의 예비·음모 등을 알게 된 자는 이를 학교의 장 또는 심의위원회에 고발할 수 있다. 다만, 교원이 이를 알게 되었을 경우에는 학교의 장에게 보고하고 해당 학부모에게 알려야 한다.

⑤ 누구든지 제1항부터 제4항까지에 따라 학교폭력을 신고한 사람에게 그 신고행위를 이유로 불이익을 주어서는 아니 된다.

2. 학생보호인력의 배치 등

① 국가·지방자치단체 또는 학교의 장은 학교폭력을 예방하기 위하여 학교 내에 학생보호인력을 배치하여 활용할 수 있다.

② 다음 각 호의 어느 하나에 해당하는 사람은 학생보호인력이 될 수 없다.

1. 「국가공무원법」 제33조 각 호의 어느 하나에 해당하는 사람

2. 「아동·청소년의 성보호에 관한 법률」에 따른 아동·청소년대상 성범죄 또는 「성폭력범죄의 처벌 등에 관한 특례법」에 따른 성폭력범죄를 범하여 벌금형을 선고받고 그 형이 확정된 날부터 10년이 지나지 아니하였거나, 금고 이상의 형이나 치료감호를 선고받고 그 집행이 끝나거나 집행이 유예·면제된 날부터 10년이 지나지 아니한 사람

3. 「청소년 보호법」 제2조제5호가목3) 및 같은 목 7)부터 9)까지의 청소년 출입·고용금지업소의 업주나 종사자

③ 국가·지방자치단체 또는 학교의 장은 제1항에 따른 학생보호인력의 배치 및 활용 업무를 관련 전문기관 또는 단체에 위탁할 수 있다.

④ 제3항에 따라 학생보호인력의 배치 및 활용 업무를 위탁받은 전문기관 또는 단체는 그 업무를 수행함에 있어 학교의 장과 충분히 협의하여야 한다.

⑤ 국가·지방자치단체 또는 학교의 장은 학생보호인력으로 배치하고자 하는 사람의 동의를 받아 경찰청장에게 그 사람의 범죄경력을 조회할 수 있다.

⑥ 제3항에 따라 학생보호인력의 배치 및 활용 업무를 위탁받은 전문기관 또는 단체는 해당 업무를 위탁한 국가·지방자치단체 또는 학교의 장에게 학생보호인력으로 배치하고자 하는 사람의 범죄경력을 조회할 것을 신청할 수 있다.

⑦ 학생보호인력이 되려는 사람은 국가·지방자치단체 또는 학교의 장에게 제2항 각 호의 어느 하나에 해당하지 아니한다는 확인서를 제출하여야 한다.

3. 학교전담경찰관 운영 (시행령 제31조의2)

① 경찰청장은 법 제20조의6제1항에 따라 학교폭력 예방 및 근절을 위해 학교폭력 업무 등을 전담하는 경찰관(이하 "학교전담경찰관" 이라 한다)을 둘 경우에는 학생 상담 관련 학위나 자격증 소지 여부, 학생 지도 경력 등 학교폭력 업무 수행에 필요한 전문성을 고려해야 한다.

② 학교전담경찰관은 다음 각 호의 업무를 수행한다.

1. 학교폭력 예방활동

2. 피해학생 보호 및 가해학생 선도

3. 학교폭력 단체에 대한 정보 수집

4. 학교폭력 단체의 결성예방 및 해체

5. 그 밖에 경찰청장이 교육부장관과 협의해 학교폭력 예방 및 근절 등을 위해 필요하다고 인정하는 업무

③ 학교전담경찰관이 소속된 경찰관서의 장과 학교의 장은 학교폭력 예방 및 근절을 위해 상호 협력해야 한다.

4. 학교전담경찰관 (소년업무규칙)

가. 학교전담경찰관의 운영 (제12조)

시도경찰청장 또는 경찰서장은 학교폭력 예방 및 신속한 대응을 위하여 학교폭력 업무를 전담하는 경찰관을 둘 수 있다.

나. 학교전담경찰관 선발 (제13조)

학교전담경찰관은 청소년상담 관련 학위·자격증 소지자 및 소년업무 경력자 등 전문성을 갖춘 경찰관으로 선발한다.

다. 학교전담경찰관의 임무 (제14조)

① 학교폭력 예방교육 등 사전 예방 활동

② 학교폭력대책심의위원회 위원으로 참석

③ 학교 내 일진 등 폭력써클에 대한 정보 수집 및 해체·선도·관리

④ 학교폭력 피해사례 접수 및 가·피해학생 상담을 통한 지원 및 선도

⑤ 학교와 경찰서간 연락체계 구축

⑥ 배움터지킴이·학교보안관·아동안전지킴이 등 학생보호인력과의 협력·연계를 통한 학교 내외에서의 학생 보호 활동

⑦ 학교 밖 청소년 탐색 및 학교 밖 청소년 지원센터 연계 등 지원

⑧ 아동학대·소년범죄 등 정보수집 및 가·피해 청소년 선도·지원

라. 학교와의 협력 (제15조)

학교전담경찰관은 담당 학교를 주기적으로 방문하여 학교폭력 사안에 대해 학교와 유기적으로 협력하고 필요한 조치를 취한다.

Ⅵ. 피해 및 가해학생 보호와 조치

1. 피해학생의 보호 (제16조)

① 심의위원회는 피해학생의 보호를 위하여 필요하다고 인정하는 때에는 피해학생에 대하여 다음 각 호의 어느 하나에 해당하는 조치(수 개의 조치를 동시에 부과하는 경우를 포함한다)를 할 것을 교육장(교육장이 없는 경우 제12조제1항에 따라 조례로 정한 기관의 장으로 한다. 이하 같다)에게 요청할 수 있다. 다만, 학교의 장은 피해학생의 보호를 위하여 긴급하다고 인정하거나 피해학생이 긴급보호를 요청하는 경우에는 제1호부터 제3호까지 및 제6호의 조치를 할 수 있다. 이 경우 학교의 장은 심의위원회에 즉시 보고하여야 한다.

1. 학내외 전문가에 의한 심리상담 및 조언

2. 일시보호

3. 치료 및 치료를 위한 요양

4. 학급교체

5. 삭제 〈2012.3.21.〉

6. 그 밖에 피해학생의 보호를 위하여 필요한 조치

② 심의위원회는 제1항에 따른 조치를 요청하기 전에 피해학생 및 그 보호자에게 의견 진술의 기회를 부여하는 등 적정한 절차를 거쳐야 한다.

③ 제1항에 따른 요청이 있는 때에는 교육장은 피해학생의 보호자의 동의를 받아 7일 이내에 해당 조치를 하여야 하고 이를 심의위원회에 보고하여야 한다.

④ 제1항의 조치 등 보호가 필요한 학생에 대하여 학교의 장이 인정하는 경우 그 조치에 필요한 결석을 출석일수에 포함하여 계산할 수 있다.

⑤ 학교의 장은 성적 등을 평가하는 경우 제3항에 따른 조치로 인하여 학생에게 불이익을 주지 아니하도록 노력하여야 한다.

⑥ 피해학생이 전문단체나 전문가로부터 제1항제1호부터 제3호까지의 규정에 따른 상담 등을 받는 데에 사용되는 비용은 가해학생의 보호자가 부담하여야 한다. 다만, 피해학생의 신속한 치료를 위하여 학교의 장 또는 피해학생의 보호자가 원하는 경우에는 「학교안전사고 예방 및 보상에 관한 법률」 제15조에 따른 학교안전

공제회 또는 시·도교육청이 부담하고 이에 대한 상환청구권을 행사할 수 있다.

⑦ 학교의 장 또는 피해학생의 보호자는 필요한 경우 「학교안전사고 예방 및 보상에 관한 법률」 제34조의 공제급여를 학교안전공제회에 직접 청구할 수 있다.

⑧ 피해학생의 보호 및 제6항에 따른 지원범위, 상환청구범위, 지급절차 등에 필요한 사항은 대통령령으로 정한다.

2. 장애학생의 보호 (제16조의2)

① 누구든지 장애 등을 이유로 장애학생에게 학교폭력을 행사하여서는 아니 된다.

② 심의위원회는 학교폭력으로 피해를 입은 장애학생의 보호를 위하여 장애인전문 상담가의 상담 또는 장애인전문 치료기관의 요양 조치를 학교의 장에게 요청할 수 있다.

③ 제2항에 따른 요청이 있는 때에는 학교의 장은 해당 조치를 하여야 한다. 이 경우 제16조제6항을 준용한다.

3. 가해학생에 대한 조치 (제17조)

① 심의위원회는 피해학생의 보호와 가해학생의 선도·교육을 위하여 가해학생에 대하여 다음 각 호의 어느 하나에 해당하는 조치(수 개의 조치를 동시에 부과하는 경우를 포함한다)를 할 것을 교육장에게 요청하여야 하며, 각 조치별 적용 기준은 대통령령으로 정한다. 다만, 퇴학처분은 의무교육과정에 있는 가해학생에 대하여는 적용하지 아니한다.

1. 피해학생에 대한 서면사과

2. 피해학생 및 신고·고발 학생에 대한 접촉, 협박 및 보복행위의 금지

3. 학교에서의 봉사

4. 사회봉사

5. 학내외 전문가에 의한 특별 교육이수 또는 심리치료

6. 출석정지

7. 학급교체

8. 전학

9. 퇴학처분

② 제1항에 따라 심의위원회가 교육장에게 가해학생에 대한 조치를 요청할 때 그 이유가 피해학생이나 신고·고발 학생에 대한 협박 또는 보복 행위일 경우에는 같은 항 각 호의 조치를 동시에 부과하거나 조치 내용을 가중할 수 있다.

③ 제1항제2호부터 제4호까지 및 제6호부터 제8호까지의 처분을 받은 가해학생은 교육감이 정한 기관에서 특별교육을 이수하거나 심리치료를 받아야 하며, 그 기간은 심의위원회에서 정한다.

④ 학교의 장은 가해학생에 대한 선도가 긴급하다고 인정할 경우 우선 제1항제1호부터 제3호까지, 제5호 및 제6호의 조치를 할 수 있으며, 제5호와 제6호의 조치는 동시에 부과할 수 있다. 이 경우 심의위원회에 즉시 보고하여 추인을 받아야 한다.

⑤ 심의위원회는 제1항 또는 제2항에 따른 조치를 요청하기 전에 가해학생 및 보호자에게 의견진술의 기회를 부여하는 등 적정한 절차를 거쳐야 한다.

⑥ 제1항에 따른 요청이 있는 때에는 교육장은 14일 이내에 해당 조치를 하여야 한다.

⑦ 학교의 장이 제4항에 따른 조치를 한 때에는 가해학생과 그 보호자에게 이를 통지하여야 하며, 가해학생이 이를 거부하거나 회피하는 때에는 학교의 장은 「초·중등교육법」 제18조에 따라 징계하여야 한다.

⑧ 가해학생이 제1항제3호부터 제5호까지의 규정에 따른 조치를 받은 경우 이와 관련된 결석은 학교의 장이 인정하는 때에는 이를 출석일수에 포함하여 계산할 수 있다.

⑨ 심의위원회는 가해학생이 특별교육을 이수할 경우 해당 학생의 보호자도 함께 교육을 받게 하여야 한다.

⑩ 가해학생이 다른 학교로 전학을 간 이후에는 전학 전의 피해학생 소속 학교로 다시 전학올 수 없도록 하여야 한다.

⑪ 제1항제2호부터 제9호까지의 처분을 받은 학생이 해당 조치를 거부하거나 기피하는 경우 심의위원회는 제7항에도 불구하고 대통령령으로 정하는 바에 따라 추가로 다른 조치를 할 것을 교육장에게 요청할 수 있다.

제2절 소년범 처리방법
(소년법)

◑ Ⅰ. 소년 보호사건

1. 관할 및 직능 (제3조)

① 소년 보호사건의 관할은 소년의 행위지, 거주지 또는 현재지로 한다.

② 소년 보호사건은 가정법원소년부 또는 지방법원소년부(소년부)에 속한다.

③ 소년 보호사건의 심리(審理)와 처분 결정은 소년부 단독판사가 한다.

2. 보호의 대상과 송치 및 통고 (제4조)

① 다음 각 호의 어느 하나에 해당하는 소년은 소년부의 보호사건으로 심리한다.

1. 죄를 범한 소년

2. 형벌 법령에 저촉되는 행위를 한 10세 이상 14세 미만인 소년

3. 다음 각 목에 해당하는 사유가 있고 그의 성격이나 환경에 비추어 앞으로 형벌 법령
   에 저촉되는 행위를 할 우려가 있는 10세 이상인 소년

   가. 집단적으로 몰려다니며 주위 사람들에게 불안감을 조성하는 성벽이 있는 것

   나. 정당한 이유 없이 가출하는 것

   다. 술을 마시고 소란을 피우거나 유해환경에 접하는 성벽이 있는 것

② 제1항제2호 및 제3호에 해당하는 소년이 있을 때에는 경찰서장은 직접 관할 소년부
   에 송치(送致)하여야 한다.

③ 제1항 각 호의 어느 하나에 해당하는 소년을 발견한 보호자 또는 학교·사회복리시설·
   보호관찰소(보호관찰지소를 포함한다. 이하 같다)의 장은 이를 관할 소년부에 통고
   할 수 있다.

3. 송치서 (제5조) / 이송(제6조)

소년 보호사건을 송치하는 경우에는 송치서에 사건 본인의 주거·성명·생년월일 및 행
위의 개요와 가정 상황을 적고, 그 밖의 참고자료를 첨부하여야 한다.

① 보호사건을 송치받은 소년부는 보호의 적정을 기하기 위하여 필요하다고 인정하면
   결정(決定)으로써 사건을 다른 관할 소년부에 이송할 수 있다.

② 소년부는 사건이 그 관할에 속하지 아니한다고 인정하면 결정으로써 그 사건을 관할 소년부에 이송하여야 한다.

4. 형사처분 등을 위한 관할 검찰청으로의 송치 (제7조)

① 소년부는 조사 또는 심리한 결과 금고 이상의 형에 해당하는 범죄 사실이 발견된 경우 그 동기와 죄질이 형사처분을 할 필요가 있다고 인정하면 결정으로써 사건을 관할 지방법원에 대응한 검찰청 검사에게 송치하여야 한다.

② 소년부는 조사 또는 심리한 결과 사건의 본인이 19세 이상인 것으로 밝혀진 경우에는 결정으로써 사건을 관할 지방법원에 대응하는 검찰청 검사에게 송치하여야 한다.

● II. 조사와 심리

1. 조사 방침 (제9조)

조사는 의학·심리학·교육학·사회학이나 그 밖의 전문적인 지식을 활용하여 소년과 보호자 또는 참고인의 품행, 경력, 가정 상황, 그 밖의 환경 등을 밝히도록 노력하여야 한다.

2. 소환 및 동행영장 (제13조)

① 소년부 판사는 사건의 조사 또는 심리에 필요하다고 인정하면 기일을 지정하여 사건 본인이나 보호자 또는 참고인을 소환할 수 있다.

② 사건 본인이나 보호자가 정당한 이유 없이 소환에 응하지 아니하면 소년부 판사는 동행영장을 발부할 수 있다.

3. 긴급동행영장 (제14조)

소년부 판사는 사건 본인을 보호하기 위하여 긴급조치가 필요하다고 인정하면 제13조 제1항에 따른 소환 없이 동행영장을 발부할 수 있다.

4. 동행영장의 방식 (제15조)

동행영장에는 다음 각 호의 사항을 적고 소년부 판사가 서명날인하여야 한다.

① 소년이나 보호자의 성명
② 나이

③ 주거

④ 행위의 개요

⑤ 인치(引致)하거나 수용할 장소

⑥ 유효기간 및 그 기간이 지나면 집행에 착수하지 못하며 영장을 반환하여야 한다는 취지

⑦ 발부연월일

5. 동행영장의 집행 (제16조)

① 동행영장은 조사관이 집행한다.

② 소년부 판사는 소년부 법원서기관 · 법원사무관 · 법원주사 · 법원주사보나 보호관찰관 또는 사법경찰관리에게 동행영장을 집행하게 할 수 있다.

③ 동행영장을 집행하면 지체 없이 보호자나 보조인에게 알려야 한다.

6. 국선보조인 (제17조의2)

① 소년이 소년분류심사원에 위탁된 경우 보조인이 없을 때에는 법원은 변호사 등 적정한 자를 보조인으로 선정하여야 한다.

② 소년이 소년분류심사원에 위탁되지 아니하였을 때에도 다음의 경우 법원은 직권에 의하거나 소년 또는 보호자의 신청에 따라 보조인을 선정할 수 있다.

1. 소년에게 신체적 · 정신적 장애가 의심되는 경우

2. 빈곤이나 그 밖의 사유로 보조인을 선임할 수 없는 경우

3. 그 밖에 소년부 판사가 보조인이 필요하다고 인정하는 경우

7. 임시조치 (제18조)

① 소년부 판사는 사건을 조사 또는 심리하는 데에 필요하다고 인정하면 소년의 감호에 관하여 결정으로써 다음 각 호의 어느 하나에 해당하는 조치를 할 수 있다.

1. 보호자, 소년을 보호할 수 있는 적당한 자 또는 시설에 위탁

2. 병원이나 그 밖의 요양소에 위탁

3. 소년분류심사원에 위탁

② 동행된 소년 또는 제52조제1항에 따라 인도된 소년에 대하여는 도착한 때로부터 24시간 이내에 제1항의 조치를 하여야 한다.

③ 제1항제1호 및 제2호의 위탁기간은 3개월을, 제1항제3호의 위탁기간은 1개월을 초

과하지 못한다. 다만, 특별히 계속 조치할 필요가 있을 때에는 한 번에 한하여 결정으로써 연장할 수 있다.

④ 제1항제1호 및 제2호의 조치를 할 때에는 보호자 또는 위탁받은 자에게 소년의 감호에 관한 필요 사항을 지시할 수 있다.

⑤ 소년부 판사는 제1항의 결정을 하였을 때에는 소년부 법원서기관·법원사무관·법원주사·법원주사보, 소년분류심사원 소속 공무원, 교도소 또는 구치소 소속 공무원, 보호관찰관 또는 사법경찰관리에게 그 결정을 집행하게 할 수 있다.

⑥ 제1항의 조치는 언제든지 결정으로써 취소하거나 변경할 수 있다.

8. 피해자 등의 진술권 (제25조의2)

소년부 판사는 피해자 또는 그 법정대리인·변호인·배우자·직계친족·형제자매(대리인등)가 의견진술을 신청할 때에는 피해자나 그 대리인등에게 심리 기일에 의견을 진술할 기회를 주어야 한다. 다만, 다음 각 호의 어느 하나에 해당하는 경우에는 그러하지 아니하다.

1. 신청인이 이미 심리절차에서 충분히 진술하여 다시 진술할 필요가 없다고 인정되는 경우
2. 신청인의 진술로 심리절차가 현저하게 지연될 우려가 있는 경우

9. 화해권고 (제25조의3)

① 소년부 판사는 소년의 품행을 교정하고 피해자를 보호하기 위하여 필요하다고 인정하면 소년에게 피해 변상 등 피해자와의 화해를 권고할 수 있다.

② 소년부 판사는 제1항의 화해를 위하여 필요하다고 인정하면 기일을 지정하여 소년, 보호자 또는 참고인을 소환할 수 있다.

③ 소년부 판사는 소년이 제1항의 권고에 따라 피해자와 화해하였을 경우에는 보호처분을 결정할 때 이를 고려할 수 있다.

◗ III. 보호처분

1. 보호처분의 결정 (제32조)

① 소년부 판사는 심리 결과 보호처분을 할 필요가 있다고 인정하면 결정으로써 다음 각 호의 어느 하나에 해당하는 처분을 하여야 한다.

1. 보호자 또는 보호자를 대신하여 소년을 보호할 수 있는 자에게 감호 위탁

2. 수강명령

3. 사회봉사명령

4. 보호관찰관의 단기(短期) 보호관찰

5. 보호관찰관의 장기(長期) 보호관찰

6. 「아동복지법」에 따른 아동복지시설이나 그 밖의 소년보호시설에 감호 위탁

7. 병원, 요양소 또는 「보호소년 등의 처우에 관한 법률」에 따른 의료재활소년원에 위탁

8. 1개월 이내의 소년원 송치

9. 단기 소년원 송치

10. 장기 소년원 송치

② 다음 각 호 안의 처분 상호 간에는 그 전부 또는 일부를 병합할 수 있다.

1. 제1항제1호·제2호·제3호·제4호 처분

2. 제1항제1호·제2호·제3호·제5호 처분

3. 제1항제4호·제6호 처분

4. 제1항제5호·제6호 처분

5. 제1항제5호·제8호 처분

③ 제1항제3호의 처분은 14세 이상의 소년에게만 할 수 있다.

④ 제1항제2호 및 제10호의 처분은 12세 이상의 소년에게만 할 수 있다.

⑤ 제1항 각 호의 어느 하나에 해당하는 처분을 한 경우 소년부는 소년을 인도하면서 소년의 교정에 필요한 참고자료를 위탁받는 자나 처분을 집행하는 자에게 넘겨야 한다.

⑥ 소년의 보호처분은 그 소년의 장래 신상에 어떠한 영향도 미치지 아니한다.

2. 보호처분의 기간 (제33조)

① 제32조제1항제1호·제6호·제7호의 위탁기간은 6개월로 하되, 소년부 판사는 결정으로써 6개월의 범위에서 한 번에 한하여 그 기간을 연장할 수 있다. 다만, 소년부 판사는 필요한 경우에는 언제든지 결정으로써 그 위탁을 종료시킬 수 있다.

② 제32조제1항제4호의 단기 보호관찰기간은 1년으로 한다.

③ 제32조제1항제5호의 장기 보호관찰기간은 2년으로 한다. 다만, 소년부 판사는 보호관찰관의 신청에 따라 결정으로써 1년의 범위에서 한 번에 한하여 그 기간을 연장할 수 있다.

④ 제32조제1항제2호의 수강명령은 100시간을, 제32조제1항제3호의 사회봉사명령은 200시간을 초과할 수 없으며, 보호관찰관이 그 명령을 집행할 때에는 사건 본인의

정상적인 생활을 방해하지 아니하도록 하여야 한다.

⑤ 제32조제1항제9호에 따라 단기로 소년원에 송치된 소년의 보호기간은 6개월을 초과하지 못한다.

⑥ 제32조제1항제10호에 따라 장기로 소년원에 송치된 소년의 보호기간은 2년을 초과하지 못한다.

⑦ 제32조제1항제6호부터 제10호까지의 어느 하나에 해당하는 처분을 받은 소년이 시설위탁이나 수용 이후 그 시설을 이탈하였을 때에는 위 처분기간은 진행이 정지되고, 재위탁 또는 재수용된 때로부터 다시 진행한다.

3. 몰수의 대상 (제34조)

① 소년부 판사는 제4조제1항제1호·제2호에 해당하는 소년에 대하여 제32조의 처분을 하는 경우에는 결정으로써 다음의 물건을 몰수할 수 있다.

1. 범죄 또는 형벌 법령에 저촉되는 행위에 제공하거나 제공하려 한 물건

2. 범죄 또는 형벌 법령에 저촉되는 행위로 인하여 생기거나 이로 인하여 취득한 물건

3. 제1호와 제2호의 대가로 취득한 물건

② 제1항의 몰수는 그 물건이 사건 본인 이외의 자의 소유에 속하지 아니하는 경우에만 할 수 있다. 다만, 사건 본인의 행위가 있은 후 그 정을 알고도 취득한 자가 소유한 경우에는 그러하지 아니하다.

4. 보호처분의 취소 (제38조)

① 보호처분이 계속 중일 때에 사건 본인이 처분 당시 19세 이상인 것으로 밝혀진 경우에는 소년부 판사는 결정으로써 그 보호처분을 취소하고 다음의 구분에 따라 처리하여야 한다.

1. 검사·경찰서장의 송치 또는 제4조제3항의 통고에 의한 사건인 경우에는 관할 지방법원에 대응하는 검찰청 검사에게 송치한다.

2. 제50조에 따라 법원이 송치한 사건인 경우에는 송치한 법원에 이송한다.

② 제4조제1항제1호·제2호의 소년에 대한 보호처분이 계속 중일 때에 사건 본인이 행위 당시 10세 미만으로 밝혀진 경우 또는 제4조제1항제3호의 소년에 대한 보호처분이 계속 중일 때에 사건 본인이 처분 당시 10세 미만으로 밝혀진 경우에는 소년부 판사는 결정으로써 그 보호처분을 취소하여야 한다.

IV. 형사사건

1. 검사의 송치 (제49조)

① 검사는 소년에 대한 피의사건을 수사한 결과 보호처분에 해당하는 사유가 있다고 인정한 경우에는 사건을 관할 소년부에 송치하여야 한다.

② 소년부는 제1항에 따라 송치된 사건을 조사 또는 심리한 결과 그 동기와 죄질이 금고 이상의 형사처분을 할 필요가 있다고 인정할 때에는 결정으로써 해당 검찰청 검사에게 송치할 수 있다.

③ 제2항에 따라 송치한 사건은 다시 소년부에 송치할 수 없다.

2. 조건부 기소유예 (제49조의3)

검사는 피의자에 대하여 다음 각 호에 해당하는 선도(善導) 등을 받게 하고, 피의사건에 대한 공소를 제기하지 아니할 수 있다. 이 경우 소년과 소년의 친권자·후견인 등 법정대리인의 동의를 받아야 한다.

① 범죄예방자원봉사위원의 선도

② 소년의 선도·교육과 관련된 단체·시설에서의 상담·교육·활동 등

3. 법원의 송치 (제50조) / 이송 (제51조)

① 법원은 소년에 대한 피고사건을 심리한 결과 보호처분에 해당할 사유가 있다고 인정하면 결정으로써 사건을 관할 소년부에 송치하여야 한다.

② 소년부는 송치받은 사건을 조사 또는 심리한 결과 사건의 본인이 19세 이상인 것으로 밝혀지면 결정으로써 송치한 법원에 사건을 다시 이송하여야 한다.

4. 소년부 송치 시의 신병 처리 (제52조)

① 소년부 송치결정이 있는 경우에는 소년을 구금하고 있는 시설의 장은 검사의 이송지휘를 받은 때로부터 법원 소년부가 있는 시·군에서는 24시간 이내에, 그 밖의 시·군에서는 48시간 이내에 소년을 소년부에 인도하여야 한다.

② 제1항에 따른 인도와 결정은 구속영장의 효력기간 내에 이루어져야 한다.

5. 공소시효의 정지 (제54조)

심리 개시 결정이 있었던 때로부터 그 사건에 대한 보호처분의 결정이 확정될 때까지 공소시효는 그 진행이 정지된다.

6. 구속영장의 제한 (제55조)

① 소년에 대한 구속영장은 부득이한 경우가 아니면 발부하지 못한다.
② 소년을 구속하는 경우에는 특별한 사정이 없으면 다른 피의자나 피고인과 분리하여 수용하여야 한다.

⟨ V. 심 판

1. 심리의 분리 (제57조)

소년에 대한 형사사건의 심리는 다른 피의사건과 관련된 경우에도 심리에 지장이 없으면 그 절차를 분리하여야 한다.

2. 심리의 방침 (제58조)

① 소년에 대한 형사사건의 심리는 친절하고 온화하게 하여야 한다.
② 제1항의 심리에는 소년의 심신상태, 품행, 경력, 가정상황, 그 밖의 환경 등에 대하여 정확한 사실을 밝힐 수 있도록 특별히 유의하여야 한다.

3. 사형 및 무기형의 완화 (제59조)

죄를 범할 당시 18세 미만인 소년에 대하여 사형 또는 무기형으로 처할 경우에는 15년의 유기징역으로 한다.

4. 부정기형 (제60조)

① 소년이 법정형으로 장기 2년 이상의 유기형(有期刑)에 해당하는 죄를 범한 경우에는 그 형의 범위에서 장기와 단기를 정하여 선고한다. 다만, 장기는 10년, 단기는 5년을 초과하지 못한다.
② 소년의 특성에 비추어 상당하다고 인정되는 때에는 그 형을 감경할 수 있다.
③ 형의 집행유예나 선고유예를 선고할 때에는 제1항을 적용하지 아니한다.
④ 소년에 대한 부정기형을 집행하는 기관의 장은 형의 단기가 지난 소년범의 행형(行

刑) 성적이 양호하고 교정의 목적을 달성하였다고 인정되는 경우에는 관찰 검찰청 검사의 지휘에 따라 그 형의 집행을 종료시킬 수 있다.

5. 환형처분의 금지 (제62조)

18세 미만인 소년에게는 「형법」 제70조에 따른 유치선고를 하지 못한다. 다만, 판결선고 전 구속되었거나 제18조제1항제3호의 조치가 있었을 때에는 그 구속 또는 위탁의 기간에 해당하는 기간은 노역장에 유치된 것으로 보아 「형법」 제57조를 적용할 수 있다.

6. 징역 · 금고의 집행 (제63조)

징역 또는 금고를 선고받은 소년에 대하여는 특별히 설치된 교도소 또는 일반 교도소 안에 특별히 분리된 장소에서 그 형을 집행한다. 다만, 소년이 형의 집행 중에 23세가 되면 일반 교도소에서 집행할 수 있다.

7. 가석방 (제65조) / 가석방 기간의 종료 (제66조)

가. 징역 또는 금고를 선고받은 소년에 대하여는 다음 각 호의 기간이 지나면 가석방(假釋放)을 허가할 수 있다.
  1. 무기형의 경우에는 5년
  2. 15년 유기형의 경우에는 3년
  3. 부정기형의 경우에는 단기의 3분의 1
나. 징역 또는 금고를 선고받은 소년이 가석방된 후 그 처분이 취소되지 아니하고 가석방 전에 집행을 받은 기간과 같은 기간이 지난 경우에는 형의 집행을 종료한 것으로 한다. 다만, 제59조의 형기(刑期) 또는 제60조제1항에 따른 장기의 기간이 먼저 지난 경우에는 그 때에 형의 집행을 종료한 것으로 한다.

8. 자격에 관한 법령의 적용 (제67조)

① 소년이었을 때 범한 죄에 의하여 형의 선고 등을 받은 자에 대하여 다음 각 호의 경우 자격에 관한 법령을 적용할 때 장래에 향하여 형의 선고를 받지 아니한 것으로 본다.
  1. 형을 선고받은 자가 그 집행을 종료하거나 면제받은 경우
  2. 형의 선고유예나 집행유예를 선고받은 경우
② 제1항에도 불구하고 형의 선고유예가 실효되거나 집행유예가 실효 · 취소된 때에는 그 때에 형을 선고받은 것으로 본다.

제2장 | 죄명별 수사요령

제1절 학교폭력예방 및 대책에 관한 법률
(학교폭력예방법)

Ⅰ. 목적 및 개념정의

1. 목 적

> 제1조(목적) 이 법은 학교폭력의 예방과 대책에 필요한 사항을 규정함으로써 피해학생의 보호, 가해학생의 선
> 도·교육 및 피해학생과 가해학생 간의 분쟁조정을 통하여 학생의 인권을 보호하고 학생을 건전한 사회구성
> 원으로 육성함을 목적으로 한다.

2. 개념정의

> 제2조(정의) 이 법에서 사용하는 용어의 정의는 다음 각 호와 같다.
> 1. "학교폭력"이란 학교 내외에서 학생을 대상으로 발생한 상해, 폭행, 감금, 협박, 약취·유인, 명예훼손·모
>   욕, 공갈, 강요·강제적인 심부름 및 성폭력, 따돌림, 사이버폭력 등에 의하여 신체·정신 또는 재산상의
>   피해를 수반하는 행위를 말한다.
> 1의2. "따돌림"이란 학교 내외에서 2명 이상의 학생들이 특정인이나 특정집단의 학생들을 대상으로 지속적이거
>   나 반복적으로 신체적 또는 심리적 공격을 가하여 상대방이 고통을 느끼도록 하는 모든 행위를 말한다.
> 1의3. "사이버폭력"이란 정보통신망(「정보통신망 이용촉진 및 정보보호 등에 관한 법률」 제2조제1항제1호
>   의 정보통신망을 말한다)을 이용하여 학생을 대상으로 발생한 따돌림, 딥페이크 영상 등(인공지능 기술
>   등을 이용하여 학생의 얼굴·신체 또는 음성을 대상으로 성적 욕망 또는 불쾌감을 유발할 수 있는 형태
>   로 편집·합성·가공한 촬영물·영상물 또는 음성물을 말한다)을 제작·반포하는 행위 및 그 밖에 신
>   체·정신 또는 재산상의 피해를 수반하는 행위를 말한다.
> 2. "학교"란 「초·중등교육법」 제2조에 따른 초등학교·중학교·고등학교·특수학교 및 각종학교와 같은 법
>   제61조에 따라 운영하는 학교를 말한다.
> 3. "가해학생"이란 가해자 중에서 학교폭력을 행사하거나 그 행위에 가담한 학생을 말한다.
> 4. "피해학생"이란 학교폭력으로 인하여 피해를 입은 학생을 말한다.
> 5. "장애학생"이란 신체적·정신적·지적 장애 등으로 「장애인 등에 대한 특수교육법」 제15조에서 규정하는
>   특수교육이 필요한 학생을 말한다.
>
> ※ 장애인 등에 대한 특수교육법
> 제15조(특수교육대상자의 선정) ① 교육장 또는 교육감은 다음 각 호의 어느 하나에 해당하는 사람 중 특
>   수교육이 필요한 사람으로 진단·평가된 사람을 특수교육대상자로 선정한다.
>   1. 시각장애   2. 청각장애   3. 지적장애   4. 지체장애   5. 정서·행동장애
>   6. 자폐성장애(이와 관련된 장애를 포함한다)   7. 의사소통장애   8. 학습장애
>   9. 건강장애   10. 발달지체   11. 그 밖에 두 가지 이상의 장애가 있는 경우 등 대통령령으로 정하는 장애

II. 벌칙 및 다른 법률과의 관계

1. 벌 칙

> 제22조(벌칙) 제21조제1항을 위반한 자는 1년 이하의 징역 또는 1천만원 이하의 벌금에 처한다.
> 제23조(과태료) ① 제17조제13항에 따른 심의위원회의 교육 이수 조치를 따르지 아니한 보호자에게는 300만
> 원 이하의 과태료를 부과한다.
> ② 제1항에 따른 과태료는 대통령령으로 정하는 바에 따라 교육감이 부과·징수한다.

2. 다른 법률과의 관계

> 제5조(다른 법률과의 관계) ① 학교폭력의 규제, 피해학생의 보호 및 가해학생에 대한 조치에 관하여 다른
> 법률에 특별한 규정이 있는 경우를 제외하고는 이 법을 적용한다.
> ② 제2조제1호 중 성폭력은 다른 법률에 규정이 있는 경우에는 이 법을 적용하지 아니한다.

III. 범죄사실

1. 비빌누설 행위

   1) 적용법조 : 제22조, 제21조 제1항　☞　공소시효 5년

> 제21조(비밀누설금지 등) ① 이 법에 따라 학교폭력의 예방 및 대책과 관련된 업무를 수행하거나 수행하였
> 던 사람은 그 직무로 인하여 알게 된 비밀 또는 가해학생·피해학생 및 제20조에 따른 신고자·고발자와 관
> 련된 자료를 누설하여서는 아니 된다.
> ② 제1항에 따른 비밀의 구체적인 범위는 대통령령으로 정한다.
>
> ※ 시행령
> 제33조(비밀의 범위) 법 제21조제1항에 따른 비밀의 범위는 다음 각 호와 같다.
>   1. 학교폭력 피해학생과 가해학생 개인 및 가족의 성명, 주민등록번호 및 주소 등 개인정보에 관한 사항
>   2. 학교폭력 피해학생과 가해학생에 대한 심의·의결과 관련된 개인별 발언 내용
>   3. 그 밖에 외부로 누설될 경우 분쟁당사자 간에 논란을 일으킬 우려가 있음이 명백한 사항

2) 범죄사실 기재례

> 피의자는 ○○에 있는 ○○고등학교 교사로 학교폭력전문상담을 맡고 있다.
>
> 피의자는 같은 학교 2학년 학생 갑과 을이 20○○. ○. ○.경 ○○에서 싸움을 한 사실이 있는데 이를 같은 학교 학생 병이 학교에 신고하여 사실여부를 조사하기 위해 갑과 을을 학교폭력으로 상담한 사실이 있다.
>
> 학교폭력의 예방 및 대책과 관련된 업무를 수행하거나 수행하였던 자는 그 직무로 인하여 알게 된 비밀 또는 가해학생·피해학생 및 제20조에 따른 신고자·고발자와 관련된 자료를 누설하여서는 아니 된다.
>
> 그럼에도 불구하고 피의자는 20○○. ○. ○. ○○:○○경 위 학교 교무실에서 갑의 학부모 A가 찾아와 누가 신고하여 현재 학교폭력으로 조사를 하고 있느냐고 따지자 신고자가 병이라고 알려주었다.
>
> 이로써 피의자는 외부로 누설될 경우 분쟁당사자 간에 논란을 일으킬 우려가 있음이 명백한 사항인 신고자의 인적사항을 누설하였다.

3) 신문사항

- 피의자는 어디에 근무하고 있는가
- 어떠한 업무를 수행하는가
- 교내 학교 폭력 상담을 한 사실이 있는가
- 누가 언제 어떤 사항의 학교 폭력을 신고하였는가
- 당사자들을 상담, 조사한 사실이 있는가
- 상담결과 어떠한 조치를 하였는가
- 최초 학교폭력 신고자가 누구인가
- 신고자를 학교폭력 당사자에게 알려준 일이 있는가
- 언제 어디에서 왜 알려주었는가
- 이러한 신고자를 분쟁당사자에게 알려줘도 되는가

제2절 학교 밖 청소년 지원에 관한 법률
(학교밖청소년법)

 Ⅰ. 목적 및 개념정의

1. 목 적

> **제1조(목적)** 이 법은 「청소년 기본법」 제49조제4항에 따라 학교 밖 청소년 지원에 관한 사항을 규정함으로써 학교 밖 청소년이 건강한 사회구성원으로 성장할 수 있도록 함을 목적으로 한다.

2. 개념정의

> **제2조(정의)** 이 법에서 사용하는 용어의 뜻은 다음과 같다.
> 1. "청소년"이란 「청소년 기본법」 제3조제1호 본문에 해당하는 사람을 말한다.
> 2. "학교 밖 청소년"이란 다음 각 목의 어느 하나에 해당하는 청소년을 말한다.
>   가. 「초·중등교육법」 제2조의 초등학교·중학교 또는 이와 동일한 과정을 교육하는 학교에 입학한 후 3개월 이상 결석하거나 같은 법 제14조제1항에 따라 취학의무를 유예한 청소년
>   나. 「초·중등교육법」 제2조의 고등학교 또는 이와 동일한 과정을 교육하는 학교에서 같은 법 제18조에 따른 제적·퇴학처분을 받거나 자퇴한 청소년
>   다. 「초·중등교육법」 제2조의 고등학교 또는 이와 동일한 과정을 교육하는 학교에 진학하지 아니한 청소년
> 3. "학교 밖 청소년 지원 프로그램"이란 학교 밖 청소년의 개인적 특성과 수요를 고려한 상담지원, 교육지원, 직업체험 및 취업지원, 자립지원 등의 프로그램을 말한다.

Ⅱ. 학교 밖 청소년 지원센터

1. 학교 밖 청소년 지원센터 (제12조)

① 국가와 지방자치단체는 학교 밖 청소년 지원을 위하여 필요한 경우 학교 밖 청소년 지원센터를 설치하거나 다음 각 호에 해당하는 기관이나 단체를 지원센터로 지정할 수 있다.
1. 「청소년복지 지원법」 제29조의 청소년상담복지센터
2. 「청소년 기본법」 제3조제8호의 청소년단체
3. 학교 밖 청소년을 지원하기 위하여 필요한 전문인력과 시설을 갖춘 기관 또는 단체
② 지원센터는 다음 각 호의 업무를 수행한다.
1. 제8조부터 제11조까지의 학교 밖 청소년 지원

2. 학교 밖 청소년 지원을 위한 지역사회 자원의 발굴 및 연계·협력

3. 학교 밖 청소년 지원 프로그램의 개발 및 보급

4. 학교 밖 청소년 지원 프로그램에 대한 정보제공 및 홍보

5. 학교 밖 청소년 지원 우수사례의 발굴 및 확산

6. 학교 밖 청소년에 대한 사회적 인식 개선

7. 그 밖에 학교 밖 청소년 지원을 위하여 필요한 사업

③ 지원센터에는 학교 밖 청소년 지원 업무를 수행하기 위하여 관련 분야에 대한 학식과 경험을 가진 전문인력을 두어야 한다.

④ 국가 및 지방자치단체의 장은 제2항 각 호의 업무 수행에 필요한 비용을 지원할 수 있다.

⑤ 제1항의 지원센터의 설치기준 및 지정기준, 지정기간, 지정절차, 제3항의 전문인력의 기준 등에 필요한 사항은 대통령령으로 정한다.

2. 지원센터의 지정 취소 등 (제13조)

① 국가와 지방자치단체의 장은 지원센터가 다음 각 호의 어느 하나에 해당하는 경우에는 6개월의 범위에서 업무의 전부 또는 일부를 정지하거나 그 지정을 취소할 수 있다. 다만, 제1호에 해당하는 경우에는 지정을 취소하여야 한다.

1. 거짓이나 그 밖의 부정한 방법으로 지정을 받은 경우

2. 지정받은 사항을 위반하여 업무를 행한 경우

3. 제12조제5항에 따른 지정기준 등에 적합하지 아니하게 된 경우

② 국가 및 지방자치단체의 장은 제1항에 따라 지원센터의 지정을 취소하려면 청문을 거쳐야 한다.

③ 제1항에 따른 지정 취소, 업무정지의 기준 및 절차 등에 필요한 사항은 대통령령으로 정한다.

3. 지원센터에의 연계 (제15조)

① 「초·중등교육법」 제2조 각 호의 각급 학교의 장은 소속 학교의 학생이 학교 밖 청소년이 되는 경우에는 해당 청소년에게 학교 밖 청소년 지원 프로그램을 안내하고 지원센터를 연계하여야 한다.

② 「청소년복지 지원법」 제9조에 따른 지역사회 청소년통합지원체계에 포함된 기관 또는 단체의 장은 지원이 필요한 학교 밖 청소년을 발견한 경우에는 지체 없이 해당 청소년에게 학교 밖 청소년 지원 프로그램을 안내하고 지원센터를 연계하여야 한다.

③ 제1항 및 제2항에 따라 학교 밖 청소년을 지원센터에 연계하는 경우 학교장 및 단체 장은 해당 청소년(제6호의 경우 해당 청소년의 법정대리인)에게 다음 각 호의 개인 정보의 수집·이용 목적, 수집 항목, 보유·이용 기간 및 파기 방법(이하 "개인정보 동의고지사항"이라 한다)을 고지하고 개인정보를 수집하여 지원센터에 제공할 수 있 다. 다만, 질병 또는 출국을 사유로 학교 밖 청소년이 되는 경우는 제외한다.

1. 학교 밖 청소년의 성명
2. 학교 밖 청소년의 생년월일
3. 학교 밖 청소년의 성별
4. 학교 밖 청소년의 주소
5. 학교 밖 청소년의 연락처(전화번호·전자우편주소 등)
6. 학교 밖 청소년의 법정대리인 연락처(전화번호·전자우편주소 등)

④ 삭제

⑤ 지원센터의 장은 제3항에 따라 개인정보를 제공받은 날부터 6개월 이내에 해당 청소 년 또는 청소년의 법정대리인에게 개인정보동의고지사항 및 「개인정보 보호법」 제 37조제1항에 따른 개인정보의 처리정지 요구 권한을 고지하고 동의를 받아야 한다. 이 경우 해당 청소년 또는 청소년의 법정대리인이 개인정보의 처리정지를 요구하거 나 개인정보를 제공받은 날부터 6개월 이내에 동의를 받지 못한 경우에는 즉시 개인 정보를 파기하여야 한다.

Ⅲ. 벌 칙

제20조(벌칙) 제16조를 위반하여 직무상 알게 된 비밀을 누설하거나 직무상 목적 외에 이용한 사람은 3년 이하의 징역 또는 3천만원 이하의 벌금에 처한다.

제21조(과태료) ① 제19조를 위반하여 지원센터 또는 이와 유사한 명칭을 사용한 자에게는 300만원 이하의 과태료를 부과한다.

② 제1항에 따른 과태료는 대통령령으로 정하는 바에 따라 여성가족부장관 또는 지방자치단체의 장이 부과·징수한다.

Ⅳ. 범죄사실

1. 직무상 비밀누설 행위

1) 적용법조 : 제20조, 제16조 ☞ 공소시효 5년

제16조(비밀유지 의무) 학교 밖 청소년 지원 관련 업무에 종사하거나 종사하였던 자는 그 직무상 알게 된 비밀을 다른 사람에게 누설하거나 직무상 목적 외의 용도로 이용하여서는 아니 된다.

2) 범죄사실 기재례

피의자는 20○○. ○. ○.경부터 ○○에서 ○○청소년상담복지센터를 운영하며 학교 밖 청소년지원 관련 업무를 맡고 있다.

학교 밖 청소년 지원 관련 업무에 종사하거나 종사하였던 자는 그 직무상 알게 된 비밀을 다른 사람에게 누설하거나 직무상 목적 외의 용도로 이용하여서는 아니 된다.

그럼에도 불구하고 피의자는 20○○. ○. ○. ○○:○○경 위 센터에서 학교밖 청소년 지원업무와 관련 알게 된 ○○사실을 갑에게 알려주었다.

이로써 피의자는 학교 밖 청소년 지원관련 업무를 다른 사람에게 누설하였다.

3) 신문사항

– 피의자는 어디에 근무하고 있는가

– 어떠한 업무를 수행하는가

–교내 밖 청소년 지원 관련 업무에 종사한 일이 있는가

–언제부터 어떠한 지원 업무를 취급하는가

–청소년 지원업무와 관련 사항을 외부에 누설한 사실이 있는가

–언제 어디에서 왜 알려주었는가

–누구에게 알려주었는가

–왜 알려주었는가

제3절 청소년 기본법

 Ⅰ. 목적 및 개념정의

1. 목 적

제1조(목적) 이 법은 청소년의 권리 및 책임과 가정·사회·국가·지방자치단체의 청소년에 대한 책임을 정하고 청소년정책에 관한 기본적인 사항을 규정함을 목적으로 한다.

2. 개념정의

제3조(정의) 이 법에서 사용하는 용어의 뜻은 다음과 같다.
1. "청소년"이란 9세 이상 24세 이하인 사람을 말한다. 다만, 다른 법률에서 청소년에 대한 적용을 다르게 할 필요가 있는 경우에는 따로 정할 수 있다.
2. "청소년육성"이란 청소년활동을 지원하고 청소년의 복지를 증진하며 근로 청소년을 보호하는 한편, 사회 여건과 환경을 청소년에게 유익하도록 개선하고 청소년을 보호하여 청소년에 대한 교육을 보완함으로써 청소년의 균형 있는 성장을 돕는 것을 말한다.
3. "청소년활동"이란 청소년의 균형 있는 성장을 위하여 필요한 활동과 이러한 활동을 소재로 하는 수련활동·교류활동·문화활동 등 다양한 형태의 활동을 말한다.
4. "청소년복지"란 청소년이 정상적인 삶을 누릴 수 있는 기본적인 여건을 조성하고 조화롭게 성장·발달할 수 있도록 제공되는 사회적·경제적 지원을 말한다.
5. "청소년보호"란 청소년의 건전한 성장에 유해한 물질·물건·장소·행위 등 각종 청소년 유해 환경을 규제하거나 청소년의 접촉 또는 접근을 제한하는 것을 말한다.
6. "청소년시설"이란 청소년활동·청소년복지 및 청소년보호에 제공되는 시설을 말한다.
7. "청소년지도자"란 다음 각 목의 사람을 말한다.
   가. 제21조에 따른 청소년지도사
   나. 제22조에 따른 청소년상담사
   다. 청소년시설, 청소년단체 및 청소년 관련 기관에서 청소년육성에 필요한 업무에 종사하는 사람
8. "청소년단체"란 청소년육성을 주된 목적으로 설립된 법인이나 대통령령으로 정하는 단체를 말한다.

3. 다른 법률과의 관계

제4조(다른 법률과의 관계) ① 이 법은 청소년육성에 관하여 다른 법률보다 우선하여 적용한다.
② 청소년육성에 관한 법률을 제정하거나 개정할 때에는 이 법의 취지에 맞도록 하여야 한다.

II. 벌 칙

제64조(벌칙) 제30조에 따라 정관에서 정하는 사업 외의 수익사업을 한 자는 2년 이하의 징역 또는 2천만원 이하의 벌금에 처한다.

제64조의2(벌칙) 다음 각 호의 어느 하나에 해당하는 자는 1년 이하의 징역 또는 1천만원 이하의 벌금에 처한다.

  1. 제21조제2항(제22조제2항에서 준용하는 경우를 포함한다)을 위반하여 자격증을 빌려주거나 빌린 사람 또는 이를 알선한 사람

  2. 제52조의2제3항을 위반하여 신고인의 인적 사항 또는 신고인임을 미루어 알 수 있는 사실을 다른 사람에게 알려주거나 공개 또는 보도한 자

제65조(양벌규정) 법인의 대표자나 법인 또는 개인의 대리인, 사용인, 그 밖의 종업원이 그 법인 또는 개인의 업무에 관하여 제64조의 위반행위를 하면 그 행위자를 벌하는 외에 그 법인 또는 개인에게도 해당 조문의 벌금형을 과(科)한다. 다만, 법인 또는 개인이 그 위반행위를 방지하기 위하여 해당 업무에 관하여 상당한 주의와 감독을 게을리하지 아니한 경우에는 그러하지 아니하다.

제66조(과태료) ① 다음 각 호의 어느 하나에 해당하는 자에게는 500만원 이하의 과태료를 부과한다.

  1. 제59조제1항에 따른 보고를 하지 아니하거나 검사를 거부·방해 또는 기피한 자

  2. 제61조를 위반한 자

② 제24조의2제1항 및 제2항을 위반한 자에게는 100만원 이하의 과태료를 부과한다.

III. 범죄사실

1. 근로 청소년 보호의무 위반

  1) 적용법조 : 제64조의2 제2호, 제52조의2 제3항　☞　공소시효 5년

제52조의2(근로 청소년의 보호를 위한 신고의무) ① 누구든지 청소년의 근로와 관련하여 「근로기준법」, 「최저임금법」 등 노동관계 법령의 위반 사실을 알게 된 경우에는 그 사실을 고용노동부장관이나 「근로기준법」 제101조에 따른 근로감독관에게 신고할 수 있다.

② 다음 각 호의 어느 하나에 해당하는 사람은 그 직무를 수행하면서 청소년의 근로와 관련하여 「근로기준법」, 「최저임금법」 등 노동관계 법령의 위반 사실을 알게 된 경우에는 그 사실을 고용노동부장관이나 「근로기준법」 제101조에 따른 근로감독관에게 신고하여야 한다.

  1. 「청소년복지 지원법」 제12조제2항에 따른 상담전화, 같은 법 제22조에 따른 한국청소년상담복지개발원, 같은 법 제29조에 따른 청소년상담복지센터, 같은 법 제30조에 따른 이주배경청소년지원센터 및 같은 법 제31조에 따른 청소년복지시설의 장과 그 종사자

  2. 「학교 밖 청소년 지원에 관한 법률」 제12조에 따른 학교 밖 청소년 지원센터의 장과 그 종사자

  3. 「아동복지법」 제50조에 따른 아동복지시설의 장과 그 종사자

③ 누구든지 제1항 및 제2항에 따른 신고인의 인적 사항 또는 신고인임을 미루어 알 수 있는 사실을 다른 사람에게 알려주거나 공개 또는 보도하여서는 아니 된다.

2) 범죄사실 기재례

> 피의자는 20○○. ○. ○.부터 ○○지방노동청 ○○과에서 노동관련 법 처리 업무를 맡고 있는 공무원(○급)이다.
>
> 누구든지 근로 청소년 보호를 위한 신고와 관련 신고인의 인적 사항 또는 신고인임을 미루어 알 수 있는 사실을 다른 사람에게 알려주거나 공개 또는 보도하여서는 아니 된다.
>
> 그럼에도 불구하고 피의자는 20○○. ○. ○. ○○:○○경 위 사무실에서 갑으로부터 ○○에 있는 ○○업소(업주 을)에서 청소년을 고용하고 있다는 신고를 접수하고 근로관련 법 위반여부를 조사하는 과정에서 위반 업소 업주 을이 위반사실을 부인하자 20○○. ○. ○. 위 피의자 사무실에서 신고인의 전화번호를 알려주었다.
>
> 이로써 피의자는 근로청소년 보호를 위한 신고인의 인적사항을 알 수 있는 전화번호를 다른 사람에게 알려주었다.

3) 신문사항

- 피의자는 어디에 근무하고 있는가
- 어떠한 업무를 수행하는가
- 청소년보호 위반 업소에 대한 신고를 접수한 사실이 있는가
- 언제 어디에서 어떤 내용의 신고를 접수하였는가
- 신고 접수 후 어떻게 처리하였는가
- 신고인 갑에 대한 연락처를 다른 사람에게 알려준 일이 있는가
- 언제 어디에서 누구에게 알려 주었는가
- 무엇 때문에 알려 주었는가

제4절 청소년 보호법

Ⅰ. 목적 및 개념정의

1. 목 적

제1조(목적) 이 법은 청소년에게 유해한 매체물과 약물 등이 청소년에게 유통되는 것과 청소년이 유해한 업소에 출입하는 것 등을 규제하고 청소년을 유해한 환경으로부터 보호·구제함으로써 청소년이 건전한 인격체로 성장할 수 있도록 함을 목적으로 한다.

2. 개념정의

제2조(정의) 이 법에서 사용하는 용어의 뜻은 다음과 같다.
1. "청소년"이란 만 19세 미만인 사람을 말한다. 다만, 만 19세가 되는 해의 1월 1일을 맞이한 사람은 제외한다.
2. "매체물"이란 다음 각 목의 어느 하나에 해당하는 것을 말한다.
   가. 「영화 및 비디오물의 진흥에 관한 법률」에 따른 영화 및 비디오물
   나. 「게임산업진흥에 관한 법률」에 따른 게임물
   다. 「음악산업진흥에 관한 법률」에 따른 음반, 음악파일, 음악영상물 및 음악영상파일
   라. 「공연법」에 따른 공연(국악공연은 제외한다)
   마. 「전기통신사업법」에 따른 전기통신을 통한 부호·문언·음향 또는 영상정보
   바. 「방송법」에 따른 방송프로그램(보도 방송프로그램은 제외한다)
   사. 「신문 등의 진흥에 관한 법률」에 따른 일반일간신문(주로 정치·경제·사회에 관한 보도·논평 및 여론을 전파하는 신문은 제외한다), 특수일간신문(경제·산업·과학·종교 분야는 제외한다), 일반주간신문(정치·경제 분야는 제외한다), 특수주간신문(경제·산업·과학·시사·종교 분야는 제외한다), 인터넷신문(주로 보도·논평 및 여론을 전파하는 기사는 제외한다) 및 인터넷뉴스서비스
   아. 「잡지 등 정기간행물의 진흥에 관한 법률」에 따른 잡지(정치·경제·사회·시사·산업·과학·종교 분야는 제외한다), 정보간행물, 전자간행물 및 그 밖의 간행물
   자. 「출판문화산업 진흥법」에 따른 간행물, 전자출판물 및 외국간행물(사목 및 아목에 해당하는 매체물은 제외한다)
   차. 「옥외광고물 등의 관리와 옥외광고산업 진흥에 관한 법률」에 따른 옥외광고물과 가목부터 자목까지의 매체물에 수록·게재·전시되거나 그 밖의 방법으로 포함된 상업적 광고선전물
   카. 그 밖에 청소년의 정신적·신체적 건강을 해칠 우려가 있어 대통령령으로 정하는 매체물
3. "청소년유해매체물"이란 다음 각 목의 어느 하나에 해당하는 것을 말한다.
   가. 제7조제1항 본문 및 제11조에 따라 청소년보호위원회가 청소년에게 유해한 것으로 결정하거나 확인하여 여성가족부장관이 고시한 매체물
   나. 제7조제1항 단서 및 제11조에 따라 각 심의기관이 청소년에게 유해한 것으로 심의하거나 확인하여 여성가족부장관이 고시한 매체물
4. "청소년유해약물등"이란 청소년에게 유해한 것으로 인정되는 다음 가목의 약물(이하 "청소년유해약물"이라 한다)과 청소년에게 유해한 것으로 인정되는 다음 나목의 물건(이하 "청소년유해물건"이라 한다)을 말한다.
   가. 청소년유해약물
   1) 「주세법」에 따른 주류
   2) 「담배사업법」에 따른 담배

3) 「마약류 관리에 관한 법률」에 따른 마약류

4) 「화학물질관리법」에 따른 환각물질

5) 그 밖에 중추신경에 작용하여 습관성, 중독성, 내성 등을 유발하여 인체에 유해하게 작용할 수 있는 약물 등 청소년의 사용을 제한하지 아니하면 청소년의 심신을 심각하게 손상시킬 우려가 있는 약물로서 대통령령으로 정하는 기준에 따라 관계 기관의 의견을 들어 제36조에 따른 청소년보호위원회(이하 "청소년보호위원회"라 한다)가 결정하고 여성가족부장관이 고시한 것

나. 청소년유해물건

1) 청소년에게 음란한 행위를 조장하는 성기구 등 청소년의 사용을 제한하지 아니하면 청소년의 심신을 심각하게 손상시킬 우려가 있는 성 관련 물건으로서 대통령령으로 정하는 기준에 따라 청소년보호위원회가 결정하고 여성가족부장관이 고시한 것

2) 청소년에게 음란성·포악성·잔인성·사행성 등을 조장하는 완구류 등 청소년의 사용을 제한하지 아니하면 청소년의 심신을 심각하게 손상시킬 우려가 있는 물건으로서 대통령령으로 정하는 기준에 따라 청소년보호위원회가 결정하고 여성가족부장관이 고시한 것

3) 청소년유해약물과 유사한 형태의 제품으로 청소년의 사용을 제한하지 아니하면 청소년의 청소년유해약물 이용습관을 심각하게 조장할 우려가 있는 물건으로서 대통령령으로 정하는 기준에 따라 청소년보호위원회가 결정하고 여성가족부장관이 고시한 것

5. "청소년유해업소"란 청소년의 출입과 고용이 청소년에게 유해한 것으로 인정되는 다음 가목의 업소(이하 "청소년 출입·고용금지업소"라 한다)와 청소년의 출입은 가능하나 고용이 청소년에게 유해한 것으로 인정되는 다음 나목의 업소(이하 "청소년고용금지업소"라 한다)를 말한다. 이 경우 업소의 구분은 그 업소가 영업을 할 때 다른 법령에 따라 요구되는 허가·인가·등록·신고 등의 여부와 관계없이 실제로 이루어지고 있는 영업행위를 기준으로 한다.

가. 청소년 출입·고용금지업소

1) 「게임산업진흥에 관한 법률」에 따른 일반게임제공업 및 복합유통게임제공업 중 대통령령으로 정하는 것

2) 「사행행위 등 규제 및 처벌 특례법」에 따른 사행행위영업

3) 「식품위생법」에 따른 식품접객업 중 대통령령으로 정하는 것

4) 「영화 및 비디오물의 진흥에 관한 법률」제2조제16호에 따른 비디오물감상실업·제한관람가비디오물소극장업 및 복합영상물제공업

5) 「음악산업진흥에 관한 법률」에 따른 노래연습장업 중 대통령령으로 정하는 것

6) 「체육시설의 설치·이용에 관한 법률」에 따른 무도학원업 및 무도장업

7) 전기통신설비를 갖추고 불특정한 사람들 사이의 음성대화 또는 화상대화를 매개하는 것을 주된 목적으로 하는 영업. 다만, 「전기통신사업법」등 다른 법률에 따라 통신을 매개하는 영업은 제외한다.

8) 불특정한 사람 사이의 신체적인 접촉 또는 은밀한 부분의 노출 등 성적 행위가 이루어지거나 이와 유사한 행위가 이루어질 우려가 있는 서비스를 제공하는 영업으로서 청소년보호위원회가 결정하고 여성가족부장관이 고시한 것

9) 청소년유해매체물 및 청소년유해약물등을 제작·생산·유통하는 영업 등 청소년의 출입과 고용이 청소년에게 유해하다고 인정되는 영업으로서 대통령령으로 정하는 기준에 따라 청소년보호위원회가 결정하고 여성가족부장관이 고시한 것

10) 「한국마사회법」제6조제2항에 따른 장외발매소

11) 「경륜·경정법」제9조제2항에 따른 장외매장

나. 청소년고용금지업소

1) 「게임산업진흥에 관한 법률」에 따른 청소년게임제공업 및 인터넷컴퓨터게임시설제공업

2) 「공중위생관리법」에 따른 숙박업, 목욕장업, 이용업 중 대통령령으로 정하는 것

3) 「식품위생법」에 따른 식품접객업 중 대통령령으로 정하는 것

4) 「영화 및 비디오물의 진흥에 관한 법률」에 따른 비디오물소극장업

5) 「화학물질관리법」에 따른 유해화학물질 영업. 다만, 유해화학물질 사용과 직접 관련이 없는 영업으로서 대통령령으로 정하는 영업은 제외한다.

6) 회비 등을 받거나 유료로 만화를 빌려 주는 만화대여업

7) 청소년유해매체물 및 청소년유해약물등을 제작·생산·유통하는 영업 등 청소년의 고용이 청소년에게 유해하다고 인정되는 영업으로서 대통령령으로 정하는 기준에 따라 청소년보호위원회가 결정하고 여성가족부장관이 고시한 것

6. "유통"이란 매체물 또는 약물 등을 판매·대여·배포·방송·공연·상영·전시·진열·광고하거나 시청 또는 이용하도록 제공하는 행위와 이러한 목적으로 매체물 또는 약물 등을 인쇄·복제 또는 수입하는 행위를 말한다.

7. "청소년폭력·학대"란 폭력이나 학대를 통하여 청소년에게 신체적·정신적 피해를 발생하게 하는 행위를 말한다.

8. "청소년유해환경"이란 청소년유해매체물, 청소년유해약물등, 청소년유해업소 및 청소년폭력·학대를 말한다.

⚫ II. 벌 칙

제55조(벌칙) 제30조제1호의 위반행위를 한 자는 1년 이상 10년 이하의 징역에 처한다.

제56조(벌칙) 제30조제2호 또는 제3호의 위반행위를 한 자는 10년 이하의 징역에 처한다.

제57조(벌칙) 제30조제4호부터 제6호까지의 위반행위를 한 자는 5년 이하의 징역에 처한다.

제58조(벌칙) 다음 각 호의 어느 하나에 해당하는 자는 3년 이하의 징역 또는 3천만원 이하의 벌금에 처한다.

1. 영리를 목적으로 제16조제1항을 위반하여 청소년에게 청소년유해매체물을 판매·대여·배포하거나 시청·관람·이용하도록 제공한 자

2. 영리를 목적으로 제22조를 위반하여 청소년을 대상으로 청소년유해매체물을 유통하게 한 자

3. 제28조제1항을 위반하여 청소년에게 제2조제4호가목4)·5)의 청소년유해약물 또는 같은 호 나목1)·2)의 청소년유해물건을 판매·대여·배포(자동기계장치·무인판매장치·통신장치를 통하여 판매·대여·배포한 경우를 포함한다)한 자

4. 제29조제1항을 위반하여 청소년을 청소년유해업소에 고용한 자

5. 제30조제7호부터 제9호까지의 위반행위를 한 자

6. 제44조제1항을 위반하여 청소년유해매체물 또는 청소년유해약물등을 수거하지 아니한 자

제59조(벌칙) 다음 각 호의 어느 하나에 해당하는 자는 2년 이하의 징역 또는 2천만원 이하의 벌금에 처한다.

1. 제13조제1항 및 제28조제7항을 위반하여 청소년유해매체물 또는 청소년유해약물등에 청소년유해표시를 하지 아니한 자

2. 제14조(제28조제10항에서 준용하는 경우를 포함한다)를 위반하여 청소년유해매체물 또는 청소년유해약물등을 포장하지 아니한 자

3. 제18조를 위반하여 청소년유해매체물을 방송한 자

4. 제19조제1항을 위반하여 청소년유해매체물로서 제2조제2호차목에 해당하는 매체물 중 「옥외광고물 등의 관리와 옥외광고산업 진흥에 관한 법률」에 따른 옥외광고물을 청소년 출입·고용금지업소 외의 업소나 일반인들이 통행하는 장소에 공공연하게 설치·부착 또는 배포한 자 또는 상업적 광고선전물을 청소년의 접근을 제한하는 기능이 없는 컴퓨터 통신을 통하여 설치·부착 또는 배포한 자

5. 삭제 〈2021. 12. 7.〉

6. 제28조제1항을 위반하여 청소년에게 제2조제4호가목1)·2)의 청소년유해약물 또는 같은 호 나목3)의 청소년유해물건을 판매·대여·배포(자동기계장치·무인판매장치·통신장치를 통하여 판매·대여·배포한 경우를 포함한다)하거나 영리를 목적으로 무상 제공한 자

7. 제28조제2항을 위반하여 청소년의 의뢰를 받아 제2조제4호가목1)·2)의 청소년유해약물을 구입하여 청소년에게 제공한 자

7의2. 영리를 목적으로 제28조제3항을 위반하여 청소년에게 청소년유해약물등을 구매하게 한 자

7의3. 제28조제5항을 위반하여 주류등의 판매·대여·배포를 금지하는 내용을 표시하지 아니한 자

8. 제29조제2항을 위반하여 청소년을 청소년 출입·고용금지업소에 출입시킨 자

9. 제29조제6항을 위반하여 청소년유해업소에 청소년의 출입과 고용을 제한하는 내용을 표시하지 아니한 자

제60조(벌칙) 제15조(제28조제10항에서 준용하는 경우를 포함한다)를 위반하여 청소년유해매체물이나 청소년유해약물등의 청소년유해표시 또는 포장을 훼손한 자는 500만원 이하의 벌금에 처한다.

제61조(벌칙) ① 제34조의2제5항을 위반하여 직무상 알게 된 비밀을 누설한 사람은 2년 이하의 징역 또는 2천만원 이하의 벌금에 처한다.

② 제43조를 위반하여 관계 공무원의 검사 및 조사를 거부·방해 또는 기피한 사람은 300만원 이하의 벌금에 처한다.

제62조(양벌규정) 법인의 대표자나 법인 또는 개인의 대리인, 사용인, 그 밖의 종업원이 그 법인 또는 개인의 업무에 관하여 제55조부터 제57조까지의 어느 하나에 해당하는 위반행위를 하면 그 행위자를 벌하는 외에 그 법인 또는 개인을 5천만원 이하의 벌금에 처하고, 제58조부터 제61조까지의 어느 하나에 해당하는 위반행위를 하면 그 행위자를 벌하는 외에 그 법인 또는 개인에게도 해당 조문의 벌금형을 과(科)한다.

● Ⅲ. 범죄사실

1. 영리목적 청소년 유해매체물 대여

1) 적용법조 : 제58조 제1호, 제16조 제1항   ☞   공소시효 5년

제16조(판매 금지 등) ① 청소년유해매체물로서 대통령령으로 정하는 매체물을 판매·대여·배포하거나 시청·관람·이용하도록 제공하려는 자는 그 상대방의 나이 및 본인 여부를 확인하여야 하고, 청소년에게 판매·대여·배포하거나 시청·관람·이용하도록 제공하여서는 아니 된다.

② 제13조에 따라 청소년유해표시를 하여야 할 매체물은 청소년유해표시가 되지 아니한 상태로 판매나 대여를 위하여 전시하거나 진열하여서는 아니 된다.

③ 제14조에 따라 포장을 하여야 할 매체물은 포장을 하지 아니한 상태로 판매나 대여를 위하여 전시하거나 진열하여서는 아니 된다.

④ 제1항에 따른 상대방의 나이 및 본인 여부의 확인방법, 그 밖에 청소년유해매체물의 판매 금지 등에 필요한 사항은 대통령령으로 정한다.

2) 범죄사실 기재례

피의자는 ○○에서 '24시비디오대여'라는 상호로 비디오판매·대여업을 하는 자로서, 청소년유해매체물로서 대통령령으로 정하는 매체물을 판매·대여·배포하거나 시청·관람·이용하도록 제공하려는 자는 그 상대방의 나이 및 본인 여부를 확인하여야 하고, 청소년에게 판매·대여·배포하거나 시청·관람·이용하도록 제공하여서는 아니 된다.

그럼에도 불구하고 피의자는 20○○. ○. ○. 위 비디오점에서 청소년인 홍길동(17세)에게 영리를 목적으로 청소년 유해표시가 된 매체물인 '빨간마후라'라는 제목의 비디오를 ○○원을 받고 대여하였다.

3) 신문사항

- 비디오 대여점을 하고 있는가
- 청소년 유해 비디오도 취급하고 있는가
- 청소년인 홍길동에게 비디오를 대여한 일이 있는가
- 언제 어떠한 비디오를 대여하였나
- 얼마를 받고 대여하였나
- 빨간마후라는 청소년 유해매체인가
- 홍길동의 연령을 확인하였나
- 연령을 확인하지도 않고 유해매체물을 대여 하였다는 것인가

■ **판례** ■　비디오물감상실업자 甲이 18세 이상 19세 미만의 청소년을 비디오물감상실에 출입시킨 경우

[1] 甲의 행위가 청소년보호법에 위반되는지 여부(적극)

구 청소년보호법(2001.5.24. 법률 제6479호로 개정되기 전의 것, 이하 '법'이라고 한다) 제2조 제1호는 청소년이라 함은 19세 미만의 자를 말한다고 규정하고 있고, 제5호 (가)목 (2)는 청소년출입금지업소의 하나로 음반·비디오물및게임물에관한법률에 의한 비디오물감상실업을 규정하고 있으며, 제6조는 이 법은 청소년유해환경의 규제에 관한 형사처벌에 있어서는 다른 법률에 우선하여 적용한다고 규정하고 있으므로, 비디오물감상실업자가 18세 이상 19세 미만의 청소년을 비디오물감상실에 출입시킨 경우에는 법 제51조 제7호, 제24조 제2항의 청소년보호법위반죄가 성립한다.

[2] 18세 미만자를 연소자로 규정한 구 음반·비디오물및게임물에관한법률 및 같은법시행령의 규정이 청소년보호법위반 행위에 대한 예외규정에 해당하는지 여부(소극)

구 청소년보호법(2001.5.24. 법률 제6479호로 개정되기 전의 것, 이하 '법'이라고 한다) 제24조 제3항이 제2항의 규정에 불구하고 청소년이 친권자 등을 동반할 때에는 대통령령이 정하는 바에 따라 출입하게 할 수 있다고 규정하고 있고, 법시행령(2001.8.25. 대통령령 제17350호로 개정되기 전의 것) 제19조가 법 제24조 제2항 및 제3항의 규정에 의하여 다른 법령에서 청소년이 친권자 등을 동반할 경우 출입이 허용되는 경우 기타 다른 법령에서 청소년 출입에 관하여 특별한 규정을 두고 있는 경우에는 당해 법령이 정하는 바에 의한다고 규정하고 있으며, 구 음반·비디오물및게임물에관한법률(2001.5.24. 법률 제6473호로 전문 개정되기 전의 것) 제8조 제3호, 제5호, 같은법 시행령(2001. 10. 20. 대통령령 제17395호로 전문 개정되기 전의 것) 제14조 [별표 1] 제2호 (다)목 등이 18세 미만의 자를 연소자로 규정하면서 비디오물감상실업자가 포함되는 유통관련업자의 준수사항 중의 하나로 출입자의 연령을 확인하여 연소자의 출입을 금지하도록 하고 출입문에는 "18세 미만 출입금지"라는 표시를 부착하여야 한다고 규정하고 있다고 하더라도, 법 제24조 제3항의 규정내용에 비추어 위 음반·비디오물및게임물에관한법률 및 같은법시행령의 규정을 다른 법령이 청소년보호법위반 행위에 대한 예외사유로서 청소년의 출입을 허용한 특별한 규정에 해당한다고 볼 수는 없다(대법원 2002.5.17. 선고 2001도4077 판결).

2. 광고선전물 배포

1) 적용법조 : 제59조 제4호, 제19조 제1항 ☞ 공소시효 5년

> 제19조(광고선전 제한) ① 청소년유해매체물로서 제2조제2호차목에 해당하는 매체물 중 「옥외광고물 등의 관리와 옥외광고산업 진흥에 관한 법률」에 따른 옥외광고물을 다음 각 호의 어느 하나에 해당하는 장소에 공공연하게 설치·부착 또는 배포하여서는 아니 되며, 상업적 광고선전물을 청소년의 접근을 제한하는 기능이 없는 컴퓨터 통신을 통하여 설치·부착 또는 배포하여서도 아니 된다.
> 1. 청소년 출입·고용금지업소 외의 업소
> 2. 일반인들이 통행하는 장소

2) 범죄사실 기재례

[기재례1]

> 피의자는 ○○에서 "★★유흥주점"이라는 상호로 청소년유해업소를 경영하는 사람이다.
> 누구든지 청소년유해매체물인 광고선전물을 일반인들이 통행하는 장소에 배포하여서는 아니 된다.
> 그럼에도 불구하고 피의자는 20○○. ○. ○. 21:30경 ○○ 앞길 등에서 피의자가 운영하는 위 유흥주점의 약도, 전화번호 등이 기재된 광고전단지를 배포하였다.

[기재례2]

> 누구든지 청소년유해매체물인 광고선전물을 공중이 통행하는 장소에 배포하여서는 아니 된다.
> 그럼에도 불구하고 피의자는 20○○.○.○.18:35경 ○○ 앞길 등에서 피의자가 운영하는 위 ○○의 약도, 전화번호 등이 기재된 광고전단지를 배포하였다.

3) 신문사항

- 광고선전물을 배포한 사실이 있는가
- 언제 어디에 배포하였는가
- 어떤 방법으로 배포하였는가
- 어떤 내용의 광고선전물인가
- 이 광고선전물은 언제 어디에서 인쇄하였는가
- 누구의 지시에 따라 이렇게 배포하였는가
- 어떤 조건으로 배포하게 되었는가
- 배포장소가 일반인들의 통행이 많은 곳이라는 것을 알고 있는가
- 그 광고선전물의 내용이 청소년에게 유해하다는 생각을 하지 않았는가

3. 청소년 유해약물 판매·대여

1) 적용법조 : 다음 각 유형별 ☞ 공소시효 5년

제28조(청소년유해약물등의 판매·대여 등의 금지) ① 누구든지 청소년을 대상으로 청소년유해약물등을 판매·대여·배포(자동기계장치·무인판매장치·통신장치를 통하여 판매·대여·배포하는 경우를 포함한다) 하거나 무상으로 제공하여서는 아니 된다. 다만, 교육·실험 또는 치료를 위한 경우로서 대통령령으로 정하는 경우는 예외로 한다.
② 누구든지 청소년의 의뢰를 받아 청소년유해약물등을 구입하여 청소년에게 제공하여서는 아니 된다.
③ 누구든지 청소년에게 권유·유인·강요하여 청소년유해약물등을 구매하게 하여서는 아니 된다.
④ 청소년유해약물등을 판매·대여·배포하고자 하는 자는 그 상대방의 나이 및 본인 여부를 확인하여야 한다.
⑤ 다음 각 호의 어느 하나에 해당하는 자가 청소년유해약물 중 주류나 담배(이하 "주류등"이라 한다)를 판매·대여·배포하는 경우 그 업소(자동기계장치·무인판매장치를 포함한다)에 청소년을 대상으로 주류등의 판매·대여·배포를 금지하는 내용을 표시하여야 한다. 다만, 청소년 출입·고용금지업소는 제외한다.
1. 「주세법」에 따른 주류소매업의 영업자
2. 「담배사업법」에 따른 담배소매업의 영업자
3. 그 밖에 대통령령으로 정하는 업소의 영업자

2) 범죄사실 기재례

[기재례1] 담배(술) 판매행위 (제59조 제6호, 제28조 제1항)

> 피의자는 ○○시 조례동 ○번지에서 "○○○" 라는 상호로 편의점을 경영하는 자이다.
> 누구든지 청소년을 대상으로 하여 청소년유해약물등을 판매·대여·배포하여서는 아니 된다.
> 그럼에도 불구하고 피의자는 20○○. ○. ○. 위 편의점에서 청소년인 ○○○(17세)에게 연령을 확인하지도 않고 청소년 유해약물인 담배 디시 2갑(술 ○○㎖ 1병)을 ○○원에 판매하였다.

[기재례2] 술 판매행위 (제59조 제6호, 제28조 제1항)

> 누구든지 청소년에게 청소년유해약물인 주류를 판매·대여·배포하여서는 아니 된다.
> 그럼에도 피의자는 20○○. ○. ○. 23:00경 ○○ 피의자가 운영하는 ○○ 음식점에서, 손님으로 들어온 청소년인 갑(여, 17세)외 2명에게 소주 5병 등 합계 ○○원 상당의 술과 안주를 판매하였다

[기재례3] 청소년 의뢰에 의해 제공 (제59조 제7호, 제28조 제2항)

> 누구든지 청소년의 의뢰를 받아 청소년유해약물등을 구입하여 청소년에게 제공하여서는 아니 된다.
> 그럼에도 불구하고 피의자는 20○○. ○. ○. 21:30경 ○○앞길에서 청소년인 홍길동(남, 17세)이 앞에 있는 슈퍼에서 ○○담배 1갑을 사달라는 의뢰를 받고 청소년유해약물인 담배 1갑을 구입하여 제공하였다.

[기재례4] 영리목적 무상 제공 (제59조 제6호, 제28조 제1항)

> 피의자는 ○○에서 "★★식당"이라는 상호로 일반음식점을 경영하는 자이다.
>
> 누구든지 청소년을 대상으로 청소년유해약물등을 판매·대여·배포(자동기계장치·무인판매장치·통신장치를 통하여 판매·대여·배포하는 경우를 포함한다)하거나 무상으로 제공하여서는 아니 된다.
>
> 그럼에도 불구하고 피의자는 20○○. ○. ○. 21:30경 위 식당을 찾은 청소년인 홍길동(남, 17세)에게 "이번에 식당을 개업하였는데 친구들을 많이 데려오면 잘 해주겠다"며 영리를 목적으로 ○○㎖ 소주 2병을 무상으로 제공하였다.

3) 신문사항

- 비디오 대여점

- 피의자는 현재 어떠한 일을 하고 있나요.

- 청소년에게 담배(술)를 판매하다 적발된 일이 있나요.

  이때 단속 당시 피의자가 작성한 시인서 등을 보여주며

- 이러한 내용이 사실인가요.

- 왜 청소년에게 이러한 담배를 판매하였나요.

- 사전에 주민등록증을 확인하여 청소년여부를 확인하지 왜 확인하지 않았나

- 피의자가 운영하고 있는 가게의 규모는 어느 정도인가요.

- 전에도 이와 같은 단속을 당한 일이 있나요.

■ **판례** ■ 청소년을 동반한 성년자에게 술을 판매한 경우, '청소년에게 주류를 판매하는 행위'에 해당하는지 여부(한정 적극)

청소년을 포함한 일행이 함께 음식점에 들어와 술을 주문하였고, 청소년도 일행과 함께 술을 마실 것이 예상되는 상황에서 그 일행에게 술을 판매하였으며, 실제로 청소년이 일행과 함께 그 술을 마셨다면, 이는 청소년보호법 제51조 제8호 소정의 '청소년에게 주류를 판매하는 행위'에 해당되며, 이 경우 성년자인 일행이 술을 주문하거나 술값을 계산하였다 하여 달리 볼 것은 아니다(대법원 2004.9.24. 선고 2004도3999 판결).

■ **판례** ■ 음식점 운영자가 술을 내어 놓을 당시에는 성년자들만이 있었으나 나중에 청소년이 합석하여 술을 마신 경우, '청소년에게 술을 판매하는 행위'에 해당하는지 여부(한정 소극)

음식점을 운영하는 사람이 그 음식점에 들어온 사람들에게 술을 내어 놓을 당시에는 성년자들만이 있었고 그들끼리만 술을 마시다가 나중에 청소년이 들어와서 합석하게 된 경우에는, 처음부터 음식점 운영자가 나중에 그렇게 청소년이 합석하리라는 것을 예견할 만한 사정이 있었거나, 청소년이 합석한 후에 이를 인식하면서 추가로 술을 내어 준 경우가 아닌 이상, 나중에 합석한 청소년이 남아 있던 술을 일부 마셨다고 하더라도 음식점 운영자는 청소년보호법 제51조 제8호에 규정된 '청소년에게 술을 판매하는 행위'를 하였다고는 할 수 없고, 이 같은 법리는 음식점 운영자가 나중에 합석한 청소년에게 술을 따라 마실 술잔을 내주었다 하여 달리 볼 것은 아니다(대법원 2002.1.11. 선고 2001도6032 판결).

■ **판례** ■ 청소년보호법상 법정대리인의 동의를 받은 미성년자에 대한 술 판매행위가 허용되는지 여부(소극)

구 청소년보호법은 일반 사법인 민법과는 다른 차원에서 청소년에게 유해한 매체물과 약물 등이 청소년에게 유통되는 것과 청소년이 유해한 업소에 출입하는 것 등을 규제함으로써 청소년을 유해한 각종 사회환경으로부터 보호·구제하고 나아가 이들을 건전한 인격체로 성장할 수 있도록 함을 그 목적으로 하여 제정된 법으로서, 그 제2조에서 18세 미만의 자를 청소년으로 정의하고 술을 청소년유해약물의 하나로 규정하면서, 제26조 제1항에서는 누구든지 청소년을 대상으로 하여 청소년유해약물 등을 판매·대여·배포하여서는 아니된다고 규정하고, 제51조 제8호에서 위 규정에 위반하여 청소년에게 술이나 담배를 판매한 자를 처벌하도록 규정하고 있는바, 위와 같은 위 법의 입법 취지와 목적 및 규정 내용 등에 비추어 볼 때, 18세 미만의 청소년에게 술을 판매함에 있어서 가사 그의 민법상 법정대리인의 동의를 받았다고 하더라도 그러한 사정만으로 위 행위가 정당화될 수는 없다(대법원 1999. 7.13. 선고 99도2151 판결).

■ **판례** ■ 음식점 운영자가 술을 내어 놓을 당시에는 성년자들만이 자리에 앉아 술을 마시다가 나중에 청소년이 합석하여 술을 마신 경우, 청소년보호법 제51조 제8호 소정의 '청소년에게 술을 판매하는 행위'에 해당하는지 여부(한정 소극)

음식점을 운영하는 사람이 그 음식점에 들어온 여러 사람의 일행에게 술 등의 주류를 판매한 행위가 청소년보호법 제51조 제8호에 규정된 '청소년에게 주류를 판매하는 행위'에 해당하기 위해서는, 그 일행에게 술을 내어 놓을 당시 그 일행 중에 청소년이 포함되어 있었고 이를 음식점 운영자가 인식하고 있었어야 할 것이므로, 술을 내어 놓을 당시에는 성년자들만이 자리에 앉아서 그들끼리만 술을 마시다가 나중에 청소년이 들어와서 합석하게 된 경우에는 처음부터 음식점 운영자가 나중에 그렇게 청소년이 합석하리라는 것을 예견할 만한 사정이 있었거나, 청소년이 합석한 후에 이를 인식하면서 추가로 술을 내어 준 경우가 아닌 이상, 합석한 청소년이 상 위에 남아 있던 소주를 일부 마셨다고 하더라도 음식점 운영자가 청소년에게 술을 판매하는 행위를 하였다고는 할 수 없다 (대법원 2001. 10. 9. 선고 2001도4069 판결).

■ **판례** ■ 청소년보호법 제51조 제8호에 정한 '청소년에게 술을 판매하는 행위'에 해당하기 위한 요건 및 음식점 운영자가 술을 내어 놓을 당시에는 성년자들만이 자리에 앉아 술을 마시다가 나중에 청소년이 합석하여 술을 마신 경우 청소년보호법 제51조 제8호에 정한 '청소년에게 술을 판매하는 행위'에 해당하는지 여부(한정 소극)

[1] 사실관계

(음식점 상호 생략) 이라는 상호로 일반음식점을 운영하는 피고인이 2008. 1. 27. 01:20경 위 음식점에서 손님으로 온 청소년인 공소외 1(17세, 여) 외 3명의 신분증을 확인하지 않고 참이슬소주 2병, 2,000cc 생맥주 2개, 안주 1개 합계 26,400원 상당을 판매하였다.

[2] 판결요지

공소외 1과 함께 아르바이트를 하여 서로 아는 사이인 공소외 2, 3, 4, 5 등이 먼저 위 음식점에 들어와 위와 같이 참이슬소주 2병, 2,000cc 생맥주 2개 등을 주문하여 놓고 마시다가, 문자메시지를 보내 위 공소외 1을 부른 사실, 이에 위 공소외 1이 위 음식점으로 와서 합석한 다음, 종업원에게 술잔을 더 달라고 하여 위 공소외 2 등과 함께 술을 마신 사실 등을 알 수 있으나, 거기에서 나아가 위 공소외 1이 합석한 이후에 술을 더 주문하였다거나 피고인 또는 그 종업원이 처음에 술을 주문받을 당시에 나중에 위 공소외 1이 합석하리라는 것을 예견하였다는 등의 사정을 인정할 만한 자료는 찾아볼 수 없고, 한편 위 공소외 2는 1989. 3. 6.생으로서 청소년이 아니며 공소외 3, 4, 5 등이 청소년이라고 단정할 만한 자료 또한 찾아 볼 수 없다.

이러한 사실관계를 앞서 본 법리에 비추어 볼 때, 피고인이 위 공소외 1에게 술 등의 주류를 판매하였다고는 할 수 없고, 달리 이를 인정할 증거가 없으며, 위 공소외 2 등이 청소년이라고 단정할 증거가 없는 이상 피고인이 그들에게 주류를 판매한 것을 가리켜 청소년에게 주류를 판매한 것이라고도 할 수 없다고 할 것이다.(대법원 2009.4.9. 선고 2008도11282 판결)

4. 청소년 유해업소 고용

1) 적용법조 : 제58조 제4호, 제29조 제1항 ☞ 공소시효 5년

> 제29조(청소년 고용 금지 및 출입 제한 등) ① 청소년유해업소의 업주는 청소년을 고용하여서는 아니 된다. 청소년유해업소의 업주가 종업원을 고용하려면 미리 나이를 확인하여야 한다.
> ② 청소년 출입·고용금지업소의 업주와 종사자는 출입자의 나이를 확인하여 청소년이 그 업소에 출입하지 못하게 하여야 한다.

2) 범죄사실 기재례

[기재례1] 청소년 유흥업소(단란주점) 단순고용

> 피의자는 ○○구청장으로부터 단란주점 영업허가(제○○호)를 받고 ○○에 있는 지하 1층 60㎡에서 "★★단란주점"이라는 상호로 청소년유해업소를 경영하는 자이다.
> 청소년유해업소의 업주는 종업원을 고용하고자 하는 때에는 그 연령을 확인하여야 하며, 청소년을 고용하여서는 아니 된다.
> 그럼에도 불구하고 피의자는 20○○. ○. ○. 경부터 20○○. ○. ○. 경까지 위 단란주점에서 "교차로광고지"의 구인광고를 보고 찾아온 청소년인 홍길녀(17세, 여)를 위 단란주점의 종업원으로 고용하였다.

[기재례2] 주류판매업소인 청소년유해업소에 청소년을 종업원으로 고용

> 피의자는 ○○에서 ○○라는 상호로 주류판매를 하는 사람으로, 청소년유해업소의 업주는 청소년을 고용하여서는 아니 된다.
> 그럼에도 불구하고, 피의자는 20○○. ○. ○.경 청소년유해업소인 위 ○○에서 청소년인 갑(18세)을 종업원으로 각 고용하였다.

[기재례3] 티켓다방 청소년 고용

> 피의자는 ○○에서 "신속다방"이라는 상호로 휴게음식점업을 경영하는 자로, 영업장을 벗어나 다류 등을 배달·판매하게 하면서 소요시간에 따라 대가를 받는 청소년유해업소인 속칭 티켓다방의 업주로서 청소년을 고용하여서는 아니 된다.
> 그럼에도 불구하고 피의자는 20○○. ○. ○. 경부터 20○○. ○. ○. 경까지 사이에 위 다

> 방에서 청소년인 최사라(여 17세)를 매상의 40%를 급여로 지불키로 하고 위 다방 종업원으로 고용하여 영업장을 벗어나 차를 배달·판매하게 하여 시간비로 1시간에 ○○만원씩 수수하였다.

3) 신문사항

- 피의자는 어떠한 사업을 하고 있는가
- 피의자가 운영하고 있는 노래연습장은 청소년 유해업소가 맞는가
- 피의자 업소에 청소년을 고용한 일이 있는가
- 언제부터 언제까지 누구를 고용하였나
- 고용당시 연령을 확인하였나
- 어떠한 조건으로 고용하였나
- 고용하여 그 청소년으로 하여금 어떠한 일을 하도록 하였나
- 왜 청소년을 유해업소에 고용하였나

4) 청소년유해업소의 범위(시행령)

제5조(청소년 출입·고용금지업소의 범위) ① 법 제2조제5호가목1)에서 "대통령령으로 정하는 것"이란 다음 각 호의 어느 하나에 해당하는 영업을 말한다.
1. 일반게임제공업
2. 복합유통게임제공업. 다만, 둘 이상의 업종(1개의 기기에서 게임, 노래연습, 영화감상 등 다양한 콘텐츠를 제공하는 경우는 제외한다)을 같은 장소에서 영업하는 경우로서 제1호의 업소 및 법 제2조제5호가목2)부터 9)까지의 청소년 출입·고용금지업소가 포함되지 아니한 업소는 청소년의 출입을 허용한다.
② 법 제2조제5호가목3)에서 "대통령령으로 정하는 것"이란 단란주점영업 및 유흥주점영업을 말한다.
③ 법 제2조제5호가목5)에서 "대통령령으로 정하는 것"이란 노래연습장업을 말한다. 다만, 청소년실을 갖춘 노래연습장업의 경우에는 청소년실에 한정하여 청소년의 출입을 허용한다.
④ 법 제2조제5호가목9)에서 "청소년의 출입과 고용이 청소년에게 유해하다고 인정되는 영업으로서 대통령령으로 정하는 기준"이란 다음 각 호의 어느 하나에 해당하는 것을 말한다.
1. 영업의 형태나 목적이 주로 성인을 대상으로 한 술·노래·춤의 제공 등 유흥접객행위가 이루어지는 영업일 것
2. 주로 성인용의 매체물을 유통하는 영업일 것
3. 청소년유해매체물·청소년유해약물등을 제작·생산·유통하는 영업 중 청소년의 출입·고용이 청소년의 심신발달에 장애를 초래할 우려가 있는 영업일 것

제6조(청소년고용금지업소의 범위) ① 법 제2조제5호나목2)에서 "대통령령으로 정하는 것"이란 다음 각 호의 어느 하나에 해당하는 영업을 말한다.
1. 숙박업. 다만, 가목부터 다목까지의 규정에 따른 숙박업은 제외하며, 라목 및 마목에 따른 숙박업의 경우에는 「산업현장 일학습병행 지원에 관한 법률」 제3조제4호에 따른 학습근로계약을 체결하여 청소년을 고용하거나 「직업교육훈련 촉진법」 제2조제7호에 따른 현장실습을 실시한 업소에서 해당 현장실습을 받은 청소년을 고용하는 경우에 한정하여 제외한다.
가. 「관광진흥법」 제3조제1항제2호나목에 따른 휴양 콘도미니엄업
나. 「국제회의산업 육성에 관한 법률」을 적용받는 숙박시설에 의한 숙박업
다. 「농어촌정비법」을 적용받는 숙박시설에 의한 숙박업

라. 「제주특별자치도 설치 및 국제자유도시 조성을 위한 특별법」 제251조에 따른 휴양펜션업

마. 「관광진흥법」을 적용받는 숙박시설에 의한 숙박업(가목은 제외한다)

2. 목욕장업 중 안마실을 설치하여 영업을 하거나 개별실(個別室)로 구획하여 하는 영업

3. 이용업. 다만, 다른 법령에 따라 취업이 금지되지 아니한 남자 청소년을 고용하는 경우는 제외한다.

② 법 제2조제5호나목3)에서 "대통령령으로 정하는 것"이란 다음 각 호의 어느 하나에 해당하는 영업을 말한다.

1. 휴게음식점영업으로서 주로 차 종류를 조리·판매하는 영업 중 종업원에게 영업장을 벗어나 차 종류 등을 배달·판매하게 하면서 소요 시간에 따라 대가를 받게 하거나 이를 조장 또는 묵인하는 형태로 운영되는 영업

2. 일반음식점영업 중 음식류의 조리·판매보다는 주로 주류의 조리·판매를 목적으로 하는 소주방·호프·카페 등의 형태로 운영되는 영업

③ 법 제2조제5호나목5)에서 "대통령령으로 정하는 영업"이란 「화학물질관리법」 제27조제5호에 따른 유해화학물질 사용업 중 유해화학물질을 직접 사용하지 아니하는 장소에서 이루어지는 영업을 말한다.

④ 법 제2조제5호나목7)에서 "대통령령으로 정하는 기준"이란 다음 각 호의 어느 하나에 해당하는 것을 말한다.

1. 청소년유해매체물 또는 청소년유해약물등을 제작·생산·유통하는 영업으로서 청소년이 고용되어 근로할 경우에 청소년유해매체물 또는 청소년유해약물등에 쉽게 접촉되어 고용 청소년의 건전한 심신발달에 장애를 초래할 우려가 있는 영업일 것

2. 외관상 영업행위가 성인·청소년 모두를 대상으로 하지만 성인 대상의 영업이 이루어짐으로써 고용 청소년에게 유해한 근로행위를 요구할 것이 우려되는 영업일 것

■ 판례 ■ 청소년유해업소인 유흥주점의 업주가 종업원을 고용할 때 대상자의 연령을 확인하여야 하는 의무의 내용

청소년 보호법의 입법목적 등에 비추어 볼 때, 유흥주점과 같은 청소년유해업소의 업주에게는 청소년 보호를 위하여 청소년을 당해 업소에 고용하여서는 아니 될 매우 엄중한 책임이 부여되어 있으므로, 유흥주점의 업주가 당해 유흥업소에 종업원을 고용할 때에는 주민등록증이나 이에 유사한 정도로 연령에 관한 공적 증명력이 있는 증거에 의하여 대상자의 연령을 확인하여야 하고, 만일 대상자가 제시한 주민등록증상의 사진과 실물이 다르다는 의심이 들면 청소년이 자신의 신분과 연령을 감추고 유흥업소 취업을 감행하는 사례가 적지 않은 유흥업계의 취약한 고용실태 등에 비추어 볼 때, 업주로서는 주민등록증상의 사진과 실물을 자세히 대조하거나 주민등록증상의 주소 또는 주민등록번호를 외워보도록 하는 등 추가적인 연령확인조치를 취하여야 할 의무가 있다(대법원 2013.9.27. 선고, 2013도8385 판결).

■ 판례 ■ 일반음식점 영업허가를 받은 업소가 실제로는 주로 주류를 조리·판매하는 영업행위를 한 경우

[1] 청소년보호법이 주로 주류의 조리·판매를 목적으로 하는 영업을 청소년고용금지업소로 규정한 취지

청소년보호법이 '일반음식점 영업 중 음식류의 조리·판매보다는 주로 주류의 조리·판매를 목적으로 하는 소주방·호프·카페 등의 영업형태로 운영되는 영업'을 청소년고용금지업소의 하나로 규정하고 있는 이유는 그러한 업소에 청소년이 고용되어 근로할 경우 주류에 쉽게 접촉되어 고용청소년의 건전한 심신발달에 장애를 유발할 우려가 있고 또한 고용청소년에게 유해한 근로행위의 요구가 우려되므로 이를 방지하기 위한 데 있다.

[2] 일반음식점 영업허가를 받은 업소가 실제로는 주로 주류를 조리·판매하는 영업행위를 한 경우, 청소년보호법상의 청소년고용금지업소에 해당하는지 여부(적극) 및 주간에는 주로 음식류를, 야간에는 주로 주류를 조리·판매하는 형태의 영업행위를 한 경우, 청소년보호법상의 청소년고용금지업소에 해당하는지 여부(한정 적극)

음식류를 조리·판매하면서 식사와 함께 부수적으로 음주행위가 허용되는 영업을 하겠다면서 식품위생

법상의 일반음식점 영업허가를 받은 업소라고 하더라도 실제로는 음식류의 조리·판매보다는 주로 주류를 조리·판매하는 영업행위가 이루어지고 있는 경우에는 청소년보호법상의 청소년고용금지업소에 해당하며, 나아가 일반음식점의 실제의 영업형태 중에서는 주간에는 주로 음식류를 조리·판매하고 야간에는 주로 주류를 조리·판매하는 형태도 있을 수 있는데, 이러한 경우 음식류의 조리·판매보다는 주로 주류를 조리·판매하는 야간의 영업형태에 있어서의 그 업소는 위 청소년보호법의 입법취지에 비추어 볼 때 청소년보호법상의 청소년고용금지업소에 해당한다(대법원 2004.2.12. 선고 2003도6282 판결).

■ **판례** ■　　청소년보호법상 '고용'의 의미와 고용금지의 성립여부 및 범의 판단기준

[1] 청소년보호법 제24조 제1항, 제50조 제2호에서 '고용'의 의미 및 청소년고용금지 위반죄의 성립 여부와 범의의 판단 기준

청소년보호법 제24조 제1항은 '청소년유해업소의 업주는 청소년을 고용하여서는 아니된다'고 규정하고, 같은 법 제50조 제2호는 '제24조 제1항의 규정에 위반하여 청소년을 유해업소에 고용한 자를 3년 이하의 징역 또는 2,000만 원 이하의 벌금에 처한다'고 규정하고 있다. 이 때 '고용'이란 당사자 일방이 상대방에 대하여 노무를 제공할 것을 약정하고 상대방은 이에 대하여 보수를 지급할 것을 약정하는 계약으로서(민법 제655조), 민법상의 다른 전형계약과 마찬가지로 당사자의 합의만으로 성립하고 특별한 방식을 요하지 아니하며 묵시적인 의사의 합치에 의하여도 성립할 수 있다. 한편 청소년고용 금지의무 위반행위는 일반적으로 고용이 노무의 제공이라는 계속적 상태를 요구한다는 점에서 계속범의 실질을 가지는 것으로서 청소년에 대한 고용을 중단하지 않는 한 가벌적 위법상태가 지속되므로, 그 위반죄의 성립 여부 및 범의는 청소년 고용이 지속된 기간을 전체적으로 고려하여 판단하여야 한다.

[2] 청소년유해업소의 업주는 청소년을 고용하여서는 아니됨에도 피고인이 자신이 운영하는 유흥주점에 청소년인 갑(17세)을 종업원으로 고용하였다는 청소년보호법 위반의 공소사실에 대하여, 업주인 피고인이 갑을 직접 고용하였다고 볼 수 없고 위 주점의 지배인이 갑을 고용한 것으로 보일 뿐이라는 이유로 피고인에게 무죄를 선고한 원심판결에 같은 법 제24조의 '고용'의 해석 및 그 적용에 관한 법리오해의 위법이 있다고 한 사례.(대법원 2011.1.13. 선고 2010도10029 판결)

5. 청소년 유해업소 출입

1) 적용법조 : 제59조 제8호, 제29조 제2항　☞　공소시효 5년

> 제29조(청소년 고용 금지 및 출입 제한 등) ② 청소년 출입·고용금지업소의 업주와 종사자는 출입자의 나이를 확인하여 청소년이 그 업소에 출입하지 못하게 하여야 한다.
> ④ 청소년유해업소의 업주와 종사자는 제1항부터 제3항까지에 따른 나이 확인을 위하여 필요한 경우 주민등록증이나 그 밖에 나이를 확인할 수 있는 증표(이하 이 항에서 "증표"라 한다)의 제시를 요구할 수 있으며, 증표 제시를 요구받고도 정당한 사유 없이 증표를 제시하지 아니하는 사람에게는 그 업소의 출입을 제한할 수 있다.

2) 범죄사실 기재례

[기재례1] 유흥주점(단란주점)에 청소년 출입허용

> 피의자는 ○○에서 "○○" 상호로 유흥주점업을 하는 자이다. 청소년출입·고용금지업소의 업주 및 종사자는 출입자의 연령을 확인하여 청소년이 당해업소에 출입하거나 이용하지 못하게 하여야 한다.
> 그럼에도 불구하고 피의자는 20○○. ○. ○. 위 업소에 청소년인 홍길녀(17세, 여)와 그 일행 3명을 출입시켰다.

[기재례2] 주로 주류를 판매하는 일반음식점에 청소년 출입허용

> 피의자는 ○○에서 "○○" 상호로 일반음식점영업 신고를 받았으나 음식류의 조리·판매보다는 주로 주류의 조리·판매를 목적으로 하는 소주방·호프·카페 등의 영업형태로 운영되는 영업을 하여 청소년의 출입과 고용이 금지되는 청소년위해업소이다.
> 청소년의 청소년출입·고용금지업소의 업주 및 종사자는 출입자의 연령을 확인하여 청소년이 당해업소에 출입하거나 이용하지 못하게 하여야 한다.
> 그럼에도 불구하고 피의자는 20○○. ○. ○. 위 업소에 청소년인 홍길녀(17세, 여)와 그 일행 3명을 출입시켰다.

3) 신문사항
- 유흥주점업을 하고 있는가
- 언제부터 어디에서 하는가
- 규모는 어느 정도인가(면적, 상호, 종업원 수 등)
- 홍길녀를 업소에 출입시킨 일이 있는가
- 언제 어떻게 출입시켰는가
- 홍길녀의 연령을 확인하였나
- 어떤 방법으로 연령을 확인하였나
- 청소년이라는 것을 알고도 출입시켰는가

■ 판례 ■   청소년보호법 제24조 제2항 소정의 '출입'의 의미

구 청소년보호법은 청소년이 유해한 업소에 출입하는 것을 규제하는 등으로 그들이 건전한 인격체로 성장할 수 있도록 한다는 입법목적을 달성하기 위하여 청소년출입·고용금지업소의 업주로 하여금 당해 업소에 청소년을 출입하거나 이용하지 못하게 하도록 규정하고, 나아가 위 규정의 실효성을 확보하기 위하여 이를 위반한 업주를 처벌하는 규정까지 두고 있는바, 위에서 본 같은 법의 입법목적과 이를 달성하기 위한 제 규정들을 둔 취지, 그리고 제24조 제2항이 유해업소의 출입과 이용을 병렬적으로 규제하고 있는 입법형식을 취하고 있는 점 등 제반 사정에 비추어 볼 때, 같은 법 제24조 제2항의 '출입'은 '이용'과는 별개의 개념으로서 위 규정에 의하여 금지되는 '출입'은 청소년이 유해업소의 시설을 이용하기 위한 것인지를 묻지 아니하고 청소년이 법령이 허용하는 경우 이외에 유해업소의 시설에 출입하는 행위 일체를 의미한다(대법원 2002.6.14. 선고 2002도651 판결).

■ 판례 ■   구 풍속영업의규제에관한법률시행령 제5조 제6호 소정의 청소년이 동반하여 노래연습장에 출입할 수 있는 '18세 이상의 보호자'의 의미 및 그 판단 기준

청소년보호법 및 구 풍속영업의규제에관한법률(1999. 2. 8. 법률 제5925호로 개정되기 전의 것)의 입법 취지와 노래연습장의 청소년에 미치는 유해성의 정도에 비추어 볼 때, 구 풍속영업의규제에관한법률시행령(1999. 6. 30. 대통령령 제16435호로 개정되기 전의 것) 제5조 제6호에서 규정하는 청소년이 동반하여 노래연습장에 출입할 수 있는 18세 이상의 보호자라 함은, 노래연습장이라는 공간적·시간적 범위 내에서 친권자를 대신하여 동반한 청소년을 유해한 환경으로부터 보호·계도할 수 있는 정도의 의사와 능력을 갖춘 18세 이상의 자를 뜻한다고 해석함이 상당하고, 이러한 자격을 갖추었는지 여부는 노래연습장에 동반하여 출입하는 청소년과 보호자의 의사뿐만 아니라, 청소년과 그를 동반한 보호자의 각 연령 및 그들 사이의 관계, 동반하여 노래연습장에 출입하게 된 경위 등을 종합하여 객관적으로 판단하여야 한다(대법원 2001. 7.13. 선고 2000도3720 판결).

6. 청소년의 출입과 고용제한 표시 미부착

1) 적용법조 : 제59조 제9호, 제29조 제6항 ☞ 공소시효 5년

> 제29조(청소년 고용 금지 및 출입 제한 등) ⑥ 청소년유해업소의 업주와 종사자는 그 업소에 대통령령
> 으로 정하는 바에 따라 청소년의 출입과 고용을 제한하는 내용을 표시하여야 한다.
> ※ 시행령
> 제28조(청소년 출입·고용 제한 표시) 법 제29조제6항에 따라 청소년 출입·고용금지업소(청소년실을 갖춘
> 노래연습장업소를 제외한다)의 업주 및 종사자는 해당 업소의 출입구 중 가장 잘 보이는 곳에 별표 8에 따
> 른 방법으로 청소년의 출입·이용과 고용을 제한하는 내용의 표지를 부착하여야 한다.

2) 범죄사실 기재례

> 피의자는 ○○구청장으로부터 유흥주점 영업허가(제○○호)를 받고 ○○에 있는 지하 1
> 층 60㎡에서 "★★유흥주점"이라는 상호로 청소년유해업소를 경영하는 사람이다.
> 청소년유해업소의 업주와 종사자는 그 업소에 대통령령으로 정하는 바에 따라 청소년의
> 출입과 고용을 제한하는 내용을 표시하여야 한다.
> 그럼에도 불구하고 피의자는 20○○. ○. ○. 경부터 20○○. ○. ○. 경까지 위 유
> 흥주점 출입구에 청소년의 출입과 고용을 제한하는 내용의 표시를 하지 아니하였다.

3) 신문사항

- 유흥주점업을 하고 있는가
- 언제부터 어디에서 하는가
- 영업허가를 받았는가
- 규모는 어느 정도인가(면적, 상호, 종업원 수 등)
- 청소년 출입과 고용이 가능한 업소인가
- 청소년의 출입과 고용을 제한하는 표시를 하였는가
- 왜 이러한 표시를 하지 않았는가

7. 청소년 유해행위

1) 적용법조 : 다음 각 유형별

제30조(청소년유해행위의 금지) 누구든지 청소년에게 다음 각 호의 어느 하나에 해당하는 행위를 하여서는 아니 된다.
1. 영리를 목적으로 청소년으로 하여금 신체적인 접촉 또는 은밀한 부분의 노출 등 성적 접대행위를 하게 하거나 이러한 행위를 알선·매개하는 행위
2. 영리를 목적으로 청소년으로 하여금 손님과 함께 술을 마시거나 노래 또는 춤 등으로 손님의 유흥을 돋우는 접객행위를 하게 하거나 이러한 행위를 알선·매개하는 행위
3. 영리나 흥행을 목적으로 청소년에게 음란한 행위를 하게 하는 행위
4. 영리나 흥행을 목적으로 청소년의 장애나 기형 등의 모습을 일반인들에게 관람시키는 행위
5. 청소년에게 구걸을 시키거나 청소년을 이용하여 구걸하는 행위
6. 청소년을 학대하는 행위
7. 영리를 목적으로 청소년으로 하여금 거리에서 손님을 유인하는 행위를 하게 하는 행위
8. 청소년을 남녀 혼숙하게 하는 등 풍기를 문란하게 하는 영업행위를 하거나 이를 목적으로 장소를 제공하는 행위
9. 주로 차 종류를 조리·판매하는 업소에서 청소년으로 하여금 영업장을 벗어나 차 종류를 배달하는 행위를 하게 하거나 이를 조장하거나 묵인하는 행위

2) 범죄사실 기재례

[기재례1] 청소년에 이성혼숙 장소제공 (제58조 제5호, 제30조 제8호 ☞ 공소시효 5년)

> 피의자는 ○○에서 "카누모텔"이라는 상호로 숙박업에 종사하는 자이다. 누구든지 청소년에 대하여 이성혼숙을 하게 하는 등 풍기를 문란하게 하는 영업행위를 하거나 그를 목적으로 장소를 제공하는 행위를 하여서는 아니 된다.
> 그럼에도 불구하고 피의자는 20○○. ○. ○. ○○:○○경부터 익일 ○○:○○까지 위 모텔 304호실에 이성청소년인 홍길동(남, 16세)과 김○○(여, 15세)를 혼숙하게 하였다.

[기재례2] 청소년 유흥업소 고용 후 접객 행위 (제56조, 제30조 제2호 ☞ 공소시효 10년)

> 누구든지 영리를 목적으로 청소년으로 하여금 손님과 함께 술을 마시거나 노래 또는 춤 등으로 손님의 유흥을 돋구는 접객행위를 하게 하거나 이러한 행위를 알선·매개하는 행위를 하여서는 아니 된다.
> 그럼에도 불구하고 피의자는 20○○. ○. ○. 23:00경 '전항'과 같이 고용된 청소년인 홍길녀로 하여금 위 업소 손님으로 찾아온 甲등 일행 3명을 상대로 접객행위를 하게 하였다.
> 이로써 피의자는 청소년을 유해업소에 고용하여 접객행위를 하게 하였다.

[기재례3] 청소년에게 구걸하게 하는 행위 (제57조, 제30조 제5호 ☞ 공소시효 7년)

> 누구든지 청소년에게 구걸을 시키거나 청소년을 이용하여 구걸하는 행위를 하게 하여서는 아니 된다.
>
> 그럼에도 불구하고 피의자는 20○○. ○. ○. ○○:○○경부터 ○○:○○경까지 ○○역 앞길에서 청소년인 홍길동(남, 11세)에게 구걸하도록 강요하여 그로 하여금 지나가는 행인들에게 구걸을 시켰다.
>
> **※ 청소년(9세~18세)의 경우 적용하며 아동복지법(18세미만)과 경합할 경우 청소년 보호법을 우선 적용한다.**

[기재례4] 성적 접대 행위 (제55조, 제30조 제1호 ☞ 공소시효 10년)

> 누구든지 영리를 목적으로 청소년으로 하여금 신체적인 접촉 또는 은밀한 부분의 노출 등 성적 접대행위를 하게 하여서는 아니 된다.
>
> 그럼에도 불구하고 피의자는 20○○. ○. ○.경부터 20○○. ○. ○.경까지 사이에 ○○에 있는 건물 지하에서 '○○'라는 상호로 속칭 '○○'을 운영하면서 위 업소를 찾아온 손님 성명불상자들로부터 1시간에 10만 원, 30분에 5만 원을 받고 청소년인 甲(여, 17세)으로 하여금 위 손님들에게 키스와 애무를 하고, 위 손님들이 자위를 하도록 하였다.
>
> 이로써 피의자는 영리를 목적으로 청소년인 甲으로 하여금 성적 접대행위를 하게하였다.

[기재례5] 성 접대 행위 (제55조, 제30조 제1호 ☞ 공소시효 10년)

> 누구든지 영리를 목적으로 청소년으로 하여금 신체적인 접촉 또는 은밀한 부분의 노출 등 성적 접대행위를 하게 하여서는 아니 된다.
>
> 그럼에도 불구하고 피의자는 20○○.○.○.경부터 20○○.○.○.경까지 사이에 ○○에 있는 건물 2층에서 '○○'라는 상호로 속칭 '○○'을 운영하면서 위 ○○을 찾아온 손님 성명불상자들로부터 1시간에 ○○만 원, 30분에 ○○만 원을 받고 청소년인 갑(여, 17세)으로 하여금 위 손님들에게 키스와 애무를 하고, 위 손님들이 자위를 하도록 하였다.
>
> 이로써 피의자는 영리를 목적으로 청소년인 갑으로 하여금 성적 접대행위를 하게하였다.

[기재례6] 청소년에 이성혼숙 장소 제공 (제58조 제5호, 제30조 제8호 ☞ 공소시효 5년)

> 누구든지 청소년에 대하여 이성혼숙을 하게 하는 등 풍기를 문란하게 하는 영업행위를 하거나 그를 목적으로 장소를 제공하는 행위를 하여서는 아니 된다.
>
> 그럼에도 불구하고 피의자는 20○○. ○. ○. ○○동 116-4에 있는 피의자 경영의 낙원장여관 208호실에 청소년인 甲(남, 당시 17세)과 乙(여, 당시 17세)이 함께 들어가 머물도록 함으로써 청소년에 대하여 이성혼숙을 하게 하였다.

[기재례7] 청소년 종업원에게 다류 배달 (제58조 제5호, 제30조 제9호 ☞ 공소시효 5년)

> 피의자는 ○○○에서 약산다방이라는 상호로 휴게음식점업을 하는 자로, 청소년인 종업원에게 영업소를 벗어나 다류 등을 배달하게 하여 판매하는 행위를 하여서는 아니 된다.
> 그럼에도 불구하고 피의자는 20○○. ○. ○. 청소년인 이보라(여,18세)를 종업원으로 고용하여 ○○○에 녹차 2잔, 커피 4잔등 다류를 배달하게 하였다.

3) 신문사항 (다류 배달행위)

- 휴게음식점을 하고 있는가
- 영업신고를 하였는가(신고일자 등)
- 규모는 어느 정도인가
- 청소년을 종업원으로 고용한 일이 있는가
- 언제 누구를 어떤 조건으로 고용하였는가
- 이 청소년에게 다류를 배달하도록 한 일이 있는가
- 언제 어디에 배달하도록 하였나
- 어떻게 배달하도록 하였나
- 청소년에게 이런 행위를 하도록 한 것에 대해 어떻게 생각하는가

✽ 청소년으로 하여금 다류를 배달하게 하는 등 속칭 티켓영업을 한 경우만 처벌하였으나 식품위생법시행규칙개정(2003.8.18)에 따라 청소년으로 하여금 단순 배달하게 하는 행위도 식품위생법상 영업자 준수사항위반의 처벌규정이 있으므로, 청소년보호법과는 상상적 경합관계임

○ 혼숙행위

- 숙박영업을 하고 있는가
- 언제부터 어디에서 하고 있는가
- 그 규모는 어느 정도인가
- 청소년에 대해 이선혼숙을 하도록 한 일이 있는가
- 언제 몇 호실에 투숙하게 하였는가
- 이들이 청소년이라는 것을 알고 있었는가
- 주민등록증등 신분증을 확인하지 않았는가
- 숙박업주로서 당연히 신분증을 보고 연령을 확인해야 하는 것이 아닌가

■ 판례 ■   숙박업소의 피용인이 이성 청소년을 혼숙하도록 한 경우

[1] 청소년보호법 제26조의2 제8호 소정의 '청소년 이성혼숙'의 의미

청소년보호법 제26조의2 제8호는 누구든지 "청소년에 대하여 이성혼숙을 하게 하는 등 풍기를 문란하게 하는 영업행위를 하거나 그를 목적으로 장소를 제공하는 행위"를 하여서는 아니 된다고 규정하

고 있는바, 위 법률의 입법 취지가 청소년을 각종 유해행위로부터 보호함으로써 청소년이 건전한 인격체로 성장할 수 있도록 하기 위한 것인 점 등을 감안하면, 위 법문이 규정하는 '이성혼숙'은 남녀 중 일방이 청소년이면 족하고, 반드시 남녀 쌍방이 청소년임을 요하는 것은 아니다.

[2] 제26조의2 제8호가 명확성의 원칙에 반하여 실질적 죄형법정주의에 반하는지 여부(소극)

청소년보호법 제26조의2 제8호 소정의 "풍기를 문란하게 하는 영업행위를 하거나 그를 목적으로 장소를 제공하는 행위"의 의미는 청소년보호법의 입법 취지, 입법연혁, 규정형식에 비추어 볼 때 "청소년이 건전한 인격체로 성장하는 것을 침해하는 영업행위 또는 그를 목적으로 장소를 제공하는 행위"를 의미하는 것으로 보아야 할 것이고, 그 구체적인 예가 바로 위 규정에 열거된 "청소년에 대하여 이성혼숙을 하게 하거나 그를 목적으로 장소를 제공하는 행위" 등이라고 보이는바, 이는 건전한 상식과 통상적인 법감정을 통하여 판단할 수 있고, 구체적인 사건에서는 법관의 보충적인 해석을 통하여 그 규범내용이 확정될 수 있는 개념이라 할 것이어서 위 법률조항은 명확성의 원칙에 반하지 아니하여 실질적 죄형법정주의에도 반하지 아니한다(대법원 2003. 12. 26. 선고 2003도5980 판결).

■ 판례 ■ 이성혼숙을 하려는 자가 청소년이라고 의심할 만한 사정이 있는 경우 여관업주가 취하여야 할 조치

여관업을 하는 사람으로서는 이성혼숙을 하려는 사람들의 겉모습이나 차림새 등에서 청소년이라고 의심할 만한 사정이 있는 때에는 신분증이나 다른 확실한 방법으로 청소년인지 여부를 확인하고 청소년이 아닌 것으로 확인된 경우에만 이성혼숙을 허용하여야 한다(대법원 2002. 10. 8. 선고 2002도4282 판결).

■ 판례 ■ 공중위생법상의 '미성년 남녀의 혼숙'의 의미

공중위생법 제12조 제2항 제1호 (나)목은 미성년 남녀가 같은 객실에 투숙하지 못하도록 함으로써 미성년자의 순결과 선량한 풍속을 보호하려는 데 그 취지가 있으므로 같은 법조 소정의 '미성년 남녀의 혼숙'이라 함은 미성년 남녀가 같은 객실에 들어가 상당한 시간 동안 함께 지내는 것을 말하고, 반드시 성관계를 전제로 밤을 지새는 것에 한정할 것은 아니다(대법원 1996. 3. 26. 선고 95누13227 판결).

■ 판례 ■ 청소년 유해업소의 업주나 종업원은 유흥접객행위를 행할 자의 연령을 확인할 의무가 있는지 여부(적극)

청소년보호법 제26조의2 제2호는 누구든지 '영리를 목적으로 청소년으로 하여금 손님과 함께 술을 마시거나 노래 또는 춤 등으로 손님의 유흥을 돋구는 접객행위를 하게 하거나 이러한 행위를 알선하는 행위'를 하여서는 아니 된다고 규정하고 있는바, 위 법률의 입법 취지가 청소년을 유해행위를 포함한 각종 유해환경으로부터 보호함으로써 청소년이 건전한 인격체로 성장할 수 있도록 하기 위한 것인 점 등을 감안하면, 비록 청소년으로 하여금 유흥접객행위를 하게 하는 행위에 대하여 같은 법 제24조 제2항, 같은 법 시행령 제20조 제1항과 같은 연령확인의무가 명문으로 규정되어 있지 않다고 하더라도, 청소년 유해업소인 유흥주점의 업주나 종업원으로서는 유흥접객행위를 행할 자의 외모나 차림 등에 의하여 청소년이라고 의심할 만한 사정이 있는 때에는 신분증이나 기타 확실한 방법에 의하여 청소년인지 여부를 확인하고 청소년이 아닌 것으로 확인된 경우에만 접객행위를 하게 하여야 할 것이다.(대법원 2007. 9. 6. 선고 2007도5637 판결)

제5절 청소년복지 지원법
(청소년복지법)

 Ⅰ. 목적 및 개념정의

1. 목 적

제1조(목적) 이 법은 「청소년기본법」 제49조제4항에 따라 청소년복지 향상에 관한 사항을 규정함을 목적으로 한다.
※ 청소년 기본법
제49조(청소년복지의 향상) ① 국가는 청소년들의 의식 · 태도 · 생활 등에 관한 사항을 정기적으로 조사하고, 이를 개선하기 위하여 청소년의 복지향상 정책을 수립 · 시행하여야 한다.
② 국가 및 지방자치단체는 기초생활 보장, 직업재활훈련, 청소년활동 지원 등의 시책을 추진할 때에는 정신적 · 신체적 · 경제적 · 사회적으로 특별한 지원이 필요한 청소년을 우선적으로 배려하여야 한다.
③ 국가 및 지방자치단체는 청소년의 삶의 질을 향상하기 위하여 구체적인 시책을 마련하여야 한다.
④ 제1항부터 제3항까지의 규정에 관하여는 따로 법률로 정한다.

2. 개념정의

제2조(정의) 이 법에서 사용하는 용어의 뜻은 다음과 같다.
  1. "청소년"이란 「청소년기본법」 제3조제1호 본문에 해당하는 사람을 말한다.
  2. "청소년복지"란 「청소년기본법」 제3조제4호에 따른 청소년복지를 말한다.
  3. "보호자"란 친권자, 법정대리인 또는 사실상 청소년을 양육하는 사람을 말한다.
  4. "위기청소년"이란 가정 문제가 있거나 학업 수행 또는 사회 적응에 어려움을 겪는 등 조화롭고 건강한 성장과 생활에 필요한 여건을 갖추지 못한 청소년을 말한다.
  5. "가정 밖 청소년"이란 가정 내 갈등 · 학대 · 폭력 · 방임, 가정해체, 가출 등의 사유로 보호자로부터 이탈된 청소년으로서 사회적 보호 및 지원이 필요한 청소년을 말한다.
  6. "청소년부모"란 자녀를 양육하는 부모가 모두 청소년인 사람을 말한다.

3. 청소년복지시설의 종류

제31조(청소년복지시설의 종류) 「청소년기본법」 제17조에 따른 청소년복지시설(이하 "청소년복지시설"이라 한다)의 종류는 다음 각 호와 같다.
  1. 청소년쉼터: 가정 밖청소년에 대하여 가정 · 학교 · 사회로 복귀하여 생활할 수 있도록 일정 기간 보호하면서 상담 · 주거 · 학업 · 자립 등을 지원하는 시설
  2. 청소년자립지원관: 일정 기간 청소년쉼터 또는 청소년회복지원시설의 지원을 받았는데도 가정 · 학교 · 사회로 복귀하여 생활할 수 없는 청소년에게 자립하여 생활할 수 있는 능력과 여건을 갖추도록 지원하는 시설
  3. 청소년치료재활센터: 학습 · 정서 · 행동상의 장애를 가진 청소년을 대상으로 정상적인 성장과 생활을 할 수 있도록 해당 청소년에게 적합한 치료 · 교육 및 재활을 종합적으로 지원하는 거주형 시설
  4. 청소년회복지원시설: 「소년법」 제32조제1항제1호에 따른 감호 위탁 처분을 받은 청소년에 대하여 보호자를 대신하여 그 청소년을 보호할 수 있는 자가 상담 · 주거 · 학업 · 자립 등 서비스를 제공하는 시설

Ⅱ. 청소년 우대

1. 청소년의 우대 (제3조)

① 국가 또는 지방자치단체는 그가 운영하는 수송시설·문화시설·여가시설 등을 청소년이 이용하는 경우 그 이용료를 면제하거나 할인할 수 있다.

② 국가 또는 지방자치단체는 다음 각 호의 어느 하나에 해당하는 자가 청소년이 이용하는 시설을 운영하는 경우 청소년에게 그 시설의 이용료를 할인하여 주도록 권고할 수 있다.

  1. 국가 또는 지방자치단체의 재정적 보조를 받는 자

  2. 관계 법령에 따라 세제상의 혜택을 받는 자

  3. 국가 또는 지방자치단체로부터 위탁을 받아 업무를 수행하는 자

③ 제제1항 또는 제2항에 따라 이용료를 면제받거나 할인받으려는 청소년은 시설의 관리자에게 주민등록증(모바일 주민등록증을 포함한다), 학생증, 제4조에 따른 청소년증 등 나이를 확인할 수 있는 증표 또는 자료를 제시하여야 한다.

④ 제1항 또는 제2항에 따라 이용료를 면제받거나 할인받을 수 있는 시설의 종류 및 청소년의 나이 기준 등은 대통령령으로 정한다.

2. 청소년증 (제4조)

① 특별자치시장·특별자치도지사 또는 시장·군수·구청장(자치구의 구청장을 말한다. 이하 같다)은 9세 이상 18세 이하의 청소년에게 청소년증을 발급할 수 있다.

② 제1항에 따른 청소년증은 다른 사람에게 양도하거나 빌려주어서는 아니 된다.

③ 누구든지 제1항에 따른 청소년증 외에 청소년증과 동일한 명칭 또는 표시의 증표를 제작·사용하여서는 아니 된다.

④ 제1항에 따른 청소년증의 발급에 필요한 사항은 여성가족부령으로 정한다.

3. 청소년증의 발급신청 (시행규칙 제2조)

① 「청소년복지 지원법」 제4조제1항에 따라 청소년증의 발급을 신청하려는 청소년은 별지 제1호서식의 청소년증 발급신청서에 사진 1장을 첨부하여 주소지와 관계없이 특별자치도지사 또는 시장·군수·구청장에게 제출하여야 한다.

② 제1항에 따라 신청서를 제출받은 해당 특별자치도지사 또는 시장·군수·구청장은 신청인이 청소년증 발급 전에 임시증명서로 활용하기 위하여 청소년증 발급신청 확

인서 발급을 요청하는 경우에는 사진 1장을 추가로 제출받아 청소년증 발급신청 확인서를 발급하여야 한다.

③ 제1항 또는 제4조에 따른 청소년증의 발급 또는 재발급 신청은 친권자 등 법정대리인 또는 「청소년 기본법」 제3조제6호의 청소년시설에서 청소년을 실질적으로 보호하고 있는 사람이 대리할 수 있다.

(앞쪽)

청 소 년 증

사진
(2.5cm×3cm)

성명:

주민등록번호:

주소:

유효기한:

.   .   .

○○시(도) ○○시장(군수·구청장) 직인

86mm×54mm(플라스틱(PVC))

(뒤쪽)

연월일	주소 변동 사항

※ 이 증을 습득하신 분은 우체통에 넣어 주십시오.

Ⅲ. 벌 칙

제43조(벌칙) ① 제12조의2제9항을 위반하여 통합정보시스템의 자료·정보를 목적 외로 사용하거나 제3자에게 제공·누설한 사람은 5년 이하의 징역 또는 5천만원 이하의 벌금에 처한다.

② 다음 각 호의 어느 하나에 해당하는 사람은 1년 이하의 징역 또는 1천만원 이하의 벌금에 처한다.

  1. 제8조를 위반하여 건강진단 결과를 공개한 사람

  2. 제37조를 위반하여 비밀을 누설한 사람

③ 다음 각 호의 어느 하나에 해당하는 자는 6개월 이하의 징역 또는 500만원 이하의 벌금에 처한다.

  1. 제32조제2항에 따른 신고를 하지 아니하고 청소년복지시설을 설치·운영한 자

  2. 제35조제1항에 따른 사업의 정지명령 또는 시설의 폐쇄명령을 받고도 그 사업을 하거나 시설을 운영한 자

제44조(양벌규정) 법인의 대표자나 법인 또는 개인의 대리인, 사용인, 그 밖의 종업원이 그 법인 또는 개인의 업무에 관하여 제43조의 위반행위를 하면 그 행위자를 벌하는 외에 그 법인 또는 개인에게도 해당 조문의 벌금형을 과(科)한다. 다만, 법인 또는 개인이 그 위반행위를 방지하기 위하여 해당 업무에 관하여 상당한 주의와 감독을 게을리하지 아니한 경우에는 그러하지 아니하다.

제45조(과태료) ① 다음 각 호의 어느 하나에 해당하는 자에게는 500만원 이하의 과태료를 부과한다.

  1. 제38조를 위반하여 동일 명칭을 사용한 자

  2. 제39조제1항에 따른 보고 또는 자료 제출을 하지 아니하거나 검사를 거부·방해 또는 기피한 자

② 제33조를 위반하여 휴업·폐업 또는 운영 재개 신고를 하지 아니한 자에게는 300만원 이하의 과태료를 부과한다.

③ 다음 각 호의 어느 하나에 해당하는 자에게는 50만원 이하의 과태료를 부과한다.

  1. 제4조제2항을 위반하여 청소년증을 양도하거나 빌려준 사람 또는 양도받거나 빌린 사람

  2. 제4조제3항을 위반하여 청소년증과 동일한 명칭 또는 표시의 증표를 제작하거나 사용한 자

④ 제1항부터 제3항까지의 규정에 따른 과태료는 대통령령으로 정하는 바에 따라 특별자치시장·특별자치도지사 또는 시장·군수·구청장이 부과·징수한다.

Ⅳ. 범죄사실

1. 비밀누설 행위

1) 적용법조 : 제43조 제2항 제2호, 제37조 ☞ 공소시효 5년

> 제37조(비밀 누설의 금지) 청소년상담원, 청소년상담복지센터, 이주배경청소년지원센터(이하 "청소년복지지원기관"이라 한다)나 청소년복지시설에서 청소년복지 업무에 종사하거나 종사하였던 사람은 그 직무상 알게 된 비밀을 누설하여서는 아니 된다.

2) 범죄사실 기재례

> 피의자는 ○○에 있는 ○○청소년상담원에 종사하고 있는 사람이다.
> 청소년상담원, 청소년상담복지센터, 이주배경청소년지원센터나 청소년복지시설에서 청소년복지 업무에 종사하거나 종사하였던 사람은 그 직무상 알게 된 비밀을 누설하여서는 아니 된다.
> 그럼에도 불구하고 피의자는 20○○. ○. ○. ○○:○○경 위 사무실에서 홍길녀(여, 20세)와 상담 중 위 홍길녀가 여러 남자를 사귀고 있는 등 남자관계가 복잡하다는 사실을 동료직원인 을 등에게 말하여 이를 누설하였다.

3) 신문사항
  - 피의자는 어디에 근무하고 있는가
  - 어떠한 업무를 수행하는가
  - 홍길녀를 알고 있는가
  - 언제 어디에서 위 홍길녀와 상담하였나
  - 상담과정에서 어떠한 사항을 알게 되었나
  - 홍길녀가 남자관계가 복잡하여 고민이라는 것을 알고 있는가
  - 이러한 사실을 누설한 일이 있나
  - 언제 어디에서 누구에게 누설하였나
  - 피의자의 행위로 홍길녀는 어떠한 피해를 보았는지 알고 있나
  - 상담요원으로서 이러한 누설행위에 대해 어떻게 생각하느냐

제3장

청소년범죄 실무사례

제1절 보호자 승낙받은 청소년에게 담배 판매행위

1. 사 례

청소년인 甲은 부모의 심부름으로 乙이 운영하는 슈퍼에서 담배를 구입하였다. 이때 경찰관에게 적발되자 부모의 심부름으로 담배를 구입한 것이라 하고 乙도 부모의 심부름이라고 하여 담배를 판매하였다고 한다. 甲은 실질적으로 부모의 심부름으로 담배를 구입한 것이 확인되었다. 이때 乙을 처벌할 수 있는지

2. 법규연구 (청소년보호법)

제2조(정의) 이 법에서 사용하는 용어의 뜻은 다음과 같다.
1. "청소년"이란 만 19세 미만인 사람을 말한다. 다만, 만 19세가 되는 해의 1월 1일을 맞이한 사람은 제외한다.
4. "청소년유해약물등"이란 청소년에게 유해한 것으로 인정되는 다음 가목의 약물(이하 "청소년유해약물"이라 한다)과 청소년에게 유해한 것으로 인정되는 다음 나목의 물건(이하 "청소년유해물건"이라 한다)을 말한다.
가. 청소년유해약물
1)「주세법」에 따른 주류
2)「담배사업법」에 따른 담배
제28조(청소년유해약물등의 판매·대여 등의 금지) ① 누구든지 청소년을 대상으로 청소년유해약물등을 판매·대여·배포(자동기계장치·무인판매장치·통신장치를 통하여 판매·대여·배포하는 경우를 포함한다)하거나 무상으로 제공하여서는 아니 된다.
제58조(벌칙) 다음 각 호의 어느 하나에 해당하는 자는 3년 이하의 징역 또는 3천만원 이하의 벌금에 처한다.
3. 제28조제1항을 위반하여 청소년에게 제2조제4호가목4)·5)의 청소년유해약물 또는 같은 호 나목1)·2)의 청소년유해물건을 판매·대여·배포(자동기계장치·무인판매장치·통신장치를 통하여 판매·대여·배포한 경우를 포함한다)한 자

3. 관련판례

청소년보호법상 법정대리인의 동의를 받은 미성년자에 대한 술 판매한 경우,

구 청소년보호법(1998. 2. 28. 법률 제5529호로 개정되기 전의 것)은 일반 사법인 민법과는 다른 차원에서 청소년에게 유해한 매체물과 약물 등이 청소년에게 유통되는 것과 청소년이 유해한 업소에 출입하는 것 등을 규제함으로써 청소년을 유해한 각종 사회환경으로부터 보호·구제하고 나아가 이들을 건전한 인격체로 성장할 수 있도록 함을 그 목적으로 하여 제정된 법으로서, 그 제2조에서 18세 미만의 자를 청소년으로 정의하고 술을 청소년유해약물의 하나로 규정하면서, 제26조 제1항에서는 누구든지 청소년을 대상으로 하여 청소년유해약물 등을 판매·대여·배포하여서는 아니된다고 규정하고, 제51조 제8호에서 위 규정에 위반하여 청소년에게 술이나 담배를 판매한 자를 처벌하도록 규정하고 있는 바, 위와 같은 위 법의 입법 취지와 목적 및 규정 내용 등에 비추어 볼 때, 18세 미만의 청소년에게 술을 판매함에 있어서 가사 그의 민법상 법정대리인의 동의를 받았다고 하더라도 그러한 사정만으로 위 행위가 정당화될 수는 없다(대법원 1999.7.13. 선고 99도2151 판결).

4. 결 론

가. 청소년보호법의 목적("이 법은 청소년에게 유해한 매체물과 약물 등이 청소년에게 유통되는 것과 청소년이 유해한 업소에 출입하는 것 등을 규제하고, 청소년을 청소년폭력·학대 등 청소년유해행위를 포함한 각종 유해한 환경으로부터 보호·구제함으로써 청소년이 건전한 인격체로 성장할 수 있도록 함을 목적으로 한다")에 비추어 민법상 법정대리인의 동의를 받았다고 하더라도 그러한 사정만으로 위 행위가 정당화될 수 없다고 대법원은 판시하고 있다.

나. 따라서 비록 부모의 동의를 받은 청소년에게 담배나 술을 판매하였다 하더라도 청소년보호법위반에 해당되어 처벌하여야 한다.

제2절 교육환경보호구역 내에서의 금지행위 및 시설에 대한 판단기준

1. 사 례

甲은 ○○교육청에 학교경계선으로부터 194m 떨어진 곳에 위치한 건물에서 노래연습장업을 하기 위해 교육환경보호구역(상대적 정화구역, 학교경계선으로부터 직선거리로 200m) 내 금지행위 및 시설 해제신청을 하였으나, ○○교육청에서는 위 노래연습장이 교육환경보호구역 내에 해당한다고 보아 위 신청에 대해 거부하는 이 사건 처분을 하였다. 甲이 노래연습장을 하고자 하는 건물 또는 그 부지의 일부만 교육환경보호구역에 포함되고 나머지 대부분은 교육환경보호구역 밖에 위치하고 있다(위 건물 또는 부지의 경계선과 학교경계선과의 최단거리가 194m다). (대법원 2005.11.30. 선고 2006구합557 판례관련)

2. 쟁 점

노래연습장 등의 행위 및 시설 또는 그 건물이 교육환경보호구역의 경계에 위치하는 경우, 舊학교보건법 제6조 제1항의 '학교환경위생정화구역 내'에서의 행위 및 시설에 해당하는지 여부

3. 법규연구 (교육환경 보호에 관한 법률)

제8조(교육환경보호구역의 설정 등) ① 교육감은 학교경계 또는 학교설립예정지 경계(이하 "학교경계등"이라 한다)로부터 직선거리 200미터의 범위 안의 지역을 다음 각 호의 구분에 따라 교육환경보호구역으로 설정·고시하여야 한다.
  1. 절대보호구역 : 학교출입문으로부터 직선거리로 50미터까지인 지역(학교설립예정지의 경우 학교경계로부터 직선거리 50미터까지인 지역)
  2. 상대보호구역 : 학교경계등으로부터 직선거리로 200미터까지인 지역 중 절대보호구역을 제외한 지역
② 학교설립예정지를 결정·고시한 자나 학교설립을 인가한 자는 학교설립예정지가 확정되면 지체 없이 관할 교육감에게 그 사실을 통보하여야 한다.
③ 교육감은 제2항에 따라 학교설립예정지가 통보된 날부터 30일 이내에 제1항에 따른 교육환경보호구역을 설정·고시하여야 한다.

4. 당사자들의 주장

가. 甲의 주장

당해 시설의 일부, 또는 적어도 그 1/2 이상이 학교환경위생정화구역의 밖에 있는 경우, 그 시설은 학교환경위생정화구역 내에 있는 것이라 할 수 없다.

나. 교육청의 주장

당해 행위 및 시설이 있는 건물·부지의 일부라도 학교환경위생정화구역 안에 있는 경우는 물론, 그 시설의 이용에 제공되는 공용화장실, 주차장 등이 학교환경위생정화구역 안에 있는 경우도 학교환경위생정화구역 내에서의 행위 및 시설에 해당된다.

5. 법원의 판단

학교보건법(현,교육환경 보호에 관한 법률)의 입법취지를 존중하는 범위에서 개인의 재산권 행사를 최대 한 보장할 수 있는 해석이 필요하다. 학교보건법 제6조 제1항 각 호는 학 교환경위생정화구역 내에서 금지되는 행위·시설을 열거하고 있는데, 그 행위·시설 중 폐기물처리장이나 사체처리장 등은 그 행위·시설의 존재 자체로 학생들의 보건위생환경에 위해를 줄 수 있는 반면, 노래연습장이나 이 와 유사한 행위·시설은 학생들이 그 시설을 이용함으로써 학습환경에 위해를 줄 수 있는 것들이다. 이와 같이 학생들이 그 시설을 이용하는 것을 예방하기 위한 것이라면 폐기물처리장 등과 달리 그 시설에 대한 학생들의 접근성을 기준으로 하는 것이 타당할 것이고, 접근성을 기준으로 한다면 그 행위·시설을 이용하기 위한 출입구의 위치가 학교환경위생정화구역 내 에 있는지 여부(모든 출입가능한 출입구를 포함하고, 그 일부라도 구역 내에 있으면 족하다)에 따라 그 행위·시설이 학교환경위생정화구역 내에 있는 것인지 여부를 판단하는 것이 타당할 것이다.

6. 판결의 의미(결론)

종래 노래연습장·피씨방 등이 있는 건물이 교육환경보호구역의 경계에 위치하고 있는 경우에 대한 명확한 기준이 없었는데(이를 재량권 일탈·남용 여부에 대한 판단자료로 삼아왔다), 이에 대한 하나의 기준을 제시하였다.

제3절 '요 양호학생'으로 등록된 학생에 대한 교사의 주의의무의 내용 및 그 정도

1. 사안의 개요

가. 피의자는 중학교에서 기간제 체육교사로 근무하던 사람이고, 피해자는 위 학교 1학년(만 12세)에 재학 중이던 학생임.

나. 피해자는 이 사건 사고 이전인 2000. 4. 24. 체육수업도중 쓰러져 병원으로 후송되어 치료를 받았는데 피해자에게는 선천성폐쇄비대성심장근육증의 질병이 있음이 확인되었고 위와 같은 질병을 가진 피해자는 달리기 등 심장에 부담을 주는 운동 등은 피하여야 하는 상태였음.

다. 같은 달 29. 피해자가 다시 등교하면서 피해자의 어머니는 담임교사와 체육교사인 피의자에게 피해자의 질병을 알리면서 체육수업시 피해자에게 달리기 등 심장에 부담을 주는 운동을 시키지 않도록 부탁하고, 요 양호학생으로 등록함.

라. 같은 해 4. 29. 체육수업 및 5. 1. 및 같은 달 8.에 있었던 체육수업 에서는 피해자가 달리기 등 수업에 참여하지 않고 참관만 하였음.

마. 피의자는 이 사건 사고일인 5. 11. 체육수업을 시작하기 직전에 피해자를 비롯한 학생들에게 아픈 사람은 앞으로 나오라고 하였는데, 피해자는 앞으로 나가지 않은 채 준비운동으로서의 달리기에 참가하여 다른 학생들과 운동장을 구보형태로 뛰게 되었는데, 피해자를 비롯한 학생들이 운동장을 2바퀴째 돌던 때에 피의자가 피해자를 발견하고 달리기에서 빠지도록 하였으나 피해자는 달리기 대열에서 빠진 직후 쓰러져 병원으로 후송되었고, 피해자는 허혈성 뇌손상 등으로 현재 의식 불명인 상태임.

2. 법규연구(형법)

제268조(업무상과실·중과실 치사상) 업무상 과실 또는 중대한 과실로 인하여 사람을 사상에 이르게 한 자는 5년 이하의 금고 또는 2천만원 이하의 벌금에 처한다.

3. 피의자 및 변호인의 주장

피해자가 체육수업 도중 처음 쓰러진 이후부터 이 사건이 있기 전까지 위 피해자에게 위험하거나 신체적인 부담을 줄 염려가 있는 달리기 등의 수업에서는 참관만 하도록 하였고, 이 사건 당일 체육수업을 시작하기 직전에도 미리 피해자를 비롯한 학생들에게 몸이 좋지 않은 사람은 참관만 할 것을 지시하는 등 체육교사로서의 주의의무를 다하였으므로 피의자에 게는 과실이 없어 무죄라고 주장.

4. 법원의 판단(대구지방법원 2006.4.7 2005고단7697 업무상과실치상)

피해자는 당시 12세 남짓의 내성적인 성격을 가진 중학생으로서, 자신의 병증에 대한 심각성을 충분히 인식하기 어렵고, 사춘기 시절의 충동과 급우들과의 어울림에 무신경할 수 없을 뿐만 아니라, 중학생에 불과한 위 피해자가 교사에게 자신의 의사를 뚜렷이 드러낼 것을 기대하기도 힘든 점에 비추어 보면, 수업시작 전에 아픈 학생은 스스로 앞으로 나와 그 사유를 말하게 하고 그 사유에 따라 수업에서 배제시킬 것인지를 결정하는 소극적인 방식은 결국 달리기 등 수업에 참가할 것인지 여부를 피해자 스스로 몸 상태를 보아가며 결정하게 하는 것에 불과하여 그러한 정도의 조치만으로는 체육교사인 피의자가 질병을 가진 피해자에 대하여 기울여야 할 주의의무를 다하였다고 하기 어렵고,

피해자인 학생의 질병에 관하여 이미 알고 있던 피의자로서는 위 피해자를 구체적으로 지칭하여 수업에서 제외시킴으로써 위 피해자가 달리기를 비롯한 그와 동등하거나 더 격한 운동을 못하도록 주의를 기울였어야 마땅하다.

따라서 피의자에게는 이 사건 달리기에서 열외 여부를 피해자 스스로 결정하도록 하였을 뿐, 적극적으로 위 피해자를 달리기에서 배제시키지 못한 과실이 있어, 체육교사로서의 그 업무상 주의의무를 다하지 못하였다.

5. 판결의 의미(결론)

달리기 등이 위험한 상태를 야기할 가능성이 있는 질병을 가진 12세 남짓의 학생에 대한 체육수업을 함에 있어서 체육교사가 그 학생에게 기울여야 할 주의의무의 내용과 그 정도에 관하여 명확히 하였다.

제4절 이성혼숙과 청소년 확인방법

1. 사 례

> 여관업을 하는 甲은 미성년자 A(18세)와 그 일행인 B(36세)를 손님으로 받아 금 13,000원을 받고 투숙시켰다. 甲은 A에게 신분확인을 위해 신분증을 보여달라고 하였다. A가 신분증을 소지하지 않았지만 자신은 청소년이 아니라고 하자 甲은 그대로 A와 B의 투숙을 허용하였다.

2. 법규연구 (청소년보호법)

제30조(청소년유해행위의 금지) 누구든지 청소년에게 다음 각 호의 어느 하나에 해당하는 행위를 하여서는 아니 된다.
  8. 청소년을 남녀 혼숙하게 하는 등 풍기를 문란하게 하는 영업행위를 하거나 이를 목적으로 장소를 제공하는 행위
제58조(벌칙) 다음 각 호의 어느 하나에 해당하는 자는 3년 이하의 징역 또는 3천만원 이하의 벌금에 처한다.
  5. 제30조제7호부터 제9호까지의 위반행위를 한 자

3. 판례연구

가. 청소년보호법 제26조의2(현 제30조) 제8호 소정의 '청소년 이성혼숙'의 의미

청소년보호법 제26조의2 제8호는 누구든지 "청소년에 대하여 이성혼숙을 하게 하는 등 풍기를 문란하게 하는 영업행위를 하거나 그를 목적으로 장소를 제공하는 행위"를 하여서는 아니된다고 규정하고 있는바, 위 법률의 입법 취지가 청소년을 각종 유해행위로부터 보호함으로써 청소년이 건전한 인격체로 성장할 수 있도록 하기 위한 것인 점 등을 감안하면, 위 법문이 규정하는 '이성혼숙'은 남녀 중 일방이 청소년이면 족하고, 반드시 남녀 쌍방이 청소년임을 요하는 것은 아니다.

나. 청소년 이성혼숙에 대한 여관업주의 미필적 고의를 인정한 사례(대법원 2001. 8. 21. 선고 2001도3295 판결)

4. 결 론

여관업을 하는 자로서는 이성혼숙하려는 자의 외모나 차림 등에 의하여 청소년이라고 의심할 만한 사정이 있는 때에는 신분증이나 기타 확실한 방법에 의하여 청소년인지 여부를 확인하고 청소년이 아닌 것으로 확인된 경우에만 이성혼숙을 허용하여야 할 것이므로, 위와 같은 경우 신분증을 소지하지 않았다는 말을 듣고 단지 구두로만 연령을 확인하여 이성혼숙을 허용하였다면, 적어도 청소년 이성혼숙에 관한 미필적 고의가 있다고 보아도 좋을 것이다. 즉 청소년보호법위반으로 처벌하여야 한다.

제5절 청소년 출입금지업소의 연령확인 의무 정도

1. 사 례

> 甲은 청소년 출입고용금지업소인 "○○싸롱"이라는 유흥주점을 운영하는 자로 위 업소에 출입한 손님 2명이 청소년일 개연성이 있었으므로 그 출입자의 연령을 확인하여 청소년이 당해 업소에 출입하거나 이용하지 못하게 하여야 함에도 신분증을 확인하는 등의 방법으로 연령을 확인하지 않고 이들을 출입하게 하여 남성 유흥 종사자와 함께 유흥을 즐기도록 하면서 양주 및 맥주를 판매하였다.   – 인천지법 2007고정264

2. 논 점

甲은 당시 위 손님들이 청소년인줄 몰랐으며, 甲의 종업원인 홍길동이 이전에 위 손님들의 주민등록증을 확인한 적이 있는데 성년임을 확인하였다고 하여 이를 믿었다고 주장하는바, 위와 같이 청소년일 개연성이 있는 연령대의 출입자에 대하여 청소년출입금지업소의 업주 및 그 종사자에게 어느 정도의 연령확인의무가 요구되는지 여부

3. 법규연구(청소년보호법)

> 제29조(청소년 고용 금지 및 출입 제한 등) ① 청소년유해업소의 업주는 청소년을 고용하여서는 아니 된다. 청소년유해업소의 업주가 종업원을 고용하려면 미리 나이를 확인하여야 한다.
> ② 청소년 출입·고용금지업소의 업주와 종사자는 출입자의 나이를 확인하여 청소년이 그 업소에 출입하지 못하게 하여야 한다.

4. 법원의 판단

○ 청소년출입금지업소의 업주 및 종사자에게는 청소년의 보호를 위하여 청소년을 당해 업소에 출입시켜서는 아니될 매우 엄중한 책임이 부여되어 있다 할 것이므로 청소년출입금지업소의 업주 및 종사자는 객관적으로 보아 출입자를 청소년으로 의심하기 어려운 사정이 없는 한 청소년일 개연성이 있는 연령대의 출입자에 대하여 주민등록증이나 이에 유사한 정도로 연령에 관한 공적 증명력이 있는 증거에 의하여 대상자의 연령을 확인하여야 할 것이고(대법원 1994.1.14. 선고 93도2914 판결, 대법원 2002.6.28. 선고 2002도2425 판결 등 참조),

○ 업주 및 종사자가 이러한 연령 확인 의무에 위배하여 연령 확인을 위한 아무런 조치를 취하지 아니함으로써 청소년이 당해 업소에 출입한 것이라면, 특별한 사정이 없는 한 업주 및 그 종사자에게 최소한 위 법률 조항 위반으로 인한 청소년보호법위반죄의 미필적 고의는 인정된다고 할 것이다(대법원 2004.4.23. 선고 2003도8039 판결 참조).

5. 관련판례

가. 대법원 2002.6.28. 선고 2002도2425 판결

[1] 청소년고용금지업소의 업주가 유흥종사자를 고용함에 있어서 연령확인에 필요한 의무의 내용

청소년보호법의 입법 목적 등에 비추어 볼 때, 유흥주점과 같은 청소년유해업소의 업주에게는 청소년의 보호를 위하여 청소년을 당해 업소에 고용하여서는 아니될 매우 엄중한 책임이 부여되어 있다 할 것이므로, 유흥주점영업의 업주가 당해 유흥업소에 종업원을 고용함에 있어서는 주민등록증이나 이에 유사한 정도로 연령에 관한 공적 증명력이 있는 증거에 의하여 대상자의 연령을 확인하여야 하고, 만일 대상자가 신분증을 분실하였다는 사유로 그 연령 확인에 응하지 아니하는 등 고용대상자의 연령확인이 당장 용이하지 아니한 경우라면 청소년유해업소의 업주로서는 청소년이 자신의 신분과 연령을 감추고 유흥업소 취업을 감행하는 사례가 적지 않은 유흥업계의 취약한 고용실태 등에 비추어 대상자의 연령을 공적 증명에 의하여 확실히 확인할 수 있는 때까지 그 채용을 보류하거나 거부하여야 한다.

[2] 건강진단수첩(속칭 보건증) 또는 건강진단결과서가 연령에 관한 공적 증명력이 있는 증거라고 볼 수 있는지 여부(소극)

건강진단수첩(속칭 보건증) 제도가 폐지된 후 건강진단결과서 제도가 마련된 취지와 경위, 건강진단결과서의 발급목적, 건강진단결과서가 발급되는 과정에서 피검자에 대한 신분을 확인하는 검증절차 및 피검자의 동일성에 관한 건강진단결과서의 증명도 등을 두루 감안해 볼 때 비록 그 결과서에 피검자의 주민등록번호 등 인적 사항이 기재되어 있다고 하더라도 이는 주민등록증에 유사한 정도로 연령에 관한 공적 증명력이 있는 증거라고 볼 수는 없다.

[3] 청소년고용금지업소의 업주에 대하여 청소년고용에 관한 미필적 고의가 있음을 인정한 사례

유흥업소의 업주로서는 다른 공적 증명력 있는 증거를 확인해 봄이 없이 단순히 건강진단결과서상의 생년월일 기재만을 확인하는 것으로는 청소년보호를 위한 연령확인의무이행을 다한 것으로 볼 수 없고, 따라서 이러한 의무이행을 다하지 아니한 채 대상자가 성인이라는 말만 믿고 타인의 건강진단결과서만을 확인한 채 청소년을 청소년유해업소에 고용한 업주에게는 적어도 청소년 고용에 관한 미필적 고의가 있음을 인정한 사례.

나. 대법원 2004.4.23. 선고2003도8039판결[청소년보호법위반]

청소년보호법 제51조 제7호, 제24조 제2항 위반죄의 성립에 고의가 요구되는지 여부(적극) 및 청소년출입금지업소의 업주 및 종사자가 출입자의 연령확인에 필요한 의무의 내용 및 연령확인조치를 취하지 아니하여 청소년이 당해 업소에 출입한 경우, 청소년보호법 위반죄의 미필적 고의가 인정되는지 여부(적극)

청소년보호법 제24조 제2항은, "청소년출입·고용금지업소의 업주 및 종사자는 출입자의 연령을 확인하여 청소년이 당해업소에 출입하거나 이용하지 못하게 하여야 한다." 고 규정하고 있고, 같은 법 제51조 제7호는, "제24조 제2항의 규정에 위반하여 청소년을 유해업소에 출입시킨 자를 2년 이하의 징역 또는 1천만 원 이하의 벌금에 처한다." 고 규정하고 있는바, 위 법률 조항 위반으로 인한 청소년보호법위반죄의 성립에 있어서도 고의는 요구된다 할 것이다.

그리고 위 법률 조항의 규정 내용 및 청소년보호법의 입법 취지에 비추어 볼 때, 청소년출입금지업소의 업주 및 종사자에게는 청소년의 보호를 위하여 청소년을 당해 업소에 출입시켜서는 아니될 매우 엄중한 책임이 부여되어 있다 할 것이므로 청소년출입금지업소의 업주 및 종사자는 객관적으로 보아 출입자를 청소년으로 의심하기 어려운 사정이 없는 한 청소년일 개연성이 있는 연령대의 출입자에 대하여 주민등록증이나 이에 유사한 정도로 연령에 관한 공적 증명력이 있는 증거에 의하여 대상자의 연령

을 확인하여야 할 것이고(대법원 1994.1.14. 선고 93도2914 판결, 대법원 2002.6. 28. 선고 2002도 2425 판결 등 참조), 업주 및 종사자가 이러한 연령 확인 의무에 위배하여 연령 확인을 위한 아무런 조치를 취하지 아니함으로써 청소년이 당해 업소에 출입한 것이라면, 특별한 사정이 없는 한 업주 및 종사자에게 최소한 위 법률 조항 위반으로 인한 청소년보호법위반죄의 미필적 고의는 인정된다고 할 것이다.

6. 결 론

甲은 당시 위 손님들이 청소년일지도 모른다고 의심할만한 사정이 있었으면서도 주민등록증이나 이에 유사한 정도로 연령에 관한 공적 증명력이 있는 증거에 의하여 연령을 확인함이 없이 단지 종업원의 말만 믿고 위 업소에 출입시켜 주류를 제공하기까지 하였으므로 위와 같은 주의의무를 다하였다고 보기 어렵다. 따라서 청소년보호법에 따라 처벌하여야 한다.

제6절 20세 고등학생이 게임장의 청소년출입 금지시간에 출입한 경우

1. 사 례

甲은 인터넷컴퓨터게임시설제공업을 하는 사람으로, 게임시설제공업자의 청소년 출입시간은 오전 9시부터 오후 10시까지로 이를 준수하여야 한다. 그럼에도 甲은 23:00경까지 A고등학교 3학년인 乙(남, 20세) 등 2명을 출입하게 하였다. 乙은 고등학생이지만 청소년은 아니다. 이경우 청소년 출입시간 제한위반으로 처벌할 수 있는지 여부

2. 관련법규

가. 게임산업진흥에 관한 법률 (이하, 게임산업법)

제28조(게임물 관련사업자의 준수사항) 게임물 관련사업자는 다음 각 호의 사항을 지켜야 한다.
 7. 대통령령이 정하는 영업시간 및 청소년의 출입시간(오전 9시부터 오후 12시까지)을 준수할 것
제46조(벌칙) 다음 각 호의 어느 하나에 해당하는 자는 1년 이하의 징역 또는 1천만원 이하의 벌금에 처한다.
 2. 제28조제7호의 규정에 의한 청소년의 출입시간을 위반하여 청소년을 출입시킨 자
제2조(정의) 이 법에서 사용하는 용어의 정의는 다음과 같다.
 10. "청소년"이라 함은 18세 미만의 자(「초·중등교육법」 제2조의 규정에 의한 고등학교에 재학 중인 학생을 포함한다)를 말한다.

나. 초·중등교육법

제2조(학교의 종류) 초·중등교육을 실시하기 위하여 다음 각 호의 학교를 둔다.
 1. 초등학교·공민학교
 2. 중학교·고등공민학교
 3. 고등학교·고등기술학교
 4. 특수학교
 5. 각종학교

3. 결 론

가. 청소년의 정의

　각 특별법에서는 대부분 제2조에서 용어의 정의를 규정하고 있다. 게임산업법에서도 청소년의 정의를 18세 미만의 자로 규정하면서 연령과 상관없이 고등학생은 청소년으로 규정하고 있다. 그렇다면 사례와 같이 20세라 하더라도 고등학생 신분이며 청소년에 해당된다. 따라서 업주 甲은 일단 처벌의 대상이 된다.

나. 처벌에 앞서 확인해야 할 사항

① 관련법 취지(목적) 파악

특별법 대부분은 제1조에 그 법의 제정 목적을 담고 있다.

게임산업법도 "게임산업 기반을 조성하고 게임물의 이용에 관한 사항을 정하여 게임산업의 진흥 및 국민의 건전한 게임문화를 확립함으로써 국민경제의 발전과 국민의 문화적 삶의 질 향상에 이바지함을 목적으로 한다(제1조)"고 명시하고 있다.

이러한 법 목적으로 보면 건전한 게임문화 확립을 위해 당연히 처벌하여야 할 것으로 판단된다.

② 교복을 착용하지 않는 경우

나이와 상관없이 교복을 착용할 경우 쉽게 구별할 수 있어 출입을 제한 할 수 있지만 사복을 입었을 경우 대부분 주민등록증으로 연령을 확인하고 있는데 이 경우에는 어떻게 해야 할 것인지가 문제된다.

다. 결 론

고의범을 처벌하고 과실범의 처벌규정이 없다. 따라서 乙이 사복을 입고 있더라도 자주 출입하여 그 전에 교복 입은 것을 보는 등 학생이라는 것을 알고 있었다면 단속당시 사복을 입고 있었다 하더라도 당연히 처벌의 대상이 될 것이다.

그러나 주민등록증 확인 등 업주로서 최선을 다하였으며 乙이 고등학생이라는 것을 인지하지 못함에 정당한 사유가 있다면 처벌하여서는 아니 될 것이다.

제7절 업주와 당사자가 부인한 경우 이성혼숙 성립여부

1. 사 례

> 甲은 'OO모텔'이라는 상호로 숙박업에 종사하는 자로 위 모텔 307호실에 성년 남자인 A와 여자 청소년인 B를 투숙하게 하여 청소년에 대하여 이성혼숙을 하게 하였다. 그러나 당사자들은 업주 甲이 모른 상태에서 투숙하였다고 한다(대법원 2006.11.2. 선고 2006고정1502 판결).

2. 법규 연구(청소년보호법)

> 제30조(청소년유해행위의 금지) 누구든지 청소년에게 다음 각 호의 어느 하나에 해당하는 행위를 하여서는 아니 된다.
> 8. 청소년을 남녀 혼숙하게 하는 등 풍기를 문란하게 하는 영업행위를 하거나 이를 목적으로 장소를 제공하는 행위
> 제58조(벌칙) 다음 각 호의 어느 하나에 해당하는 자는 3년 이하의 징역 또는 3천만원 이하의 벌금에 처한다.
> 5. 제30조제7호부터 제9호까지의 위반행위를 한 자

3. 법원의 판단

甲은 미성년자인 B와 성년자인 A가 모텔에 함께 들어가는 것을 본 일이 없으므로 이성혼숙에 대한 고의가 없었다고 주장 하고, B와 A도 이 법정에서 함께 모텔에 투숙할 당시 甲과 A가 만나거나 눈을 마주친 사실이 없다고 증언하였다. 그러나 甲이 이 전부터 장기 투숙 중이던 B의 신분증조차 확인하지 아니한 사실, 이 사건 범행 이전에도 미성년 남자인 C등(나이가 어려 B와 성관계를 하였을 것으로 의심되지는 아니한 다)이 수차례 이 사건 모텔에 드나들었음에도 甲이 그들의 신분증을 확인하거나 제지하지 아니하였던 사실, 이 사건 모텔은 손님이 甲이 있는 수부실 앞을 통과하여 출입할 수밖에 없는 구조로 되어 있고, 범행 일시에 A는 몰래 숨어 들어가지 아니하고 자연스럽게 B와 걸어 들어간 사실, B는 04:00인 이 사건 범행일시에 숙박비를 지불한 사실 등을 인정하고, 甲에게 이성혼숙에 대한 미필적 고의가 있다고 봄.

4. 판결의 의미(결론)

범의와 같은 범죄의 주관적 요소는 甲이 이를 자백하지 아니하는 이상 경험칙에 바탕하여 간접사실에 의하여 입증할 수밖에 없는 것인바, 최근 숙박업소를 운영하는 甲들이 이성혼숙 사실을 알지 못하였다고 변명함으로써 무죄를 선고받는 일이 잦은데, 간접사실에 의하여 甲의 미필적 고의를 인정한 사례로서 유사한 사례에서 참고가 될 수 있을 것임.

제8절 숙박업주 몰래 이성혼숙이 이루어진 경우

1. 사 례

> 20○○. ○. ○. 00:00경 ○○에 있는 '추억만들기모텔'에 남자 청소년 2명이 잠을 자겠다며 업주에게 방값으로 25,000을 지불하고 객실로 올라간 뒤 10분 후쯤 모텔 주차장에서 기다리고 있던 일행인 남녀청소년 7명(남자3명, 여자4명)이 업주 모르게 객실로 올라가 1시간 가량 술을 마시다 함께 있던 여자청소년의 부모가 객실로 찾아와 경찰에 신고되어 적발된 경우

2. 논 점

　가. 숙박업소 업주 및 해당청소년 조사결과 투숙시 남자청소년 2명이 잠을 자겠다고 한 이후 일행인 남녀청소년이 업주 모르게 객실로 올라간 사실이 확인됨.

　나. 결과적으로 이성혼숙행위가 이루어 졌기 때문에 업주에게 청소년 이성혼숙의 책임을 물어야 하는지 여부

3. 확인해야 할 사항

　모든 법을 접함에 있어 결과만을 가지고 논하려고 하면 무고한 시민(?)을 처벌하게 되고 또한 실체적 진실발견에 역행할 우려가 있다. 위의 사례의 경우도 결과만 생각한다면 당연히 기소의견으로 송치해야 할 사안이나 혼숙하게 된 과정을 조사하지 않고서는 기소유무를 논하여서는 아니될 사안임. 이러한 경우,

가. 업소를 방문

　주변상황을 조사하여 청소년이 투숙한 방이 몇 층인지(만약 1층이라면 창문을 통해 몰래 들어갈 수 있는지 여부), 출입문이 몇 개인지, 손님이 들어올 때 식별이 가능한 장치 설치 유무(例, 풍경소리 등), 카운터에서 출입자 식별용이 유무 등등을 조사하고

나. 청소년 상대

(가) 처음 투숙한 청소년

　　투숙한 후 나머지 일행들에게 그 호실에 투숙하였다는 것을 언제 어떠한 방법으로 연락하였는지 여부, 업주 몰래 투숙이 가능할 수 있는지 여부

(나) 나중에 몰래 투숙한 청소년 상대

몰래 투숙할 때 업주(종업원)가 무엇을 하고 있던가, 7명이 입실하였다고 하는데 한꺼번에 7명이 들어갔었나, 업주가 전혀 눈치를 채지 못하던가, 술은 어떻게 구입하였는지(업주를 통해 주문하였는지 여부) 등 등 …

4. 관련 판례

가. 음식점 운영자가 술을 내어 놓을 당시에는 성년자들만이 있었으나 나중에 청소년이 합석하여 술을 마신 경우, '청소년에게 술을 판매하는 행위'에 해당하는지 여부(한정 소극)

음식점을 운영하는 사람이 그 음식점에 들어온 사람들에게 술을 내어놓을 당시에는 성년자들만이 있었고 그들끼리만 술을 마시다가 나중에 청소년이 들어와서 합석하게 된 경우에는, 처음부터 음식점 운영자가 나중에 그렇게 청소년이 합석하리라는 것을 예견할 만한 사정이 있었거나, 청소년이 합석한 후에 이를 인식하면서 추가로 술을 내어 준 경우가 아닌 이상, 나중에 합석한 청소년이 남아 있던 술을 일부 마셨다고 하더라도 음식점 운영자는 청소년보호법 제51조 제8호에 규정된 '청소년에게 술을 판매하는 행위'를 하였다고는 할 수 없고 이 같은 법리는 음식점 운영자가 나중에 합석한 청소년에게 술을 따라 마실 술잔을 내주었다 하여 달리 볼 것은 아니다(대법원 2002.1.11. 선고 2001도6032 판결).

나. 청소년보호법 제26조의2 제8호 소정의 '청소년 이성혼숙'의 의미

청소년보호법 제26조의2 제8호는 누구든지 "청소년에 대하여 이성혼숙을 하게 하는 등 풍기를 문란하게 하는 영업행위를 하거나 그를 목적으로 장소를 제공하는 행위"를 하여서는 아니 된다고 규정하고 있는바, 위 법률의 입법 취지가 청소년을 각종 유해행위로부터 보호함으로써 청소년이 건전한 인격체로 성장할 수 있도록 하기 위한 것인 점 등을 감안하면, 위 법문이 규정하는 '이성혼숙'은 남녀 중 일방이 청소년이면 족하고, 반드시 남녀 쌍방이 청소년임을 요하는 것은 아니다(대법원 2003.12.26. 선고 2003도5980 판결).

다. 이성혼숙을 하려는 자가 청소년이라고 의심할 만한 사정이 있는 경우 여관업주가 취하여야 할 조치

여관업을 하는 사람으로서는 이성혼숙을 하려는 사람들의 겉모습이나 차림새 등에서 청소년이라고 의심할 만한 사정이 있는 때에는 신분증이나 다른 확실한 방법으로 청소년인지 여부를 확인하고 청소년이 아닌 것으로 확인된 경우에만 이성혼숙을 허용하여야 한다(대법원 2002.10.8. 선고 2002도4282 판결).

라. 공중위생법상의 '미성년 남녀의 혼숙'의 의미

공중위생법 제12조 제2항 제1호(나)목은 미성년 남녀가 같은 객실에 투숙하지 못하도록 함으로써 미성년자의 순결과 선량한 풍속을 보호하려는 데 그 취지가 있으므로 같은 법조 소정의 '미성년 남녀의 혼숙'이라 함은 미성년 남녀가 같은 객실에 들어가 상당한 시간 동안 함께 지내는 것을 말하고, 반드시 성관계를 전제로 밤을 지새는 것에 한정할 것은 아니다(대법원 1996.3.26. 선고 95누13227 판결).

5. 결 론

가. 대법원 판례(2002도4282)는 '청소년 이성혼숙에 대한 여관업주의 미필적 고의를 인정'하고 있으므로 이들의 혼숙행위를 조금이라도 알 수 있었다면(例, 그들이 몰래 혼숙한 후 떠든 소리를 듣고 알았지만 어린애들이기 때문에 그대로 두었다는 등) 기소.

나. 그러나 모든 상황을 조사한 후 나중에 몰래 투숙한 청소년의 투숙사실을 알지 못하였다면 처벌할 수 없을 것임. 이와 관련 유사한 판례(2001도6032)내용을 보면 "음식점 운영자가 술을 내어놓을 당시에는 성년자들만이 있었으나 나중에 청소년이 합석하여 술을 마신 경우 청소년이 합석한 후에 이를 인식하면서 추가로 술을 내어준 경우가 아닌 이상, 나중에 합석한 청소년이 남아 있던 술을 일부 마셨다고 하더라도 음식점 운영자는 청소년보호법 제51조 제8호에 규정된 '청소년에게 술을 판매하는 행위'를 하였다고는 할 수 없다"라고 하는 것으로 보아 이성혼숙행위에 대한 인식이 없었다면 처벌할 수 없을 것임.

제9절 휴게음식점에 청소년을 고용하여 다류 배달 행위

1. 사 례

> 甲은 휴게음식점을 경영하는 자로 청소년인 乙녀를 고용하여 다류를 배달하게 하였으나 시간적 소요의 대가로 금품을 수수하는 속칭 티켓영업은 시키지 않았다. 이 경우 甲에 대한 형사처벌 유무

2. 법규연구

가. 식품위생법

> **제44조(영업자 등의 준수사항)** ① 식품접객영업자 등 대통령령으로 정하는 영업자와 그 종업원은 영업의 위생관리와 질서유지, 국민의 보건위생 증진을 위하여 총리령으로 정하는 사항을 지켜야 한다.
>
> **제97조(벌칙)** 다음 각 호의 어느 하나에 해당하는 자는 3년 이하의 징역 또는 3천만원 이하의 벌금에 처한다.
> 6. 제42조제1항 또는 제44조제1항에 따라 영업자가 지켜야 할 사항을 지키지 아니한 자. 다만, 총리령으로 정하는 경미한 사항을 위반한 자는 제외한다.

나. 식품위생법 시행규칙

> ※ 식품접객업영업자 등의 준수사항(제57조 관련)[별표17]
> 7. 식품접객업자(위탁급식영업자는 제외한다)와 그 종업원의 준수사항
>   타. 허가를 받거나 신고한 영업외의 다른 영업시설을 설치하거나 다음에 해당하는 영업행위를 하여서는 아니 된다.
>   5) 식품접객업소의 영업자 또는 종업원이 영업장을 벗어나 시간적 소요의 대가로 금품을 수수하거나, 영업자가 종업원의 이러한 행위를 조장하거나 묵인하는 행위
>   6) 휴게음식점영업 중 주로 다류 등을 조리·판매하는 영업소에서 「청소년보호법」 제2조제1호에 따른 청소년인 종업원에게 영업소를 벗어나 다류 등을 배달하게 하여 판매하는 행위

다. 청소년보호법

> **제30조(청소년유해행위의 금지)** 누구든지 청소년에게 다음 각 호의 어느 하나에 해당하는 행위를 하여서는 아니 된다.
> 9. 주로 차 종류를 조리·판매하는 업소에서 청소년으로 하여금 영업장을 벗어나 차 종류를 배달하는 행위를 하게 하거나 이를 조장하거나 묵인하는 행위
> **제58조(벌칙)** 다음 각 호의 어느 하나에 해당하는 자는 3년 이하의 징역 또는 3천만원 이하의 벌금에 처한다.
> 5. 제30조제7호부터 제9호까지의 위반행위를 한 자

3. 결 론

가. 지금까지는 청소년을 휴게음식점에 고용하여 단순히 배달만 시켰을 경우 부모의 동의서 여부를 확인하여 동의서 없이 고용한 경우 노동청에 근로기준법위반(업주)으로 통보하였을 뿐이었으나,

나. 식품위생법시행규칙의 개정(2003. 8. 18.이후)으로 청소년을 고용하여 티켓영업(종업원이 영업장을 벗어나 시간적 소요의 대가로 금품을 수수)을 하지 않고 단순히 배달만 시켜도 식품위생법 제44조(영업자준수사항)위반으로 업주를 처벌할 수 있으며,

다. 청소년보호법의 개정(2004. 4. 30.이후)으로 청소년으로 하여금 영업장을 벗어나 다류를 배달하는 행위를 하게 하는 행위뿐만 아니라 이를 조장 또는 묵인하는 행위도 처벌할 수 있어 식품위생법과 상상적 경합범으로 처벌

라. 청소년을 고용하여 티켓영업까지 시킨 경우는 청소년보호법과 식품위생법 제44조(영업자준수사항) 위반의 상상적 경합으로 처벌하여야 할 것임

좋은 음식이라도 소금으로 간을 맞추지 않으면 그 맛을 잃고 만다.

모든 행동도 음식과 같이 간을 맞춰야 한다.

음식을 먹기 전에 간을 먼저 보듯이 행동을 시작하기 전에 먼저 생각하라.

생각은 인생의 소금이다.

[에드워드 조지 얼리리트]

제10절 성인에게 판매한 주류를 청소년이 먹은 경우

1. 사 례

음식점에서 청소년에게 주류를 판매한다는 신고를 받고 출동하여 업주를 상대로 판매여부를 조사하자 업주는 술을 내어놓을 당시에는 성년자들만이 있었으나 나중에 업주가 모르는 사이에 청소년이 합석하여 술을 마셨기 때문에 청소년에게 술을 판매한 사실이 없다고 할 경우 처벌여부

2. 법규연구 (청소년보호법)

청소년유해약물판매(담배, 술) ⇒ 제58조 제3호, 제28조 제1항

제28조(청소년유해약물등의 판매·대여 등의 금지) ① 누구든지 청소년을 대상으로 청소년유해약물등을 판매·대여·배포(자동기계장치·무인판매장치·통신장치를 통하여 판매·대여·배포하는 경우를 포함한다)하거나 무상으로 제공하여서는 아니 된다. 다만, 교육·실험 또는 치료를 위한 경우로서 대통령령으로 정하는 경우는 예외로 한다.

3. 착안사항

가. 업소의 규모로 보아 청소년이 나중에 들어와 합석한 것을 알 수 있었는지 여부

나. 청소년이 나중에 합석이 가능하는지 업소의 형태(출입문 이외 다른 출입문이 있는지 여부 등)

다. 처음 술을 줄 때 술의 양과 인원수(성년) 및 추가로 술을 주었는지 여부

라. 추가로 술을 주었을 때 청소년이 합석한 것을 확인할 수 있었는지 여부

4. 결 론

판례 2001도 6032(2002.1.11.) "음식점을 운영하는 사람이 그 음식점에 들어온 사람들에게 술을 내어 놓을 당시에는 성년자들만이 있었고 그들끼리만 술을 마시다가 나중에 청소년이 들어와서 합석하게 된 경우에는, 처음부터 음식점 운영자가 나중에 그렇게 청소년이 합석하리라는 것을 예견할 만한 사정이 있었거나, 청소년이 합석한 후에 이를 인식하면서 추가로 술을 내어 준 경우가 아닌 이상, 나중에 합석한 청소년이 남아 있던 술을 일부 마셨다고 하더라도 음식점 운영자는 청소년보호법 제51조 제8호에 규정된 '청소년에게 술을 판매하는 행위'를 하였다고는 할 수 없고, 이 같은 법리는 음식점 운영자가 나중에 합석한 청소년에게 술을 따라 마실 술잔을 내주었다 하여 달리 볼 것은 아니다."라는 내용과 같이 청소년에게 술판매행위로 처벌할 수 없을 것임

제11절 상점에서 청소년에게 담배를 판매한 경우

1. 사 례

> 甲은 ○○시 가곡동 222번지에서 공공마트를 운영하는 자인바 청소년인 乙에게 오마샤리프 담배 1갑을 판매하다 단속 당하였을 경우 적용할 수 있는 법률은

2. 법규연구

가. 청소년보호법

청소년유해약물판매(담배, 술) ⇒ 제58조 제3호, 제28조 제1항

제28조(청소년유해약물등의 판매·대여 등의 금지) ① 누구든지 청소년을 대상으로 청소년유해약물등을 판매·대여·배포(자동기계장치·무인판매장치·통신장치를 통하여 판매·대여·배포하는 경우를 포함한다)하거나 무상으로 제공하여서는 아니 된다. 다만, 교육·실험 또는 치료를 위한 경우로서 대통령령으로 정하는 경우는 예외로 한다.

나. 담배사업법

소매인지정 없이 담배판매 ⇒ 제27조의3 제1호, 제12조 제2항

제12조(담배의 판매) ② 소매인이 아닌 자는 담배를 소비자에게 판매하여서는 아니 된다.
제2조(정의) 이 법에서 사용하는 용어의 뜻은 다음과 같다.
1. "담배"란 연초(煙草)의 잎을 원료의 전부 또는 일부로 하여 피우거나, 빨거나,증기로 흡입하거나,씹거나, 냄새맡기에 적합한 상태로 제조한 것을 말한다.
2. "저발화성담배"란 담배에 불을 붙인 후 피우지 아니하고 일정시간 이상 방치할 경우 저절로 불이 꺼지는 기능을 가진 담배로서 제11조의5제2항에 따른 인증을 받은 담배를 말한다.

3. 결 론

가. 담배소매인 지정없이 담배를 판매한 경우
  ☞ 담배사업법위반과 청소년보호법위반의 경합범으로 처벌
나. 담배소매 지정을 받은 경우
  ☞ 청소년보호법위반으로 처벌

제12절 혼인한 청소년에게 술을 판매한 경우

1. 사 례

> 甲은 18세 남자로 20세인 乙녀와 함께 A유흥주점에 출입하여 술을 먹었다. A 주점 업주도 甲이 혼인하였다는 사실을 알고 있었기 때문에 술을 판매하였다. 청소년 보호법위반 여부 ??
> 가. 甲은 乙녀와 결혼하여 자녀까지 두고 있는 경우
> 나. 甲이 혼인을 하지 않았지만 乙녀와 동거 중인 경우
> 다. 동거중인 乙녀와의 사이에 아이까지 있는 경우

2. 관련법규

가. 청소년보호법

제2조(정의) 이 법에서 사용하는 용어의 뜻은 다음과 같다.
1. "청소년"이란 만 19세 미만인 사람을 말한다. 다만, 만 19세가 되는 해의 1월 1일을 맞이한 사람은 제외한다.
제28조(청소년유해약물등의 판매·대여 등의 금지) ① 누구든지 청소년을 대상으로 청소년유해약물등을 판매·대여·배포(자동기계장치·무인판매장치·통신장치를 통하여 판매·대여·배포하는 경우를 포함한다)하거나 무상으로 제공하여서는 아니 된다. 다만, 교육·실험 또는 치료를 위한 경우로서 대통령령으로 정하는 경우는 예외로 한다.
② 누구든지 청소년의 의뢰를 받아 청소년유해약물등을 구입하여 청소년에게 제공하여서는 아니 된다.
제59조(벌칙) 다음 각 호의 어느 하나에 해당하는 자는 2년 이하의 징역 또는 2천만원 이하의 벌금에 처한다.
6. 제28조제1항을 위반하여 청소년에게 제2조제4호가목1)·2)의 청소년유해약물을 판매·대여·배포(자동기계장치·무인판매장치·통신장치를 통하여 판매·대여·배포한 경우를 포함한다)하거나 영리를 목적으로 무상 제공한 자
제1조(목적) 이 법은 청소년에게 유해한 매체물과 약물 등이 청소년에게 유통되는 것과 청소년이 유해한 업소에 출입하는 것 등을 규제하고 청소년을 유해한 환경으로부터 보호·구제함으로써 청소년이 건전한 인격체로 성장할 수 있도록 함을 목적으로 한다.
제6조(다른 법률과의 관계) 이 법은 청소년유해환경의 규제에 관한 형사처벌을 할 때 다른 법률보다 우선하여 적용한다.

나. 민 법

제807조 (혼인적령) 만 18세가 된 사람은 혼인할 수 있다
제826조의2 (성년의제) 미성년자가 혼인을 한 때에는 성년자로 본다.

3. 결 론

'가 항' (갑은 을녀와 결혼하여 자녀까지 두고 있는 경우)

갑은 청소년보호법상 청소년이다. 따라서 당연히 업주는 청소년 보호법에 따라 처벌하여야 한다. 그러나 甲은 결혼하였다.

한편 민법에 의하면 미성년자가 혼인을 하면 성년자로 본다(제826조의2). 여기서 청소년 보호법과 민법 중 어느 것을 우선으로 하여 적용할 것인가이다. 청소년 보호법에 "청소년유해환경의 규정에 관한 형사처벌을 할 때 다른 법률보다 우선하여 적용한다(제6조)" 규정하고 있으나 이는 민법과의 우선순위를 정하는 규정이라고 볼 수 없다. 또 청소년 보호법의 목적(제1조)을 보면 청소년 보호법을 우선 적용하여 처벌하는 것이 옳아 보인다.

그러나 민사법의 기본법인 민법에서 혼인하면 성년으로 의제하는 규정을 두고 있어 민법에 따르는 것이 옳을 것이다.

결론적으로 갑은 혼인을 하였기 때문에 업주가 이러한 사실을 알고 술을 주었다면 처벌하여서는 아니 될 것이다.

만약 업주가 갑의 혼인 사실을 모르고 또 연령을 확인하지 않고 출입시켜 술을 판매하였으나 경찰의 수사과정에서 혼인사실이 확인되었을 경우에는 출입당시와 술을 판매하기 전에 연령을 확인하지 않았기 때문에 당연 처벌하여야 할 것이다. 영업자로서 준수사항을 다하였다고 보기 어렵기 때문이다.

'나 항' (갑이 혼인을 하지 않았지만 을녀와 동거 중인 경우)

단순 동거 중이라는 사실만으로 민법을 적용하여 처벌하지 못한다는 것은 잘못이다. 따라서 청소년 보호법에 따라 처벌하여야 할 것이다.

'다 항' (동거중인 을녀와의 사이에 아이까지 있는 경우)

혼인은 하지 않았지만 아이까지 있다면 위 '가항'에 준하여 처리하여야 할 것이다.

제13절 업소내에서 반라(半裸) 비디오 상영

1. 사 례

甲은 유흥주점업자로서 업소 내에서 선량한 미풍양속을 해치는 비디오를 상영하여서는 아니
됨에도 객실 내의 모니터를 통해 여자가 상하의를 벗고 춤을 추는 비디오를 상영하여 식품
접객영업자의 준수사항을 위반하였다.　　　　　　　　─부산지법 2008고정2867(2008. 9. 10)

2. 법규연구

가. 식품위생법

제44조(영업자 등의 준수사항) ① 식품접객영업자 등 대통령령으로 정하는 영업자와 그 종업원은 영업의 위
　생관리와 질서유지, 국민의 보건위생 증진을 위하여 총리령으로 정하는 사항을 지켜야 한다.
제97조(벌칙) 다음 각 호의 어느 하나에 해당하는 자는 3년 이하의 징역 또는 3천만원 이하의 벌금에 처한다.
　6. 제42조제1항 또는 제44조제1항에 따라 영업자가 지켜야 할 사항을 지키지 아니한 자. 다만, 보건복지가족
　　부령으로 정하는 경미한 사항을 위반한 자는 제외한다.

나. 식품위생법 시행규칙

제57조(식품접객영업자 등의 준수사항 등) 법 제44조제1항에 따라 식품접객영업자 등이 지켜야 할 준수사
　항은 별표 17과 같다.
　7. 식품접객업자(위탁급식영업자는 제외한다)와 그 종업원의 준수사항
　　거. 업소 안에서 선량한 미풍양속을 해치는 공연, 영화, 비디오 또는 음반을 상영하거나 사용하여서는 아니
　　　된다.

다. 풍속영업의 규제에 관한 법률

제3조(준수사항) 풍속영업을 영위하는 자(허가 또는 인가를 받지 아니하거나 등록 또는 신고를 하지 아니하고
　풍속영업을 영위하는 자를 포함하며, 이하 "풍속영업자"라 한다) 및 대통령령으로 정하는 종사자는 다음 각호
　의 사항을 지켜야 한다.
　1의2. 풍속영업소에서 음란행위를 하게 하거나 이를 알선 또는 제공하여서는 아니 된다.
　2. 풍속영업소에서 음란한 문서·도화·영화·음반·비디오물 기타 물건(이하 "음란한 물건"이라 한다)을 반포·판
　　매·대여하거나 이를 하게 하는 행위와 음란한 물건을 관람·열람하게 하는 행위 및 반포·판매·대여·관람·열람
　　의 목적으로 음란한 물건을 진열 또는 보관하여서는 아니 된다.
제10조(벌칙) ② 제3조제1호의2·제2호 및 제3호의 규정을 위반한 자는 3년 이하의 징역 또는 3천만원 이하의
　벌금에 처한다.

3. 법원의 판단

"선량한 미풍양속"의 의미 및 판단기준에 대하여 특히 음란물에 관하여 그 의미 및 판단기준을 어떻게 해석할 것인지에 관하여 살펴볼 수 있다.

선량한 미풍양속에 반하는 음란물이란 사회통념상 일반 보통인의 성욕을 자극하여 성적흥분을 유발하고 정상적인 성적 수치심을 해하여 성적 도의관념에 반하는 것으로 볼 수 있다.

표현물을 전체적으로 관찰·평가해 볼 때 단순히 저속하다거나 문란한 느낌을 준다는 정도를 넘어서서 존중·보호되어야 할 인격을 갖춘 존재인 사람의 존엄성과 가치를 심각하게 훼손·왜곡하였다고 평가할 수 있을 정도로, 노골적인 방법에 의하여 성적 부위나 행위를 적나라하게 표현 또는 묘사한 것으로서, 사회통념에 비추어 전적으로 또는 지배적으로 성적 흥미에만 호소하고 하등의 문화적·예술적·사상적·과학적·의학적·교육적 가치를 지니지 아니하는 것을 뜻한다고 볼 것이다.

따라서 표현물의 음란 여부를 판단함에 있어서는 표현물 제작자의 주관적 의도가 아니라 그 사회의 평균인의 입장에서 그 시대의 건전한 사회통념에 따라 객관적이고 규범적으로 평가하여야 함이 타당하다.

4. 결론

사례의 동영상들은 반라 상태에서 춤추는 여성들만 등장하는 것으로서 남녀 성기나 음모의 직접적인 노출이 있거나 성행위 등의 장면 등은 보이지 아니하는 사실을 인정할 수 있다.

그 내용이 저속하고 문란한 느낌을 주는 것은 사실이라 할지라도 이를 넘어서서 형사법상 규제의 대상으로 삼을 만큼 사람의 존엄성과 가치를 심각하게 훼손·왜곡하였다고 평가할 수 있을 정도로 노골적인 방법에 의하여 성적 부위나 행위를 적나라하게 표현 또는 묘사한 것이라고 단정할 수는 없다. 따라서 처벌할 수 없다.

또한 대법원은 유흥주점 종업원이 웃옷을 벗고 브래지어만 착용한 채 남자 손님으로 하여금 가슴을 만지도록 하고, 또 다른 종업원은 치마를 허벅지가 다 드러나도록 걷어 올리고 가슴이 보일 정도로 어깨끈을 밑으로 내린 사실이 있다하여도 이러한 노출정도가 다른 일반인에게 부끄러운 느낌이나 불쾌감을 주는 것은 사실이라 할지라도 이를 넘어서서 형사법상 규제의 대상으로 삼을 만큼, 사회적으로 유해한 영향을 끼칠 위험성이 있다고 평가할 수 있을 정도로 노골적인 방법에 의하여 성적 부위를 노출하거나 성적행위를 표현한 것이라고 단정하기에는 부족하다고 하여 무죄를 선고하였다(대법원 2009. 2. 26. 2006도3119 판결).

제14절 생맥주 집에서 청소년에게 판매한 주류를 취식 전에 단속 당한 경우

1. 사 례

생맥주집에 10대 청소년 2명이 출입하여 생맥주2잔을 시켜놓고 각기 잔에 따른 후 이를 먹기 전 단속경찰에 적발되었다. 이 경우에 아직 술을 마시지도 않았고 술값을 계산하지도 않았기 때문에 처벌이 가능한지 여부

2. 적용법조(청소년보호법)

제28조(청소년유해약물등의 판매·대여 등의 금지) ① 누구든지 청소년을 대상으로 청소년유해약물등을 판매·대여·배포(자동기계장치·무인판매장치·통신장치를 통하여 판매·대여·배포하는 경우를 포함한다)하거나 무상으로 제공하여서는 아니 된다.
제58조(벌칙) 다음 각 호의 어느 하나에 해당하는 자는 3년 이하의 징역 또는 3천만원 이하의 벌금에 처한다.
 3. 제28조제1항을 위반하여 청소년에게 제2조제4호가목4)·5)의 청소년유해약물 또는 같은 호 나목의 청소년유해물건을 판매·대여·배포(자동기계장치·무인판매장치·통신장치를 통하여 판매·대여·배포한 경우를 포함한다)한 자

3. 결 론

가. 청소년보호법은 청소년에게 유해한 매체물과 약물등이 청소년에게 유통되는 등을 규제하여 청소년이 건전한 인격체로 성장할 수 있도록 하기 위한 것이고 누구든지 청소년을 대상으로 하여 청소년 유해약물 등을 판매·대여·배포하여서는 아니된다라고 규정되어 있으며 벌칙에서 청소년에게 주류를 판매한자를 처벌하도록 규정하고 있는 바,

나. 청소년에게 담배를 판매하거나 생맥주집에서 청소년이 마실 수 있도록 맥주를 제공하면 피우거나 마셨는지 와 관계없이 처벌이 가능하다고 볼 수 있다.

제15절 일반음식점에서 청소년 고용 주류 판매 경우

1. 사 례

> 甲은 청해진 호프라는 상호로 일반음식점 영업신고를 한 후 청소년인 乙녀(여, 18세)를 고용하여 호프등 주류를 판매하면서 乙女로 하여금 서빙을 하도록 한 경우 甲을 처벌할 수 있는지 여부

2. 법규연구

가. 청소년보호법

> 제29조(청소년 고용 금지 및 출입 제한 등) ① 청소년유해업소의 업주는 청소년을 고용하여서는 아니 된다. 청소년유해업소의 업주가 종업원을 고용하려면 미리 나이를 확인하여야 한다.
> 제58조(벌칙) 다음 각 호의 어느 하나에 해당하는 자는 3년 이하의 징역 또는 3천만원 이하의 벌금에 처한다.
> 4. 제29조제1항을 위반하여 청소년을 청소년유해업소에 고용한 자

나. 청소년보호법 시행령

> 제6조(청소년고용금지업소의 범위) ② 법 제2조제5호나목3)에서 "대통령령으로 정하는 것"이란 다음 각 호의 어느 하나에 해당하는 영업을 말한다.
> 1. 휴게음식점영업으로서 주로 차 종류를 조리·판매하는 영업 중 종업원에게 영업장을 벗어나 차 종류 등을 배달·판매하게 하면서 소요 시간에 따라 대가를 받게 하거나 이를 조장 또는 묵인하는 형태로 운영되는 영업
> 2. 일반음식점영업 중 음식류의 조리·판매보다는 주로 주류의 조리·판매를 목적으로 하는 소주방·호프·카페 등의 형태로 운영되는 영업

다. 식품위생법(무허가유흥주점업)

> 제37조(영업허가 등) ① 제36조제1항 각 호에 따른 영업 중 대통령령으로 정하는 영업을 하려는 자는 대통령령으로 정하는 바에 따라 영업 종류별 또는 영업소별로 식품의약품안전청장 또는 특별자치도지사·시장·군수·구청장의 허가를 받아야 한다. 허가받은 사항 중 대통령령으로 정하는 중요한 사항을 변경할 때에도 또한 같다.
> ※ 시행령 제21조 제8호(유흥주점영업)
> 라. 유흥주점영업: 주로 주류를 조리·판매하는 영업으로서 유흥종사자를 두거나 유흥시설을 설치할 수 있고 손님이 노래를 부르거나 춤을 추는 행위가 허용되는 영업

3. 결 론

가. 식품위생법상 무허가유흥주점업 여부

무허가유흥주점업으로 처벌하기 위해서는 유흥종사자(유흥접객원 : 손님과 함께 술을 마시거나 노래 또는 춤으로 손님의 유흥을 돋구는 부녀자를 말한다)를 두고 영업을 해야 하는데 乙녀로 하여금 단순히 서빙만 하도록 하였다면 유흥주점업이라고 볼 수 없으나, 만약 손님과 동석하여 술을 마시도록 한 경우는 처벌가능

나. 청소년보호법상 청소년유해업소 고용여부

일반음식점은 청소년유해업소가 아니지만 청소년보호법시행령 제3조의 규정에 의하면 일반음식점이라도 주류를 주로 판매하는 경우나 티켓다방의 경우도 청소년 유해업소로 규정하고 있음

다. 처벌여부

그러므로 주류를 주로 판매하고 있다는 것을 입증하기 위해 판매장부, 주류구입세금계산서, 차림표, 진열장, 주방의 조리기구 등을 확인하여 청소년보호법 제50조 제2호, 제24조 제1항(청소년유해업소고용)으로 처벌할 수 있음 .

"일이 비록 작더라도 하지 않으면 이루지 못할 것이요.

자식이 비록 어질지라도 가르치지 않으면 현명하지 못하느니라."

"남자가 가르침을 받지 못하면 자라서 반드시 미련하고 어리석어지며,

여자가 가르침을 받지 못하면 자라서 반드시 거칠고 솜씨가 없느니라."

– 명심보감(훈 자 편)

제6절 타인 신분증 이용 유흥업소에 고용, 업주를 처벌할 수 있는지 여부

1. 사 례

> 甲은 유흥주점을 운영하는 자로 乙 등을 종업원으로 고용하면서 이들이 타인의 주민등록증을
> 제시하자 이를 제대로 확인하지 않고 고용하다 수사기관에 미성년자로 확인되어 적발되었다.
> 이때 甲은 그들이 제시한 주민등록증으로 성년임을 확인하였기 때문에 무죄라 주장한다.

2. 법규연구(청소년보호법)

> 제29조(청소년 고용 금지 및 출입 제한 등) ① 청소년유해업소의 업주는 청소년을 고용하여서는 아니 된
> 다. 청소년유해업소의 업주가 종업원을 고용하려면 미리 나이를 확인하여야 한다.
> ② 청소년 출입·고용금지업소의 업주와 종사자는 출입자의 나이를 확인하여 청소년이 그 업소에 출입하지 못하
> 게 하여야 한다.
> ④ 청소년유해업소의 업주와 종사자는 제1항부터 제3항까지에 따른 나이 확인을 위하여 필요한 경우 주민등록증
> 이나 그 밖에 나이를 확인할 수 있는 증표(이하 이 항에서 "증표"라 한다)의 제시를 요구할 수 있으며, 증표
> 제시를 요구받고도 정당한 사유 없이 증표를 제시하지 아니하는 사람에게는 그 업소의 출입을 제한할 수 있다
> 제58조(벌칙) 다음 각 호의 어느 하나에 해당하는 자는 3년 이하의 징역 또는 3천만원 이하의 벌금에 처한다.
>   4. 제29조제1항을 위반하여 청소년을 청소년유해업소에 고용한 자

3. 결 론 (법원의 판결)

가. 제2심 (전주지법 2013. 6. 28.선고 2013노374 판결)

제1심과 제2심에서는 甲이 乙을 고용시 청소년임을 알았거나 청소년이라도 무방하다는
미필적 고의로 고용하였다고 단정할 수 없다는 이유로 무죄를 선고하였다.

나. 대법원 (2013. 9. 27. 2013도8385)

청소년보호법의 입법목적 등에 비추어 볼 때 유흥주점과 같은 청소년유해업소의 업주
에게는 청소년보호를 위하여 청소년을 당해 업소에 고용하여서는 아니 될 매우 엄중한 책
임이 부여되어 있다 할 것이므로, 유흥주점의 업주가 당해 유흥업소에 종업원을 고용함에
있어서는 주민등록증이나 이에 유사한 정도로 연령에 관한 공적증명력이 있는 증거에 의
하여 대상자의 연령을 확인하여야 하고

만일 대상자가 제시한 주민등록증상의 사진과 실물이 다르다는 의심이 들면 청소년이
자신의 신분과 연령을 감추고 취업을 감행하는 사례가 적지 않은 유흥업계의 취약한 고용
실태 등에 비추어 볼 때,

업주로서는 주민등록상의 사진과 실물을 자세히 대조하거나 주민등록증상의 주소 또는

주민등록번호를 외워보도록 하는 등 추가적인 연령확인조치를 취하여야 할 의무가 있다고 할 것이다.

결국 甲은 乙이 제시한 주민등록증상의 사진과 실물이 다르다는 의심이 들었다면 청소년의 보호를 위하여 사진과 실물을 자세히 대조해 보는 등 좀 더 적극적인 방법으로 연령확인조치를 취하여야 할 의무가 있었다고 할 것이다.

그러나 乙이 제시한 제3자의 주민등록증만을 확인한 채 乙을 고용하여 유흥주점에서 접객행위를 하도록 한 것은 청소년유해업소 업주의 청소년연령확인에 관한 필요한 초치를 다하지 아니한 것이라 할 것이다.

다. 결론적으로

실무에서 업주들이 종업원들의 주민등록증을 복사해 둔 상태에서 책임을 다하였다고 하는 경우가 있으나 청소년유해업소 업주로서 적극적으로 청소년 여부를 판별하여야 할 책임이 있다는 대법원의 좋은 사례로 보인다.

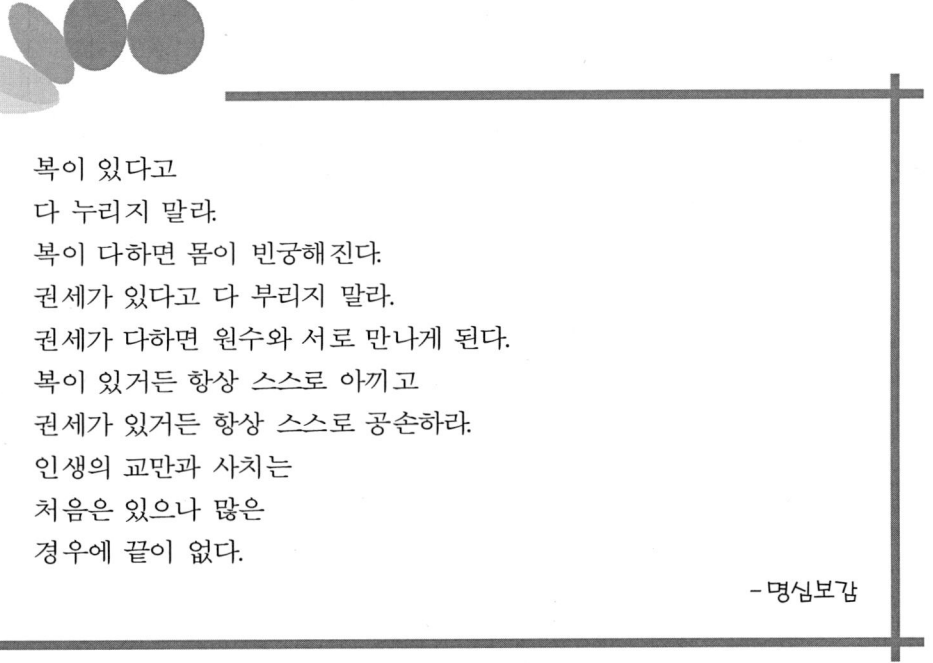

복이 있다고
다 누리지 말라.
복이 다하면 몸이 빈궁해진다.
권세가 있다고 다 부리지 말라.
권세가 다하면 원수와 서로 만나게 된다.
복이 있거든 항상 스스로 아끼고
권세가 있거든 항상 스스로 공손하라.
인생의 교만과 사치는
처음은 있으나 많은
경우에 끝이 없다.

– 명심보감

기타여청범죄

편 9

기타 여청 범죄 수사

| 제1장 | 노인복지법 |

I. 목적 및 개념정의

1. 목 적

제1조(목적) 이 법은 노인의 질환을 사전예방 또는 조기발견하고 질환상태에 따른 적절한 치료·요양으로 심신의 건강을 유지하고, 노후의 생활안정을 위하여 필요한 조치를 강구함으로써 노인의 보건복지증진에 기여함을 목적으로 한다.

2. 개념정의

제2조(정의) 이 법에서 사용하는 용어의 정의는 다음과 같다.
1. "부양의무자"라 함은 배우자(사실상의 혼인관계에 있는 자를 포함한다)와 직계비속 및 그 배우자(사실상의 혼인관계에 있는 자를 포함한다)를 말한다.
2. "보호자"라 함은 부양의무자 또는 업무·고용 등의 관계로 사실상 노인을 보호하는 자를 말한다.
3. "치매"란 「치매관리법」 제2조제1호에 따른 치매를 말한다.
4. "노인학대"라 함은 노인에 대하여 신체적·정신적·정서적·성적 폭력 및 경제적 착취 또는 가혹행위를 하거나 유기 또는 방임을 하는 것을 말한다.
5. "노인학대관련범죄"란 보호자에 의한 65세 이상 노인에 대한 노인학대로서 다음 각 목의 어느 하나에 해당되는 죄를 말한다.
   가. 「형법」 제2편제25장 상해와 폭행의 죄 중 제257조(상해, 존속상해), 제258조(중상해, 존속중상해), 제260조(폭행, 존속폭행)제1항·제2항, 제261조(특수폭행) 및 제264조(상습범)의 죄
   나. 「형법」 제2편제28장 유기와 학대의 죄 중 제271조(유기, 존속유기)제1항·제2항, 제273조(학대, 존속학대)의 죄
   다. 「형법」 제2편제29장 체포와 감금의 죄 중 제276조(체포, 감금, 존속체포, 존속감금), 제277조(중체포, 중감금, 존속중체포, 존속중감금), 제278조(특수체포, 특수감금), 제279조(상습범), 제280조(미수범) 및 제281조(체포·감금등의 치사상)(상해에 이르게 한 때에만 해당한다)의 죄
   라. 「형법」 제2편제30장 협박의 죄 중 제283조(협박, 존속협박)제1항·제2항, 제284조(특수협박), 제285조(상습범)(제283조의 죄에만 해당한다) 및 제286조(미수범)의 죄
   마. 「형법」 제2편제32장 강간과 추행의 죄 중 제297조(강간), 제297조의2(유사강간), 제298조(강제추행), 제299조(준강간, 준강제추행), 제300조(미수범), 제301조(강간등 상해·치상), 제301조의2(강간등 살인·치사), 제305조의2(상습범)(제297조, 제297조의2, 제298조부터 제300조까지의 죄에 한정한다)의 죄
   바. 「형법」 제2편제33장 명예에 관한 죄 중 제307조(명예훼손), 제309조(출판물등에 의한 명예훼손) 및 제311조(모욕)의 죄
   사. 「형법」 제2편제36장 주거침입의 죄 중 제321조(주거·신체 수색)의 죄

아. 「형법」 제2편제37장 권리행사를 방해하는 죄 중 제324조(강요) 및 제324조의5(미수범)(제324조의 죄에만 해당한다)의 죄

자. 「형법」 제2편제39장 사기와 공갈의 죄 중 제350조(공갈) 및 제352조(미수범)(제350조의 죄에만 해당한다)의 죄

차. 「형법」 제2편제42장 손괴의 죄 중 제366조(재물손괴등)의 죄

카. 제55조의2, 제55조의3제1항제2호, 제55조의4제1호, 제59조의2의 죄

타. 가목부터 차목까지의 죄로서 다른 법률에 따라 가중처벌되는 죄

Ⅱ. 벌 칙

제55조의2(벌칙) 제39조의9제1호(상해에 한한다)의 행위를 한 자는 7년 이하의 징역 또는 7천만원 이하의 벌금에 처한다.

제55조의3(벌칙) ① 다음 각 호의 어느 하나에 해당하는 자는 5년 이하의 징역 또는 5천만원 이하의 벌금에 처한다.

1. 제39조의7제2항 또는 제5항에 따른 업무를 수행 중인 노인보호전문기관의 직원에 대하여 폭행 또는 협박하거나 위계 또는 위력으로써 그 업무를 방해한 자

2. 제39조의9제1호(폭행에 한정한다)부터 제4호까지 또는 같은 조 제6호에 해당하는 행위를 한 자

③ 단체 또는 다중의 위력을 보이거나 위험한 물건을 휴대하고 제1항제1호의 죄를 범하여 노인보호전문기관의 직원을 상해에 이르게 한 때에는 3년 이상의 유기징역에 처한다. 사망에 이르게 한 때에는 무기 또는 5년 이상의 징역에 처한다.

제55조의4(벌칙) 다음 각 호의 어느 하나에 해당하는 자는 3년 이하의 징역 또는 3천만원 이하의 벌금에 처한다.

1. 제39조의9제5호에 해당하는 행위를 한 자

1의2. 제39조의10제1항을 위반하여 정당한 사유 없이 신고하지 아니하고 실종노인을 보호한 자

2. 위계 또는 위력을 행사하여 제39조의11제2항에 따른 관계 공무원의 출입 또는 조사를 거부하거나 방해한 자

3. 제39조의12를 위반하여 직무상 알게 된 비밀을 누설한 자

제56조(벌칙) ①제33조의2제2항을 위반하여 입소자격자 아닌 자에게 노인복지주택을 임대한 자는 2년 이하의 징역에 처하거나 위법하게 임대한 세대의 수에 1천만원을 곱한 금액 이하의 벌금에 처한다.

제57조(벌칙) 다음 각 호의 어느 하나에 해당하는 자는 1년 이하의 징역 또는 1천만원 이하의 벌금에 처한다.

1. 제33조제2항, 제35조제2항, 제37조제2항 또는 제39조제2항에 따른 신고를 하지 아니하고 양로시설·노인공동생활가정·노인복지주택·노인요양시설·노인요양공동생활가정·노인여가복지시설 또는 재가노인복지시설을 설치하거나 운영한 자

2. 제33조의2제3항을 위반하여 임대한 자

2의2. 제39조의2제6항을 위반하여 다른 사람에게 자격증을 빌려주거나 빌린 자

2의3. 제39조의2제7항을 위반하여 자격증을 빌려주거나 빌리는 것을 알선한 자

3. 제39조의3제1항에 따른 지정을 받지 아니하고 요양보호사교육기관을 설치하거나 운영한 자

4. 제39조의6제3항에 따른 신고인의 신분 보호 및 신원 노출 금지 의무를 위반한 자

5. 삭제 〈2020.4.7.〉

6. 정당한 사유 없이 제40조제5항에 따라 권익보호조치를 하지 아니한 자

제59조(벌칙) 제41조를 위반하여 수탁을 거부한 자는 50만원 이하의 벌금에 처한다.

제59조의2(가중처벌) 상습적으로 또는 제31조에 따른 노인복지시설 종사자가 제55조의2, 제55조의3제1항제2호 또는 제55조의4제1호의 죄를 범한 경우 각 그 죄에서 정한 형의 2분의 1까지 가중한다.

제60조(양벌규정) 법인의 대표자나 법인 또는 개인의 대리인, 사용인, 그 밖의 종업원이 그 법인 또는 개인의 업무에 관하여 제55조의2, 제55조의3, 제55조의4제1호의2·제3호, 제56조, 제57조(같은 조 제2호는 제외한다) 또는 제59조의 위반행위를 하면 그 행위자를 벌하는 외에 그 법인 또는 개인에게도 해당 조문의 벌금형을 과(科)한다. 다만, 법인 또는 개인이 그 위반행위를 방지하기 위하여 해당 업무에 관하여 상당한 주의와 감독을 게을리하지 아니한 경우에는 그러하지 아니하다.

제61조의2(과태료) ① 다음 각 호의 어느 하나에 해당하는 자에게는 1천만원 이하의 과태료를 부과한다.
 1. 제39조의7제6항을 위반하여 노인학대 현장에 출동한 자에 대하여 현장조사를 거부하거나 업무를 방해한 자
 2. 제39조의17제9항에 따른 해임요구를 정당한 사유 없이 거부하거나 1개월 이내에 이행하지 아니하는 노인 관련기관의 장
② 다음 각 호의 어느 하나에 해당하는 자에게는 500만원 이하의 과태료를 부과한다.
 1. 제39조의11제2항에 따른 명령을 위반하여 보고 또는 자료제출을 하지 아니하거나 거짓으로 보고하거나 거짓 자료를 제출한 자
 2. 제39조의6제2항을 위반하여 노인학대를 신고하지 아니한 사람. 다만, 제39조의6제2항제16호에 따른 사회복무요원은 제외한다.
 3. 제39조의17제5항을 위반하여 취업자등에 대하여 노인학대관련범죄 경력을 확인하지 아니한 노인관련기관의 장
③ 다음 각 호의 어느 하나에 해당하는 자에게는 300만원 이하의 과태료를 부과한다.
 1. 제39조의16제2항을 위반하여 정당한 사유 없이 상담·교육 및 심리적 치료 등을 받지 아니한 노인학대행위자
 2. 제39조의20제5항을 위반하여 정당한 사유 없이 노인보호전문기관의 업무 수행을 거부하거나 방해한 피해노인의 보호자·가족
④ 다음 각 호의 어느 하나에 해당하는 자는 200만원 이하의 과태료를 부과한다.
 1. 삭제 〈2015. 12. 29.〉
 2. 제39조의10제2항을 위반하여 신상카드를 제출하지 아니한 자
 3. 제40조를 위반하여 신고하지 아니하고 노인복지시설을 폐지 또는 휴지한 자

Ⅲ. 범죄사실

1. 미신고 노인요양공동생활가정 운영

1) 적용법조 : 제57조 제1호, 제35조 제2항 ☞ 공소시효 5년

> 제35조(노인의료복지시설의 설치) ① 국가 또는 지방자치단체는 노인의료복지시설을 설치할 수 있다.
> ② 국가 또는 지방자치단체외의 자가 노인의료복지시설을 설치하고자 하는 경우에는 시장·군수·구청장에게 신고하여야 한다.

2) 범죄사실 기재례

> 피의자는 ○○에서 ○○○ 교회를 운영하는 목사이다.
> 국가 또는 지방자치단체 이외의 자가 노인의료복지시설을 운영하고자 하는 경우 시장·군수·구청장에게 신고하여야 한다.
> 그럼에도 불구하고 피의자는 위와 같은 신고를 하지 아니한 채, 20○○. ○. ○.경부터 20○○. ○. ○.경까지 위 ○○○ 교회를 운영하면서 2층에 치매 노인 갑(여, 89세) 등 다수의 치매·중풍 노인에 대하여 매월 입소 비용으로 위 노인의 부양가족으로부터 금원을 수령하고, 노인성질환 등으로 심신에 상당한 장애가 발생하여 도움을 필요로 하는 노인에게 가정과 같은 주거여건과 급식·요양, 그 밖에 일상생활에 필요한 편의를 제공하는 등 노인의료복지시설에 해당하는 노인요양공동생활가정을 운영하였다.

■ 판례 ■ 피고인이 신고를 하지 아니하고 노인의료복지시설에 해당하는 노인요양공동생활가정을 운영하였다고 하여 노인복지법 제56조 제2항 위반으로 기소된 경우

피고인이 신고를 하지 아니하고 노인의료복지시설에 해당하는 노인요양공동생활가정을 운영하였다고 하여 노인복지법(이하 '법'이라 한다) 제56조 제2항 위반으로 기소된 사안에서, 현행 법에서 노인주거복지시설 및 노인의료복지시설을 신고 없이 설치·운영한 자에 대하여 법 제56조 제2항 및 제57조 제1호에서 중복된 처벌조항을 두고 있는데, 처벌대상을 동일하게 규정하고 있음에도 사안에 따라 더 높은 법정형이 규정된 법 제56조 제2항을 적용하여야 하는 것으로 해석한다면 죄형법정주의에 위배될 소지가 있는 점 등을 종합할 때, '법 제33조 제2항, 제35조 제2항에 따른 신고를 하지 아니하고 노인의료복지시설을 설치하거나 운영한 자'에 대한 처벌조항은 법 제57조 제1호가 적용되어야 한다는 이유로, 피고인의 행위에 대하여 법 제56조 제2항이 아닌 법 제57조 제1호를 적용한 사례.(울산지법 2014.5.27. 선고, 2014고정311, 판결).

2. 노인에 대한 금지행위 위반

> 제39조의9(금지행위) 누구든지 65세 이상의 사람(이하 이 조에서 "노인"이라 한다)에 대하여 다음 각 호의 어느 하나에 해당하는 행위를 하여서는 아니된다.
> 1. 노인의 신체에 폭행을 가하거나 상해를 입히는 행위
> 2. 노인에게 성적 수치심을 주는 성폭행·성희롱 등의 행위
> 3. 자신의 보호·감독을 받는 노인을 유기하거나 의식주를 포함한 기본적 보호 및 치료를 소홀히 하는 방임행위
> 4. 노인에게 구걸을 하게 하거나 노인을 이용하여 구걸하는 행위
> 5. 노인을 위하여 증여 또는 급여된 금품을 그 목적외의 용도에 사용하는 행위
> 6. 폭언, 협박, 위협 등으로 노인의 정신건강에 해를 끼치는 정서적 학대행위

[기재례1] 노인에게 상해

1) **적용법조** : 제55조의2 제39조의9 제1호 ☞ 공소시효 7년

2) **범죄사실 기재례**

> 누구든지 65세 이상의 노인에 대하여 신체에 폭행을 가하거나 상해를 입히는 행위를 하여서는 아니 된다.
> 그럼에도 불구하고 피의자는 20○○. ○. ○. ○○:○○경 ○○에서 피해자 홍길녀(여, 76세)와 ○○문제로 시비하던 중 위 피해자가 "○○○"라고 하였다는 이유로 들고 있던 손지갑으로 피해자의 얼굴을 때리고, 머리채를 잡아 흔들며 손톱으로 얼굴을 할퀴어 피해자에게 약 2주간의 치료를 요하는 안면부찰과상 등을 가하였다.

[기재례2] 노인에게 정서적 학대행위

1) **적용법조** : 제55조의3 제1항 제2호, 제39조의9 제6호 ☞ 공소시효 7년

2) **범죄사실 기재례**

> 피의자는 20○○. ○. ○.경부터 20○○. ○. ○.경까지 ○○에 있는 ○○노인복지관에 근무한 사람이다.
> 누구든지 65세 이상의 노인에 대하여 폭언, 협박, 위협 등으로 노인의 정신건강에 해를 끼치는 정서적 학대행위를 하여서는 아니 된다.
> 그럼에도 불구하고 피의자는 20○○. ○. ○.11:20경 위 복지관에서 낮잠을 자기 위해 누워 있던 피해자 갑(여,73세)의 옆에 피의자의 휴대폰을 신경질적으로 집어 던진 후 무서운 영상을 틀어 주어 이를 시청한 피해자로 하여금 다리가 떨릴 정도로 극도의 공포심을 느끼게 하였다.
> 이로써 피의자는 노인의 정신건강에 해를 끼치는 정서적 학대행위를 하였다.

[기재례3] 의식주를 소홀히 하는 방임

1) **적용법조** : 제55조의2 제39조의9 제3호 ☞ 공소시효 7년

2) **범죄사실 기재례**

> 피의자는 200○. ○. ○. 알츠하이머병에 의한 치매 진단을 받아 망상 증세와 인근을 배회하는 증세가 있는 피해자 B(여, 91세)의 직계비속으로, 피해자의 주거지인 ○○에 인접한 ○○에서 거주하며 노인인 피해자를 사실상 보호하는 사람이다.
>
> 누구든지 자신의 보호·감독을 받는 65세 이상의 사람을 유기하거나 의식주를 포함한 기본적 보호 및 치료를 소홀히 하는 방임행위를 하여서는 아니 된다.
>
> 그럼에도 불구하고 피의자는 치매와 고령으로 거동이 불편한 피해자를 위 주소지에 혼자 거주하도록 하며, 피의자가 부담해오던 상수도요금을 200○. ○. ○.경부터 200○. ○. 경까지 납부하지 아니하여 200○. ○. ○.경부터 200○. ○. ○.경까지 피해자의 주거지에 단수 조치가 이루어지도록 하고, 그 무렵 피해자의 주거지에 곰팡이와 악취가 발생하며 음식물 쓰레기와 화장실의 인분 등이 쌓임으로써 사실상 사람이 주거할 수 없는 불결한 상태임에도 피해자를 위와 같은 비위생적 환경에서 생활하도록 방치하는 방법으로 노인인 피해자의 의식주를 포함한 기본적 보호를 소홀히 하는 방임행위를 하였다.

3. 실종노인 신고 없이 보호

1) **적용법조** : 제55조의4 제1의2호, 제39조의10 제1항 ☞ 공소시효 5년

> **제39조의10(실종노인에 관한 신고의무 등)** ① 누구든지 정당한 사유 없이 사고 등의 사유로 인하여 보호자로부터 이탈된 노인(이하 "실종노인"이라 한다)을 경찰관서 또는 지방자치단체의 장에게 신고하지 아니하고 보호하여서는 아니 된다.

2) **범죄사실 기재례**

> 누구든지 정당한 사유 없이 사고 등의 사유로 인하여 보호자로부터 이탈된 노인(실종노인)을 경찰관서 또는 지방자치단체의 장에게 신고하지 아니하고 보호하여서는 아니 된다.
>
> 그럼에도 불구하고 피의자는 200○. ○. ○.경 ○○에 있는 ○○역 대합실에서 길을 잃은 노인 갑(78세, 남)을 발견하고 ○○에 있는 피의자 주거지로 데려와 피의자가 운영하고 있는 ○○염전 인부로 일을 하게 하였다.
>
> 이로써 피의자는 정당한 사유 없이 신고하지 아니하고 실종노인을 보호하였다.

4. 업무상 비밀누설

1) **적용법조** : 제55조의4 제3호, 제39조의12 ☞ 공소시효 5년

제39조의12(비밀누설의 금지) 이 법에 의한 학대노인의 보호와 관련된 업무에 종사하였거나 종사하는 자는 그 직무상 알게 된 비밀을 누설하지 못한다.

2) 범죄사실 기재례

> 피의자는 ○○에 있는 ○○노인보호전문기관의 상담원이다.
> 법에 의한 학대노인의 보호와 관련된 업무에 종사하였거나 종사하는 자는 그 직무상 알게 된 비밀을 누설해서는 아니 된다.
> 그럼에도 불구하고 피의자는 20○○. ○. ○. ○○:○○경 위 사무실에서 ○○와 관련 홍길녀(여, 88세)와 상담중 위 홍길녀가 남편으로부터 수시로 매를 맞는다는 등의 가정 일을 동료직원인 최민자 등에게 말하여 이를 누설하였다.

3) 신문사항

- 피의자는 어디에 근무하고 있는가
- 어떠한 업무를 수행하는가
- 홍길녀를 알고 있는가
- 언제 어디에서 위 홍길녀와 상담하였나
- 상담과정에서 어떠한 사항을 알게 되었나
- 홍길녀가 가정폭력을 당하고 있다는 것을 알고 있는가
- 이러한 사실을 누설한 일이 있나
- 언제 어디에서 누구에게 누설하였나
- 피의자의 행위로 홍길녀는 어떠한 피해를 보았는지 알고 있나
- 상담요원으로서 이러한 누설행위에 대해 어떻게 생각하느냐

IV. 노인학대 신고

1. 노인학대 신고의무와 절차 등 (제39조의6)

① 누구든지 노인학대를 알게 된 때에는 노인보호전문기관 또는 수사기관에 신고할 수 있다.

② 다음 각 호의 어느 하나에 해당하는 자는 그 직무상 65세 이상의 사람에 대한 노인학대를 알게 된 때에는 즉시 노인보호전문기관 또는 수사기관에 신고하여야 한다.

1. 의료법 제3조제1항의 의료기관에서 의료업을 행하는 의료인 및 의료기관의 장

2. 제27조의2에 따른 방문요양과 돌봄이나 안전확인 등의 서비스 종사자, 제31조에 따른 노인복지시설의 장과 그 종사자 및 제7조에 따른 노인복지상담원

3. 「장애인복지법」 제58조의 규정에 의한 장애인복지시설에서 장애노인에 대한 상담·치료·훈련 또는 요양업무를 수행하는 사람

4. 「가정폭력방지 및 피해자보호 등에 관한 법률」 제5조 및 제7조에 따른 가정폭력 관련 상담소 및 가정폭력피해자 보호시설의 장과 그 종사자

5. 「사회보장급여의 이용·제공 및 수급권자 발굴에 관한 법률」 제43조에 따른 사회복지전담공무원 및 「사회복지사업법」 제34조에 따른 사회복지시설의 장과 그 종사자

6. 「노인장기요양보험법」 제31조에 따른 장기요양기관의 장과 그 종사자

7. 「119구조·구급에 관한 법률」 제10조에 따른 119구급대의 구급대원

8. 「건강가정기본법」 제35조에 따른 건강가정지원센터의 장과 그 종사자

9. 「다문화가족지원법」 제12조에 따른 다문화가족지원센터의 장과 그 종사자

10. 「성폭력방지 및 피해자보호 등에 관한 법률」 제10조에 따른 성폭력피해상담소 및 같은 법 제12조에 따른 성폭력피해자보호시설의 장과 그 종사자

11. 「응급의료에 관한 법률」 제36조에 따른 응급구조사

12. 「의료기사 등에 관한 법률」 제1조의2제1호에 따른 의료기사

13. 「국민건강보험법」에 따른 국민건강보험공단 소속 요양직 직원

14. 「지역보건법」 제2조에 따른 지역보건의료기관의 장과 종사자

15. 제31조에 따른 노인복지시설 설치 및 관리 업무 담당 공무원

16. 「병역법」 제2조제1항제10호라목에 따른 사회복지시설에서 복무하는 사회복무요원 (노인을 직접 대면하는 업무에 복무하는 사람으로 한정한다)

③ 신고인의 신분은 보장되어야 하며 그 의사에 반하여 신분이 노출되어서는 아니된다.

④ 관계 중앙행정기관의 장은 제2항 각 호의 어느 하나에 해당하는 사람의 자격취득 교육과정이나 보수교육 과정에 노인학대 예방 및 신고의무와 관련된 교육 내용을 포함하도록 하여야 한다.

⑤ 제2항에 따른 노인학대 신고의무자가 소속된 다음 각 호의 기관의 장은 소속 노인학대 신고의무자에게 노인학대예방 및 신고의무에 관한 교육을 실시하고 그 결과를 보건복지부장관에게 제출하여야 한다.

1. 제31조에 따른 노인복지시설

2. 「의료법」 제3조제2항제3호라목 및 마목에 따른 요양병원 및 종합병원

3. 「노인장기요양보험법」 제2조제4호에 따른 장기요양기관

2. 응급조치의무 등 (제39조의7)

① 제39조의6의 규정에 의하여 노인학대신고를 접수한 노인보호전문기관의 직원이나 사법경찰관리는 지체없이 노인학대의 현장에 출동하여야 한다. 이 경우 노인보호전문기관의 장이나 수사기관의 장은 서로 동행하여 줄 것을 요청할 수 있고, 그 요청을 받은 때에는 정당한 사유가 없으면 소속 직원이나 사법경찰관리를 현장에 동행하도록 하여야 한다.

② 제1항에 따라 출동한 노인보호전문기관의 직원이나 사법경찰관리는 피해자를 보호하기 위하여 신고된 현장에 출입하여 관계인에 대하여 조사를 하거나 질문을 할 수 있다. 이 경우 노인보호전문기관의 직원은 피해노인의 보호를 위한 범위에서만 조사 또는 질문을 할 수 있다.

③ 제2항에 따라 출입, 조사 또는 질문을 하는 노인보호전문기관의 직원이나 사법경찰관리는 그 권한을 표시하는 증표를 지니고 이를 관계인에게 보여주어야 한다.

④ 제2항에 따라 조사 또는 질문을 하는 노인보호전문기관의 직원이나 사법경찰관리는 피해자·신고자·목격자 등이 자유롭게 진술할 수 있도록 노인학대행위자로부터 분리된 곳에서 조사하는 등 필요한 조치를 하여야 한다.

⑤ 제1항의 규정에 의하여 현장에 출동한 자는 학대받은 노인을 노인학대행위자로부터 분리하거나 치료가 필요하다고 인정할 때에는 노인보호전문기관 또는 의료기관에 인도하여야 한다.

⑥ 누구든지 정당한 사유 없이 노인학대 현장에 출동한 자에 대하여 현장조사를 거부하거나 업무를 방해하여서는 아니 된다.

⑦ 국가 및 지방자치단체는 제39조의5에 따른 노인보호전문기관의 장이 학대받은 노인의 보호, 치료 등의 업무를 수행함에 있어서 피해노인, 그 보호자 또는 노인학대행위자에 대한 신분조회 등 필요한 조치의 협조를 요청할 경우 정당한 사유가 없으면 이에 적극 협조하여야 한다.

3. 노인학대 등의 통보 (제39조의15)

① 사법경찰관리는 노인 사망 및 상해사건, 가정폭력 사건 등에 관한 직무를 행하는 경우 노인학대가 있었다고 의심할만한 사유가 있는 때에는 노인보호전문기관에 그 사실을 통보하여야 한다.

② 제1항의 통보를 받은 노인보호전문기관은 피해노인 보호조치 등 필요한 조치를 하여야 한다.

4. 노인학대행위자에 대한 상담·교육 등의 권고 (제39조의16)

① 노인보호전문기관의 장은 노인학대행위자에 대하여 상담·교육 및 심리적 치료 등 필요한 지원을 제공하여야 한다.

② 노인학대행위자는 노인보호전문기관의 장이 제1항에 따른 상담·교육 및 심리적 치료 등을 제공하는 경우에는 정당한 사유가 없으면 상담·교육 및 심리적 치료 등을 받아야 한다.

V. 노인학대신고의접수및상담방법등운영기준 (보건복지부고시)

1. 목 적

노인학대를 예방하고 수시로 신고를 받을 수 있도록 노인보호전문기관에 전국적으로 통일된 번호로 24시간 동안 운영되는 긴급전화 및 노인보호전문기관을 설치운영토록함에 따라 노인학대 신고의 접수 및 상담방법과 그 밖의 세부 운영 등에 관하여 필요한 사항을 정함을 목적으로 한다.

2. 긴급전화 운영

가. 노인학대 신고용 긴급전화는 129번 또는 1577-1389번으로 한다.

나. 긴급전화는 연중 24시간 운영한다.

3. 노인학대 신고 접수

가. 노인학대의심사례를 신고접수 받을 경우에는 다음과 같은 사항을 파악하여야 한다.
- 신고자의 인적사항
- 신고자에 대한 비밀보장여부 파악
- 신고 목적 파악 : 노인 보호에 대한 욕구, 정보파악 혹은 상담을 위한 욕구, 노인학대 판정을 위해 현장조사 실시에 대한 욕구 등
- 피해노인과 학대행위자의 인적사항 파악
- 학대의 정확한 내용 파악 : 학대의 정도와 심각성, 발생빈도, 지속성, 방법, 학대유형 등
- 피해노인의 현재 상황 파악 : 노인의 위기상황 평가, 긴급분리보호 여부, 현재 보호되고 있는 곳, 노인의 심신상태, 가정환경 등

나. 노인학대의심사례를 신고접수 받은 경우에는 신고접수 사항을 노인학대 신고접수서에 기록 유지하여야 한다.

4. 노인학대 상담 등

가. 노인학대 상담은 자격을 갖춘 상담원이 실시하여야 한다.

상담원은 신고자가 편안한 마음으로 상담에 응할 수 있도록 최대한 친절하게 응대하여야 한다.

나. 노인학대 사례로서의 적합성 판단

판단은 사례의 학대 여부와 심각성 등을 고려하여 일회성 노인상담으로 종결하여야 할 것인지, 노인학대사례로 접수하여 현장조사 및 지속적 상담을 할 것인지 판단하여야 한다.

다. 사례의 응급성 여부 판단

○ 응급한 사례로 판단되는 경우 12시간 내에 현장조사를 실시하되 가능한 경찰관과 동행하도록 협조토록 하고, 단순노인학대사례는 48시간 내에 현장조사를 실시하여야 한다.

○ 응급한 사례로 판단되나 신고접수한 노인학대예방센터에서 12시간 내에 현장조사가 어려운 경우 관할 경찰서의 경찰관, 시군구위기가정SOS상담소 상담원 및 읍면동사무소의 사회복지전담공무원에게 협조하여 사례의 응급성 여부를 판단할 수 있도록 우선 지원 요청하여야 한다.

라. 현장조사 실시

○ 상담원이 현장조사를 실시하는 경우에는 노인학대행위조사원증을 제시한 후 현장조사에 임하여야 한다.

○ 현장조사에서는 다음 사항이 포함되어야 한다.

 – 노인학대 사례로서의 적합성 판정, 노인의 안전 및 응급성 여부 확인

 – 피해자 노인에 대한 신변보장과 안전조치

 – 충분한 자료 및 정보 수집 등

5. 상담원의 근무

24시간 신고접수, 상담 및 현장조사가 가능하도록 근무자를 배치하여야한다. 다만, 기관 실정에 따라 다음과 같은 조치가 가능한 경우 일과시간(평일 09:00~18:00, 토요일 09:00~13:00) 이외의 시간에는 재택근무를 할 수 있다.

 – 재택근무자가 신고전화의 접수 및 상담이 가능하고, 응급사례 발생시 즉시 현장조사가 가능한 경우 근무자용 이동전화의 확보와 착신통화전환조치 등 통신연락체계의 강구

 – 재택근무시에는 일과시간 종료시부터 일정시간(21시까지) 사무실에서 대기근무

 – 재택근무자는 사적 용무로 주거지를 이탈하여서는 아니 됨

Ⅵ. 실무사례

제1관 노인상대 폭행, 상해를 가한 경우 가중처벌 여부

1. 사 례

> 甲(70세)은 같은 마을에 살고 있는 乙(20세)이 술만 먹으로 마을 어른들에게 버릇없이 욕설을 한다는 이유로 훈계하였다. 乙은 甲의 훈계에 못마땅하게 여겨 주먹과 발로 때려 2주간의 치료를 요하는 상처를 입혔다.
> 가. 피해자가 노인일 경우 특별법이 있는지 ?
> 나. 형법상 폭행이나 상해죄와 특별법과 형량의 경중은 ?
> 다. 만약 실종노인을 신고 없이 보호한 경우

2. 관련법규

가. 노인복지법

> 제39조의9(금지행위) 누구든지 다음 각호의 1에 해당하는 행위를 하여서는 아니 된다.
> 1. 노인의 신체에 폭행을 가하거나 상해를 입히는 행위
> 2. 노인에게 성적 수치심을 주는 성폭행·성희롱 등의 행위
> 3. 자신의 보호·감독을 받는 노인을 유기하거나 의식주를 포함한 기본적 보호 및 치료를 소홀히 하는 방임행위
> 4. 노인에게 구걸을 하게 하거나 노인을 이용하여 구걸하는 행위
> 5. 노인을 위하여 증여 또는 급여된 금품을 그 목적외의 용도에 사용하는 행위
> 제39조의10(실종노인에 관한 신고의무 등) ①누구든지 정당한 사유 없이 사고 또는 치매 등의 사유로 인하여 보호자로부터 이탈된 노인(이하 "실종노인"이라 한다)을 경찰관서 또는 지방자치단체의 장에게 신고하지 아니하고 보호하여서는 아니 된다.
> 제55조의2(벌칙) 제39조의9제1호(상해에 한한다)의 행위를 한 자는 7년 이하의 징역 또는 2천만원 이하의 벌금에 처한다.
> 제55조의3(벌칙) 다음 각 호의 어느 하나에 해당하는 자는 5년 이하의 징역 또는 1천500만원 이하의 벌금에 처한다.
> 1. 제39조의9제1호(폭행에 한한다)부터 제4호까지에 해당하는 행위를 한 자
> 2. 제39조의10제1항을 위반하여 정당한 사유 없이 신고하지 아니 하고 실종노인을 보호한 자

나. 형 법

> 제257조(상해, 존속상해) ① 사람의 신체를 상해한 자는 7년 이하의 징역, 10년 이하의 자격정지 또는 1천만원 이하의 벌금에 처한다.
> ② 자기 또는 배우자의 직계존속에 대하여 제1항의 죄를 범한 때에는 10년 이하의 징역 또는 1천500만원 이하의 벌금에 처한다.
> 제260조(폭행, 존속폭행) ① 사람의 신체에 대하여 폭행을 가한 자는 2년 이하의 징역, 500만원 이하의 벌금, 구류 또는 과료에 처한다.

② 자기 또는 배우자의 직계존속에 대하여 제1항의 죄를 범한 때에는 5년 이하의 징역 또는 700만원 이하의 벌금에 처한다.

③ 제1항 및 제2항의 죄는 피해자의 명시한 의사에 반하여 공소를 제기할 수 없다.

다. 실종아동등의 보호 및 지원에 관한 법률

제7조(미신고 보호행위의 금지) 누구든지 정당한 사유 없이 실종아동등을 국가경찰관서 또는 지방자치단체의 장에게 신고하지 아니하고 보호할 수 없다.

제17조(벌칙) 제7조를 위반하여 정당한 사유없이 실종아동등을 보호한 자 및 제9조제4항을 위반하여 개인위치정보등을 실종아동등을 찾기 위한 목적 외의 용도로 이용한 자는 5년 이하의 징역 또는 5천만원 이하의 벌금에 처한다.

제2조(정의) 이 법에서 사용하는 용어의 정의는 다음과 같다.

　2. "실종아동등"이란 약취(略取)·유인(誘引) 또는 유기(遺棄)되거나 사고를 당하거나 가출하거나 길을 잃는 등의 사유로 인하여 보호자로부터 이탈(離脫)된 아동등을 말한다.

3. 결 론

가. 노인을 폭행한 경우

　노인을 단순폭행 한 경우 형법상 폭행죄, 2인 이상의 경우 폭처법으로 처벌한다. 그러나 65세 이상의 노인일 경우에는 노인복지법에 따라 처벌하여야 할 것이다. 왜냐면 형법상 폭행죄보다 형량이 더 중하기 때문이다. 그러나 폭처법에 해당할 경우에는 더 중한 폭처법을 적용한다.

나. 노인에게 상해를 입힌 경우

　역시 형법과 폭처법 그리고 노인복지법을 비교하여 위와 같이 사안에 따라 가장 중한 폭처법이나 노인복지법을 적용하여야 한다.

다. 실종노인을 신고 없이 보호한 경우

　노인복지법 제39조의10, 제55조의3 제2호로 처벌한다.

제2장 　모자보건법

Ⅰ. 목적 및 개념정의

1. 목 적

제1조(목적) 이 법은 모성(母性) 및 영유아(영幼兒)의 생명과 건강을 보호하고 건전한 자녀의 출산과 양육을 도모함으로써 국민보건 향상에 이바지함을 목적으로 한다.

2. 개념정의

제2조(정의) 이 법에서 사용하는 용어의 뜻은 다음과 같다.
1. "임산부"란 임신 중이거나 분만 후 6개월 미만인 여성을 말한다.
2. "모성"이란 임산부와 가임기(可姙期) 여성을 말한다.
3. "영유아"란 출생 후 6년 미만인 사람을 말한다.
4. "신생아"란 출생 후 28일 이내의 영유아를 말한다.
5. "미숙아(未熟兒)"란 신체의 발육이 미숙한 채로 출생한 영유아로서 대통령령으로 정하는 기준에 해당하는 영유아를 말한다.
6. "선천성이상아(先天性異常兒)"란 선천성 기형(奇形) 또는 변형(變形)이 있거나 염색체에 이상이 있는 영유아로서 대통령령으로 정하는 기준에 해당하는 영유아를 말한다.
7. "인공임신중절수술"이란 태아가 모체 밖에서는 생명을 유지할 수 없는 시기에 태아와 그 부속물을 인공적으로 모체 밖으로 배출시키는 수술을 말한다.
8. "모자보건사업"이란 모성과 영유아에게 전문적인 보건의료서비스 및 그와 관련된 정보를 제공하고, 모성의 생식건강(生殖健康) 관리와 임신·출산·양육 지원을 통하여 이들이 신체적·정신적·사회적으로 건강을 유지하게 하는 사업을 말한다.
10. "산후조리업(産後調理業)"이란 산후조리 및 요양 등에 필요한 인력과 시설을 갖춘 곳(이하 "산후조리원"이라 한다)에서 분만 직후의 임산부나 출생 직후의 영유아에게 급식·요양과 그 밖에 일상생활에 필요한 편의를 제공하는 업(業)을 말한다.
11. "난임(難姙)"이란 부부(사실상의 혼인관계에 있는 경우를 포함한다. 이하 이 호에서 같다)가 피임을 하지 아니한 상태에서 부부간 정상적인 성생활을 하고 있음에도 불구하고 1년이 지나도 임신이 되지 아니하는 상태를 말한다.
12. "보조생식술"이란 임신을 목적으로 자연적인 생식과정에 인위적으로 개입하는 의료행위로서 인간의 정자와 난자의 채취 등 보건복지부령으로 정하는 시술을 말한다.

제26조(벌칙) ① 다음 각 호의 어느 하나에 해당하는 자는 1년 이하의 징역 또는 1천만원 이하의 벌금에 처한다.

1. 제15조제1항을 위반하여 신고 또는 변경신고를 하지 아니하고 산후조리업을 한 자
2. 삭제 〈2019.1.15〉
3. 제15조의9제1항 또는 제2항에 따른 산후조리업 정지명령 또는 산후조리원 폐쇄명령을 받고도 계속하여 산후조리업을 한 자
4. 제24조를 위반하여 비밀을 누설하거나 공표한 자

② 제15조의4제3호를 위반하여 필요한 조치를 하지 아니한 자는 500만원 이하의 벌금에 처한다.

③ 다음 각 호의 어느 하나에 해당하는 자는 300만원 이하의 벌금에 처한다.

1. 제15조의3제2항을 위반하여 승계 사실을 신고하지 아니한 자
2. 제15조의4제4호를 위반하여 필요한 조치를 하지 아니한 자

제26조의2(양벌규정) 법인의 대표자나 법인 또는 개인의 대리인, 사용인, 그 밖의 종업원이 그 법인 또는 개인의 업무에 관하여 제26조의 위반행위를 하면 그 행위자를 벌하는 외에 그 법인 또는 개인에게도 해당 조문의 벌금형을 과(科)한다. 다만, 법인 또는 개인이 그 위반행위를 방지하기 위하여 해당 업무에 관하여 상당한 주의와 감독을 게을리하지 아니한 경우에는 그러하지 아니하다.

제27조(과태료) ① 다음 각 호의 어느 하나에 해당하는 자에게는 200만원 이하의 과태료를 부과한다.

1. 제15조의4제1호 또는 제2호를 위반한 자
1의2. 제15조의4제5호를 위반하여 의료기관으로 이송한 사실 및 조치내역을 지체 없이 보고하지 아니한 자
2. 제15조의5제1항을 위반하여 건강진단 등을 받지 아니한 산후조리업자 및 같은 조 제2항을 위반하여 건강진단 등을 받지 아니한 사람사람에게 격리 등 근무제한 조치를 하지 아니한 산후조리업자
2의2. 제15조의5제2항을 위반하여 질병이 있거나 질병이 있는 것으로 의심되는 사람에게 격리 등 근무제한 조치를 하지 아니한 산후조리업자
3. 제15조의6제1항 또는 제2항을 위반하여 감염 예방 등에 관한 교육을 받지 아니한 자
3의2. 제15조의6제4항을 위반하여 산후조리업에 종사하는 사람을 교육받도록 하지 아니한 산후조리업자
4. 제15조의7제1항에 따른 보고를 하지 아니하거나 거짓으로 보고한 자 또는 공무원의 출입·검사 또는 열람을 거부·방해 또는 기피한 자
5. 제15조의16에 따른 서비스의 내용과 요금체계 및 중도해약 시 환불기준을 게시하지 아니하거나 거짓으로 게시한 자

② 다음 각 호의 어느 하나에 해당하는 자에게는 100만원 이하의 과태료를 부과한다.

1. 제8조제3항을 위반하여 임산부의 사망·사산 또는 신생아의 사망 사실을 보고하지 아니한 의료기관의 장 또는 보건소장
2. 제15조의5제3항을 위반하여 해당 사실을 지체 없이 산후조리업자에게 알리지 아니하거나 거짓으로 알린 자
3. 제15조의10을 위반하여 산후조리업의 폐업·휴업 또는 재개를 신고하지 아니한 산후조리업자

III. 범죄사실

1. 미신고 산후조리업 운영

1) 적용법조 : 제26조 제1항 제1호, 제15조 제1항 ☞ 공소시효 5년

> 제15조(산후조리업의 신고) ① 산후조리업을 하려는 자는 산후조리원 운영에 필요한 간호사 또는 간호조무사 등의 인력과 시설을 갖추고 책임보험에 가입하여 특별자치시장·특별자치도지사 또는 시장·군수·구청장에게 신고하여야 한다. 신고한 사항 중 보건복지부령으로 정하는 중요 사항을 변경하려는 경우에도 또한 같다.

2) 범죄사실 기재례

> 산후조리업을 하려는 자는 산후조리원 운영에 필요한 간호사 또는 간호조무사 등의 인력과 시설을 갖추고 책임보험에 가입하여 특별자치시장·특별자치도지사 또는 시장·군수·구청장에게 신고하여야 한다.
> 그럼에도 불구하고 피의자는 20○○. ○. ○.경 ○○에서 ○○시장에게 신고 없이 ○○시설을 갖추고 ○○방법으로 산후조리원을 운영하였다.

2. 업무상 비밀누설 행위

1) 적용법조 : 제26조 제1항 제4호, 제24조 ☞ 공소시효 5년

> 제24조(비밀 누설의 금지) 모자보건사업에 종사하는 사람은 이 법 또는 다른 법령에서 특별히 규정된 경우를 제외하고는 그 업무 수행상 알게 된 다른 사람의 비밀을 누설하거나 공표하여서는 아니 된다.

2) 범죄사실 기재례

> 피의자는 20○○. ○. ○.경부터 ○○에서 ○○산후조리원을 운영하고 있다.
> 모자보건사업에 종사하는 사람은 이 법 또는 다른 법령에서 특별히 규정된 경우를 제외하고는 그 업무 수행상 알게 된 다른 사람의 비밀을 누설하거나 공표하여서는 아니 된다.
> 그럼에도 불구하고 피의자는 20○○. ○. ○. ○○:○○경 위 조리원에서 산모들을 돌보는 과정에서 산모 홍길녀(여, 28세)가 기형아를 출산한 사실을 친구 갑 등에게 말하여 누설하였다.

3) 신문사항

  - 피의자는 어디에 근무하고 있는가

  - 어떠한 업무를 수행하는가

  - 홍길녀를 알고 있는가

  - 언제 어디에서 위 홍길녀 산모를 돌본 일이 있는가

  - 언제부터 어떤 방법으로 돌봤는가

  - 홍길녀가 기형아를 출산한 사실을 알고 있는가

  - 이러한 사실을 누설한 일이 있나

  - 언제 어디에서 누구에게 누설하였나

  - 피의자의 행위로 홍길녀는 어떠한 피해를 보았는지 알고 있나

  - 이러한 누설행위에 대해 어떻게 생각하느냐

제3장 영유아보육법

Ⅰ. 목적 및 개념정의

1. 목 적

제1조(목적) 이 법은 영유아(嬰幼兒)의 심신을 보호하고 건전하게 교육하여 건강한 사회 구성원으로 육성함과 아울러 보호자의 경제적·사회적 활동이 원활하게 이루어지도록 함으로써 영유아 및 가정의 복지 증진에 이바지함을 목적으로 한다.

2. 개념정의

제2조(정의) 이 법에서 사용하는 용어의 뜻은 다음과 같다.
  1. "영유아"란 7세 미만의 취학 전 아동을 말한다.
  2. "보육"이란 영유아를 건강하고 안전하게 보호·양육하고 영유아의 발달 특성에 맞는 교육을 제공하는 어린이집 및 가정양육 지원에 관한 사회복지서비스를 말한다.
  3. "어린이집"이란 보호자의 위탁을 받아 영유아를 보육하는 기관을 말한다.
  4. "보호자"란 친권자·후견인, 그 밖의 자로서 영유아를 사실상 보호하고 있는 자를 말한다.
  5. "보육교직원"이란 어린이집 영유아의 보육, 건강관리 및 보호자와의 상담, 그 밖에 어린이집의 관리·운영 등의 업무를 담당하는 자로서 어린이집의 원장 및 보육교사와 그 밖의 직원을 말한다.
제3조(보육 이념) ① 보육은 영유아의 이익을 최우선적으로 고려하여 제공되어야 한다.
② 보육은 영유아가 안전하고 쾌적한 환경에서 건강하게 성장할 수 있도록 하여야 한다.
③ 영유아는 자신이나 보호자의 성, 연령, 종교, 사회적 신분, 재산, 장애, 인종 및 출생지역 등에 따른 어떠한 종류의 차별도 받지 아니하고 보육되어야 한다.

II. 벌 칙

제54조(벌칙) ① 〈삭제 2018.12.24.〉

② 다음 각 호의 어느 하나에 해당하는 자는 3년 이하의 징역 또는 3천만원 이하의 벌금에 처한다.

1. 거짓이나 그 밖의 부정한 방법으로 보조금을 교부받거나 보조금을 유용한 자
2. 제15조의5제2항제1호를 위반하여 폐쇄회로 텔레비전의 설치 목적과 다른 목적으로 폐쇄회로 텔레비전을 임의로 조작하거나 다른 곳을 비추는 행위를 한 자
3. 제15조의5제2항제2호를 위반하여 녹음기능을 사용하거나 보건복지부령으로 정하는 저장장치 이외의 장치 또는 기기에 영상정보를 저장한 자

③ 제15조의5제3항에 따른 안전성 확보에 필요한 조치를 하지 아니하여 영상정보를 분실·도난·유출·변조 또는 훼손당한 자는 2년 이하의 징역 또는 2천만원 이하의 벌금에 처한다.

④ 다음 각 호의 어느 하나에 해당하는 자는 1년 이하의 징역 또는 1천만원 이하의 벌금에 처한다.

1. 제13조제1항에 따른 설치인가를 받지 아니하고 어린이집의 명칭을 사용하거나 사실상 어린이집의 형태로 운영한 자
2. 거짓이나 그 밖의 부정한 방법으로 제13조제1항에 따른 어린이집의 설치인가 또는 변경인가를 받은 자
3. 제제22조의2제1항을 위반하여 자기의 성명이나 어린이집의 명칭을 사용하여 어린이집의 원장 또는 보육교사의 업무를 수행하게 하거나 자격증을 대여한 자 및 그 상대방
3의2. 제22조의2제2항을 위반하여 다른 사람에게 자격증을 빌려주거나 빌린 자
3의3. 제22조의2제3항을 위반하여 자격증을 빌려주거나 빌리는 것을 알선한 자
4. 거짓이나 그 밖의 부정한 방법으로 제34조 및 제34조의2에 따른 비용을 지원받거나 타인으로 하여금 지원을 받게 한 자
5. 제34조의3에 따른 보육서비스 이용권을 부정사용한 자
6. 거짓이나 그 밖의 부정한 방법으로 제38조제1항에 따른 보육료와 그 밖의 필요경비 등을 받은 어린이집의 설치·운영자
7. 제38조의2를 위반하여 어린이집의 회계에 속하는 재산이나 수입을 보육 목적 외로 부정하게 사용한 자
8. 제45조제1항에 따른 어린이집 운영정지명령 또는 어린이집의 폐쇄명령을 위반하여 사업을 계속한 자

제55조(양벌규정) 법인의 대표자나 법인 또는 개인의 대리인, 사용인, 그 밖의 종업원이 그 법인 또는 개인의 업무에 관하여 제54조의 위반행위를 하면 그 행위자를 벌하는 외에 그 법인 또는 개인에게도 해당 조문의 벌금형을 과(科)한다. 다만, 법인 또는 개인이 그 위반행위를 방지하기 위하여 해당 업무에 관하여 상당한 주의와 감독을 게을리하지 아니한 경우에는 그러하지 아니하다.

제56조(과태료) ① 제43조제1항에 따른 신고를 하지 아니하고 어린이집을 폐지하거나 일정기간 운영을 중단하거나 운영을 재개한 자에게는 500만원 이하의 과태료를 부과한다.

② 다음 각 호의 어느 하나에 해당하는 자에게는 300만원 이하의 과태료를 부과한다.

1. 제26조제1항에 따른 취약보육을 우선적으로 실시하지 아니한 자
2. 제28조제1항 각 호에 해당하는 자를 우선적으로 보육하지 아니한 자
3. 제31조에 따른 건강진단 또는 응급조치 등을 이행하지 아니한 자. 다만, 영유아 건강진단의 경우 영유아의 보호자에게 3회 이상 영유아 건강검진을 안내하고 검진결과 통보서 제출을 요구한 경우는 제외한다.
4. 제15조의4에 따른 폐쇄회로 텔레비전을 설치하지 아니하거나 설치·관리의무를 위반한 자
5. 제15조의5제1항에 따른 열람요청에 응하지 아니한 자

1. 무인가 어린이집 운영

1) 적용법조 : 제54조 제4항 제1호, 제13조 제1항 ☞ 공소시효 5년

> 제13조(국공립어린이집 외의 어린이집의 설치) ① 국공립어린이집 외의 어린이집을 설치·운영하려는 자는 특별자치시장·특별자치도지사·시장·군수·구청장의 인가를 받아야 한다. 인가받은 사항 중 중요 사항을 변경하려는 경우에도 또한 같다.

2) 범죄사실 기재례

> 국공립어린이집 외의 어린이집을 설치·운영하려는 자는 특별자치도지사·시장·군수·구청장의 인가를 받아야 한다.
> 그럼에도 불구하고 피의자는 20○○. ○. ○.부터 20○○. ○. ○.까지 사이에 설치인가를 받지 않고 ○○에서 약 ○○㎡ 면적에 ○○ 등의 시설을 갖추고 '딩동댕 어린이집' 이라는 명칭을 사용하여 4,5세 영유아 ○○명을 대상으로 어린이집을 운영하였다.

3) 신문사항

- 어린이 집을 운영한 일이 있는가
- 언제부터 언제까지 운영하였는가
- 그 장소가 어디인가
- 시설과 규모는 어느 정도인가 (교직원 수, 영유아 인원 등)
- 어린이들은 어떤 방법으로 모집하였는가
- 어떠한 방법으로 운영 하였는가
- 인가를 받았는가
- 왜 인가를 받지 않고 운영하였는가
- 보호자들도 설치인가 없이 운영한 사실을 알고 있는가
- 그 동안 총 얼마의 수입을 올렸으며 수입금은 어떻게 하였는가

■ **판례** ■   영·유아를 보육하는 어린이집 원장 및 보육교사가 부담하는 주의의무의 내용

영·유아를 보육하는 어린이집의 원장 및 보육교사는 영·유아를 홀로 방치하지 말고 곁에서 발생 가능한 위급 상황에 대비하여야 할 뿐만 아니라, 각종 영아 사망의 원인 등에 대한 지식을 갖추고 사고율이 낮아지도록 조치를 취할 주의의무가 있다. 특히 영·유아에게 어떤 질병이 있어 건강상태가 약화된 경우에는 위와 같은 주의의무가 더욱 가중된다.(서울남부지법 2011.8.19. 선고, 2009가합15740, 판결).

2. CCTV 영상자료 삭제

1) 적용법조 : 제54조 제3항, 제15조의4 제1항, 제3항, 제15조의5 제3항 ☞ 공소시효 5년

제15조의5(영상정보의 열람금지 등) ② 어린이집을 설치·운영하는 자는 다음 각 호의 어느 하나에 해당하는 행위를 하여서는 아니 된다.
1. 제15조의4제1항의 설치 목적과 다른 목적으로 폐쇄회로 텔레비전을 임의로 조작하거나 다른 곳을 비추는 행위
2. 녹음기능을 사용하거나 교육부령으로 정하는 저장장치 이외의 장치 또는 기기에 영상정보를 저장하는 행위
③ 어린이집을 설치·운영하는 자는 제15조의4제1항의 영상정보가 분실·도난·유출·변조 또는 훼손되지 아니하도록 내부 관리계획의 수립, 접속기록 보관 등 대통령령으로 정하는 바에 따라 안전성 확보에 필요한 기술적·관리적 및 물리적 조치를 하여야 한다.
제15조의4(폐쇄회로 텔레비전의 설치 등) ① 어린이집을 설치·운영하는 자는 아동학대 방지 등 영유아의 안전과 어린이집의 보안을 위하여 「개인정보 보호법」 및 관련 법령에 따른 폐쇄회로 텔레비전(이하 "폐쇄회로 텔레비전"이라 한다)을 설치·관리하여야 한다. 다만, 다음 각 호의 어느 하나에 해당하는 경우에는 그러하지 아니하다.
1. 어린이집을 설치·운영하는 자가 보호자 전원의 동의를 받아 시장·군수·구청장에게 신고한 경우
2. 어린이집을 설치·운영하는 자가 보호자 및 보육교직원 전원의 동의를 받아 「개인정보 보호법」 및 관련 법령에 따른 네트워크 카메라를 설치한 경우
③ 어린이집을 설치·운영하는 자는 폐쇄회로 텔레비전에 기록된 영상정보를 60일 이상 보관하여야 한다.

---

2) 범죄사실 기재례

> 어린이집을 설치·운영하는 자는 아동학대 방지 등 영유아의 안전과 어린이집의 보안을 위하여 폐쇄회로 텔레비전을 설치·관리하여야 하고, 폐쇄회로 텔레비전의 영상정보가 분실·도난·유출·변조 또는 훼손되지 아니하도록 내부 관리계획의 수립, 접속기록 보관 등 안전성 확보에 필요한 기술적·관리적 및 물리적 조치를 하여야 한다.
>
> 피의자는 ○○에 있는 '○○어린이집'을 운영하는 사람으로서, 20○○.○.○.경 위 어린이집 △△반에 다니고 있는 甲(5세)의 부모로부터 담임교사가 甲을 방치한 것 같으니 CCTV 녹화내용을 보여 달라는 요구를 받게 되자 공공형 어린이집 취소 등을 우려한 나머지 영상정보가 저장된 장치를 훼손시키기로 결심하였다.
>
> 피의자는 위 어린이집 사무실에 설치된 폐쇄회로 화면 저장장치에 저장된 영상정보가 훼손되지 아니하도록 안전성을 확보하기 위한 아무런 조치를 하지 아니하고, 20○○.○.○.12:00경 CCTV 수리업자인 乙로 하여금 위 폐쇄회로 저장장치를 교체하도록 하고, 교체되기 전 영상정보가 기록되어 있는 저장장치를 은닉하는 방법으로 20○○.○.○. 이전의 녹화영상 정보가 전부 삭제되도록 하였다.
>
> 이로써 피의자는 폐쇄회로 텔레비전의 녹화영상 정보가 훼손되게 하였다.

3. 자격증 대여

1) 적용법조 : 제54조 제4항 제3호, 제22조의2 제1항 ☞ 공소시효 5년

> 제22조의2(명의대여 등의 금지) ① 어린이집의 원장 또는 보육교사는 다른 사람에게 자기의 성명이나 어린이집의 명칭을 사용하여 어린이집의 원장 또는 보육교사의 업무를 수행하게 하여서는 아니 된다.
> ② 제22조제1항에 따라 자격증을 교부받은 사람은 다른 사람에게 그 자격증을 빌려주어서는 아니 되고, 누구든지 그 자격증을 빌려서는 아니 된다.
> ③ 누구든지 제2항에 따라 금지된 행위를 알선하여서는 아니 된다.

2) 범죄사실 기재례

[기재례1] 자격증 차용

> 어린이집의 원장 또는 보육교사는 다른 사람에게 자기의 성명이나 어린이집의 명칭을 사용하여 어린이집의 원장 또는 보육교사의 업무를 수행하게 하거나 자격증을 대여하여서는 아니 된다.
> 가. 피의자 甲
> 피의자는 20○○. ○. ○.부터 20○○. ○. ○.까지 ○○에서 '○○어린이집'을 운영하고 있는 홍길동에게 월 ○○만원을 받고 ○○자격증을 대여하였다.
> 나. 피의자 홍길동
> 피의자는 위 '가항'의 피의자로부터 위와 같은 조건으로 자격증을 대여 받아 어린이집을 운영하였다.

3) 신문사항 (자격증 대여)

- 어린이 집을 운영한 일이 있는가
- 언제부터 운영하였는가
- 그 장소가 어디인가
- 시설과 규모는 어느 정도인가(영유아 인원 등)
- 보육교사는 총 몇 명인가
- 보육교사 자격증을 대여 받은 일이 있는가
- 누구의 자격증을 빌렸는가
- 언제부터 언제까지 빌렸는가
- 어떤 조건으로 빌렸는가
- 무엇 때문에 빌렸는가
- 이렇게 빌린 자격증을 이용하여 무엇을 하였는가
- 자격증을 빌려 준 홍길동은 무엇을 하고 있는가
- 홍길동도 피의자가 빌린 자격증을 이러한 방법으로 사용하는 것을 알고 있는가

[기재례2] 자격증 차용 및 보조금 부당수령 – 보조금 관리에 관한 법률 제40조

> 피의자는 200○.○.○.경부터 ○○에 있는 ○○어린이집의 원장으로 재직 중인 사람이다.
>
> 가. 영유아보육법 위반
>
> 어린이집의 원장은 다른 사람으로부터 자격증을 차용하여서는 아니 된다.
>
> 그럼에도 불구하고 피의자는 200○.○.○.경 ○○에 있는 "○○"에서 보육교사 1급 자격증을 소지하고 있던 갑에게 "어린이집 보육교사가 부족한데 당장 채용이 어렵다. 보육교사 자격증을 ○○개월만 빌려 달라."고 말하였다.
>
> 피의자는 갑으로 하여금 위 어린이집에서 보육교사로 근무하게 할 의사가 없음에도 불구하고, 갑으로부터 보육교사 자격증을 차용하였다.
>
>
> 나. 보조금 관리에 관한 법률 위반
>
> 피의자는 200○.○.○.경 ○○에 있는 ○○시 사회복지과에 위 어린이집 보육교사로 갑을 임용하였다는 취지의 어린이집 보육교직원 임면사항 보고를 하면서 전항과 같이 대여받은 전 의 보육교사 자격증을 제출하였다.
>
> 그러나 사실 전 은 위 어린이집의 보육교사로 근무한 사실이 없었다.
>
> 피의자는 이와 같은 방법으로 ○○시 사회복지과로부터 기본보육료 명목으로 200○.○.○. ○○만원, 200○.○.○. ○○만원 등 총 ○○회에 걸쳐 합계 ○○만원을 교부받았다.
>
> 이로써 피의자는 부정한 방법으로 보조금을 교부받았다.

4. 부정한 방법으로 지원금 수령

1) 적용법조 : 제54조 제4항 제4호, 제34조의2 제1항   ☞   공소시효 5년

> **제34조의2(양육수당)** ① 국가와 지방자치단체는 어린이집이나 「유아교육법」 제2조에 따른 유치원을 이용하지 아니하는 영유아에 대하여 영유아의 연령과 보호자의 경제적 수준을 고려하여 양육에 필요한 비용을 지원할 수 있다.
> ② 제1항에 따른 보육에 필요한 비용은 가구의 소득수준과 거주 지역 등을 고려하여 차등 지원할 수 있다.
> ③ 국가와 지방자치단체는 자녀가 2인 이상인 경우에 대하여 추가적으로 지원할 수 있다.
> **제34조의2(양육수당)** ① 국가와 지방자치단체는 어린이집이나 「유아교육법」 제2조에 따른 유치원을 이용하지 아니하는 영유아에 대하여 영유아의 연령과 보호자의 경제적 수준을 고려하여 양육에 필요한 비용을 지원할 수 있다.
>
> ※ 시행령
> **제21조의8(양육수당의 지원대상 및 기준)** ① 법 제34조의2제1항에 따라 양육에 필요한 비용을 지원하는 대상자는 해당 가구의 소득액(소득과 보건복지부령으로 정하는 바에 따라 재산을 소득으로 환산한 금액을 합한 금액을 말한다)이 보건복지부장관이 정하는 금액 이하인 가구의 영유아로 한다.

2) 범죄사실 기재례

> 피의자는 30개월 영유아인 甲의 모친으로 20○○. ○. ○.부터 甲을 ○○에 있는 ○○유아원을 보내 그곳에 다니고 있다.
> 피의자는 이러한 사실을 숨기고 20○○. ○. ○.경 ○○시장에게 양육수당을 신청하여 ○○만원을 부정한 방법으로 수령하였다.

3) 신문사항

- 자녀 중에 영유아가 있는가
- 생후 몇 개월 정도 되었는가
- 양육수당을 신청하여 받은 일이 있는가
- 언제 어디에 신청하였는가
- 언제 얼마를 받았는가
- 신청당시 자녀는 누가 어떻게 키우고 있었는가
- 언제부터 유아원에 다니고 있었는가
- 유아원에 다니고 있었으면서 ○○시청에 양육수당을 신청하였다는 것인가
- 어떻게 이러한 수당을 신청하게 되었는가

5. 부정한 방법으로 보육료 수납

1) 적용법조 : 제54조 제4항 제6호, 제38조 제1항 ☞ 공소시효 5년

제38조(보육료 등의 수납) ① 제12조부터 제14조까지의 규정에 따라 어린이집을 설치·운영하는 자는 그 어린이집의 소재지를 관할하는 시·도지사가 정하는 범위에서 그 어린이집을 이용하는 자로부터 보육료와 그 밖의 필요경비 등을 받을 수 있다. 다만, 시·도지사는 필요시 어린이집 유형과 지역적 여건을 고려하여 그 기준을 다르게 정할 수 있다.
② 어린이집을 설치·운영하는 자는 제1항에 따른 보육료와 그 밖의 필요경비 등을 최초로 받을 때 영유아의 보호자에게 해당 어린이집이 제공하는 보육서비스의 내용, 보육료와 그 밖의 필요경비 등의 수납목적 및 사용계획, 어린이집 이용에 관한 주의사항, 그 밖에 보건복지부령으로 정하는 사항을 설명하여야 한다. 이 경우 설명의 방법 및 절차 등에 관하여 필요한 사항은 보건복지부령으로 정한다.
제12조(국공립어린이집의 설치 등) 제13조(국공립어린이집 외의 어린이집의 설치)
제14조(직장어린이집의 설치 등)

2) 범죄사실 기재례

피의자는 20○○. ○. ○.부터 ○○에서 ○○어린이집을 운영하고 있는 사람이다.
어린이집을 설치·운영하는 자는 그 어린이집의 소재지를 관할하는 시·도지사가 정하는 범위에서 그 어린이집을 이용하는 자로부터 보육료와 그 밖의 필요경비 등을 받을 수 있다.
피의자는 20○○. ○. ○.부터 20○○. ○. ○.까지 위 어린이집을 이용하는 보호자들로부터 규정된 보육비 ○○원을 초과한 ○○원을 ○○명목으로 더 받았다.
이로써 피의자는 부정한 방법으로 총 ○○원의 보육료 등을 수납하였다.

3) 신문사항

- 어린이 집을 운영하고 있는가
- 언제부터 어디에서 운영하였는가
- 시설과 규모는 어느 정도인가(교직원 수, 영유아 인원 등)
- 이용자로부터 받은 보육료 등 비용은 어떤 것이 있으며 얼마를 받고 있는가
- ○○도에서 규정한 금액은 얼마인가
- 왜 이렇게 금액 차이가 나는가
- 그 차액은 어떤 명목으로 받고 있는가
- 이렇게 초과하여 받은 것이 정당하다고 생각하는가
- 언제부터 언제까지 초과금액을 받았으며 총 얼마정도인가
- 이렇게 초과하여 받은 금액은 언제 어떻게 사용하였는가
- 부모들도 이러한 사실을 알고 있는가

6. 거짓으로 보조금 수령

1) 적용법조 : 제54조 제2항 제1호 ☞ 공소시효 5년

2) 범죄사실 기재례

[기재례1] 허위 영아 등록 후 보조금 수령

> 피의자는 ○○에서 ○○어린이집을 운영하고 있는 보육시설의 장이다. 거짓이나 그 밖의 부정한 방법으로 보조금을 교부받거나 보조금을 유용하여서는 아니 된다.
>
> 그럼에도 불구하고 피의자는 20○○. ○. ○.부터 20○○. ○. ○.까지 위 어린이집에서 실재 위 어린이집에 다니지도 않았던 영유아 甲(5세) 등 ○명에 대해 보육아동으로 등록한 후 보육하는 것처럼 ○○시장에게 거짓으로 보고하였다.
>
> 이로써 피의자는 20○○. ○. ○. 경 위 시장으로부터 총 ○○만원을 보조금으로 부정하게 교부받았다.

[기재례2] 법정 보육교사비율 허위 보고 후 보조금 수령 (※ 자격증 대여행위는 별도)

> 피의자는 ○○에서 ○○어린이집을 운영하고 있는 보육시설의 장이다. 거짓이나 그 밖의 부정한 방법으로 보조금을 교부받거나 보조금을 유용하여서는 아니 된다.
>
> 그럼에도 불구하고 피의자는 20○○. ○. ○.부터 20○○. ○. ○.까지 홍길동으로부터 자격증을 대여 받아 ○○시장에게 허위로 임면보고 하여 법정 보육교사비율을 충족하게 한 후 20○○. ○. ○. 기본보육료 ○○만원을 부정하게 수령하였다.

3) 신문사항

- 어린이집을 운영 하고 있는가
- 언제부터 어디에서 하고 있는가
- 규모는 어느 정도인가
- 보육중인 영유아는 총 몇 명인가
- ○○시로부터 보조금을 받은 일이 있는가요
- 언제 얼마를 어떤 명목으로 받았는가
- 지급신청은 언제 얼마를 하였는가
- 신청 당시 보육 영아가 몇 명 이였는가
- 왜 인원을 초과하여 보고하였는가
- 그럼 부당 수령한 금액이 총 얼마인가
- 이렇게 부정 수령한 금액은 어떻게 하였는가
- ○○시 담당공무원이 확인하지 않고 보조금을 지급하던가

■ 판례 ■ **거짓이나 그 밖의 부정한 방법'의 의미**

[1] 구 영유아보육법 제54조 제2항에 정한 '거짓이나 그 밖의 부정한 방법'의 의미

구 영유아보육법(2013. 1. 23. 법률 제11627호로 개정되기 전의 것) 제54조 제2항에 정한 '거짓이나 그 밖의 부정한 방법'이란 정상적인 절차에 의하여는 보조금을 지급받을 수 없음에도 위계 기타 사회통념상 부정이라고 인정되는 행위로서 보조금 교부에 관한 의사결정에 영향을 미칠 수 있는 적극적 및 소극적 행위를 하는 것을 뜻한다.

[2] 어린이집 운영자가 어린이집의 운영과 관련하여 허위로 지출을 증액한 내용으로 '재무회계규칙에 의한 회계'를 하고 그 결과를 보고하여 기본보육료를 지급받은 경우, 구 영유아보육법 제54조 제2항의 '거짓이나 그 밖의 부정한 방법으로 보조금을 교부받은 경우'에 해당하는지 여부(소극) 및 형법 제347조 제1항에 정한 사기죄에 해당하는지 여부(소극)

구 영유아보육법(2013. 1. 23. 법률 제11627호로 개정되기 전의 것, 이하 같다) 제36조, 구 영유아보육법 시행령(2013. 12. 4. 대통령령 제24904호로 개정되기 전의 것, 이하 같다) 제24조 제1항 제2호, 제6호, 제7호, 제2항 및 보건복지부장관이 발행한 '2012년도 보육사업 안내'의 문언·취지 등에 비추어 알 수 있는 다음과 같은 사정, 즉 '2012년도 보육사업 안내'에서 기본보육료의 지원요건으로 정한 '재무회계규칙에 의한 회계보고 이행'에서 재무회계규칙은 '2012년도 보육사업 안내'에 첨부된 '어린이집 재무회계규칙'을 의미하는데, 이는 어린이집의 재무와 회계에 필요한 사항을 정한 것으로서 구 영유아보육법 시행령 제24조가 위임한 범위에 당연히 포함된다고 보기 어렵고, 규정 내용도 어린이집 재무회계에 관한 일반적인 기준에 불과할 뿐 보육서비스의 내용이나 품질과는 직접적인 관련이 없는 점, 구 영유아보육법령 및 '2012년도 보육사업 안내'에는 '재무회계규칙에 의한 회계보고 이행'과 관련하여 회계보고 내용의 진실성을 검증하기 위한 절차 등에 관하여 아무런 규정을 두고 있지 아니하고, 실제로 기본보육료 지급 과정에서 회계보고 내용에 대한 심사를 하지 아니하고 있는 점, '2012년도 보육사업 안내'는 기본보육료 지원요건 중 '재무회계규칙에 의한 회계보고 이행'을 제외한 나머지 요건에 대하여는 위반 시 기본보육료를 환수하도록 정하고 있음에도 '재무회계규칙에 의한 회계보고 이행'의 위반에 대하여는 환수에 관한 사항을 정하고 있지 아니한 점 등을 종합하면, 기본보육료 신청 과정에서 일단 회계보고를 한 이상 '2012년도 보육사업 안내'에 정한 기본보육료 지원요건으로서의 '재무회계규칙에 의한 회계보고 이행'이 있었다고 보아야 한다. 따라서 어린이집 운영자가 어린이집의 운영과 관련하여 허위로 지출을 증액한 내용으로 '재무회계규칙에 의한 회계'를 하고 그 결과를 보고하여 기본보육료를 지급받았더라도 그와 같이 회계보고에 허위가 개입되어 있다는 사정은 기본보육료의 지급에 관한 의사결정에 영향을 미쳤다고 볼 수 없으므로, 이를 들어 구 영유아보육법 제54조 제2항의 '거짓이나 그 밖의 부정한 방법으로 보조금을 교부받은 경우'에 해당한다고 볼 수 없고, 이와 같은 행위가 형법 제347조 제1항에 정한 사기죄에 해당한다고 볼 수도 없다.(대법원 2016.12.29. 선고, 2015도3394, 판결).

■ 판례 ■ **지방자치단체가 보육교사의 처우개선 및 평가인증 참여에 대한 인센티브 제공을 위해 지급한 평가인증수당 등이 구 영유아보육법 제36조와 구 영유아보육법 시행령 제24조에서 정한 보조금 및 구 영유아보육법 제54조 제2항에 의하여 거짓이나 그 밖의 부정한 방법으로 교부받는 것이 금지되는 보조금에 해당하는지 여부(적극)**

구 영유아보육법(2011. 6. 7. 법률 제10789호로 개정되기 전의 것, 이하 같다) 제30조 제1항, 제3항, 제5항, 제36조, 구 영유아보육법 시행령(2011. 12. 8. 대통령령 제23356호로 개정되기 전의 것, 이하 같다) 제24조 제1항 제2호, 제7호, 제2항, 구 영유아보육법 시행규칙(2011. 12. 8. 보건복지부령 제92호로 개정되기 전의 것, 이하 같다) 제31조 제1항, 제2항의 문언 및 체계, 2008년부터 시행된 인천

광역시 계양구의 "평가인증 참여 보육시설 인센티브 제공계획"과 "2011년도 보육교사 연구활동비 및 평가인증 인센티브 지급계획 알림" 공문에 따라 보육교사의 처우개선 및 평가인증 참여에 대한 인센티브 제공을 위해 지급된 평가인증수당 등(이하 '평가인증수당 등'이라 한다)의 재원과 지급목적 및 지급대상과 지급요건 등을 종합하면, 평가인증수당 등은 구 영유아보육법 제30조 및 구 영유아보육법 시행규칙 제31조에 따라 보건복지부장관에 의하여 실시되는 평가인증과 관련하여 세워진 계획 등에 의하여 지급되었는데, 그중 연구활동비 부분은 인천광역시 계양구의 예산에 의하여 민간 및 가정 보육시설에서 근무하는 보육교사의 연구활동을 지원하는 내용으로 되어 있어 처우개선비와 실질적으로 차이가 없고, 또한 그중 평가인증 인센티브 부분은 위 규정들의 취지를 반영하여 평가인증을 통과한 보육시설에 대하여 소속 보육교사의 처우를 개선하고 평가인증 참여를 유도하기 위하여 인천광역시 계양구의 예산에서 지원한 것이다. 따라서 평가인증수당 등은 모두 지방자치단체가 보육시설에 대하여 보육교사 인건비 내지는 보육시설 운영에 필요하다고 인정하는 비용을 보조하기 위하여 지급한 것으로서 구 영유아보육법 제36조와 구 영유아보육법 시행령 제24조에서 정한 보조금에 해당하며, 나아가 구 영유아보육법 제54조 제2항에 의하여 거짓이나 그 밖의 부정한 방법으로 교부받는 것이 금지되는 '보조금'에 해당한다. 비록 구 영유아보육법 제30조 및 구 영유아보육법 시행규칙 제31조에서 평가인증과 관련하여 보육시설에 대한 지방자치단체의 지원이나 보조금에 관하여 직접 규정하고 있지 아니하고, 또한 신청을 받은 후 인천광역시 계양구가 보육교사에게 직접 평가인증수당 등을 지급하였더라도, 이러한 사정만을 가지고 달리 볼 수 없다.(대법원 2016.7.22. 선고, 2014도7160, 판결)

7. 운영정지명령 기간 중 어린이집 운영

1) 적용법조 : 제54조 제4항 제8호, 제45조 제1항 제1호 ☞ 공소시효 5년

제45조(어린이집의 폐쇄 등) ① 보건복지부장관, 시·도지사 및 시장·군수·구청장은 어린이집을 설치·운영하는 자가 다음 각 호의 어느 하나에 해당하면 1년 이내의 어린이집 운영정지를 명하거나 어린이집의 폐쇄를 명할 수 있다.
1. 거짓이나 그 밖의 부정한 방법으로 보조금을 교부받거나 보조금을 유용(流用)한 경우
2. 제40조에 따른 비용 또는 보조금의 반환명령을 받고 반환하지 아니한 경우
3. 제44조에 따른 시정 또는 변경 명령을 위반한 경우
4. 「아동복지법」 제3조제7호에 따른 아동학대 행위를 한 경우
5. 「도로교통법」 제53조제3항을 위반하여 어린이통학버스(제33조의2 및 「도로교통법」 제52조에 따른 신고를 하지 아니한 경우를 포함한다)에 보육교직원을 함께 태우지 아니한 채 어린이통학버스 운행 중 발생한 교통사고로 영유아가 사망하거나 신체에 보건복지부령으로 정하는 중상해를 입은 경우

2) 범죄사실 기재례

> 피의자는 20○○. ○. ○.부터 ○○에서 ○○어린이집을 운영하는 사람이다.
> 피의자는 20○○. ○. ○. 법 제40조에 따른 비용 또는 보조금의 반환 명령을 받고 반환하지 아니하여 ○○시장으로부터 20○○. ○. ○.부터 20○○. ○. ○.까지 어린이집 운영정지 명령을 받았다.
> 그럼에도 불구하고 피의자는 위 명령을 위반하여 20○○. ○. ○.부터 20○○. ○. ○.까지 운영을 계속하였다.

3) 신문사항

- 어린이집을 운영 하고 있는가
- 언제부터 어디에서 하고 있는가
- 규모는 어느 정도인가
- 운영정지 명령을 받은 일이 있는가
- 누구로부터 어떤 명령을 받았는가
- 운영정지기간은 언제부터 언제까지 인가
- 무엇 때문에 정지명령을 받았는가
- 위 기간 운영을 하였는가
- 어떤 방법으로 운영하였는가
- 왜 정지기간 중 운영을 하게 되었는가

제4장 장애인복지법

Ⅰ. 목적 및 개념정의

1. 목 적

제1조(목적) 이 법은 장애인의 인간다운 삶과 권리보장을 위한 국가와 지방자치단체 등의 책임을 명백히 하고, 장애발생 예방과 장애인의 의료·교육·직업재활·생활환경개선 등에 관한 사업을 정하여 장애인복지대책을 종합적으로 추진하며, 장애인의 자립생활·보호 및 수당지급 등에 관하여 필요한 사항을 정하여 장애인의 생활안정에 기여하는 등 장애인의 복지와 사회활동 참여증진을 통하여 사회통합에 이바지함을 목적으로 한다.

2. 개념정의

제2조(장애인의 정의 등) ①"장애인"이란 신체적·정신적 장애로 오랫동안 일상생활이나 사회생활에서 상당한 제약을 받는 자를 말한다.
② 이 법을 적용받는 장애인은 제1항에 따른 장애인 중 다음 각 호의 어느 하나에 해당하는 장애가 있는 자로서 대통령령으로 정하는 장애의 종류 및 기준에 해당하는 자를 말한다.
  1. "신체적 장애"란 주요 외부 신체 기능의 장애, 내부기관의 장애 등을 말한다.
  2. "정신적 장애"란 발달장애 또는 정신 질환으로 발생하는 장애를 말한다.
③ "장애인학대"란 장애인에 대하여 신체적·정신적·정서적·언어적·성적 폭력이나 가혹행위, 경제적 착취, 유기 또는 방임을 하는 것을 말한다.
④ "장애인학대관련범죄" 란 장애인학대로서 다음 각 호의 어느 하나에 해당하는 죄를 말한다.
  1. 「형법」 제2편제24장 살인의 죄 중 제250조(살인, 존속살해), 제252조(촉탁, 승낙에 의한 살인 등), 제253조(위계 등에 의한 촉탁살인 등) 및 제254조(미수범)의 죄
  2. 「형법」 제2편제25장 상해와 폭행의 죄 중 제257조(상해, 존속상해), 제258조(중상해, 존속중상해), 제258조의2(특수상해), 제259조(상해치사), 제260조(폭행, 존속폭행)제1항·제2항, 제261조(특수폭행) 및 262조(폭행치사상)의 죄
  3. 「형법」 제2편제28장 유기와 학대의 죄 중 제271조(유기, 존속유기)제1항·제2항, 제272조(영아유기), 제273조(학대, 존속학대), 제274조(아동혹사) 및 제275조(유기등 치사상)의 죄
  4. 「형법」 제2편제29장 체포와 감금의 죄 중 제276조(체포, 감금, 존속체포, 존속감금), 제277조(중체포, 중감금, 존속중체포, 존속중감금), 제278조(특수체포, 특수감금), 제280조(미수범) 및 제281조(체포·감금 등의 치사상)의 죄
  5. 「형법」 제2편제30장 협박의 죄 중 제283조(협박, 존속협박)제1항·제2항, 제284조(특수협박) 및 제286조(미수범)의 죄
  6. 「형법」 제2편제31장 약취, 유인 및 인신매매의 죄 중 제287조(미성년자의 약취, 유인), 제288조(추행 등 목적 약취, 유인 등), 제289조(인신매매) 및 제290조(약취, 유인, 매매, 이송 등 상해·치상), 제291조(약취, 유인, 매매, 이송 등 살인·치사) 및 제292조(약취, 유인, 매매, 이송된 사람의 수수·은닉 등) 및 제294조(미수범)의 죄

7. 「형법」 제2편제32장 강간과 추행의 죄 중 제297조(강간), 제297조의2(유사강간), 제298조(강제추행), 제299조(준강간, 준강제추행), 제300조(미수범), 제301조(강간 등 상해·치상), 제301조의2(강간등 살인·치사), 제302조(미성년자 등에 대한 간음), 제303조(업무상위력 등에 의한 간음) 및 제305조(미성년자에 대한 간음, 추행)의 죄

8. 「형법」 제2편제33장 명예에 관한 죄 중 제307조(명예훼손), 제309조(출판물 등에 의한 명예훼손) 및 제311조(모욕)의 죄

9. 「형법」 제2편제36장 주거침입의 죄 중 제321조(주거·신체 수색)의 죄

10. 「형법」 제2편제37장 권리행사를 방해하는 죄 중 제324조(강요) 및 제324조의5(미수범)(제324조의 죄에만 해당한다)의 죄

11. 「형법」 제2편제39장 사기와 공갈의 죄 중 제347조(사기), 제347조의2(컴퓨터등 사용사기), 제348조(준사기), 제350조(공갈), 제350조의2(특수공갈) 및 제352조(미수범)의 죄

12. 「형법」 제2편제40장 횡령과 배임의 죄 중 제355조(횡령, 배임), 제356조(업무상의 횡령과 배임) 및 제357조(배임수증재)의 죄

13. 「형법」 제2편제42장 손괴의 죄 중 제366조(재물손괴등)의 죄

14. 제86조제1항·제2항, 같은 조 제3항제3호, 같은 조 제4항제2호 및 같은 조 제5항의 죄

15. 「성매매알선 등 행위의 처벌에 관한 법률」 제18조 및 제23조(제18조의 죄에만 해당한다)의 죄

16. 「장애인차별금지 및 권리구제 등에 관한 법률」 제49조제1항의 죄

17. 「정보통신망 이용촉진 및 정보보호 등에 관한 법률」 제70조제1항 및 제2항의 죄

18. 「정신건강증진 및 정신질환자 복지서비스 지원에 관한 법률」 제84조제1호 및 제11호의 죄

19. 제1호부터 제18호까지의 죄로서 다른 법률에 따라 가중처벌되는 죄

II. 벌 칙

제86조(벌칙) ① 제59조의9제1호의 행위를 한 사람은 10년 이하의 징역 또는 1억원 이하의 벌금에 처한다.

② 다음 각 호의 어느 하나에 해당하는 사람은 7년 이하의 징역 또는 7천만원 이하의 벌금에 처한다.

1. 제59조의9제2호(상해에 한정한다)의 행위를 한 사람

2. 제59조의9제2호의2의 행위를 한 사람

③ 다음 각 호의 어느 하나에 해당하는 사람은 5년 이하의 징역 또는 5천만원 이하의 벌금에 처한다.

1. 제50조의3제6항을 위반하여 금융정보등을 이 법에서 정한 목적 외의 용도로 사용하거나 다른 사람 또는 기관에 제공 또는 누설한 사람

2. 제59조의7제2항 각 호 외의 부분 전단, 같은 조 제3항 또는 제5항에 따른 업무를 수행 중인 장애인권익옹호기관의 직원에 대하여 폭행 또는 협박하거나 위계 또는 위력으로써 그 업무를 방해한 사람는 행위를 한 사람

④ 다음 각 호의 어느 하나에 해당하는 사람은 3년 이하의 징역 또는 3천만원 이하의 벌금에 처한다.

1. 제59조의6에 따라 준용되는 「특정범죄신고자 등 보호법」 제8조를 위반하여 신고자의 인적사항 또는 신고자임을 미루어 알 수 있는 사실을 다른 사람에게 알려주거나 공개 또는 보도한 사람

2. 제59조의9제7호에 해당하는 행위를 한 사람

3. 제85조의2를 위반하여 업무 수행 중 알게 된 정보 또는 비밀 등을 이 법에서 정한 목적 외에 다른 용도로 사용하거나 다른 사람 또는 기관에 제공 또는 누설한 사람

⑤ 제59조의9제8호의 행위를 한 사람은 1년 이하의 징역 또는 1천만원 이하의 벌금에 처한다.

제86조의2(벌칙) ① 다음 각 호의 어느 하나에 해당하는 자는 2년 이하의 징역 또는 2천만원 이하의 벌금에 처한다.

1. 제59조의5제1항제1호에 해당하는 불이익조치를 한 자

2. 제59조의5제2항을 위반하여 장애인학대 및 장애인 대상 성범죄 신고를 방해하거나 장애인학대 및 장애인

대상 성범죄 신고를 취소하도록 강요한 자.

② 제59조의5제1항제2호부터 제7호까지의 어느 하나에 해당하는 불이익조치를 한 자는 1년 이하의 징역 또는 1천 만원 이하의 벌금에 처한다.

제87조(벌칙) 다음 각 호의 어느 하나에 해당하는 자는 1년 이하의 징역 또는 1천만원 이하의 벌금에 처한다.

1. 제8조제2항을 위반하여 장애인을 이용하여 부당한 영리행위를 한 자
2. 제32조제5항을 위반하여 등록증을 양도 또는 대여하거나 양도 또는 대여를 받은 자 및 유사한 명칭 또는 표시를 사용한 자

2의2. 다른 사람의 등록증을 사용하거나 제32조의3제1항에 따라 장애인 등록이 취소된 이후에 등록증을 사용한 사람
3. 삭제 〈2017. 12. 19.〉
4. 삭제 〈2017. 12. 19.〉
5. 삭제 〈2017. 12. 19.〉
6. 제59조제2항에 따른 신고 또는 변경신고를 하지 아니하고 장애인복지시설을 설치·운영한 자
7. 제60조제3항에 따른 시설 이용자의 권익 보호조치를 위반한 시설 운영자
8. 정당한 사유 없이 제61조제1항에 따른 보고를 하지 아니하거나 거짓의 보고를 한 자, 자료를 제출하지 아니하거나 거짓 자료를 제출한 자, 조사·검사·질문을 거부·방해 또는 기피한 자
9. 제62조에 따른 명령 등을 받고 이행하지 아니한 자
10. 제69조제2항을 위반하여 의지·보조기 기사를 두지 아니하고 의지·보조기제조업을 한 자
11. 제69조제3항을 위반하여 폐쇄 명령을 받은 후 6개월이 지나지 아니하였음에도 불구하고 같은 장소에서 같은 제조업을 한 자
12. 제70조제1항에 따른 제조업소 폐쇄 명령을 받고도 영업을 한 자
13. 제72조제3항을 위반하여 의지·보조기 기사자격증을 빌려주거나 빌리는 행위 또는 이를 알선하는 행위를 한 사람
14. 제72조의2제4항을 위반하여 언어재활사 자격증을 빌려주거나 빌리는 행위 또는 이를 알선하는 행위를 한 사람
15. 제72조의3제4항을 위반하여 장애인재활상담사 자격증을 빌려주거나 빌리는 행위 또는 이를 알선하는 행위를 한 사람
16. 제76조에 따라 자격이 취소된 후 의지·보조기 기사, 언어재활사, 장애인재활상담사의 업무를 한 사람

제88조(벌칙) 다음 각 호의 어느 하나에 해당하는 자는 500만원 이하의 벌금에 처한다.

1. 제20조제4항을 위반하여 장애인의 입학 지원을 거부하거나 입학시험 합격자의 입학을 거부하는 등 불리한 조치를 한 자
2. 삭제

제88조의2(가중처벌) ① 상습적으로 장애인학대관련범죄를 범한 자는 그 죄에서 정한 형의 2분의 1까지 가중한다.

② 제59조의4제2항에 따른 신고의무자가 자기의 보호·감독 또는 진료를 받는 장애인을 대상으로 장애인학대관련범죄를 범한 때에는 그 죄에서 정한 형의 2분의 1까지 가중한다.

제89조(양벌규정) 법인의 대표자나 법인 또는 개인의 대리인, 사용인, 그 밖의 종업원이 그 법인 또는 개인의 업무에 관하여 제86조부터 제88조까지의 어느 하나에 해당하는 위반행위를 하면 그 행위자를 벌하는 외에 그 법인 또는 개인에게도 해당 조문의 벌금형을 과(科)한다. 다만, 법인 또는 개인이 그 위반행위를 방지하기 위하여 해당 업무에 관하여 상당한 주의와 감독을 게을리하지 아니한 경우에는 그러하지 아니하다.

Ⅲ. 범죄사실

1. 장애인 입학거부

1) 적용법조 : 제88조 제1호, 제20조 제4항 ☞ 공소시효 5년

> **제20조(교육)** ④ 각급 학교의 장은 교육을 필요로 하는 장애인이 그 학교에 입학하려는 경우 장애를 이유로 입학 지원을 거부하거나 입학시험 합격자의 입학을 거부하는 등의 불리한 조치를 하여서는 아니 된다.

2) 범죄사실 기재례

> 피의자는 ○○○에 있는 "♥중학교" 교장직에 있는 사람이다. 각급 학교의 장은 교육해야 하는 장애인이 그 학교에 입학하려는 경우 장애를 이유로 입학 지원을 거부하거나 입학시험 합격자의 입학을 거부하는 등의 불리한 조치를 하여서는 아니 된다.
> 그럼에도 불구하고 피의자는 20○○. ○. ○. 위 학교에 20○○학년 신입생으로 입학 지원하려는 홍길동이 2년 전 교통사고로 무릎 이하 반신불수로서 휠체어를 타고 다녀야 하는데 위 학교는 이러한 장애인을 위한 시설이 되어있지 않는다는 이유로 입학의 지원을 거부하였다.

3) 신문사항

- 교직에 있는가
- 어느 학교에 있으면 직책은
- 20○○학년 신입생을 모집하였나
- 입학지원 자격이 별도로 있나
- 홍길동을 알고 있는가
- 위 홍길동이 피의자 학교에 입학지원한 일이 있는가
- 언제 지원하였나
- 지원을 받아 들였나
- 왜 받아 주지 않았나
- 장애인이라는 이유로 받아 주지 않았다는 것인가

2. 미신고 장애인복지시설 설치

1) 적용법조 : 제87조 제6호, 제59조 제2항 ☞ 공소시효 5년

제59조(장애인복지시설 설치) ① 국가와 지방자치단체는 장애인복지시설을 설치할 수 있다.
② 제1항에 규정된 자 외의 자가 장애인복지시설을 설치·운영하려면 해당 시설 소재지 관할 시장·군수·구청장에게 신고하여야 하며, 신고한 사항 중 보건복지부령으로 정하는 중요한 사항을 변경할 때에도 신고하여야 한다. 다만, 제62조에 따른 폐쇄 명령을 받고 1년이 지나지 아니한 자는 시설의 설치·운영 신고를 할 수 없다.

2) 범죄사실 기재례

피의자는 ○○에서 "★복지원"이라는 상호로 장애인 복지시설을 운영하는 사람이다. 장애인복지시설을 설치·운영하고자 할 때는 시설 소재지 관할 구청장(시장·군수)에게 신고하여야 한다.

그럼에도 불구하고 피의자는 20○○. ○. ○. 경부터 20○○. ○. ○.까지 위 장소 약 300㎡에 방 3개의 수용시설을 갖추고 지적장애인 김아파외 20명에 대해 1인당 요양비 명목으로 월 ○○만원씩 받고 이들을 수용하였다.

3) 신문사항

- 장애인 복지시설을 운영하고 있는가
- 언제부터 어디에서 운영하고 있는가
- 규모는 어느 정도 인가
- 누구를 상대로 운영하는가
- 수용인원은 몇 명인가
- 이들을 어떤 조건으로 수용하고 있는가
- 영업신고를 하였나
- 왜 신고없이 이런 행위를 하였는가

3. 장애인 상대 금지행위 위반

1) 적용법조 : 제86조 제2항 제1호, 제59조의9 ☞ 공소시효 7년

제59조의9(금지행위) 누구든지 다음 각 호의 어느 하나에 해당하는 행위를 하여서는 아니 된다.
1. 장애인에게 성적 수치심을 주는 성희롱·성폭력 등의 행위
2. 장애인의 신체에 폭행을 가하거나 상해를 입히는 행위
2의2. 장애인을 폭행, 협박, 감금, 그 밖에 정신상 또는 신체상의 자유를 부당하게 구속하는 수단으로써 장애인의 자유의사에 어긋나는 노동을 강요하는 행위
3. 자신의 보호·감독을 받는 장애인을 유기하거나 의식주를 포함한 기본적 보호 및 치료를 소홀히 하는 방임행위
4. 장애인에게 구걸을 하게 하거나 장애인을 이용하여 구걸하는 행위
5. 장애인을 체포 또는 감금하는 행위
6. 장애인의 정신건강 및 발달에 해를 끼치는 정서적 학대행위
7. 장애인을 위하여 증여 또는 급여된 금품을 그 목적 외의 용도에 사용하는 행위
8. 공중의 오락 또는 흥행을 목적으로 장애인의 건강 또는 안전에 유해한 곡예를 시키는 행위

2) 범죄사실 기재례

[기재례1] 장애인에게 상해 : 제86조 제2항 제1호, 제59조의9 제2호 ☞ 공소시효 7년

> 누구든지 장애인의 신체에 폭행을 가하거나 상해를 입히는 행위를 하여서는 아니 된다.
> 그럼에도 불구하고 피의자는 20○○. ○. ○. ○○:○○경 ○○에서 피해자 홍길녀(여, ○○장애 2급)와 ○○문제로 시비하던 중 위 피해자가 "○○○"라고 하였다는 이유로 들고 있던 손지갑으로 피해자의 얼굴을 때리고, 머리채를 잡아 흔들며 손톱으로 얼굴을 할퀴어 피해자에게 약 2주간의 치료를 요하는 안면부찰과상 등을 가하였다.

[기재례2] 장애인 폭행 : 제86조 제3항 제3호, 제59조의9 제2호 ☞ 공소시효 7년

> 누구든지 장애인의 신체에 폭행을 가하거나 상해를 입히는 행위를 하여서는 아니 된다.
> 그럼에도 피의자는 ○○에 있는 중증장애인 거주시설인 '○○의집'에서 생활재활교사로 근무하던 중 20○○. ○. ○. 10:00경 위 ○○의집 2층 휴게실에서 위 시설에 거주하는 지적장애 2급 장애인인 피해자 갑(19세)이 소파에 앉아 잠에서 깨지 않는다는 이유로 오른손으로 위 피해자의 왼쪽 허벅지 부분을 1회 때리고, 왼손으로 피해자의 목 부분을 1회 때렸다.
> 피의자는 이를 비롯하여 그때부터 20○○. ○. ○.경까지 사이에 모두 ○○회에 걸쳐 별지 범죄일람표에 기재된 것과 같이 위 시설에 거주하는 장애인의 신체에 폭행을 가하였다.

[기재례3] 구걸하게 하는 행위 : 제86조 제3항 제3호, 제59조의9 제4호 ☞ 공소시효 5년

> 누구든지 장애인에게 구걸을 하게 하거나 장애인을 이용하여 구걸하는 행위를 하여서는 아니 된다.
> 그럼에도 불구하고 피의자는 20○○. ○. ○. ○○:○○경 ○○에서 피해자 홍길녀(여, ○○장애 2급)로 하여금 위 역 앞길에서 행인들을 상대로 구걸하도록 하였다.

[기재례4] 정서적 학대행위 : 제86조 제3항 제3호, 제59조의9 제6호 ☞ 공소시효 5년

> 피의자는 20○○. ○. ○.경부터 20○○. ○. ○.경까지 ○○에 있는 ○○노인복지관에 근무한 사람이다.
> 누구든지 장애인의 정신건강 및 발달에 해를 끼치는 정서적 학대행위를 하여서는 아니된다.
> 그럼에도 불구하고 피의자는 20○○. ○. ○.11:20경 위 복지관에서 낮잠을 자기 위해 누워 있던 피해자 갑(여,73세,○○장애1급)의 옆에 피의자의 휴대폰을 신경질적으로 집어 던진 후 무서운 영상을 틀어 주어 이를 시청한 피해자로 하여금 다리가 떨릴 정도로 극도의 공포심을 느끼게 하였다.
> 이로써 피의자는 장애인의 정신건강 및 발달에 해를 끼치는 정서적 학대행위를 하였다.

3) 신문사항

- 피의자는 어디에 근무하고 있는가
- 어떠한 업무를 수행하는가
- 갑을 알고 있는가
- 갑이 장애인이란 사실을 어떻게 알게되었는가
- 갑에게 휴대폰을 던진 일이 있는가
- 언제 어디에서 무엇 때문에 던졌는가
- 갑이 무엇을 하고 있을 때 그랬는가
- 피의자의 행위로 갑이 어떠한 행태를 보이던가
- 피해자에게 한 행위가 정서적으로 공포심을 유발할 수 있다는 생각을 하지 않았는가
- 피의자 행위가 장애인에 대한 학대라 생각하지 않는가

4. 의지(義肢)·보조기기사 미고용

1) 적용법조 : 제87조 제10호, 제69조 제2항 ☞ 공소시효 5년

> 제69조(의지·보조기제조업의 개설사실의 통보 등) ① 의지·보조기를 제조·개조·수리하거나 신체에 장착하는 사업(이하 "의지·보조기제조업"이라 한다)을 하는 자는 그 제조업소를 개설한 후 7일 이내에 보건복지부령이 정하는 바에 따라 시장·군수·구청장에게 제조업소의 개설사실을 알려야 한다. 제조업소의 소재지 변경 등 보건복지부령이 정하는 중요 사항을 변경한 때에도 또한 같다.
> ② 의지·보조기 제조업자는 제72조에 따른 의지·보조기 기사(補助器 技士)를 1명 이상 두어야 한다. 다만, 의지·보조기 제조업자 자신이 의지·보조기 기사인 경우에는 따로 기사를 두지 아니하여도 된다.
> ③ 의지·보조기 제조업자가 제70조에 따른 폐쇄 명령을 받은 후 6개월이 지나지 아니하면 같은 장소에서 같은 제조업을 하여서는 아니 된다.
> ④ 의지·보조기 제조업자는 의사의 처방에 따라 의지·보조기를 제조하거나 개조하여야 한다.

2) 범죄사실 기재례

> 피의자는 ○○에서 ○○라는 상호로 의지·보조기제조업을 운영하는 사람으로서, 의지·보조기제조업자는 의지·보조기 기사를 1명 이상 두어야 한다.
> 그럼에도 불구하고 피의자는 20○○. ○. ○.부터 20○○. ○. ○.까지 의지·보조기 기사를 두지 아니하고 영업하였다.

3) 신문사항

- 의지·보조기제업을 하고 있는가
- 언제부터 어디에서 하고 있는가
- 주로 어떤 기제를 제조하는가
- 규모는 어느 정도 인가
- 의지·보조기기사를 두었는가
- 언제부터 언제까지 이를 두지 않았나
- 왜 두지 않았나

■ **판례** ■ 장애인복지법에 따른 보장구제조업 허가를 받아 이를 제조하는 자가 별도의 허가를 받지 않고 정형외과용 의료용구인 다리교정 장치를 제조한 경우

[1] 다리교정기가 의료용구의 일종인 정형외과용 교정장치에 해당하는지 여부

다리교정기는 휘어진 다리를 알루미늄 받침대에 벨트로 꽉 조이도록 묶어 벨트의 당기는 힘에 의하여 물리적으로 휜 다리가 펴지도록 할 목적으로 사용되는 장치로서 약사법 제2조 제9항 소정의 의료용구의 일종인 정형외과용 교정장치에 해당된다.

[2] 다리교정기가 의료용구에 해당되지 않는다고 믿은 데에 정당한 이유가 있는지 여부(소극)

장애인복지법 제50조 제1항 소정의 보장구제조업허가를 받아 제조되는 보장구는 어디까지나 장애인의 장애를 보완하기 위하여 필요한 기구(장애인복지법 제9조 제1항 참조)에 불과하므로 위 허가를 받았다고 하여 다리교정기와 같은 정형외과용 교정장치를 제조할 수 있도록 허용되는 것이 아님은 분명하므

로, 설령 장애인복지법 제50조 제1항에 의해 보장구제조허가를 받았고 또 한국보장구협회에서 다리교정기와 비슷한 기구를 제작·판매하고 있던 자라 하더라도, 다리교정기가 의료용구에 해당되지 않는다고 믿은 데에 정당한 사유가 있다고 볼 수는 없다(대법원 1995.12.26. 선고 95도2188 판결).

5. 의지·보조기기사 자격증 대여

1) **적용법조** : 제87조 제13호, 제72조 제3항 ☞ 공소시효 5년

> 제72조(의지·보조기 기사자격증 교부 등) ③ 의지·보조기 기사자격증은 다른 자에게 대여하지 못한다.

2) **범죄사실 기재례**

> 피의자는 의지·보조기 기사 자격증을 소지한 사람으로서 의지·보조기 기사의 자격증은 타인에게 대여하여서는 아니 된다.
> 그럼에도 불구하고 피의자는 20○○. ○. ○. ○○에서 홍길동에게 월 ○○만원을 받기로 하고 피의자 명의의 의지·보조기기사 자격증을 대여하였다.

3) **신문사항**

- 의지·보조기기사 자격증이 있는가
- 어떤 내용의 자격증인가
- 언제 취득하였는가
- 이러한 자격증을 다른 사람에게 대여한 일이 있는가
- 누구에게 대여하였는가
- 언제 어떤 조건으로 대여하였는가
- 대여받은 乙은 무엇 때문에 대여해 달라고 하던가
- 대여받은 乙은 대여받은 자격증으로 무엇을 하였는지 알고 있는가
- 왜 이러한 행위를 하였는가

6. 업무상 비밀누설 행위

1) 적용법조 : 제86조 제4항 제3호, 제85조의2   ☞   공소시효 5년

> 제85조의2(비밀 누설 등의 금지) 보건복지부 및 특별자치시·특별자치도·시·군·구 소속 공무원과 소속 공무원이었던 사람, 제32조제6항에 따른 정밀심사 의뢰기관의 종사자와 종사자였던 사람, 제32조의5제1항·제32조의6제3항·제59조의11제4항에 따른 수탁기관의 종사자와 종사자였던 사람은 업무 수행 중 알게 된 정보 또는 비밀 등을 이 법에서 정한 목적 외에 다른 용도로 사용하거나 다른 사람 또는 기관에 제공·누설하여서는 아니 된다.

2) 범죄사실 기재례

> 피의자는 20○○. ○. ○.부터 ○○시청 노인장애인과에서 장애인등록 등의 업무를 맡고 있는 지방직공무원(사회복지 7급)이다.
> 장애인 등록업무를 맡은 공무원 등은 업무 수행 중 알게 된 정보 또는 비밀 등을 이 법에서 정한 목적 외에 다른 용도로 사용하거나 다른 사람 또는 기관에 제공·누설하여서는 아니 된다.
> 그럼에도 불구하고 피의자는 20○○. ○. ○. ○○:○○경 위 사무실에서 장애인등록 업무와 과정에서 홍길녀(여, 28세)가 ○○장애가 있다는 것을 알고 20○○. ○. ○.경 갑에게 홍길녀의 장애 사실을 말하여 이를 누설하였다.
> 이로써 피의자는 업무 수행 중 알게 된 비밀을 다른 사람에게 누설하였다.

3) 신문사항

- 피의자는 어디에 근무하고 있는가
- 어떠한 업무를 수행하는가
- 홍길녀를 알고 있는가
- 언제 어떻게 홍길녀를 알게되었는가
- 홍길녀가 장애인이란 사실을 어떻게 알게되었는가
- 홍길녀의 장애 사실을 누설한 일이 있나
- 언제 어디에서 누구에게 누설하였나
- 피의자의 행위로 홍길녀는 어떠한 피해를 보았는지 알고 있나
- 무엇 때문에 이러한 누설행위를 하였는가

제5장 | 한부모가족지원법

Ⅰ. 목적 및 개념정의

1. 목 적

제1조(목적) 이 법은 한부모가족이 안정적인 가족 기능을 유지하고 자립할 수 있도록 지원함으로써 한부모가족의 생활 안정과 복지 증진에 이바지함을 목적으로 한다.

2. 개념정의

제4조(정의) 이 법에서 사용하는 용어의 뜻은 다음과 같다.
1. "모" 또는 "부"란 다음 각 목의 어느 하나에 해당하는 자로서 아동인 자녀를 양육하는 자를 말한다.
   가. 배우자와 사별 또는 이혼하거나 배우자로부터 유기(遺棄)된 자
   나. 정신이나 신체의 장애로 장기간 노동능력을 상실한 배우자를 가진 자
   다. 교정시설·치료감호시설에 입소한 배우자 또는 병역복무 중인 배우자를 가진 사람
   라. 미혼자{사실혼(事實婚) 관계에 있는 자는 제외한다}
   마. 가목부터 라목까지에 규정된 자에 준하는 자로서 여성가족부령으로 정하는 자
1의2. "청소년 한부모"란 24세 이하의 모 또는 부를 말한다.
2. "한부모가족"이란 모자가족 또는 부자가족을 말한다.
3. "모자가족"이란 모가 세대주{세대주가 아니더라도 세대원(世代員)을 사실상 부양하는 자를 포함한다}인 가족을 말한다.
4. "부자가족"이란 부가 세대주{세대주가 아니더라도 세대원을 사실상 부양하는 자를 포함한다}인 가족을 말한다.
5. "아동"이란 18세 미만(취학 중인 경우에는 22세 미만을 말하되, 「병역법」에 따른 병역의무를 이행하고 취학 중인 경우에는 병역의무를 이행한 기간을 가산한 연령 미만을 말한다)의 자를 말한다.
6. "지원기관"이란 이 법에 따른 지원을 행하는 국가나 지방자치단체를 말한다.
7. "한부모가족복지단체"란 한부모가족의 복지 증진을 목적으로 설립된 기관이나 단체를 말한다.

3. 지원대상

제5조(지원대상자의 범위) ① 이 법에 따른 지원대상자는 제4조제1호·제1호의2 및 제2호부터 제5호까지의 규정에 해당하는 자로서 여성가족부령으로 정하는 자로 한다.
② 제1항에 따른 지원대상자 중 아동의 연령을 초과하는 자녀가 있는 한부모가족의 경우 그 자녀를 제외한 나머지 가족구성원을 지원대상자로 한다.
제5조의2(지원대상자의 범위에 대한 특례) ① 혼인 관계에 있지 아니한 자로서 출산 전 임신부와 출산 후 해당 아동을 양육하지 아니하는 모는 제5조에도 불구하고 제19조제1항제1호의 출산지원시설을 이용할 때에는 이 법에 따른 지원대상자가 된다.
② 다음 각 호의 어느 하나에 해당하는 아동과 그 아동을 양육하는 조부 또는 조모로서 여성가족부령으로 정하는 자는 제5조에도 불구하고 이 법에 따른 지원대상자가 된다.
 1. 부모가 사망하거나 생사가 분명하지 아니한 아동
 2. 부모가 정신 또는 신체의 장애·질병으로 장기간 노동능력을 상실한 아동
 3. 부모의 장기복역 등으로 부양을 받을 수 없는 아동
 4. 부모가 이혼하거나 유기하여 부양을 받을 수 없는 아동
 5. 제1호부터 제4호까지에 규정된 자에 준하는 자로서 여성가족부령으로 정하는 아동
③ 국내에 체류하고 있는 외국인 중 대한민국 국적의 아동을 양육하고 있는 모 또는 부로서 대통령령으로 정하는 사람이 제5조에 해당하면 이 법에 따른 지원대상자가 된다.
※ 시행규칙
제3조(지원대상자의 범위) 법 제5조 및 제5조의2제2항에 따른 지원대상자의 범위는 여성가족부장관이 매년 「국민기초생활 보장법」 제2조제11호에 따른 기준 중위소득, 지원대상자의 소득수준 및 재산의 정도 등을 고려하여 지원의 종류별로 정하여 고시한다.
※ 시행령
제10조(외국인에 대한 특례) 「한부모가족지원법」 (이하 "법"이라 한다) 제5조의2제3항에 따른 외국인에 대한 특례 대상자는 국내에 체류하고 있는 외국인 중 대한민국 국적의 아동을 양육하고 있는 모 또는 부로서 「출입국관리법」 제31조에 따른 외국인 등록을 마친 자를 말한다.

II. 벌 칙

제29조(벌칙) ① 제12조의3제6항을 위반하여 금융정보등을 사용 또는 누설한 사람은 5년 이하의 징역 또는 5천만원 이하의 벌금에 처한다.
② 제12조의2제4항을 위반하여 자료 등을 사용 또는 누설한 사람은 3년 이하의 징역 또는 3천만원 이하의 벌금에 처한다.
③ 다음 각 호의 어느 하나에 해당하는 자는 1년 이하의 징역 또는 1천만원 이하의 벌금에 처한다.
 1. 제20조제3항에 따른 신고를 하지 아니하고 한부모가족복지시설을 설치한 자
 2. 제24조제1항에 따라 시설의 폐쇄, 사업의 정지 또는 폐지의 명령을 받고 사업을 계속한 자
④ 거짓이나 그 밖의 부정한 방법으로 복지 급여를 받거나 타인으로 하여금 복지 급여를 받게 한 자는 1년 이하의 징역, 1천만원 이하의 벌금, 구류 또는 과료에 처한다.
제30조(양벌규정) 법인의 대표자나 법인 또는 개인의 대리인, 사용인, 그 밖의 종업원이 그 법인 또는 개인의 업무에 관하여 제29조의 위반행위를 하면 그 행위자를 벌하는 외에 그 법인 또는 개인에게도 해당 조문의 벌금 또는 과료의 형을 과(科)한다. 다만, 법인 또는 개인이 그 위반행위를 방지하기 위하여 해당 업무에 관

하여 상당한 주의와 감독을 게을리하지 아니한 경우에는 그러하지 아니하다.

제30조의2(과태료) ① 다음 각 호의 어느 하나에 해당하는 자에게는 300만원 이하의 과태료를 부과할 수 있다.

1. 제22조를 위반하여 정당한 사유 없이 수탁을 거부한 자
2. 정당한 이유 없이 제23조제1항에 따른 보고를 하지 아니하거나 거짓으로 한 자 또는 조사·검사를 거부하거나 기피한 자

Ⅲ. 범죄사실

1. 부정한 방법으로 복지급여 수령

1) 적용법조 : 제29조 제4항   ☞   공소시효 5년

> 피의자는 ○○에서 ○○모자가족복지시설을 운영하고 있는 사람이다. 거짓이나 그 밖의 부정한 방법으로 복지급여를 받거나 타인으로 하여금 복지급여를 받게 하여서는 아니 된다.
> 그럼에도 불구하고 피의자는 20○○. ○. ○.부터 20○○. ○. ○.까지 위 복지시설에서 실재 위 복지시설에 입소하지 않는 갑 등 ○명에 대해 대상자로 허위 등록한 후 ○○시장에게 거짓으로 보고하였다. 이로써 피의자는 20○○. ○. ○. 경 위 시장으로부터 총 ○○만원을 부정하게 교부받았다.

3) 신문사항

- 복지시설을 운영 하고 있는가
- 언제부터 어디에서 하고 있는가
- 규모는 어느 정도인가(시설 종류 등)
- 입소된 급여 신청 대상자는 총 몇 명인가
- ○○시로부터 복지급여를 받은 일이 있는가요
- 언제 얼마를 어떤 명목으로 받았는가
- 지급신청은 언제 얼마를 하였는가
- 신청 당시 대상자가 몇 명 이였는가
- 왜 인원을 초과하여 보고하였는가
- 그럼 부당 수령한 금액이 총 얼마인가
- 이렇게 부정 수령한 금액은 어떻게 하였는가

2. 업무상비밀누설 행위

1) 적용법조 : 제29조 제2항, 제12조의2 제4항 ☞ 공소시효 5년

제12조의2(복지 급여 사유의 확인 등) ① 여성가족부장관 또는 특별자치시장·특별자치도지사·시장·군수·구청장은 제11조에 따라 복지 급여를 신청한 지원대상자 또는 제12조에 따른 복지 급여를 받고 있는 지원대상자에 대하여 급여 사유의 발생·변경 또는 상실을 확인하기 위하여 필요한 소득·재산 등에 관한 자료의 제출을 요구할 수 있으며, 소속 공무원으로 하여금 지원대상자의 주거 등에 출입하여 생활환경 및 소득자료 등을 조사하게 하거나 지원대상자의 고용주 등 관계인에게 필요한 질문을 하게 할 수 있다.

② 여성가족부장관 또는 특별자치시장·특별자치도지사·시장·군수·구청장은 제1항에 따른 확인을 위하여 필요한 국세·지방세, 토지·건물, 건강보험·고용보험·국민연금, 출국·입국, 교정시설·치료감호시설의 입소·출소, 병무, 주민등록·가족관계등록 등에 관한 자료의 제공을 관계 기관의 장에게 요청할 수 있다. 이 경우 자료의 제공을 요청받은 관계 기관의 장은 정당한 사유가 없으면 이에 응하여야 한다.

④ 제1항 또는 제2항에 따른 업무에 종사하거나 종사하였던 사람은 업무를 수행하면서 받은 자료와 그 밖에 알게 된 사실을 이 법에서 정한 목적과 다르게 사용하거나 누설하여서는 아니 된다.

제11조(복지 급여의 신청) ① 지원대상자 또는 그 친족이나 그 밖의 이해관계인은 제12조에 따른 복지 급여를 관할 특별자치시장·특별자치도지사·시장·군수·구청장에게 신청할 수 있다.

② 제1항에 따라 복지 급여 신청을 할 때에는 다음 각 호에 따른 자료 또는 정보의

제12조(복지 급여의 내용) ① 국가나 지방자치단체는 제11조에 따른 복지 급여의 신청이 있으면 다음 각 호의 복지 급여를 실시하여야 한다. 다만, 이 법에 따른 지원대상자가 「국민기초생활 보장법」 등 다른 법령에 따라 지원을 받고 있는 경우에는 그 범위에서 이 법에 따른 급여를 하지 아니한다.

1. 생계비
2. 아동교육지원비
3. 삭제 〈2011.4.12.〉
4. 아동양육비
5. 그 밖에 대통령령으로 정하는 비용

② 이 법에 따른 지원대상자가 「국민기초생활 보장법」 등 다른 법령에 따라 지원을 받고 있는 경우에는 그 범위에서 이 법에 따른 급여를 하지 아니한다. 다만, 제1항제4호의 아동양육비는 지급할 수 있다.

③ 제1항제4호의 아동양육비를 지급할 때에 다음 각 호의 어느 하나에 해당하는 경우에는 예산의 범위에서 추가적인 복지 급여를 실시하여야 한다. 이 경우 모 또는 부의 직계존속이 5세 이하의 아동을 양육하는 경우에도 또한 같다.

1. 미혼모나 미혼부가 5세 이하의 아동을 양육하는 경우
2. 34세 이하의 모 또는 부가 아동을 양육하는 경우

2) 범죄사실 기재례

피의자는 20○○. ○. ○.부터 ○○시청 ○○과에서 한부모가족지원 등의 업무를 맡고 있는 지방직공무원(사회복지 7급)이다.

한부모가족지원 등 관련 업무를 맡은 공무원 등은 업무에 종사하거나 종사하였던 사람은 업무를 수행하면서 받은 자료와 그 밖에 알게 된 사실을 이 법에서 정한 목적과 다르게 사용하거나 누설하여서는 아니 된다.

그럼에도 불구하고 피의자는 20○○. ○. ○. ○○:○○경 위 사무실에서 홍길녀에 대한 복지급여 지급여부 확인을 위해 국세청으로부터 받은 홍길녀 재산 자료를 20○○. ○. ○. 경 ○○이유로 갑에게 알려주었다

이로써 피의자는 업무를 수행하면서 받은 자료를 목적과 다르게 사용하였다.

3) 신문사항

- 피의자는 어디에 근무하고 있는가
- 어떠한 업무를 수행하는가
- 홍길녀를 알고 있는가
- 언제 어떻게 홍길녀를 알게 되었는가
- 홍길녀에 대한 복지급여 자료를 조사한 일이 있는가
- 언제 어디에 어떤 자료를 요구하였는가
- 이렇게 수집한 자료를 어디에 사용하였는가
- 목적과 다르게 사용한 사실이 있는가
- 언제 어디에서 어떻게 사용하였는가

수사실무총서 등대지기 Ⅳ (2025년판)
여성 · 청소년범죄   저자 / 박태곤

profile

주요약력

‣ 1980. 4. 경찰공무원 임용
‣ 전남청 수사직무학교 교관(2000년~2007년)
‣ 경찰청 제1회 전문수사관 인증취득(금융·경제범죄)
‣ 前 여수서 수사과장, 형사과장(경정)
‣ 前 목포서 형사과장, 수사과장
‣ 前 전남경찰청 지능범죄수사대장
‣ 前 광양서 수사과장
‣ 前 순천서 형사과장, 수사과장
‣ 前 청암대학교 외래교수
‣ 現 전남경찰청 경찰수사심의위원
‣ 現 뉴에덴행정사사무소 대표

주요저서

‣ 수사서류 작성과 요령(등대지기 Ⅰ)
‣ 실무형법(등대지기 Ⅱ)
‣ 형사특별법(등대지기 Ⅲ)
‣ 형법판례집(등대지기 Ⅴ)
‣ 형법판례실무사례집(등대지기 Ⅵ)
‣ 요양보호사국가시험 요약집 / 문제집

개정6판 발행 2025년 03월 20일 / 초판 발행 2018년 04월 15일
저자 : 박태곤 / 발행인 : 김현호 / 발행처 : 법문북스
주소 : 서울 구로구 경인로 54길 4
전화 : (02) 2636-2911~2 / FAX (02) 2636-3012
homepage : www.lawb.co.kr
ISBN : 979-11-93350-90-4 (93360)
가격 : 180,000원